Steuergesetze
209. Ergänzungslieferung Juni 2022
(Anschluss an die Ergänzungslieferung Januar 2022)

Verlag C. H. BECK München

Anweisung zum Einordnen der Ergänzungslieferung Juni 2022

Herauszunehmen:	Zahl der Blätter
Titelblatt–Vorwort	3
vor T1–T3 1–**aT3** 258	274
Insgesamt herauszunehmen:	277

Einzufügen:	Zahl der Blätter
Titelblatt–Vorwort	3
vor T1–T3 1–**aT3** 258	274
Insgesamt einzufügen:	277

Hinweis: Zur maschinellen Berechnung nutzen Sie bitte das unter dem Downloadlink https://ch.beck.de/lohnsteuerrechner verfügbare Berechnungsprogramm.

STEUERGESETZE

Einkommen- und Lohnsteuer, Körperschaftsteuer,
Umwandlungssteuer, Bewertung, Erbschaftsteuer, Realsteuern,
Umsatzsteuer, sonstige Verkehrsteuern, Förderungsgesetze,
Abgabenordnung, Finanzverwaltungsvorschriften

Textsammlung
mit Verweisungen und Sachverzeichnis

Stand: 1. Januar 2022 (Texte)
1. Juni 2022 (Tabellen)
(209. Ergänzungslieferung)

Dieses Titelblatt stammt aus der 209. Ergänzungslieferung Juni 2022.

Die Ergänzungslieferung Juni 2022 schließt an die
Ergänzungslieferung Januar 2022 an.

Redaktioneller Hinweis

Paragraphenüberschriften in eckigen Klammern sind
nicht amtlich. Sie sind ebenso wie die Fußnoten ur-
heber- und wettbewerbsrechtlich geschützt.
Die Angaben zum Stand der Sammlung auf dem Titel-
blatt beziehen sich auf das Verkündungsdatum der maß-
geblichen Gesetz-, Verordnungs- und Amtsblätter.
Verbesserungsvorschläge und mögliche Fehlerhinweise
sind jederzeit willkommen.

Verlag C. H. Beck oHG
Wilhelmstraße 9, 80801 München
Fax: (0 89) 3 81 89-3 98 · Internet: www.beck.de
E-Mail: bestellung@beck.de

www.beck.de

Grundwerk (zur Fortsetzung) 978 3 406 45605 3
Grundwerk (ohne Fortsetzung) 978 3 406 66000 9
ergänzt bis 978 3 406 78243 5

© 2022 Verlag C. H. Beck oHG
Wilhelmstraße 9, 80801 München
Druck: Druckerei C. H. Beck, Nördlingen
(Adresse wie Verlag)

Gedruckt auf säurefreiem, alterungsbeständigem Papier
(hergestellt aus chlorfrei gebleichtem Zellstoff)

Geleitwort

Mit der 209. Ergänzungslieferung werden die neuen, durch das **Steuerentlastungsgesetz 2022** vom 23.5.2022 (BGBl. I S. 749) geänderten *Lohnsteuertabellen 2022* (Allgemeine: Jahr/Monat/Woche/Tag, Besondere: Jahr/Monat) in die Sammlung eingestellt.

Lohnsteuertabellen 2022: Die zur *manuellen* Berechnung der Lohnsteuer erstellten Lohnsteuertabellen wurden auf der Basis des gem. § 51 Abs. 4 Nr. 1a EStG vom BMF veröffentlichten Programmablaufplans vom 20.5.2021 für die Erstellung der Lohnsteuertabellen 2022 berechnet. Unabhängig von der maschinellen Berechnung der Lohnsteuer nach dem sog. Formeltarif ist die manuelle Berechnung der Lohnsteuer nach dem sog. **Stufentarif** zulässig; es kommt allerdings zu geringfügigen Abweichungen gegenüber der Berechnung nach dem sog. Formeltarif, also der elektronischen Berechnung. Beide Berechnungsarten werden von der Finanzverwaltung ausdrücklich gebilligt. Durch das Bürgerentlastungsgesetz Krankenversicherung wurde ab 1.1.2010 eine verbesserte steuerliche Berücksichtigung von Vorsorgeaufwendungen (Kranken- und Pflegeversicherungsbeiträge) eingeführt. Diese Entlastung ist in den Lohnsteuertabellen enthalten. Beachten Sie bitte die Berechnungsbeispiele unter *Vorbemerkungen T 2* S. 4 f.

Zur *genauen* Berechnung der **Lohnsteuer 2022** nach dem Formeltarif benutzen Sie bitte das über den link https://ch.beck.de/lohnsteuerrechner aufrufbare online-**Berechnungsprogramm.** Eine Programmanleitung finden Sie unter den *Vorbemerkungen T 2* ab Seite 10 ff.

Einkommensteuertabellen 2022: Die Berechnung der Einkommensteuer wird exakt für den sich bei der Steuerveranlagung jeweils ergebenden Einzelwert berechnet. Eine jeden Einzelwert berücksichtigende Einkommensteuertabelle ist somit aus Umfangsgründen nicht mehr abdruckbar. Die unter **T 1a** und **T 1b** abgedruckten Einkommensteuer-Grund- und Splittingtabellen gelten weiterhin; sie geben Ihnen jedoch für die zwischen den ausgewiesenen Einkommensbeträgen liegenden Werte nur Annäherungswerte.

Soweit Sie *keine elektronische Berechnung* vornehmen, können Sie den Wert Ihrer Einkommensteuer innerhalb der ausgewiesenen Einkommensbeträge zumindest annäherungsweise schätzen.

Die *genaue Berechnung* der Einkommensteuer kann nur mit Hilfe des online-Berechnungsprogramms vorgenommen werden.

München, im Juni 2022   Verlag C. H. BECK

Geleitwort

Vorwort

Die vorliegende Sammlung enthält alle für die tägliche Beratung nötigen Steuergesetze und Durchführungsverordnungen zum materiellen und formellen Steuerrecht, die relevantesten EU-Richtlinien, die berufsrechtlichen Gesetze für Steuerberater und Wirtschaftsprüfer sowie einen Tabellenanhang mit den Einkommen- und Lohnsteuertabellen. Zur *genauen* Berechnung der **Lohnsteuer** nach dem Formeltarif benutzen Sie bitte das über den Link „https://ch.beck.de/lohnsteuerrechner" herunterladbare **Berechnungsprogramm**. Eine Programmanleitung finden Sie unter den *Vorbemerklungen T 2* ab Seite 10 ff.

Mit dieser Textausgabe sowie den Sammlungen „Zölle und Verbrauchsteuern" und „Doppelbesteuerungsabkommen" bietet der Verlag eine vollständige Zusammenfassung aller Steuergesetze des Bundes, der wichtigsten zollrechtlichen Bestimmungen, der steuerrechtlich relevanten EU-Richtlinien und -Verordnungen sowie der Doppelbesteuerungsabkommen an.

Die Sammlungen werden durch Ergänzungslieferungen auf dem neuesten Stand gehalten. Für die Aufbewahrung ausgetauschter Vorschriften, die für die zurückliegenden Zeiträume Bedeutung behalten und beispielsweise für die Steuerberaterprüfung benötigt werden, empfehlen wir einen gesonderten Ablageordner.

Der Verlag dankt den Beziehern für die vielfältigen Anregungen und Verbesserungsvorschläge, die an ihn herangetragen worden sind; er hofft, dass die Bezieher auch weiterhin durch ihre Kritik den Verlag bei der Gestaltung dieses Werkes unterstützen.

München, Juni 2022   VERLAG C. H. BECK

vor T 1–T 3

vor T 1–T 3
Einkommensteuertabellen 2022
Lohnsteuertabellen Dezember 2022
Übergangstabellen Solidaritätszuschlag 2022

Die in dieser Sammlung enthaltenen Einkommensteuertabellen wurden nach den in § 32a EStG i. d. F. des Steuerentlastungsgesetzes 2022 vom 23.5.2022 vorgegebenen Berechnungsgrundlagen ermittelt. Für die Berechnung der Einkommensteuer kommt der stufenlose Steuertarif zur Anwendung. Zur Anwendung der Tabellen siehe die Vorbemerkungen zu T 1.

Die in dieser Sammlung enthaltenen Lohnsteuertabellen beruhen auf den in § 39b EStG vorgeschriebenen Berechnungsgrundlagen und sind auf Basis des vom BMF am 20.5.2022 bekannt gemachten geänderten Programmablaufplans für die Erstellung von **Lohnsteuertabellen 2022** erstellt worden.

Zur Anwendung der Tabellen siehe die Vorbemerkungen zu T 2.

Hinweis: *Die Zahlen der Tabellen sind nach amtlichen Unterlagen ermittelt. Ihre Wiedergabe erfolgt ohne Gewähr.*

EL 209 Juni 2022

Vorbem. T 1

Vorbemerkung

Die Berechnung der Einkommensteuer erfolgt nach einem stufenlosen Steuertarif. Dies bedeutet, dass die Einkommensteuer exakt für den sich bei der Steuerveranlagung jeweils ergebenden Einzelwert berechnet wird.

Eine jeden Einzelwert berücksichtigende Einkommensteuertabelle ist somit aus Umfangsgründen nicht mehr möglich, so dass die nach der Einkommensteuertabelle manuell abgelesene Einkommensteuer mit Ausnahme des ausgewiesenen zu versteuernden Einkommens grundsätzlich höher ist als die aufgrund eines Tabellenberechnungsprogramms nach den Formeltarifen elektronisch errechnete Einkommensteuer. Die genaue Berechnung der Einkommensteuer kann deshalb nur mit Hilfe des auf der CD beiliegenden Berechnungsprogramms vorgenommen werden. Die nachstehenden Einkommensteuer-, Grund- und Splittingtabellen geben Ihnen für die zwischen den ausgewiesenen zu versteuernden Einkommen liegenden Werte nur Annäherungswerte. Den Wert Ihrer Einkommensteuer können Sie aber, soweit Sie keine elektronische Berechnung vornehmen, innerhalb der ausgewiesenen zu versteuernden Einkommen zumindest annäherungsweise schätzen.

Die Höhe der **Einkommensteuer** bestimmt sich für 2022 allgemein nach dem **Einkommensteuertarif,** der in § 32a EStG i. d. F. des Steuerentlastungsgesetzes 2022 vorgeschrieben ist.

Dieser Einkommensteuertarif hat folgenden **Aufbau:**

a) Null-Zone (Grundfreibetrag) für zu versteuernde Einkommen von 0 bis 10 347 Euro,

b) Untere Zone mit einem ansteigenden Steuersatz von 14 v. H. bis 23,97 v. H. für zu versteuernde Einkommen von 10 348 bis 14 926 Euro,

c) Progressionszone mit einem ansteigenden Steuersatz von 23,97 v. H. bis 42 v. H. für zu versteuernde Einkommen von 14 927 bis 58 596 Euro,

d) Proportionalzone mit einem Steuersatz von 42 v. H. für zu versteuernde Einkommen von 58 597 bis 277 825 Euro und einem Steuersatz von 45 v. H. für zu versteuernde Einkommen von 277 826 Euro an.

Dieser Einkommensteuertarif gilt für alle Personen, für die nicht das Splitting-Verfahren anzuwenden ist, d. h. grundsätzlich für alle nicht verheirateten Personen, für die getrennt lebenden und für die getrennt zu veranlagenden Ehegatten.

Ehegatten können zwischen der Einzelveranlagung (§ 26a EStG) und der Zusammenveranlagung (§ 26b EStG) wählen, wenn beide unbeschränkt einkommensteuerpflichtig sind und nicht dauernd getrennt

EL 209   Juni 2022

T 1 Vorbem.

leben, diese Voraussetzungen zu Beginn des Veranlagungszeitraums vorgelegen haben oder im Laufe des Veranlagungszeitraums eingetreten sind und keiner der Ehegatten die Einzelveranlagung wählt. Ehegatten werden zusammen veranlagt, wenn beide Ehegatten die Zusammenveranlagung wählen. Die Wahl wird für den betreffenden Veranlagungszeitraum durch Angabe in der Steuererklärung getroffen.

Bei der Zusammenveranlagung wird das Splitting-Verfahren angewendet. Die Einkünfte der Ehegatten werden zusammengerechnet, den Ehegatten gemeinsam zugerechnet und die Ehegatten sodann gemeinsam als Steuerpflichtige behandelt.

Bei dem Splitting-Verfahren wird die Einkommensteuer für die Hälfte des gemeinsam zu versteuernden Einkommens beider Ehegatten nach dem Einkommensteuertarif gem. § 32a EStG berechnet und der ermittelte Steuerbetrag sodann verdoppelt.

Das **Splitting-Verfahren** ist auch anzuwenden

a) bei einem verwitweten Steuerpflichtigen für den Veranlagungszeitraum, der dem Kalenderjahr folgt, in dem sein Ehegatte verstorben ist, wenn der Steuerpflichtige und sein verstorbener Ehegatte im Zeitpunkt seines Todes die Voraussetzungen des § 26 Absatz 1 Satz 1 erfüllt haben,

b) bei einem Steuerpflichtigen, dessen Ehe in dem Kalenderjahr, in dem er sein Einkommen bezogen hat, aufgelöst worden ist, wenn in diesem Kalenderjahr
   - der Steuerpflichtige und sein bisheriger Ehegatte die Voraussetzungen des § 26 Absatz 1 Satz 1 erfüllt haben,
   - der bisherige Ehegatte wieder geheiratet hat und er sowie sein neuer Ehegatte ebenfalls die Voraussetzungen des § 26 Absatz 1 Satz 1 erfüllen.

In den Fällen zu b) ist das Splitting-Verfahren allerdings dann nicht anzuwenden, wenn der Steuerpflichtige selber wieder geheiratet hat und getrennt oder wie ein Unverheirateter zur Einkommensteuer veranlagt wird.

Bemessungsgrundlage für die tarifliche Einkommensteuer ist das zu versteuernde Einkommen. Das zu versteuernde Einkommen ist wie folgt zu ermitteln:

Vorbem. T1

Summe der Einkünfte aus den Einkunftsarten (§ 2 Abs. 1 EStG)

= Summe der Einkünfte (§ 2 Abs. 1 EStG)

./. Entlastungsbetrag für Alleinerziehende (§ 24b EStG)

./. Altersentlastungsbetrag (§ 24a EStG)

./. Freibetrag für Land- und Forstwirte (§ 13 Abs. 3 EStG)

+ Hinzurechnungsbetrag (*§ 52 Abs. 3 Satz 5 EStG*[1] sowie § 8 Abs. 5 Satz 2 AIG)

= Gesamtbetrag der Einkünfte (§ 2 Abs. 3 EStG)

./. Verlustabzug nach § 10d EStG

./. Sonderausgaben (§§ 10, 10a, 10b, 10c EStG)

./. außergewöhnliche Belastungen (§§ 33 bis 33b EStG)

./. Steuerbegünstigung der zu Wohnzwecken genutzten Wohnungen, Gebäude und Baudenkmale sowie der schutzwürdigen Kulturgüter (§§ 10e bis 10i und § 52 Abs. 21 Satz 6 EStG i. d. F. vom 16.4.1997, BGBl. I S. 821 und § 7 FördG)

+ Erstattungsüberhänge (§ 10 Abs. 4b Satz 3 EStG)

+ zuzurechnendes *Einkommen* gemäß § 15 Abs. 1 AStG[2]

= Einkommen (§ 2 Abs. 4 EStG)

./. Freibeträge für Kinder (§§ 31 und 32 Abs. 6 EStG)

./. Härteausgleich nach § 46 Abs. 3 EStG, § 70 EStDV

= zu versteuerndes Einkommen (§ 2 Abs. 5 EStG)

---

[1] Jetzt § 52 Abs. 2 Satz 3 EStG.

[2] Eine Hinzurechnung entfällt ab VZ 2013.

EL 209 Juni 2022

T 1 Vorbem.

Einkommensteuertarif nach § 32a EStG:

(1) Die tarifliche Einkommensteuer bemisst sich nach dem zu versteuernden Einkommen. Sie beträgt ab dem Veranlagungszeitraum 2022 vorbehaltlich der §§ 32b, 32d, 34, 34a, 34b und 34c jeweils in Euro für zu versteuernde Einkommen

1. bis 10 347 Euro (Grundfreibetrag):
   0;
2. von 10 348 Euro bis 14 926 Euro:
   $(1088{,}67 \cdot y + 1\,400) \cdot y$;
3. von 14 927 Euro bis 58 596 Euro:
   $(206{,}43 \cdot z + 2\,397) \cdot z + 869{,}32$;
4. von 58 597 Euro bis 277 825 Euro:
   $0{,}42 \cdot x - 9336{,}45$;
5. von 277 826 Euro an:
   $0{,}45 \cdot x - 17\,671{,}20$.

Die Größe „y" ist ein Zehntausendstel des den Grundfreibetrag übersteigenden Teils des auf einen vollen Euro-Betrag abgerundeten zu versteuernden Einkommens. Die Größe „z" ist ein Zehntausendstel des 14 926 Euro übersteigenden Teils des auf einen vollen Euro-Betrag abgerundeten zu versteuernden Einkommens. Die Größe „x" ist das auf einen vollen Euro-Betrag abgerundete zu versteuernde Einkommen. Der sich ergebende Steuerbetrag ist auf den nächsten vollen Euro-Betrag abzurunden.

(2) bis (4) (weggefallen)

(5) Bei Ehegatten, die nach den §§ 26, 26b zusammen zur Einkommensteuer veranlagt werden, beträgt die tarifliche Einkommensteuer vorbehaltlich der §§ 32b, 32d, 34, 34a, 34b und 34c das Zweifache des Steuerbetrags, der sich für die Hälfte ihres gemeinsam zu versteuernden Einkommens nach Absatz 1 ergibt (Splitting-Verfahren).

(6) Das Verfahren nach Absatz 5 ist auch anzuwenden zur Berechnung der tariflichen Einkommensteuer für das zu versteuernde Einkommen

1. bei einem verwitweten Steuerpflichtigen für den Veranlagungszeitraum, der dem Kalenderjahr folgt, in dem der Ehegatte verstorben ist, wenn der Steuerpflichtige und sein verstorbener Ehegatte im Zeitpunkt seines Todes die Voraussetzungen des § 26 Absatz 1 Satz 1 erfüllt haben,
2. bei einem Steuerpflichtigen, dessen Ehe in dem Kalenderjahr, in dem er sein Einkommen bezogen hat, aufgelöst worden ist, wenn in diesem Kalenderjahr
   a) der Steuerpflichtige und sein bisheriger Ehegatte die Voraussetzungen des § 26 Absatz 1 Satz 1 erfüllt haben,
   b) der bisherige Ehegatte wieder geheiratet hat und

Vorbem. T 1

c) der bisherige Ehegatte und dessen neuer Ehegatte ebenfalls die Voraussetzungen des § 26 Absatz 1 Satz 1 erfüllen.

Voraussetzung für die Anwendung des Satzes 1 ist, dass der Steuerpflichtige nicht nach den §§ 26, 26a einzeln zur Einkommensteuer veranlagt wird.

T 1 Vorbem.

Gültig ab 1. 1. 2022 (idF des StEntlG 2022)

ESt-Grundtabelle T 1a

laufende Nummer	zu versteuerndes Einkommen* in €	tarifliche Einkommensteuer* in €	laufende Nummer	zu versteuerndes Einkommen* in €	tarifliche Einkommensteuer* in €
1	10 347		61	12 507	353
2	10 383	5	62	12 543	359
3	10 419	10	63	12 579	366
4	10 455	15	64	12 615	373
5	10 491	20	65	12 651	380
6	10 527	25	66	12 687	387
7	10 563	30	67	12 723	394
8	10 599	35	68	12 759	401
9	10 635	41	69	12 795	407
10	10 671	46	70	12 831	414
11	10 707	51	71	12 867	421
12	10 743	57	72	12 903	428
13	10 779	62	73	12 939	436
14	10 815	67	74	12 975	443
15	10 851	73	75	13 011	450
16	10 887	78	76	13 047	457
17	10 923	84	77	13 083	464
18	10 959	89	78	13 119	471
19	10 995	95	79	13 155	478
20	11 031	100	80	13 191	486
21	11 067	106	81	13 227	493
22	11 103	112	82	13 263	500
23	11 139	117	83	13 299	508
24	11 175	123	84	13 335	515
25	11 211	129	85	13 371	522
26	11 247	134	86	13 407	530
27	11 283	140	87	13 443	537
28	11 319	146	88	13 479	545
29	11 355	152	89	13 515	552
30	11 391	158	90	13 551	560
31	11 427	163	91	13 587	567
32	11 463	169	92	13 623	575
33	11 499	175	93	13 659	583
34	11 535	181	94	13 695	590
35	11 571	187	95	13 731	598
36	11 607	193	96	13 767	606
37	11 643	199	97	13 803	613
38	11 679	205	98	13 839	621
39	11 715	211	99	13 875	629
40	11 751	218	100	13 911	637
41	11 787	224	101	13 947	645
42	11 823	230	102	13 983	652
43	11 859	236	103	14 019	660
44	11 895	242	104	14 055	668
45	11 931	249	105	14 091	676
46	11 967	255	106	14 127	684
47	12 003	261	107	14 163	692
48	12 039	268	108	14 199	700
49	12 075	274	109	14 235	708
50	12 111	280	110	14 271	716
51	12 147	287	111	14 307	725
52	12 183	293	112	14 343	733
53	12 219	300	113	14 379	741
54	12 255	306	114	14 415	749
55	12 291	313	115	14 451	757
56	12 327	319	116	14 487	766
57	12 363	326	117	14 523	774
58	12 399	333	118	14 559	782
59	12 435	339	119	14 595	791
60	12 471	346	120	14 631	799

* Die Einkommensteuer gilt nur für den ausgewiesenen Wert, Zwischenwerte sind zu schätzen — s. Vorbemerkungen

T1a ESt-Grundtabelle

Gültig ab 1. 1. 2022 (idF des StEntlG 2022)

laufende Nummer	zu versteuerndes Einkommen* in €	tarifliche Einkommen-steuer* in €	laufende Nummer	zu versteuerndes Einkommen* in €	tarifliche Einkommen-steuer* in €
121	14 667	807	181	16 827	1 332
122	14 703	816	182	16 863	1 341
123	14 739	824	183	16 899	1 350
124	14 775	833	184	16 935	1 359
125	14 811	841	185	16 971	1 368
126	14 847	850	186	17 007	1 377
127	14 883	859	187	17 043	1 386
128	14 919	867	188	17 079	1 394
129	14 955	876	189	17 115	1 403
130	14 991	884	190	17 151	1 412
131	15 027	893	191	17 187	1 421
132	15 063	902	192	17 223	1 430
133	15 099	910	193	17 259	1 439
134	15 135	919	194	17 295	1 448
135	15 171	928	195	17 331	1 457
136	15 207	936	196	17 367	1 466
137	15 243	945	197	17 403	1 475
138	15 279	954	198	17 439	1 484
139	15 315	962	199	17 475	1 493
140	15 351	971	200	17 511	1 502
141	15 387	980	201	17 547	1 511
142	15 423	988	202	17 583	1 520
143	15 459	997	203	17 619	1 529
144	15 495	1 006	204	17 655	1 538
145	15 531	1 015	205	17 691	1 547
146	15 567	1 023	206	17 727	1 556
147	15 603	1 032	207	17 763	1 565
148	15 639	1 041	208	17 799	1 575
149	15 675	1 050	209	17 835	1 584
150	15 711	1 058	210	17 871	1 593
151	15 747	1 067	211	17 907	1 602
152	15 783	1 076	212	17 943	1 611
153	15 819	1 085	213	17 979	1 620
154	15 855	1 093	214	18 015	1 629
155	15 891	1 102	215	18 051	1 638
156	15 927	1 111	216	18 087	1 647
157	15 963	1 120	217	18 123	1 656
158	15 999	1 128	218	18 159	1 665
159	16 035	1 137	219	18 195	1 674
160	16 071	1 146	220	18 231	1 684
161	16 107	1 155	221	18 267	1 693
162	16 143	1 164	222	18 303	1 702
163	16 179	1 172	223	18 339	1 711
164	16 215	1 181	224	18 375	1 720
165	16 251	1 190	225	18 411	1 729
166	16 287	1 199	226	18 447	1 738
167	16 323	1 208	227	18 483	1 748
168	16 359	1 217	228	18 519	1 757
169	16 395	1 225	229	18 555	1 766
170	16 431	1 234	230	18 591	1 775
171	16 467	1 243	231	18 627	1 784
172	16 503	1 252	232	18 663	1 793
173	16 539	1 261	233	18 699	1 803
174	16 575	1 270	234	18 735	1 812
175	16 611	1 279	235	18 771	1 821
176	16 647	1 287	236	18 807	1 830
177	16 683	1 296	237	18 843	1 839
178	16 719	1 305	238	18 879	1 849
179	16 755	1 314	239	18 915	1 858
180	16 791	1 323	240	18 951	1 867

* Die Einkommensteuer gilt nur für den ausgewiesenen Wert, Zwischenwerte sind zu schätzen – s. Vorbemerkungen

Gültig ab 1. 1. 2022 (idF des StEntlG 2022)

ESt-Grundtabelle T 1a

laufende Nummer	zu versteuerndes Einkommen* in €	tarifliche Einkommensteuer* in €	laufende Nummer	zu versteuerndes Einkommen* in €	tarifliche Einkommensteuer* in €
241	18 987	1 876	301	21 147	2 440
242	19 023	1 886	302	21 183	2 449
243	19 059	1 895	303	21 219	2 459
244	19 095	1 904	304	21 255	2 469
245	19 131	1 913	305	21 291	2 478
246	19 167	1 923	306	21 327	2 488
247	19 203	1 932	307	21 363	2 497
248	19 239	1 941	308	21 399	2 507
249	19 275	1 950	309	21 435	2 516
250	19 311	1 960	310	21 471	2 526
251	19 347	1 969	311	21 507	2 536
252	19 383	1 978	312	21 543	2 545
253	19 419	1 987	313	21 579	2 555
254	19 455	1 997	314	21 615	2 565
255	19 491	2 006	315	21 651	2 574
256	19 527	2 015	316	21 687	2 584
257	19 563	2 025	317	21 723	2 593
258	19 599	2 034	318	21 759	2 603
259	19 635	2 043	319	21 795	2 613
260	19 671	2 053	320	21 831	2 622
261	19 707	2 062	321	21 867	2 632
262	19 743	2 071	322	21 903	2 642
263	19 779	2 081	323	21 939	2 651
264	19 815	2 090	324	21 975	2 661
265	19 851	2 099	325	22 011	2 671
266	19 887	2 109	326	22 047	2 680
267	19 923	2 118	327	22 083	2 690
268	19 959	2 128	328	22 119	2 700
269	19 995	2 137	329	22 155	2 709
270	20 031	2 146	330	22 191	2 719
271	20 067	2 156	331	22 227	2 729
272	20 103	2 165	332	22 263	2 739
273	20 139	2 174	333	22 299	2 748
274	20 175	2 184	334	22 335	2 758
275	20 211	2 193	335	22 371	2 768
276	20 247	2 203	336	22 407	2 778
277	20 283	2 212	337	22 443	2 787
278	20 319	2 222	338	22 479	2 797
279	20 355	2 231	339	22 515	2 807
280	20 391	2 240	340	22 551	2 817
281	20 427	2 250	341	22 587	2 826
282	20 463	2 259	342	22 623	2 836
283	20 499	2 269	343	22 659	2 846
284	20 535	2 278	344	22 695	2 856
285	20 571	2 288	345	22 731	2 865
286	20 607	2 297	346	22 767	2 875
287	20 643	2 307	347	22 803	2 885
288	20 679	2 316	348	22 839	2 895
289	20 715	2 326	349	22 875	2 905
290	20 751	2 335	350	22 911	2 914
291	20 787	2 345	351	22 947	2 924
292	20 823	2 354	352	22 983	2 934
293	20 859	2 364	353	23 019	2 944
294	20 895	2 373	354	23 055	2 954
295	20 931	2 383	355	23 091	2 964
296	20 967	2 392	356	23 127	2 973
297	21 003	2 402	357	23 163	2 983
298	21 039	2 411	358	23 199	2 993
299	21 075	2 421	359	23 235	3 003
300	21 111	2 430	360	23 271	3 013

* Die Einkommensteuer gilt nur für den ausgewiesenen Wert, Zwischenwerte sind zu schätzen — s. Vorbemerkungen

T 1a ESt-Grundtabelle

Gültig ab 1. 1. 2022 (idF des StEntlG 2022)

laufende Nummer	zu versteuerndes Einkommen* in €	tarifliche Einkommen-steuer* in €	laufende Nummer	zu versteuerndes Einkommen* in €	tarifliche Einkommen-steuer* in €
361	23 307	3 023	421	25 467	3 625
362	23 343	3 033	422	25 503	3 635
363	23 379	3 043	423	25 539	3 645
364	23 415	3 052	424	25 575	3 655
365	23 451	3 062	425	25 611	3 666
366	23 487	3 072	426	25 647	3 676
367	23 523	3 082	427	25 683	3 686
368	23 559	3 092	428	25 719	3 696
369	23 595	3 102	429	25 755	3 707
370	23 631	3 112	430	25 791	3 717
371	23 667	3 122	431	25 827	3 727
372	23 703	3 132	432	25 863	3 737
373	23 739	3 142	433	25 899	3 748
374	23 775	3 152	434	25 935	3 758
375	23 811	3 162	435	25 971	3 768
376	23 847	3 171	436	26 007	3 778
377	23 883	3 181	437	26 043	3 789
378	23 919	3 191	438	26 079	3 799
379	23 955	3 201	439	26 115	3 809
380	23 991	3 211	440	26 151	3 820
381	24 027	3 221	441	26 187	3 830
382	24 063	3 231	442	26 223	3 840
383	24 099	3 241	443	26 259	3 850
384	24 135	3 251	444	26 295	3 861
385	24 171	3 261	445	26 331	3 871
386	24 207	3 271	446	26 367	3 881
387	24 243	3 281	447	26 403	3 892
388	24 279	3 291	448	26 439	3 902
389	24 315	3 301	449	26 475	3 912
390	24 351	3 311	450	26 511	3 923
391	24 387	3 321	451	26 547	3 933
392	24 423	3 331	452	26 583	3 944
393	24 459	3 341	453	26 619	3 954
394	24 495	3 352	454	26 655	3 964
395	24 531	3 362	455	26 691	3 975
396	24 567	3 372	456	26 727	3 985
397	24 603	3 382	457	26 763	3 995
398	24 639	3 392	458	26 799	4 006
399	24 675	3 402	459	26 835	4 016
400	24 711	3 412	460	26 871	4 027
401	24 747	3 422	461	26 907	4 037
402	24 783	3 432	462	26 943	4 047
403	24 819	3 442	463	26 979	4 058
404	24 855	3 452	464	27 015	4 068
405	24 891	3 462	465	27 051	4 079
406	24 927	3 473	466	27 087	4 089
407	24 963	3 483	467	27 123	4 100
408	24 999	3 493	468	27 159	4 110
409	25 035	3 503	469	27 195	4 120
410	25 071	3 513	470	27 231	4 131
411	25 107	3 523	471	27 267	4 141
412	25 143	3 533	472	27 303	4 152
413	25 179	3 543	473	27 339	4 162
414	25 215	3 554	474	27 375	4 173
415	25 251	3 564	475	27 411	4 183
416	25 287	3 574	476	27 447	4 194
417	25 323	3 584	477	27 483	4 204
418	25 359	3 594	478	27 519	4 215
419	25 395	3 604	479	27 555	4 225
420	25 431	3 615	480	27 591	4 236

* Die Einkommensteuer gilt nur für den ausgewiesenen Wert, Zwischenwerte sind zu schätzen − s. Vorbemerkungen

Gültig ab 1. 1. 2022 (idF des StEntlG 2022) | **ESt-Grundtabelle T 1a**

laufende Nummer	zu versteuerndes Einkommen* in €	tarifliche Einkommensteuer* in €	laufende Nummer	zu versteuerndes Einkommen* in €	tarifliche Einkommensteuer* in €
481	27 627	4 246	541	29 787	4 887
482	27 663	4 257	542	29 823	4 898
483	27 699	4 267	543	29 859	4 909
484	27 735	4 278	544	29 895	4 919
485	27 771	4 288	545	29 931	4 930
486	27 807	4 299	546	29 967	4 941
487	27 843	4 309	547	30 003	4 952
488	27 879	4 320	548	30 039	4 963
489	27 915	4 331	549	30 075	4 974
490	27 951	4 341	550	30 111	4 985
491	27 987	4 352	551	30 147	4 996
492	28 023	4 362	552	30 183	5 006
493	28 059	4 373	553	30 219	5 017
494	28 095	4 383	554	30 255	5 028
495	28 131	4 394	555	30 291	5 039
496	28 167	4 405	556	30 327	5 050
497	28 203	4 415	557	30 363	5 061
498	28 239	4 426	558	30 399	5 072
499	28 275	4 436	559	30 435	5 083
500	28 311	4 447	560	30 471	5 094
501	28 347	4 458	561	30 507	5 105
502	28 383	4 468	562	30 543	5 116
503	28 419	4 479	563	30 579	5 127
504	28 455	4 490	564	30 615	5 138
505	28 491	4 500	565	30 651	5 149
506	28 527	4 511	566	30 687	5 160
507	28 563	4 522	567	30 723	5 170
508	28 599	4 532	568	30 759	5 181
509	28 635	4 543	569	30 795	5 192
510	28 671	4 553	570	30 831	5 203
511	28 707	4 564	571	30 867	5 214
512	28 743	4 575	572	30 903	5 225
513	28 779	4 586	573	30 939	5 236
514	28 815	4 596	574	30 975	5 247
515	28 851	4 607	575	31 011	5 258
516	28 887	4 618	576	31 047	5 270
517	28 923	4 628	577	31 083	5 281
518	28 959	4 639	578	31 119	5 292
519	28 995	4 650	579	31 155	5 303
520	29 031	4 660	580	31 191	5 314
521	29 067	4 671	581	31 227	5 325
522	29 103	4 682	582	31 263	5 336
523	29 139	4 693	583	31 299	5 347
524	29 175	4 703	584	31 335	5 358
525	29 211	4 714	585	31 371	5 369
526	29 247	4 725	586	31 407	5 380
527	29 283	4 736	587	31 443	5 391
528	29 319	4 746	588	31 479	5 402
529	29 355	4 757	589	31 515	5 413
530	29 391	4 768	590	31 551	5 424
531	29 427	4 779	591	31 587	5 435
532	29 463	4 790	592	31 623	5 447
533	29 499	4 800	593	31 659	5 458
534	29 535	4 811	594	31 695	5 469
535	29 571	4 822	595	31 731	5 480
536	29 607	4 833	596	31 767	5 491
537	29 643	4 844	597	31 803	5 502
538	29 679	4 854	598	31 839	5 513
539	29 715	4 865	599	31 875	5 525
540	29 751	4 876	600	31 911	5 536

* Die Einkommensteuer gilt nur für den ausgewiesenen Wert, Zwischenwerte sind zu schätzen — s. Vorbemerkungen

T 1a ESt-Grundtabelle

Gültig ab 1. 1. 2022 (idF des StEntlG 2022)

laufende Nummer	zu versteuerndes Einkommen* in €	tarifliche Einkommensteuer* in €	laufende Nummer	zu versteuerndes Einkommen* in €	tarifliche Einkommensteuer* in €
601	31 947	5 547	661	34 107	6 226
602	31 983	5 558	662	34 143	6 237
603	32 019	5 569	663	34 179	6 249
604	32 055	5 580	664	34 215	6 260
605	32 091	5 591	665	34 251	6 272
606	32 127	5 603	666	34 287	6 283
607	32 163	5 614	667	34 323	6 295
608	32 199	5 625	668	34 359	6 306
609	32 235	5 636	669	34 395	6 318
610	32 271	5 647	670	34 431	6 330
611	32 307	5 659	671	34 467	6 341
612	32 343	5 670	672	34 503	6 353
613	32 379	5 681	673	34 539	6 364
614	32 415	5 692	674	34 575	6 376
615	32 451	5 704	675	34 611	6 387
616	32 487	5 715	676	34 647	6 399
617	32 523	5 726	677	34 683	6 410
618	32 559	5 737	678	34 719	6 422
619	32 595	5 749	679	34 755	6 433
620	32 631	5 760	680	34 791	6 445
621	32 667	5 771	681	34 827	6 457
622	32 703	5 782	682	34 863	6 468
623	32 739	5 794	683	34 899	6 480
624	32 775	5 805	684	34 935	6 491
625	32 811	5 816	685	34 971	6 503
626	32 847	5 827	686	35 007	6 515
627	32 883	5 839	687	35 043	6 526
628	32 919	5 850	688	35 079	6 538
629	32 955	5 861	689	35 115	6 550
630	32 991	5 873	690	35 151	6 561
631	33 027	5 884	691	35 187	6 573
632	33 063	5 895	692	35 223	6 584
633	33 099	5 907	693	35 259	6 596
634	33 135	5 918	694	35 295	6 608
635	33 171	5 929	695	35 331	6 619
636	33 207	5 941	696	35 367	6 631
637	33 243	5 952	697	35 403	6 643
638	33 279	5 963	698	35 439	6 654
639	33 315	5 975	699	35 475	6 666
640	33 351	5 986	700	35 511	6 678
641	33 387	5 997	701	35 547	6 689
642	33 423	6 009	702	35 583	6 701
643	33 459	6 020	703	35 619	6 713
644	33 495	6 032	704	35 655	6 725
645	33 531	6 043	705	35 691	6 736
646	33 567	6 054	706	35 727	6 748
647	33 603	6 066	707	35 763	6 760
648	33 639	6 077	708	35 799	6 771
649	33 675	6 089	709	35 835	6 783
650	33 711	6 100	710	35 871	6 795
651	33 747	6 111	711	35 907	6 807
652	33 783	6 123	712	35 943	6 818
653	33 819	6 134	713	35 979	6 830
654	33 855	6 146	714	36 015	6 842
655	33 891	6 157	715	36 051	6 854
656	33 927	6 169	716	36 087	6 865
657	33 963	6 180	717	36 123	6 877
658	33 999	6 192	718	36 159	6 889
659	34 035	6 203	719	36 195	6 901
660	34 071	6 215	720	36 231	6 913

* Die Einkommensteuer gilt nur für den ausgewiesenen Wert, Zwischenwerte sind zu schätzen – s. Vorbemerkungen

Gültig ab 1. 1. 2022 (idF des StEntlG 2022)   **ESt-Grundtabelle T 1a**

laufende Nummer	zu versteuerndes Einkommen* in €	tarifliche Einkommensteuer* in €	laufende Nummer	zu versteuerndes Einkommen* in €	tarifliche Einkommensteuer* in €
721	36 267	6 924	781	38 427	7 642
722	36 303	6 936	782	38 463	7 654
723	36 339	6 948	783	38 499	7 666
724	36 375	6 960	784	38 535	7 679
725	36 411	6 972	785	38 571	7 691
726	36 447	6 983	786	38 607	7 703
727	36 483	6 995	787	38 643	7 715
728	36 519	7 007	788	38 679	7 727
729	36 555	7 019	789	38 715	7 739
730	36 591	7 031	790	38 751	7 751
731	36 627	7 043	791	38 787	7 764
732	36 663	7 055	792	38 823	7 776
733	36 699	7 066	793	38 859	7 788
734	36 735	7 078	794	38 895	7 800
735	36 771	7 090	795	38 931	7 812
736	36 807	7 102	796	38 967	7 825
737	36 843	7 114	797	39 003	7 837
738	36 879	7 126	798	39 039	7 849
739	36 915	7 138	799	39 075	7 861
740	36 951	7 150	800	39 111	7 873
741	36 987	7 162	801	39 147	7 886
742	37 023	7 173	802	39 183	7 898
743	37 059	7 185	803	39 219	7 910
744	37 095	7 197	804	39 255	7 922
745	37 131	7 209	805	39 291	7 935
746	37 167	7 221	806	39 327	7 947
747	37 203	7 233	807	39 363	7 959
748	37 239	7 245	808	39 399	7 971
749	37 275	7 257	809	39 435	7 984
750	37 311	7 269	810	39 471	7 996
751	37 347	7 281	811	39 507	8 008
752	37 383	7 293	812	39 543	8 020
753	37 419	7 305	813	39 579	8 033
754	37 455	7 317	814	39 615	8 045
755	37 491	7 329	815	39 651	8 057
756	37 527	7 341	816	39 687	8 070
757	37 563	7 353	817	39 723	8 082
758	37 599	7 365	818	39 759	8 094
759	37 635	7 377	819	39 795	8 107
760	37 671	7 389	820	39 831	8 119
761	37 707	7 401	821	39 867	8 131
762	37 743	7 413	822	39 903	8 144
763	37 779	7 425	823	39 939	8 156
764	37 815	7 437	824	39 975	8 168
765	37 851	7 449	825	40 011	8 181
766	37 887	7 461	826	40 047	8 193
767	37 923	7 473	827	40 083	8 205
768	37 959	7 485	828	40 119	8 218
769	37 995	7 497	829	40 155	8 230
770	38 031	7 509	830	40 191	8 243
771	38 067	7 521	831	40 227	8 255
772	38 103	7 533	832	40 263	8 267
773	38 139	7 545	833	40 299	8 280
774	38 175	7 557	834	40 335	8 292
775	38 211	7 569	835	40 371	8 305
776	38 247	7 582	836	40 407	8 317
777	38 283	7 594	837	40 443	8 329
778	38 319	7 606	838	40 479	8 342
779	38 355	7 618	839	40 515	8 354
780	38 391	7 630	840	40 551	8 367

* Die Einkommensteuer gilt nur für den ausgewiesenen Wert, Zwischenwerte sind zu schätzen — s. Vorbemerkungen

T 1a ESt-Grundtabelle

Gültig ab 1. 1. 2022 (idF des StEntlG 2022)

laufende Nummer	zu versteuerndes Einkommen* in €	tarifliche Einkommensteuer* in €	laufende Nummer	zu versteuerndes Einkommen* in €	tarifliche Einkommensteuer* in €
841	40 587	8 379	901	42 747	9 135
842	40 623	8 392	902	42 783	9 148
843	40 659	8 404	903	42 819	9 161
844	40 695	8 416	904	42 855	9 174
845	40 731	8 429	905	42 891	9 186
846	40 767	8 441	906	42 927	9 199
847	40 803	8 454	907	42 963	9 212
848	40 839	8 466	908	42 999	9 225
849	40 875	8 479	909	43 035	9 238
850	40 911	8 491	910	43 071	9 250
851	40 947	8 504	911	43 107	9 263
852	40 983	8 516	912	43 143	9 276
853	41 019	8 529	913	43 179	9 289
854	41 055	8 541	914	43 215	9 302
855	41 091	8 554	915	43 251	9 315
856	41 127	8 566	916	43 287	9 327
857	41 163	8 579	917	43 323	9 340
858	41 199	8 591	918	43 359	9 353
859	41 235	8 604	919	43 395	9 366
860	41 271	8 616	920	43 431	9 379
861	41 307	8 629	921	43 467	9 392
862	41 343	8 642	922	43 503	9 405
863	41 379	8 654	923	43 539	9 417
864	41 415	8 667	924	43 575	9 430
865	41 451	8 679	925	43 611	9 443
866	41 487	8 692	926	43 647	9 456
867	41 523	8 704	927	43 683	9 469
868	41 559	8 717	928	43 719	9 482
869	41 595	8 730	929	43 755	9 495
870	41 631	8 742	930	43 791	9 508
871	41 667	8 755	931	43 827	9 521
872	41 703	8 767	932	43 863	9 534
873	41 739	8 780	933	43 899	9 546
874	41 775	8 793	934	43 935	9 559
875	41 811	8 805	935	43 971	9 572
876	41 847	8 818	936	44 007	9 585
877	41 883	8 830	937	44 043	9 598
878	41 919	8 843	938	44 079	9 611
879	41 955	8 856	939	44 115	9 624
880	41 991	8 868	940	44 151	9 637
881	42 027	8 881	941	44 187	9 650
882	42 063	8 894	942	44 223	9 663
883	42 099	8 906	943	44 259	9 676
884	42 135	8 919	944	44 295	9 689
885	42 171	8 932	945	44 331	9 702
886	42 207	8 944	946	44 367	9 715
887	42 243	8 957	947	44 403	9 728
888	42 279	8 970	948	44 439	9 741
889	42 315	8 983	949	44 475	9 754
890	42 351	8 995	950	44 511	9 767
891	42 387	9 008	951	44 547	9 780
892	42 423	9 021	952	44 583	9 793
893	42 459	9 033	953	44 619	9 806
894	42 495	9 046	954	44 655	9 819
895	42 531	9 059	955	44 691	9 832
896	42 567	9 072	956	44 727	9 845
897	42 603	9 084	957	44 763	9 858
898	42 639	9 097	958	44 799	9 872
899	42 675	9 110	959	44 835	9 885
900	42 711	9 123	960	44 871	9 898

* Die Einkommensteuer gilt nur für den ausgewiesenen Wert, Zwischenwerte sind zu schätzen — s. Vorbemerkungen

Gültig ab 1. 1. 2022 (idF des StEntlG 2022)

ESt-Grundtabelle T1a

laufende Nummer	zu versteuerndes Einkommen* in €	tarifliche Einkommen-steuer* in €	laufende Nummer	zu versteuerndes Einkommen* in €	tarifliche Einkommen-steuer* in €
961	44 907	9 911	1 021	47 067	10 706
962	44 943	9 924	1 022	47 103	10 719
963	44 979	9 937	1 023	47 139	10 732
964	45 015	9 950	1 024	47 175	10 746
965	45 051	9 963	1 025	47 211	10 759
966	45 087	9 976	1 026	47 247	10 773
967	45 123	9 989	1 027	47 283	10 786
968	45 159	10 003	1 028	47 319	10 800
969	45 195	10 016	1 029	47 355	10 813
970	45 231	10 029	1 030	47 391	10 826
971	45 267	10 042	1 031	47 427	10 840
972	45 303	10 055	1 032	47 463	10 853
973	45 339	10 068	1 033	47 499	10 867
974	45 375	10 081	1 034	47 535	10 880
975	45 411	10 095	1 035	47 571	10 894
976	45 447	10 108	1 036	47 607	10 907
977	45 483	10 121	1 037	47 643	10 921
978	45 519	10 134	1 038	47 679	10 934
979	45 555	10 147	1 039	47 715	10 948
980	45 591	10 160	1 040	47 751	10 961
981	45 627	10 174	1 041	47 787	10 975
982	45 663	10 187	1 042	47 823	10 988
983	45 699	10 200	1 043	47 859	11 002
984	45 735	10 213	1 044	47 895	11 015
985	45 771	10 226	1 045	47 931	11 029
986	45 807	10 240	1 046	47 967	11 042
987	45 843	10 253	1 047	48 003	11 056
988	45 879	10 266	1 048	48 039	11 069
989	45 915	10 279	1 049	48 075	11 083
990	45 951	10 293	1 050	48 111	11 097
991	45 987	10 306	1 051	48 147	11 110
992	46 023	10 319	1 052	48 183	11 124
993	46 059	10 332	1 053	48 219	11 137
994	46 095	10 346	1 054	48 255	11 151
995	46 131	10 359	1 055	48 291	11 164
996	46 167	10 372	1 056	48 327	11 178
997	46 203	10 385	1 057	48 363	11 192
998	46 239	10 399	1 058	48 399	11 205
999	46 275	10 412	1 059	48 435	11 219
1 000	46 311	10 425	1 060	48 471	11 232
1 001	46 347	10 438	1 061	48 507	11 246
1 002	46 383	10 452	1 062	48 543	11 260
1 003	46 419	10 465	1 063	48 579	11 273
1 004	46 455	10 478	1 064	48 615	11 287
1 005	46 491	10 492	1 065	48 651	11 301
1 006	46 527	10 505	1 066	48 687	11 314
1 007	46 563	10 518	1 067	48 723	11 328
1 008	46 599	10 532	1 068	48 759	11 342
1 009	46 635	10 545	1 069	48 795	11 355
1 010	46 671	10 558	1 070	48 831	11 369
1 011	46 707	10 572	1 071	48 867	11 383
1 012	46 743	10 585	1 072	48 903	11 396
1 013	46 779	10 598	1 073	48 939	11 410
1 014	46 815	10 612	1 074	48 975	11 424
1 015	46 851	10 625	1 075	49 011	11 437
1 016	46 887	10 639	1 076	49 047	11 451
1 017	46 923	10 652	1 077	49 083	11 465
1 018	46 959	10 665	1 078	49 119	11 478
1 019	46 995	10 679	1 079	49 155	11 492
1 020	47 031	10 692	1 080	49 191	11 506

* Die Einkommensteuer gilt nur für den ausgewiesenen Wert, Zwischenwerte sind zu schätzen — s. Vorbemerkungen

T 1a ESt-Grundtabelle

Gültig ab 1. 1. 2022 (idF des StEntlG 2022)

laufende Nummer	zu versteuerndes Einkommen* in €	tarifliche Einkommensteuer* in €	laufende Nummer	zu versteuerndes Einkommen* in €	tarifliche Einkommensteuer* in €
1 081	49 227	11 520	1 141	51 387	12 353
1 082	49 263	11 533	1 142	51 423	12 367
1 083	49 299	11 547	1 143	51 459	12 381
1 084	49 335	11 561	1 144	51 495	12 395
1 085	49 371	11 574	1 145	51 531	12 409
1 086	49 407	11 588	1 146	51 567	12 423
1 087	49 443	11 602	1 147	51 603	12 437
1 088	49 479	11 616	1 148	51 639	12 451
1 089	49 515	11 630	1 149	51 675	12 465
1 090	49 551	11 643	1 150	51 711	12 479
1 091	49 587	11 657	1 151	51 747	12 494
1 092	49 623	11 671	1 152	51 783	12 508
1 093	49 659	11 685	1 153	51 819	12 522
1 094	49 695	11 698	1 154	51 855	12 536
1 095	49 731	11 712	1 155	51 891	12 550
1 096	49 767	11 726	1 156	51 927	12 564
1 097	49 803	11 740	1 157	51 963	12 578
1 098	49 839	11 754	1 158	51 999	12 592
1 099	49 875	11 767	1 159	52 035	12 607
1 100	49 911	11 781	1 160	52 071	12 621
1 101	49 947	11 795	1 161	52 107	12 635
1 102	49 983	11 809	1 162	52 143	12 649
1 103	50 019	11 823	1 163	52 179	12 663
1 104	50 055	11 837	1 164	52 215	12 677
1 105	50 091	11 851	1 165	52 251	12 692
1 106	50 127	11 864	1 166	52 287	12 706
1 107	50 163	11 878	1 167	52 323	12 720
1 108	50 199	11 892	1 168	52 359	12 734
1 109	50 235	11 906	1 169	52 395	12 748
1 110	50 271	11 920	1 170	52 431	12 762
1 111	50 307	11 934	1 171	52 467	12 777
1 112	50 343	11 948	1 172	52 503	12 791
1 113	50 379	11 962	1 173	52 539	12 805
1 114	50 415	11 975	1 174	52 575	12 819
1 115	50 451	11 989	1 175	52 611	12 834
1 116	50 487	12 003	1 176	52 647	12 848
1 117	50 523	12 017	1 177	52 683	12 862
1 118	50 559	12 031	1 178	52 719	12 876
1 119	50 595	12 045	1 179	52 755	12 891
1 120	50 631	12 059	1 180	52 791	12 905
1 121	50 667	12 073	1 181	52 827	12 919
1 122	50 703	12 087	1 182	52 863	12 933
1 123	50 739	12 101	1 183	52 899	12 948
1 124	50 775	12 115	1 184	52 935	12 962
1 125	50 811	12 129	1 185	52 971	12 976
1 126	50 847	12 143	1 186	53 007	12 990
1 127	50 883	12 157	1 187	53 043	13 005
1 128	50 919	12 171	1 188	53 079	13 019
1 129	50 955	12 185	1 189	53 115	13 033
1 130	50 991	12 199	1 190	53 151	13 048
1 131	51 027	12 213	1 191	53 187	13 062
1 132	51 063	12 227	1 192	53 223	13 076
1 133	51 099	12 241	1 193	53 259	13 091
1 134	51 135	12 255	1 194	53 295	13 105
1 135	51 171	12 269	1 195	53 331	13 119
1 136	51 207	12 283	1 196	53 367	13 134
1 137	51 243	12 297	1 197	53 403	13 148
1 138	51 279	12 311	1 198	53 439	13 162
1 139	51 315	12 325	1 199	53 475	13 177
1 140	51 351	12 339	1 200	53 511	13 191

* Die Einkommensteuer gilt nur für den ausgewiesenen Wert, Zwischenwerte sind zu schätzen − s. Vorbemerkungen

Gültig ab 1. 1. 2022 (idF des StEntlG 2022)

ESt-Grundtabelle T 1a

laufende Nummer	zu versteuerndes Einkommen* in €	tarifliche Einkommensteuer* in €	laufende Nummer	zu versteuerndes Einkommen* in €	tarifliche Einkommensteuer* in €
1201	53547	13205	1261	55707	14077
1202	53583	13220	1262	55743	14092
1203	53619	13234	1263	55779	14107
1204	53655	13248	1264	55815	14121
1205	53691	13263	1265	55851	14136
1206	53727	13277	1266	55887	14151
1207	53763	13292	1267	55923	14165
1208	53799	13306	1268	55959	14180
1209	53835	13320	1269	55995	14195
1210	53871	13335	1270	56031	14210
1211	53907	13349	1271	56067	14224
1212	53943	13364	1272	56103	14239
1213	53979	13378	1273	56139	14254
1214	54015	13393	1274	56175	14269
1215	54051	13407	1275	56211	14283
1216	54087	13421	1276	56247	14298
1217	54123	13436	1277	56283	14313
1218	54159	13450	1278	56319	14328
1219	54195	13465	1279	56355	14342
1220	54231	13479	1280	56391	14357
1221	54267	13494	1281	56427	14372
1222	54303	13508	1282	56463	14387
1223	54339	13523	1283	56499	14402
1224	54375	13537	1284	56535	14416
1225	54411	13552	1285	56571	14431
1226	54447	13566	1286	56607	14446
1227	54483	13581	1287	56643	14461
1228	54519	13595	1288	56679	14476
1229	54555	13610	1289	56715	14491
1230	54591	13624	1290	56751	14505
1231	54627	13639	1291	56787	14520
1232	54663	13653	1292	56823	14535
1233	54699	13668	1293	56859	14550
1234	54735	13682	1294	56895	14565
1235	54771	13697	1295	56931	14580
1236	54807	13712	1296	56967	14595
1237	54843	13726	1297	57003	14609
1238	54879	13741	1298	57039	14624
1239	54915	13755	1299	57075	14639
1240	54951	13770	1300	57111	14654
1241	54987	13784	1301	57147	14669
1242	55023	13799	1302	57183	14684
1243	55059	13814	1303	57219	14699
1244	55095	13828	1304	57255	14714
1245	55131	13843	1305	57291	14729
1246	55167	13857	1306	57327	14744
1247	55203	13872	1307	57363	14759
1248	55239	13887	1308	57399	14774
1249	55275	13901	1309	57435	14788
1250	55311	13916	1310	57471	14803
1251	55347	13931	1311	57507	14818
1252	55383	13945	1312	57543	14833
1253	55419	13960	1313	57579	14848
1254	55455	13974	1314	57615	14863
1255	55491	13989	1315	57651	14878
1256	55527	14004	1316	57687	14893
1257	55563	14018	1317	57723	14908
1258	55599	14033	1318	57759	14923
1259	55635	14048	1319	57795	14938
1260	55671	14062	1320	57831	14953

* Die Einkommensteuer gilt nur für den ausgewiesenen Wert, Zwischenwerte sind zu schätzen — s. Vorbemerkungen

T 1a ESt-Grundtabelle

Gültig ab 1. 1. 2022 (idF des StEntlG 2022)

laufende Nummer	zu versteuerndes Einkommen* in €	tarifliche Einkommensteuer* in €	laufende Nummer	zu versteuerndes Einkommen* in €	tarifliche Einkommensteuer* in €
1321	57 867	14 968	1381	60 027	15 874
1322	57 903	14 983	1382	60 063	15 890
1323	57 939	14 998	1383	60 099	15 905
1324	57 975	15 013	1384	60 135	15 920
1325	58 011	15 028	1385	60 171	15 935
1326	58 047	15 043	1386	60 207	15 950
1327	58 083	15 058	1387	60 243	15 965
1328	58 119	15 073	1388	60 279	15 980
1329	58 155	15 088	1389	60 315	15 995
1330	58 191	15 104	1390	60 351	16 010
1331	58 227	15 119	1391	60 387	16 026
1332	58 263	15 134	1392	60 423	16 041
1333	58 299	15 149	1393	60 459	16 056
1334	58 335	15 164	1394	60 495	16 071
1335	58 371	15 179	1395	60 531	16 086
1336	58 407	15 194	1396	60 567	16 101
1337	58 443	15 209	1397	60 603	16 116
1338	58 479	15 224	1398	60 639	16 131
1339	58 515	15 239	1399	60 675	16 147
1340	58 551	15 254	1400	60 711	16 162
1341	58 587	15 270	1401	60 747	16 177
1342	58 623	15 285	1402	60 783	16 192
1343	58 659	15 300	1403	60 819	16 207
1344	58 695	15 315	1404	60 855	16 222
1345	58 731	15 330	1405	60 891	16 237
1346	58 767	15 345	1406	60 927	16 252
1347	58 803	15 360	1407	60 963	16 268
1348	58 839	15 375	1408	60 999	16 283
1349	58 875	15 391	1409	61 035	16 298
1350	58 911	15 406	1410	61 071	16 313
1351	58 947	15 421	1411	61 107	16 328
1352	58 983	15 436	1412	61 143	16 343
1353	59 019	15 451	1413	61 179	16 358
1354	59 055	15 466	1414	61 215	16 373
1355	59 091	15 481	1415	61 251	16 388
1356	59 127	15 496	1416	61 287	16 404
1357	59 163	15 512	1417	61 323	16 419
1358	59 199	15 527	1418	61 359	16 434
1359	59 235	15 542	1419	61 395	16 449
1360	59 271	15 557	1420	61 431	16 464
1361	59 307	15 572	1421	61 467	16 479
1362	59 343	15 587	1422	61 503	16 494
1363	59 379	15 602	1423	61 539	16 509
1364	59 415	15 617	1424	61 575	16 525
1365	59 451	15 632	1425	61 611	16 540
1366	59 487	15 648	1426	61 647	16 555
1367	59 523	15 663	1427	61 683	16 570
1368	59 559	15 678	1428	61 719	16 585
1369	59 595	15 693	1429	61 755	16 600
1370	59 631	15 708	1430	61 791	16 615
1371	59 667	15 723	1431	61 827	16 630
1372	59 703	15 738	1432	61 863	16 646
1373	59 739	15 753	1433	61 899	16 661
1374	59 775	15 769	1434	61 935	16 676
1375	59 811	15 784	1435	61 971	16 691
1376	59 847	15 799	1436	62 007	16 706
1377	59 883	15 814	1437	62 043	16 721
1378	59 919	15 829	1438	62 079	16 736
1379	59 955	15 844	1439	62 115	16 751
1380	59 991	15 859	1440	62 151	16 766

* Die Einkommensteuer gilt nur für den ausgewiesenen Wert, Zwischenwerte sind zu schätzen — s. Vorbemerkungen

Gültig ab 1. 1. 2022 (idF des StEntlG 2022)   **ESt-Grundtabelle T 1a**

laufende Nummer	zu versteuerndes Einkommen* in €	tarifliche Einkommensteuer* in €	laufende Nummer	zu versteuerndes Einkommen* in €	tarifliche Einkommensteuer* in €
1 441	62 187	16 782	1 501	64 347	17 689
1 442	62 223	16 797	1 502	64 383	17 704
1 443	62 259	16 812	1 503	64 419	17 719
1 444	62 295	16 827	1 504	64 455	17 734
1 445	62 331	16 842	1 505	64 491	17 749
1 446	62 367	16 857	1 506	64 527	17 764
1 447	62 403	16 872	1 507	64 563	17 780
1 448	62 439	16 887	1 508	64 599	17 795
1 449	62 475	16 903	1 509	64 635	17 810
1 450	62 511	16 918	1 510	64 671	17 825
1 451	62 547	16 933	1 511	64 707	17 840
1 452	62 583	16 948	1 512	64 743	17 855
1 453	62 619	16 963	1 513	64 779	17 870
1 454	62 655	16 978	1 514	64 815	17 885
1 455	62 691	16 993	1 515	64 851	17 900
1 456	62 727	17 008	1 516	64 887	17 916
1 457	62 763	17 024	1 517	64 923	17 931
1 458	62 799	17 039	1 518	64 959	17 946
1 459	62 835	17 054	1 519	64 995	17 961
1 460	62 871	17 069	1 520	65 031	17 976
1 461	62 907	17 084	1 521	65 067	17 991
1 462	62 943	17 099	1 522	65 103	18 006
1 463	62 979	17 114	1 523	65 139	18 021
1 464	63 015	17 129	1 524	65 175	18 037
1 465	63 051	17 144	1 525	65 211	18 052
1 466	63 087	17 160	1 526	65 247	18 067
1 467	63 123	17 175	1 527	65 283	18 082
1 468	63 159	17 190	1 528	65 319	18 097
1 469	63 195	17 205	1 529	65 355	18 112
1 470	63 231	17 220	1 530	65 391	18 127
1 471	63 267	17 235	1 531	65 427	18 142
1 472	63 303	17 250	1 532	65 463	18 158
1 473	63 339	17 265	1 533	65 499	18 173
1 474	63 375	17 281	1 534	65 535	18 188
1 475	63 411	17 296	1 535	65 571	18 203
1 476	63 447	17 311	1 536	65 607	18 218
1 477	63 483	17 326	1 537	65 643	18 233
1 478	63 519	17 341	1 538	65 679	18 248
1 479	63 555	17 356	1 539	65 715	18 263
1 480	63 591	17 371	1 540	65 751	18 278
1 481	63 627	17 386	1 541	65 787	18 294
1 482	63 663	17 402	1 542	65 823	18 309
1 483	63 699	17 417	1 543	65 859	18 324
1 484	63 735	17 432	1 544	65 895	18 339
1 485	63 771	17 447	1 545	65 931	18 354
1 486	63 807	17 462	1 546	65 967	18 369
1 487	63 843	17 477	1 547	66 003	18 384
1 488	63 879	17 492	1 548	66 039	18 399
1 489	63 915	17 507	1 549	66 075	18 415
1 490	63 951	17 522	1 550	66 111	18 430
1 491	63 987	17 538	1 551	66 147	18 445
1 492	64 023	17 553	1 552	66 183	18 460
1 493	64 059	17 568	1 553	66 219	18 475
1 494	64 095	17 583	1 554	66 255	18 490
1 495	64 131	17 598	1 555	66 291	18 505
1 496	64 167	17 613	1 556	66 327	18 520
1 497	64 203	17 628	1 557	66 363	18 536
1 498	64 239	17 643	1 558	66 399	18 551
1 499	64 275	17 659	1 559	66 435	18 566
1 500	64 311	17 674	1 560	66 471	18 581

* Die Einkommensteuer gilt nur für den ausgewiesenen Wert, Zwischenwerte sind zu schätzen — s. Vorbemerkungen

T 1a ESt-Grundtabelle

Gültig ab 1. 1. 2022 (idF des StEntlG 2022)

laufende Nummer	zu versteuerndes Einkommen* in €	tarifliche Einkommensteuer* in €	laufende Nummer	zu versteuerndes Einkommen* in €	tarifliche Einkommensteuer* in €
1561	66 507	18 596	1621	68 667	19 503
1562	66 543	18 611	1622	68 703	19 518
1563	66 579	18 626	1623	68 739	19 533
1564	66 615	18 641	1624	68 775	19 549
1565	66 651	18 656	1625	68 811	19 564
1566	66 687	18 672	1626	68 847	19 579
1567	66 723	18 687	1627	68 883	19 594
1568	66 759	18 702	1628	68 919	19 609
1569	66 795	18 717	1629	68 955	19 624
1570	66 831	18 732	1630	68 991	19 639
1571	66 867	18 747	1631	69 027	19 654
1572	66 903	18 762	1632	69 063	19 670
1573	66 939	18 777	1633	69 099	19 685
1574	66 975	18 793	1634	69 135	19 700
1575	67 011	18 808	1635	69 171	19 715
1576	67 047	18 823	1636	69 207	19 730
1577	67 083	18 838	1637	69 243	19 745
1578	67 119	18 853	1638	69 279	19 760
1579	67 155	18 868	1639	69 315	19 775
1580	67 191	18 883	1640	69 351	19 790
1581	67 227	18 898	1641	69 387	19 806
1582	67 263	18 914	1642	69 423	19 821
1583	67 299	18 929	1643	69 459	19 836
1584	67 335	18 944	1644	69 495	19 851
1585	67 371	18 959	1645	69 531	19 866
1586	67 407	18 974	1646	69 567	19 881
1587	67 443	18 989	1647	69 603	19 896
1588	67 479	19 004	1648	69 639	19 911
1589	67 515	19 019	1649	69 675	19 927
1590	67 551	19 034	1650	69 711	19 942
1591	67 587	19 050	1651	69 747	19 957
1592	67 623	19 065	1652	69 783	19 972
1593	67 659	19 080	1653	69 819	19 987
1594	67 695	19 095	1654	69 855	20 002
1595	67 731	19 110	1655	69 891	20 017
1596	67 767	19 125	1656	69 927	20 032
1597	67 803	19 140	1657	69 963	20 048
1598	67 839	19 155	1658	69 999	20 063
1599	67 875	19 171	1659	70 035	20 078
1600	67 911	19 186	1660	70 071	20 093
1601	67 947	19 201	1661	70 107	20 108
1602	67 983	19 216	1662	70 143	20 123
1603	68 019	19 231	1663	70 179	20 138
1604	68 055	19 246	1664	70 215	20 153
1605	68 091	19 261	1665	70 251	20 168
1606	68 127	19 276	1666	70 287	20 184
1607	68 163	19 292	1667	70 323	20 199
1608	68 199	19 307	1668	70 359	20 214
1609	68 235	19 322	1669	70 395	20 229
1610	68 271	19 337	1670	70 431	20 244
1611	68 307	19 352	1671	70 467	20 259
1612	68 343	19 367	1672	70 503	20 274
1613	68 379	19 382	1673	70 539	20 289
1614	68 415	19 397	1674	70 575	20 305
1615	68 451	19 412	1675	70 611	20 320
1616	68 487	19 428	1676	70 647	20 335
1617	68 523	19 443	1677	70 683	20 350
1618	68 559	19 458	1678	70 719	20 365
1619	68 595	19 473	1679	70 755	20 380
1620	68 631	19 488	1680	70 791	20 395

* Die Einkommensteuer gilt nur für den ausgewiesenen Wert, Zwischenwerte sind zu schätzen — s. Vorbemerkungen

Gültig ab 1. 1. 2022 (idF des StEntlG 2022)   **ESt-Grundtabelle T 1a**

laufende Nummer	zu versteuerndes Einkommen* in €	tarifliche Einkommensteuer* in €	laufende Nummer	zu versteuerndes Einkommen* in €	tarifliche Einkommensteuer* in €
1681	70827	20410	1741	72987	21318
1682	70863	20426	1742	73023	21333
1683	70899	20441	1743	73059	21348
1684	70935	20456	1744	73095	21363
1685	70971	20471	1745	73131	21378
1686	71007	20486	1746	73167	21393
1687	71043	20501	1747	73203	21408
1688	71079	20516	1748	73239	21423
1689	71115	20531	1749	73275	21439
1690	71151	20546	1750	73311	21454
1691	71187	20562	1751	73347	21469
1692	71223	20577	1752	73383	21484
1693	71259	20592	1753	73419	21499
1694	71295	20607	1754	73455	21514
1695	71331	20622	1755	73491	21529
1696	71367	20637	1756	73527	21544
1697	71403	20652	1757	73563	21560
1698	71439	20667	1758	73599	21575
1699	71475	20683	1759	73635	21590
1700	71511	20698	1760	73671	21605
1701	71547	20713	1761	73707	21620
1702	71583	20728	1762	73743	21635
1703	71619	20743	1763	73779	21650
1704	71655	20758	1764	73815	21665
1705	71691	20773	1765	73851	21680
1706	71727	20788	1766	73887	21696
1707	71763	20804	1767	73923	21711
1708	71799	20819	1768	73959	21726
1709	71835	20834	1769	73995	21741
1710	71871	20849	1770	74031	21756
1711	71907	20864	1771	74067	21771
1712	71943	20879	1772	74103	21786
1713	71979	20894	1773	74139	21801
1714	72015	20909	1774	74175	21817
1715	72051	20924	1775	74211	21832
1716	72087	20940	1776	74247	21847
1717	72123	20955	1777	74283	21862
1718	72159	20970	1778	74319	21877
1719	72195	20985	1779	74355	21892
1720	72231	21000	1780	74391	21907
1721	72267	21015	1781	74427	21922
1722	72303	21030	1782	74463	21938
1723	72339	21045	1783	74499	21953
1724	72375	21061	1784	74535	21968
1725	72411	21076	1785	74571	21983
1726	72447	21091	1786	74607	21998
1727	72483	21106	1787	74643	22013
1728	72519	21121	1788	74679	22028
1729	72555	21136	1789	74715	22043
1730	72591	21151	1790	74751	22058
1731	72627	21166	1791	74787	22074
1732	72663	21182	1792	74823	22089
1733	72699	21197	1793	74859	22104
1734	72735	21212	1794	74895	22119
1735	72771	21227	1795	74931	22134
1736	72807	21242	1796	74967	22149
1737	72843	21257	1797	75003	22164
1738	72879	21272	1798	75039	22179
1739	72915	21287	1799	75075	22195
1740	72951	21302	1800	75111	22210

* Die Einkommensteuer gilt nur für den ausgewiesenen Wert, Zwischenwerte sind zu schätzen — s. Vorbemerkungen

T1a ESt-Grundtabelle

Gültig ab 1. 1. 2022 (idF des StEntlG 2022)

laufende Nummer	zu versteuerndes Einkommen* in €	tarifliche Einkommensteuer* in €	laufende Nummer	zu versteuerndes Einkommen* in €	tarifliche Einkommensteuer* in €
1801	75 147	22 225	1861	77 307	23 132
1802	75 183	22 240	1862	77 343	23 147
1803	75 219	22 255	1863	77 379	23 162
1804	75 255	22 270	1864	77 415	23 177
1805	75 291	22 285	1865	77 451	23 192
1806	75 327	22 300	1866	77 487	23 208
1807	75 363	22 316	1867	77 523	23 223
1808	75 399	22 331	1868	77 559	23 238
1809	75 435	22 346	1869	77 595	23 253
1810	75 471	22 361	1870	77 631	23 268
1811	75 507	22 376	1871	77 667	23 283
1812	75 543	22 391	1872	77 703	23 298
1813	75 579	22 406	1873	77 739	23 313
1814	75 615	22 421	1874	77 775	23 329
1815	75 651	22 436	1875	77 811	23 344
1816	75 687	22 452	1876	77 847	23 359
1817	75 723	22 467	1877	77 883	23 374
1818	75 759	22 482	1878	77 919	23 389
1819	75 795	22 497	1879	77 955	23 404
1820	75 831	22 512	1880	77 991	23 419
1821	75 867	22 527	1881	78 027	23 434
1822	75 903	22 542	1882	78 063	23 450
1823	75 939	22 557	1883	78 099	23 465
1824	75 975	22 573	1884	78 135	23 480
1825	76 011	22 588	1885	78 171	23 495
1826	76 047	22 603	1886	78 207	23 510
1827	76 083	22 618	1887	78 243	23 525
1828	76 119	22 633	1888	78 279	23 540
1829	76 155	22 648	1889	78 315	23 555
1830	76 191	22 663	1890	78 351	23 570
1831	76 227	22 678	1891	78 387	23 586
1832	76 263	22 694	1892	78 423	23 601
1833	76 299	22 709	1893	78 459	23 616
1834	76 335	22 724	1894	78 495	23 631
1835	76 371	22 739	1895	78 531	23 646
1836	76 407	22 754	1896	78 567	23 661
1837	76 443	22 769	1897	78 603	23 676
1838	76 479	22 784	1898	78 639	23 691
1839	76 515	22 799	1899	78 675	23 707
1840	76 551	22 814	1900	78 711	23 722
1841	76 587	22 830	1901	78 747	23 737
1842	76 623	22 845	1902	78 783	23 752
1843	76 659	22 860	1903	78 819	23 767
1844	76 695	22 875	1904	78 855	23 782
1845	76 731	22 890	1905	78 891	23 797
1846	76 767	22 905	1906	78 927	23 812
1847	76 803	22 920	1907	78 963	23 828
1848	76 839	22 935	1908	78 999	23 843
1849	76 875	22 951	1909	79 035	23 858
1850	76 911	22 966	1910	79 071	23 873
1851	76 947	22 981	1911	79 107	23 888
1852	76 983	22 996	1912	79 143	23 903
1853	77 019	23 011	1913	79 179	23 918
1854	77 055	23 026	1914	79 215	23 933
1855	77 091	23 041	1915	79 251	23 948
1856	77 127	23 056	1916	79 287	23 964
1857	77 163	23 072	1917	79 323	23 979
1858	77 199	23 087	1918	79 359	23 994
1859	77 235	23 102	1919	79 395	24 009
1860	77 271	23 117	1920	79 431	24 024

* Die Einkommensteuer gilt nur für den ausgewiesenen Wert, Zwischenwerte sind zu schätzen — s. Vorbemerkungen

Gültig ab 1. 1. 2022 (idF des StEntlG 2022) **ESt-Grundtabelle T 1a**

laufende Nummer	zu versteuerndes Einkommen* in €	tarifliche Einkommensteuer* in €	laufende Nummer	zu versteuerndes Einkommen* in €	tarifliche Einkommensteuer* in €
1921	79467	24039	1981	81627	24946
1922	79503	24054	1982	81663	24962
1923	79539	24069	1983	81699	24977
1924	79575	24085	1984	81735	24992
1925	79611	24100	1985	81771	25007
1926	79647	24115	1986	81807	25022
1927	79683	24130	1987	81843	25037
1928	79719	24145	1988	81879	25052
1929	79755	24160	1989	81915	25067
1930	79791	24175	1990	81951	25082
1931	79827	24190	1991	81987	25098
1932	79863	24206	1992	82023	25113
1933	79899	24221	1993	82059	25128
1934	79935	24236	1994	82095	25143
1935	79971	24251	1995	82131	25158
1936	80007	24266	1996	82167	25173
1937	80043	24281	1997	82203	25188
1938	80079	24296	1998	82239	25203
1939	80115	24311	1999	82275	25219
1940	80151	24326	2000	82311	25234
1941	80187	24342	2001	82347	25249
1942	80223	24357	2002	82383	25264
1943	80259	24372	2003	82419	25279
1944	80295	24387	2004	82455	25294
1945	80331	24402	2005	82491	25309
1946	80367	24417	2006	82527	25324
1947	80403	24432	2007	82563	25340
1948	80439	24447	2008	82599	25355
1949	80475	24463	2009	82635	25370
1950	80511	24478	2010	82671	25385
1951	80547	24493	2011	82707	25400
1952	80583	24508	2012	82743	25415
1953	80619	24523	2013	82779	25430
1954	80655	24538	2014	82815	25445
1955	80691	24553	2015	82851	25460
1956	80727	24568	2016	82887	25476
1957	80763	24584	2017	82923	25491
1958	80799	24599	2018	82959	25506
1959	80835	24614	2019	82995	25521
1960	80871	24629	2020	83031	25536
1961	80907	24644	2021	83067	25551
1962	80943	24659	2022	83103	25566
1963	80979	24674	2023	83139	25581
1964	81015	24689	2024	83175	25597
1965	81051	24704	2025	83211	25612
1966	81087	24720	2026	83247	25627
1967	81123	24735	2027	83283	25642
1968	81159	24750	2028	83319	25657
1969	81195	24765	2029	83355	25672
1970	81231	24780	2030	83391	25687
1971	81267	24795	2031	83427	25702
1972	81303	24810	2032	83463	25718
1973	81339	24825	2033	83499	25733
1974	81375	24841	2034	83535	25748
1975	81411	24856	2035	83571	25763
1976	81447	24871	2036	83607	25778
1977	81483	24886	2037	83643	25793
1978	81519	24901	2038	83679	25808
1979	81555	24916	2039	83715	25823
1980	81591	24931	2040	83751	25838

* Die Einkommensteuer gilt nur für den ausgewiesenen Wert, Zwischenwerte sind zu schätzen — s. Vorbemerkungen

T 1a ESt-Grundtabelle

Gültig ab 1. 1. 2022 (idF des StEntlG 2022)

laufende Nummer	zu versteuerndes Einkommen* in €	tarifliche Einkommensteuer* in €	laufende Nummer	zu versteuerndes Einkommen* in €	tarifliche Einkommensteuer* in €
2041	83 787	25 854	2101	85 947	26 761
2042	83 823	25 869	2102	85 983	26 776
2043	83 859	25 884	2103	86 019	26 791
2044	83 895	25 899	2104	86 055	26 806
2045	83 931	25 914	2105	86 091	26 821
2046	83 967	25 929	2106	86 127	26 836
2047	84 003	25 944	2107	86 163	26 852
2048	84 039	25 959	2108	86 199	26 867
2049	84 075	25 975	2109	86 235	26 882
2050	84 111	25 990	2110	86 271	26 897
2051	84 147	26 005	2111	86 307	26 912
2052	84 183	26 020	2112	86 343	26 927
2053	84 219	26 035	2113	86 379	26 942
2054	84 255	26 050	2114	86 415	26 957
2055	84 291	26 065	2115	86 451	26 972
2056	84 327	26 080	2116	86 487	26 988
2057	84 363	26 096	2117	86 523	27 003
2058	84 399	26 111	2118	86 559	27 018
2059	84 435	26 126	2119	86 595	27 033
2060	84 471	26 141	2120	86 631	27 048
2061	84 507	26 156	2121	86 667	27 063
2062	84 543	26 171	2122	86 703	27 078
2063	84 579	26 186	2123	86 739	27 093
2064	84 615	26 201	2124	86 775	27 109
2065	84 651	26 216	2125	86 811	27 124
2066	84 687	26 232	2126	86 847	27 139
2067	84 723	26 247	2127	86 883	27 154
2068	84 759	26 262	2128	86 919	27 169
2069	84 795	26 277	2129	86 955	27 184
2070	84 831	26 292	2130	86 991	27 199
2071	84 867	26 307	2131	87 027	27 214
2072	84 903	26 322	2132	87 063	27 230
2073	84 939	26 337	2133	87 099	27 245
2074	84 975	26 353	2134	87 135	27 260
2075	85 011	26 368	2135	87 171	27 275
2076	85 047	26 383	2136	87 207	27 290
2077	85 083	26 398	2137	87 243	27 305
2078	85 119	26 413	2138	87 279	27 320
2079	85 155	26 428	2139	87 315	27 335
2080	85 191	26 443	2140	87 351	27 350
2081	85 227	26 458	2141	87 387	27 366
2082	85 263	26 474	2142	87 423	27 381
2083	85 299	26 489	2143	87 459	27 396
2084	85 335	26 504	2144	87 495	27 411
2085	85 371	26 519	2145	87 531	27 426
2086	85 407	26 534	2146	87 567	27 441
2087	85 443	26 549	2147	87 603	27 456
2088	85 479	26 564	2148	87 639	27 471
2089	85 515	26 579	2149	87 675	27 487
2090	85 551	26 594	2150	87 711	27 502
2091	85 587	26 610	2151	87 747	27 517
2092	85 623	26 625	2152	87 783	27 532
2093	85 659	26 640	2153	87 819	27 547
2094	85 695	26 655	2154	87 855	27 562
2095	85 731	26 670	2155	87 891	27 577
2096	85 767	26 685	2156	87 927	27 592
2097	85 803	26 700	2157	87 963	27 608
2098	85 839	26 715	2158	87 999	27 623
2099	85 875	26 731	2159	88 035	27 638
2100	85 911	26 746	2160	88 071	27 653

* Die Einkommensteuer gilt nur für den ausgewiesenen Wert, Zwischenwerte sind zu schätzen — s. Vorbemerkungen

Gültig ab 1. 1. 2022 (idF des StEntlG 2022) **ESt-Grundtabelle T 1a**

laufende Nummer	zu versteuerndes Einkommen* in €	tarifliche Einkommen- steuer* in €	laufende Nummer	zu versteuerndes Einkommen* in €	tarifliche Einkommen- steuer* in €
2 161	88 107	27 668	2 221	90 267	28 575
2 162	88 143	27 683	2 222	90 303	28 590
2 163	88 179	27 698	2 223	90 339	28 605
2 164	88 215	27 713	2 224	90 375	28 621
2 165	88 251	27 728	2 225	90 411	28 636
2 166	88 287	27 744	2 226	90 447	28 651
2 167	88 323	27 759	2 227	90 483	28 666
2 168	88 359	27 774	2 228	90 519	28 681
2 169	88 395	27 789	2 229	90 555	28 696
2 170	88 431	27 804	2 230	90 591	28 711
2 171	88 467	27 819	2 231	90 627	28 726
2 172	88 503	27 834	2 232	90 663	28 742
2 173	88 539	27 849	2 233	90 699	28 757
2 174	88 575	27 865	2 234	90 735	28 772
2 175	88 611	27 880	2 235	90 771	28 787
2 176	88 647	27 895	2 236	90 807	28 802
2 177	88 683	27 910	2 237	90 843	28 817
2 178	88 719	27 925	2 238	90 879	28 832
2 179	88 755	27 940	2 239	90 915	28 847
2 180	88 791	27 955	2 240	90 951	28 862
2 181	88 827	27 970	2 241	90 987	28 878
2 182	88 863	27 986	2 242	91 023	28 893
2 183	88 899	28 001	2 243	91 059	28 908
2 184	88 935	28 016	2 244	91 095	28 923
2 185	88 971	28 031	2 245	91 131	28 938
2 186	89 007	28 046	2 246	91 167	28 953
2 187	89 043	28 061	2 247	91 203	28 968
2 188	89 079	28 076	2 248	91 239	28 983
2 189	89 115	28 091	2 249	91 275	28 999
2 190	89 151	28 106	2 250	91 311	29 014
2 191	89 187	28 122	2 251	91 347	29 029
2 192	89 223	28 137	2 252	91 383	29 044
2 193	89 259	28 152	2 253	91 419	29 059
2 194	89 295	28 167	2 254	91 455	29 074
2 195	89 331	28 182	2 255	91 491	29 089
2 196	89 367	28 197	2 256	91 527	29 104
2 197	89 403	28 212	2 257	91 563	29 120
2 198	89 439	28 227	2 258	91 599	29 135
2 199	89 475	28 243	2 259	91 635	29 150
2 200	89 511	28 258	2 260	91 671	29 165
2 201	89 547	28 273	2 261	91 707	29 180
2 202	89 583	28 288	2 262	91 743	29 195
2 203	89 619	28 303	2 263	91 779	29 210
2 204	89 655	28 318	2 264	91 815	29 225
2 205	89 691	28 333	2 265	91 851	29 240
2 206	89 727	28 348	2 266	91 887	29 256
2 207	89 763	28 364	2 267	91 923	29 271
2 208	89 799	28 379	2 268	91 959	29 286
2 209	89 835	28 394	2 269	91 995	29 301
2 210	89 871	28 409	2 270	92 031	29 316
2 211	89 907	28 424	2 271	92 067	29 331
2 212	89 943	28 439	2 272	92 103	29 346
2 213	89 979	28 454	2 273	92 139	29 361
2 214	90 015	28 469	2 274	92 175	29 377
2 215	90 051	28 484	2 275	92 211	29 392
2 216	90 087	28 500	2 276	92 247	29 407
2 217	90 123	28 515	2 277	92 283	29 422
2 218	90 159	28 530	2 278	92 319	29 437
2 219	90 195	28 545	2 279	92 355	29 452
2 220	90 231	28 560	2 280	92 391	29 467

* Die Einkommensteuer gilt nur für den ausgewiesenen Wert, Zwischenwerte sind zu schätzen — s. Vorbemerkungen

T 1a ESt-Grundtabelle

Gültig ab 1. 1. 2022 (idF des StEntlG 2022)

laufende Nummer	zu versteuerndes Einkommen* in €	tarifliche Einkommensteuer* in €	laufende Nummer	zu versteuerndes Einkommen* in €	tarifliche Einkommensteuer* in €
2281	92427	29482	2341	94587	30390
2282	92463	29498	2342	94623	30405
2283	92499	29513	2343	94659	30420
2284	92535	29528	2344	94695	30435
2285	92571	29543	2345	94731	30450
2286	92607	29558	2346	94767	30465
2287	92643	29573	2347	94803	30480
2288	92679	29588	2348	94839	30495
2289	92715	29603	2349	94875	30511
2290	92751	29618	2350	94911	30526
2291	92787	29634	2351	94947	30541
2292	92823	29649	2352	94983	30556
2293	92859	29664	2353	95019	30571
2294	92895	29679	2354	95055	30586
2295	92931	29694	2355	95091	30601
2296	92967	29709	2356	95127	30616
2297	93003	29724	2357	95163	30632
2298	93039	29739	2358	95199	30647
2299	93075	29755	2359	95235	30662
2300	93111	29770	2360	95271	30677
2301	93147	29785	2361	95307	30692
2302	93183	29800	2362	95343	30707
2303	93219	29815	2363	95379	30722
2304	93255	29830	2364	95415	30737
2305	93291	29845	2365	95451	30752
2306	93327	29860	2366	95487	30768
2307	93363	29876	2367	95523	30783
2308	93399	29891	2368	95559	30798
2309	93435	29906	2369	95595	30813
2310	93471	29921	2370	95631	30828
2311	93507	29936	2371	95667	30843
2312	93543	29951	2372	95703	30858
2313	93579	29966	2373	95739	30873
2314	93615	29981	2374	95775	30889
2315	93651	29996	2375	95811	30904
2316	93687	30012	2376	95847	30919
2317	93723	30027	2377	95883	30934
2318	93759	30042	2378	95919	30949
2319	93795	30057	2379	95955	30964
2320	93831	30072	2380	95991	30979
2321	93867	30087	2381	96027	30994
2322	93903	30102	2382	96063	31010
2323	93939	30117	2383	96099	31025
2324	93975	30133	2384	96135	31040
2325	94011	30148	2385	96171	31055
2326	94047	30163	2386	96207	31070
2327	94083	30178	2387	96243	31085
2328	94119	30193	2388	96279	31100
2329	94155	30208	2389	96315	31115
2330	94191	30223	2390	96351	31130
2331	94227	30238	2391	96387	31146
2332	94263	30254	2392	96423	31161
2333	94299	30269	2393	96459	31176
2334	94335	30284	2394	96495	31191
2335	94371	30299	2395	96531	31206
2336	94407	30314	2396	96567	31221
2337	94443	30329	2397	96603	31236
2338	94479	30344	2398	96639	31251
2339	94515	30359	2399	96675	31267
2340	94551	30374	2400	96711	31282

* Die Einkommensteuer gilt nur für den ausgewiesenen Wert, Zwischenwerte sind zu schätzen — s. Vorbemerkungen

Gültig ab 1. 1. 2022 (idF des StEntlG 2022)   **ESt-Splittingtabelle   T 1b**

laufende Nummer	zu versteuerndes Einkommen* in €	tarifliche Einkommensteuer* in €	laufende Nummer	zu versteuerndes Einkommen* in €	tarifliche Einkommensteuer* in €
1	20 694		61	25 014	706
2	20 766	10	62	25 086	718
3	20 838	20	63	25 158	732
4	20 910	30	64	25 230	746
5	20 982	40	65	25 302	760
6	21 054	50	66	25 374	774
7	21 126	60	67	25 446	788
8	21 198	70	68	25 518	802
9	21 270	82	69	25 590	814
10	21 342	92	70	25 662	828
11	21 414	102	71	25 734	842
12	21 486	114	72	25 806	856
13	21 558	124	73	25 878	872
14	21 630	134	74	25 950	886
15	21 702	146	75	26 022	900
16	21 774	156	76	26 094	914
17	21 846	168	77	26 166	928
18	21 918	178	78	26 238	942
19	21 990	190	79	26 310	956
20	22 062	200	80	26 382	972
21	22 134	212	81	26 454	986
22	22 206	224	82	26 526	1 000
23	22 278	234	83	26 598	1 016
24	22 350	246	84	26 670	1 030
25	22 422	258	85	26 742	1 044
26	22 494	268	86	26 814	1 060
27	22 566	280	87	26 886	1 074
28	22 638	292	88	26 958	1 090
29	22 710	304	89	27 030	1 104
30	22 782	316	90	27 102	1 120
31	22 854	326	91	27 174	1 134
32	22 926	338	92	27 246	1 150
33	22 998	350	93	27 318	1 166
34	23 070	362	94	27 390	1 180
35	23 142	374	95	27 462	1 196
36	23 214	386	96	27 534	1 212
37	23 286	398	97	27 606	1 226
38	23 358	410	98	27 678	1 242
39	23 430	422	99	27 750	1 258
40	23 502	436	100	27 822	1 274
41	23 574	448	101	27 894	1 290
42	23 646	460	102	27 966	1 304
43	23 718	472	103	28 038	1 320
44	23 790	484	104	28 110	1 336
45	23 862	498	105	28 182	1 352
46	23 934	510	106	28 254	1 368
47	24 006	522	107	28 326	1 384
48	24 078	536	108	28 398	1 400
49	24 150	548	109	28 470	1 416
50	24 222	560	110	28 542	1 432
51	24 294	574	111	28 614	1 450
52	24 366	586	112	28 686	1 466
53	24 438	600	113	28 758	1 482
54	24 510	612	114	28 830	1 498
55	24 582	626	115	28 902	1 514
56	24 654	638	116	28 974	1 532
57	24 726	652	117	29 046	1 548
58	24 798	666	118	29 118	1 564
59	24 870	678	119	29 190	1 582
60	24 942	692	120	29 262	1 598

* Die Einkommensteuer gilt nur für den ausgewiesenen Wert, Zwischenwerte sind zu schätzen — s. Vorbemerkungen

T 1b ESt-Splittingtabelle

Gültig ab 1. 1. 2022 (idF des StEntlG 2022)

laufende Nummer	zu versteuerndes Einkommen* in €	tarifliche Einkommensteuer* in €	laufende Nummer	zu versteuerndes Einkommen* in €	tarifliche Einkommensteuer* in €
121	29 334	1 614	181	33 654	2 664
122	29 406	1 632	182	33 726	2 682
123	29 478	1 648	183	33 798	2 700
124	29 550	1 666	184	33 870	2 718
125	29 622	1 682	185	33 942	2 736
126	29 694	1 700	186	34 014	2 754
127	29 766	1 718	187	34 086	2 772
128	29 838	1 734	188	34 158	2 788
129	29 910	1 752	189	34 230	2 806
130	29 982	1 768	190	34 302	2 824
131	30 054	1 786	191	34 374	2 842
132	30 126	1 804	192	34 446	2 860
133	30 198	1 820	193	34 518	2 878
134	30 270	1 838	194	34 590	2 896
135	30 342	1 856	195	34 662	2 914
136	30 414	1 872	196	34 734	2 932
137	30 486	1 890	197	34 806	2 950
138	30 558	1 908	198	34 878	2 968
139	30 630	1 924	199	34 950	2 986
140	30 702	1 942	200	35 022	3 004
141	30 774	1 960	201	35 094	3 022
142	30 846	1 976	202	35 166	3 040
143	30 918	1 994	203	35 238	3 058
144	30 990	2 012	204	35 310	3 076
145	31 062	2 030	205	35 382	3 094
146	31 134	2 046	206	35 454	3 112
147	31 206	2 064	207	35 526	3 130
148	31 278	2 082	208	35 598	3 150
149	31 350	2 100	209	35 670	3 168
150	31 422	2 116	210	35 742	3 186
151	31 494	2 134	211	35 814	3 204
152	31 566	2 152	212	35 886	3 222
153	31 638	2 170	213	35 958	3 240
154	31 710	2 186	214	36 030	3 258
155	31 782	2 204	215	36 102	3 276
156	31 854	2 222	216	36 174	3 294
157	31 926	2 240	217	36 246	3 312
158	31 998	2 256	218	36 318	3 330
159	32 070	2 274	219	36 390	3 348
160	32 142	2 292	220	36 462	3 368
161	32 214	2 310	221	36 534	3 386
162	32 286	2 328	222	36 606	3 404
163	32 358	2 344	223	36 678	3 422
164	32 430	2 362	224	36 750	3 440
165	32 502	2 380	225	36 822	3 458
166	32 574	2 398	226	36 894	3 476
167	32 646	2 416	227	36 966	3 496
168	32 718	2 434	228	37 038	3 514
169	32 790	2 450	229	37 110	3 532
170	32 862	2 468	230	37 182	3 550
171	32 934	2 486	231	37 254	3 568
172	33 006	2 504	232	37 326	3 586
173	33 078	2 522	233	37 398	3 606
174	33 150	2 540	234	37 470	3 624
175	33 222	2 558	235	37 542	3 642
176	33 294	2 574	236	37 614	3 660
177	33 366	2 592	237	37 686	3 678
178	33 438	2 610	238	37 758	3 698
179	33 510	2 628	239	37 830	3 716
180	33 582	2 646	240	37 902	3 734

* Die Einkommensteuer gilt nur für den ausgewiesenen Wert, Zwischenwerte sind zu schätzen — s. Vorbemerkungen

Gültig ab 1. 1. 2022 (idF des StEntlG 2022)   **ESt-Splittingtabelle T 1b**

laufende Nummer	zu versteuerndes Einkommen* in €	tarifliche Einkommensteuer* in €	laufende Nummer	zu versteuerndes Einkommen* in €	tarifliche Einkommensteuer* in €
241	37 974	3 752	301	42 294	4 880
242	38 046	3 772	302	42 366	4 898
243	38 118	3 790	303	42 438	4 918
244	38 190	3 808	304	42 510	4 938
245	38 262	3 826	305	42 582	4 956
246	38 334	3 846	306	42 654	4 976
247	38 406	3 864	307	42 726	4 994
248	38 478	3 882	308	42 798	5 014
249	38 550	3 900	309	42 870	5 032
250	38 622	3 920	310	42 942	5 052
251	38 694	3 938	311	43 014	5 072
252	38 766	3 956	312	43 086	5 090
253	38 838	3 974	313	43 158	5 110
254	38 910	3 994	314	43 230	5 130
255	38 982	4 012	315	43 302	5 148
256	39 054	4 030	316	43 374	5 168
257	39 126	4 050	317	43 446	5 186
258	39 198	4 068	318	43 518	5 206
259	39 270	4 086	319	43 590	5 226
260	39 342	4 106	320	43 662	5 244
261	39 414	4 124	321	43 734	5 264
262	39 486	4 142	322	43 806	5 284
263	39 558	4 162	323	43 878	5 302
264	39 630	4 180	324	43 950	5 322
265	39 702	4 198	325	44 022	5 342
266	39 774	4 218	326	44 094	5 360
267	39 846	4 236	327	44 166	5 380
268	39 918	4 256	328	44 238	5 400
269	39 990	4 274	329	44 310	5 418
270	40 062	4 292	330	44 382	5 438
271	40 134	4 312	331	44 454	5 458
272	40 206	4 330	332	44 526	5 478
273	40 278	4 348	333	44 598	5 496
274	40 350	4 368	334	44 670	5 516
275	40 422	4 386	335	44 742	5 536
276	40 494	4 406	336	44 814	5 556
277	40 566	4 424	337	44 886	5 574
278	40 638	4 444	338	44 958	5 594
279	40 710	4 462	339	45 030	5 614
280	40 782	4 480	340	45 102	5 634
281	40 854	4 500	341	45 174	5 652
282	40 926	4 518	342	45 246	5 672
283	40 998	4 538	343	45 318	5 692
284	41 070	4 556	344	45 390	5 712
285	41 142	4 576	345	45 462	5 730
286	41 214	4 594	346	45 534	5 750
287	41 286	4 614	347	45 606	5 770
288	41 358	4 632	348	45 678	5 790
289	41 430	4 652	349	45 750	5 810
290	41 502	4 670	350	45 822	5 828
291	41 574	4 690	351	45 894	5 848
292	41 646	4 708	352	45 966	5 868
293	41 718	4 728	353	46 038	5 888
294	41 790	4 746	354	46 110	5 908
295	41 862	4 766	355	46 182	5 928
296	41 934	4 784	356	46 254	5 946
297	42 006	4 804	357	46 326	5 966
298	42 078	4 822	358	46 398	5 986
299	42 150	4 842	359	46 470	6 006
300	42 222	4 860	360	46 542	6 026

* Die Einkommensteuer gilt nur für den ausgewiesenen Wert, Zwischenwerte sind zu schätzen — s. Vorbemerkungen

T 1b ESt-Splittingtabelle

Gültig ab 1. 1. 2022 (idF des StEntlG 2022)

laufende Nummer	zu versteuerndes Einkommen* in €	tarifliche Einkommensteuer* in €	laufende Nummer	zu versteuerndes Einkommen* in €	tarifliche Einkommensteuer* in €
361	46 614	6 046	421	50 934	7 250
362	46 686	6 066	422	51 006	7 270
363	46 758	6 086	423	51 078	7 290
364	46 830	6 104	424	51 150	7 310
365	46 902	6 124	425	51 222	7 332
366	46 974	6 144	426	51 294	7 352
367	47 046	6 164	427	51 366	7 372
368	47 118	6 184	428	51 438	7 392
369	47 190	6 204	429	51 510	7 414
370	47 262	6 224	430	51 582	7 434
371	47 334	6 244	431	51 654	7 454
372	47 406	6 264	432	51 726	7 474
373	47 478	6 284	433	51 798	7 496
374	47 550	6 304	434	51 870	7 516
375	47 622	6 324	435	51 942	7 536
376	47 694	6 342	436	52 014	7 556
377	47 766	6 362	437	52 086	7 578
378	47 838	6 382	438	52 158	7 598
379	47 910	6 402	439	52 230	7 618
380	47 982	6 422	440	52 302	7 640
381	48 054	6 442	441	52 374	7 660
382	48 126	6 462	442	52 446	7 680
383	48 198	6 482	443	52 518	7 700
384	48 270	6 502	444	52 590	7 722
385	48 342	6 522	445	52 662	7 742
386	48 414	6 542	446	52 734	7 762
387	48 486	6 562	447	52 806	7 784
388	48 558	6 582	448	52 878	7 804
389	48 630	6 602	449	52 950	7 824
390	48 702	6 622	450	53 022	7 846
391	48 774	6 642	451	53 094	7 866
392	48 846	6 662	452	53 166	7 888
393	48 918	6 682	453	53 238	7 908
394	48 990	6 704	454	53 310	7 928
395	49 062	6 724	455	53 382	7 950
396	49 134	6 744	456	53 454	7 970
397	49 206	6 764	457	53 526	7 990
398	49 278	6 784	458	53 598	8 012
399	49 350	6 804	459	53 670	8 032
400	49 422	6 824	460	53 742	8 054
401	49 494	6 844	461	53 814	8 074
402	49 566	6 864	462	53 886	8 094
403	49 638	6 884	463	53 958	8 116
404	49 710	6 904	464	54 030	8 136
405	49 782	6 924	465	54 102	8 158
406	49 854	6 946	466	54 174	8 178
407	49 926	6 966	467	54 246	8 200
408	49 998	6 986	468	54 318	8 220
409	50 070	7 006	469	54 390	8 240
410	50 142	7 026	470	54 462	8 262
411	50 214	7 046	471	54 534	8 282
412	50 286	7 066	472	54 606	8 304
413	50 358	7 086	473	54 678	8 324
414	50 430	7 108	474	54 750	8 346
415	50 502	7 128	475	54 822	8 366
416	50 574	7 148	476	54 894	8 388
417	50 646	7 168	477	54 966	8 408
418	50 718	7 188	478	55 038	8 430
419	50 790	7 208	479	55 110	8 450
420	50 862	7 230	480	55 182	8 472

* Die Einkommensteuer gilt nur für den ausgewiesenen Wert, Zwischenwerte sind zu schätzen — s. Vorbemerkungen

Gültig ab 1. 1. 2022 (idF des StEntlG 2022)

ESt-Splittingtabelle T 1b

laufende Nummer	zu versteuerndes Einkommen* in €	tarifliche Einkommensteuer* in €	laufende Nummer	zu versteuerndes Einkommen* in €	tarifliche Einkommensteuer* in €
481	55 254	8 492	541	59 574	9 774
482	55 326	8 514	542	59 646	9 796
483	55 398	8 534	543	59 718	9 818
484	55 470	8 556	544	59 790	9 838
485	55 542	8 576	545	59 862	9 860
486	55 614	8 598	546	59 934	9 882
487	55 686	8 618	547	60 006	9 904
488	55 758	8 640	548	60 078	9 926
489	55 830	8 662	549	60 150	9 948
490	55 902	8 682	550	60 222	9 970
491	55 974	8 704	551	60 294	9 992
492	56 046	8 724	552	60 366	10 012
493	56 118	8 746	553	60 438	10 034
494	56 190	8 766	554	60 510	10 056
495	56 262	8 788	555	60 582	10 078
496	56 334	8 810	556	60 654	10 100
497	56 406	8 830	557	60 726	10 122
498	56 478	8 852	558	60 798	10 144
499	56 550	8 872	559	60 870	10 166
500	56 622	8 894	560	60 942	10 188
501	56 694	8 916	561	61 014	10 210
502	56 766	8 936	562	61 086	10 232
503	56 838	8 958	563	61 158	10 254
504	56 910	8 980	564	61 230	10 276
505	56 982	9 000	565	61 302	10 298
506	57 054	9 022	566	61 374	10 320
507	57 126	9 044	567	61 446	10 340
508	57 198	9 064	568	61 518	10 362
509	57 270	9 086	569	61 590	10 384
510	57 342	9 106	570	61 662	10 406
511	57 414	9 128	571	61 734	10 428
512	57 486	9 150	572	61 806	10 450
513	57 558	9 172	573	61 878	10 472
514	57 630	9 192	574	61 950	10 494
515	57 702	9 214	575	62 022	10 516
516	57 774	9 236	576	62 094	10 540
517	57 846	9 256	577	62 166	10 562
518	57 918	9 278	578	62 238	10 584
519	57 990	9 300	579	62 310	10 606
520	58 062	9 320	580	62 382	10 628
521	58 134	9 342	581	62 454	10 650
522	58 206	9 364	582	62 526	10 672
523	58 278	9 386	583	62 598	10 694
524	58 350	9 406	584	62 670	10 716
525	58 422	9 428	585	62 742	10 738
526	58 494	9 450	586	62 814	10 760
527	58 566	9 472	587	62 886	10 782
528	58 638	9 492	588	62 958	10 804
529	58 710	9 514	589	63 030	10 826
530	58 782	9 536	590	63 102	10 848
531	58 854	9 558	591	63 174	10 870
532	58 926	9 580	592	63 246	10 894
533	58 998	9 600	593	63 318	10 916
534	59 070	9 622	594	63 390	10 938
535	59 142	9 644	595	63 462	10 960
536	59 214	9 666	596	63 534	10 982
537	59 286	9 688	597	63 606	11 004
538	59 358	9 708	598	63 678	11 026
539	59 430	9 730	599	63 750	11 050
540	59 502	9 752	600	63 822	11 072

* Die Einkommensteuer gilt nur für den ausgewiesenen Wert, Zwischenwerte sind zu schätzen — s. Vorbemerkungen

T 1b ESt-Splittingtabelle

Gültig ab 1. 1. 2022 (idF des StEntlG 2022)

laufende Nummer	zu versteuerndes Einkommen* in €	tarifliche Einkommen-steuer* in €	laufende Nummer	zu versteuerndes Einkommen* in €	tarifliche Einkommen-steuer* in €
601	63 894	11 094	661	68 214	12 452
602	63 966	11 116	662	68 286	12 474
603	64 038	11 138	663	68 358	12 498
604	64 110	11 160	664	68 430	12 520
605	64 182	11 182	665	68 502	12 544
606	64 254	11 206	666	68 574	12 566
607	64 326	11 228	667	68 646	12 590
608	64 398	11 250	668	68 718	12 612
609	64 470	11 272	669	68 790	12 636
610	64 542	11 294	670	68 862	12 660
611	64 614	11 318	671	68 934	12 682
612	64 686	11 340	672	69 006	12 706
613	64 758	11 362	673	69 078	12 728
614	64 830	11 384	674	69 150	12 752
615	64 902	11 408	675	69 222	12 774
616	64 974	11 430	676	69 294	12 798
617	65 046	11 452	677	69 366	12 820
618	65 118	11 474	678	69 438	12 844
619	65 190	11 498	679	69 510	12 866
620	65 262	11 520	680	69 582	12 890
621	65 334	11 542	681	69 654	12 914
622	65 406	11 564	682	69 726	12 936
623	65 478	11 588	683	69 798	12 960
624	65 550	11 610	684	69 870	12 982
625	65 622	11 632	685	69 942	13 006
626	65 694	11 654	686	70 014	13 030
627	65 766	11 678	687	70 086	13 052
628	65 838	11 700	688	70 158	13 076
629	65 910	11 722	689	70 230	13 100
630	65 982	11 746	690	70 302	13 122
631	66 054	11 768	691	70 374	13 146
632	66 126	11 790	692	70 446	13 168
633	66 198	11 814	693	70 518	13 192
634	66 270	11 836	694	70 590	13 216
635	66 342	11 858	695	70 662	13 238
636	66 414	11 882	696	70 734	13 262
637	66 486	11 904	697	70 806	13 286
638	66 558	11 926	698	70 878	13 308
639	66 630	11 950	699	70 950	13 332
640	66 702	11 972	700	71 022	13 356
641	66 774	11 994	701	71 094	13 378
642	66 846	12 018	702	71 166	13 402
643	66 918	12 040	703	71 238	13 426
644	66 990	12 064	704	71 310	13 450
645	67 062	12 086	705	71 382	13 472
646	67 134	12 108	706	71 454	13 496
647	67 206	12 132	707	71 526	13 520
648	67 278	12 154	708	71 598	13 542
649	67 350	12 178	709	71 670	13 566
650	67 422	12 200	710	71 742	13 590
651	67 494	12 222	711	71 814	13 614
652	67 566	12 246	712	71 886	13 636
653	67 638	12 268	713	71 958	13 660
654	67 710	12 292	714	72 030	13 684
655	67 782	12 314	715	72 102	13 708
656	67 854	12 338	716	72 174	13 730
657	67 926	12 360	717	72 246	13 754
658	67 998	12 384	718	72 318	13 778
659	68 070	12 406	719	72 390	13 802
660	68 142	12 430	720	72 462	13 826

* Die Einkommensteuer gilt nur für den ausgewiesenen Wert, Zwischenwerte sind zu schätzen — s. Vorbemerkungen

Gültig ab 1. 1. 2022 (idF des StEntlG 2022)   ESt-Splittingtabelle **T 1b**

laufende Nummer	zu versteuerndes Einkommen* in €	tarifliche Einkommensteuer* in €	laufende Nummer	zu versteuerndes Einkommen* in €	tarifliche Einkommensteuer* in €
721	72 534	13 848	781	76 854	15 284
722	72 606	13 872	782	76 926	15 308
723	72 678	13 896	783	76 998	15 332
724	72 750	13 920	784	77 070	15 358
725	72 822	13 944	785	77 142	15 382
726	72 894	13 966	786	77 214	15 406
727	72 966	13 990	787	77 286	15 430
728	73 038	14 014	788	77 358	15 454
729	73 110	14 038	789	77 430	15 478
730	73 182	14 062	790	77 502	15 502
731	73 254	14 086	791	77 574	15 528
732	73 326	14 110	792	77 646	15 552
733	73 398	14 132	793	77 718	15 576
734	73 470	14 156	794	77 790	15 600
735	73 542	14 180	795	77 862	15 624
736	73 614	14 204	796	77 934	15 650
737	73 686	14 228	797	78 006	15 674
738	73 758	14 252	798	78 078	15 698
739	73 830	14 276	799	78 150	15 722
740	73 902	14 300	800	78 222	15 746
741	73 974	14 324	801	78 294	15 772
742	74 046	14 346	802	78 366	15 796
743	74 118	14 370	803	78 438	15 820
744	74 190	14 394	804	78 510	15 844
745	74 262	14 418	805	78 582	15 870
746	74 334	14 442	806	78 654	15 894
747	74 406	14 466	807	78 726	15 918
748	74 478	14 490	808	78 798	15 942
749	74 550	14 514	809	78 870	15 968
750	74 622	14 538	810	78 942	15 992
751	74 694	14 562	811	79 014	16 016
752	74 766	14 586	812	79 086	16 040
753	74 838	14 610	813	79 158	16 066
754	74 910	14 634	814	79 230	16 090
755	74 982	14 658	815	79 302	16 114
756	75 054	14 682	816	79 374	16 140
757	75 126	14 706	817	79 446	16 164
758	75 198	14 730	818	79 518	16 188
759	75 270	14 754	819	79 590	16 214
760	75 342	14 778	820	79 662	16 238
761	75 414	14 802	821	79 734	16 262
762	75 486	14 826	822	79 806	16 288
763	75 558	14 850	823	79 878	16 312
764	75 630	14 874	824	79 950	16 336
765	75 702	14 898	825	80 022	16 362
766	75 774	14 922	826	80 094	16 386
767	75 846	14 946	827	80 166	16 410
768	75 918	14 970	828	80 238	16 436
769	75 990	14 994	829	80 310	16 460
770	76 062	15 018	830	80 382	16 486
771	76 134	15 042	831	80 454	16 510
772	76 206	15 066	832	80 526	16 534
773	76 278	15 090	833	80 598	16 560
774	76 350	15 114	834	80 670	16 584
775	76 422	15 138	835	80 742	16 610
776	76 494	15 164	836	80 814	16 634
777	76 566	15 188	837	80 886	16 658
778	76 638	15 212	838	80 958	16 684
779	76 710	15 236	839	81 030	16 708
780	76 782	15 260	840	81 102	16 734

* Die Einkommensteuer gilt nur für den ausgewiesenen Wert, Zwischenwerte sind zu schätzen — s. Vorbemerkungen

T 1b ESt-Splittingtabelle
Gültig ab 1. 1. 2022 (idF des StEntlG 2022)

laufende Nummer	zu versteuerndes Einkommen* in €	tarifliche Einkommensteuer* in €	laufende Nummer	zu versteuerndes Einkommen* in €	tarifliche Einkommensteuer* in €
841	81 174	16 758	901	85 494	18 270
842	81 246	16 784	902	85 566	18 296
843	81 318	16 808	903	85 638	18 322
844	81 390	16 832	904	85 710	18 348
845	81 462	16 858	905	85 782	18 372
846	81 534	16 882	906	85 854	18 398
847	81 606	16 908	907	85 926	18 424
848	81 678	16 932	908	85 998	18 450
849	81 750	16 958	909	86 070	18 476
850	81 822	16 982	910	86 142	18 500
851	81 894	17 008	911	86 214	18 526
852	81 966	17 032	912	86 286	18 552
853	82 038	17 058	913	86 358	18 578
854	82 110	17 082	914	86 430	18 604
855	82 182	17 108	915	86 502	18 630
856	82 254	17 132	916	86 574	18 654
857	82 326	17 158	917	86 646	18 680
858	82 398	17 182	918	86 718	18 706
859	82 470	17 208	919	86 790	18 732
860	82 542	17 232	920	86 862	18 758
861	82 614	17 258	921	86 934	18 784
862	82 686	17 284	922	87 006	18 810
863	82 758	17 308	923	87 078	18 834
864	82 830	17 334	924	87 150	18 860
865	82 902	17 358	925	87 222	18 886
866	82 974	17 384	926	87 294	18 912
867	83 046	17 408	927	87 366	18 938
868	83 118	17 434	928	87 438	18 964
869	83 190	17 460	929	87 510	18 990
870	83 262	17 484	930	87 582	19 016
871	83 334	17 510	931	87 654	19 042
872	83 406	17 534	932	87 726	19 068
873	83 478	17 560	933	87 798	19 092
874	83 550	17 586	934	87 870	19 118
875	83 622	17 610	935	87 942	19 144
876	83 694	17 636	936	88 014	19 170
877	83 766	17 660	937	88 086	19 196
878	83 838	17 686	938	88 158	19 222
879	83 910	17 712	939	88 230	19 248
880	83 982	17 736	940	88 302	19 274
881	84 054	17 762	941	88 374	19 300
882	84 126	17 788	942	88 446	19 326
883	84 198	17 812	943	88 518	19 352
884	84 270	17 838	944	88 590	19 378
885	84 342	17 864	945	88 662	19 404
886	84 414	17 888	946	88 734	19 430
887	84 486	17 914	947	88 806	19 456
888	84 558	17 940	948	88 878	19 482
889	84 630	17 966	949	88 950	19 508
890	84 702	17 990	950	89 022	19 534
891	84 774	18 016	951	89 094	19 560
892	84 846	18 042	952	89 166	19 586
893	84 918	18 066	953	89 238	19 612
894	84 990	18 092	954	89 310	19 638
895	85 062	18 118	955	89 382	19 664
896	85 134	18 144	956	89 454	19 690
897	85 206	18 168	957	89 526	19 716
898	85 278	18 194	958	89 598	19 744
899	85 350	18 220	959	89 670	19 770
900	85 422	18 246	960	89 742	19 796

* Die Einkommensteuer gilt nur für den ausgewiesenen Wert, Zwischenwerte sind zu schätzen — s. Vorbemerkungen

Gültig ab 1. 1. 2022 (idF des StEntlG 2022) **ESt-Splittingtabelle T 1b**

laufende Nummer	zu versteuerndes Einkommen* in €	tarifliche Einkommen- steuer* in €	laufende Nummer	zu versteuerndes Einkommen* in €	tarifliche Einkommen- steuer* in €
961	89 814	19 822	1 021	94 134	21 412
962	89 886	19 848	1 022	94 206	21 438
963	89 958	19 874	1 023	94 278	21 464
964	90 030	19 900	1 024	94 350	21 492
965	90 102	19 926	1 025	94 422	21 518
966	90 174	19 952	1 026	94 494	21 546
967	90 246	19 978	1 027	94 566	21 572
968	90 318	20 006	1 028	94 638	21 600
969	90 390	20 032	1 029	94 710	21 626
970	90 462	20 058	1 030	94 782	21 652
971	90 534	20 084	1 031	94 854	21 680
972	90 606	20 110	1 032	94 926	21 706
973	90 678	20 136	1 033	94 998	21 734
974	90 750	20 162	1 034	95 070	21 760
975	90 822	20 190	1 035	95 142	21 788
976	90 894	20 216	1 036	95 214	21 814
977	90 966	20 242	1 037	95 286	21 842
978	91 038	20 268	1 038	95 358	21 868
979	91 110	20 294	1 039	95 430	21 896
980	91 182	20 320	1 040	95 502	21 922
981	91 254	20 348	1 041	95 574	21 950
982	91 326	20 374	1 042	95 646	21 976
983	91 398	20 400	1 043	95 718	22 004
984	91 470	20 426	1 044	95 790	22 030
985	91 542	20 452	1 045	95 862	22 058
986	91 614	20 480	1 046	95 934	22 084
987	91 686	20 506	1 047	96 006	22 112
988	91 758	20 532	1 048	96 078	22 138
989	91 830	20 558	1 049	96 150	22 166
990	91 902	20 586	1 050	96 222	22 194
991	91 974	20 612	1 051	96 294	22 220
992	92 046	20 638	1 052	96 366	22 248
993	92 118	20 664	1 053	96 438	22 274
994	92 190	20 692	1 054	96 510	22 302
995	92 262	20 718	1 055	96 582	22 328
996	92 334	20 744	1 056	96 654	22 356
997	92 406	20 770	1 057	96 726	22 384
998	92 478	20 798	1 058	96 798	22 410
999	92 550	20 824	1 059	96 870	22 438
1 000	92 622	20 850	1 060	96 942	22 464
1 001	92 694	20 876	1 061	97 014	22 492
1 002	92 766	20 904	1 062	97 086	22 520
1 003	92 838	20 930	1 063	97 158	22 546
1 004	92 910	20 956	1 064	97 230	22 574
1 005	92 982	20 984	1 065	97 302	22 602
1 006	93 054	21 010	1 066	97 374	22 628
1 007	93 126	21 036	1 067	97 446	22 656
1 008	93 198	21 064	1 068	97 518	22 684
1 009	93 270	21 090	1 069	97 590	22 710
1 010	93 342	21 116	1 070	97 662	22 738
1 011	93 414	21 144	1 071	97 734	22 766
1 012	93 486	21 170	1 072	97 806	22 792
1 013	93 558	21 196	1 073	97 878	22 820
1 014	93 630	21 224	1 074	97 950	22 848
1 015	93 702	21 250	1 075	98 022	22 874
1 016	93 774	21 278	1 076	98 094	22 902
1 017	93 846	21 304	1 077	98 166	22 930
1 018	93 918	21 330	1 078	98 238	22 956
1 019	93 990	21 358	1 079	98 310	22 984
1 020	94 062	21 384	1 080	98 382	23 012

* Die Einkommensteuer gilt nur für den ausgewiesenen Wert, Zwischenwerte sind zu schätzen — s. Vorbemerkungen

T 1b ESt-Splittingtabelle

Gültig ab 1. 1. 2022 (idF des StEntlG 2022)

laufende Nummer	zu versteuerndes Einkommen* in €	tarifliche Einkommensteuer* in €	laufende Nummer	zu versteuerndes Einkommen* in €	tarifliche Einkommensteuer* in €
1081	98 454	23 040	1 141	102 774	24 706
1082	98 526	23 066	1 142	102 846	24 734
1083	98 598	23 094	1 143	102 918	24 762
1084	98 670	23 122	1 144	102 990	24 790
1085	98 742	23 148	1 145	103 062	24 818
1086	98 814	23 176	1 146	103 134	24 846
1087	98 886	23 204	1 147	103 206	24 874
1088	98 958	23 232	1 148	103 278	24 902
1089	99 030	23 260	1 149	103 350	24 930
1090	99 102	23 286	1 150	103 422	24 958
1091	99 174	23 314	1 151	103 494	24 988
1092	99 246	23 342	1 152	103 566	25 016
1093	99 318	23 370	1 153	103 638	25 044
1094	99 390	23 396	1 154	103 710	25 072
1095	99 462	23 424	1 155	103 782	25 100
1096	99 534	23 452	1 156	103 854	25 128
1097	99 606	23 480	1 157	103 926	25 156
1098	99 678	23 508	1 158	103 998	25 184
1099	99 750	23 534	1 159	104 070	25 214
1100	99 822	23 562	1 160	104 142	25 242
1101	99 894	23 590	1 161	104 214	25 270
1102	99 966	23 618	1 162	104 286	25 298
1103	100 038	23 646	1 163	104 358	25 326
1104	100 110	23 674	1 164	104 430	25 354
1105	100 182	23 702	1 165	104 502	25 384
1106	100 254	23 728	1 166	104 574	25 412
1107	100 326	23 756	1 167	104 646	25 440
1108	100 398	23 784	1 168	104 718	25 468
1109	100 470	23 812	1 169	104 790	25 496
1110	100 542	23 840	1 170	104 862	25 524
1111	100 614	23 868	1 171	104 934	25 554
1112	100 686	23 896	1 172	105 006	25 582
1113	100 758	23 924	1 173	105 078	25 610
1114	100 830	23 950	1 174	105 150	25 638
1115	100 902	23 978	1 175	105 222	25 668
1116	100 974	24 006	1 176	105 294	25 696
1117	101 046	24 034	1 177	105 366	25 724
1118	101 118	24 062	1 178	105 438	25 752
1119	101 190	24 090	1 179	105 510	25 782
1120	101 262	24 118	1 180	105 582	25 810
1121	101 334	24 146	1 181	105 654	25 838
1122	101 406	24 174	1 182	105 726	25 866
1123	101 478	24 202	1 183	105 798	25 896
1124	101 550	24 230	1 184	105 870	25 924
1125	101 622	24 258	1 185	105 942	25 952
1126	101 694	24 286	1 186	106 014	25 980
1127	101 766	24 314	1 187	106 086	26 010
1128	101 838	24 342	1 188	106 158	26 038
1129	101 910	24 370	1 189	106 230	26 066
1130	101 982	24 398	1 190	106 302	26 096
1131	102 054	24 426	1 191	106 374	26 124
1132	102 126	24 454	1 192	106 446	26 152
1133	102 198	24 482	1 193	106 518	26 182
1134	102 270	24 510	1 194	106 590	26 210
1135	102 342	24 538	1 195	106 662	26 238
1136	102 414	24 566	1 196	106 734	26 268
1137	102 486	24 594	1 197	106 806	26 296
1138	102 558	24 622	1 198	106 878	26 324
1139	102 630	24 650	1 199	106 950	26 354
1140	102 702	24 678	1 200	107 022	26 382

* Die Einkommensteuer gilt nur für den ausgewiesenen Wert, Zwischenwerte sind zu schätzen — s. Vorbemerkungen

Gültig ab 1. 1. 2022 (idF des StEntlG 2022)   **ESt-Splittingtabelle T 1b**

laufende Nummer	zu versteuerndes Einkommen* in €	tarifliche Einkommensteuer* in €	laufende Nummer	zu versteuerndes Einkommen* in €	tarifliche Einkommensteuer* in €
1201	107094	26410	1261	111414	28154
1202	107166	26440	1262	111486	28184
1203	107238	26468	1263	111558	28214
1204	107310	26496	1264	111630	28242
1205	107382	26526	1265	111702	28272
1206	107454	26554	1266	111774	28302
1207	107526	26584	1267	111846	28330
1208	107598	26612	1268	111918	28360
1209	107670	26640	1269	111990	28390
1210	107742	26670	1270	112062	28420
1211	107814	26698	1271	112134	28448
1212	107886	26728	1272	112206	28478
1213	107958	26756	1273	112278	28508
1214	108030	26786	1274	112350	28538
1215	108102	26814	1275	112422	28566
1216	108174	26842	1276	112494	28596
1217	108246	26872	1277	112566	28626
1218	108318	26900	1278	112638	28656
1219	108390	26930	1279	112710	28684
1220	108462	26958	1280	112782	28714
1221	108534	26988	1281	112854	28744
1222	108606	27016	1282	112926	28774
1223	108678	27046	1283	112998	28804
1224	108750	27074	1284	113070	28832
1225	108822	27104	1285	113142	28862
1226	108894	27132	1286	113214	28892
1227	108966	27162	1287	113286	28922
1228	109038	27190	1288	113358	28952
1229	109110	27220	1289	113430	28982
1230	109182	27248	1290	113502	29010
1231	109254	27278	1291	113574	29040
1232	109326	27306	1292	113646	29070
1233	109398	27336	1293	113718	29100
1234	109470	27364	1294	113790	29130
1235	109542	27394	1295	113862	29160
1236	109614	27424	1296	113934	29190
1237	109686	27452	1297	114006	29218
1238	109758	27482	1298	114078	29248
1239	109830	27510	1299	114150	29278
1240	109902	27540	1300	114222	29308
1241	109974	27568	1301	114294	29338
1242	110046	27598	1302	114366	29368
1243	110118	27628	1303	114438	29398
1244	110190	27656	1304	114510	29428
1245	110262	27686	1305	114582	29458
1246	110334	27714	1306	114654	29488
1247	110406	27744	1307	114726	29518
1248	110478	27774	1308	114798	29548
1249	110550	27802	1309	114870	29576
1250	110622	27832	1310	114942	29606
1251	110694	27862	1311	115014	29636
1252	110766	27890	1312	115086	29666
1253	110838	27920	1313	115158	29696
1254	110910	27948	1314	115230	29726
1255	110982	27978	1315	115302	29756
1256	111054	28008	1316	115374	29786
1257	111126	28036	1317	115446	29816
1258	111198	28066	1318	115518	29846
1259	111270	28096	1319	115590	29876
1260	111342	28124	1320	115662	29906

* Die Einkommensteuer gilt nur für den ausgewiesenen Wert, Zwischenwerte sind zu schätzen — s. Vorbemerkungen

T 1b ESt-Splittingtabelle

Gültig ab 1. 1. 2022 (idF des StEntlG 2022)

laufende Nummer	zu versteuerndes Einkommen* in €	tarifliche Einkommen- steuer* in €	laufende Nummer	zu versteuerndes Einkommen* in €	tarifliche Einkommen- steuer* in €
1321	115 734	29 936	1381	120 054	31 748
1322	115 806	29 966	1382	120 126	31 780
1323	115 878	29 996	1383	120 198	31 810
1324	115 950	30 026	1384	120 270	31 840
1325	116 022	30 056	1385	120 342	31 870
1326	116 094	30 086	1386	120 414	31 900
1327	116 166	30 116	1387	120 486	31 930
1328	116 238	30 146	1388	120 558	31 960
1329	116 310	30 176	1389	120 630	31 990
1330	116 382	30 208	1390	120 702	32 020
1331	116 454	30 238	1391	120 774	32 052
1332	116 526	30 268	1392	120 846	32 082
1333	116 598	30 298	1393	120 918	32 112
1334	116 670	30 328	1394	120 990	32 142
1335	116 742	30 358	1395	121 062	32 172
1336	116 814	30 388	1396	121 134	32 202
1337	116 886	30 418	1397	121 206	32 232
1338	116 958	30 448	1398	121 278	32 262
1339	117 030	30 478	1399	121 350	32 294
1340	117 102	30 508	1400	121 422	32 324
1341	117 174	30 540	1401	121 494	32 354
1342	117 246	30 570	1402	121 566	32 384
1343	117 318	30 600	1403	121 638	32 414
1344	117 390	30 630	1404	121 710	32 444
1345	117 462	30 660	1405	121 782	32 474
1346	117 534	30 690	1406	121 854	32 504
1347	117 606	30 720	1407	121 926	32 536
1348	117 678	30 750	1408	121 998	32 566
1349	117 750	30 782	1409	122 070	32 596
1350	117 822	30 812	1410	122 142	32 626
1351	117 894	30 842	1411	122 214	32 656
1352	117 966	30 872	1412	122 286	32 686
1353	118 038	30 902	1413	122 358	32 716
1354	118 110	30 932	1414	122 430	32 746
1355	118 182	30 962	1415	122 502	32 776
1356	118 254	30 992	1416	122 574	32 808
1357	118 326	31 024	1417	122 646	32 838
1358	118 398	31 054	1418	122 718	32 868
1359	118 470	31 084	1419	122 790	32 898
1360	118 542	31 114	1420	122 862	32 928
1361	118 614	31 144	1421	122 934	32 958
1362	118 686	31 174	1422	123 006	32 988
1363	118 758	31 204	1423	123 078	33 018
1364	118 830	31 234	1424	123 150	33 050
1365	118 902	31 264	1425	123 222	33 080
1366	118 974	31 296	1426	123 294	33 110
1367	119 046	31 326	1427	123 366	33 140
1368	119 118	31 356	1428	123 438	33 170
1369	119 190	31 386	1429	123 510	33 200
1370	119 262	31 416	1430	123 582	33 230
1371	119 334	31 446	1431	123 654	33 260
1372	119 406	31 476	1432	123 726	33 292
1373	119 478	31 506	1433	123 798	33 322
1374	119 550	31 538	1434	123 870	33 352
1375	119 622	31 568	1435	123 942	33 382
1376	119 694	31 598	1436	124 014	33 412
1377	119 766	31 628	1437	124 086	33 442
1378	119 838	31 658	1438	124 158	33 472
1379	119 910	31 688	1439	124 230	33 502
1380	119 982	31 718	1440	124 302	33 532

* Die Einkommensteuer gilt nur für den ausgewiesenen Wert, Zwischenwerte sind zu schätzen — s. Vorbemerkungen

Gültig ab 1. 1. 2022 (idF des StEntlG 2022)

ESt-Splittingtabelle T 1b

laufende Nummer	zu versteuerndes Einkommen* in €	tarifliche Einkommen- steuer* in €	laufende Nummer	zu versteuerndes Einkommen* in €	tarifliche Einkommen- steuer* in €
1441	124 374	33 564	1501	128 694	35 378
1442	124 446	33 594	1502	128 766	35 408
1443	124 518	33 624	1503	128 838	35 438
1444	124 590	33 654	1504	128 910	35 468
1445	124 662	33 684	1505	128 982	35 498
1446	124 734	33 714	1506	129 054	35 528
1447	124 806	33 744	1507	129 126	35 560
1448	124 878	33 774	1508	129 198	35 590
1449	124 950	33 806	1509	129 270	35 620
1450	125 022	33 836	1510	129 342	35 650
1451	125 094	33 866	1511	129 414	35 680
1452	125 166	33 896	1512	129 486	35 710
1453	125 238	33 926	1513	129 558	35 740
1454	125 310	33 956	1514	129 630	35 770
1455	125 382	33 986	1515	129 702	35 800
1456	125 454	34 016	1516	129 774	35 832
1457	125 526	34 048	1517	129 846	35 862
1458	125 598	34 078	1518	129 918	35 892
1459	125 670	34 108	1519	129 990	35 922
1460	125 742	34 138	1520	130 062	35 952
1461	125 814	34 168	1521	130 134	35 982
1462	125 886	34 198	1522	130 206	36 012
1463	125 958	34 228	1523	130 278	36 042
1464	126 030	34 258	1524	130 350	36 074
1465	126 102	34 288	1525	130 422	36 104
1466	126 174	34 320	1526	130 494	36 134
1467	126 246	34 350	1527	130 566	36 164
1468	126 318	34 380	1528	130 638	36 194
1469	126 390	34 410	1529	130 710	36 224
1470	126 462	34 440	1530	130 782	36 254
1471	126 534	34 470	1531	130 854	36 284
1472	126 606	34 500	1532	130 926	36 316
1473	126 678	34 530	1533	130 998	36 346
1474	126 750	34 562	1534	131 070	36 376
1475	126 822	34 592	1535	131 142	36 406
1476	126 894	34 622	1536	131 214	36 436
1477	126 966	34 652	1537	131 286	36 466
1478	127 038	34 682	1538	131 358	36 496
1479	127 110	34 712	1539	131 430	36 526
1480	127 182	34 742	1540	131 502	36 556
1481	127 254	34 772	1541	131 574	36 588
1482	127 326	34 804	1542	131 646	36 618
1483	127 398	34 834	1543	131 718	36 648
1484	127 470	34 864	1544	131 790	36 678
1485	127 542	34 894	1545	131 862	36 708
1486	127 614	34 924	1546	131 934	36 738
1487	127 686	34 954	1547	132 006	36 768
1488	127 758	34 984	1548	132 078	36 798
1489	127 830	35 014	1549	132 150	36 830
1490	127 902	35 044	1550	132 222	36 860
1491	127 974	35 076	1551	132 294	36 890
1492	128 046	35 106	1552	132 366	36 920
1493	128 118	35 136	1553	132 438	36 950
1494	128 190	35 166	1554	132 510	36 980
1495	128 262	35 196	1555	132 582	37 010
1496	128 334	35 226	1556	132 654	37 040
1497	128 406	35 256	1557	132 726	37 072
1498	128 478	35 286	1558	132 798	37 102
1499	128 550	35 318	1559	132 870	37 132
1500	128 622	35 348	1560	132 942	37 162

* Die Einkommensteuer gilt nur für den ausgewiesenen Wert, Zwischenwerte sind zu schätzen — s. Vorbemerkungen

T 1b ESt-Splittingtabelle

Gültig ab 1. 1. 2022 (idF des StEntlG 2022)

laufende Nummer	zu versteuerndes Einkommen* in €	tarifliche Einkommen-steuer* in €	laufende Nummer	zu versteuerndes Einkommen* in €	tarifliche Einkommen-steuer* in €
1561	133 014	37 192	1621	137 334	39 006
1562	133 086	37 222	1622	137 406	39 036
1563	133 158	37 252	1623	137 478	39 066
1564	133 230	37 282	1624	137 550	39 098
1565	133 302	37 312	1625	137 622	39 128
1566	133 374	37 344	1626	137 694	39 158
1567	133 446	37 374	1627	137 766	39 188
1568	133 518	37 404	1628	137 838	39 218
1569	133 590	37 434	1629	137 910	39 248
1570	133 662	37 464	1630	137 982	39 278
1571	133 734	37 494	1631	138 054	39 308
1572	133 806	37 524	1632	138 126	39 340
1573	133 878	37 554	1633	138 198	39 370
1574	133 950	37 586	1634	138 270	39 400
1575	134 022	37 616	1635	138 342	39 430
1576	134 094	37 646	1636	138 414	39 460
1577	134 166	37 676	1637	138 486	39 490
1578	134 238	37 706	1638	138 558	39 520
1579	134 310	37 736	1639	138 630	39 550
1580	134 382	37 766	1640	138 702	39 580
1581	134 454	37 796	1641	138 774	39 612
1582	134 526	37 828	1642	138 846	39 642
1583	134 598	37 858	1643	138 918	39 672
1584	134 670	37 888	1644	138 990	39 702
1585	134 742	37 918	1645	139 062	39 732
1586	134 814	37 948	1646	139 134	39 762
1587	134 886	37 978	1647	139 206	39 792
1588	134 958	38 008	1648	139 278	39 822
1589	135 030	38 038	1649	139 350	39 854
1590	135 102	38 068	1650	139 422	39 884
1591	135 174	38 100	1651	139 494	39 914
1592	135 246	38 130	1652	139 566	39 944
1593	135 318	38 160	1653	139 638	39 974
1594	135 390	38 190	1654	139 710	40 004
1595	135 462	38 220	1655	139 782	40 034
1596	135 534	38 250	1656	139 854	40 064
1597	135 606	38 280	1657	139 926	40 096
1598	135 678	38 310	1658	139 998	40 126
1599	135 750	38 342	1659	140 070	40 156
1600	135 822	38 372	1660	140 142	40 186
1601	135 894	38 402	1661	140 214	40 216
1602	135 966	38 432	1662	140 286	40 246
1603	136 038	38 462	1663	140 358	40 276
1604	136 110	38 492	1664	140 430	40 306
1605	136 182	38 522	1665	140 502	40 336
1606	136 254	38 552	1666	140 574	40 368
1607	136 326	38 584	1667	140 646	40 398
1608	136 398	38 614	1668	140 718	40 428
1609	136 470	38 644	1669	140 790	40 458
1610	136 542	38 674	1670	140 862	40 488
1611	136 614	38 704	1671	140 934	40 518
1612	136 686	38 734	1672	141 006	40 548
1613	136 758	38 764	1673	141 078	40 578
1614	136 830	38 794	1674	141 150	40 610
1615	136 902	38 824	1675	141 222	40 640
1616	136 974	38 856	1676	141 294	40 670
1617	137 046	38 886	1677	141 366	40 700
1618	137 118	38 916	1678	141 438	40 730
1619	137 190	38 946	1679	141 510	40 760
1620	137 262	38 976	1680	141 582	40 790

* Die Einkommensteuer gilt nur für den ausgewiesenen Wert, Zwischenwerte sind zu schätzen — s. Vorbemerkungen

Gültig ab 1. 1. 2022 (idF des StEntlG 2022)   **ESt-Splittingtabelle T 1b**

laufende Nummer	zu versteuerndes Einkommen* in €	tarifliche Einkommensteuer* in €	laufende Nummer	zu versteuerndes Einkommen* in €	tarifliche Einkommensteuer* in €
1681	141 654	40 820	1741	145 974	42 636
1682	141 726	40 852	1742	146 046	42 666
1683	141 798	40 882	1743	146 118	42 696
1684	141 870	40 912	1744	146 190	42 726
1685	141 942	40 942	1745	146 262	42 756
1686	142 014	40 972	1746	146 334	42 786
1687	142 086	41 002	1747	146 406	42 816
1688	142 158	41 032	1748	146 478	42 846
1689	142 230	41 062	1749	146 550	42 878
1690	142 302	41 092	1750	146 622	42 908
1691	142 374	41 124	1751	146 694	42 938
1692	142 446	41 154	1752	146 766	42 968
1693	142 518	41 184	1753	146 838	42 998
1694	142 590	41 214	1754	146 910	43 028
1695	142 662	41 244	1755	146 982	43 058
1696	142 734	41 274	1756	147 054	43 088
1697	142 806	41 304	1757	147 126	43 120
1698	142 878	41 334	1758	147 198	43 150
1699	142 950	41 366	1759	147 270	43 180
1700	143 022	41 396	1760	147 342	43 210
1701	143 094	41 426	1761	147 414	43 240
1702	143 166	41 456	1762	147 486	43 270
1703	143 238	41 486	1763	147 558	43 300
1704	143 310	41 516	1764	147 630	43 330
1705	143 382	41 546	1765	147 702	43 360
1706	143 454	41 576	1766	147 774	43 392
1707	143 526	41 608	1767	147 846	43 422
1708	143 598	41 638	1768	147 918	43 452
1709	143 670	41 668	1769	147 990	43 482
1710	143 742	41 698	1770	148 062	43 512
1711	143 814	41 728	1771	148 134	43 542
1712	143 886	41 758	1772	148 206	43 572
1713	143 958	41 788	1773	148 278	43 602
1714	144 030	41 818	1774	148 350	43 634
1715	144 102	41 848	1775	148 422	43 664
1716	144 174	41 880	1776	148 494	43 694
1717	144 246	41 910	1777	148 566	43 724
1718	144 318	41 940	1778	148 638	43 754
1719	144 390	41 970	1779	148 710	43 784
1720	144 462	42 000	1780	148 782	43 814
1721	144 534	42 030	1781	148 854	43 844
1722	144 606	42 060	1782	148 926	43 876
1723	144 678	42 090	1783	148 998	43 906
1724	144 750	42 122	1784	149 070	43 936
1725	144 822	42 152	1785	149 142	43 966
1726	144 894	42 182	1786	149 214	43 996
1727	144 966	42 212	1787	149 286	44 026
1728	145 038	42 242	1788	149 358	44 056
1729	145 110	42 272	1789	149 430	44 086
1730	145 182	42 302	1790	149 502	44 116
1731	145 254	42 332	1791	149 574	44 148
1732	145 326	42 364	1792	149 646	44 178
1733	145 398	42 394	1793	149 718	44 208
1734	145 470	42 424	1794	149 790	44 238
1735	145 542	42 454	1795	149 862	44 268
1736	145 614	42 484	1796	149 934	44 298
1737	145 686	42 514	1797	150 006	44 328
1738	145 758	42 544	1798	150 078	44 358
1739	145 830	42 574	1799	150 150	44 390
1740	145 902	42 604	1800	150 222	44 420

* Die Einkommensteuer gilt nur für den ausgewiesenen Wert, Zwischenwerte sind zu schätzen — s. Vorbemerkungen

T 1b ESt-Splittingtabelle

Gültig ab 1. 1. 2022 (idF des StEntlG 2022)

laufende Nummer	zu versteuerndes Einkommen* in €	tarifliche Einkommensteuer* in €	laufende Nummer	zu versteuerndes Einkommen* in €	tarifliche Einkommensteuer* in €
1801	150 294	44 450	1861	154 614	46 264
1802	150 366	44 480	1862	154 686	46 294
1803	150 438	44 510	1863	154 758	46 324
1804	150 510	44 540	1864	154 830	46 354
1805	150 582	44 570	1865	154 902	46 384
1806	150 654	44 600	1866	154 974	46 416
1807	150 726	44 632	1867	155 046	46 446
1808	150 798	44 662	1868	155 118	46 476
1809	150 870	44 692	1869	155 190	46 506
1810	150 942	44 722	1870	155 262	46 536
1811	151 014	44 752	1871	155 334	46 566
1812	151 086	44 782	1872	155 406	46 596
1813	151 158	44 812	1873	155 478	46 626
1814	151 230	44 842	1874	155 550	46 658
1815	151 302	44 872	1875	155 622	46 688
1816	151 374	44 904	1876	155 694	46 718
1817	151 446	44 934	1877	155 766	46 748
1818	151 518	44 964	1878	155 838	46 778
1819	151 590	44 994	1879	155 910	46 808
1820	151 662	45 024	1880	155 982	46 838
1821	151 734	45 054	1881	156 054	46 868
1822	151 806	45 084	1882	156 126	46 900
1823	151 878	45 114	1883	156 198	46 930
1824	151 950	45 146	1884	156 270	46 960
1825	152 022	45 176	1885	156 342	46 990
1826	152 094	45 206	1886	156 414	47 020
1827	152 166	45 236	1887	156 486	47 050
1828	152 238	45 266	1888	156 558	47 080
1829	152 310	45 296	1889	156 630	47 110
1830	152 382	45 326	1890	156 702	47 140
1831	152 454	45 356	1891	156 774	47 172
1832	152 526	45 388	1892	156 846	47 202
1833	152 598	45 418	1893	156 918	47 232
1834	152 670	45 448	1894	156 990	47 262
1835	152 742	45 478	1895	157 062	47 292
1836	152 814	45 508	1896	157 134	47 322
1837	152 886	45 538	1897	157 206	47 352
1838	152 958	45 568	1898	157 278	47 382
1839	153 030	45 598	1899	157 350	47 414
1840	153 102	45 628	1900	157 422	47 444
1841	153 174	45 660	1901	157 494	47 474
1842	153 246	45 690	1902	157 566	47 504
1843	153 318	45 720	1903	157 638	47 534
1844	153 390	45 750	1904	157 710	47 564
1845	153 462	45 780	1905	157 782	47 594
1846	153 534	45 810	1906	157 854	47 624
1847	153 606	45 840	1907	157 926	47 656
1848	153 678	45 870	1908	157 998	47 686
1849	153 750	45 902	1909	158 070	47 716
1850	153 822	45 932	1910	158 142	47 746
1851	153 894	45 962	1911	158 214	47 776
1852	153 966	45 992	1912	158 286	47 806
1853	154 038	46 022	1913	158 358	47 836
1854	154 110	46 052	1914	158 430	47 866
1855	154 182	46 082	1915	158 502	47 896
1856	154 254	46 112	1916	158 574	47 928
1857	154 326	46 144	1917	158 646	47 958
1858	154 398	46 174	1918	158 718	47 988
1859	154 470	46 204	1919	158 790	48 018
1860	154 542	46 234	1920	158 862	48 048

* Die Einkommensteuer gilt nur für den ausgewiesenen Wert, Zwischenwerte sind zu schätzen — s. Vorbemerkungen

Gültig ab 1. 1. 2022 (idF des StEntlG 2022)

ESt-Splittingtabelle T 1b

laufende Nummer	zu versteuerndes Einkommen* in €	tarifliche Einkommensteuer* in €	laufende Nummer	zu versteuerndes Einkommen* in €	tarifliche Einkommensteuer* in €
1921	158 934	48 078	1981	163 254	49 892
1922	159 006	48 108	1982	163 326	49 924
1923	159 078	48 138	1983	163 398	49 954
1924	159 150	48 170	1984	163 470	49 984
1925	159 222	48 200	1985	163 542	50 014
1926	159 294	48 230	1986	163 614	50 044
1927	159 366	48 260	1987	163 686	50 074
1928	159 438	48 290	1988	163 758	50 104
1929	159 510	48 320	1989	163 830	50 134
1930	159 582	48 350	1990	163 902	50 164
1931	159 654	48 380	1991	163 974	50 196
1932	159 726	48 412	1992	164 046	50 226
1933	159 798	48 442	1993	164 118	50 256
1934	159 870	48 472	1994	164 190	50 286
1935	159 942	48 502	1995	164 262	50 316
1936	160 014	48 532	1996	164 334	50 346
1937	160 086	48 562	1997	164 406	50 376
1938	160 158	48 592	1998	164 478	50 406
1939	160 230	48 622	1999	164 550	50 438
1940	160 302	48 652	2000	164 622	50 468
1941	160 374	48 684	2001	164 694	50 498
1942	160 446	48 714	2002	164 766	50 528
1943	160 518	48 744	2003	164 838	50 558
1944	160 590	48 774	2004	164 910	50 588
1945	160 662	48 804	2005	164 982	50 618
1946	160 734	48 834	2006	165 054	50 648
1947	160 806	48 864	2007	165 126	50 680
1948	160 878	48 894	2008	165 198	50 710
1949	160 950	48 926	2009	165 270	50 740
1950	161 022	48 956	2010	165 342	50 770
1951	161 094	48 986	2011	165 414	50 800
1952	161 166	49 016	2012	165 486	50 830
1953	161 238	49 046	2013	165 558	50 860
1954	161 310	49 076	2014	165 630	50 890
1955	161 382	49 106	2015	165 702	50 920
1956	161 454	49 136	2016	165 774	50 952
1957	161 526	49 168	2017	165 846	50 982
1958	161 598	49 198	2018	165 918	51 012
1959	161 670	49 228	2019	165 990	51 042
1960	161 742	49 258	2020	166 062	51 072
1961	161 814	49 288	2021	166 134	51 102
1962	161 886	49 318	2022	166 206	51 132
1963	161 958	49 348	2023	166 278	51 162
1964	162 030	49 378	2024	166 350	51 194
1965	162 102	49 408	2025	166 422	51 224
1966	162 174	49 440	2026	166 494	51 254
1967	162 246	49 470	2027	166 566	51 284
1968	162 318	49 500	2028	166 638	51 314
1969	162 390	49 530	2029	166 710	51 344
1970	162 462	49 560	2030	166 782	51 374
1971	162 534	49 590	2031	166 854	51 404
1972	162 606	49 620	2032	166 926	51 436
1973	162 678	49 650	2033	166 998	51 466
1974	162 750	49 682	2034	167 070	51 496
1975	162 822	49 712	2035	167 142	51 526
1976	162 894	49 742	2036	167 214	51 556
1977	162 966	49 772	2037	167 286	51 586
1978	163 038	49 802	2038	167 358	51 616
1979	163 110	49 832	2039	167 430	51 646
1980	163 182	49 862	2040	167 502	51 676

* Die Einkommensteuer gilt nur für den ausgewiesenen Wert, Zwischenwerte sind zu schätzen — s. Vorbemerkungen

T 1b ESt-Splittingtabelle

Gültig ab 1. 1. 2022 (idF des StEntlG 2022)

laufende Nummer	zu versteuerndes Einkommen* in €	tarifliche Einkommensteuer* in €	laufende Nummer	zu versteuerndes Einkommen* in €	tarifliche Einkommensteuer* in €
2 041	167 574	51 708	2 101	171 894	53 522
2 042	167 646	51 738	2 102	171 966	53 552
2 043	167 718	51 768	2 103	172 038	53 582
2 044	167 790	51 798	2 104	172 110	53 612
2 045	167 862	51 828	2 105	172 182	53 642
2 046	167 934	51 858	2 106	172 254	53 672
2 047	168 006	51 888	2 107	172 326	53 704
2 048	168 078	51 918	2 108	172 398	53 734
2 049	168 150	51 950	2 109	172 470	53 764
2 050	168 222	51 980	2 110	172 542	53 794
2 051	168 294	52 010	2 111	172 614	53 824
2 052	168 366	52 040	2 112	172 686	53 854
2 053	168 438	52 070	2 113	172 758	53 884
2 054	168 510	52 100	2 114	172 830	53 914
2 055	168 582	52 130	2 115	172 902	53 944
2 056	168 654	52 160	2 116	172 974	53 976
2 057	168 726	52 192	2 117	173 046	54 006
2 058	168 798	52 222	2 118	173 118	54 036
2 059	168 870	52 252	2 119	173 190	54 066
2 060	168 942	52 282	2 120	173 262	54 096
2 061	169 014	52 312	2 121	173 334	54 126
2 062	169 086	52 342	2 122	173 406	54 156
2 063	169 158	52 372	2 123	173 478	54 186
2 064	169 230	52 402	2 124	173 550	54 218
2 065	169 302	52 432	2 125	173 622	54 248
2 066	169 374	52 464	2 126	173 694	54 278
2 067	169 446	52 494	2 127	173 766	54 308
2 068	169 518	52 524	2 128	173 838	54 338
2 069	169 590	52 554	2 129	173 910	54 368
2 070	169 662	52 584	2 130	173 982	54 398
2 071	169 734	52 614	2 131	174 054	54 428
2 072	169 806	52 644	2 132	174 126	54 460
2 073	169 878	52 674	2 133	174 198	54 490
2 074	169 950	52 706	2 134	174 270	54 520
2 075	170 022	52 736	2 135	174 342	54 550
2 076	170 094	52 766	2 136	174 414	54 580
2 077	170 166	52 796	2 137	174 486	54 610
2 078	170 238	52 826	2 138	174 558	54 640
2 079	170 310	52 856	2 139	174 630	54 670
2 080	170 382	52 886	2 140	174 702	54 700
2 081	170 454	52 916	2 141	174 774	54 732
2 082	170 526	52 948	2 142	174 846	54 762
2 083	170 598	52 978	2 143	174 918	54 792
2 084	170 670	53 008	2 144	174 990	54 822
2 085	170 742	53 038	2 145	175 062	54 852
2 086	170 814	53 068	2 146	175 134	54 882
2 087	170 886	53 098	2 147	175 206	54 912
2 088	170 958	53 128	2 148	175 278	54 942
2 089	171 030	53 158	2 149	175 350	54 974
2 090	171 102	53 188	2 150	175 422	55 004
2 091	171 174	53 220	2 151	175 494	55 034
2 092	171 246	53 250	2 152	175 566	55 064
2 093	171 318	53 280	2 153	175 638	55 094
2 094	171 390	53 310	2 154	175 710	55 124
2 095	171 462	53 340	2 155	175 782	55 154
2 096	171 534	53 370	2 156	175 854	55 184
2 097	171 606	53 400	2 157	175 926	55 216
2 098	171 678	53 430	2 158	175 998	55 246
2 099	171 750	53 462	2 159	176 070	55 276
2 100	171 822	53 492	2 160	176 142	55 306

* Die Einkommensteuer gilt nur für den ausgewiesenen Wert, Zwischenwerte sind zu schätzen — s. Vorbemerkungen

Gültig ab 1. 1. 2022 (idF des StEntlG 2022) ESt-Splittingtabelle **T 1b**

laufende Nummer	zu versteuerndes Einkommen* in €	tarifliche Einkommensteuer* in €	laufende Nummer	zu versteuerndes Einkommen* in €	tarifliche Einkommensteuer* in €
2 161	176 214	55 336	2 221	180 534	57 150
2 162	176 286	55 366	2 222	180 606	57 180
2 163	176 358	55 396	2 223	180 678	57 210
2 164	176 430	55 426	2 224	180 750	57 242
2 165	176 502	55 456	2 225	180 822	57 272
2 166	176 574	55 488	2 226	180 894	57 302
2 167	176 646	55 518	2 227	180 966	57 332
2 168	176 718	55 548	2 228	181 038	57 362
2 169	176 790	55 578	2 229	181 110	57 392
2 170	176 862	55 608	2 230	181 182	57 422
2 171	176 934	55 638	2 231	181 254	57 452
2 172	177 006	55 668	2 232	181 326	57 484
2 173	177 078	55 698	2 233	181 398	57 514
2 174	177 150	55 730	2 234	181 470	57 544
2 175	177 222	55 760	2 235	181 542	57 574
2 176	177 294	55 790	2 236	181 614	57 604
2 177	177 366	55 820	2 237	181 686	57 634
2 178	177 438	55 850	2 238	181 758	57 664
2 179	177 510	55 880	2 239	181 830	57 694
2 180	177 582	55 910	2 240	181 902	57 724
2 181	177 654	55 940	2 241	181 974	57 756
2 182	177 726	55 972	2 242	182 046	57 786
2 183	177 798	56 002	2 243	182 118	57 816
2 184	177 870	56 032	2 244	182 190	57 846
2 185	177 942	56 062	2 245	182 262	57 876
2 186	178 014	56 092	2 246	182 334	57 906
2 187	178 086	56 122	2 247	182 406	57 936
2 188	178 158	56 152	2 248	182 478	57 966
2 189	178 230	56 182	2 249	182 550	57 998
2 190	178 302	56 212	2 250	182 622	58 028
2 191	178 374	56 244	2 251	182 694	58 058
2 192	178 446	56 274	2 252	182 766	58 088
2 193	178 518	56 304	2 253	182 838	58 118
2 194	178 590	56 334	2 254	182 910	58 148
2 195	178 662	56 364	2 255	182 982	58 178
2 196	178 734	56 394	2 256	183 054	58 208
2 197	178 806	56 424	2 257	183 126	58 240
2 198	178 878	56 454	2 258	183 198	58 270
2 199	178 950	56 486	2 259	183 270	58 300
2 200	179 022	56 516	2 260	183 342	58 330
2 201	179 094	56 546	2 261	183 414	58 360
2 202	179 166	56 576	2 262	183 486	58 390
2 203	179 238	56 606	2 263	183 558	58 420
2 204	179 310	56 636	2 264	183 630	58 450
2 205	179 382	56 666	2 265	183 702	58 480
2 206	179 454	56 696	2 266	183 774	58 512
2 207	179 526	56 728	2 267	183 846	58 542
2 208	179 598	56 758	2 268	183 918	58 572
2 209	179 670	56 788	2 269	183 990	58 602
2 210	179 742	56 818	2 270	184 062	58 632
2 211	179 814	56 848	2 271	184 134	58 662
2 212	179 886	56 878	2 272	184 206	58 692
2 213	179 958	56 908	2 273	184 278	58 722
2 214	180 030	56 938	2 274	184 350	58 754
2 215	180 102	56 968	2 275	184 422	58 784
2 216	180 174	57 000	2 276	184 494	58 814
2 217	180 246	57 030	2 277	184 566	58 844
2 218	180 318	57 060	2 278	184 638	58 874
2 219	180 390	57 090	2 279	184 710	58 904
2 220	180 462	57 120	2 280	184 782	58 934

* Die Einkommensteuer gilt nur für den ausgewiesenen Wert, Zwischenwerte sind zu schätzen — s. Vorbemerkungen

T 1b ESt-Splittingtabelle

Gültig ab 1. 1. 2022 (idF des StEntlG 2022)

laufende Nummer	zu versteuerndes Einkommen* in €	tarifliche Einkommen- steuer* in €	laufende Nummer	zu versteuerndes Einkommen* in €	tarifliche Einkommen- steuer* in €
2 281	184 854	58 964	2 341	189 174	60 780
2 282	184 926	58 996	2 342	189 246	60 810
2 283	184 998	59 026	2 343	189 318	60 840
2 284	185 070	59 056	2 344	189 390	60 870
2 285	185 142	59 086	2 345	189 462	60 900
2 286	185 214	59 116	2 346	189 534	60 930
2 287	185 286	59 146	2 347	189 606	60 960
2 288	185 358	59 176	2 348	189 678	60 990
2 289	185 430	59 206	2 349	189 750	61 022
2 290	185 502	59 236	2 350	189 822	61 052
2 291	185 574	59 268	2 351	189 894	61 082
2 292	185 646	59 298	2 352	189 966	61 112
2 293	185 718	59 328	2 353	190 038	61 142
2 294	185 790	59 358	2 354	190 110	61 172
2 295	185 862	59 388	2 355	190 182	61 202
2 296	185 934	59 418	2 356	190 254	61 232
2 297	186 006	59 448	2 357	190 326	61 264
2 298	186 078	59 478	2 358	190 398	61 294
2 299	186 150	59 510	2 359	190 470	61 324
2 300	186 222	59 540	2 360	190 542	61 354
2 301	186 294	59 570	2 361	190 614	61 384
2 302	186 366	59 600	2 362	190 686	61 414
2 303	186 438	59 630	2 363	190 758	61 444
2 304	186 510	59 660	2 364	190 830	61 474
2 305	186 582	59 690	2 365	190 902	61 504
2 306	186 654	59 720	2 366	190 974	61 536
2 307	186 726	59 752	2 367	191 046	61 566
2 308	186 798	59 782	2 368	191 118	61 596
2 309	186 870	59 812	2 369	191 190	61 626
2 310	186 942	59 842	2 370	191 262	61 656
2 311	187 014	59 872	2 371	191 334	61 686
2 312	187 086	59 902	2 372	191 406	61 716
2 313	187 158	59 932	2 373	191 478	61 746
2 314	187 230	59 962	2 374	191 550	61 778
2 315	187 302	59 992	2 375	191 622	61 808
2 316	187 374	60 024	2 376	191 694	61 838
2 317	187 446	60 054	2 377	191 766	61 868
2 318	187 518	60 084	2 378	191 838	61 898
2 319	187 590	60 114	2 379	191 910	61 928
2 320	187 662	60 144	2 380	191 982	61 958
2 321	187 734	60 174	2 381	192 054	61 988
2 322	187 806	60 204	2 382	192 126	62 020
2 323	187 878	60 234	2 383	192 198	62 050
2 324	187 950	60 266	2 384	192 270	62 080
2 325	188 022	60 296	2 385	192 342	62 110
2 326	188 094	60 326	2 386	192 414	62 140
2 327	188 166	60 356	2 387	192 486	62 170
2 328	188 238	60 386	2 388	192 558	62 200
2 329	188 310	60 416	2 389	192 630	62 230
2 330	188 382	60 446	2 390	192 702	62 260
2 331	188 454	60 476	2 391	192 774	62 292
2 332	188 526	60 508	2 392	192 846	62 322
2 333	188 598	60 538	2 393	192 918	62 352
2 334	188 670	60 568	2 394	192 990	62 382
2 335	188 742	60 598	2 395	193 062	62 412
2 336	188 814	60 628	2 396	193 134	62 442
2 337	188 886	60 658	2 397	193 206	62 472
2 338	188 958	60 688	2 398	193 278	62 502
2 339	189 030	60 718	2 399	193 350	62 534
2 340	189 102	60 748	2 400	193 422	62 564

* Die Einkommensteuer gilt nur für den ausgewiesenen Wert, Zwischenwerte sind zu schätzen — s. Vorbemerkungen

Vorbem. T 2

Vorbemerkungen

Die zur manuellen Berechnung der Lohnsteuer erstellten Lohnsteuertabellen wurden auf Basis des gem. § 51 Abs. 4 Nr. 1a EStG vom BMF veröffentlichten geänderten Programmablaufplans für die Erstellung von **Lohnsteuertabellen 2022** vom 20.5.2022 berechnet. Entgegen der maschinellen Berechnung der Lohnsteuer (sogenannter Formeltarif) kommt zur manuellen Berechnung der Lohnsteuer auch weiterhin der sogenannte **Stufentarif** zur Anwendung. Die Berechnung nach diesem Stufentarif ist auch weiterhin zulässig, es kommt allerdings zu geringfügigen Abweichungen gegenüber der Berechnung nach dem sogenannten Formeltarif, also der elektronischen Berechnung. Beide Berechnungsarten werden von der Finanzverwaltung ausdrücklich gebilligt. Zur genauen Berechnung der Lohnsteuer nach dem Formeltarif benutzen Sie bitte das über den link https://ch.beck.de/lohnsteuerrechner für Sie freigeschaltete online-Berechnungsprogramm. Eine **Programmanleitung** ist auf den Seiten 10 ff. enthalten.

Die Lohnsteuertabellen 2022 sind aus dem Einkommensteuertarif gem. § 32a EStG abgeleitet und zwar die Steuerbeträge der Steuerklassen I, II und IV aus dem Einkommensteuertarif nach § 32a Abs. 1, die Steuerbeträge der Steuerklasse III aus dem in § 32a Abs. 5 festgelegten Splitting-Verfahren. Die Steuerbeträge der Steuerklassen V und VI sind aus dem Einkommensteuertarif in der Weise abgeleitet worden, dass für das zu versteuernde Einkommen jeweils der Betrag als Jahressteuer ermittelt worden ist (§ 39b Abs. 2 EStG), der sich aus dem Zweifachen des Unterschiedsbetrags zwischen dem Steuerbetrag für das Eineinviertelfache und dem Steuerbetrag für das Dreiviertelfache des abgerundeten zu versteuernden Jahresbetrags nach § 32a Abs. 1 EStG ergibt. Hierdurch wird im Ergebnis unterstellt, dass das nach der Steuerklasse V oder VI zu versteuernde Einkommen 40 v. H. des gesamten zu versteuernden Einkommens beträgt, das gesamte zu versteuernde Einkommen nach dem Einkommensteuer-Splittingtarif zu versteuern ist und bereits 60 v. H. des gesamten zu versteuernden Einkommens entsprechend versteuert werden. Im Übrigen ist besonders vorgeschrieben worden, dass die Steuerbeträge in den Steuerklassen V und VI mindestens 14 v. H. und höchstens 42 v. H. sowie für den 222 260 Euro übersteigenden Teil 45 v. H. des maßgebenden zu versteuernden Jahresbetrags betragen.

Die Beträge des zu versteuernden Einkommens sind durch Hinzurechnung verschiedener Beträge unter Bildung von Steuerklassen in Jahresarbeitslöhne umgerechnet worden (§ 39b Abs. 2 bis 3 EStG). Auf diese Weise sind folgende Beträge in die Jahreslohnsteuertabelle eingearbeitet worden:

T 2 Vorbem.

– der tarifliche Grundfreibetrag (§ 32a Abs. 1 EStG) von 10 347 Euro in den Steuerklassen I, II und IV, von 20 694 Euro in der Steuerklasse III,
– der Arbeitnehmer-Pauschbetrag (§ 9a Satz 1 Nr. 1 Buchstabe a EStG) von 1200 Euro oder bei Versorgungsbezügen der Pauschbetrag (§ 9a Satz 1 Nr. 1 Buchstabe b) von 102 Euro in den Steuerklassen I bis V,
– der Sonderausgaben-Pauschbetrag (§ 10c Satz 1 EStG) von 36 Euro in den Steuerklassen I bis V,
– eine Vorsorgepauschale aus den Teilbeträgen
   a) für die RV bei Arbeitnehmern, die in der gesetzlichen RV pflichtversichert oder von der gesetzlichen RV nach § 6 Absatz 1 Nr. 1 SGB VI befreit sind, in den Steuerklassen I bis VI in Höhe des Betrags, der bezogen auf den Arbeitslohn 50 Prozent des Beitrags in der allgemeinen RV unter Berücksichtigung der jeweiligen Beitragsbemessungsgrenzen entspricht. Im Kalenderjahr 2022 ist der so ermittelte Betrag auf 88 v. H. begrenzt (§ 39b Abs. 4 EStG),
   b) für die KV bei Arbeitnehmern, die in der gesetzlichen KV versichert sind, in den Steuerklassen I bis VI in Höhe des Betrags, der bezogen auf den Arbeitslohn unter Berücksichtigung der Beitragsbemessungsgrenzen und den ermäßigten Beitragssatz (§ 243 SGB V) dem Arbeitnehmeranteil eines pflichtversicherten Arbeitnehmers entspricht,
   c) für die PflegeV bei Arbeitnehmern, die in der sozialen PflegeV versichert sind, in den Steuerklassen I bis VI in Höhe des Betrags, der bezogen auf den Arbeitslohn unter Berücksichtigung der Beitragsbemessungsgrenzen und den bundeseinheitlichen Beitragssatz dem Arbeitnehmeranteil eines pflichtversicherten Arbeitnehmers entspricht, erhöht um den Beitragszuschlag des Arbeitnehmers nach § 55 Absatz 3 SGB XI (Beitragszuschlag für Kinderlose), wenn die Voraussetzungen dafür vorliegen,
   d) für die KV und für die private Pflege-PflichtV bei Arbeitnehmern, die nicht unter Buchstabe b und c fallen, in den Steuerklassen I bis V in Höhe der dem Arbeitgeber mitgeteilten Beiträge im Sinne des § 10 Absatz 1 Nummer 3 EStG, etwaig vervielfältigt unter sinngemäßer Anwendung von Satz 2 auf einen Jahresbetrag, vermindert um den Betrag, der bezogen auf den Arbeitslohn unter Berücksichtigung der Beitragsbemessungsgrenzen und den ermäßigten Beitragssatz in der gesetzlichen KV sowie den bundeseinheitlichen Beitragssatz in der sozialen PflegeV dem Arbeitgeberanteil für einen pflichtversicherten Arbeitnehmer entspricht, wenn der Arbeitgeber gesetzlich verpflichtet ist, Zuschüsse zu den KV- und PflegeV-Beiträgen des Arbeitnehmers zu leisten;

Vorbem. T 2

– Entschädigungen im Sinne des § 24 Nummer 1 EStG sind bei Anwendung der Buchstaben a bis c nicht zu berücksichtigen; mindestens ist für die Summe der Teilbeträge nach den Buchstaben b und c oder für den Teilbetrag nach Buchstabe d ein Betrag in Höhe von 12 Prozent des Arbeitslohns, höchstens 1900 Euro in den Steuerklassen I, II, IV, V, VI und höchstens 3000 Euro in der Steuerklasse III anzusetzen,
– der Entlastungsbetrag für Alleinerziehende (§ 24b EStG) von 4008 Euro in der Steuerklasse II, der sich für jedes weitere Kind um 240 Euro erhöht.

Die **Monatslohnsteuertabellen,** die **Wochenlohnsteuertabellen** und die **Tageslohnsteuertabellen** sind nach § 39b Abs. 2 EStG aus den Jahreslohnsteuertabellen abgeleitet worden. Dabei sind die Anfangsbeträge der Arbeitslohnstufen und die Lohnsteuerbeträge für die Monatslohnsteuertabelle mit einem Zwölftel, für die Wochenlohnsteuertabelle mit $^7/_{360}$ und für die Tageslohnsteuertabelle mit $^1/_{360}$ der Jahresbeträge angesetzt worden. Für Lohnzahlungszeiträume, für die keine Lohnsteuertabellen bestehen, ist die Lohnsteuer aus den mit der Zahl der Kalendertage oder Wochen dieser Zeiträume vervielfachten Beträgen der maßgebenden Tageslohnsteuertabelle oder Wochenlohnsteuertabelle zu ermitteln.

Vor Ermittlung der Lohnsteuer aus der maßgebenden Lohnsteuertabelle hat der Arbeitgeber ggf. den auf den Lohnzahlungszeitraum entfallenden Anteil des **Versorgungs-Freibetrags** und des **Zuschlags zum Versorgungs-Freibetrag** (§ 19 Abs. 2 EStG) oder des **Altersentlastungsbetrags** (§ 24a EStG) und einen etwaigen als Lohnsteuerabzugsmerkmal für den Lohnzahlungszeitraum mitgeteilten Freibetrag (§ 39a Abs. 1 EStG) des Arbeitnehmers **vom Arbeitslohn abzuziehen** oder um einen etwaigen **Hinzurechnungsbetrag** (§ 39a Abs. 1 Nr. 7 EStG) zu erhöhen. Dabei ist der Versorgungs-Freibetrag mit 14,4 v. H. der Versorgungsbezüge, höchstens mit monatlich 90 Euro, wöchentlich 21 Euro und täglich 3 Euro zu berücksichtigen. Der Zuschlag zum Versorgungs-Freibetrag ist höchstens mit monatlich 27 Euro, wöchentlich 6,30 Euro und täglich mit 0,90 Euro anzusetzen. Der Altersentlastungsbetrag ist mit 14,4 v. H. des Arbeitslohns ohne etwaige Versorgungsbezüge, höchstens mit monatlich 57 Euro, wöchentlich 13,30 Euro und täglich 1,90 Euro zu berücksichtigen.

Die **besonderen Lohnsteuertabellen** gelten **für Arbeitnehmer, die** in der gesetzlichen Rentenversicherung **nicht versicherungspflichtig** sind, wie Beamte, Richter, Berufssoldaten, Arbeitnehmer der Sozialversicherungsträger und Geistliche der öffentlich-rechtlichen Religionsgemeinschaften, Bezieher von Ruhegehältern u. dgl. Für diesen Personenkreis sowie **Arbeitnehmer,** die **privat kranken- und pflegeversichert** sind (Lohnsteuerberechnung nach der allgemeinen Lohnsteuertabelle),

3

T 2 Vorbem.

kann die Lohnsteuer nicht mehr direkt aus den Lohnsteuertabellen entnommen werden, sondern es muss zunächst eine Zwischenrechnung vorgenommen werden. Dabei werden die nachgewiesenen Basiskranken- und Pflegeversicherungsbeiträge des Arbeitnehmers um die nach den Lohnsteuertabellen für den tatsächlichen Bruttojahresarbeitslohn berücksichtigte Mindestvorsorgepauschale (BVSP) gemindert. Von dem verbleibenden Betrag ist der typisierte Arbeitgeberzuschuss (TAGZ) zur Kranken- und Pflegeversicherung abzuziehen, wenn der Arbeitgeber verpflichtet ist, einen Zuschuss zur Kranken- und Pflegeversicherung zu zahlen. Der so ermittelte Wert ist von dem maßgeblichen Bruttoarbeitslohn abzuziehen. Die Lohnsteuer ist für den geminderten Bruttoarbeitslohn in der Tabelle abzulesen. Für diese Nebenrechnung weisen die allgemeinen und besonderen Lohnsteuertabellen für privat versicherte Arbeitnehmer den typisierten Arbeitgeberzuschuss (TAGZ) und die Mindestvorsorgepauschale (BVSP) für die Basiskranken- und Pflegepflichtversicherungsbeiträge aus.

Berechnungsbeispiele

Beispiel 1: Allgemeine Lohnsteuertabelle, private KV und PflegeV

Ein Arbeitnehmer in der Steuerklasse III (keine Kinder, Beitragsbemessungsgrenze West) erhält einen Bruttojahresarbeitslohn von 75 000 Euro. Er ist in der gesetzlichen Rentenversicherung pflichtversichert und **privat kranken- und pflegeversichert.** Seine nachgewiesenen Basiskranken- und Pflegepflichtversicherungsbeiträge betragen 10 800 Euro im Jahr. Dazu erhält er einen Zuschuss von seinem Arbeitgeber.

Die Lohnsteuer nach der **allgemeinen Lohnsteuertabelle** beträgt 10 608 Euro im Jahr, dabei ist durch die Berücksichtigung der Vorsorgepauschale ein Aufwand für eine Basiskranken- und Pflegepflichtversicherung von 5326 Euro berücksichtigt, der typisierte Arbeitgeberzuschuss beträgt in 2022 ebenfalls 5326 Euro. Um die nachgewiesenen Basiskranken- und Pflegepflichtversicherungsbeiträge zu berücksichtigen, sind in einer Nebenrechnung diese Beiträge um den nach der allgemeinen Lohnsteuertaelle berücksichtigten Aufwand für die gesetzliche Kranken- und soziale Pflegeversicherung und den typisierten Arbeitgeberzuschuss zu mindern. Es verbleiben (10 800 Euro − 5326 Euro − 5326 Euro =) 148 Euro, die den Bruttojahresarbeitslohn mindern. In diesem Fall ist die Lohnsteuer bei einem Bruttojahresarbeitslohn von (75 000 Euro − 148 Euro =) 74 852 Euro abzulesen. Die Lohnsteuer beträgt in der Steuerklasse III 10 568 Euro.

Beispiel 2: Besondere Lohnsteuertabelle, rentenversicherungsfrei und private KV und PflegeV

Ein **Beamter** in der Steuerklasse I ohne Kinder erhält einen Jahresarbeitslohn von 15 000 Euro. Seine nachgewiesenen Basiskranken- und

Vorbem. T 2

Pflegepflichtversicherungsbeiträge betragen 2400 Euro im Jahr. Er erhält keinen Zuschuss von seinem Arbeitgeber.

Die Lohnsteuer nach der **besonderen Lohnsteuertabelle** beträgt 256 Euro im Jahr, dabei ist durch die Berücksichtigung der Mindestvorsorgepauschale bereits ein Aufwand für eine Basiskranken- und Pflegepflichtversicherung von 1801 Euro berücksichtigt. Um die nachgewiesenen Basiskranken- und Pflegepflichtversicherungsbeiträge zu berücksichtigen, sind in einer Nebenrechnung diese Beiträge um die nach der besonderen Lohnsteuertabelle berücksichtigte Mindestvorsorgepauschale zu mindern. Es verbleiben (2400 Euro − 1801 Euro) = 599 Euro, die den Jahresarbeitslohn mindern. In diesem Fall ist die Lohnsteuer bei einem Jahresarbeitslohn von (15000 Euro − 599 Euro =) 14401 Euro abzulesen. Die Lohnsteuer beträgt in der Steuerklasse I 170 Euro.

Für Fälle, in denen die Lohnsteuertabellen keine Möglichkeit zur Berechnung anbieten, wird auf das über den link https://ch.beck.de/lohnsteuerrechner für Sie freigeschaltete online-Berechnungsprogramm verwiesen.

Für die Ermittlung der Lohnsteuer sind die Lohnsteuerabzugsmerkmale des Arbeitnehmers maßgebend. Nach § 39 Abs. 4 EStG sind dies

1. Steuerklasse (§ 38b Absatz 1) und Faktor (§ 39f EStG),
2. Zahl der Kinderfreibeträge bei den Steuerklassen I bis IV (§ 38b Absatz 2 EStG),
3. Freibetrag und Hinzurechnungsbetrag (§ 39a EStG),
4. Höhe der Beiträge für eine private Krankenversicherung und für eine private Pflege-Pflichtversicherung (§ 39b Absatz 2 Satz 5 Nummer 3 Buchstabe d EStG) für die Dauer von zwölf Monaten, wenn der Arbeitnehmer dies beantragt,
5. Mitteilung, dass der von einem Arbeitgeber gezahlte Arbeitslohn nach einem Abkommen zur Vermeidung der Doppelbesteuerung von der Lohnsteuer freizustellen ist, wenn der Arbeitnehmer oder der Arbeitgeber dies beantragt.

Die Einreihung der Arbeitnehmer in die verschiedenen Steuerklassen ergibt sich aus § 38b EStG. In die Steuerklasse I gehören Arbeitnehmer, die unbeschränkt einkommensteuerpflichtig und ledig sind, verheiratet, verwitwet oder geschieden sind und bei denen die Voraussetzungen für die Steuerklasse III oder IV nicht erfüllt sind oder beschränkt einkommensteuerpflichtig sind. **Ehegatten,** die unbeschränkt steuerpflichtig sind, nicht dauernd getrennt leben und beide Arbeitslohn beziehen, können **wählen,** ob sie beide nach der Steuerklasse IV oder ob einer der Ehegatten nach Steuerklasse III und der andere Ehegatte nach Steuerklasse V besteuert werden sollen. Anstelle der Steuerklassenkombination III/V kann auch das **Faktorverfahren** (§ 39f EStG) bei Ehegatten angewendet

T 2 Vorbem.

werden. Bei Ehegatten, die in die Steuerklasse IV gehören (§ 38b Abs. 1 Satz 2 Nr. 4 EStG), kann auf Antrag beider Ehegatten anstelle der Steuerklassenkombination III/V als Lohnsteuerabzugsmerkmal jeweils die Steuerklasse IV in Verbindung mit einem Faktor zur Ermittlung der Lohnsteuer berücksichtigt werden, wenn der Faktor kleiner als 1 ist. Der Faktor ist $Y:X$ und vom Finanzamt mit drei Nachkommastellen ohne Rundung zu berechnen. „Y" ist die voraussichtliche Einkommensteuer für beide Ehegatten nach dem Splittingverfahren (§ 32a Abs. 5 EStG) unter Berücksichtigung der in § 39b Abs. 2 EStG genannten Abzugsbeträge. „X" ist die Summe der voraussichtlichen Lohnsteuer bei Anwendung der Steuerklasse IV für jeden Ehegatten. In die Bemessungsgrundlage für Y werden jeweils neben den Jahresarbeitslöhnen der ersten Dienstverhältnisse zusätzlich nur Beträge einbezogen, die nach § 39a Abs. 1 Satz 1 Nr. 1 bis 6 EStG als Freibetrag ermittelt und als Lohnsteuerabzugsmerkmal gebildet werden könnten; Freibeträge werden neben dem Faktor nicht als Lohnsteuerabzugsmerkmal gebildet. In den Fällen des § 39a Abs. 1 Satz 1 Nr. 7 EStG sind bei der Ermittlung von Y und X die Hinzurechnungsbeträge zu berücksichtigen; die Hinzurechnungsbeträge sind zusätzlich als Lohnsteuerabzugsmerkmal für das erste Dienstverhältnis zu bilden. Arbeitslöhne aus zweiten und weiteren Dienstverhältnissen (Steuerklasse VI) sind im Faktorverfahren nicht zu berücksichtigen.

Für die Einbehaltung der Lohnsteuer vom Arbeitslohn hat der Arbeitgeber Steuerklasse IV und den Faktor anzuwenden.

Bei Anwendung des Faktorverfahrens ist zwingend eine Veranlagung durchzuführen (§ 46 Abs. 2 Nr. 3a EStG), ebenso bei Vorliegen anderer Einkünfte von mehr als 410 Euro (§ 46 Abs. 2 EStG).

Die für die Ehegatten günstigste Steuerklassenkombination hängt in erster Linie von der Höhe ihrer Arbeitslöhne, vom Verhältnis dieser Arbeitslöhne zueinander und von der Inanspruchnahme eines etwaigen Freibetrags und seiner Verteilung auf die Ehegatten ab. Bei der Steuerklassenkombination III/V kann die einbehaltene Lohnsteuer im Verhältnis zur Jahressteuerschuld zu gering sein, wenn das gemeinsam zu versteuernde Einkommen der Ehegatten der progressiven Besteuerung unterliegt. Daher müssen Ehegatten, die die Steuerklassen III/V gewählt haben, in jedem Fall zur Einkommensteuer veranlagt werden.

Bei **erweiterter unbeschränkter Steuerpflicht** erhalten die Arbeitnehmer auf Antrag vom Betriebsstättenfinanzamt eine Abzugsbescheinigung und einen etwa in Betracht kommenden Freibetrag (§ 39a Abs. 1 EStG). Erweitert unbeschränkt steuerpflichtig sind zum einen deutsche Staatsangehörige, die nicht im Inland wohnen und zu einer inländischen juristischen Person des öffentlichen Rechts in einem Dienstverhältnis stehen und dafür Arbeitslohn aus einer inländischen öffentlichen Kasse beziehen sowie bestimmte zu ihrem Haushalt gehörende Angehörige (§ 1 Abs. 2 EStG). Zum anderen können auf Antrag

Vorbem. T 2

auch andere Staatsangehörige, die nicht im Inland wohnen, als unbeschränkt steuerpflichtig behandelt werden, soweit sie inländische Einkünfte haben, die mindestens zu 90 v. H. der deutschen Einkommensteuer unterliegen oder wenn die nicht der deutschen Einkommensteuer unterliegenden Einkünfte nicht mehr als 9744 Euro betragen, wobei eine Kürzung dieses Betrages nach den Verhältnissen des Wohnsitzstaates in Betracht kommt (§ 1 Abs. 3 EStG).

Neben der allgemeinen und besonderen Lohnsteuertabelle, die der Ermittlung der vom Arbeitgeber einzubehaltenden und abzuführenden Lohnsteuer dient, ohne dass hierbei Kinderfreibeträge zu berücksichtigen sind, besteht noch eine **Lohnsteuertabelle, in der die Kinderfreibeträge eingearbeitet** sind. Sie dient aber im Rahmen des laufenden Lohnsteuerabzugs nur dazu, die Lohnsteuer zu ermitteln, die die Bemessungsgrundlage für die sog. **Annexsteuern** darstellt (§ 51a Abs. 2a EStG), das sind die Kirchensteuer und der Solidaritätszuschlag. Ist für den Arbeitnehmer die Berücksichtigung von Freibeträgen für Kinder nach § 32 EStG günstiger als das Kindergeld, wird dies bei der Einkommensteuerveranlagung berücksichtigt und entsprechend verrechnet (§ 31 EStG).

Lohnsteuerklassen nach § 38b EStG:

(1) Für die Durchführung des Lohnsteuerabzugs werden Arbeitnehmer in Steuerklassen eingereiht. Dabei gilt Folgendes:

1. In die Steuerklasse I gehören Arbeitnehmer, die
   a) unbeschränkt einkommensteuerpflichtig und
      aa) ledig sind,
      bb) verheiratet, verwitwet oder geschieden sind und bei denen die Voraussetzungen für die Steuerklasse III oder IV nicht erfüllt sind; oder
   b) beschränkt einkommensteuerpflichtig sind;
2. in die Steuerklasse II gehören die unter Nummer 1 Buchstabe a bezeichneten Arbeitnehmer, wenn bei ihnen der Entlastungsbetrag für Alleinerziehende (§ 24b EStG) zu berücksichtigen ist;
3. in die Steuerklasse III gehören Arbeitnehmer,
   a) die verheiratet sind, wenn beide Ehegatten unbeschränkt einkommensteuerpflichtig sind und nicht dauernd getrennt leben und der Ehegatte des Arbeitnehmers auf Antrag beider Ehegatten in die Steuerklasse V eingereiht wird,
   b) die verwitwet sind, wenn sie und ihr verstorbener Ehegatte im Zeitpunkt seines Todes unbeschränkt einkommensteuerpflichtig waren und in diesem Zeitpunkt nicht dauernd getrennt gelebt haben, für das Kalenderjahr, das dem Kalenderjahr folgt, in dem der Ehegatte verstorben ist,

T 2 Vorbem.

   c) deren Ehe aufgelöst worden ist, wenn
      aa) im Kalenderjahr der Auflösung der Ehe beide Ehegatten un-
          beschränkt einkommensteuerpflichtig waren und nicht dau-
          ernd getrennt gelebt haben und
      bb) der andere Ehegatte wieder geheiratet hat, von seinem neuen
          Ehegatten nicht dauernd getrennt lebt und er und sein neuer
          Ehegatte unbeschränkt einkommensteuerpflichtig sind,
      für das Kalenderjahr, in dem die Ehe aufgelöst worden ist;
4. in die Steuerklasse IV gehören Arbeitnehmer, die verheiratet sind,
   wenn beide Ehegatten unbeschränkt einkommensteuerpflichtig
   sind und nicht dauernd getrennt leben; dies gilt auch, wenn einer
   der Ehegatten keinen Arbeitslohn bezieht und kein Antrag nach
   Nummer 3 Buchstabe a gestellt worden ist;
5. in die Steuerklasse V gehören die unter Nummer 4 bezeichneten
   Arbeitnehmer, wenn der Ehegatte des Arbeitnehmers auf Antrag
   beider Ehegatten in die Steuerklasse III eingereiht wird;
6. die Steuerklasse VI gilt bei Arbeitnehmern, die nebeneinander von
   mehreren Arbeitgebern Arbeitslohn beziehen, für die Einbehaltung
   der Lohnsteuer vom Arbeitslohn aus dem zweiten und einem weite-
   ren Dienstverhältnis sowie in den Fällen des § 39c EStG.
Als unbeschränkt einkommensteuerpflichtig im Sinne der Nummern 3
und 4 gelten nur Personen, die die Voraussetzungen des § 1 Absatz 1
oder 2 oder des § 1a erfüllen.

(2) Für ein minderjähriges und nach § 1 Absatz 1 unbeschränkt ein-
kommensteuerpflichtiges Kind im Sinne des § 32 Absatz 1 Nummer 1
und Absatz 3 werden bei der Anwendung der Steuerklassen I bis IV die
Kinderfreibeträge als Lohnsteuerabzugsmerkmal nach § 39 Absatz 1
wie folgt berücksichtigt:
1. mit Zähler 0,5, wenn dem Arbeitnehmer der Kinderfreibetrag nach
   § 32 Absatz 6 Satz 1 zusteht, oder
2. mit Zähler 1, wenn dem Arbeitnehmer der Kinderfreibetrag zusteht,
   weil
   a) die Voraussetzungen des § 32 Absatz 6 Satz 2 vorliegen oder
   b) der andere Elternteil vor dem Beginn des Kalenderjahres verstor-
      ben ist oder
   c) der Arbeitnehmer allein das Kind angenommen hat.
Soweit dem Arbeitnehmer Kinderfreibeträge nach § 32 Absatz 1 bis 6
zustehen, die nicht nach Satz 1 berücksichtigt werden, ist die Zahl der
Kinderfreibeträge auf Antrag vorbehaltlich des § 39a Absatz 1 Num-
mer 6 zu Grunde zu legen. In den Fällen des Satzes 2 können die Kin-
derfreibeträge für mehrere Jahre gelten, wenn nach den tatsächlichen
Verhältnissen zu erwarten ist, dass die Voraussetzungen bestehen bleiben.
Bei Anwendung der Steuerklassen III und IV sind auch Kinder des Ehe-

Vorbem. T 2

gatten bei der Zahl der Kinderfreibeträge zu berücksichtigen. Der Antrag kann nur nach amtlich vorgeschriebenem Vordruck gestellt werden.

(3) Auf Antrag des Arbeitnehmers kann abweichend von Absatz 1 oder 2 eine für ihn ungünstigere Steuerklasse oder geringere Zahl der Kinderfreibeträge als Lohnsteuerabzugsmerkmal gebildet werden. Der Wechsel von der Steuerklasse III oder V in die Steuerklasse IV ist auch auf Antrag nur eines Ehegatten möglich mit der Folge, dass beide Ehegatten in die Steuerklasse IV eingereiht werden. Diese Anträge sind nach amtlich vorgeschriebenem Vordruck zu stellen und vom Antragsteller eigenhändig zu unterschreiben.

Eine elektronische **Lohnsteuerbescheinigung** hat der Arbeitgeber bei Abschluss des Lohnkontos, d. h. bei Beendigung des Dienstverhältnisses oder am Ende des Kalenderjahres auszustellen (§ 41b Abs. 1 EStG). Arbeitgeber ohne maschinelle Lohnabrechnung, die ausschließlich Arbeitnehmer im Rahmen einer geringfügigen Beschäftigung in ihrem Privathaushalt beschäftigen und keine elektronische Lohnsteuerbescheinigung erteilen können, haben eine entsprechende Lohnsteuerbescheinigung nach amtlich vorgeschriebenem Muster auszustellen (§ 41b Abs. 3 EStG).

Erhebung des Solidaritätszuschlags

Gem. § 3 Abs. 4 SolZG ist der Solidaritätszuschlag in Höhe von 5,5 % beim Abzug vom **laufenden** Arbeitslohn nur zu erheben, wenn die Bemessungsgrundlage (Lohnsteuer) im jeweiligen Lohnzahlungszeitraum

1. bei monatlicher Lohnzahlung
   a) in der Steuerklasse III mehr als 2826 Euro und
   b) in den Steuerklassen I, II, IV bis VI mehr als 1413 Euro,
2. bei wöchentlicher Lohnzahlung
   a) in der Steuerklasse III mehr als 659,40 Euro und
   b) in den Steuerklassen I, II, IV bis VI mehr als 329,70 Euro,
3. bei täglicher Lohnzahlung
   a) in der Steuerklasse III mehr als 94,20 Euro und
   b) in den Steuerklassen I, II, IV bis VI mehr als 47,10 Euro beträgt.

Beim Lohnsteuer-Jahresausgleich ist der Solidaritätszuschlag nur zu ermitteln, wenn die Bemessungsgrundlage in Steuerklasse III mehr als 33 912 Euro und in den Steuerklassen I, II oder IV mehr als 16 956 Euro beträgt.

Der Solidaritätszuschlag beträgt darüber hinaus nicht mehr als 11,9 v. H. des Unterschiedsbetrags zwischen der Bemessungsgrundlage und den o. g. Freigrenzen. Dieser „Übergangswert" ist den einzelnen Tabellen jeweils vorangestellten „Übergangstabellen Solidaritätszuschlag" zu entnehmen, wobei diese auf **„Sonstige Bezüge"** nicht anzuwenden sind.

T 2 Vorbem.

Lohnsteuertabellen 2022: Programmbeschreibung

Vorbemerkung: Grundlage des vorliegenden Programms ist der vom Bundesministerium der Finanzen bekannt gemachte Euro-Programmablaufplan für die maschinelle Berechnung der vom Arbeitslohn einzubehaltenen Lohnsteuer, des Solidaritätszuschlages und der Maßstabsteuer für die Kirchenlohnsteuer 2022 vom 20.5.2022.

Für die maschinelle Berechnung der Lohn- und Einkommensteuer kommt der *stufenlose* Steuertarif (sog. Formeltarif) zur Anwendung, mit dem die Lohn- und Einkommensteuer exakt für den sich bei der Lohnsteuerberechnung bzw. Steuerveranlagung ergebenden Einzelwert berechnet wird.

1. Anwendung

Das Berechnungsprogramm (Lohnsteuerrechner 2022) erreichen Sie über den für Sie freigeschalteten link https://ch.beck.de/lohnsteuerrechner

2. Inhalt

Das Berechnungsprogramm 2022 enthält:

➢ die Lohnsteuerberechnung Tag, Woche, Monat und Jahr nach der Lohnsteuertabelle vom laufenden Arbeitslohn sowie von den Versorgungsbezügen
➢ die Hochrechnung des Bruttolohns ausgehend vom Nettolohn
➢ die Berechnung der Sozialversicherungsbeiträge (KV, RV, ArbLV, PflegeV) für Arbeitnehmer und Arbeitgeber
➢ die Einkommensteuerberechnung nach Grund- und Splittingtarif
➢ Geringfügige Beschäftigung/Minijobs

3. Kurzbeschreibung

Allgemeine Angaben

Über das Menü können Sie wählen, ob Sie eine Berechnung für den Arbeitgeber-, oder den Arbeitnehmer- vornehmen möchten. Sie können sowohl Brutto-, als auch Nettoabrechnungen berechnen und den entsprechenden Lohnzahlungszeitraum (Tag, Woche, Monat, Jahr) auswählen.

Allgemeine Angaben	
Lohnsteuerrechner:	2022 ⌄
Berechnung für:	Arbeitnehmer ⌄
Brutto/Netto:	Brutto -> Netto ⌄
Lohnzahlungszeitraum:	Monat (30 Tage) ⌄
Steuerklasse/Kirchensteuer:	I ⌄ / 8 [%]

Vorbem. T 2

Weitere allgemeine Angaben wie Faktorverfahren, Steuerklasse/KiSt, Bruttolohn, Frei-, Hinzurechnungs- und Kinderfreibeträge, Anwendung der allgemeinen oder besonderen Lohnsteuertabelle und Altersentlastungsbetrag, geben Sie bitte in die folgenden Eingabefelder ein:

Steuerklasse/Kirchensteuer:	I ⌄ / 8	[%]
Faktorverfahren:	☐ 1,000	
Bruttolohn:		[EUR]
davon Versorgungsbezüge:		[EUR]
Freibetrag:		[EUR]
Hinzurechnungsbetrag:		[EUR]
Kinderfreibetrag:	0,0 ⌄	
	◉ Allg. LoSt (RV pfl.)	
	○ Bes. LoSt (RV frei)	
Altersentlastung:	☐	

Über den Button „Einkommensteuer"

und Eingabe des entsprechenden zu versteuernden Einkommens erhalten Sie die Einkommensteuerberechnung wahlweise nach Grund- und Splittingtarif angezeigt.

Die bereits voreingestellten Beitragsbemessungsgrenzen Ost/West erhalten Sie über den Button „Bemessungsgrenze".

T 2 Vorbem.

Rechtskreise.
Über dieses Auswahlfenster wird auch die Zuordnung „Ost" oder „West" geregelt. Wählen Sie die bereits voreingestellten Beitragsbemessungsgrenzen Ost/West sowie Sachsen als Sonderfall aus.

Anteile zur Sozialversicherung (SV)

Rechtskreis: ⦿ West ○ Ost ☐ Sachsen

Anteile Sozialversicherung:
Die Beitragsbemessungsgrenzen zur Kranken-, Pflege-, Renten- und Arbeitslosenversicherung werden jährlich neu festgelegt. Diese Datenfelder sind jederzeit änderbar, wenn sich die Bemessungsgrenzen unterjährig ändern sollten. Die gültigen Beitragssätze für 2022 sind im Programm hinterlegt ebenso wie die für 2022 gültigen Beitragsbemessungsgrenzen.

Anteile zur Sozialversicherung (SV)

			☐ Privatversichert (Basistarif)		
			⦿ ohne AG Zuschuss	○ mit AG Zuschuss	
	AN		AG		
Krankenversicherung (KV):	7,300	[%]	7,300	[%]	
KV-Zuschlag:	0,650	[%]	0,650	[%]	[€ / Monat]
Pflegeversicherung (PV):	1,525	[%]	1,525	[%]	[€ / Monat]
PV-Zuschlag:	0,250	[%]	☑ (Person ist über 23 Jahre und ohne Kind)		
Arbeitslosenversicherung (AV):	1,200	[%]	1,200	[%]	
Rentenversicherung (RV):	9,300	[%]	9,300	[%]	

Das Programm berücksichtigt die entsprechenden Lohnzahlungszeiträume täglich/wöchentlich/monatlich/jährlich bei der Sozialversicherungsberechnung automatisch.

Erklärung der Eingabefelder
Lohnzahlungszeitraum: Wählen Sie jeweils den gewünschten Lohnzahlungszeitraum (Tag, Woche, Monat, Jahr) aus der Listbox.

Steuerpflichtiger Bruttolohn: Tragen Sie den steuerpflichtigen Bruttoarbeitslohn ein ohne Sonstige Bezüge und ohne Vergütung für mehrjährige Tätigkeit.

Steuerklasse: Wählen Sie die Steuerklasse lt. Lohnsteuermerkmale aus.

Kinderfreibetrag: Bitte tragen Sie hier die Kinderfreibeträge lt. Lohnsteuerabzugsmerkmale ein.

Faktorverfahren: Aktivieren Sie ggf., ob der Arbeitnehmer nach dem Faktorverfahren (nur Steuerklasse IV) besteuert wird, und geben den lt. Lohnsteuerabzugsmerkmale eingetragenen Faktor ein.

Kirchensteuer: Geben Sie die entsprechenden Kirchensteuersätze an. Bei Bekenntnislosen bitte eine 0 eintragen.

Im Bruttolohn enthaltene Versorgungsbezüge: Tragen Sie hier den entsprechenden im steuerpflichtigen Bruttolohn enthaltenen Betrag ein.

Vorbem. T 2

Freibetrag: Tragen Sie hier den Freibetrag lt. Lohnsteuerabzugsmerkmale für den entsprechenden Lohnzahlungszeitraum ein.

Hinzurechnungsbetrag: Hinzurechnungsbetrag lt. Lohnsteuerabzugsmerkmale, bezogen auf den Lohnzahlungszeitraum.

Aktivieren Sie im Bedarfsfall, ob
– der Arbeitnehmer nach der allgemeinen oder besonderen Lohnsteuertabelle besteuert wird.

◉ Allg. LoSt (RV pfl.)
○ Bes. LoSt (RV frei)

– Bei in der KV und PflegeV privat versicherten Arbeitnehmern, die in der RV und ALV **pflichtversichert** sind (Besteuerung nach der allgemeinen Lohnsteuertabelle) geben Sie bitte den privaten Basis-KV- und PflegeV-Beitrag ein.

☐ Privatversichert (Basistarif)

◉ ohne AG Zuschuss ○ mit AG Zuschuss

– Bei in der KV und PflegeV privat und in der RV und ALV **nicht pflichtversicherten** Arbeitnehmern (z.B. Beamte) (Besteuerung nach der besonderen Lohnsteuertabelle) geben Sie ebenfalls den privaten Basis-KV- und PflegeV-Beitrag ein.

Aktivieren Sie in beiden Fällen ggf., ob der Arbeitnehmer einen Anspruch auf den AG-Zuschuss hat.

4. Geringfügig Beschäftigte

Sie können wählen zwischen der Abrechnung für Geringfügige Beschäftigung „GF/Minijob" und Geringfügige Beschäftigung in privaten Haushalten „Minijob/priv. HH". Ebenso Gleitzone/Übergangsbereich. Die entsprechenden Berechnungsparameter sind voreingestellt.

Zusätzliche Eingaben

◉ Normalverdiener ☐ Gleitzone / Übergangsbereich ☐ Keine RV-Reduzierung
○ GF/Minijob ☐ Pauschalsteuer 2 [%]
○ Minijob/priv. HH ☐ Aufstockung 0,00 [%]

T 2 Vorbem.

5. Berechnung

Zur Berechnung gehen Sie auf den Button „Berechnen". Sie erhalten bspw. die folgende Ergebnisrechnung (hier Arbeitnehmeranteil).

Berechnetes Ergebnis Arbeitnehmeranteile

Bruttolohn:	5.000,00 EUR
Lohnsteuer:	961,16 EUR
Kirchensteuer:	76,89 EUR
Solidaritätszuschl.:	0,00 EUR
Steuern gesamt:	1.038,05 EUR
nach Steuern:	3.961,95 EUR
KV Beitrag:	353,14 EUR
	Zuschlag: 31,44 EUR
RV Beitrag:	465,00 EUR
AV Beitrag:	60,00 EUR
PV Beitrag:	73,77 EUR
	Zuschlag: 12,09 EUR
SV gesamt:	995,44 EUR
Nettolohn:	2.966,51 EUR

Hinweis: Wenn Sie neben der Lohn- und Einkommensteuerberechnung sowie Sozialversicherung auch Spezialberechnungen wie Übergangsbereich, Abfindungen etc. durchführen wollen, empfehlen wir Ihnen das Programm Lohnsteuertabellen 2022, Berechnungsprogramm für 39 EURO zu nutzen, ISBN 9783406786211.

Übergangstabelle Solidaritätszuschlag Jahr 2022   **SaT2**

Solidaritätszuschlag beim Lohnsteuer-Jahresausgleich durch den Arbeitgeber*

Steuerklasse III		Steuerklasse III		Steuerklasse III		Steuerklasse III	
Maßstabs-lohnsteuer €	Solidari-tätszu-schlag €	Maßstabs-lohnsteuer €	Solidari-tätszu-schlag €	Maßstabs-lohnsteuer €	Solidari-tätszu-schlag €	Maßstabs-lohnsteuer €	Solidari-tätszu-schlag €
33910,00	0,00	34816,00	107,58	35724,00	215,63	36630,00	323,44
33924,00	1,43	34832,00	109,48	35738,00	217,29	36646,00	325,35
33940,00	3,33	34846,00	111,15	35754,00	219,20	36660,00	327,01
33954,00	5,00	34862,00	113,05	35768,00	220,86	36676,00	328,92
33970,00	6,90	34876,00	114,72	35784,00	222,77	36692,00	330,82
33984,00	8,57	34892,00	116,62	35800,00	224,67	36706,00	332,49
34000,00	10,47	34906,00	118,29	35814,00	226,34	36722,00	334,39
34014,00	12,14	34922,00	120,19	35830,00	228,24	36736,00	336,06
34030,00	14,04	34938,00	122,09	35844,00	229,91	36752,00	337,96
34046,00	15,95	34952,00	123,76	35860,00	231,81	36766,00	339,63
34060,00	17,61	34968,00	125,66	35874,00	233,48	36782,00	341,53
34076,00	19,52	34982,00	127,33	35890,00	235,38	36796,00	343,20
34090,00	21,18	34998,00	129,23	35904,00	237,05	36812,00	345,10
34106,00	23,09	35012,00	130,90	35920,00	238,95	36828,00	347,00
34120,00	24,75	35028,00	132,80	35936,00	240,86	36842,00	348,67
34136,00	26,66	35044,00	134,71	35950,00	242,52	36858,00	350,57
34150,00	28,32	35058,00	136,37	35966,00	244,43	36872,00	352,24
34166,00	30,23	35074,00	138,28	35980,00	246,09	36888,00	354,14
34182,00	32,13	35088,00	139,94	35996,00	248,00	36902,00	355,81
34196,00	33,80	35104,00	141,85	36010,00	249,66	36918,00	357,71
34212,00	35,70	35118,00	143,51	36026,00	251,57	36934,00	359,62
34226,00	37,37	35134,00	145,42	36040,00	253,23	36948,00	361,28
34242,00	39,27	35148,00	147,08	36056,00	255,14	36964,00	363,19
34256,00	40,94	35164,00	148,99	36072,00	257,04	36978,00	364,85
34272,00	42,84	35180,00	150,89	36086,00	258,71	36994,00	366,76
34288,00	44,74	35194,00	152,56	36102,00	260,61	37008,00	368,42
34302,00	46,41	35210,00	154,46	36116,00	262,28	37024,00	370,33
34318,00	48,31	35224,00	156,13	36132,00	264,18	37038,00	371,99
34332,00	49,98	35240,00	158,03	36146,00	265,85	37054,00	373,90
34348,00	51,88	35254,00	159,70	36162,00	267,75	37070,00	375,80
34362,00	53,55	35270,00	161,60	36178,00	269,65	37084,00	377,47
34378,00	55,45	35284,00	163,27	36192,00	271,32	37100,00	379,37
34392,00	57,12	35300,00	165,17	36208,00	273,22	37114,00	381,04
34408,00	59,02	35316,00	167,08	36222,00	274,89	37130,00	382,94
34424,00	60,93	35330,00	168,74	36238,00	276,79	37144,00	384,61
34438,00	62,59	35346,00	170,65	36252,00	278,46	37160,00	386,51
34454,00	64,50	35360,00	172,31	36268,00	280,36	37174,00	388,18
34468,00	66,16	35376,00	174,22	36282,00	282,03	37190,00	390,08
34484,00	68,07	35390,00	175,88	36298,00	283,93	37206,00	391,99
34498,00	69,73	35406,00	177,79	36314,00	285,84	37220,00	393,65
34514,00	71,64	35422,00	179,69	36328,00	287,50	37236,00	395,56
34528,00	73,30	35436,00	181,36	36344,00	289,41	37250,00	397,22
34544,00	75,21	35452,00	183,26	36358,00	291,07	37266,00	399,13
34560,00	77,11	35466,00	184,93	36374,00	292,98	37280,00	400,79
34574,00	78,78	35482,00	186,83	36388,00	294,64	37296,00	402,70
34590,00	80,68	35496,00	188,50	36404,00	296,55	37312,00	404,60
34604,00	82,35	35512,00	190,40	36418,00	298,21	37326,00	406,27
34620,00	84,25	35526,00	192,07	36434,00	300,12	37342,00	408,17
34634,00	85,92	35542,00	193,97	36450,00	302,02	37356,00	409,84
34650,00	87,82	35558,00	195,87	36464,00	303,69	37372,00	411,74
34666,00	89,73	35572,00	197,54	36480,00	305,59	37386,00	413,41
34680,00	91,39	35588,00	199,44	36494,00	307,26	37402,00	415,31
34696,00	93,30	35602,00	201,11	36510,00	309,16	37416,00	416,98
34710,00	94,96	35618,00	203,01	36524,00	310,83	37432,00	418,88
34726,00	96,87	35632,00	204,68	36540,00	312,73	37448,00	420,78
34740,00	98,53	35648,00	206,58	36556,00	314,64	37462,00	422,45
34756,00	100,44	35662,00	208,25	36570,00	316,30	37478,00	424,35
34770,00	102,10	35678,00	210,15	36586,00	318,21	37492,00	426,02
34786,00	104,01	35694,00	212,06	36600,00	319,87	37508,00	427,92
34802,00	105,91	35708,00	213,72	36616,00	321,78	37522,00	429,59

* Nur anzuwenden bei Lohnsteuer-Jahresausgleich durch den Arbeitgeber.

SaT2 — Übergangstabelle Solidaritätszuschlag Jahr 2022

Steuerklasse III		Steuerklasse III		Steuerklasse III		Steuerklasse III	
Maßstabs-lohnsteuer €	Solidari-tätszu-schlag €	Maßstabs-lohnsteuer €	Solidari-tätszu-schlag €	Maßstabs-lohnsteuer €	Solidari-tätszu-schlag €	Maßstabs-lohnsteuer €	Solidari-tätszu-schlag €
37538,00	431,49	38566,00	553,83	39594,00	676,16	40622,00	798,49
37552,00	433,16	38582,00	555,73	39610,00	678,06	40638,00	800,39
37568,00	435,06	38596,00	557,40	39624,00	679,73	40652,00	802,06
37584,00	436,97	38612,00	559,30	39640,00	681,63	40668,00	803,96
37598,00	438,63	38626,00	560,97	39654,00	683,30	40682,00	805,63
37614,00	440,54	38642,00	562,87	39670,00	685,20	40698,00	807,53
37628,00	442,20	38656,00	564,54	39684,00	686,87	40714,00	809,44
37644,00	444,11	38672,00	566,44	39700,00	688,77	40728,00	811,10
37658,00	445,77	38686,00	568,11	39716,00	690,68	40744,00	813,01
37674,00	447,68	38702,00	570,01	39730,00	692,34	40758,00	814,67
37690,00	449,58	38718,00	571,91	39746,00	694,25	40774,00	816,58
37704,00	451,25	38732,00	573,58	39760,00	695,91	40788,00	818,24
37720,00	453,15	38748,00	575,48	39776,00	697,82	40804,00	820,15
37734,00	454,82	38762,00	577,15	39790,00	699,48	40818,00	821,81
37750,00	456,72	38778,00	579,05	39806,00	701,39	40834,00	823,72
37764,00	458,39	38792,00	580,72	39820,00	703,05	40850,00	825,62
37780,00	460,29	38808,00	582,62	39836,00	704,96	40864,00	827,29
37794,00	461,96	38824,00	584,53	39852,00	706,86	40880,00	829,19
37810,00	463,86	38838,00	586,19	39866,00	708,53	40894,00	830,86
37826,00	465,77	38854,00	588,10	39882,00	710,43	40910,00	832,76
37840,00	467,43	38868,00	589,76	39896,00	712,10	40924,00	834,43
37856,00	469,34	38884,00	591,67	39912,00	714,00	40940,00	836,33
37870,00	471,00	38898,00	593,33	39926,00	715,67	40954,00	838,00
37886,00	472,91	38914,00	595,24	39942,00	717,57	40970,00	839,90
37900,00	474,57	38928,00	596,90	39958,00	719,47	40986,00	841,81
37916,00	476,48	38944,00	598,81	39972,00	721,14	41000,00	843,47
37930,00	478,14	38960,00	600,71	39988,00	723,04	41016,00	845,38
37946,00	480,05	38974,00	602,38	40002,00	724,71	41030,00	847,04
37962,00	481,95	38990,00	604,28	40018,00	726,61	41046,00	848,95
37976,00	483,62	39004,00	605,95	40032,00	728,28	41060,00	850,61
37992,00	485,52	39020,00	607,85	40048,00	730,18	41076,00	852,52
38006,00	487,19	39034,00	609,52	40062,00	731,85	41092,00	854,42
38022,00	489,09	39050,00	611,42	40078,00	733,75	41106,00	856,09
38036,00	490,76	39064,00	613,09	40094,00	735,66	41122,00	857,99
38052,00	492,66	39080,00	614,99	40108,00	737,32	41136,00	859,66
38068,00	494,56	39096,00	616,90	40124,00	739,23	41152,00	861,56
38082,00	496,23	39110,00	618,56	40138,00	740,89	41166,00	863,23
38098,00	498,13	39126,00	620,47	40154,00	742,80	41182,00	865,13
38112,00	499,80	39140,00	622,13	40168,00	744,46	41196,00	866,80
38128,00	501,70	39156,00	624,04	40184,00	746,37	41212,00	868,70
38142,00	503,37	39170,00	625,70	40198,00	748,03	41228,00	870,60
38158,00	505,27	39186,00	627,61	40214,00	749,94	41242,00	872,27
38172,00	506,94	39202,00	629,51	40230,00	751,84	41258,00	874,17
38188,00	508,84	39216,00	631,18	40244,00	753,51	41272,00	875,84
38204,00	510,75	39232,00	633,08	40260,00	755,41	41288,00	877,74
38218,00	512,41	39246,00	634,75	40274,00	757,08	41302,00	879,41
38234,00	514,32	39262,00	636,65	40290,00	758,98	41318,00	881,31
38248,00	515,98	39276,00	638,32	40304,00	760,65	41332,00	882,98
38264,00	517,89	39292,00	640,22	40320,00	762,55	41348,00	884,88
38278,00	519,55	39306,00	641,89	40336,00	764,46	41364,00	886,79
38294,00	521,46	39322,00	643,79	40350,00	766,12	41378,00	888,45
38308,00	523,12	39338,00	645,69	40366,00	768,03	41394,00	890,36
38324,00	525,03	39352,00	647,36	40380,00	769,69	41408,00	892,02
38340,00	526,93	39368,00	649,26	40396,00	771,60	41424,00	893,93
38354,00	528,60	39382,00	650,93	40410,00	773,26	41438,00	895,59
38370,00	530,50	39398,00	652,83	40426,00	775,17	41454,00	897,50
38384,00	532,17	39412,00	654,50	40440,00	776,83	41470,00	899,40
38400,00	534,07	39428,00	656,40	40456,00	778,74	41484,00	901,07
38414,00	535,74	39442,00	658,07	40472,00	780,64	41500,00	902,97
38430,00	537,64	39458,00	659,97	40486,00	782,31	41514,00	904,64
38446,00	539,55	39474,00	661,88	40502,00	784,21	41530,00	906,54
38460,00	541,21	39488,00	663,54	40516,00	785,88	41544,00	908,21
38476,00	543,12	39504,00	665,45	40532,00	787,78	41560,00	910,11
38490,00	544,78	39518,00	667,11	40546,00	789,45	41574,00	911,78
38506,00	546,69	39534,00	669,02	40562,00	791,35	41590,00	913,68
38520,00	548,35	39548,00	670,68	40576,00	793,02	41606,00	915,59
38536,00	550,26	39564,00	672,59	40592,00	794,92	41620,00	917,25
38550,00	551,92	39580,00	674,49	40608,00	796,82	41636,00	919,16

Übergangstabelle Solidaritätszuschlag Jahr 2022 — SaT2

Steuerklasse III		Steuerklasse III		Steuerklasse III		Steuerklasse III	
Maßstabs-lohnsteuer €	Solidaritätszuschlag €	Maßstabs-lohnsteuer €	Solidaritätszuschlag €	Maßstabs-lohnsteuer €	Solidaritätszuschlag €	Maßstabs-lohnsteuer €	Solidaritätszuschlag €
41650,00	920,82	42678,00	1043,15	43706,00	1165,49	44734,00	1287,82
41666,00	922,73	42694,00	1045,06	43722,00	1167,39	44750,00	1289,72
41680,00	924,39	42708,00	1046,72	43738,00	1169,29	44766,00	1291,63
41696,00	926,30	42724,00	1048,63	43752,00	1170,96	44780,00	1293,29
41710,00	927,96	42740,00	1050,53	43768,00	1172,86	44796,00	1295,20
41726,00	929,87	42754,00	1052,20	43782,00	1174,53	44810,00	1296,86
41742,00	931,77	42770,00	1054,10	43798,00	1176,43	44826,00	1298,77
41756,00	933,44	42784,00	1055,77	43812,00	1178,10	44840,00	1300,43
41772,00	935,34	42800,00	1057,67	43828,00	1180,00	44856,00	1302,34
41786,00	937,01	42814,00	1059,34	43842,00	1181,67	44872,00	1304,24
41802,00	938,91	42830,00	1061,24	43858,00	1183,57	44886,00	1305,91
41816,00	940,58	42844,00	1062,91	43874,00	1185,48	44902,00	1307,81
41832,00	942,48	42860,00	1064,81	43888,00	1187,14	44916,00	1309,48
41848,00	944,38	42876,00	1066,72	43904,00	1189,05	44932,00	1311,38
41862,00	946,05	42890,00	1068,38	43918,00	1190,71	44946,00	1313,05
41878,00	947,95	42906,00	1070,29	43934,00	1192,62	44962,00	1314,95
41892,00	949,62	42920,00	1071,95	43948,00	1194,28	44976,00	1316,62
41908,00	951,52	42936,00	1073,86	43964,00	1196,19	44992,00	1318,52
41922,00	953,19	42950,00	1075,52	43978,00	1197,85	45008,00	1320,42
41938,00	955,09	42966,00	1077,43	43994,00	1199,76	45022,00	1322,09
41952,00	956,76	42982,00	1079,33	44010,00	1201,66	45038,00	1323,99
41968,00	958,66	42996,00	1081,00	44024,00	1203,33	45052,00	1325,66
41984,00	960,57	43012,00	1082,90	44040,00	1205,23	45068,00	1327,56
41998,00	962,23	43026,00	1084,57	44054,00	1206,90	45082,00	1329,23
42014,00	964,14	43042,00	1086,47	44070,00	1208,80	45098,00	1331,13
42028,00	965,80	43056,00	1088,14	44084,00	1210,47	45112,00	1332,80
42044,00	967,71	43072,00	1090,04	44100,00	1212,37	45128,00	1334,70
42058,00	969,37	43086,00	1091,71	44116,00	1214,28	45144,00	1336,61
42074,00	971,28	43102,00	1093,61	44130,00	1215,94	45158,00	1338,27
42088,00	972,94	43118,00	1095,51	44146,00	1217,85	45174,00	1340,18
42104,00	974,85	43132,00	1097,18	44160,00	1219,51	45188,00	1341,84
42120,00	976,75	43148,00	1099,08	44176,00	1221,42	45204,00	1343,75
42134,00	978,42	43162,00	1100,75	44190,00	1223,08	45218,00	1345,41
42150,00	980,32	43178,00	1102,65	44206,00	1224,99	45234,00	1347,32
42164,00	981,99	43192,00	1104,32	44220,00	1226,65	45250,00	1349,22
42180,00	983,89	43208,00	1106,22	44236,00	1228,56	45264,00	1350,89
42194,00	985,56	43222,00	1107,89	44252,00	1230,46	45280,00	1352,79
42210,00	987,46	43238,00	1109,79	44266,00	1232,13	45294,00	1354,46
42226,00	989,37	43254,00	1111,70	44282,00	1234,03	45310,00	1356,36
42240,00	991,03	43268,00	1113,36	44296,00	1235,70	45324,00	1358,03
42256,00	992,94	43284,00	1115,27	44312,00	1237,60	45340,00	1359,93
42270,00	994,60	43298,00	1116,93	44326,00	1239,27	45354,00	1361,60
42286,00	996,51	43314,00	1118,84	44342,00	1241,17	45370,00	1363,50
42300,00	998,17	43328,00	1120,50	44356,00	1242,84	45386,00	1365,41
42316,00	1000,08	43344,00	1122,41	44372,00	1244,74	45400,00	1367,07
42330,00	1001,74	43360,00	1124,31	44388,00	1246,64	45416,00	1368,98
42346,00	1003,65	43374,00	1125,98	44402,00	1248,31	45430,00	1370,64
42362,00	1005,55	43390,00	1127,88	44418,00	1250,21	45446,00	1372,55
42376,00	1007,22	43404,00	1129,55	44432,00	1251,88	45460,00	1374,21
42392,00	1009,12	43420,00	1131,45	44448,00	1253,78	45476,00	1376,12
42406,00	1010,79	43434,00	1133,12	44462,00	1255,45	45490,00	1377,78
42422,00	1012,69	43450,00	1135,02	44478,00	1257,35	45506,00	1379,69
42436,00	1014,36	43464,00	1136,69	44494,00	1259,26	45522,00	1381,59
42452,00	1016,26	43480,00	1138,59	44508,00	1260,92	45536,00	1383,26
42466,00	1017,93	43496,00	1140,50	44524,00	1262,83	45552,00	1385,16
42482,00	1019,83	43510,00	1142,16	44538,00	1264,49	45566,00	1386,83
42498,00	1021,73	43526,00	1144,07	44554,00	1266,40	45582,00	1388,73
42512,00	1023,40	43540,00	1145,73	44568,00	1268,06	45596,00	1390,40
42528,00	1025,30	43556,00	1147,64	44584,00	1269,97	45612,00	1392,30
42542,00	1026,97	43570,00	1149,30	44598,00	1271,63	45628,00	1394,20
42558,00	1028,87	43586,00	1151,21	44614,00	1273,54	45642,00	1395,87
42572,00	1030,54	43600,00	1152,87	44630,00	1275,44	45658,00	1397,77
42588,00	1032,44	43616,00	1154,78	44644,00	1277,11	45672,00	1399,44
42604,00	1034,35	43632,00	1156,68	44660,00	1279,01	45688,00	1401,34
42618,00	1036,01	43646,00	1158,35	44674,00	1280,68	45702,00	1403,01
42634,00	1037,92	43662,00	1160,25	44690,00	1282,58	45718,00	1404,91
42648,00	1039,58	43676,00	1161,92	44704,00	1284,25	45732,00	1406,58
42664,00	1041,49	43692,00	1163,82	44720,00	1286,15	45748,00	1408,48

SaT2 Übergangstabelle Solidaritätszuschlag Jahr 2022

Steuerklasse III		Steuerklasse III		Steuerklasse III		Steuerklasse III	
Maßstabslohnsteuer €	Solidaritätszuschlag €	Maßstabslohnsteuer €	Solidaritätszuschlag €	Maßstabslohnsteuer €	Solidaritätszuschlag €	Maßstabslohnsteuer €	Solidaritätszuschlag €
45764,00	1410,39	46792,00	1532,72	47820,00	1655,05	48848,00	1777,38
45778,00	1412,05	46806,00	1534,39	47834,00	1656,72	48862,00	1779,05
45794,00	1413,96	46822,00	1536,29	47850,00	1658,62	48878,00	1780,95
45808,00	1415,62	46836,00	1537,96	47864,00	1660,29	48892,00	1782,62
45824,00	1417,53	46852,00	1539,86	47880,00	1662,19	48908,00	1784,52
45838,00	1419,19	46866,00	1541,53	47896,00	1664,10	48924,00	1786,43
45854,00	1421,10	46882,00	1543,43	47910,00	1665,76	48938,00	1788,09
45868,00	1422,76	46898,00	1545,33	47926,00	1667,67	48954,00	1790,00
45884,00	1424,67	46912,00	1547,00	47940,00	1669,33	48968,00	1791,66
45900,00	1426,57	46928,00	1548,90	47956,00	1671,24	48984,00	1793,57
45914,00	1428,24	46942,00	1550,57	47970,00	1672,90	48998,00	1795,23
45930,00	1430,14	46958,00	1552,47	47986,00	1674,81	49014,00	1797,14
45944,00	1431,81	46972,00	1554,14	48000,00	1676,47	49030,00	1799,04
45960,00	1433,71	46988,00	1556,04	48016,00	1678,38	49044,00	1800,71
45974,00	1435,38	47002,00	1557,71	48032,00	1680,28	49060,00	1802,61
45990,00	1437,28	47018,00	1559,61	48046,00	1681,95	49074,00	1804,28
46006,00	1439,19	47034,00	1561,52	48062,00	1683,85	49090,00	1806,18
46020,00	1440,85	47048,00	1563,18	48076,00	1685,52	49104,00	1807,85
46036,00	1442,76	47064,00	1565,09	48092,00	1687,42	49120,00	1809,75
46050,00	1444,42	47078,00	1566,75	48106,00	1689,09	49134,00	1811,42
46066,00	1446,33	47094,00	1568,66	48122,00	1690,99	49150,00	1813,32
46080,00	1447,99	47108,00	1570,32	48136,00	1692,66	49166,00	1815,23
46096,00	1449,90	47124,00	1572,23	48152,00	1694,56	49180,00	1816,89
46110,00	1451,56	47140,00	1574,13	48168,00	1696,46	49196,00	1818,80
46126,00	1453,47	47154,00	1575,80	48182,00	1698,13	49210,00	1820,46
46142,00	1455,37	47170,00	1577,70	48198,00	1700,03	49226,00	1822,37
46156,00	1457,04	47184,00	1579,37	48212,00	1701,70	49240,00	1824,03
46172,00	1458,94	47200,00	1581,27	48228,00	1703,60	49256,00	1825,94
46186,00	1460,61	47214,00	1582,94	48242,00	1705,27	49270,00	1827,60
46202,00	1462,51	47230,00	1584,84	48258,00	1707,17	49286,00	1829,51
46216,00	1464,18	47244,00	1586,51	48274,00	1709,08	49302,00	1831,41
46232,00	1466,08	47260,00	1588,41	48288,00	1710,74	49316,00	1833,08
46246,00	1467,75	47276,00	1590,32	48304,00	1712,65	49332,00	1834,98
46262,00	1469,65	47290,00	1591,98	48318,00	1714,31	49346,00	1836,65
46278,00	1471,55	47306,00	1593,89	48334,00	1716,22	49362,00	1838,55
46292,00	1473,22	47320,00	1595,55	48348,00	1717,88	49376,00	1840,22
46308,00	1475,12	47336,00	1597,46	48364,00	1719,79	49392,00	1842,12
46322,00	1476,79	47350,00	1599,12	48378,00	1721,45	49408,00	1844,02
46338,00	1478,69	47366,00	1601,03	48394,00	1723,36	49422,00	1845,69
46352,00	1480,36	47380,00	1602,69	48410,00	1725,26	49438,00	1847,59
46368,00	1482,26	47396,00	1604,60	48424,00	1726,93	49452,00	1849,26
46384,00	1484,17	47412,00	1606,50	48440,00	1728,83	49468,00	1851,16
46398,00	1485,83	47426,00	1608,17	48454,00	1730,50	49482,00	1852,83
46414,00	1487,74	47442,00	1610,07	48470,00	1732,40	49498,00	1854,73
46428,00	1489,40	47456,00	1611,74	48484,00	1734,07	49512,00	1856,40
46444,00	1491,31	47472,00	1613,64	48500,00	1735,97	49528,00	1858,30
46458,00	1492,97	47486,00	1615,31	48514,00	1737,64	49544,00	1860,21
46474,00	1494,88	47502,00	1617,21	48530,00	1739,54	49558,00	1861,87
46488,00	1496,54	47518,00	1619,11	48546,00	1741,45	49574,00	1863,78
46504,00	1498,45	47532,00	1620,78	48560,00	1743,11	49588,00	1865,44
46520,00	1500,35	47548,00	1622,68	48576,00	1745,02	49604,00	1867,35
46534,00	1502,02	47562,00	1624,35	48590,00	1746,68	49618,00	1869,01
46550,00	1503,92	47578,00	1626,25	48606,00	1748,59	49634,00	1870,92
46564,00	1505,59	47592,00	1627,92	48620,00	1750,25	49648,00	1872,58
46580,00	1507,49	47608,00	1629,82	48636,00	1752,16	49664,00	1874,49
46594,00	1509,16	47622,00	1631,49	48652,00	1754,06	49680,00	1876,39
46610,00	1511,06	47638,00	1633,39	48666,00	1755,73	49694,00	1878,06
46624,00	1512,73	47654,00	1635,30	48682,00	1757,63	49710,00	1879,96
46640,00	1514,63	47668,00	1636,96	48696,00	1759,30	49724,00	1881,63
46656,00	1516,54	47684,00	1638,87	48712,00	1761,20	49740,00	1883,53
46670,00	1518,20	47698,00	1640,53	48726,00	1762,87	49754,00	1885,20
46686,00	1520,11	47714,00	1642,44	48742,00	1764,77	49770,00	1887,10
46700,00	1521,77	47728,00	1644,10	48756,00	1766,44	49786,00	1889,01
46716,00	1523,68	47744,00	1646,01	48772,00	1768,34	49800,00	1890,67
46730,00	1525,34	47758,00	1647,67	48788,00	1770,24	49816,00	1892,58
46746,00	1527,25	47774,00	1649,58	48802,00	1771,91	49830,00	1894,24
46762,00	1529,15	47790,00	1651,48	48818,00	1773,81	49846,00	1896,15
46776,00	1530,82	47804,00	1653,15	48832,00	1775,48	49860,00	1897,81

Übergangstabelle Solidaritätszuschlag Jahr 2022 — SaT2

Steuerklasse III		Steuerklasse III		Steuerklasse III		Steuerklasse III	
Maßstabs-lohnsteuer €	Solidari-tätszu-schlag €	Maßstabs-lohnsteuer €	Solidari-tätszu-schlag €	Maßstabs-lohnsteuer €	Solidari-tätszu-schlag €	Maßstabs-lohnsteuer €	Solidari-tätszu-schlag €
49876,00	1899,72	50904,00	2022,05	51932,00	2144,38	52960,00	2266,71
49890,00	1901,38	50920,00	2023,95	51948,00	2146,28	52976,00	2268,62
49906,00	1903,29	50934,00	2025,62	51962,00	2147,95	52990,00	2270,28
49922,00	1905,19	50950,00	2027,52	51978,00	2149,85	53006,00	2272,19
49936,00	1906,86	50964,00	2029,19	51992,00	2151,52	53020,00	2273,85
49952,00	1908,76	50980,00	2031,09	52008,00	2153,42	53036,00	2275,76
49966,00	1910,43	50994,00	2032,76	52022,00	2155,09	53050,00	2277,42
49982,00	1912,33	51010,00	2034,66	52038,00	2156,99	53066,00	2279,33
49996,00	1914,00	51024,00	2036,33	52054,00	2158,90	53082,00	2281,23
50012,00	1915,90	51040,00	2038,23	52068,00	2160,56	53096,00	2282,90
50026,00	1917,57	51056,00	2040,14	52084,00	2162,47	53112,00	2284,80
50042,00	1919,47	51070,00	2041,80	52098,00	2164,13	53126,00	2286,47
50058,00	1921,37	51086,00	2043,71	52114,00	2166,04	53142,00	2288,37
50072,00	1923,04	51100,00	2045,37	52128,00	2167,70	53156,00	2290,04
50088,00	1924,94	51116,00	2047,28	52144,00	2169,61	53172,00	2291,94
50102,00	1926,61	51130,00	2048,94	52158,00	2171,27	53188,00	2293,84
50118,00	1928,51	51146,00	2050,85	52174,00	2173,18	53202,00	2295,51
50132,00	1930,18	51160,00	2052,51	52190,00	2175,08	53218,00	2297,41
50148,00	1932,08	51176,00	2054,42	52204,00	2176,75	53232,00	2299,08
50164,00	1933,99	51192,00	2056,32	52220,00	2178,65	53248,00	2300,98
50178,00	1935,65	51206,00	2057,99	52234,00	2180,32	53262,00	2302,65
50194,00	1937,56	51222,00	2059,89	52250,00	2182,22	53278,00	2304,55
50208,00	1939,22	51236,00	2061,56	52264,00	2183,89	53292,00	2306,22
50224,00	1941,13	51252,00	2063,46	52280,00	2185,79	53308,00	2308,12
50238,00	1942,79	51266,00	2065,13	52294,00	2187,46	53324,00	2310,03
50254,00	1944,70	51282,00	2067,03	52310,00	2189,36	53338,00	2311,69
50268,00	1946,36	51298,00	2068,93	52326,00	2191,27	53354,00	2313,60
50284,00	1948,27	51312,00	2070,60	52340,00	2192,93	53368,00	2315,26
50300,00	1950,17	51328,00	2072,50	52356,00	2194,84	53384,00	2317,17
50314,00	1951,84	51342,00	2074,17	52370,00	2196,50	53398,00	2318,83
50330,00	1953,74	51358,00	2076,07	52386,00	2198,41	53414,00	2320,74
50344,00	1955,41	51372,00	2077,74	52400,00	2200,07	53428,00	2322,40
50360,00	1957,31	51388,00	2079,64	52416,00	2201,98	53444,00	2324,31
50374,00	1958,98	51402,00	2081,31	52432,00	2203,88	53460,00	2326,21
50390,00	1960,88	51418,00	2083,21	52446,00	2205,55	53474,00	2327,88
50404,00	1962,55	51434,00	2085,12	52462,00	2207,45	53490,00	2329,78
50420,00	1964,45	51448,00	2086,78	52476,00	2209,12	53504,00	2331,45
50436,00	1966,36	51464,00	2088,69	52492,00	2211,02	53520,00	2333,35
50450,00	1968,02	51478,00	2090,35	52506,00	2212,69	53534,00	2335,02
50466,00	1969,93	51494,00	2092,26	52522,00	2214,59	53550,00	2336,92
50480,00	1971,59	51508,00	2093,92	52536,00	2216,26	53566,00	2338,83
50496,00	1973,50	51524,00	2095,83	52552,00	2218,16	53580,00	2340,49
50510,00	1975,16	51538,00	2097,49	52568,00	2220,06	53596,00	2342,40
50526,00	1977,07	51554,00	2099,40	52582,00	2221,73	53610,00	2344,06
50542,00	1978,97	51570,00	2101,30	52598,00	2223,63	53626,00	2345,97
50556,00	1980,64	51584,00	2102,97	52612,00	2225,30	53640,00	2347,63
50572,00	1982,54	51600,00	2104,87	52628,00	2227,20	53656,00	2349,54
50586,00	1984,21	51614,00	2106,54	52642,00	2228,87	53670,00	2351,20
50602,00	1986,11	51630,00	2108,44	52658,00	2230,77	53686,00	2353,11
50616,00	1987,78	51644,00	2110,11	52672,00	2232,44	53702,00	2355,01
50632,00	1989,68	51660,00	2112,01	52688,00	2234,34	53716,00	2356,68
50646,00	1991,35	51676,00	2113,92	52704,00	2236,25	53732,00	2358,58
50662,00	1993,25	51690,00	2115,58	52718,00	2237,91	53746,00	2360,25
50678,00	1995,15	51706,00	2117,49	52734,00	2239,82	53762,00	2362,15
50692,00	1996,82	51720,00	2119,15	52748,00	2241,48	53776,00	2363,82
50708,00	1998,72	51736,00	2121,06	52764,00	2243,39	53792,00	2365,72
50722,00	2000,39	51750,00	2122,72	52778,00	2245,05	53806,00	2367,39
50738,00	2002,29	51766,00	2124,63	52794,00	2246,96	53822,00	2369,29
50752,00	2003,96	51780,00	2126,29	52810,00	2248,86	53838,00	2371,19
50768,00	2005,86	51796,00	2128,20	52824,00	2250,53	53852,00	2372,86
50782,00	2007,53	51812,00	2130,10	52840,00	2252,43	53868,00	2374,76
50798,00	2009,43	51826,00	2131,77	52854,00	2254,10	53882,00	2376,43
50814,00	2011,34	51842,00	2133,67	52870,00	2256,00	53898,00	2378,33
50828,00	2013,00	51856,00	2135,34	52884,00	2257,67	53912,00	2380,00
50844,00	2014,91	51872,00	2137,24	52900,00	2259,57	53928,00	2381,90
50858,00	2016,57	51886,00	2138,91	52914,00	2261,24	53944,00	2383,81
50874,00	2018,48	51902,00	2140,81	52930,00	2263,14	53958,00	2385,47
50888,00	2020,14	51916,00	2142,48	52946,00	2265,05	53974,00	2387,38

SaT2 — Übergangstabelle Solidaritätszuschlag Jahr 2022

Steuerklasse III		Steuerklasse III		Steuerklasse III		Steuerklasse III	
Maßstabslohnsteuer €	Solidaritätszuschlag €	Maßstabslohnsteuer €	Solidaritätszuschlag €	Maßstabslohnsteuer €	Solidaritätszuschlag €	Maßstabslohnsteuer €	Solidaritätszuschlag €
53988,00	2389,04	55016,00	2511,38	56044,00	2633,71	57072,00	2756,04
54004,00	2390,95	55032,00	2513,28	56060,00	2635,61	57088,00	2757,94
54018,00	2392,61	55046,00	2514,95	56074,00	2637,28	57104,00	2759,85
54034,00	2394,52	55062,00	2516,85	56090,00	2639,18	57118,00	2761,51
54048,00	2396,18	55078,00	2518,75	56106,00	2641,09	57134,00	2763,42
54064,00	2398,09	55092,00	2520,42	56120,00	2642,75	57148,00	2765,08
54080,00	2399,99	55108,00	2522,32	56136,00	2644,66	57164,00	2766,99
54094,00	2401,66	55122,00	2523,99	56150,00	2646,32	57178,00	2768,65
54110,00	2403,56	55138,00	2525,89	56166,00	2648,23	57194,00	2770,56
54124,00	2405,23	55152,00	2527,56	56180,00	2649,89	57208,00	2772,22
54140,00	2407,13	55168,00	2529,46	56196,00	2651,80	57224,00	2774,13
54154,00	2408,80	55182,00	2531,13	56212,00	2653,70	57240,00	2776,03
54170,00	2410,70	55198,00	2533,03	56226,00	2655,37	57254,00	2777,70
54184,00	2412,37	55214,00	2534,94	56242,00	2657,27	57270,00	2779,60
54200,00	2414,27	55228,00	2536,60	56256,00	2658,94	57284,00	2781,27
54216,00	2416,18	55244,00	2538,51	56272,00	2660,84	57300,00	2783,17
54230,00	2417,84	55258,00	2540,17	56286,00	2662,51	57314,00	2784,84
54246,00	2419,75	55274,00	2542,08	56302,00	2664,41	57330,00	2786,74
54260,00	2421,41	55288,00	2543,74	56316,00	2666,08	57346,00	2788,65
54276,00	2423,32	55304,00	2545,65	56332,00	2667,98	57360,00	2790,31
54290,00	2424,98	55318,00	2547,31	56348,00	2669,88	57376,00	2792,22
54306,00	2426,89	55334,00	2549,22	56362,00	2671,55	57390,00	2793,88
54322,00	2428,79	55350,00	2551,12	56378,00	2673,45	57406,00	2795,79
54336,00	2430,46	55364,00	2552,79	56392,00	2675,12	57420,00	2797,45
54352,00	2432,36	55380,00	2554,69	56408,00	2677,02	57436,00	2799,36
54366,00	2434,03	55394,00	2556,36	56422,00	2678,69	57450,00	2801,02
54382,00	2435,93	55410,00	2558,26	56438,00	2680,59	57466,00	2802,93
54396,00	2437,60	55424,00	2559,93	56452,00	2682,26	57482,00	2804,83
54412,00	2439,50	55440,00	2561,83	56468,00	2684,16	57496,00	2806,50
54426,00	2441,17	55456,00	2563,74	56484,00	2686,07	57512,00	2808,40
54442,00	2443,07	55470,00	2565,40	56498,00	2687,73	57526,00	2810,07
54458,00	2444,97	55486,00	2567,31	56514,00	2689,64	57542,00	2811,97
54472,00	2446,64	55500,00	2568,97	56528,00	2691,30	57556,00	2813,64
54488,00	2448,54	55516,00	2570,88	56544,00	2693,21	57572,00	2815,54
54502,00	2450,21	55530,00	2572,54	56558,00	2694,87	57586,00	2817,21
54518,00	2452,11	55546,00	2574,45	56574,00	2696,78	57602,00	2819,11
54532,00	2453,78	55560,00	2576,11	56590,00	2698,68	57618,00	2821,01
54548,00	2455,68	55576,00	2578,02	56604,00	2700,35	57632,00	2822,68
54562,00	2457,35	55592,00	2579,92	56620,00	2702,25	57648,00	2824,58
54578,00	2459,25	55606,00	2581,59	56634,00	2703,92	57662,00	2826,25
54594,00	2461,16	55622,00	2583,49	56650,00	2705,82	57678,00	2828,15
54608,00	2462,82	55636,00	2585,16	56664,00	2707,49	57692,00	2829,82
54624,00	2464,73	55652,00	2587,06	56680,00	2709,39	57708,00	2831,72
54638,00	2466,39	55666,00	2588,73	56694,00	2711,06	57724,00	2833,63
54654,00	2468,30	55682,00	2590,63	56710,00	2712,96	57738,00	2835,29
54668,00	2469,96	55696,00	2592,30	56726,00	2714,87	57754,00	2837,20
54684,00	2471,87	55712,00	2594,20	56740,00	2716,53	57768,00	2838,86
54700,00	2473,77	55728,00	2596,10	56756,00	2718,44	57784,00	2840,77
54714,00	2475,44	55742,00	2597,77	56770,00	2720,10	57798,00	2842,43
54730,00	2477,34	55758,00	2599,67	56786,00	2722,01	57814,00	2844,34
54744,00	2479,01	55772,00	2601,34	56800,00	2723,67	57828,00	2846,00
54760,00	2480,91	55788,00	2603,24	56816,00	2725,58	57844,00	2847,91
54774,00	2482,58	55802,00	2604,91	56830,00	2727,24	57860,00	2849,81
54790,00	2484,48	55818,00	2606,81	56846,00	2729,15	57874,00	2851,48
54804,00	2486,15	55834,00	2608,72	56862,00	2731,05	57890,00	2853,38
54820,00	2488,05	55848,00	2610,38	56876,00	2732,72	57904,00	2855,05
54836,00	2489,96	55864,00	2612,29	56892,00	2734,62	57920,00	2856,95
54850,00	2491,62	55878,00	2613,95	56906,00	2736,29	57934,00	2858,62
54866,00	2493,53	55894,00	2615,86	56922,00	2738,19	57950,00	2860,52
54880,00	2495,19	55908,00	2617,52	56936,00	2739,86	57964,00	2862,19
54896,00	2497,10	55924,00	2619,43	56952,00	2741,76	57980,00	2864,09
54910,00	2498,76	55938,00	2621,09	56968,00	2743,66	57996,00	2866,00
54926,00	2500,67	55954,00	2623,00	56982,00	2745,33	58010,00	2867,66
54940,00	2502,33	55970,00	2624,90	56998,00	2747,23	58026,00	2869,57
54956,00	2504,24	55984,00	2626,57	57012,00	2748,90	58040,00	2871,23
54972,00	2506,14	56000,00	2628,47	57028,00	2750,80	58056,00	2873,14
54986,00	2507,81	56014,00	2630,14	57042,00	2752,47	58070,00	2874,80
55002,00	2509,71	56030,00	2632,04	57058,00	2754,37	58086,00	2876,71

Übergangstabelle Solidaritätszuschlag Jahr 2022 — SaT2

Steuerklasse III		Steuerklasse III		Steuerklasse III		Steuerklasse III	
Maßstabslohnsteuer €	Solidaritätszuschlag €	Maßstabslohnsteuer €	Solidaritätszuschlag €	Maßstabslohnsteuer €	Solidaritätszuschlag €	Maßstabslohnsteuer €	Solidaritätszuschlag €
58102,00	2878,61	59130,00	3000,94	60158,00	3123,27	61186,00	3245,61
58116,00	2880,28	59144,00	3002,61	60172,00	3124,94	61200,00	3247,27
58132,00	2882,18	59160,00	3004,51	60188,00	3126,84	61216,00	3249,18
58146,00	2883,85	59174,00	3006,18	60202,00	3128,51	61230,00	3250,84
58162,00	2885,75	59190,00	3008,08	60218,00	3130,41	61246,00	3252,75
58176,00	2887,42	59204,00	3009,75	60232,00	3132,08	61262,00	3254,65
58192,00	2889,32	59220,00	3011,65	60248,00	3133,98	61276,00	3256,32
58206,00	2890,99	59236,00	3013,56	60264,00	3135,89	61292,00	3258,22
58222,00	2892,89	59250,00	3015,22	60278,00	3137,55	61306,00	3259,89
58238,00	2894,79	59266,00	3017,13	60294,00	3139,46	61322,00	3261,79
58252,00	2896,46	59280,00	3018,79	60308,00	3141,12	61336,00	3263,46
58268,00	2898,36	59296,00	3020,70	60324,00	3143,03	61352,00	3265,36
58282,00	2900,03	59310,00	3022,36	60338,00	3144,69	61366,00	3267,03
58298,00	2901,93	59326,00	3024,27	60354,00	3146,60	61382,00	3268,93
58312,00	2903,60	59340,00	3025,93	60370,00	3148,50	61398,00	3270,83
58328,00	2905,50	59356,00	3027,84	60384,00	3150,17	61412,00	3272,50
58342,00	2907,17	59372,00	3029,74	60400,00	3152,07	61428,00	3274,40
58358,00	2909,07	59386,00	3031,41	60414,00	3153,74	61442,00	3276,07
58374,00	2910,98	59402,00	3033,31	60430,00	3155,64	61458,00	3277,97
58388,00	2912,64	59416,00	3034,98	60444,00	3157,31	61472,00	3279,64
58404,00	2914,55	59432,00	3036,88	60460,00	3159,21	61488,00	3281,54
58418,00	2916,21	59446,00	3038,55	60474,00	3160,88	61504,00	3283,45
58434,00	2918,12	59462,00	3040,45	60490,00	3162,78	61518,00	3285,11
58448,00	2919,78	59476,00	3042,12	60506,00	3164,69	61534,00	3287,02
58464,00	2921,69	59492,00	3044,02	60520,00	3166,35	61548,00	3288,68
58480,00	2923,59	59508,00	3045,92	60536,00	3168,26	61564,00	3290,59
58494,00	2925,26	59522,00	3047,59	60550,00	3169,92	61578,00	3292,25
58510,00	2927,16	59538,00	3049,49	60566,00	3171,83	61594,00	3294,16
58524,00	2928,83	59552,00	3051,16	60580,00	3173,49	61608,00	3295,82
58540,00	2930,73	59568,00	3053,06	60596,00	3175,40	61624,00	3297,73
58554,00	2932,40	59582,00	3054,73	60610,00	3177,06	61640,00	3299,63
58570,00	2934,30	59598,00	3056,63	60626,00	3178,97	61654,00	3301,30
58584,00	2935,97	59614,00	3058,54	60642,00	3180,87	61670,00	3303,20
58600,00	2937,87	59628,00	3060,20	60656,00	3182,54	61684,00	3304,87
58616,00	2939,78	59644,00	3062,11	60672,00	3184,44	61700,00	3306,77
58630,00	2941,44	59658,00	3063,77	60686,00	3186,11	61714,00	3308,44
58646,00	2943,35	59674,00	3065,68	60702,00	3188,01	61730,00	3310,34
58660,00	2945,01	59688,00	3067,34	60716,00	3189,68	61744,00	3312,01
58676,00	2946,92	59704,00	3069,25	60732,00	3191,58	61760,00	3313,91
58690,00	2948,58	59718,00	3070,91	60748,00	3193,48	61776,00	3315,82
58706,00	2950,49	59734,00	3072,82	60762,00	3195,15	61790,00	3317,48
58720,00	2952,15	59750,00	3074,72	60778,00	3197,05	61806,00	3319,39
58736,00	2954,06	59764,00	3076,39	60792,00	3198,72	61820,00	3321,05
58752,00	2955,96	59780,00	3078,29	60808,00	3200,62	61836,00	3322,96
58766,00	2957,63	59794,00	3079,96	60822,00	3202,29	61850,00	3324,62
58782,00	2959,53	59810,00	3081,86	60838,00	3204,19	61866,00	3326,53
58796,00	2961,20	59824,00	3083,53	60852,00	3205,86	61882,00	3328,43
58812,00	2963,10	59840,00	3085,43	60868,00	3207,76	61896,00	3330,10
58826,00	2964,77	59854,00	3087,10	60884,00	3209,67	61912,00	3332,00
58842,00	2966,67	59870,00	3089,00	60898,00	3211,33	61926,00	3333,67
58858,00	2968,57	59886,00	3090,91	60914,00	3213,24	61942,00	3335,57
58872,00	2970,24	59900,00	3092,57	60928,00	3214,90	61956,00	3337,24
58888,00	2972,14	59916,00	3094,48	60944,00	3216,81	61972,00	3339,14
58902,00	2973,81	59930,00	3096,14	60958,00	3218,47	61986,00	3340,81
58918,00	2975,71	59946,00	3098,05	60974,00	3220,38	62002,00	3342,71
58932,00	2977,38	59960,00	3099,71	60988,00	3222,04	62018,00	3344,61
58948,00	2979,28	59976,00	3101,62	61004,00	3223,95	62032,00	3346,28
58962,00	2980,95	59992,00	3103,52	61020,00	3225,85	62048,00	3348,18
58978,00	2982,85	60006,00	3105,19	61034,00	3227,52	62062,00	3349,85
58994,00	2984,76	60022,00	3107,09	61050,00	3229,42	62078,00	3351,75
59008,00	2986,42	60036,00	3108,76	61064,00	3231,09	62092,00	3353,42
59024,00	2988,33	60052,00	3110,66	61080,00	3232,99	62108,00	3355,32
59038,00	2989,99	60066,00	3112,33	61094,00	3234,66	62122,00	3356,99
59054,00	2991,90	60082,00	3114,23	61110,00	3236,56	62138,00	3358,89
59068,00	2993,56	60096,00	3115,90	61126,00	3238,47	62154,00	3360,80
59084,00	2995,47	60112,00	3117,80	61140,00	3240,13	62168,00	3362,46
59098,00	2997,13	60128,00	3119,70	61156,00	3242,04	62184,00	3364,37
59114,00	2999,04	60142,00	3121,37	61170,00	3243,70	62198,00	3366,03

SaT2 — Übergangstabelle Solidaritätszuschlag Jahr 2022

Steuerklasse III		Steuerklasse III		Steuerklasse III		Steuerklasse III	
Maßstabslohnsteuer €	Solidaritätszuschlag €	Maßstabslohnsteuer €	Solidaritätszuschlag €	Maßstabslohnsteuer €	Solidaritätszuschlag €	Maßstabslohnsteuer €	Solidaritätszuschlag €
62214,00	3367,94	62440,00	3394,83	62668,00	3421,96	62894,00	3448,86
62228,00	3369,60	62456,00	3396,74	62682,00	3423,63	62910,00	3450,76
62244,00	3371,51	62470,00	3398,40	62698,00	3425,53	62924,00	3452,43
62260,00	3373,41	62486,00	3400,31	62712,00	3427,20	62940,00	3454,33
62274,00	3375,08	62500,00	3401,97	62728,00	3429,10	62954,00	3456,00
62290,00	3376,98	62516,00	3403,88	62742,00	3430,77	62970,00	3457,90
62304,00	3378,65	62532,00	3405,78	62758,00	3432,67	62984,00	3459,57
62320,00	3380,55	62546,00	3407,45	62774,00	3434,58	63000,00	3461,47
62334,00	3382,22	62562,00	3409,35	62788,00	3436,24	63016,00	3463,38
62350,00	3384,12	62576,00	3411,02	62804,00	3438,15	63030,00	3465,04
62364,00	3385,79	62592,00	3412,92	62818,00	3439,81	63046,00	3466,95
62380,00	3387,69	62606,00	3414,59	62834,00	3441,72	63060,00	3468,30
62396,00	3389,60	62622,00	3416,49	62848,00	3443,38		
62410,00	3391,26	62638,00	3418,39	62864,00	3445,29		
62426,00	3393,17	62652,00	3420,06	62878,00	3446,95		

Steuerklassen I, II, IV, V, VI		Steuerklassen I, II, IV, V, VI		Steuerklassen I, II, IV, VI		Steuerklassen I, II, IV, VI	
Maßstabslohnsteuer €	Solidaritätszuschlag €	Maßstabslohnsteuer €	Solidaritätszuschlag €	Maßstabslohnsteuer €	Solidaritätszuschlag €	Maßstabslohnsteuer €	Solidaritätszuschlag €
16955,00	0,00	17610,00	77,83	18265,00	155,77	18920,00	233,72
16969,00	1,55	17624,00	79,49	18279,00	157,44	18934,00	235,38
16983,00	3,21	17638,00	81,16	18293,00	159,10	18948,00	237,05
16997,00	4,88	17652,00	82,82	18307,00	160,77	18962,00	238,71
17010,00	6,43	17666,00	84,49	18321,00	162,44	18976,00	240,38
17024,00	8,09	17679,00	86,04	18335,00	164,10	18990,00	242,05
17039,00	9,88	17693,00	87,70	18349,00	165,77	19004,00	243,71
17052,00	11,42	17708,00	89,49	18362,00	167,31	19018,00	245,38
17066,00	13,09	17721,00	91,04	18377,00	169,10	19031,00	246,93
17080,00	14,76	17735,00	92,70	18391,00	170,77	19046,00	248,71
17094,00	16,42	17749,00	94,37	18404,00	172,31	19060,00	250,38
17108,00	18,09	17763,00	96,03	18418,00	173,98	19073,00	251,92
17122,00	19,75	17777,00	97,70	18432,00	175,64	19087,00	253,59
17136,00	21,42	17791,00	99,37	18446,00	177,31	19101,00	255,26
17150,00	23,09	17805,00	101,03	18460,00	178,98	19115,00	256,92
17164,00	24,75	17819,00	102,70	18474,00	180,64	19129,00	258,59
17178,00	26,42	17833,00	104,36	18488,00	182,31	19143,00	260,25
17192,00	28,08	17847,00	106,03	18502,00	183,97	19157,00	261,92
17206,00	29,75	17861,00	107,70	18516,00	185,64	19171,00	263,59
17220,00	31,42	17875,00	109,36	18530,00	187,31	19185,00	265,25
17233,00	32,96	17889,00	111,03	18544,00	188,97	19199,00	266,92
17247,00	34,63	17902,00	112,57	18558,00	190,64	19213,00	268,58
17262,00	36,41	17916,00	114,24	18572,00	192,30	19227,00	270,25
17275,00	37,96	17931,00	116,03	18585,00	193,85	19241,00	271,92
17289,00	39,63	17944,00	117,57	18600,00	195,64	19254,00	273,46
17303,00	41,29	17958,00	119,24	18614,00	197,30	19269,00	275,25
17317,00	42,96	17972,00	120,90	18627,00	198,85	19283,00	276,91
17331,00	44,63	17986,00	122,57	18641,00	200,52	19296,00	278,46
17345,00	46,29	18000,00	124,24	18655,00	202,18	19310,00	280,13
17359,00	47,96	18014,00	125,90	18669,00	203,85	19324,00	281,79
17373,00	49,62	18028,00	127,57	18683,00	205,51	19338,00	283,46
17387,00	51,29	18042,00	129,23	18697,00	207,18	19352,00	285,12
17401,00	52,96	18056,00	130,90	18711,00	208,85	19366,00	286,79
17415,00	54,62	18070,00	132,57	18725,00	210,51	19380,00	288,46
17429,00	56,29	18084,00	134,23	18739,00	212,18	19394,00	290,12
17443,00	57,95	18098,00	135,90	18753,00	213,84	19408,00	291,79
17456,00	59,50	18112,00	137,56	18767,00	215,51	19422,00	293,45
17470,00	61,17	18125,00	139,11	18781,00	217,18	19436,00	295,12
17485,00	62,95	18139,00	140,78	18795,00	218,84	19450,00	296,79
17498,00	64,50	18154,00	142,56	18808,00	220,39	19464,00	298,45
17512,00	66,16	18167,00	144,11	18823,00	222,17	19477,00	300,00
17526,00	67,83	18181,00	145,78	18837,00	223,84	19492,00	301,78
17540,00	69,50	18195,00	147,44	18850,00	225,39	19506,00	303,45
17554,00	71,16	18209,00	149,11	18864,00	227,05	19519,00	305,00
17568,00	72,83	18223,00	150,77	18878,00	228,72	19533,00	306,66
17582,00	74,49	18237,00	152,44	18892,00	230,38	19547,00	308,33
17596,00	76,16	18251,00	154,11	18906,00	232,05	19561,00	310,00

Übergangstabelle Solidaritätszuschlag Jahr 2022 — SaT2

Steuerklassen I, II, IV, V, VI		Steuerklassen I, II, IV, V, VI		Steuerklassen I, II, IV, V, VI		Steuerklassen I, II, IV, V, VI	
Maßstabslohnsteuer €	Solidaritätszuschlag €	Maßstabslohnsteuer €	Solidaritätszuschlag €	Maßstabslohnsteuer €	Solidaritätszuschlag €	Maßstabslohnsteuer €	Solidaritätszuschlag €
19575,00	311,66	20523,00	424,47	21501,00	540,86	22529,00	663,19
19589,00	313,33	20537,00	426,14	21516,00	542,64	22544,00	664,97
19603,00	314,99	20551,00	427,81	21531,00	544,43	22559,00	666,76
19617,00	316,66	20565,00	429,47	21546,00	546,21	22574,00	668,54
19631,00	318,33	20579,00	431,14	21561,00	548,00	22589,00	670,33
19645,00	319,99	20593,00	432,80	21576,00	549,78	22604,00	672,11
19659,00	321,66	20607,00	434,47	21591,00	551,57	22619,00	673,90
19673,00	323,32	20621,00	436,14	21606,00	553,35	22635,00	675,80
19687,00	324,99	20635,00	437,80	21622,00	555,25	22650,00	677,59
19700,00	326,54	20648,00	439,35	21637,00	557,04	22665,00	679,37
19715,00	328,32	20662,00	441,01	21652,00	558,82	22680,00	681,16
19729,00	329,99	20677,00	442,80	21667,00	560,61	22695,00	682,94
19742,00	331,53	20690,00	444,35	21682,00	562,39	22710,00	684,73
19756,00	333,20	20704,00	446,01	21697,00	564,18	22725,00	686,51
19770,00	334,87	20718,00	447,68	21712,00	565,96	22740,00	688,30
19784,00	336,53	20732,00	449,34	21727,00	567,75	22756,00	690,20
19798,00	338,20	20746,00	451,01	21743,00	569,65	22771,00	691,99
19812,00	339,86	20760,00	452,68	21758,00	571,44	22786,00	693,77
19826,00	341,53	20774,00	454,34	21773,00	573,22	22801,00	695,56
19840,00	343,20	20788,00	456,01	21788,00	575,01	22816,00	697,34
19854,00	344,86	20802,00	457,67	21803,00	576,79	22831,00	699,13
19868,00	346,53	20816,00	459,34	21818,00	578,58	22846,00	700,91
19882,00	348,19	20830,00	461,01	21833,00	580,36	22861,00	702,70
19896,00	349,86	20844,00	462,67	21848,00	582,15	22877,00	704,60
19910,00	351,53	20858,00	464,34	21863,00	583,93	22892,00	706,38
19924,00	353,19	20871,00	465,89	21879,00	585,84	22907,00	708,17
19938,00	354,86	20885,00	467,55	21894,00	587,62	22922,00	709,95
19952,00	356,52	20900,00	469,34	21909,00	589,41	22937,00	711,74
19966,00	358,19	20913,00	470,88	21924,00	591,19	22952,00	713,52
19979,00	359,74	20927,00	472,55	21939,00	592,98	22967,00	715,31
19993,00	361,40	20941,00	474,22	21954,00	594,76	22982,00	717,09
20008,00	363,19	20955,00	475,88	21969,00	596,55	22997,00	718,88
20021,00	364,74	20969,00	477,55	21984,00	598,33	23013,00	720,78
20035,00	366,40	20983,00	479,21	22000,00	600,24	23028,00	722,57
20049,00	368,07	20997,00	480,88	22015,00	602,02	23043,00	724,35
20063,00	369,73	21011,00	482,55	22030,00	603,81	23058,00	726,14
20077,00	371,40	21025,00	484,21	22045,00	605,59	23073,00	727,92
20091,00	373,07	21039,00	485,88	22060,00	607,38	23088,00	729,71
20105,00	374,73	21053,00	487,54	22075,00	609,16	23103,00	731,49
20119,00	376,40	21067,00	489,21	22090,00	610,95	23118,00	733,28
20133,00	378,06	21081,00	490,88	22105,00	612,73	23134,00	735,18
20147,00	379,73	21094,00	492,42	22121,00	614,64	23149,00	736,97
20161,00	381,40	21108,00	494,09	22136,00	616,42	23164,00	738,75
20175,00	383,06	21123,00	495,87	22151,00	618,21	23179,00	740,54
20189,00	384,73	21138,00	497,66	22166,00	619,99	23194,00	742,32
20202,00	386,27	21153,00	499,44	22181,00	621,78	23209,00	744,11
20216,00	387,94	21168,00	501,23	22196,00	623,56	23224,00	745,89
20231,00	389,73	21183,00	503,01	22211,00	625,35	23239,00	747,68
20244,00	391,27	21198,00	504,80	22226,00	627,13	23255,00	749,58
20258,00	392,94	21213,00	506,58	22241,00	628,92	23270,00	751,37
20272,00	394,60	21228,00	508,37	22257,00	630,82	23285,00	753,15
20286,00	396,27	21244,00	510,27	22272,00	632,60	23300,00	754,94
20300,00	397,94	21259,00	512,06	22287,00	634,39	23315,00	756,72
20314,00	399,60	21274,00	513,84	22302,00	636,17	23330,00	758,51
20328,00	401,27	21289,00	515,63	22317,00	637,96	23345,00	760,29
20342,00	402,93	21304,00	517,41	22332,00	639,74	23360,00	762,08
20356,00	404,60	21319,00	519,20	22347,00	641,53	23375,00	763,86
20370,00	406,27	21334,00	520,98	22362,00	643,31	23391,00	765,77
20384,00	407,93	21349,00	522,77	22378,00	645,22	23406,00	767,55
20398,00	409,60	21365,00	524,67	22393,00	647,00	23421,00	769,34
20412,00	411,26	21380,00	526,46	22408,00	648,79	23436,00	771,12
20425,00	412,81	21395,00	528,24	22423,00	650,57	23451,00	772,91
20439,00	414,48	21410,00	530,03	22438,00	652,36	23466,00	774,69
20454,00	416,26	21425,00	531,81	22453,00	654,14	23481,00	776,48
20467,00	417,81	21440,00	533,60	22468,00	655,93	23496,00	778,26
20481,00	419,48	21455,00	535,38	22483,00	657,71	23512,00	780,16
20495,00	421,14	21470,00	537,17	22499,00	659,62	23527,00	781,95
20509,00	422,81	21485,00	538,95	22514,00	661,40	23542,00	783,73

SaT2 Übergangstabelle Solidaritätszuschlag Jahr 2022

Steuerklassen I, II, IV, V, VI		Steuerklassen I, II, IV, V, VI		Steuerklassen I, II, IV, V, VI		Steuerklassen I, II, IV, V, VI	
Maßstabs-lohnsteuer €	Solidari-tätszu-schlag €	Maßstabs-lohnsteuer €	Solidari-tätszu-schlag €	Maßstabs-lohnsteuer €	Solidari-tätszu-schlag €	Maßstabs-lohnsteuer €	Solidari-tätszu-schlag €
23557,00	785,52	24585,00	907,85	25613,00	1030,18	26641,00	1152,52
23572,00	787,30	24600,00	909,64	25628,00	1031,97	26657,00	1154,42
23587,00	789,09	24615,00	911,42	25643,00	1033,75	26672,00	1156,20
23602,00	790,87	24630,00	913,21	25659,00	1035,66	26687,00	1157,99
23617,00	792,66	24646,00	915,11	25674,00	1037,44	26702,00	1159,77
23633,00	794,56	24661,00	916,90	25689,00	1039,23	26717,00	1161,56
23648,00	796,35	24676,00	918,68	25704,00	1041,01	26732,00	1163,34
23663,00	798,13	24691,00	920,47	25719,00	1042,80	26747,00	1165,13
23678,00	799,92	24706,00	922,25	25734,00	1044,58	26762,00	1166,91
23693,00	801,70	24721,00	924,04	25749,00	1046,37	26777,00	1168,70
23708,00	803,49	24736,00	925,82	25764,00	1048,15	26793,00	1170,60
23723,00	805,27	24751,00	927,61	25780,00	1050,06	26808,00	1172,39
23738,00	807,06	24767,00	929,51	25795,00	1051,84	26823,00	1174,17
23753,00	808,84	24782,00	931,29	25810,00	1053,63	26838,00	1175,96
23769,00	810,75	24797,00	933,08	25825,00	1055,41	26853,00	1177,74
23784,00	812,53	24812,00	934,86	25840,00	1057,20	26868,00	1179,53
23799,00	814,32	24827,00	936,65	25855,00	1058,98	26883,00	1181,31
23814,00	816,10	24842,00	938,43	25870,00	1060,77	26898,00	1183,10
23829,00	817,89	24857,00	940,22	25885,00	1062,55	26914,00	1185,00
23844,00	819,67	24872,00	942,00	25901,00	1064,46	26929,00	1186,79
23859,00	821,46	24887,00	943,79	25916,00	1066,24	26944,00	1188,57
23874,00	823,24	24903,00	945,69	25931,00	1068,03	26959,00	1190,36
23890,00	825,15	24918,00	947,48	25946,00	1069,81	26974,00	1192,14
23905,00	826,93	24933,00	949,26	25961,00	1071,60	26989,00	1193,93
23920,00	828,72	24948,00	951,05	25976,00	1073,38	27004,00	1195,71
23935,00	830,50	24963,00	952,83	25991,00	1075,17	27019,00	1197,50
23950,00	832,29	24978,00	954,62	26006,00	1076,95	27035,00	1199,40
23965,00	834,07	24993,00	956,40	26021,00	1078,74	27050,00	1201,19
23980,00	835,86	25008,00	958,19	26037,00	1080,64	27065,00	1202,97
23995,00	837,64	25024,00	960,09	26052,00	1082,42	27080,00	1204,76
24011,00	839,55	25039,00	961,88	26067,00	1084,21	27095,00	1206,54
24026,00	841,33	25054,00	963,66	26082,00	1085,99	27110,00	1208,33
24041,00	843,12	25069,00	965,45	26097,00	1087,78	27125,00	1210,11
24056,00	844,90	25084,00	967,23	26112,00	1089,56	27140,00	1211,90
24071,00	846,69	25099,00	969,02	26127,00	1091,35	27155,00	1213,68
24086,00	848,47	25114,00	970,80	26142,00	1093,13	27171,00	1215,59
24101,00	850,26	25129,00	972,59	26158,00	1095,04	27186,00	1217,37
24116,00	852,04	25145,00	974,49	26173,00	1096,82	27201,00	1219,16
24131,00	853,83	25160,00	976,28	26188,00	1098,61	27216,00	1220,94
24147,00	855,73	25175,00	978,06	26203,00	1100,39	27231,00	1222,73
24162,00	857,51	25190,00	979,85	26218,00	1102,18	27246,00	1224,51
24177,00	859,30	25205,00	981,63	26233,00	1103,96	27261,00	1226,30
24192,00	861,08	25220,00	983,42	26248,00	1105,75	27276,00	1228,08
24207,00	862,87	25235,00	985,20	26263,00	1107,53	27292,00	1229,98
24222,00	864,65	25250,00	986,99	26279,00	1109,44	27307,00	1231,77
24237,00	866,44	25265,00	988,77	26294,00	1111,22	27322,00	1233,55
24252,00	868,22	25281,00	990,68	26309,00	1113,01	27337,00	1235,34
24268,00	870,13	25296,00	992,46	26324,00	1114,79	27352,00	1237,12
24283,00	871,91	25311,00	994,25	26339,00	1116,58	27367,00	1238,91
24298,00	873,70	25326,00	996,03	26354,00	1118,36	27382,00	1240,69
24313,00	875,48	25341,00	997,82	26369,00	1120,15	27397,00	1242,48
24328,00	877,27	25356,00	999,60	26384,00	1121,93	27413,00	1244,38
24343,00	879,05	25371,00	1001,39	26399,00	1123,72	27428,00	1246,17
24358,00	880,84	25386,00	1003,17	26415,00	1125,62	27443,00	1247,95
24373,00	882,62	25402,00	1005,07	26430,00	1127,41	27458,00	1249,74
24389,00	884,53	25417,00	1006,86	26445,00	1129,19	27473,00	1251,52
24404,00	886,31	25432,00	1008,64	26460,00	1130,98	27488,00	1253,31
24419,00	888,10	25447,00	1010,43	26475,00	1132,76	27503,00	1255,09
24434,00	889,88	25462,00	1012,21	26490,00	1134,55	27518,00	1256,88
24449,00	891,67	25477,00	1014,00	26505,00	1136,33	27533,00	1258,66
24464,00	893,45	25492,00	1015,78	26520,00	1138,12	27549,00	1260,57
24479,00	895,24	25507,00	1017,57	26536,00	1140,02	27564,00	1262,35
24494,00	897,02	25523,00	1019,47	26551,00	1141,81	27579,00	1264,14
24509,00	898,81	25538,00	1021,26	26566,00	1143,59	27594,00	1265,92
24525,00	900,71	25553,00	1023,04	26581,00	1145,38	27609,00	1267,71
24540,00	902,50	25568,00	1024,83	26596,00	1147,16	27624,00	1269,49
24555,00	904,28	25583,00	1026,61	26611,00	1148,95	27639,00	1271,28
24570,00	906,07	25598,00	1028,40	26626,00	1150,73	27654,00	1273,06

Übergangstabelle Solidaritätszuschlag Jahr 2022 — SaT2

Steuerklassen I, II, IV, V, VI		Steuerklassen I, II, IV, V, VI		Steuerklassen I, II, IV, V, VI		Steuerklassen I, II, IV, V, VI	
Maßstabs-lohnsteuer €	Solidari-tätszu-schlag €	Maßstabs-lohnsteuer €	Solidari-tätszu-schlag €	Maßstabs-lohnsteuer €	Solidari-tätszu-schlag €	Maßstabs-lohnsteuer €	Solidari-tätszu-schlag €
27670,00	1274,97	28698,00	1397,30	29726,00	1519,63	30754,00	1641,96
27685,00	1276,75	28713,00	1399,08	29741,00	1521,42	30769,00	1643,75
27700,00	1278,54	28728,00	1400,87	29756,00	1523,20	30784,00	1645,53
27715,00	1280,32	28743,00	1402,65	29771,00	1524,99	30799,00	1647,32
27730,00	1282,11	28758,00	1404,44	29786,00	1526,77	30815,00	1649,22
27745,00	1283,89	28773,00	1406,22	29801,00	1528,56	30830,00	1651,01
27760,00	1285,68	28788,00	1408,01	29817,00	1530,46	30845,00	1652,79
27775,00	1287,46	28804,00	1409,91	29832,00	1532,24	30860,00	1654,58
27791,00	1289,37	28819,00	1411,70	29847,00	1534,03	30875,00	1656,36
27806,00	1291,15	28834,00	1413,48	29862,00	1535,81	30890,00	1658,15
27821,00	1292,94	28849,00	1415,27	29877,00	1537,60	30905,00	1659,93
27836,00	1294,72	28864,00	1417,05	29892,00	1539,38	30920,00	1661,72
27851,00	1296,51	28879,00	1418,84	29907,00	1541,17	30935,00	1663,50
27866,00	1298,29	28894,00	1420,62	29922,00	1542,95	30951,00	1665,41
27881,00	1300,08	28909,00	1422,41	29938,00	1544,86	30966,00	1667,19
27896,00	1301,86	28925,00	1424,31	29953,00	1546,64	30981,00	1668,98
27911,00	1303,65	28940,00	1426,10	29968,00	1548,43	30996,00	1670,76
27927,00	1305,55	28955,00	1427,88	29983,00	1550,21	31011,00	1672,55
27942,00	1307,33	28970,00	1429,67	29998,00	1552,00	31026,00	1674,33
27957,00	1309,12	28985,00	1431,45	30013,00	1553,78	31041,00	1676,12
27972,00	1310,90	29000,00	1433,24	30028,00	1555,57	31056,00	1677,90
27987,00	1312,69	29015,00	1435,02	30043,00	1557,35	31072,00	1679,80
28002,00	1314,47	29030,00	1436,81	30059,00	1559,26	31087,00	1681,59
28017,00	1316,26	29045,00	1438,59	30074,00	1561,04	31102,00	1683,37
28032,00	1318,04	29061,00	1440,50	30089,00	1562,83	31117,00	1685,16
28048,00	1319,95	29076,00	1442,28	30104,00	1564,61	31132,00	1686,94
28063,00	1321,73	29091,00	1444,07	30119,00	1566,40	31147,00	1688,73
28078,00	1323,52	29106,00	1445,85	30134,00	1568,18	31162,00	1690,51
28093,00	1325,30	29121,00	1447,64	30149,00	1569,97	31177,00	1692,30
28108,00	1327,09	29136,00	1449,42	30164,00	1571,75	31193,00	1694,20
28123,00	1328,87	29151,00	1451,21	30179,00	1573,54	31208,00	1695,99
28138,00	1330,66	29166,00	1452,99	30195,00	1575,44	31223,00	1697,77
28153,00	1332,44	29182,00	1454,89	30210,00	1577,23	31238,00	1699,56
28169,00	1334,35	29197,00	1456,68	30225,00	1579,01	31253,00	1701,34
28184,00	1336,13	29212,00	1458,46	30240,00	1580,80	31268,00	1703,13
28199,00	1337,92	29227,00	1460,25	30255,00	1582,58	31283,00	1704,91
28214,00	1339,70	29242,00	1462,03	30270,00	1584,37	31298,00	1706,70
28229,00	1341,49	29257,00	1463,82	30285,00	1586,15	31313,00	1708,48
28244,00	1343,27	29272,00	1465,60	30300,00	1587,94	31329,00	1710,39
28259,00	1345,06	29287,00	1467,39	30316,00	1589,84	31344,00	1712,17
28274,00	1346,84	29303,00	1469,29	30331,00	1591,63	31359,00	1713,96
28289,00	1348,63	29318,00	1471,08	30346,00	1593,41	31374,00	1715,74
28305,00	1350,53	29333,00	1472,86	30361,00	1595,20	31389,00	1717,53
28320,00	1352,32	29348,00	1474,65	30376,00	1596,98	31404,00	1719,31
28335,00	1354,10	29363,00	1476,43	30391,00	1598,77	31419,00	1721,10
28350,00	1355,89	29378,00	1478,22	30406,00	1600,55	31434,00	1722,88
28365,00	1357,67	29393,00	1480,00	30421,00	1602,34	31450,00	1724,79
28380,00	1359,46	29408,00	1481,79	30437,00	1604,24	31465,00	1726,57
28395,00	1361,24	29423,00	1483,57	30452,00	1606,02	31480,00	1728,36
28410,00	1363,03	29439,00	1485,48	30467,00	1607,81	31495,00	1730,14
28426,00	1364,93	29454,00	1487,26	30482,00	1609,59	31510,00	1731,93
28441,00	1366,72	29469,00	1489,05	30497,00	1611,38	31525,00	1733,71
28456,00	1368,50	29484,00	1490,83	30512,00	1613,16	31540,00	1734,70
28471,00	1370,29	29499,00	1492,62	30527,00	1614,95		
28486,00	1372,07	29514,00	1494,40	30542,00	1616,73		
28501,00	1373,86	29529,00	1496,19	30557,00	1618,52		
28516,00	1375,64	29544,00	1497,97	30573,00	1620,42		
28531,00	1377,43	29560,00	1499,88	30588,00	1622,21		
28547,00	1379,33	29575,00	1501,66	30603,00	1623,99		
28562,00	1381,11	29590,00	1503,45	30618,00	1625,78		
28577,00	1382,90	29605,00	1505,23	30633,00	1627,56		
28592,00	1384,68	29620,00	1507,02	30648,00	1629,35		
28607,00	1386,47	29635,00	1508,80	30663,00	1631,13		
28622,00	1388,25	29650,00	1510,59	30678,00	1632,92		
28637,00	1390,04	29665,00	1512,37	30694,00	1634,82		
28652,00	1391,82	29681,00	1514,28	30709,00	1636,61		
28667,00	1393,61	29696,00	1516,06	30724,00	1638,39		
28683,00	1395,51	29711,00	1517,85	30739,00	1640,18		

SaT2

Übergangstabelle Solidaritätszuschlag Jahr 2022

allgemeine Lohnsteuer   Jahr gültig ab 1. 1. 2022 (idF des StEntlG 2022)   aT2

Lohn/Gehalt in € bis	Steuerklasse	Lohnsteuer*	BVSP**	TAGZ***
35,99	I,IV		4	3
	II		4	3
	III		4	3
	V		4	3
	VI	3	4	3
71,99	I,IV		8	6
	II		8	6
	III		8	6
	V		8	6
	VI	7	8	6
107,99	I,IV		12	9
	II		12	9
	III		12	9
	V		12	9
	VI	11	12	9
143,99	I,IV		17	13
	II		17	13
	III		17	13
	V		17	13
	VI	15	17	13
179,99	I,IV		21	16
	II		21	16
	III		21	16
	V		21	16
	VI	19	21	16
215,99	I,IV		25	19
	II		25	19
	III		25	19
	V		25	19
	VI	23	25	19
251,99	I,IV		30	23
	II		30	23
	III		30	23
	V		30	23
	VI	28	30	23
287,99	I,IV		34	26
	II		34	26
	III		34	26
	V		34	26
	VI	31	34	26
323,99	I,IV		38	29
	II		38	29
	III		38	29
	V		38	29
	VI	35	38	29
359,99	I,IV		43	33
	II		43	33
	III		43	33
	V		43	33
	VI	40	43	33
395,99	I,IV		47	36
	II		47	36
	III		47	36
	V		47	36
	VI	44	47	36
431,99	I,IV		51	39
	II		51	39
	III		51	39
	V		51	39
	VI	48	51	39

Lohn/Gehalt in € bis	Steuerklasse	Lohnsteuer*	BVSP**	TAGZ***
467,99	I,IV		56	42
	II		56	42
	III		56	42
	V		56	42
	VI	52	56	42
503,99	I,IV		60	46
	II		60	46
	III		60	46
	V		60	46
	VI	56	60	46
539,99	I,IV		64	49
	II		64	49
	III		64	49
	V		64	49
	VI	60	64	49
575,99	I,IV		69	52
	II		69	52
	III		69	52
	V		69	52
	VI	64	69	52
611,99	I,IV		73	56
	II		73	56
	III		73	56
	V		73	56
	VI	68	73	56
647,99	I,IV		77	59
	II		77	59
	III		77	59
	V		77	59
	VI	72	77	59
683,99	I,IV		82	62
	II		82	62
	III		82	62
	V		82	62
	VI	76	82	62
719,99	I,IV		86	66
	II		86	66
	III		86	66
	V		86	66
	VI	80	86	66
755,99	I,IV		90	69
	II		90	69
	III		90	69
	V		90	69
	VI	84	90	69
791,99	I,IV		95	72
	II		95	72
	III		95	72
	V		95	72
	VI	88	95	72
827,99	I,IV		99	75
	II		99	75
	III		99	75
	V		99	75
	VI	92	99	75
863,99	I,IV		103	79
	II		103	79
	III		103	79
	V		103	79
	VI	96	103	79

* Zur LSt-Berechnung für privat versicherte Arbeitnehmer s. Beispiele **Vorbemerkung S. 4 f.**
** Basisvorsorgepauschale KV und PV   *** Typisierter Arbeitgeberzuschuss

aT2 allgemeine Lohnsteuer

Lohn/Gehalt in € bis	Steuerklasse	Lohn-steuer*	BVSP**	TAGZ***
899,99	I,IV		107	82
	II		107	82
	III		107	82
	V		107	82
	VI	100	107	82
935,99	I,IV		112	85
	II		112	85
	III		112	85
	V		112	85
	VI	104	112	85
971,99	I,IV		116	89
	II		116	89
	III		116	89
	V		116	89
	VI	108	116	89
1 007,99	I,IV		120	92
	II		120	92
	III		120	92
	V		120	92
	VI	112	120	92
1 043,99	I,IV		125	95
	II		125	95
	III		125	95
	V		125	95
	VI	116	125	95
1 079,99	I,IV		129	99
	II		129	99
	III		129	99
	V		129	99
	VI	120	129	99
1 115,99	I,IV		133	102
	II		133	102
	III		133	102
	V		133	102
	VI	124	133	102
1 151,99	I,IV		138	105
	II		138	105
	III		138	105
	V		138	105
	VI	128	138	105
1 187,99	I,IV		142	108
	II		142	108
	III		142	108
	V		142	108
	VI	132	142	108
1 223,99	I,IV		146	112
	II		146	112
	III		146	112
	V		146	112
	VI	136	146	112
1 259,99	I,IV		151	115
	II		151	115
	III		151	115
	V		151	115
	VI	140	151	115
1 295,99	I,IV		155	118
	II		155	118
	III		155	118
	V		155	118
	VI	144	155	118

Lohn/Gehalt in € bis	Steuerklasse	Lohn-steuer*	BVSP**	TAGZ***
1 331,99	I,IV		159	122
	II		159	122
	III		159	122
	V		159	122
	VI	148	159	122
1 367,99	I,IV		164	125
	II		164	125
	III		164	125
	V		164	125
	VI	152	164	125
1 403,99	I,IV		168	128
	II		168	128
	III		168	128
	V		168	128
	VI	156	168	128
1 439,99	I,IV		172	132
	II		172	132
	III		172	132
	V		172	132
	VI	160	172	132
1 475,99	I,IV		177	135
	II		177	135
	III		177	135
	V		177	135
	VI	164	177	135
1 511,99	I,IV		181	138
	II		181	138
	III		181	138
	V		181	138
	VI	168	181	138
1 547,99	I,IV		185	142
	II		185	142
	III		185	142
	V		185	142
	VI	172	185	142
1 583,99	I,IV		190	145
	II		190	145
	III		190	145
	V	3	190	145
	VI	176	190	145
1 619,99	I,IV		194	148
	II		194	148
	III		194	148
	V	7	194	148
	VI	180	194	148
1 655,99	I,IV		198	151
	II		198	151
	III		198	151
	V	11	198	151
	VI	184	198	151
1 691,99	I,IV		203	155
	II		203	155
	III		203	155
	V	15	203	155
	VI	188	203	155
1 727,99	I,IV		207	158
	II		207	158
	III		207	158
	V	19	207	158
	VI	192	207	158

* Zur LSt-Berechnung für privat versicherte Arbeitnehmer s. Beispiele **Vorbemerkung S. 4 f.**
** Basisvorsorgepauschale KV und PV *** Typisierter Arbeitgeberzuschuss

Jahr gültig ab 1. 1. 2022 (idF des StEntlG 2022) — aT2

Lohn/Gehalt in € bis	Steuerklasse	Lohn-steuer*	BVSP**	TAGZ***
1 763,99	I,IV		211	161
	II		211	161
	III		211	161
	V	23	211	161
	VI	196	211	161
1 799,99	I,IV		215	165
	II		215	165
	III		215	165
	V	27	215	165
	VI	200	215	165
1 835,99	I,IV		220	168
	II		220	168
	III		220	168
	V	31	220	168
	VI	204	220	168
1 871,99	I,IV		224	171
	II		224	171
	III		224	171
	V	35	224	171
	VI	209	224	171
1 907,99	I,IV		228	175
	II		228	175
	III		228	175
	V	39	228	175
	VI	212	228	175
1 943,99	I,IV		233	178
	II		233	178
	III		233	178
	V	43	233	178
	VI	217	233	178
1 979,99	I,IV		237	181
	II		237	181
	III		237	181
	V	48	237	181
	VI	221	237	181
2 015,99	I,IV		241	184
	II		241	184
	III		241	184
	V	52	241	184
	VI	225	241	184
2 051,99	I,IV		246	188
	II		246	188
	III		246	188
	V	56	246	188
	VI	229	246	188
2 087,99	I,IV		250	191
	II		250	191
	III		250	191
	V	60	250	191
	VI	233	250	191
2 123,99	I,IV		254	194
	II		254	194
	III		254	194
	V	64	254	194
	VI	237	254	194
2 159,99	I,IV		259	198
	II		259	198
	III		259	198
	V	68	259	198
	VI	241	259	198

Lohn/Gehalt in € bis	Steuerklasse	Lohn-steuer*	BVSP**	TAGZ***
2 195,99	I,IV		263	201
	II		263	201
	III		263	201
	V	72	263	201
	VI	245	263	201
2 231,99	I,IV		267	204
	II		267	204
	III		267	204
	V	76	267	204
	VI	249	267	204
2 267,99	I,IV		272	208
	II		272	208
	III		272	208
	V	80	272	208
	VI	253	272	208
2 303,99	I,IV		276	211
	II		276	211
	III		276	211
	V	84	276	211
	VI	257	276	211
2 339,99	I,IV		280	214
	II		280	214
	III		280	214
	V	88	280	214
	VI	261	280	214
2 375,99	I,IV		285	217
	II		285	217
	III		285	217
	V	92	285	217
	VI	265	285	217
2 411,99	I,IV		289	221
	II		289	221
	III		289	221
	V	96	289	221
	VI	269	289	221
2 447,99	I,IV		293	224
	II		293	224
	III		293	224
	V	100	293	224
	VI	273	293	224
2 483,99	I,IV		298	227
	II		298	227
	III		298	227
	V	104	298	227
	VI	277	298	227
2 519,99	I,IV		302	231
	II		302	231
	III		302	231
	V	108	302	231
	VI	281	302	231
2 555,99	I,IV		306	234
	II		306	234
	III		306	234
	V	112	306	234
	VI	285	306	234
2 591,99	I,IV		311	237
	II		311	237
	III		311	237
	V	116	311	237
	VI	289	311	237

* Zur LSt-Berechnung für privat versicherte Arbeitnehmer s. Beispiele **Vorbemerkung S. 4 f.**
** Basisvorsorgepauschale KV und PV *** Typisierter Arbeitgeberzuschuss

aT2 allgemeine Lohnsteuer

Lohn/Gehalt in € bis	Steuerklasse	Lohn-steuer*	BVSP**	TAGZ***
2 627,99	I,IV		315	241
	II		315	241
	III		315	241
	V	120	315	241
	VI	293	315	241
2 663,99	I,IV		319	244
	II		319	244
	III		319	244
	V	124	319	244
	VI	297	319	244
2 699,99	I,IV		323	247
	II		323	247
	III		323	247
	V	128	323	247
	VI	301	323	247
2 735,99	I,IV		328	251
	II		328	251
	III		328	251
	V	132	328	251
	VI	305	328	251
2 771,99	I,IV		332	254
	II		332	254
	III		332	254
	V	136	332	254
	VI	309	332	254
2 807,99	I,IV		336	257
	II		336	257
	III		336	257
	V	140	336	257
	VI	313	336	257
2 843,99	I,IV		341	260
	II		341	260
	III		341	260
	V	144	341	260
	VI	317	341	260
2 879,99	I,IV		345	264
	II		345	264
	III		345	264
	V	148	345	264
	VI	321	345	264
2 915,99	I,IV		349	267
	II		349	267
	III		349	267
	V	152	349	267
	VI	325	349	267
2 951,99	I,IV		354	270
	II		354	270
	III		354	270
	V	156	354	270
	VI	329	354	270
2 987,99	I,IV		358	274
	II		358	274
	III		358	274
	V	160	358	274
	VI	333	358	274
3 023,99	I,IV		362	277
	II		362	277
	III		362	277
	V	164	362	277
	VI	337	362	277
3 059,99	I,IV		367	280
	II		367	280
	III		367	280
	V	168	367	280
	VI	341	367	280
3 095,99	I,IV		371	284
	II		371	284
	III		371	284
	V	172	371	284
	VI	345	371	284
3 131,99	I,IV		375	287
	II		375	287
	III		375	287
	V	176	375	287
	VI	349	375	287
3 167,99	I,IV		380	290
	II		380	290
	III		380	290
	V	180	380	290
	VI	353	380	290
3 203,99	I,IV		384	293
	II		384	293
	III		384	293
	V	184	384	293
	VI	357	384	293
3 239,99	I,IV		388	297
	II		388	297
	III		388	297
	V	188	388	297
	VI	361	388	297
3 275,99	I,IV		393	300
	II		393	300
	III		393	300
	V	192	393	300
	VI	365	393	300
3 311,99	I,IV		397	303
	II		397	303
	III		397	303
	V	196	397	303
	VI	369	397	303
3 347,99	I,IV		401	307
	II		401	307
	III		401	307
	V	200	401	307
	VI	373	401	307
3 383,99	I,IV		406	310
	II		406	310
	III		406	310
	V	204	406	310
	VI	377	406	310
3 419,99	I,IV		410	313
	II		410	313
	III		410	313
	V	208	410	313
	VI	381	410	313
3 455,99	I,IV		414	317
	II		414	317
	III		414	317
	V	212	414	317
	VI	385	414	317

* Zur LSt-Berechnung für privat versicherte Arbeitnehmer s. Beispiele **Vorbemerkung S. 4 f.**
** Basisvorsorgepauschale KV und PV   *** Typisierter Arbeitgeberzuschuss

Jahr gültig ab 1. 1. 2022 (idF des StEntlG 2022) **aT2**

Lohn/Gehalt in € bis	Steuerklasse	Lohnsteuer*	BVSP**	TAGZ***
3491,99	I,IV		419	320
	II		419	320
	III		419	320
	V	217	419	320
	VI	390	419	320
3527,99	I,IV		423	323
	II		423	323
	III		423	323
	V	220	423	323
	VI	393	423	323
3563,99	I,IV		427	326
	II		427	326
	III		427	326
	V	224	427	326
	VI	398	427	326
3599,99	I,IV		431	330
	II		431	330
	III		431	330
	V	229	431	330
	VI	402	431	330
3635,99	I,IV		436	333
	II		436	333
	III		436	333
	V	233	436	333
	VI	406	436	333
3671,99	I,IV		440	336
	II		440	336
	III		440	336
	V	237	440	336
	VI	410	440	336
3707,99	I,IV		444	340
	II		444	340
	III		444	340
	V	241	444	340
	VI	414	444	340
3743,99	I,IV		449	343
	II		449	343
	III		449	343
	V	245	449	343
	VI	418	449	343
3779,99	I,IV		453	346
	II		453	346
	III		453	346
	V	249	453	346
	VI	422	453	346
3815,99	I,IV		457	350
	II		457	350
	III		457	350
	V	253	457	350
	VI	426	457	350
3851,99	I,IV		462	353
	II		462	353
	III		462	353
	V	257	462	353
	VI	430	462	353
3887,99	I,IV		466	356
	II		466	356
	III		466	356
	V	261	466	356
	VI	434	466	356

Lohn/Gehalt in € bis	Steuerklasse	Lohnsteuer*	BVSP**	TAGZ***
3923,99	I,IV		470	360
	II		470	360
	III		470	360
	V	265	470	360
	VI	438	470	360
3959,99	I,IV		475	363
	II		475	363
	III		475	363
	V	269	475	363
	VI	442	475	363
3995,99	I,IV		479	366
	II		479	366
	III		479	366
	V	273	479	366
	VI	446	479	366
4031,99	I,IV		483	369
	II		483	369
	III		483	369
	V	277	483	369
	VI	450	483	369
4067,99	I,IV		488	373
	II		488	373
	III		488	373
	V	281	488	373
	VI	454	488	373
4103,99	I,IV		492	376
	II		492	376
	III		492	376
	V	285	492	376
	VI	458	492	376
4139,99	I,IV		496	379
	II		496	379
	III		496	379
	V	289	496	379
	VI	462	496	379
4175,99	I,IV		501	383
	II		501	383
	III		501	383
	V	293	501	383
	VI	466	501	383
4211,99	I,IV		505	386
	II		505	386
	III		505	386
	V	297	505	386
	VI	470	505	386
4247,99	I,IV		509	389
	II		509	389
	III		509	389
	V	301	509	389
	VI	474	509	389
4283,99	I,IV		514	393
	II		514	393
	III		514	393
	V	305	514	393
	VI	478	514	393
4319,99	I,IV		518	396
	II		518	396
	III		518	396
	V	309	518	396
	VI	482	518	396

* Zur LSt-Berechnung für privat versicherte Arbeitnehmer s. Beispiele **Vorbemerkung S. 4 f.**
** Basisvorsorgepauschale KV und PV   *** Typisierter Arbeitgeberzuschuss

aT2　　　　　　　　　　　　　　　　　　　allgemeine Lohnsteuer

Lohn/Gehalt in € bis	Steuerklasse	Lohn-steuer*	BVSP**	TAGZ***
4 355,99	I,IV		522	399
	II		522	399
	III		522	399
	V	313	522	399
	VI	486	522	399
4 391,99	I,IV		527	402
	II		527	402
	III		527	402
	V	317	527	402
	VI	490	527	402
4 427,99	I,IV		531	406
	II		531	406
	III		531	406
	V	321	531	406
	VI	494	531	406
4 463,99	I,IV		535	409
	II		535	409
	III		535	409
	V	325	535	409
	VI	498	535	409
4 499,99	I,IV		539	412
	II		539	412
	III		539	412
	V	329	539	412
	VI	502	539	412
4 535,99	I,IV		544	416
	II		544	416
	III		544	416
	V	333	544	416
	VI	506	544	416
4 571,99	I,IV		548	419
	II		548	419
	III		548	419
	V	337	548	419
	VI	510	548	419
4 607,99	I,IV		552	422
	II		552	422
	III		552	422
	V	341	552	422
	VI	514	552	422
4 643,99	I,IV		557	426
	II		557	426
	III		557	426
	V	345	557	426
	VI	518	557	426
4 679,99	I,IV		561	429
	II		561	429
	III		561	429
	V	349	561	429
	VI	522	561	429
4 715,99	I,IV		565	432
	II		565	432
	III		565	432
	V	353	565	432
	VI	526	565	432
4 751,99	I,IV		570	435
	II		570	435
	III		570	435
	V	357	570	435
	VI	530	570	435

Lohn/Gehalt in € bis	Steuerklasse	Lohn-steuer*	BVSP**	TAGZ***
4 787,99	I,IV		574	439
	II		574	439
	III		574	439
	V	361	574	439
	VI	534	574	439
4 823,99	I,IV		578	442
	II		578	442
	III		578	442
	V	365	578	442
	VI	538	578	442
4 859,99	I,IV		583	445
	II		583	445
	III		583	445
	V	369	583	445
	VI	542	583	445
4 895,99	I,IV		587	449
	II		587	449
	III		587	449
	V	373	587	449
	VI	546	587	449
4 931,99	I,IV		591	452
	II		591	452
	III		591	452
	V	377	591	452
	VI	550	591	452
4 967,99	I,IV		596	455
	II		596	455
	III		596	455
	V	381	596	455
	VI	554	596	455
5 003,99	I,IV		600	459
	II		600	459
	III		600	459
	V	385	600	459
	VI	559	600	459
5 039,99	I,IV		604	462
	II		604	462
	III		604	462
	V	389	604	462
	VI	562	604	462
5 075,99	I,IV		609	465
	II		609	465
	III		609	465
	V	393	609	465
	VI	567	609	465
5 111,99	I,IV		613	469
	II		613	469
	III		613	469
	V	398	613	469
	VI	571	613	469
5 147,99	I,IV		617	472
	II		617	472
	III		617	472
	V	401	617	472
	VI	574	617	472
5 183,99	I,IV		622	475
	II		622	475
	III		622	475
	V	406	622	475
	VI	579	622	475

* Zur LSt-Berechnung für privat versicherte Arbeitnehmer s. Beispiele **Vorbemerkung S. 4 f.**
** Basisvorsorgepauschale KV und PV　*** Typisierter Arbeitgeberzuschuss

Jahr gültig ab 1. 1. 2022 (idF des StEntlG 2022) aT2

Lohn/Gehalt in € bis	Steuerklasse	Lohnsteuer*	BVSP**	TAGZ***
5 219,99	I,IV		626	478
	II		626	478
	III		626	478
	V	410	626	478
	VI	583	626	478
5 255,99	I,IV		630	482
	II		630	482
	III		630	482
	V	414	630	482
	VI	587	630	482
5 291,99	I,IV		635	485
	II		635	485
	III		635	485
	V	418	635	485
	VI	591	635	485
5 327,99	I,IV		639	488
	II		639	488
	III		639	488
	V	422	639	488
	VI	595	639	488
5 363,99	I,IV		643	492
	II		643	492
	III		643	492
	V	426	643	492
	VI	599	643	492
5 399,99	I,IV		647	495
	II		647	495
	III		647	495
	V	430	647	495
	VI	603	647	495
5 435,99	I,IV		652	498
	II		652	498
	III		652	498
	V	434	652	498
	VI	607	652	498
5 471,99	I,IV		656	502
	II		656	502
	III		656	502
	V	438	656	502
	VI	611	656	502
5 507,99	I,IV		660	505
	II		660	505
	III		660	505
	V	442	660	505
	VI	615	660	505
5 543,99	I,IV		665	508
	II		665	508
	III		665	508
	V	446	665	508
	VI	619	665	508
5 579,99	I,IV		669	511
	II		669	511
	III		669	511
	V	450	669	511
	VI	623	669	511
5 615,99	I,IV		673	515
	II		673	515
	III		673	515
	V	454	673	515
	VI	627	673	515
5 651,99	I,IV		678	518
	II		678	518
	III		678	518
	V	458	678	518
	VI	631	678	518
5 687,99	I,IV		682	521
	II		682	521
	III		682	521
	V	462	682	521
	VI	635	682	521
5 723,99	I,IV		686	525
	II		686	525
	III		686	525
	V	466	686	525
	VI	639	686	525
5 759,99	I,IV		691	528
	II		691	528
	III		691	528
	V	470	691	528
	VI	643	691	528
5 795,99	I,IV		695	531
	II		695	531
	III		695	531
	V	474	695	531
	VI	647	695	531
5 831,99	I,IV		699	535
	II		699	535
	III		699	535
	V	478	699	535
	VI	651	699	535
5 867,99	I,IV		704	538
	II		704	538
	III		704	538
	V	482	704	538
	VI	655	704	538
5 903,99	I,IV		708	541
	II		708	541
	III		708	541
	V	486	708	541
	VI	659	708	541
5 939,99	I,IV		712	544
	II		712	544
	III		712	544
	V	490	712	544
	VI	663	712	544
5 975,99	I,IV		717	548
	II		717	548
	III		717	548
	V	494	717	548
	VI	667	717	548
6 011,99	I,IV		721	551
	II		721	551
	III		721	551
	V	498	721	551
	VI	671	721	551
6 047,99	I,IV		725	554
	II		725	554
	III		725	554
	V	502	725	554
	VI	675	725	554

* Zur LSt-Berechnung für privat versicherte Arbeitnehmer s. Beispiele **Vorbemerkung S. 4 f.**
** Basisvorsorgepauschale KV und PV *** Typisierter Arbeitgeberzuschuss

aT2 allgemeine Lohnsteuer

Lohn/Gehalt in € bis	Steuerklasse	Lohn-steuer*	BVSP**	TAGZ***
6083,99	I,IV		730	558
	II		730	558
	III		730	558
	V	506	730	558
	VI	679	730	558
6119,99	I,IV		734	561
	II		734	561
	III		734	561
	V	510	734	561
	VI	683	734	561
6155,99	I,IV		738	564
	II		738	564
	III		738	564
	V	514	738	564
	VI	687	738	564
6191,99	I,IV		743	568
	II		743	568
	III		743	568
	V	518	743	568
	VI	691	743	568
6227,99	I,IV		747	571
	II		747	571
	III		747	571
	V	522	747	571
	VI	695	747	571
6263,99	I,IV		751	574
	II		751	574
	III		751	574
	V	526	751	574
	VI	699	751	574
6299,99	I,IV		755	578
	II		755	578
	III		755	578
	V	530	755	578
	VI	703	755	578
6335,99	I,IV		760	581
	II		760	581
	III		760	581
	V	534	760	581
	VI	707	760	581
6371,99	I,IV		764	584
	II		764	584
	III		764	584
	V	538	764	584
	VI	711	764	584
6407,99	I,IV		768	587
	II		768	587
	III		768	587
	V	542	768	587
	VI	715	768	587
6443,99	I,IV		773	591
	II		773	591
	III		773	591
	V	546	773	591
	VI	719	773	591
6479,99	I,IV		777	594
	II		777	594
	III		777	594
	V	550	777	594
	VI	723	777	594

Lohn/Gehalt in € bis	Steuerklasse	Lohn-steuer*	BVSP**	TAGZ***
6515,99	I,IV		781	597
	II		781	597
	III		781	597
	V	554	781	597
	VI	727	781	597
6551,99	I,IV		786	601
	II		786	601
	III		786	601
	V	558	786	601
	VI	731	786	601
6587,99	I,IV		790	604
	II		790	604
	III		790	604
	V	562	790	604
	VI	735	790	604
6623,99	I,IV		794	607
	II		794	607
	III		794	607
	V	567	794	607
	VI	740	794	607
6659,99	I,IV		799	611
	II		799	611
	III		799	611
	V	570	799	611
	VI	743	799	611
6695,99	I,IV		803	614
	II		803	614
	III		803	614
	V	574	803	614
	VI	748	803	614
6731,99	I,IV		807	617
	II		807	617
	III		807	617
	V	579	807	617
	VI	752	807	617
6767,99	I,IV		812	620
	II		812	620
	III		812	620
	V	582	812	620
	VI	756	812	620
6803,99	I,IV		816	624
	II		816	624
	III		816	624
	V	587	816	624
	VI	760	816	624
6839,99	I,IV		820	627
	II		820	627
	III		820	627
	V	591	820	627
	VI	764	820	627
6875,99	I,IV		825	630
	II		825	630
	III		825	630
	V	595	825	630
	VI	768	825	630
6911,99	I,IV		829	634
	II		829	634
	III		829	634
	V	599	829	634
	VI	772	829	634

* Zur LSt-Berechnung für privat versicherte Arbeitnehmer s. Beispiele **Vorbemerkung S. 4 f.**
** Basisvorsorgepauschale KV und PV *** Typisierter Arbeitgeberzuschuss

Jahr gültig ab 1. 1. 2022 (idF des StEntlG 2022) — aT2

Lohn/Gehalt in € bis	Steuerklasse	Lohnsteuer*	BVSP**	TAGZ***
6 947,99	I,IV		833	637
	II		833	637
	III		833	637
	V	603	833	637
	VI	776	833	637
6 983,99	I,IV		838	640
	II		838	640
	III		838	640
	V	607	838	640
	VI	780	838	640
7 019,99	I,IV		842	644
	II		842	644
	III		842	644
	V	611	842	644
	VI	784	842	644
7 055,99	I,IV		846	647
	II		846	647
	III		846	647
	V	615	846	647
	VI	788	846	647
7 091,99	I,IV		851	650
	II		851	650
	III		851	650
	V	619	851	650
	VI	792	851	650
7 127,99	I,IV		855	653
	II		855	653
	III		855	653
	V	623	855	653
	VI	796	855	653
7 163,99	I,IV		859	657
	II		859	657
	III		859	657
	V	627	859	657
	VI	800	859	657
7 199,99	I,IV		863	660
	II		863	660
	III		863	660
	V	631	863	660
	VI	804	863	660
7 235,99	I,IV		868	663
	II		868	663
	III		868	663
	V	635	868	663
	VI	808	868	663
7 271,99	I,IV		872	667
	II		872	667
	III		872	667
	V	639	872	667
	VI	812	872	667
7 307,99	I,IV		876	670
	II		876	670
	III		876	670
	V	643	876	670
	VI	816	876	670
7 343,99	I,IV		881	673
	II		881	673
	III		881	673
	V	647	881	673
	VI	820	881	673
7 379,99	I,IV		885	677
	II		885	677
	III		885	677
	V	651	885	677
	VI	824	885	677
7 415,99	I,IV		889	680
	II		889	680
	III		889	680
	V	655	889	680
	VI	828	889	680
7 451,99	I,IV		894	683
	II		894	683
	III		894	683
	V	659	894	683
	VI	832	894	683
7 487,99	I,IV		898	687
	II		898	687
	III		898	687
	V	663	898	687
	VI	836	898	687
7 523,99	I,IV		902	690
	II		902	690
	III		902	690
	V	667	902	690
	VI	840	902	690
7 559,99	I,IV		907	693
	II		907	693
	III		907	693
	V	671	907	693
	VI	844	907	693
7 595,99	I,IV		911	696
	II		911	696
	III		911	696
	V	675	911	696
	VI	848	911	696
7 631,99	I,IV		915	700
	II		915	700
	III		915	700
	V	679	915	700
	VI	852	915	700
7 667,99	I,IV		920	703
	II		920	703
	III		920	703
	V	683	920	703
	VI	856	920	703
7 703,99	I,IV		924	706
	II		924	706
	III		924	706
	V	687	924	706
	VI	860	924	706
7 739,99	I,IV		928	710
	II		928	710
	III		928	710
	V	691	928	710
	VI	864	928	710
7 775,99	I,IV		933	713
	II		933	713
	III		933	713
	V	695	933	713
	VI	868	933	713

* Zur LSt-Berechnung für privat versicherte Arbeitnehmer s. Beispiele **Vorbemerkung S. 4f.**
** Basisvorsorgepauschale KV und PV *** Typisierter Arbeitgeberzuschuss

aT2 allgemeine Lohnsteuer

Lohn/Gehalt in € bis	Steuerklasse	Lohn-steuer*	BVSP**	TAGZ***
7 811,99	I,IV		937	716
	II		937	716
	III		937	716
	V	**699**	937	716
	VI	**872**	937	716
7 847,99	I,IV		941	720
	II		941	720
	III		941	720
	V	**703**	941	720
	VI	**876**	941	720
7 883,99	I,IV		946	723
	II		946	723
	III		946	723
	V	**707**	946	723
	VI	**880**	946	723
7 919,99	I,IV		950	726
	II		950	726
	III		950	726
	V	**711**	950	726
	VI	**884**	950	726
7 955,99	I,IV		954	729
	II		954	729
	III		954	729
	V	**715**	954	729
	VI	**888**	954	729
7 991,99	I,IV		959	733
	II		959	733
	III		959	733
	V	**719**	959	733
	VI	**892**	959	733
8 027,99	I,IV		963	736
	II		963	736
	III		963	736
	V	**723**	963	736
	VI	**896**	963	736
8 063,99	I,IV		967	739
	II		967	739
	III		967	739
	V	**727**	967	739
	VI	**900**	967	739
8 099,99	I,IV		971	743
	II		971	743
	III		971	743
	V	**731**	971	743
	VI	**904**	971	743
8 135,99	I,IV		976	746
	II		976	746
	III		976	746
	V	**735**	976	746
	VI	**908**	976	746
8 171,99	I,IV		980	749
	II		980	749
	III		980	749
	V	**739**	980	749
	VI	**912**	980	749
8 207,99	I,IV		984	753
	II		984	753
	III		984	753
	V	**743**	984	753
	VI	**917**	984	753

Lohn/Gehalt in € bis	Steuerklasse	Lohn-steuer*	BVSP**	TAGZ***
8 243,99	I,IV		989	756
	II		989	756
	III		989	756
	V	**748**	989	756
	VI	**921**	989	756
8 279,99	I,IV		993	759
	II		993	759
	III		993	759
	V	**751**	993	759
	VI	**924**	993	759
8 315,99	I,IV		997	762
	II		997	762
	III		997	762
	V	**756**	997	762
	VI	**929**	997	762
8 351,99	I,IV		1 002	766
	II		1 002	766
	III		1 002	766
	V	**760**	1 002	766
	VI	**933**	1 002	766
8 387,99	I,IV		1 006	769
	II		1 006	769
	III		1 006	769
	V	**763**	1 006	769
	VI	**937**	1 006	769
8 423,99	I,IV		1 010	772
	II		1 010	772
	III		1 010	772
	V	**768**	1 010	772
	VI	**941**	1 010	772
8 459,99	I,IV		1 015	776
	II		1 015	776
	III		1 015	776
	V	**772**	1 015	776
	VI	**945**	1 015	776
8 495,99	I,IV		1 019	779
	II		1 019	779
	III		1 019	779
	V	**776**	1 019	779
	VI	**949**	1 019	779
8 531,99	I,IV		1 023	782
	II		1 023	782
	III		1 023	782
	V	**780**	1 023	782
	VI	**953**	1 023	782
8 567,99	I,IV		1 028	786
	II		1 028	786
	III		1 028	786
	V	**784**	1 028	786
	VI	**957**	1 028	786
8 603,99	I,IV		1 032	789
	II		1 032	789
	III		1 032	789
	V	**788**	1 032	789
	VI	**961**	1 032	789
8 639,99	I,IV		1 036	792
	II		1 036	792
	III		1 036	792
	V	**792**	1 036	792
	VI	**965**	1 036	792

* Zur LSt-Berechnung für privat versicherte Arbeitnehmer s. Beispiele **Vorbemerkung S. 4f.**
** Basisvorsorgepauschale KV und PV *** Typisierter Arbeitgeberzuschuss

Jahr gültig ab 1. 1. 2022 (idF des StEntlG 2022)

aT2

Lohn/Gehalt in € bis	Steuerklasse	Lohnsteuer*	BVSP**	TAGZ***
8 675,99	I,IV		1041	796
	II		1041	796
	III		1041	796
	V	796	1041	796
	VI	969	1041	796
8 711,99	I,IV		1045	799
	II		1045	799
	III		1045	799
	V	800	1045	799
	VI	973	1045	799
8 747,99	I,IV		1049	802
	II		1049	802
	III		1049	802
	V	804	1049	802
	VI	977	1049	802
8 783,99	I,IV		1054	805
	II		1054	805
	III		1054	805
	V	808	1054	805
	VI	981	1054	805
8 819,99	I,IV		1058	809
	II		1058	809
	III		1058	809
	V	812	1058	809
	VI	985	1058	809
8 855,99	I,IV		1062	812
	II		1062	812
	III		1062	812
	V	816	1062	812
	VI	989	1062	812
8 891,99	I,IV		1067	815
	II		1067	815
	III		1067	815
	V	820	1067	815
	VI	993	1067	815
8 927,99	I,IV		1071	819
	II		1071	819
	III		1071	819
	V	824	1071	819
	VI	997	1071	819
8 963,99	I,IV		1075	822
	II		1075	822
	III		1075	822
	V	828	1075	822
	VI	1 001	1075	822
8 999,99	I,IV		1079	825
	II		1079	825
	III		1079	825
	V	832	1079	825
	VI	1 005	1079	825
9 035,99	I,IV		1084	829
	II		1084	829
	III		1084	829
	V	836	1084	829
	VI	1 009	1084	829
9 071,99	I,IV		1088	832
	II		1088	832
	III		1088	832
	V	840	1088	832
	VI	1 013	1088	832

Lohn/Gehalt in € bis	Steuerklasse	Lohnsteuer*	BVSP**	TAGZ***
9 107,99	I,IV		1092	835
	II		1092	835
	III		1092	835
	V	844	1092	835
	VI	1 017	1092	835
9 143,99	I,IV		1097	838
	II		1097	838
	III		1097	838
	V	848	1097	838
	VI	1 021	1097	838
9 179,99	I,IV		1101	842
	II		1101	842
	III		1101	842
	V	852	1101	842
	VI	1 025	1101	842
9 215,99	I,IV		1105	845
	II		1105	845
	III		1105	845
	V	856	1105	845
	VI	1 029	1105	845
9 251,99	I,IV		1110	848
	II		1110	848
	III		1110	848
	V	860	1110	848
	VI	1 033	1110	848
9 287,99	I,IV		1114	852
	II		1114	852
	III		1114	852
	V	864	1114	852
	VI	1 037	1114	852
9 323,99	I,IV		1118	855
	II		1118	855
	III		1118	855
	V	868	1118	855
	VI	1 041	1118	855
9 359,99	I,IV		1123	858
	II		1123	858
	III		1123	858
	V	872	1123	858
	VI	1 045	1123	858
9 395,99	I,IV		1127	862
	II		1127	862
	III		1127	862
	V	876	1127	862
	VI	1 049	1127	862
9 431,99	I,IV		1131	865
	II		1131	865
	III		1131	865
	V	880	1131	865
	VI	1 053	1131	865
9 467,99	I,IV		1136	868
	II		1136	868
	III		1136	868
	V	884	1136	868
	VI	1 057	1136	868
9 503,99	I,IV		1140	871
	II		1140	871
	III		1140	871
	V	888	1140	871
	VI	1 061	1140	871

* Zur LSt-Berechnung für privat versicherte Arbeitnehmer s. Beispiele **Vorbemerkung S. 4 f.**
** Basisvorsorgepauschale KV und PV *** Typisierter Arbeitgeberzuschuss

aT2

allgemeine Lohnsteuer

Lohn/Gehalt in € bis	Steuerklasse	Lohnsteuer*	BVSP**	TAGZ***
9 539,99	I,IV		1 144	875
	II		1 144	875
	III		1 144	875
	V	892	1 144	875
	VI	**1 065**	1 144	875
9 575,99	I,IV		1 149	878
	II		1 149	878
	III		1 149	878
	V	896	1 149	878
	VI	**1 069**	1 149	878
9 611,99	I,IV		1 153	881
	II		1 153	881
	III		1 153	881
	V	900	1 153	881
	VI	**1 073**	1 153	881
9 647,99	I,IV		1 157	885
	II		1 157	885
	III		1 157	885
	V	904	1 157	885
	VI	**1 077**	1 157	885
9 683,99	I,IV		1 162	888
	II		1 162	888
	III		1 162	888
	V	908	1 162	888
	VI	**1 081**	1 162	888
9 719,99	I,IV		1 166	891
	II		1 166	891
	III		1 166	891
	V	912	1 166	891
	VI	**1 085**	1 166	891
9 755,99	I,IV		1 170	895
	II		1 170	895
	III		1 170	895
	V	916	1 170	895
	VI	**1 089**	1 170	895
9 791,99	I,IV		1 175	898
	II		1 175	898
	III		1 175	898
	V	920	1 175	898
	VI	**1 093**	1 175	898
9 827,99	I,IV		1 179	901
	II		1 179	901
	III		1 179	901
	V	924	1 179	901
	VI	**1 098**	1 179	901
9 863,99	I,IV		1 183	905
	II		1 183	905
	III		1 183	905
	V	929	1 183	905
	VI	**1 102**	1 183	905
9 899,99	I,IV		1 187	908
	II		1 187	908
	III		1 187	908
	V	932	1 187	908
	VI	**1 106**	1 187	908
9 935,99	I,IV		1 192	911
	II		1 192	911
	III		1 192	911
	V	937	1 192	911
	VI	**1 110**	1 192	911

Lohn/Gehalt in € bis	Steuerklasse	Lohnsteuer*	BVSP**	TAGZ***
9 971,99	I,IV		1 196	914
	II		1 196	914
	III		1 196	914
	V	941	1 196	914
	VI	**1 114**	1 196	914
10 007,99	I,IV		1 200	918
	II		1 200	918
	III		1 200	918
	V	945	1 200	918
	VI	**1 118**	1 200	918
10 043,99	I,IV		1 205	921
	II		1 205	921
	III		1 205	921
	V	949	1 205	921
	VI	**1 122**	1 205	921
10 079,99	I,IV		1 209	924
	II		1 209	924
	III		1 209	924
	V	953	1 209	924
	VI	**1 126**	1 209	924
10 115,99	I,IV		1 213	928
	II		1 213	928
	III		1 213	928
	V	957	1 213	928
	VI	**1 130**	1 213	928
10 151,99	I,IV		1 218	931
	II		1 218	931
	III		1 218	931
	V	961	1 218	931
	VI	**1 134**	1 218	931
10 187,99	I,IV		1 222	934
	II		1 222	934
	III		1 222	934
	V	965	1 222	934
	VI	**1 138**	1 222	934
10 223,99	I,IV		1 226	938
	II		1 226	938
	III		1 226	938
	V	969	1 226	938
	VI	**1 142**	1 226	938
10 259,99	I,IV		1 231	941
	II		1 231	941
	III		1 231	941
	V	973	1 231	941
	VI	**1 146**	1 231	941
10 295,99	I,IV		1 235	944
	II		1 235	944
	III		1 235	944
	V	977	1 235	944
	VI	**1 150**	1 235	944
10 331,99	I,IV		1 239	947
	II		1 239	947
	III		1 239	947
	V	981	1 239	947
	VI	**1 154**	1 239	947
10 367,99	I,IV		1 244	951
	II		1 244	951
	III		1 244	951
	V	985	1 244	951
	VI	**1 158**	1 244	951

* Zur LSt-Berechnung für privat versicherte Arbeitnehmer s. Beispiele **Vorbemerkung S. 4f.**
** Basisvorsorgepauschale KV und PV   *** Typisierter Arbeitgeberzuschuss

Jahr gültig ab 1. 1. 2022 (idF des StEntlG 2022)　　**aT2**

Lohn/Gehalt in € bis	Steuerklasse	Lohn-steuer*	BVSP**	TAGZ***
10 403,99	I,IV		1 248	954
	II		1 248	954
	III		1 248	954
	V	989	1 248	954
	VI	1 162	1 248	954
10 439,99	I,IV		1 252	957
	II		1 252	957
	III		1 252	957
	V	993	1 252	957
	VI	1 166	1 252	957
10 475,99	I,IV		1 257	961
	II		1 257	961
	III		1 257	961
	V	997	1 257	961
	VI	1 170	1 257	961
10 511,99	I,IV		1 261	964
	II		1 261	964
	III		1 261	964
	V	1 001	1 261	964
	VI	1 174	1 261	964
10 547,99	I,IV		1 265	967
	II		1 265	967
	III		1 265	967
	V	1 005	1 265	967
	VI	1 178	1 265	967
10 583,99	I,IV		1 270	971
	II		1 270	971
	III		1 270	971
	V	1 009	1 270	971
	VI	1 182	1 270	971
10 619,99	I,IV		1 274	974
	II		1 274	974
	III		1 274	974
	V	1 013	1 274	974
	VI	1 186	1 274	974
10 655,99	I,IV		1 278	977
	II		1 278	977
	III		1 278	977
	V	1 017	1 278	977
	VI	1 190	1 278	977
10 691,99	I,IV		1 283	980
	II		1 283	980
	III		1 283	980
	V	1 021	1 283	980
	VI	1 194	1 283	980
10 727,99	I,IV		1 287	984
	II		1 287	984
	III		1 287	984
	V	1 025	1 287	984
	VI	1 198	1 287	984
10 763,99	I,IV		1 291	987
	II		1 291	987
	III		1 291	987
	V	1 029	1 291	987
	VI	1 202	1 291	987
10 799,99	I,IV		1 295	990
	II		1 295	990
	III		1 295	990
	V	1 033	1 295	990
	VI	1 206	1 295	990

Lohn/Gehalt in € bis	Steuerklasse	Lohn-steuer*	BVSP**	TAGZ***
10 835,99	I,IV		1 300	994
	II		1 300	994
	III		1 300	994
	V	1 037	1 300	994
	VI	1 210	1 300	994
10 871,99	I,IV		1 304	997
	II		1 304	997
	III		1 304	997
	V	1 041	1 304	997
	VI	1 214	1 304	997
10 907,99	I,IV		1 308	1 000
	II		1 308	1 000
	III		1 308	1 000
	V	1 045	1 308	1 000
	VI	1 218	1 308	1 000
10 943,99	I,IV		1 313	1 004
	II		1 313	1 004
	III		1 313	1 004
	V	1 049	1 313	1 004
	VI	1 222	1 313	1 004
10 979,99	I,IV		1 317	1 007
	II		1 317	1 007
	III		1 317	1 007
	V	1 053	1 317	1 007
	VI	1 226	1 317	1 007
11 015,99	I,IV		1 321	1 010
	II		1 321	1 010
	III		1 321	1 010
	V	1 057	1 321	1 010
	VI	1 230	1 321	1 010
11 051,99	I,IV		1 326	1 014
	II		1 326	1 014
	III		1 326	1 014
	V	1 061	1 326	1 014
	VI	1 234	1 326	1 014
11 087,99	I,IV		1 330	1 017
	II		1 330	1 017
	III		1 330	1 017
	V	1 065	1 330	1 017
	VI	1 238	1 330	1 017
11 123,99	I,IV		1 334	1 020
	II		1 334	1 020
	III		1 334	1 020
	V	1 069	1 334	1 020
	VI	1 242	1 334	1 020
11 159,99	I,IV		1 339	1 023
	II		1 339	1 023
	III		1 339	1 023
	V	1 073	1 339	1 023
	VI	1 246	1 339	1 023
11 195,99	I,IV		1 343	1 027
	II		1 343	1 027
	III		1 343	1 027
	V	1 077	1 343	1 027
	VI	1 250	1 343	1 027
11 231,99	I,IV		1 347	1 030
	II		1 347	1 030
	III		1 347	1 030
	V	1 081	1 347	1 030
	VI	1 254	1 347	1 030

* Zur LSt-Berechnung für privat versicherte Arbeitnehmer s. Beispiele **Vorbemerkung S. 4 f.**
** Basisvorsorgepauschale KV und PV　*** Typisierter Arbeitgeberzuschuss

aT2

allgemeine Lohnsteuer

Lohn/Gehalt in € bis	Steuerklasse	Lohn-steuer*	BVSP**	TAGZ***		Lohn/Gehalt in € bis	Steuerklasse	Lohn-steuer*	BVSP**	TAGZ***
11 267,99	I,IV		1 352	1 033		11 699,99	I,IV		1 403	1 073
	II		1 352	1 033			II		1 403	1 073
	III		1 352	1 033			III		1 403	1 073
	V	1 085	1 352	1 033			V	1 134	1 403	1 073
	VI	1 258	1 352	1 033			VI	1 307	1 403	1 073
11 303,99	I,IV		1 356	1 037		11 735,99	I,IV		1 408	1 076
	II		1 356	1 037			II		1 408	1 076
	III		1 356	1 037			III		1 408	1 076
	V	1 089	1 356	1 037			V	1 138	1 408	1 076
	VI	1 262	1 356	1 037			VI	1 311	1 408	1 076
11 339,99	I,IV		1 360	1 040		11 771,99	I,IV		1 412	1 080
	II		1 360	1 040			II		1 412	1 080
	III		1 360	1 040			III		1 412	1 080
	V	1 093	1 360	1 040			V	1 142	1 412	1 080
	VI	1 267	1 360	1 040			VI	1 315	1 412	1 080
11 375,99	I,IV		1 365	1 043		11 807,99	I,IV		1 416	1 083
	II		1 365	1 043			II		1 416	1 083
	III		1 365	1 043			III		1 416	1 083
	V	1 097	1 365	1 043			V	1 146	1 416	1 083
	VI	1 270	1 365	1 043			VI	1 319	1 416	1 083
11 411,99	I,IV		1 369	1 047		11 843,99	I,IV		1 421	1 086
	II		1 369	1 047			II		1 421	1 086
	III		1 369	1 047			III		1 421	1 086
	V	1 101	1 369	1 047			V	1 150	1 421	1 086
	VI	1 274	1 369	1 047			VI	1 323	1 421	1 086
11 447,99	I,IV		1 373	1 050		11 879,99	I,IV		1 425	1 089
	II		1 373	1 050			II		1 425	1 089
	III		1 373	1 050			III		1 425	1 089
	V	1 106	1 373	1 050			V	1 154	1 425	1 089
	VI	1 279	1 373	1 050			VI	1 327	1 425	1 089
11 483,99	I,IV		1 378	1 053		11 915,99	I,IV		1 429	1 093
	II		1 378	1 053			II		1 429	1 093
	III		1 378	1 053			III		1 429	1 093
	V	1 110	1 378	1 053			V	1 158	1 429	1 093
	VI	1 283	1 378	1 053			VI	1 331	1 429	1 093
11 519,99	I,IV		1 382	1 056		11 951,99	I,IV		1 434	1 096
	II		1 382	1 056			II		1 434	1 096
	III		1 382	1 056			III		1 434	1 096
	V	1 113	1 382	1 056			V	1 162	1 434	1 096
	VI	1 287	1 382	1 056			VI	1 335	1 434	1 096
11 555,99	I,IV		1 386	1 060		11 987,99	I,IV		1 438	1 099
	II		1 386	1 060			II		1 438	1 099
	III		1 386	1 060			III		1 438	1 099
	V	1 118	1 386	1 060			V	1 166	1 438	1 099
	VI	1 291	1 386	1 060			VI	1 339	1 438	1 099
11 591,99	I,IV		1 391	1 063		12 023,99	I,IV		1 442	1 103
	II		1 391	1 063			II		1 442	1 103
	III		1 391	1 063			III		1 442	1 103
	V	1 122	1 391	1 063			V	1 170	1 442	1 103
	VI	1 295	1 391	1 063			VI	1 343	1 442	1 103
11 627,99	I,IV		1 395	1 066		12 059,99	I,IV		1 447	1 106
	II		1 395	1 066			II		1 447	1 106
	III		1 395	1 066			III		1 447	1 106
	V	1 126	1 395	1 066			V	1 174	1 447	1 106
	VI	1 299	1 395	1 066			VI	1 347	1 447	1 106
11 663,99	I,IV		1 399	1 070		12 095,99	I,IV		1 451	1 109
	II		1 399	1 070			II		1 451	1 109
	III		1 399	1 070			III		1 451	1 109
	V	1 130	1 399	1 070			V	1 178	1 451	1 109
	VI	1 303	1 399	1 070			VI	1 351	1 451	1 109

* Zur LSt-Berechnung für privat versicherte Arbeitnehmer s. Beispiele **Vorbemerkung S. 4 f.**
** Basisvorsorgepauschale KV und PV   *** Typisierter Arbeitgeberzuschuss

Jahr gültig ab 1. 1. 2022 (idF des StEntlG 2022) aT2

Lohn/Gehalt in € bis	Steuerklasse	Lohnsteuer*	BVSP**	TAGZ***
12131,99	I,IV		1455	1113
	II		1455	1113
	III		1455	1113
	V	1182	1455	1113
	VI	1355	1455	1113
12167,99	I,IV		1460	1116
	II		1460	1116
	III		1460	1116
	V	1186	1460	1116
	VI	1359	1460	1116
12203,99	I,IV		1464	1119
	II		1464	1119
	III		1464	1119
	V	1190	1464	1119
	VI	1363	1464	1119
12239,99	I,IV		1468	1123
	II		1468	1123
	III		1468	1123
	V	1194	1468	1123
	VI	1367	1468	1123
12275,99	I,IV		1473	1126
	II		1473	1126
	III		1473	1126
	V	1198	1473	1126
	VI	1371	1473	1126
12311,99	I,IV		1477	1129
	II		1477	1129
	III		1477	1129
	V	1202	1477	1129
	VI	1375	1477	1129
12347,99	I,IV		1481	1132
	II		1481	1132
	III		1481	1132
	V	1206	1481	1132
	VI	1379	1481	1132
12383,99	I,IV		1486	1136
	II		1486	1136
	III		1486	1136
	V	1210	1486	1136
	VI	1383	1486	1136
12419,99	I,IV		1490	1139
	II		1490	1139
	III		1490	1139
	V	1214	1490	1139
	VI	1387	1490	1139
12455,99	I,IV		1494	1142
	II		1494	1142
	III		1494	1142
	V	1218	1494	1142
	VI	1391	1494	1142
12491,99	I,IV		1499	1146
	II		1499	1146
	III		1499	1146
	V	1222	1499	1146
	VI	1395	1499	1146
12527,99	I,IV		1503	1149
	II		1503	1149
	III		1503	1149
	V	1226	1503	1149
	VI	1399	1503	1149
12563,99	I,IV		1507	1152
	II		1507	1152
	III		1507	1152
	V	1230	1507	1152
	VI	1403	1507	1152
12599,99	I,IV		1511	1156
	II		1511	1156
	III		1511	1156
	V	1234	1511	1156
	VI	1407	1511	1156
12635,99	I,IV		1516	1159
	II		1516	1159
	III		1516	1159
	V	1238	1516	1159
	VI	1411	1516	1159
12671,99	I,IV		1520	1162
	II		1520	1162
	III		1520	1162
	V	1242	1520	1162
	VI	1415	1520	1162
12707,99	I,IV		1524	1165
	II		1524	1165
	III		1524	1165
	V	1246	1524	1165
	VI	1419	1524	1165
12743,99	I,IV		1529	1169
	II		1529	1169
	III		1529	1169
	V	1250	1529	1169
	VI	1423	1529	1169
12779,99	I,IV		1533	1172
	II		1533	1172
	III		1533	1172
	V	1254	1533	1172
	VI	1427	1533	1172
12815,99	I,IV		1537	1175
	II		1537	1175
	III		1537	1175
	V	1258	1537	1175
	VI	1431	1537	1175
12851,99	I,IV		1542	1179
	II		1542	1179
	III		1542	1179
	V	1262	1542	1179
	VI	1435	1542	1179
12887,99	I,IV		1546	1182
	II		1546	1182
	III		1546	1182
	V	1266	1546	1182
	VI	1439	1546	1182
12923,99	I,IV		1550	1185
	II		1550	1185
	III		1550	1185
	V	1270	1550	1185
	VI	1443	1550	1185
12959,99	I,IV		1555	1189
	II		1555	1189
	III		1555	1189
	V	1274	1555	1189
	VI	1448	1555	1189

* Zur LSt-Berechnung für privat versicherte Arbeitnehmer s. Beispiele **Vorbemerkung S. 4f.**
** Basisvorsorgepauschale KV und PV   *** Typisierter Arbeitgeberzuschuss

aT2

allgemeine Lohnsteuer

Lohn/Gehalt in € bis	Steuerklasse	Lohn-steuer*	BVSP**	TAGZ***
12 995,99	I,IV		1559	1192
	II		1559	1192
	III		1559	1192
	V	**1 278**	1559	1192
	VI	**1 451**	1559	1192
13 031,99	I,IV		1563	1195
	II		1563	1195
	III		1563	1195
	V	**1 282**	1563	1195
	VI	**1 456**	1563	1195
13 067,99	I,IV		1568	1198
	II		1568	1198
	III		1568	1198
	V	**1 287**	1568	1198
	VI	**1 460**	1568	1198
13 103,99	I,IV		1572	1202
	II		1572	1202
	III		1572	1202
	V	**1 291**	1572	1202
	VI	**1 464**	1572	1202
13 139,99	I,IV		1576	1205
	II		1576	1205
	III		1576	1205
	V	**1 295**	1576	1205
	VI	**1 468**	1576	1205
13 175,99	I,IV		1581	1208
	II		1581	1208
	III		1581	1208
	V	**1 299**	1581	1208
	VI	**1 472**	1581	1208
13 211,99	I,IV		1585	1212
	II		1585	1212
	III		1585	1212
	V	**1 303**	1585	1212
	VI	**1 476**	1585	1212
13 247,99	I,IV		1589	1215
	II		1589	1215
	III		1589	1215
	V	**1 307**	1589	1215
	VI	**1 480**	1589	1215
13 283,99	I,IV		1594	1218
	II		1594	1218
	III		1594	1218
	V	**1 311**	1594	1218
	VI	**1 484**	1594	1218
13 319,99	I,IV		1598	1222
	II		1598	1222
	III		1598	1222
	V	**1 315**	1598	1222
	VI	**1 488**	1598	1222
13 355,99	I,IV		1602	1225
	II		1602	1225
	III		1602	1225
	V	**1 319**	1602	1225
	VI	**1 492**	1602	1225
13 391,99	I,IV		1607	1228
	II		1607	1228
	III		1607	1228
	V	**1 323**	1607	1228
	VI	**1 496**	1607	1228
13 427,99	I,IV		1611	1232
	II		1611	1232
	III		1611	1232
	V	**1 327**	1611	1232
	VI	**1 500**	1611	1232
13 463,99	I,IV		1615	1235
	II		1615	1235
	III		1615	1235
	V	**1 331**	1615	1235
	VI	**1 504**	1615	1235
13 499,99	I,IV		1619	1238
	II		1619	1238
	III		1619	1238
	V	**1 335**	1619	1238
	VI	**1 508**	1619	1238
13 535,99	I,IV		1624	1241
	II		1624	1241
	III		1624	1241
	V	**1 339**	1624	1241
	VI	**1 512**	1624	1241
13 571,99	I,IV		1628	1245
	II		1628	1245
	III		1628	1245
	V	**1 343**	1628	1245
	VI	**1 516**	1628	1245
13 607,99	I,IV		1632	1248
	II		1632	1248
	III		1632	1248
	V	**1 347**	1632	1248
	VI	**1 520**	1632	1248
13 643,99	I,IV		1637	1251
	II		1637	1251
	III		1637	1251
	V	**1 351**	1637	1251
	VI	**1 524**	1637	1251
13 679,99	I,IV		1641	1255
	II		1641	1255
	III		1641	1255
	V	**1 355**	1641	1255
	VI	**1 528**	1641	1255
13 715,99	I,IV		1645	1258
	II		1645	1258
	III		1645	1258
	V	**1 359**	1645	1258
	VI	**1 532**	1645	1258
13 751,99	I,IV		1650	1261
	II		1650	1261
	III		1650	1261
	V	**1 363**	1650	1261
	VI	**1 536**	1650	1261
13 787,99	I,IV		1654	1265
	II		1654	1265
	III		1654	1265
	V	**1 367**	1654	1265
	VI	**1 540**	1654	1265
13 823,99	I,IV		1658	1268
	II		1658	1268
	III		1658	1268
	V	**1 371**	1658	1268
	VI	**1 544**	1658	1268

* Zur LSt-Berechnung für privat versicherte Arbeitnehmer s. Beispiele **Vorbemerkung S. 4 f.**
** Basisvorsorgepauschale KV und PV *** Typisierter Arbeitgeberzuschuss

Jahr gültig ab 1. 1. 2022 (idF des StEntlG 2022)   aT2

Lohn/Gehalt in € bis	Steuerklasse	Lohnsteuer*	BVSP**	TAGZ***
13 859,99	I,IV		1663	1271
	II		1663	1271
	III		1663	1271
	V	1375	1663	1271
	VI	1548	1663	1271
13 895,99	I,IV		1667	1274
	II		1667	1274
	III		1667	1274
	V	1379	1667	1274
	VI	1552	1667	1274
13 931,99	I,IV		1671	1278
	II		1671	1278
	III		1671	1278
	V	1383	1671	1278
	VI	1556	1671	1278
13 967,99	I,IV		1676	1281
	II		1676	1281
	III		1676	1281
	V	1387	1676	1281
	VI	1560	1676	1281
14 003,99	I,IV		1680	1284
	II		1680	1284
	III		1680	1284
	V	1391	1680	1284
	VI	1564	1680	1284
14 039,99	I,IV		1684	1288
	II		1684	1288
	III		1684	1288
	V	1395	1684	1288
	VI	1568	1684	1288
14 075,99	I,IV		1689	1291
	II		1689	1291
	III		1689	1291
	V	1399	1689	1291
	VI	1572	1689	1291
14 111,99	I,IV		1693	1294
	II		1693	1294
	III		1693	1294
	V	1403	1693	1294
	VI	1576	1693	1294
14 147,99	I,IV		1697	1298
	II		1697	1298
	III		1697	1298
	V	1407	1697	1298
	VI	1580	1697	1298
14 183,99	I,IV		1702	1301
	II		1702	1301
	III		1702	1301
	V	1411	1702	1301
	VI	1584	1702	1301
14 219,99	I,IV		1706	1304
	II		1706	1304
	III		1706	1304
	V	1415	1706	1304
	VI	1588	1706	1304
14 255,99	I,IV		1710	1307
	II		1710	1307
	III		1710	1307
	V	1419	1710	1307
	VI	1592	1710	1307

Lohn/Gehalt in € bis	Steuerklasse	Lohnsteuer*	BVSP**	TAGZ***
14 291,99	I,IV		1715	1311
	II		1715	1311
	III		1715	1311
	V	1423	1715	1311
	VI	1596	1715	1311
14 327,99	I,IV		1719	1314
	II		1719	1314
	III		1719	1314
	V	1427	1719	1314
	VI	1600	1719	1314
14 363,99	I,IV		1723	1317
	II		1723	1317
	III		1723	1317
	V	1431	1723	1317
	VI	1604	1723	1317
14 399,99	I,IV		1727	1321
	II		1727	1321
	III		1727	1321
	V	1435	1727	1321
	VI	1608	1727	1321
14 435,99	I,IV		1732	1324
	II		1732	1324
	III		1732	1324
	V	1439	1732	1324
	VI	1612	1732	1324
14 471,99	I,IV		1736	1327
	II		1736	1327
	III		1736	1327
	V	1443	1736	1327
	VI	1616	1736	1327
14 507,99	I,IV		1740	1331
	II		1740	1331
	III		1740	1331
	V	1447	1740	1331
	VI	1620	1740	1331
14 543,99	I,IV	3	1745	1334
	II		1745	1334
	III		1745	1334
	V	1451	1745	1334
	VI	1624	1745	1334
14 579,99	I,IV	7	1749	1337
	II		1749	1337
	III		1749	1337
	V	1456	1749	1337
	VI	1629	1749	1337
14 615,99	I,IV	11	1753	1341
	II		1753	1341
	III		1753	1341
	V	1459	1753	1341
	VI	1632	1753	1341
14 651,99	I,IV	15	1758	1344
	II		1758	1344
	III		1758	1344
	V	1463	1758	1344
	VI	1637	1758	1344
14 687,99	I,IV	19	1762	1347
	II		1762	1347
	III		1762	1347
	V	1468	1762	1347
	VI	1641	1762	1347

* Zur LSt-Berechnung für privat versicherte Arbeitnehmer s. Beispiele **Vorbemerkung S. 4 f.**
** Basisvorsorgepauschale KV und PV   *** Typisierter Arbeitgeberzuschuss

aT2 allgemeine Lohnsteuer

Lohn/Gehalt in € bis	Steuerklasse	Lohnsteuer*	BVSP**	TAGZ***
14 723,99	I,IV	23	1766	1350
	II		1766	1350
	III		1766	1350
	V	1472	1766	1350
	VI	1645	1766	1350
14 759,99	I,IV	27	1771	1354
	II		1771	1354
	III		1771	1354
	V	1476	1771	1354
	VI	1649	1771	1354
14 795,99	I,IV	32	1775	1357
	II		1775	1357
	III		1775	1357
	V	1480	1775	1357
	VI	1657	1775	1357
14 831,99	I,IV	36	1779	1360
	II		1779	1360
	III		1779	1360
	V	1484	1779	1360
	VI	1669	1779	1360
14 867,99	I,IV	40	1784	1364
	II		1784	1364
	III		1784	1364
	V	1488	1784	1364
	VI	1681	1784	1364
14 903,99	I,IV	44	1788	1367
	II		1788	1367
	III		1788	1367
	V	1492	1788	1367
	VI	1693	1788	1367
14 939,99	I,IV	48	1792	1370
	II		1792	1370
	III		1792	1370
	V	1496	1792	1370
	VI	1705	1792	1370
14 975,99	I,IV	53	1797	1374
	II		1797	1374
	III		1797	1374
	V	1500	1797	1374
	VI	1717	1797	1374
15 011,99	I,IV	57	1801	1377
	II		1801	1377
	III		1801	1377
	V	1504	1801	1377
	VI	1729	1801	1377
15 047,99	I,IV	61	1805	1380
	II		1805	1380
	III		1805	1380
	V	1508	1805	1380
	VI	1741	1805	1380
15 083,99	I,IV	65	1810	1383
	II		1810	1383
	III		1810	1383
	V	1512	1810	1383
	VI	1753	1810	1383
15 119,99	I,IV	70	1814	1387
	II		1814	1387
	III		1814	1387
	V	1516	1814	1387
	VI	1766	1814	1387
15 155,99	I,IV	74	1818	1390
	II		1818	1390
	III		1818	1390
	V	1520	1818	1390
	VI	1777	1818	1390
15 191,99	I,IV	78	1823	1393
	II		1823	1393
	III		1823	1393
	V	1524	1823	1393
	VI	1790	1823	1393
15 227,99	I,IV	83	1827	1397
	II		1827	1397
	III		1827	1397
	V	1528	1827	1397
	VI	1802	1827	1397
15 263,99	I,IV	87	1831	1400
	II		1831	1400
	III		1831	1400
	V	1532	1831	1400
	VI	1814	1831	1400
15 299,99	I,IV	92	1835	1403
	II		1835	1403
	III		1835	1403
	V	1536	1835	1403
	VI	1826	1835	1403
15 335,99	I,IV	96	1840	1407
	II		1840	1407
	III		1840	1407
	V	1540	1840	1407
	VI	1838	1840	1407
15 371,99	I,IV	101	1844	1410
	II		1844	1410
	III		1844	1410
	V	1544	1844	1410
	VI	1850	1844	1410
15 407,99	I,IV	105	1848	1413
	II		1848	1413
	III		1848	1413
	V	1548	1848	1413
	VI	1862	1848	1413
15 443,99	I,IV	109	1853	1416
	II		1853	1416
	III		1853	1416
	V	1552	1853	1416
	VI	1874	1853	1416
15 479,99	I,IV	114	1857	1420
	II		1857	1420
	III		1857	1420
	V	1556	1857	1420
	VI	1886	1857	1420
15 515,99	I,IV	118	1861	1423
	II		1861	1423
	III		1861	1423
	V	1560	1861	1423
	VI	1898	1861	1423
15 551,99	I,IV	123	1866	1426
	II		1866	1426
	III		1866	1426
	V	1564	1866	1426
	VI	1910	1866	1426

* Zur LSt-Berechnung für privat versicherte Arbeitnehmer s. Beispiele **Vorbemerkung S. 4 f.**
** Basisvorsorgepauschale KV und PV *** Typisierter Arbeitgeberzuschuss

Jahr gültig ab 1. 1. 2022 (idF des StEntlG 2022) **aT2**

Lohn/Gehalt in € bis	Steuerklasse	Lohn-steuer*	BVSP**	TAGZ***	Steuerklasse	Bemessungsgrundlage für Kirchensteuer und Solidaritätszuschlag					
						Freibeträge für ... Kinder					
						0,5	1,0	1,5	2,0	2,5	3,0
15 587,99	I,IV	127	1870	1430	I						
	II		1870	1430	II						
	III		1870	1430	III						
	V	1568	1870	1430	IV						
	VI	1922	1870	1430							
15 623,99	I,IV	132	1874	1433	I						
	II		1874	1433	II						
	III		1874	1433	III						
	V	1572	1874	1433	IV						
	VI	1934	1874	1433							
15 659,99	I,IV	137	1879	1436	I						
	II		1879	1436	II						
	III		1879	1436	III						
	V	1576	1879	1436	IV						
	VI	1947	1879	1436							
15 695,99	I,IV	141	1883	1440	I						
	II		1883	1440	II						
	III		1883	1440	III						
	V	1580	1883	1440	IV						
	VI	1958	1883	1440							
15 731,99	I,IV	146	1887	1443	I						
	II		1887	1443	II						
	III		1887	1443	III						
	V	1584	1887	1443	IV						
	VI	1971	1887	1443							
15 767,99	I,IV	151	1892	1446	I						
	II		1892	1446	II						
	III		1892	1446	III						
	V	1588	1892	1446	IV						
	VI	1983	1892	1446							
15 803,99	I,IV	155	1896	1450	I						
	II		1896	1450	II						
	III		1896	1450	III						
	V	1592	1896	1450	IV						
	VI	1995	1896	1450							
15 839,99	I,IV	160	1900	1453	I						
	II		1900	1453	II						
	III		1900	1453	III						
	V	1596	1900	1453	IV						
	VI	2007	1900	1453							
15 875,99	I,IV	165	1900	1456	I						
	II		1900	1456	II						
	III		1905	1456	III						
	V	1601	1900	1456	IV						
	VI	2021	1900	1456							
15 911,99	I,IV	171	1900	1459	I						
	II		1900	1459	II						
	III		1909	1459	III						
	V	1606	1900	1459	IV						
	VI	2035	1900	1459							
15 947,99	I,IV	176	1900	1463	I						
	II		1900	1463	II						
	III		1913	1463	III						
	V	1610	1900	1463	IV						
	VI	2049	1900	1463							
15 983,99	I,IV	182	1900	1466	I						
	II		1900	1466	II						
	III		1918	1466	III						
	V	1615	1900	1466	IV						
	VI	2063	1900	1466							

* Zur LSt-Berechnung für privat versicherte Arbeitnehmer s. Beispiele **Vorbemerkung S. 4 f.**
** Basisvorsorgepauschale KV und PV   *** Typisierter Arbeitgeberzuschuss

aT2

allgemeine Lohnsteuer

Lohn/ Gehalt in € bis	Steuerklasse	Lohn-steuer*	BVSP**	TAGZ***	Steuerklasse	Bemessungsgrundlage für Kirchensteuer und Solidaritätszuschlag Freibeträge für ... Kinder					
						0,5	1,0	1,5	2,0	2,5	3,0
16 019,99	I,IV	187	1 900	1 469	I						
	II		1 900	1 469	II						
	III		1 922	1 469	III						
	V	1 619	1 900	1 469	IV						
	VI	2 076	1 900	1 469							
16 055,99	I,IV	193	1 900	1 473	I						
	II		1 900	1 473	II						
	III		1 926	1 473	III						
	V	1 624	1 900	1 473	IV						
	VI	2 090	1 900	1 473							
16 091,99	I,IV	198	1 900	1 476	I						
	II		1 900	1 476	II						
	III		1 931	1 476	III						
	V	1 629	1 900	1 476	IV						
	VI	2 105	1 900	1 476							
16 127,99	I,IV	204	1 900	1 479	I						
	II		1 900	1 479	II						
	III		1 935	1 479	III						
	V	1 633	1 900	1 479	IV						
	VI	2 118	1 900	1 479							
16 163,99	I,IV	210	1 900	1 483	I						
	II		1 900	1 483	II						
	III		1 939	1 483	III						
	V	1 638	1 900	1 483	IV						
	VI	2 132	1 900	1 483							
16 199,99	I,IV	215	1 900	1 486	I						
	II		1 900	1 486	II						
	III		1 943	1 486	III						
	V	1 643	1 900	1 486	IV						
	VI	2 146	1 900	1 486							
16 235,99	I,IV	221	1 900	1 489	I						
	II		1 900	1 489	II						
	III		1 948	1 489	III						
	V	1 647	1 900	1 489	IV						
	VI	2 160	1 900	1 489							
16 271,99	I,IV	226	1 900	1 492	I						
	II		1 900	1 492	II						
	III		1 952	1 492	III						
	V	1 655	1 900	1 492	IV						
	VI	2 174	1 900	1 492							
16 307,99	I,IV	232	1 900	1 496	I						
	II		1 900	1 496	II						
	III		1 956	1 496	III						
	V	1 669	1 900	1 496	IV						
	VI	2 188	1 900	1 496							
16 343,99	I,IV	238	1 900	1 499	I						
	II		1 900	1 499	II						
	III		1 961	1 499	III						
	V	1 682	1 900	1 499	IV						
	VI	2 202	1 900	1 499							
16 379,99	I,IV	244	1 900	1 502	I						
	II		1 900	1 502	II						
	III		1 965	1 502	III						
	V	1 696	1 900	1 502	IV						
	VI	2 215	1 900	1 502							
16 415,99	I,IV	249	1 900	1 506	I						
	II		1 900	1 506	II						
	III		1 969	1 506	III						
	V	1 710	1 900	1 506	IV						
	VI	2 229	1 900	1 506							

* Zur LSt-Berechnung für privat versicherte Arbeitnehmer s. Beispiele **Vorbemerkung S. 4 f.**
** Basisvorsorgepauschale KV und PV   *** Typisierter Arbeitgeberzuschuss

Jahr gültig ab 1.1.2022 (idF des StEntlG 2022) — **aT2**

Lohn/Gehalt in € bis	Steuerklasse	Lohn-steuer*	BVSP**	TAGZ***	Steuerklasse	Bemessungsgrundlage für Kirchensteuer und Solidaritätszuschlag					
						Freibeträge für ... Kinder					
						0,5	1,0	1,5	2,0	2,5	3,0
16451,99	I,IV	255	1900	1509	I						
	II		1900	1509	II						
	III		1974	1509	III						
	V	1724	1900	1509	IV						
	VI	2243	1900	1509							
16487,99	I,IV	261	1900	1512	I						
	II		1900	1512	II						
	III		1978	1512	III						
	V	1738	1900	1512	IV						
	VI	2257	1900	1512							
16523,99	I,IV	267	1900	1516	I						
	II		1900	1516	II						
	III		1982	1516	III						
	V	1752	1900	1516	IV						
	VI	2271	1900	1516							
16559,99	I,IV	273	1900	1519	I						
	II		1900	1519	II						
	III		1987	1519	III						
	V	1766	1900	1519	IV						
	VI	2285	1900	1519							
16595,99	I,IV	278	1900	1522	I						
	II		1900	1522	II						
	III		1991	1522	III						
	V	1779	1900	1522	IV						
	VI	2299	1900	1522							
16631,99	I,IV	284	1900	1525	I						
	II		1900	1525	II						
	III		1995	1525	III						
	V	1793	1900	1525	IV						
	VI	2312	1900	1525							
16667,99	I,IV	290	1900	1529	I						
	II		1900	1529	II						
	III		2000	1529	III						
	V	1807	1900	1529	IV						
	VI	2326	1900	1529							
16703,99	I,IV	296	1900	1532	I						
	II		1900	1532	II						
	III		2004	1532	III						
	V	1821	1900	1532	IV						
	VI	2340	1900	1532							
16739,99	I,IV	302	1900	1535	I						
	II		1900	1535	II						
	III		2008	1535	III						
	V	1835	1900	1535	IV						
	VI	2354	1900	1535							
16775,99	I,IV	308	1900	1539	I						
	II		1900	1539	II						
	III		2013	1539	III						
	V	1849	1900	1539	IV						
	VI	2368	1900	1539							
16811,99	I,IV	314	1900	1542	I						
	II		1900	1542	II						
	III		2017	1542	III						
	V	1863	1900	1542	IV						
	VI	2382	1900	1542							
16847,99	I,IV	320	1900	1545	I						
	II		1900	1545	II						
	III		2021	1545	III						
	V	1877	1900	1545	IV						
	VI	2396	1900	1545							

* Zur LSt-Berechnung für privat versicherte Arbeitnehmer s. Beispiele **Vorbemerkung S. 4f.**
** Basisvorsorgepauschale KV und PV *** Typisierter Arbeitgeberzuschuss

aT2 allgemeine Lohnsteuer

Lohn/ Gehalt in € bis	Steuerklasse	Lohn- steuer*	BVSP**	TAGZ***	Steuerklasse	Bemessungsgrundlage für Kirchensteuer und Solidaritätszuschlag Freibeträge für ... Kinder					
						0,5	1,0	1,5	2,0	2,5	3,0
16 883,99	I,IV	326	1 900	1 549	I						
	II		1 900	1 549	II						
	III		2 026	1 549	III						
	V	1 891	1 900	1 549	IV						
	VI	2 410	1 900	1 549							
16 919,99	I,IV	332	1 900	1 552	I						
	II		1 900	1 552	II						
	III		2 030	1 552	III						
	V	1 905	1 900	1 552	IV						
	VI	2 424	1 900	1 552							
16 955,99	I,IV	339	1 900	1 555	I						
	II		1 900	1 555	II						
	III		2 034	1 555	III						
	V	1 918	1 900	1 555	IV						
	VI	2 438	1 900	1 555							
16 991,99	I,IV	345	1 900	1 559	I						
	II		1 900	1 559	II						
	III		2 039	1 559	III						
	V	1 932	1 900	1 559	IV	2					
	VI	2 451	1 900	1 559							
17 027,99	I,IV	351	1 900	1 562	I						
	II		1 900	1 562	II						
	III		2 043	1 562	III						
	V	1 946	1 900	1 562	IV	7					
	VI	2 465	1 900	1 562							
17 063,99	I,IV	357	1 900	1 565	I						
	II		1 900	1 565	II						
	III		2 047	1 565	III						
	V	1 960	1 900	1 565	IV	12					
	VI	2 479	1 900	1 565							
17 099,99	I,IV	363	1 900	1 568	I						
	II		1 900	1 568	II						
	III		2 051	1 568	III						
	V	1 974	1 900	1 568	IV	16					
	VI	2 493	1 900	1 568							
17 135,99	I,IV	369	1 900	1 572	I						
	II		1 900	1 572	II						
	III		2 056	1 572	III						
	V	1 988	1 900	1 572	IV	21					
	VI	2 507	1 900	1 572							
17 171,99	I,IV	376	1 900	1 575	I						
	II		1 900	1 575	II						
	III		2 060	1 575	III						
	V	2 002	1 900	1 575	IV	26					
	VI	2 521	1 900	1 575							
17 207,99	I,IV	382	1 900	1 578	I						
	II		1 900	1 578	II						
	III		2 064	1 578	III						
	V	2 015	1 900	1 578	IV	31					
	VI	2 535	1 900	1 578							
17 243,99	I,IV	388	1 900	1 582	I						
	II		1 900	1 582	II						
	III		2 069	1 582	III						
	V	2 029	1 900	1 582	IV	35					
	VI	2 548	1 900	1 582							
17 279,99	I,IV	395	1 900	1 585	I						
	II		1 900	1 585	II						
	III		2 073	1 585	III						
	V	2 043	1 900	1 585	IV	40					
	VI	2 562	1 900	1 585							

* Zur LSt-Berechnung für privat versicherte Arbeitnehmer s. Beispiele **Vorbemerkung S. 4 f.**
** Basisvorsorgepauschale KV und PV   *** Typisierter Arbeitgeberzuschuss

Jahr gültig ab 1. 1. 2022 (idF des StEntlG 2022) aT2

Lohn/ Gehalt in € bis	Steuerklasse	Lohn- steuer*	BVSP**	TAGZ***	Steuerklasse	Bemessungsgrundlage für Kirchensteuer und Solidaritätszuschlag					
						Freibeträge für ... Kinder					
						0,5	1,0	1,5	2,0	2,5	3,0
17 315,99	I,IV	401	1 900	1 588	I						
	II		1 900	1 588	II						
	III		2 077	1 588	III						
	V	2 057	1 900	1 588	IV	45					
	VI	2 576	1 900	1 588							
17 351,99	I,IV	407	1 900	1 592	I						
	II		1 900	1 592	II						
	III		2 082	1 592	III						
	V	2 071	1 900	1 592	IV	50					
	VI	2 590	1 900	1 592							
17 387,99	I,IV	414	1 900	1 595	I						
	II		1 900	1 595	II						
	III		2 086	1 595	III						
	V	2 085	1 900	1 595	IV	55					
	VI	2 604	1 900	1 595							
17 423,99	I,IV	420	1 900	1 598	I						
	II		1 900	1 598	II						
	III		2 090	1 598	III						
	V	2 099	1 900	1 598	IV	60					
	VI	2 618	1 900	1 598							
17 459,99	I,IV	427	1 900	1 601	I						
	II		1 900	1 601	II						
	III		2 095	1 601	III						
	V	2 113	1 900	1 601	IV	65					
	VI	2 632	1 900	1 601							
17 495,99	I,IV	433	1 900	1 605	I						
	II		1 900	1 605	II						
	III		2 099	1 605	III						
	V	2 127	1 900	1 605	IV	70					
	VI	2 646	1 900	1 605							
17 531,99	I,IV	440	1 900	1 608	I						
	II		1 900	1 608	II						
	III		2 103	1 608	III						
	V	2 141	1 900	1 608	IV	75					
	VI	2 660	1 900	1 608							
17 567,99	I,IV	446	1 900	1 611	I						
	II		1 900	1 611	II						
	III		2 108	1 611	III						
	V	2 155	1 900	1 611	IV	80					
	VI	2 674	1 900	1 611							
17 603,99	I,IV	453	1 900	1 615	I						
	II		1 900	1 615	II						
	III		2 112	1 615	III						
	V	2 168	1 900	1 615	IV	85					
	VI	2 687	1 900	1 615							
17 639,99	I,IV	459	1 900	1 618	I						
	II		1 900	1 618	II						
	III		2 116	1 618	III						
	V	2 182	1 900	1 618	IV	90					
	VI	2 701	1 900	1 618							
17 675,99	I,IV	466	1 900	1 621	I						
	II		1 900	1 621	II						
	III		2 121	1 621	III						
	V	2 196	1 900	1 621	IV	95					
	VI	2 715	1 900	1 621							
17 711,99	I,IV	472	1 900	1 625	I						
	II		1 900	1 625	II						
	III		2 125	1 625	III						
	V	2 210	1 900	1 625	IV	100					
	VI	2 729	1 900	1 625							

* Zur LSt-Berechnung für privat versicherte Arbeitnehmer s. Beispiele **Vorbemerkung S. 4 f.**
** Basisvorsorgepauschale KV und PV *** Typisierter Arbeitgeberzuschuss

aT2 — allgemeine Lohnsteuer

Lohn/Gehalt in € bis	Steuerklasse	Lohn-steuer*	BVSP**	TAGZ***	Steuerklasse	Bemessungsgrundlage für Kirchensteuer und Solidaritätszuschlag — Freibeträge für ... Kinder					
						0,5	1,0	1,5	2,0	2,5	3,0
17 747,99	I,IV	479	1 900	1 628	I						
	II		1 900	1 628	II						
	III		2 129	1 628	III						
	V	2 224	1 900	1 628	IV	105					
	VI	2 743	1 900	1 628							
17 783,99	I,IV	486	1 900	1 631	I						
	II		1 900	1 631	II						
	III		2 134	1 631	III						
	V	2 238	1 900	1 631	IV	110					
	VI	2 757	1 900	1 631							
17 819,99	I,IV	492	1 900	1 634	I						
	II		1 900	1 634	II						
	III		2 138	1 634	III						
	V	2 252	1 900	1 634	IV	115					
	VI	2 771	1 900	1 634							
17 855,99	I,IV	499	1 900	1 638	I						
	II		1 900	1 638	II						
	III		2 142	1 638	III						
	V	2 265	1 900	1 638	IV	121					
	VI	2 785	1 900	1 638							
17 891,99	I,IV	506	1 900	1 641	I						
	II		1 900	1 641	II						
	III		2 147	1 641	III						
	V	2 279	1 900	1 641	IV	126					
	VI	2 798	1 900	1 641							
17 927,99	I,IV	513	1 900	1 644	I						
	II		1 900	1 644	II						
	III		2 151	1 644	III						
	V	2 293	1 900	1 644	IV	131					
	VI	2 812	1 900	1 644							
17 963,99	I,IV	519	1 900	1 648	I						
	II		1 900	1 648	II						
	III		2 155	1 648	III						
	V	2 307	1 900	1 648	IV	136					
	VI	2 826	1 900	1 648							
17 999,99	I,IV	526	1 900	1 651	I						
	II		1 900	1 651	II						
	III		2 159	1 651	III						
	V	2 321	1 900	1 651	IV	142					
	VI	2 840	1 900	1 651							
18 035,99	I,IV	533	1 900	1 654	I						
	II		1 900	1 654	II						
	III		2 164	1 654	III						
	V	2 335	1 900	1 654	IV	147					
	VI	2 854	1 900	1 654							
18 071,99	I,IV	540	1 900	1 658	I						
	II		1 900	1 658	II						
	III		2 168	1 658	III						
	V	2 349	1 900	1 658	IV	152					
	VI	2 868	1 900	1 658							
18 107,99	I,IV	547	1 900	1 661	I						
	II		1 900	1 661	II						
	III		2 172	1 661	III						
	V	2 363	1 900	1 661	IV	158					
	VI	2 882	1 900	1 661							
18 143,99	I,IV	554	1 900	1 664	I						
	II		1 900	1 664	II						
	III		2 177	1 664	III						
	V	2 377	1 900	1 664	IV	163					
	VI	2 896	1 900	1 664							

* Zur LSt-Berechnung für privat versicherte Arbeitnehmer s. Beispiele **Vorbemerkung S. 4 f.**
** Basisvorsorgepauschale KV und PV   *** Typisierter Arbeitgeberzuschuss

Jahr gültig ab 1. 1. 2022 (idF des StEntlG 2022) — aT2

Lohn/Gehalt in € bis	Steuerklasse	Lohn-steuer*	BVSP**	TAGZ***	Steuerklasse	0,5	1,0	1,5	2,0	2,5	3,0
18179,99	I,IV	561	1900	1668	I						
	II		1900	1668	II						
	III		2181	1668	III						
	V	2391	1900	1668	IV	168					
	VI	2910	1900	1668							
18215,99	I,IV	568	1900	1671	I						
	II		1900	1671	II						
	III		2185	1671	III						
	V	2404	1900	1671	IV	174					
	VI	2924	1900	1671							
18251,99	I,IV	575	1900	1674	I						
	II		1900	1674	II						
	III		2190	1674	III						
	V	2418	1900	1674	IV	179					
	VI	2937	1900	1674							
18287,99	I,IV	582	1900	1677	I						
	II		1900	1677	II						
	III		2194	1677	III						
	V	2432	1900	1677	IV	185					
	VI	2951	1900	1677							
18323,99	I,IV	589	1900	1681	I						
	II		1900	1681	II						
	III		2198	1681	III						
	V	2446	1900	1681	IV	190					
	VI	2965	1900	1681							
18359,99	I,IV	596	1900	1684	I						
	II		1900	1684	II						
	III		2203	1684	III						
	V	2460	1900	1684	IV	196					
	VI	2979	1900	1684							
18395,99	I,IV	603	1900	1687	I						
	II		1900	1687	II						
	III		2207	1687	III						
	V	2474	1900	1687	IV	201					
	VI	2993	1900	1687							
18431,99	I,IV	610	1900	1691	I						
	II		1900	1691	II						
	III		2211	1691	III						
	V	2488	1900	1691	IV	207					
	VI	3007	1900	1691							
18467,99	I,IV	617	1900	1694	I						
	II		1900	1694	II						
	III		2216	1694	III						
	V	2501	1900	1694	IV	213					
	VI	3021	1900	1694							
18503,99	I,IV	624	1900	1697	I						
	II		1900	1697	II						
	III		2220	1697	III						
	V	2515	1900	1697	IV	218					
	VI	3034	1900	1697							
18539,99	I,IV	631	1900	1701	I						
	II		1900	1701	II						
	III		2224	1701	III						
	V	2529	1900	1701	IV	224					
	VI	3048	1900	1701							
18575,99	I,IV	638	1900	1704	I						
	II		1900	1704	II						
	III		2229	1704	III						
	V	2543	1900	1704	IV	230					
	VI	3062	1900	1704							

* Zur LSt-Berechnung für privat versicherte Arbeitnehmer s. Beispiele **Vorbemerkung S. 4 f.**
** Basisvorsorgepauschale KV und PV *** Typisierter Arbeitgeberzuschuss

aT2 allgemeine Lohnsteuer

Lohn/ Gehalt in € bis	Steuerklasse	Lohnsteuer*	BVSP**	TAGZ***	Steuerklasse	Bemessungsgrundlage für Kirchensteuer und Solidaritätszuschlag					
						Freibeträge für ... Kinder					
						0,5	1,0	1,5	2,0	2,5	3,0
18 611,99	I,IV	645	1 900	1 707	I						
	II		1 900	1 707	II						
	III		2 233	1 707	III						
	V	2 557	1 900	1 707	IV	235					
	VI	3 076	1 900	1 707							
18 647,99	I,IV	653	1 900	1 710	I						
	II		1 900	1 710	II						
	III		2 237	1 710	III						
	V	2 571	1 900	1 710	IV	241					
	VI	3 090	1 900	1 710							
18 683,99	I,IV	660	1 900	1 714	I						
	II		1 900	1 714	II						
	III		2 242	1 714	III						
	V	2 585	1 900	1 714	IV	247					
	VI	3 104	1 900	1 714							
18 719,99	I,IV	667	1 900	1 717	I						
	II		1 900	1 717	II						
	III		2 246	1 717	III						
	V	2 598	1 900	1 717	IV	252					
	VI	3 118	1 900	1 717							
18 755,99	I,IV	675	1 900	1 720	I						
	II		1 900	1 720	II						
	III		2 250	1 720	III						
	V	2 613	1 900	1 720	IV	258					
	VI	3 132	1 900	1 720							
18 791,99	I,IV	682	1 900	1 724	I						
	II		1 900	1 724	II						
	III		2 255	1 724	III						
	V	2 627	1 900	1 724	IV	264					
	VI	3 146	1 900	1 724							
18 827,99	I,IV	689	1 900	1 727	I						
	II		1 900	1 727	II						
	III		2 259	1 727	III						
	V	2 640	1 900	1 727	IV	270					
	VI	3 160	1 900	1 727							
18 863,99	I,IV	697	1 900	1 730	I						
	II		1 900	1 730	II						
	III		2 263	1 730	III						
	V	2 654	1 900	1 730	IV	276					
	VI	3 173	1 900	1 730							
18 899,99	I,IV	704	1 900	1 734	I						
	II		1 900	1 734	II						
	III		2 267	1 734	III						
	V	2 668	1 900	1 734	IV	282					
	VI	3 187	1 900	1 734							
18 935,99	I,IV	712	1 900	1 737	I						
	II		1 900	1 737	II						
	III		2 272	1 737	III						
	V	2 682	1 900	1 737	IV	288					
	VI	3 201	1 900	1 737							
18 971,99	I,IV	719	1 900	1 740	I						
	II		1 900	1 740	II						
	III		2 276	1 740	III						
	V	2 696	1 900	1 740	IV	294					
	VI	3 215	1 900	1 740							
19 007,99	I,IV	726	1 900	1 743	I						
	II		1 900	1 743	II						
	III		2 280	1 743	III						
	V	2 710	1 900	1 743	IV	300					
	VI	3 229	1 900	1 743							

* Zur LSt-Berechnung für privat versicherte Arbeitnehmer s. Beispiele **Vorbemerkung S. 4 f.**
** Basisvorsorgepauschale KV und PV *** Typisierter Arbeitgeberzuschuss

Jahr gültig ab 1. 1. 2022 (idF des StEntlG 2022) — aT2

Lohn/Gehalt in € bis	Steuerklasse	Lohnsteuer*	BVSP**	TAGZ***	Steuerklasse	Bemessungsgrundlage für Kirchensteuer und Solidaritätszuschlag Freibeträge für ... Kinder 0,5	1,0	1,5	2,0	2,5	3,0
19 043,99	I,IV	734	1 900	1 747	I						
	II		1 900	1 747	II						
	III		2 285	1 747	III						
	V	2 724	1 900	1 747	IV	306					
	VI	3 243	1 900	1 747							
19 079,99	I,IV	741	1 900	1 750	I						
	II	3	1 900	1 750	II						
	III		2 289	1 750	III						
	V	2 737	1 900	1 750	IV	312					
	VI	3 257	1 900	1 750							
19 115,99	I,IV	749	1 900	1 753	I						
	II	8	1 900	1 753	II						
	III		2 293	1 753	III						
	V	2 751	1 900	1 753	IV	318					
	VI	3 270	1 900	1 753							
19 151,99	I,IV	757	1 900	1 757	I						
	II	12	1 900	1 757	II						
	III		2 298	1 757	III						
	V	2 765	1 900	1 757	IV	324					
	VI	3 284	1 900	1 757							
19 187,99	I,IV	764	1 900	1 760	I						
	II	17	1 900	1 760	II						
	III		2 302	1 760	III						
	V	2 779	1 900	1 760	IV	330					
	VI	3 298	1 900	1 760							
19 223,99	I,IV	772	1 900	1 763	I						
	II	22	1 900	1 763	II						
	III		2 306	1 763	III						
	V	2 793	1 900	1 763	IV	336					
	VI	3 312	1 900	1 763							
19 259,99	I,IV	779	1 900	1 767	I						
	II	27	1 900	1 767	II						
	III		2 311	1 767	III						
	V	2 807	1 900	1 767	IV	342					
	VI	3 326	1 900	1 767							
19 295,99	I,IV	787	1 900	1 770	I	5					
	II	31	1 900	1 770	II						
	III		2 315	1 770	III						
	V	2 821	1 900	1 770	IV	348	5				
	VI	3 340	1 900	1 770							
19 331,99	I,IV	795	1 900	1 773	I	9					
	II	36	1 900	1 773	II						
	III		2 319	1 773	III						
	V	2 834	1 900	1 773	IV	354	9				
	VI	3 354	1 900	1 773							
19 367,99	I,IV	802	1 900	1 777	I	14					
	II	41	1 900	1 777	II						
	III		2 324	1 777	III						
	V	2 848	1 900	1 777	IV	360	14				
	VI	3 367	1 900	1 777							
19 403,99	I,IV	810	1 900	1 780	I	19					
	II	46	1 900	1 780	II						
	III		2 328	1 780	III						
	V	2 862	1 900	1 780	IV	367	19				
	VI	3 381	1 900	1 780							
19 439,99	I,IV	818	1 900	1 783	I	24					
	II	51	1 900	1 783	II						
	III		2 332	1 783	III						
	V	2 876	1 900	1 783	IV	373	24				
	VI	3 396	1 900	1 783							

* Zur LSt-Berechnung für privat versicherte Arbeitnehmer s. Beispiele **Vorbemerkung S. 4 f.**
** Basisvorsorgepauschale KV und PV *** Typisierter Arbeitgeberzuschuss

aT2 allgemeine Lohnsteuer

Lohn/Gehalt in € bis	Steuerklasse	Lohn-steuer*	BVSP**	TAGZ***	Steuerklasse	Bemessungsgrundlage für Kirchensteuer und Solidaritätszuschlag Freibeträge für ... Kinder					
						0,5	1,0	1,5	2,0	2,5	3,0
19475,99	I,IV	826	1900	1786	I	29					
	II	56	1900	1786	II						
	III		2337	1786	III						
	V	2890	1900	1786	IV	379	29				
	VI	3409	1900	1786							
19511,99	I,IV	834	1900	1790	I	33					
	II	61	1900	1790	II						
	III		2341	1790	III						
	V	2904	1900	1790	IV	386	33				
	VI	3423	1900	1790							
19547,99	I,IV	841	1900	1793	I	38					
	II	66	1900	1793	II						
	III		2345	1793	III						
	V	2918	1900	1793	IV	392	38				
	VI	3437	1900	1793							
19583,99	I,IV	849	1900	1796	I	43					
	II	71	1900	1796	II						
	III		2350	1796	III						
	V	2932	1900	1796	IV	398	43				
	VI	3451	1900	1796							
19619,99	I,IV	857	1900	1800	I	48					
	II	76	1900	1800	II						
	III		2354	1800	III						
	V	2946	1900	1800	IV	405	48				
	VI	3465	1900	1800							
19655,99	I,IV	865	1900	1803	I	53					
	II	81	1900	1803	II						
	III		2358	1803	III						
	V	2960	1900	1803	IV	411	53				
	VI	3479	1900	1803							
19691,99	I,IV	873	1900	1806	I	58					
	II	86	1900	1806	II						
	III		2363	1806	III						
	V	2974	1900	1806	IV	417	58				
	VI	3493	1900	1806							
19727,99	I,IV	881	1900	1810	I	62					
	II	91	1900	1810	II						
	III		2367	1810	III						
	V	2987	1900	1810	IV	424	62				
	VI	3506	1900	1810							
19763,99	I,IV	889	1900	1813	I	67					
	II	96	1900	1813	II						
	III		2371	1813	III						
	V	3001	1900	1813	IV	430	67				
	VI	3520	1900	1813							
19799,99	I,IV	897	1900	1816	I	72					
	II	101	1900	1816	II						
	III		2375	1816	III						
	V	3015	1900	1816	IV	437	72				
	VI	3534	1900	1816							
19835,99	I,IV	905	1900	1819	I	77					
	II	106	1900	1819	II						
	III		2380	1819	III						
	V	3029	1900	1819	IV	443	77				
	VI	3548	1900	1819							
19871,99	I,IV	913	1900	1823	I	82					
	II	111	1900	1823	II						
	III		2384	1823	III						
	V	3043	1900	1823	IV	450	82				
	VI	3562	1900	1823							

* Zur LSt-Berechnung für privat versicherte Arbeitnehmer s. Beispiele **Vorbemerkung S. 4 f.**
** Basisvorsorgepauschale KV und PV *** Typisierter Arbeitgeberzuschuss

Jahr gültig ab 1. 1. 2022 (idF des StEntlG 2022)   **aT2**

Lohn/Gehalt in € bis	Steuerklasse	Lohn-steuer*	BVSP**	TAGZ***	Steuerklasse	Bemessungsgrundlage für Kirchensteuer und Solidaritätszuschlag Freibeträge für ... Kinder					
						0,5	1,0	1,5	2,0	2,5	3,0
19 907,99	I,IV	920	1900	1826	I	87					
	II	116	1900	1826	II						
	III		2388	1826	III						
	V	3057	1900	1826	IV	456	87				
	VI	3576	1900	1826							
19 943,99	I,IV	928	1900	1829	I	92					
	II	121	1900	1829	II						
	III		2393	1829	III						
	V	3071	1900	1829	IV	463	92				
	VI	3590	1900	1829							
19 979,99	I,IV	936	1900	1833	I	98					
	II	127	1900	1833	II						
	III		2397	1833	III						
	V	3084	1900	1833	IV	469	98				
	VI	3604	1900	1833							
20 015,99	I,IV	944	1900	1836	I	103					
	II	132	1900	1836	II						
	III		2401	1836	III						
	V	3098	1900	1836	IV	476	103				
	VI	3617	1900	1836							
20 051,99	I,IV	952	1900	1839	I	108					
	II	137	1900	1839	II						
	III		2406	1839	III						
	V	3112	1900	1839	IV	483	108				
	VI	3631	1900	1839							
20 087,99	I,IV	960	1900	1843	I	113					
	II	143	1900	1843	II						
	III		2410	1843	III						
	V	3126	1900	1843	IV	490	113				
	VI	3646	1900	1843							
20 123,99	I,IV	968	1900	1846	I	118					
	II	148	1900	1846	II						
	III		2414	1846	III						
	V	3140	1900	1846	IV	496	118				
	VI	3659	1900	1846							
20 159,99	I,IV	976	1900	1849	I	124					
	II	153	1900	1849	II						
	III		2419	1849	III						
	V	3154	1900	1849	IV	503	124				
	VI	3673	1900	1849							
20 195,99	I,IV	984	1900	1852	I	129					
	II	159	1900	1852	II						
	III		2423	1852	III						
	V	3168	1900	1852	IV	510	129				
	VI	3687	1900	1852							
20 231,99	I,IV	992	1900	1856	I	134					
	II	164	1900	1856	II						
	III		2427	1856	III						
	V	3182	1900	1856	IV	516	134				
	VI	3701	1900	1856							
20 267,99	I,IV	1000	1900	1859	I	139					
	II	169	1900	1859	II						
	III		2432	1859	III						
	V	3196	1900	1859	IV	523	139				
	VI	3715	1900	1859							
20 303,99	I,IV	1008	1900	1862	I	145					
	II	175	1900	1862	II						
	III		2436	1862	III						
	V	3210	1900	1862	IV	530	145				
	VI	3729	1900	1862							

*   Zur LSt-Berechnung für privat versicherte Arbeitnehmer s. Beispiele **Vorbemerkung S. 4 f.**
**   Basisvorsorgepauschale KV und PV   *** Typisierter Arbeitgeberzuschuss

aT2 allgemeine Lohnsteuer

Lohn/Gehalt in € bis	Steuerklasse	Lohnsteuer*	BVSP**	TAGZ***	Steuerklasse	Bemessungsgrundlage für Kirchensteuer und Solidaritätszuschlag — Freibeträge für ... Kinder					
						0,5	1,0	1,5	2,0	2,5	3,0
20 339,99	I,IV	1016	1900	1866	I	150					
	II	180	1900	1866	II						
	III		2440	1866	III						
	V	3223	1900	1866	IV	537	150				
	VI	3743	1900	1866							
20 375,99	I,IV	1024	1900	1869	I	155					
	II	186	1900	1869	II						
	III		2445	1869	III						
	V	3237	1900	1869	IV	544	155				
	VI	3756	1900	1869							
20 411,99	I,IV	1032	1900	1872	I	161					
	II	191	1900	1872	II						
	III		2449	1872	III						
	V	3251	1900	1872	IV	551	161				
	VI	3770	1900	1872							
20 447,99	I,IV	1040	1900	1876	I	166					
	II	197	1900	1876	II						
	III		2453	1876	III						
	V	3265	1900	1876	IV	558	166				
	VI	3784	1900	1876							
20 483,99	I,IV	1048	1900	1879	I	171					
	II	202	1900	1879	II						
	III		2458	1879	III						
	V	3279	1900	1879	IV	564	171				
	VI	3798	1900	1879							
20 519,99	I,IV	1056	1900	1882	I	177					
	II	208	1900	1882	II						
	III		2462	1882	III						
	V	3293	1900	1882	IV	571	177				
	VI	3812	1900	1882							
20 555,99	I,IV	1064	1900	1886	I	182					
	II	214	1900	1886	II						
	III		2466	1886	III						
	V	3307	1900	1886	IV	578	182				
	VI	3826	1900	1886							
20 591,99	I,IV	1072	1900	1889	I	188					
	II	219	1900	1889	II						
	III		2471	1889	III						
	V	3320	1900	1889	IV	585	188				
	VI	3840	1900	1889							
20 627,99	I,IV	1080	1900	1892	I	193					
	II	225	1900	1892	II						
	III		2475	1892	III						
	V	3334	1900	1892	IV	592	193				
	VI	3853	1900	1892							
20 663,99	I,IV	1088	1900	1895	I	199					
	II	231	1900	1895	II						
	III		2479	1895	III						
	V	3348	1900	1895	IV	599	199				
	VI	3867	1900	1895							
20 699,99	I,IV	1096	1900	1899	I	204					
	II	236	1900	1899	II						
	III		2483	1899	III						
	V	3362	1900	1899	IV	606	204				
	VI	3881	1900	1899							
20 735,99	I,IV	1104	1900	1902	I	210					
	II	242	1902	1902	II						
	III		2488	1902	III						
	V	3375	1902	1902	IV	613	210				
	VI	3894	1902	1902							

* Zur LSt-Berechnung für privat versicherte Arbeitnehmer s. Beispiele **Vorbemerkung S. 4 f.**
** Basisvorsorgepauschale KV und PV   *** Typisierter Arbeitgeberzuschuss

Jahr gültig ab 1. 1. 2022 (idF des StEntlG 2022) — aT2

Lohn/Gehalt in € bis	Steuerklasse	Lohnsteuer*	BVSP**	TAGZ***	Steuerklasse	Bemessungsgrundlage für Kirchensteuer und Solidaritätszuschlag					
						Freibeträge für ... Kinder					
						0,5	1,0	1,5	2,0	2,5	3,0
20 771,99	I,IV	1111	1905	1905	I	215					
	II	247	1905	1905	II						
	III		2492	1905	III						
	V	3388	1905	1905	IV	620	215				
	VI	3907	1905	1905							
20 807,99	I,IV	1118	1909	1909	I	220					
	II	252	1909	1909	II						
	III		2496	1909	III						
	V	3400	1909	1909	IV	626	220				
	VI	3919	1909	1909							
20 843,99	I,IV	1126	1912	1912	I	225					
	II	257	1912	1912	II						
	III		2501	1912	III						
	V	3412	1912	1912	IV	632	225				
	VI	3932	1912	1912							
20 879,99	I,IV	1133	1915	1915	I	230					
	II	262	1915	1915	II						
	III		2505	1915	III						
	V	3425	1915	1915	IV	639	230				
	VI	3944	1915	1915							
20 915,99	I,IV	1140	1919	1919	I	235					
	II	268	1919	1919	II						
	III		2509	1919	III						
	V	3438	1919	1919	IV	645	235				
	VI	3957	1919	1919							
20 951,99	I,IV	1147	1922	1922	I	240					
	II	273	1922	1922	II						
	III		2514	1922	III						
	V	3450	1922	1922	IV	652	240				
	VI	3969	1922	1922							
20 987,99	I,IV	1155	1925	1925	I	245					
	II	278	1925	1925	II						
	III		2518	1925	III						
	V	3462	1925	1925	IV	658	245				
	VI	3982	1925	1925							
21 023,99	I,IV	1162	1928	1928	I	251					
	II	284	1928	1928	II						
	III		2522	1928	III						
	V	3475	1928	1928	IV	665	251				
	VI	3994	1928	1928							
21 059,99	I,IV	1169	1932	1932	I	256					
	II	289	1932	1932	II						
	III		2527	1932	III						
	V	3488	1932	1932	IV	672	256				
	VI	4007	1932	1932							
21 095,99	I,IV	1177	1935	1935	I	261					
	II	294	1935	1935	II						
	III		2531	1935	III						
	V	3500	1935	1935	IV	678	261				
	VI	4019	1935	1935							
21 131,99	I,IV	1184	1938	1938	I	266					
	II	300	1938	1938	II						
	III		2535	1938	III						
	V	3512	1938	1938	IV	685	266				
	VI	4031	1938	1938							
21 167,99	I,IV	1191	1942	1942	I	272					
	II	305	1942	1942	II						
	III		2540	1942	III						
	V	3525	1942	1942	IV	691	272				
	VI	4044	1942	1942							

* Zur LSt-Berechnung für privat versicherte Arbeitnehmer s. Beispiele **Vorbemerkung S. 4 f.**
** Basisvorsorgepauschale KV und PV *** Typisierter Arbeitgeberzuschuss

aT2 allgemeine Lohnsteuer

Lohn/ Gehalt in € bis	Steuerklasse	Lohn-steuer*	BVSP**	TAGZ***	Steuerklasse	Bemessungsgrundlage für Kirchensteuer und Solidaritätszuschlag					
						Freibeträge für ... Kinder					
						0,5	1,0	1,5	2,0	2,5	3,0
21 203,99	I,IV	1 199	1945	1945	I	277					
	II	310	1945	1945	II						
	III		2544	1945	III						
	V	3538	1945	1945	IV	698	277				
	VI	4057	1945	1945							
21 239,99	I,IV	1 206	1948	1948	I	282					
	II	316	1948	1948	II						
	III		2548	1948	III						
	V	3550	1948	1948	IV	705	282				
	VI	4069	1948	1948							
21 275,99	I,IV	1 213	1952	1952	I	287					
	II	321	1952	1952	II						
	III		2553	1952	III						
	V	3562	1952	1952	IV	711	287				
	VI	4081	1952	1952							
21 311,99	I,IV	1 220	1955	1955	I	293					
	II	327	1955	1955	II						
	III		2557	1955	III						
	V	3575	1955	1955	IV	718	293				
	VI	4094	1955	1955							
21 347,99	I,IV	1 228	1958	1958	I	298					
	II	332	1958	1958	II						
	III		2561	1958	III						
	V	3588	1958	1958	IV	725	298				
	VI	4107	1958	1958							
21 383,99	I,IV	1 235	1961	1961	I	304					
	II	338	1961	1961	II						
	III		2566	1961	III						
	V	3600	1961	1961	IV	731	304				
	VI	4119	1961	1961							
21 419,99	I,IV	1 242	1965	1965	I	309					
	II	343	1965	1965	II						
	III		2570	1965	III						
	V	3612	1965	1965	IV	738	309				
	VI	4131	1965	1965							
21 455,99	I,IV	1 250	1968	1968	I	314					
	II	349	1968	1968	II						
	III		2574	1968	III						
	V	3625	1968	1968	IV	745	314				
	VI	4144	1968	1968							
21 491,99	I,IV	1 257	1971	1971	I	320					
	II	354	1971	1971	II						
	III		2579	1971	III						
	V	3638	1971	1971	IV	752	320				
	VI	4157	1971	1971							
21 527,99	I,IV	1 264	1975	1975	I	325					
	II	360	1975	1975	II						
	III		2583	1975	III						
	V	3650	1975	1975	IV	759	325				
	VI	4169	1975	1975							
21 563,99	I,IV	1 272	1978	1978	I	331					
	II	365	1978	1978	II						
	III		2587	1978	III						
	V	3662	1978	1978	IV	765	331				
	VI	4181	1978	1978							
21 599,99	I,IV	1 279	1981	1981	I	336					
	II	371	1981	1981	II						
	III		2591	1981	III						
	V	3675	1981	1981	IV	772	336				
	VI	4194	1981	1981							

* Zur LSt-Berechnung für privat versicherte Arbeitnehmer s. Beispiele **Vorbemerkung S. 4f.**
** Basisvorsorgepauschale KV und PV *** Typisierter Arbeitgeberzuschuss

Jahr gültig ab 1. 1. 2022 (idF des StEntlG 2022) aT2

Lohn/Gehalt in € bis	Steuerklasse	Lohnsteuer*	BVSP**	TAGZ***	Steuerklasse	Bemessungsgrundlage für Kirchensteuer und Solidaritätszuschlag					
						Freibeträge für ... Kinder					
						0,5	1,0	1,5	2,0	2,5	3,0
21 635,99	I,IV	1 286	1985	1985	I	342					
	II	377	1985	1985	II						
	III		2596	1985	III						
	V	3688	1985	1985	IV	779	342				
	VI	4207	1985	1985							
21 671,99	I,IV	1 294	1988	1988	I	347					
	II	382	1988	1988	II						
	III		2600	1988	III						
	V	3700	1988	1988	IV	786	347	4			
	VI	4219	1988	1988							
21 707,99	I,IV	1 301	1991	1991	I	353					
	II	388	1991	1991	II						
	III		2604	1991	III						
	V	3712	1991	1991	IV	793	353	9			
	VI	4231	1991	1991							
21 743,99	I,IV	1 308	1995	1995	I	359					
	II	394	1995	1995	II						
	III		2609	1995	III						
	V	3725	1995	1995	IV	800	359	13			
	VI	4244	1995	1995							
21 779,99	I,IV	1 316	1998	1998	I	364					
	II	400	1998	1998	II						
	III		2613	1998	III						
	V	3737	1998	1998	IV	807	364	17			
	VI	4257	1998	1998							
21 815,99	I,IV	1 323	2001	2001	I	370					
	II	405	2001	2001	II						
	III		2617	2001	III						
	V	3750	2001	2001	IV	814	370	21			
	VI	4269	2001								
21 851,99	I,IV	1 330	2004	2004	I	375					
	II	411	2004	2004	II						
	III		2622	2004	III						
	V	3762	2004	2004	IV	821	375	25			
	VI	4281	2004	2004							
21 887,99	I,IV	1 338	2008	2008	I	381					
	II	417	2008	2008	II						
	III		2626	2008	III						
	V	3775	2008	2008	IV	828	381	30			
	VI	4294	2008	2008							
21 923,99	I,IV	1 345	2011	2011	I	387					
	II	423	2011	2011	II						
	III		2630	2011	III						
	V	3787	2011	2011	IV	835	387	34			
	VI	4307	2011	2011							
21 959,99	I,IV	1 353	2014	2014	I	392					
	II	428	2014	2014	II						
	III		2635	2014	III						
	V	3800	2014	2014	IV	842	392	38			
	VI	4319	2014	2014							
21 995,99	I,IV	1 360	2018	2018	I	398					
	II	434	2018	2018	II						
	III		2639	2018	III						
	V	3812	2018	2018	IV	849	398	43			
	VI	4331	2018	2018							
22 031,99	I,IV	1 367	2021	2021	I	404					
	II	440	2021	2021	II						
	III		2643	2021	III						
	V	3825	2021	2021	IV	856	404	47			
	VI	4344	2021	2021							

* Zur LSt-Berechnung für privat versicherte Arbeitnehmer s. Beispiele **Vorbemerkung S. 4 f.**
** Basisvorsorgepauschale KV und PV *** Typisierter Arbeitgeberzuschuss

aT2　　　　　　　　　　　　　　　　　　　　allgemeine Lohnsteuer

Lohn/Gehalt in € bis	Steuerklasse	Lohn-steuer*	BVSP**	TAGZ***	Steuerklasse	Bemessungsgrundlage für Kirchensteuer und Solidaritätszuschlag Freibeträge für ... Kinder					
						0,5	1,0	1,5	2,0	2,5	3,0
22 067,99	I,IV	1375	2024	2024	I	410					
	II	446	2024	2024	II						
	III		2648	2024	III						
	V	3837	2024	2024	IV	863	410	52			
	VI	4357	2024	2024							
22 103,99	I,IV	1382	2028	2028	I	415					
	II	452	2028	2028	II						
	III		2652	2028	III						
	V	3850	2028	2028	IV	870	415	56			
	VI	4369	2028	2028							
22 139,99	I,IV	1389	2031	2031	I	421					
	II	458	2031	2031	II						
	III		2656	2031	III						
	V	3862	2031	2031	IV	877	421	60			
	VI	4381	2031	2031							
22 175,99	I,IV	1397	2034	2034	I	427					
	II	464	2034	2034	II						
	III		2661	2034	III						
	V	3875	2034	2034	IV	885	427	65			
	VI	4394	2034	2034							
22 211,99	I,IV	1404	2037	2037	I	433					
	II	470	2037	2037	II						
	III		2665	2037	III						
	V	3887	2037	2037	IV	892	433	69			
	VI	4407	2037	2037							
22 247,99	I,IV	1412	2041	2041	I	438					
	II	475	2041	2041	II						
	III		2669	2041	III						
	V	3900	2041	2041	IV	899	438	74			
	VI	4419	2041	2041							
22 283,99	I,IV	1419	2044	2044	I	444					
	II	481	2044	2044	II						
	III		2674	2044	III						
	V	3912	2044	2044	IV	906	444	78			
	VI	4431	2044	2044							
22 319,99	I,IV	1427	2047	2047	I	450					
	II	488	2047	2047	II						
	III		2678	2047	III						
	V	3925	2047	2047	IV	913	450	83			
	VI	4444	2047	2047							
22 355,99	I,IV	1434	2051	2051	I	456					
	II	494	2051	2051	II						
	III		2682	2051	III						
	V	3937	2051	2051	IV	920	456	87			
	VI	4457	2051	2051							
22 391,99	I,IV	1441	2054	2054	I	462					
	II	499	2054	2054	II						
	III		2687	2054	III						
	V	3950	2054	2054	IV	927	462	92			
	VI	4469	2054	2054							
22 427,99	I,IV	1449	2057	2057	I	468					
	II	506	2057	2057	II						
	III		2691	2057	III						
	V	3962	2057	2057	IV	935	468	96			
	VI	4481	2057	2057							
22 463,99	I,IV	1456	2061	2061	I	474					
	II	512	2061	2061	II						
	III		2695	2061	III						
	V	3975	2061	2061	IV	942	474	101			
	VI	4494	2061	2061							

* Zur LSt-Berechnung für privat versicherte Arbeitnehmer s. Beispiele **Vorbemerkung S. 4 f.**
** Basisvorsorgepauschale KV und PV　　*** Typisierter Arbeitgeberzuschuss

Jahr gültig ab 1. 1. 2022 (idF des StEntlG 2022)   **aT2**

Lohn/Gehalt in € bis	Steuerklasse	Lohn-steuer*	BVSP**	TAGZ***	Steuerklasse	Bemessungsgrundlage für Kirchensteuer und Solidaritätszuschlag					
						Freibeträge für ... Kinder					
						0,5	1,0	1,5	2,0	2,5	3,0
22 499,99	I,IV	1464	2064	2064	I	480					
	II	518	2064	2064	II						
	III		2699	2064	III						
	V	3987	2064	2064	IV	949	480	106			
	VI	4507	2064	2064							
22 535,99	I,IV	1471	2067	2067	I	486					
	II	524	2067	2067	II						
	III		2704	2067	III						
	V	4000	2067	2067	IV	956	486	110			
	VI	4519	2067	2067							
22 571,99	I,IV	1478	2070	2070	I	492					
	II	530	2070	2070	II						
	III		2708	2070	III						
	V	4012	2070	2070	IV	963	492	115			
	VI	4531	2070	2070							
22 607,99	I,IV	1486	2074	2074	I	498					
	II	536	2074	2074	II						
	III		2712	2074	III						
	V	4025	2074	2074	IV	971	498	120			
	VI	4544	2074	2074							
22 643,99	I,IV	1493	2077	2077	I	504					
	II	542	2077	2077	II						
	III		2717	2077	III						
	V	4037	2077	2077	IV	978	504	124			
	VI	4556	2077	2077							
22 679,99	I,IV	1501	2080	2080	I	510					
	II	549	2080	2080	II						
	III		2721	2080	III						
	V	4050	2080	2080	IV	985	510	129			
	VI	4569	2080	2080							
22 715,99	I,IV	1508	2084	2084	I	516					
	II	555	2084	2084	II						
	III		2725	2084	III						
	V	4062	2084	2084	IV	992	516	134			
	VI	4581	2084	2084							
22 751,99	I,IV	1516	2087	2087	I	522					
	II	561	2087	2087	II						
	III		2730	2087	III						
	V	4075	2087	2087	IV	999	522	139			
	VI	4594	2087	2087							
22 787,99	I,IV	1523	2090	2090	I	529					
	II	567	2090	2090	II						
	III		2734	2090	III						
	V	4087	2090	2090	IV	1007	529	143			
	VI	4606	2090	2090							
22 823,99	I,IV	1531	2094	2094	I	535					
	II	573	2094	2094	II						
	III		2738	2094	III						
	V	4100	2094	2094	IV	1014	535	148			
	VI	4619	2094	2094							
22 859,99	I,IV	1538	2097	2097	I	541					
	II	580	2097	2097	II						
	III		2743	2097	III						
	V	4112	2097	2097	IV	1021	541	153			
	VI	4631	2097	2097							
22 895,99	I,IV	1546	2100	2100	I	547					
	II	586	2100	2100	II						
	III		2747	2100	III						
	V	4125	2100	2100	IV	1028	547	158			
	VI	4644	2100	2100							

* Zur LSt-Berechnung für privat versicherte Arbeitnehmer s. Beispiele **Vorbemerkung S. 4 f.**
** Basisvorsorgepauschale KV und PV   *** Typisierter Arbeitgeberzuschuss

aT2   allgemeine Lohnsteuer

Lohn/Gehalt in € bis	Steuerklasse	Lohn-steuer*	BVSP**	TAGZ***	Steuerklasse	Bemessungsgrundlage für Kirchensteuer und Solidaritätszuschlag					
						Freibeträge für ... Kinder					
						0,5	1,0	1,5	2,0	2,5	3,0
22 931,99	I,IV	1 553	2 104	2 104	I	553					
	II	593	2 104	2 104	II						
	III		2 751	2 104	III						
	V	4 137	2 104	2 104	IV	1 035	553	163			
	VI	4 656	2 104	2 104							
22 967,99	I,IV	1 560	2 107	2 107	I	559					
	II	599	2 107	2 107	II						
	III		2 756	2 107	III						
	V	4 150	2 107	2 107	IV	1 042	559	167			
	VI	4 669	2 107	2 107							
23 003,99	I,IV	1 568	2 110	2 110	I	566					
	II	605	2 110	2 110	II						
	III		2 760	2 110	III						
	V	4 162	2 110	2 110	IV	1 050	566	172			
	VI	4 681	2 110	2 110							
23 039,99	I,IV	1 576	2 113	2 113	I	572					
	II	612	2 113	2 113	II						
	III		2 764	2 113	III						
	V	4 175	2 113	2 113	IV	1 057	572	177			
	VI	4 694	2 113	2 113							
23 075,99	I,IV	1 583	2 117	2 117	I	578					
	II	618	2 117	2 117	II						
	III		2 769	2 117	III						
	V	4 187	2 117	2 117	IV	1 064	578	182			
	VI	4 706	2 117	2 117							
23 111,99	I,IV	1 591	2 120	2 120	I	585					
	II	625	2 120	2 120	II						
	III		2 773	2 120	III						
	V	4 200	2 120	2 120	IV	1 072	585	187			
	VI	4 719	2 120	2 120							
23 147,99	I,IV	1 598	2 123	2 123	I	591					
	II	631	2 123	2 123	II						
	III		2 777	2 123	III						
	V	4 212	2 123	2 123	IV	1 079	591	192			
	VI	4 731	2 123	2 123							
23 183,99	I,IV	1 605	2 127	2 127	I	597					
	II	637	2 127	2 127	II						
	III		2 782	2 127	III						
	V	4 225	2 127	2 127	IV	1 086	597	197			
	VI	4 744	2 127	2 127							
23 219,99	I,IV	1 613	2 130	2 130	I	604					
	II	644	2 130	2 130	II						
	III		2 786	2 130	III						
	V	4 237	2 130	2 130	IV	1 093	604	202			
	VI	4 756	2 130	2 130							
23 255,99	I,IV	1 621	2 133	2 133	I	610					
	II	650	2 133	2 133	II						
	III		2 790	2 133	III						
	V	4 250	2 133	2 133	IV	1 101	610	207			
	VI	4 769	2 133	2 133							
23 291,99	I,IV	1 628	2 137	2 137	I	616					
	II	657	2 137	2 137	II						
	III		2 795	2 137	III						
	V	4 262	2 137	2 137	IV	1 108	616	212			
	VI	4 781	2 137	2 137							
23 327,99	I,IV	1 636	2 140	2 140	I	623					
	II	663	2 140	2 140	II						
	III		2 799	2 140	III						
	V	4 275	2 140	2 140	IV	1 115	623	217			
	VI	4 794	2 140	2 140							

* Zur LSt-Berechnung für privat versicherte Arbeitnehmer s. Beispiele **Vorbemerkung S. 4 f.**
** Basisvorsorgepauschale KV und PV   *** Typisierter Arbeitgeberzuschuss

Jahr gültig ab 1. 1. 2022 (idF des StEntlG 2022) — aT2

Lohn/Gehalt in € bis	Steuerklasse	Lohnsteuer*	BVSP**	TAGZ***	Steuerklasse	|Bemessungsgrundlage für Kirchensteuer und Solidaritätszuschlag — Freibeträge für ... Kinder					
						0,5	1,0	1,5	2,0	2,5	3,0
23 363,99	I,IV	1 643	2 143	2 143	I	629					
	II	670	2 143	2 143	II						
	III		2 803	2 143	III						
	V	4 287	2 143	2 143	IV	1 122	629	222			
	VI	4 806	2 143	2 143							
23 399,99	I,IV	1 651	2 146	2 146	I	636					
	II	677	2 146	2 146	II						
	III		2 807	2 146	III						
	V	4 300	2 146	2 146	IV	1 130	636	228			
	VI	4 819	2 146	2 146							
23 435,99	I,IV	1 658	2 150	2 150	I	642					
	II	683	2 150	2 150	II						
	III		2 812	2 150	III						
	V	4 312	2 150	2 150	IV	1 137	642	233			
	VI	4 831	2 150	2 150							
23 471,99	I,IV	1 666	2 153	2 153	I	649					
	II	690	2 153	2 153	II						
	III		2 816	2 153	III						
	V	4 325	2 153	2 153	IV	1 144	649	238			
	VI	4 844	2 153	2 153							
23 507,99	I,IV	1 673	2 156	2 156	I	655					
	II	697	2 156	2 156	II						
	III		2 820	2 156	III						
	V	4 337	2 156	2 156	IV	1 151	655	243			
	VI	4 856	2 156	2 156							
23 543,99	I,IV	1 681	2 160	2 160	I	662					
	II	703	2 160	2 160	II						
	III		2 825	2 160	III						
	V	4 350	2 160	2 160	IV	1 159	662	248			
	VI	4 869	2 160	2 160							
23 579,99	I,IV	1 688	2 163	2 163	I	668					
	II	710	2 163	2 163	II						
	III		2 829	2 163	III						
	V	4 362	2 163	2 163	IV	1 166	668	253			
	VI	4 881	2 163	2 163							
23 615,99	I,IV	1 696	2 166	2 166	I	675					
	II	716	2 166	2 166	II						
	III		2 833	2 166	III						
	V	4 375	2 166	2 166	IV	1 173	675	259			
	VI	4 894	2 166	2 166							
23 651,99	I,IV	1 703	2 170	2 170	I	682					
	II	723	2 170	2 170	II						
	III		2 838	2 170	III						
	V	4 387	2 170	2 170	IV	1 180	682	264			
	VI	4 906	2 170	2 170							
23 687,99	I,IV	1 711	2 173	2 173	I	688					
	II	730	2 173	2 173	II						
	III		2 842	2 173	III						
	V	4 400	2 173	2 173	IV	1 188	688	269			
	VI	4 919	2 173	2 173							
23 723,99	I,IV	1 718	2 176	2 176	I	695					
	II	737	2 176	2 176	II						
	III		2 846	2 176	III						
	V	4 412	2 176	2 176	IV	1 195	695	274			
	VI	4 931	2 176	2 176							
23 759,99	I,IV	1 726	2 179	2 179	I	701					
	II	743	2 179	2 179	II						
	III		2 851	2 179	III						
	V	4 425	2 179	2 179	IV	1 202	701	280			
	VI	4 944	2 179	2 179							

* Zur LSt-Berechnung für privat versicherte Arbeitnehmer s. Beispiele **Vorbemerkung S. 4 f.**
** Basisvorsorgepauschale KV und PV   *** Typisierter Arbeitgeberzuschuss

aT2 — allgemeine Lohnsteuer

Lohn/Gehalt in € bis	Steuerklasse	Lohnsteuer*	BVSP**	TAGZ***	Steuerklasse	Bemessungsgrundlage für Kirchensteuer und Solidaritätszuschlag — Freibeträge für ... Kinder					
						0,5	**1,0**	1,5	**2,0**	2,5	**3,0**
23795,99	I,IV	1734	2183	2183	I	708					
	II	750	2183	2183	II						
	III		2855	2183	III						
	V	4437	2183	2183	IV	1210	708	285			
	VI	4956	2183	2183							
23831,99	I,IV	1741	2186	2186	I	715					
	II	757	2186	2186	II						
	III		2859	2186	III						
	V	4450	2186	2186	IV	1217	715	290			
	VI	4969	2186	2186							
23867,99	I,IV	1749	2189	2189	I	721					
	II	764	2189	2189	II						
	III		2864	2189	III						
	V	4462	2189	2189	IV	1224	721	296			
	VI	4981	2189	2189							
23903,99	I,IV	1756	2193	2193	I	728					
	II	771	2193	2193	II						
	III		2868	2193	III						
	V	4475	2193	2193	IV	1232	728	301			
	VI	4994	2193	2193							
23939,99	I,IV	1764	2196	2196	I	735					
	II	778	2196	2196	II						
	III		2872	2196	III						
	V	4487	2196	2196	IV	1239	735	306			
	VI	5006	2196	2196							
23975,99	I,IV	1771	2199	2199	I	742					
	II	785	2199	2199	II	3					
	III		2877	2199	III						
	V	4500	2199	2199	IV	1246	742	312			
	VI	5019	2199	2199							
24011,99	I,IV	1779	2203	2203	I	748					
	II	791	2203	2203	II	8					
	III		2881	2203	III						
	V	4512	2203	2203	IV	1253	748	317			
	VI	5031	2203	2203							
24047,99	I,IV	1787	2206	2206	I	755					
	II	798	2206	2206	II	12					
	III		2885	2206	III						
	V	4525	2206	2206	IV	1261	755	323			
	VI	5044	2206	2206							
24083,99	I,IV	1794	2209	2209	I	762					
	II	805	2209	2209	II	16					
	III		2890	2209	III						
	V	4537	2209	2209	IV	1268	762	328			
	VI	5056	2209	2209							
24119,99	I,IV	1802	2213	2213	I	769					
	II	812	2213	2213	II	20					
	III		2894	2213	III						
	V	4550	2213	2213	IV	1276	769	334			
	VI	5069	2213	2213							
24155,99	I,IV	1809	2216	2216	I	776					
	II	819	2216	2216	II	24					
	III		2898	2216	III						
	V	4562	2216	2216	IV	1283	776	339			
	VI	5081	2216	2216							
24191,99	I,IV	1817	2219	2219	I	783	2				
	II	826	2219	2219	II	29					
	III		2903	2219	III						
	V	4575	2219	2219	IV	1290	783	345	2		
	VI	5094	2219	2219							

* Zur LSt-Berechnung für privat versicherte Arbeitnehmer s. Beispiele **Vorbemerkung S. 4 f.**
** Basisvorsorgepauschale KV und PV   *** Typisierter Arbeitgeberzuschuss

Jahr gültig ab 1. 1. 2022 (idF des StEntlG 2022) aT2

Lohn/ Gehalt in € bis	Steuerklasse	Lohn- steuer*	BVSP**	TAGZ***	Steuerklasse	Bemessungsgrundlage für Kirchensteuer und Solidaritätszuschlag					
						Freibeträge für ... Kinder					
						0,5	1,0	1,5	2,0	2,5	3,0
24 227,99	I,IV	1 825	2 222	2 222	I	790	7				
	II	833	2 222	2 222	II	33					
	III		2 907	2 222	III						
	V	4 587	2 222	2 222	IV	1 298	790	350	7		
	VI	5 106	2 222	2 222							
24 263,99	I,IV	1 832	2 226	2 226	I	797	11				
	II	840	2 226	2 226	II	38					
	III		2 911	2 226	III						
	V	4 600	2 226	2 226	IV	1 305	797	356	11		
	VI	5 119	2 226	2 226							
24 299,99	I,IV	1 840	2 229	2 229	I	803	15				
	II	847	2 229	2 229	II	42					
	III		2 915	2 229	III						
	V	4 612	2 229	2 229	IV	1 312	803	361	15		
	VI	5 131	2 229	2 229							
24 335,99	I,IV	1 847	2 232	2 232	I	811	19				
	II	854	2 232	2 232	II	46					
	III		2 920	2 232	III						
	V	4 625	2 232	2 232	IV	1 320	811	367	19		
	VI	5 144	2 232	2 232							
24 371,99	I,IV	1 855	2 236	2 236	I	818	23				
	II	862	2 236	2 236	II	51					
	III		2 924	2 236	III						
	V	4 637	2 236	2 236	IV	1 327	818	373	23		
	VI	5 156	2 236	2 236							
24 407,99	I,IV	1 863	2 239	2 239	I	825	28				
	II	869	2 239	2 239	II	55					
	III		2 928	2 239	III						
	V	4 650	2 239	2 239	IV	1 334	825	378	28		
	VI	5 169	2 239	2 239							
24 443,99	I,IV	1 870	2 242	2 242	I	831	32				
	II	876	2 242	2 242	II	59					
	III		2 933	2 242	III						
	V	4 662	2 242	2 242	IV	1 342	831	384	32		
	VI	5 181	2 242	2 242							
24 479,99	I,IV	1 878	2 246	2 246	I	839	36				
	II	883	2 246	2 246	II	64					
	III		2 937	2 246	III						
	V	4 675	2 246	2 246	IV	1 349	839	390	36		
	VI	5 194	2 246	2 246							
24 515,99	I,IV	1 886	2 249	2 249	I	846	41				
	II	890	2 249	2 249	II	68					
	III		2 941	2 249	III						
	V	4 687	2 249	2 249	IV	1 356	846	395	41		
	VI	5 206	2 249	2 249							
24 551,99	I,IV	1 893	2 252	2 252	I	853	45				
	II	897	2 252	2 252	II	73					
	III		2 946	2 252	III						
	V	4 700	2 252	2 252	IV	1 364	853	401	45		
	VI	5 219	2 252	2 252							
24 587,99	I,IV	1 901	2 255	2 255	I	860	49				
	II	904	2 255	2 255	II	77					
	III		2 950	2 255	III						
	V	4 712	2 255	2 255	IV	1 371	860	407	49		
	VI	5 231	2 255	2 255							
24 623,99	I,IV	1 908	2 259	2 259	I	867	54				
	II	912	2 259	2 259	II	82					
	III		2 954	2 259	III						
	V	4 724	2 259	2 259	IV	1 379	867	412	54		
	VI	5 244	2 259	2 259							

* Zur LSt-Berechnung für privat versicherte Arbeitnehmer s. Beispiele **Vorbemerkung S. 4 f.**
** Basisvorsorgepauschale KV und PV   *** Typisierter Arbeitgeberzuschuss

aT2 allgemeine Lohnsteuer

Lohn/Gehalt in € bis	Steuerklasse	Lohnsteuer*	BVSP**	TAGZ***	Steuerklasse	Bemessungsgrundlage für Kirchensteuer und Solidaritätszuschlag Freibeträge für ... Kinder					
						0,5	1,0	1,5	2,0	2,5	3,0
24 659,99	I,IV	1 916	2 262	2 262	I	874	58				
	II	919	2 262	2 262	II	86					
	III		2 959	2 262	III						
	V	4 737	2 262	2 262	IV	1 386	874	418	58		
	VI	5 256	2 262	2 262							
24 695,99	I,IV	1 924	2 265	2 265	I	881	63				
	II	926	2 265	2 265	II	91					
	III		2 963	2 265	III						
	V	4 750	2 265	2 265	IV	1 393	881	424	63		
	VI	5 269	2 265	2 265							
24 731,99	I,IV	1 931	2 269	2 269	I	888	67				
	II	933	2 269	2 269	II	95					
	III		2 967	2 269	III						
	V	4 762	2 269	2 269	IV	1 401	888	430	67		
	VI	5 281	2 269	2 269							
24 767,99	I,IV	1 939	2 272	2 272	I	895	72				
	II	940	2 272	2 272	II	100					
	III		2 972	2 272	III						
	V	4 774	2 272	2 272	IV	1 408	895	436	72		
	VI	5 294	2 272	2 272							
24 803,99	I,IV	1 947	2 275	2 275	I	903	76				
	II	947	2 275	2 275	II	105					
	III		2 976	2 275	III						
	V	4 787	2 275	2 275	IV	1 416	903	442	76		
	VI	5 306	2 275	2 275							
24 839,99	I,IV	1 954	2 279	2 279	I	910	81				
	II	955	2 279	2 279	II	109					
	III		2 980	2 279	III						
	V	4 800	2 279	2 279	IV	1 423	910	448	81		
	VI	5 319	2 279	2 279							
24 875,99	I,IV	1 962	2 282	2 282	I	917	85				
	II	962	2 282	2 282	II	114					
	III		2 985	2 282	III						
	V	4 812	2 282	2 282	IV	1 430	917	453	85		
	VI	5 331	2 282	2 282							
24 911,99	I,IV	1 970	2 285	2 285	I	924	90				
	II	969	2 285	2 285	II	119					
	III		2 989	2 285	III						
	V	4 824	2 285	2 285	IV	1 438	924	459	90		
	VI	5 344	2 285	2 285							
24 947,99	I,IV	1 977	2 288	2 288	I	931	94				
	II	976	2 288	2 288	II	123					
	III		2 993	2 288	III						
	V	4 837	2 288	2 288	IV	1 445	931	465	94		
	VI	5 356	2 288	2 288							
24 983,99	I,IV	1 985	2 292	2 292	I	939	99				
	II	983	2 292	2 292	II	128					
	III		2 998	2 292	III						
	V	4 850	2 292	2 292	IV	1 453	939	471	99		
	VI	5 369	2 292	2 292							
25 019,99	I,IV	1 993	2 295	2 295	I	945	103				
	II	990	2 295	2 295	II	133					
	III		3 000	2 295	III						
	V	4 862	2 295	2 295	IV	1 460	945	477	103		
	VI	5 381	2 295	2 295							
25 055,99	I,IV	2 000	2 298	2 298	I	953	108				
	II	998	2 298	2 298	II	138					
	III		3 000	2 298	III						
	V	4 874	2 298	2 298	IV	1 467	953	483	108		
	VI	5 394	2 298	2 298							

* Zur LSt-Berechnung für privat versicherte Arbeitnehmer s. Beispiele **Vorbemerkung S. 4 f.**
** Basisvorsorgepauschale KV und PV *** Typisierter Arbeitgeberzuschuss

Jahr gültig ab 1. 1. 2022 (idF des StEntlG 2022) **aT2**

Lohn/ Gehalt in € bis	Steuerklasse	Lohn- steuer*	BVSP**	TAGZ***	Steuerklasse	Bemessungsgrundlage für Kirchensteuer und Solidaritätszuschlag					
						Freibeträge für ... Kinder					
						0,5	1,0	1,5	2,0	2,5	3,0
25 091,99	I,IV	2 008	2 302	2 302	I	960	113				
	II	1 005	2 302	2 302	II	142					
	III		3 000	2 302	III						
	V	4 887	2 302	2 302	IV	1 475	960	489	113		
	VI	5 406	2 302	2 302							
25 127,99	I,IV	2 016	2 305	2 305	I	967	118				
	II	1 012	2 305	2 305	II	147					
	III		3 000	2 305	III						
	V	4 900	2 305	2 305	IV	1 482	967	495	118		
	VI	5 419	2 305	2 305							
25 163,99	I,IV	2 023	2 308	2 308	I	974	122				
	II	1 019	2 308	2 308	II	152					
	III		3 000	2 308	III						
	V	4 912	2 308	2 308	IV	1 490	974	501	122		
	VI	5 431	2 308	2 308							
25 199,99	I,IV	2 031	2 312	2 312	I	981	127				
	II	1 026	2 312	2 312	II	157					
	III		3 000	2 312	III						
	V	4 924	2 312	2 312	IV	1 497	981	507	127		
	VI	5 444	2 312	2 312							
25 235,99	I,IV	2 039	2 315	2 315	I	989	132				
	II	1 034	2 315	2 315	II	162					
	III		3 000	2 315	III						
	V	4 937	2 315	2 315	IV	1 505	989	513	132		
	VI	5 456	2 315	2 315							
25 271,99	I,IV	2 047	2 318	2 318	I	996	136				
	II	1 041	2 318	2 318	II	167					
	III		3 000	2 318	III						
	V	4 950	2 318	2 318	IV	1 512	996	520	136		
	VI	5 469	2 318	2 318							
25 307,99	I,IV	2 054	2 322	2 322	I	1 003	141				
	II	1 048	2 322	2 322	II	171					
	III		3 000	2 322	III						
	V	4 962	2 322	2 322	IV	1 520	1 003	526	141		
	VI	5 481	2 322	2 322							
25 343,99	I,IV	2 062	2 325	2 325	I	1 010	146				
	II	1 055	2 325	2 325	II	176					
	III		3 000	2 325	III						
	V	4 974	2 325	2 325	IV	1 527	1 010	532	146		
	VI	5 494	2 325	2 325							
25 379,99	I,IV	2 070	2 328	2 328	I	1 018	151				
	II	1 063	2 328	2 328	II	181					
	III		3 000	2 328	III						
	V	4 987	2 328	2 328	IV	1 535	1 018	538	151		
	VI	5 506	2 328	2 328							
25 415,99	I,IV	2 078	2 331	2 331	I	1 025	156				
	II	1 070	2 331	2 331	II	186					
	III		3 000	2 331	III						
	V	5 000	2 331	2 331	IV	1 542	1 025	544	156		
	VI	5 519	2 331	2 331							
25 451,99	I,IV	2 085	2 335	2 335	I	1 032	160				
	II	1 077	2 335	2 335	II	191					
	III		3 000	2 335	III						
	V	5 012	2 335	2 335	IV	1 549	1 032	550	160		
	VI	5 531	2 335	2 335							
25 487,99	I,IV	2 093	2 338	2 338	I	1 039	165				
	II	1 084	2 338	2 338	II	196					
	III		3 000	2 338	III						
	V	5 024	2 338	2 338	IV	1 557	1 039	556	165		
	VI	5 543	2 338	2 338							

*   Zur LSt-Berechnung für privat versicherte Arbeitnehmer s. Beispiele **Vorbemerkung S. 4 f.**
** Basisvorsorgepauschale KV und PV   *** Typisierter Arbeitgeberzuschuss

aT2 allgemeine Lohnsteuer

Lohn/Gehalt in € bis	Steuerklasse	Lohn-steuer*	BVSP**	TAGZ***	Steuerklasse	Bemessungsgrundlage für Kirchensteuer und Solidaritätszuschlag					
						Freibeträge für ... Kinder					
						0,5	1,0	1,5	2,0	2,5	3,0
25 523,99	I,IV	2 101	2 341	2 341	I	1 046	170				
	II	1 092	2 341	2 341	II	201					
	III		3 000	2 341	III						
	V	5 037	2 341	2 341	IV	1 564	1 046	563	170		
	VI	5 556	2 341	2 341							
25 559,99	I,IV	2 109	2 345	2 345	I	1 054	175				
	II	1 099	2 345	2 345	II	206					
	III		3 000	2 345	III						
	V	5 050	2 345	2 345	IV	1 572	1 054	569	175		
	VI	5 569	2 345	2 345							
25 595,99	I,IV	2 116	2 348	2 348	I	1 061	180				
	II	1 106	2 348	2 348	II	211					
	III		3 000	2 348	III						
	V	5 062	2 348	2 348	IV	1 579	1 061	575	180		
	VI	5 581	2 348	2 348							
25 631,99	I,IV	2 124	2 351	2 351	I	1 068	185				
	II	1 113	2 351	2 351	II	216					
	III		3 000	2 351	III						
	V	5 074	2 351	2 351	IV	1 587	1 068	582	185		
	VI	5 593	2 351	2 351							
25 667,99	I,IV	2 132	2 355	2 355	I	1 075	190				
	II	1 121	2 355	2 355	II	221					
	III		3 000	2 355	III						
	V	5 087	2 355	2 355	IV	1 594	1 075	588	190		
	VI	5 606	2 355	2 355							
25 703,99	I,IV	2 140	2 358	2 358	I	1 083	195				
	II	1 128	2 358	2 358	II	226					
	III		3 000	2 358	III						
	V	5 100	2 358	2 358	IV	1 602	1 083	594	195		
	VI	5 619	2 358	2 358							
25 739,99	I,IV	2 147	2 361	2 361	I	1 090	200				
	II	1 135	2 361	2 361	II	231					
	III		3 000	2 361	III						
	V	5 112	2 361	2 361	IV	1 609	1 090	600	200		
	VI	5 631	2 361	2 361							
25 775,99	I,IV	2 155	2 364	2 364	I	1 097	205				
	II	1 142	2 364	2 364	II	237					
	III		3 000	2 364	III						
	V	5 124	2 364	2 364	IV	1 617	1 097	607	205		
	VI	5 643	2 364	2 364							
25 811,99	I,IV	2 163	2 368	2 368	I	1 104	210				
	II	1 150	2 368	2 368	II	242					
	III		3 000	2 368	III						
	V	5 137	2 368	2 368	IV	1 624	1 104	613	210		
	VI	5 656	2 368	2 368							
25 847,99	I,IV	2 171	2 371	2 371	I	1 112	215				
	II	1 157	2 371	2 371	II	247					
	III		3 000	2 371	III						
	V	5 150	2 371	2 371	IV	1 632	1 112	620	215		
	VI	5 669	2 371	2 371							
25 883,99	I,IV	2 178	2 374	2 374	I	1 119	220				
	II	1 164	2 374	2 374	II	252					
	III		3 000	2 374	III						
	V	5 162	2 374	2 374	IV	1 639	1 119	626	220		
	VI	5 681	2 374	2 374							
25 919,99	I,IV	2 186	2 378	2 378	I	1 126	225				
	II	1 171	2 378	2 378	II	257					
	III		3 000	2 378	III						
	V	5 174	2 378	2 378	IV	1 647	1 126	633	225		
	VI	5 693	2 378	2 378							

* Zur LSt-Berechnung für privat versicherte Arbeitnehmer s. Beispiele **Vorbemerkung S. 4 f.**
** Basisvorsorgepauschale KV und PV *** Typisierter Arbeitgeberzuschuss

Jahr gültig ab 1. 1. 2022 (idF des StEntlG 2022) — **aT2**

Lohn/Gehalt in € bis	Steuerklasse	Lohnsteuer*	BVSP**	TAGZ***	Steuerklasse	Bemessungsgrundlage für Kirchensteuer und Solidaritätszuschlag — Freibeträge für ... Kinder					
						0,5	1,0	1,5	2,0	2,5	3,0
25 955,99	I,IV	2 194	2 381	2 381	I	1 133	230				
	II	1 179	2 381	2 381	II	263					
	III		3 000	2 381	III						
	V	5 187	2 381	2 381	IV	1 654	1 133	639	230		
	VI	5 706	2 381	2 381							
25 991,99	I,IV	2 202	2 384	2 384	I	1 141	235				
	II	1 186	2 384	2 384	II	268					
	III		3 000	2 384	III						
	V	5 200	2 384	2 384	IV	1 662	1 141	646	235		
	VI	5 719	2 384	2 384							
26 027,99	I,IV	2 209	2 388	2 388	I	1 148	240				
	II	1 193	2 388	2 388	II	273					
	III		3 000	2 388	III						
	V	5 212	2 388	2 388	IV	1 669	1 148	652	240		
	VI	5 731	2 388	2 388							
26 063,99	I,IV	2 217	2 391	2 391	I	1 155	246				
	II	1 201	2 391	2 391	II	278					
	III		3 000	2 391	III						
	V	5 224	2 391	2 391	IV	1 677	1 155	659	246		
	VI	5 743	2 391	2 391							
26 099,99	I,IV	2 225	2 394	2 394	I	1 162	251				
	II	1 208	2 394	2 394	II	284					
	III		3 000	2 394	III						
	V	5 237	2 394	2 394	IV	1 685	1 162	665	251		
	VI	5 756	2 394	2 394							
26 135,99	I,IV	2 233	2 397	2 397	I	1 170	256				
	II	1 215	2 397	2 397	II	289					
	III		3 000	2 397	III						
	V	5 249	2 397	2 397	IV	1 692	1 170	672	256		
	VI	5 769	2 397	2 397							
26 171,99	I,IV	2 240	2 401	2 401	I	1 177	261				
	II	1 222	2 401	2 401	II	294					
	III		3 000	2 401	III						
	V	5 262	2 401	2 401	IV	1 700	1 177	678	261		
	VI	5 781	2 401	2 401							
26 207,99	I,IV	2 248	2 404	2 404	I	1 184	266				
	II	1 230	2 404	2 404	II	300					
	III		3 000	2 404	III						
	V	5 274	2 404	2 404	IV	1 707	1 184	685	266		
	VI	5 793	2 404	2 404							
26 243,99	I,IV	2 256	2 407	2 407	I	1 192	272				
	II	1 237	2 407	2 407	II	305					
	III		3 000	2 407	III						
	V	5 287	2 407	2 407	IV	1 715	1 192	692	272		
	VI	5 802	2 407	2 407							
26 279,99	I,IV	2 264	2 411	2 411	I	1 199	277				
	II	1 245	2 411	2 411	II	311					
	III		3 000	2 411	III						
	V	5 299	2 411	2 411	IV	1 722	1 199	698	277		
	VI	5 814	2 411	2 411							
26 315,99	I,IV	2 272	2 414	2 414	I	1 206	282				
	II	1 252	2 414	2 414	II	316					
	III		3 000	2 414	III						
	V	5 312	2 414	2 414	IV	1 730	1 206	705	282		
	VI	5 826	2 414	2 414							
26 351,99	I,IV	2 280	2 417	2 417	I	1 213	288				
	II	1 259	2 417	2 417	II	321					
	III		3 000	2 417	III						
	V	5 324	2 417	2 417	IV	1 737	1 213	712	288		
	VI	5 836	2 417	2 417							

* Zur LSt-Berechnung für privat versicherte Arbeitnehmer s. Beispiele **Vorbemerkung S. 4 f.**
** Basisvorsorgepauschale KV und PV   *** Typisierter Arbeitgeberzuschuss

aT2 allgemeine Lohnsteuer

Lohn/Gehalt in € bis	Steuerklasse	Lohnsteuer*	BVSP**	TAGZ***	Steuerklasse	Bemessungsgrundlage für Kirchensteuer und Solidaritätszuschlag Freibeträge für ... Kinder					
						0,5	1,0	1,5	2,0	2,5	3,0
26 387,99	I,IV	2 287	2 421	2 421	I	1 221	293				
	II	1 266	2 421	2 421	II	327					
	III		3 000	2 421	III						
	V	5 337	2 421	2 421	IV	1 745	1 221	718	293		
	VI	5 848	2 421	2 421							
26 423,99	I,IV	2 295	2 424	2 424	I	1 228	298				
	II	1 274	2 424	2 424	II	332					
	III		3 000	2 424	III						
	V	5 349	2 424	2 424	IV	1 753	1 228	725	298		
	VI	5 856	2 424	2 424							
26 459,99	I,IV	2 303	2 427	2 427	I	1 235	304				
	II	1 281	2 427	2 427	II	338					
	III		3 000	2 427	III						
	V	5 362	2 427	2 427	IV	1 760	1 235	732	304		
	VI	5 868	2 427	2 427							
26 495,99	I,IV	2 311	2 431	2 431	I	1 243	309				
	II	1 288	2 431	2 431	II	343					
	III		3 000	2 431	III						
	V	5 374	2 431	2 431	IV	1 768	1 243	738	309		
	VI	5 878	2 431	2 431							
26 531,99	I,IV	2 319	2 434	2 434	I	1 250	315				
	II	1 296	2 434	2 434	II	349					
	III		3 000	2 434	III						
	V	5 387	2 434	2 434	IV	1 775	1 250	745	315		
	VI	5 890	2 434	2 434							
26 567,99	I,IV	2 327	2 437	2 437	I	1 257	320				
	II	1 303	2 437	2 437	II	355					
	III		3 000	2 437	III						
	V	5 399	2 437	2 437	IV	1 783	1 257	752	320		
	VI	5 900	2 437	2 437							
26 603,99	I,IV	2 334	2 440	2 440	I	1 265	325				
	II	1 310	2 440	2 440	II	360					
	III		3 000	2 440	III						
	V	5 412	2 440	2 440	IV	1 790	1 265	759	325		
	VI	5 910	2 440	2 440							
26 639,99	I,IV	2 342	2 444	2 444	I	1 272	331				
	II	1 318	2 444	2 444	II	366					
	III		3 000	2 444	III						
	V	5 424	2 444	2 444	IV	1 798	1 272	766	331		
	VI	5 920	2 444	2 444							
26 675,99	I,IV	2 350	2 447	2 447	I	1 279	337				
	II	1 325	2 447	2 447	II	371					
	III		3 000	2 447	III						
	V	5 437	2 447	2 447	IV	1 806	1 279	773	337		
	VI	5 932	2 447	2 447							
26 711,99	I,IV	2 358	2 450	2 450	I	1 287	342				
	II	1 333	2 450	2 450	II	377					
	III		3 000	2 450	III						
	V	5 449	2 450	2 450	IV	1 813	1 287	780	342		
	VI	5 942	2 450	2 450							
26 747,99	I,IV	2 366	2 454	2 454	I	1 294	347				
	II	1 340	2 454	2 454	II	383					
	III		3 000	2 454	III						
	V	5 462	2 454	2 454	IV	1 821	1 294	786	347	4	
	VI	5 954	2 454	2 454							
26 783,99	I,IV	2 374	2 457	2 457	I	1 301	353				
	II	1 347	2 457	2 457	II	388					
	III		3 000	2 457	III						
	V	5 474	2 457	2 457	IV	1 828	1 301	793	353	9	
	VI	5 964	2 457	2 457							

* Zur LSt-Berechnung für privat versicherte Arbeitnehmer s. Beispiele **Vorbemerkung S. 4 f.**
** Basisvorsorgepauschale KV und PV   *** Typisierter Arbeitgeberzuschuss

Jahr gültig ab 1. 1. 2022 (idF des StEntlG 2022) aT2

Lohn/Gehalt in € bis	Steuerklasse	Lohnsteuer*	BVSP**	TAGZ***	Steuerklasse	Bemessungsgrundlage für Kirchensteuer und Solidaritätszuschlag					
						Freibeträge für ... Kinder					
						0,5	1,0	1,5	2,0	2,5	3,0
26 819,99	I,IV	2 382	2 460	2 460	I	1 309	359				
	II	1 355	2 460	2 460	II	394					
	III		3 000	2 460	III						
	V	5 487	2 460	2 460	IV	1 836	1 309	800	359	13	
	VI	5 976	2 460	2 460							
26 855,99	I,IV	2 390	2 464	2 464	I	1 316	364				
	II	1 362	2 464	2 464	II	400					
	III		3 000	2 464	III						
	V	5 499	2 464	2 464	IV	1 844	1 316	807	364	17	
	VI	5 986	2 464	2 464							
26 891,99	I,IV	2 397	2 467	2 467	I	1 323	370				
	II	1 369	2 467	2 467	II	405					
	III		3 000	2 467	III						
	V	5 512	2 467	2 467	IV	1 851	1 323	814	370	21	
	VI	5 996	2 467	2 467							
26 927,99	I,IV	2 405	2 470	2 470	I	1 331	375				
	II	1 377	2 470	2 470	II	411					
	III		3 000	2 470	III						
	V	5 524	2 470	2 470	IV	1 859	1 331	821	375	26	
	VI	6 006	2 470	2 470							
26 963,99	I,IV	2 413	2 473	2 473	I	1 338	381				
	II	1 384	2 473	2 473	II	417					
	III		3 000	2 473	III						
	V	5 537	2 473	2 473	IV	1 867	1 338	828	381	30	
	VI	6 018	2 473	2 473							
26 999,99	I,IV	2 421	2 477	2 477	I	1 346	387				
	II	1 392	2 477	2 477	II	423					
	III		3 000	2 477	III						
	V	5 549	2 477	2 477	IV	1 874	1 346	835	387	34	
	VI	6 028	2 477	2 477							
27 035,99	I,IV	2 429	2 480	2 480	I	1 353	392				
	II	1 399	2 480	2 480	II	428					
	III		3 000	2 480	III						
	V	5 562	2 480	2 480	IV	1 882	1 353	842	392	39	
	VI	6 040	2 480	2 480							
27 071,99	I,IV	2 437	2 483	2 483	I	1 360	398				
	II	1 406	2 483	2 483	II	434					
	III		3 000	2 483	III						
	V	5 574	2 483	2 483	IV	1 889	1 360	849	398	43	
	VI	6 050	2 483	2 483							
27 107,99	I,IV	2 445	2 487	2 487	I	1 368	404				
	II	1 414	2 487	2 487	II	440					
	III		3 000	2 487	III						
	V	5 587	2 487	2 487	IV	1 897	1 368	856	404	47	
	VI	6 062	2 487	2 487							
27 143,99	I,IV	2 453	2 490	2 490	I	1 375	410				
	II	1 421	2 490	2 490	II	446					
	III		3 000	2 490	III						
	V	5 599	2 490	2 490	IV	1 905	1 375	864	410	52	
	VI	6 072	2 490	2 490							
27 179,99	I,IV	2 460	2 493	2 493	I	1 382	415				
	II	1 429	2 493	2 493	II	452					
	III	2	3 000	2 493	III						
	V	5 612	2 493	2 493	IV	1 912	1 382	870	415	56	
	VI	6 084	2 493	2 493							
27 215,99	I,IV	2 468	2 497	2 497	I	1 390	421				
	II	1 436	2 497	2 497	II	458					
	III	6	3 000	2 497	III						
	V	5 624	2 497	2 497	IV	1 920	1 390	878	421	61	
	VI	6 094	2 497	2 497							

* Zur LSt-Berechnung für privat versicherte Arbeitnehmer s. Beispiele **Vorbemerkung S. 4 f.**
** Basisvorsorgepauschale KV und PV *** Typisierter Arbeitgeberzuschuss

aT2   allgemeine Lohnsteuer

Lohn/Gehalt in € bis	Steuerklasse	Lohnsteuer*	BVSP**	TAGZ***	Steuerklasse	Bemessungsgrundlage für Kirchensteuer und Solidaritätszuschlag Freibeträge für ... Kinder					
						0,5	1,0	1,5	2,0	2,5	3,0
27 251,99	I,IV	2476	2500	2500	I	1397	427				
	II	1444	2500	2500	II	464					
	III	12	3000	2500	III						
	V	5637	2500	2500	IV	1928	1397	885	427	65	
	VI	6104	2500	2500							
27 287,99	I,IV	2484	2503	2503	I	1405	433				
	II	1451	2503	2503	II	470					
	III	16	3000	2503	III						
	V	5649	2503	2503	IV	1935	1405	892	433	70	
	VI	6116	2503	2503							
27 323,99	I,IV	2492	2506	2506	I	1412	439				
	II	1458	2506	2506	II	476					
	III	20	3000	2506	III						
	V	5662	2506	2506	IV	1943	1412	899	439	74	
	VI	6124	2506	2506							
27 359,99	I,IV	2500	2510	2510	I	1419	445				
	II	1466	2510	2510	II	482					
	III	26	3000	2510	III						
	V	5674	2510	2510	IV	1951	1419	906	445	78	
	VI	6136	2510	2510							
27 395,99	I,IV	2508	2513	2513	I	1427	451				
	II	1473	2513	2513	II	488					
	III	30	3000	2513	III						
	V	5687	2513	2513	IV	1958	1427	913	451	83	
	VI	6146	2513	2513							
27 431,99	I,IV	2516	2516	2516	I	1434	456				
	II	1481	2516	2516	II	494					
	III	34	3000	2516	III						
	V	5699	2516	2516	IV	1966	1434	921	456	88	
	VI	6158	2516	2516							
27 467,99	I,IV	2524	2520	2520	I	1442	462				
	II	1488	2520	2520	II	500					
	III	40	3000	2520	III						
	V	5711	2520	2520	IV	1974	1442	928	462	92	
	VI	6168	2520	2520							
27 503,99	I,IV	2532	2523	2523	I	1449	468				
	II	1495	2523	2523	II	506					
	III	44	3000	2523	III						
	V	5724	2523	2523	IV	1981	1449	935	468	97	
	VI	6180	2523	2523							
27 539,99	I,IV	2540	2526	2526	I	1456	474				
	II	1503	2526	2526	II	512					
	III	50	3000	2526	III						
	V	5737	2526	2526	IV	1989	1456	942	474	101	
	VI	6190	2526	2526							
27 575,99	I,IV	2548	2530	2530	I	1464	480				
	II	1511	2530	2530	II	518					
	III	54	3000	2530	III						
	V	5749	2530	2530	IV	1997	1464	949	480	106	
	VI	6202	2530	2530							
27 611,99	I,IV	2555	2533	2533	I	1471	486				
	II	1518	2533	2533	II	524					
	III	58	3000	2533	III						
	V	5761	2533	2533	IV	2004	1471	956	486	110	
	VI	6212	2533	2533							
27 647,99	I,IV	2563	2536	2536	I	1479	492				
	II	1525	2536	2536	II	530					
	III	64	3000	2536	III						
	V	5774	2536	2536	IV	2012	1479	964	492	115	
	VI	6224	2536	2536							

*   Zur LSt-Berechnung für privat versicherte Arbeitnehmer s. Beispiele **Vorbemerkung S. 4 f.**
** Basisvorsorgepauschale KV und PV   *** Typisierter Arbeitgeberzuschuss

Jahr gültig ab 1. 1. 2022 (idF des StEntlG 2022)   **aT2**

Lohn/Gehalt in € bis	Steuerklasse	Lohnsteuer*	BVSP**	TAGZ***	Steuerklasse	Bemessungsgrundlage für Kirchensteuer und Solidaritätszuschlag Freibeträge für ... Kinder 0,5	1,0	1,5	2,0	2,5	3,0
27 683,99	I,IV	2 571	2 540	2 540	I	1 486	498				
	II	1 533	2 540	2 540	II	536					
	III	68	3 000	2 540	III						
	V	5 787	2 540	2 540	IV	2 020	1 486	971	498	120	
	VI	6 234	2 540	2 540							
27 719,99	I,IV	2 580	2 543	2 543	I	1 494	504				
	II	1 540	2 543	2 543	II	543					
	III	74	3 000	2 543	III						
	V	5 798	2 543	2 543	IV	2 028	1 494	978	504	125	
	VI	6 244	2 543	2 543							
27 755,99	I,IV	2 587	2 546	2 546	I	1 501	510				
	II	1 548	2 546	2 546	II	549					
	III	78	3 000	2 546	III						
	V	5 808	2 546	2 546	IV	2 035	1 501	985	510	129	
	VI	6 256	2 546	2 546							
27 791,99	I,IV	2 595	2 549	2 549	I	1 508	516				
	II	1 555	2 549	2 549	II	555					
	III	82	3 000	2 549	III						
	V	5 820	2 549	2 549	IV	2 043	1 508	992	516	134	
	VI	6 266	2 549	2 549							
27 827,99	I,IV	2 603	2 553	2 553	I	1 516	523				
	II	1 563	2 553	2 553	II	561					
	III	88	3 000	2 553	III						
	V	5 830	2 553	2 553	IV	2 051	1 516	1 000	523	139	
	VI	6 278	2 553	2 553							
27 863,99	I,IV	2 611	2 556	2 556	I	1 524	529				
	II	1 570	2 556	2 556	II	568					
	III	92	3 000	2 556	III						
	V	5 842	2 556	2 556	IV	2 058	1 524	1 007	529	144	
	VI	6 290	2 556	2 556							
27 899,99	I,IV	2 619	2 559	2 559	I	1 531	535				
	II	1 578	2 559	2 559	II	574					
	III	98	3 000	2 559	III						
	V	5 850	2 559	2 559	IV	2 066	1 531	1 014	535	148	
	VI	6 300	2 559	2 559							
27 935,99	I,IV	2 627	2 563	2 563	I	1 538	541				
	II	1 585	2 563	2 563	II	580					
	III	102	3 000	2 563	III						
	V	5 862	2 563	2 563	IV	2 074	1 538	1 021	541	153	
	VI	6 310	2 563	2 563							
27 971,99	I,IV	2 635	2 566	2 566	I	1 546	547				
	II	1 593	2 566	2 566	II	586					
	III	108	3 000	2 566	III						
	V	5 872	2 566	2 566	IV	2 081	1 546	1 028	547	158	
	VI	6 322	2 566	2 566							
28 007,99	I,IV	2 643	2 569	2 569	I	1 553	554				
	II	1 600	2 569	2 569	II	593					
	III	112	3 000	2 569	III						
	V	5 884	2 569	2 569	IV	2 089	1 553	1 036	554	163	
	VI	6 334	2 569	2 569							
28 043,99	I,IV	2 651	2 573	2 573	I	1 561	560				
	II	1 608	2 573	2 573	II	599					
	III	116	3 000	2 573	III						
	V	5 894	2 573	2 573	IV	2 097	1 561	1 043	560	168	
	VI	6 344	2 573	2 573							
28 079,99	I,IV	2 659	2 576	2 576	I	1 568	566				
	II	1 615	2 576	2 576	II	605					
	III	122	3 000	2 576	III						
	V	5 906	2 576	2 576	IV	2 105	1 568	1 050	566	173	
	VI	6 356	2 576	2 576							

*   Zur LSt-Berechnung für privat versicherte Arbeitnehmer s. Beispiele **Vorbemerkung S. 4 f.**
** Basisvorsorgepauschale KV und PV   *** Typisierter Arbeitgeberzuschuss

aT2   allgemeine Lohnsteuer

Lohn/Gehalt in € bis	Steuerklasse	Lohnsteuer*	BVSP**	TAGZ***	Steuerklasse	Bemessungsgrundlage für Kirchensteuer und Solidaritätszuschlag Freibeträge für ... Kinder					
						0,5	1,0	1,5	2,0	2,5	3,0
28115,99	I,IV	2667	2579	2579	I	1576	572				
	II	1623	2579	2579	II	612					
	III	126	3000	2579	III						
	V	5914	2579	2579	IV	2112	1576	1057	572	178	
	VI	6366	2579	2579							
28151,99	I,IV	2675	2582	2582	I	1583	579				
	II	1630	2582	2582	II	618					
	III	132	3000	2582	III						
	V	5926	2582	2582	IV	2120	1583	1065	579	183	
	VI	6378	2582	2582							
28187,99	I,IV	2683	2586	2586	I	1591	585				
	II	1638	2586	2586	II	625					
	III	136	3000	2586	III						
	V	5936	2586	2586	IV	2128	1591	1072	585	187	
	VI	6388	2586	2586							
28223,99	I,IV	2691	2589	2589	I	1598	591				
	II	1645	2589	2589	II	631					
	III	142	3000	2589	III						
	V	5948	2589	2589	IV	2136	1598	1079	591	192	
	VI	6398	2589	2589							
28259,99	I,IV	2699	2592	2592	I	1606	598				
	II	1653	2592	2592	II	638					
	III	146	3000	2592	III						
	V	5958	2592	2592	IV	2143	1606	1086	598	197	
	VI	6410	2592	2592							
28295,99	I,IV	2707	2596	2596	I	1613	604				
	II	1660	2596	2596	II	644					
	III	152	3000	2596	III						
	V	5970	2596	2596	IV	2151	1613	1094	604	202	
	VI	6420	2596	2596							
28331,99	I,IV	2715	2599	2599	I	1621	610				
	II	1668	2599	2599	II	650					
	III	156	3000	2599	III						
	V	5978	2599	2599	IV	2159	1621	1101	610	207	
	VI	6432	2599	2599							
28367,99	I,IV	2723	2602	2602	I	1628	617				
	II	1675	2602	2602	II	657					
	III	162	3000	2602	III						
	V	5990	2602	2602	IV	2167	1628	1108	617	212	
	VI	6444	2602	2602							
28403,99	I,IV	2731	2606	2606	I	1636	623				
	II	1683	2606	2606	II	664					
	III	166	3000	2606	III						
	V	6000	2606	2606	IV	2174	1636	1115	623	218	
	VI	6454	2606	2606							
28439,99	I,IV	2739	2609	2609	I	1643	630				
	II	1690	2609	2609	II	670					
	III	172	3000	2609	III						
	V	6012	2609	2609	IV	2182	1643	1123	630	223	
	VI	6466	2609	2609							
28475,99	I,IV	2747	2612	2612	I	1651	636				
	II	1698	2612	2612	II	677					
	III	176	3000	2612	III						
	V	6022	2612	2612	IV	2190	1651	1130	636	228	
	VI	6476	2612	2612							
28511,99	I,IV	2755	2615	2615	I	1658	642				
	II	1705	2615	2615	II	683					
	III	182	3000	2615	III						
	V	6034	2615	2615	IV	2198	1658	1137	642	233	
	VI	6488	2615	2615							

* Zur LSt-Berechnung für privat versicherte Arbeitnehmer s. Beispiele **Vorbemerkung S. 4 f.**
** Basisvorsorgepauschale KV und PV *** Typisierter Arbeitgeberzuschuss

Jahr gültig ab 1. 1. 2022 (idF des StEntlG 2022) **aT2**

Lohn/Gehalt in € bis	Steuerklasse	Lohnsteuer*	BVSP**	TAGZ***	Steuerklasse	Bemessungsgrundlage für Kirchensteuer und Solidaritätszuschlag — Freibeträge für ... Kinder					
						0,5	1,0	1,5	2,0	2,5	3,0
28 547,99	I,IV	2763	2619	2619	I	1666	649				
	II	1713	2619	2619	II	690					
	III	188	3000	2619	III						
	V	6044	2619	2619	IV	2206	1666	1144	649	238	
	VI	6498	2619	2619							
28 583,99	I,IV	2772	2622	2622	I	1673	656				
	II	1721	2622	2622	II	697					
	III	192	3000	2622	III						
	V	6056	2622	2622	IV	2213	1673	1152	656	243	
	VI	6510	2622	2622							
28 619,99	I,IV	2779	2625	2625	I	1681	662				
	II	1728	2625	2625	II	703					
	III	198	3000	2625	III						
	V	6066	2625	2625	IV	2221	1681	1159	662	248	
	VI	6520	2625	2625							
28 655,99	I,IV	2788	2629	2629	I	1688	669				
	II	1736	2629	2629	II	710					
	III	202	3000	2629	III						
	V	6078	2629	2629	IV	2229	1688	1166	669	253	
	VI	6532	2629	2629							
28 691,99	I,IV	2796	2632	2632	I	1696	675				
	II	1743	2632	2632	II	717					
	III	208	3000	2632	III						
	V	6088	2632	2632	IV	2237	1696	1173	675	259	
	VI	6544	2632	2632							
28 727,99	I,IV	2804	2635	2635	I	1704	682				
	II	1751	2635	2635	II	723					
	III	212	3000	2635	III						
	V	6098	2635	2635	IV	2245	1704	1181	682	264	
	VI	6554	2635	2635							
28 763,99	I,IV	2812	2639	2639	I	1711	688				
	II	1758	2639	2639	II	730					
	III	218	3000	2639	III						
	V	6108	2639	2639	IV	2252	1711	1188	688	269	
	VI	6566	2639	2639							
28 799,99	I,IV	2820	2642	2642	I	1719	695				
	II	1766	2642	2642	II	737					
	III	224	3000	2642	III						
	V	6118	2642	2642	IV	2260	1719	1195	695	274	
	VI	6576	2642	2642							
28 835,99	I,IV	2828	2645	2645	I	1726	702				
	II	1774	2645	2645	II	744					
	III	228	3000	2645	III						
	V	6130	2645	2645	IV	2268	1726	1203	702	280	
	VI	6588	2645	2645							
28 871,99	I,IV	2836	2649	2649	I	1734	708				
	II	1781	2649	2649	II	751					
	III	234	3000	2649	III						
	V	6142	2649	2649	IV	2276	1734	1210	708	285	
	VI	6600	2649	2649							
28 907,99	I,IV	2844	2652	2652	I	1741	715				
	II	1789	2652	2652	II	757					
	III	238	3000	2652	III						
	V	6152	2652	2652	IV	2283	1741	1217	715	290	
	VI	6610	2652	2652							
28 943,99	I,IV	2852	2655	2655	I	1749	722				
	II	1796	2655	2655	II	764					
	III	244	3000	2655	III						
	V	6162	2655	2655	IV	2291	1749	1224	722	296	
	VI	6620	2655	2655							

* Zur LSt-Berechnung für privat versicherte Arbeitnehmer s. Beispiele **Vorbemerkung S. 4 f.**
** Basisvorsorgepauschale KV und PV   *** Typisierter Arbeitgeberzuschuss

aT2 — allgemeine Lohnsteuer

Lohn/Gehalt in € bis	Steuerklasse	Lohn-steuer*	BVSP**	TAGZ***	Steuerklasse	_	_	_	_	_	_
						Bemessungsgrundlage für Kirchensteuer und Solidaritätszuschlag Freibeträge für ... Kinder					
						0,5	**1,0**	1,5	**2,0**	2,5	**3,0**
28 979,99	I,IV	2 860	2 658	2 658	I	1 756	728				
	II	1 804	2 658	2 658	II	771					
	III	248	3 000	2 658	III						
	V	6 174	2 658	2 658	IV	2 299	1 756	1 232	728	301	
	VI	6 634	2 658	2 658							
29 015,99	I,IV	2 868	2 662	2 662	I	1 764	735				
	II	1 812	2 662	2 662	II	778					
	III	254	3 000	2 662	III						
	V	6 184	2 662	2 662	IV	2 307	1 764	1 239	735	307	
	VI	6 644	2 662	2 662							
29 051,99	I,IV	2 876	2 665	2 665	I	1 771	742				
	II	1 819	2 665	2 665	II	785	3				
	III	260	3 000	2 665	III						
	V	6 196	2 665	2 665	IV	2 315	1 771	1 246	742	312	
	VI	6 656	2 665	2 665							
29 087,99	I,IV	2 884	2 668	2 668	I	1 779	749				
	II	1 827	2 668	2 668	II	792	8				
	III	264	3 000	2 668	III						
	V	6 206	2 668	2 668	IV	2 323	1 779	1 254	749	317	
	VI	6 666	2 668	2 668							
29 123,99	I,IV	2 893	2 672	2 672	I	1 787	756				
	II	1 834	2 672	2 672	II	799	12				
	III	270	3 000	2 672	III						
	V	6 218	2 672	2 672	IV	2 331	1 787	1 261	756	323	
	VI	6 676	2 672	2 672							
29 159,99	I,IV	2 901	2 675	2 675	I	1 794	762				
	II	1 842	2 675	2 675	II	806	16				
	III	276	3 000	2 675	III						
	V	6 228	2 675	2 675	IV	2 339	1 794	1 268	762	328	
	VI	6 688	2 675	2 675							
29 195,99	I,IV	2 909	2 678	2 678	I	1 802	769				
	II	1 849	2 678	2 678	II	812	20				
	III	280	3 000	2 678	III						
	V	6 240	2 678	2 678	IV	2 346	1 802	1 276	769	334	
	VI	6 700	2 678	2 678							
29 231,99	I,IV	2 917	2 682	2 682	I	1 809	776				
	II	1 857	2 682	2 682	II	819	25				
	III	286	3 000	2 682	III						
	V	6 250	2 682	2 682	IV	2 354	1 809	1 283	776	339	
	VI	6 710	2 682	2 682							
29 267,99	I,IV	2 925	2 685	2 685	I	1 817	783	2			
	II	1 865	2 685	2 685	II	827	29				
	III	292	3 000	2 685	III						
	V	6 260	2 685	2 685	IV	2 362	1 817	1 290	783	345	2
	VI	6 722	2 685	2 685							
29 303,99	I,IV	2 933	2 688	2 688	I	1 825	790	7			
	II	1 872	2 688	2 688	II	834	33				
	III	296	3 000	2 688	III						
	V	6 274	2 688	2 688	IV	2 370	1 825	1 298	790	350	7
	VI	6 734	2 688	2 688							
29 339,99	I,IV	2 941	2 691	2 691	I	1 832	797	11			
	II	1 880	2 691	2 691	II	840	38				
	III	302	3 000	2 691	III						
	V	6 282	2 691	2 691	IV	2 378	1 832	1 305	797	356	11
	VI	6 744	2 691	2 691							
29 375,99	I,IV	2 949	2 695	2 695	I	1 840	804	15			
	II	1 888	2 695	2 695	II	848	42				
	III	308	3 000	2 695	III						
	V	6 294	2 695	2 695	IV	2 386	1 840	1 312	804	362	15
	VI	6 756	2 695	2 695							

* Zur LSt-Berechnung für privat versicherte Arbeitnehmer s. Beispiele **Vorbemerkung S. 4 f.**
** Basisvorsorgepauschale KV und PV *** Typisierter Arbeitgeberzuschuss

Jahr gültig ab 1. 1. 2022 (idF des StEntlG 2022) — **aT2**

Lohn/Gehalt in € bis	Steuerklasse	Lohnsteuer*	BVSP**	TAGZ***	Steuerklasse	Bemessungsgrundlage für Kirchensteuer und Solidaritätszuschlag Freibeträge für ... Kinder					
						0,5	**1,0**	1,5	**2,0**	2,5	**3,0**
29 411,99	I,IV	**2 958**	2 698	2 698	I	1 848	811	19			
	II	**1 895**	2 698	2 698	II	855	46				
	III	**312**	3 000	2 698	III						
	V	**6 306**	2 698	2 698	IV	2 394	1 848	1 320	811	367	19
	VI	**6 768**	2 698	2 698							
29 447,99	I,IV	**2 966**	2 701	2 701	I	1 855	818	24			
	II	**1 903**	2 701	2 701	II	862	51				
	III	**318**	3 000	2 701	III						
	V	**6 316**	2 701	2 701	IV	2 401	1 855	1 327	818	373	24
	VI	**6 778**	2 701	2 701							
29 483,99	I,IV	**2 974**	2 705	2 705	I	1 863	825	28			
	II	**1 910**	2 705	2 705	II	869	55				
	III	**324**	3 000	2 705	III						
	V	**6 326**	2 705	2 705	IV	2 409	1 863	1 334	825	378	28
	VI	**6 790**	2 705	2 705							
29 519,99	I,IV	**2 982**	2 708	2 708	I	1 870	832	32			
	II	**1 918**	2 708	2 708	II	876	59				
	III	**328**	3 000	2 708	III						
	V	**6 338**	2 708	2 708	IV	2 417	1 870	1 342	832	384	32
	VI	**6 800**	2 708	2 708							
29 555,99	I,IV	**2 990**	2 711	2 711	I	1 878	839	36			
	II	**1 926**	2 711	2 711	II	883	64				
	III	**334**	3 000	2 711	III						
	V	**6 350**	2 711	2 711	IV	2 425	1 878	1 349	839	390	36
	VI	**6 812**	2 711	2 711							
29 591,99	I,IV	**2 998**	2 715	2 715	I	1 886	846	41			
	II	**1 934**	2 715	2 715	II	890	68				
	III	**340**	3 000	2 715	III						
	V	**6 360**	2 715	2 715	IV	2 433	1 886	1 357	846	396	41
	VI	**6 824**	2 715	2 715							
29 627,99	I,IV	**3 006**	2 718	2 718	I	1 893	853	45			
	II	**1 941**	2 718	2 718	II	897	73				
	III	**346**	3 000	2 718	III						
	V	**6 372**	2 718	2 718	IV	2 441	1 893	1 364	853	401	45
	VI	**6 834**	2 718	2 718							
29 663,99	I,IV	**3 015**	2 721	2 721	I	1 901	860	50			
	II	**1 949**	2 721	2 721	II	905	77				
	III	**350**	3 000	2 721	III						
	V	**6 382**	2 721	2 721	IV	2 449	1 901	1 371	860	407	50
	VI	**6 846**	2 721	2 721							
29 699,99	I,IV	**3 023**	2 724	2 724	I	1 909	867	54			
	II	**1 957**	2 724	2 724	II	912	82				
	III	**356**	3 000	2 724	III						
	V	**6 392**	2 724	2 724	IV	2 457	1 909	1 379	867	413	54
	VI	**6 858**	2 724	2 724							
29 735,99	I,IV	**3 031**	2 728	2 728	I	1 916	874	58			
	II	**1 964**	2 728	2 728	II	919	87				
	III	**362**	3 000	2 728	III						
	V	**6 404**	2 728	2 728	IV	2 465	1 916	1 386	874	419	58
	VI	**6 868**	2 728	2 728							
29 771,99	I,IV	**3 039**	2 731	2 731	I	1 924	881	63			
	II	**1 972**	2 731	2 731	II	926	91				
	III	**368**	3 000	2 731	III						
	V	**6 414**	2 731	2 731	IV	2 472	1 924	1 393	881	424	63
	VI	**6 878**	2 731	2 731							
29 807,99	I,IV	**3 047**	2 734	2 734	I	1 932	888	67			
	II	**1 979**	2 734	2 734	II	933	96				
	III	**372**	3 000	2 734	III						
	V	**6 426**	2 734	2 734	IV	2 480	1 932	1 401	888	430	67
	VI	**6 892**	2 734	2 734							

* Zur LSt-Berechnung für privat versicherte Arbeitnehmer s. Beispiele **Vorbemerkung S. 4 f.**
** Basisvorsorgepauschale KV und PV   *** Typisierter Arbeitgeberzuschuss

aT2 allgemeine Lohnsteuer

Lohn/Gehalt in € bis	Steuerklasse	Lohnsteuer*	BVSP**	TAGZ***	Steuerklasse	Bemessungsgrundlage für Kirchensteuer und Solidaritätszuschlag Freibeträge für ... Kinder 0,5	1,0	1,5	2,0	2,5	3,0
29843,99	I,IV	3055	2738	2738	I	1939	896	72			
	II	1987	2738	2738	II	940	100				
	III	378	3000	2738	III						
	V	6438	2738	2738	IV	2488	1939	1408	896	436	72
	VI	6902	2738	2738							
29879,99	I,IV	3064	2741	2741	I	1947	903	76			
	II	1995	2741	2741	II	948	105				
	III	384	3000	2741	III						
	V	6448	2741	2741	IV	2496	1947	1416	903	442	76
	VI	6914	2741	2741							
29915,99	I,IV	3072	2744	2744	I	1954	910	81			
	II	2002	2744	2744	II	955	109				
	III	390	3000	2744	III						
	V	6460	2744	2744	IV	2504	1954	1423	910	448	81
	VI	6926	2744	2744							
29951,99	I,IV	3080	2748	2748	I	1962	917	85			
	II	2010	2748	2748	II	962	114				
	III	394	3000	2748	III						
	V	6470	2748	2748	IV	2512	1962	1431	917	453	85
	VI	6936	2748	2748							
29987,99	I,IV	3088	2751	2751	I	1970	924	90			
	II	2018	2751	2751	II	969	119				
	III	400	3000	2751	III						
	V	6482	2751	2751	IV	2520	1970	1438	924	459	90
	VI	6948	2751	2751							
30023,99	I,IV	3096	2754	2754	I	1978	932	94			
	II	2026	2754	2754	II	976	124				
	III	406	3000	2754	III						
	V	6492	2754	2754	IV	2528	1978	1446	932	465	94
	VI	6960	2754	2754							
30059,99	I,IV	3104	2758	2758	I	1985	939	99			
	II	2033	2758	2758	II	983	128				
	III	412	3000	2758	III						
	V	6504	2758	2758	IV	2536	1985	1453	939	471	99
	VI	6970	2758	2758							
30095,99	I,IV	3113	2761	2761	I	1993	946	104			
	II	2041	2761	2761	II	991	133				
	III	416	3000	2761	III						
	V	6514	2761	2761	IV	2544	1993	1460	946	477	104
	VI	6982	2761	2761							
30131,99	I,IV	3121	2764	2764	I	2001	953	108			
	II	2049	2764	2764	II	998	138				
	III	422	3000	2764	III						
	V	6526	2764	2764	IV	2552	2001	1468	953	483	108
	VI	6994	2764	2764							
30167,99	I,IV	3129	2767	2767	I	2008	960	113			
	II	2057	2767	2767	II	1005	142				
	III	428	3000	2767	III						
	V	6538	2767	2767	IV	2560	2008	1475	960	489	113
	VI	7006	2767	2767							
30203,99	I,IV	3137	2771	2771	I	2016	967	118			
	II	2064	2771	2771	II	1012	147				
	III	434	3000	2771	III						
	V	6548	2771	2771	IV	2567	2016	1482	967	495	118
	VI	7016	2771	2771							
30239,99	I,IV	3145	2774	2774	I	2024	974	122			
	II	2072	2774	2774	II	1019	152				
	III	440	3000	2774	III						
	V	6560	2774	2774	IV	2575	2024	1490	974	501	122
	VI	7028	2774	2774							

* Zur LSt-Berechnung für privat versicherte Arbeitnehmer s. Beispiele **Vorbemerkung S. 4 f.**
** Basisvorsorgepauschale KV und PV   *** Typisierter Arbeitgeberzuschuss

Jahr gültig ab 1. 1. 2022 (idF des StEntlG 2022) aT2

Lohn/ Gehalt in € bis	Steuerklasse	Lohn- steuer*	BVSP**	TAGZ***	Steuerklasse	Bemessungsgrundlage für Kirchensteuer und Solidaritätszuschlag					
						Freibeträge für ... Kinder					
						0,5	1,0	1,5	2,0	2,5	3,0
30 275,99	I,IV	3154	2777	2777	I	2031	982	127			
	II	2080	2777	2777	II	1027	157				
	III	444	3000	2777	III						
	V	6570	2777	2777	IV	2584	2031	1497	982	507	127
	VI	7040	2777	2777							
30 311,99	I,IV	3162	2781	2781	I	2039	989	132			
	II	2087	2781	2781	II	1034	162				
	III	450	3000	2781	III						
	V	6582	2781	2781	IV	2592	2039	1505	989	514	132
	VI	7052	2781	2781							
30 347,99	I,IV	3170	2784	2784	I	2047	996	136			
	II	2095	2784	2784	II	1041	167				
	III	456	3000	2784	III						
	V	6594	2784	2784	IV	2599	2047	1512	996	520	136
	VI	7062	2784	2784							
30 383,99	I,IV	3178	2787	2787	I	2054	1003	141			
	II	2103	2787	2787	II	1048	171				
	III	462	3000	2787	III						
	V	6604	2787	2787	IV	2607	2054	1520	1003	526	141
	VI	7074	2787	2787							
30 419,99	I,IV	3187	2791	2791	I	2062	1010	146			
	II	2111	2791	2791	II	1056	176				
	III	468	3000	2791	III						
	V	6614	2791	2791	IV	2615	2062	1527	1010	532	146
	VI	7086	2791	2791							
30 455,99	I,IV	3195	2794	2794	I	2070	1018	151			
	II	2118	2794	2794	II	1063	181				
	III	474	3000	2794	III						
	V	6626	2794	2794	IV	2623	2070	1535	1018	538	151
	VI	7096	2794	2794							
30 491,99	I,IV	3203	2797	2797	I	2078	1025	156			
	II	2126	2797	2797	II	1070	186				
	III	480	3000	2797	III						
	V	6636	2797	2797	IV	2631	2078	1542	1025	544	156
	VI	7110	2797	2797							
30 527,99	I,IV	3211	2800	2800	I	2085	1032	160			
	II	2134	2800	2800	II	1077	191				
	III	484	3000	2800	III						
	V	6650	2800	2800	IV	2639	2085	1550	1032	550	160
	VI	7120	2800	2800							
30 563,99	I,IV	3220	2804	2804	I	2093	1039	165			
	II	2142	2804	2804	II	1085	196				
	III	490	3000	2804	III						
	V	6660	2804	2804	IV	2647	2093	1557	1039	557	165
	VI	7132	2804	2804							
30 599,99	I,IV	3228	2807	2807	I	2101	1047	170			
	II	2149	2807	2807	II	1092	201				
	III	496	3000	2807	III						
	V	6670	2807	2807	IV	2655	2101	1565	1047	563	170
	VI	7142	2807	2807							
30 635,99	I,IV	3236	2810	2810	I	2109	1054	175			
	II	2157	2810	2810	II	1099	206				
	III	502	3000	2810	III						
	V	6682	2810	2810	IV	2663	2109	1572	1054	569	175
	VI	7154	2810	2810							
30 671,99	I,IV	3244	2814	2814	I	2116	1061	180			
	II	2165	2814	2814	II	1106	211				
	III	508	3000	2814	III						
	V	6694	2814	2814	IV	2671	2116	1580	1061	575	180
	VI	7166	2814	2814							

* Zur LSt-Berechnung für privat versicherte Arbeitnehmer s. Beispiele **Vorbemerkung S. 4f.**
** Basisvorsorgepauschale KV und PV *** Typisierter Arbeitgeberzuschuss

aT2   allgemeine Lohnsteuer

Lohn/ Gehalt in € bis	Steuerklasse	Lohn-steuer*	BVSP**	TAGZ***	Steuerklasse	Bemessungsgrundlage für Kirchensteuer und Solidaritätszuschlag					
						Freibeträge für ... Kinder					
						0,5	1,0	1,5	2,0	2,5	3,0
30 707,99	I,IV	3 253	2 817	2 817	I	2 124	1 068	185			
	II	2 173	2 817	2 817	II	1 114	216				
	III	514	3 000	2 817	III						
	V	6 704	2 817	2 817	IV	2 679	2 124	1 587	1 068	582	185
	VI	7 178	2 817	2 817							
30 743,99	I,IV	3 261	2 820	2 820	I	2 132	1 076	190			
	II	2 180	2 820	2 820	II	1 121	221				
	III	520	3 000	2 820	III						
	V	6 716	2 820	2 820	IV	2 687	2 132	1 595	1 076	588	190
	VI	7 188	2 820	2 820							
30 779,99	I,IV	3 269	2 824	2 824	I	2 140	1 083	195			
	II	2 188	2 824	2 824	II	1 128	226				
	III	526	3 000	2 824	III						
	V	6 726	2 824	2 824	IV	2 695	2 140	1 602	1 083	594	195
	VI	7 200	2 824	2 824							
30 815,99	I,IV	3 277	2 827	2 827	I	2 147	1 090	200			
	II	2 196	2 827	2 827	II	1 135	232				
	III	532	3 000	2 827	III						
	V	6 738	2 827	2 827	IV	2 703	2 147	1 610	1 090	601	200
	VI	7 212	2 827	2 827							
30 851,99	I,IV	3 286	2 830	2 830	I	2 155	1 097	205			
	II	2 204	2 830	2 830	II	1 143	237				
	III	538	3 000	2 830	III						
	V	6 750	2 830	2 830	IV	2 711	2 155	1 617	1 097	607	205
	VI	7 224	2 830	2 830							
30 887,99	I,IV	3 294	2 833	2 833	I	2 163	1 104	210			
	II	2 212	2 833	2 833	II	1 150	242				
	III	542	3 000	2 833	III						
	V	6 760	2 833	2 833	IV	2 719	2 163	1 625	1 104	614	210
	VI	7 234	2 833	2 833							
30 923,99	I,IV	3 302	2 837	2 837	I	2 171	1 112	215			
	II	2 219	2 837	2 837	II	1 157	247				
	III	548	3 000	2 837	III						
	V	6 772	2 837	2 837	IV	2 727	2 171	1 632	1 112	620	215
	VI	7 246	2 837	2 837							
30 959,99	I,IV	3 311	2 840	2 840	I	2 178	1 119	220			
	II	2 227	2 840	2 840	II	1 164	252				
	III	554	3 000	2 840	III						
	V	6 784	2 840	2 840	IV	2 735	2 178	1 640	1 119	626	220
	VI	7 258	2 840	2 840							
30 995,99	I,IV	3 319	2 843	2 843	I	2 186	1 126	225			
	II	2 235	2 843	2 843	II	1 172	258				
	III	560	3 000	2 843	III						
	V	6 794	2 843	2 843	IV	2 743	2 186	1 647	1 126	633	225
	VI	7 270	2 843	2 843							
31 031,99	I,IV	3 327	2 847	2 847	I	2 194	1 134	230			
	II	2 243	2 847	2 847	II	1 179	263				
	III	566	3 000	2 847	III						
	V	6 806	2 847	2 847	IV	2 752	2 194	1 655	1 134	639	230
	VI	7 280	2 847	2 847							
31 067,99	I,IV	3 335	2 850	2 850	I	2 202	1 141	235			
	II	2 250	2 850	2 850	II	1 186	268				
	III	572	3 000	2 850	III						
	V	6 818	2 850	2 850	IV	2 759	2 202	1 662	1 141	646	235
	VI	7 294	2 850	2 850							
31 103,99	I,IV	3 344	2 853	2 853	I	2 210	1 148	241			
	II	2 258	2 853	2 853	II	1 193	273				
	III	578	3 000	2 853	III						
	V	6 828	2 853	2 853	IV	2 768	2 210	1 670	1 148	652	241
	VI	7 304	2 853	2 853							

* Zur LSt-Berechnung für privat versicherte Arbeitnehmer s. Beispiele **Vorbemerkung S. 4 f.**
** Basisvorsorgepauschale KV und PV   *** Typisierter Arbeitgeberzuschuss

Jahr gültig ab 1. 1. 2022 (idF des StEntlG 2022) — aT2

Lohn/Gehalt in € bis	Steuerklasse	Lohnsteuer*	BVSP**	TAGZ***	Steuerklasse	Bemessungsgrundlage für Kirchensteuer und Solidaritätszuschlag					
						Freibeträge für ... Kinder					
						0,5	1,0	1,5	2,0	2,5	3,0
31 139,99	I,IV	3 352	2 857	2 857	I	2 217	1 155	246			
	II	2 266	2 857	2 857	II	1 201	279				
	III	584	3 000	2 857	III						
	V	6 838	2 857	2 857	IV	2 776	2 217	1 677	1 155	659	246
	VI	7 316	2 857	2 857							
31 175,99	I,IV	3 360	2 860	2 860	I	2 225	1 163	251			
	II	2 274	2 860	2 860	II	1 208	284				
	III	590	3 000	2 860	III						
	V	6 852	2 860	2 860	IV	2 784	2 225	1 685	1 163	665	251
	VI	7 330	2 860	2 860							
31 211,99	I,IV	3 369	2 863	2 863	I	2 233	1 170	256			
	II	2 282	2 863	2 863	II	1 215	289				
	III	596	3 000	2 863	III						
	V	6 862	2 863	2 863	IV	2 792	2 233	1 692	1 170	672	256
	VI	7 340	2 863	2 863							
31 247,99	I,IV	3 377	2 867	2 867	I	2 241	1 177	261			
	II	2 290	2 867	2 867	II	1 223	294				
	III	602	3 000	2 867	III						
	V	6 874	2 867	2 867	IV	2 800	2 241	1 700	1 177	678	261
	VI	7 350	2 867	2 867							
31 283,99	I,IV	3 385	2 870	2 870	I	2 249	1 184	267			
	II	2 297	2 870	2 870	II	1 230	300				
	III	608	3 000	2 870	III						
	V	6 886	2 870	2 870	IV	2 808	2 249	1 707	1 184	685	267
	VI	7 362	2 870	2 870							
31 319,99	I,IV	3 394	2 873	2 873	I	2 256	1 192	272			
	II	2 305	2 873	2 873	II	1 237	305				
	III	614	3 000	2 873	III						
	V	6 896	2 873	2 873	IV	2 816	2 256	1 715	1 192	692	272
	VI	7 374	2 873	2 873							
31 355,99	I,IV	3 402	2 876	2 876	I	2 264	1 199	277			
	II	2 313	2 876	2 876	II	1 245	311				
	III	620	3 000	2 876	III						
	V	6 908	2 876	2 876	IV	2 824	2 264	1 722	1 199	698	277
	VI	7 386	2 876	2 876							
31 391,99	I,IV	3 410	2 880	2 880	I	2 272	1 206	282			
	II	2 321	2 880	2 880	II	1 252	316				
	III	626	3 000	2 880	III						
	V	6 920	2 880	2 880	IV	2 832	2 272	1 730	1 206	705	282
	VI	7 398	2 880	2 880							
31 427,99	I,IV	3 419	2 883	2 883	I	2 280	1 214	288			
	II	2 329	2 883	2 883	II	1 259	322				
	III	632	3 000	2 883	III						
	V	6 930	2 883	2 883	IV	2 840	2 280	1 738	1 214	712	288
	VI	7 410	2 883	2 883							
31 463,99	I,IV	3 427	2 886	2 886	I	2 288	1 221	293			
	II	2 337	2 886	2 886	II	1 267	327				
	III	638	3 000	2 886	III						
	V	6 942	2 886	2 886	IV	2 848	2 288	1 745	1 221	719	293
	VI	7 420	2 886	2 886							
31 499,99	I,IV	3 435	2 890	2 890	I	2 295	1 228	298			
	II	2 344	2 890	2 890	II	1 274	332				
	III	644	3 000	2 890	III						
	V	6 954	2 890	2 890	IV	2 856	2 295	1 753	1 228	725	298
	VI	7 434	2 890	2 890							
31 535,99	I,IV	3 444	2 893	2 893	I	2 303	1 235	304			
	II	2 352	2 893	2 893	II	1 281	338				
	III	650	3 000	2 893	III						
	V	6 964	2 893	2 893	IV	2 864	2 303	1 760	1 235	732	304
	VI	7 444	2 893	2 893							

* Zur LSt-Berechnung für privat versicherte Arbeitnehmer s. Beispiele **Vorbemerkung S. 4 f.**
** Basisvorsorgepauschale KV und PV   *** Typisierter Arbeitgeberzuschuss

aT2 allgemeine Lohnsteuer

Lohn/Gehalt in € bis	Steuerklasse	Lohn-steuer*	BVSP**	TAGZ***	Steuerklasse	0,5	1,0	1,5	2,0	2,5	3,0

Bemessungsgrundlage für Kirchensteuer und Solidaritätszuschlag — Freibeträge für ... Kinder

Lohn/Gehalt in € bis	StKl	Lohnsteuer*	BVSP**	TAGZ***	StKl	0,5	1,0	1,5	2,0	2,5	3,0
31 571,99	I,IV	3452	2896	2896	I	2311	1243	309			
	II	2360	2896	2896	II	1289	344				
	III	656	3000	2896	III						
	V	6976	2896	2896	IV	2873	2311	1768	1243	739	309
	VI	7456	2896	2896							
31 607,99	I,IV	3460	2900	2900	I	2319	1250	315			
	II	2368	2900	2900	II	1296	349				
	III	662	3000	2900	III						
	V	6988	2900	2900	IV	2881	2319	1776	1250	746	315
	VI	7468	2900	2900							
31 643,99	I,IV	3469	2903	2903	I	2327	1257	320			
	II	2376	2903	2903	II	1303	355				
	III	668	3000	2903	III						
	V	6998	2903	2903	IV	2889	2327	1783	1257	752	320
	VI	7480	2903	2903							
31 679,99	I,IV	3477	2906	2906	I	2335	1265	326			
	II	2384	2906	2906	II	1311	360				
	III	674	3000	2906	III						
	V	7010	2906	2906	IV	2897	2335	1791	1265	759	326
	VI	7492	2906	2906							
31 715,99	I,IV	3485	2909	2909	I	2343	1272	331			
	II	2392	2909	2909	II	1318	366				
	III	680	3000	2909	III						
	V	7022	2909	2909	IV	2905	2343	1798	1272	766	331
	VI	7504	2909	2909							
31 751,99	I,IV	3494	2913	2913	I	2350	1280	337			
	II	2400	2913	2913	II	1326	372				
	III	688	3000	2913	III	2					
	V	7034	2913	2913	IV	2913	2350	1806	1280	773	337
	VI	7514	2913	2913							
31 787,99	I,IV	3502	2916	2916	I	2358	1287	342			
	II	2407	2916	2916	II	1333	377				
	III	694	3000	2916	III	8					
	V	7044	2916	2916	IV	2921	2358	1813	1287	780	342
	VI	7528	2916	2916							
31 823,99	I,IV	3511	2919	2919	I	2366	1294	348			
	II	2415	2919	2919	II	1340	383				
	III	700	3000	2919	III	12					
	V	7056	2919	2919	IV	2929	2366	1821	1294	786	348
	VI	7538	2919	2919							
31 859,99	I,IV	3519	2923	2923	I	2374	1302	353			
	II	2423	2923	2923	II	1348	388				
	III	706	3000	2923	III	16					
	V	7068	2923	2923	IV	2937	2374	1829	1302	793	353
	VI	7550	2923	2923							
31 895,99	I,IV	3527	2926	2926	I	2382	1309	359			
	II	2431	2926	2926	II	1355	394				
	III	712	3000	2926	III	22					
	V	7080	2926	2926	IV	2946	2382	1836	1309	800	359
	VI	7562	2926	2926							
31 931,99	I,IV	3536	2929	2929	I	2390	1316	364			
	II	2439	2929	2929	II	1362	400				
	III	718	3000	2929	III	26					
	V	7090	2929	2929	IV	2953	2390	1844	1316	807	364
	VI	7572	2929	2929							
31 967,99	I,IV	3544	2933	2933	I	2397	1324	370			
	II	2447	2933	2933	II	1370	406				
	III	724	3000	2933	III	30					
	V	7102	2933	2933	IV	2962	2397	1851	1324	814	370
	VI	7586	2933	2933							

* Zur LSt-Berechnung für privat versicherte Arbeitnehmer s. Beispiele **Vorbemerkung S. 4 f.**
** Basisvorsorgepauschale KV und PV   *** Typisierter Arbeitgeberzuschuss

Jahr gültig ab 1. 1. 2022 (idF des StEntlG 2022) **aT2**

Lohn/Gehalt in € bis	Steuerklasse	Lohnsteuer*	BVSP**	TAGZ***	Steuerklasse	Bemessungsgrundlage für Kirchensteuer und Solidaritätszuschlag — Freibeträge für ... Kinder 0,5	1,0	1,5	2,0	2,5	3,0
32 003,99	I,IV	3552	2936	2936	I	2405	1331	376			
	II	2455	2936	2936	II	1377	411				
	III	730	3000	2936	III	36					
	V	7114	2936	2936	IV	2970	2405	1859	1331	821	376
	VI	7598	2936	2936							
32 039,99	I,IV	3561	2939	2939	I	2413	1338	381			
	II	2463	2939	2939	II	1385	417				
	III	736	3000	2939	III	40					
	V	7124	2939	2939	IV	2978	2413	1867	1338	828	381
	VI	7610	2939	2939							
32 075,99	I,IV	3569	2942	2942	I	2421	1346	387			
	II	2470	2942	2942	II	1392	423				
	III	742	3000	2942	III	44					
	V	7138	2942	2942	IV	2986	2421	1874	1346	835	387
	VI	7620	2942	2942							
32 111,99	I,IV	3578	2946	2946	I	2429	1353	393			
	II	2478	2946	2946	II	1399	429				
	III	750	3000	2946	III	50					
	V	7148	2946	2946	IV	2994	2429	1882	1353	842	393
	VI	7632	2946	2946							
32 147,99	I,IV	3586	2949	2949	I	2437	1360	398			
	II	2486	2949	2949	II	1407	435				
	III	756	3000	2949	III	54					
	V	7160	2949	2949	IV	3002	2437	1890	1360	849	398
	VI	7644	2949	2949							
32 183,99	I,IV	3595	2952	2952	I	2445	1368	404			
	II	2494	2952	2952	II	1414	440				
	III	762	3000	2952	III	60					
	V	7170	2952	2952	IV	3011	2445	1897	1368	857	404
	VI	7658	2952	2952							
32 219,99	I,IV	3603	2956	2956	I	2453	1375	410			
	II	2502	2956	2956	II	1421	446				
	III	768	3000	2956	III	64					
	V	7184	2956	2956	IV	3019	2453	1905	1375	864	410
	VI	7668	2956	2956							
32 255,99	I,IV	3611	2959	2959	I	2461	1383	416			
	II	2510	2959	2959	II	1429	452				
	III	774	3000	2959	III	68					
	V	7194	2959	2959	IV	3027	2461	1912	1383	871	416
	VI	7680	2959	2959							
32 291,99	I,IV	3620	2962	2962	I	2469	1390	421			
	II	2518	2962	2962	II	1436	458				
	III	780	3000	2962	III	74					
	V	7206	2962	2962	IV	3035	2469	1920	1390	878	421
	VI	7692	2962	2962							
32 327,99	I,IV	3628	2966	2966	I	2477	1397	427			
	II	2526	2966	2966	II	1444	464				
	III	786	3000	2966	III	78					
	V	7216	2966	2966	IV	3043	2477	1928	1397	885	427
	VI	7704	2966	2966							
32 363,99	I,IV	3636	2969	2969	I	2484	1405	433			
	II	2534	2969	2969	II	1451	470				
	III	794	3000	2969	III	84					
	V	7230	2969	2969	IV	3051	2484	1935	1405	892	433
	VI	7716	2969	2969							
32 399,99	I,IV	3645	2972	2972	I	2492	1412	439			
	II	2542	2972	2972	II	1458	476				
	III	800	3000	2972	III	88					
	V	7240	2972	2972	IV	3060	2492	1943	1412	899	439
	VI	7728	2972	2972							

* Zur LSt-Berechnung für privat versicherte Arbeitnehmer s. Beispiele **Vorbemerkung S. 4 f.**
** Basisvorsorgepauschale KV und PV   *** Typisierter Arbeitgeberzuschuss

aT2 allgemeine Lohnsteuer

Lohn/Gehalt in € bis	Steuerklasse	Lohnsteuer*	BVSP**	TAGZ***	Steuerklasse	Bemessungsgrundlage für Kirchensteuer und Solidaritätszuschlag					
						Freibeträge für ... Kinder					
						0,5	1,0	1,5	2,0	2,5	3,0
32 435,99	I,IV	3653	2976	2976	I	2500	1420	445			
	II	2550	2976	2976	II	1466	482				
	III	806	3000	2976	III	94					
	V	7252	2976	2976	IV	3068	2500	1951	1420	907	445
	VI	7740	2976	2976							
32 471,99	I,IV	3662	2979	2979	I	2508	1427	451			
	II	2558	2979	2979	II	1473	488				
	III	812	3000	2979	III	98					
	V	7262	2979	2979	IV	3076	2508	1959	1427	914	451
	VI	7752	2979	2979							
32 507,99	I,IV	3670	2982	2982	I	2516	1434	456			
	II	2566	2982	2982	II	1481	494				
	III	818	3000	2982	III	102					
	V	7276	2982	2982	IV	3084	2516	1966	1434	921	456
	VI	7762	2982	2982							
32 543,99	I,IV	3679	2985	2985	I	2524	1442	462			
	II	2574	2985	2985	II	1488	500				
	III	824	3000	2985	III	108					
	V	7286	2985	2985	IV	3092	2524	1974	1442	928	462
	VI	7774	2985	2985							
32 579,99	I,IV	3687	2989	2989	I	2532	1449	468			
	II	2582	2989	2989	II	1496	506				
	III	832	3000	2989	III	112					
	V	7298	2989	2989	IV	3101	2532	1982	1449	935	468
	VI	7788	2989	2989							
32 615,99	I,IV	3696	2992	2992	I	2540	1457	474			
	II	2590	2992	2992	II	1503	512				
	III	838	3000	2992	III	118					
	V	7310	2992	2992	IV	3109	2540	1989	1457	942	474
	VI	7800	2992	2992							
32 651,99	I,IV	3704	2995	2995	I	2548	1464	480			
	II	2597	2995	2995	II	1511	518				
	III	844	3000	2995	III	122					
	V	7322	2995	2995	IV	3117	2548	1997	1464	949	480
	VI	7810	2995	2995							
32 687,99	I,IV	3713	2999	2999	I	2556	1471	486			
	II	2605	2999	2999	II	1518	524				
	III	850	3000	2999	III	128					
	V	7334	2999	2999	IV	3125	2556	2005	1471	957	486
	VI	7822	2999	2999							
32 723,99	I,IV	3721	3002	3002	I	2564	1479	492			
	II	2614	3002	3002	II	1526	530				
	III	856	3002	3002	III	132					
	V	7344	3002	3002	IV	3133	2564	2012	1479	964	492
	VI	7834	3002	3002							
32 759,99	I,IV	3730	3005	3005	I	2572	1486	498			
	II	2622	3005	3005	II	1533	537				
	III	862	3005	3005	III	136					
	V	7356	3005	3005	IV	3142	2572	2020	1486	971	498
	VI	7846	3005	3005							
32 795,99	I,IV	3738	3009	3009	I	2580	1494	504			
	II	2629	3009	3009	II	1540	543				
	III	868	3009	3009	III	140					
	V	7368	3009	3009	IV	3150	2580	2028	1494	978	504
	VI	7860	3009	3009							
32 831,99	I,IV	3746	3012	3012	I	2588	1501	511			
	II	2637	3012	3012	II	1548	549				
	III	874	3012	3012	III	146					
	V	7380	3012	3012	IV	3158	2588	2035	1501	985	511
	VI	7870	3012	3012							

* Zur LSt-Berechnung für privat versicherte Arbeitnehmer s. Beispiele **Vorbemerkung S. 4 f.**
** Basisvorsorgepauschale KV und PV   *** Typisierter Arbeitgeberzuschuss

Jahr gültig ab 1.1.2022 (idF des StEntlG 2022) — aT2

Lohn/Gehalt in € bis	Steuerklasse	Lohnsteuer*	BVSP**	TAGZ***	Steuerklasse	Bemessungsgrundlage für Kirchensteuer und Solidaritätszuschlag — Freibeträge für ... Kinder					
						0,5	1,0	1,5	2,0	2,5	3,0
32 867,99	I,IV	3 755	3 015	3 015	I	2 596	1 509	517			
	II	2 645	3 015	3 015	II	1 555	555				
	III	880	3 015	3 015	III	150					
	V	7 392	3 015	3 015	IV	3 166	2 596	2 043	1 509	993	517
	VI	7 882	3 015								
32 903,99	I,IV	3 764	3 018	3 018	I	2 604	1 516	523			
	II	2 654	3 018	3 018	II	1 563	561				
	III	886	3 018	3 018	III	154					
	V	7 402	3 018	3 018	IV	3 175	2 604	2 051	1 516	1 000	523
	VI	7 894	3 018								
32 939,99	I,IV	3 772	3 022	3 022	I	2 611	1 524	529			
	II	2 661	3 022	3 022	II	1 570	568				
	III	892	3 022	3 022	III	158					
	V	7 416	3 022	3 022	IV	3 183	2 611	2 058	1 524	1 007	529
	VI	7 906	3 022								
32 975,99	I,IV	3 780	3 025	3 025	I	2 619	1 531	535			
	II	2 669	3 025	3 025	II	1 578	574				
	III	898	3 025	3 025	III	164					
	V	7 426	3 025	3 025	IV	3 191	2 619	2 066	1 531	1 014	535
	VI	7 918	3 025								
33 011,99	I,IV	3 789	3 028	3 028	I	2 627	1 539	541			
	II	2 677	3 028	3 028	II	1 585	580				
	III	904	3 028	3 028	III	168					
	V	7 438	3 028	3 028	IV	3 199	2 627	2 074	1 539	1 021	541
	VI	7 930	3 028								
33 047,99	I,IV	3 798	3 032	3 032	I	2 636	1 546	547			
	II	2 686	3 032	3 032	II	1 593	587				
	III	910	3 032	3 032	III	172					
	V	7 450	3 032	3 032	IV	3 207	2 636	2 082	1 546	1 029	547
	VI	7 944	3 032								
33 083,99	I,IV	3 806	3 035	3 035	I	2 643	1 553	554			
	II	2 693	3 035	3 035	II	1 600	593				
	III	916	3 035	3 035	III	176					
	V	7 462	3 035	3 035	IV	3 215	2 643	2 089	1 553	1 036	554
	VI	7 954	3 035								
33 119,99	I,IV	3 814	3 038	3 038	I	2 651	1 561	560			
	II	2 701	3 038	3 038	II	1 608	599				
	III	922	3 038	3 038	III	182					
	V	7 474	3 038	3 038	IV	3 224	2 651	2 097	1 561	1 043	560
	VI	7 966	3 038								
33 155,99	I,IV	3 823	3 042	3 042	I	2 659	1 568	566			
	II	2 709	3 042	3 042	II	1 615	606				
	III	928	3 042	3 042	III	186					
	V	7 486	3 042	3 042	IV	3 232	2 659	2 105	1 568	1 050	566
	VI	7 978	3 042								
33 191,99	I,IV	3 832	3 045	3 045	I	2 667	1 576	572			
	II	2 718	3 045	3 045	II	1 623	612				
	III	934	3 045	3 045	III	190					
	V	7 496	3 045	3 045	IV	3 240	2 667	2 113	1 576	1 058	572
	VI	7 990	3 045								
33 227,99	I,IV	3 840	3 048	3 048	I	2 675	1 583	579			
	II	2 725	3 048	3 048	II	1 630	618				
	III	940	3 048	3 048	III	196					
	V	7 508	3 048	3 048	IV	3 249	2 675	2 120	1 583	1 065	579
	VI	8 002	3 048								
33 263,99	I,IV	3 848	3 051	3 051	I	2 683	1 591	585			
	II	2 733	3 051	3 051	II	1 638	625				
	III	946	3 051	3 051	III	200					
	V	7 520	3 051	3 051	IV	3 257	2 683	2 128	1 591	1 072	585
	VI	8 014	3 051								

* Zur LSt-Berechnung für privat versicherte Arbeitnehmer s. Beispiele **Vorbemerkung S. 4f.**
** Basisvorsorgepauschale KV und PV *** Typisierter Arbeitgeberzuschuss

aT2 allgemeine Lohnsteuer

Lohn/Gehalt in € bis	Steuerklasse	Lohn-steuer*	BVSP**	TAGZ***	Steuerklasse	Bemessungsgrundlage für Kirchensteuer und Solidaritätszuschlag Freibeträge für ... Kinder					
						0,5	1,0	1,5	2,0	2,5	3,0
33 299,99	I,IV	3857	3055	3055	I	2691	1598	591			
	II	2742	3055	3055	II	1645	631				
	III	952	3055	3055	III	204					
	V	7532	3055	3055	IV	3265	2691	2136	1598	1079	591
	VI	8028	3055	3055							
33 335,99	I,IV	3866	3058	3058	I	2700	1606	598			
	II	2750	3058	3058	II	1653	638				
	III	958	3058	3058	III	210					
	V	7544	3058	3058	IV	3274	2700	2144	1606	1086	598
	VI	8040	3058	3058							
33 371,99	I,IV	3874	3061	3061	I	2707	1613	604			
	II	2758	3061	3061	II	1660	644				
	III	962	3061	3061	III	214					
	V	7554	3061	3061	IV	3282	2707	2151	1613	1094	604
	VI	8050	3061	3061							
33 407,99	I,IV	3883	3065	3065	I	2715	1621	610			
	II	2766	3065	3065	II	1668	651				
	III	970	3065	3065	III	218					
	V	7566	3065	3065	IV	3290	2715	2159	1621	1101	610
	VI	8062	3065	3065							
33 443,99	I,IV	3891	3068	3068	I	2724	1628	617			
	II	2774	3068	3068	II	1675	657				
	III	976	3068	3068	III	224					
	V	7580	3068	3068	IV	3298	2724	2167	1628	1108	617
	VI	8074	3068	3068							
33 479,99	I,IV	3900	3071	3071	I	2732	1636	623			
	II	2782	3071	3071	II	1683	664				
	III	982	3071	3071	III	228					
	V	7592	3071	3071	IV	3307	2732	2175	1636	1115	623
	VI	8086	3071	3071							
33 515,99	I,IV	3908	3075	3075	I	2739	1643	630			
	II	2790	3075	3075	II	1690	670				
	III	988	3075	3075	III	232					
	V	7602	3075	3075	IV	3315	2739	2182	1643	1123	630
	VI	8098	3075	3075							
33 551,99	I,IV	3917	3078	3078	I	2748	1651	636			
	II	2798	3078	3078	II	1698	677				
	III	994	3078	3078	III	238					
	V	7614	3078	3078	IV	3323	2748	2190	1651	1130	636
	VI	8110	3078	3078							
33 587,99	I,IV	3925	3081	3081	I	2756	1659	643			
	II	2806	3081	3081	II	1706	684				
	III	1000	3081	3081	III	242					
	V	7626	3081	3081	IV	3331	2756	2198	1659	1137	643
	VI	8122	3081	3081							
33 623,99	I,IV	3934	3085	3085	I	2764	1666	649			
	II	2814	3085	3085	II	1713	690				
	III	1006	3085	3085	III	246					
	V	7640	3085	3085	IV	3340	2764	2206	1666	1145	649
	VI	8136	3085	3085							
33 659,99	I,IV	3942	3088	3088	I	2772	1673	656			
	II	2822	3088	3088	II	1721	697				
	III	1012	3088	3088	III	252					
	V	7650	3088	3088	IV	3348	2772	2213	1673	1152	656
	VI	8148	3088	3088							
33 695,99	I,IV	3951	3091	3091	I	2780	1681	662			
	II	2830	3091	3091	II	1728	703				
	III	1018	3091	3091	III	256					
	V	7662	3091	3091	IV	3356	2780	2221	1681	1159	662
	VI	8160	3091	3091							

* Zur LSt-Berechnung für privat versicherte Arbeitnehmer s. Beispiele **Vorbemerkung S. 4 f.**
** Basisvorsorgepauschale KV und PV *** Typisierter Arbeitgeberzuschuss

Jahr gültig ab 1. 1. 2022 (idF des StEntlG 2022) — **aT2**

Lohn/Gehalt in € bis	Steuerklasse	Lohnsteuer*	BVSP**	TAGZ***	Steuerklasse	Bemessungsgrundlage für Kirchensteuer und Solidaritätszuschlag Freibeträge für ... Kinder					
						0,5	1,0	1,5	2,0	2,5	3,0
33 731,99	I,IV	3 960	3 094	3 094	I	2 788	1 689	669			
	II	2 838	3 094	3 094	II	1 736	710				
	III	1 024	3 094	3 094	III	260					
	V	7 674	3 094	3 094	IV	3 365	2 788	2 229	1 689	1 166	669
	VI	8 172	3 094								
33 767,99	I,IV	3 968	3 098	3 098	I	2 796	1 696	675			
	II	2 846	3 098	3 098	II	1 743	717				
	III	1 030	3 098	3 098	III	266					
	V	7 684	3 098	3 098	IV	3 373	2 796	2 237	1 696	1 174	675
	VI	8 184	3 098	3 098							
33 803,99	I,IV	3 977	3 101	3 101	I	2 804	1 704	682			
	II	2 854	3 101	3 101	II	1 751	723				
	III	1 036	3 101	3 101	III	270					
	V	7 698	3 101	3 101	IV	3 381	2 804	2 245	1 704	1 181	682
	VI	8 196	3 101	3 101							
33 839,99	I,IV	3 985	3 104	3 104	I	2 812	1 711	688			
	II	2 862	3 104	3 104	II	1 758	730				
	III	1 042	3 104	3 104	III	276					
	V	7 710	3 104	3 104	IV	3 390	2 812	2 253	1 711	1 188	688
	VI	8 208	3 104	3 104							
33 875,99	I,IV	3 994	3 108	3 108	I	2 820	1 719	695			
	II	2 871	3 108	3 108	II	1 766	737				
	III	1 048	3 108	3 108	III	280					
	V	7 722	3 108	3 108	IV	3 398	2 820	2 260	1 719	1 195	695
	VI	8 220	3 108	3 108							
33 911,99	I,IV	4 003	3 111	3 111	I	2 828	1 726	702			
	II	2 879	3 111	3 111	II	1 774	744				
	III	1 054	3 111	3 111	III	284					
	V	7 732	3 111	3 111	IV	3 406	2 828	2 268	1 726	1 203	702
	VI	8 232	3 111	3 111							
33 947,99	I,IV	4 011	3 114	3 114	I	2 836	1 734	708			
	II	2 887	3 114	3 114	II	1 781	751				
	III	1 060	3 114	3 114	III	290					
	V	7 744	3 114	3 114	IV	3 414	2 836	2 276	1 734	1 210	708
	VI	8 246	3 114								
33 983,99	I,IV	4 020	3 118	3 118	I	2 844	1 741	715			
	II	2 895	3 118	3 118	II	1 789	757				
	III	1 066	3 118	3 118	III	294					
	V	7 758	3 118	3 118	IV	3 423	2 844	2 284	1 741	1 217	715
	VI	8 258	3 118	3 118							
34 019,99	I,IV	4 028	3 121	3 121	I	2 852	1 749	722			
	II	2 903	3 121	3 121	II	1 796	764				
	III	1 072	3 121	3 121	III	298					
	V	7 770	3 121	3 121	IV	3 431	2 852	2 292	1 749	1 225	722
	VI	8 270	3 121	3 121							
34 055,99	I,IV	4 037	3 124	3 124	I	2 861	1 757	729			
	II	2 911	3 124	3 124	II	1 804	771				
	III	1 078	3 124	3 124	III	304					
	V	7 782	3 124	3 124	IV	3 440	2 861	2 300	1 757	1 232	729
	VI	8 282	3 124								
34 091,99	I,IV	4 045	3 127	3 127	I	2 868	1 764	735			
	II	2 919	3 127	3 127	II	1 812	778				
	III	1 084	3 127	3 127	III	308					
	V	7 792	3 127	3 127	IV	3 448	2 868	2 307	1 764	1 239	735
	VI	8 294	3 127								
34 127,99	I,IV	4 054	3 131	3 131	I	2 877	1 772	742			
	II	2 927	3 131	3 131	II	1 819	785 4				
	III	1 092	3 131	3 131	III	314					
	V	7 804	3 131	3 131	IV	3 456	2 877	2 315	1 772	1 247	742
	VI	8 306	3 131	3 131							

* Zur LSt-Berechnung für privat versicherte Arbeitnehmer s. Beispiele **Vorbemerkung S. 4 f.**
** Basisvorsorgepauschale KV und PV *** Typisierter Arbeitgeberzuschuss

aT2 allgemeine Lohnsteuer

Lohn/Gehalt in € bis	Steuerklasse	Lohn-steuer*	BVSP**	TAGZ***	Steuerklasse	Bemessungsgrundlage für Kirchensteuer und Solidaritätszuschlag					
						Freibeträge für ... Kinder					
						0,5	1,0	1,5	2,0	2,5	3,0
34 163,99	I,IV	4063	3 134	3 134	I	2885	1779	749			
	II	2935	3 134	3 134	II	1827	792	8			
	III	1 098	3 134	3 134	III	318					
	V	7816	3 134	3 134	IV	3465	2885	2323	1779	1254	749
	VI	8 318	3 134								
34 199,99	I,IV	4071	3 137	3 137	I	2893	1787	756			
	II	2944	3 137	3 137	II	1835	799	12			
	III	1 104	3 137	3 137	III	324					
	V	7828	3 137	3 137	IV	3473	2893	2331	1787	1261	756
	VI	8330	3 137	3 137							
34 235,99	I,IV	4080	3 141	3 141	I	2901	1794	762			
	II	2952	3 141	3 141	II	1842	806	16			
	III	1 110	3 141	3 141	III	328					
	V	7840	3 141	3 141	IV	3481	2901	2339	1794	1268	762
	VI	8342	3 141	3 141							
34 271,99	I,IV	4089	3 144	3 144	I	2909	1802	769			
	II	2960	3 144	3 144	II	1850	813	20			
	III	1 116	3 144	3 144	III	332					
	V	7852	3 144	3 144	IV	3490	2909	2346	1802	1276	769
	VI	8354	3 144	3 144							
34 307,99	I,IV	4097	3 147	3 147	I	2917	1810	776			
	II	2968	3 147	3 147	II	1857	820	25			
	III	1 122	3 147	3 147	III	338					
	V	7864	3 147	3 147	IV	3498	2917	2354	1810	1283	776
	VI	8366	3 147	3 147							
34 343,99	I,IV	4106	3 151	3 151	I	2925	1817	783	3		
	II	2976	3 151	3 151	II	1865	827	29			
	III	1 128	3 151	3 151	III	342					
	V	7876	3 151	3 151	IV	3507	2925	2362	1817	1291	783
	VI	8378	3 151								
34 379,99	I,IV	4114	3 154	3 154	I	2933	1825	790	7		
	II	2984	3 154	3 154	II	1872	834	33			
	III	1 134	3 154	3 154	III	348					
	V	7888	3 154	3 154	IV	3515	2933	2370	1825	1298	790
	VI	8390	3 154	3 154							
34 415,99	I,IV	4123	3 157	3 157	I	2941	1832	797	11		
	II	2992	3 157	3 157	II	1880	841	38			
	III	1 142	3 157	3 157	III	352					
	V	7898	3 157	3 157	IV	3523	2941	2378	1832	1305	797
	VI	8402	3 157								
34 451,99	I,IV	4132	3 160	3 160	I	2950	1840	804	15		
	II	3001	3 160	3 160	II	1888	848	42			
	III	1 148	3 160	3 160	III	358					
	V	7912	3 160	3 160	IV	3532	2950	2386	1840	1313	804
	VI	8416	3 160	3 160							
34 487,99	I,IV	4140	3 164	3 164	I	2958	1848	811	19		
	II	3009	3 164	3 164	II	1896	855	46			
	III	1 154	3 164	3 164	III	362					
	V	7924	3 164	3 164	IV	3540	2958	2394	1848	1320	811
	VI	8430	3 164	3 164							
34 523,99	I,IV	4149	3 167	3 167	I	2966	1855	818	24		
	II	3017	3 167	3 167	II	1903	862	51			
	III	1 160	3 167	3 167	III	368					
	V	7936	3 167	3 167	IV	3548	2966	2401	1855	1327	818
	VI	8442	3 167	3 167							
34 559,99	I,IV	4158	3 170	3 170	I	2974	1863	825	28		
	II	3025	3 170	3 170	II	1911	869	55			
	III	1 166	3 170	3 170	III	372					
	V	7948	3 170	3 170	IV	3557	2974	2409	1863	1335	825
	VI	8454	3 170	3 170							

* Zur LSt-Berechnung für privat versicherte Arbeitnehmer s. Beispiele **Vorbemerkung S. 4 f.**
** Basisvorsorgepauschale KV und PV *** Typisierter Arbeitgeberzuschuss

Jahr gültig ab 1. 1. 2022 (idF des StEntlG 2022) aT2

Lohn/Gehalt in € bis	Steuerklasse	Lohn-steuer*	BVSP**	TAGZ***	Steuerklasse	Bemessungsgrundlage für Kirchensteuer und Solidaritätszuschlag Freibeträge für ... Kinder					
						0,5	1,0	1,5	2,0	2,5	3,0
34 595,99	I,IV	4166	3174	3174	I	2982	1871	832	32		
	II	3033	3174	3174	II	1918	876	60			
	III	1172	3174	3174	III	378					
	V	7960	3174	3174	IV	3565	2982	2417	1871	1342	832
	VI	8466	3174	3174							
34 631,99	I,IV	4175	3177	3177	I	2990	1878	839	37		
	II	3041	3177	3177	II	1926	883	64			
	III	1178	3177	3177	III	382					
	V	7972	3177	3177	IV	3574	2990	2425	1878	1350	839
	VI	8478	3177	3177							
34 667,99	I,IV	4184	3180	3180	I	2999	1886	846	41		
	II	3050	3180	3180	II	1934	891	69			
	III	1186	3180	3180	III	388					
	V	7984	3180	3180	IV	3582	2999	2433	1886	1357	846
	VI	8490	3180	3180							
34 703,99	I,IV	4192	3184	3184	I	3007	1893	853	45		
	II	3058	3184	3184	II	1941	898	73			
	III	1192	3184	3184	III	392					
	V	7996	3184	3184	IV	3590	3007	2441	1893	1364	853
	VI	8502	3184	3184							
34 739,99	I,IV	4201	3187	3187	I	3015	1901	860	50		
	II	3066	3187	3187	II	1949	905	78			
	III	1198	3187	3187	III	398					
	V	8008	3187	3187	IV	3599	3015	2449	1901	1372	860
	VI	8514	3187	3187							
34 775,99	I,IV	4210	3190	3190	I	3023	1909	867	54		
	II	3074	3190	3190	II	1957	912	82			
	III	1204	3190	3190	III	402					
	V	8020	3190	3190	IV	3607	3023	2457	1909	1379	867
	VI	8528	3190	3190							
34 811,99	I,IV	4218	3194	3194	I	3031	1916	874	58		
	II	3082	3194	3194	II	1964	919	87			
	III	1210	3194	3194	III	406					
	V	8032	3194	3194	IV	3616	3031	2465	1916	1386	874
	VI	8540	3194	3194							
34 847,99	I,IV	4227	3197	3197	I	3039	1924	882	63		
	II	3090	3197	3197	II	1972	926	91			
	III	1216	3197	3197	III	412					
	V	8044	3197	3197	IV	3624	3039	2473	1924	1394	882
	VI	8552	3197	3197							
34 883,99	I,IV	4236	3200	3200	I	3047	1932	889	67		
	II	3099	3200	3200	II	1980	933	96			
	III	1224	3200	3200	III	418					
	V	8056	3200	3200	IV	3633	3047	2481	1932	1401	889
	VI	8564	3200	3200							
34 919,99	I,IV	4245	3203	3203	I	3056	1940	896	72		
	II	3107	3203	3203	II	1987	941	100			
	III	1230	3203	3203	III	422					
	V	8068	3203	3203	IV	3641	3056	2489	1940	1409	896
	VI	8576	3203	3203							
34 955,99	I,IV	4253	3207	3207	I	3064	1947	903	76		
	II	3115	3207	3207	II	1995	948	105			
	III	1236	3207	3207	III	428					
	V	8080	3207	3207	IV	3650	3064	2497	1947	1416	903
	VI	8590	3207	3207							
34 991,99	I,IV	4262	3210	3210	I	3072	1955	910	81		
	II	3123	3210	3210	II	2003	955	110			
	III	1242	3210	3210	III	432					
	V	8094	3210	3210	IV	3658	3072	2504	1955	1423	910
	VI	8600	3210	3210							

* Zur LSt-Berechnung für privat versicherte Arbeitnehmer s. Beispiele **Vorbemerkung S. 4 f.**
** Basisvorsorgepauschale KV und PV *** Typisierter Arbeitgeberzuschuss

aT2 allgemeine Lohnsteuer

Lohn/Gehalt in € bis	Steuerklasse	Lohn-steuer*	BVSP**	TAGZ***	Steuerklasse	Bemessungsgrundlage für Kirchensteuer und Solidaritätszuschlag Freibeträge für ... Kinder					
						0,5	1,0	1,5	2,0	2,5	3,0
35 027,99	I,IV	4 271	3 213	3 213	I	3 080	1 962	917	85		
	II	3 131	3 213	3 213	II	2 010	962	114			
	III	1 250	3 213	3 213	III	438					
	V	8 106	3 213	3 213	IV	3 666	3 080	2 512	1 962	1 431	917
	VI	8 614	3 213								
35 063,99	I,IV	4 279	3 217	3 217	I	3 088	1 970	925	90		
	II	3 140	3 217	3 217	II	2 018	969	119			
	III	1 256	3 217	3 217	III	442					
	V	8 118	3 217	3 217	IV	3 675	3 088	2 520	1 970	1 438	925
	VI	8 626	3 217								
35 099,99	I,IV	4 288	3 220	3 220	I	3 097	1 978	932	95		
	II	3 148	3 220	3 220	II	2 026	977	124			
	III	1 262	3 220	3 220	III	448					
	V	8 130	3 220	3 220	IV	3 683	3 097	2 528	1 978	1 446	932
	VI	8 638	3 220								
35 135,99	I,IV	4 297	3 223	3 223	I	3 105	1 985	939	99		
	II	3 156	3 223	3 223	II	2 033	984	128			
	III	1 268	3 223	3 223	III	452					
	V	8 140	3 223	3 223	IV	3 692	3 105	2 536	1 985	1 453	939
	VI	8 650	3 223								
35 171,99	I,IV	4 305	3 227	3 227	I	3 113	1 993	946	104		
	II	3 164	3 227	3 227	II	2 041	991	133			
	III	1 274	3 227	3 227	III	458					
	V	8 154	3 227	3 227	IV	3 700	3 113	2 544	1 993	1 460	946
	VI	8 662	3 227								
35 207,99	I,IV	4 314	3 230	3 230	I	3 121	2 001	953	108		
	II	3 173	3 230	3 230	II	2 049	998	138			
	III	1 282	3 230	3 230	III	462					
	V	8 166	3 230	3 230	IV	3 709	3 121	2 552	2 001	1 468	953
	VI	8 676	3 230								
35 243,99	I,IV	4 323	3 233	3 233	I	3 129	2 009	960	113		
	II	3 181	3 233	3 233	II	2 057	1 005	143			
	III	1 288	3 233	3 233	III	468					
	V	8 178	3 233	3 233	IV	3 717	3 129	2 560	2 009	1 475	960
	VI	8 688	3 233								
35 279,99	I,IV	4 331	3 236	3 236	I	3 137	2 016	967	118		
	II	3 189	3 236	3 236	II	2 064	1 012	147			
	III	1 294	3 236	3 236	III	474					
	V	8 188	3 236	3 236	IV	3 725	3 137	2 568	2 016	1 483	967
	VI	8 700	3 236								
35 315,99	I,IV	4 340	3 240	3 240	I	3 146	2 024	975	122		
	II	3 197	3 240	3 240	II	2 072	1 020	152			
	III	1 300	3 240	3 240	III	478					
	V	8 200	3 240	3 240	IV	3 734	3 146	2 576	2 024	1 490	975
	VI	8 712	3 240								
35 351,99	I,IV	4 349	3 243	3 243	I	3 154	2 032	982	127		
	II	3 206	3 243	3 243	II	2 080	1 027	157			
	III	1 308	3 243	3 243	III	484					
	V	8 214	3 243	3 243	IV	3 742	3 154	2 584	2 032	1 498	982
	VI	8 726	3 243								
35 387,99	I,IV	4 358	3 246	3 246	I	3 162	2 039	989	132		
	II	3 214	3 246	3 246	II	2 088	1 034	162			
	III	1 314	3 246	3 246	III	488					
	V	8 226	3 246	3 246	IV	3 751	3 162	2 592	2 039	1 505	989
	VI	8 738	3 246								
35 423,99	I,IV	4 366	3 250	3 250	I	3 170	2 047	996	137		
	II	3 222	3 250	3 250	II	2 095	1 041	167			
	III	1 320	3 250	3 250	III	494					
	V	8 238	3 250	3 250	IV	3 759	3 170	2 600	2 047	1 513	996
	VI	8 750	3 250								

* Zur LSt-Berechnung für privat versicherte Arbeitnehmer s. Beispiele **Vorbemerkung S. 4 f.**
** Basisvorsorgepauschale KV und PV *** Typisierter Arbeitgeberzuschuss

Jahr gültig ab 1. 1. 2022 (idF des StEntlG 2022)   **aT2**

Lohn/Gehalt in € bis	Steuerklasse	Lohnsteuer*	BVSP**	TAGZ***	Steuerklasse	Bemessungsgrundlage für Kirchensteuer und Solidaritätszuschlag Freibeträge für ... Kinder					
						0,5	1,0	1,5	2,0	2,5	3,0
35 459,99	I,IV	4375	3253	3253	I	3179	2055	1003	141		
	II	3230	3253	3253	II	2103	1049	172			
	III	1326	3253	3253	III	498					
	V	8250	3253	3253	IV	3768	3179	2608	2055	1520	1003
	VI	8762	3253								
35 495,99	I,IV	4384	3256	3256	I	3187	2063	1011	146		
	II	3239	3256	3256	II	2111	1056	177			
	III	1334	3256	3256	III	504					
	V	8264	3256	3256	IV	3776	3187	2616	2063	1528	1011
	VI	8774	3256								
35 531,99	I,IV	4393	3260	3260	I	3195	2070	1018	151		
	II	3247	3260	3260	II	2119	1063	182			
	III	1340	3260	3260	III	510					
	V	8276	3260	3260	IV	3785	3195	2624	2070	1535	1018
	VI	8787	3260								
35 567,99	I,IV	4401	3263	3263	I	3203	2078	1025	156		
	II	3255	3263	3263	II	2126	1070	186			
	III	1346	3263	3263	III	514					
	V	8286	3263	3263	IV	3793	3203	2631	2078	1542	1025
	VI	8799	3263								
35 603,99	I,IV	4410	3266	3266	I	3212	2086	1032	161		
	II	3263	3266	3266	II	2134	1077	191			
	III	1354	3266	3266	III	520					
	V	8300	3266	3266	IV	3802	3212	2640	2086	1550	1032
	VI	8812	3266								
35 639,99	I,IV	4419	3269	3269	I	3220	2093	1040	166		
	II	3272	3269	3269	II	2142	1085	196			
	III	1360	3269	3269	III	526					
	V	8312	3269	3269	IV	3810	3220	2648	2093	1557	1040
	VI	8824	3269								
35 675,99	I,IV	4428	3273	3273	I	3228	2101	1047	170		
	II	3280	3273	3273	II	2150	1092	201			
	III	1366	3273	3273	III	530					
	V	8324	3273	3273	IV	3819	3228	2656	2101	1565	1047
	VI	8837	3273								
35 711,99	I,IV	4436	3276	3276	I	3236	2109	1054	175		
	II	3288	3276	3276	II	2157	1099	206			
	III	1372	3276	3276	III	536					
	V	8336	3276	3276	IV	3827	3236	2663	2109	1572	1054
	VI	8849	3276								
35 747,99	I,IV	4445	3279	3279	I	3245	2117	1061	180		
	II	3296	3279	3279	II	2165	1106	211			
	III	1380	3279	3279	III	540					
	V	8348	3279	3279	IV	3836	3245	2672	2117	1580	1061
	VI	8862	3279								
35 783,99	I,IV	4454	3283	3283	I	3253	2124	1068	185		
	II	3305	3283	3283	II	2173	1114	216			
	III	1386	3283	3283	III	546					
	V	8360	3283	3283	IV	3844	3253	2680	2124	1587	1068
	VI	8874	3283								
35 819,99	I,IV	4463	3286	3286	I	3261	2132	1076	190		
	II	3313	3286	3286	II	2181	1121	222			
	III	1394	3286	3286	III	552					
	V	8372	3286	3286	IV	3853	3261	2688	2132	1595	1076
	VI	8887	3286								
35 855,99	I,IV	4472	3289	3289	I	3269	2140	1083	195		
	II	3321	3289	3289	II	2188	1128	227			
	III	1400	3289	3289	III	556					
	V	8386	3289	3289	IV	3861	3269	2695	2140	1602	1083
	VI	8899	3289								

*   Zur LSt-Berechnung für privat versicherte Arbeitnehmer s. Beispiele **Vorbemerkung S. 4 f.**
** Basisvorsorgepauschale KV und PV   *** Typisierter Arbeitgeberzuschuss

aT2 — allgemeine Lohnsteuer

Lohn/Gehalt in € bis	Steuerklasse	Lohnsteuer*	BVSP**	TAGZ***	Steuerklasse	Bemessungsgrundlage für Kirchensteuer und Solidaritätszuschlag — Freibeträge für ... Kinder					
						0,5	1,0	1,5	2,0	2,5	3,0
35 891,99	I,IV	4 480	3 293	3 293	I	3 278	2 148	1 090	200		
	II	3 329	3 293	3 293	II	2 196	1 135	232			
	III	1 406	3 293	3 293	III	562					
	V	8 398	3 293	3 293	IV	3 870	3 278	2 704	2 148	1 610	1 090
	VI	8 912	3 293								
35 927,99	I,IV	4 489	3 296	3 296	I	3 286	2 155	1 097	205		
	II	3 338	3 296	3 296	II	2 204	1 143	237			
	III	1 414	3 296	3 296	III	568					
	V	8 410	3 296	3 296	IV	3 879	3 286	2 712	2 155	1 617	1 097
	VI	8 924	3 296								
35 963,99	I,IV	4 498	3 299	3 299	I	3 294	2 163	1 105	210		
	II	3 346	3 299	3 299	II	2 212	1 150	242			
	III	1 420	3 299	3 299	III	572					
	V	8 422	3 299	3 299	IV	3 887	3 294	2 720	2 163	1 625	1 105
	VI	8 937	3 299								
35 999,99	I,IV	4 507	3 302	3 302	I	3 302	2 171	1 112	215		
	II	3 354	3 302	3 302	II	2 219	1 157	247			
	III	1 426	3 302	3 302	III	578					
	V	8 434	3 302	3 302	IV	3 896	3 302	2 728	2 171	1 632	1 112
	VI	8 949	3 302								
36 035,99	I,IV	4 516	3 306	3 306	I	3 311	2 179	1 119	220		
	II	3 363	3 306	3 306	II	2 227	1 165	252			
	III	1 432	3 306	3 306	III	584					
	V	8 446	3 306	3 306	IV	3 904	3 311	2 736	2 179	1 640	1 119
	VI	8 962	3 306								
36 071,99	I,IV	4 524	3 309	3 309	I	3 319	2 186	1 126	225		
	II	3 371	3 309	3 309	II	2 235	1 172	258			
	III	1 440	3 309	3 309	III	588					
	V	8 460	3 309	3 309	IV	3 913	3 319	2 744	2 186	1 647	1 126
	VI	8 974	3 309								
36 107,99	I,IV	4 533	3 312	3 312	I	3 328	2 194	1 134	231		
	II	3 379	3 312	3 312	II	2 243	1 179	263			
	III	1 446	3 312	3 312	III	594					
	V	8 472	3 312	3 312	IV	3 921	3 328	2 752	2 194	1 655	1 134
	VI	8 987	3 312								
36 143,99	I,IV	4 542	3 316	3 316	I	3 336	2 202	1 141	236		
	II	3 388	3 316	3 316	II	2 251	1 186	268			
	III	1 454	3 316	3 316	III	600					
	V	8 484	3 316	3 316	IV	3 930	3 336	2 760	2 202	1 662	1 141
	VI	8 999	3 316								
36 179,99	I,IV	4 551	3 319	3 319	I	3 344	2 210	1 148	241		
	II	3 396	3 319	3 319	II	2 259	1 194	273			
	III	1 460	3 319	3 319	III	604					
	V	8 496	3 319	3 319	IV	3 938	3 344	2 768	2 210	1 670	1 148
	VI	9 012	3 319								
36 215,99	I,IV	4 560	3 322	3 322	I	3 352	2 218	1 156	246		
	II	3 404	3 322	3 322	II	2 266	1 201	279			
	III	1 466	3 322	3 322	III	610					
	V	8 508	3 322	3 322	IV	3 947	3 352	2 776	2 218	1 677	1 156
	VI	9 024	3 322								
36 251,99	I,IV	4 569	3 326	3 326	I	3 361	2 225	1 163	251		
	II	3 413	3 326	3 326	II	2 274	1 208	284			
	III	1 474	3 326	3 326	III	616					
	V	8 520	3 326	3 326	IV	3 956	3 361	2 784	2 225	1 685	1 163
	VI	9 037	3 326								
36 287,99	I,IV	4 577	3 329	3 329	I	3 369	2 233	1 170	256		
	II	3 421	3 329	3 329	II	2 282	1 216	289			
	III	1 480	3 329	3 329	III	620					
	V	8 532	3 329	3 329	IV	3 964	3 369	2 792	2 233	1 692	1 170
	VI	9 049	3 329								

* Zur LSt-Berechnung für privat versicherte Arbeitnehmer s. Beispiele **Vorbemerkung S. 4 f.**
** Basisvorsorgepauschale KV und PV *** Typisierter Arbeitgeberzuschuss

Jahr gültig ab 1. 1. 2022 (idF des StEntlG 2022) aT2

Lohn/Gehalt in € bis	Steuerklasse	Lohnsteuer*	BVSP**	TAGZ***	Steuerklasse	\<Bemessungsgrundlage für Kirchensteuer und Solidaritätszuschlag — Freibeträge für ... Kinder\> 0,5	1,0	1,5	2,0	2,5	3,0
36 323,99	I,IV	4586	3332	3332	I	3377	2241	1177	262		
	II	3429	3332	3332	II	2290	1223	295			
	III	1486	3332	3332	III	626					
	V	8544	3332	3332	IV	3973	3377	2800	2241	1700	1177
	VI	9061	3332	3332							
36 359,99	I,IV	4595	3336	3336	I	3386	2249	1185	267		
	II	3438	3336	3336	II	2298	1230	300			
	III	1494	3336	3336	III	632					
	V	8558	3336	3336	IV	3981	3386	2808	2249	1708	1185
	VI	9074	3336	3336							
36 395,99	I,IV	4604	3339	3339	I	3394	2257	1192	272		
	II	3446	3339	3339	II	2306	1238	306			
	III	1500	3339	3339	III	638					
	V	8570	3339	3339	IV	3990	3394	2816	2257	1715	1192
	VI	9087	3339	3339							
36 431,99	I,IV	4613	3342	3342	I	3402	2264	1199	277		
	II	3454	3342	3342	II	2313	1245	311			
	III	1508	3342	3342	III	642					
	V	8582	3342	3342	IV	3998	3402	2824	2264	1723	1199
	VI	9099	3342	3342							
36 467,99	I,IV	4621	3345	3345	I	3411	2272	1206	283		
	II	3463	3345	3345	II	2321	1252	316			
	III	1514	3345	3345	III	648					
	V	8594	3345	3345	IV	4007	3411	2832	2272	1730	1206
	VI	9111	3345	3345							
36 503,99	I,IV	4630	3349	3349	I	3419	2280	1214	288		
	II	3471	3349	3349	II	2329	1260	322			
	III	1522	3349	3349	III	654					
	V	8606	3349	3349	IV	4016	3419	2840	2280	1738	1214
	VI	9124	3349	3349							
36 539,99	I,IV	4639	3352	3352	I	3427	2288	1221	293		
	II	3480	3352	3352	II	2337	1267	327			
	III	1528	3352	3352	III	660					
	V	8618	3352	3352	IV	4024	3427	2849	2288	1746	1221
	VI	9137	3352	3352							
36 575,99	I,IV	4648	3355	3355	I	3435	2296	1228	299		
	II	3488	3355	3355	II	2345	1274	333			
	III	1534	3355	3355	III	664					
	V	8632	3355	3355	IV	4033	3435	2856	2296	1753	1228
	VI	9149	3355	3355							
36 611,99	I,IV	4657	3359	3359	I	3444	2303	1236	304		
	II	3496	3359	3359	II	2353	1282	338			
	III	1542	3359	3359	III	670					
	V	8646	3359	3359	IV	4041	3444	2865	2303	1761	1236
	VI	9161	3359	3359							
36 647,99	I,IV	4666	3362	3362	I	3452	2311	1243	310		
	II	3505	3362	3362	II	2360	1289	344			
	III	1548	3362	3362	III	676					
	V	8656	3362	3362	IV	4050	3452	2873	2311	1768	1243
	VI	9174	3362	3362							
36 683,99	I,IV	4675	3365	3365	I	3461	2319	1250	315		
	II	3513	3365	3365	II	2368	1296	349			
	III	1556	3365	3365	III	682					
	V	8668	3365	3365	IV	4059	3461	2881	2319	1776	1250
	VI	9187	3365	3365							
36 719,99	I,IV	4683	3369	3369	I	3469	2327	1258	320		
	II	3521	3369	3369	II	2376	1304	355			
	III	1562	3369	3369	III	686	2				
	V	8682	3369	3369	IV	4067	3469	2889	2327	1783	1258
	VI	9199	3369	3369							

* Zur LSt-Berechnung für privat versicherte Arbeitnehmer s. Beispiele **Vorbemerkung S. 4f.**
** Basisvorsorgepauschale KV und PV   *** Typisierter Arbeitgeberzuschuss

aT2 allgemeine Lohnsteuer

Lohn/ Gehalt in € bis	Steuerklasse	Lohn- steuer*	BVSP**	TAGZ***	Steuerklasse	Bemessungsgrundlage für Kirchensteuer und Solidaritätszuschlag					
						Freibeträge für ... Kinder					
						0,5	1,0	1,5	2,0	2,5	3,0
36 755,99	I,IV	4 692	3 372	3 372	I	3 477	2 335	1 265	326		
	II	3 530	3 372	3 372	II	2 384	1 311	360			
	III	1 570	3 372	3 372	III	692	6				
	V	8 694	3 372	3 372	IV	4 076	3 477	2 897	2 335	1 791	1 265
	VI	9 211	3 372	3 372							
36 791,99	I,IV	4 701	3 375	3 375	I	3 486	2 343	1 272	331		
	II	3 538	3 375	3 375	II	2 392	1 318	366			
	III	1 576	3 375	3 375	III	698	12				
	V	8 708	3 375	3 375	IV	4 084	3 486	2 905	2 343	1 799	1 272
	VI	9 224	3 375	3 375							
36 827,99	I,IV	4 710	3 378	3 378	I	3 494	2 351	1 280	337		
	II	3 547	3 378	3 378	II	2 400	1 326	372			
	III	1 584	3 378	3 378	III	704	16				
	V	8 720	3 378	3 378	IV	4 093	3 494	2 913	2 351	1 806	1 280
	VI	9 237	3 378	3 378							
36 863,99	I,IV	4 719	3 382	3 382	I	3 502	2 358	1 287	342		
	II	3 555	3 382	3 382	II	2 408	1 333	377			
	III	1 590	3 382	3 382	III	708	20				
	V	8 732	3 382	3 382	IV	4 102	3 502	2 921	2 358	1 814	1 287
	VI	9 249	3 382	3 382							
36 899,99	I,IV	4 728	3 385	3 385	I	3 511	2 366	1 294	348		
	II	3 563	3 385	3 385	II	2 415	1 340	383			
	III	1 596	3 385	3 385	III	714	24				
	V	8 744	3 385	3 385	IV	4 110	3 511	2 929	2 366	1 821	1 294
	VI	9 261	3 385	3 385							
36 935,99	I,IV	4 737	3 388	3 388	I	3 519	2 374	1 302	353		
	II	3 572	3 388	3 388	II	2 423	1 348	389			
	III	1 604	3 388	3 388	III	720	28				
	V	8 758	3 388	3 388	IV	4 119	3 519	2 938	2 374	1 829	1 302
	VI	9 274	3 388	3 388							
36 971,99	I,IV	4 746	3 392	3 392	I	3 528	2 382	1 309	359		
	II	3 580	3 392	3 392	II	2 431	1 355	394			
	III	1 610	3 392	3 392	III	726	32				
	V	8 767	3 392	3 392	IV	4 128	3 528	2 946	2 382	1 837	1 309
	VI	9 287	3 392	3 392							
37 007,99	I,IV	4 755	3 395	3 395	I	3 536	2 390	1 316	365		
	II	3 588	3 395	3 395	II	2 439	1 362	400			
	III	1 618	3 395	3 395	III	732	36				
	V	8 780	3 395	3 395	IV	4 136	3 536	2 954	2 390	1 844	1 316
	VI	9 299	3 395	3 395							
37 043,99	I,IV	4 764	3 398	3 398	I	3 544	2 398	1 324	370		
	II	3 597	3 398	3 398	II	2 447	1 370	406			
	III	1 624	3 398	3 398	III	736	40				
	V	8 792	3 398	3 398	IV	4 145	3 544	2 962	2 398	1 852	1 324
	VI	9 311	3 398	3 398							
37 079,99	I,IV	4 772	3 402	3 402	I	3 553	2 406	1 331	376		
	II	3 605	3 402	3 402	II	2 455	1 377	412			
	III	1 632	3 402	3 402	III	742	44				
	V	8 805	3 402	3 402	IV	4 154	3 553	2 970	2 406	1 859	1 331
	VI	9 324	3 402	3 402							
37 115,99	I,IV	4 781	3 405	3 405	I	3 561	2 414	1 339	382		
	II	3 614	3 405	3 405	II	2 463	1 385	417			
	III	1 638	3 405	3 405	III	748	50				
	V	8 817	3 405	3 405	IV	4 162	3 561	2 978	2 414	1 867	1 339
	VI	9 337	3 405	3 405							
37 151,99	I,IV	4 790	3 408	3 408	I	3 569	2 421	1 346	387		
	II	3 622	3 408	3 408	II	2 471	1 392	423			
	III	1 646	3 408	3 408	III	754	54				
	V	8 830	3 408	3 408	IV	4 171	3 569	2 986	2 421	1 874	1 346
	VI	9 349	3 408	3 408							

* Zur LSt-Berechnung für privat versicherte Arbeitnehmer s. Beispiele **Vorbemerkung S. 4 f.**
** Basisvorsorgepauschale KV und PV *** Typisierter Arbeitgeberzuschuss

Jahr gültig ab 1. 1. 2022 (idF des StEntlG 2022) **aT2**

Lohn/Gehalt in € bis	Steuerklasse	Lohnsteuer*	BVSP**	TAGZ***	Steuerklasse	Bemessungsgrundlage für Kirchensteuer und Solidaritätszuschlag Freibeträge für ... Kinder					
						0,5	1,0	1,5	2,0	2,5	3,0
37 187,99	I,IV	4799	3411	3411	I	3578	2429	1353	393		
	II	3631	3411	3411	II	2479	1399	429			
	III	1652	3411	3411	III	760	58				
	V	8842	3411	3411	IV	4179	3578	2995	2429	1882	1353
	VI	9361	3411								
37 223,99	I,IV	4808	3415	3415	I	3586	2437	1361	399		
	II	3639	3415	3415	II	2487	1407	435			
	III	1660	3415	3415	III	766	62				
	V	8855	3415	3415	IV	4188	3586	3003	2437	1890	1361
	VI	9374	3415								
37 259,99	I,IV	4817	3418	3418	I	3595	2445	1368	404		
	II	3648	3418	3418	II	2495	1414	441			
	III	1666	3418	3418	III	770	66				
	V	8867	3418	3418	IV	4197	3595	3011	2445	1898	1368
	VI	9387	3418								
37 295,99	I,IV	4826	3421	3421	I	3603	2453	1375	410		
	II	3656	3421	3421	II	2502	1422	446			
	III	1674	3421	3421	III	776	70				
	V	8880	3421	3421	IV	4205	3603	3019	2453	1905	1375
	VI	9399	3421								
37 331,99	I,IV	4835	3425	3425	I	3612	2461	1383	416		
	II	3664	3425	3425	II	2510	1429	452			
	III	1680	3425	3425	III	782	76				
	V	8892	3425	3425	IV	4214	3612	3027	2461	1913	1383
	VI	9411	3425								
37 367,99	I,IV	4844	3428	3428	I	3620	2469	1390	422		
	II	3673	3428	3428	II	2518	1437	458			
	III	1688	3428	3428	III	788	80				
	V	8905	3428	3428	IV	4223	3620	3035	2469	1920	1390
	VI	9424	3428								
37 403,99	I,IV	4853	3431	3431	I	3629	2477	1398	427		
	II	3681	3431	3431	II	2526	1444	464			
	III	1696	3431	3431	III	794	84				
	V	8917	3431	3431	IV	4232	3629	3044	2477	1928	1398
	VI	9437	3431								
37 439,99	I,IV	4862	3435	3435	I	3637	2485	1405	433		
	II	3690	3435	3435	II	2534	1451	470			
	III	1702	3435	3435	III	800	88				
	V	8930	3435	3435	IV	4240	3637	3052	2485	1936	1405
	VI	9449	3435								
37 475,99	I,IV	4871	3438	3438	I	3645	2493	1412	439		
	II	3698	3438	3438	II	2542	1459	476			
	III	1708	3438	3438	III	804	92				
	V	8942	3438	3438	IV	4249	3645	3060	2493	1943	1412
	VI	9461	3438								
37 511,99	I,IV	4880	3441	3441	I	3654	2500	1420	445		
	II	3707	3441	3441	II	2550	1466	482			
	III	1716	3441	3441	III	810	96				
	V	8955	3441	3441	IV	4258	3654	3068	2500	1951	1420
	VI	9474	3441								
37 547,99	I,IV	4889	3445	3445	I	3662	2508	1427	451		
	II	3715	3445	3445	II	2558	1474	488			
	III	1724	3445	3445	III	816	102				
	V	8967	3445	3445	IV	4266	3662	3076	2508	1959	1427
	VI	9487	3445								
37 583,99	I,IV	4897	3448	3448	I	3671	2516	1435	457		
	II	3723	3448	3448	II	2566	1481	494			
	III	1730	3448	3448	III	822	106				
	V	8980	3448	3448	IV	4275	3671	3084	2516	1966	1435
	VI	9499	3448								

* Zur LSt-Berechnung für privat versicherte Arbeitnehmer s. Beispiele **Vorbemerkung S. 4 f.**
** Basisvorsorgepauschale KV und PV   *** Typisierter Arbeitgeberzuschuss

aT2

allgemeine Lohnsteuer

Lohn/ Gehalt in € bis	Steuerklasse	Lohn- steuer*	BVSP**	TAGZ***	Steuerklasse	Bemessungsgrundlage für Kirchensteuer und Solidaritätszuschlag Freibeträge für ... Kinder					
						0,5	1,0	1,5	2,0	2,5	3,0
37 619,99	I,IV	4 906	3451	3451	I	3 679	2 524	1 442	463		
	II	3 732	3451	3451	II	2 574	1 488	500			
	III	1 738	3451	3451	III	828	110				
	V	8 992	3451	3451	IV	4 284	3 679	3 093	2 524	1 974	1 442
	VI	9 511	3451								
37 655,99	I,IV	4 916	3454	3454	I	3 688	2 532	1 450	469		
	II	3 740	3454	3454	II	2 582	1 496	506			
	III	1 744	3454	3454	III	834	114				
	V	9 005	3454	3454	IV	4 292	3 688	3 101	2 532	1 982	1 450
	VI	9 524	3454								
37 691,99	I,IV	4 925	3458	3458	I	3 696	2 540	1 457	475		
	II	3 749	3458	3458	II	2 590	1 503	512			
	III	1 752	3458	3458	III	840	118				
	V	9 017	3458	3458	IV	4 301	3 696	3 109	2 540	1 990	1 457
	VI	9 537	3458								
37 727,99	I,IV	4 933	3461	3461	I	3 704	2 548	1 464	480		
	II	3 757	3461	3461	II	2 598	1 511	518			
	III	1 758	3461	3461	III	846	124				
	V	9 030	3461	3461	IV	4 310	3 704	3 117	2 548	1 997	1 464
	VI	9 549	3461								
37 763,99	I,IV	4 942	3464	3464	I	3 713	2 556	1 472	487		
	II	3 766	3464	3464	II	2 606	1 518	524			
	III	1 766	3464	3464	III	852	128				
	V	9 042	3464	3464	IV	4 319	3 713	3 125	2 556	2 005	1 472
	VI	9 561	3464								
37 799,99	I,IV	4 951	3468	3468	I	3 721	2 564	1 479	493		
	II	3 774	3468	3468	II	2 614	1 526	531			
	III	1 774	3468	3468	III	856	132				
	V	9 055	3468	3468	IV	4 327	3 721	3 134	2 564	2 013	1 479
	VI	9 574	3468								
37 835,99	I,IV	4 960	3471	3471	I	3 730	2 572	1 487	499		
	II	3 783	3471	3471	II	2 622	1 533	537			
	III	1 780	3471	3471	III	862	136				
	V	9 067	3471	3471	IV	4 336	3 730	3 142	2 572	2 020	1 487
	VI	9 586	3471								
37 871,99	I,IV	4 969	3474	3474	I	3 738	2 580	1 494	505		
	II	3 791	3474	3474	II	2 630	1 541	543			
	III	1 788	3474	3474	III	868	142				
	V	9 080	3474	3474	IV	4 345	3 738	3 150	2 580	2 028	1 494
	VI	9 599	3474								
37 907,99	I,IV	4 978	3478	3478	I	3 747	2 588	1 501	511		
	II	3 800	3478	3478	II	2 638	1 548	549			
	III	1 794	3478	3478	III	874	146				
	V	9 092	3478	3478	IV	4 353	3 747	3 158	2 588	2 036	1 501
	VI	9 611	3478								
37 943,99	I,IV	4 987	3481	3481	I	3 755	2 596	1 509	517		
	II	3 808	3481	3481	II	2 646	1 556	555			
	III	1 802	3481	3481	III	880	150				
	V	9 105	3481	3481	IV	4 362	3 755	3 166	2 596	2 043	1 509
	VI	9 624	3481								
37 979,99	I,IV	4 996	3484	3484	I	3 764	2 604	1 517	523		
	II	3 817	3484	3484	II	2 654	1 563	562			
	III	1 810	3484	3484	III	886	154				
	V	9 117	3484	3484	IV	4 371	3 764	3 175	2 604	2 051	1 517
	VI	9 636	3484								
38 015,99	I,IV	5 005	3487	3487	I	3 772	2 612	1 524	529		
	II	3 825	3487	3487	II	2 662	1 570	568			
	III	1 816	3487	3487	III	892	158				
	V	9 130	3487	3487	IV	4 380	3 772	3 183	2 612	2 059	1 524
	VI	9 649	3487								

* Zur LSt-Berechnung für privat versicherte Arbeitnehmer s. Beispiele **Vorbemerkung S. 4 f.**
** Basisvorsorgepauschale KV und PV   *** Typisierter Arbeitgeberzuschuss

Jahr gültig ab 1. 1. 2022 (idF des StEntlG 2022) — aT2

Lohn/Gehalt in € bis	Steuerklasse	Lohnsteuer*	BVSP**	TAGZ***	Steuerklasse	Bemessungsgrundlage für Kirchensteuer und Solidaritätszuschlag — Freibeträge für ... Kinder					
						0,5	1,0	1,5	2,0	2,5	3,0
38 051,99	I,IV	**5 014**	3 491	3 491	I	3 781	2 620	1 531	535		
	II	**3 834**	3 491	3 491	II	2 670	1 578	574			
	III	**1 824**	3 491	3 491	III	898	164				
	V	**9 142**	3 491	3 491	IV	4 388	3 781	3 191	2 620	2 066	1 531
	VI	**9 661**	3 491	3 491							
38 087,99	I,IV	**5 023**	3 494	3 494	I	3 789	2 628	1 539	541		
	II	**3 842**	3 494	3 494	II	2 678	1 586	580			
	III	**1 830**	3 494	3 494	III	904	168				
	V	**9 155**	3 494	3 494	IV	4 397	3 789	3 199	2 628	2 074	1 539
	VI	**9 674**	3 494	3 494							
38 123,99	I,IV	**5 032**	3 497	3 497	I	3 798	2 636	1 546	548		
	II	**3 851**	3 497	3 497	II	2 686	1 593	587			
	III	**1 838**	3 497	3 497	III	910	172				
	V	**9 167**	3 497	3 497	IV	4 406	3 798	3 208	2 636	2 082	1 546
	VI	**9 686**	3 497	3 497							
38 159,99	I,IV	**5 041**	3 501	3 501	I	3 806	2 644	1 554	554		
	II	**3 859**	3 501	3 501	II	2 694	1 600	593			
	III	**1 844**	3 501	3 501	III	916	178				
	V	**9 180**	3 501	3 501	IV	4 415	3 806	3 216	2 644	2 090	1 554
	VI	**9 699**	3 501	3 501							
38 195,99	I,IV	**5 050**	3 504	3 504	I	3 815	2 652	1 561	560		
	II	**3 868**	3 504	3 504	II	2 702	1 608	599			
	III	**1 852**	3 504	3 504	III	922	182				
	V	**9 192**	3 504	3 504	IV	4 423	3 815	3 224	2 652	2 097	1 561
	VI	**9 711**	3 504	3 504							
38 231,99	I,IV	**5 059**	3 507	3 507	I	3 823	2 660	1 569	566		
	II	**3 877**	3 507	3 507	II	2 710	1 616	606			
	III	**1 860**	3 507	3 507	III	928	186				
	V	**9 205**	3 507	3 507	IV	4 432	3 823	3 232	2 660	2 105	1 569
	VI	**9 724**	3 507	3 507							
38 267,99	I,IV	**5 069**	3 511	3 511	I	3 832	2 668	1 576	573		
	II	**3 885**	3 511	3 511	II	2 718	1 623	612			
	III	**1 866**	3 511	3 511	III	934	192				
	V	**9 217**	3 511	3 511	IV	4 441	3 832	3 241	2 668	2 113	1 576
	VI	**9 736**	3 511	3 511							
38 303,99	I,IV	**5 077**	3 514	3 514	I	3 840	2 676	1 584	579		
	II	**3 893**	3 514	3 514	II	2 726	1 630	619			
	III	**1 874**	3 514	3 514	III	940	196				
	V	**9 229**	3 514	3 514	IV	4 450	3 840	3 249	2 676	2 120	1 584
	VI	**9 749**	3 514	3 514							
38 339,99	I,IV	**5 086**	3 517	3 517	I	3 849	2 684	1 591	585		
	II	**3 902**	3 517	3 517	II	2 734	1 638	625			
	III	**1 880**	3 517	3 517	III	946	200				
	V	**9 242**	3 517	3 517	IV	4 459	3 849	3 257	2 684	2 128	1 591
	VI	**9 761**	3 517	3 517							
38 375,99	I,IV	**5 096**	3 520	3 520	I	3 857	2 692	1 599	592		
	II	**3 911**	3 520	3 520	II	2 742	1 646	632			
	III	**1 888**	3 520	3 520	III	952	204				
	V	**9 255**	3 520	3 520	IV	4 467	3 857	3 265	2 692	2 136	1 599
	VI	**9 774**	3 520	3 520							
38 411,99	I,IV	**5 105**	3 524	3 524	I	3 866	2 700	1 606	598		
	II	**3 919**	3 524	3 524	II	2 750	1 653	638			
	III	**1 894**	3 524	3 524	III	958	210				
	V	**9 267**	3 524	3 524	IV	4 476	3 866	3 274	2 700	2 144	1 606
	VI	**9 786**	3 524	3 524							
38 447,99	I,IV	**5 114**	3 527	3 527	I	3 874	2 708	1 614	604		
	II	**3 928**	3 527	3 527	II	2 758	1 661	644			
	III	**1 902**	3 527	3 527	III	964	214				
	V	**9 279**	3 527	3 527	IV	4 485	3 874	3 282	2 708	2 152	1 614
	VI	**9 799**	3 527	3 527							

* Zur LSt-Berechnung für privat versicherte Arbeitnehmer s. Beispiele **Vorbemerkung S. 4 f.**
** Basisvorsorgepauschale KV und PV   *** Typisierter Arbeitgeberzuschuss

aT2   allgemeine Lohnsteuer

Lohn/Gehalt in € bis	Steuerklasse	Lohnsteuer*	BVSP**	TAGZ***	Steuerklasse	Bemessungsgrundlage für Kirchensteuer und Solidaritätszuschlag Freibeträge für ... Kinder					
						0,5	1,0	1,5	2,0	2,5	3,0
38483,99	I,IV	5123	3530	3530	I	3883	2716	1621	611		
	II	3936	3530	3530	II	2766	1668	651			
	III	1910	3530	3530	III	970	218				
	V	9292	3530	3530	IV	4494	3883	3290	2716	2159	1621
	VI	9811	3530	3530							
38519,99	I,IV	5132	3534	3534	I	3891	2724	1629	617		
	II	3945	3534	3534	II	2774	1676	658			
	III	1916	3534	3534	III	976	224				
	V	9305	3534	3534	IV	4503	3891	3299	2724	2167	1629
	VI	9824	3534	3534							
38555,99	I,IV	5141	3537	3537	I	3900	2732	1636	624		
	II	3954	3537	3537	II	2782	1683	664			
	III	1924	3537	3537	III	982	228				
	V	9317	3537	3537	IV	4511	3900	3307	2732	2175	1636
	VI	9836	3537	3537							
38591,99	I,IV	5150	3540	3540	I	3908	2740	1644	630		
	II	3962	3540	3540	II	2790	1691	671			
	III	1930	3540	3540	III	988	232				
	V	9329	3540	3540	IV	4520	3908	3315	2740	2183	1644
	VI	9849	3540	3540							
38627,99	I,IV	5159	3544	3544	I	3917	2748	1651	636		
	II	3971	3544	3544	II	2798	1698	677			
	III	1938	3544	3544	III	994	238				
	V	9342	3544	3544	IV	4529	3917	3323	2748	2190	1651
	VI	9861	3544	3544							
38663,99	I,IV	5168	3547	3547	I	3926	2756	1659	643		
	II	3979	3547	3547	II	2806	1706	684			
	III	1946	3547	3547	III	1000	242				
	V	9355	3547	3547	IV	4538	3926	3332	2756	2198	1659
	VI	9874	3547	3547							
38699,99	I,IV	5177	3550	3550	I	3934	2764	1666	649		
	II	3988	3550	3550	II	2814	1714	690			
	III	1952	3550	3550	III	1006	246				
	V	9367	3550	3550	IV	4547	3934	3340	2764	2206	1666
	VI	9886	3550	3550							
38735,99	I,IV	5186	3554	3554	I	3943	2772	1674	656		
	II	3996	3554	3554	II	2822	1721	697			
	III	1960	3554	3554	III	1012	252				
	V	9379	3554	3554	IV	4555	3943	3348	2772	2214	1674
	VI	9899	3554	3554							
38771,99	I,IV	5195	3557	3557	I	3951	2780	1681	662		
	II	4005	3557	3557	II	2830	1728	704			
	III	1966	3557	3557	III	1018	256				
	V	9392	3557	3557	IV	4564	3951	3357	2780	2222	1681
	VI	9911	3557	3557							
38807,99	I,IV	5204	3560	3560	I	3960	2788	1689	669		
	II	4014	3560	3560	II	2839	1736	710			
	III	1974	3560	3560	III	1024	260				
	V	9405	3560	3560	IV	4573	3960	3365	2788	2229	1689
	VI	9924	3560	3560							
38843,99	I,IV	5214	3563	3563	I	3969	2796	1697	676		
	II	4022	3563	3563	II	2847	1744	717			
	III	1982	3563	3563	III	1030	266				
	V	9417	3563	3563	IV	4582	3969	3373	2796	2237	1697
	VI	9936	3563	3563							
38879,99	I,IV	5222	3567	3567	I	3977	2804	1704	682		
	II	4031	3567	3567	II	2855	1751	724			
	III	1988	3567	3567	III	1036	270				
	V	9429	3567	3567	IV	4591	3977	3381	2804	2245	1704
	VI	9949	3567	3567							

* Zur LSt-Berechnung für privat versicherte Arbeitnehmer s. Beispiele **Vorbemerkung S. 4 f.**
** Basisvorsorgepauschale KV und PV   *** Typisierter Arbeitgeberzuschuss

Jahr gültig ab 1. 1. 2022 (idF des StEntlG 2022) — aT2

Lohn/Gehalt in € bis	Steuerklasse	Lohnsteuer*	BVSP**	TAGZ***	Steuerklasse	Bemessungsgrundlage für Kirchensteuer und Solidaritätszuschlag — Freibeträge für ... Kinder					
						0,5	1,0	1,5	2,0	2,5	3,0
38 915,99	I,IV	5 232	3 570	3 570	I	3 986	2 812	1 711	689		
	II	4 039	3 570	3 570	II	2 863	1 759	731			
	III	1 996	3 570	3 570	III	1 042	276				
	V	9 442	3 570	3 570	IV	4 599	3 986	3 390	2 812	2 253	1 711
	VI	9 961	3 570								
38 951,99	I,IV	5 241	3 573	3 573	I	3 994	2 820	1 719	695		
	II	4 048	3 573	3 573	II	2 871	1 766	737			
	III	2 002	3 573	3 573	III	1 048	280				
	V	9 455	3 573	3 573	IV	4 608	3 994	3 398	2 820	2 261	1 719
	VI	9 974	3 573								
38 987,99	I,IV	5 250	3 577	3 577	I	4 003	2 828	1 727	702		
	II	4 057	3 577	3 577	II	2 879	1 774	744			
	III	2 010	3 577	3 577	III	1 054	284				
	V	9 467	3 577	3 577	IV	4 617	4 003	3 407	2 828	2 269	1 727
	VI	9 986	3 577								
39 023,99	I,IV	5 259	3 580	3 580	I	4 011	2 836	1 734	709		
	II	4 065	3 580	3 580	II	2 887	1 781	751			
	III	2 018	3 580	3 580	III	1 060	290				
	V	9 479	3 580	3 580	IV	4 626	4 011	3 415	2 836	2 276	1 734
	VI	9 999	3 580								
39 059,99	I,IV	5 268	3 583	3 583	I	4 020	2 845	1 742	715		
	II	4 074	3 583	3 583	II	2 895	1 789	758			
	III	2 024	3 583	3 583	III	1 066	294				
	V	9 492	3 583	3 583	IV	4 635	4 020	3 423	2 845	2 284	1 742
	VI	10 011	3 583								
39 095,99	I,IV	5 277	3 587	3 587	I	4 029	2 853	1 749	722		
	II	4 082	3 587	3 587	II	2 903	1 797	765			
	III	2 032	3 587	3 587	III	1 072	300				
	V	9 505	3 587	3 587	IV	4 644	4 029	3 432	2 853	2 292	1 749
	VI	10 024	3 587								
39 131,99	I,IV	5 286	3 590	3 590	I	4 037	2 861	1 757	729		
	II	4 091	3 590	3 590	II	2 911	1 804	771			
	III	2 038	3 590	3 590	III	1 080	304				
	V	9 517	3 590	3 590	IV	4 653	4 037	3 440	2 861	2 300	1 757
	VI	10 036	3 590								
39 167,99	I,IV	5 295	3 593	3 593	I	4 046	2 869	1 764	736		
	II	4 100	3 593	3 593	II	2 919	1 812	778			
	III	2 046	3 593	3 593	III	1 084	308				
	V	9 529	3 593	3 593	IV	4 661	4 046	3 448	2 869	2 307	1 764
	VI	10 048	3 593								
39 203,99	I,IV	5 304	3 596	3 596	I	4 054	2 877	1 772	742		
	II	4 108	3 596	3 596	II	2 928	1 819	785	4		
	III	2 052	3 596	3 596	III	1 092	314				
	V	9 542	3 596	3 596	IV	4 670	4 054	3 457	2 877	2 315	1 772
	VI	10 061	3 596								
39 239,99	I,IV	5 314	3 600	3 600	I	4 063	2 885	1 780	749		
	II	4 117	3 600	3 600	II	2 936	1 827	792	8		
	III	2 060	3 600	3 600	III	1 098	318				
	V	9 555	3 600	3 600	IV	4 679	4 063	3 465	2 885	2 323	1 780
	VI	10 074	3 600								
39 275,99	I,IV	5 323	3 603	3 603	I	4 072	2 893	1 787	756		
	II	4 126	3 603	3 603	II	2 944	1 835	799	12		
	III	2 068	3 603	3 603	III	1 104	324				
	V	9 567	3 603	3 603	IV	4 688	4 072	3 473	2 893	2 331	1 787
	VI	10 086	3 603								
39 311,99	I,IV	5 332	3 606	3 606	I	4 080	2 901	1 795	763		
	II	4 134	3 606	3 606	II	2 952	1 842	806	16		
	III	2 074	3 606	3 606	III	1 110	328				
	V	9 579	3 606	3 606	IV	4 697	4 080	3 482	2 901	2 339	1 795
	VI	10 098	3 606								

* Zur LSt-Berechnung für privat versicherte Arbeitnehmer s. Beispiele **Vorbemerkung S. 4 f.**
** Basisvorsorgepauschale KV und PV *** Typisierter Arbeitgeberzuschuss

aT2 allgemeine Lohnsteuer

| Lohn/Gehalt in € bis | SteuerKlasse | Lohnsteuer* | BVSP** | TAGZ*** | SteuerKlasse | Bemessungsgrundlage für Kirchensteuer und Solidaritätszuschlag | | | | | |
| | | | | | | Freibeträge für ... Kinder | | | | | |
						0,5	1,0	1,5	2,0	2,5	3,0
39347,99	I,IV	5341	3610	3610	I	4089	2909	1802	770		
	II	4143	3610	3610	II	2960	1850	813	21		
	III	2082	3610	3610	III	1116	334				
	V	9592	3610	3610	IV	4706	4089	3490	2909	2347	1802
	VI	10111	3610								
39383,99	I,IV	5350	3613	3613	I	4098	2917	1810	777		
	II	4152	3613	3613	II	2968	1858	820	25		
	III	2090	3613	3613	III	1122	338				
	V	9605	3613	3613	IV	4715	4098	3498	2917	2355	1810
	VI	10124	3613								
39419,99	I,IV	5359	3616	3616	I	4106	2926	1818	783	3	
	II	4160	3616	3616	II	2976	1865	827	29		
	III	2096	3616	3616	III	1128	342				
	V	9617	3616	3616	IV	4724	4106	3507	2926	2363	1818
	VI	10136	3616								
39455,99	I,IV	5368	3620	3620	I	4115	2934	1825	790	7	
	II	4169	3620	3620	II	2984	1873	834	33		
	III	2104	3620	3620	III	1134	348				
	V	9629	3620	3620	IV	4732	4115	3515	2934	2370	1825
	VI	10148	3620								
39491,99	I,IV	5378	3623	3623	I	4123	2942	1833	797	11	
	II	4177	3623	3623	II	2993	1880	841	38		
	III	2110	3623	3623	III	1142	352				
	V	9642	3623	3623	IV	4741	4123	3523	2942	2378	1833
	VI	10161	3623								
39527,99	I,IV	5387	3626	3626	I	4132	2950	1840	804	15	
	II	4186	3626	3626	II	3001	1888	848	42		
	III	2118	3626	3626	III	1148	358				
	V	9655	3626	3626	IV	4750	4132	3532	2950	2386	1840
	VI	10174	3626								
39563,99	I,IV	5396	3629	3629	I	4141	2958	1848	811	20	
	II	4195	3629	3629	II	3009	1896	855	47		
	III	2126	3629	3629	III	1154	362				
	V	9667	3629	3629	IV	4759	4141	3540	2958	2394	1848
	VI	10186	3629								
39599,99	I,IV	5405	3633	3633	I	4149	2966	1856	818	24	
	II	4203	3633	3633	II	3017	1903	862	51		
	III	2132	3633	3633	III	1160	368				
	V	9679	3633	3633	IV	4768	4149	3549	2966	2402	1856
	VI	10198	3633								
39635,99	I,IV	5414	3636	3636	I	4158	2974	1863	825	28	
	II	4212	3636	3636	II	3025	1911	869	55		
	III	2140	3636	3636	III	1166	372				
	V	9692	3636	3636	IV	4777	4158	3557	2974	2410	1863
	VI	10211	3636								
39671,99	I,IV	5423	3639	3639	I	4167	2982	1871	832	32	
	II	4221	3639	3639	II	3033	1919	876	60		
	III	2148	3639	3639	III	1172	378				
	V	9705	3639	3639	IV	4786	4167	3565	2982	2418	1871
	VI	10224	3639								
39707,99	I,IV	5433	3643	3643	I	4175	2991	1879	839	37	
	II	4230	3643	3643	II	3042	1926	884	64		
	III	2154	3643	3643	III	1180	382				
	V	9717	3643	3643	IV	4795	4175	3574	2991	2426	1879
	VI	10236	3643								
39743,99	I,IV	5442	3646	3646	I	4184	2999	1886	846	41	
	II	4238	3646	3646	II	3050	1934	891	69		
	III	2162	3646	3646	III	1186	388				
	V	9729	3646	3646	IV	4804	4184	3582	2999	2433	1886
	VI	10248	3646								

* Zur LSt-Berechnung für privat versicherte Arbeitnehmer s. Beispiele **Vorbemerkung S. 4f.**
** Basisvorsorgepauschale KV und PV *** Typisierter Arbeitgeberzuschuss

Jahr gültig ab 1. 1. 2022 (idF des StEntlG 2022) — aT2

Lohn/Gehalt in € bis	Steuerklasse	Lohn-steuer*	BVSP**	TAGZ***	Steuerklasse	0,5	1,0	1,5	2,0	2,5	3,0
						Bemessungsgrundlage für Kirchensteuer und Solidaritätszuschlag					
39 779,99	I,IV	5451	3649	3649	I	4193	3007	1894	853	45	
	II	4247	3649	3649	II	3058	1942	898	73		
	III	2168	3649	3649	III	1192	392				
	V	9742	3649	3649	IV	4813	4193	3591	3007	2441	1894
	VI	10261	3649	3649							
39 815,99	I,IV	5460	3653	3653	I	4201	3015	1901	860	50	
	II	4256	3653	3653	II	3066	1949	905	78		
	III	2176	3653	3653	III	1198	398				
	V	9754	3653	3653	IV	4822	4201	3599	3015	2449	1901
	VI	10274	3653	3653							
39 851,99	I,IV	5469	3656	3656	I	4210	3023	1909	868	54	
	II	4264	3656	3656	II	3074	1957	912	82		
	III	2184	3656	3656	III	1204	402				
	V	9767	3656	3656	IV	4831	4210	3608	3023	2457	1909
	VI	10286	3656	3656							
39 887,99	I,IV	5478	3659	3659	I	4219	3031	1917	875	59	
	II	4273	3659	3659	II	3082	1964	919	87		
	III	2190	3659	3659	III	1210	408				
	V	9779	3659	3659	IV	4839	4219	3616	3031	2465	1917
	VI	10298	3659	3659							
39 923,99	I,IV	5488	3663	3663	I	4227	3039	1924	882	63	
	II	4282	3663	3663	II	3091	1972	926	91		
	III	2198	3663	3663	III	1218	412				
	V	9792	3663	3663	IV	4848	4227	3624	3039	2473	1924
	VI	10311	3663	3663							
39 959,99	I,IV	5497	3666	3666	I	4236	3048	1932	889	68	
	II	4290	3666	3666	II	3099	1980	934	96		
	III	2206	3666	3666	III	1224	418				
	V	9804	3666	3666	IV	4857	4236	3633	3048	2481	1932
	VI	10324	3666	3666							
39 995,99	I,IV	5506	3669	3669	I	4245	3056	1940	896	72	
	II	4299	3669	3669	II	3107	1988	941	101		
	III	2212	3669	3669	III	1230	422				
	V	9817	3669	3669	IV	4866	4245	3641	3056	2489	1940
	VI	10336	3669	3669							
40 031,99	I,IV	5515	3672	3672	I	4253	3064	1947	903	76	
	II	4308	3672	3672	II	3115	1995	948	105		
	III	2220	3672	3672	III	1236	428				
	V	9829	3672	3672	IV	4875	4253	3650	3064	2497	1947
	VI	10348	3672	3672							
40 067,99	I,IV	5525	3676	3676	I	4262	3072	1955	910	81	
	II	4316	3676	3676	II	3123	2003	955	110		
	III	2226	3676	3676	III	1242	432				
	V	9842	3676	3676	IV	4884	4262	3658	3072	2504	1955
	VI	10361	3676	3676							
40 103,99	I,IV	5534	3679	3679	I	4271	3080	1963	918	86	
	II	4325	3679	3679	II	3132	2011	962	114		
	III	2234	3679	3679	III	1250	438				
	V	9854	3679	3679	IV	4893	4271	3667	3080	2512	1963
	VI	10374	3679	3679							
40 139,99	I,IV	5543	3682	3682	I	4280	3089	1970	925	90	
	II	4334	3682	3682	II	3140	2018	970	119		
	III	2242	3682	3682	III	1256	442				
	V	9867	3682	3682	IV	4902	4280	3675	3089	2520	1970
	VI	10386	3682	3682							
40 175,99	I,IV	5552	3686	3686	I	4288	3097	1978	932	95	
	II	4343	3686	3686	II	3148	2026	977	124		
	III	2248	3686	3686	III	1262	448				
	V	9879	3686	3686	IV	4911	4288	3683	3097	2528	1978
	VI	10398	3686	3686							

* Zur LSt-Berechnung für privat versicherte Arbeitnehmer s. Beispiele **Vorbemerkung S. 4 f.**
** Basisvorsorgepauschale KV und PV   *** Typisierter Arbeitgeberzuschuss

aT2 allgemeine Lohnsteuer

Lohn/Gehalt in € bis	Steuerklasse	Lohn-steuer*	BVSP**	TAGZ***	Steuerklasse	Bemessungsgrundlage für Kirchensteuer und Solidaritätszuschlag Freibeträge für ... Kinder					
						0,5	1,0	1,5	2,0	2,5	3,0
40 211,99	I,IV	5 561	3 689	3 689	I	4 297	3 105	1 986	939	99	
	II	4 351	3 689	3 689	II	3 156	2 034	984	128		
	III	2 256	3 689	3 689	III	1 268	452				
	V	9 892	3 689	3 689	IV	4 920	4 297	3 692	3 105	2 536	1 986
	VI	10 411	3 689								
40 247,99	I,IV	5 571	3 692	3 692	I	4 306	3 113	1 993	946	104	
	II	4 360	3 692	3 692	II	3 165	2 042	991	133		
	III	2 264	3 692	3 692	III	1 276	458				
	V	9 904	3 692	3 692	IV	4 929	4 306	3 700	3 113	2 544	1 993
	VI	10 424	3 692								
40 283,99	I,IV	5 580	3 696	3 696	I	4 314	3 121	2 001	953	109	
	II	4 369	3 696	3 696	II	3 173	2 049	998	138		
	III	2 270	3 696	3 696	III	1 282	464				
	V	9 917	3 696	3 696	IV	4 938	4 314	3 709	3 121	2 552	2 001
	VI	10 436	3 696								
40 319,99	I,IV	5 589	3 699	3 699	I	4 323	3 129	2 009	960	113	
	II	4 378	3 699	3 699	II	3 181	2 057	1 005	143		
	III	2 278	3 699	3 699	III	1 288	468				
	V	9 929	3 699	3 699	IV	4 947	4 323	3 717	3 129	2 560	2 009
	VI	10 448	3 699								
40 355,99	I,IV	5 598	3 702	3 702	I	4 332	3 138	2 016	968	118	
	II	4 386	3 702	3 702	II	3 189	2 065	1 013	147		
	III	2 284	3 702	3 702	III	1 294	474				
	V	9 942	3 702	3 702	IV	4 956	4 332	3 726	3 138	2 568	2 016
	VI	10 461	3 702								
40 391,99	I,IV	5 608	3 705	3 705	I	4 341	3 146	2 024	975	123	
	II	4 395	3 705	3 705	II	3 197	2 072	1 020	152		
	III	2 292	3 705	3 705	III	1 300	478				
	V	9 954	3 705	3 705	IV	4 965	4 341	3 734	3 146	2 576	2 024
	VI	10 474	3 705								
40 427,99	I,IV	5 617	3 709	3 709	I	4 349	3 154	2 032	982	127	
	II	4 404	3 709	3 709	II	3 206	2 080	1 027	157		
	III	2 300	3 709	3 709	III	1 308	484				
	V	9 967	3 709	3 709	IV	4 974	4 349	3 743	3 154	2 584	2 032
	VI	10 486	3 709								
40 463,99	I,IV	5 626	3 712	3 712	I	4 358	3 162	2 039	989	132	
	II	4 413	3 712	3 712	II	3 214	2 088	1 034	162		
	III	2 306	3 712	3 712	III	1 314	488				
	V	9 979	3 712	3 712	IV	4 983	4 358	3 751	3 162	2 592	2 039
	VI	10 498	3 712								
40 499,99	I,IV	5 635	3 715	3 715	I	4 367	3 171	2 047	996	137	
	II	4 421	3 715	3 715	II	3 222	2 096	1 042	167		
	III	2 314	3 715	3 715	III	1 320	494				
	V	9 992	3 715	3 715	IV	4 992	4 367	3 760	3 171	2 600	2 047
	VI	10 511	3 715								
40 535,99	I,IV	5 645	3 719	3 719	I	4 375	3 179	2 055	1 004	142	
	II	4 430	3 719	3 719	II	3 230	2 103	1 049	172		
	III	2 322	3 719	3 719	III	1 328	500				
	V	10 004	3 719	3 719	IV	5 001	4 375	3 768	3 179	2 608	2 055
	VI	10 524	3 719								
40 571,99	I,IV	5 654	3 722	3 722	I	4 384	3 187	2 063	1 011	146	
	II	4 439	3 722	3 722	II	3 239	2 111	1 056	177		
	III	2 328	3 722	3 722	III	1 334	504				
	V	10 017	3 722	3 722	IV	5 010	4 384	3 777	3 187	2 616	2 063
	VI	10 536	3 722								
40 607,99	I,IV	5 663	3 725	3 725	I	4 393	3 195	2 070	1 018	151	
	II	4 448	3 725	3 725	II	3 247	2 119	1 063	182		
	III	2 336	3 725	3 725	III	1 340	510				
	V	10 029	3 725	3 725	IV	5 019	4 393	3 785	3 195	2 624	2 070
	VI	10 548	3 725								

* Zur LSt-Berechnung für privat versicherte Arbeitnehmer s. Beispiele **Vorbemerkung S. 4f.**
** Basisvorsorgepauschale KV und PV   *** Typisierter Arbeitgeberzuschuss

Jahr gültig ab 1. 1. 2022 (idF des StEntlG 2022) — aT2

Lohn/Gehalt in € bis	Steuerklasse	Lohnsteuer*	BVSP**	TAGZ***	Steuerklasse	Bemessungsgrundlage für Kirchensteuer und Solidaritätszuschlag — Freibeträge für ... Kinder					
						0,5	1,0	1,5	2,0	2,5	3,0
40 643,99	I,IV	5 672	3 729	3 729	I	4 402	3 204	2 078	1 025	156	
	II	4 456	3 729	3 729	II	3 255	2 126	1 070	187		
	III	2 342	3 729	3 729	III	1 346	514				
	V	10 042	3 729	3 729	IV	5 028	4 402	3 794	3 204	2 632	2 078
	VI	10 561	3 729	3 729							
40 679,99	I,IV	5 682	3 732	3 732	I	4 410	3 212	2 086	1 033	161	
	II	4 465	3 732	3 732	II	3 264	2 134	1 078	192		
	III	2 350	3 732	3 732	III	1 354	520				
	V	10 054	3 732	3 732	IV	5 037	4 410	3 802	3 212	2 640	2 086
	VI	10 573	3 732	3 732							
40 715,99	I,IV	5 691	3 735	3 735	I	4 419	3 220	2 094	1 040	166	
	II	4 474	3 735	3 735	II	3 272	2 142	1 085	197		
	III	2 358	3 735	3 735	III	1 360	526				
	V	10 067	3 735	3 735	IV	5 046	4 419	3 811	3 220	2 648	2 094
	VI	10 586	3 735	3 735							
40 751,99	I,IV	5 700	3 738	3 738	I	4 428	3 228	2 101	1 047	170	
	II	4 483	3 738	3 738	II	3 280	2 150	1 092	201		
	III	2 364	3 738	3 738	III	1 366	530				
	V	10 079	3 738	3 738	IV	5 055	4 428	3 819	3 228	2 656	2 101
	VI	10 598	3 738	3 738							
40 787,99	I,IV	5 709	3 742	3 742	I	4 437	3 237	2 109	1 054	175	
	II	4 492	3 742	3 742	II	3 288	2 158	1 099	206		
	III	2 372	3 742	3 742	III	1 374	536				
	V	10 092	3 742	3 742	IV	5 064	4 437	3 828	3 237	2 664	2 109
	VI	10 611	3 742	3 742							
40 823,99	I,IV	5 719	3 745	3 745	I	4 446	3 245	2 117	1 061	180	
	II	4 500	3 745	3 745	II	3 297	2 165	1 107	212		
	III	2 380	3 745	3 745	III	1 380	542				
	V	10 104	3 745	3 745	IV	5 073	4 446	3 836	3 245	2 672	2 117
	VI	10 623	3 745	3 745							
40 859,99	I,IV	5 728	3 748	3 748	I	4 454	3 253	2 125	1 069	185	
	II	4 509	3 748	3 748	II	3 305	2 173	1 114	217		
	III	2 386	3 748	3 748	III	1 386	546				
	V	10 117	3 748	3 748	IV	5 082	4 454	3 845	3 253	2 680	2 125
	VI	10 636	3 748	3 748							
40 895,99	I,IV	5 737	3 752	3 752	I	4 463	3 261	2 132	1 076	190	
	II	4 518	3 752	3 752	II	3 313	2 181	1 121	222		
	III	2 394	3 752	3 752	III	1 394	552				
	V	10 129	3 752	3 752	IV	5 091	4 463	3 853	3 261	2 688	2 132
	VI	10 648	3 752	3 752							
40 931,99	I,IV	5 747	3 755	3 755	I	4 472	3 270	2 140	1 083	195	
	II	4 527	3 755	3 755	II	3 321	2 189	1 128	227		
	III	2 402	3 755	3 755	III	1 400	556				
	V	10 142	3 755	3 755	IV	5 100	4 472	3 862	3 270	2 696	2 140
	VI	10 661	3 755	3 755							
40 967,99	I,IV	5 756	3 758	3 758	I	4 481	3 278	2 148	1 090	200	
	II	4 536	3 758	3 758	II	3 330	2 196	1 136	232		
	III	2 408	3 758	3 758	III	1 406	562				
	V	10 154	3 758	3 758	IV	5 109	4 481	3 870	3 278	2 704	2 148
	VI	10 673	3 758	3 758							
41 003,99	I,IV	5 765	3 762	3 762	I	4 490	3 286	2 156	1 098	205	
	II	4 545	3 762	3 762	II	3 338	2 204	1 143	237		
	III	2 416	3 762	3 762	III	1 414	568				
	V	10 167	3 762	3 762	IV	5 118	4 490	3 879	3 286	2 712	2 156
	VI	10 686	3 762	3 762							
41 039,99	I,IV	5 775	3 765	3 765	I	4 498	3 294	2 163	1 105	210	
	II	4 553	3 765	3 765	II	3 346	2 212	1 150	242		
	III	2 424	3 765	3 765	III	1 420	572				
	V	10 179	3 765	3 765	IV	5 127	4 498	3 887	3 294	2 720	2 163
	VI	10 698	3 765	3 765							

* Zur LSt-Berechnung für privat versicherte Arbeitnehmer s. Beispiele **Vorbemerkung S. 4 f.**
** Basisvorsorgepauschale KV und PV   *** Typisierter Arbeitgeberzuschuss

aT2 — allgemeine Lohnsteuer

Lohn/Gehalt in € bis	Steuerklasse	Lohnsteuer*	BVSP**	TAGZ***	Steuerklasse	Bemessungsgrundlage für Kirchensteuer und Solidaritätszuschlag — Freibeträge für ... Kinder					
						0,5	1,0	1,5	2,0	2,5	3,0
41 075,99	I,IV	5 784	3 768	3 768	I	4 507	3 303	2 171	1 112	215	
	II	4 562	3 768	3 768	II	3 355	2 220	1 157	247		
	III	2 430	3 768	3 768	III	1 426	578				
	V	10 192	3 768	3 768	IV	5 136	4 507	3 896	3 303	2 728	2 171
	VI	10 711	3 768								
41 111,99	I,IV	5 793	3 772	3 772	I	4 516	3 311	2 179	1 119	220	
	II	4 571	3 772	3 772	II	3 363	2 228	1 165	253		
	III	2 438	3 772	3 772	III	1 434	584				
	V	10 204	3 772	3 772	IV	5 146	4 516	3 904	3 311	2 736	2 179
	VI	10 723	3 772								
41 147,99	I,IV	5 803	3 775	3 775	I	4 525	3 319	2 187	1 127	226	
	II	4 580	3 775	3 775	II	3 371	2 235	1 172	258		
	III	2 446	3 775	3 775	III	1 440	588				
	V	10 217	3 775	3 775	IV	5 155	4 525	3 913	3 319	2 744	2 187
	VI	10 736	3 775								
41 183,99	I,IV	5 812	3 778	3 778	I	4 533	3 328	2 194	1 134	231	
	II	4 589	3 778	3 778	II	3 379	2 243	1 179	263		
	III	2 452	3 778	3 778	III	1 446	594				
	V	10 229	3 778	3 778	IV	5 163	4 533	3 921	3 328	2 752	2 194
	VI	10 748	3 778								
41 219,99	I,IV	5 821	3 781	3 781	I	4 542	3 336	2 202	1 141	236	
	II	4 597	3 781	3 781	II	3 388	2 251	1 187	268		
	III	2 460	3 781	3 781	III	1 454	600				
	V	10 242	3 781	3 781	IV	5 173	4 542	3 930	3 336	2 760	2 202
	VI	10 761	3 781								
41 255,99	I,IV	5 831	3 785	3 785	I	4 551	3 344	2 210	1 148	241	
	II	4 606	3 785	3 785	II	3 396	2 259	1 194	274		
	III	2 468	3 785	3 785	III	1 460	604				
	V	10 254	3 785	3 785	IV	5 182	4 551	3 939	3 344	2 768	2 210
	VI	10 773	3 785								
41 291,99	I,IV	5 840	3 788	3 788	I	4 560	3 353	2 218	1 156	246	
	II	4 615	3 788	3 788	II	3 405	2 267	1 201	279		
	III	2 474	3 788	3 788	III	1 466	610				
	V	10 267	3 788	3 788	IV	5 191	4 560	3 947	3 353	2 776	2 218
	VI	10 786	3 788								
41 327,99	I,IV	5 849	3 791	3 791	I	4 569	3 361	2 225	1 163	251	
	II	4 624	3 791	3 791	II	3 413	2 274	1 208	284		
	III	2 482	3 791	3 791	III	1 474	616				
	V	10 279	3 791	3 791	IV	5 200	4 569	3 956	3 361	2 784	2 225
	VI	10 798	3 791								
41 363,99	I,IV	5 859	3 795	3 795	I	4 578	3 369	2 233	1 170	256	
	II	4 633	3 795	3 795	II	3 421	2 282	1 216	289		
	III	2 490	3 795	3 795	III	1 480	622				
	V	10 292	3 795	3 795	IV	5 209	4 578	3 964	3 369	2 792	2 233
	VI	10 811	3 795								
41 399,99	I,IV	5 868	3 798	3 798	I	4 586	3 378	2 241	1 178	262	
	II	4 642	3 798	3 798	II	3 430	2 290	1 223	295		
	III	2 496	3 798	3 798	III	1 488	626				
	V	10 304	3 798	3 798	IV	5 218	4 586	3 973	3 378	2 800	2 241
	VI	10 823	3 798								
41 435,99	I,IV	5 877	3 801	3 801	I	4 595	3 386	2 249	1 185	267	
	II	4 651	3 801	3 801	II	3 438	2 298	1 231	300		
	III	2 504	3 801	3 801	III	1 494	632				
	V	10 317	3 801	3 801	IV	5 227	4 595	3 982	3 386	2 808	2 249
	VI	10 836	3 801								
41 471,99	I,IV	5 887	3 805	3 805	I	4 604	3 394	2 257	1 192	272	
	II	4 659	3 805	3 805	II	3 446	2 306	1 238	306		
	III	2 510	3 805	3 805	III	1 500	638				
	V	10 329	3 805	3 805	IV	5 236	4 604	3 990	3 394	2 816	2 257
	VI	10 848	3 805								

* Zur LSt-Berechnung für privat versicherte Arbeitnehmer s. Beispiele **Vorbemerkung S. 4 f.**
** Basisvorsorgepauschale KV und PV *** Typisierter Arbeitgeberzuschuss

Jahr gültig ab 1. 1. 2022 (idF des StEntlG 2022)   **aT2**

Lohn/Gehalt in € bis	Steuerklasse	Lohnsteuer*	BVSP**	TAGZ***	Steuerklasse	Bemessungsgrundlage für Kirchensteuer und Solidaritätszuschlag Freibeträge für ... Kinder					
						0,5	1,0	1,5	2,0	2,5	3,0
41 507,99	I,IV	**5 896**	3 808	3 808	I	4 613	3 402	2 265	1 199	277	
	II	**4 668**	3 808	3 808	II	3 455	2 314	1 245	311		
	III	**2 518**	3 808	3 808	III	1 508	642				
	V	**10 342**	3 808	3 808	IV	5 245	4 613	3 999	3 402	2 824	2 265
	VI	**10 861**	3 808	3 808							
41 543,99	I,IV	**5 905**	3 811	3 811	I	4 622	3 411	2 272	1 207	283	
	II	**4 677**	3 811	3 811	II	3 463	2 321	1 252	316		
	III	**2 526**	3 811	3 811	III	1 514	648				
	V	**10 354**	3 811	3 811	IV	5 255	4 622	4 007	3 411	2 833	2 272
	VI	**10 873**	3 811	3 811							
41 579,99	I,IV	**5 915**	3 814	3 814	I	4 631	3 419	2 280	1 214	288	
	II	**4 686**	3 814	3 814	II	3 471	2 329	1 260	322		
	III	**2 532**	3 814	3 814	III	1 522	654				
	V	**10 367**	3 814	3 814	IV	5 264	4 631	4 016	3 419	2 841	2 280
	VI	**10 886**	3 814	3 814							
41 615,99	I,IV	**5 924**	3 818	3 818	I	4 639	3 427	2 288	1 221	293	
	II	**4 695**	3 818	3 818	II	3 480	2 337	1 267	327		
	III	**2 540**	3 818	3 818	III	1 528	660				
	V	**10 379**	3 818	3 818	IV	5 273	4 639	4 024	3 427	2 849	2 288
	VI	**10 898**	3 818	3 818							
41 651,99	I,IV	**5 933**	3 821	3 821	I	4 648	3 436	2 296	1 229	299	
	II	**4 704**	3 821	3 821	II	3 488	2 345	1 274	333		
	III	**2 548**	3 821	3 821	III	1 536	664				
	V	**10 392**	3 821	3 821	IV	5 282	4 648	4 033	3 436	2 857	2 296
	VI	**10 911**	3 821	3 821							
41 687,99	I,IV	**5 943**	3 824	3 824	I	4 657	3 444	2 304	1 236	304	
	II	**4 713**	3 824	3 824	II	3 496	2 353	1 282	338		
	III	**2 556**	3 824	3 824	III	1 542	670				
	V	**10 404**	3 824	3 824	IV	5 291	4 657	4 042	3 444	2 865	2 304
	VI	**10 923**	3 824	3 824							
41 723,99	I,IV	**5 952**	3 828	3 828	I	4 666	3 453	2 312	1 243	310	
	II	**4 722**	3 828	3 828	II	3 505	2 361	1 289	344		
	III	**2 562**	3 828	3 828	III	1 548	676				
	V	**10 417**	3 828	3 828	IV	5 300	4 666	4 050	3 453	2 873	2 312
	VI	**10 936**	3 828	3 828							
41 759,99	I,IV	**5 961**	3 831	3 831	I	4 675	3 461	2 319	1 250	315	
	II	**4 730**	3 831	3 831	II	3 513	2 368	1 296	349		
	III	**2 570**	3 831	3 831	III	1 556	682				
	V	**10 429**	3 831	3 831	IV	5 309	4 675	4 059	3 461	2 881	2 319
	VI	**10 948**	3 831	3 831							
41 795,99	I,IV	**5 971**	3 834	3 834	I	4 684	3 469	2 327	1 258	320	
	II	**4 739**	3 834	3 834	II	3 521	2 376	1 304	355		
	III	**2 576**	3 834	3 834	III	1 562	686	2			
	V	**10 442**	3 834	3 834	IV	5 318	4 684	4 067	3 469	2 889	2 327
	VI	**10 961**	3 834	3 834							
41 831,99	I,IV	**5 980**	3 838	3 838	I	4 693	3 478	2 335	1 265	326	
	II	**4 748**	3 838	3 838	II	3 530	2 384	1 311	361		
	III	**2 584**	3 838	3 838	III	1 570	692	6			
	V	**10 454**	3 838	3 838	IV	5 327	4 693	4 076	3 478	2 897	2 335
	VI	**10 973**	3 838	3 838							
41 867,99	I,IV	**5 990**	3 841	3 841	I	4 702	3 486	2 343	1 273	332	
	II	**4 757**	3 841	3 841	II	3 538	2 392	1 319	366		
	III	**2 592**	3 841	3 841	III	1 576	698	12			
	V	**10 467**	3 841	3 841	IV	5 337	4 702	4 085	3 486	2 905	2 343
	VI	**10 986**	3 841	3 841							
41 903,99	I,IV	**5 999**	3 844	3 844	I	4 710	3 494	2 351	1 280	337	
	II	**4 766**	3 844	3 844	II	3 547	2 400	1 326	372		
	III	**2 600**	3 844	3 844	III	1 584	704	16			
	V	**10 479**	3 844	3 844	IV	5 346	4 710	4 093	3 494	2 913	2 351
	VI	**10 998**	3 844	3 844							

*   Zur LSt-Berechnung für privat versicherte Arbeitnehmer s. Beispiele **Vorbemerkung S. 4f.**
** Basisvorsorgepauschale KV und PV   *** Typisierter Arbeitgeberzuschuss

aT2 allgemeine Lohnsteuer

Lohn/Gehalt in € bis	Steuerklasse	Lohn-steuer*	BVSP**	TAGZ***	Steuerklasse	Bemessungsgrundlage für Kirchensteuer und Solidaritätszuschlag					
						Freibeträge für ... Kinder					
						0,5	1,0	1,5	2,0	2,5	3,0
41 939,99	I,IV	6009	3847	3847	I	4719	3503	2359	1287	342	
	II	4775	3847	3847	II	3555	2408	1333	377		
	III	2606	3847	3847	III	1590	710	20			
	V	10492	3847	3847	IV	5355	4719	4102	3503	2922	2359
	VI	11011	3847	3847							
41 975,99	I,IV	6018	3851	3851	I	4728	3511	2367	1295	348	
	II	4784	3851	3851	II	3564	2416	1341	383		
	III	2614	3851	3851	III	1598	714	24			
	V	10504	3851	3851	IV	5364	4728	4111	3511	2930	2367
	VI	11023	3851	3851							
42 011,99	I,IV	6027	3854	3854	I	4737	3520	2374	1302	354	
	II	4793	3854	3854	II	3572	2424	1348	389		
	III	2622	3854	3854	III	1604	720	28			
	V	10517	3854	3854	IV	5373	4737	4119	3520	2938	2374
	VI	11036	3854	3854							
42 047,99	I,IV	6037	3857	3857	I	4746	3528	2382	1309	359	
	II	4802	3857	3857	II	3580	2431	1355	394		
	III	2628	3857	3857	III	1610	726	32			
	V	10529	3857	3857	IV	5382	4746	4128	3528	2946	2382
	VI	11048	3857	3857							
42 083,99	I,IV	6046	3861	3861	I	4755	3536	2390	1317	365	
	II	4811	3861	3861	II	3589	2439	1363	400		
	III	2636	3861	3861	III	1618	732	36			
	V	10542	3861	3861	IV	5391	4755	4136	3536	2954	2390
	VI	11061	3861	3861							
42 119,99	I,IV	6056	3864	3864	I	4764	3545	2398	1324	370	
	II	4820	3864	3864	II	3597	2447	1370	406		
	III	2644	3864	3864	III	1624	736	40			
	V	10554	3864	3864	IV	5401	4764	4145	3545	2962	2398
	VI	11073	3864	3864							
42 155,99	I,IV	6065	3867	3867	I	4773	3553	2406	1331	376	
	II	4829	3867	3867	II	3606	2455	1378	412		
	III	2650	3867	3867	III	1632	742	44			
	V	10567	3867	3867	IV	5410	4773	4154	3553	2970	2406
	VI	11086	3867	3867							
42 191,99	I,IV	6074	3871	3871	I	4781	3561	2414	1339	382	
	II	4837	3871	3871	II	3614	2463	1385	417		
	III	2658	3871	3871	III	1638	748	50			
	V	10579	3871	3871	IV	5419	4781	4162	3561	2978	2414
	VI	11098	3871	3871							
42 227,99	I,IV	6084	3874	3874	I	4790	3570	2422	1346	387	
	II	4846	3874	3874	II	3622	2471	1392	423		
	III	2666	3874	3874	III	1646	754	54			
	V	10592	3874	3874	IV	5428	4790	4171	3570	2987	2422
	VI	11111	3874	3874							
42 263,99	I,IV	6093	3877	3877	I	4799	3578	2430	1354	393	
	II	4855	3877	3877	II	3631	2479	1400	429		
	III	2672	3877	3877	III	1654	760	58			
	V	10604	3877	3877	IV	5437	4799	4180	3578	2995	2430
	VI	11123	3877	3877							
42 299,99	I,IV	6103	3881	3881	I	4808	3587	2437	1361	399	
	II	4864	3881	3881	II	3639	2487	1407	435		
	III	2680	3881	3881	III	1660	766	62			
	V	10617	3881	3881	IV	5447	4808	4188	3587	3003	2437
	VI	11136	3881	3881							
42 335,99	I,IV	6112	3884	3884	I	4817	3595	2445	1368	404	
	II	4873	3884	3884	II	3648	2495	1414	441		
	III	2688	3884	3884	III	1666	770	66			
	V	10629	3884	3884	IV	5456	4817	4197	3595	3011	2445
	VI	11148	3884	3884							

* Zur LSt-Berechnung für privat versicherte Arbeitnehmer s. Beispiele **Vorbemerkung S. 4f.**
** Basisvorsorgepauschale KV und PV *** Typisierter Arbeitgeberzuschuss

Jahr gültig ab 1. 1. 2022 (idF des StEntlG 2022) aT2

Lohn/Gehalt in € bis	Steuerklasse	Lohnsteuer*	BVSP**	TAGZ***	Steuerklasse	Bemessungsgrundlage für Kirchensteuer und Solidaritätszuschlag					
						Freibeträge für ... Kinder					
						0,5	1,0	1,5	2,0	2,5	3,0
42 371,99	I,IV	6 122	3 887	3 887	I	4 826	3 603	2 453	1 376	410	
	II	4 882	3 887	3 887	II	3 656	2 503	1 422	447		
	III	2 694	3 887	3 887	III	1 674	776	70			
	V	10 642	3 887	3 887	IV	5 465	4 826	4 206	3 603	3 019	2 453
	VI	11 161	3 887	3 887							
42 407,99	I,IV	6 131	3 890	3 890	I	4 835	3 612	2 461	1 383	416	
	II	4 891	3 890	3 890	II	3 665	2 511	1 429	452		
	III	2 702	3 890	3 890	III	1 680	782	76			
	V	10 654	3 890	3 890	IV	5 474	4 835	4 214	3 612	3 027	2 461
	VI	11 173	3 890	3 890							
42 443,99	I,IV	6 141	3 894	3 894	I	4 844	3 620	2 469	1 390	422	
	II	4 900	3 894	3 894	II	3 673	2 519	1 437	458		
	III	2 710	3 894	3 894	III	1 688	788	80			
	V	10 667	3 894	3 894	IV	5 483	4 844	4 223	3 620	3 036	2 469
	VI	11 186	3 894	3 894							
42 479,99	I,IV	6 150	3 897	3 897	I	4 853	3 629	2 477	1 398	427	
	II	4 909	3 897	3 897	II	3 681	2 526	1 444	464		
	III	2 716	3 897	3 897	III	1 696	794	84			
	V	10 679	3 897	3 897	IV	5 492	4 853	4 232	3 629	3 044	2 477
	VI	11 198	3 897	3 897							
42 515,99	I,IV	6 159	3 900	3 900	I	4 862	3 637	2 485	1 405	433	
	II	4 918	3 900	3 900	II	3 690	2 534	1 451	470		
	III	2 724	3 900	3 900	III	1 702	800	88			
	V	10 692	3 900	3 900	IV	5 502	4 862	4 240	3 637	3 052	2 485
	VI	11 211	3 900	3 900							
42 551,99	I,IV	6 169	3 904	3 904	I	4 871	3 646	2 493	1 413	439	
	II	4 927	3 904	3 904	II	3 698	2 542	1 459	476		
	III	2 732	3 904	3 904	III	1 710	806	92			
	V	10 704	3 904	3 904	IV	5 511	4 871	4 249	3 646	3 060	2 493
	VI	11 223	3 904	3 904							
42 587,99	I,IV	6 179	3 907	3 907	I	4 880	3 654	2 501	1 420	445	
	II	4 936	3 907	3 907	II	3 707	2 550	1 466	482		
	III	2 740	3 907	3 907	III	1 716	812	98			
	V	10 717	3 907	3 907	IV	5 520	4 880	4 258	3 654	3 068	2 501
	VI	11 236	3 907	3 907							
42 623,99	I,IV	6 188	3 910	3 910	I	4 889	3 662	2 508	1 427	451	
	II	4 945	3 910	3 910	II	3 715	2 558	1 474	488		
	III	2 746	3 910	3 910	III	1 724	816	102			
	V	10 729	3 910	3 910	IV	5 529	4 889	4 266	3 662	3 076	2 508
	VI	11 248	3 910	3 910							
42 659,99	I,IV	6 197	3 914	3 914	I	4 898	3 671	2 516	1 435	457	
	II	4 954	3 914	3 914	II	3 724	2 566	1 481	494		
	III	2 754	3 914	3 914	III	1 730	822	106			
	V	10 741	3 914	3 914	IV	5 538	4 898	4 275	3 671	3 085	2 516
	VI	11 261	3 914	3 914							
42 695,99	I,IV	6 207	3 917	3 917	I	4 907	3 679	2 524	1 442	463	
	II	4 963	3 917	3 917	II	3 732	2 574	1 489	500		
	III	2 762	3 917	3 917	III	1 738	828	110			
	V	10 754	3 917	3 917	IV	5 548	4 907	4 284	3 679	3 093	2 524
	VI	11 273	3 917	3 917							
42 731,99	I,IV	6 216	3 920	3 920	I	4 916	3 688	2 532	1 450	469	
	II	4 972	3 920	3 920	II	3 741	2 582	1 496	506		
	III	2 768	3 920	3 920	III	1 744	834	114			
	V	10 767	3 920	3 920	IV	5 557	4 916	4 293	3 688	3 101	2 532
	VI	11 286	3 920	3 920							
42 767,99	I,IV	6 226	3 923	3 923	I	4 925	3 696	2 540	1 457	475	
	II	4 981	3 923	3 923	II	3 749	2 590	1 503	512		
	III	2 776	3 923	3 923	III	1 752	840	118			
	V	10 779	3 923	3 923	IV	5 566	4 925	4 301	3 696	3 109	2 540
	VI	11 298	3 923	3 923							

* Zur LSt-Berechnung für privat versicherte Arbeitnehmer s. Beispiele **Vorbemerkung S. 4 f.**
** Basisvorsorgepauschale KV und PV   *** Typisierter Arbeitgeberzuschuss

aT2 allgemeine Lohnsteuer

Lohn/Gehalt in € bis	Steuerklasse	Lohn-steuer*	BVSP**	TAGZ***	Steuerklasse	Bemessungsgrundlage für Kirchensteuer und Solidaritätszuschlag Freibeträge für ... Kinder					
						0,5	1,0	1,5	2,0	2,5	3,0
42803,99	I,IV	6235	3927	3927	I	4934	3705	2548	1464	481	
	II	4990	3927	3927	II	3758	2598	1511	519		
	III	2784	3927	3927	III	1760	846	124			
	V	10791	3927	3927	IV	5575	4934	4310	3705	3117	2548
	VI	11311	3927	3927							
42839,99	I,IV	6245	3930	3930	I	4943	3713	2556	1472	487	
	II	4999	3930	3930	II	3766	2606	1519	525		
	III	2790	3930	3930	III	1766	852	128			
	V	10804	3930	3930	IV	5585	4943	4319	3713	3126	2556
	VI	11323	3930	3930							
42875,99	I,IV	6254	3933	3933	I	4952	3722	2564	1479	493	
	II	5008	3933	3933	II	3775	2614	1526	531		
	III	2798	3933	3933	III	1774	858	132			
	V	10817	3933	3933	IV	5594	4952	4328	3722	3134	2564
	VI	11336	3933	3933							
42911,99	I,IV	6264	3937	3937	I	4960	3730	2572	1487	499	
	II	5017	3937	3937	II	3783	2622	1533	537		
	III	2806	3937	3937	III	1780	862	136			
	V	10829	3937	3937	IV	5603	4960	4336	3730	3142	2572
	VI	11348	3937	3937							
42947,99	I,IV	6273	3940	3940	I	4970	3738	2580	1494	505	
	II	5026	3940	3940	II	3792	2630	1541	543		
	III	2812	3940	3940	III	1788	868	142			
	V	10841	3940	3940	IV	5612	4970	4345	3738	3150	2580
	VI	11361	3940	3940							
42983,99	I,IV	6283	3943	3943	I	4979	3747	2588	1502	511	
	II	5035	3943	3943	II	3800	2638	1548	549		
	III	2820	3943	3943	III	1794	874	146			
	V	10854	3943	3943	IV	5622	4979	4354	3747	3158	2588
	VI	11373	3943	3943							
43019,99	I,IV	6292	3947	3947	I	4988	3756	2596	1509	517	
	II	5044	3947	3947	II	3809	2646	1556	556		
	III	2828	3947	3947	III	1802	880	150			
	V	10867	3947	3947	IV	5631	4988	4363	3756	3167	2596
	VI	11386	3947	3947							
43055,99	I,IV	6302	3950	3950	I	4996	3764	2604	1517	523	
	II	5053	3950	3950	II	3817	2654	1563	562		
	III	2836	3950	3950	III	1810	886	154			
	V	10879	3950	3950	IV	5640	4996	4371	3764	3175	2604
	VI	11398	3950	3950							
43091,99	I,IV	6311	3953	3953	I	5006	3772	2612	1524	529	
	II	5062	3953	3953	II	3826	2662	1571	568		
	III	2842	3953	3953	III	1816	892	160			
	V	10891	3953	3953	IV	5649	5006	4380	3772	3183	2612
	VI	11411	3953	3953							
43127,99	I,IV	6321	3956	3956	I	5015	3781	2620	1532	535	
	II	5071	3956	3956	II	3834	2670	1578	574		
	III	2850	3956	3956	III	1824	898	164			
	V	10904	3956	3956	IV	5659	5015	4389	3781	3191	2620
	VI	11423	3956	3956							
43163,99	I,IV	6330	3960	3960	I	5024	3790	2628	1539	542	
	II	5080	3960	3960	II	3843	2678	1586	581		
	III	2858	3960	3960	III	1830	904	168			
	V	10917	3960	3960	IV	5668	5024	4398	3790	3200	2628
	VI	11436	3960	3960							
43199,99	I,IV	6340	3963	3963	I	5032	3798	2636	1546	548	
	II	5089	3963	3963	II	3851	2686	1593	587		
	III	2864	3963	3963	III	1838	910	172			
	V	10929	3963	3963	IV	5677	5032	4406	3798	3208	2636
	VI	11448	3963	3963							

* Zur LSt-Berechnung für privat versicherte Arbeitnehmer s. Beispiele **Vorbemerkung S. 4f.**
** Basisvorsorgepauschale KV und PV   *** Typisierter Arbeitgeberzuschuss

Jahr gültig ab 1. 1. 2022 (idF des StEntlG 2022) aT2

Lohn/Gehalt in € bis	Steuerklasse	Lohnsteuer*	BVSP**	TAGZ***	Steuerklasse	Bemessungsgrundlage für Kirchensteuer und Solidaritätszuschlag					
						Freibeträge für ... Kinder					
						0,5	1,0	1,5	2,0	2,5	3,0
43 235,99	I,IV	6 349	3 966	3 966	I	5 042	3 806	2 644	1 554	554	
	II	5 098	3 966	3 966	II	3 860	2 694	1 601	593		
	III	2 872	3 966	3 966	III	1 844	916	178			
	V	10 941	3 966	3 966	IV	5 686	5 042	4 415	3 806	3 216	2 644
	VI	11 461	3 966	3 966							
43 271,99	I,IV	6 359	3 970	3 970	I	5 051	3 815	2 652	1 561	560	
	II	5 107	3 970	3 970	II	3 868	2 702	1 608	600		
	III	2 880	3 970	3 970	III	1 852	922	182			
	V	10 954	3 970	3 970	IV	5 696	5 051	4 424	3 815	3 224	2 652
	VI	11 473	3 970	3 970							
43 307,99	I,IV	6 369	3 973	3 973	I	5 060	3 824	2 660	1 569	567	
	II	5 116	3 973	3 973	II	3 877	2 710	1 616	606		
	III	2 888	3 973	3 973	III	1 860	928	186			
	V	10 967	3 973	3 973	IV	5 705	5 060	4 433	3 824	3 233	2 660
	VI	11 486	3 973	3 973							
43 343,99	I,IV	6 378	3 976	3 976	I	5 069	3 832	2 668	1 576	573	
	II	5 125	3 976	3 976	II	3 885	2 718	1 623	612		
	III	2 894	3 976	3 976	III	1 866	934	192			
	V	10 979	3 976	3 976	IV	5 714	5 069	4 441	3 832	3 241	2 668
	VI	11 498	3 976	3 976							
43 379,99	I,IV	6 388	3 980	3 980	I	5 078	3 840	2 676	1 584	579	
	II	5 134	3 980	3 980	II	3 894	2 726	1 631	619		
	III	2 902	3 980	3 980	III	1 874	940	196			
	V	10 991	3 980	3 980	IV	5 724	5 078	4 450	3 840	3 249	2 676
	VI	11 511	3 980	3 980							
43 415,99	I,IV	6 397	3 983	3 983	I	5 087	3 849	2 684	1 591	585	
	II	5 143	3 983	3 983	II	3 902	2 734	1 638	625		
	III	2 910	3 983	3 983	III	1 880	946	200			
	V	11 004	3 983	3 983	IV	5 733	5 087	4 459	3 849	3 257	2 684
	VI	11 523	3 983	3 983							
43 451,99	I,IV	6 407	3 986	3 986	I	5 096	3 858	2 692	1 599	592	
	II	5 153	3 986	3 986	II	3 911	2 742	1 646	632		
	III	2 916	3 986	3 986	III	1 888	952	206			
	V	11 017	3 986	3 986	IV	5 742	5 096	4 468	3 858	3 266	2 692
	VI	11 536	3 986	3 986							
43 487,99	I,IV	6 416	3 990	3 990	I	5 105	3 866	2 700	1 606	598	
	II	5 161	3 990	3 990	II	3 919	2 750	1 653	638		
	III	2 924	3 990	3 990	III	1 894	958	210			
	V	11 029	3 990	3 990	IV	5 751	5 105	4 476	3 866	3 274	2 700
	VI	11 548	3 990	3 990							
43 523,99	I,IV	6 426	3 993	3 993	I	5 114	3 875	2 708	1 614	604	
	II	5 170	3 993	3 993	II	3 928	2 758	1 661	645		
	III	2 932	3 993	3 993	III	1 902	964	214			
	V	11 041	3 993	3 993	IV	5 761	5 114	4 485	3 875	3 282	2 708
	VI	11 560	3 993	3 993							
43 559,99	I,IV	6 435	3 996	3 996	I	5 123	3 883	2 716	1 621	611	
	II	5 180	3 996	3 996	II	3 937	2 766	1 668	651		
	III	2 938	3 996	3 996	III	1 910	970	218			
	V	11 054	3 996	3 996	IV	5 770	5 123	4 494	3 883	3 290	2 716
	VI	11 573	3 996	3 996							
43 595,99	I,IV	6 445	3 999	3 999	I	5 132	3 892	2 724	1 629	617	
	II	5 189	3 999	3 999	II	3 945	2 774	1 676	658		
	III	2 946	3 999	3 999	III	1 916	976	224			
	V	11 067	3 999	3 999	IV	5 780	5 132	4 503	3 892	3 299	2 724
	VI	11 586	3 999	3 999							
43 631,99	I,IV	6 454	4 003	4 003	I	5 141	3 900	2 732	1 636	624	
	II	5 198	4 003	4 003	II	3 954	2 782	1 683	664		
	III	2 954	4 003	4 003	III	1 924	982	228			
	V	11 079	4 003	4 003	IV	5 789	5 141	4 511	3 900	3 307	2 732
	VI	11 598	4 003	4 003							

* Zur LSt-Berechnung für privat versicherte Arbeitnehmer s. Beispiele **Vorbemerkung S. 4 f.**
** Basisvorsorgepauschale KV und PV *** Typisierter Arbeitgeberzuschuss

aT2 allgemeine Lohnsteuer

Lohn/Gehalt in € bis	Steuerklasse	Lohn-steuer*	BVSP**	TAGZ***	Steuerklasse	\multicolumn{6}{Bemessungsgrundlage für Kirchensteuer und Solidaritätszuschlag — Freibeträge für ... Kinder}					
						0,5	1,0	1,5	2,0	2,5	3,0
43667,99	I,IV	6464	4006	4006	I	5150	3909	2740	1644	630	
	II	5207	4006	4006	II	3962	2790	1691	671		
	III	2962	4006	4006	III	1932	988	232			
	V	11091	4006	4006	IV	5798	5150	4520	3909	3315	2740
	VI	11610	4006								
43703,99	I,IV	6474	4009	4009	I	5159	3917	2748	1651	637	
	II	5216	4009	4009	II	3971	2798	1699	677		
	III	2968	4009	4009	III	1938	994	238			
	V	11104	4009	4009	IV	5807	5159	4529	3917	3324	2748
	VI	11623	4009								
43739,99	I,IV	6483	4013	4013	I	5168	3926	2756	1659	643	
	II	5225	4013	4013	II	3980	2807	1706	684		
	III	2976	4013	4013	III	1946	1000	242			
	V	11117	4013	4013	IV	5817	5168	4538	3926	3332	2756
	VI	11636	4013								
43775,99	I,IV	6493	4016	4016	I	5177	3934	2764	1666	649	
	II	5234	4016	4016	II	3988	2814	1714	690		
	III	2984	4016	4016	III	1952	1006	246			
	V	11129	4016	4016	IV	5826	5177	4547	3934	3340	2764
	VI	11648	4016								
43811,99	I,IV	6502	4019	4019	I	5186	3943	2772	1674	656	
	II	5243	4019	4019	II	3997	2823	1721	697		
	III	2990	4019	4019	III	1960	1012	252			
	V	11141	4019	4019	IV	5835	5186	4556	3943	3348	2772
	VI	11660	4019								
43847,99	I,IV	6512	4023	4023	I	5196	3952	2780	1682	663	
	II	5252	4023	4023	II	4005	2831	1729	704		
	III	2998	4023	4023	III	1966	1018	256			
	V	11154	4023	4023	IV	5845	5196	4564	3952	3357	2780
	VI	11673	4023								
43883,99	I,IV	6522	4026	4026	I	5205	3960	2788	1689	669	
	II	5262	4026	4026	II	4014	2839	1736	711		
	III	3006	4026	4026	III	1974	1024	260			
	V	11167	4026	4026	IV	5854	5205	4573	3960	3365	2788
	VI	11686	4026								
43919,99	I,IV	6531	4029	4029	I	5214	3969	2796	1697	676	
	II	5270	4029	4029	II	4022	2847	1744	717		
	III	3014	4029	4029	III	1982	1030	266			
	V	11179	4029	4029	IV	5863	5214	4582	3969	3373	2796
	VI	11698	4029								
43955,99	I,IV	6541	4032	4032	I	5223	3977	2804	1704	682	
	II	5280	4032	4032	II	4031	2855	1751	724		
	III	3022	4032	4032	III	1988	1036	270			
	V	11191	4032	4032	IV	5873	5223	4591	3977	3382	2804
	VI	11710	4032								
43991,99	I,IV	6550	4036	4036	I	5232	3986	2812	1712	689	
	II	5289	4036	4036	II	4040	2863	1759	731		
	III	3028	4036	4036	III	1996	1042	276			
	V	11204	4036	4036	IV	5882	5232	4600	3986	3390	2812
	VI	11723	4036								
44027,99	I,IV	6560	4039	4039	I	5241	3995	2821	1719	696	
	II	5298	4039	4039	II	4048	2871	1767	738		
	III	3036	4039	4039	III	2004	1048	280			
	V	11217	4039	4039	IV	5892	5241	4609	3995	3398	2821
	VI	11736	4039								
44063,99	I,IV	6570	4042	4042	I	5250	4003	2828	1727	702	
	II	5307	4042	4042	II	4057	2879	1774	744		
	III	3044	4042	4042	III	2010	1054	284			
	V	11229	4042	4042	IV	5901	5250	4617	4003	3407	2828
	VI	11748	4042								

* Zur LSt-Berechnung für privat versicherte Arbeitnehmer s. Beispiele **Vorbemerkung S. 4 f.**
** Basisvorsorgepauschale KV und PV *** Typisierter Arbeitgeberzuschuss

Jahr gültig ab 1. 1. 2022 (idF des StEntlG 2022) — aT2

Lohn/Gehalt in € bis	Steuerklasse	Lohn-steuer*	BVSP**	TAGZ***	Steuerklasse	Bemessungsgrundlage für Kirchensteuer und Solidaritätszuschlag — Freibeträge für ... Kinder					
						0,5	1,0	1,5	2,0	2,5	3,0
44 099,99	I,IV	6579	4046	4046	I	5259	4012	2837	1734	709	
	II	5316	4046	4046	II	4065	2887	1782	751		
	III	3050	4046	4046	III	2018	1060	290			
	V	11241	4046	4046	IV	5910	5259	4626	4012	3415	2837
	VI	11760	4046								
44 135,99	I,IV	6589	4049	4049	I	5268	4020	2845	1742	716	
	II	5325	4049	4049	II	4074	2895	1789	758		
	III	3058	4049	4049	III	2024	1066	294			
	V	11254	4049	4049	IV	5920	5268	4635	4020	3423	2845
	VI	11773	4049								
44 171,99	I,IV	6599	4052	4052	I	5277	4029	2853	1750	722	
	II	5335	4052	4052	II	4083	2904	1797	765		
	III	3066	4052	4052	III	2032	1072	300			
	V	11266	4052	4052	IV	5929	5277	4644	4029	3432	2853
	VI	11786	4052								
44 207,99	I,IV	6608	4056	4056	I	5286	4037	2861	1757	729	
	II	5343	4056	4056	II	4091	2911	1804	771		
	III	3074	4056	4056	III	2038	1080	304			
	V	11279	4056	4056	IV	5938	5286	4653	4037	3440	2861
	VI	11798	4056								
44 243,99	I,IV	6618	4059	4059	I	5296	4046	2869	1765	736	
	II	5353	4059	4059	II	4100	2920	1812	778		
	III	3080	4059	4059	III	2046	1086	308			
	V	11291	4059	4059	IV	5948	5296	4662	4046	3448	2869
	VI	11810	4059								
44 279,99	I,IV	6627	4062	4062	I	5305	4055	2877	1772	743	
	II	5362	4062	4062	II	4109	2928	1820	785	4	
	III	3088	4062	4062	III	2054	1092	314			
	V	11304	4062	4062	IV	5957	5305	4671	4055	3457	2877
	VI	11823	4062								
44 315,99	I,IV	6637	4065	4065	I	5314	4063	2885	1780	749	
	II	5371	4065	4065	II	4117	2936	1827	792	8	
	III	3096	4065	4065	III	2060	1098	318			
	V	11316	4065	4065	IV	5967	5314	4680	4063	3465	2885
	VI	11836	4065								
44 351,99	I,IV	6647	4069	4069	I	5323	4072	2893	1787	756	
	II	5380	4069	4069	II	4126	2944	1835	799	12	
	III	3102	4069	4069	III	2068	1104	324			
	V	11329	4069	4069	IV	5976	5323	4688	4072	3473	2893
	VI	11848	4069								
44 387,99	I,IV	6656	4072	4072	I	5332	4080	2901	1795	763	
	II	5389	4072	4072	II	4134	2952	1842	806	16	
	III	3110	4072	4072	III	2074	1110	328			
	V	11341	4072	4072	IV	5985	5332	4697	4080	3482	2901
	VI	11860	4072								
44 423,99	I,IV	6666	4075	4075	I	5341	4089	2910	1803	770	
	II	5398	4075	4075	II	4143	2960	1850	813	21	
	III	3118	4075	4075	III	2082	1116	334			
	V	11354	4075	4075	IV	5995	5341	4706	4089	3490	2910
	VI	11873	4075								
44 459,99	I,IV	6676	4079	4079	I	5351	4098	2918	1810	777	
	II	5408	4079	4079	II	4152	2969	1858	820	25	
	III	3126	4079	4079	III	2090	1122	338			
	V	11366	4079	4079	IV	6004	5351	4715	4098	3499	2918
	VI	11886	4079								
44 495,99	I,IV	6685	4082	4082	I	5359	4106	2926	1818	783	3
	II	5417	4082	4082	II	4160	2976	1865	827	29	
	III	3132	4082	4082	III	2096	1128	342			
	V	11379	4082	4082	IV	6013	5359	4724	4106	3507	2926
	VI	11898	4082								

* Zur LSt-Berechnung für privat versicherte Arbeitnehmer s. Beispiele **Vorbemerkung S. 4 f.**
** Basisvorsorgepauschale KV und PV *** Typisierter Arbeitgeberzuschuss

aT2　　　　　　　　　　　　　　　　　　　allgemeine Lohnsteuer

Lohn/ Gehalt in € bis	Steuerklasse	Lohn- steuer*	BVSP**	TAGZ***	Steuerklasse	Bemessungsgrundlage für Kirchensteuer und Solidaritätszuschlag					
						Freibeträge für ... Kinder					
						0,5	1,0	1,5	2,0	2,5	3,0
44531,99	I,IV	6695	4085	4085	I	5369	4115	2934	1825	790	7
	II	5426	4085	4085	II	4169	2985	1873	834	34	
	III	3140	4085	4085	III	2104	1136	348			
	V	11391	4085	4085	IV	6023	5369	4733	4115	3515	2934
	VI	11910	4085	4085							
44567,99	I,IV	6705	4089	4089	I	5378	4124	2942	1833	797	11
	II	5435	4089	4089	II	4178	2993	1881	841	38	
	III	3148	4089	4089	III	2112	1142	352			
	V	11404	4089	4089	IV	6032	5378	4742	4124	3524	2942
	VI	11923	4089	4089							
44603,99	I,IV	6714	4092	4092	I	5387	4132	2950	1841	804	15
	II	5444	4092	4092	II	4186	3001	1888	848	42	
	III	3156	4092	4092	III	2118	1148	358			
	V	11416	4092	4092	IV	6042	5387	4751	4132	3532	2950
	VI	11936	4092	4092							
44639,99	I,IV	6724	4095	4095	I	5396	4141	2958	1848	811	20
	II	5453	4095	4095	II	4195	3009	1896	855	47	
	III	3162	4095	4095	III	2126	1154	362			
	V	11429	4095	4095	IV	6051	5396	4759	4141	3540	2958
	VI	11948	4095	4095							
44675,99	I,IV	6734	4099	4099	I	5405	4149	2966	1856	818	24
	II	5463	4099	4099	II	4204	3017	1903	862	51	
	III	3170	4099	4099	III	2132	1160	368			
	V	11441	4099	4099	IV	6060	5405	4768	4149	3549	2966
	VI	11960	4099	4099							
44711,99	I,IV	6743	4102	4102	I	5415	4158	2975	1863	825	28
	II	5472	4102	4102	II	4212	3025	1911	870	55	
	III	3178	4102	4102	III	2140	1166	372			
	V	11454	4102	4102	IV	6070	5415	4777	4158	3557	2975
	VI	11973	4102	4102							
44747,99	I,IV	6753	4105	4105	I	5424	4167	2983	1871	832	33
	II	5481	4105	4105	II	4221	3034	1919	877	60	
	III	3186	4105	4105	III	2148	1172	378			
	V	11466	4105	4105	IV	6079	5424	4786	4167	3566	2983
	VI	11986	4105	4105							
44783,99	I,IV	6763	4108	4108	I	5433	4175	2991	1879	839	37
	II	5490	4108	4108	II	4230	3042	1926	884	64	
	III	3192	4108	4108	III	2154	1180	382			
	V	11479	4108	4108	IV	6089	5433	4795	4175	3574	2991
	VI	11998	4108	4108							
44819,99	I,IV	6772	4112	4112	I	5442	4184	2999	1886	846	41
	II	5499	4112	4112	II	4238	3050	1934	891	69	
	III	3200	4112	4112	III	2162	1186	388			
	V	11491	4112	4112	IV	6098	5442	4804	4184	3582	2999
	VI	12010	4112	4112							
44855,99	I,IV	6782	4115	4115	I	5451	4193	3007	1894	854	46
	II	5509	4115	4115	II	4247	3058	1942	898	73	
	III	3208	4115	4115	III	2170	1192	392			
	V	11504	4115	4115	IV	6108	5451	4813	4193	3591	3007
	VI	12023	4115	4115							
44891,99	I,IV	6792	4118	4118	I	5460	4202	3015	1902	861	50
	II	5518	4118	4118	II	4256	3066	1950	905	78	
	III	3216	4118	4118	III	2176	1198	398			
	V	11516	4118	4118	IV	6117	5460	4822	4202	3599	3015
	VI	12036	4118	4118							
44927,99	I,IV	6801	4122	4122	I	5469	4210	3023	1909	868	54
	II	5527	4122	4122	II	4264	3074	1957	912	82	
	III	3222	4122	4122	III	2184	1204	402			
	V	11529	4122	4122	IV	6126	5469	4831	4210	3608	3023
	VI	12048	4122	4122							

* Zur LSt-Berechnung für privat versicherte Arbeitnehmer s. Beispiele **Vorbemerkung S. 4 f.**
** Basisvorsorgepauschale KV und PV　　*** Typisierter Arbeitgeberzuschuss

Jahr gültig ab 1. 1. 2022 (idF des StEntlG 2022) **aT2**

Lohn/Gehalt in € bis	Steuerklasse	Lohn-steuer*	BVSP**	TAGZ***	Steuerklasse	Bemessungsgrundlage für Kirchensteuer und Solidaritätszuschlag					
						Freibeträge für ... Kinder					
						0,5	1,0	1,5	2,0	2,5	3,0
44 963,99	I,IV	6811	4125	4125	I	5479	4219	3032	1917	875	59
	II	5536	4125	4125	II	4273	3083	1965	919	87	
	III	3230	4125	4125	III	2190	1210	408			
	V	11541	4125	4125	IV	6136	5479	4840	4219	3616	3032
	VI	12060	4125	4125							
44 999,99	I,IV	6821	4128	4128	I	5488	4228	3040	1925	882	63
	II	5546	4128	4128	II	4282	3091	1972	927	91	
	III	3238	4128	4128	III	2198	1218	412			
	V	11554	4128	4128	IV	6145	5488	4849	4228	3625	3040
	VI	12073	4128	4128							
45 035,99	I,IV	6831	4132	4132	I	5497	4236	3048	1932	889	68
	II	5555	4132	4132	II	4291	3099	1980	934	96	
	III	3246	4132	4132	III	2206	1224	418			
	V	11566	4132	4132	IV	6155	5497	4858	4236	3633	3048
	VI	12085	4132	4132							
45 071,99	I,IV	6840	4135	4135	I	5506	4245	3056	1940	896	72
	II	5564	4135	4135	II	4299	3107	1988	941	101	
	III	3252	4135	4135	III	2212	1230	422			
	V	11579	4135	4135	IV	6164	5506	4866	4245	3641	3056
	VI	12098	4135	4135							
45 107,99	I,IV	6850	4138	4138	I	5516	4254	3064	1947	903	77
	II	5573	4138	4138	II	4308	3115	1995	948	105	
	III	3260	4138	4138	III	2220	1236	428			
	V	11591	4138	4138	IV	6174	5516	4875	4254	3650	3064
	VI	12110	4138	4138							
45 143,99	I,IV	6860	4141	4141	I	5525	4262	3072	1955	911	81
	II	5582	4141	4141	II	4317	3124	2003	955	110	
	III	3268	4141	4141	III	2228	1244	432			
	V	11604	4141	4141	IV	6183	5525	4884	4262	3658	3072
	VI	12123	4141	4141							
45 179,99	I,IV	6870	4145	4145	I	5534	4271	3081	1963	918	86
	II	5592	4145	4145	II	4326	3132	2011	963	115	
	III	3276	4145	4145	III	2234	1250	438			
	V	11616	4145	4145	IV	6193	5534	4894	4271	3667	3081
	VI	12135	4145	4145							
45 215,99	I,IV	6879	4148	4148	I	5543	4280	3089	1970	925	90
	II	5601	4148	4148	II	4334	3140	2018	970	119	
	III	3282	4148	4148	III	2242	1256	442			
	V	11629	4148	4148	IV	6202	5543	4902	4280	3675	3089
	VI	12148	4148	4148							
45 251,99	I,IV	6889	4151	4151	I	5552	4288	3097	1978	932	95
	II	5610	4151	4151	II	4343	3148	2026	977	124	
	III	3290	4151	4151	III	2248	1262	448			
	V	11641	4151	4151	IV	6212	5552	4911	4288	3684	3097
	VI	12160	4151	4151							
45 287,99	I,IV	6899	4155	4155	I	5562	4297	3105	1986	939	99
	II	5619	4155	4155	II	4352	3157	2034	984	129	
	III	3298	4155	4155	III	2256	1268	452			
	V	11654	4155	4155	IV	6221	5562	4920	4297	3692	3105
	VI	12173	4155	4155							
45 323,99	I,IV	6909	4158	4158	I	5571	4306	3113	1994	946	104
	II	5629	4158	4158	II	4361	3165	2042	991	133	
	III	3306	4158	4158	III	2264	1276	458			
	V	11666	4158	4158	IV	6231	5571	4929	4306	3701	3113
	VI	12185	4158	4158							
45 359,99	I,IV	6918	4161	4161	I	5580	4314	3121	2001	953	109
	II	5638	4161	4161	II	4369	3173	2049	998	138	
	III	3312	4161	4161	III	2270	1282	464			
	V	11679	4161	4161	IV	6240	5580	4938	4314	3709	3121
	VI	12198	4161	4161							

* Zur LSt-Berechnung für privat versicherte Arbeitnehmer s. Beispiele **Vorbemerkung S. 4f.**
** Basisvorsorgepauschale KV und PV *** Typisierter Arbeitgeberzuschuss

aT2 allgemeine Lohnsteuer

Lohn/Gehalt in € bis	Steuerklasse	Lohnsteuer*	BVSP**	TAGZ***	Steuerklasse	Bemessungsgrundlage für Kirchensteuer und Solidaritätszuschlag Freibeträge für ... Kinder					
						0,5	1,0	1,5	2,0	2,5	3,0
45 395,99	I,IV	6 928	4 165	4 165	I	5 589	4 323	3 130	2 009	961	113
	II	5 647	4 165	4 165	II	4 378	3 181	2 057	1 006	143	
	III	3 320	4 165	4 165	III	2 278	1 288	468			
	V	11 691	4 165	4 165	IV	6 250	5 589	4 947	4 323	3 717	3 130
	VI	12 210	4 165	4 165							
45 431,99	I,IV	6 938	4 168	4 168	I	5 599	4 332	3 138	2 017	968	118
	II	5 656	4 168	4 168	II	4 387	3 189	2 065	1 013	148	
	III	3 328	4 168	4 168	III	2 286	1 294	474			
	V	11 704	4 168	4 168	IV	6 259	5 599	4 956	4 332	3 726	3 138
	VI	12 223	4 168	4 168							
45 467,99	I,IV	6 948	4 171	4 171	I	5 608	4 341	3 146	2 024	975	123
	II	5 666	4 171	4 171	II	4 395	3 198	2 073	1 020	152	
	III	3 336	4 171	4 171	III	2 292	1 302	478			
	V	11 716	4 171	4 171	IV	6 269	5 608	4 965	4 341	3 734	3 146
	VI	12 235	4 171								
45 503,99	I,IV	6 957	4 174	4 174	I	5 617	4 349	3 154	2 032	982	127
	II	5 675	4 174	4 174	II	4 404	3 206	2 080	1 027	157	
	III	3 342	4 174	4 174	III	2 300	1 308	484			
	V	11 728	4 174	4 174	IV	6 278	5 617	4 974	4 349	3 743	3 154
	VI	12 248	4 174	4 174							
45 539,99	I,IV	6 967	4 178	4 178	I	5 626	4 358	3 163	2 040	989	132
	II	5 684	4 178	4 178	II	4 413	3 214	2 088	1 034	162	
	III	3 350	4 178	4 178	III	2 306	1 314	488			
	V	11 741	4 178	4 178	IV	6 288	5 626	4 983	4 358	3 751	3 163
	VI	12 260	4 178								
45 575,99	I,IV	6 977	4 181	4 181	I	5 636	4 367	3 171	2 047	997	137
	II	5 694	4 181	4 181	II	4 422	3 222	2 096	1 042	167	
	III	3 358	4 181	4 181	III	2 314	1 320	494			
	V	11 754	4 181	4 181	IV	6 297	5 636	4 992	4 367	3 760	3 171
	VI	12 273	4 181	4 181							
45 611,99	I,IV	6 987	4 184	4 184	I	5 645	4 376	3 179	2 055	1 004	142
	II	5 703	4 184	4 184	II	4 431	3 231	2 104	1 049	172	
	III	3 366	4 184	4 184	III	2 322	1 328	500			
	V	11 766	4 184	4 184	IV	6 307	5 645	5 001	4 376	3 768	3 179
	VI	12 285	4 184	4 184							
45 647,99	I,IV	6 996	4 188	4 188	I	5 654	4 384	3 187	2 063	1 011	146
	II	5 712	4 188	4 188	II	4 439	3 239	2 111	1 056	177	
	III	3 374	4 188	4 188	III	2 328	1 334	504			
	V	11 778	4 188	4 188	IV	6 316	5 654	5 010	4 384	3 777	3 187
	VI	12 298	4 188	4 188							
45 683,99	I,IV	7 006	4 191	4 191	I	5 663	4 393	3 196	2 071	1 018	151
	II	5 721	4 191	4 191	II	4 448	3 247	2 119	1 063	182	
	III	3 380	4 191	4 191	III	2 336	1 340	510			
	V	11 791	4 191	4 191	IV	6 326	5 663	5 019	4 393	3 785	3 196
	VI	12 310	4 191	4 191							
45 719,99	I,IV	7 016	4 194	4 194	I	5 673	4 402	3 204	2 078	1 025	156
	II	5 731	4 194	4 194	II	4 457	3 255	2 127	1 071	187	
	III	3 388	4 194	4 194	III	2 344	1 348	516			
	V	11 804	4 194	4 194	IV	6 335	5 673	5 028	4 402	3 794	3 204
	VI	12 323	4 194	4 194							
45 755,99	I,IV	7 026	4 198	4 198	I	5 682	4 411	3 212	2 086	1 033	161
	II	5 740	4 198	4 198	II	4 466	3 264	2 135	1 078	192	
	III	3 396	4 198	4 198	III	2 350	1 354	520			
	V	11 816	4 198	4 198	IV	6 345	5 682	5 037	4 411	3 802	3 212
	VI	12 335	4 198	4 198							
45 791,99	I,IV	7 035	4 201	4 201	I	5 691	4 419	3 220	2 094	1 040	166
	II	5 749	4 201	4 201	II	4 474	3 272	2 142	1 085	197	
	III	3 404	4 201	4 201	III	2 358	1 360	526			
	V	11 828	4 201	4 201	IV	6 354	5 691	5 046	4 419	3 811	3 220
	VI	12 348	4 201	4 201							

* Zur LSt-Berechnung für privat versicherte Arbeitnehmer s. Beispiele **Vorbemerkung S. 4f.**
** Basisvorsorgepauschale KV und PV   *** Typisierter Arbeitgeberzuschuss

Jahr gültig ab 1. 1. 2022 (idF des StEntlG 2022) — **aT2**

Lohn/Gehalt in € bis	Steuerklasse	Lohnsteuer*	BVSP**	TAGZ***	Steuerklasse	Bemessungsgrundlage für Kirchensteuer und Solidaritätszuschlag Freibeträge für ... Kinder					
						0,5	1,0	1,5	2,0	2,5	3,0
45 827,99	I,IV	7 045	4 204	4 204	I	5 700	4 428	3 229	2 101	1 047	171
	II	5 759	4 204	4 204	II	4 483	3 280	2 150	1 092	202	
	III	3 410	4 204	4 204	III	2 364	1 366	530			
	V	11 841	4 204	4 204	IV	6 364	5 700	5 055	4 428	3 819	3 229
	VI	12 360	4 204	4 204							
45 863,99	I,IV	7 055	4 208	4 208	I	5 710	4 437	3 237	2 109	1 054	176
	II	5 768	4 208	4 208	II	4 492	3 289	2 158	1 100	207	
	III	3 418	4 208	4 208	III	2 372	1 374	536			
	V	11 854	4 208	4 208	IV	6 373	5 710	5 064	4 437	3 828	3 237
	VI	12 373	4 208	4 208							
45 899,99	I,IV	7 065	4 211	4 211	I	5 719	4 446	3 245	2 117	1 062	181
	II	5 777	4 211	4 211	II	4 501	3 297	2 166	1 107	212	
	III	3 426	4 211	4 211	III	2 380	1 380	542			
	V	11 866	4 211	4 211	IV	6 383	5 719	5 073	4 446	3 836	3 245
	VI	12 385	4 211	4 211							
45 935,99	I,IV	7 075	4 214	4 214	I	5 728	4 454	3 253	2 125	1 069	185
	II	5 786	4 214	4 214	II	4 509	3 305	2 173	1 114	217	
	III	3 434	4 214	4 214	III	2 386	1 386	546			
	V	11 878	4 214	4 214	IV	6 392	5 728	5 082	4 454	3 845	3 253
	VI	12 398	4 214	4 214							
45 971,99	I,IV	7 085	4 217	4 217	I	5 738	4 463	3 262	2 132	1 076	190
	II	5 796	4 217	4 217	II	4 518	3 313	2 181	1 121	222	
	III	3 442	4 217	4 217	III	2 394	1 394	552			
	V	11 891	4 217	4 217	IV	6 402	5 738	5 091	4 463	3 853	3 262
	VI	12 410	4 217	4 217							
46 007,99	I,IV	7 094	4 221	4 221	I	5 747	4 472	3 270	2 140	1 083	195
	II	5 805	4 221	4 221	II	4 527	3 322	2 189	1 129	227	
	III	3 448	4 221	4 221	III	2 402	1 400	558			
	V	11 904	4 221	4 221	IV	6 412	5 747	5 100	4 472	3 862	3 270
	VI	12 423	4 221	4 221							
46 043,99	I,IV	7 104	4 224	4 224	I	5 756	4 481	3 278	2 148	1 091	200
	II	5 815	4 224	4 224	II	4 536	3 330	2 197	1 136	232	
	III	3 456	4 224	4 224	III	2 410	1 406	562			
	V	11 916	4 224	4 224	IV	6 421	5 756	5 110	4 481	3 871	3 278
	VI	12 435	4 224	4 224							
46 079,99	I,IV	7 114	4 227	4 227	I	5 765	4 490	3 286	2 156	1 098	205
	II	5 824	4 227	4 227	II	4 545	3 338	2 204	1 143	237	
	III	3 464	4 227	4 227	III	2 416	1 414	568			
	V	11 928	4 227	4 227	IV	6 431	5 765	5 118	4 490	3 879	3 286
	VI	12 448	4 227	4 227							
46 115,99	I,IV	7 124	4 231	4 231	I	5 775	4 498	3 295	2 164	1 105	210
	II	5 833	4 231	4 231	II	4 553	3 347	2 212	1 150	242	
	III	3 472	4 231	4 231	III	2 424	1 420	572			
	V	11 941	4 231	4 231	IV	6 440	5 775	5 128	4 498	3 887	3 295
	VI	12 460	4 231	4 231							
46 151,99	I,IV	7 134	4 234	4 234	I	5 784	4 507	3 303	2 171	1 112	215
	II	5 843	4 234	4 234	II	4 562	3 355	2 220	1 158	248	
	III	3 478	4 234	4 234	III	2 430	1 426	578			
	V	11 954	4 234	4 234	IV	6 450	5 784	5 137	4 507	3 896	3 303
	VI	12 473	4 234	4 234							
46 187,99	I,IV	7 144	4 237	4 237	I	5 794	4 516	3 311	2 179	1 120	221
	II	5 852	4 237	4 237	II	4 571	3 363	2 228	1 165	253	
	III	3 486	4 237	4 237	III	2 438	1 434	584			
	V	11 966	4 237	4 237	IV	6 460	5 794	5 146	4 516	3 905	3 311
	VI	12 485	4 237	4 237							
46 223,99	I,IV	7 153	4 241	4 241	I	5 803	4 525	3 319	2 187	1 127	226
	II	5 861	4 241	4 241	II	4 580	3 371	2 235	1 172	258	
	III	3 494	4 241	4 241	III	2 446	1 440	588			
	V	11 978	4 241	4 241	IV	6 469	5 803	5 155	4 525	3 913	3 319
	VI	12 498	4 241	4 241							

* Zur LSt-Berechnung für privat versicherte Arbeitnehmer s. Beispiele **Vorbemerkung S. 4 f.**
** Basisvorsorgepauschale KV und PV *** Typisierter Arbeitgeberzuschuss

aT2 allgemeine Lohnsteuer

Lohn/Gehalt in € bis	Steuerklasse	Lohnsteuer*	BVSP**	TAGZ***	Steuerklasse	Bemessungsgrundlage für Kirchensteuer und Solidaritätszuschlag Freibeträge für ... Kinder					
						0,5	1,0	1,5	2,0	2,5	3,0
46 259,99	I,IV	7 163	4 244	4 244	I	5 812	4 534	3 328	2 195	1 134	231
	II	5 870	4 244	4 244	II	4 589	3 380	2 243	1 180	263	
	III	3 502	4 244	4 244	III	2 452	1 446	594			
	V	11 991	4 244	4 244	IV	6 479	5 812	5 164	4 534	3 922	3 328
	VI	12 510	4 244								
46 295,99	I,IV	7 173	4 247	4 247	I	5 821	4 543	3 336	2 202	1 141	236
	II	5 880	4 247	4 247	II	4 598	3 388	2 251	1 187	268	
	III	3 510	4 247	4 247	III	2 460	1 454	600			
	V	12 004	4 247	4 247	IV	6 488	5 821	5 173	4 543	3 930	3 336
	VI	12 523	4 247								
46 331,99	I,IV	7 183	4 250	4 250	I	5 831	4 551	3 345	2 210	1 149	241
	II	5 889	4 250	4 250	II	4 607	3 397	2 259	1 194	274	
	III	3 516	4 250	4 250	III	2 468	1 460	606			
	V	12 016	4 250	4 250	IV	6 498	5 831	5 182	4 551	3 939	3 345
	VI	12 535	4 250								
46 367,99	I,IV	7 193	4 254	4 254	I	5 840	4 560	3 353	2 218	1 156	246
	II	5 898	4 254	4 254	II	4 615	3 405	2 267	1 201	279	
	III	3 524	4 254	4 254	III	2 474	1 466	610			
	V	12 028	4 254	4 254	IV	6 507	5 840	5 191	4 560	3 947	3 353
	VI	12 547	4 254								
46 403,99	I,IV	7 203	4 257	4 257	I	5 849	4 569	3 361	2 226	1 163	251
	II	5 908	4 257	4 257	II	4 624	3 413	2 275	1 209	284	
	III	3 532	4 257	4 257	III	2 482	1 474	616			
	V	12 041	4 257	4 257	IV	6 517	5 849	5 200	4 569	3 956	3 361
	VI	12 560	4 257								
46 439,99	I,IV	7 213	4 260	4 260	I	5 859	4 578	3 369	2 234	1 170	257
	II	5 917	4 260	4 260	II	4 633	3 421	2 282	1 216	290	
	III	3 540	4 260	4 260	III	2 490	1 480	622			
	V	12 054	4 260	4 260	IV	6 527	5 859	5 209	4 578	3 965	3 369
	VI	12 573	4 260								
46 475,99	I,IV	7 222	4 264	4 264	I	5 868	4 587	3 378	2 241	1 178	262
	II	5 927	4 264	4 264	II	4 642	3 430	2 290	1 223	295	
	III	3 548	4 264	4 264	III	2 496	1 488	626			
	V	12 066	4 264	4 264	IV	6 536	5 868	5 218	4 587	3 973	3 378
	VI	12 585	4 264								
46 511,99	I,IV	7 232	4 267	4 267	I	5 877	4 595	3 386	2 249	1 185	267
	II	5 936	4 267	4 267	II	4 651	3 438	2 298	1 231	300	
	III	3 554	4 267	4 267	III	2 504	1 494	632			
	V	12 078	4 267	4 267	IV	6 546	5 877	5 227	4 595	3 982	3 386
	VI	12 597	4 267								
46 547,99	I,IV	7 242	4 270	4 270	I	5 887	4 604	3 394	2 257	1 192	272
	II	5 945	4 270	4 270	II	4 660	3 446	2 306	1 238	306	
	III	3 562	4 270	4 270	III	2 512	1 502	638			
	V	12 091	4 270	4 270	IV	6 555	5 887	5 236	4 604	3 990	3 394
	VI	12 610	4 270								
46 583,99	I,IV	7 252	4 274	4 274	I	5 896	4 613	3 403	2 265	1 200	278
	II	5 955	4 274	4 274	II	4 669	3 455	2 314	1 245	311	
	III	3 570	4 274	4 274	III	2 518	1 508	644			
	V	12 104	4 274	4 274	IV	6 565	5 896	5 246	4 613	3 999	3 403
	VI	12 623	4 274								
46 619,99	I,IV	7 262	4 277	4 277	I	5 906	4 622	3 411	2 273	1 207	283
	II	5 964	4 277	4 277	II	4 677	3 463	2 322	1 253	317	
	III	3 578	4 277	4 277	III	2 526	1 514	648			
	V	12 116	4 277	4 277	IV	6 575	5 906	5 255	4 622	4 008	3 411
	VI	12 635	4 277								
46 655,99	I,IV	7 272	4 280	4 280	I	5 915	4 631	3 419	2 281	1 214	288
	II	5 974	4 280	4 280	II	4 686	3 472	2 330	1 260	322	
	III	3 586	4 280	4 280	III	2 534	1 522	654			
	V	12 129	4 280	4 280	IV	6 584	5 915	5 264	4 631	4 016	3 419
	VI	12 648	4 280								

* Zur LSt-Berechnung für privat versicherte Arbeitnehmer s. Beispiele **Vorbemerkung S. 4 f.**
** Basisvorsorgepauschale KV und PV   *** Typisierter Arbeitgeberzuschuss

Jahr gültig ab 1. 1. 2022 (idF des StEntlG 2022)   **aT2**

Lohn/Gehalt in € bis	Steuerklasse	Lohnsteuer*	BVSP**	TAGZ***	Steuerklasse	Bemessungsgrundlage für Kirchensteuer und Solidaritätszuschlag — Freibeträge für ... Kinder 0,5	1,0	1,5	2,0	2,5	3,0
46 691,99	I,IV	7 282	4 283	4 283	I	5 924	4 640	3 428	2 288	1 221	294
	II	5 983	4 283	4 283	II	4 695	3 480	2 337	1 267	327	
	III	3 592	4 283	4 283	III	2 540	1 528	660			
	V	12 141	4 283	4 283	IV	6 594	5 924	5 273	4 640	4 025	3 428
	VI	12 660	4 283	4 283							
46 727,99	I,IV	7 291	4 287	4 287	I	5 934	4 649	3 436	2 296	1 229	299
	II	5 992	4 287	4 287	II	4 704	3 488	2 345	1 275	333	
	III	3 600	4 287	4 287	III	2 548	1 536	664			
	V	12 154	4 287	4 287	IV	6 604	5 934	5 282	4 649	4 033	3 436
	VI	12 673	4 287	4 287							
46 763,99	I,IV	7 301	4 290	4 290	I	5 943	4 658	3 444	2 304	1 236	304
	II	6 002	4 290	4 290	II	4 713	3 497	2 353	1 282	339	
	III	3 608	4 290	4 290	III	2 556	1 542	670			
	V	12 166	4 290	4 290	IV	6 613	5 943	5 291	4 658	4 042	3 444
	VI	12 685	4 290	4 290							
46 799,99	I,IV	7 311	4 293	4 293	I	5 953	4 666	3 453	2 312	1 244	310
	II	6 011	4 293	4 293	II	4 722	3 505	2 361	1 289	344	
	III	3 616	4 293	4 293	III	2 562	1 548	676			
	V	12 179	4 293	4 293	IV	6 623	5 953	5 300	4 666	4 051	3 453
	VI	12 698	4 293	4 293							
46 835,99	I,IV	7 321	4 297	4 297	I	5 962	4 675	3 461	2 320	1 251	315
	II	6 021	4 297	4 297	II	4 731	3 513	2 369	1 297	350	
	III	3 624	4 297	4 297	III	2 570	1 556	682			
	V	12 191	4 297	4 297	IV	6 632	5 962	5 309	4 675	4 059	3 461
	VI	12 710	4 297	4 297							
46 871,99	I,IV	7 331	4 300	4 300	I	5 971	4 684	3 469	2 327	1 258	321
	II	6 030	4 300	4 300	II	4 740	3 522	2 377	1 304	355	
	III	3 630	4 300	4 300	III	2 578	1 562	688	2		
	V	12 204	4 300	4 300	IV	6 642	5 971	5 319	4 684	4 068	3 469
	VI	12 723	4 300	4 300							
46 907,99	I,IV	7 341	4 303	4 303	I	5 981	4 693	3 478	2 335	1 266	326
	II	6 040	4 303	4 303	II	4 749	3 530	2 385	1 311	361	
	III	3 638	4 303	4 303	III	2 584	1 570	692	8		
	V	12 216	4 303	4 303	IV	6 652	5 981	5 328	4 693	4 076	3 478
	VI	12 735	4 303	4 303							
46 943,99	I,IV	7 351	4 307	4 307	I	5 990	4 702	3 486	2 343	1 273	332
	II	6 049	4 307	4 307	II	4 758	3 539	2 392	1 319	366	
	III	3 646	4 307	4 307	III	2 592	1 576	698	12		
	V	12 229	4 307	4 307	IV	6 662	5 990	5 337	4 702	4 085	3 486
	VI	12 748	4 307	4 307							
46 979,99	I,IV	7 361	4 310	4 310	I	5 999	4 711	3 494	2 351	1 280	337
	II	6 058	4 310	4 310	II	4 766	3 547	2 400	1 326	372	
	III	3 654	4 310	4 310	III	2 600	1 584	704	16		
	V	12 241	4 310	4 310	IV	6 671	5 999	5 346	4 711	4 093	3 494
	VI	12 760	4 310	4 310							
47 015,99	I,IV	7 371	4 313	4 313	I	6 009	4 720	3 503	2 359	1 287	343
	II	6 068	4 313	4 313	II	4 775	3 555	2 408	1 333	378	
	III	3 660	4 313	4 313	III	2 606	1 590	710	20		
	V	12 253	4 313	4 313	IV	6 681	6 009	5 355	4 720	4 102	3 503
	VI	12 773	4 313	4 313							
47 051,99	I,IV	7 381	4 317	4 317	I	6 018	4 729	3 511	2 367	1 295	348
	II	6 077	4 317	4 317	II	4 784	3 564	2 416	1 341	383	
	III	3 668	4 317	4 317	III	2 614	1 598	714	24		
	V	12 266	4 317	4 317	IV	6 690	6 018	5 364	4 729	4 111	3 511
	VI	12 785	4 317	4 317							
47 087,99	I,IV	7 391	4 320	4 320	I	6 028	4 737	3 520	2 375	1 302	354
	II	6 087	4 320	4 320	II	4 793	3 572	2 424	1 348	389	
	III	3 676	4 320	4 320	III	2 622	1 604	720	28		
	V	12 279	4 320	4 320	IV	6 700	6 028	5 374	4 737	4 120	3 520
	VI	12 798	4 320	4 320							

* Zur LSt-Berechnung für privat versicherte Arbeitnehmer s. Beispiele **Vorbemerkung S. 4 f.**
** Basisvorsorgepauschale KV und PV   *** Typisierter Arbeitgeberzuschuss

aT2 allgemeine Lohnsteuer

Lohn/Gehalt in € bis	Steuerklasse	Lohn-steuer*	BVSP**	TAGZ***	Steuerklasse	Bemessungsgrundlage für Kirchensteuer und Solidaritätszuschlag Freibeträge für ... Kinder					
						0,5	1,0	1,5	2,0	2,5	3,0
47 123,99	I,IV	7400	4323	4323	I	6037	4746	3528	2382	1309	359
	II	6096	4323	4323	II	4802	3580	2432	1355	395	
	III	3684	4323	4323	III	2628	1612	726	32		
	V	12291	4323	4323	IV	6710	6037	5382	4746	4128	3528
	VI	12810	4323								
47 159,99	I,IV	7410	4326	4326	I	6046	4755	3536	2390	1317	365
	II	6105	4326	4326	II	4811	3589	2440	1363	400	
	III	3692	4326	4326	III	2636	1618	732	36		
	V	12303	4326	4326	IV	6719	6046	5392	4755	4137	3536
	VI	12823	4326								
47 195,99	I,IV	7420	4330	4330	I	6056	4764	3545	2398	1324	371
	II	6115	4330	4330	II	4820	3597	2448	1370	406	
	III	3700	4330	4330	III	2644	1626	738	40		
	V	12316	4330	4330	IV	6729	6056	5401	4764	4145	3545
	VI	12835	4330								
47 231,99	I,IV	7430	4333	4333	I	6065	4773	3553	2406	1332	376
	II	6124	4333	4333	II	4829	3606	2456	1378	412	
	III	3706	4333	4333	III	2652	1632	744	46		
	V	12329	4333	4333	IV	6739	6065	5410	4773	4154	3553
	VI	12848	4333								
47 267,99	I,IV	7440	4336	4336	I	6075	4782	3562	2414	1339	382
	II	6134	4336	4336	II	4838	3614	2463	1385	418	
	III	3714	4336	4336	III	2658	1638	748	50		
	V	12341	4336	4336	IV	6748	6075	5419	4782	4163	3562
	VI	12860	4336								
47 303,99	I,IV	7450	4340	4340	I	6084	4791	3570	2422	1346	387
	II	6143	4340	4340	II	4847	3623	2471	1392	423	
	III	3722	4340	4340	III	2666	1646	754	54		
	V	12353	4340	4340	IV	6758	6084	5428	4791	4171	3570
	VI	12873	4340								
47 339,99	I,IV	7460	4343	4343	I	6094	4800	3578	2430	1354	393
	II	6153	4343	4343	II	4856	3631	2479	1400	429	
	III	3730	4343	4343	III	2672	1654	760	58		
	V	12366	4343	4343	IV	6768	6094	5438	4800	4180	3578
	VI	12885	4343								
47 375,99	I,IV	7470	4346	4346	I	6103	4809	3587	2438	1361	399
	II	6162	4346	4346	II	4865	3640	2487	1407	435	
	III	3738	4346	4346	III	2680	1660	766	62		
	V	12379	4346	4346	IV	6778	6103	5447	4809	4189	3587
	VI	12898	4346								
47 411,99	I,IV	7480	4350	4350	I	6112	4817	3595	2445	1368	405
	II	6172	4350	4350	II	4873	3648	2495	1415	441	
	III	3744	4350	4350	III	2688	1668	772	66		
	V	12391	4350	4350	IV	6787	6112	5456	4817	4197	3595
	VI	12910	4350								
47 447,99	I,IV	7490	4353	4353	I	6122	4826	3604	2453	1376	410
	II	6181	4353	4353	II	4882	3656	2503	1422	447	
	III	3752	4353	4353	III	2696	1674	776	70		
	V	12403	4353	4353	IV	6797	6122	5465	4826	4206	3604
	VI	12923	4353								
47 483,99	I,IV	7500	4356	4356	I	6131	4835	3612	2461	1383	416
	II	6191	4356	4356	II	4891	3665	2511	1430	453	
	III	3760	4356	4356	III	2702	1682	782	76		
	V	12416	4356	4356	IV	6807	6131	5474	4835	4215	3612
	VI	12935	4356								
47 519,99	I,IV	7510	4359	4359	I	6141	4844	3621	2469	1391	422
	II	6200	4359	4359	II	4900	3673	2519	1437	459	
	III	3768	4359	4359	III	2710	1688	788	80		
	V	12429	4359	4359	IV	6816	6141	5484	4844	4223	3621
	VI	12948	4359								

* Zur LSt-Berechnung für privat versicherte Arbeitnehmer s. Beispiele **Vorbemerkung S. 4 f.**
** Basisvorsorgepauschale KV und PV *** Typisierter Arbeitgeberzuschuss

Jahr gültig ab 1. 1. 2022 (idF des StEntlG 2022) **aT2**

Lohn/Gehalt in € bis	Steuerklasse	Lohnsteuer*	BVSP**	TAGZ***	Steuerklasse	Bemessungsgrundlage für Kirchensteuer und Solidaritätszuschlag Freibeträge für ... Kinder					
						0,5	1,0	1,5	2,0	2,5	3,0
47 555,99	I,IV	7 520	4 363	4 363	I	6 150	4 853	3 629	2 477	1 398	428
	II	6 209	4 363	4 363	II	4 909	3 682	2 527	1 444	464	
	III	3 776	4 363	4 363	III	2 716	1 696	794	84		
	V	12 441	4 363	4 363	IV	6 826	6 150	5 493	4 853	4 232	3 629
	VI	12 960	4 363	4 363							
47 591,99	I,IV	7 530	4 366	4 366	I	6 160	4 862	3 637	2 485	1 405	434
	II	6 219	4 366	4 366	II	4 918	3 690	2 535	1 452	470	
	III	3 782	4 366	4 366	III	2 724	1 702	800	88		
	V	12 453	4 366	4 366	IV	6 836	6 160	5 502	4 862	4 241	3 637
	VI	12 973	4 366	4 366							
47 627,99	I,IV	7 540	4 369	4 369	I	6 169	4 871	3 646	2 493	1 413	439
	II	6 229	4 369	4 369	II	4 927	3 699	2 543	1 459	476	
	III	3 790	4 369	4 369	III	2 732	1 710	806	92		
	V	12 466	4 369	4 369	IV	6 846	6 169	5 511	4 871	4 249	3 646
	VI	12 985	4 369	4 369							
47 663,99	I,IV	7 550	4 373	4 373	I	6 179	4 880	3 654	2 501	1 420	445
	II	6 238	4 373	4 373	II	4 936	3 707	2 551	1 467	482	
	III	3 798	4 373	4 373	III	2 740	1 716	812	98		
	V	12 479	4 373	4 373	IV	6 855	6 179	5 520	4 880	4 258	3 654
	VI	12 998	4 373	4 373							
47 699,99	I,IV	7 560	4 376	4 376	I	6 188	4 889	3 663	2 509	1 428	451
	II	6 247	4 376	4 376	II	4 945	3 715	2 558	1 474	488	
	III	3 806	4 376	4 376	III	2 746	1 724	816	102		
	V	12 491	4 376	4 376	IV	6 865	6 188	5 529	4 889	4 267	3 663
	VI	13 010	4 376	4 376							
47 735,99	I,IV	7 570	4 379	4 379	I	6 198	4 898	3 671	2 517	1 435	457
	II	6 257	4 379	4 379	II	4 954	3 724	2 566	1 481	494	
	III	3 814	4 379	4 379	III	2 754	1 730	822	106		
	V	12 503	4 379	4 379	IV	6 875	6 198	5 539	4 898	4 275	3 671
	VI	13 023	4 379	4 379							
47 771,99	I,IV	7 580	4 383	4 383	I	6 207	4 907	3 680	2 525	1 443	463
	II	6 267	4 383	4 383	II	4 963	3 733	2 574	1 489	501	
	III	3 822	4 383	4 383	III	2 762	1 738	828	110		
	V	12 516	4 383	4 383	IV	6 884	6 207	5 548	4 907	4 284	3 680
	VI	13 035	4 383	4 383							
47 807,99	I,IV	7 590	4 386	4 386	I	6 217	4 916	3 688	2 533	1 450	469
	II	6 276	4 386	4 386	II	4 972	3 741	2 582	1 496	507	
	III	3 830	4 386	4 386	III	2 770	1 746	834	114		
	V	12 529	4 386	4 386	IV	6 894	6 217	5 557	4 916	4 293	3 688
	VI	13 048	4 386	4 386							
47 843,99	I,IV	7 600	4 389	4 389	I	6 226	4 925	3 696	2 540	1 457	475
	II	6 285	4 389	4 389	II	4 981	3 749	2 590	1 504	513	
	III	3 836	4 389	4 389	III	2 776	1 752	840	118		
	V	12 541	4 389	4 389	IV	6 904	6 226	5 566	4 925	4 302	3 696
	VI	13 060	4 389	4 389							
47 879,99	I,IV	7 610	4 392	4 392	I	6 236	4 934	3 705	2 549	1 465	481
	II	6 295	4 392	4 392	II	4 990	3 758	2 598	1 511	519	
	III	3 844	4 392	4 392	III	2 784	1 760	846	124		
	V	12 553	4 392	4 392	IV	6 914	6 236	5 576	4 934	4 310	3 705
	VI	13 072	4 392	4 392							
47 915,99	I,IV	7 620	4 396	4 396	I	6 245	4 943	3 713	2 557	1 472	487
	II	6 305	4 396	4 396	II	4 999	3 766	2 606	1 519	525	
	III	3 852	4 396	4 396	III	2 790	1 766	852	128		
	V	12 566	4 396	4 396	IV	6 923	6 245	5 585	4 943	4 319	3 713
	VI	13 085	4 396	4 396							
47 951,99	I,IV	7 630	4 399	4 399	I	6 255	4 952	3 722	2 565	1 480	493
	II	6 314	4 399	4 399	II	5 008	3 775	2 614	1 526	531	
	III	3 860	4 399	4 399	III	2 798	1 774	858	132		
	V	12 579	4 399	4 399	IV	6 933	6 255	5 594	4 952	4 328	3 722
	VI	13 098	4 399	4 399							

* Zur LSt-Berechnung für privat versicherte Arbeitnehmer s. Beispiele **Vorbemerkung S. 4 f.**
** Basisvorsorgepauschale KV und PV *** Typisierter Arbeitgeberzuschuss

aT2 allgemeine Lohnsteuer

Lohn/Gehalt in € bis	Steuerklasse	Lohn-steuer*	BVSP**	TAGZ***	Steuerklasse	Bemessungsgrundlage für Kirchensteuer und Solidaritätszuschlag Freibeträge für ... Kinder					
						0,5	1,0	1,5	2,0	2,5	3,0
47 987,99	I,IV	7640	4402	4402	I	6264	4961	3730	2572	1487	499
	II	6323	4402	4402	II	5017	3783	2622	1534	537	
	III	3868	4402	4402	III	2806	1780	864	136		
	V	12591	4402	4402	IV	6943	6264	5603	4961	4336	3730
	VI	13110	4402	4402							
48 023,99	I,IV	7650	4406	4406	I	6274	4970	3739	2580	1494	505
	II	6333	4406	4406	II	5026	3792	2630	1541	543	
	III	3874	4406	4406	III	2814	1788	870	142		
	V	12603	4406	4406	IV	6953	6274	5613	4970	4345	3739
	VI	13122	4406	4406							
48 059,99	I,IV	7660	4409	4409	I	6283	4979	3747	2588	1502	511
	II	6343	4409	4409	II	5035	3800	2638	1549	550	
	III	3882	4409	4409	III	2820	1796	874	146		
	V	12616	4409	4409	IV	6962	6283	5622	4979	4354	3747
	VI	13135	4409	4409							
48 095,99	I,IV	7670	4412	4412	I	6293	4988	3756	2596	1510	517
	II	6352	4412	4412	II	5044	3809	2646	1556	556	
	III	3890	4412	4412	III	2828	1802	880	150		
	V	12629	4412	4412	IV	6972	6293	5631	4988	4363	3756
	VI	13148	4412	4412							
48 131,99	I,IV	7680	4416	4416	I	6302	4997	3764	2604	1517	523
	II	6362	4416	4416	II	5053	3817	2654	1563	562	
	III	3898	4416	4416	III	2836	1810	886	154		
	V	12641	4416	4416	IV	6982	6302	5640	4997	4371	3764
	VI	13160	4416	4416							
48 167,99	I,IV	7690	4419	4419	I	6312	5006	3773	2612	1524	529
	II	6371	4419	4419	II	5062	3826	2662	1571	568	
	III	3906	4419	4419	III	2842	1816	892	160		
	V	12653	4419	4419	IV	6992	6312	5650	5006	4380	3773
	VI	13172	4419	4419							
48 203,99	I,IV	7700	4422	4422	I	6321	5015	3781	2620	1532	536
	II	6381	4422	4422	II	5071	3834	2670	1579	575	
	III	3914	4422	4422	III	2850	1824	898	164		
	V	12666	4422	4422	IV	7002	6321	5659	5015	4389	3781
	VI	13185	4422	4422							
48 239,99	I,IV	7710	4426	4426	I	6331	5024	3790	2628	1539	542
	II	6390	4426	4426	II	5080	3843	2678	1586	581	
	III	3920	4426	4426	III	2858	1830	904	168		
	V	12679	4426	4426	IV	7011	6331	5668	5024	4398	3790
	VI	13198	4426	4426							
48 275,99	I,IV	7720	4429	4429	I	6340	5033	3798	2636	1547	548
	II	6400	4429	4429	II	5089	3851	2686	1593	587	
	III	3928	4429	4429	III	2866	1838	910	174		
	V	12691	4429	4429	IV	7021	6340	5677	5033	4406	3798
	VI	13210	4429	4429							
48 311,99	I,IV	7730	4432	4432	I	6350	5042	3807	2644	1554	554
	II	6409	4432	4432	II	5098	3860	2694	1601	593	
	III	3936	4432	4432	III	2872	1846	916	178		
	V	12703	4432	4432	IV	7031	6350	5687	5042	4415	3807
	VI	13222	4432	4432							
48 347,99	I,IV	7740	4435	4435	I	6359	5051	3815	2652	1562	560
	II	6419	4435	4435	II	5107	3869	2702	1609	600	
	III	3944	4435	4435	III	2880	1852	922	182		
	V	12716	4435	4435	IV	7041	6359	5696	5051	4424	3815
	VI	13235	4435	4435							
48 383,99	I,IV	7750	4439	4439	I	6369	5060	3824	2660	1569	567
	II	6429	4439	4439	II	5117	3877	2710	1616	606	
	III	3952	4439	4439	III	2888	1860	928	186		
	V	12729	4439	4439	IV	7051	6369	5705	5060	4433	3824
	VI	13248	4439	4439							

* Zur LSt-Berechnung für privat versicherte Arbeitnehmer s. Beispiele **Vorbemerkung S. 4f.**
** Basisvorsorgepauschale KV und PV   *** Typisierter Arbeitgeberzuschuss

Jahr gültig ab 1. 1. 2022 (idF des StEntlG 2022)   **aT2**

Lohn/Gehalt in € bis	Steuerklasse	Lohnsteuer*	BVSP**	TAGZ***	Steuerklasse	Bemessungsgrundlage für Kirchensteuer und Solidaritätszuschlag Freibeträge für ... Kinder					
						0,5	1,0	1,5	2,0	2,5	3,0
48 419,99	I,IV	7 760	4 442	4 442	I	6 378	5 069	3 832	2 668	1 577	573
	II	6 438	4 442	4 442	II	5 125	3 885	2 718	1 623	613	
	III	3 958	4 442	4 442	III	2 894	1 866	934	192		
	V	12 741	4 442	4 442	IV	7 060	6 378	5 714	5 069	4 441	3 832
	VI	13 260	4 442	4 442							
48 455,99	I,IV	7 770	4 445	4 445	I	6 388	5 078	3 841	2 676	1 584	579
	II	6 448	4 445	4 445	II	5 135	3 894	2 726	1 631	619	
	III	3 966	4 445	4 445	III	2 902	1 874	940	196		
	V	12 753	4 445	4 445	IV	7 070	6 388	5 724	5 078	4 450	3 841
	VI	13 272	4 445	4 445							
48 491,99	I,IV	7 781	4 449	4 449	I	6 398	5 087	3 849	2 684	1 592	586
	II	6 457	4 449	4 449	II	5 144	3 903	2 734	1 639	625	
	III	3 974	4 449	4 449	III	2 910	1 880	946	200		
	V	12 766	4 449	4 449	IV	7 080	6 398	5 733	5 087	4 459	3 849
	VI	13 285	4 449	4 449							
48 527,99	I,IV	7 791	4 452	4 452	I	6 407	5 096	3 858	2 692	1 599	592
	II	6 467	4 452	4 452	II	5 153	3 911	2 742	1 646	632	
	III	3 982	4 452	4 452	III	2 916	1 888	952	206		
	V	12 778	4 452	4 452	IV	7 090	6 407	5 743	5 096	4 468	3 858
	VI	13 298	4 452	4 452							
48 563,99	I,IV	7 800	4 455	4 455	I	6 416	5 105	3 866	2 700	1 606	598
	II	6 476	4 455	4 455	II	5 162	3 920	2 750	1 653	638	
	III	3 990	4 455	4 455	III	2 924	1 896	958	210		
	V	12 791	4 455	4 455	IV	7 099	6 416	5 752	5 105	4 477	3 866
	VI	13 310	4 455	4 455							
48 599,99	I,IV	7 811	4 459	4 459	I	6 426	5 114	3 875	2 708	1 614	605
	II	6 486	4 459	4 459	II	5 171	3 928	2 758	1 661	645	
	III	3 998	4 459	4 459	III	2 932	1 902	964	214		
	V	12 803	4 459	4 459	IV	7 109	6 426	5 761	5 114	4 485	3 875
	VI	13 322	4 459	4 459							
48 635,99	I,IV	7 821	4 462	4 462	I	6 436	5 123	3 883	2 716	1 622	611
	II	6 496	4 462	4 462	II	5 180	3 937	2 766	1 669	651	
	III	4 006	4 462	4 462	III	2 940	1 910	970	220		
	V	12 816	4 462	4 462	IV	7 119	6 436	5 770	5 123	4 494	3 883
	VI	13 335	4 462	4 462							
48 671,99	I,IV	7 831	4 465	4 465	I	6 445	5 132	3 892	2 724	1 629	617
	II	6 505	4 465	4 465	II	5 189	3 946	2 775	1 676	658	
	III	4 014	4 465	4 465	III	2 946	1 918	976	224		
	V	12 828	4 465	4 465	IV	7 129	6 445	5 780	5 132	4 503	3 892
	VI	13 348	4 465	4 465							
48 707,99	I,IV	7 841	4 468	4 468	I	6 455	5 141	3 900	2 732	1 637	624
	II	6 515	4 468	4 468	II	5 198	3 954	2 782	1 684	664	
	III	4 020	4 468	4 468	III	2 954	1 924	982	228		
	V	12 841	4 468	4 468	IV	7 139	6 455	5 789	5 141	4 512	3 900
	VI	13 360	4 468	4 468							
48 743,99	I,IV	7 851	4 472	4 472	I	6 464	5 150	3 909	2 740	1 644	630
	II	6 524	4 472	4 472	II	5 207	3 963	2 791	1 691	671	
	III	4 028	4 472	4 472	III	2 962	1 932	988	232		
	V	12 853	4 472	4 472	IV	7 149	6 464	5 798	5 150	4 521	3 909
	VI	13 372	4 472	4 472							
48 779,99	I,IV	7 861	4 475	4 475	I	6 474	5 160	3 918	2 748	1 652	637
	II	6 534	4 475	4 475	II	5 216	3 971	2 799	1 699	678	
	III	4 036	4 475	4 475	III	2 968	1 938	994	238		
	V	12 866	4 475	4 475	IV	7 159	6 474	5 808	5 160	4 529	3 918
	VI	13 385	4 475	4 475							
48 815,99	I,IV	7 871	4 478	4 478	I	6 484	5 169	3 926	2 756	1 659	643
	II	6 544	4 478	4 478	II	5 225	3 980	2 807	1 706	684	
	III	4 044	4 478	4 478	III	2 976	1 946	1 000	242		
	V	12 878	4 478	4 478	IV	7 168	6 484	5 817	5 169	4 538	3 926
	VI	13 398	4 478	4 478							

* Zur LSt-Berechnung für privat versicherte Arbeitnehmer s. Beispiele **Vorbemerkung S. 4 f.**
** Basisvorsorgepauschale KV und PV *** Typisierter Arbeitgeberzuschuss

aT2 allgemeine Lohnsteuer

Lohn/Gehalt in € bis	Steuerklasse	Lohn-steuer*	BVSP**	TAGZ***	Steuerklasse	Bemessungsgrundlage für Kirchensteuer und Solidaritätszuschlag Freibeträge für ... Kinder					
						0,5	1,0	1,5	2,0	2,5	3,0
48 851,99	I,IV	7881	4482	4482	I	6493	5178	3935	2764	1667	650
	II	6553	4482	4482	II	5234	3988	2815	1714	691	
	III	4052	4482	4482	III	2984	1952	1006	248		
	V	12891	4482	4482	IV	7178	6493	5826	5178	4547	3935
	VI	13410	4482								
48 887,99	I,IV	7891	4485	4485	I	6503	5187	3943	2772	1674	656
	II	6563	4485	4485	II	5243	3997	2823	1721	697	
	III	4060	4485	4485	III	2992	1960	1012	252		
	V	12903	4485	4485	IV	7188	6503	5836	5187	4556	3943
	VI	13422	4485								
48 923,99	I,IV	7902	4488	4488	I	6512	5196	3952	2781	1682	663
	II	6572	4488	4488	II	5253	4005	2831	1729	704	
	III	4066	4488	4488	III	2998	1968	1018	256		
	V	12916	4488	4488	IV	7198	6512	5845	5196	4565	3952
	VI	13435	4488								
48 959,99	I,IV	7912	4492	4492	I	6522	5205	3961	2789	1689	669
	II	6582	4492	4492	II	5262	4014	2839	1737	711	
	III	4074	4492	4492	III	3006	1974	1024	262		
	V	12928	4492	4492	IV	7208	6522	5854	5205	4574	3961
	VI	13448	4492								
48 995,99	I,IV	7922	4495	4495	I	6531	5214	3969	2796	1697	676
	II	6592	4495	4495	II	5271	4023	2847	1744	717	
	III	4082	4495	4495	III	3014	1982	1030	266		
	V	12941	4495	4495	IV	7217	6531	5864	5214	4582	3969
	VI	13460	4495								
49 031,99	I,IV	7932	4498	4498	I	6541	5223	3978	2805	1704	682
	II	6601	4498	4498	II	5280	4031	2855	1752	724	
	III	4090	4498	4498	III	3022	1988	1036	270		
	V	12953	4498	4498	IV	7227	6541	5873	5223	4591	3978
	VI	13472	4498								
49 067,99	I,IV	7942	4501	4501	I	6551	5232	3986	2813	1712	689
	II	6611	4501	4501	II	5289	4040	2863	1759	731	
	III	4098	4501	4501	III	3028	1996	1042	276		
	V	12966	4501	4501	IV	7237	6551	5882	5232	4600	3986
	VI	13485	4501								
49 103,99	I,IV	7952	4505	4505	I	6561	5241	3995	2821	1720	696
	II	6621	4505	4505	II	5298	4049	2871	1767	738	
	III	4106	4505	4505	III	3036	2004	1048	280		
	V	12978	4505	4505	IV	7247	6561	5892	5241	4609	3995
	VI	13498	4505								
49 139,99	I,IV	7962	4508	4508	I	6570	5250	4003	2829	1727	702
	II	6630	4508	4508	II	5307	4057	2879	1774	744	
	III	4114	4508	4508	III	3044	2010	1054	284		
	V	12991	4508	4508	IV	7257	6570	5901	5250	4618	4003
	VI	13510	4508								
49 175,99	I,IV	7972	4511	4511	I	6580	5259	4012	2837	1735	709
	II	6640	4511	4511	II	5316	4066	2887	1782	751	
	III	4120	4511	4511	III	3052	2018	1060	290		
	V	13003	4511	4511	IV	7267	6580	5910	5259	4627	4012
	VI	13522	4511								
49 211,99	I,IV	7983	4515	4515	I	6589	5269	4021	2845	1742	716
	II	6650	4515	4515	II	5326	4074	2896	1790	758	
	III	4128	4515	4515	III	3058	2024	1068	294		
	V	13016	4515	4515	IV	7277	6589	5920	5269	4635	4021
	VI	13535	4515								
49 247,99	I,IV	7993	4518	4518	I	6599	5278	4029	2853	1750	723
	II	6659	4518	4518	II	5335	4083	2904	1797	765	
	III	4136	4518	4518	III	3066	2032	1074	300		
	V	13028	4518	4518	IV	7287	6599	5929	5278	4644	4029
	VI	13548	4518								

* Zur LSt-Berechnung für privat versicherte Arbeitnehmer s. Beispiele **Vorbemerkung S. 4 f.**
** Basisvorsorgepauschale KV und PV   *** Typisierter Arbeitgeberzuschuss

Jahr gültig ab 1. 1. 2022 (idF des StEntlG 2022)   **aT2**

Lohn/Gehalt in € bis	Steuerklasse	Lohnsteuer*	BVSP**	TAGZ***	Steuerklasse	Bemessungsgrundlage für Kirchensteuer und Solidaritätszuschlag Freibeträge für ... Kinder					
						0,5	1,0	1,5	2,0	2,5	3,0
49 283,99	I,IV	8003	4521	4521	I	6608	5287	4038	2861	1757	729
	II	6669	4521	4521	II	5344	4091	2912	1805	772	
	III	4144	4521	4521	III	3074	2038	1080	304		
	V	13041	4521	4521	IV	7296	6608	5938	5287	4653	4038
	VI	13560	4521	4521							
49 319,99	I,IV	8013	4525	4525	I	6618	5296	4046	2869	1765	736
	II	6678	4525	4525	II	5353	4100	2920	1812	779	
	III	4152	4525	4525	III	3080	2046	1086	308		
	V	13053	4525	4525	IV	7306	6618	5948	5296	4662	4046
	VI	13572	4525	4525							
49 355,99	I,IV	8023	4528	4528	I	6628	5305	4055	2877	1773	743
	II	6688	4528	4528	II	5362	4109	2928	1820	786	4
	III	4160	4528	4528	III	3088	2054	1092	314		
	V	13066	4528	4528	IV	7316	6628	5957	5305	4671	4055
	VI	13585	4528	4528							
49 391,99	I,IV	8033	4531	4531	I	6638	5314	4064	2886	1780	750
	II	6698	4531	4531	II	5371	4118	2936	1828	793	8
	III	4168	4531	4531	III	3096	2060	1098	318		
	V	13078	4531	4531	IV	7326	6638	5967	5314	4680	4064
	VI	13597	4531	4531							
49 427,99	I,IV	8043	4535	4535	I	6647	5323	4072	2893	1788	756
	II	6707	4535	4535	II	5380	4126	2944	1835	799	12
	III	4174	4535	4535	III	3104	2068	1104	324		
	V	13091	4535	4535	IV	7336	6647	5976	5323	4689	4072
	VI	13610	4535	4535							
49 463,99	I,IV	8054	4538	4538	I	6657	5332	4081	2902	1795	763
	II	6717	4538	4538	II	5390	4135	2952	1843	806	17
	III	4182	4538	4538	III	3110	2076	1110	328		
	V	13103	4538	4538	IV	7346	6657	5985	5332	4697	4081
	VI	13622	4538	4538							
49 499,99	I,IV	8064	4541	4541	I	6666	5342	4089	2910	1803	770
	II	6727	4541	4541	II	5399	4143	2961	1850	813	21
	III	4190	4541	4541	III	3118	2082	1116	334		
	V	13116	4541	4541	IV	7356	6666	5995	5342	4706	4089
	VI	13635	4541	4541							
49 535,99	I,IV	8074	4544	4544	I	6676	5351	4098	2918	1811	777
	II	6737	4544	4544	II	5408	4152	2969	1858	820	25
	III	4198	4544	4544	III	3126	2090	1122	338		
	V	13128	4544	4544	IV	7366	6676	6004	5351	4715	4098
	VI	13647	4544	4544							
49 571,99	I,IV	8084	4548	4548	I	6686	5360	4107	2926	1818	784
	II	6746	4548	4548	II	5417	4161	2977	1866	827	29
	III	4206	4548	4548	III	3132	2096	1128	342		
	V	13141	4548	4548	IV	7376	6686	6014	5360	4724	4107
	VI	13660	4548	4548							
49 607,99	I,IV	8094	4551	4551	I	6695	5369	4115	2934	1826	791
	II	6756	4551	4551	II	5426	4169	2985	1873	834	34
	III	4214	4551	4551	III	3140	2104	1136	348		
	V	13153	4551	4551	IV	7386	6695	6023	5369	4733	4115
	VI	13672	4551	4551							
49 643,99	I,IV	8105	4554	4554	I	6705	5378	4124	2942	1833	798
	II	6766	4554	4554	II	5435	4178	2993	1881	841	38
	III	4222	4554	4554	III	3148	2112	1142	352		
	V	13166	4554	4554	IV	7396	6705	6033	5378	4742	4124
	VI	13685	4554	4554							
49 679,99	I,IV	8115	4558	4558	I	6715	5387	4133	2950	1841	805
	II	6775	4558	4558	II	5445	4187	3001	1889	849	42
	III	4230	4558	4558	III	3156	2118	1148	358		
	V	13178	4558	4558	IV	7406	6715	6042	5387	4751	4133
	VI	13697	4558	4558							

*   Zur LSt-Berechnung für privat versicherte Arbeitnehmer s. Beispiele **Vorbemerkung S. 4f.**
**   Basisvorsorgepauschale KV und PV   *** Typisierter Arbeitgeberzuschuss

aT2　　　　　　　　　　　　　　　　　　allgemeine Lohnsteuer

Lohn/Gehalt in € bis	Steuerklasse	Lohn-steuer*	BVSP**	TAGZ***	Steuerklasse	Bemessungsgrundlage für Kirchensteuer und Solidaritätszuschlag Freibeträge für ... Kinder					
						0,5	1,0	1,5	2,0	2,5	3,0
49 715,99	I,IV	**8125**	4561	4561	I	6724	5396	4141	2958	1848	811
	II	**6785**	4561	4561	II	5454	4195	3009	1896	855	47
	III	**4236**	4561	4561	III	3164	2126	1154	362		
	V	**13191**	4561	4561	IV	7415	6724	6051	5396	4760	4141
	VI	**13710**	4561								
49 751,99	I,IV	**8135**	4564	4564	I	6734	5406	4150	2967	1856	818
	II	**6795**	4564	4564	II	5463	4204	3018	1904	863	51
	III	**4244**	4564	4564	III	3170	2134	1160	368		
	V	**13203**	4564	4564	IV	7425	6734	6061	5406	4769	4150
	VI	**13722**	4564								
49 787,99	I,IV	**8145**	4568	4568	I	6744	5415	4159	2975	1864	826
	II	**6804**	4568	4568	II	5472	4213	3026	1911	870	56
	III	**4252**	4568	4568	III	3178	2140	1166	372		
	V	**13216**	4568	4568	IV	7435	6744	6070	5415	4778	4159
	VI	**13735**	4568								
49 823,99	I,IV	**8156**	4571	4571	I	6754	5424	4167	2983	1871	833
	II	**6814**	4571	4571	II	5481	4221	3034	1919	877	60
	III	**4260**	4571	4571	III	3186	2148	1174	378		
	V	**13228**	4571	4571	IV	7446	6754	6080	5424	4787	4167
	VI	**13747**	4571								
49 859,99	I,IV	**8166**	4574	4574	I	6763	5433	4176	2991	1879	840
	II	**6824**	4574	4574	II	5490	4230	3042	1927	884	64
	III	**4268**	4574	4574	III	3192	2154	1180	382		
	V	**13240**	4574	4574	IV	7455	6763	6089	5433	4795	4176
	VI	**13760**	4574								
49 895,99	I,IV	**8176**	4577	4577	I	6773	5442	4184	2999	1887	847
	II	**6833**	4577	4577	II	5500	4239	3050	1934	891	69
	III	**4276**	4577	4577	III	3200	2162	1186	388		
	V	**13253**	4577	4577	IV	7465	6773	6098	5442	4804	4184
	VI	**13772**	4577								
49 931,99	I,IV	**8186**	4581	4581	I	6783	5452	4193	3007	1894	854
	II	**6843**	4581	4581	II	5509	4247	3058	1942	898	73
	III	**4284**	4581	4581	III	3208	2170	1192	392		
	V	**13266**	4581	4581	IV	7475	6783	6108	5452	4813	4193
	VI	**13785**	4581								
49 967,99	I,IV	**8196**	4584	4584	I	6792	5461	4202	3016	1902	861
	II	**6853**	4584	4584	II	5518	4256	3067	1950	906	78
	III	**4292**	4584	4584	III	3216	2176	1198	398		
	V	**13278**	4584	4584	IV	7485	6792	6117	5461	4822	4202
	VI	**13797**	4584								
50 003,99	I,IV	**8206**	4587	4587	I	6802	5470	4210	3024	1909	868
	II	**6863**	4587	4587	II	5527	4265	3075	1957	913	82
	III	**4298**	4587	4587	III	3224	2184	1204	402		
	V	**13290**	4587	4587	IV	7495	6802	6127	5470	4831	4210
	VI	**13810**	4587								
50 039,99	I,IV	**8217**	4591	4591	I	6812	5479	4219	3032	1917	875
	II	**6872**	4591	4591	II	5537	4273	3083	1965	920	87
	III	**4306**	4591	4591	III	3230	2190	1212	408		
	V	**13303**	4591	4591	IV	7505	6812	6136	5479	4840	4219
	VI	**13822**	4591								
50 075,99	I,IV	**8227**	4594	4594	I	6821	5488	4228	3040	1925	882
	II	**6882**	4594	4594	II	5546	4282	3091	1973	927	92
	III	**4314**	4594	4594	III	3238	2198	1218	412		
	V	**13316**	4594	4594	IV	7515	6821	6146	5488	4849	4228
	VI	**13835**	4594								
50 111,99	I,IV	**8237**	4597	4597	I	6831	5498	4237	3048	1933	889
	II	**6892**	4597	4597	II	5555	4291	3099	1980	934	96
	III	**4322**	4597	4597	III	3246	2206	1224	418		
	V	**13328**	4597	4597	IV	7525	6831	6155	5498	4858	4237
	VI	**13847**	4597								

* Zur LSt-Berechnung für privat versicherte Arbeitnehmer s. Beispiele **Vorbemerkung S. 4f.**
** Basisvorsorgepauschale KV und PV　　*** Typisierter Arbeitgeberzuschuss

Jahr gültig ab 1. 1. 2022 (idF des StEntlG 2022)   **aT2**

Lohn/Gehalt in € bis	Steuerklasse	Lohnsteuer*	BVSP**	TAGZ***	Steuerklasse	Bemessungsgrundlage für Kirchensteuer und Solidaritätszuschlag — Freibeträge für ... Kinder					
						0,5	1,0	1,5	2,0	2,5	3,0
50 147,99	I,IV	8 247	4 601	4 601	I	6 841	5 507	4 245	3 056	1 940	896
	II	6 901	4 601	4 601	II	5 564	4 299	3 107	1 988	941	101
	III	4 330	4 601	4 601	III	3 252	2 212	1 230	422		
	V	13 340	4 601	4 601	IV	7 535	6 841	6 165	5 507	4 867	4 245
	VI	13 860	4 601	4 601							
50 183,99	I,IV	8 258	4 604	4 604	I	6 850	5 516	4 254	3 064	1 948	904
	II	6 911	4 604	4 604	II	5 573	4 308	3 116	1 996	948	105
	III	4 338	4 604	4 604	III	3 260	2 220	1 236	428		
	V	13 353	4 604	4 604	IV	7 545	6 850	6 174	5 516	4 876	4 254
	VI	13 872	4 604	4 604							
50 219,99	I,IV	8 268	4 607	4 607	I	6 860	5 525	4 263	3 073	1 955	911
	II	6 921	4 607	4 607	II	5 583	4 317	3 124	2 003	956	110
	III	4 346	4 607	4 607	III	3 268	2 228	1 244	432		
	V	13 366	4 607	4 607	IV	7 555	6 860	6 184	5 525	4 885	4 263
	VI	13 885	4 607	4 607							
50 255,99	I,IV	8 278	4 610	4 610	I	6 870	5 534	4 271	3 081	1 963	918
	II	6 931	4 610	4 610	II	5 592	4 326	3 132	2 011	963	115
	III	4 354	4 610	4 610	III	3 276	2 234	1 250	438		
	V	13 378	4 610	4 610	IV	7 565	6 870	6 193	5 534	4 894	4 271
	VI	13 897	4 610	4 610							
50 291,99	I,IV	8 288	4 614	4 614	I	6 880	5 543	4 280	3 089	1 971	925
	II	6 940	4 614	4 614	II	5 601	4 334	3 140	2 019	970	119
	III	4 360	4 614	4 614	III	3 284	2 242	1 256	442		
	V	13 390	4 614	4 614	IV	7 575	6 880	6 202	5 543	4 903	4 280
	VI	13 910	4 614	4 614							
50 327,99	I,IV	8 299	4 617	4 617	I	6 889	5 553	4 289	3 097	1 978	932
	II	6 950	4 617	4 617	II	5 610	4 343	3 149	2 027	977	124
	III	4 368	4 617	4 617	III	3 290	2 248	1 262	448		
	V	13 403	4 617	4 617	IV	7 585	6 889	6 212	5 553	4 912	4 289
	VI	13 922	4 617	4 617							
50 363,99	I,IV	8 309	4 620	4 620	I	6 899	5 562	4 297	3 105	1 986	939
	II	6 960	4 620	4 620	II	5 620	4 352	3 157	2 034	984	129
	III	4 376	4 620	4 620	III	3 298	2 256	1 270	454		
	V	13 416	4 620	4 620	IV	7 595	6 899	6 222	5 562	4 921	4 297
	VI	13 935	4 620	4 620							
50 399,99	I,IV	8 319	4 624	4 624	I	6 909	5 571	4 306	3 114	1 994	947
	II	6 970	4 624	4 624	II	5 629	4 361	3 165	2 042	992	134
	III	4 384	4 624	4 624	III	3 306	2 264	1 276	458		
	V	13 428	4 624	4 624	IV	7 605	6 909	6 231	5 571	4 930	4 306
	VI	13 947	4 624	4 624							
50 435,99	I,IV	8 329	4 627	4 627	I	6 919	5 580	4 315	3 122	2 001	954
	II	6 980	4 627	4 627	II	5 638	4 369	3 173	2 050	999	138
	III	4 392	4 627	4 627	III	3 312	2 270	1 282	464		
	V	13 440	4 627	4 627	IV	7 615	6 919	6 240	5 580	4 938	4 315
	VI	13 960	4 627	4 627							
50 471,99	I,IV	8 340	4 630	4 630	I	6 928	5 590	4 324	3 130	2 009	961
	II	6 989	4 630	4 630	II	5 647	4 378	3 181	2 057	1 006	143
	III	4 400	4 630	4 630	III	3 320	2 278	1 288	468		
	V	13 453	4 630	4 630	IV	7 625	6 928	6 250	5 590	4 947	4 324
	VI	13 972	4 630	4 630							
50 507,99	I,IV	8 350	4 634	4 634	I	6 938	5 599	4 332	3 138	2 017	968
	II	6 999	4 634	4 634	II	5 657	4 387	3 190	2 065	1 013	148
	III	4 408	4 634	4 634	III	3 328	2 286	1 294	474		
	V	13 466	4 634	4 634	IV	7 635	6 938	6 259	5 599	4 957	4 332
	VI	13 985	4 634	4 634							
50 543,99	I,IV	8 360	4 637	4 637	I	6 948	5 608	4 341	3 147	2 025	975
	II	7 009	4 637	4 637	II	5 666	4 396	3 198	2 073	1 020	153
	III	4 416	4 637	4 637	III	3 336	2 292	1 302	478		
	V	13 478	4 637	4 637	IV	7 645	6 948	6 269	5 608	4 966	4 341
	VI	13 997	4 637	4 637							

*   Zur LSt-Berechnung für privat versicherte Arbeitnehmer s. Beispiele **Vorbemerkung S. 4 f.**
** Basisvorsorgepauschale KV und PV   *** Typisierter Arbeitgeberzuschuss

aT2 allgemeine Lohnsteuer

Lohn/Gehalt in € bis	Steuerklasse	Lohnsteuer*	BVSP**	TAGZ***	Steuerklasse	Bemessungsgrundlage für Kirchensteuer und Solidaritätszuschlag					
						Freibeträge für ... Kinder					
						0,5	1,0	1,5	2,0	2,5	3,0
50 579,99	I,IV	8370	4640	4640	I	6958	5617	4350	3155	2032	982
	II	7019	4640	4640	II	5675	4404	3206	2080	1027	157
	III	4424	4640	4640	III	3344	2300	1308	484		
	V	13490	4640	4640	IV	7655	6958	6278	5617	4974	4350
	VI	14010	4640								
50 615,99	I,IV	8381	4644	4644	I	6967	5627	4358	3163	2040	990
	II	7029	4644	4644	II	5685	4413	3214	2088	1035	162
	III	4432	4644	4644	III	3350	2308	1314	490		
	V	13503	4644	4644	IV	7665	6967	6288	5627	4983	4358
	VI	14022	4644								
50 651,99	I,IV	8391	4647	4647	I	6977	5636	4367	3171	2048	997
	II	7038	4647	4647	II	5694	4422	3223	2096	1042	167
	III	4438	4647	4647	III	3358	2314	1322	494		
	V	13516	4647	4647	IV	7675	6977	6298	5636	4993	4367
	VI	14035	4647								
50 687,99	I,IV	8402	4650	4650	I	6987	5645	4376	3179	2056	1004
	II	7048	4650	4650	II	5703	4431	3231	2104	1049	172
	III	4446	4650	4650	III	3366	2322	1328	500		
	V	13528	4650	4650	IV	7685	6987	6307	5645	5002	4376
	VI	14047	4650								
50 723,99	I,IV	8412	4653	4653	I	6997	5654	4385	3188	2063	1011
	II	7058	4653	4653	II	5712	4439	3239	2111	1056	177
	III	4454	4653	4653	III	3374	2328	1334	504		
	V	13540	4653	4653	IV	7695	6997	6316	5654	5010	4385
	VI	14059	4653								
50 759,99	I,IV	8422	4657	4657	I	7007	5664	4393	3196	2071	1018
	II	7068	4657	4657	II	5722	4448	3247	2119	1064	182
	III	4462	4657	4657	III	3380	2336	1340	510		
	V	13553	4657	4657	IV	7705	7007	6326	5664	5019	4393
	VI	14072	4657								
50 795,99	I,IV	8432	4660	4660	I	7016	5673	4402	3204	2079	1026
	II	7078	4660	4660	II	5731	4457	3256	2127	1071	187
	III	4470	4660	4660	III	3388	2344	1348	516		
	V	13566	4660	4660	IV	7715	7016	6336	5673	5029	4402
	VI	14085	4660								
50 831,99	I,IV	8443	4663	4663	I	7026	5682	4411	3212	2086	1033
	II	7088	4663	4663	II	5740	4466	3264	2135	1078	192
	III	4478	4663	4663	III	3396	2350	1354	520		
	V	13578	4663	4663	IV	7725	7026	6345	5682	5038	4411
	VI	14097	4663								
50 867,99	I,IV	8453	4667	4667	I	7036	5691	4420	3220	2094	1040
	II	7097	4667	4667	II	5749	4474	3272	2142	1085	197
	III	4486	4667	4667	III	3404	2358	1360	526		
	V	13590	4667	4667	IV	7735	7036	6355	5691	5046	4420
	VI	14109	4667								
50 903,99	I,IV	8463	4670	4670	I	7046	5701	4428	3229	2102	1047
	II	7107	4670	4670	II	5759	4483	3280	2150	1093	202
	III	4494	4670	4670	III	3412	2366	1368	530		
	V	13603	4670	4670	IV	7745	7046	6364	5701	5056	4428
	VI	14122	4670								
50 939,99	I,IV	8474	4673	4673	I	7056	5710	4437	3237	2110	1055
	II	7117	4673	4673	II	5768	4492	3289	2158	1100	207
	III	4502	4673	4673	III	3418	2372	1374	536		
	V	13616	4673	4673	IV	7755	7056	6374	5710	5065	4437
	VI	14135	4673								
50 975,99	I,IV	8484	4677	4677	I	7065	5719	4446	3245	2117	1062
	II	7127	4677	4677	II	5778	4501	3297	2166	1107	212
	III	4510	4677	4677	III	3426	2380	1380	542		
	V	13628	4677	4677	IV	7766	7065	6383	5719	5074	4446
	VI	14147	4677								

* Zur LSt-Berechnung für privat versicherte Arbeitnehmer s. Beispiele **Vorbemerkung S. 4 f.**
** Basisvorsorgepauschale KV und PV   *** Typisierter Arbeitgeberzuschuss

Jahr gültig ab 1. 1. 2022 (idF des StEntlG 2022) aT2

Lohn/Gehalt in € bis	Steuerklasse	Lohnsteuer*	BVSP**	TAGZ***	Steuerklasse	Bemessungsgrundlage für Kirchensteuer und Solidaritätszuschlag					
						Freibeträge für ... Kinder					
						0,5	1,0	1,5	2,0	2,5	3,0
51 011,99	I,IV	8494	4680	4680	I	7075	5729	4455	3254	2125	1069
	II	7136	4680	4680	II	5787	4510	3305	2173	1114	217
	III	4516	4680	4680	III	3434	2386	1386	546		
	V	13640	4680	4680	IV	7775	7075	6393	5729	5083	4455
	VI	14159	4680	4680							
51 047,99	I,IV	8504	4683	4683	I	7085	5738	4464	3262	2133	1076
	II	7146	4683	4683	II	5796	4519	3314	2181	1122	222
	III	4524	4683	4683	III	3442	2394	1394	552		
	V	13653	4683	4683	IV	7786	7085	6402	5738	5092	4464
	VI	14172	4683	4683							
51 083,99	I,IV	8515	4686	4686	I	7095	5747	4472	3270	2141	1084
	II	7156	4686	4686	II	5806	4527	3322	2189	1129	227
	III	4532	4686	4686	III	3448	2402	1400	558		
	V	13666	4686	4686	IV	7796	7095	6412	5747	5101	4472
	VI	14185	4686	4686							
51 119,99	I,IV	8525	4690	4690	I	7105	5757	4481	3279	2148	1091
	II	7166	4690	4690	II	5815	4536	3330	2197	1136	232
	III	4540	4690	4690	III	3456	2410	1406	562		
	V	13678	4690	4690	IV	7806	7105	6422	5757	5110	4481
	VI	14197	4690	4690							
51 155,99	I,IV	8535	4693	4693	I	7114	5766	4490	3287	2156	1098
	II	7176	4693	4693	II	5824	4545	3338	2205	1143	237
	III	4548	4693	4693	III	3464	2416	1414	568		
	V	13690	4693	4693	IV	7816	7114	6431	5766	5119	4490
	VI	14209	4693	4693							
51 191,99	I,IV	8546	4696	4696	I	7124	5775	4499	3295	2164	1105
	II	7186	4696	4696	II	5833	4554	3347	2212	1151	242
	III	4556	4696	4696	III	3472	2424	1420	574		
	V	13703	4696	4696	IV	7826	7124	6441	5775	5128	4499
	VI	14222	4696	4696							
51 227,99	I,IV	8556	4700	4700	I	7134	5785	4508	3303	2172	1113
	II	7196	4700	4700	II	5843	4563	3355	2220	1158	248
	III	4564	4700	4700	III	3480	2432	1428	578		
	V	13716	4700	4700	IV	7836	7134	6450	5785	5137	4508
	VI	14235	4700	4700							
51 263,99	I,IV	8567	4703	4703	I	7144	5794	4516	3312	2179	1120
	II	7206	4703	4703	II	5852	4572	3364	2228	1165	253
	III	4572	4703	4703	III	3486	2438	1434	584		
	V	13728	4703	4703	IV	7846	7144	6460	5794	5146	4516
	VI	14247	4703	4703							
51 299,99	I,IV	8577	4706	4706	I	7154	5803	4525	3320	2187	1127
	II	7215	4706	4706	II	5861	4580	3372	2236	1172	258
	III	4580	4706	4706	III	3494	2446	1440	588		
	V	13740	4706	4706	IV	7856	7154	6469	5803	5155	4525
	VI	14259	4706	4706							
51 335,99	I,IV	8587	4710	4710	I	7163	5812	4534	3328	2195	1134
	II	7225	4710	4710	II	5871	4589	3380	2244	1180	263
	III	4586	4710	4710	III	3502	2452	1446	594		
	V	13753	4710	4710	IV	7866	7163	6479	5812	5164	4534
	VI	14272	4710	4710							
51 371,99	I,IV	8598	4713	4713	I	7173	5822	4543	3336	2203	1142
	II	7235	4713	4713	II	5880	4598	3388	2251	1187	269
	III	4594	4713	4713	III	3510	2460	1454	600		
	V	13765	4713	4713	IV	7876	7173	6489	5822	5173	4543
	VI	14285	4713	4713							
51 407,99	I,IV	8608	4716	4716	I	7183	5831	4552	3345	2211	1149
	II	7245	4716	4716	II	5890	4607	3397	2259	1194	274
	III	4602	4716	4716	III	3516	2468	1460	606		
	V	13778	4716	4716	IV	7887	7183	6498	5831	5182	4552
	VI	14297	4716	4716							

* Zur LSt-Berechnung für privat versicherte Arbeitnehmer s. Beispiele **Vorbemerkung S. 4 f.**
** Basisvorsorgepauschale KV und PV *** Typisierter Arbeitgeberzuschuss

aT2
allgemeine Lohnsteuer

Lohn/ Gehalt in € bis	Steuerklasse	Lohn-steuer*	BVSP**	TAGZ***	Steuerklasse	Bemessungsgrundlage für Kirchensteuer und Solidaritätszuschlag					
						Freibeträge für ... Kinder					
						0,5	1,0	1,5	2,0	2,5	3,0
51 443,99	I,IV	8618	4719	4719	I	7193	5840	4560	3353	2218	1156
	II	7255	4719	4719	II	5899	4616	3405	2267	1202	279
	III	4610	4719	4719	III	3524	2474	1468	610		
	V	13790	4719	4719	IV	7897	7193	6508	5840	5191	4560
	VI	14309	4719								
51 479,99	I,IV	8629	4723	4723	I	7203	5850	4569	3361	2226	1163
	II	7265	4723	4723	II	5908	4624	3413	2275	1209	284
	III	4618	4723	4723	III	3532	2482	1474	616		
	V	13803	4723	4723	IV	7907	7203	6517	5850	5200	4569
	VI	14322	4723								
51 515,99	I,IV	8639	4726	4726	I	7213	5859	4578	3370	2234	1171
	II	7275	4726	4726	II	5918	4633	3422	2283	1216	290
	III	4626	4726	4726	III	3540	2490	1482	622		
	V	13815	4726	4726	IV	7917	7213	6527	5859	5210	4578
	VI	14335	4726								
51 551,99	I,IV	8650	4729	4729	I	7223	5869	4587	3378	2242	1178
	II	7285	4729	4729	II	5927	4642	3430	2291	1224	295
	III	4634	4729	4729	III	3548	2498	1488	628		
	V	13828	4729	4729	IV	7927	7223	6537	5869	5219	4587
	VI	14347	4729								
51 587,99	I,IV	8660	4733	4733	I	7232	5878	4596	3386	2249	1185
	II	7294	4733	4733	II	5936	4651	3438	2298	1231	300
	III	4642	4733	4733	III	3554	2504	1494	632		
	V	13840	4733	4733	IV	7937	7232	6546	5878	5228	4596
	VI	14359	4733								
51 623,99	I,IV	8670	4736	4736	I	7242	5887	4605	3395	2257	1192
	II	7304	4736	4736	II	5946	4660	3447	2306	1238	306
	III	4650	4736	4736	III	3562	2512	1502	638		
	V	13853	4736	4736	IV	7947	7242	6556	5887	5237	4605
	VI	14372	4736								
51 659,99	I,IV	8681	4739	4739	I	7252	5897	4613	3403	2265	1200
	II	7314	4739	4739	II	5955	4669	3455	2314	1246	311
	III	4658	4739	4739	III	3570	2518	1508	644		
	V	13865	4739	4739	IV	7957	7252	6565	5897	5246	4613
	VI	14385	4739								
51 695,99	I,IV	8691	4743	4743	I	7262	5906	4622	3411	2273	1207
	II	7324	4743	4743	II	5965	4678	3464	2322	1253	317
	III	4666	4743	4743	III	3578	2526	1514	648		
	V	13878	4743	4743	IV	7968	7262	6575	5906	5255	4622
	VI	14397	4743								
51 731,99	I,IV	8701	4746	4746	I	7272	5915	4631	3419	2281	1214
	II	7334	4746	4746	II	5974	4686	3472	2330	1260	322
	III	4674	4746	4746	III	3586	2534	1522	654		
	V	13890	4746	4746	IV	7977	7272	6584	5915	5264	4631
	VI	14409	4746								
51 767,99	I,IV	8712	4749	4749	I	7282	5925	4640	3428	2288	1222
	II	7344	4749	4749	II	5983	4695	3480	2337	1267	328
	III	4682	4749	4749	III	3592	2540	1528	660		
	V	13903	4749	4749	IV	7988	7282	6594	5925	5273	4640
	VI	14422	4749								
51 803,99	I,IV	8722	4753	4753	I	7292	5934	4649	3436	2296	1229
	II	7354	4753	4753	II	5993	4704	3489	2345	1275	333
	III	4690	4753	4753	III	3600	2548	1536	666		
	V	13915	4753	4753	IV	7998	7292	6604	5934	5282	4649
	VI	14435	4753								
51 839,99	I,IV	8733	4756	4756	I	7302	5943	4658	3445	2304	1236
	II	7364	4756	4756	II	6002	4713	3497	2353	1282	339
	III	4698	4756	4756	III	3608	2556	1542	670		
	V	13928	4756	4756	IV	8008	7302	6614	5943	5292	4658
	VI	14447	4756								

* Zur LSt-Berechnung für privat versicherte Arbeitnehmer s. Beispiele **Vorbemerkung S. 4 f.**
** Basisvorsorgepauschale KV und PV *** Typisierter Arbeitgeberzuschuss

Jahr gültig ab 1. 1. 2022 (idF des StEntlG 2022) — aT2

Lohn/Gehalt in € bis	Steuerklasse	Lohnsteuer*	BVSP**	TAGZ***	Steuerklasse	Bemessungsgrundlage für Kirchensteuer und Solidaritätszuschlag — Freibeträge für ... Kinder					
						0,5	1,0	1,5	2,0	2,5	3,0
51 875,99	I,IV	8743	4759	4759	I	7311	5953	4666	3453	2312	1244
	II	7373	4759	4759	II	6011	4722	3505	2361	1289	344
	III	4704	4759	4759	III	3616	2562	1548	676		
	V	13940	4759	4759	IV	8018	7311	6623	5953	5300	4666
	VI	14459	4759	4759							
51 911,99	I,IV	8753	4762	4762	I	7321	5962	4675	3461	2320	1251
	II	7383	4762	4762	II	6021	4731	3514	2369	1297	350
	III	4712	4762	4762	III	3624	2570	1556	682		
	V	13953	4762	4762	IV	8028	7321	6633	5962	5310	4675
	VI	14472	4762	4762							
51 947,99	I,IV	8764	4766	4766	I	7331	5972	4684	3470	2328	1258
	II	7393	4766	4766	II	6030	4740	3522	2377	1304	355
	III	4720	4766	4766	III	3630	2578	1562	688	2	
	V	13965	4766	4766	IV	8039	7331	6642	5972	5319	4684
	VI	14485	4766	4766							
51 983,99	I,IV	8774	4769	4769	I	7341	5981	4693	3478	2336	1266
	II	7403	4769	4769	II	6040	4749	3531	2385	1312	361
	III	4728	4769	4769	III	3638	2584	1570	692	8	
	V	13978	4769	4769	IV	8049	7341	6652	5981	5328	4693
	VI	14497	4769	4769							
52 019,99	I,IV	8785	4772	4772	I	7351	5990	4702	3486	2343	1273
	II	7413	4772	4772	II	6049	4758	3539	2392	1319	366
	III	4736	4772	4772	III	3646	2592	1576	698	12	
	V	13990	4772	4772	IV	8059	7351	6662	5990	5337	4702
	VI	14509	4772	4772							
52 055,99	I,IV	8795	4776	4776	I	7361	6000	4711	3495	2351	1280
	II	7423	4776	4776	II	6059	4767	3547	2400	1326	372
	III	4744	4776	4776	III	3654	2600	1584	704	16	
	V	14003	4776	4776	IV	8069	7361	6671	6000	5346	4711
	VI	14522	4776	4776							
52 091,99	I,IV	8806	4779	4779	I	7371	6009	4720	3503	2359	1288
	II	7433	4779	4779	II	6068	4775	3556	2408	1334	378
	III	4752	4779	4779	III	3662	2608	1590	710	20	
	V	14015	4779	4779	IV	8079	7371	6681	6009	5355	4720
	VI	14535	4779	4779							
52 127,99	I,IV	8816	4782	4782	I	7381	6019	4729	3512	2367	1295
	II	7443	4782	4782	II	6078	4784	3564	2416	1341	383
	III	4760	4782	4782	III	3670	2614	1598	716	24	
	V	14028	4782	4782	IV	8090	7381	6691	6019	5365	4729
	VI	14547	4782	4782							
52 163,99	I,IV	8826	4786	4786	I	7391	6028	4737	3520	2375	1302
	II	7453	4786	4786	II	6087	4793	3572	2424	1348	389
	III	4768	4786	4786	III	3676	2622	1604	720	28	
	V	14040	4786	4786	IV	8099	7391	6700	6028	5374	4737
	VI	14559	4786	4786							
52 199,99	I,IV	8837	4789	4789	I	7401	6037	4746	3528	2383	1310
	II	7463	4789	4789	II	6096	4802	3581	2432	1356	395
	III	4776	4789	4789	III	3684	2628	1612	726	32	
	V	14053	4789	4789	IV	8110	7401	6710	6037	5383	4746
	VI	14572	4789	4789							
52 235,99	I,IV	8847	4792	4792	I	7411	6047	4755	3537	2391	1317
	II	7473	4792	4792	II	6106	4811	3589	2440	1363	401
	III	4784	4792	4792	III	3692	2636	1618	732	36	
	V	14065	4792	4792	IV	8120	7411	6720	6047	5392	4755
	VI	14584	4792	4792							
52 271,99	I,IV	8858	4795	4795	I	7421	6056	4764	3545	2399	1325
	II	7483	4795	4795	II	6115	4820	3598	2448	1371	406
	III	4792	4795	4795	III	3700	2644	1626	738	40	
	V	14078	4795	4795	IV	8130	7421	6729	6056	5401	4764
	VI	14597	4795	4795							

* Zur LSt-Berechnung für privat versicherte Arbeitnehmer s. Beispiele **Vorbemerkung S. 4 f.**
** Basisvorsorgepauschale KV und PV   *** Typisierter Arbeitgeberzuschuss

aT2　　　　　　　　　　　　　　　　　　　allgemeine Lohnsteuer

Lohn/Gehalt in € bis	Steuerklasse	Lohnsteuer*	BVSP**	TAGZ***	Steuerklasse	Bemessungsgrundlage für Kirchensteuer und Solidaritätszuschlag Freibeträge für ... Kinder					
						0,5	**1,0**	1,5	**2,0**	2,5	**3,0**
52 307,99	I,IV	**8868**	4799	4799	I	7430	6065	4773	3553	2406	1332
	II	**7493**	4799	4799	II	6124	4829	3606	2456	1378	412
	III	**4800**	4799	4799	III	3706	2652	1632	744	46	
	V	**14090**	4799	4799	IV	8140	7430	6739	6065	5410	4773
	VI	**14609**	4799								
52 343,99	I,IV	**8879**	4802	4802	I	7440	6075	4782	3562	2414	1339
	II	**7503**	4802	4802	II	6134	4838	3614	2464	1385	418
	III	**4808**	4802	4802	III	3714	2658	1640	748	50	
	V	**14103**	4802	4802	IV	8150	7440	6749	6075	5419	4782
	VI	**14622**	4802								
52 379,99	I,IV	**8889**	4805	4805	I	7451	6084	4791	3570	2422	1347
	II	**7513**	4805	4805	II	6144	4847	3623	2471	1393	424
	III	**4816**	4805	4805	III	3722	2666	1646	754	54	
	V	**14115**	4805	4805	IV	8161	7451	6758	6084	5429	4791
	VI	**14634**	4805								
52 415,99	I,IV	**8900**	4809	4809	I	7461	6094	4800	3579	2430	1354
	II	**7523**	4809	4809	II	6153	4856	3631	2479	1400	429
	III	**4824**	4809	4809	III	3730	2674	1654	760	58	
	V	**14128**	4809	4809	IV	8171	7461	6768	6094	5438	4800
	VI	**14647**	4809								
52 451,99	I,IV	**8910**	4812	4812	I	7470	6103	4809	3587	2438	1361
	II	**7533**	4812	4812	II	6162	4865	3640	2487	1407	435
	III	**4830**	4812	4812	III	3738	2680	1660	766	62	
	V	**14140**	4812	4812	IV	8181	7470	6778	6103	5447	4809
	VI	**14659**	4812								
52 487,99	I,IV	**8920**	4815	4815	I	7480	6113	4818	3595	2446	1369
	II	**7543**	4815	4815	II	6172	4874	3648	2495	1415	441
	III	**4838**	4815	4815	III	3744	2688	1668	772	66	
	V	**14153**	4815	4815	IV	8191	7480	6787	6113	5456	4818
	VI	**14672**	4815								
52 523,99	I,IV	**8931**	4819	4819	I	7490	6122	4827	3604	2454	1376
	II	**7553**	4819	4819	II	6181	4883	3657	2503	1422	447
	III	**4846**	4819	4819	III	3752	2696	1674	776	70	
	V	**14165**	4819	4819	IV	8202	7490	6797	6122	5465	4827
	VI	**14684**	4819								
52 559,99	I,IV	**8942**	4822	4822	I	7500	6132	4836	3612	2462	1384
	II	**7563**	4822	4822	II	6191	4892	3665	2511	1430	453
	III	**4854**	4822	4822	III	3760	2702	1682	782	76	
	V	**14178**	4822	4822	IV	8212	7500	6807	6132	5475	4836
	VI	**14697**	4822								
52 595,99	I,IV	**8952**	4825	4825	I	7510	6141	4844	3621	2469	1391
	II	**7573**	4825	4825	II	6200	4900	3673	2519	1437	459
	III	**4862**	4825	4825	III	3768	2710	1688	788	80	
	V	**14190**	4825	4825	IV	8222	7510	6816	6141	5484	4844
	VI	**14709**	4825								
52 631,99	I,IV	**8962**	4828	4828	I	7520	6151	4854	3629	2477	1398
	II	**7583**	4828	4828	II	6210	4909	3682	2527	1445	465
	III	**4870**	4828	4828	III	3776	2718	1696	794	84	
	V	**14203**	4828	4828	IV	8232	7520	6826	6151	5493	4854
	VI	**14722**	4828								
52 667,99	I,IV	**8973**	4832	4832	I	7530	6160	4863	3638	2485	1406
	II	**7593**	4832	4832	II	6219	4919	3690	2535	1452	471
	III	**4878**	4832	4832	III	3784	2724	1702	800	88	
	V	**14215**	4832	4832	IV	8243	7530	6836	6160	5502	4863
	VI	**14734**	4832								
52 703,99	I,IV	**8984**	4835	4835	I	7540	6170	4872	3646	2493	1413
	II	**7603**	4835	4835	II	6229	4928	3699	2543	1459	477
	III	**4886**	4835	4835	III	3792	2732	1710	806	92	
	V	**14228**	4835	4835	IV	8253	7540	6846	6170	5512	4872
	VI	**14747**	4835								

* Zur LSt-Berechnung für privat versicherte Arbeitnehmer s. Beispiele **Vorbemerkung S. 4 f.**
** Basisvorsorgepauschale KV und PV　　*** Typisierter Arbeitgeberzuschuss

Jahr gültig ab 1. 1. 2022 (idF des StEntlG 2022) **aT2**

Lohn/Gehalt in € bis	Steuerklasse	Lohnsteuer*	BVSP**	TAGZ***	Steuerklasse	Bemessungsgrundlage für Kirchensteuer und Solidaritätszuschlag					
						Freibeträge für ... Kinder					
						0,5	1,0	1,5	2,0	2,5	3,0
52 739,99	I,IV	8 994	4 838	4 838	I	7 550	6 179	4 880	3 654	2 501	1 420
	II	7 613	4 838	4 838	II	6 238	4 936	3 707	2 551	1 467	482
	III	4 894	4 838	4 838	III	3 798	2 740	1 716	812	98	
	V	14 240	4 838	4 838	IV	8 263	7 550	6 855	6 179	5 520	4 880
	VI	14 759	4 838	4 838							
52 775,99	I,IV	9 004	4 842	4 842	I	7 560	6 188	4 889	3 663	2 509	1 428
	II	7 623	4 842	4 842	II	6 248	4 945	3 716	2 559	1 474	489
	III	4 902	4 842	4 842	III	3 806	2 746	1 724	816	102	
	V	14 253	4 842	4 842	IV	8 273	7 560	6 865	6 188	5 530	4 889
	VI	14 772	4 842	4 842							
52 811,99	I,IV	9 015	4 845	4 845	I	7 570	6 198	4 898	3 671	2 517	1 435
	II	7 633	4 845	4 845	II	6 257	4 954	3 724	2 567	1 482	495
	III	4 910	4 845	4 845	III	3 814	2 754	1 730	822	106	
	V	14 265	4 845	4 845	IV	8 283	7 570	6 875	6 198	5 539	4 898
	VI	14 784	4 845	4 845							
52 847,99	I,IV	9 026	4 848	4 848	I	7 580	6 207	4 907	3 680	2 525	1 443
	II	7 643	4 848	4 848	II	6 267	4 964	3 733	2 575	1 489	501
	III	4 918	4 848	4 848	III	3 822	2 762	1 738	828	110	
	V	14 278	4 848	4 848	IV	8 294	7 580	6 885	6 207	5 548	4 907
	VI	14 797	4 848	4 848							
52 883,99	I,IV	9 036	4 852	4 852	I	7 590	6 217	4 916	3 688	2 533	1 450
	II	7 653	4 852	4 852	II	6 276	4 972	3 741	2 582	1 496	507
	III	4 926	4 852	4 852	III	3 830	2 770	1 746	834	114	
	V	14 290	4 852	4 852	IV	8 304	7 590	6 894	6 217	5 557	4 916
	VI	14 809	4 852	4 852							
52 919,99	I,IV	9 046	4 855	4 855	I	7 600	6 226	4 925	3 697	2 541	1 457
	II	7 663	4 855	4 855	II	6 286	4 981	3 750	2 590	1 504	513
	III	4 934	4 855	4 855	III	3 836	2 776	1 752	840	120	
	V	14 303	4 855	4 855	IV	8 314	7 600	6 904	6 226	5 567	4 925
	VI	14 822	4 855	4 855							
52 955,99	I,IV	9 057	4 858	4 858	I	7 610	6 236	4 934	3 705	2 549	1 465
	II	7 673	4 858	4 858	II	6 295	4 990	3 758	2 599	1 512	519
	III	4 942	4 858	4 858	III	3 844	2 784	1 760	846	124	
	V	14 315	4 858	4 858	IV	8 325	7 610	6 914	6 236	5 576	4 934
	VI	14 834	4 858	4 858							
52 991,99	I,IV	9 068	4 862	4 862	I	7 620	6 245	4 943	3 714	2 557	1 472
	II	7 683	4 862	4 862	II	6 305	4 999	3 767	2 607	1 519	525
	III	4 950	4 862	4 862	III	3 852	2 792	1 766	852	128	
	V	14 328	4 862	4 862	IV	8 335	7 620	6 924	6 245	5 585	4 943
	VI	14 847	4 862	4 862							
53 027,99	I,IV	9 078	4 865	4 865	I	7 630	6 255	4 952	3 722	2 565	1 480
	II	7 693	4 865	4 865	II	6 314	5 008	3 775	2 614	1 526	531
	III	4 956	4 865	4 865	III	3 860	2 798	1 774	858	132	
	V	14 340	4 865	4 865	IV	8 345	7 630	6 933	6 255	5 594	4 952
	VI	14 859	4 865	4 865							
53 063,99	I,IV	9 089	4 868	4 868	I	7 640	6 264	4 961	3 731	2 573	1 487
	II	7 703	4 868	4 868	II	6 324	5 017	3 784	2 622	1 534	537
	III	4 964	4 868	4 868	III	3 868	2 806	1 780	864	136	
	V	14 353	4 868	4 868	IV	8 355	7 640	6 943	6 264	5 604	4 961
	VI	14 872	4 868	4 868							
53 099,99	I,IV	9 099	4 871	4 871	I	7 650	6 274	4 970	3 739	2 581	1 495
	II	7 713	4 871	4 871	II	6 333	5 026	3 792	2 630	1 541	544
	III	4 972	4 871	4 871	III	3 874	2 814	1 788	870	142	
	V	14 365	4 871	4 871	IV	8 366	7 650	6 953	6 274	5 613	4 970
	VI	14 884	4 871	4 871							
53 135,99	I,IV	9 110	4 875	4 875	I	7 660	6 283	4 979	3 748	2 589	1 502
	II	7 723	4 875	4 875	II	6 343	5 036	3 801	2 638	1 549	550
	III	4 980	4 875	4 875	III	3 882	2 820	1 796	874	146	
	V	14 378	4 875	4 875	IV	8 376	7 660	6 963	6 283	5 622	4 979
	VI	14 897	4 875	4 875							

* Zur LSt-Berechnung für privat versicherte Arbeitnehmer s. Beispiele **Vorbemerkung S. 4 f.**
** Basisvorsorgepauschale KV und PV *** Typisierter Arbeitgeberzuschuss

aT2 allgemeine Lohnsteuer

Lohn/Gehalt in € bis	Steuerklasse	Lohnsteuer*	BVSP**	TAGZ***	Steuerklasse	Bemessungsgrundlage für Kirchensteuer und Solidaritätszuschlag					
						Freibeträge für ... Kinder					
						0,5	1,0	1,5	2,0	2,5	3,0
53171,99	I,IV	9120	4878	4878	I	7670	6293	4988	3756	2596	1510
	II	7733	4878	4878	II	6352	5044	3809	2646	1556	556
	III	4988	4878	4878	III	3890	2828	1802	880	150	
	V	14390	4878	4878	IV	8386	7670	6972	6293	5631	4988
	VI	14909	4878	4878							
53207,99	I,IV	9131	4881	4881	I	7680	6302	4997	3764	2604	1517
	II	7743	4881	4881	II	6362	5053	3818	2654	1564	562
	III	4996	4881	4881	III	3898	2836	1810	886	156	
	V	14403	4881	4881	IV	8396	7680	6982	6302	5641	4997
	VI	14922	4881	4881							
53243,99	I,IV	9141	4885	4885	I	7690	6312	5006	3773	2612	1525
	II	7753	4885	4885	II	6372	5063	3826	2662	1571	568
	III	5004	4885	4885	III	3906	2844	1816	892	160	
	V	14415	4885	4885	IV	8407	7690	6992	6312	5650	5006
	VI	14934	4885	4885							
53279,99	I,IV	9152	4888	4888	I	7700	6322	5015	3782	2620	1532
	II	7763	4888	4888	II	6381	5072	3835	2670	1579	575
	III	5012	4888	4888	III	3914	2850	1824	898	164	
	V	14428	4888	4888	IV	8417	7700	7002	6322	5659	5015
	VI	14947	4888	4888							
53315,99	I,IV	9162	4891	4891	I	7710	6331	5024	3790	2628	1539
	II	7773	4891	4891	II	6390	5080	3843	2678	1586	581
	III	5020	4891	4891	III	3920	2858	1830	904	168	
	V	14440	4891	4891	IV	8427	7710	7011	6331	5668	5024
	VI	14959	4891	4891							
53351,99	I,IV	9173	4895	4895	I	7720	6340	5033	3798	2636	1547
	II	7783	4895	4895	II	6400	5090	3852	2686	1594	587
	III	5028	4895	4895	III	3928	2866	1838	910	174	
	V	14453	4895	4895	IV	8438	7720	7021	6340	5678	5033
	VI	14972	4895	4895							
53387,99	I,IV	9184	4898	4898	I	7730	6350	5042	3807	2644	1554
	II	7793	4898	4898	II	6410	5099	3860	2694	1601	594
	III	5036	4898	4898	III	3936	2872	1846	916	178	
	V	14465	4898	4898	IV	8448	7730	7031	6350	5687	5042
	VI	14984	4898	4898							
53423,99	I,IV	9194	4901	4901	I	7741	6360	5051	3816	2652	1562
	II	7804	4901	4901	II	6419	5108	3869	2702	1609	600
	III	5044	4901	4901	III	3944	2880	1852	922	182	
	V	14478	4901	4901	IV	8458	7741	7041	6360	5696	5051
	VI	14997	4901	4901							
53459,99	I,IV	9205	4904	4904	I	7750	6369	5060	3824	2660	1569
	II	7813	4904	4904	II	6429	5117	3877	2710	1616	606
	III	5052	4904	4904	III	3952	2888	1860	928	186	
	V	14490	4904	4904	IV	8468	7750	7051	6369	5705	5060
	VI	15009	4904	4904							
53495,99	I,IV	9215	4908	4908	I	7761	6379	5069	3832	2668	1577
	II	7824	4908	4908	II	6438	5126	3886	2718	1624	613
	III	5060	4908	4908	III	3960	2896	1866	934	192	
	V	14503	4908	4908	IV	8479	7761	7060	6379	5715	5069
	VI	15022	4908	4908							
53531,99	I,IV	9226	4911	4911	I	7771	6388	5078	3841	2676	1584
	II	7834	4911	4911	II	6448	5135	3894	2726	1631	619
	III	5068	4911	4911	III	3968	2902	1874	940	196	
	V	14515	4911	4911	IV	8489	7771	7070	6388	5724	5078
	VI	15034	4911	4911							
53567,99	I,IV	9237	4914	4914	I	7781	6398	5087	3850	2684	1592
	II	7844	4914	4914	II	6458	5144	3903	2735	1639	626
	III	5076	4914	4914	III	3974	2910	1882	946	200	
	V	14528	4914	4914	IV	8500	7781	7080	6398	5734	5087
	VI	15047	4914	4914							

* Zur LSt-Berechnung für privat versicherte Arbeitnehmer s. Beispiele **Vorbemerkung S. 4 f.**
** Basisvorsorgepauschale KV und PV   *** Typisierter Arbeitgeberzuschuss

Jahr gültig ab 1. 1. 2022 (idF des StEntlG 2022) — aT2

Lohn/Gehalt in € bis	Steuerklasse	Lohnsteuer*	BVSP**	TAGZ***	Steuerklasse	Bemessungsgrundlage für Kirchensteuer und Solidaritätszuschlag — Freibeträge für ... Kinder					
						0,5	1,0	1,5	2,0	2,5	3,0
53603,99	I,IV	9247	4918	4918	I	7791	6407	5096	3858	2692	1599
	II	7854	4918	4918	II	6467	5153	3911	2742	1646	632
	III	5084	4918	4918	III	3982	2916	1888	952	206	
	V	14540	4918	4918	IV	8510	7791	7090	6407	5743	5096
	VI	15059	4918	4918							
53639,99	I,IV	9258	4921	4921	I	7801	6417	5105	3867	2700	1607
	II	7864	4921	4921	II	6477	5162	3920	2751	1654	638
	III	5092	4921	4921	III	3990	2924	1896	958	210	
	V	14553	4921	4921	IV	8520	7801	7100	6417	5752	5105
	VI	15072	4921	4921							
53675,99	I,IV	9268	4924	4924	I	7811	6426	5114	3875	2708	1614
	II	7874	4924	4924	II	6486	5171	3929	2759	1661	645
	III	5100	4924	4924	III	3998	2932	1902	964	214	
	V	14565	4924	4924	IV	8531	7811	7110	6426	5761	5114
	VI	15084	4924	4924							
53711,99	I,IV	9279	4928	4928	I	7821	6436	5124	3884	2716	1622
	II	7884	4928	4928	II	6496	5180	3937	2767	1669	652
	III	5108	4928	4928	III	4006	2940	1910	970	220	
	V	14578	4928	4928	IV	8541	7821	7120	6436	5771	5124
	VI	15097	4928	4928							
53747,99	I,IV	9289	4931	4931	I	7831	6445	5132	3892	2724	1629
	II	7894	4931	4931	II	6505	5189	3946	2775	1676	658
	III	5116	4931	4931	III	4014	2946	1918	976	224	
	V	14590	4931	4931	IV	8551	7831	7129	6445	5780	5132
	VI	15109	4931	4931							
53783,99	I,IV	9300	4934	4934	I	7841	6455	5142	3901	2732	1637
	II	7904	4934	4934	II	6515	5198	3954	2783	1684	665
	III	5124	4934	4934	III	4020	2954	1924	982	228	
	V	14603	4934	4934	IV	8561	7841	7139	6455	5789	5142
	VI	15122	4934	4934							
53819,99	I,IV	9311	4937	4937	I	7851	6465	5151	3909	2741	1644
	II	7915	4937	4937	II	6525	5207	3963	2791	1691	671
	III	5132	4937	4937	III	4028	2962	1932	988	234	
	V	14615	4937	4937	IV	8572	7851	7149	6465	5799	5151
	VI	15134	4937	4937							
53855,99	I,IV	9321	4941	4941	I	7862	6474	5160	3918	2749	1652
	II	7925	4941	4941	II	6534	5217	3971	2799	1699	678
	III	5140	4941	4941	III	4036	2970	1938	994	238	
	V	14628	4941	4941	IV	8582	7862	7159	6474	5808	5160
	VI	15147	4941	4941							
53891,99	I,IV	9332	4944	4944	I	7871	6484	5169	3926	2756	1659
	II	7935	4944	4944	II	6544	5225	3980	2807	1706	684
	III	5148	4944	4944	III	4044	2976	1946	1000	242	
	V	14640	4944	4944	IV	8592	7871	7168	6484	5817	5169
	VI	15159	4944	4944							
53927,99	I,IV	9342	4947	4947	I	7882	6493	5178	3935	2765	1667
	II	7945	4947	4947	II	6553	5235	3988	2815	1714	691
	III	5156	4947	4947	III	4052	2984	1952	1006	248	
	V	14653	4947	4947	IV	8603	7882	7178	6493	5827	5178
	VI	15172	4947	4947							
53963,99	I,IV	9353	4951	4951	I	7892	6503	5187	3944	2773	1674
	II	7955	4951	4951	II	6563	5244	3997	2823	1722	698
	III	5164	4951	4951	III	4060	2992	1960	1012	252	
	V	14665	4951	4951	IV	8613	7892	7188	6503	5836	5187
	VI	15184	4951	4951							
53999,99	I,IV	9364	4954	4954	I	7902	6513	5196	3952	2781	1682
	II	7965	4954	4954	II	6573	5253	4006	2831	1729	704
	III	5172	4954	4954	III	4066	2998	1968	1018	256	
	V	14678	4954	4954	IV	8624	7902	7198	6513	5845	5196
	VI	15197	4954	4954							

* Zur LSt-Berechnung für privat versicherte Arbeitnehmer s. Beispiele **Vorbemerkung S. 4f.**
** Basisvorsorgepauschale KV und PV *** Typisierter Arbeitgeberzuschuss

aT2 allgemeine Lohnsteuer

Lohn/Gehalt in € bis	Steuerklasse	Lohn-steuer*	BVSP**	TAGZ***	Steuerklasse	Bemessungsgrundlage für Kirchensteuer und Solidaritätszuschlag — Freibeträge für ... Kinder					
						0,5	1,0	1,5	2,0	2,5	3,0
54 035,99	I,IV	9 374	4 957	4 957	I	7 912	6 522	5 205	3 961	2 789	1 689
	II	7 975	4 957	4 957	II	6 582	5 262	4 014	2 839	1 737	711
	III	5 180	4 957	4 957	III	4 074	3 006	1 974	1 024	262	
	V	14 690	4 957	4 957	IV	8 634	7 912	7 208	6 522	5 854	5 205
	VI	15 209	4 957	4 957							
54 071,99	I,IV	9 385	4 961	4 961	I	7 922	6 532	5 214	3 969	2 797	1 697
	II	7 985	4 961	4 961	II	6 592	5 271	4 023	2 847	1 744	718
	III	5 188	4 961	4 961	III	4 082	3 014	1 982	1 030	266	
	V	14 703	4 961	4 961	IV	8 644	7 922	7 218	6 532	5 864	5 214
	VI	15 222	4 961	4 961							
54 107,99	I,IV	9 396	4 964	4 964	I	7 932	6 541	5 223	3 978	2 805	1 705
	II	7 996	4 964	4 964	II	6 602	5 280	4 031	2 855	1 752	724
	III	5 196	4 964	4 964	III	4 090	3 022	1 990	1 036	270	
	V	14 715	4 964	4 964	IV	8 655	7 932	7 228	6 541	5 873	5 223
	VI	15 234	4 964	4 964							
54 143,99	I,IV	9 406	4 967	4 967	I	7 942	6 551	5 232	3 986	2 813	1 712
	II	8 006	4 967	4 967	II	6 611	5 289	4 040	2 864	1 760	731
	III	5 204	4 967	4 967	III	4 098	3 030	1 996	1 042	276	
	V	14 728	4 967	4 967	IV	8 665	7 942	7 238	6 551	5 883	5 232
	VI	15 247	4 967	4 967							
54 179,99	I,IV	9 417	4 971	4 971	I	7 952	6 561	5 241	3 995	2 821	1 720
	II	8 016	4 971	4 971	II	6 621	5 298	4 049	2 871	1 767	738
	III	5 210	4 971	4 971	III	4 106	3 036	2 004	1 048	280	
	V	14 740	4 971	4 971	IV	8 675	7 952	7 247	6 561	5 892	5 241
	VI	15 259	4 971	4 971							
54 215,99	I,IV	9 427	4 974	4 974	I	7 963	6 570	5 251	4 003	2 829	1 727
	II	8 026	4 974	4 974	II	6 630	5 308	4 057	2 880	1 775	745
	III	5 220	4 974	4 974	III	4 114	3 044	2 010	1 054	284	
	V	14 752	4 974	4 974	IV	8 686	7 963	7 257	6 570	5 901	5 251
	VI	15 272	4 974	4 974							
54 251,99	I,IV	9 438	4 977	4 977	I	7 973	6 580	5 260	4 012	2 837	1 735
	II	8 036	4 977	4 977	II	6 640	5 317	4 066	2 888	1 782	751
	III	5 228	4 977	4 977	III	4 120	3 052	2 018	1 060	290	
	V	14 765	4 977	4 977	IV	8 696	7 973	7 267	6 580	5 911	5 260
	VI	15 284	4 977	4 977							
54 287,99	I,IV	9 449	4 980	4 980	I	7 983	6 590	5 269	4 021	2 845	1 742
	II	8 046	4 980	4 980	II	6 650	5 326	4 075	2 896	1 790	758
	III	5 236	4 980	4 980	III	4 128	3 058	2 024	1 068	294	
	V	14 778	4 980	4 980	IV	8 707	7 983	7 277	6 590	5 920	5 269
	VI	15 297	4 980	4 980							
54 323,99	I,IV	9 459	4 984	4 984	I	7 993	6 599	5 278	4 029	2 853	1 750
	II	8 056	4 984	4 984	II	6 659	5 335	4 083	2 904	1 797	765
	III	5 244	4 984	4 984	III	4 136	3 066	2 032	1 074	300	
	V	14 790	4 984	4 984	IV	8 717	7 993	7 287	6 599	5 929	5 278
	VI	15 309	4 984	4 984							
54 359,99	I,IV	9 470	4 987	4 987	I	8 003	6 609	5 287	4 038	2 861	1 757
	II	8 067	4 987	4 987	II	6 669	5 344	4 092	2 912	1 805	772
	III	5 252	4 987	4 987	III	4 144	3 074	2 040	1 080	304	
	V	14 802	4 987	4 987	IV	8 727	8 003	7 297	6 609	5 939	5 287
	VI	15 322	4 987	4 987							
54 395,99	I,IV	9 481	4 990	4 990	I	8 013	6 618	5 296	4 047	2 870	1 765
	II	8 077	4 990	4 990	II	6 679	5 353	4 100	2 920	1 813	779
	III	5 260	4 990	4 990	III	4 152	3 082	2 046	1 086	310	
	V	14 815	4 990	4 990	IV	8 738	8 013	7 307	6 618	5 948	5 296
	VI	15 334	4 990	4 990							
54 431,99	I,IV	9 492	4 994	4 994	I	8 024	6 628	5 305	4 055	2 878	1 773
	II	8 087	4 994	4 994	II	6 688	5 362	4 109	2 928	1 820	786
	III	5 268	4 994	4 994	III	4 160	3 088	2 054	1 092	314	
	V	14 828	4 994	4 994	IV	8 748	8 024	7 317	6 628	5 958	5 305
	VI	15 347	4 994	4 994							

* Zur LSt-Berechnung für privat versicherte Arbeitnehmer s. Beispiele **Vorbemerkung S. 4 f.**
** Basisvorsorgepauschale KV und PV *** Typisierter Arbeitgeberzuschuss

Jahr gültig ab 1. 1. 2022 (idF des StEntlG 2022) **aT2**

Lohn/Gehalt in € bis	Steuerklasse	Lohnsteuer*	BVSP**	TAGZ***	Steuerklasse	Bemessungsgrundlage für Kirchensteuer und Solidaritätszuschlag Freibeträge für ... Kinder					
						0,5	1,0	1,5	2,0	2,5	3,0
54 467,99	I,IV	9502	4997	4997	I	8033	6638	5314	4064	2886	1780
	II	8097	4997	4997	II	6698	5371	4118	2936	1828	793
	III	5274	4997	4997	III	4168	3096	2060	1098	318	
	V	14840	4997	4997	IV	8759	8033	7326	6638	5967	5314
	VI	15359	4997	4997							
54 503,99	I,IV	9513	5000	5000	I	8044	6647	5323	4072	2894	1788
	II	8107	5000	5000	II	6708	5381	4126	2944	1835	800
	III	5282	5000	5000	III	4174	3104	2068	1104	324	
	V	14852	5000	5000	IV	8769	8044	7336	6647	5976	5323
	VI	15372	5000	5000							
54 539,99	I,IV	9524	5004	5004	I	8054	6657	5333	4081	2902	1795
	II	8118	5004	5004	II	6717	5390	4135	2953	1843	807
	III	5290	5004	5004	III	4182	3110	2076	1110	328	
	V	14865	5004	5004	IV	8780	8054	7346	6657	5986	5333
	VI	15384	5004	5004							
54 575,99	I,IV	9534	5007	5007	I	8064	6667	5342	4090	2910	1803
	II	8128	5007	5007	II	6727	5399	4144	2961	1851	814
	III	5298	5007	5007	III	4190	3118	2082	1116	334	
	V	14878	5007	5007	IV	8790	8064	7356	6667	5995	5342
	VI	15397	5007	5007							
54 611,99	I,IV	9545	5010	5010	I	8074	6676	5351	4098	2918	1811
	II	8138	5010	5010	II	6737	5408	4152	2969	1858	820
	III	5308	5010	5010	III	4198	3126	2090	1122	338	
	V	14890	5010	5010	IV	8800	8074	7366	6676	6004	5351
	VI	15409	5010	5010							
54 647,99	I,IV	9555	5013	5013	I	8084	6686	5360	4107	2926	1818
	II	8148	5013	5013	II	6746	5417	4161	2977	1866	827
	III	5316	5013	5013	III	4206	3134	2098	1130	344	
	V	14902	5013	5013	IV	8811	8084	7376	6686	6014	5360
	VI	15422	5013	5013							
54 683,99	I,IV	9566	5017	5017	I	8095	6696	5369	4115	2934	1826
	II	8158	5017	5017	II	6756	5427	4170	2985	1873	835
	III	5324	5017	5017	III	4214	3140	2104	1136	348	
	V	14915	5017	5017	IV	8821	8095	7386	6696	6023	5369
	VI	15434	5017	5017							
54 719,99	I,IV	9577	5020	5020	I	8105	6705	5378	4124	2943	1834
	II	8169	5020	5020	II	6766	5436	4178	2993	1881	842
	III	5332	5020	5020	III	4222	3148	2112	1142	354	
	V	14928	5020	5020	IV	8832	8105	7396	6705	6033	5378
	VI	15447	5020	5020							
54 755,99	I,IV	9587	5023	5023	I	8115	6715	5387	4133	2950	1841
	II	8179	5023	5023	II	6775	5445	4187	3001	1889	849
	III	5338	5023	5023	III	4230	3156	2118	1148	358	
	V	14940	5023	5023	IV	8842	8115	7406	6715	6042	5387
	VI	15459	5023	5023							
54 791,99	I,IV	9598	5027	5027	I	8125	6725	5397	4141	2959	1849
	II	8189	5027	5027	II	6785	5454	4195	3010	1896	856
	III	5346	5027	5027	III	4236	3164	2126	1154	362	
	V	14952	5027	5027	IV	8853	8125	7416	6725	6052	5397
	VI	15472	5027	5027							
54 827,99	I,IV	9609	5030	5030	I	8135	6734	5406	4150	2967	1856
	II	8199	5030	5030	II	6795	5463	4204	3018	1904	863
	III	5354	5030	5030	III	4244	3170	2134	1160	368	
	V	14965	5030	5030	IV	8863	8135	7426	6734	6061	5406
	VI	15484	5030	5030							
54 863,99	I,IV	9620	5033	5033	I	8146	6744	5415	4159	2975	1864
	II	8210	5033	5033	II	6805	5473	4213	3026	1912	870
	III	5362	5033	5033	III	4252	3178	2140	1166	372	
	V	14978	5033	5033	IV	8874	8146	7436	6744	6071	5415
	VI	15497	5033	5033							

* Zur LSt-Berechnung für privat versicherte Arbeitnehmer s. Beispiele **Vorbemerkung S. 4 f.**
** Basisvorsorgepauschale KV und PV *** Typisierter Arbeitgeberzuschuss

aT2 — allgemeine Lohnsteuer

Lohn/Gehalt in € bis	Steuerklasse	Lohn-steuer*	BVSP**	TAGZ***	Steuerklasse	Bemessungsgrundlage für Kirchensteuer und Solidaritätszuschlag — Freibeträge für ... Kinder					
						0,5	1,0	1,5	2,0	2,5	3,0
54 899,99	I,IV	9630	5037	5037	I	8156	6754	5424	4167	2983	1871
	II	8219	5037	5037	II	6814	5481	4221	3034	1919	877
	III	5372	5037	5037	III	4260	3186	2148	1174	378	
	V	14990	5037	5037	IV	8884	8156	7446	6754	6080	5424
	VI	15509	5037								
54 935,99	I,IV	9641	5040	5040	I	8166	6763	5433	4176	2991	1879
	II	8230	5040	5040	II	6824	5491	4230	3042	1927	884
	III	5380	5040	5040	III	4268	3194	2154	1180	382	
	V	15002	5040	5040	IV	8894	8166	7456	6763	6089	5433
	VI	15522	5040								
54 971,99	I,IV	9652	5043	5043	I	8176	6773	5443	4185	2999	1887
	II	8240	5043	5043	II	6834	5500	4239	3050	1935	891
	III	5388	5043	5043	III	4276	3200	2162	1186	388	
	V	15015	5043	5043	IV	8905	8176	7466	6773	6099	5443
	VI	15534	5043								
55 007,99	I,IV	9663	5046	5046	I	8187	6783	5452	4193	3008	1895
	II	8250	5046	5046	II	6844	5509	4248	3059	1942	899
	III	5396	5046	5046	III	4284	3208	2170	1192	392	
	V	15028	5046	5046	IV	8916	8187	7476	6783	6108	5452
	VI	15547	5046								
55 043,99	I,IV	9673	5050	5050	I	8196	6792	5461	4202	3016	1902
	II	8260	5050	5050	II	6853	5518	4256	3067	1950	906
	III	5402	5050	5050	III	4292	3216	2176	1198	398	
	V	15040	5050	5050	IV	8926	8196	7485	6792	6117	5461
	VI	15559	5050								
55 079,99	I,IV	9684	5053	5053	I	8207	6802	5470	4211	3024	1910
	II	8271	5053	5053	II	6863	5528	4265	3075	1958	913
	III	5410	5053	5053	III	4298	3224	2184	1204	402	
	V	15052	5053	5053	IV	8936	8207	7495	6802	6127	5470
	VI	15571	5053								
55 115,99	I,IV	9695	5056	5056	I	8217	6812	5479	4219	3032	1917
	II	8281	5056	5056	II	6873	5537	4274	3083	1965	920
	III	5418	5056	5056	III	4306	3230	2190	1212	408	
	V	15065	5056	5056	IV	8947	8217	7505	6812	6137	5479
	VI	15584	5056								
55 151,99	I,IV	9706	5060	5060	I	8227	6822	5489	4228	3040	1925
	II	8291	5060	5060	II	6882	5546	4283	3091	1973	927
	III	5428	5060	5060	III	4314	3238	2198	1218	412	
	V	15078	5060	5060	IV	8957	8227	7515	6822	6146	5489
	VI	15597	5060								
55 187,99	I,IV	9716	5063	5063	I	8237	6831	5498	4237	3048	1933
	II	8301	5063	5063	II	6892	5555	4291	3099	1980	934
	III	5436	5063	5063	III	4322	3246	2206	1224	418	
	V	15090	5063	5063	IV	8968	8237	7525	6831	6155	5498
	VI	15609	5063								
55 223,99	I,IV	9727	5066	5066	I	8248	6841	5507	4245	3057	1940
	II	8312	5066	5066	II	6902	5564	4300	3108	1988	941
	III	5444	5066	5066	III	4330	3254	2212	1230	422	
	V	15102	5066	5066	IV	8978	8248	7535	6841	6165	5507
	VI	15621	5066								
55 259,99	I,IV	9738	5070	5070	I	8258	6851	5516	4254	3065	1948
	II	8322	5070	5070	II	6912	5574	4309	3116	1996	949
	III	5452	5070	5070	III	4338	3260	2220	1238	428	
	V	15115	5070	5070	IV	8989	8258	7545	6851	6174	5516
	VI	15634	5070								
55 295,99	I,IV	9749	5073	5073	I	8268	6861	5525	4263	3073	1956
	II	8332	5073	5073	II	6921	5583	4317	3124	2004	956
	III	5460	5073	5073	III	4346	3268	2228	1244	432	
	V	15128	5073	5073	IV	8999	8268	7555	6861	6184	5525
	VI	15647	5073								

* Zur LSt-Berechnung für privat versicherte Arbeitnehmer s. Beispiele **Vorbemerkung S. 4 f.**
** Basisvorsorgepauschale KV und PV   *** Typisierter Arbeitgeberzuschuss

Jahr gültig ab 1. 1. 2022 (idF des StEntlG 2022) — aT2

Lohn/Gehalt in € bis	Steuerklasse	Lohnsteuer*	BVSP**	TAGZ***	Steuerklasse	Bemessungsgrundlage für Kirchensteuer und Solidaritätszuschlag					
						Freibeträge für ... Kinder					
						0,5	1,0	1,5	2,0	2,5	3,0
55 331,99	I,IV	9 759	5 076	5 076	I	8 278	6 870	5 534	4 271	3 081	1 963
	II	8 342	5 076	5 076	II	6 931	5 592	4 326	3 132	2 011	963
	III	5 466	5 076	5 076	III	4 354	3 276	2 234	1 250	438	
	V	15 140	5 076	5 076	IV	9 010	8 278	7 565	6 870	6 193	5 534
	VI	15 659	5 076	5 076							
55 367,99	I,IV	9 770	5 080	5 080	I	8 289	6 880	5 544	4 280	3 089	1 971
	II	8 353	5 080	5 080	II	6 941	5 601	4 335	3 141	2 019	970
	III	5 476	5 080	5 080	III	4 360	3 284	2 242	1 256	442	
	V	15 152	5 080	5 080	IV	9 020	8 289	7 575	6 880	6 203	5 544
	VI	15 671	5 080	5 080							
55 403,99	I,IV	9 781	5 083	5 083	I	8 299	6 890	5 553	4 289	3 098	1 979
	II	8 363	5 083	5 083	II	6 951	5 611	4 343	3 149	2 027	977
	III	5 484	5 083	5 083	III	4 368	3 290	2 248	1 262	448	
	V	15 165	5 083	5 083	IV	9 031	8 299	7 585	6 890	6 212	5 553
	VI	15 684	5 083	5 083							
55 439,99	I,IV	9 792	5 086	5 086	I	8 309	6 900	5 562	4 298	3 106	1 986
	II	8 374	5 086	5 086	II	6 961	5 620	4 352	3 157	2 035	985
	III	5 492	5 086	5 086	III	4 376	3 298	2 256	1 270	454	
	V	15 178	5 086	5 086	IV	9 041	8 309	7 595	6 900	6 222	5 562
	VI	15 697	5 086	5 086							
55 475,99	I,IV	9 802	5 089	5 089	I	8 319	6 909	5 571	4 306	3 114	1 994
	II	8 384	5 089	5 089	II	6 970	5 629	4 361	3 165	2 042	992
	III	5 500	5 089	5 089	III	4 384	3 306	2 264	1 276	458	
	V	15 190	5 089	5 089	IV	9 052	8 319	7 605	6 909	6 231	5 571
	VI	15 709	5 089	5 089							
55 511,99	I,IV	9 813	5 093	5 093	I	8 330	6 919	5 581	4 315	3 122	2 002
	II	8 394	5 093	5 093	II	6 980	5 638	4 370	3 173	2 050	999
	III	5 508	5 093	5 093	III	4 392	3 314	2 270	1 282	464	
	V	15 202	5 093	5 093	IV	9 062	8 330	7 615	6 919	6 241	5 581
	VI	15 721	5 093	5 093							
55 547,99	I,IV	9 824	5 096	5 096	I	8 340	6 929	5 590	4 324	3 130	2 009
	II	8 404	5 096	5 096	II	6 990	5 648	4 378	3 182	2 058	1 006
	III	5 516	5 096	5 096	III	4 400	3 322	2 278	1 288	468	
	V	15 215	5 096	5 096	IV	9 073	8 340	7 625	6 929	6 250	5 590
	VI	15 734	5 096	5 096							
55 583,99	I,IV	9 835	5 099	5 099	I	8 350	6 939	5 599	4 333	3 139	2 017
	II	8 415	5 099	5 099	II	7 000	5 657	4 387	3 190	2 065	1 013
	III	5 524	5 099	5 099	III	4 408	3 328	2 286	1 296	474	
	V	15 228	5 099	5 099	IV	9 084	8 350	7 635	6 939	6 260	5 599
	VI	15 747	5 099	5 099							
55 619,99	I,IV	9 845	5 103	5 103	I	8 360	6 948	5 608	4 341	3 147	2 025
	II	8 425	5 103	5 103	II	7 009	5 666	4 396	3 198	2 073	1 020
	III	5 532	5 103	5 103	III	4 416	3 336	2 292	1 302	478	
	V	15 240	5 103	5 103	IV	9 094	8 360	7 645	6 948	6 269	5 608
	VI	15 759	5 103	5 103							
55 655,99	I,IV	9 856	5 106	5 106	I	8 371	6 958	5 618	4 350	3 155	2 032
	II	8 435	5 106	5 106	II	7 019	5 675	4 405	3 206	2 081	1 028
	III	5 540	5 106	5 106	III	4 424	3 344	2 300	1 308	484	
	V	15 252	5 106	5 106	IV	9 104	8 371	7 655	6 958	6 279	5 618
	VI	15 771	5 106	5 106							
55 691,99	I,IV	9 867	5 109	5 109	I	8 381	6 968	5 627	4 359	3 163	2 040
	II	8 446	5 109	5 109	II	7 029	5 685	4 413	3 215	2 088	1 035
	III	5 548	5 109	5 109	III	4 432	3 350	2 308	1 314	490	
	V	15 265	5 109	5 109	IV	9 115	8 381	7 665	6 968	6 288	5 627
	VI	15 784	5 109	5 109							
55 727,99	I,IV	9 878	5 113	5 113	I	8 392	6 978	5 636	4 368	3 171	2 048
	II	8 456	5 113	5 113	II	7 039	5 694	4 422	3 223	2 096	1 042
	III	5 556	5 113	5 113	III	4 438	3 358	2 314	1 322	494	
	V	15 277	5 113	5 113	IV	9 126	8 392	7 675	6 978	6 298	5 636
	VI	15 797	5 113	5 113							

* Zur LSt-Berechnung für privat versicherte Arbeitnehmer s. Beispiele **Vorbemerkung S. 4 f.**
** Basisvorsorgepauschale KV und PV *** Typisierter Arbeitgeberzuschuss

aT2 allgemeine Lohnsteuer

Lohn/Gehalt in € bis	Steuerklasse	Lohnsteuer*	BVSP**	TAGZ***	Steuerklasse	Bemessungsgrundlage für Kirchensteuer und Solidaritätszuschlag Freibeträge für ... Kinder 0,5	1,0	1,5	2,0	2,5	3,0
55 763,99	I,IV	9 889	5 116	5 116	I	8 402	6 987	5 645	4 376	3 179	2 056
	II	8 466	5 116	5 116	II	7 048	5 703	4 431	3 231	2 104	1 049
	III	5 564	5 116	5 116	III	4 446	3 366	2 322	1 328	500	
	V	15 290	5 116	5 116	IV	9 136	8 402	7 685	6 987	6 307	5 645
	VI	15 809	5 116	5 116							
55 799,99	I,IV	9 900	5 119	5 119	I	8 412	6 997	5 655	4 385	3 188	2 063
	II	8 476	5 119	5 119	II	7 058	5 713	4 440	3 239	2 112	1 057
	III	5 572	5 119	5 119	III	4 454	3 374	2 330	1 334	504	
	V	15 302	5 119	5 119	IV	9 147	8 412	7 695	6 997	6 317	5 655
	VI	15 821	5 119	5 119							
55 835,99	I,IV	9 910	5 122	5 122	I	8 422	7 007	5 664	4 394	3 196	2 071
	II	8 487	5 122	5 122	II	7 068	5 722	4 449	3 248	2 119	1 064
	III	5 580	5 122	5 122	III	4 462	3 382	2 336	1 342	510	
	V	15 315	5 122	5 122	IV	9 157	8 422	7 705	7 007	6 326	5 664
	VI	15 834	5 122	5 122							
55 871,99	I,IV	9 921	5 126	5 126	I	8 433	7 017	5 673	4 403	3 204	2 079
	II	8 497	5 126	5 126	II	7 078	5 731	4 457	3 256	2 127	1 071
	III	5 588	5 126	5 126	III	4 470	3 388	2 344	1 348	516	
	V	15 327	5 126	5 126	IV	9 168	8 433	7 716	7 017	6 336	5 673
	VI	15 847	5 126	5 126							
55 907,99	I,IV	9 932	5 129	5 129	I	8 443	7 026	5 682	4 411	3 212	2 086
	II	8 507	5 129	5 129	II	7 088	5 740	4 466	3 264	2 135	1 078
	III	5 596	5 129	5 129	III	4 478	3 396	2 350	1 354	520	
	V	15 340	5 129	5 129	IV	9 178	8 443	7 725	7 026	6 345	5 682
	VI	15 859	5 129	5 129							
55 943,99	I,IV	9 943	5 132	5 132	I	8 453	7 036	5 692	4 420	3 221	2 094
	II	8 518	5 132	5 132	II	7 097	5 750	4 475	3 272	2 143	1 085
	III	5 604	5 132	5 132	III	4 486	3 404	2 358	1 360	526	
	V	15 352	5 132	5 132	IV	9 189	8 453	7 736	7 036	6 355	5 692
	VI	15 871	5 132	5 132							
55 979,99	I,IV	9 954	5 136	5 136	I	8 464	7 046	5 701	4 429	3 229	2 102
	II	8 528	5 136	5 136	II	7 107	5 759	4 484	3 281	2 150	1 093
	III	5 612	5 136	5 136	III	4 494	3 412	2 366	1 368	530	
	V	15 365	5 136	5 136	IV	9 200	8 464	7 746	7 046	6 364	5 701
	VI	15 884	5 136	5 136							
56 015,99	I,IV	9 965	5 139	5 139	I	8 474	7 056	5 710	4 438	3 237	2 110
	II	8 539	5 139	5 139	II	7 117	5 769	4 493	3 289	2 158	1 100
	III	5 620	5 139	5 139	III	4 502	3 418	2 372	1 374	536	
	V	15 377	5 139	5 139	IV	9 210	8 474	7 756	7 056	6 374	5 710
	VI	15 897	5 139	5 139							
56 051,99	I,IV	9 975	5 142	5 142	I	8 484	7 065	5 719	4 446	3 245	2 117
	II	8 549	5 142	5 142	II	7 127	5 778	4 501	3 297	2 166	1 107
	III	5 628	5 142	5 142	III	4 510	3 426	2 380	1 380	542	
	V	15 390	5 142	5 142	IV	9 221	8 484	7 766	7 065	6 383	5 719
	VI	15 909	5 142	5 142							
56 087,99	I,IV	9 986	5 146	5 146	I	8 494	7 075	5 729	4 455	3 254	2 125
	II	8 559	5 146	5 146	II	7 137	5 787	4 510	3 306	2 174	1 114
	III	5 636	5 146	5 146	III	4 518	3 434	2 388	1 388	546	
	V	15 402	5 146	5 146	IV	9 231	8 494	7 776	7 075	6 393	5 729
	VI	15 921	5 146	5 146							
56 123,99	I,IV	9 997	5 149	5 149	I	8 505	7 085	5 738	4 464	3 262	2 133
	II	8 569	5 149	5 149	II	7 147	5 796	4 519	3 314	2 182	1 122
	III	5 644	5 149	5 149	III	4 524	3 442	2 394	1 394	552	
	V	15 415	5 149	5 149	IV	9 242	8 505	7 786	7 085	6 403	5 738
	VI	15 934	5 149	5 149							
56 159,99	I,IV	10 008	5 152	5 152	I	8 515	7 095	5 748	4 473	3 270	2 141
	II	8 580	5 152	5 152	II	7 157	5 806	4 528	3 322	2 189	1 129
	III	5 652	5 152	5 152	III	4 532	3 450	2 402	1 400	558	
	V	15 427	5 152	5 152	IV	9 253	8 515	7 796	7 095	6 412	5 748
	VI	15 947	5 152	5 152							

* Zur LSt-Berechnung für privat versicherte Arbeitnehmer s. Beispiele **Vorbemerkung S. 4 f.**
** Basisvorsorgepauschale KV und PV   *** Typisierter Arbeitgeberzuschuss

Jahr gültig ab 1. 1. 2022 (idF des StEntlG 2022) **aT2**

Lohn/Gehalt in € bis	Steuerklasse	Lohn-steuer*	BVSP**	TAGZ***	Steuerklasse	Bemessungsgrundlage für Kirchensteuer und Solidaritätszuschlag					
						Freibeträge für ... Kinder					
						0,5	1,0	1,5	2,0	2,5	3,0
56195,99	I,IV	10019	5155	5155	I	8525	7105	5757	4481	3279	2148
	II	8590	5155	5155	II	7166	5815	4536	3330	2197	1136
	III	5660	5155	5155	III	4540	3456	2410	1406	562	
	V	15440	5155	5155	IV	9263	8525	7806	7105	6422	5757
	VI	15959	5155								
56231,99	I,IV	10029	5159	5159	I	8536	7115	5766	4490	3287	2156
	II	8600	5159	5159	II	7176	5824	4545	3339	2205	1144
	III	5668	5159	5159	III	4548	3464	2416	1414	568	
	V	15452	5159	5159	IV	9274	8536	7816	7115	6431	5766
	VI	15971	5159								
56267,99	I,IV	10040	5162	5162	I	8546	7124	5775	4499	3295	2164
	II	8611	5162	5162	II	7186	5834	4554	3347	2213	1151
	III	5676	5162	5162	III	4556	3472	2424	1420	574	
	V	15465	5162	5162	IV	9284	8546	7826	7124	6441	5775
	VI	15984	5162								
56303,99	I,IV	10051	5165	5165	I	8557	7134	5785	4508	3304	2172
	II	8621	5165	5165	II	7196	5843	4563	3355	2221	1158
	III	5684	5165	5165	III	4564	3480	2432	1428	578	
	V	15477	5165	5165	IV	9295	8557	7836	7134	6451	5785
	VI	15997	5165								
56339,99	I,IV	10062	5169	5169	I	8567	7144	5794	4516	3312	2179
	II	8631	5169	5169	II	7206	5852	4572	3364	2228	1165
	III	5692	5169	5169	III	4572	3486	2438	1434	584	
	V	15490	5169	5169	IV	9305	8567	7846	7144	6460	5794
	VI	16009	5169								
56375,99	I,IV	10073	5172	5172	I	8577	7154	5803	4525	3320	2187
	II	8642	5172	5172	II	7215	5862	4580	3372	2236	1173
	III	5700	5172	5172	III	4580	3494	2446	1440	590	
	V	15502	5172	5172	IV	9316	8577	7856	7154	6470	5803
	VI	16021	5172								
56411,99	I,IV	10084	5175	5175	I	8588	7164	5813	4534	3328	2195
	II	8652	5175	5175	II	7225	5871	4589	3380	2244	1180
	III	5710	5175	5175	III	4588	3502	2454	1448	594	
	V	15515	5175	5175	IV	9327	8588	7867	7164	6479	5813
	VI	16034	5175								
56447,99	I,IV	10095	5179	5179	I	8598	7174	5822	4543	3337	2203
	II	8663	5179	5179	II	7235	5881	4598	3389	2252	1187
	III	5718	5179	5179	III	4596	3510	2460	1454	600	
	V	15527	5179	5179	IV	9337	8598	7877	7174	6489	5822
	VI	16047	5179								
56483,99	I,IV	10105	5182	5182	I	8608	7183	5831	4552	3345	2211
	II	8673	5182	5182	II	7245	5890	4607	3397	2259	1194
	III	5724	5182	5182	III	4602	3516	2468	1460	606	
	V	15540	5182	5182	IV	9348	8608	7887	7183	6498	5831
	VI	16059	5182								
56519,99	I,IV	10116	5185	5185	I	8619	7193	5841	4561	3353	2218
	II	8683	5185	5185	II	7255	5899	4616	3405	2267	1202
	III	5734	5185	5185	III	4610	3524	2474	1468	610	
	V	15552	5185	5185	IV	9358	8619	7897	7193	6508	5841
	VI	16071	5185								
56555,99	I,IV	10127	5189	5189	I	8629	7203	5850	4570	3362	2226
	II	8694	5189	5189	II	7265	5909	4625	3414	2275	1209
	III	5742	5189	5189	III	4618	3532	2482	1474	616	
	V	15565	5189	5189	IV	9369	8629	7907	7203	6518	5850
	VI	16084	5189								
56591,99	I,IV	10138	5192	5192	I	8639	7213	5859	4578	3370	2234
	II	8704	5192	5192	II	7275	5918	4634	3422	2283	1217
	III	5750	5192	5192	III	4626	3540	2490	1482	622	
	V	15577	5192	5192	IV	9380	8639	7917	7213	6527	5859
	VI	16096	5192								

* Zur LSt-Berechnung für privat versicherte Arbeitnehmer s. Beispiele **Vorbemerkung S. 4f.**
** Basisvorsorgepauschale KV und PV   *** Typisierter Arbeitgeberzuschuss

aT2 allgemeine Lohnsteuer

Lohn/Gehalt in € bis	Steuerklasse	Lohn-steuer*	BVSP**	TAGZ***	Steuerklasse	Bemessungsgrundlage für Kirchensteuer und Solidaritätszuschlag Freibeträge für ... Kinder					
						0,5	1,0	1,5	2,0	2,5	3,0
56 627,99	I,IV	10149	5195	5195	I	8650	7223	5869	4587	3378	2242
	II	8715	5195	5195	II	7285	5927	4642	3430	2291	1224
	III	5758	5195	5195	III	4634	3548	2498	1488	628	
	V	15590	5195	5195	IV	9390	8650	7927	7223	6537	5869
	VI	16109	5195	5195							
56 663,99	I,IV	10160	5198	5198	I	8660	7233	5878	4596	3386	2250
	II	8725	5198	5198	II	7294	5937	4651	3439	2298	1231
	III	5766	5198	5198	III	4642	3556	2504	1494	632	
	V	15602	5198	5198	IV	9401	8660	7937	7233	6546	5878
	VI	16121	5198	5198							
56 699,99	I,IV	10171	5202	5202	I	8671	7243	5887	4605	3395	2257
	II	8736	5202	5202	II	7304	5946	4660	3447	2306	1238
	III	5774	5202	5202	III	4650	3562	2512	1502	638	
	V	15615	5202	5202	IV	9412	8671	7948	7243	6556	5887
	VI	16134	5202	5202							
56 735,99	I,IV	10182	5205	5205	I	8681	7253	5897	4614	3403	2265
	II	8746	5205	5205	II	7314	5955	4669	3455	2314	1246
	III	5782	5205	5205	III	4658	3570	2520	1508	644	
	V	15627	5205	5205	IV	9422	8681	7958	7253	6566	5897
	VI	16146	5205	5205							
56 771,99	I,IV	10193	5208	5208	I	8691	7262	5906	4622	3411	2273
	II	8756	5208	5208	II	7324	5965	4678	3464	2322	1253
	III	5790	5208	5208	III	4666	3578	2526	1514	648	
	V	15640	5208	5208	IV	9433	8691	7968	7262	6575	5906
	VI	16159	5208	5208							
56 807,99	I,IV	10204	5212	5212	I	8702	7272	5915	4631	3420	2281
	II	8767	5212	5212	II	7334	5974	4687	3472	2330	1260
	III	5798	5212	5212	III	4674	3586	2534	1522	654	
	V	15652	5212	5212	IV	9444	8702	7978	7272	6585	5915
	VI	16171	5212	5212							
56 843,99	I,IV	10215	5215	5215	I	8712	7282	5925	4640	3428	2289
	II	8777	5215	5215	II	7344	5984	4696	3480	2338	1268
	III	5806	5215	5215	III	4682	3592	2540	1528	660	
	V	15665	5215	5215	IV	9454	8712	7988	7282	6594	5925
	VI	16184	5215	5215							
56 879,99	I,IV	10226	5218	5218	I	8723	7292	5934	4649	3437	2297
	II	8788	5218	5218	II	7354	5993	4705	3489	2346	1275
	III	5814	5218	5218	III	4690	3600	2548	1536	666	
	V	15677	5218	5218	IV	9465	8723	7998	7292	6604	5934
	VI	16196	5218	5218							
56 915,99	I,IV	10236	5222	5222	I	8733	7302	5943	4658	3445	2304
	II	8798	5222	5222	II	7364	6002	4713	3497	2353	1282
	III	5822	5222	5222	III	4698	3608	2556	1542	670	
	V	15690	5222	5222	IV	9475	8733	8008	7302	6614	5943
	VI	16209	5222	5222							
56 951,99	I,IV	10247	5225	5225	I	8743	7312	5953	4667	3453	2312
	II	8808	5225	5225	II	7374	6012	4722	3505	2361	1290
	III	5830	5225	5225	III	4706	3616	2564	1550	676	
	V	15702	5225	5225	IV	9486	8743	8018	7312	6623	5953
	VI	16221	5225	5225							
56 987,99	I,IV	10258	5228	5228	I	8754	7322	5962	4676	3462	2320
	II	8819	5228	5228	II	7384	6021	4731	3514	2369	1297
	III	5838	5228	5228	III	4712	3624	2570	1556	682	
	V	15715	5228	5228	IV	9497	8754	8029	7322	6633	5962
	VI	16234	5228	5228							
57 023,99	I,IV	10269	5231	5231	I	8764	7332	5972	4685	3470	2328
	II	8829	5231	5231	II	7394	6031	4740	3522	2377	1304
	III	5846	5231	5231	III	4720	3632	2578	1564	688	4
	V	15727	5231	5231	IV	9508	8764	8039	7332	6643	5972
	VI	16246	5231	5231							

* Zur LSt-Berechnung für privat versicherte Arbeitnehmer s. Beispiele **Vorbemerkung S. 4 f.**
** Basisvorsorgepauschale KV und PV   *** Typisierter Arbeitgeberzuschuss

Jahr gültig ab 1. 1. 2022 (idF des StEntlG 2022) · **aT2**

Lohn/Gehalt in € bis	Steuerklasse	Lohnsteuer*	BVSP**	TAGZ***	Steuerklasse	Bemessungsgrundlage für Kirchensteuer und Solidaritätszuschlag					
						Freibeträge für ... Kinder					
						0,5	1,0	1,5	2,0	2,5	3,0
57 059,99	I,IV	10 280	5 235	5 235	I	8 774	7 341	5 981	4 693	3 478	2 336
	II	8 840	5 235	5 235	II	7 403	6 040	4 749	3 531	2 385	1 312
	III	5 854	5 235	5 235	III	4 728	3 638	2 584	1 570	692	8
	V	15 739	5 235	5 235	IV	9 518	8 774	8 049	7 341	6 652	5 981
	VI	16 259	5 235	5 235							
57 095,99	I,IV	10 291	5 238	5 238	I	8 785	7 351	5 991	4 702	3 487	2 344
	II	8 850	5 238	5 238	II	7 413	6 049	4 758	3 539	2 393	1 319
	III	5 862	5 238	5 238	III	4 736	3 646	2 592	1 576	698	12
	V	15 752	5 238	5 238	IV	9 529	8 785	8 059	7 351	6 662	5 991
	VI	16 271	5 238	5 238							
57 131,99	I,IV	10 302	5 241	5 241	I	8 795	7 361	6 000	4 711	3 495	2 351
	II	8 861	5 241	5 241	II	7 423	6 059	4 767	3 547	2 401	1 327
	III	5 870	5 241	5 241	III	4 744	3 654	2 600	1 584	704	16
	V	15 765	5 241	5 241	IV	9 540	8 795	8 069	7 361	6 672	6 000
	VI	16 284	5 241	5 241							
57 167,99	I,IV	10 313	5 245	5 245	I	8 806	7 371	6 009	4 720	3 503	2 359
	II	8 871	5 245	5 245	II	7 433	6 068	4 776	3 556	2 409	1 334
	III	5 880	5 245	5 245	III	4 752	3 662	2 608	1 590	710	20
	V	15 777	5 245	5 245	IV	9 550	8 806	8 080	7 371	6 681	6 009
	VI	16 296	5 245	5 245							
57 203,99	I,IV	10 324	5 248	5 248	I	8 816	7 381	6 019	4 729	3 512	2 367
	II	8 881	5 248	5 248	II	7 443	6 078	4 784	3 564	2 416	1 341
	III	5 888	5 248	5 248	III	4 760	3 670	2 614	1 598	716	24
	V	15 789	5 248	5 248	IV	9 561	8 816	8 090	7 381	6 691	6 019
	VI	16 309	5 248	5 248							
57 239,99	I,IV	10 335	5 251	5 251	I	8 827	7 391	6 028	4 738	3 520	2 375
	II	8 892	5 251	5 251	II	7 453	6 087	4 793	3 573	2 424	1 349
	III	5 896	5 251	5 251	III	4 768	3 676	2 622	1 604	720	28
	V	15 802	5 251	5 251	IV	9 572	8 827	8 100	7 391	6 701	6 028
	VI	16 321	5 251	5 251							
57 275,99	I,IV	10 346	5 255	5 255	I	8 837	7 401	6 038	4 747	3 529	2 383
	II	8 903	5 255	5 255	II	7 463	6 097	4 802	3 581	2 432	1 356
	III	5 904	5 255	5 255	III	4 776	3 684	2 630	1 612	726	32
	V	15 815	5 255	5 255	IV	9 582	8 837	8 110	7 401	6 710	6 038
	VI	16 334	5 255	5 255							
57 311,99	I,IV	10 357	5 258	5 258	I	8 848	7 411	6 047	4 756	3 537	2 391
	II	8 913	5 258	5 258	II	7 473	6 106	4 811	3 589	2 440	1 363
	III	5 912	5 258	5 258	III	4 784	3 692	2 636	1 618	732	36
	V	15 827	5 258	5 258	IV	9 593	8 848	8 120	7 411	6 720	6 047
	VI	16 346	5 258	5 258							
57 347,99	I,IV	10 368	5 261	5 261	I	8 858	7 421	6 056	4 764	3 545	2 399
	II	8 923	5 261	5 261	II	7 483	6 115	4 820	3 598	2 448	1 371
	III	5 920	5 261	5 261	III	4 792	3 700	2 644	1 626	738	40
	V	15 839	5 261	5 261	IV	9 604	8 858	8 130	7 421	6 729	6 056
	VI	16 359	5 261	5 261							
57 383,99	I,IV	10 379	5 264	5 264	I	8 868	7 431	6 066	4 773	3 554	2 406
	II	8 934	5 264	5 264	II	7 493	6 125	4 829	3 606	2 456	1 378
	III	5 928	5 264	5 264	III	4 800	3 706	2 652	1 632	744	46
	V	15 852	5 264	5 264	IV	9 614	8 868	8 141	7 431	6 739	6 066
	VI	16 371	5 264	5 264							
57 419,99	I,IV	10 390	5 268	5 268	I	8 879	7 441	6 075	4 782	3 562	2 414
	II	8 944	5 268	5 268	II	7 503	6 134	4 838	3 615	2 464	1 386
	III	5 936	5 268	5 268	III	4 808	3 714	2 658	1 640	748	50
	V	15 865	5 268	5 268	IV	9 625	8 879	8 151	7 441	6 749	6 075
	VI	16 384	5 268	5 268							
57 455,99	I,IV	10 401	5 271	5 271	I	8 890	7 451	6 085	4 791	3 571	2 422
	II	8 955	5 271	5 271	II	7 513	6 144	4 847	3 623	2 472	1 393
	III	5 944	5 271	5 271	III	4 816	3 722	2 666	1 646	754	54
	V	15 877	5 271	5 271	IV	9 636	8 890	8 161	7 451	6 759	6 085
	VI	16 396	5 271	5 271							

* Zur LSt-Berechnung für privat versicherte Arbeitnehmer s. Beispiele **Vorbemerkung S. 4f.**
** Basisvorsorgepauschale KV und PV *** Typisierter Arbeitgeberzuschuss

aT2 allgemeine Lohnsteuer

Lohn/Gehalt in € bis	Steuerklasse	Lohnsteuer*	BVSP**	TAGZ***	Steuerklasse	Bemessungsgrundlage für Kirchensteuer und Solidaritätszuschlag Freibeträge für ... Kinder					
						0,5	1,0	1,5	2,0	2,5	3,0
57491,99	I,IV	10412	5274	5274	I	8900	7461	6094	4800	3579	2430
	II	8965	5274	5274	II	7523	6153	4856	3631	2479	1400
	III	5952	5274	5274	III	4824	3730	2674	1654	760	58
	V	15889	5274	5274	IV	9647	8900	8171	7461	6768	6094
	VI	16409	5274	5274							
57527,99	I,IV	10423	5278	5278	I	8910	7471	6104	4809	3587	2438
	II	8976	5278	5278	II	7533	6163	4865	3640	2487	1408
	III	5960	5278	5278	III	4830	3738	2680	1660	766	62
	V	15902	5278	5278	IV	9657	8910	8181	7471	6778	6104
	VI	16421	5278	5278							
57563,99	I,IV	10434	5281	5281	I	8921	7481	6113	4818	3596	2446
	II	8986	5281	5281	II	7543	6172	4874	3648	2495	1415
	III	5968	5281	5281	III	4838	3746	2688	1668	772	66
	V	15915	5281	5281	IV	9668	8921	8192	7481	6788	6113
	VI	16434	5281	5281							
57599,99	I,IV	10445	5284	5284	I	8931	7491	6123	4827	3604	2454
	II	8997	5284	5284	II	7553	6182	4883	3657	2503	1423
	III	5976	5284	5284	III	4846	3754	2696	1674	778	72
	V	15927	5284	5284	IV	9679	8931	8202	7491	6798	6123
	VI	16446	5284	5284							
57635,99	I,IV	10455	5288	5288	I	8942	7500	6132	4836	3612	2462
	II	9007	5288	5288	II	7563	6191	4892	3665	2511	1430
	III	5984	5288	5288	III	4854	3760	2702	1682	782	76
	V	15939	5288	5288	IV	9689	8942	8212	7500	6807	6132
	VI	16459	5288	5288							
57671,99	I,IV	10467	5291	5291	I	8952	7510	6141	4845	3621	2470
	II	9018	5291	5291	II	7573	6200	4901	3674	2519	1437
	III	5992	5291	5291	III	4862	3768	2710	1688	788	80
	V	15952	5291	5291	IV	9700	8952	8222	7510	6817	6141
	VI	16471	5291	5291							
57707,99	I,IV	10478	5294	5294	I	8963	7520	6151	4854	3629	2478
	II	9028	5294	5294	II	7583	6210	4910	3682	2527	1445
	III	6002	5294	5294	III	4870	3776	2718	1696	794	84
	V	15965	5294	5294	IV	9711	8963	8233	7520	6827	6151
	VI	16484	5294	5294							
57743,99	I,IV	10489	5298	5298	I	8973	7531	6160	4863	3638	2486
	II	9039	5298	5298	II	7593	6220	4919	3691	2535	1452
	III	6010	5298	5298	III	4878	3784	2724	1702	800	88
	V	15977	5298	5298	IV	9722	8973	8243	7531	6836	6160
	VI	16496	5298	5298							
57779,99	I,IV	10499	5301	5301	I	8984	7540	6170	4872	3646	2493
	II	9049	5301	5301	II	7603	6229	4928	3699	2543	1459
	III	6018	5301	5301	III	4886	3792	2732	1710	806	92
	V	15989	5301	5301	IV	9732	8984	8253	7540	6846	6170
	VI	16509	5301	5301							
57815,99	I,IV	10511	5304	5304	I	8994	7550	6179	4881	3655	2501
	II	9060	5304	5304	II	7613	6238	4937	3707	2551	1467
	III	6026	5304	5304	III	4894	3798	2740	1718	812	98
	V	16002	5304	5304	IV	9743	8994	8263	7550	6856	6179
	VI	16521	5304	5304							
57851,99	I,IV	10522	5307	5307	I	9005	7560	6189	4890	3663	2509
	II	9070	5307	5307	II	7623	6248	4946	3716	2559	1474
	III	6034	5307	5307	III	4902	3806	2748	1724	818	102
	V	16015	5307	5307	IV	9754	9005	8274	7560	6865	6189
	VI	16534	5307	5307							
57887,99	I,IV	10533	5311	5311	I	9015	7570	6198	4899	3672	2517
	II	9081	5311	5311	II	7633	6258	4955	3725	2567	1482
	III	6042	5311	5311	III	4910	3814	2754	1732	824	106
	V	16027	5311	5311	IV	9765	9015	8284	7570	6875	6198
	VI	16546	5311	5311							

* Zur LSt-Berechnung für privat versicherte Arbeitnehmer s. Beispiele **Vorbemerkung S. 4 f.**
** Basisvorsorgepauschale KV und PV   *** Typisierter Arbeitgeberzuschuss

Jahr gültig ab 1. 1. 2022 (idF des StEntlG 2022) **aT2**

Lohn/Gehalt in € bis	Steuerklasse	Lohn-steuer*	BVSP**	TAGZ***	Steuerklasse	Bemessungsgrundlage für Kirchensteuer und Solidaritätszuschlag					
						Freibeträge für ... Kinder					
						0,5	1,0	1,5	2,0	2,5	3,0
57 923,99	I,IV	10 544	5 314	5 314	I	9 026	7 580	6 207	4 907	3 680	2 525
	II	9 091	5 314	5 314	II	7 643	6 267	4 964	3 733	2 575	1 489
	III	6 050	5 314	5 314	III	4 918	3 822	2 762	1 738	828	110
	V	16 039	5 314	5 314	IV	9 775	9 026	8 294	7 580	6 885	6 207
	VI	16 558	5 314	5 314							
57 959,99	I,IV	10 555	5 317	5 317	I	9 036	7 590	6 217	4 916	3 688	2 533
	II	9 102	5 317	5 317	II	7 653	6 276	4 973	3 741	2 583	1 497
	III	6 058	5 317	5 317	III	4 926	3 830	2 770	1 746	834	114
	V	16 052	5 317	5 317	IV	9 786	9 036	8 304	7 590	6 895	6 217
	VI	16 571	5 317	5 317							
57 995,99	I,IV	10 566	5 321	5 321	I	9 047	7 600	6 227	4 925	3 697	2 541
	II	9 113	5 321	5 321	II	7 663	6 286	4 982	3 750	2 591	1 504
	III	6 066	5 321	5 321	III	4 934	3 836	2 776	1 752	840	120
	V	16 065	5 321	5 321	IV	9 797	9 047	8 315	7 600	6 904	6 227
	VI	16 584	5 321	5 321							
58 031,99	I,IV	10 577	5 324	5 324	I	9 057	7 610	6 236	4 935	3 705	2 549
	II	9 123	5 324	5 324	II	7 673	6 296	4 991	3 758	2 599	1 512
	III	6 074	5 324	5 324	III	4 942	3 844	2 784	1 760	846	124
	V	16 077	5 324	5 324	IV	9 808	9 057	8 325	7 610	6 914	6 236
	VI	16 596	5 324	5 324							
58 067,99	I,IV	10 588	5 326	5 326	I	9 068	7 621	6 246	4 944	3 714	2 557
	II	9 134	5 326	5 326	II	7 684	6 306	5 000	3 767	2 607	1 520
	III	6 084	5 326	5 326	III	4 950	3 852	2 792	1 768	852	128
	V	16 090	5 326	5 326	IV	9 819	9 068	8 336	7 621	6 924	6 246
	VI	16 609	5 326	5 326							
58 103,99	I,IV	10 601	5 326	5 326	I	9 080	7 632	6 257	4 954	3 724	2 566
	II	9 146	5 326	5 326	II	7 695	6 316	5 010	3 777	2 616	1 528
	III	6 092	5 326	5 326	III	4 958	3 860	2 800	1 776	858	134
	V	16 104	5 326	5 326	IV	9 831	9 080	8 347	7 632	6 935	6 257
	VI	16 623	5 326	5 326							
58 139,99	I,IV	10 613	5 326	5 326	I	9 092	7 643	6 267	4 964	3 733	2 575
	II	9 158	5 326	5 326	II	7 706	6 327	5 020	3 786	2 625	1 536
	III	6 102	5 326	5 326	III	4 968	3 870	2 808	1 784	866	138
	V	16 118	5 326	5 326	IV	9 843	9 092	8 358	7 643	6 946	6 267
	VI	16 637	5 326	5 326							
58 175,99	I,IV	10 625	5 326	5 326	I	9 103	7 654	6 278	4 974	3 742	2 584
	II	9 169	5 326	5 326	II	7 717	6 337	5 030	3 796	2 634	1 544
	III	6 110	5 326	5 326	III	4 976	3 878	2 816	1 790	872	144
	V	16 132	5 326	5 326	IV	9 855	9 103	8 370	7 654	6 957	6 278
	VI	16 651	5 326	5 326							
58 211,99	I,IV	10 637	5 326	5 326	I	9 115	7 665	6 288	4 984	3 752	2 593
	II	9 181	5 326	5 326	II	7 728	6 348	5 040	3 805	2 642	1 553
	III	6 120	5 326	5 326	III	4 986	3 886	2 824	1 800	878	148
	V	16 146	5 326	5 326	IV	9 867	9 115	8 381	7 665	6 968	6 288
	VI	16 665	5 326	5 326							
58 247,99	I,IV	10 650	5 326	5 326	I	9 127	7 676	6 299	4 994	3 761	2 601
	II	9 193	5 326	5 326	II	7 739	6 358	5 050	3 814	2 651	1 561
	III	6 128	5 326	5 326	III	4 994	3 894	2 832	1 806	884	154
	V	16 159	5 326	5 326	IV	9 879	9 127	8 393	7 676	6 979	6 299
	VI	16 679	5 326	5 326							
58 283,99	I,IV	10 662	5 326	5 326	I	9 138	7 688	6 309	5 004	3 771	2 610
	II	9 205	5 326	5 326	II	7 750	6 369	5 060	3 824	2 660	1 569
	III	6 138	5 326	5 326	III	5 002	3 904	2 842	1 814	892	158
	V	16 173	5 326	5 326	IV	9 891	9 138	8 404	7 688	6 989	6 309
	VI	16 692	5 326	5 326							
58 319,99	I,IV	10 675	5 326	5 326	I	9 151	7 699	6 320	5 014	3 780	2 619
	II	9 217	5 326	5 326	II	7 762	6 380	5 070	3 834	2 669	1 578
	III	6 148	5 326	5 326	III	5 012	3 912	2 850	1 824	898	164
	V	16 188	5 326	5 326	IV	9 904	9 151	8 416	7 699	7 001	6 320
	VI	16 707	5 326	5 326							

* Zur LSt-Berechnung für privat versicherte Arbeitnehmer s. Beispiele **Vorbemerkung S. 4 f.**
** Basisvorsorgepauschale KV und PV   *** Typisierter Arbeitgeberzuschuss

aT2 allgemeine Lohnsteuer

Lohn/ Gehalt in € bis	Steuerklasse	Lohn-steuer*	BVSP**	TAGZ***	Steuerklasse	Bemessungsgrundlage für Kirchensteuer und Solidaritätszuschlag Freibeträge für ... Kinder					
						0,5	1,0	1,5	2,0	2,5	3,0
58 355,99	I,IV	10 687	5 326	5 326	I	9 162	7 710	6 331	5 024	3 790	2 628
	II	9 228	5 326	5 326	II	7 773	6 390	5 080	3 843	2 678	1 586
	III	6 156	5 326	5 326	III	5 020	3 920	2 858	1 830	904	168
	V	16 201	5 326	5 326	IV	9 916	9 162	8 427	7 710	7 011	6 331
	VI	16 721	5 326	5 326							
58 391,99	I,IV	10 699	5 326	5 326	I	9 174	7 721	6 341	5 034	3 799	2 637
	II	9 240	5 326	5 326	II	7 784	6 401	5 090	3 852	2 687	1 594
	III	6 166	5 326	5 326	III	5 030	3 930	2 866	1 838	910	174
	V	16 215	5 326	5 326	IV	9 928	9 174	8 439	7 721	7 022	6 341
	VI	16 734	5 326	5 326							
58 427,99	I,IV	10 711	5 326	5 326	I	9 186	7 733	6 352	5 044	3 809	2 646
	II	9 252	5 326	5 326	II	7 795	6 412	5 100	3 862	2 696	1 603
	III	6 174	5 326	5 326	III	5 038	3 938	2 874	1 846	918	178
	V	16 229	5 326	5 326	IV	9 940	9 186	8 450	7 733	7 033	6 352
	VI	16 748	5 326	5 326							
58 463,99	I,IV	10 724	5 326	5 326	I	9 197	7 744	6 363	5 054	3 818	2 655
	II	9 264	5 326	5 326	II	7 807	6 422	5 111	3 871	2 705	1 611
	III	6 184	5 326	5 326	III	5 046	3 946	2 882	1 854	924	184
	V	16 243	5 326	5 326	IV	9 952	9 197	8 461	7 744	7 044	6 363
	VI	16 762	5 326	5 326							
58 499,99	I,IV	10 736	5 326	5 326	I	9 209	7 755	6 373	5 064	3 828	2 664
	II	9 275	5 326	5 326	II	7 818	6 433	5 121	3 881	2 714	1 619
	III	6 192	5 326	5 326	III	5 056	3 954	2 890	1 862	930	188
	V	16 257	5 326	5 326	IV	9 964	9 209	8 473	7 755	7 055	6 373
	VI	16 776	5 326	5 326							
58 535,99	I,IV	10 748	5 326	5 326	I	9 221	7 766	6 384	5 074	3 837	2 673
	II	9 287	5 326	5 326	II	7 829	6 443	5 131	3 890	2 723	1 628
	III	6 202	5 326	5 326	III	5 064	3 964	2 900	1 870	938	194
	V	16 271	5 326	5 326	IV	9 976	9 221	8 484	7 766	7 066	6 384
	VI	16 790	5 326	5 326							
58 571,99	I,IV	10 761	5 326	5 326	I	9 233	7 777	6 394	5 084	3 846	2 681
	II	9 299	5 326	5 326	II	7 840	6 454	5 141	3 900	2 732	1 636
	III	6 210	5 326	5 326	III	5 072	3 972	2 906	1 878	944	198
	V	16 285	5 326	5 326	IV	9 988	9 233	8 496	7 777	7 077	6 394
	VI	16 804	5 326	5 326							
58 607,99	I,IV	10 773	5 326	5 326	I	9 244	7 788	6 405	5 094	3 856	2 690
	II	9 311	5 326	5 326	II	7 851	6 465	5 151	3 909	2 741	1 644
	III	6 220	5 326	5 326	III	5 082	3 980	2 916	1 886	950	204
	V	16 299	5 326	5 326	IV	10 000	9 244	8 507	7 788	7 088	6 405
	VI	16 818	5 326	5 326							
58 643,99	I,IV	10 785	5 326	5 326	I	9 256	7 799	6 415	5 104	3 865	2 699
	II	9 322	5 326	5 326	II	7 863	6 475	5 161	3 919	2 749	1 653
	III	6 228	5 326	5 326	III	5 090	3 988	2 924	1 894	956	210
	V	16 312	5 326	5 326	IV	10 012	9 256	8 519	7 799	7 098	6 415
	VI	16 831	5 326	5 326							
58 679,99	I,IV	10 798	5 326	5 326	I	9 268	7 811	6 426	5 114	3 875	2 708
	II	9 334	5 326	5 326	II	7 874	6 486	5 171	3 928	2 758	1 661
	III	6 238	5 326	5 326	III	5 100	3 998	2 932	1 902	964	214
	V	16 326	5 326	5 326	IV	10 024	9 268	8 530	7 811	7 109	6 426
	VI	16 845	5 326	5 326							
58 715,99	I,IV	10 810	5 326	5 326	I	9 280	7 822	6 437	5 124	3 884	2 717
	II	9 346	5 326	5 326	II	7 885	6 497	5 181	3 938	2 767	1 669
	III	6 246	5 326	5 326	III	5 108	4 006	2 940	1 910	970	220
	V	16 340	5 326	5 326	IV	10 036	9 280	8 542	7 822	7 120	6 437
	VI	16 859	5 326	5 326							
58 751,99	I,IV	10 822	5 326	5 326	I	9 291	7 833	6 447	5 134	3 894	2 726
	II	9 358	5 326	5 326	II	7 896	6 507	5 191	3 947	2 776	1 678
	III	6 256	5 326	5 326	III	5 118	4 014	2 948	1 918	978	224
	V	16 354	5 326	5 326	IV	10 048	9 291	8 553	7 833	7 131	6 447
	VI	16 873	5 326	5 326							

* Zur LSt-Berechnung für privat versicherte Arbeitnehmer s. Beispiele **Vorbemerkung S. 4 f.**
** Basisvorsorgepauschale KV und PV   *** Typisierter Arbeitgeberzuschuss

Jahr gültig ab 1. 1. 2022 (idF des StEntlG 2022) — aT2

Lohn/Gehalt in € bis	Steuerklasse	Lohnsteuer*	BVSP**	TAGZ***	Steuerklasse	Bemessungsgrundlage für Kirchensteuer und Solidaritätszuschlag Freibeträge für ... Kinder					
						0,5	1,0	1,5	2,0	2,5	3,0
58 787,99	I,IV	10 835	5 326	5 326	I	9 303	7 844	6 458	5 144	3 903	2 735
	II	9 369	5 326	5 326	II	7 907	6 518	5 201	3 957	2 785	1 686
	III	6 266	5 326	5 326	III	5 126	4 022	2 956	1 926	984	230
	V	16 368	5 326	5 326	IV	10 060	9 303	8 565	7 844	7 142	6 458
	VI	16 887	5 326	5 326							
58 823,99	I,IV	10 847	5 326	5 326	I	9 315	7 855	6 469	5 154	3 913	2 744
	II	9 381	5 326	5 326	II	7 919	6 529	5 211	3 966	2 794	1 694
	III	6 274	5 326	5 326	III	5 134	4 032	2 964	1 934	990	236
	V	16 382	5 326	5 326	IV	10 072	9 315	8 576	7 855	7 153	6 469
	VI	16 901	5 326	5 326							
58 859,99	I,IV	10 859	5 326	5 326	I	9 327	7 867	6 479	5 164	3 922	2 753
	II	9 393	5 326	5 326	II	7 930	6 539	5 221	3 976	2 803	1 703
	III	6 284	5 326	5 326	III	5 144	4 040	2 972	1 942	996	240
	V	16 396	5 326	5 326	IV	10 084	9 327	8 588	7 867	7 164	6 479
	VI	16 915	5 326	5 326							
58 895,99	I,IV	10 872	5 326	5 326	I	9 338	7 878	6 490	5 174	3 932	2 762
	II	9 405	5 326	5 326	II	7 941	6 550	5 231	3 985	2 812	1 711
	III	6 292	5 326	5 326	III	5 152	4 048	2 982	1 950	1 004	246
	V	16 409	5 326	5 326	IV	10 096	9 338	8 599	7 878	7 175	6 490
	VI	16 929	5 326	5 326							
58 931,99	I,IV	10 884	5 326	5 326	I	9 350	7 889	6 500	5 185	3 941	2 771
	II	9 417	5 326	5 326	II	7 952	6 561	5 241	3 995	2 821	1 720
	III	6 302	5 326	5 326	III	5 162	4 058	2 990	1 958	1 010	250
	V	16 423	5 326	5 326	IV	10 108	9 350	8 611	7 889	7 186	6 500
	VI	16 942	5 326	5 326							
58 967,99	I,IV	10 896	5 326	5 326	I	9 362	7 900	6 511	5 195	3 951	2 779
	II	9 429	5 326	5 326	II	7 964	6 571	5 251	4 004	2 830	1 728
	III	6 310	5 326	5 326	III	5 170	4 066	2 998	1 966	1 018	256
	V	16 437	5 326	5 326	IV	10 120	9 362	8 622	7 900	7 197	6 511
	VI	16 956	5 326	5 326							
59 003,99	I,IV	10 909	5 326	5 326	I	9 374	7 912	6 522	5 205	3 961	2 789
	II	9 441	5 326	5 326	II	7 975	6 582	5 262	4 014	2 839	1 737
	III	6 320	5 326	5 326	III	5 180	4 074	3 006	1 974	1 024	262
	V	16 451	5 326	5 326	IV	10 133	9 374	8 634	7 912	7 208	6 522
	VI	16 971	5 326	5 326							
59 039,99	I,IV	10 921	5 326	5 326	I	9 386	7 923	6 533	5 215	3 970	2 798
	II	9 452	5 326	5 326	II	7 986	6 593	5 272	4 024	2 848	1 745
	III	6 330	5 326	5 326	III	5 188	4 084	3 014	1 982	1 030	266
	V	16 465	5 326	5 326	IV	10 145	9 386	8 645	7 923	7 219	6 533
	VI	16 984	5 326	5 326							
59 075,99	I,IV	10 934	5 326	5 326	I	9 398	7 934	6 543	5 225	3 980	2 807
	II	9 464	5 326	5 326	II	7 998	6 604	5 282	4 033	2 857	1 753
	III	6 338	5 326	5 326	III	5 198	4 092	3 024	1 990	1 038	272
	V	16 479	5 326	5 326	IV	10 157	9 398	8 657	7 934	7 230	6 543
	VI	16 998	5 326	5 326							
59 111,99	I,IV	10 946	5 326	5 326	I	9 410	7 945	6 554	5 235	3 989	2 815
	II	9 476	5 326	5 326	II	8 009	6 614	5 292	4 043	2 866	1 762
	III	6 348	5 326	5 326	III	5 206	4 100	3 032	1 998	1 044	276
	V	16 493	5 326	5 326	IV	10 169	9 410	8 668	7 945	7 241	6 554
	VI	17 012	5 326	5 326							
59 147,99	I,IV	10 959	5 326	5 326	I	9 421	7 957	6 565	5 245	3 999	2 824
	II	9 488	5 326	5 326	II	8 020	6 625	5 302	4 052	2 875	1 770
	III	6 356	5 326	5 326	III	5 214	4 108	3 040	2 006	1 052	282
	V	16 507	5 326	5 326	IV	10 181	9 421	8 680	7 957	7 252	6 565
	VI	17 026	5 326	5 326							
59 183,99	I,IV	10 971	5 326	5 326	I	9 433	7 968	6 575	5 255	4 008	2 833
	II	9 500	5 326	5 326	II	8 031	6 636	5 312	4 062	2 884	1 779
	III	6 366	5 326	5 326	III	5 224	4 118	3 048	2 014	1 058	288
	V	16 521	5 326	5 326	IV	10 193	9 433	8 691	7 968	7 263	6 575
	VI	17 040	5 326	5 326							

* Zur LSt-Berechnung für privat versicherte Arbeitnehmer s. Beispiele **Vorbemerkung S. 4f.**
** Basisvorsorgepauschale KV und PV *** Typisierter Arbeitgeberzuschuss

aT2　　　　　　　　　　　　　　　　　　　　　　　allgemeine Lohnsteuer

Lohn/Gehalt in € bis	Steuerklasse	Lohnsteuer*	BVSP**	TAGZ***	Steuerklasse	Bemessungsgrundlage für Kirchensteuer und Solidaritätszuschlag Freibeträge für ... Kinder					
						0,5	1,0	1,5	2,0	2,5	3,0
59 219,99	I,IV	10 983	5 326	5 326	I	9 445	7 979	6 586	5 266	4 018	2 842
	II	9 512	5 326	5 326	II	8 043	6 646	5 323	4 071	2 893	1 787
	III	6 376	5 326	5 326	III	5 232	4 126	3 056	2 022	1 066	294
	V	16 535	5 326	5 326	IV	10 205	9 445	8 703	7 979	7 274	6 586
	VI	17 054	5 326								
59 255,99	I,IV	10 996	5 326	5 326	I	9 457	7 990	6 597	5 276	4 027	2 851
	II	9 524	5 326	5 326	II	8 054	6 657	5 333	4 081	2 902	1 795
	III	6 384	5 326	5 326	III	5 240	4 134	3 064	2 030	1 072	298
	V	16 548	5 326	5 326	IV	10 217	9 457	8 715	7 990	7 285	6 597
	VI	17 068	5 326								
59 291,99	I,IV	11 008	5 326	5 326	I	9 469	8 002	6 607	5 286	4 037	2 860
	II	9 535	5 326	5 326	II	8 065	6 668	5 343	4 091	2 911	1 804
	III	6 394	5 326	5 326	III	5 250	4 144	3 072	2 038	1 078	304
	V	16 562	5 326	5 326	IV	10 229	9 469	8 726	8 002	7 295	6 607
	VI	17 081	5 326								
59 327,99	I,IV	11 021	5 326	5 326	I	9 480	8 013	6 618	5 296	4 046	2 869
	II	9 547	5 326	5 326	II	8 077	6 678	5 353	4 100	2 920	1 812
	III	6 402	5 326	5 326	III	5 258	4 152	3 080	2 046	1 086	308
	V	16 576	5 326	5 326	IV	10 241	9 480	8 738	8 013	7 306	6 618
	VI	17 095	5 326								
59 363,99	I,IV	11 033	5 326	5 326	I	9 492	8 024	6 629	5 306	4 056	2 878
	II	9 559	5 326	5 326	II	8 088	6 689	5 363	4 110	2 929	1 821
	III	6 412	5 326	5 326	III	5 268	4 160	3 090	2 054	1 092	314
	V	16 590	5 326	5 326	IV	10 254	9 492	8 749	8 024	7 317	6 629
	VI	17 109	5 326								
59 399,99	I,IV	11 045	5 326	5 326	I	9 504	8 035	6 639	5 316	4 065	2 887
	II	9 571	5 326	5 326	II	8 099	6 700	5 373	4 119	2 938	1 829
	III	6 420	5 326	5 326	III	5 276	4 168	3 098	2 062	1 100	320
	V	16 604	5 326	5 326	IV	10 266	9 504	8 761	8 035	7 328	6 639
	VI	17 123	5 326								
59 435,99	I,IV	11 058	5 326	5 326	I	9 516	8 047	6 650	5 326	4 075	2 896
	II	9 583	5 326	5 326	II	8 110	6 711	5 383	4 129	2 947	1 838
	III	6 430	5 326	5 326	III	5 286	4 178	3 106	2 070	1 106	326
	V	16 618	5 326	5 326	IV	10 278	9 516	8 772	8 047	7 339	6 650
	VI	17 137	5 326								
59 471,99	I,IV	11 070	5 326	5 326	I	9 528	8 058	6 661	5 336	4 084	2 905
	II	9 595	5 326	5 326	II	8 122	6 721	5 394	4 138	2 956	1 846
	III	6 438	5 326	5 326	III	5 294	4 186	3 114	2 078	1 112	330
	V	16 632	5 326	5 326	IV	10 290	9 528	8 784	8 058	7 350	6 661
	VI	17 151	5 326								
59 507,99	I,IV	11 083	5 326	5 326	I	9 540	8 069	6 672	5 347	4 094	2 914
	II	9 607	5 326	5 326	II	8 133	6 732	5 404	4 148	2 965	1 855
	III	6 448	5 326	5 326	III	5 304	4 194	3 122	2 086	1 120	336
	V	16 645	5 326	5 326	IV	10 302	9 540	8 795	8 069	7 361	6 672
	VI	17 165	5 326								
59 543,99	I,IV	11 095	5 326	5 326	I	9 552	8 081	6 682	5 357	4 104	2 923
	II	9 618	5 326	5 326	II	8 144	6 743	5 414	4 158	2 974	1 863
	III	6 458	5 326	5 326	III	5 312	4 202	3 130	2 094	1 126	342
	V	16 659	5 326	5 326	IV	10 314	9 552	8 807	8 081	7 372	6 682
	VI	17 178	5 326								
59 579,99	I,IV	11 107	5 326	5 326	I	9 563	8 092	6 693	5 367	4 113	2 932
	II	9 630	5 326	5 326	II	8 156	6 754	5 424	4 167	2 983	1 871
	III	6 466	5 326	5 326	III	5 320	4 212	3 138	2 102	1 134	346
	V	16 673	5 326	5 326	IV	10 326	9 563	8 819	8 092	7 383	6 693
	VI	17 192	5 326								
59 615,99	I,IV	11 120	5 326	5 326	I	9 575	8 103	6 704	5 377	4 123	2 941
	II	9 642	5 326	5 326	II	8 167	6 764	5 434	4 177	2 992	1 880
	III	6 476	5 326	5 326	III	5 330	4 220	3 148	2 110	1 140	352
	V	16 687	5 326	5 326	IV	10 339	9 575	8 830	8 103	7 394	6 704
	VI	17 206	5 326								

* Zur LSt-Berechnung für privat versicherte Arbeitnehmer s. Beispiele **Vorbemerkung S. 4f.**
** Basisvorsorgepauschale KV und PV　　*** Typisierter Arbeitgeberzuschuss

Jahr gültig ab 1. 1. 2022 (idF des StEntlG 2022) — aT2

Lohn/Gehalt in € bis	Steuerklasse	Lohnsteuer*	BVSP**	TAGZ***	Steuerklasse	Bemessungsgrundlage für Kirchensteuer und Solidaritätszuschlag Freibeträge für ... Kinder					
						0,5	1,0	1,5	2,0	2,5	3,0
59 651,99	I,IV	11 133	5 326	5 326	I	9 587	8 115	6 715	5 387	4 133	2 950
	II	9 654	5 326	5 326	II	8 179	6 775	5 445	4 187	3 001	1 889
	III	6 484	5 326	5 326	III	5 338	4 230	3 156	2 118	1 148	358
	V	16 701	5 326	5 326	IV	10 351	9 587	8 842	8 115	7 406	6 715
	VI	17 220	5 326	5 326							
59 687,99	I,IV	11 145	5 326	5 326	I	9 599	8 126	6 726	5 398	4 142	2 959
	II	9 666	5 326	5 326	II	8 190	6 786	5 455	4 196	3 010	1 897
	III	6 494	5 326	5 326	III	5 348	4 238	3 164	2 126	1 156	364
	V	16 715	5 326	5 326	IV	10 363	9 599	8 854	8 126	7 417	6 726
	VI	17 234	5 326	5 326							
59 723,99	I,IV	11 158	5 326	5 326	I	9 611	8 137	6 736	5 408	4 152	2 969
	II	9 678	5 326	5 326	II	8 201	6 797	5 465	4 206	3 019	1 906
	III	6 504	5 326	5 326	III	5 356	4 246	3 172	2 134	1 162	368
	V	16 729	5 326	5 326	IV	10 375	9 611	8 865	8 137	7 428	6 736
	VI	17 248	5 326	5 326							
59 759,99	I,IV	11 170	5 326	5 326	I	9 623	8 149	6 747	5 418	4 161	2 978
	II	9 690	5 326	5 326	II	8 213	6 808	5 475	4 216	3 029	1 914
	III	6 512	5 326	5 326	III	5 366	4 256	3 180	2 142	1 170	374
	V	16 743	5 326	5 326	IV	10 388	9 623	8 877	8 149	7 439	6 747
	VI	17 262	5 326	5 326							
59 795,99	I,IV	11 183	5 326	5 326	I	9 635	8 160	6 758	5 428	4 171	2 987
	II	9 702	5 326	5 326	II	8 224	6 818	5 486	4 225	3 038	1 923
	III	6 522	5 326	5 326	III	5 374	4 264	3 188	2 150	1 176	380
	V	16 757	5 326	5 326	IV	10 400	9 635	8 888	8 160	7 450	6 758
	VI	17 276	5 326	5 326							
59 831,99	I,IV	11 195	5 326	5 326	I	9 647	8 171	6 769	5 438	4 181	2 996
	II	9 714	5 326	5 326	II	8 235	6 829	5 496	4 235	3 047	1 931
	III	6 530	5 326	5 326	III	5 384	4 272	3 198	2 158	1 184	386
	V	16 771	5 326	5 326	IV	10 412	9 647	8 900	8 171	7 461	6 769
	VI	17 290	5 326	5 326							
59 867,99	I,IV	11 207	5 326	5 326	I	9 659	8 183	6 779	5 448	4 190	3 005
	II	9 726	5 326	5 326	II	8 247	6 840	5 506	4 245	3 056	1 940
	III	6 540	5 326	5 326	III	5 392	4 280	3 206	2 166	1 190	390
	V	16 784	5 326	5 326	IV	10 424	9 659	8 912	8 183	7 472	6 779
	VI	17 304	5 326	5 326							
59 903,99	I,IV	11 220	5 326	5 326	I	9 671	8 194	6 790	5 459	4 200	3 014
	II	9 738	5 326	5 326	II	8 258	6 851	5 516	4 254	3 065	1 948
	III	6 550	5 326	5 326	III	5 402	4 290	3 214	2 174	1 198	396
	V	16 798	5 326	5 326	IV	10 436	9 671	8 923	8 194	7 483	6 790
	VI	17 317	5 326	5 326							
59 939,99	I,IV	11 232	5 326	5 326	I	9 683	8 205	6 801	5 469	4 209	3 023
	II	9 750	5 326	5 326	II	8 269	6 862	5 526	4 264	3 074	1 957
	III	6 558	5 326	5 326	III	5 410	4 298	3 222	2 182	1 204	402
	V	16 812	5 326	5 326	IV	10 448	9 683	8 935	8 205	7 494	6 801
	VI	17 331	5 326	5 326							
59 975,99	I,IV	11 245	5 326	5 326	I	9 695	8 217	6 812	5 479	4 219	3 032
	II	9 762	5 326	5 326	II	8 281	6 872	5 537	4 273	3 083	1 965
	III	6 568	5 326	5 326	III	5 418	4 306	3 230	2 190	1 212	408
	V	16 826	5 326	5 326	IV	10 461	9 695	8 947	8 217	7 505	6 812
	VI	17 345	5 326	5 326							
60 011,99	I,IV	11 257	5 326	5 326	I	9 706	8 228	6 822	5 489	4 229	3 041
	II	9 774	5 326	5 326	II	8 292	6 883	5 547	4 283	3 092	1 974
	III	6 576	5 326	5 326	III	5 428	4 316	3 238	2 198	1 218	412
	V	16 840	5 326	5 326	IV	10 473	9 706	8 958	8 228	7 516	6 822
	VI	17 359	5 326	5 326							
60 047,99	I,IV	11 270	5 326	5 326	I	9 718	8 239	6 833	5 499	4 238	3 050
	II	9 786	5 326	5 326	II	8 303	6 894	5 557	4 293	3 101	1 982
	III	6 586	5 326	5 326	III	5 436	4 324	3 248	2 208	1 226	418
	V	16 854	5 326	5 326	IV	10 485	9 718	8 970	8 239	7 527	6 833
	VI	17 373	5 326	5 326							

* Zur LSt-Berechnung für privat versicherte Arbeitnehmer s. Beispiele **Vorbemerkung S. 4 f.**
** Basisvorsorgepauschale KV und PV   *** Typisierter Arbeitgeberzuschuss

aT2 allgemeine Lohnsteuer

Lohn/Gehalt in € bis	Steuerklasse	Lohn-steuer*	BVSP**	TAGZ***	Steuerklasse	Bemessungsgrundlage für Kirchensteuer und Solidaritätszuschlag					
						Freibeträge für ... Kinder					
						0,5	1,0	1,5	2,0	2,5	3,0
60083,99	I,IV	11282	5326	5326	I	9730	8251	6844	5510	4248	3059
	II	9798	5326	5326	II	8315	6905	5567	4302	3110	1991
	III	6594	5326	5326	III	5446	4332	3256	2214	1232	424
	V	16868	5326	5326	IV	10497	9730	8981	8251	7538	6844
	VI	17387	5326								
60119,99	I,IV	11295	5326	5326	I	9742	8262	6855	5520	4258	3068
	II	9810	5326	5326	II	8326	6916	5578	4312	3119	1999
	III	6604	5326	5326	III	5454	4342	3264	2224	1240	430
	V	16881	5326	5326	IV	10509	9742	8993	8262	7549	6855
	VI	17401	5326								
60155,99	I,IV	11307	5326	5326	I	9754	8274	6865	5530	4267	3077
	II	9821	5326	5326	II	8338	6926	5588	4322	3128	2008
	III	6614	5326	5326	III	5464	4350	3272	2230	1246	436
	V	16895	5326	5326	IV	10522	9754	9005	8274	7560	6865
	VI	17414	5326								
60191,99	I,IV	11320	5326	5326	I	9766	8285	6876	5540	4277	3086
	II	9833	5326	5326	II	8349	6937	5598	4331	3137	2016
	III	6622	5326	5326	III	5472	4358	3280	2240	1254	442
	V	16909	5326	5326	IV	10534	9766	9016	8285	7571	6876
	VI	17428	5326								
60227,99	I,IV	11332	5326	5326	I	9778	8296	6887	5551	4287	3095
	II	9845	5326	5326	II	8360	6948	5608	4341	3147	2025
	III	6632	5326	5326	III	5482	4366	3288	2248	1260	446
	V	16923	5326	5326	IV	10546	9778	9028	8296	7583	6887
	VI	17442	5326								
60263,99	I,IV	11345	5326	5326	I	9790	8308	6898	5561	4296	3104
	II	9857	5326	5326	II	8372	6959	5619	4351	3156	2033
	III	6642	5326	5326	III	5490	4376	3298	2256	1268	452
	V	16937	5326	5326	IV	10558	9790	9040	8308	7594	6898
	VI	17456	5326								
60299,99	I,IV	11357	5326	5326	I	9802	8319	6909	5571	4306	3113
	II	9869	5326	5326	II	8383	6970	5629	4361	3165	2042
	III	6650	5326	5326	III	5498	4384	3306	2264	1276	458
	V	16951	5326	5326	IV	10571	9802	9051	8319	7605	6909
	VI	17470	5326								
60335,99	I,IV	11370	5326	5326	I	9814	8331	6920	5582	4316	3123
	II	9882	5326	5326	II	8395	6981	5639	4370	3174	2051
	III	6660	5326	5326	III	5508	4392	3314	2272	1282	464
	V	16965	5326	5326	IV	10583	9814	9063	8331	7616	6920
	VI	17484	5326								
60371,99	I,IV	11383	5326	5326	I	9826	8342	6931	5592	4326	3132
	II	9894	5326	5326	II	8406	6992	5650	4380	3183	2059
	III	6670	5326	5326	III	5518	4402	3322	2280	1290	470
	V	16979	5326	5326	IV	10595	9826	9075	8342	7627	6931
	VI	17498	5326								
60407,99	I,IV	11395	5326	5326	I	9838	8354	6941	5602	4335	3141
	II	9906	5326	5326	II	8418	7003	5660	4390	3192	2068
	III	6678	5326	5326	III	5526	4410	3330	2288	1298	476
	V	16993	5326	5326	IV	10608	9838	9087	8354	7638	6941
	VI	17512	5326								
60443,99	I,IV	11408	5326	5326	I	9850	8365	6952	5612	4345	3150
	II	9918	5326	5326	II	8429	7013	5670	4400	3202	2076
	III	6688	5326	5326	III	5536	4420	3340	2296	1304	482
	V	17007	5326	5326	IV	10620	9850	9098	8365	7650	6952
	VI	17526	5326								
60479,99	I,IV	11421	5326	5326	I	9862	8376	6963	5623	4355	3159
	II	9930	5326	5326	II	8441	7024	5680	4409	3211	2085
	III	6696	5326	5326	III	5544	4428	3348	2304	1312	486
	V	17020	5326	5326	IV	10632	9862	9110	8376	7661	6963
	VI	17540	5326								

* Zur LSt-Berechnung für privat versicherte Arbeitnehmer s. Beispiele **Vorbemerkung S. 4f.**
** Basisvorsorgepauschale KV und PV *** Typisierter Arbeitgeberzuschuss

Jahr gültig ab 1. 1. 2022 (idF des StEntlG 2022) — aT2

Lohn/Gehalt in € bis	Steuerklasse	Lohnsteuer*	BVSP**	TAGZ***	Steuerklasse	Bemessungsgrundlage für Kirchensteuer und Solidaritätszuschlag Freibeträge für ... Kinder					
						0,5	1,0	1,5	2,0	2,5	3,0
60515,99	I,IV	11433	5326	5326	I	9874	8388	6974	5633	4364	3168
	II	9942	5326	5326	II	8452	7035	5691	4419	3220	2093
	III	6706	5326	5326	III	5552	4436	3356	2312	1318	492
	V	17034	5326	5326	IV	10645	9874	9122	8388	7672	6974
	VI	17553	5326	5326							
60551,99	I,IV	11446	5326	5326	I	9886	8399	6985	5643	4374	3178
	II	9954	5326	5326	II	8464	7046	5701	4429	3229	2102
	III	6714	5326	5326	III	5562	4444	3364	2320	1326	498
	V	17048	5326	5326	IV	10657	9886	9134	8399	7683	6985
	VI	17567	5326	5326							
60587,99	I,IV	11458	5326	5326	I	9898	8411	6996	5653	4384	3187
	II	9966	5326	5326	II	8475	7057	5711	4438	3238	2111
	III	6724	5326	5326	III	5570	4454	3372	2328	1334	504
	V	17062	5326	5326	IV	10669	9898	9145	8411	7694	6996
	VI	17581	5326	5326							
60623,99	I,IV	11471	5326	5326	I	9910	8422	7007	5664	4393	3196
	II	9978	5326	5326	II	8486	7068	5722	4448	3247	2119
	III	6734	5326	5326	III	5580	4462	3380	2336	1340	510
	V	17076	5326	5326	IV	10681	9910	9157	8422	7705	7007
	VI	17595	5326	5326							
60659,99	I,IV	11483	5326	5326	I	9922	8433	7017	5674	4403	3205
	II	9990	5326	5326	II	8498	7079	5732	4458	3257	2128
	III	6742	5326	5326	III	5588	4470	3390	2344	1348	516
	V	17090	5326	5326	IV	10694	9922	9169	8433	7716	7017
	VI	17609	5326	5326							
60695,99	I,IV	11496	5326	5326	I	9934	8445	7028	5684	4413	3214
	II	10002	5326	5326	II	8509	7089	5742	4468	3266	2136
	III	6752	5326	5326	III	5598	4480	3398	2352	1356	522
	V	17104	5326	5326	IV	10706	9934	9180	8445	7727	7028
	VI	17623	5326	5326							
60731,99	I,IV	11508	5326	5326	I	9946	8456	7039	5695	4423	3223
	II	10014	5326	5326	II	8521	7100	5753	4477	3275	2145
	III	6762	5326	5326	III	5606	4488	3406	2360	1362	528
	V	17118	5326	5326	IV	10718	9946	9192	8456	7739	7039
	VI	17637	5326	5326							
60767,99	I,IV	11521	5326	5326	I	9958	8468	7050	5705	4432	3232
	II	10026	5326	5326	II	8532	7111	5763	4487	3284	2154
	III	6770	5326	5326	III	5616	4496	3414	2368	1370	532
	V	17131	5326	5326	IV	10730	9958	9204	8468	7750	7050
	VI	17650	5326	5326							
60803,99	I,IV	11534	5326	5326	I	9970	8479	7061	5715	4442	3242
	II	10038	5326	5326	II	8544	7122	5773	4497	3293	2162
	III	6780	5326	5326	III	5624	4506	3422	2376	1378	538
	V	17145	5326	5326	IV	10743	9970	9216	8479	7761	7061
	VI	17664	5326	5326							
60839,99	I,IV	11546	5326	5326	I	9982	8491	7072	5725	4452	3251
	II	10050	5326	5326	II	8555	7133	5784	4507	3302	2171
	III	6788	5326	5326	III	5634	4514	3432	2384	1384	544
	V	17159	5326	5326	IV	10755	9982	9227	8491	7772	7072
	VI	17678	5326	5326							
60875,99	I,IV	11559	5326	5326	I	9994	8502	7083	5736	4461	3260
	II	10062	5326	5326	II	8567	7144	5794	4516	3312	2179
	III	6798	5326	5326	III	5642	4522	3440	2392	1392	550
	V	17173	5326	5326	IV	10767	9994	9239	8502	7783	7083
	VI	17692	5326	5326							
60911,99	I,IV	11571	5326	5326	I	10006	8513	7093	5746	4471	3269
	II	10074	5326	5326	II	8578	7155	5804	4526	3321	2188
	III	6808	5326	5326	III	5652	4532	3448	2400	1400	556
	V	17187	5326	5326	IV	10780	10006	9251	8513	7794	7093
	VI	17706	5326	5326							

* Zur LSt-Berechnung für privat versicherte Arbeitnehmer s. Beispiele **Vorbemerkung S. 4f.**
** Basisvorsorgepauschale KV und PV *** Typisierter Arbeitgeberzuschuss

aT2

allgemeine Lohnsteuer

Lohn/ Gehalt in € bis	Steuerklasse	Lohn- steuer*	BVSP**	TAGZ***	Steuerklasse	Bemessungsgrundlage für Kirchensteuer und Solidaritätszuschlag Freibeträge für ... Kinder					
						0,5	1,0	1,5	2,0	2,5	3,0
60 947,99	I,IV	**11 584**	5 326	5 326	I	10 018	8 525	7 104	5 756	4 481	3 278
	II	**10 086**	5 326	5 326	II	8 590	7 166	5 815	4 536	3 330	2 197
	III	**6 816**	5 326	5 326	III	5 660	4 540	3 456	2 410	1 406	562
	V	**17 201**	5 326	5 326	IV	10 792	10 018	9 262	8 525	7 806	7 104
	VI	**17 720**	5 326	5 326							
60 983,99	I,IV	**11 597**	5 326	5 326	I	10 031	8 537	7 116	5 767	4 491	3 288
	II	**10 099**	5 326	5 326	II	8 601	7 177	5 825	4 546	3 340	2 206
	III	**6 826**	5 326	5 326	III	5 670	4 550	3 466	2 418	1 414	568
	V	**17 215**	5 326	5 326	IV	10 805	10 031	9 275	8 537	7 817	7 116
	VI	**17 734**	5 326	5 326							
61 019,99	I,IV	**11 610**	5 326	5 326	I	10 043	8 548	7 126	5 777	4 501	3 297
	II	**10 111**	5 326	5 326	II	8 613	7 188	5 836	4 556	3 349	2 214
	III	**6 836**	5 326	5 326	III	5 678	4 558	3 474	2 426	1 422	574
	V	**17 229**	5 326	5 326	IV	10 817	10 043	9 286	8 548	7 828	7 126
	VI	**17 748**	5 326	5 326							
61 055,99	I,IV	**11 622**	5 326	5 326	I	10 055	8 560	7 137	5 788	4 511	3 306
	II	**10 123**	5 326	5 326	II	8 624	7 199	5 846	4 566	3 358	2 223
	III	**6 844**	5 326	5 326	III	5 688	4 566	3 482	2 434	1 430	580
	V	**17 243**	5 326	5 326	IV	10 829	10 055	9 298	8 560	7 839	7 137
	VI	**17 762**	5 326	5 326							
61 091,99	I,IV	**11 635**	5 326	5 326	I	10 067	8 571	7 148	5 798	4 520	3 315
	II	**10 135**	5 326	5 326	II	8 636	7 210	5 856	4 575	3 367	2 232
	III	**6 854**	5 326	5 326	III	5 696	4 574	3 490	2 442	1 436	586
	V	**17 257**	5 326	5 326	IV	10 842	10 067	9 310	8 571	7 851	7 148
	VI	**17 776**	5 326	5 326							
61 127,99	I,IV	**11 648**	5 326	5 326	I	10 079	8 583	7 159	5 808	4 530	3 324
	II	**10 147**	5 326	5 326	II	8 647	7 221	5 867	4 585	3 376	2 240
	III	**6 864**	5 326	5 326	III	5 706	4 584	3 498	2 450	1 444	592
	V	**17 270**	5 326	5 326	IV	10 854	10 079	9 322	8 583	7 862	7 159
	VI	**17 790**	5 326	5 326							
61 163,99	I,IV	**11 660**	5 326	5 326	I	10 091	8 594	7 170	5 819	4 540	3 334
	II	**10 159**	5 326	5 326	II	8 659	7 232	5 877	4 595	3 386	2 249
	III	**6 872**	5 326	5 326	III	5 714	4 592	3 506	2 458	1 452	598
	V	**17 284**	5 326	5 326	IV	10 866	10 091	9 333	8 594	7 873	7 170
	VI	**17 803**	5 326	5 326							
61 199,99	I,IV	**11 673**	5 326	5 326	I	10 103	8 606	7 181	5 829	4 550	3 343
	II	**10 171**	5 326	5 326	II	8 671	7 243	5 887	4 605	3 395	2 257
	III	**6 882**	5 326	5 326	III	5 724	4 602	3 516	2 466	1 460	604
	V	**17 298**	5 326	5 326	IV	10 879	10 103	9 345	8 606	7 884	7 181
	VI	**17 817**	5 326	5 326							
61 235,99	I,IV	**11 685**	5 326	5 326	I	10 115	8 617	7 192	5 839	4 559	3 352
	II	**10 183**	5 326	5 326	II	8 682	7 254	5 898	4 615	3 404	2 266
	III	**6 890**	5 326	5 326	III	5 732	4 610	3 524	2 474	1 466	610
	V	**17 312**	5 326	5 326	IV	10 891	10 115	9 357	8 617	7 895	7 192
	VI	**17 831**	5 326	5 326							
61 271,99	I,IV	**11 698**	5 326	5 326	I	10 127	8 629	7 203	5 850	4 569	3 361
	II	**10 195**	5 326	5 326	II	8 694	7 265	5 908	4 624	3 413	2 275
	III	**6 900**	5 326	5 326	III	5 742	4 618	3 532	2 482	1 474	616
	V	**17 326**	5 326	5 326	IV	10 903	10 127	9 369	8 629	7 907	7 203
	VI	**17 845**	5 326	5 326							
61 307,99	I,IV	**11 711**	5 326	5 326	I	10 139	8 640	7 214	5 860	4 579	3 371
	II	**10 207**	5 326	5 326	II	8 705	7 276	5 919	4 634	3 423	2 283
	III	**6 910**	5 326	5 326	III	5 750	4 628	3 540	2 490	1 482	622
	V	**17 340**	5 326	5 326	IV	10 916	10 139	9 381	8 640	7 918	7 214
	VI	**17 859**	5 326	5 326							
61 343,99	I,IV	**11 723**	5 326	5 326	I	10 151	8 652	7 225	5 870	4 589	3 380
	II	**10 219**	5 326	5 326	II	8 717	7 287	5 929	4 644	3 432	2 292
	III	**6 918**	5 326	5 326	III	5 760	4 636	3 550	2 498	1 490	628
	V	**17 354**	5 326	5 326	IV	10 928	10 151	9 392	8 652	7 929	7 225
	VI	**17 873**	5 326	5 326							

* Zur LSt-Berechnung für privat versicherte Arbeitnehmer s. Beispiele **Vorbemerkung S. 4 f.**
** Basisvorsorgepauschale KV und PV *** Typisierter Arbeitgeberzuschuss

Jahr gültig ab 1. 1. 2022 (idF des StEntlG 2022) aT2

Lohn/Gehalt in € bis	Steuerklasse	Lohnsteuer*	BVSP**	TAGZ***	Steuerklasse	Bemessungsgrundlage für Kirchensteuer und Solidaritätszuschlag					
						Freibeträge für ... Kinder					
						0,5	1,0	1,5	2,0	2,5	3,0
61 379,99	I,IV	11 736	5 326	5 326	I	10 163	8 663	7 236	5 881	4 599	3 389
	II	10 232	5 326	5 326	II	8 728	7 297	5 939	4 654	3 441	2 301
	III	6 928	5 326	5 326	III	5 768	4 644	3 558	2 506	1 496	634
	V	17 367	5 326	5 326	IV	10 941	10 163	9 404	8 663	7 940	7 236
	VI	17 887	5 326	5 326							
61 415,99	I,IV	11 749	5 326	5 326	I	10 175	8 675	7 247	5 891	4 608	3 398
	II	10 244	5 326	5 326	II	8 740	7 308	5 950	4 664	3 450	2 310
	III	6 938	5 326	5 326	III	5 778	4 654	3 566	2 514	1 504	640
	V	17 381	5 326	5 326	IV	10 953	10 175	9 416	8 675	7 952	7 247
	VI	17 900	5 326	5 326							
61 451,99	I,IV	11 761	5 326	5 326	I	10 187	8 686	7 258	5 902	4 618	3 407
	II	10 256	5 326	5 326	II	8 751	7 319	5 960	4 674	3 460	2 318
	III	6 946	5 326	5 326	III	5 786	4 662	3 574	2 522	1 512	646
	V	17 395	5 326	5 326	IV	10 965	10 187	9 428	8 686	7 963	7 258
	VI	17 914	5 326	5 326							
61 487,99	I,IV	11 774	5 326	5 326	I	10 200	8 698	7 269	5 912	4 628	3 417
	II	10 268	5 326	5 326	II	8 763	7 330	5 971	4 683	3 469	2 327
	III	6 956	5 326	5 326	III	5 796	4 670	3 582	2 532	1 520	652
	V	17 409	5 326	5 326	IV	10 978	10 200	9 440	8 698	7 974	7 269
	VI	17 928	5 326	5 326							
61 523,99	I,IV	11 787	5 326	5 326	I	10 212	8 709	7 280	5 922	4 638	3 426
	II	10 280	5 326	5 326	II	8 774	7 341	5 981	4 693	3 478	2 336
	III	6 964	5 326	5 326	III	5 804	4 680	3 590	2 538	1 526	658
	V	17 423	5 326	5 326	IV	10 990	10 212	9 451	8 709	7 985	7 280
	VI	17 942	5 326	5 326							
61 559,99	I,IV	11 799	5 326	5 326	I	10 224	8 721	7 290	5 933	4 648	3 435
	II	10 292	5 326	5 326	II	8 786	7 352	5 991	4 703	3 487	2 344
	III	6 974	5 326	5 326	III	5 814	4 688	3 600	2 548	1 534	664
	V	17 437	5 326	5 326	IV	11 003	10 224	9 463	8 721	7 997	7 290
	VI	17 956	5 326	5 326							
61 595,99	I,IV	11 812	5 326	5 326	I	10 236	8 732	7 301	5 943	4 658	3 444
	II	10 304	5 326	5 326	II	8 798	7 363	6 002	4 713	3 497	2 353
	III	6 984	5 326	5 326	III	5 822	4 696	3 608	2 556	1 542	670
	V	17 451	5 326	5 326	IV	11 015	10 236	9 475	8 732	8 008	7 301
	VI	17 970	5 326	5 326							
61 631,99	I,IV	11 825	5 326	5 326	I	10 248	8 744	7 312	5 954	4 667	3 454
	II	10 316	5 326	5 326	II	8 809	7 374	6 012	4 723	3 506	2 362
	III	6 992	5 326	5 326	III	5 832	4 706	3 616	2 564	1 550	676
	V	17 464	5 326	5 326	IV	11 027	10 248	9 487	8 744	8 019	7 312
	VI	17 984	5 326	5 326							
61 667,99	I,IV	11 838	5 326	5 326	I	10 261	8 756	7 324	5 964	4 677	3 463
	II	10 329	5 326	5 326	II	8 821	7 386	6 023	4 733	3 516	2 371
	III	7 002	5 326	5 326	III	5 840	4 714	3 626	2 572	1 558	684
	V	17 479	5 326	5 326	IV	11 040	10 261	9 499	8 756	8 031	7 324
	VI	17 998	5 326	5 326							
61 703,99	I,IV	11 851	5 326	5 326	I	10 273	8 767	7 335	5 975	4 687	3 473
	II	10 341	5 326	5 326	II	8 833	7 397	6 033	4 743	3 525	2 379
	III	7 012	5 326	5 326	III	5 850	4 724	3 634	2 580	1 566	688
	V	17 493	5 326	5 326	IV	11 053	10 273	9 511	8 767	8 042	7 335
	VI	18 012	5 326	5 326							
61 739,99	I,IV	11 863	5 326	5 326	I	10 285	8 779	7 346	5 985	4 697	3 482
	II	10 353	5 326	5 326	II	8 844	7 408	6 044	4 753	3 534	2 388
	III	7 022	5 326	5 326	III	5 858	4 732	3 642	2 588	1 572	696
	V	17 506	5 326	5 326	IV	11 065	10 285	9 523	8 779	8 053	7 346
	VI	18 026	5 326	5 326							
61 775,99	I,IV	11 876	5 326	5 326	I	10 297	8 791	7 357	5 996	4 707	3 491
	II	10 365	5 326	5 326	II	8 856	7 419	6 054	4 763	3 543	2 397
	III	7 030	5 326	5 326	III	5 868	4 740	3 650	2 596	1 580	702
	V	17 520	5 326	5 326	IV	11 077	10 297	9 535	8 791	8 065	7 357
	VI	18 039	5 326	5 326							

* Zur LSt-Berechnung für privat versicherte Arbeitnehmer s. Beispiele **Vorbemerkung S. 4 f.**
** Basisvorsorgepauschale KV und PV *** Typisierter Arbeitgeberzuschuss

aT2 allgemeine Lohnsteuer

Lohn/Gehalt in € bis	Steuerklasse	Lohn-steuer*	BVSP**	TAGZ***	Steuerklasse	Bemessungsgrundlage für Kirchensteuer und Solidaritätszuschlag					
						Freibeträge für ... Kinder					
						0,5	1,0	1,5	2,0	2,5	3,0
61 811,99	I,IV	11 889	5 326	5 326	I	10 309	8 802	7 368	6 006	4 717	3 500
	II	10 378	5 326	5 326	II	8 867	7 430	6 065	4 772	3 553	2 406
	III	7 040	5 326	5 326	III	5 876	4 750	3 658	2 604	1 588	708
	V	17 534	5 326	5 326	IV	11 090	10 309	9 546	8 802	8 076	7 368
	VI	18 053	5 326	5 326							
61 847,99	I,IV	11 901	5 326	5 326	I	10 321	8 814	7 379	6 016	4 727	3 510
	II	10 390	5 326	5 326	II	8 879	7 441	6 075	4 782	3 562	2 414
	III	7 048	5 326	5 326	III	5 886	4 758	3 668	2 612	1 596	714
	V	17 548	5 326	5 326	IV	11 102	10 321	9 558	8 814	8 087	7 379
	VI	18 067	5 326	5 326							
61 883,99	I,IV	11 914	5 326	5 326	I	10 333	8 825	7 390	6 027	4 737	3 519
	II	10 402	5 326	5 326	II	8 891	7 452	6 086	4 792	3 571	2 423
	III	7 058	5 326	5 326	III	5 894	4 766	3 676	2 620	1 604	720
	V	17 562	5 326	5 326	IV	11 115	10 333	9 570	8 825	8 098	7 390
	VI	18 081	5 326	5 326							
61 919,99	I,IV	11 927	5 326	5 326	I	10 346	8 837	7 401	6 037	4 746	3 528
	II	10 414	5 326	5 326	II	8 902	7 463	6 096	4 802	3 581	2 432
	III	7 068	5 326	5 326	III	5 904	4 776	3 684	2 628	1 612	726
	V	17 576	5 326	5 326	IV	11 127	10 346	9 582	8 837	8 110	7 401
	VI	18 095	5 326	5 326							
61 955,99	I,IV	11 940	5 326	5 326	I	10 358	8 848	7 412	6 048	4 756	3 538
	II	10 426	5 326	5 326	II	8 914	7 474	6 107	4 812	3 590	2 441
	III	7 076	5 326	5 326	III	5 912	4 784	3 692	2 638	1 620	732
	V	17 590	5 326	5 326	IV	11 140	10 358	9 594	8 848	8 121	7 412
	VI	18 109	5 326	5 326							
61 991,99	I,IV	11 952	5 326	5 326	I	10 370	8 860	7 423	6 058	4 766	3 547
	II	10 438	5 326	5 326	II	8 925	7 485	6 117	4 822	3 599	2 449
	III	7 086	5 326	5 326	III	5 922	4 792	3 700	2 646	1 626	738
	V	17 603	5 326	5 326	IV	11 152	10 370	9 606	8 860	8 132	7 423
	VI	18 123	5 326	5 326							
62 027,99	I,IV	11 965	5 326	5 326	I	10 382	8 872	7 434	6 069	4 776	3 556
	II	10 451	5 326	5 326	II	8 937	7 496	6 128	4 832	3 609	2 458
	III	7 096	5 326	5 326	III	5 930	4 802	3 710	2 654	1 634	744
	V	17 617	5 326	5 326	IV	11 164	10 382	9 618	8 872	8 144	7 434
	VI	18 136	5 326	5 326							
62 063,99	I,IV	11 978	5 326	5 326	I	10 394	8 883	7 445	6 079	4 786	3 565
	II	10 463	5 326	5 326	II	8 949	7 507	6 138	4 842	3 618	2 467
	III	7 104	5 326	5 326	III	5 940	4 810	3 718	2 662	1 642	750
	V	17 631	5 326	5 326	IV	11 177	10 394	9 630	8 883	8 155	7 445
	VI	18 150	5 326	5 326							
62 099,99	I,IV	11 991	5 326	5 326	I	10 406	8 895	7 456	6 090	4 796	3 575
	II	10 475	5 326	5 326	II	8 960	7 518	6 149	4 852	3 627	2 476
	III	7 114	5 326	5 326	III	5 948	4 820	3 726	2 670	1 650	758
	V	17 645	5 326	5 326	IV	11 189	10 406	9 641	8 895	8 166	7 456
	VI	18 164	5 326	5 326							
62 135,99	I,IV	12 003	5 326	5 326	I	10 419	8 906	7 467	6 100	4 806	3 584
	II	10 487	5 326	5 326	II	8 972	7 529	6 159	4 862	3 637	2 485
	III	7 124	5 326	5 326	III	5 958	4 828	3 734	2 678	1 658	764
	V	17 659	5 326	5 326	IV	11 202	10 419	9 653	8 906	8 178	7 467
	VI	18 178	5 326	5 326							
62 171,99	I,IV	12 016	5 326	5 326	I	10 431	8 918	7 478	6 110	4 816	3 593
	II	10 499	5 326	5 326	II	8 984	7 540	6 170	4 872	3 646	2 493
	III	7 132	5 326	5 326	III	5 966	4 836	3 744	2 686	1 666	770
	V	17 673	5 326	5 326	IV	11 214	10 431	9 665	8 918	8 189	7 478
	VI	18 192	5 326	5 326							
62 207,99	I,IV	12 029	5 326	5 326	I	10 443	8 930	7 489	6 121	4 826	3 603
	II	10 512	5 326	5 326	II	8 995	7 551	6 180	4 881	3 655	2 502
	III	7 142	5 326	5 326	III	5 976	4 846	3 752	2 694	1 674	776
	V	17 687	5 326	5 326	IV	11 227	10 443	9 677	8 930	8 200	7 489
	VI	18 206	5 326	5 326							

* Zur LSt-Berechnung für privat versicherte Arbeitnehmer s. Beispiele **Vorbemerkung S. 4 f.**
** Basisvorsorgepauschale KV und PV   *** Typisierter Arbeitgeberzuschuss

Jahr gültig ab 1. 1. 2022 (idF des StEntlG 2022) — **aT2**

Lohn/Gehalt in € bis	Steuerklasse	Lohnsteuer*	BVSP**	TAGZ***	Steuerklasse	Bemessungsgrundlage für Kirchensteuer und Solidaritätszuschlag Freibeträge für ... Kinder					
						0,5	1,0	1,5	2,0	2,5	3,0
62 243,99	I,IV	12 042	5 326	5 326	I	10 455	8 941	7 500	6 131	4 835	3 612
	II	10 524	5 326	5 326	II	9 007	7 562	6 191	4 891	3 665	2 511
	III	7 152	5 326	5 326	III	5 984	4 854	3 760	2 702	1 682	782
	V	17 700	5 326	5 326	IV	11 239	10 455	9 689	8 941	8 212	7 500
	VI	18 220	5 326	5 326							
62 279,99	I,IV	12 054	5 326	5 326	I	10 467	8 953	7 511	6 142	4 845	3 621
	II	10 536	5 326	5 326	II	9 019	7 574	6 201	4 901	3 674	2 520
	III	7 160	5 326	5 326	III	5 994	4 862	3 768	2 710	1 688	788
	V	17 714	5 326	5 326	IV	11 252	10 467	9 701	8 953	8 223	7 511
	VI	18 233	5 326	5 326							
62 315,99	I,IV	12 067	5 326	5 326	I	10 480	8 965	7 522	6 152	4 855	3 631
	II	10 548	5 326	5 326	II	9 030	7 585	6 212	4 911	3 684	2 528
	III	7 170	5 326	5 326	III	6 002	4 872	3 778	2 718	1 698	796
	V	17 728	5 326	5 326	IV	11 264	10 480	9 713	8 965	8 234	7 522
	VI	18 247	5 326	5 326							
62 351,99	I,IV	12 080	5 326	5 326	I	10 492	8 977	7 534	6 163	4 866	3 640
	II	10 561	5 326	5 326	II	9 042	7 596	6 222	4 922	3 693	2 538
	III	7 180	5 326	5 326	III	6 012	4 880	3 786	2 728	1 706	802
	V	17 742	5 326	5 326	IV	11 277	10 492	9 725	8 977	8 246	7 534
	VI	18 262	5 326	5 326							
62 387,99	I,IV	12 093	5 326	5 326	I	10 504	8 988	7 545	6 174	4 875	3 650
	II	10 573	5 326	5 326	II	9 054	7 607	6 233	4 932	3 703	2 546
	III	7 188	5 326	5 326	III	6 020	4 890	3 794	2 736	1 712	808
	V	17 756	5 326	5 326	IV	11 290	10 504	9 737	8 988	8 257	7 545
	VI	18 275	5 326	5 326							
62 423,99	I,IV	12 106	5 326	5 326	I	10 517	9 000	7 556	6 184	4 885	3 659
	II	10 585	5 326	5 326	II	9 066	7 618	6 244	4 941	3 712	2 555
	III	7 198	5 326	5 326	III	6 030	4 898	3 802	2 744	1 720	814
	V	17 770	5 326	5 326	IV	11 302	10 517	9 749	9 000	8 269	7 556
	VI	18 289	5 326	5 326							
62 459,99	I,IV	12 119	5 326	5 326	I	10 529	9 011	7 567	6 195	4 895	3 669
	II	10 598	5 326	5 326	II	9 077	7 629	6 254	4 951	3 721	2 564
	III	7 208	5 326	5 326	III	6 038	4 906	3 812	2 752	1 728	820
	V	17 784	5 326	5 326	IV	11 315	10 529	9 761	9 011	8 280	7 567
	VI	18 303	5 326	5 326							
62 495,99	I,IV	12 131	5 326	5 326	I	10 541	9 023	7 578	6 205	4 905	3 678
	II	10 610	5 326	5 326	II	9 089	7 640	6 265	4 961	3 731	2 573
	III	7 216	5 326	5 326	III	6 048	4 916	3 820	2 760	1 736	828
	V	17 798	5 326	5 326	IV	11 327	10 541	9 773	9 023	8 291	7 578
	VI	18 317	5 326	5 326							
62 531,99	I,IV	12 144	5 326	5 326	I	10 553	9 035	7 589	6 216	4 915	3 687
	II	10 622	5 326	5 326	II	9 101	7 652	6 275	4 971	3 740	2 582
	III	7 226	5 326	5 326	III	6 058	4 924	3 828	2 768	1 744	834
	V	17 812	5 326	5 326	IV	11 340	10 553	9 785	9 035	8 303	7 589
	VI	18 331	5 326	5 326							
62 567,99	I,IV	12 157	5 326	5 326	I	10 565	9 046	7 600	6 226	4 925	3 697
	II	10 634	5 326	5 326	II	9 112	7 663	6 286	4 981	3 750	2 590
	III	7 236	5 326	5 326	III	6 066	4 934	3 836	2 776	1 752	840
	V	17 826	5 326	5 326	IV	11 352	10 565	9 797	9 046	8 314	7 600
	VI	18 345	5 326	5 326							
62 603,99	I,IV	12 170	5 326	5 326	I	10 578	9 058	7 611	6 237	4 935	3 706
	II	10 647	5 326	5 326	II	9 124	7 674	6 296	4 991	3 759	2 599
	III	7 244	5 326	5 326	III	6 076	4 942	3 846	2 784	1 760	846
	V	17 839	5 326	5 326	IV	11 365	10 578	9 809	9 058	8 326	7 611
	VI	18 359	5 326	5 326							
62 639,99	I,IV	12 183	5 326	5 326	I	10 590	9 070	7 622	6 247	4 945	3 715
	II	10 659	5 326	5 326	II	9 136	7 685	6 307	5 001	3 768	2 608
	III	7 254	5 326	5 326	III	6 084	4 950	3 854	2 792	1 768	854
	V	17 853	5 326	5 326	IV	11 377	10 590	9 821	9 070	8 337	7 622
	VI	18 372	5 326	5 326							

* Zur LSt-Berechnung für privat versicherte Arbeitnehmer s. Beispiele **Vorbemerkung S. 4f.**
** Basisvorsorgepauschale KV und PV *** Typisierter Arbeitgeberzuschuss

aT2 allgemeine Lohnsteuer

Lohn/Gehalt in € bis	Steuerklasse	Lohn-steuer*	BVSP**	TAGZ***	Steuerklasse	Bemessungsgrundlage für Kirchensteuer und Solidaritätszuschlag Freibeträge für ... Kinder					
						0,5	1,0	1,5	2,0	2,5	3,0
62675,99	I,IV	12195	5326	5326	I	10602	9081	7633	6258	4955	3725
	II	10671	5326	5326	II	9147	7696	6317	5011	3778	2617
	III	7264	5326	5326	III	6094	4960	3862	2800	1776	860
	V	17867	5326	5326	IV	11390	10602	9833	9081	8348	7633
	VI	18386	5326	5326							
62711,99	I,IV	12208	5326	5326	I	10614	9093	7644	6268	4965	3734
	II	10684	5326	5326	II	9159	7707	6328	5021	3787	2626
	III	7272	5326	5326	III	6102	4968	3870	2810	1784	866
	V	17881	5326	5326	IV	11402	10614	9845	9093	8360	7644
	VI	18400	5326	5326							
62747,99	I,IV	12221	5326	5326	I	10627	9105	7656	6279	4975	3744
	II	10696	5326	5326	II	9171	7718	6338	5031	3797	2635
	III	7282	5326	5326	III	6112	4978	3880	2818	1792	872
	V	17895	5326	5326	IV	11415	10627	9857	9105	8371	7656
	VI	18414	5326	5326							
62783,99	I,IV	12234	5326	5326	I	10639	9117	7667	6290	4985	3753
	II	10708	5326	5326	II	9182	7729	6349	5041	3806	2644
	III	7292	5326	5326	III	6120	4986	3888	2826	1800	878
	V	17909	5326	5326	IV	11427	10639	9869	9117	8383	7667
	VI	18428	5326	5326							
62819,99	I,IV	12247	5326	5326	I	10651	9128	7678	6300	4995	3762
	II	10720	5326	5326	II	9194	7741	6360	5051	3816	2652
	III	7300	5326	5326	III	6130	4994	3896	2834	1808	886
	V	17923	5326	5326	IV	11440	10651	9881	9128	8394	7678
	VI	18442	5326	5326							
62855,99	I,IV	12260	5326	5326	I	10663	9140	7689	6311	5005	3772
	II	10733	5326	5326	II	9206	7752	6370	5061	3825	2661
	III	7310	5326	5326	III	6138	5004	3904	2842	1816	892
	V	17937	5326	5326	IV	11452	10663	9893	9140	8405	7689
	VI	18456	5326	5326							
62891,99	I,IV	12273	5326	5326	I	10676	9152	7700	6321	5015	3781
	II	10745	5326	5326	II	9218	7763	6381	5071	3834	2670
	III	7320	5326	5326	III	6148	5012	3914	2850	1824	898
	V	17950	5326	5326	IV	11465	10676	9905	9152	8417	7700
	VI	18469	5326	5326							
62927,99	I,IV	12285	5326	5326	I	10688	9163	7711	6332	5025	3791
	II	10757	5326	5326	II	9229	7774	6391	5081	3844	2679
	III	7330	5326	5326	III	6158	5022	3922	2858	1832	904
	V	17964	5326	5326	IV	11478	10688	9917	9163	8428	7711
	VI	18483	5326	5326							
62963,99	I,IV	12298	5326	5326	I	10700	9175	7722	6342	5035	3800
	II	10770	5326	5326	II	9241	7785	6402	5091	3853	2688
	III	7338	5326	5326	III	6166	5030	3930	2866	1840	912
	V	17978	5326	5326	IV	11490	10700	9929	9175	8440	7722
	VI	18497	5326	5326							
62999,99	I,IV	12311	5326	5326	I	10713	9187	7734	6353	5045	3810
	II	10782	5326	5326	II	9253	7797	6413	5102	3863	2697
	III	7348	5326	5326	III	6176	5038	3938	2876	1848	918
	V	17992	5326	5326	IV	11503	10713	9941	9187	8451	7734
	VI	18511	5326	5326							
63035,99	I,IV	12324	5326	5326	I	10725	9199	7745	6364	5055	3819
	II	10795	5326	5326	II	9265	7808	6424	5112	3873	2706
	III	7358	5326	5326	III	6184	5048	3948	2884	1856	924
	V	18006	5326	5326	IV	11516	10725	9953	9199	8463	7745
	VI	18525	5326	5326							
63071,99	I,IV	12337	5326	5326	I	10738	9211	7756	6374	5065	3829
	II	10807	5326	5326	II	9277	7819	6434	5122	3882	2715
	III	7366	5326	5326	III	6194	5056	3956	2892	1864	932
	V	18020	5326	5326	IV	11528	10738	9965	9211	8474	7756
	VI	18539	5326	5326							

* Zur LSt-Berechnung für privat versicherte Arbeitnehmer s. Beispiele **Vorbemerkung S. 4 f.**
** Basisvorsorgepauschale KV und PV   *** Typisierter Arbeitgeberzuschuss

Jahr gültig ab 1. 1. 2022 (idF des StEntlG 2022) — aT2

Lohn/ Gehalt in € bis	Steuerklasse	Lohn- steuer*	BVSP**	TAGZ***	Steuerklasse	Bemessungsgrundlage für Kirchensteuer und Solidaritätszuschlag					
						Freibeträge für ... Kinder					
						0,5	1,0	1,5	2,0	2,5	3,0
63 107,99	I,IV	12 350	5 326	5 326	I	10 750	9 222	7 767	6 385	5 075	3 838
	II	10 819	5 326	5 326	II	9 288	7 830	6 445	5 132	3 891	2 724
	III	7 376	5 326	5 326	III	6 202	5 066	3 964	2 900	1 872	938
	V	18 034	5 326	5 326	IV	11 541	10 750	9 977	9 222	8 486	7 767
	VI	18 553	5 326	5 326							
63 143,99	I,IV	12 363	5 326	5 326	I	10 762	9 234	7 778	6 396	5 085	3 848
	II	10 832	5 326	5 326	II	9 300	7 842	6 455	5 142	3 901	2 733
	III	7 386	5 326	5 326	III	6 212	5 074	3 972	2 908	1 880	944
	V	18 048	5 326	5 326	IV	11 553	10 762	9 989	9 234	8 497	7 778
	VI	18 567	5 326	5 326							
63 179,99	I,IV	12 376	5 326	5 326	I	10 774	9 246	7 790	6 406	5 095	3 857
	II	10 844	5 326	5 326	II	9 312	7 853	6 466	5 152	3 910	2 742
	III	7 396	5 326	5 326	III	6 220	5 084	3 982	2 916	1 888	952
	V	18 062	5 326	5 326	IV	11 566	10 774	10 001	9 246	8 509	7 790
	VI	18 581	5 326	5 326							
63 215,99	I,IV	12 389	5 326	5 326	I	10 787	9 258	7 801	6 417	5 105	3 867
	II	10 856	5 326	5 326	II	9 324	7 864	6 477	5 162	3 920	2 751
	III	7 404	5 326	5 326	III	6 230	5 092	3 990	2 924	1 896	958
	V	18 076	5 326	5 326	IV	11 579	10 787	10 013	9 258	8 520	7 801
	VI	18 595	5 326	5 326							
63 251,99	I,IV	12 402	5 326	5 326	I	10 799	9 269	7 812	6 427	5 115	3 876
	II	10 869	5 326	5 326	II	9 336	7 875	6 487	5 172	3 929	2 759
	III	7 414	5 326	5 326	III	6 240	5 100	3 998	2 932	1 904	964
	V	18 089	5 326	5 326	IV	11 591	10 799	10 025	9 269	8 532	7 812
	VI	18 609	5 326	5 326							
63 287,99	I,IV	12 415	5 326	5 326	I	10 811	9 281	7 823	6 438	5 125	3 885
	II	10 881	5 326	5 326	II	9 347	7 886	6 498	5 182	3 939	2 768
	III	7 422	5 326	5 326	III	6 248	5 110	4 006	2 940	1 912	972
	V	18 103	5 326	5 326	IV	11 604	10 811	10 037	9 281	8 543	7 823
	VI	18 622	5 326	5 326							
63 323,99	I,IV	12 427	5 326	5 326	I	10 824	9 293	7 834	6 449	5 135	3 895
	II	10 893	5 326	5 326	II	9 359	7 898	6 509	5 192	3 948	2 777
	III	7 432	5 326	5 326	III	6 258	5 118	4 016	2 950	1 920	978
	V	18 117	5 326	5 326	IV	11 617	10 824	10 049	9 293	8 555	7 834
	VI	18 636	5 326	5 326							
63 359,99	I,IV	12 440	5 326	5 326	I	10 836	9 305	7 846	6 459	5 146	3 904
	II	10 906	5 326	5 326	II	9 371	7 909	6 519	5 202	3 958	2 786
	III	7 442	5 326	5 326	III	6 266	5 126	4 024	2 958	1 928	984
	V	18 131	5 326	5 326	IV	11 629	10 836	10 061	9 305	8 566	7 846
	VI	18 650	5 326	5 326							
63 395,99	I,IV	12 453	5 326	5 326	I	10 848	9 316	7 857	6 470	5 156	3 914
	II	10 918	5 326	5 326	II	9 383	7 920	6 530	5 212	3 967	2 795
	III	7 452	5 326	5 326	III	6 276	5 136	4 032	2 966	1 936	992
	V	18 145	5 326	5 326	IV	11 642	10 848	10 073	9 316	8 577	7 857
	VI	18 664	5 326	5 326							
63 431,99	I,IV	12 466	5 326	5 326	I	10 861	9 328	7 868	6 480	5 166	3 923
	II	10 930	5 326	5 326	II	9 395	7 931	6 540	5 222	3 977	2 804
	III	7 460	5 326	5 326	III	6 284	5 144	4 042	2 974	1 944	998
	V	18 159	5 326	5 326	IV	11 654	10 861	10 085	9 328	8 589	7 868
	VI	18 678	5 326	5 326							
63 467,99	I,IV	12 479	5 326	5 326	I	10 873	9 340	7 879	6 491	5 176	3 933
	II	10 943	5 326	5 326	II	9 406	7 942	6 551	5 232	3 986	2 813
	III	7 470	5 326	5 326	III	6 294	5 154	4 050	2 982	1 952	1 004
	V	18 173	5 326	5 326	IV	11 667	10 873	10 097	9 340	8 600	7 879
	VI	18 692	5 326	5 326							
63 503,99	I,IV	12 492	5 326	5 326	I	10 886	9 352	7 890	6 502	5 186	3 942
	II	10 955	5 326	5 326	II	9 418	7 954	6 562	5 243	3 996	2 822
	III	7 480	5 326	5 326	III	6 302	5 162	4 058	2 990	1 960	1 012
	V	18 186	5 326	5 326	IV	11 680	10 886	10 109	9 352	8 612	7 890
	VI	18 706	5 326	5 326							

* Zur LSt-Berechnung für privat versicherte Arbeitnehmer s. Beispiele **Vorbemerkung S. 4 f.**
** Basisvorsorgepauschale KV und PV   *** Typisierter Arbeitgeberzuschuss

aT2　　　　　　　　　　　　　　　　allgemeine Lohnsteuer

Lohn/Gehalt in € bis	Steuerklasse	Lohn-steuer*	BVSP**	TAGZ***	Steuerklasse	Bemessungsgrundlage für Kirchensteuer und Solidaritätszuschlag					
						Freibeträge für ... Kinder					
						0,5	1,0	1,5	2,0	2,5	3,0
63 539,99	I,IV	12 505	5 326	5 326	I	10 898	9 363	7 902	6 512	5 196	3 952
	II	10 968	5 326	5 326	II	9 430	7 965	6 572	5 253	4 005	2 831
	III	7 488	5 326	5 326	III	6 312	5 172	4 066	2 998	1 968	1 018
	V	18 200	5 326	5 326	IV	11 692	10 898	10 122	9 363	8 623	7 902
	VI	18 719	5 326								
63 575,99	I,IV	12 518	5 326	5 326	I	10 910	9 375	7 913	6 523	5 206	3 961
	II	10 980	5 326	5 326	II	9 442	7 976	6 583	5 263	4 015	2 840
	III	7 498	5 326	5 326	III	6 320	5 180	4 076	3 006	1 974	1 024
	V	18 214	5 326	5 326	IV	11 705	10 910	10 134	9 375	8 635	7 913
	VI	18 733	5 326								
63 611,99	I,IV	12 531	5 326	5 326	I	10 923	9 387	7 924	6 534	5 216	3 971
	II	10 992	5 326	5 326	II	9 454	7 987	6 594	5 273	4 025	2 849
	III	7 508	5 326	5 326	III	6 330	5 190	4 084	3 016	1 984	1 032
	V	18 228	5 326	5 326	IV	11 718	10 923	10 146	9 387	8 646	7 924
	VI	18 747	5 326								
63 647,99	I,IV	12 544	5 326	5 326	I	10 935	9 399	7 935	6 544	5 226	3 980
	II	11 005	5 326	5 326	II	9 465	7 999	6 605	5 283	4 034	2 858
	III	7 516	5 326	5 326	III	6 340	5 198	4 092	3 024	1 990	1 038
	V	18 242	5 326	5 326	IV	11 730	10 935	10 158	9 399	8 658	7 935
	VI	18 761	5 326								
63 683,99	I,IV	12 557	5 326	5 326	I	10 948	9 411	7 947	6 555	5 236	3 990
	II	11 018	5 326	5 326	II	9 478	8 010	6 616	5 293	4 044	2 867
	III	7 526	5 326	5 326	III	6 348	5 206	4 102	3 032	2 000	1 046
	V	18 256	5 326	5 326	IV	11 743	10 948	10 170	9 411	8 670	7 947
	VI	18 775	5 326								
63 719,99	I,IV	12 570	5 326	5 326	I	10 960	9 423	7 958	6 566	5 247	4 000
	II	11 030	5 326	5 326	II	9 489	8 021	6 626	5 304	4 053	2 876
	III	7 536	5 326	5 326	III	6 358	5 216	4 110	3 040	2 008	1 052
	V	18 270	5 326	5 326	IV	11 756	10 960	10 182	9 423	8 681	7 958
	VI	18 789	5 326								
63 755,99	I,IV	12 583	5 326	5 326	I	10 972	9 435	7 969	6 577	5 257	4 009
	II	11 042	5 326	5 326	II	9 501	8 033	6 637	5 314	4 063	2 885
	III	7 546	5 326	5 326	III	6 366	5 224	4 118	3 048	2 016	1 058
	V	18 284	5 326	5 326	IV	11 769	10 972	10 194	9 435	8 693	7 969
	VI	18 803	5 326								
63 791,99	I,IV	12 596	5 326	5 326	I	10 985	9 446	7 981	6 587	5 267	4 019
	II	11 055	5 326	5 326	II	9 513	8 044	6 648	5 324	4 073	2 894
	III	7 556	5 326	5 326	III	6 376	5 234	4 128	3 058	2 024	1 066
	V	18 298	5 326	5 326	IV	11 781	10 985	10 207	9 446	8 704	7 981
	VI	18 817	5 326								
63 827,99	I,IV	12 609	5 326	5 326	I	10 997	9 458	7 992	6 598	5 277	4 028
	II	11 067	5 326	5 326	II	9 525	8 055	6 658	5 334	4 082	2 903
	III	7 564	5 326	5 326	III	6 384	5 242	4 136	3 066	2 032	1 072
	V	18 312	5 326	5 326	IV	11 794	10 997	10 219	9 458	8 716	7 992
	VI	18 831	5 326								
63 863,99	I,IV	12 622	5 326	5 326	I	11 010	9 470	8 003	6 609	5 287	4 038
	II	11 080	5 326	5 326	II	9 537	8 067	6 669	5 344	4 092	2 912
	III	7 574	5 326	5 326	III	6 394	5 252	4 144	3 074	2 040	1 080
	V	18 325	5 326	5 326	IV	11 807	11 010	10 231	9 470	8 727	8 003
	VI	18 845	5 326								
63 899,99	I,IV	12 635	5 326	5 326	I	11 022	9 482	8 014	6 619	5 297	4 047
	II	11 092	5 326	5 326	II	9 549	8 078	6 680	5 354	4 101	2 921
	III	7 584	5 326	5 326	III	6 404	5 260	4 152	3 082	2 048	1 086
	V	18 339	5 326	5 326	IV	11 819	11 022	10 243	9 482	8 739	8 014
	VI	18 858	5 326								
63 935,99	I,IV	12 648	5 326	5 326	I	11 034	9 494	8 026	6 630	5 307	4 057
	II	11 104	5 326	5 326	II	9 561	8 089	6 690	5 364	4 111	2 930
	III	7 592	5 326	5 326	III	6 412	5 268	4 162	3 090	2 056	1 094
	V	18 353	5 326	5 326	IV	11 832	11 034	10 255	9 494	8 751	8 026
	VI	18 872	5 326								

* Zur LSt-Berechnung für privat versicherte Arbeitnehmer s. Beispiele **Vorbemerkung S. 4 f.**
** Basisvorsorgepauschale KV und PV　　*** Typisierter Arbeitgeberzuschuss

Jahr gültig ab 1. 1. 2022 (idF des StEntlG 2022)   aT2

Lohn/Gehalt in € bis	Steuerklasse	Lohnsteuer*	BVSP**	TAGZ***	Steuerklasse	Bemessungsgrundlage für Kirchensteuer und Solidaritätszuschlag					
						Freibeträge für ... Kinder					
						0,5	1,0	1,5	2,0	2,5	3,0
63 971,99	I,IV	12 661	5 326	5 326	I	11 047	9 506	8 037	6 641	5 317	4 067
	II	11 117	5 326	5 326	II	9 572	8 100	6 701	5 374	4 120	2 939
	III	7 602	5 326	5 326	III	6 422	5 278	4 170	3 098	2 064	1 100
	V	18 367	5 326	5 326	IV	11 845	11 047	10 267	9 506	8 762	8 037
	VI	18 886	5 326	5 326							
64 007,99	I,IV	12 674	5 326	5 326	I	11 059	9 517	8 048	6 651	5 327	4 076
	II	11 129	5 326	5 326	II	9 584	8 112	6 712	5 385	4 130	2 948
	III	7 612	5 326	5 326	III	6 430	5 286	4 178	3 106	2 072	1 108
	V	18 381	5 326	5 326	IV	11 857	11 059	10 279	9 517	8 774	8 048
	VI	18 900	5 326	5 326							
64 043,99	I,IV	12 687	5 326	5 326	I	11 072	9 529	8 059	6 662	5 338	4 086
	II	11 142	5 326	5 326	II	9 596	8 123	6 723	5 395	4 140	2 957
	III	7 620	5 326	5 326	III	6 440	5 296	4 186	3 114	2 080	1 114
	V	18 395	5 326	5 326	IV	11 870	11 072	10 291	9 529	8 785	8 059
	VI	18 914	5 326	5 326							
64 079,99	I,IV	12 700	5 326	5 326	I	11 084	9 541	8 071	6 673	5 348	4 095
	II	11 154	5 326	5 326	II	9 608	8 134	6 733	5 405	4 149	2 966
	III	7 630	5 326	5 326	III	6 450	5 304	4 196	3 124	2 088	1 120
	V	18 409	5 326	5 326	IV	11 883	11 084	10 304	9 541	8 797	8 071
	VI	18 928	5 326	5 326							
64 115,99	I,IV	12 713	5 326	5 326	I	11 097	9 553	8 082	6 684	5 358	4 105
	II	11 167	5 326	5 326	II	9 620	8 146	6 744	5 415	4 159	2 975
	III	7 640	5 326	5 326	III	6 458	5 312	4 204	3 132	2 096	1 128
	V	18 422	5 326	5 326	IV	11 896	11 097	10 316	9 553	8 808	8 082
	VI	18 942	5 326	5 326							
64 151,99	I,IV	12 726	5 326	5 326	I	11 109	9 565	8 093	6 694	5 368	4 114
	II	11 179	5 326	5 326	II	9 632	8 157	6 755	5 425	4 168	2 984
	III	7 650	5 326	5 326	III	6 468	5 322	4 212	3 140	2 104	1 134
	V	18 436	5 326	5 326	IV	11 908	11 109	10 328	9 565	8 820	8 093
	VI	18 955	5 326	5 326							
64 187,99	I,IV	12 739	5 326	5 326	I	11 121	9 577	8 105	6 705	5 378	4 124
	II	11 192	5 326	5 326	II	9 644	8 168	6 766	5 435	4 178	2 993
	III	7 658	5 326	5 326	III	6 476	5 330	4 222	3 148	2 112	1 142
	V	18 450	5 326	5 326	IV	11 921	11 121	10 340	9 577	8 832	8 105
	VI	18 969	5 326	5 326							
64 223,99	I,IV	12 752	5 326	5 326	I	11 134	9 589	8 116	6 716	5 388	4 134
	II	11 204	5 326	5 326	II	9 656	8 180	6 776	5 446	4 188	3 002
	III	7 668	5 326	5 326	III	6 486	5 340	4 230	3 156	2 120	1 148
	V	18 464	5 326	5 326	IV	11 934	11 134	10 352	9 589	8 843	8 116
	VI	18 983	5 326	5 326							
64 259,99	I,IV	12 765	5 326	5 326	I	11 146	9 600	8 127	6 727	5 398	4 143
	II	11 217	5 326	5 326	II	9 667	8 191	6 787	5 456	4 197	3 011
	III	7 678	5 326	5 326	III	6 494	5 348	4 238	3 164	2 128	1 156
	V	18 478	5 326	5 326	IV	11 947	11 146	10 364	9 600	8 855	8 127
	VI	18 997	5 326	5 326							
64 295,99	I,IV	12 778	5 326	5 326	I	11 159	9 612	8 138	6 737	5 409	4 153
	II	11 229	5 326	5 326	II	9 679	8 202	6 798	5 466	4 207	3 020
	III	7 688	5 326	5 326	III	6 504	5 358	4 248	3 174	2 136	1 162
	V	18 492	5 326	5 326	IV	11 959	11 159	10 376	9 612	8 866	8 138
	VI	19 011	5 326	5 326							
64 331,99	I,IV	12 791	5 326	5 326	I	11 172	9 625	8 150	6 748	5 419	4 163
	II	11 242	5 326	5 326	II	9 692	8 214	6 809	5 477	4 217	3 030
	III	7 696	5 326	5 326	III	6 514	5 366	4 256	3 182	2 144	1 170
	V	18 506	5 326	5 326	IV	11 972	11 172	10 389	9 625	8 878	8 150
	VI	19 025	5 326	5 326							
64 367,99	I,IV	12 804	5 326	5 326	I	11 184	9 636	8 161	6 759	5 429	4 172
	II	11 254	5 326	5 326	II	9 704	8 225	6 820	5 487	4 226	3 039
	III	7 706	5 326	5 326	III	6 522	5 376	4 264	3 190	2 152	1 176
	V	18 520	5 326	5 326	IV	11 985	11 184	10 401	9 636	8 890	8 161
	VI	19 039	5 326	5 326							

* Zur LSt-Berechnung für privat versicherte Arbeitnehmer s. Beispiele **Vorbemerkung S. 4 f.**
** Basisvorsorgepauschale KV und PV   *** Typisierter Arbeitgeberzuschuss

aT2

allgemeine Lohnsteuer

Lohn/Gehalt in € bis	Steuerklasse	Lohn-steuer*	BVSP**	TAGZ***	Steuerklasse	Bemessungsgrundlage für Kirchensteuer und Solidaritätszuschlag					
						Freibeträge für ... Kinder					
						0,5	1,0	1,5	2,0	2,5	3,0
64403,99	I,IV	**12817**	5326	5326	I	11197	9648	8173	6770	5439	4182
	II	**11267**	5326	5326	II	9715	8237	6831	5497	4236	3048
	III	**7716**	5326	5326	III	6532	5384	4274	3198	2160	1184
	V	**18534**	5326	5326	IV	11998	11197	10413	9648	8901	8173
	VI	**19053**	5326								
64439,99	I,IV	**12830**	5326	5326	I	11209	9660	8184	6781	5450	4191
	II	**11279**	5326	5326	II	9727	8248	6841	5507	4246	3057
	III	**7726**	5326	5326	III	6540	5394	4282	3206	2168	1190
	V	**18548**	5326	5326	IV	12011	11209	10426	9660	8913	8184
	VI	**19067**	5326								
64475,99	I,IV	**12843**	5326	5326	I	11221	9672	8195	6791	5460	4201
	II	**11292**	5326	5326	II	9739	8259	6852	5517	4255	3066
	III	**7734**	5326	5326	III	6550	5402	4290	3216	2176	1198
	V	**18561**	5326	5326	IV	12023	11221	10438	9672	8925	8195
	VI	**19081**	5326								
64511,99	I,IV	**12856**	5326	5326	I	11234	9684	8207	6802	5470	4211
	II	**11304**	5326	5326	II	9751	8271	6863	5528	4265	3075
	III	**7744**	5326	5326	III	6560	5410	4298	3224	2184	1204
	V	**18575**	5326	5326	IV	12036	11234	10450	9684	8936	8207
	VI	**19094**	5326								
64547,99	I,IV	**12870**	5326	5326	I	11246	9696	8218	6813	5480	4220
	II	**11317**	5326	5326	II	9763	8282	6874	5538	4275	3084
	III	**7754**	5326	5326	III	6568	5420	4308	3232	2192	1212
	V	**18589**	5326	5326	IV	12049	11246	10462	9696	8948	8218
	VI	**19108**	5326								
64583,99	I,IV	**12883**	5326	5326	I	11259	9708	8229	6824	5490	4230
	II	**11329**	5326	5326	II	9775	8293	6884	5548	4284	3093
	III	**7762**	5326	5326	III	6578	5428	4316	3240	2200	1218
	V	**18603**	5326	5326	IV	12062	11259	10474	9708	8960	8229
	VI	**19122**	5326								
64619,99	I,IV	**12896**	5326	5326	I	11271	9720	8241	6834	5501	4240
	II	**11342**	5326	5326	II	9787	8305	6895	5558	4294	3102
	III	**7772**	5326	5326	III	6588	5438	4324	3248	2208	1226
	V	**18617**	5326	5326	IV	12074	11271	10487	9720	8971	8241
	VI	**19136**	5326								
64655,99	I,IV	**12909**	5326	5326	I	11284	9732	8252	6845	5511	4249
	II	**11354**	5326	5326	II	9799	8316	6906	5569	4304	3111
	III	**7782**	5326	5326	III	6596	5446	4334	3256	2216	1234
	V	**18631**	5326	5326	IV	12087	11284	10499	9732	8983	8252
	VI	**19150**	5326								
64691,99	I,IV	**12922**	5326	5326	I	11296	9744	8264	6856	5521	4259
	II	**11367**	5326	5326	II	9811	8328	6917	5579	4313	3120
	III	**7792**	5326	5326	III	6606	5456	4342	3264	2224	1240
	V	**18645**	5326	5326	IV	12100	11296	10511	9744	8995	8264
	VI	**19164**	5326								
64727,99	I,IV	**12935**	5326	5326	I	11309	9756	8275	6867	5531	4268
	II	**11379**	5326	5326	II	9823	8339	6928	5589	4323	3129
	III	**7800**	5326	5326	III	6614	5464	4350	3274	2232	1248
	V	**18658**	5326	5326	IV	12113	11309	10523	9756	9006	8275
	VI	**19178**	5326								
64763,99	I,IV	**12948**	5326	5326	I	11321	9768	8286	6878	5542	4278
	II	**11392**	5326	5326	II	9835	8350	6939	5599	4333	3139
	III	**7810**	5326	5326	III	6624	5474	4360	3282	2240	1254
	V	**18672**	5326	5326	IV	12126	11321	10535	9768	9018	8286
	VI	**19191**	5326								
64799,99	I,IV	**12961**	5326	5326	I	11334	9779	8298	6888	5552	4288
	II	**11405**	5326	5326	II	9847	8362	6949	5610	4342	3148
	III	**7820**	5326	5326	III	6632	5482	4368	3290	2248	1262
	V	**18686**	5326	5326	IV	12138	11334	10548	9779	9029	8298
	VI	**19205**	5326								

* Zur LSt-Berechnung für privat versicherte Arbeitnehmer s. Beispiele **Vorbemerkung S. 4f.**
** Basisvorsorgepauschale KV und PV *** Typisierter Arbeitgeberzuschuss

Jahr gültig ab 1. 1. 2022 (idF des StEntlG 2022) **aT2**

Lohn/Gehalt in € bis	Steuerklasse	Lohnsteuer*	BVSP**	TAGZ***	Steuerklasse	Bemessungsgrundlage für Kirchensteuer und Solidaritätszuschlag					
						Freibeträge für ... Kinder					
						0,5	**1,0**	1,5	**2,0**	2,5	**3,0**
64 835,99	I,IV	**12 974**	5 326	5 326	I	11 346	9 791	8 309	6 899	5 562	4 297
	II	**11 417**	5 326	5 326	II	9 859	8 373	6 960	5 620	4 352	3 157
	III	**7 830**	5 326	5 326	III	6 642	5 492	4 376	3 298	2 256	1 270
	V	**18 700**	5 326	5 326	IV	12 151	11 346	10 560	9 791	9 041	8 309
	VI	**19 219**	5 326	5 326							
64 871,99	I,IV	**12 987**	5 326	5 326	I	11 359	9 803	8 320	6 910	5 572	4 307
	II	**11 430**	5 326	5 326	II	9 871	8 385	6 971	5 630	4 362	3 166
	III	**7 838**	5 326	5 326	III	6 652	5 500	4 386	3 306	2 264	1 276
	V	**18 714**	5 326	5 326	IV	12 164	11 359	10 572	9 803	9 053	8 320
	VI	**19 233**	5 326	5 326							
64 907,99	I,IV	**13 000**	5 326	5 326	I	11 372	9 815	8 332	6 921	5 582	4 317
	II	**11 442**	5 326	5 326	II	9 883	8 396	6 982	5 640	4 371	3 175
	III	**7 848**	5 326	5 326	III	6 660	5 510	4 394	3 316	2 272	1 284
	V	**18 728**	5 326	5 326	IV	12 177	11 372	10 584	9 815	9 064	8 332
	VI	**19 247**	5 326	5 326							
64 943,99	I,IV	**13 013**	5 326	5 326	I	11 384	9 827	8 343	6 932	5 593	4 326
	II	**11 455**	5 326	5 326	II	9 895	8 407	6 993	5 651	4 381	3 184
	III	**7 858**	5 326	5 326	III	6 670	5 518	4 402	3 324	2 280	1 290
	V	**18 742**	5 326	5 326	IV	12 190	11 384	10 597	9 827	9 076	8 343
	VI	**19 261**	5 326	5 326							
64 979,99	I,IV	**13 027**	5 326	5 326	I	11 397	9 839	8 355	6 942	5 603	4 336
	II	**11 467**	5 326	5 326	II	9 907	8 419	7 004	5 661	4 391	3 193
	III	**7 868**	5 326	5 326	III	6 680	5 526	4 412	3 332	2 288	1 298
	V	**18 756**	5 326	5 326	IV	12 202	11 397	10 609	9 839	9 088	8 355
	VI	**19 275**	5 326	5 326							
65 015,99	I,IV	**13 040**	5 326	5 326	I	11 410	9 852	8 366	6 954	5 614	4 346
	II	**11 480**	5 326	5 326	II	9 919	8 431	7 015	5 671	4 401	3 203
	III	**7 878**	5 326	5 326	III	6 688	5 536	4 420	3 340	2 296	1 306
	V	**18 770**	5 326	5 326	IV	12 216	11 410	10 621	9 852	9 100	8 366
	VI	**19 289**	5 326	5 326							
65 051,99	I,IV	**13 053**	5 326	5 326	I	11 422	9 864	8 378	6 964	5 624	4 356
	II	**11 493**	5 326	5 326	II	9 931	8 442	7 026	5 682	4 410	3 212
	III	**7 886**	5 326	5 326	III	6 698	5 544	4 428	3 348	2 304	1 312
	V	**18 784**	5 326	5 326	IV	12 229	11 422	10 634	9 864	9 112	8 378
	VI	**19 303**	5 326	5 326							
65 087,99	I,IV	**13 066**	5 326	5 326	I	11 435	9 876	8 389	6 975	5 634	4 365
	II	**11 505**	5 326	5 326	II	9 943	8 453	7 036	5 692	4 420	3 221
	III	**7 896**	5 326	5 326	III	6 706	5 554	4 438	3 358	2 312	1 320
	V	**18 798**	5 326	5 326	IV	12 241	11 435	10 646	9 876	9 123	8 389
	VI	**19 317**	5 326	5 326							
65 123,99	I,IV	**13 079**	5 326	5 326	I	11 447	9 888	8 401	6 986	5 644	4 375
	II	**11 518**	5 326	5 326	II	9 955	8 465	7 047	5 702	4 430	3 230
	III	**7 906**	5 326	5 326	III	6 716	5 562	4 446	3 366	2 320	1 326
	V	**18 811**	5 326	5 326	IV	12 254	11 447	10 658	9 888	9 135	8 401
	VI	**19 330**	5 326	5 326							
65 159,99	I,IV	**13 093**	5 326	5 326	I	11 460	9 900	8 412	6 997	5 655	4 385
	II	**11 531**	5 326	5 326	II	9 967	8 476	7 058	5 713	4 440	3 239
	III	**7 916**	5 326	5 326	III	6 726	5 572	4 454	3 374	2 330	1 334
	V	**18 825**	5 326	5 326	IV	12 267	11 460	10 671	9 900	9 147	8 412
	VI	**19 344**	5 326	5 326							
65 195,99	I,IV	**13 106**	5 326	5 326	I	11 472	9 912	8 423	7 008	5 665	4 395
	II	**11 543**	5 326	5 326	II	9 979	8 488	7 069	5 723	4 449	3 249
	III	**7 924**	5 326	5 326	III	6 734	5 580	4 464	3 382	2 336	1 342
	V	**18 839**	5 326	5 326	IV	12 280	11 472	10 683	9 912	9 158	8 423
	VI	**19 358**	5 326	5 326							
65 231,99	I,IV	**13 119**	5 326	5 326	I	11 485	9 924	8 435	7 019	5 675	4 404
	II	**11 556**	5 326	5 326	II	9 991	8 499	7 080	5 733	4 459	3 258
	III	**7 934**	5 326	5 326	III	6 744	5 590	4 472	3 390	2 346	1 348
	V	**18 853**	5 326	5 326	IV	12 293	11 485	10 695	9 924	9 170	8 435
	VI	**19 372**	5 326	5 326							

* Zur LSt-Berechnung für privat versicherte Arbeitnehmer s. Beispiele **Vorbemerkung S. 4 f.**
** Basisvorsorgepauschale KV und PV   *** Typisierter Arbeitgeberzuschuss

aT2 allgemeine Lohnsteuer

Lohn/Gehalt in € bis	Steuerklasse	Lohnsteuer*	BVSP**	TAGZ***	Steuerklasse	0,5	1,0	1,5	2,0	2,5	3,0
								Bemessungsgrundlage für Kirchensteuer und Solidaritätszuschlag — Freibeträge für ... Kinder				
65 267,99	I,IV	13132	5326	5326	I	11497	9936	8446	7030	5685	4414
	II	11568	5326	5326	II	10003	8511	7091	5744	4469	3267
	III	7944	5326	5326	III	6752	5598	4480	3398	2354	1356
	V	18867	5326	5326	IV	12306	11497	10707	9936	9182	8446
	VI	19386	5326	5326							
65 303,99	I,IV	13145	5326	5326	I	11510	9948	8458	7040	5696	4424
	II	11581	5326	5326	II	10015	8522	7102	5754	4479	3276
	III	7954	5326	5326	III	6762	5608	4490	3408	2362	1364
	V	18881	5326	5326	IV	12318	11510	10720	9948	9194	8458
	VI	19400	5326	5326							
65 339,99	I,IV	13158	5326	5326	I	11523	9960	8469	7051	5706	4433
	II	11594	5326	5326	II	10027	8534	7113	5764	4488	3285
	III	7962	5326	5326	III	6772	5616	4498	3416	2370	1370
	V	18895	5326	5326	IV	12331	11523	10732	9960	9205	8469
	VI	19414	5326	5326							
65 375,99	I,IV	13171	5326	5326	I	11535	9972	8481	7062	5716	4443
	II	11606	5326	5326	II	10039	8545	7123	5775	4498	3294
	III	7972	5326	5326	III	6780	5626	4506	3424	2378	1378
	V	18908	5326	5326	IV	12344	11535	10744	9972	9217	8481
	VI	19428	5326	5326							
65 411,99	I,IV	13185	5326	5326	I	11548	9984	8492	7073	5727	4453
	II	11619	5326	5326	II	10051	8557	7134	5785	4508	3304
	III	7982	5326	5326	III	6790	5634	4514	3432	2386	1386
	V	18922	5326	5326	IV	12357	11548	10757	9984	9229	8492
	VI	19441	5326	5326							
65 447,99	I,IV	13198	5326	5326	I	11560	9996	8503	7084	5737	4463
	II	11631	5326	5326	II	10063	8568	7145	5795	4518	3313
	III	7992	5326	5326	III	6800	5644	4524	3440	2394	1394
	V	18936	5326	5326	IV	12370	11560	10769	9996	9240	8503
	VI	19455	5326	5326							
65 483,99	I,IV	13211	5326	5326	I	11573	10008	8515	7095	5747	4472
	II	11644	5326	5326	II	10075	8580	7156	5806	4527	3322
	III	8000	5326	5326	III	6808	5652	4532	3448	2402	1400
	V	18950	5326	5326	IV	12383	11573	10781	10008	9252	8515
	VI	19469	5326	5326							
65 519,99	I,IV	13224	5326	5326	I	11586	10020	8527	7106	5758	4482
	II	11657	5326	5326	II	10088	8591	7167	5816	4537	3331
	III	8010	5326	5326	III	6818	5662	4542	3458	2410	1408
	V	18964	5326	5326	IV	12396	11586	10794	10020	9264	8527
	VI	19483	5326	5326							
65 555,99	I,IV	13237	5326	5326	I	11598	10032	8538	7117	5768	4492
	II	11669	5326	5326	II	10100	8603	7178	5826	4547	3340
	III	8020	5326	5326	III	6826	5670	4550	3466	2418	1414
	V	18978	5326	5326	IV	12409	11598	10806	10032	9276	8538
	VI	19497	5326	5326							
65 591,99	I,IV	13250	5326	5326	I	11611	10044	8549	7127	5778	4502
	II	11682	5326	5326	II	10112	8614	7189	5837	4557	3350
	III	8030	5326	5326	III	6836	5680	4558	3474	2426	1422
	V	18992	5326	5326	IV	12422	11611	10818	10044	9287	8549
	VI	19511	5326	5326							
65 627,99	I,IV	13264	5326	5326	I	11623	10056	8561	7138	5789	4511
	II	11695	5326	5326	II	10124	8626	7200	5847	4567	3359
	III	8038	5326	5326	III	6846	5688	4566	3482	2434	1430
	V	19005	5326	5326	IV	12434	11623	10831	10056	9299	8561
	VI	19525	5326	5326							
65 663,99	I,IV	13277	5326	5326	I	11636	10068	8572	7149	5799	4521
	II	11707	5326	5326	II	10136	8637	7211	5857	4576	3368
	III	8048	5326	5326	III	6854	5698	4576	3492	2442	1438
	V	19019	5326	5326	IV	12447	11636	10843	10068	9311	8572
	VI	19538	5326	5326							

* Zur LSt-Berechnung für privat versicherte Arbeitnehmer s. Beispiele **Vorbemerkung S. 4 f.**
** Basisvorsorgepauschale KV und PV *** Typisierter Arbeitgeberzuschuss

Jahr gültig ab 1. 1. 2022 (idF des StEntlG 2022) **aT2**

Lohn/ Gehalt in € bis	Steuerklasse	Lohn- steuer*	BVSP**	TAGZ***	Steuerklasse	Bemessungsgrundlage für Kirchensteuer und Solidaritätszuschlag					
						Freibeträge für ... Kinder					
						0,5	1,0	1,5	2,0	2,5	3,0
65 699,99	I,IV	13 290	5 326	5 326	I	11 649	10 080	8 584	7 161	5 810	4 531
	II	11 720	5 326	5 326	II	10 148	8 649	7 222	5 868	4 586	3 378
	III	8 058	5 326	5 326	III	6 864	5 706	4 584	3 500	2 450	1 446
	V	19 034	5 326	5 326	IV	12 461	11 649	10 856	10 080	9 323	8 584
	VI	19 553	5 326	5 326							
65 735,99	I,IV	13 304	5 326	5 326	I	11 662	10 092	8 596	7 171	5 820	4 541
	II	11 733	5 326	5 326	II	10 160	8 660	7 233	5 878	4 596	3 387
	III	8 068	5 326	5 326	III	6 874	5 716	4 594	3 508	2 458	1 452
	V	19 047	5 326	5 326	IV	12 474	11 662	10 868	10 092	9 335	8 596
	VI	19 567	5 326	5 326							
65 771,99	I,IV	13 317	5 326	5 326	I	11 674	10 104	8 607	7 182	5 830	4 551
	II	11 746	5 326	5 326	II	10 172	8 672	7 244	5 889	4 606	3 396
	III	8 078	5 326	5 326	III	6 882	5 724	4 602	3 516	2 468	1 460
	V	19 061	5 326	5 326	IV	12 487	11 674	10 880	10 104	9 347	8 607
	VI	19 580	5 326	5 326							
65 807,99	I,IV	13 330	5 326	5 326	I	11 687	10 116	8 619	7 193	5 841	4 561
	II	11 758	5 326	5 326	II	10 185	8 683	7 255	5 899	4 616	3 405
	III	8 086	5 326	5 326	III	6 892	5 734	4 610	3 524	2 474	1 468
	V	19 075	5 326	5 326	IV	12 499	11 687	10 893	10 116	9 358	8 619
	VI	19 594	5 326	5 326							
65 843,99	I,IV	13 343	5 326	5 326	I	11 700	10 129	8 630	7 204	5 851	4 570
	II	11 771	5 326	5 326	II	10 197	8 695	7 266	5 909	4 626	3 414
	III	8 096	5 326	5 326	III	6 902	5 742	4 620	3 534	2 484	1 476
	V	19 089	5 326	5 326	IV	12 512	11 700	10 905	10 129	9 370	8 630
	VI	19 608	5 326	5 326							
65 879,99	I,IV	13 357	5 326	5 326	I	11 712	10 141	8 642	7 215	5 861	4 580
	II	11 784	5 326	5 326	II	10 209	8 707	7 277	5 920	4 635	3 424
	III	8 106	5 326	5 326	III	6 910	5 750	4 628	3 542	2 492	1 482
	V	19 103	5 326	5 326	IV	12 525	11 712	10 917	10 141	9 382	8 642
	VI	19 622	5 326	5 326							
65 915,99	I,IV	13 370	5 326	5 326	I	11 725	10 153	8 653	7 226	5 872	4 590
	II	11 796	5 326	5 326	II	10 221	8 718	7 288	5 930	4 645	3 433
	III	8 116	5 326	5 326	III	6 920	5 760	4 638	3 550	2 500	1 490
	V	19 117	5 326	5 326	IV	12 538	11 725	10 930	10 153	9 394	8 653
	VI	19 636	5 326	5 326							
65 951,99	I,IV	13 383	5 326	5 326	I	11 738	10 165	8 665	7 237	5 882	4 600
	II	11 809	5 326	5 326	II	10 233	8 730	7 299	5 941	4 655	3 442
	III	8 124	5 326	5 326	III	6 928	5 768	4 646	3 558	2 508	1 498
	V	19 131	5 326	5 326	IV	12 551	11 738	10 942	10 165	9 406	8 665
	VI	19 650	5 326	5 326							
65 987,99	I,IV	13 396	5 326	5 326	I	11 750	10 177	8 676	7 248	5 892	4 610
	II	11 822	5 326	5 326	II	10 245	8 741	7 310	5 951	4 665	3 451
	III	8 134	5 326	5 326	III	6 938	5 778	4 654	3 566	2 516	1 506
	V	19 144	5 326	5 326	IV	12 564	11 750	10 954	10 177	9 417	8 676
	VI	19 664	5 326	5 326							
66 023,99	I,IV	13 409	5 326	5 326	I	11 763	10 189	8 688	7 259	5 903	4 619
	II	11 834	5 326	5 326	II	10 257	8 753	7 321	5 961	4 675	3 461
	III	8 144	5 326	5 326	III	6 948	5 786	4 662	3 576	2 524	1 512
	V	19 158	5 326	5 326	IV	12 577	11 763	10 967	10 189	9 429	8 688
	VI	19 677	5 326	5 326							
66 059,99	I,IV	13 423	5 326	5 326	I	11 776	10 201	8 699	7 270	5 913	4 629
	II	11 847	5 326	5 326	II	10 269	8 764	7 332	5 972	4 685	3 470
	III	8 154	5 326	5 326	III	6 956	5 796	4 672	3 584	2 532	1 520
	V	19 172	5 326	5 326	IV	12 590	11 776	10 979	10 201	9 441	8 699
	VI	19 691	5 326	5 326							
66 095,99	I,IV	13 436	5 326	5 326	I	11 788	10 213	8 711	7 281	5 924	4 639
	II	11 860	5 326	5 326	II	10 281	8 776	7 343	5 982	4 694	3 479
	III	8 164	5 326	5 326	III	6 966	5 804	4 680	3 592	2 540	1 528
	V	19 186	5 326	5 326	IV	12 603	11 788	10 992	10 213	9 453	8 711
	VI	19 705	5 326	5 326							

* Zur LSt-Berechnung für privat versicherte Arbeitnehmer s. Beispiele **Vorbemerkung S. 4 f.**
** Basisvorsorgepauschale KV und PV   *** Typisierter Arbeitgeberzuschuss

135

aT2 allgemeine Lohnsteuer

Lohn/ Gehalt in € bis	Steuerklasse	Lohnsteuer*	BVSP**	TAGZ***	Steuerklasse	Bemessungsgrundlage für Kirchensteuer und Solidaritätszuschlag Freibeträge für ... Kinder					
						0,5	1,0	1,5	2,0	2,5	3,0
66131,99	I,IV	13449	5326	5326	I	11801	10225	8722	7292	5934	4649
	II	11872	5326	5326	II	10294	8787	7354	5993	4704	3489
	III	8172	5326	5326	III	6976	5814	4690	3600	2548	1536
	V	19200	5326	5326	IV	12616	11801	11004	10225	9465	8722
	VI	19719	5326	5326							
66167,99	I,IV	13462	5326	5326	I	11814	10237	8734	7303	5944	4659
	II	11885	5326	5326	II	10306	8799	7365	6003	4714	3498
	III	8182	5326	5326	III	6984	5822	4698	3608	2556	1542
	V	19214	5326	5326	IV	12629	11814	11016	10237	9477	8734
	VI	19733	5326	5326							
66203,99	I,IV	13476	5326	5326	I	11826	10250	8745	7314	5955	4669
	II	11898	5326	5326	II	10318	8810	7376	6014	4724	3507
	III	8192	5326	5326	III	6994	5832	4706	3618	2564	1550
	V	19228	5326	5326	IV	12642	11826	11029	10250	9488	8745
	VI	19747	5326	5326							
66239,99	I,IV	13489	5326	5326	I	11839	10262	8757	7325	5965	4678
	II	11911	5326	5326	II	10330	8822	7387	6024	4734	3516
	III	8202	5326	5326	III	7002	5840	4716	3626	2572	1558
	V	19241	5326	5326	IV	12655	11839	11041	10262	9500	8757
	VI	19761	5326	5326							
66275,99	I,IV	13502	5326	5326	I	11852	10274	8768	7336	5976	4688
	II	11923	5326	5326	II	10342	8834	7398	6034	4744	3526
	III	8212	5326	5326	III	7012	5850	4724	3634	2580	1566
	V	19255	5326	5326	IV	12668	11852	11054	10274	9512	8768
	VI	19774	5326	5326							
66311,99	I,IV	13516	5326	5326	I	11864	10286	8780	7347	5986	4698
	II	11936	5326	5326	II	10354	8845	7409	6045	4754	3535
	III	8220	5326	5326	III	7022	5858	4732	3642	2588	1574
	V	19269	5326	5326	IV	12681	11864	11066	10286	9524	8780
	VI	19788	5326	5326							
66347,99	I,IV	13529	5326	5326	I	11877	10298	8792	7358	5997	4708
	II	11949	5326	5326	II	10367	8857	7420	6056	4764	3545
	III	8230	5326	5326	III	7032	5868	4742	3652	2598	1582
	V	19283	5326	5326	IV	12694	11877	11079	10298	9536	8792
	VI	19803	5326	5326							
66383,99	I,IV	13542	5326	5326	I	11890	10311	8803	7369	6007	4718
	II	11962	5326	5326	II	10379	8869	7431	6066	4774	3554
	III	8240	5326	5326	III	7040	5878	4750	3660	2606	1590
	V	19297	5326	5326	IV	12707	11890	11091	10311	9548	8803
	VI	19816	5326	5326							
66419,99	I,IV	13556	5326	5326	I	11903	10323	8815	7380	6018	4728
	II	11975	5326	5326	II	10391	8880	7442	6077	4784	3563
	III	8250	5326	5326	III	7050	5886	4758	3668	2614	1596
	V	19311	5326	5326	IV	12720	11903	11104	10323	9560	8815
	VI	19830	5326	5326							
66455,99	I,IV	13569	5326	5326	I	11916	10335	8827	7391	6028	4738
	II	11987	5326	5326	II	10403	8892	7453	6087	4793	3573
	III	8260	5326	5326	III	7060	5896	4768	3676	2622	1604
	V	19325	5326	5326	IV	12733	11916	11116	10335	9572	8827
	VI	19844	5326	5326							
66491,99	I,IV	13582	5326	5326	I	11928	10347	8838	7402	6039	4748
	II	12000	5326	5326	II	10416	8904	7464	6097	4803	3582
	III	8268	5326	5326	III	7068	5904	4776	3684	2630	1612
	V	19339	5326	5326	IV	12746	11928	11129	10347	9584	8838
	VI	19858	5326	5326							
66527,99	I,IV	13596	5326	5326	I	11941	10359	8850	7413	6049	4758
	II	12013	5326	5326	II	10428	8915	7475	6108	4813	3591
	III	8278	5326	5326	III	7078	5914	4786	3694	2638	1620
	V	19353	5326	5326	IV	12759	11941	11141	10359	9595	8850
	VI	19872	5326	5326							

* Zur LSt-Berechnung für privat versicherte Arbeitnehmer s. Beispiele **Vorbemerkung S. 4 f.**
** Basisvorsorgepauschale KV und PV *** Typisierter Arbeitgeberzuschuss

Jahr gültig ab 1. 1. 2022 (idF des StEntlG 2022) — aT2

Lohn/Gehalt in € bis	Steuerklasse	Lohnsteuer*	BVSP**	TAGZ***	Steuerklasse	Bemessungsgrundlage für Kirchensteuer und Solidaritätszuschlag — Freibeträge für ... Kinder					
						0,5	1,0	1,5	2,0	2,5	3,0
66 563,99	I,IV	13 609	5 326	5 326	I	11 954	10 371	8 861	7 424	6 059	4 767
	II	12 026	5 326	5 326	II	10 440	8 927	7 486	6 118	4 823	3 601
	III	8 288	5 326	5 326	III	7 086	5 922	4 794	3 702	2 646	1 628
	V	19 367	5 326	5 326	IV	12 772	11 954	11 153	10 371	9 607	8 861
	VI	19 886	5 326	5 326							
66 599,99	I,IV	13 622	5 326	5 326	I	11 967	10 383	8 873	7 435	6 070	4 777
	II	12 038	5 326	5 326	II	10 452	8 938	7 497	6 129	4 833	3 610
	III	8 298	5 326	5 326	III	7 096	5 932	4 802	3 710	2 654	1 636
	V	19 380	5 326	5 326	IV	12 785	11 967	11 166	10 383	9 619	8 873
	VI	19 900	5 326	5 326							
66 635,99	I,IV	13 636	5 326	5 326	I	11 979	10 396	8 885	7 446	6 080	4 787
	II	12 051	5 326	5 326	II	10 464	8 950	7 508	6 139	4 843	3 619
	III	8 308	5 326	5 326	III	7 106	5 940	4 812	3 718	2 662	1 644
	V	19 394	5 326	5 326	IV	12 798	11 979	11 178	10 396	9 631	8 885
	VI	19 913	5 326	5 326							
66 671,99	I,IV	13 649	5 326	5 326	I	11 992	10 408	8 896	7 457	6 091	4 797
	II	12 064	5 326	5 326	II	10 477	8 962	7 519	6 150	4 853	3 629
	III	8 318	5 326	5 326	III	7 116	5 950	4 820	3 728	2 670	1 652
	V	19 408	5 326	5 326	IV	12 811	11 992	11 191	10 408	9 643	8 896
	VI	19 927	5 326	5 326							
66 707,99	I,IV	13 662	5 326	5 326	I	12 005	10 420	8 908	7 468	6 101	4 807
	II	12 077	5 326	5 326	II	10 489	8 973	7 531	6 160	4 863	3 638
	III	8 326	5 326	5 326	III	7 124	5 958	4 828	3 736	2 678	1 658
	V	19 422	5 326	5 326	IV	12 824	12 005	11 203	10 420	9 655	8 908
	VI	19 941	5 326	5 326							
66 743,99	I,IV	13 676	5 326	5 326	I	12 018	10 432	8 919	7 479	6 112	4 817
	II	12 090	5 326	5 326	II	10 501	8 985	7 542	6 171	4 873	3 647
	III	8 336	5 326	5 326	III	7 134	5 968	4 838	3 744	2 688	1 666
	V	19 436	5 326	5 326	IV	12 838	12 018	11 216	10 432	9 667	8 919
	VI	19 955	5 326	5 326							
66 779,99	I,IV	13 689	5 326	5 326	I	12 030	10 444	8 931	7 490	6 122	4 827
	II	12 102	5 326	5 326	II	10 513	8 997	7 553	6 181	4 883	3 657
	III	8 346	5 326	5 326	III	7 142	5 976	4 846	3 752	2 696	1 674
	V	19 450	5 326	5 326	IV	12 851	12 030	11 228	10 444	9 679	8 931
	VI	19 969	5 326	5 326							
66 815,99	I,IV	13 702	5 326	5 326	I	12 043	10 457	8 943	7 501	6 133	4 837
	II	12 115	5 326	5 326	II	10 525	9 008	7 564	6 192	4 893	3 666
	III	8 356	5 326	5 326	III	7 152	5 986	4 856	3 762	2 704	1 682
	V	19 464	5 326	5 326	IV	12 864	12 043	11 241	10 457	9 691	8 943
	VI	19 983	5 326	5 326							
66 851,99	I,IV	13 716	5 326	5 326	I	12 056	10 469	8 954	7 512	6 143	4 847
	II	12 128	5 326	5 326	II	10 538	9 020	7 575	6 202	4 903	3 675
	III	8 364	5 326	5 326	III	7 162	5 994	4 864	3 770	2 712	1 690
	V	19 477	5 326	5 326	IV	12 877	12 056	11 253	10 469	9 702	8 954
	VI	19 997	5 326	5 326							
66 887,99	I,IV	13 729	5 326	5 326	I	12 069	10 481	8 966	7 524	6 154	4 857
	II	12 141	5 326	5 326	II	10 550	9 032	7 586	6 213	4 913	3 685
	III	8 374	5 326	5 326	III	7 172	6 004	4 872	3 778	2 720	1 698
	V	19 491	5 326	5 326	IV	12 890	12 069	11 266	10 481	9 714	8 966
	VI	20 010	5 326	5 326							
66 923,99	I,IV	13 742	5 326	5 326	I	12 081	10 493	8 978	7 535	6 164	4 866
	II	12 154	5 326	5 326	II	10 562	9 043	7 597	6 223	4 922	3 694
	III	8 384	5 326	5 326	III	7 180	6 012	4 882	3 786	2 728	1 706
	V	19 505	5 326	5 326	IV	12 903	12 081	11 278	10 493	9 726	8 978
	VI	20 024	5 326	5 326							
66 959,99	I,IV	13 756	5 326	5 326	I	12 094	10 505	8 989	7 546	6 175	4 876
	II	12 166	5 326	5 326	II	10 574	9 055	7 608	6 234	4 932	3 703
	III	8 394	5 326	5 326	III	7 190	6 022	4 890	3 796	2 736	1 714
	V	19 519	5 326	5 326	IV	12 916	12 094	11 291	10 505	9 738	8 989
	VI	20 038	5 326	5 326							

* Zur LSt-Berechnung für privat versicherte Arbeitnehmer s. Beispiele **Vorbemerkung S. 4 f.**
** Basisvorsorgepauschale KV und PV   *** Typisierter Arbeitgeberzuschuss

aT2 allgemeine Lohnsteuer

Lohn/Gehalt in € bis	Steuerklasse	Lohn-steuer*	BVSP**	TAGZ***	Steuerklasse	Bemessungsgrundlage für Kirchensteuer und Solidaritätszuschlag Freibeträge für ... Kinder					
						0,5	1,0	1,5	2,0	2,5	3,0
66995,99	I,IV	13769	5326	5326	I	12107	10518	9001	7557	6185	4886
	II	12179	5326	5326	II	10587	9067	7619	6244	4942	3713
	III	8404	5326	5326	III	7198	6030	4898	3804	2744	1722
	V	19533	5326	5326	IV	12929	12107	11303	10518	9750	9001
	VI	20052	5326	5326							
67031,99	I,IV	13783	5326	5326	I	12120	10530	9013	7568	6196	4897
	II	12192	5326	5326	II	10599	9079	7631	6255	4953	3723
	III	8414	5326	5326	III	7208	6040	4908	3812	2752	1730
	V	19547	5326	5326	IV	12942	12120	11316	10530	9762	9013
	VI	20066	5326	5326							
67067,99	I,IV	13796	5326	5326	I	12133	10542	9025	7579	6207	4906
	II	12205	5326	5326	II	10611	9090	7642	6266	4963	3732
	III	8424	5326	5326	III	7218	6050	4916	3820	2762	1738
	V	19561	5326	5326	IV	12955	12133	11329	10542	9774	9025
	VI	20080	5326	5326							
67103,99	I,IV	13810	5326	5326	I	12146	10555	9036	7590	6217	4916
	II	12218	5326	5326	II	10624	9102	7653	6276	4973	3741
	III	8432	5326	5326	III	7228	6058	4926	3830	2770	1746
	V	19575	5326	5326	IV	12969	12146	11341	10555	9786	9036
	VI	20094	5326	5326							
67139,99	I,IV	13823	5326	5326	I	12159	10567	9048	7601	6228	4926
	II	12231	5326	5326	II	10636	9114	7664	6287	4983	3751
	III	8442	5326	5326	III	7236	6068	4934	3838	2778	1754
	V	19589	5326	5326	IV	12982	12159	11354	10567	9798	9048
	VI	20108	5326	5326							
67175,99	I,IV	13836	5326	5326	I	12171	10579	9060	7613	6238	4936
	II	12244	5326	5326	II	10648	9125	7675	6298	4993	3760
	III	8452	5326	5326	III	7246	6076	4942	3846	2786	1762
	V	19603	5326	5326	IV	12995	12171	11366	10579	9810	9060
	VI	20122	5326	5326							
67211,99	I,IV	13850	5326	5326	I	12184	10591	9071	7624	6249	4946
	II	12257	5326	5326	II	10661	9137	7686	6308	5003	3770
	III	8462	5326	5326	III	7256	6086	4952	3854	2794	1770
	V	19617	5326	5326	IV	13008	12184	11379	10591	9822	9071
	VI	20136	5326	5326							
67247,99	I,IV	13863	5326	5326	I	12197	10604	9083	7635	6259	4956
	II	12269	5326	5326	II	10673	9149	7697	6319	5012	3779
	III	8470	5326	5326	III	7264	6094	4960	3864	2802	1776
	V	19630	5326	5326	IV	13021	12197	11391	10604	9834	9083
	VI	20149	5326	5326							
67283,99	I,IV	13876	5326	5326	I	12210	10616	9095	7646	6270	4966
	II	12282	5326	5326	II	10685	9160	7709	6329	5022	3788
	III	8480	5326	5326	III	7274	6104	4970	3872	2810	1786
	V	19644	5326	5326	IV	13034	12210	11404	10616	9846	9095
	VI	20163	5326	5326							
67319,99	I,IV	13890	5326	5326	I	12223	10628	9106	7657	6280	4976
	II	12295	5326	5326	II	10697	9172	7720	6340	5032	3798
	III	8490	5326	5326	III	7284	6112	4978	3880	2818	1792
	V	19658	5326	5326	IV	13047	12223	11416	10628	9858	9106
	VI	20177	5326	5326							
67355,99	I,IV	13903	5326	5326	I	12236	10640	9118	7668	6291	4986
	II	12308	5326	5326	II	10710	9184	7731	6350	5042	3807
	III	8500	5326	5326	III	7292	6122	4988	3888	2826	1800
	V	19672	5326	5326	IV	13060	12236	11429	10640	9870	9118
	VI	20191	5326	5326							
67391,99	I,IV	13917	5326	5326	I	12248	10653	9130	7679	6301	4996
	II	12321	5326	5326	II	10722	9196	7742	6361	5052	3817
	III	8510	5326	5326	III	7302	6130	4996	3898	2834	1808
	V	19686	5326	5326	IV	13073	12248	11441	10653	9882	9130
	VI	20205	5326	5326							

* Zur LSt-Berechnung für privat versicherte Arbeitnehmer s. Beispiele **Vorbemerkung S. 4 f.**
** Basisvorsorgepauschale KV und PV *** Typisierter Arbeitgeberzuschuss

Jahr gültig ab 1. 1. 2022 (idF des StEntlG 2022) — aT2

Lohn/Gehalt in € bis	Steuerklasse	Lohnsteuer*	BVSP**	TAGZ***	Steuerklasse	Bemessungsgrundlage für Kirchensteuer und Solidaritätszuschlag — Freibeträge für ... Kinder 0,5	1,0	1,5	2,0	2,5	3,0
67 427,99	I,IV	13 930	5 326	5 326	I	12 261	10 665	9 141	7 690	6 312	5 006
	II	12 334	5 326	5 326	II	10 734	9 207	7 753	6 372	5 063	3 826
	III	8 520	5 326	5 326	III	7 312	6 140	5 004	3 906	2 844	1 816
	V	19 700	5 326	5 326	IV	13 087	12 261	11 454	10 665	9 894	9 141
	VI	20 219	5 326	5 326							
67 463,99	I,IV	13 944	5 326	5 326	I	12 274	10 677	9 153	7 701	6 322	5 016
	II	12 347	5 326	5 326	II	10 747	9 219	7 764	6 382	5 073	3 836
	III	8 528	5 326	5 326	III	7 320	6 148	5 014	3 914	2 852	1 824
	V	19 714	5 326	5 326	IV	13 100	12 274	11 467	10 677	9 906	9 153
	VI	20 233	5 326	5 326							
67 499,99	I,IV	13 957	5 326	5 326	I	12 287	10 690	9 165	7 713	6 333	5 026
	II	12 359	5 326	5 326	II	10 759	9 231	7 775	6 393	5 083	3 845
	III	8 538	5 326	5 326	III	7 330	6 158	5 022	3 922	2 860	1 832
	V	19 727	5 326	5 326	IV	13 113	12 287	11 479	10 690	9 918	9 165
	VI	20 247	5 326	5 326							
67 535,99	I,IV	13 970	5 326	5 326	I	12 300	10 702	9 176	7 724	6 344	5 036
	II	12 372	5 326	5 326	II	10 771	9 243	7 787	6 403	5 093	3 854
	III	8 548	5 326	5 326	III	7 340	6 166	5 030	3 932	2 868	1 840
	V	19 741	5 326	5 326	IV	13 126	12 300	11 492	10 702	9 930	9 176
	VI	20 260	5 326	5 326							
67 571,99	I,IV	13 984	5 326	5 326	I	12 313	10 714	9 188	7 735	6 354	5 046
	II	12 385	5 326	5 326	II	10 783	9 254	7 798	6 414	5 103	3 864
	III	8 558	5 326	5 326	III	7 348	6 176	5 040	3 940	2 876	1 848
	V	19 755	5 326	5 326	IV	13 139	12 313	11 504	10 714	9 942	9 188
	VI	20 274	5 326	5 326							
67 607,99	I,IV	13 997	5 326	5 326	I	12 326	10 726	9 200	7 746	6 365	5 056
	II	12 398	5 326	5 326	II	10 796	9 266	7 809	6 424	5 113	3 873
	III	8 568	5 326	5 326	III	7 358	6 186	5 048	3 948	2 884	1 856
	V	19 769	5 326	5 326	IV	13 152	12 326	11 517	10 726	9 954	9 200
	VI	20 288	5 326	5 326							
67 643,99	I,IV	14 011	5 326	5 326	I	12 338	10 739	9 212	7 757	6 375	5 066
	II	12 411	5 326	5 326	II	10 808	9 278	7 820	6 435	5 123	3 883
	III	8 578	5 326	5 326	III	7 368	6 194	5 058	3 956	2 892	1 864
	V	19 783	5 326	5 326	IV	13 165	12 338	11 529	10 739	9 966	9 212
	VI	20 302	5 326	5 326							
67 679,99	I,IV	14 024	5 326	5 326	I	12 351	10 751	9 223	7 768	6 386	5 076
	II	12 424	5 326	5 326	II	10 820	9 290	7 831	6 446	5 133	3 892
	III	8 586	5 326	5 326	III	7 376	6 204	5 066	3 966	2 900	1 872
	V	19 797	5 326	5 326	IV	13 179	12 351	11 542	10 751	9 978	9 223
	VI	20 316	5 326	5 326							
67 715,99	I,IV	14 038	5 326	5 326	I	12 365	10 764	9 235	7 780	6 397	5 086
	II	12 437	5 326	5 326	II	10 833	9 302	7 843	6 457	5 143	3 902
	III	8 596	5 326	5 326	III	7 386	6 212	5 076	3 974	2 908	1 880
	V	19 811	5 326	5 326	IV	13 192	12 365	11 555	10 764	9 990	9 235
	VI	20 330	5 326	5 326							
67 751,99	I,IV	14 051	5 326	5 326	I	12 377	10 776	9 247	7 791	6 407	5 097
	II	12 450	5 326	5 326	II	10 845	9 313	7 854	6 467	5 153	3 912
	III	8 606	5 326	5 326	III	7 396	6 222	5 084	3 982	2 918	1 888
	V	19 825	5 326	5 326	IV	13 205	12 377	11 568	10 776	10 003	9 247
	VI	20 344	5 326	5 326							
67 787,99	I,IV	14 065	5 326	5 326	I	12 390	10 788	9 259	7 802	6 418	5 107
	II	12 463	5 326	5 326	II	10 858	9 325	7 865	6 478	5 163	3 921
	III	8 616	5 326	5 326	III	7 406	6 230	5 092	3 990	2 926	1 896
	V	19 839	5 326	5 326	IV	13 219	12 390	11 580	10 788	10 015	9 259
	VI	20 358	5 326	5 326							
67 823,99	I,IV	14 078	5 326	5 326	I	12 403	10 801	9 271	7 813	6 429	5 117
	II	12 476	5 326	5 326	II	10 870	9 337	7 876	6 489	5 173	3 931
	III	8 626	5 326	5 326	III	7 414	6 240	5 102	4 000	2 934	1 904
	V	19 853	5 326	5 326	IV	13 232	12 403	11 593	10 801	10 027	9 271
	VI	20 372	5 326	5 326							

* Zur LSt-Berechnung für privat versicherte Arbeitnehmer s. Beispiele **Vorbemerkung S. 4f.**
** Basisvorsorgepauschale KV und PV *** Typisierter Arbeitgeberzuschuss

aT2 allgemeine Lohnsteuer

Lohn/Gehalt in € bis	Steuerklasse	Lohn-steuer*	BVSP**	TAGZ***	Steuerklasse	Bemessungsgrundlage für Kirchensteuer und Solidaritätszuschlag					
						Freibeträge für ... Kinder					
						0,5	1,0	1,5	2,0	2,5	3,0
67 859,99	I,IV	14 092	5 326	5 326	I	12 416	10 813	9 282	7 825	6 439	5 127
	II	12 489	5 326	5 326	II	10 883	9 349	7 888	6 499	5 183	3 940
	III	8 636	5 326	5 326	III	7 424	6 250	5 110	4 008	2 942	1 912
	V	19 866	5 326	5 326	IV	13 245	12 416	11 605	10 813	10 039	9 282
	VI	20 386	5 326	5 326							
67 895,99	I,IV	14 105	5 326	5 326	I	12 429	10 825	9 294	7 836	6 450	5 137
	II	12 502	5 326	5 326	II	10 895	9 361	7 899	6 510	5 193	3 950
	III	8 646	5 326	5 326	III	7 434	6 258	5 120	4 016	2 950	1 920
	V	19 880	5 326	5 326	IV	13 258	12 429	11 618	10 825	10 051	9 294
	VI	20 399	5 326	5 326							
67 931,99	I,IV	14 119	5 326	5 326	I	12 442	10 838	9 306	7 847	6 461	5 147
	II	12 515	5 326	5 326	II	10 907	9 372	7 910	6 520	5 203	3 959
	III	8 654	5 326	5 326	III	7 442	6 268	5 128	4 026	2 958	1 928
	V	19 894	5 326	5 326	IV	13 271	12 442	11 631	10 838	10 063	9 306
	VI	20 413	5 326	5 326							
67 967,99	I,IV	14 132	5 326	5 326	I	12 455	10 850	9 318	7 858	6 471	5 157
	II	12 528	5 326	5 326	II	10 920	9 384	7 921	6 531	5 214	3 969
	III	8 664	5 326	5 326	III	7 452	6 276	5 138	4 034	2 966	1 936
	V	19 908	5 326	5 326	IV	13 284	12 455	11 643	10 850	10 075	9 318
	VI	20 427	5 326	5 326							
68 003,99	I,IV	14 146	5 326	5 326	I	12 468	10 862	9 330	7 869	6 482	5 167
	II	12 541	5 326	5 326	II	10 932	9 396	7 933	6 542	5 224	3 978
	III	8 674	5 326	5 326	III	7 462	6 286	5 146	4 042	2 974	1 944
	V	19 922	5 326	5 326	IV	13 298	12 468	11 656	10 862	10 087	9 330
	VI	20 441	5 326	5 326							
68 039,99	I,IV	14 159	5 326	5 326	I	12 481	10 875	9 341	7 881	6 492	5 177
	II	12 554	5 326	5 326	II	10 944	9 408	7 944	6 552	5 234	3 988
	III	8 684	5 326	5 326	III	7 472	6 294	5 154	4 050	2 984	1 952
	V	19 936	5 326	5 326	IV	13 311	12 481	11 669	10 875	10 099	9 341
	VI	20 455	5 326	5 326							
68 075,99	I,IV	14 173	5 326	5 326	I	12 494	10 887	9 353	7 892	6 503	5 187
	II	12 566	5 326	5 326	II	10 957	9 420	7 955	6 563	5 244	3 997
	III	8 694	5 326	5 326	III	7 480	6 304	5 164	4 060	2 992	1 960
	V	19 950	5 326	5 326	IV	13 324	12 494	11 681	10 887	10 111	9 353
	VI	20 469	5 326	5 326							
68 111,99	I,IV	14 186	5 326	5 326	I	12 506	10 899	9 365	7 903	6 514	5 197
	II	12 579	5 326	5 326	II	10 969	9 431	7 966	6 574	5 254	4 007
	III	8 704	5 326	5 326	III	7 490	6 314	5 172	4 068	3 000	1 968
	V	19 963	5 326	5 326	IV	13 337	12 506	11 694	10 899	10 123	9 365
	VI	20 483	5 326	5 326							
68 147,99	I,IV	14 200	5 326	5 326	I	12 519	10 912	9 377	7 914	6 524	5 207
	II	12 592	5 326	5 326	II	10 981	9 443	7 977	6 584	5 264	4 016
	III	8 712	5 326	5 326	III	7 500	6 322	5 180	4 076	3 008	1 976
	V	19 977	5 326	5 326	IV	13 351	12 519	11 706	10 912	10 135	9 377
	VI	20 496	5 326	5 326							
68 183,99	I,IV	14 213	5 326	5 326	I	12 532	10 924	9 388	7 925	6 535	5 217
	II	12 605	5 326	5 326	II	10 994	9 455	7 989	6 595	5 274	4 026
	III	8 722	5 326	5 326	III	7 508	6 332	5 190	4 086	3 016	1 984
	V	19 991	5 326	5 326	IV	13 364	12 532	11 719	10 924	10 147	9 388
	VI	20 510	5 326	5 326							
68 219,99	I,IV	14 227	5 326	5 326	I	12 545	10 936	9 400	7 937	6 546	5 227
	II	12 618	5 326	5 326	II	11 006	9 467	8 000	6 606	5 284	4 035
	III	8 732	5 326	5 326	III	7 518	6 340	5 198	4 094	3 024	1 992
	V	20 005	5 326	5 326	IV	13 377	12 545	11 732	10 936	10 159	9 400
	VI	20 524	5 326	5 326							
68 255,99	I,IV	14 240	5 326	5 326	I	12 558	10 949	9 412	7 948	6 556	5 237
	II	12 631	5 326	5 326	II	11 019	9 479	8 011	6 616	5 294	4 045
	III	8 742	5 326	5 326	III	7 528	6 350	5 208	4 102	3 034	2 000
	V	20 019	5 326	5 326	IV	13 390	12 558	11 744	10 949	10 171	9 412
	VI	20 538	5 326	5 326							

* Zur LSt-Berechnung für privat versicherte Arbeitnehmer s. Beispiele **Vorbemerkung S. 4f.**
** Basisvorsorgepauschale KV und PV *** Typisierter Arbeitgeberzuschuss

Jahr gültig ab 1. 1. 2022 (idF des StEntlG 2022) aT2

Lohn/Gehalt in € bis	Steuerklasse	Lohnsteuer*	BVSP**	TAGZ***	Steuerklasse	Bemessungsgrundlage für Kirchensteuer und Solidaritätszuschlag					
						Freibeträge für ... Kinder					
						0,5	1,0	1,5	2,0	2,5	3,0
68 291,99	I,IV	14 254	5 326	5 326	I	12 571	10 961	9 424	7 959	6 567	5 247
	II	12 644	5 326	5 326	II	11 031	9 490	8 023	6 627	5 304	4 054
	III	8 752	5 326	5 326	III	7 536	6 358	5 216	4 110	3 042	2 008
	V	20 033	5 326	5 326	IV	13 403	12 571	11 757	10 961	10 183	9 424
	VI	20 552	5 326	5 326							
68 327,99	I,IV	14 267	5 326	5 326	I	12 584	10 974	9 436	7 970	6 578	5 258
	II	12 657	5 326	5 326	II	11 043	9 502	8 034	6 638	5 315	4 064
	III	8 762	5 326	5 326	III	7 546	6 368	5 226	4 120	3 050	2 016
	V	20 047	5 326	5 326	IV	13 417	12 584	11 770	10 974	10 196	9 436
	VI	20 566	5 326	5 326							
68 363,99	I,IV	14 281	5 326	5 326	I	12 598	10 986	9 448	7 982	6 589	5 268
	II	12 671	5 326	5 326	II	11 056	9 515	8 045	6 649	5 325	4 074
	III	8 772	5 326	5 326	III	7 556	6 378	5 234	4 128	3 058	2 024
	V	20 061	5 326	5 326	IV	13 430	12 598	11 783	10 986	10 208	9 448
	VI	20 580	5 326	5 326							
68 399,99	I,IV	14 295	5 326	5 326	I	12 610	10 999	9 460	7 993	6 599	5 278
	II	12 684	5 326	5 326	II	11 069	9 526	8 057	6 660	5 335	4 083
	III	8 780	5 326	5 326	III	7 566	6 386	5 244	4 136	3 066	2 032
	V	20 075	5 326	5 326	IV	13 444	12 610	11 796	10 999	10 220	9 460
	VI	20 594	5 326	5 326							
68 435,99	I,IV	14 308	5 326	5 326	I	12 623	11 011	9 471	8 004	6 610	5 288
	II	12 697	5 326	5 326	II	11 081	9 538	8 068	6 670	5 345	4 093
	III	8 790	5 326	5 326	III	7 576	6 396	5 252	4 146	3 074	2 040
	V	20 089	5 326	5 326	IV	13 457	12 623	11 808	11 011	10 232	9 471
	VI	20 608	5 326	5 326							
68 471,99	I,IV	14 322	5 326	5 326	I	12 636	11 024	9 483	8 016	6 621	5 298
	II	12 710	5 326	5 326	II	11 094	9 550	8 079	6 681	5 355	4 102
	III	8 800	5 326	5 326	III	7 584	6 404	5 260	4 154	3 082	2 048
	V	20 102	5 326	5 326	IV	13 470	12 636	11 821	11 024	10 244	9 483
	VI	20 622	5 326	5 326							
68 507,99	I,IV	14 335	5 326	5 326	I	12 649	11 036	9 495	8 027	6 631	5 308
	II	12 723	5 326	5 326	II	11 106	9 562	8 091	6 692	5 366	4 112
	III	8 810	5 326	5 326	III	7 594	6 414	5 270	4 162	3 092	2 056
	V	20 116	5 326	5 326	IV	13 483	12 649	11 834	11 036	10 256	9 495
	VI	20 635	5 326	5 326							
68 543,99	I,IV	14 349	5 326	5 326	I	12 662	11 048	9 507	8 038	6 642	5 319
	II	12 736	5 326	5 326	II	11 118	9 574	8 102	6 702	5 376	4 122
	III	8 820	5 326	5 326	III	7 604	6 422	5 278	4 170	3 100	2 064
	V	20 130	5 326	5 326	IV	13 497	12 662	11 846	11 048	10 269	9 507
	VI	20 649	5 326	5 326							
68 579,99	I,IV	14 363	5 326	5 326	I	12 675	11 061	9 519	8 050	6 653	5 329
	II	12 749	5 326	5 326	II	11 131	9 586	8 113	6 713	5 386	4 131
	III	8 830	5 326	5 326	III	7 612	6 432	5 288	4 180	3 108	2 072
	V	20 144	5 326	5 326	IV	13 510	12 675	11 859	11 061	10 281	9 519
	VI	20 663	5 326	5 326							
68 615,99	I,IV	14 376	5 326	5 326	I	12 688	11 073	9 531	8 061	6 663	5 339
	II	12 762	5 326	5 326	II	11 143	9 598	8 124	6 724	5 396	4 141
	III	8 840	5 326	5 326	III	7 622	6 440	5 296	4 188	3 116	2 080
	V	20 158	5 326	5 326	IV	13 523	12 688	11 872	11 073	10 293	9 531
	VI	20 677	5 326	5 326							
68 651,99	I,IV	14 390	5 326	5 326	I	12 701	11 086	9 543	8 072	6 674	5 349
	II	12 775	5 326	5 326	II	11 156	9 609	8 136	6 735	5 406	4 150
	III	8 850	5 326	5 326	III	7 632	6 450	5 306	4 196	3 124	2 088
	V	20 172	5 326	5 326	IV	13 536	12 701	11 884	11 086	10 305	9 543
	VI	20 691	5 326	5 326							
68 687,99	I,IV	14 403	5 326	5 326	I	12 714	11 098	9 554	8 083	6 685	5 359
	II	12 788	5 326	5 326	II	11 168	9 621	8 147	6 745	5 416	4 160
	III	8 858	5 326	5 326	III	7 640	6 460	5 314	4 206	3 132	2 096
	V	20 186	5 326	5 326	IV	13 550	12 714	11 897	11 098	10 317	9 554
	VI	20 705	5 326	5 326							

* Zur LSt-Berechnung für privat versicherte Arbeitnehmer s. Beispiele **Vorbemerkung S. 4 f.**
** Basisvorsorgepauschale KV und PV *** Typisierter Arbeitgeberzuschuss

141

aT2 — allgemeine Lohnsteuer

Lohn/Gehalt in € bis	Steuerklasse	Lohn-steuer*	BVSP**	TAGZ***	Steuerklasse	Bemessungsgrundlage für Kirchensteuer und Solidaritätszuschlag — Freibeträge für ... Kinder					
						0,5	1,0	1,5	2,0	2,5	3,0
68 723,99	I,IV	14417	5326	5326	I	12727	11111	9566	8095	6696	5369
	II	12801	5326	5326	II	11181	9633	8158	6756	5427	4170
	III	8868	5326	5326	III	7650	6468	5324	4214	3140	2104
	V	20199	5326	5326	IV	13563	12727	11910	11111	10329	9566
	VI	20719	5326	5326							
68 759,99	I,IV	14430	5326	5326	I	12740	11123	9578	8106	6706	5379
	II	12814	5326	5326	II	11193	9645	8170	6767	5437	4179
	III	8878	5326	5326	III	7660	6478	5332	4222	3150	2112
	V	20213	5326	5326	IV	13576	12740	11923	11123	10341	9578
	VI	20732	5326	5326							
68 795,99	I,IV	14444	5326	5326	I	12753	11135	9590	8117	6717	5390
	II	12827	5326	5326	II	11206	9657	8181	6778	5447	4189
	III	8888	5326	5326	III	7670	6488	5340	4232	3158	2120
	V	20227	5326	5326	IV	13590	12753	11935	11135	10354	9590
	VI	20746	5326	5326							
68 831,99	I,IV	14458	5326	5326	I	12766	11148	9602	8129	6728	5400
	II	12840	5326	5326	II	11218	9669	8192	6788	5457	4198
	III	8898	5326	5326	III	7678	6496	5350	4240	3166	2128
	V	20241	5326	5326	IV	13603	12766	11948	11148	10366	9602
	VI	20760	5326	5326							
68 867,99	I,IV	14471	5326	5326	I	12779	11160	9614	8140	6739	5410
	II	12853	5326	5326	II	11231	9681	8204	6799	5467	4208
	III	8908	5326	5326	III	7688	6506	5358	4248	3174	2136
	V	20255	5326	5326	IV	13616	12779	11961	11160	10378	9614
	VI	20774	5326	5326							
68 903,99	I,IV	14485	5326	5326	I	12792	11173	9626	8151	6749	5420
	II	12866	5326	5326	II	11243	9693	8215	6810	5477	4218
	III	8918	5326	5326	III	7698	6514	5368	4256	3182	2144
	V	20269	5326	5326	IV	13630	12792	11974	11173	10390	9626
	VI	20788	5326	5326							
68 939,99	I,IV	14498	5326	5326	I	12805	11185	9638	8162	6760	5430
	II	12879	5326	5326	II	11256	9705	8226	6821	5488	4227
	III	8928	5326	5326	III	7708	6524	5376	4266	3190	2152
	V	20283	5326	5326	IV	13643	12805	11986	11185	10402	9638
	VI	20802	5326	5326							
68 975,99	I,IV	14512	5326	5326	I	12819	11198	9649	8174	6771	5440
	II	12892	5326	5326	II	11268	9717	8238	6831	5498	4237
	III	8936	5326	5326	III	7716	6532	5386	4274	3198	2160
	V	20296	5326	5326	IV	13656	12819	11999	11198	10414	9649
	VI	20816	5326	5326							
69 011,99	I,IV	14526	5326	5326	I	12832	11210	9661	8185	6782	5451
	II	12905	5326	5326	II	11281	9728	8249	6842	5508	4247
	III	8946	5326	5326	III	7726	6542	5394	4282	3208	2168
	V	20310	5326	5326	IV	13670	12832	12012	11210	10427	9661
	VI	20829	5326	5326							
69 047,99	I,IV	14540	5326	5326	I	12845	11223	9674	8197	6793	5461
	II	12919	5326	5326	II	11293	9741	8261	6853	5519	4256
	III	8956	5326	5326	III	7736	6552	5404	4292	3216	2176
	V	20325	5326	5326	IV	13683	12845	12025	11223	10439	9674
	VI	20844	5326	5326							
69 083,99	I,IV	14553	5326	5326	I	12858	11235	9685	8208	6803	5471
	II	12932	5326	5326	II	11306	9753	8272	6864	5529	4266
	III	8966	5326	5326	III	7746	6560	5412	4300	3224	2184
	V	20338	5326	5326	IV	13697	12858	12038	11235	10451	9685
	VI	20858	5326	5326							
69 119,99	I,IV	14567	5326	5326	I	12871	11248	9697	8219	6814	5481
	II	12945	5326	5326	II	11318	9765	8283	6875	5539	4276
	III	8976	5326	5326	III	7754	6570	5422	4308	3232	2192
	V	20352	5326	5326	IV	13710	12871	12050	11248	10464	9697
	VI	20871	5326	5326							

* Zur LSt-Berechnung für privat versicherte Arbeitnehmer s. Beispiele **Vorbemerkung S. 4f.**
** Basisvorsorgepauschale KV und PV   *** Typisierter Arbeitgeberzuschuss

Jahr gültig ab 1. 1. 2022 (idF des StEntlG 2022) aT2

Lohn/Gehalt in € bis	Steuerklasse	Lohnsteuer*	BVSP**	TAGZ***	Steuerklasse	Bemessungsgrundlage für Kirchensteuer und Solidaritätszuschlag					
						Freibeträge für ... Kinder					
						0,5	1,0	1,5	2,0	2,5	3,0
69 155,99	I,IV	14 581	5 326	5 326	I	12 884	11 260	9 709	8 231	6 825	5 492
	II	12 958	5 326	5 326	II	11 331	9 777	8 295	6 886	5 549	4 285
	III	8 986	5 326	5 326	III	7 764	6 578	5 430	4 318	3 240	2 200
	V	20 366	5 326	5 326	IV	13 723	12 884	12 063	11 260	10 476	9 709
	VI	20 885	5 326								
69 191,99	I,IV	14 594	5 326	5 326	I	12 897	11 273	9 721	8 242	6 836	5 502
	II	12 971	5 326	5 326	II	11 343	9 789	8 306	6 897	5 560	4 295
	III	8 996	5 326	5 326	III	7 774	6 588	5 438	4 326	3 250	2 208
	V	20 380	5 326	5 326	IV	13 737	12 897	12 076	11 273	10 488	9 721
	VI	20 899	5 326								
69 227,99	I,IV	14 608	5 326	5 326	I	12 910	11 285	9 733	8 254	6 847	5 512
	II	12 984	5 326	5 326	II	11 356	9 800	8 318	6 907	5 570	4 305
	III	9 006	5 326	5 326	III	7 782	6 598	5 448	4 334	3 258	2 216
	V	20 394	5 326	5 326	IV	13 750	12 910	12 089	11 285	10 500	9 733
	VI	20 913	5 326								
69 263,99	I,IV	14 621	5 326	5 326	I	12 923	11 298	9 745	8 265	6 857	5 522
	II	12 997	5 326	5 326	II	11 368	9 812	8 329	6 918	5 580	4 314
	III	9 016	5 326	5 326	III	7 792	6 606	5 456	4 344	3 266	2 226
	V	20 408	5 326	5 326	IV	13 763	12 923	12 102	11 298	10 512	9 745
	VI	20 927	5 326								
69 299,99	I,IV	14 635	5 326	5 326	I	12 936	11 310	9 757	8 276	6 868	5 533
	II	13 010	5 326	5 326	II	11 381	9 824	8 340	6 929	5 590	4 324
	III	9 024	5 326	5 326	III	7 802	6 616	5 466	4 352	3 274	2 232
	V	20 422	5 326	5 326	IV	13 777	12 936	12 114	11 310	10 525	9 757
	VI	20 941	5 326								
69 335,99	I,IV	14 649	5 326	5 326	I	12 950	11 323	9 769	8 288	6 879	5 543
	II	13 023	5 326	5 326	II	11 394	9 836	8 352	6 940	5 600	4 334
	III	9 034	5 326	5 326	III	7 812	6 624	5 474	4 360	3 282	2 242
	V	20 436	5 326	5 326	IV	13 790	12 950	12 127	11 323	10 537	9 769
	VI	20 955	5 326								
69 371,99	I,IV	14 662	5 326	5 326	I	12 963	11 335	9 781	8 299	6 890	5 553
	II	13 036	5 326	5 326	II	11 406	9 848	8 363	6 951	5 611	4 343
	III	9 044	5 326	5 326	III	7 820	6 634	5 484	4 368	3 290	2 248
	V	20 449	5 326	5 326	IV	13 803	12 963	12 140	11 335	10 549	9 781
	VI	20 968	5 326								
69 407,99	I,IV	14 676	5 326	5 326	I	12 976	11 348	9 793	8 310	6 900	5 563
	II	13 050	5 326	5 326	II	11 419	9 860	8 375	6 961	5 621	4 353
	III	9 054	5 326	5 326	III	7 830	6 644	5 492	4 378	3 300	2 258
	V	20 463	5 326	5 326	IV	13 817	12 976	12 153	11 348	10 561	9 793
	VI	20 982	5 326								
69 443,99	I,IV	14 690	5 326	5 326	I	12 989	11 361	9 805	8 322	6 911	5 573
	II	13 063	5 326	5 326	II	11 431	9 872	8 386	6 972	5 631	4 363
	III	9 064	5 326	5 326	III	7 840	6 652	5 502	4 386	3 308	2 266
	V	20 477	5 326	5 326	IV	13 830	12 989	12 166	11 361	10 574	9 805
	VI	20 996	5 326								
69 479,99	I,IV	14 703	5 326	5 326	I	13 002	11 373	9 817	8 333	6 922	5 584
	II	13 076	5 326	5 326	II	11 444	9 884	8 397	6 983	5 642	4 373
	III	9 074	5 326	5 326	III	7 850	6 662	5 510	4 394	3 316	2 274
	V	20 491	5 326	5 326	IV	13 844	13 002	12 178	11 373	10 586	9 817
	VI	21 010	5 326								
69 515,99	I,IV	14 717	5 326	5 326	I	13 015	11 386	9 829	8 345	6 933	5 594
	II	13 089	5 326	5 326	II	11 456	9 896	8 409	6 994	5 652	4 382
	III	9 084	5 326	5 326	III	7 858	6 670	5 518	4 404	3 324	2 282
	V	20 505	5 326	5 326	IV	13 857	13 015	12 191	11 386	10 598	9 829
	VI	21 024	5 326								
69 551,99	I,IV	14 731	5 326	5 326	I	13 028	11 398	9 841	8 356	6 944	5 604
	II	13 102	5 326	5 326	II	11 469	9 908	8 420	7 005	5 662	4 392
	III	9 094	5 326	5 326	III	7 868	6 680	5 528	4 412	3 332	2 290
	V	20 519	5 326	5 326	IV	13 870	13 028	12 204	11 398	10 610	9 841
	VI	21 038	5 326								

* Zur LSt-Berechnung für privat versicherte Arbeitnehmer s. Beispiele **Vorbemerkung S. 4 f.**
** Basisvorsorgepauschale KV und PV *** Typisierter Arbeitgeberzuschuss

aT2 allgemeine Lohnsteuer

Lohn/ Gehalt in € bis	Steuerklasse	Lohn-steuer*	BVSP**	TAGZ***	Steuerklasse	Bemessungsgrundlage für Kirchensteuer und Solidaritätszuschlag					
						Freibeträge für ... Kinder					
						0,5	1,0	1,5	2,0	2,5	3,0
69587,99	I,IV	**14744**	5326	5326	I	13041	11411	9853	8367	6955	5614
	II	**13115**	5326	5326	II	11481	9920	8432	7016	5672	4402
	III	**9102**	5326	5326	III	7878	6690	5536	4420	3340	2298
	V	**20533**	5326	5326	IV	13884	13041	12217	11411	10623	9853
	VI	**21052**	5326	5326							
69623,99	I,IV	**14758**	5326	5326	I	13054	11423	9865	8379	6965	5625
	II	**13128**	5326	5326	II	11494	9932	8443	7027	5683	4411
	III	**9112**	5326	5326	III	7888	6698	5546	4430	3350	2306
	V	**20546**	5326	5326	IV	13897	13054	12230	11423	10635	9865
	VI	**21066**	5326	5326							
69659,99	I,IV	**14772**	5326	5326	I	13067	11436	9877	8390	6976	5635
	II	**13142**	5326	5326	II	11507	9944	8455	7037	5693	4421
	III	**9122**	5326	5326	III	7896	6708	5554	4438	3358	2314
	V	**20560**	5326	5326	IV	13911	13067	12243	11436	10647	9877
	VI	**21079**	5326	5326							
69695,99	I,IV	**14786**	5326	5326	I	13081	11449	9889	8402	6987	5646
	II	**13155**	5326	5326	II	11520	9957	8466	7049	5704	4431
	III	**9132**	5326	5326	III	7906	6718	5564	4446	3366	2322
	V	**20575**	5326	5326	IV	13924	13081	12256	11449	10660	9889
	VI	**21094**	5326	5326							
69731,99	I,IV	**14800**	5326	5326	I	13094	11461	9901	8413	6998	5656
	II	**13168**	5326	5326	II	11532	9969	8478	7059	5714	4441
	III	**9142**	5326	5326	III	7916	6726	5572	4456	3374	2330
	V	**20588**	5326	5326	IV	13938	13094	12269	11461	10672	9901
	VI	**21108**	5326	5326							
69767,99	I,IV	**14813**	5326	5326	I	13107	11474	9913	8425	7009	5666
	II	**13181**	5326	5326	II	11545	9981	8489	7070	5724	4451
	III	**9152**	5326	5326	III	7926	6736	5582	4464	3382	2338
	V	**20602**	5326	5326	IV	13951	13107	12281	11474	10684	9913
	VI	**21121**	5326	5326							
69803,99	I,IV	**14827**	5326	5326	I	13120	11486	9925	8436	7020	5676
	II	**13195**	5326	5326	II	11557	9993	8501	7081	5734	4460
	III	**9162**	5326	5326	III	7936	6744	5590	4472	3392	2346
	V	**20616**	5326	5326	IV	13965	13120	12294	11486	10697	9925
	VI	**21135**	5326	5326							
69839,99	I,IV	**14841**	5326	5326	I	13134	11499	9937	8448	7031	5687
	II	**13208**	5326	5326	II	11570	10005	8512	7092	5745	4470
	III	**9172**	5326	5326	III	7944	6754	5600	4482	3400	2354
	V	**20630**	5326	5326	IV	13978	13134	12307	11499	10709	9937
	VI	**21149**	5326	5326							
69875,99	I,IV	**14855**	5326	5326	I	13147	11512	9949	8459	7042	5697
	II	**13221**	5326	5326	II	11583	10017	8524	7103	5755	4480
	III	**9182**	5326	5326	III	7954	6764	5608	4490	3408	2362
	V	**20644**	5326	5326	IV	13992	13147	12320	11512	10721	9949
	VI	**21163**	5326	5326							
69911,99	I,IV	**14868**	5326	5326	I	13160	11524	9961	8470	7053	5707
	II	**13234**	5326	5326	II	11595	10029	8535	7114	5765	4490
	III	**9192**	5326	5326	III	7964	6772	5618	4498	3416	2370
	V	**20658**	5326	5326	IV	14005	13160	12333	11524	10733	9961
	VI	**21177**	5326	5326							
69947,99	I,IV	**14882**	5326	5326	I	13173	11537	9973	8482	7063	5718
	II	**13247**	5326	5326	II	11608	10041	8547	7125	5776	4499
	III	**9202**	5326	5326	III	7974	6782	5626	4508	3424	2378
	V	**20672**	5326	5326	IV	14018	13173	12346	11537	10746	9973
	VI	**21191**	5326	5326							
69983,99	I,IV	**14896**	5326	5326	I	13186	11549	9985	8493	7074	5728
	II	**13260**	5326	5326	II	11620	10053	8558	7136	5786	4509
	III	**9210**	5326	5326	III	7982	6790	5636	4516	3434	2386
	V	**20685**	5326	5326	IV	14032	13186	12359	11549	10758	9985
	VI	**21205**	5326	5326							

* Zur LSt-Berechnung für privat versicherte Arbeitnehmer s. Beispiele **Vorbemerkung S. 4 f.**
** Basisvorsorgepauschale KV und PV   *** Typisierter Arbeitgeberzuschuss

Jahr gültig ab 1. 1. 2022 (idF des StEntlG 2022) **aT2**

Lohn/Gehalt in € bis	Steuerklasse	Lohnsteuer*	BVSP**	TAGZ***	Steuerklasse	Bemessungsgrundlage für Kirchensteuer und Solidaritätszuschlag Freibeträge für ... Kinder					
						0,5	1,0	1,5	2,0	2,5	3,0
70 019,99	I,IV	14 909	5 326	5 326	I	13 199	11 562	9 997	8 505	7 085	5 738
	II	13 274	5 326	5 326	II	11 633	10 065	8 569	7 147	5 796	4 519
	III	9 220	5 326	5 326	III	7 992	6 800	5 644	4 524	3 442	2 394
	V	20 699	5 326	5 326	IV	14 045	13 199	12 372	11 562	10 770	9 997
	VI	21 218	5 326	5 326							
70 055,99	I,IV	14 923	5 326	5 326	I	13 213	11 574	10 009	8 516	7 096	5 749
	II	13 287	5 326	5 326	II	11 646	10 077	8 581	7 158	5 807	4 529
	III	9 230	5 326	5 326	III	8 002	6 810	5 654	4 534	3 450	2 402
	V	20 713	5 326	5 326	IV	14 059	13 213	12 384	11 574	10 783	10 009
	VI	21 232	5 326	5 326							
70 091,99	I,IV	14 937	5 326	5 326	I	13 226	11 587	10 021	8 528	7 107	5 759
	II	13 300	5 326	5 326	II	11 658	10 089	8 592	7 168	5 817	4 538
	III	9 240	5 326	5 326	III	8 012	6 818	5 662	4 542	3 458	2 412
	V	20 727	5 326	5 326	IV	14 072	13 226	12 397	11 587	10 795	10 021
	VI	21 246	5 326	5 326							
70 127,99	I,IV	14 951	5 326	5 326	I	13 239	11 600	10 033	8 539	7 118	5 769
	II	13 313	5 326	5 326	II	11 671	10 101	8 604	7 179	5 827	4 548
	III	9 250	5 326	5 326	III	8 020	6 828	5 672	4 550	3 466	2 418
	V	20 741	5 326	5 326	IV	14 086	13 239	12 410	11 600	10 807	10 033
	VI	21 260	5 326	5 326							
70 163,99	I,IV	14 964	5 326	5 326	I	13 252	11 612	10 045	8 551	7 129	5 780
	II	13 326	5 326	5 326	II	11 684	10 113	8 615	7 190	5 838	4 558
	III	9 260	5 326	5 326	III	8 030	6 838	5 680	4 560	3 476	2 428
	V	20 755	5 326	5 326	IV	14 099	13 252	12 423	11 612	10 820	10 045
	VI	21 274	5 326	5 326							
70 199,99	I,IV	14 978	5 326	5 326	I	13 265	11 625	10 057	8 562	7 140	5 790
	II	13 340	5 326	5 326	II	11 696	10 125	8 627	7 201	5 848	4 568
	III	9 270	5 326	5 326	III	8 040	6 846	5 690	4 568	3 484	2 436
	V	20 769	5 326	5 326	IV	14 113	13 265	12 436	11 625	10 832	10 057
	VI	21 288	5 326	5 326							
70 235,99	I,IV	14 992	5 326	5 326	I	13 278	11 638	10 069	8 574	7 151	5 800
	II	13 353	5 326	5 326	II	11 709	10 137	8 638	7 212	5 859	4 578
	III	9 280	5 326	5 326	III	8 050	6 856	5 698	4 576	3 492	2 444
	V	20 782	5 326	5 326	IV	14 126	13 278	12 449	11 638	10 844	10 069
	VI	21 302	5 326	5 326							
70 271,99	I,IV	15 006	5 326	5 326	I	13 292	11 650	10 081	8 585	7 162	5 811
	II	13 366	5 326	5 326	II	11 721	10 149	8 650	7 223	5 869	4 587
	III	9 290	5 326	5 326	III	8 058	6 864	5 706	4 586	3 500	2 452
	V	20 796	5 326	5 326	IV	14 140	13 292	12 462	11 650	10 857	10 081
	VI	21 315	5 326	5 326							
70 307,99	I,IV	15 020	5 326	5 326	I	13 305	11 663	10 093	8 597	7 172	5 821
	II	13 379	5 326	5 326	II	11 734	10 161	8 661	7 234	5 879	4 597
	III	9 300	5 326	5 326	III	8 068	6 874	5 716	4 594	3 508	2 460
	V	20 810	5 326	5 326	IV	14 153	13 305	12 475	11 663	10 869	10 093
	VI	21 329	5 326	5 326							
70 343,99	I,IV	15 033	5 326	5 326	I	13 318	11 675	10 105	8 608	7 183	5 831
	II	13 393	5 326	5 326	II	11 747	10 174	8 673	7 245	5 890	4 607
	III	9 310	5 326	5 326	III	8 078	6 884	5 724	4 602	3 516	2 468
	V	20 824	5 326	5 326	IV	14 167	13 318	12 488	11 675	10 881	10 105
	VI	21 343	5 326	5 326							
70 379,99	I,IV	15 048	5 326	5 326	I	13 332	11 688	10 118	8 620	7 195	5 842
	II	13 406	5 326	5 326	II	11 760	10 186	8 685	7 256	5 900	4 617
	III	9 320	5 326	5 326	III	8 088	6 892	5 734	4 612	3 526	2 476
	V	20 838	5 326	5 326	IV	14 181	13 332	12 501	11 688	10 894	10 118
	VI	21 357	5 326	5 326							
70 415,99	I,IV	15 061	5 326	5 326	I	13 345	11 701	10 130	8 631	7 206	5 852
	II	13 419	5 326	5 326	II	11 772	10 198	8 696	7 267	5 911	4 627
	III	9 330	5 326	5 326	III	8 098	6 902	5 744	4 620	3 534	2 484
	V	20 852	5 326	5 326	IV	14 194	13 345	12 514	11 701	10 906	10 130
	VI	21 371	5 326	5 326							

* Zur LSt-Berechnung für privat versicherte Arbeitnehmer s. Beispiele **Vorbemerkung S. 4 f.**
** Basisvorsorgepauschale KV und PV *** Typisierter Arbeitgeberzuschuss

aT2

allgemeine Lohnsteuer

Lohn/Gehalt in € bis	Steuerklasse	Lohn-steuer*	BVSP**	TAGZ***	Steuerklasse	Bemessungsgrundlage für Kirchensteuer und Solidaritätszuschlag					
						Freibeträge für ... Kinder					
						0,5	1,0	1,5	2,0	2,5	3,0
70451,99	I,IV	**15075**	5326	5326	I	13358	11714	10142	8643	7216	5863
	II	**13433**	5326	5326	II	11785	10210	8708	7278	5921	4637
	III	**9338**	5326	5326	III	8106	6912	5752	4630	3542	2492
	V	**20866**	5326	5326	IV	14208	13358	12527	11714	10919	10142
	VI	**21385**	5326	5326							
70487,99	I,IV	**15089**	5326	5326	I	13371	11726	10154	8654	7227	5873
	II	**13446**	5326	5326	II	11798	10222	8719	7289	5932	4646
	III	**9348**	5326	5326	III	8116	6920	5762	4638	3552	2500
	V	**20880**	5326	5326	IV	14221	13371	12540	11726	10931	10154
	VI	**21399**	5326	5326							
70523,99	I,IV	**15103**	5326	5326	I	13385	11739	10166	8666	7238	5883
	II	**13459**	5326	5326	II	11811	10234	8731	7300	5942	4656
	III	**9358**	5326	5326	III	8126	6930	5770	4646	3560	2508
	V	**20894**	5326	5326	IV	14235	13385	12553	11739	10944	10166
	VI	**21413**	5326	5326							
70559,99	I,IV	**15116**	5326	5326	I	13398	11752	10178	8678	7249	5894
	II	**13472**	5326	5326	II	11823	10247	8743	7311	5952	4666
	III	**9368**	5326	5326	III	8136	6940	5780	4656	3568	2516
	V	**20908**	5326	5326	IV	14248	13398	12566	11752	10956	10178
	VI	**21427**	5326	5326							
70595,99	I,IV	**15130**	5326	5326	I	13411	11764	10190	8689	7260	5904
	II	**13486**	5326	5326	II	11836	10259	8754	7322	5963	4676
	III	**9378**	5326	5326	III	8146	6948	5788	4664	3576	2524
	V	**20921**	5326	5326	IV	14262	13411	12579	11764	10968	10190
	VI	**21441**	5326	5326							
70631,99	I,IV	**15144**	5326	5326	I	13424	11777	10203	8701	7271	5915
	II	**13499**	5326	5326	II	11849	10271	8766	7333	5973	4686
	III	**9388**	5326	5326	III	8156	6958	5798	4672	3584	2532
	V	**20935**	5326	5326	IV	14275	13424	12592	11777	10981	10203
	VI	**21454**	5326	5326							
70667,99	I,IV	**15158**	5326	5326	I	13438	11790	10215	8712	7282	5925
	II	**13512**	5326	5326	II	11861	10283	8777	7344	5984	4696
	III	**9398**	5326	5326	III	8164	6966	5806	4682	3592	2540
	V	**20949**	5326	5326	IV	14289	13438	12605	11790	10993	10215
	VI	**21468**	5326	5326							
70703,99	I,IV	**15172**	5326	5326	I	13451	11802	10227	8724	7293	5935
	II	**13526**	5326	5326	II	11874	10295	8789	7355	5994	4706
	III	**9408**	5326	5326	III	8174	6976	5816	4690	3602	2550
	V	**20963**	5326	5326	IV	14302	13451	12618	11802	11006	10227
	VI	**21482**	5326	5326							
70739,99	I,IV	**15186**	5326	5326	I	13464	11815	10239	8735	7304	5946
	II	**13539**	5326	5326	II	11887	10307	8800	7366	6004	4715
	III	**9418**	5326	5326	III	8184	6986	5824	4698	3610	2558
	V	**20977**	5326	5326	IV	14316	13464	12631	11815	11018	10239
	VI	**21496**	5326	5326							
70775,99	I,IV	**15199**	5326	5326	I	13477	11828	10251	8747	7315	5956
	II	**13552**	5326	5326	II	11899	10319	8812	7377	6015	4725
	III	**9428**	5326	5326	III	8194	6996	5834	4708	3618	2566
	V	**20991**	5326	5326	IV	14329	13477	12644	11828	11030	10251
	VI	**21510**	5326	5326							
70811,99	I,IV	**15213**	5326	5326	I	13491	11841	10263	8758	7326	5967
	II	**13565**	5326	5326	II	11912	10332	8823	7388	6025	4735
	III	**9438**	5326	5326	III	8202	7004	5842	4716	3626	2574
	V	**21005**	5326	5326	IV	14343	13491	12656	11841	11043	10263
	VI	**21524**	5326	5326							
70847,99	I,IV	**15227**	5326	5326	I	13504	11853	10275	8770	7337	5977
	II	**13579**	5326	5326	II	11925	10344	8835	7399	6036	4745
	III	**9448**	5326	5326	III	8212	7014	5852	4726	3636	2582
	V	**21018**	5326	5326	IV	14356	13504	12669	11853	11055	10275
	VI	**21538**	5326	5326							

* Zur LSt-Berechnung für privat versicherte Arbeitnehmer s. Beispiele **Vorbemerkung S. 4f.**
** Basisvorsorgepauschale KV und PV *** Typisierter Arbeitgeberzuschuss

Jahr gültig ab 1. 1. 2022 (idF des StEntlG 2022) **aT2**

Lohn/ Gehalt in € bis	Steuerklasse	Lohn-steuer*	BVSP**	TAGZ***	Steuerklasse	Bemessungsgrundlage für Kirchensteuer und Solidaritätszuschlag Freibeträge für ... Kinder					
						0,5	1,0	1,5	2,0	2,5	3,0
70 883,99	I,IV	**15 241**	5 326	5 326	I	13 517	11 866	10 287	8 781	7 348	5 987
	II	**13 592**	5 326	5 326	II	11 938	10 356	8 847	7 410	6 046	4 755
	III	**9 458**	5 326	5 326	III	8 222	7 022	5 860	4 734	3 644	2 590
	V	**21 032**	5 326	5 326	IV	14 370	13 517	12 682	11 866	11 068	10 287
	VI	**21 551**	5 326	5 326							
70 919,99	I,IV	**15 255**	5 326	5 326	I	13 530	11 879	10 299	8 793	7 359	5 998
	II	**13 605**	5 326	5 326	II	11 950	10 368	8 858	7 421	6 057	4 765
	III	**9 468**	5 326	5 326	III	8 232	7 032	5 870	4 742	3 652	2 598
	V	**21 046**	5 326	5 326	IV	14 384	13 530	12 695	11 879	11 080	10 299
	VI	**21 565**	5 326	5 326							
70 955,99	I,IV	**15 269**	5 326	5 326	I	13 544	11 891	10 312	8 805	7 370	6 008
	II	**13 619**	5 326	5 326	II	11 963	10 380	8 870	7 432	6 067	4 775
	III	**9 476**	5 326	5 326	III	8 240	7 042	5 878	4 752	3 660	2 606
	V	**21 060**	5 326	5 326	IV	14 397	13 544	12 708	11 891	11 092	10 312
	VI	**21 579**	5 326	5 326							
70 991,99	I,IV	**15 283**	5 326	5 326	I	13 557	11 904	10 324	8 816	7 381	6 019
	II	**13 632**	5 326	5 326	II	11 976	10 392	8 881	7 443	6 078	4 784
	III	**9 486**	5 326	5 326	III	8 250	7 050	5 888	4 760	3 670	2 614
	V	**21 074**	5 326	5 326	IV	14 411	13 557	12 721	11 904	11 105	10 324
	VI	**21 593**	5 326	5 326							
71 027,99	I,IV	**15 296**	5 326	5 326	I	13 570	11 917	10 336	8 828	7 392	6 029
	II	**13 645**	5 326	5 326	II	11 989	10 405	8 893	7 454	6 088	4 794
	III	**9 496**	5 326	5 326	III	8 260	7 060	5 896	4 768	3 678	2 622
	V	**21 088**	5 326	5 326	IV	14 424	13 570	12 734	11 917	11 117	10 336
	VI	**21 607**	5 326	5 326							
71 063,99	I,IV	**15 311**	5 326	5 326	I	13 584	11 930	10 348	8 840	7 403	6 040
	II	**13 659**	5 326	5 326	II	12 002	10 417	8 905	7 466	6 099	4 805
	III	**9 506**	5 326	5 326	III	8 270	7 070	5 906	4 778	3 686	2 630
	V	**21 102**	5 326	5 326	IV	14 438	13 584	12 748	11 930	11 130	10 348
	VI	**21 621**	5 326	5 326							
71 099,99	I,IV	**15 325**	5 326	5 326	I	13 597	11 943	10 361	8 851	7 414	6 050
	II	**13 672**	5 326	5 326	II	12 014	10 429	8 917	7 477	6 109	4 814
	III	**9 516**	5 326	5 326	III	8 280	7 080	5 914	4 786	3 694	2 640
	V	**21 116**	5 326	5 326	IV	14 452	13 597	12 761	11 943	11 143	10 361
	VI	**21 635**	5 326	5 326							
71 135,99	I,IV	**15 338**	5 326	5 326	I	13 611	11 955	10 373	8 863	7 425	6 061
	II	**13 686**	5 326	5 326	II	12 027	10 441	8 928	7 488	6 120	4 824
	III	**9 526**	5 326	5 326	III	8 290	7 088	5 924	4 794	3 702	2 648
	V	**21 130**	5 326	5 326	IV	14 465	13 611	12 774	11 955	11 155	10 373
	VI	**21 649**	5 326	5 326							
71 171,99	I,IV	**15 352**	5 326	5 326	I	13 624	11 968	10 385	8 874	7 436	6 071
	II	**13 699**	5 326	5 326	II	12 040	10 454	8 940	7 499	6 130	4 834
	III	**9 536**	5 326	5 326	III	8 298	7 098	5 932	4 804	3 712	2 656
	V	**21 144**	5 326	5 326	IV	14 479	13 624	12 787	11 968	11 167	10 385
	VI	**21 663**	5 326	5 326							
71 207,99	I,IV	**15 366**	5 326	5 326	I	13 637	11 981	10 397	8 886	7 448	6 082
	II	**13 712**	5 326	5 326	II	12 053	10 466	8 951	7 510	6 141	4 844
	III	**9 546**	5 326	5 326	III	8 308	7 106	5 942	4 812	3 720	2 664
	V	**21 157**	5 326	5 326	IV	14 493	13 637	12 800	11 981	11 180	10 397
	VI	**21 677**	5 326	5 326							
71 243,99	I,IV	**15 380**	5 326	5 326	I	13 651	11 994	10 409	8 898	7 459	6 092
	II	**13 726**	5 326	5 326	II	12 066	10 478	8 963	7 521	6 151	4 854
	III	**9 556**	5 326	5 326	III	8 318	7 116	5 950	4 822	3 728	2 672
	V	**21 171**	5 326	5 326	IV	14 506	13 651	12 813	11 994	11 192	10 409
	VI	**21 690**	5 326	5 326							
71 279,99	I,IV	**15 394**	5 326	5 326	I	13 664	12 006	10 421	8 909	7 470	6 103
	II	**13 739**	5 326	5 326	II	12 078	10 490	8 975	7 532	6 162	4 864
	III	**9 566**	5 326	5 326	III	8 328	7 126	5 960	4 830	3 736	2 680
	V	**21 185**	5 326	5 326	IV	14 520	13 664	12 826	12 006	11 205	10 421
	VI	**21 704**	5 326	5 326							

* Zur LSt-Berechnung für privat versicherte Arbeitnehmer s. Beispiele **Vorbemerkung S. 4 f.**
** Basisvorsorgepauschale KV und PV *** Typisierter Arbeitgeberzuschuss

aT2 allgemeine Lohnsteuer

Lohn/ Gehalt in € bis	Steuerklasse	Lohn- steuer*	BVSP**	TAGZ***	Steuerklasse	Bemessungsgrundlage für Kirchensteuer und Solidaritätszuschlag Freibeträge für ... Kinder					
						0,5	1,0	1,5	2,0	2,5	3,0
71 315,99	I,IV	15 408	5 326	5 326	I	13 677	12 019	10 434	8 921	7 481	6 113
	II	13 752	5 326	5 326	II	12 091	10 502	8 986	7 543	6 172	4 874
	III	9 576	5 326	5 326	III	8 338	7 134	5 968	4 838	3 746	2 688
	V	21 199	5 326	5 326	IV	14 533	13 677	12 839	12 019	11 217	10 434
	VI	21 718	5 326								
71 351,99	I,IV	15 422	5 326	5 326	I	13 691	12 032	10 446	8 932	7 492	6 124
	II	13 766	5 326	5 326	II	12 104	10 515	8 998	7 554	6 183	4 884
	III	9 586	5 326	5 326	III	8 346	7 144	5 978	4 848	3 754	2 696
	V	21 213	5 326	5 326	IV	14 547	13 691	12 852	12 032	11 230	10 446
	VI	21 732	5 326								
71 387,99	I,IV	15 435	5 326	5 326	I	13 704	12 045	10 458	8 944	7 503	6 134
	II	13 779	5 326	5 326	II	12 117	10 527	9 010	7 565	6 193	4 894
	III	9 596	5 326	5 326	III	8 356	7 154	5 986	4 856	3 762	2 704
	V	21 227	5 326	5 326	IV	14 561	13 704	12 865	12 045	11 242	10 458
	VI	21 746	5 326								
71 423,99	I,IV	15 449	5 326	5 326	I	13 717	12 057	10 470	8 956	7 514	6 144
	II	13 793	5 326	5 326	II	12 129	10 539	9 021	7 576	6 204	4 904
	III	9 606	5 326	5 326	III	8 366	7 162	5 996	4 864	3 770	2 712
	V	21 241	5 326	5 326	IV	14 574	13 717	12 878	12 057	11 255	10 470
	VI	21 760	5 326								
71 459,99	I,IV	15 463	5 326	5 326	I	13 731	12 070	10 482	8 967	7 525	6 155
	II	13 806	5 326	5 326	II	12 142	10 551	9 033	7 587	6 214	4 914
	III	9 616	5 326	5 326	III	8 376	7 172	6 004	4 874	3 780	2 720
	V	21 255	5 326	5 326	IV	14 588	13 731	12 891	12 070	11 267	10 482
	VI	21 774	5 326								
71 495,99	I,IV	15 477	5 326	5 326	I	13 744	12 083	10 495	8 979	7 536	6 165
	II	13 819	5 326	5 326	II	12 155	10 564	9 045	7 598	6 225	4 924
	III	9 626	5 326	5 326	III	8 386	7 182	6 014	4 882	3 788	2 728
	V	21 268	5 326	5 326	IV	14 602	13 744	12 904	12 083	11 280	10 495
	VI	21 787	5 326								
71 531,99	I,IV	15 491	5 326	5 326	I	13 757	12 096	10 507	8 991	7 547	6 176
	II	13 833	5 326	5 326	II	12 168	10 576	9 056	7 609	6 235	4 934
	III	9 636	5 326	5 326	III	8 396	7 190	6 024	4 892	3 796	2 738
	V	21 282	5 326	5 326	IV	14 615	13 757	12 917	12 096	11 292	10 507
	VI	21 801	5 326								
71 567,99	I,IV	15 505	5 326	5 326	I	13 771	12 109	10 519	9 002	7 558	6 186
	II	13 846	5 326	5 326	II	12 181	10 588	9 068	7 621	6 246	4 944
	III	9 646	5 326	5 326	III	8 404	7 200	6 032	4 900	3 804	2 746
	V	21 296	5 326	5 326	IV	14 629	13 771	12 931	12 109	11 305	10 519
	VI	21 815	5 326								
71 603,99	I,IV	15 519	5 326	5 326	I	13 784	12 121	10 531	9 014	7 569	6 197
	II	13 859	5 326	5 326	II	12 194	10 600	9 080	7 632	6 256	4 954
	III	9 656	5 326	5 326	III	8 414	7 210	6 042	4 908	3 814	2 754
	V	21 310	5 326	5 326	IV	14 643	13 784	12 944	12 121	11 317	10 531
	VI	21 829	5 326								
71 639,99	I,IV	15 533	5 326	5 326	I	13 797	12 134	10 544	9 026	7 580	6 207
	II	13 873	5 326	5 326	II	12 206	10 613	9 091	7 643	6 267	4 964
	III	9 664	5 326	5 326	III	8 424	7 218	6 050	4 918	3 822	2 762
	V	21 324	5 326	5 326	IV	14 656	13 797	12 957	12 134	11 330	10 544
	VI	21 843	5 326								
71 675,99	I,IV	15 546	5 326	5 326	I	13 811	12 147	10 556	9 037	7 591	6 218
	II	13 886	5 326	5 326	II	12 219	10 625	9 103	7 654	6 277	4 973
	III	9 676	5 326	5 326	III	8 434	7 228	6 060	4 926	3 830	2 770
	V	21 338	5 326	5 326	IV	14 670	13 811	12 970	12 147	11 342	10 556
	VI	21 857	5 326								
71 711,99	I,IV	15 561	5 326	5 326	I	13 825	12 160	10 568	9 049	7 603	6 229
	II	13 900	5 326	5 326	II	12 232	10 637	9 115	7 665	6 288	4 984
	III	9 686	5 326	5 326	III	8 444	7 238	6 068	4 936	3 838	2 778
	V	21 352	5 326	5 326	IV	14 684	13 825	12 983	12 160	11 355	10 568
	VI	21 871	5 326								

* Zur LSt-Berechnung für privat versicherte Arbeitnehmer s. Beispiele **Vorbemerkung S. 4 f.**
** Basisvorsorgepauschale KV und PV *** Typisierter Arbeitgeberzuschuss

Jahr gültig ab 1. 1. 2022 (idF des StEntlG 2022) aT2

Lohn/Gehalt in € bis	Steuerklasse	Lohnsteuer*	BVSP**	TAGZ***	Steuerklasse	Bemessungsgrundlage für Kirchensteuer und Solidaritätszuschlag					
						Freibeträge für ... Kinder					
						0,5	1,0	1,5	2,0	2,5	3,0
71 747,99	I,IV	15 575	5 326	5 326	I	13 838	12 173	10 581	9 061	7 614	6 239
	II	13 913	5 326	5 326	II	12 245	10 650	9 127	7 676	6 299	4 994
	III	9 694	5 326	5 326	III	8 452	7 246	6 078	4 944	3 848	2 786
	V	21 366	5 326	5 326	IV	14 698	13 838	12 996	12 173	11 368	10 581
	VI	21 885	5 326	5 326							
71 783,99	I,IV	15 588	5 326	5 326	I	13 851	12 186	10 593	9 073	7 625	6 250
	II	13 927	5 326	5 326	II	12 258	10 662	9 138	7 688	6 309	5 004
	III	9 706	5 326	5 326	III	8 462	7 256	6 086	4 954	3 856	2 794
	V	21 380	5 326	5 326	IV	14 711	13 851	13 009	12 186	11 380	10 593
	VI	21 899	5 326	5 326							
71 819,99	I,IV	15 602	5 326	5 326	I	13 865	12 199	10 605	9 084	7 636	6 260
	II	13 940	5 326	5 326	II	12 271	10 674	9 150	7 699	6 320	5 014
	III	9 714	5 326	5 326	III	8 472	7 266	6 096	4 962	3 864	2 802
	V	21 394	5 326	5 326	IV	14 725	13 865	13 023	12 199	11 393	10 605
	VI	21 913	5 326	5 326							
71 855,99	I,IV	15 616	5 326	5 326	I	13 878	12 211	10 617	9 096	7 647	6 271
	II	13 954	5 326	5 326	II	12 284	10 687	9 162	7 710	6 330	5 024
	III	9 726	5 326	5 326	III	8 482	7 276	6 104	4 970	3 872	2 812
	V	21 407	5 326	5 326	IV	14 739	13 878	13 036	12 211	11 405	10 617
	VI	21 927	5 326	5 326							
71 891,99	I,IV	15 630	5 326	5 326	I	13 891	12 224	10 630	9 108	7 658	6 282
	II	13 967	5 326	5 326	II	12 297	10 699	9 174	7 721	6 341	5 034
	III	9 734	5 326	5 326	III	8 492	7 284	6 114	4 980	3 882	2 820
	V	21 421	5 326	5 326	IV	14 752	13 891	13 049	12 224	11 418	10 630
	VI	21 940	5 326	5 326							
71 927,99	I,IV	15 644	5 326	5 326	I	13 905	12 237	10 642	9 119	7 669	6 292
	II	13 981	5 326	5 326	II	12 310	10 711	9 185	7 732	6 352	5 044
	III	9 744	5 326	5 326	III	8 502	7 294	6 122	4 988	3 890	2 828
	V	21 435	5 326	5 326	IV	14 766	13 905	13 062	12 237	11 430	10 642
	VI	21 954	5 326	5 326							
71 963,99	I,IV	15 658	5 326	5 326	I	13 918	12 250	10 654	9 131	7 681	6 303
	II	13 994	5 326	5 326	II	12 322	10 723	9 197	7 743	6 362	5 054
	III	9 754	5 326	5 326	III	8 510	7 304	6 132	4 996	3 898	2 836
	V	21 449	5 326	5 326	IV	14 780	13 918	13 075	12 250	11 443	10 654
	VI	21 968	5 326	5 326							
71 999,99	I,IV	15 672	5 326	5 326	I	13 932	12 263	10 666	9 143	7 692	6 313
	II	14 007	5 326	5 326	II	12 335	10 736	9 209	7 754	6 373	5 064
	III	9 764	5 326	5 326	III	8 520	7 312	6 142	5 006	3 906	2 844
	V	21 463	5 326	5 326	IV	14 793	13 932	13 088	12 263	11 456	10 666
	VI	21 982	5 326	5 326							
72 035,99	I,IV	15 685	5 326	5 326	I	13 945	12 276	10 679	9 154	7 703	6 324
	II	14 021	5 326	5 326	II	12 348	10 748	9 221	7 766	6 383	5 074
	III	9 774	5 326	5 326	III	8 530	7 322	6 150	5 014	3 916	2 852
	V	21 477	5 326	5 326	IV	14 807	13 945	13 101	12 276	11 468	10 679
	VI	21 996	5 326	5 326							
72 071,99	I,IV	15 699	5 326	5 326	I	13 959	12 288	10 691	9 166	7 714	6 334
	II	14 034	5 326	5 326	II	12 361	10 760	9 232	7 777	6 394	5 084
	III	9 784	5 326	5 326	III	8 540	7 332	6 160	5 024	3 924	2 860
	V	21 491	5 326	5 326	IV	14 821	13 959	13 114	12 288	11 481	10 691
	VI	22 010	5 326	5 326							
72 107,99	I,IV	15 713	5 326	5 326	I	13 972	12 301	10 703	9 178	7 725	6 345
	II	14 048	5 326	5 326	II	12 374	10 773	9 244	7 788	6 405	5 094
	III	9 794	5 326	5 326	III	8 550	7 340	6 168	5 032	3 932	2 868
	V	21 504	5 326	5 326	IV	14 835	13 972	13 128	12 301	11 493	10 703
	VI	22 024	5 326	5 326							
72 143,99	I,IV	15 727	5 326	5 326	I	13 985	12 314	10 716	9 190	7 736	6 355
	II	14 061	5 326	5 326	II	12 387	10 785	9 256	7 799	6 415	5 104
	III	9 804	5 326	5 326	III	8 560	7 350	6 178	5 040	3 940	2 878
	V	21 518	5 326	5 326	IV	14 848	13 985	13 141	12 314	11 506	10 716
	VI	22 037	5 326	5 326							

* Zur LSt-Berechnung für privat versicherte Arbeitnehmer s. Beispiele **Vorbemerkung S. 4 f.**
** Basisvorsorgepauschale KV und PV *** Typisierter Arbeitgeberzuschuss

aT2 allgemeine Lohnsteuer

Lohn/ Gehalt in € bis	Steuerklasse	Lohn- steuer*	BVSP**	TAGZ***	Steuerklasse	Bemessungsgrundlage für Kirchensteuer und Solidaritätszuschlag					
						Freibeträge für ... Kinder					
						0,5	1,0	1,5	2,0	2,5	3,0
72 179,99	I,IV	15 741	5 326	5 326	I	13 999	12 327	10 728	9 201	7 747	6 366
	II	14 075	5 326	5 326	II	12 400	10 797	9 267	7 810	6 426	5 114
	III	9 814	5 326	5 326	III	8 568	7 360	6 186	5 050	3 950	2 886
	V	21 532	5 326	5 326	IV	14 862	13 999	13 154	12 327	11 518	10 728
	VI	22 051	5 326	5 326							
72 215,99	I,IV	15 755	5 326	5 326	I	14 012	12 340	10 740	9 213	7 759	6 377
	II	14 088	5 326	5 326	II	12 413	10 810	9 279	7 822	6 436	5 124
	III	9 824	5 326	5 326	III	8 578	7 368	6 196	5 058	3 958	2 894
	V	21 546	5 326	5 326	IV	14 876	14 012	13 167	12 340	11 531	10 740
	VI	22 065	5 326	5 326							
72 251,99	I,IV	15 769	5 326	5 326	I	14 026	12 353	10 752	9 225	7 770	6 387
	II	14 102	5 326	5 326	II	12 425	10 822	9 291	7 833	6 447	5 134
	III	9 834	5 326	5 326	III	8 588	7 378	6 204	5 068	3 966	2 902
	V	21 560	5 326	5 326	IV	14 889	14 026	13 180	12 353	11 544	10 752
	VI	22 079	5 326	5 326							
72 287,99	I,IV	15 782	5 326	5 326	I	14 039	12 366	10 765	9 237	7 781	6 398
	II	14 115	5 326	5 326	II	12 438	10 834	9 303	7 844	6 458	5 144
	III	9 844	5 326	5 326	III	8 598	7 388	6 214	5 076	3 974	2 910
	V	21 574	5 326	5 326	IV	14 903	14 039	13 193	12 366	11 556	10 765
	VI	22 093	5 326	5 326							
72 323,99	I,IV	15 796	5 326	5 326	I	14 053	12 379	10 777	9 248	7 792	6 408
	II	14 129	5 326	5 326	II	12 451	10 847	9 315	7 855	6 468	5 154
	III	9 854	5 326	5 326	III	8 608	7 396	6 222	5 084	3 984	2 918
	V	21 588	5 326	5 326	IV	14 917	14 053	13 207	12 379	11 569	10 777
	VI	22 107	5 326	5 326							
72 359,99	I,IV	15 810	5 326	5 326	I	14 066	12 391	10 789	9 260	7 803	6 419
	II	14 142	5 326	5 326	II	12 464	10 859	9 326	7 866	6 479	5 164
	III	9 864	5 326	5 326	III	8 618	7 406	6 232	5 094	3 992	2 926
	V	21 601	5 326	5 326	IV	14 931	14 066	13 220	12 391	11 581	10 789
	VI	22 121	5 326	5 326							
72 395,99	I,IV	15 824	5 326	5 326	I	14 080	12 405	10 802	9 272	7 815	6 430
	II	14 156	5 326	5 326	II	12 478	10 872	9 338	7 878	6 490	5 174
	III	9 874	5 326	5 326	III	8 628	7 416	6 242	5 102	4 000	2 934
	V	21 616	5 326	5 326	IV	14 945	14 080	13 233	12 405	11 594	10 802
	VI	22 135	5 326	5 326							
72 431,99	I,IV	15 838	5 326	5 326	I	14 093	12 418	10 814	9 284	7 826	6 441
	II	14 169	5 326	5 326	II	12 490	10 884	9 350	7 889	6 500	5 185
	III	9 884	5 326	5 326	III	8 636	7 426	6 250	5 112	4 010	2 942
	V	21 630	5 326	5 326	IV	14 959	14 093	13 246	12 418	11 607	10 814
	VI	22 149	5 326	5 326							
72 467,99	I,IV	15 852	5 326	5 326	I	14 107	12 431	10 827	9 296	7 837	6 451
	II	14 183	5 326	5 326	II	12 503	10 896	9 362	7 900	6 511	5 195
	III	9 894	5 326	5 326	III	8 646	7 434	6 260	5 120	4 018	2 952
	V	21 643	5 326	5 326	IV	14 972	14 107	13 260	12 431	11 620	10 827
	VI	22 163	5 326	5 326							
72 503,99	I,IV	15 866	5 326	5 326	I	14 120	12 443	10 839	9 307	7 848	6 462
	II	14 196	5 326	5 326	II	12 516	10 909	9 374	7 911	6 522	5 205
	III	9 904	5 326	5 326	III	8 656	7 444	6 268	5 130	4 026	2 960
	V	21 657	5 326	5 326	IV	14 986	14 120	13 273	12 443	11 632	10 839
	VI	22 176	5 326	5 326							
72 539,99	I,IV	15 880	5 326	5 326	I	14 134	12 456	10 851	9 319	7 859	6 472
	II	14 210	5 326	5 326	II	12 529	10 921	9 386	7 923	6 532	5 215
	III	9 914	5 326	5 326	III	8 666	7 454	6 278	5 138	4 034	2 968
	V	21 671	5 326	5 326	IV	15 000	14 134	13 286	12 456	11 645	10 851
	VI	22 190	5 326	5 326							
72 575,99	I,IV	15 894	5 326	5 326	I	14 147	12 469	10 864	9 331	7 871	6 483
	II	14 223	5 326	5 326	II	12 542	10 933	9 397	7 934	6 543	5 225
	III	9 924	5 326	5 326	III	8 676	7 462	6 286	5 146	4 044	2 976
	V	21 685	5 326	5 326	IV	15 014	14 147	13 299	12 469	11 657	10 864
	VI	22 204	5 326	5 326							

* Zur LSt-Berechnung für privat versicherte Arbeitnehmer s. Beispiele **Vorbemerkung S. 4 f.**
** Basisvorsorgepauschale KV und PV   *** Typisierter Arbeitgeberzuschuss

Jahr gültig ab 1. 1. 2022 (idF des StEntlG 2022) — aT2

Lohn/Gehalt in € bis	Steuerklasse	Lohnsteuer*	BVSP**	TAGZ***	Steuerklasse	Bemessungsgrundlage für Kirchensteuer und Solidaritätszuschlag — Freibeträge für ... Kinder 0,5	1,0	1,5	2,0	2,5	3,0
72 611,99	I,IV	15 908	5 326	5 326	I	14 161	12 482	10 876	9 343	7 882	6 494
	II	14 237	5 326	5 326	II	12 555	10 946	9 409	7 945	6 554	5 235
	III	9 934	5 326	5 326	III	8 686	7 472	6 296	5 156	4 052	2 984
	V	21 699	5 326	5 326	IV	15 027	14 161	13 312	12 482	11 670	10 876
	VI	22 218	5 326								
72 647,99	I,IV	15 921	5 326	5 326	I	14 174	12 495	10 889	9 354	7 893	6 504
	II	14 251	5 326	5 326	II	12 568	10 958	9 421	7 956	6 564	5 245
	III	9 944	5 326	5 326	III	8 694	7 482	6 304	5 164	4 060	2 992
	V	21 713	5 326	5 326	IV	15 041	14 174	13 326	12 495	11 683	10 889
	VI	22 232	5 326								
72 683,99	I,IV	15 935	5 326	5 326	I	14 188	12 508	10 901	9 366	7 904	6 515
	II	14 264	5 326	5 326	II	12 581	10 971	9 433	7 968	6 575	5 255
	III	9 954	5 326	5 326	III	8 704	7 492	6 314	5 174	4 070	3 000
	V	21 727	5 326	5 326	IV	15 055	14 188	13 339	12 508	11 695	10 901
	VI	22 246	5 326								
72 719,99	I,IV	15 949	5 326	5 326	I	14 201	12 521	10 913	9 378	7 916	6 526
	II	14 278	5 326	5 326	II	12 594	10 983	9 445	7 979	6 586	5 265
	III	9 964	5 326	5 326	III	8 714	7 500	6 324	5 182	4 078	3 008
	V	21 740	5 326	5 326	IV	15 069	14 201	13 352	12 521	11 708	10 913
	VI	22 260	5 326								
72 755,99	I,IV	15 963	5 326	5 326	I	14 215	12 534	10 926	9 390	7 927	6 536
	II	14 291	5 326	5 326	II	12 607	10 995	9 456	7 990	6 596	5 275
	III	9 974	5 326	5 326	III	8 724	7 510	6 332	5 192	4 086	3 018
	V	21 754	5 326	5 326	IV	15 083	14 215	13 365	12 534	11 721	10 926
	VI	22 273	5 326								
72 791,99	I,IV	15 977	5 326	5 326	I	14 228	12 547	10 938	9 402	7 938	6 547
	II	14 305	5 326	5 326	II	12 620	11 008	9 468	8 001	6 607	5 285
	III	9 984	5 326	5 326	III	8 734	7 520	6 342	5 200	4 094	3 026
	V	21 768	5 326	5 326	IV	15 096	14 228	13 379	12 547	11 733	10 938
	VI	22 287	5 326								
72 827,99	I,IV	15 991	5 326	5 326	I	14 242	12 560	10 950	9 413	7 949	6 558
	II	14 318	5 326	5 326	II	12 633	11 020	9 480	8 013	6 618	5 296
	III	9 994	5 326	5 326	III	8 744	7 528	6 350	5 208	4 104	3 034
	V	21 782	5 326	5 326	IV	15 110	14 242	13 392	12 560	11 746	10 950
	VI	22 301	5 326								
72 863,99	I,IV	16 005	5 326	5 326	I	14 255	12 573	10 963	9 425	7 960	6 568
	II	14 332	5 326	5 326	II	12 646	11 033	9 492	8 024	6 628	5 306
	III	10 004	5 326	5 326	III	8 752	7 538	6 360	5 218	4 112	3 042
	V	21 796	5 326	5 326	IV	15 124	14 255	13 405	12 573	11 759	10 963
	VI	22 315	5 326								
72 899,99	I,IV	16 018	5 326	5 326	I	14 269	12 586	10 975	9 437	7 972	6 579
	II	14 345	5 326	5 326	II	12 659	11 045	9 504	8 035	6 639	5 316
	III	10 014	5 326	5 326	III	8 762	7 548	6 368	5 226	4 120	3 050
	V	21 810	5 326	5 326	IV	15 138	14 269	13 418	12 586	11 771	10 975
	VI	22 329	5 326								
72 935,99	I,IV	16 032	5 326	5 326	I	14 283	12 599	10 987	9 449	7 983	6 590
	II	14 359	5 326	5 326	II	12 672	11 057	9 516	8 046	6 650	5 326
	III	10 024	5 326	5 326	III	8 772	7 556	6 378	5 236	4 128	3 058
	V	21 824	5 326	5 326	IV	15 152	14 283	13 432	12 599	11 784	10 987
	VI	22 343	5 326								
72 971,99	I,IV	16 046	5 326	5 326	I	14 296	12 612	11 000	9 461	7 994	6 600
	II	14 372	5 326	5 326	II	12 685	11 070	9 527	8 058	6 661	5 336
	III	10 034	5 326	5 326	III	8 782	7 566	6 388	5 244	4 138	3 068
	V	21 837	5 326	5 326	IV	15 165	14 296	13 445	12 612	11 797	11 000
	VI	22 357	5 326								
73 007,99	I,IV	16 060	5 326	5 326	I	14 310	12 625	11 012	9 473	8 005	6 611
	II	14 386	5 326	5 326	II	12 698	11 082	9 539	8 069	6 671	5 346
	III	10 044	5 326	5 326	III	8 792	7 576	6 396	5 252	4 146	3 076
	V	21 851	5 326	5 326	IV	15 179	14 310	13 458	12 625	11 809	11 012
	VI	22 370	5 326								

* Zur LSt-Berechnung für privat versicherte Arbeitnehmer s. Beispiele **Vorbemerkung S. 4 f.**
** Basisvorsorgepauschale KV und PV   *** Typisierter Arbeitgeberzuschuss

aT2

allgemeine Lohnsteuer

Lohn/Gehalt in € bis	Steuerklasse	Lohn-steuer*	BVSP**	TAGZ***	Steuerklasse	Bemessungsgrundlage für Kirchensteuer und Solidaritätszuschlag					
						Freibeträge für ... Kinder					
						0,5	1,0	1,5	2,0	2,5	3,0
73043,99	I,IV	16074	5326	5326	I	14324	12638	11025	9485	8017	6622
	II	14400	5326	5326	II	12711	11095	9552	8081	6682	5357
	III	10054	5326	5326	III	8802	7586	6406	5262	4154	3084
	V	21866	5326	5326	IV	15194	14324	13472	12638	11822	11025
	VI	22385	5326								
73079,99	I,IV	16088	5326	5326	I	14337	12651	11037	9497	8028	6633
	II	14414	5326	5326	II	12724	11107	9563	8092	6693	5367
	III	10064	5326	5326	III	8812	7596	6414	5272	4164	3092
	V	21879	5326	5326	IV	15207	14337	13485	12651	11835	11037
	VI	22399	5326								
73115,99	I,IV	16102	5326	5326	I	14351	12664	11050	9508	8040	6643
	II	14427	5326	5326	II	12737	11120	9575	8103	6704	5377
	III	10074	5326	5326	III	8820	7604	6424	5280	4172	3100
	V	21893	5326	5326	IV	15221	14351	13498	12664	11848	11050
	VI	22412	5326								
73151,99	I,IV	16116	5326	5326	I	14364	12677	11062	9520	8051	6654
	II	14441	5326	5326	II	12750	11132	9587	8114	6714	5387
	III	10084	5326	5326	III	8832	7614	6434	5288	4180	3108
	V	21907	5326	5326	IV	15235	14364	13510	12677	11861	11062
	VI	22426	5326								
73187,99	I,IV	16130	5326	5326	I	14378	12690	11075	9532	8062	6665
	II	14454	5326	5326	II	12763	11145	9599	8126	6725	5397
	III	10094	5326	5326	III	8840	7624	6442	5298	4188	3116
	V	21921	5326	5326	IV	15249	14378	13525	12690	11873	11075
	VI	22440	5326								
73223,99	I,IV	16144	5326	5326	I	14391	12703	11087	9544	8073	6676
	II	14468	5326	5326	II	12776	11157	9611	8137	6736	5407
	III	10104	5326	5326	III	8850	7632	6452	5306	4198	3126
	V	21935	5326	5326	IV	15263	14391	13538	12703	11886	11087
	VI	22454	5326								
73259,99	I,IV	16157	5326	5326	I	14405	12716	11100	9556	8085	6686
	II	14482	5326	5326	II	12789	11170	9623	8148	6747	5418
	III	10114	5326	5326	III	8860	7642	6460	5316	4206	3134
	V	21949	5326	5326	IV	15277	14405	13551	12716	11899	11100
	VI	22468	5326								
73295,99	I,IV	16171	5326	5326	I	14418	12729	11112	9568	8096	6697
	II	14495	5326	5326	II	12802	11182	9635	8160	6757	5428
	III	10124	5326	5326	III	8870	7652	6470	5324	4214	3142
	V	21963	5326	5326	IV	15291	14418	13565	12729	11911	11112
	VI	22482	5326								
73331,99	I,IV	16185	5326	5326	I	14432	12742	11124	9580	8107	6708
	II	14509	5326	5326	II	12815	11195	9647	8171	6768	5438
	III	10134	5326	5326	III	8880	7660	6478	5332	4224	3150
	V	21976	5326	5326	IV	15304	14432	13578	12742	11924	11124
	VI	22496	5326								
73367,99	I,IV	16199	5326	5326	I	14446	12755	11137	9591	8119	6718
	II	14522	5326	5326	II	12828	11207	9658	8182	6779	5448
	III	10144	5326	5326	III	8890	7670	6488	5342	4232	3158
	V	21990	5326	5326	IV	15318	14446	13591	12755	11937	11137
	VI	22509	5326								
73403,99	I,IV	16213	5326	5326	I	14459	12768	11149	9603	8130	6729
	II	14536	5326	5326	II	12841	11220	9670	8194	6790	5458
	III	10154	5326	5326	III	8898	7680	6498	5350	4240	3166
	V	22004	5326	5326	IV	15332	14459	13605	12768	11950	11149
	VI	22523	5326								
73439,99	I,IV	16227	5326	5326	I	14473	12781	11162	9615	8141	6740
	II	14550	5326	5326	II	12855	11232	9682	8205	6800	5469
	III	10164	5326	5326	III	8908	7690	6506	5360	4250	3176
	V	22018	5326	5326	IV	15346	14473	13618	12781	11962	11162
	VI	22537	5326								

* Zur LSt-Berechnung für privat versicherte Arbeitnehmer s. Beispiele **Vorbemerkung S. 4 f.**
** Basisvorsorgepauschale KV und PV *** Typisierter Arbeitgeberzuschuss

Jahr gültig ab 1. 1. 2022 (idF des StEntlG 2022) aT2

Lohn/Gehalt in € bis	Steuerklasse	Lohnsteuer*	BVSP**	TAGZ***	Steuerklasse	Bemessungsgrundlage für Kirchensteuer und Solidaritätszuschlag					
						Freibeträge für ... Kinder					
						0,5	1,0	1,5	2,0	2,5	3,0
73475,99	I,IV	16241	5326	5326	I	14486	12794	11174	9627	8153	6751
	II	14563	5326	5326	II	12868	11245	9694	8216	6811	5479
	III	10174	5326	5326	III	8918	7698	6516	5368	4258	3184
	V	22032	5326	5326	IV	15360	14486	13631	12794	11975	11174
	VI	22551	5326								
73511,99	I,IV	16254	5326	5326	I	14500	12807	11187	9639	8164	6761
	II	14577	5326	5326	II	12881	11257	9706	8228	6822	5489
	III	10184	5326	5326	III	8928	7708	6524	5378	4266	3192
	V	22046	5326	5326	IV	15374	14500	13644	12807	11988	11187
	VI	22565	5326								
73547,99	I,IV	16268	5326	5326	I	14514	12820	11199	9651	8175	6772
	II	14590	5326	5326	II	12894	11270	9718	8239	6833	5499
	III	10194	5326	5326	III	8938	7718	6534	5386	4274	3200
	V	22060	5326	5326	IV	15388	14514	13658	12820	12001	11199
	VI	22579	5326								
73583,99	I,IV	16282	5326	5326	I	14527	12833	11212	9663	8187	6783
	II	14604	5326	5326	II	12907	11282	9730	8250	6844	5509
	III	10204	5326	5326	III	8948	7728	6544	5396	4284	3208
	V	22074	5326	5326	IV	15401	14527	13671	12833	12013	11212
	VI	22593	5326								
73619,99	I,IV	16296	5326	5326	I	14541	12846	11224	9675	8198	6794
	II	14618	5326	5326	II	12920	11295	9742	8262	6854	5520
	III	10214	5326	5326	III	8958	7736	6552	5404	4292	3216
	V	22087	5326	5326	IV	15415	14541	13684	12846	12026	11224
	VI	22606	5326								
73655,99	I,IV	16310	5326	5326	I	14555	12859	11237	9687	8209	6804
	II	14631	5326	5326	II	12933	11307	9754	8273	6865	5530
	III	10224	5326	5326	III	8968	7746	6562	5414	4300	3226
	V	22101	5326	5326	IV	15429	14555	13698	12859	12039	11237
	VI	22620	5326								
73691,99	I,IV	16324	5326	5326	I	14568	12872	11249	9698	8221	6815
	II	14645	5326	5326	II	12946	11320	9766	8285	6876	5540
	III	10234	5326	5326	III	8976	7756	6570	5422	4310	3234
	V	22115	5326	5326	IV	15443	14568	13711	12872	12052	11249
	VI	22634	5326								
73727,99	I,IV	16338	5326	5326	I	14582	12886	11262	9711	8232	6826
	II	14659	5326	5326	II	12959	11332	9778	8296	6887	5551
	III	10244	5326	5326	III	8986	7766	6580	5430	4318	3242
	V	22129	5326	5326	IV	15457	14582	13725	12886	12065	11262
	VI	22648	5326								
73763,99	I,IV	16352	5326	5326	I	14596	12899	11274	9723	8244	6837
	II	14673	5326	5326	II	12973	11345	9790	8308	6898	5561
	III	10256	5326	5326	III	8996	7774	6590	5440	4328	3250
	V	22143	5326	5326	IV	15471	14596	13738	12899	12078	11274
	VI	22662	5326								
73799,99	I,IV	16366	5326	5326	I	14609	12912	11287	9735	8255	6848
	II	14686	5326	5326	II	12986	11357	9802	8319	6909	5571
	III	10264	5326	5326	III	9006	7784	6598	5448	4336	3258
	V	22157	5326	5326	IV	15485	14609	13752	12912	12090	11287
	VI	22676	5326								
73835,99	I,IV	16380	5326	5326	I	14623	12925	11299	9747	8266	6859
	II	14700	5326	5326	II	12999	11370	9814	8330	6920	5581
	III	10276	5326	5326	III	9016	7794	6608	5458	4344	3266
	V	22171	5326	5326	IV	15499	14623	13765	12925	12103	11299
	VI	22690	5326								
73871,99	I,IV	16394	5326	5326	I	14637	12938	11312	9758	8278	6869
	II	14714	5326	5326	II	13012	11383	9826	8342	6930	5591
	III	10284	5326	5326	III	9026	7804	6616	5466	4352	3276
	V	22185	5326	5326	IV	15513	14637	13778	12938	12116	11312
	VI	22704	5326								

* Zur LSt-Berechnung für privat versicherte Arbeitnehmer s. Beispiele **Vorbemerkung S. 4f.**
** Basisvorsorgepauschale KV und PV   *** Typisierter Arbeitgeberzuschuss

aT2   allgemeine Lohnsteuer

Lohn/ Gehalt in € bis	Steuerklasse	Lohn- steuer*	BVSP**	TAGZ***	Steuerklasse	Bemessungsgrundlage für Kirchensteuer und Solidaritätszuschlag — Freibeträge für ... Kinder					
						0,5	1,0	1,5	2,0	2,5	3,0
73 907,99	I,IV	16 407	5 326	5 326	I	14 650	12 951	11 324	9 770	8 289	6 880
	II	14 727	5 326	5 326	II	13 025	11 395	9 838	8 353	6 941	5 602
	III	10 296	5 326	5 326	III	9 036	7 812	6 626	5 476	4 362	3 284
	V	22 199	5 326	5 326	IV	15 527	14 650	13 792	12 951	12 129	11 324
	VI	22 718	5 326								
73 943,99	I,IV	16 421	5 326	5 326	I	14 664	12 964	11 337	9 782	8 300	6 891
	II	14 741	5 326	5 326	II	13 038	11 408	9 850	8 365	6 952	5 612
	III	10 306	5 326	5 326	III	9 046	7 822	6 634	5 484	4 370	3 292
	V	22 213	5 326	5 326	IV	15 540	14 664	13 805	12 964	12 142	11 337
	VI	22 732	5 326								
73 979,99	I,IV	16 435	5 326	5 326	I	14 678	12 977	11 350	9 794	8 312	6 902
	II	14 755	5 326	5 326	II	13 051	11 420	9 862	8 376	6 963	5 622
	III	10 316	5 326	5 326	III	9 056	7 832	6 644	5 494	4 378	3 300
	V	22 226	5 326	5 326	IV	15 554	14 678	13 818	12 977	12 154	11 350
	VI	22 746	5 326								
74 015,99	I,IV	16 449	5 326	5 326	I	14 691	12 990	11 362	9 806	8 323	6 913
	II	14 769	5 326	5 326	II	13 064	11 433	9 874	8 387	6 974	5 633
	III	10 326	5 326	5 326	III	9 064	7 840	6 654	5 502	4 388	3 308
	V	22 240	5 326	5 326	IV	15 568	14 691	13 832	12 990	12 167	11 362
	VI	22 759	5 326								
74 051,99	I,IV	16 463	5 326	5 326	I	14 705	13 004	11 375	9 818	8 335	6 923
	II	14 782	5 326	5 326	II	13 077	11 445	9 886	8 399	6 984	5 643
	III	10 336	5 326	5 326	III	9 074	7 850	6 662	5 512	4 396	3 318
	V	22 254	5 326	5 326	IV	15 582	14 705	13 845	13 004	12 180	11 375
	VI	22 773	5 326								
74 087,99	I,IV	16 477	5 326	5 326	I	14 719	13 017	11 387	9 830	8 346	6 934
	II	14 796	5 326	5 326	II	13 091	11 458	9 898	8 410	6 995	5 653
	III	10 346	5 326	5 326	III	9 084	7 860	6 672	5 520	4 404	3 326
	V	22 268	5 326	5 326	IV	15 596	14 719	13 859	13 017	12 193	11 387
	VI	22 787	5 326								
74 123,99	I,IV	16 491	5 326	5 326	I	14 732	13 030	11 400	9 842	8 357	6 945
	II	14 810	5 326	5 326	II	13 104	11 470	9 910	8 422	7 006	5 663
	III	10 356	5 326	5 326	III	9 094	7 870	6 682	5 530	4 414	3 334
	V	22 282	5 326	5 326	IV	15 610	14 732	13 872	13 030	12 206	11 400
	VI	22 801	5 326								
74 159,99	I,IV	16 504	5 326	5 326	I	14 746	13 043	11 412	9 854	8 369	6 956
	II	14 823	5 326	5 326	II	13 117	11 483	9 922	8 433	7 017	5 674
	III	10 366	5 326	5 326	III	9 104	7 878	6 690	5 538	4 422	3 342
	V	22 296	5 326	5 326	IV	15 624	14 746	13 885	13 043	12 218	11 412
	VI	22 815	5 326								
74 195,99	I,IV	16 518	5 326	5 326	I	14 760	13 056	11 425	9 866	8 380	6 967
	II	14 837	5 326	5 326	II	13 130	11 496	9 934	8 444	7 028	5 684
	III	10 376	5 326	5 326	III	9 114	7 888	6 700	5 546	4 430	3 350
	V	22 310	5 326	5 326	IV	15 638	14 760	13 899	13 056	12 231	11 425
	VI	22 829	5 326								
74 231,99	I,IV	16 532	5 326	5 326	I	14 774	13 069	11 437	9 878	8 392	6 978
	II	14 851	5 326	5 326	II	13 143	11 508	9 946	8 456	7 039	5 694
	III	10 386	5 326	5 326	III	9 124	7 898	6 708	5 556	4 438	3 358
	V	22 323	5 326	5 326	IV	15 651	14 774	13 912	13 069	12 244	11 437
	VI	22 843	5 326								
74 267,99	I,IV	16 546	5 326	5 326	I	14 787	13 082	11 450	9 890	8 403	6 988
	II	14 864	5 326	5 326	II	13 156	11 521	9 958	8 467	7 050	5 704
	III	10 396	5 326	5 326	III	9 134	7 908	6 718	5 564	4 448	3 368
	V	22 337	5 326	5 326	IV	15 665	14 787	13 926	13 082	12 257	11 450
	VI	22 856	5 326								
74 303,99	I,IV	16 560	5 326	5 326	I	14 801	13 095	11 462	9 902	8 414	6 999
	II	14 878	5 326	5 326	II	13 169	11 533	9 970	8 479	7 060	5 715
	III	10 406	5 326	5 326	III	9 144	7 916	6 728	5 574	4 456	3 376
	V	22 351	5 326	5 326	IV	15 679	14 801	13 939	13 095	12 270	11 462
	VI	22 870	5 326								

*   Zur LSt-Berechnung für privat versicherte Arbeitnehmer s. Beispiele **Vorbemerkung S. 4f.**
** Basisvorsorgepauschale KV und PV   *** Typisierter Arbeitgeberzuschuss

Jahr gültig ab 1. 1. 2022 (idF des StEntlG 2022) aT2

Lohn/Gehalt in € bis	Steuerklasse	Lohn-steuer*	BVSP**	TAGZ***	Steuerklasse	Bemessungsgrundlage für Kirchensteuer und Solidaritätszuschlag Freibeträge für ... Kinder					
						0,5	1,0	1,5	2,0	2,5	3,0
74 339,99	I,IV	16 574	5 326	5 326	I	14 815	13 108	11 475	9 914	8 426	7 010
	II	14 892	5 326	5 326	II	13 183	11 546	9 982	8 490	7 071	5 725
	III	10 416	5 326	5 326	III	9 154	7 926	6 736	5 582	4 466	3 384
	V	22 365	5 326	5 326	IV	15 693	14 815	13 952	13 108	12 283	11 475
	VI	22 884	5 326	5 326							
74 375,99	I,IV	16 588	5 326	5 326	I	14 828	13 122	11 488	9 926	8 437	7 021
	II	14 906	5 326	5 326	II	13 196	11 558	9 994	8 502	7 082	5 735
	III	10 426	5 326	5 326	III	9 162	7 936	6 746	5 592	4 474	3 392
	V	22 379	5 326	5 326	IV	15 707	14 828	13 966	13 122	12 295	11 488
	VI	22 898	5 326	5 326							
74 411,99	I,IV	16 602	5 326	5 326	I	14 842	13 135	11 500	9 938	8 449	7 032
	II	14 920	5 326	5 326	II	13 209	11 571	10 006	8 513	7 093	5 746
	III	10 436	5 326	5 326	III	9 172	7 946	6 756	5 600	4 482	3 400
	V	22 393	5 326	5 326	IV	15 721	14 842	13 980	13 135	12 309	11 500
	VI	22 912	5 326	5 326							
74 447,99	I,IV	16 616	5 326	5 326	I	14 856	13 148	11 513	9 950	8 460	7 043
	II	14 934	5 326	5 326	II	13 223	11 584	10 018	8 525	7 104	5 756
	III	10 446	5 326	5 326	III	9 182	7 956	6 764	5 610	4 492	3 410
	V	22 407	5 326	5 326	IV	15 735	14 856	13 993	13 148	12 322	11 513
	VI	22 926	5 326	5 326							
74 483,99	I,IV	16 630	5 326	5 326	I	14 870	13 161	11 526	9 962	8 472	7 054
	II	14 947	5 326	5 326	II	13 236	11 597	10 030	8 536	7 115	5 767
	III	10 456	5 326	5 326	III	9 192	7 964	6 774	5 618	4 500	3 418
	V	22 421	5 326	5 326	IV	15 749	14 870	14 007	13 161	12 334	11 526
	VI	22 940	5 326	5 326							
74 519,99	I,IV	16 643	5 326	5 326	I	14 884	13 175	11 538	9 974	8 483	7 065
	II	14 961	5 326	5 326	II	13 249	11 609	10 042	8 548	7 126	5 777
	III	10 466	5 326	5 326	III	9 202	7 974	6 782	5 628	4 508	3 426
	V	22 435	5 326	5 326	IV	15 763	14 884	14 020	13 175	12 347	11 538
	VI	22 954	5 326	5 326							
74 555,99	I,IV	16 657	5 326	5 326	I	14 897	13 188	11 551	9 986	8 495	7 076
	II	14 975	5 326	5 326	II	13 262	11 622	10 054	8 559	7 137	5 787
	III	10 476	5 326	5 326	III	9 212	7 984	6 792	5 636	4 518	3 434
	V	22 449	5 326	5 326	IV	15 777	14 897	14 034	13 188	12 360	11 551
	VI	22 968	5 326	5 326							
74 591,99	I,IV	16 671	5 326	5 326	I	14 911	13 201	11 563	9 999	8 506	7 087
	II	14 989	5 326	5 326	II	13 275	11 635	10 066	8 571	7 148	5 798
	III	10 486	5 326	5 326	III	9 222	7 994	6 802	5 646	4 526	3 442
	V	22 462	5 326	5 326	IV	15 790	14 911	14 047	13 201	12 373	11 563
	VI	22 982	5 326	5 326							
74 627,99	I,IV	16 685	5 326	5 326	I	14 925	13 214	11 576	10 011	8 518	7 097
	II	15 002	5 326	5 326	II	13 288	11 647	10 078	8 582	7 159	5 808
	III	10 496	5 326	5 326	III	9 232	8 002	6 810	5 654	4 534	3 450
	V	22 476	5 326	5 326	IV	15 804	14 925	14 060	13 214	12 386	11 576
	VI	22 995	5 326	5 326							
74 663,99	I,IV	16 699	5 326	5 326	I	14 939	13 227	11 589	10 023	8 529	7 108
	II	15 016	5 326	5 326	II	13 302	11 660	10 090	8 594	7 170	5 818
	III	10 508	5 326	5 326	III	9 242	8 012	6 820	5 664	4 544	3 460
	V	22 490	5 326	5 326	IV	15 818	14 939	14 074	13 227	12 399	11 589
	VI	23 009	5 326	5 326							
74 699,99	I,IV	16 713	5 326	5 326	I	14 952	13 240	11 601	10 035	8 541	7 119
	II	15 030	5 326	5 326	II	13 315	11 672	10 103	8 605	7 181	5 829
	III	10 516	5 326	5 326	III	9 252	8 022	6 828	5 672	4 552	3 468
	V	22 504	5 326	5 326	IV	15 832	14 952	14 087	13 240	12 412	11 601
	VI	23 023	5 326	5 326							
74 735,99	I,IV	16 727	5 326	5 326	I	14 966	13 254	11 614	10 047	8 552	7 130
	II	15 044	5 326	5 326	II	13 328	11 685	10 115	8 617	7 192	5 839
	III	10 528	5 326	5 326	III	9 262	8 032	6 838	5 682	4 560	3 476
	V	22 518	5 326	5 326	IV	15 846	14 966	14 101	13 254	12 425	11 614
	VI	23 037	5 326	5 326							

* Zur LSt-Berechnung für privat versicherte Arbeitnehmer s. Beispiele **Vorbemerkung S. 4 f.**
** Basisvorsorgepauschale KV und PV   *** Typisierter Arbeitgeberzuschuss

aT2

allgemeine Lohnsteuer

Lohn/ Gehalt in € bis	Steuerklasse	Lohn-steuer*	BVSP**	TAGZ***	Steuerklasse	Bemessungsgrundlage für Kirchensteuer und Solidaritätszuschlag					
						Freibeträge für ... Kinder					
						0,5	1,0	1,5	2,0	2,5	3,0
74 771,99	I,IV	**16 740**	5 326	5 326	I	14 980	13 267	11 626	10 059	8 564	7 141
	II	**15 058**	5 326	5 326	II	13 341	11 698	10 127	8 628	7 203	5 849
	III	**10 538**	5 326	5 326	III	9 270	8 042	6 848	5 690	4 570	3 484
	V	**22 532**	5 326	5 326	IV	15 860	14 980	14 114	13 267	12 438	11 626
	VI	**23 051**	5 326	5 326							
74 807,99	I,IV	**16 754**	5 326	5 326	I	14 994	13 280	11 639	10 071	8 575	7 152
	II	**15 071**	5 326	5 326	II	13 355	11 710	10 139	8 640	7 213	5 860
	III	**10 548**	5 326	5 326	III	9 282	8 050	6 856	5 700	4 578	3 494
	V	**22 546**	5 326	5 326	IV	15 874	14 994	14 128	13 280	12 450	11 639
	VI	**23 065**	5 326	5 326							
74 843,99	I,IV	**16 768**	5 326	5 326	I	15 007	13 293	11 652	10 083	8 587	7 163
	II	**15 085**	5 326	5 326	II	13 368	11 723	10 151	8 651	7 224	5 870
	III	**10 558**	5 326	5 326	III	9 290	8 060	6 866	5 708	4 586	3 502
	V	**22 559**	5 326	5 326	IV	15 887	15 007	14 141	13 293	12 463	11 652
	VI	**23 079**	5 326	5 326							
74 879,99	I,IV	**16 782**	5 326	5 326	I	15 021	13 306	11 664	10 095	8 598	7 174
	II	**15 099**	5 326	5 326	II	13 381	11 736	10 163	8 663	7 235	5 881
	III	**10 568**	5 326	5 326	III	9 300	8 070	6 876	5 718	4 596	3 510
	V	**22 573**	5 326	5 326	IV	15 901	15 021	14 155	13 306	12 476	11 664
	VI	**23 092**	5 326	5 326							
74 915,99	I,IV	**16 796**	5 326	5 326	I	15 035	13 320	11 677	10 107	8 609	7 185
	II	**15 113**	5 326	5 326	II	13 394	11 748	10 175	8 674	7 246	5 891
	III	**10 578**	5 326	5 326	III	9 310	8 080	6 884	5 726	4 604	3 518
	V	**22 587**	5 326	5 326	IV	15 915	15 035	14 168	13 320	12 489	11 677
	VI	**23 106**	5 326	5 326							
74 951,99	I,IV	**16 810**	5 326	5 326	I	15 049	13 333	11 690	10 119	8 621	7 196
	II	**15 127**	5 326	5 326	II	13 407	11 761	10 187	8 686	7 257	5 901
	III	**10 588**	5 326	5 326	III	9 320	8 090	6 894	5 736	4 612	3 526
	V	**22 601**	5 326	5 326	IV	15 929	15 049	14 182	13 333	12 502	11 690
	VI	**23 120**	5 326	5 326							
74 987,99	I,IV	**16 824**	5 326	5 326	I	15 063	13 346	11 702	10 131	8 632	7 207
	II	**15 140**	5 326	5 326	II	13 421	11 774	10 199	8 697	7 268	5 912
	III	**10 598**	5 326	5 326	III	9 330	8 098	6 902	5 744	4 622	3 534
	V	**22 615**	5 326	5 326	IV	15 943	15 063	14 195	13 346	12 515	11 702
	VI	**23 134**	5 326	5 326							
75 023,99	I,IV	**16 837**	5 326	5 326	I	15 076	13 359	11 715	10 143	8 644	7 217
	II	**15 154**	5 326	5 326	II	13 434	11 786	10 211	8 709	7 279	5 922
	III	**10 608**	5 326	5 326	III	9 340	8 108	6 912	5 754	4 630	3 544
	V	**22 629**	5 326	5 326	IV	15 957	15 076	14 209	13 359	12 528	11 715
	VI	**23 148**	5 326	5 326							
75 059,99	I,IV	**16 852**	5 326	5 326	I	15 091	13 373	11 728	10 156	8 656	7 229
	II	**15 168**	5 326	5 326	II	13 448	11 799	10 224	8 721	7 290	5 933
	III	**10 618**	5 326	5 326	III	9 350	8 118	6 922	5 762	4 640	3 552
	V	**22 643**	5 326	5 326	IV	15 971	15 091	14 223	13 373	12 541	11 728
	VI	**23 162**	5 326	5 326							
75 095,99	I,IV	**16 866**	5 326	5 326	I	15 104	13 386	11 741	10 168	8 667	7 240
	II	**15 182**	5 326	5 326	II	13 461	11 812	10 236	8 732	7 301	5 943
	III	**10 628**	5 326	5 326	III	9 360	8 128	6 932	5 772	4 648	3 560
	V	**22 657**	5 326	5 326	IV	15 985	15 104	14 236	13 386	12 554	11 741
	VI	**23 176**	5 326	5 326							
75 131,99	I,IV	**16 879**	5 326	5 326	I	15 118	13 399	11 753	10 180	8 679	7 251
	II	**15 196**	5 326	5 326	II	13 474	11 825	10 248	8 744	7 312	5 954
	III	**10 638**	5 326	5 326	III	9 370	8 138	6 940	5 780	4 656	3 568
	V	**22 671**	5 326	5 326	IV	15 999	15 118	14 250	13 399	12 567	11 753
	VI	**23 190**	5 326	5 326							
75 167,99	I,IV	**16 893**	5 326	5 326	I	15 132	13 413	11 766	10 192	8 690	7 262
	II	**15 210**	5 326	5 326	II	13 487	11 837	10 260	8 755	7 323	5 964
	III	**10 648**	5 326	5 326	III	9 380	8 146	6 950	5 790	4 664	3 578
	V	**22 685**	5 326	5 326	IV	16 013	15 132	14 263	13 413	12 580	11 766
	VI	**23 204**	5 326	5 326							

* Zur LSt-Berechnung für privat versicherte Arbeitnehmer s. Beispiele **Vorbemerkung S. 4 f.**
** Basisvorsorgepauschale KV und PV *** Typisierter Arbeitgeberzuschuss

Jahr gültig ab 1. 1. 2022 (idF des StEntlG 2022) **aT2**

Lohn/Gehalt in € bis	Steuerklasse	Lohn-steuer*	BVSP**	TAGZ***	Steuerklasse	0,5	1,0	1,5	2,0	2,5	3,0
						Bemessungsgrundlage für Kirchensteuer und Solidaritätszuschlag — Freibeträge für ... Kinder					
75 203,99	I,IV	16 907	5 326	5 326	I	15 146	13 426	11 779	10 204	8 702	7 273
	II	15 224	5 326	5 326	II	13 501	11 850	10 272	8 767	7 334	5 974
	III	10 660	5 326	5 326	III	9 390	8 156	6 960	5 798	4 674	3 586
	V	22 698	5 326	5 326	IV	16 026	15 146	14 277	13 426	12 593	11 779
	VI	23 218	5 326	5 326							
75 239,99	I,IV	16 921	5 326	5 326	I	15 160	13 439	11 791	10 216	8 713	7 284
	II	15 238	5 326	5 326	II	13 514	11 863	10 284	8 779	7 345	5 985
	III	10 670	5 326	5 326	III	9 400	8 166	6 968	5 808	4 682	3 594
	V	22 712	5 326	5 326	IV	16 040	15 160	14 290	13 439	12 606	11 791
	VI	23 231	5 326	5 326							
75 275,99	I,IV	16 935	5 326	5 326	I	15 173	13 452	11 804	10 228	8 725	7 294
	II	15 251	5 326	5 326	II	13 527	11 876	10 297	8 790	7 356	5 995
	III	10 680	5 326	5 326	III	9 410	8 176	6 978	5 816	4 692	3 602
	V	22 726	5 326	5 326	IV	16 054	15 173	14 304	13 452	12 619	11 804
	VI	23 245	5 326	5 326							
75 311,99	I,IV	16 949	5 326	5 326	I	15 187	13 466	11 817	10 240	8 737	7 305
	II	15 265	5 326	5 326	II	13 540	11 888	10 309	8 802	7 367	6 006
	III	10 690	5 326	5 326	III	9 418	8 184	6 986	5 826	4 700	3 610
	V	22 740	5 326	5 326	IV	16 068	15 187	14 317	13 466	12 632	11 817
	VI	23 259	5 326	5 326							
75 347,99	I,IV	16 963	5 326	5 326	I	15 201	13 479	11 829	10 252	8 748	7 316
	II	15 279	5 326	5 326	II	13 554	11 901	10 321	8 813	7 378	6 016
	III	10 700	5 326	5 326	III	9 428	8 194	6 996	5 834	4 708	3 620
	V	22 754	5 326	5 326	IV	16 082	15 201	14 331	13 479	12 645	11 829
	VI	23 273	5 326	5 326							
75 383,99	I,IV	16 976	5 326	5 326	I	15 215	13 492	11 842	10 265	8 760	7 327
	II	15 293	5 326	5 326	II	13 567	11 914	10 333	8 825	7 389	6 027
	III	10 710	5 326	5 326	III	9 438	8 204	7 006	5 844	4 718	3 628
	V	22 768	5 326	5 326	IV	16 096	15 215	14 344	13 492	12 658	11 842
	VI	23 287	5 326	5 326							
75 419,99	I,IV	16 990	5 326	5 326	I	15 229	13 505	11 855	10 277	8 771	7 338
	II	15 307	5 326	5 326	II	13 580	11 926	10 345	8 836	7 400	6 037
	III	10 720	5 326	5 326	III	9 448	8 214	7 014	5 852	4 726	3 636
	V	22 782	5 326	5 326	IV	16 110	15 229	14 358	13 505	12 671	11 855
	VI	23 301	5 326	5 326							
75 455,99	I,IV	17 004	5 326	5 326	I	15 243	13 519	11 867	10 289	8 783	7 349
	II	15 321	5 326	5 326	II	13 594	11 939	10 357	8 848	7 411	6 047
	III	10 730	5 326	5 326	III	9 458	8 222	7 024	5 862	4 734	3 644
	V	22 795	5 326	5 326	IV	16 123	15 243	14 372	13 519	12 684	11 867
	VI	23 315	5 326	5 326							
75 491,99	I,IV	17 018	5 326	5 326	I	15 256	13 532	11 880	10 301	8 794	7 360
	II	15 335	5 326	5 326	II	13 607	11 952	10 369	8 860	7 422	6 058
	III	10 740	5 326	5 326	III	9 468	8 232	7 034	5 870	4 744	3 654
	V	22 809	5 326	5 326	IV	16 137	15 256	14 385	13 532	12 697	11 880
	VI	23 328	5 326	5 326							
75 527,99	I,IV	17 032	5 326	5 326	I	15 270	13 545	11 893	10 313	8 806	7 371
	II	15 349	5 326	5 326	II	13 620	11 965	10 382	8 871	7 433	6 068
	III	10 750	5 326	5 326	III	9 478	8 242	7 042	5 880	4 752	3 662
	V	22 823	5 326	5 326	IV	16 151	15 270	14 399	13 545	12 710	11 893
	VI	23 342	5 326	5 326							
75 563,99	I,IV	17 046	5 326	5 326	I	15 284	13 559	11 906	10 325	8 818	7 382
	II	15 362	5 326	5 326	II	13 634	11 977	10 394	8 883	7 445	6 079
	III	10 760	5 326	5 326	III	9 488	8 252	7 052	5 888	4 762	3 670
	V	22 837	5 326	5 326	IV	16 165	15 284	14 412	13 559	12 723	11 906
	VI	23 356	5 326	5 326							
75 599,99	I,IV	17 060	5 326	5 326	I	15 298	13 572	11 918	10 337	8 829	7 393
	II	15 376	5 326	5 326	II	13 647	11 990	10 406	8 894	7 456	6 089
	III	10 770	5 326	5 326	III	9 498	8 262	7 062	5 898	4 770	3 678
	V	22 851	5 326	5 326	IV	16 179	15 298	14 426	13 572	12 736	11 918
	VI	23 370	5 326	5 326							

* Zur LSt-Berechnung für privat versicherte Arbeitnehmer s. Beispiele **Vorbemerkung S. 4 f.**
** Basisvorsorgepauschale KV und PV   *** Typisierter Arbeitgeberzuschuss

aT2 allgemeine Lohnsteuer

Lohn/Gehalt in € bis	Steuerklasse	Lohn-steuer*	BVSP**	TAGZ***	Steuerklasse	Bemessungsgrundlage für Kirchensteuer und Solidaritätszuschlag					
						Freibeträge für ... Kinder					
						0,5	1,0	1,5	2,0	2,5	3,0
75 635,99	I,IV	17 073	5 326	5 326	I	15 312	13 585	11 931	10 350	8 841	7 404
	II	15 390	5 326	5 326	II	13 660	12 003	10 418	8 906	7 467	6 100
	III	10 780	5 326	5 326	III	9 508	8 272	7 070	5 906	4 778	3 686
	V	22 865	5 326	5 326	IV	16 193	15 312	14 439	13 585	12 749	11 931
	VI	23 384	5 326	5 326							
75 671,99	I,IV	17 087	5 326	5 326	I	15 326	13 598	11 944	10 362	8 852	7 415
	II	15 404	5 326	5 326	II	13 674	12 016	10 430	8 918	7 478	6 110
	III	10 790	5 326	5 326	III	9 518	8 280	7 080	5 916	4 788	3 696
	V	22 879	5 326	5 326	IV	16 207	15 326	14 453	13 598	12 762	11 944
	VI	23 398	5 326	5 326							
75 707,99	I,IV	17 101	5 326	5 326	I	15 340	13 612	11 957	10 374	8 864	7 426
	II	15 418	5 326	5 326	II	13 687	12 028	10 443	8 929	7 489	6 121
	III	10 802	5 326	5 326	III	9 528	8 290	7 090	5 924	4 796	3 704
	V	22 893	5 326	5 326	IV	16 220	15 340	14 467	13 612	12 775	11 957
	VI	23 412	5 326	5 326							
75 743,99	I,IV	17 115	5 326	5 326	I	15 354	13 626	11 970	10 386	8 876	7 438
	II	15 432	5 326	5 326	II	13 701	12 042	10 455	8 941	7 500	6 131
	III	10 812	5 326	5 326	III	9 538	8 300	7 098	5 934	4 806	3 712
	V	22 907	5 326	5 326	IV	16 235	15 354	14 481	13 626	12 789	11 970
	VI	23 426	5 326	5 326							
75 779,99	I,IV	17 129	5 326	5 326	I	15 368	13 639	11 982	10 399	8 887	7 449
	II	15 446	5 326	5 326	II	13 714	12 054	10 467	8 953	7 511	6 142
	III	10 822	5 326	5 326	III	9 548	8 310	7 108	5 942	4 814	3 720
	V	22 921	5 326	5 326	IV	16 249	15 368	14 494	13 639	12 802	11 982
	VI	23 440	5 326	5 326							
75 815,99	I,IV	17 143	5 326	5 326	I	15 382	13 652	11 995	10 411	8 899	7 460
	II	15 460	5 326	5 326	II	13 727	12 067	10 480	8 965	7 522	6 152
	III	10 832	5 326	5 326	III	9 558	8 320	7 118	5 952	4 822	3 730
	V	22 935	5 326	5 326	IV	16 262	15 382	14 508	13 652	12 815	11 995
	VI	23 454	5 326	5 326							
75 851,99	I,IV	17 157	5 326	5 326	I	15 396	13 665	12 008	10 423	8 911	7 471
	II	15 474	5 326	5 326	II	13 741	12 080	10 492	8 976	7 533	6 163
	III	10 842	5 326	5 326	III	9 568	8 328	7 126	5 960	4 830	3 738
	V	22 948	5 326	5 326	IV	16 276	15 396	14 522	13 665	12 828	12 008
	VI	23 467	5 326	5 326							
75 887,99	I,IV	17 171	5 326	5 326	I	15 409	13 679	12 021	10 435	8 922	7 482
	II	15 488	5 326	5 326	II	13 754	12 093	10 504	8 988	7 544	6 173
	III	10 852	5 326	5 326	III	9 578	8 338	7 136	5 970	4 840	3 746
	V	22 962	5 326	5 326	IV	16 290	15 409	14 535	13 679	12 841	12 021
	VI	23 481	5 326	5 326							
75 923,99	I,IV	17 185	5 326	5 326	I	15 423	13 692	12 033	10 447	8 934	7 493
	II	15 501	5 326	5 326	II	13 767	12 105	10 516	8 999	7 555	6 184
	III	10 862	5 326	5 326	III	9 586	8 348	7 146	5 978	4 848	3 754
	V	22 976	5 326	5 326	IV	16 304	15 423	14 549	13 692	12 854	12 033
	VI	23 495	5 326	5 326							
75 959,99	I,IV	17 199	5 326	5 326	I	15 437	13 705	12 046	10 460	8 945	7 504
	II	15 515	5 326	5 326	II	13 781	12 118	10 528	9 011	7 566	6 194
	III	10 872	5 326	5 326	III	9 598	8 358	7 154	5 988	4 858	3 764
	V	22 990	5 326	5 326	IV	16 318	15 437	14 562	13 705	12 867	12 046
	VI	23 509	5 326	5 326							
75 995,99	I,IV	17 213	5 326	5 326	I	15 451	13 719	12 059	10 472	8 957	7 515
	II	15 529	5 326	5 326	II	13 794	12 131	10 541	9 023	7 578	6 205
	III	10 882	5 326	5 326	III	9 606	8 368	7 164	5 996	4 866	3 772
	V	23 004	5 326	5 326	IV	16 332	15 451	14 576	13 719	12 880	12 059
	VI	23 523	5 326	5 326							
76 031,99	I,IV	17 226	5 326	5 326	I	15 465	13 732	12 072	10 484	8 969	7 526
	II	15 543	5 326	5 326	II	13 808	12 144	10 553	9 034	7 589	6 215
	III	10 894	5 326	5 326	III	9 616	8 376	7 174	6 006	4 874	3 780
	V	23 018	5 326	5 326	IV	16 346	15 465	14 590	13 732	12 893	12 072
	VI	23 537	5 326	5 326							

* Zur LSt-Berechnung für privat versicherte Arbeitnehmer s. Beispiele **Vorbemerkung S. 4f.**
** Basisvorsorgepauschale KV und PV   *** Typisierter Arbeitgeberzuschuss

Jahr gültig ab 1. 1. 2022 (idF des StEntlG 2022) aT2

Lohn/Gehalt in € bis	Steuerklasse	Lohnsteuer*	BVSP**	TAGZ***	Steuerklasse	Bemessungsgrundlage für Kirchensteuer und Solidaritätszuschlag Freibeträge für ... Kinder					
						0,5	1,0	1,5	2,0	2,5	3,0
76067,99	I,IV	17240	5326	5326	I	15479	13746	12085	10496	8980	7537
	II	15557	5326	5326	II	13821	12157	10565	9046	7600	6226
	III	10904	5326	5326	III	9626	8386	7182	6014	4884	3788
	V	23032	5326	5326	IV	16359	15479	14603	13746	12906	12085
	VI	23551	5326	5326							
76103,99	I,IV	17254	5326	5326	I	15493	13759	12097	10508	8992	7548
	II	15571	5326	5326	II	13834	12169	10577	9058	7611	6237
	III	10914	5326	5326	III	9636	8396	7192	6024	4892	3798
	V	23045	5326	5326	IV	16373	15493	14617	13759	12919	12097
	VI	23565	5326	5326							
76139,99	I,IV	17268	5326	5326	I	15506	13772	12110	10521	9004	7559
	II	15585	5326	5326	II	13848	12182	10590	9069	7622	6247
	III	10924	5326	5326	III	9646	8406	7202	6032	4902	3806
	V	23059	5326	5326	IV	16387	15506	14631	13772	12932	12110
	VI	23578	5326	5326							
76175,99	I,IV	17282	5326	5326	I	15520	13786	12123	10533	9015	7570
	II	15598	5326	5326	II	13861	12195	10602	9081	7633	6258
	III	10934	5326	5326	III	9656	8416	7210	6042	4910	3814
	V	23073	5326	5326	IV	16401	15520	14644	13786	12945	12123
	VI	23592	5326	5326							
76211,99	I,IV	17296	5326	5326	I	15534	13799	12136	10545	9027	7582
	II	15612	5326	5326	II	13874	12208	10614	9093	7644	6268
	III	10944	5326	5326	III	9666	8424	7220	6050	4918	3822
	V	23087	5326	5326	IV	16415	15534	14658	13799	12958	12136
	VI	23606	5326	5326							
76247,99	I,IV	17310	5326	5326	I	15548	13812	12149	10557	9039	7593
	II	15626	5326	5326	II	13888	12221	10626	9104	7655	6279
	III	10954	5326	5326	III	9676	8434	7230	6060	4928	3832
	V	23101	5326	5326	IV	16429	15548	14672	13812	12971	12149
	VI	23620	5326	5326							
76283,99	I,IV	17323	5326	5326	I	15562	13826	12161	10570	9050	7604
	II	15640	5326	5326	II	13901	12234	10639	9116	7666	6289
	III	10964	5326	5326	III	9686	8444	7238	6070	4936	3840
	V	23115	5326	5326	IV	16443	15562	14685	13826	12984	12161
	VI	23634	5326	5326							
76319,99	I,IV	17337	5326	5326	I	15576	13839	12174	10582	9062	7615
	II	15654	5326	5326	II	13915	12246	10651	9128	7677	6300
	III	10974	5326	5326	III	9696	8454	7248	6078	4946	3848
	V	23129	5326	5326	IV	16457	15576	14699	13839	12998	12174
	VI	23648	5326	5326							
76355,99	I,IV	17351	5326	5326	I	15590	13853	12187	10594	9074	7626
	II	15668	5326	5326	II	13928	12259	10663	9140	7689	6310
	III	10984	5326	5326	III	9706	8464	7258	6088	4954	3856
	V	23142	5326	5326	IV	16470	15590	14713	13853	13011	12187
	VI	23662	5326	5326							
76391,99	I,IV	17365	5326	5326	I	15604	13866	12200	10607	9086	7637
	II	15682	5326	5326	II	13942	12273	10676	9152	7700	6321
	III	10996	5326	5326	III	9716	8474	7266	6096	4962	3866
	V	23157	5326	5326	IV	16485	15604	14727	13866	13024	12200
	VI	23676	5326	5326							
76427,99	I,IV	17379	5326	5326	I	15618	13880	12213	10619	9097	7649
	II	15696	5326	5326	II	13955	12285	10688	9163	7711	6332
	III	11006	5326	5326	III	9726	8484	7276	6106	4972	3874
	V	23171	5326	5326	IV	16499	15618	14740	13880	13037	12213
	VI	23690	5326	5326							
76463,99	I,IV	17393	5326	5326	I	15632	13893	12226	10631	9109	7660
	II	15710	5326	5326	II	13969	12298	10700	9175	7722	6342
	III	11016	5326	5326	III	9736	8492	7286	6114	4980	3882
	V	23184	5326	5326	IV	16512	15632	14754	13893	13050	12226
	VI	23704	5326	5326							

* Zur LSt-Berechnung für privat versicherte Arbeitnehmer s. Beispiele **Vorbemerkung S. 4f.**
** Basisvorsorgepauschale KV und PV *** Typisierter Arbeitgeberzuschuss

aT2

allgemeine Lohnsteuer

Lohn/ Gehalt in € bis	Steuerklasse	Lohn-steuer*	BVSP**	TAGZ***	Steuerklasse	Bemessungsgrundlage für Kirchensteuer und Solidaritätszuschlag Freibeträge für ... Kinder					
						0,5	1,0	1,5	2,0	2,5	3,0
76499,99	I,IV	17407	5326	5326	I	15645	13907	12239	10643	9121	7671
	II	15724	5326	5326	II	13982	12311	10713	9187	7734	6353
	III	11026	5326	5326	III	9746	8502	7296	6124	4990	3890
	V	23198	5326	5326	IV	16526	15645	14768	13907	13064	12239
	VI	23717	5326								
76535,99	I,IV	17421	5326	5326	I	15659	13920	12251	10656	9132	7682
	II	15737	5326	5326	II	13996	12324	10725	9198	7745	6363
	III	11036	5326	5326	III	9756	8512	7304	6132	4998	3900
	V	23212	5326	5326	IV	16540	15659	14781	13920	13077	12251
	VI	23731	5326								
76571,99	I,IV	17435	5326	5326	I	15673	13933	12264	10668	9144	7693
	II	15751	5326	5326	II	14009	12337	10737	9210	7756	6374
	III	11046	5326	5326	III	9766	8522	7314	6142	5006	3908
	V	23226	5326	5326	IV	16554	15673	14795	13933	13090	12264
	VI	23745	5326								
76607,99	I,IV	17449	5326	5326	I	15687	13947	12277	10680	9156	7704
	II	15765	5326	5326	II	14022	12350	10750	9222	7767	6385
	III	11056	5326	5326	III	9776	8532	7322	6150	5016	3916
	V	23240	5326	5326	IV	16568	15687	14809	13947	13103	12277
	VI	23759	5326								
76643,99	I,IV	17462	5326	5326	I	15701	13960	12290	10692	9168	7715
	II	15779	5326	5326	II	14036	12363	10762	9234	7778	6395
	III	11066	5326	5326	III	9786	8542	7332	6160	5024	3924
	V	23254	5326	5326	IV	16582	15701	14823	13960	13116	12290
	VI	23773	5326								
76679,99	I,IV	17476	5326	5326	I	15715	13974	12303	10705	9179	7726
	II	15793	5326	5326	II	14049	12375	10774	9245	7789	6406
	III	11076	5326	5326	III	9796	8550	7342	6170	5032	3934
	V	23268	5326	5326	IV	16596	15715	14836	13974	13129	12303
	VI	23787	5326								
76715,99	I,IV	17490	5326	5326	I	15729	13987	12316	10717	9191	7738
	II	15807	5326	5326	II	14063	12388	10786	9257	7800	6416
	III	11088	5326	5326	III	9806	8560	7352	6178	5042	3942
	V	23281	5326	5326	IV	16609	15729	14849	13987	13142	12316
	VI	23801	5326								
76751,99	I,IV	17504	5326	5326	I	15743	14000	12329	10729	9203	7749
	II	15821	5326	5326	II	14076	12401	10799	9269	7812	6427
	III	11098	5326	5326	III	9816	8570	7360	6188	5050	3950
	V	23295	5326	5326	IV	16623	15743	14864	14000	13155	12329
	VI	23814	5326								
76787,99	I,IV	17518	5326	5326	I	15756	14014	12341	10742	9214	7760
	II	15834	5326	5326	II	14090	12414	10811	9281	7823	6438
	III	11108	5326	5326	III	9826	8580	7370	6196	5060	3958
	V	23309	5326	5326	IV	16637	15756	14877	14014	13169	12341
	VI	23828	5326								
76823,99	I,IV	17532	5326	5326	I	15770	14027	12354	10754	9226	7771
	II	15848	5326	5326	II	14103	12427	10823	9292	7834	6448
	III	11118	5326	5326	III	9836	8590	7380	6206	5068	3968
	V	23323	5326	5326	IV	16651	15770	14891	14027	13182	12354
	VI	23842	5326								
76859,99	I,IV	17546	5326	5326	I	15784	14041	12367	10766	9238	7782
	II	15862	5326	5326	II	14117	12440	10836	9304	7845	6459
	III	11128	5326	5326	III	9846	8598	7388	6214	5078	3976
	V	23337	5326	5326	IV	16665	15784	14905	14041	13195	12367
	VI	23856	5326								
76895,99	I,IV	17559	5326	5326	I	15798	14054	12380	10779	9250	7793
	II	15876	5326	5326	II	14130	12453	10848	9316	7856	6470
	III	11138	5326	5326	III	9856	8608	7398	6224	5086	3984
	V	23351	5326	5326	IV	16679	15798	14919	14054	13208	12380
	VI	23870	5326								

* Zur LSt-Berechnung für privat versicherte Arbeitnehmer s. Beispiele **Vorbemerkung S. 4f.**
** Basisvorsorgepauschale KV und PV *** Typisierter Arbeitgeberzuschuss

Jahr gültig ab 1. 1. 2022 (idF des StEntlG 2022) — aT2

Lohn/Gehalt in € bis	Steuerklasse	Lohn-steuer*	BVSP**	TAGZ***	Steuerklasse	Bemessungsgrundlage für Kirchensteuer und Solidaritätszuschlag					
						Freibeträge für ... Kinder					
						0,5	1,0	1,5	2,0	2,5	3,0
76 931,99	I,IV	17 573	5 326	5 326	I	15 812	14 068	12 393	10 791	9 261	7 805
	II	15 890	5 326	5 326	II	14 144	12 466	10 860	9 328	7 868	6 480
	III	11 148	5 326	5 326	III	9 866	8 618	7 408	6 234	5 094	3 994
	V	23 365	5 326	5 326	IV	16 693	15 812	14 932	14 068	13 221	12 393
	VI	23 884	5 326								
76 967,99	I,IV	17 587	5 326	5 326	I	15 826	14 081	12 406	10 803	9 273	7 816
	II	15 904	5 326	5 326	II	14 157	12 479	10 873	9 339	7 879	6 491
	III	11 158	5 326	5 326	III	9 876	8 628	7 416	6 242	5 104	4 002
	V	23 378	5 326	5 326	IV	16 706	15 826	14 946	14 081	13 234	12 406
	VI	23 898	5 326								
77 003,99	I,IV	17 601	5 326	5 326	I	15 840	14 095	12 419	10 816	9 285	7 827
	II	15 918	5 326	5 326	II	14 171	12 492	10 885	9 351	7 890	6 501
	III	11 170	5 326	5 326	III	9 886	8 638	7 426	6 252	5 112	4 010
	V	23 392	5 326	5 326	IV	16 720	15 840	14 960	14 095	13 248	12 419
	VI	23 911	5 326								
77 039,99	I,IV	17 615	5 326	5 326	I	15 853	14 108	12 432	10 828	9 297	7 838
	II	15 932	5 326	5 326	II	14 184	12 505	10 897	9 363	7 901	6 512
	III	11 180	5 326	5 326	III	9 894	8 648	7 436	6 260	5 122	4 018
	V	23 406	5 326	5 326	IV	16 734	15 853	14 974	14 108	13 261	12 432
	VI	23 925	5 326								
77 075,99	I,IV	17 629	5 326	5 326	I	15 868	14 122	12 445	10 841	9 309	7 850
	II	15 946	5 326	5 326	II	14 198	12 518	10 910	9 375	7 913	6 523
	III	11 190	5 326	5 326	III	9 906	8 658	7 446	6 270	5 130	4 028
	V	23 420	5 326	5 326	IV	16 748	15 868	14 988	14 122	13 274	12 445
	VI	23 940	5 326								
77 111,99	I,IV	17 643	5 326	5 326	I	15 882	14 136	12 458	10 853	9 321	7 861
	II	15 960	5 326	5 326	II	14 212	12 531	10 923	9 387	7 924	6 534
	III	11 200	5 326	5 326	III	9 916	8 666	7 454	6 278	5 140	4 036
	V	23 434	5 326	5 326	IV	16 762	15 882	15 002	14 136	13 288	12 458
	VI	23 953	5 326								
77 147,99	I,IV	17 657	5 326	5 326	I	15 895	14 149	12 471	10 865	9 332	7 872
	II	15 974	5 326	5 326	II	14 225	12 544	10 935	9 399	7 935	6 544
	III	11 210	5 326	5 326	III	9 926	8 676	7 464	6 288	5 148	4 044
	V	23 448	5 326	5 326	IV	16 776	15 895	15 015	14 149	13 301	12 471
	VI	23 967	5 326								
77 183,99	I,IV	17 671	5 326	5 326	I	15 909	14 163	12 484	10 878	9 344	7 883
	II	15 987	5 326	5 326	II	14 239	12 557	10 947	9 411	7 947	6 555
	III	11 220	5 326	5 326	III	9 936	8 686	7 474	6 298	5 156	4 054
	V	23 462	5 326	5 326	IV	16 790	15 909	15 029	14 163	13 314	12 484
	VI	23 981	5 326								
77 219,99	I,IV	17 685	5 326	5 326	I	15 923	14 176	12 497	10 890	9 356	7 894
	II	16 001	5 326	5 326	II	14 252	12 570	10 960	9 422	7 958	6 566
	III	11 230	5 326	5 326	III	9 946	8 696	7 482	6 306	5 166	4 062
	V	23 476	5 326	5 326	IV	16 804	15 923	15 043	14 176	13 327	12 497
	VI	23 995	5 326								
77 255,99	I,IV	17 698	5 326	5 326	I	15 937	14 190	12 510	10 902	9 368	7 906
	II	16 015	5 326	5 326	II	14 266	12 583	10 972	9 434	7 969	6 576
	III	11 242	5 326	5 326	III	9 956	8 706	7 492	6 316	5 174	4 070
	V	23 490	5 326	5 326	IV	16 818	15 937	15 057	14 190	13 340	12 510
	VI	24 009	5 326								
77 291,99	I,IV	17 712	5 326	5 326	I	15 951	14 203	12 523	10 915	9 379	7 917
	II	16 029	5 326	5 326	II	14 279	12 596	10 984	9 446	7 980	6 587
	III	11 252	5 326	5 326	III	9 966	8 716	7 502	6 324	5 184	4 078
	V	23 504	5 326	5 326	IV	16 832	15 951	15 070	14 203	13 354	12 523
	VI	24 023	5 326								
77 327,99	I,IV	17 726	5 326	5 326	I	15 965	14 217	12 536	10 927	9 391	7 928
	II	16 043	5 326	5 326	II	14 293	12 609	10 997	9 458	7 991	6 598
	III	11 262	5 326	5 326	III	9 976	8 726	7 512	6 334	5 192	4 088
	V	23 517	5 326	5 326	IV	16 845	15 965	15 084	14 217	13 367	12 536
	VI	24 037	5 326								

* Zur LSt-Berechnung für privat versicherte Arbeitnehmer s. Beispiele **Vorbemerkung S. 4 f.**
** Basisvorsorgepauschale KV und PV   *** Typisierter Arbeitgeberzuschuss

aT2

allgemeine Lohnsteuer

Lohn/Gehalt in € bis	Steuerklasse	Lohn-steuer*	BVSP**	TAGZ***	Steuerklasse	Bemessungsgrundlage für Kirchensteuer und Solidaritätszuschlag Freibeträge für ... Kinder					
						0,5	1,0	1,5	2,0	2,5	3,0
77 363,99	I,IV	17 740	5 326	5 326	I	15 979	14 230	12 548	10 939	9 403	7 939
	II	16 057	5 326	5 326	II	14 306	12 621	11 009	9 470	8 003	6 608
	III	11 272	5 326	5 326	III	9 986	8 734	7 520	6 342	5 200	4 096
	V	23 531	5 326	5 326	IV	16 859	15 979	15 098	14 230	13 380	12 548
	VI	24 050	5 326	5 326							
77 399,99	I,IV	17 754	5 326	5 326	I	15 992	14 244	12 561	10 952	9 415	7 951
	II	16 071	5 326	5 326	II	14 320	12 634	11 022	9 482	8 014	6 619
	III	11 282	5 326	5 326	III	9 996	8 744	7 530	6 352	5 210	4 104
	V	23 545	5 326	5 326	IV	16 873	15 992	15 112	14 244	13 393	12 561
	VI	24 064	5 326	5 326							
77 435,99	I,IV	17 768	5 326	5 326	I	16 006	14 257	12 574	10 964	9 427	7 962
	II	16 084	5 326	5 326	II	14 333	12 647	11 034	9 493	8 025	6 630
	III	11 292	5 326	5 326	III	10 006	8 754	7 540	6 360	5 218	4 112
	V	23 559	5 326	5 326	IV	16 887	16 006	15 126	14 257	13 407	12 574
	VI	24 078	5 326	5 326							
77 471,99	I,IV	17 782	5 326	5 326	I	16 020	14 271	12 587	10 977	9 439	7 973
	II	16 098	5 326	5 326	II	14 347	12 660	11 046	9 505	8 037	6 640
	III	11 304	5 326	5 326	III	10 016	8 764	7 548	6 370	5 228	4 122
	V	23 573	5 326	5 326	IV	16 901	16 020	15 140	14 271	13 420	12 587
	VI	24 092	5 326	5 326							
77 507,99	I,IV	17 795	5 326	5 326	I	16 034	14 284	12 600	10 989	9 450	7 984
	II	16 112	5 326	5 326	II	14 361	12 673	11 059	9 517	8 048	6 651
	III	11 312	5 326	5 326	III	10 024	8 774	7 558	6 378	5 236	4 130
	V	23 587	5 326	5 326	IV	16 915	16 034	15 153	14 284	13 433	12 600
	VI	24 106	5 326	5 326							
77 543,99	I,IV	17 809	5 326	5 326	I	16 048	14 298	12 613	11 001	9 462	7 996
	II	16 126	5 326	5 326	II	14 374	12 686	11 071	9 529	8 059	6 662
	III	11 324	5 326	5 326	III	10 036	8 784	7 568	6 388	5 246	4 138
	V	23 601	5 326	5 326	IV	16 929	16 048	15 167	14 298	13 446	12 613
	VI	24 120	5 326	5 326							
77 579,99	I,IV	17 823	5 326	5 326	I	16 062	14 311	12 626	11 014	9 474	8 007
	II	16 140	5 326	5 326	II	14 388	12 699	11 084	9 541	8 070	6 673
	III	11 334	5 326	5 326	III	10 044	8 792	7 576	6 398	5 254	4 146
	V	23 614	5 326	5 326	IV	16 942	16 062	15 181	14 311	13 460	12 626
	VI	24 134	5 326	5 326							
77 615,99	I,IV	17 837	5 326	5 326	I	16 076	14 325	12 639	11 026	9 486	8 018
	II	16 154	5 326	5 326	II	14 401	12 712	11 096	9 553	8 082	6 683
	III	11 344	5 326	5 326	III	10 056	8 802	7 586	6 406	5 262	4 156
	V	23 628	5 326	5 326	IV	16 956	16 076	15 195	14 325	13 473	12 639
	VI	24 147	5 326	5 326							
77 651,99	I,IV	17 851	5 326	5 326	I	16 089	14 338	12 652	11 039	9 498	8 029
	II	16 168	5 326	5 326	II	14 415	12 725	11 109	9 564	8 093	6 694
	III	11 354	5 326	5 326	III	10 064	8 812	7 596	6 416	5 272	4 164
	V	23 642	5 326	5 326	IV	16 970	16 089	15 209	14 338	13 486	12 652
	VI	24 161	5 326	5 326							
77 687,99	I,IV	17 865	5 326	5 326	I	16 103	14 352	12 665	11 051	9 510	8 041
	II	16 181	5 326	5 326	II	14 428	12 738	11 121	9 576	8 104	6 705
	III	11 364	5 326	5 326	III	10 076	8 822	7 606	6 424	5 280	4 172
	V	23 656	5 326	5 326	IV	16 984	16 103	15 222	14 352	13 499	12 665
	VI	24 175	5 326	5 326							
77 723,99	I,IV	17 879	5 326	5 326	I	16 117	14 365	12 678	11 063	9 521	8 052
	II	16 195	5 326	5 326	II	14 442	12 751	11 134	9 588	8 116	6 715
	III	11 374	5 326	5 326	III	10 084	8 832	7 614	6 434	5 290	4 182
	V	23 670	5 326	5 326	IV	16 998	16 117	15 236	14 365	13 513	12 678
	VI	24 189	5 326	5 326							
77 759,99	I,IV	17 893	5 326	5 326	I	16 131	14 379	12 692	11 076	9 534	8 064
	II	16 210	5 326	5 326	II	14 456	12 765	11 146	9 600	8 127	6 727
	III	11 386	5 326	5 326	III	10 096	8 842	7 624	6 444	5 298	4 190
	V	23 684	5 326	5 326	IV	17 012	16 131	15 251	14 379	13 526	12 692
	VI	24 203	5 326	5 326							

* Zur LSt-Berechnung für privat versicherte Arbeitnehmer s. Beispiele **Vorbemerkung S. 4 f.**
** Basisvorsorgepauschale KV und PV *** Typisierter Arbeitgeberzuschuss

Jahr gültig ab 1. 1. 2022 (idF des StEntlG 2022) aT2

Lohn/Gehalt in € bis	Steuerklasse	Lohnsteuer*	BVSP**	TAGZ***	Steuerklasse	Bemessungsgrundlage für Kirchensteuer und Solidaritätszuschlag Freibeträge für ... Kinder					
						0,5	1,0	1,5	2,0	2,5	3,0
77 795,99	I,IV	17 907	5 326	5 326	I	16 145	14 393	12 705	11 089	9 545	8 075
	II	16 223	5 326	5 326	II	14 470	12 778	11 159	9 612	8 138	6 737
	III	11 396	5 326	5 326	III	10 106	8 852	7 634	6 452	5 308	4 198
	V	23 698	5 326	5 326	IV	17 026	16 145	15 264	14 393	13 540	12 705
	VI	24 217	5 326	5 326							
77 831,99	I,IV	17 921	5 326	5 326	I	16 159	14 407	12 718	11 101	9 557	8 086
	II	16 237	5 326	5 326	II	14 483	12 791	11 171	9 624	8 150	6 748
	III	11 406	5 326	5 326	III	10 116	8 862	7 644	6 462	5 316	4 208
	V	23 712	5 326	5 326	IV	17 040	16 159	15 278	14 407	13 553	12 718
	VI	24 231	5 326	5 326							
77 867,99	I,IV	17 934	5 326	5 326	I	16 173	14 420	12 731	11 114	9 569	8 097
	II	16 251	5 326	5 326	II	14 497	12 804	11 184	9 636	8 161	6 759
	III	11 416	5 326	5 326	III	10 126	8 872	7 652	6 470	5 326	4 216
	V	23 726	5 326	5 326	IV	17 054	16 173	15 292	14 420	13 566	12 731
	VI	24 245	5 326	5 326							
77 903,99	I,IV	17 948	5 326	5 326	I	16 187	14 434	12 744	11 126	9 581	8 109
	II	16 265	5 326	5 326	II	14 510	12 817	11 196	9 648	8 172	6 770
	III	11 426	5 326	5 326	III	10 136	8 880	7 662	6 480	5 334	4 224
	V	23 740	5 326	5 326	IV	17 068	16 187	15 306	14 434	13 580	12 744
	VI	24 259	5 326	5 326							
77 939,99	I,IV	17 962	5 326	5 326	I	16 201	14 447	12 757	11 138	9 593	8 120
	II	16 279	5 326	5 326	II	14 524	12 830	11 209	9 660	8 184	6 780
	III	11 438	5 326	5 326	III	10 146	8 890	7 672	6 490	5 344	4 234
	V	23 754	5 326	5 326	IV	17 081	16 201	15 320	14 447	13 593	12 757
	VI	24 273	5 326	5 326							
77 975,99	I,IV	17 976	5 326	5 326	I	16 215	14 461	12 770	11 151	9 605	8 131
	II	16 293	5 326	5 326	II	14 538	12 843	11 221	9 672	8 195	6 791
	III	11 448	5 326	5 326	III	10 156	8 900	7 680	6 498	5 352	4 242
	V	23 767	5 326	5 326	IV	17 095	16 215	15 334	14 461	13 606	12 770
	VI	24 286	5 326	5 326							
78 011,99	I,IV	17 990	5 326	5 326	I	16 228	14 474	12 783	11 163	9 617	8 143
	II	16 307	5 326	5 326	II	14 551	12 856	11 234	9 684	8 206	6 802
	III	11 458	5 326	5 326	III	10 166	8 910	7 690	6 508	5 360	4 250
	V	23 781	5 326	5 326	IV	17 109	16 228	15 348	14 474	13 619	12 783
	VI	24 300	5 326	5 326							
78 047,99	I,IV	18 004	5 326	5 326	I	16 242	14 488	12 796	11 176	9 629	8 154
	II	16 320	5 326	5 326	II	14 565	12 869	11 246	9 696	8 218	6 813
	III	11 468	5 326	5 326	III	10 176	8 920	7 700	6 516	5 370	4 258
	V	23 795	5 326	5 326	IV	17 123	16 242	15 362	14 488	13 633	12 796
	VI	24 314	5 326	5 326							
78 083,99	I,IV	18 018	5 326	5 326	I	16 256	14 502	12 809	11 188	9 640	8 165
	II	16 334	5 326	5 326	II	14 578	12 882	11 259	9 708	8 229	6 823
	III	11 478	5 326	5 326	III	10 186	8 930	7 710	6 526	5 378	4 268
	V	23 809	5 326	5 326	IV	17 137	16 256	15 375	14 502	13 646	12 809
	VI	24 328	5 326	5 326							
78 119,99	I,IV	18 032	5 326	5 326	I	16 270	14 515	12 822	11 201	9 652	8 177
	II	16 348	5 326	5 326	II	14 592	12 895	11 271	9 719	8 240	6 834
	III	11 488	5 326	5 326	III	10 196	8 938	7 718	6 534	5 388	4 276
	V	23 823	5 326	5 326	IV	17 151	16 270	15 389	14 515	13 659	12 822
	VI	24 342	5 326	5 326							
78 155,99	I,IV	18 045	5 326	5 326	I	16 284	14 529	12 835	11 213	9 664	8 188
	II	16 362	5 326	5 326	II	14 606	12 908	11 284	9 731	8 252	6 845
	III	11 498	5 326	5 326	III	10 206	8 948	7 728	6 544	5 396	4 284
	V	23 837	5 326	5 326	IV	17 165	16 284	15 403	14 529	13 673	12 835
	VI	24 356	5 326	5 326							
78 191,99	I,IV	18 059	5 326	5 326	I	16 298	14 543	12 848	11 226	9 676	8 199
	II	16 376	5 326	5 326	II	14 619	12 921	11 296	9 743	8 263	6 856
	III	11 508	5 326	5 326	III	10 216	8 958	7 738	6 554	5 404	4 294
	V	23 851	5 326	5 326	IV	17 178	16 298	15 417	14 543	13 686	12 848
	VI	24 370	5 326	5 326							

* Zur LSt-Berechnung für privat versicherte Arbeitnehmer s. Beispiele **Vorbemerkung S. 4 f.**
** Basisvorsorgepauschale KV und PV *** Typisierter Arbeitgeberzuschuss

aT2

allgemeine Lohnsteuer

Lohn/Gehalt in € bis	Steuerklasse	Lohn-steuer*	BVSP**	TAGZ***	Steuerklasse	Bemessungsgrundlage für Kirchensteuer und Solidaritätszuschlag					
						Freibeträge für ... Kinder					
						0,5	1,0	1,5	2,0	2,5	3,0
78 227,99	I,IV	18 073	5 326	5 326	I	16 312	14 556	12 861	11 238	9 688	8 211
	II	16 390	5 326	5 326	II	14 633	12 934	11 309	9 755	8 275	6 866
	III	11 520	5 326	5 326	III	10 226	8 968	7 748	6 562	5 414	4 302
	V	23 864	5 326	5 326	IV	17 192	16 312	15 431	14 556	13 699	12 861
	VI	24 384	5 326	5 326							
78 263,99	I,IV	18 087	5 326	5 326	I	16 325	14 570	12 874	11 251	9 700	8 222
	II	16 404	5 326	5 326	II	14 647	12 948	11 321	9 767	8 286	6 877
	III	11 530	5 326	5 326	III	10 236	8 978	7 756	6 572	5 422	4 310
	V	23 878	5 326	5 326	IV	17 206	16 325	15 445	14 570	13 713	12 874
	VI	24 397	5 326	5 326							
78 299,99	I,IV	18 101	5 326	5 326	I	16 339	14 583	12 887	11 263	9 712	8 233
	II	16 417	5 326	5 326	II	14 660	12 961	11 334	9 779	8 297	6 888
	III	11 540	5 326	5 326	III	10 246	8 988	7 766	6 580	5 432	4 320
	V	23 892	5 326	5 326	IV	17 220	16 339	15 459	14 583	13 726	12 887
	VI	24 411	5 326	5 326							
78 335,99	I,IV	18 115	5 326	5 326	I	16 353	14 597	12 900	11 276	9 724	8 245
	II	16 431	5 326	5 326	II	14 674	12 974	11 346	9 791	8 309	6 899
	III	11 550	5 326	5 326	III	10 256	8 998	7 776	6 590	5 440	4 328
	V	23 906	5 326	5 326	IV	17 234	16 353	15 472	14 597	13 739	12 900
	VI	24 425	5 326	5 326							
78 371,99	I,IV	18 129	5 326	5 326	I	16 367	14 611	12 913	11 288	9 736	8 256
	II	16 445	5 326	5 326	II	14 688	12 987	11 359	9 803	8 320	6 910
	III	11 560	5 326	5 326	III	10 266	9 008	7 786	6 600	5 450	4 336
	V	23 920	5 326	5 326	IV	17 248	16 367	15 486	14 611	13 753	12 913
	VI	24 439	5 326	5 326							
78 407,99	I,IV	18 143	5 326	5 326	I	16 381	14 625	12 927	11 301	9 748	8 268
	II	16 459	5 326	5 326	II	14 702	13 000	11 372	9 815	8 332	6 921
	III	11 572	5 326	5 326	III	10 276	9 018	7 796	6 608	5 458	4 346
	V	23 934	5 326	5 326	IV	17 262	16 381	15 501	14 625	13 767	12 927
	VI	24 453	5 326	5 326							
78 443,99	I,IV	18 157	5 326	5 326	I	16 395	14 638	12 940	11 313	9 760	8 279
	II	16 473	5 326	5 326	II	14 715	13 013	11 384	9 827	8 343	6 932
	III	11 582	5 326	5 326	III	10 286	9 028	7 804	6 618	5 468	4 354
	V	23 948	5 326	5 326	IV	17 276	16 395	15 514	14 638	13 780	12 940
	VI	24 467	5 326	5 326							
78 479,99	I,IV	18 171	5 326	5 326	I	16 409	14 652	12 953	11 326	9 772	8 290
	II	16 487	5 326	5 326	II	14 729	13 027	11 397	9 839	8 355	6 942
	III	11 592	5 326	5 326	III	10 296	9 038	7 814	6 628	5 476	4 362
	V	23 962	5 326	5 326	IV	17 290	16 409	15 528	14 652	13 793	12 953
	VI	24 481	5 326	5 326							
78 515,99	I,IV	18 184	5 326	5 326	I	16 423	14 666	12 966	11 339	9 784	8 302
	II	16 501	5 326	5 326	II	14 743	13 040	11 409	9 851	8 366	6 953
	III	11 602	5 326	5 326	III	10 306	9 046	7 824	6 636	5 486	4 370
	V	23 976	5 326	5 326	IV	17 304	16 423	15 542	14 666	13 807	12 966
	VI	24 495	5 326	5 326							
78 551,99	I,IV	18 198	5 326	5 326	I	16 437	14 679	12 979	11 351	9 796	8 313
	II	16 515	5 326	5 326	II	14 756	13 053	11 422	9 863	8 377	6 964
	III	11 612	5 326	5 326	III	10 316	9 056	7 832	6 646	5 494	4 380
	V	23 990	5 326	5 326	IV	17 318	16 437	15 556	14 679	13 820	12 979
	VI	24 509	5 326	5 326							
78 587,99	I,IV	18 212	5 326	5 326	I	16 451	14 693	12 992	11 364	9 808	8 325
	II	16 529	5 326	5 326	II	14 770	13 066	11 434	9 875	8 389	6 975
	III	11 622	5 326	5 326	III	10 326	9 066	7 842	6 654	5 504	4 388
	V	24 003	5 326	5 326	IV	17 331	16 451	15 570	14 693	13 833	12 992
	VI	24 523	5 326	5 326							
78 623,99	I,IV	18 226	5 326	5 326	I	16 464	14 707	13 005	11 376	9 820	8 336
	II	16 543	5 326	5 326	II	14 784	13 079	11 447	9 887	8 400	6 986
	III	11 634	5 326	5 326	III	10 336	9 076	7 852	6 664	5 512	4 398
	V	24 017	5 326	5 326	IV	17 345	16 464	15 584	14 707	13 847	13 005
	VI	24 536	5 326	5 326							

* Zur LSt-Berechnung für privat versicherte Arbeitnehmer s. Beispiele **Vorbemerkung S. 4f.**
** Basisvorsorgepauschale KV und PV   *** Typisierter Arbeitgeberzuschuss

aT2

Jahr gültig ab 1. 1. 2022 (idF des StEntlG 2022)

Lohn/Gehalt in € bis	Steuerklasse	Lohnsteuer*	BVSP**	TAGZ***	Steuerklasse	Bemessungsgrundlage für Kirchensteuer und Solidaritätszuschlag Freibeträge für ... Kinder					
						0,5	1,0	1,5	2,0	2,5	3,0
78 659,99	I,IV	18 240	5 326	5 326	I	16 478	14 720	13 018	11 389	9 832	8 347
	II	16 556	5 326	5 326	II	14 798	13 092	11 459	9 899	8 412	6 997
	III	11 644	5 326	5 326	III	10 346	9 086	7 862	6 672	5 522	4 406
	V	24 031	5 326	5 326	IV	17 359	16 478	15 598	14 720	13 860	13 018
	VI	24 550	5 326	5 326							
78 695,99	I,IV	18 254	5 326	5 326	I	16 492	14 734	13 031	11 401	9 844	8 359
	II	16 570	5 326	5 326	II	14 811	13 105	11 472	9 911	8 423	7 007
	III	11 654	5 326	5 326	III	10 356	9 096	7 870	6 682	5 530	4 414
	V	24 045	5 326	5 326	IV	17 373	16 492	15 611	14 734	13 874	13 031
	VI	24 564	5 326	5 326							
78 731,99	I,IV	18 268	5 326	5 326	I	16 506	14 748	13 044	11 414	9 856	8 370
	II	16 584	5 326	5 326	II	14 825	13 118	11 484	9 923	8 434	7 018
	III	11 664	5 326	5 326	III	10 366	9 106	7 880	6 692	5 538	4 422
	V	24 059	5 326	5 326	IV	17 387	16 506	15 625	14 748	13 887	13 044
	VI	24 578	5 326	5 326							
78 767,99	I,IV	18 281	5 326	5 326	I	16 520	14 761	13 058	11 426	9 868	8 381
	II	16 598	5 326	5 326	II	14 839	13 132	11 497	9 935	8 446	7 029
	III	11 674	5 326	5 326	III	10 376	9 116	7 890	6 700	5 548	4 432
	V	24 073	5 326	5 326	IV	17 401	16 520	15 639	14 761	13 900	13 058
	VI	24 592	5 326	5 326							
78 803,99	I,IV	18 295	5 326	5 326	I	16 534	14 775	13 071	11 439	9 880	8 393
	II	16 612	5 326	5 326	II	14 852	13 145	11 510	9 947	8 457	7 040
	III	11 686	5 326	5 326	III	10 386	9 124	7 900	6 710	5 556	4 440
	V	24 087	5 326	5 326	IV	17 415	16 534	15 653	14 775	13 914	13 071
	VI	24 606	5 326	5 326							
78 839,99	I,IV	18 309	5 326	5 326	I	16 548	14 789	13 084	11 451	9 892	8 404
	II	16 626	5 326	5 326	II	14 866	13 158	11 522	9 959	8 469	7 051
	III	11 696	5 326	5 326	III	10 398	9 134	7 908	6 720	5 566	4 448
	V	24 100	5 326	5 326	IV	17 428	16 548	15 667	14 789	13 927	13 084
	VI	24 620	5 326	5 326							
78 875,99	I,IV	18 323	5 326	5 326	I	16 562	14 803	13 097	11 464	9 904	8 416
	II	16 640	5 326	5 326	II	14 880	13 171	11 535	9 971	8 480	7 062
	III	11 706	5 326	5 326	III	10 406	9 144	7 918	6 728	5 574	4 458
	V	24 114	5 326	5 326	IV	17 442	16 562	15 681	14 803	13 941	13 097
	VI	24 633	5 326	5 326							
78 911,99	I,IV	18 337	5 326	5 326	I	16 575	14 816	13 110	11 476	9 916	8 427
	II	16 653	5 326	5 326	II	14 894	13 184	11 547	9 983	8 492	7 073
	III	11 716	5 326	5 326	III	10 418	9 154	7 928	6 738	5 584	4 466
	V	24 128	5 326	5 326	IV	17 456	16 575	15 695	14 816	13 954	13 110
	VI	24 647	5 326	5 326							
78 947,99	I,IV	18 351	5 326	5 326	I	16 589	14 830	13 123	11 489	9 928	8 439
	II	16 667	5 326	5 326	II	14 907	13 197	11 560	9 995	8 503	7 084
	III	11 726	5 326	5 326	III	10 428	9 164	7 938	6 746	5 592	4 474
	V	24 142	5 326	5 326	IV	17 470	16 589	15 708	14 830	13 968	13 123
	VI	24 661	5 326	5 326							
78 983,99	I,IV	18 365	5 326	5 326	I	16 603	14 844	13 136	11 502	9 940	8 450
	II	16 681	5 326	5 326	II	14 921	13 211	11 573	10 007	8 515	7 094
	III	11 738	5 326	5 326	III	10 438	9 174	7 946	6 756	5 602	4 484
	V	24 156	5 326	5 326	IV	17 484	16 603	15 722	14 844	13 981	13 136
	VI	24 675	5 326	5 326							
79 019,99	I,IV	18 378	5 326	5 326	I	16 617	14 857	13 150	11 514	9 952	8 461
	II	16 695	5 326	5 326	II	14 935	13 224	11 585	10 019	8 526	7 105
	III	11 748	5 326	5 326	III	10 448	9 184	7 956	6 766	5 610	4 492
	V	24 170	5 326	5 326	IV	17 498	16 617	15 736	14 857	13 994	13 150
	VI	24 689	5 326	5 326							
79 055,99	I,IV	18 392	5 326	5 326	I	16 631	14 871	13 163	11 527	9 964	8 473
	II	16 709	5 326	5 326	II	14 949	13 237	11 598	10 031	8 537	7 116
	III	11 758	5 326	5 326	III	10 458	9 194	7 966	6 774	5 620	4 500
	V	24 184	5 326	5 326	IV	17 512	16 631	15 750	14 871	14 008	13 163
	VI	24 703	5 326	5 326							

* Zur LSt-Berechnung für privat versicherte Arbeitnehmer s. Beispiele **Vorbemerkung S. 4 f.**
** Basisvorsorgepauschale KV und PV   *** Typisierter Arbeitgeberzuschuss

aT2

allgemeine Lohnsteuer

Lohn/ Gehalt in € bis	Steuerklasse	Lohn- steuer*	BVSP**	TAGZ***	Steuerklasse	Bemessungsgrundlage für Kirchensteuer und Solidaritätszuschlag					
						Freibeträge für ... Kinder					
						0,5	1,0	1,5	2,0	2,5	3,0
79091,99	I,IV	18407	5326	5326	I	16645	14885	13176	11540	9976	8485
	II	16723	5326	5326	II	14963	13250	11611	10044	8549	7127
	III	11768	5326	5326	III	10468	9204	7976	6784	5628	4510
	V	24198	5326	5326	IV	17526	16645	15764	14885	14022	13176
	VI	24717	5326								
79127,99	I,IV	18420	5326	5326	I	16659	14899	13189	11552	9988	8496
	II	16737	5326	5326	II	14977	13264	11623	10056	8561	7138
	III	11778	5326	5326	III	10478	9214	7986	6794	5638	4518
	V	24212	5326	5326	IV	17540	16659	15778	14899	14035	13189
	VI	24731	5326								
79163,99	I,IV	18434	5326	5326	I	16673	14913	13203	11565	10000	8508
	II	16751	5326	5326	II	14990	13277	11636	10068	8572	7149
	III	11790	5326	5326	III	10488	9224	7994	6802	5646	4528
	V	24226	5326	5326	IV	17554	16673	15792	14913	14049	13203
	VI	24745	5326								
79199,99	I,IV	18448	5326	5326	I	16687	14927	13216	11578	10012	8519
	II	16765	5326	5326	II	15004	13290	11649	10080	8584	7160
	III	11800	5326	5326	III	10498	9232	8004	6812	5656	4536
	V	24239	5326	5326	IV	17567	16687	15806	14927	14062	13216
	VI	24759	5326								
79235,99	I,IV	18462	5326	5326	I	16701	14940	13229	11590	10024	8531
	II	16779	5326	5326	II	15018	13303	11661	10092	8595	7171
	III	11810	5326	5326	III	10508	9242	8014	6822	5664	4544
	V	24253	5326	5326	IV	17581	16701	15820	14940	14076	13229
	VI	24772	5326								
79271,99	I,IV	18476	5326	5326	I	16714	14954	13242	11603	10036	8542
	II	16793	5326	5326	II	15032	13316	11674	10104	8607	7182
	III	11820	5326	5326	III	10518	9252	8024	6830	5674	4552
	V	24267	5326	5326	IV	17595	16714	15834	14954	14089	13242
	VI	24786	5326								
79307,99	I,IV	18490	5326	5326	I	16728	14968	13255	11615	10048	8553
	II	16806	5326	5326	II	15045	13330	11687	10116	8618	7193
	III	11830	5326	5326	III	10528	9262	8032	6840	5682	4562
	V	24281	5326	5326	IV	17609	16728	15848	14968	14102	13255
	VI	24800	5326								
79343,99	I,IV	18504	5326	5326	I	16742	14982	13268	11628	10060	8565
	II	16820	5326	5326	II	15059	13343	11699	10128	8630	7204
	III	11840	5326	5326	III	10538	9272	8042	6848	5692	4570
	V	24295	5326	5326	IV	17623	16742	15861	14982	14116	13268
	VI	24814	5326								
79379,99	I,IV	18517	5326	5326	I	16756	14995	13282	11641	10072	8576
	II	16834	5326	5326	II	15073	13356	11712	10140	8641	7215
	III	11852	5326	5326	III	10548	9282	8052	6858	5700	4580
	V	24309	5326	5326	IV	17637	16756	15875	14995	14129	13282
	VI	24828	5326								
79415,99	I,IV	18531	5326	5326	I	16770	15009	13295	11653	10084	8588
	II	16848	5326	5326	II	15087	13369	11725	10152	8653	7226
	III	11862	5326	5326	III	10558	9292	8062	6868	5710	4588
	V	24323	5326	5326	IV	17651	16770	15889	15009	14143	13295
	VI	24842	5326								
79451,99	I,IV	18545	5326	5326	I	16784	15023	13308	11666	10096	8599
	II	16862	5326	5326	II	15101	13383	11737	10164	8664	7237
	III	11872	5326	5326	III	10570	9302	8072	6876	5718	4596
	V	24336	5326	5326	IV	17664	16784	15903	15023	14156	13308
	VI	24856	5326								
79487,99	I,IV	18559	5326	5326	I	16798	15037	13321	11679	10108	8611
	II	16876	5326	5326	II	15114	13396	11750	10176	8676	7248
	III	11882	5326	5326	III	10578	9312	8080	6886	5728	4604
	V	24350	5326	5326	IV	17678	16798	15917	15037	14170	13321
	VI	24869	5326								

* Zur LSt-Berechnung für privat versicherte Arbeitnehmer s. Beispiele **Vorbemerkung S. 4 f.**
** Basisvorsorgepauschale KV und PV *** Typisierter Arbeitgeberzuschuss

Jahr gültig ab 1. 1. 2022 (idF des StEntlG 2022) — aT2

Lohn/Gehalt in € bis	Steuerklasse	Lohnsteuer*	BVSP**	TAGZ***	Steuerklasse	Bemessungsgrundlage für Kirchensteuer und Solidaritätszuschlag					
						Freibeträge für ... Kinder					
						0,5	1,0	1,5	2,0	2,5	3,0
79 523,99	I,IV	18 573	5 326	5 326	I	16 811	15 050	13 334	11 691	10 120	8 622
	II	16 890	5 326	5 326	II	15 128	13 409	11 763	10 189	8 687	7 259
	III	11 894	5 326	5 326	III	10 590	9 322	8 090	6 896	5 736	4 614
	V	24 364	5 326	5 326	IV	17 692	16 811	15 931	15 050	14 183	13 334
	VI	24 883	5 326	5 326							
79 559,99	I,IV	18 587	5 326	5 326	I	16 825	15 064	13 348	11 704	10 133	8 634
	II	16 903	5 326	5 326	II	15 142	13 422	11 775	10 201	8 699	7 270
	III	11 904	5 326	5 326	III	10 600	9 332	8 100	6 904	5 746	4 622
	V	24 378	5 326	5 326	IV	17 706	16 825	15 945	15 064	14 197	13 348
	VI	24 897	5 326	5 326							
79 595,99	I,IV	18 601	5 326	5 326	I	16 839	15 078	13 361	11 716	10 145	8 645
	II	16 917	5 326	5 326	II	15 156	13 436	11 788	10 213	8 710	7 281
	III	11 914	5 326	5 326	III	10 610	9 342	8 110	6 914	5 754	4 632
	V	24 392	5 326	5 326	IV	17 720	16 839	15 958	15 078	14 210	13 361
	VI	24 911	5 326	5 326							
79 631,99	I,IV	18 614	5 326	5 326	I	16 853	15 092	13 374	11 729	10 157	8 657
	II	16 931	5 326	5 326	II	15 170	13 449	11 801	10 225	8 722	7 291
	III	11 924	5 326	5 326	III	10 620	9 350	8 118	6 922	5 762	4 640
	V	24 406	5 326	5 326	IV	17 734	16 853	15 972	15 092	14 224	13 374
	VI	24 925	5 326	5 326							
79 667,99	I,IV	18 628	5 326	5 326	I	16 867	15 106	13 387	11 742	10 169	8 668
	II	16 945	5 326	5 326	II	15 183	13 462	11 813	10 237	8 733	7 302
	III	11 934	5 326	5 326	III	10 630	9 360	8 128	6 932	5 772	4 648
	V	24 420	5 326	5 326	IV	17 748	16 867	15 986	15 106	14 237	13 387
	VI	24 939	5 326	5 326							
79 703,99	I,IV	18 642	5 326	5 326	I	16 881	15 119	13 401	11 754	10 181	8 680
	II	16 959	5 326	5 326	II	15 197	13 475	11 826	10 249	8 745	7 313
	III	11 946	5 326	5 326	III	10 640	9 370	8 138	6 942	5 780	4 658
	V	24 433	5 326	5 326	IV	17 761	16 881	16 000	15 119	14 251	13 401
	VI	24 953	5 326	5 326							
79 739,99	I,IV	18 656	5 326	5 326	I	16 895	15 134	13 414	11 767	10 193	8 692
	II	16 973	5 326	5 326	II	15 212	13 489	11 839	10 262	8 757	7 325
	III	11 956	5 326	5 326	III	10 650	9 380	8 148	6 950	5 790	4 666
	V	24 448	5 326	5 326	IV	17 776	16 895	16 014	15 134	14 265	13 414
	VI	24 967	5 326	5 326							
79 775,99	I,IV	18 670	5 326	5 326	I	16 909	15 147	13 428	11 780	10 205	8 703
	II	16 987	5 326	5 326	II	15 225	13 502	11 852	10 274	8 768	7 336
	III	11 966	5 326	5 326	III	10 660	9 390	8 158	6 960	5 800	4 674
	V	24 462	5 326	5 326	IV	17 790	16 909	16 028	15 147	14 278	13 428
	VI	24 981	5 326	5 326							
79 811,99	I,IV	18 684	5 326	5 326	I	16 923	15 161	13 441	11 793	10 218	8 715
	II	17 001	5 326	5 326	II	15 239	13 516	11 864	10 286	8 780	7 347
	III	11 976	5 326	5 326	III	10 670	9 400	8 166	6 970	5 808	4 684
	V	24 475	5 326	5 326	IV	17 803	16 923	16 042	15 161	14 292	13 441
	VI	24 995	5 326	5 326							
79 847,99	I,IV	18 698	5 326	5 326	I	16 937	15 175	13 454	11 806	10 230	8 726
	II	17 015	5 326	5 326	II	15 253	13 529	11 877	10 298	8 792	7 358
	III	11 988	5 326	5 326	III	10 680	9 410	8 176	6 978	5 818	4 692
	V	24 489	5 326	5 326	IV	17 817	16 937	16 056	15 175	14 305	13 454
	VI	25 008	5 326	5 326							
79 883,99	I,IV	18 712	5 326	5 326	I	16 950	15 189	13 467	11 818	10 242	8 738
	II	17 029	5 326	5 326	II	15 267	13 542	11 890	10 310	8 803	7 369
	III	11 998	5 326	5 326	III	10 690	9 420	8 186	6 988	5 826	4 700
	V	24 503	5 326	5 326	IV	17 831	16 950	16 070	15 189	14 319	13 467
	VI	25 022	5 326	5 326							
79 919,99	I,IV	18 726	5 326	5 326	I	16 964	15 203	13 481	11 831	10 254	8 750
	II	17 042	5 326	5 326	II	15 281	13 555	11 903	10 322	8 815	7 380
	III	12 008	5 326	5 326	III	10 702	9 430	8 196	6 998	5 836	4 710
	V	24 517	5 326	5 326	IV	17 845	16 964	16 084	15 203	14 333	13 481
	VI	25 036	5 326	5 326							

* Zur LSt-Berechnung für privat versicherte Arbeitnehmer s. Beispiele **Vorbemerkung S. 4 f.**
** Basisvorsorgepauschale KV und PV *** Typisierter Arbeitgeberzuschuss

aT2 allgemeine Lohnsteuer

Lohn/ Gehalt in € bis	Steuerklasse	Lohn- steuer*	BVSP**	TAGZ***	Steuerklasse	Bemessungsgrundlage für Kirchensteuer und Solidaritätszuschlag					
						Freibeträge für ... Kinder					
						0,5	1,0	1,5	2,0	2,5	3,0
79 955,99	I,IV	18 740	5 326	5 326	I	16 978	15 217	13 494	11 844	10 266	8 761
	II	17 056	5 326	5 326	II	15 295	13 569	11 915	10 334	8 826	7 391
	III	12 018	5 326	5 326	III	10 710	9 440	8 204	7 006	5 844	4 718
	V	24 531	5 326	5 326	IV	17 859	16 978	16 097	15 217	14 346	13 494
	VI	25 050	5 326	5 326							
79 991,99	I,IV	18 753	5 326	5 326	I	16 992	15 230	13 507	11 856	10 278	8 773
	II	17 070	5 326	5 326	II	15 309	13 582	11 928	10 347	8 838	7 402
	III	12 030	5 326	5 326	III	10 722	9 450	8 214	7 016	5 854	4 728
	V	24 545	5 326	5 326	IV	17 873	16 992	16 111	15 230	14 360	13 507
	VI	25 064	5 326	5 326							
80 027,99	I,IV	18 767	5 326	5 326	I	17 006	15 244	13 520	11 869	10 290	8 784
	II	17 084	5 326	5 326	II	15 323	13 595	11 941	10 359	8 849	7 413
	III	12 040	5 326	5 326	III	10 732	9 460	8 224	7 024	5 862	4 736
	V	24 559	5 326	5 326	IV	17 887	17 006	16 125	15 244	14 373	13 520
	VI	25 078	5 326	5 326							
80 063,99	I,IV	18 781	5 326	5 326	I	17 020	15 258	13 534	11 882	10 302	8 796
	II	17 098	5 326	5 326	II	15 336	13 609	11 953	10 371	8 861	7 424
	III	12 050	5 326	5 326	III	10 742	9 470	8 234	7 034	5 872	4 744
	V	24 573	5 326	5 326	IV	17 900	17 020	16 139	15 258	14 387	13 534
	VI	25 092	5 326	5 326							
80 099,99	I,IV	18 795	5 326	5 326	I	17 034	15 272	13 547	11 894	10 315	8 807
	II	17 112	5 326	5 326	II	15 350	13 622	11 966	10 383	8 873	7 435
	III	12 060	5 326	5 326	III	10 752	9 480	8 244	7 044	5 880	4 754
	V	24 586	5 326	5 326	IV	17 914	17 034	16 153	15 272	14 400	13 547
	VI	25 105	5 326	5 326							
80 135,99	I,IV	18 809	5 326	5 326	I	17 047	15 286	13 560	11 907	10 327	8 819
	II	17 126	5 326	5 326	II	15 364	13 635	11 979	10 395	8 884	7 446
	III	12 070	5 326	5 326	III	10 762	9 490	8 254	7 054	5 890	4 762
	V	24 600	5 326	5 326	IV	17 928	17 047	16 167	15 286	14 414	13 560
	VI	25 119	5 326	5 326							
80 171,99	I,IV	18 823	5 326	5 326	I	17 061	15 300	13 574	11 920	10 339	8 830
	II	17 139	5 326	5 326	II	15 378	13 649	11 992	10 407	8 896	7 457
	III	12 080	5 326	5 326	III	10 772	9 498	8 262	7 062	5 898	4 770
	V	24 614	5 326	5 326	IV	17 942	17 061	16 181	15 300	14 428	13 574
	VI	25 133	5 326	5 326							
80 207,99	I,IV	18 837	5 326	5 326	I	17 075	15 314	13 587	11 933	10 351	8 842
	II	17 153	5 326	5 326	II	15 392	13 662	12 004	10 420	8 907	7 468
	III	12 092	5 326	5 326	III	10 782	9 510	8 272	7 072	5 908	4 780
	V	24 628	5 326	5 326	IV	17 956	17 075	16 194	15 314	14 441	13 587
	VI	25 147	5 326	5 326							
80 243,99	I,IV	18 851	5 326	5 326	I	17 089	15 328	13 600	11 945	10 363	8 854
	II	17 167	5 326	5 326	II	15 406	13 675	12 017	10 432	8 919	7 479
	III	12 102	5 326	5 326	III	10 792	9 518	8 282	7 080	5 916	4 788
	V	24 642	5 326	5 326	IV	17 970	17 089	16 208	15 328	14 455	13 600
	VI	25 161	5 326	5 326							
80 279,99	I,IV	18 864	5 326	5 326	I	17 103	15 341	13 613	11 958	10 375	8 865
	II	17 181	5 326	5 326	II	15 420	13 689	12 030	10 444	8 931	7 490
	III	12 112	5 326	5 326	III	10 802	9 528	8 292	7 090	5 926	4 798
	V	24 656	5 326	5 326	IV	17 984	17 103	16 222	15 341	14 468	13 613
	VI	25 175	5 326	5 326							
80 315,99	I,IV	18 878	5 326	5 326	I	17 117	15 355	13 627	11 971	10 388	8 877
	II	17 195	5 326	5 326	II	15 433	13 702	12 043	10 456	8 942	7 501
	III	12 122	5 326	5 326	III	10 812	9 538	8 300	7 100	5 934	4 806
	V	24 670	5 326	5 326	IV	17 997	17 117	16 236	15 355	14 482	13 627
	VI	25 189	5 326	5 326							
80 351,99	I,IV	18 892	5 326	5 326	I	17 131	15 369	13 640	11 984	10 400	8 888
	II	17 209	5 326	5 326	II	15 447	13 715	12 055	10 468	8 954	7 512
	III	12 134	5 326	5 326	III	10 822	9 548	8 310	7 108	5 944	4 814
	V	24 683	5 326	5 326	IV	18 011	17 131	16 250	15 369	14 496	13 640
	VI	25 203	5 326	5 326							

* Zur LSt-Berechnung für privat versicherte Arbeitnehmer s. Beispiele **Vorbemerkung S. 4 f.**
** Basisvorsorgepauschale KV und PV *** Typisierter Arbeitgeberzuschuss

Jahr gültig ab 1. 1. 2022 (idF des StEntlG 2022) aT2

Lohn/Gehalt in € bis	Steuerklasse	Lohnsteuer*	BVSP**	TAGZ***	Steuerklasse	Bemessungsgrundlage für Kirchensteuer und Solidaritätszuschlag Freibeträge für ... Kinder					
						0,5	1,0	1,5	2,0	2,5	3,0
80 387,99	I,IV	18 906	5 326	5 326	I	17 144	15 383	13 653	11 996	10 412	8 900
	II	17 223	5 326	5 326	II	15 461	13 729	12 068	10 481	8 966	7 523
	III	12 144	5 326	5 326	III	10 832	9 558	8 320	7 118	5 952	4 824
	V	24 697	5 326	5 326	IV	18 025	17 144	16 264	15 383	14 509	13 653
	VI	25 216	5 326								
80 423,99	I,IV	18 920	5 326	5 326	I	17 159	15 397	13 667	12 009	10 424	8 912
	II	17 237	5 326	5 326	II	15 475	13 742	12 081	10 493	8 978	7 535
	III	12 154	5 326	5 326	III	10 844	9 568	8 330	7 128	5 962	4 832
	V	24 712	5 326	5 326	IV	18 039	17 159	16 278	15 397	14 523	13 667
	VI	25 231	5 326								
80 459,99	I,IV	18 934	5 326	5 326	I	17 173	15 411	13 680	12 022	10 437	8 924
	II	17 251	5 326	5 326	II	15 489	13 756	12 094	10 505	8 989	7 546
	III	12 166	5 326	5 326	III	10 854	9 578	8 340	7 138	5 970	4 842
	V	24 725	5 326	5 326	IV	18 053	17 173	16 292	15 411	14 537	13 680
	VI	25 245	5 326								
80 495,99	I,IV	18 948	5 326	5 326	I	17 186	15 425	13 694	12 035	10 449	8 935
	II	17 265	5 326	5 326	II	15 503	13 769	12 107	10 518	9 001	7 557
	III	12 176	5 326	5 326	III	10 864	9 588	8 350	7 146	5 980	4 850
	V	24 739	5 326	5 326	IV	18 067	17 186	16 306	15 425	14 550	13 694
	VI	25 258	5 326								
80 531,99	I,IV	18 962	5 326	5 326	I	17 200	15 439	13 707	12 048	10 461	8 947
	II	17 278	5 326	5 326	II	15 517	13 782	12 120	10 530	9 013	7 568
	III	12 186	5 326	5 326	III	10 874	9 598	8 358	7 156	5 990	4 858
	V	24 753	5 326	5 326	IV	18 081	17 200	16 320	15 439	14 564	13 707
	VI	25 272	5 326								
80 567,99	I,IV	18 976	5 326	5 326	I	17 214	15 453	13 720	12 061	10 473	8 959
	II	17 292	5 326	5 326	II	15 531	13 796	12 133	10 542	9 024	7 579
	III	12 196	5 326	5 326	III	10 884	9 608	8 368	7 164	5 998	4 868
	V	24 767	5 326	5 326	IV	18 095	17 214	16 333	15 453	14 578	13 720
	VI	25 286	5 326								
80 603,99	I,IV	18 990	5 326	5 326	I	17 228	15 467	13 734	12 073	10 485	8 970
	II	17 306	5 326	5 326	II	15 545	13 809	12 145	10 554	9 036	7 590
	III	12 208	5 326	5 326	III	10 894	9 618	8 378	7 174	6 008	4 876
	V	24 781	5 326	5 326	IV	18 109	17 228	16 347	15 467	14 591	13 734
	VI	25 300	5 326								
80 639,99	I,IV	19 003	5 326	5 326	I	17 242	15 480	13 747	12 086	10 498	8 982
	II	17 320	5 326	5 326	II	15 559	13 823	12 158	10 567	9 047	7 601
	III	12 218	5 326	5 326	III	10 904	9 628	8 388	7 184	6 016	4 884
	V	24 795	5 326	5 326	IV	18 123	17 242	16 361	15 480	14 605	13 747
	VI	25 314	5 326								
80 675,99	I,IV	19 017	5 326	5 326	I	17 256	15 494	13 761	12 099	10 510	8 993
	II	17 334	5 326	5 326	II	15 572	13 836	12 171	10 579	9 059	7 612
	III	12 228	5 326	5 326	III	10 914	9 638	8 398	7 194	6 026	4 894
	V	24 809	5 326	5 326	IV	18 137	17 256	16 375	15 494	14 619	13 761
	VI	25 328	5 326								
80 711,99	I,IV	19 031	5 326	5 326	I	17 270	15 508	13 774	12 112	10 522	9 005
	II	17 348	5 326	5 326	II	15 586	13 849	12 184	10 591	9 071	7 623
	III	12 238	5 326	5 326	III	10 924	9 648	8 406	7 202	6 034	4 902
	V	24 822	5 326	5 326	IV	18 150	17 270	16 389	15 508	14 632	13 774
	VI	25 342	5 326								
80 747,99	I,IV	19 045	5 326	5 326	I	17 283	15 522	13 787	12 124	10 534	9 017
	II	17 362	5 326	5 326	II	15 600	13 863	12 197	10 603	9 083	7 634
	III	12 248	5 326	5 326	III	10 936	9 658	8 416	7 212	6 044	4 912
	V	24 836	5 326	5 326	IV	18 164	17 283	16 403	15 522	14 646	13 787
	VI	25 355	5 326								
80 783,99	I,IV	19 059	5 326	5 326	I	17 297	15 536	13 801	12 137	10 547	9 028
	II	17 375	5 326	5 326	II	15 614	13 876	12 209	10 616	9 094	7 645
	III	12 260	5 326	5 326	III	10 946	9 668	8 426	7 220	6 052	4 920
	V	24 850	5 326	5 326	IV	18 178	17 297	16 417	15 536	14 660	13 801
	VI	25 369	5 326								

* Zur LSt-Berechnung für privat versicherte Arbeitnehmer s. Beispiele **Vorbemerkung S. 4f.**
** Basisvorsorgepauschale KV und PV   *** Typisierter Arbeitgeberzuschuss

aT2 allgemeine Lohnsteuer

Lohn/Gehalt in € bis	Steuerklasse	Lohn-steuer*	BVSP**	TAGZ***	Steuerklasse	Bemessungsgrundlage für Kirchensteuer und Solidaritätszuschlag — Freibeträge für ... Kinder					
						0,5	1,0	1,5	2,0	2,5	3,0
80 819,99 West	I,IV	**19 073**	5 326	5 326	I	17 311	15 550	13 814	12 150	10 559	9 040
	II	**17 389**	5 326	5 326	II	15 628	13 889	12 222	10 628	9 106	7 657
	III	**12 270**	5 326	5 326	III	10 956	9 678	8 436	7 230	6 062	4 928
	V	**24 864**	5 326	5 326	IV	18 192	17 311	16 430	15 550	14 673	13 814
	VI	**25 383**	5 326	5 326							
80 819,99 Ost	I,IV	**19 073**	5 326	5 326	I	17 311	15 550	13 814	12 150	10 559	9 040
	II	**17 389**	5 326	5 326	II	15 628	13 889	12 222	10 628	9 106	7 657
	III	**12 270**	5 326	5 326	III	10 956	9 678	8 436	7 230	6 062	4 928
	V	**24 864**	5 326	5 326	IV	18 192	17 311	16 430	15 550	14 673	13 814
	VI	**25 383**	5 326	5 326							
80 855,99 West	I,IV	**19 087**	5 326	5 326	I	17 325	15 564	13 827	12 163	10 571	9 052
	II	**17 403**	5 326	5 326	II	15 642	13 903	12 235	10 640	9 118	7 668
	III	**12 280**	5 326	5 326	III	10 966	9 688	8 446	7 240	6 070	4 938
	V	**24 878**	5 326	5 326	IV	18 206	17 325	16 444	15 564	14 687	13 827
	VI	**25 397**	5 326	5 326							
80 855,99 Ost	I,IV	**19 087**	5 326	5 326	I	17 325	15 564	13 827	12 163	10 571	9 052
	II	**17 403**	5 326	5 326	II	15 642	13 903	12 235	10 640	9 118	7 668
	III	**12 280**	5 326	5 326	III	10 966	9 688	8 446	7 240	6 070	4 938
	V	**24 878**	5 326	5 326	IV	18 206	17 325	16 444	15 564	14 687	13 827
	VI	**25 397**	5 326	5 326							
80 891,99 West	I,IV	**19 100**	5 326	5 326	I	17 339	15 577	13 841	12 176	10 583	9 063
	II	**17 417**	5 326	5 326	II	15 656	13 916	12 248	10 652	9 129	7 679
	III	**12 290**	5 326	5 326	III	10 976	9 698	8 456	7 250	6 080	4 946
	V	**24 892**	5 326	5 326	IV	18 220	17 339	16 458	15 577	14 701	13 841
	VI	**25 411**	5 326	5 326							
80 891,99 Ost	I,IV	**19 100**	5 326	5 326	I	17 339	15 577	13 841	12 176	10 583	9 063
	II	**17 417**	5 326	5 326	II	15 656	13 916	12 248	10 652	9 129	7 679
	III	**12 290**	5 326	5 326	III	10 976	9 698	8 456	7 250	6 080	4 946
	V	**24 892**	5 326	5 326	IV	18 220	17 339	16 458	15 577	14 701	13 841
	VI	**25 411**	5 326	5 326							
80 927,99 West	I,IV	**19 114**	5 326	5 326	I	17 353	15 591	13 854	12 189	10 595	9 075
	II	**17 431**	5 326	5 326	II	15 669	13 930	12 261	10 665	9 141	7 690
	III	**12 302**	5 326	5 326	III	10 986	9 708	8 464	7 258	6 088	4 954
	V	**24 906**	5 326	5 326	IV	18 234	17 353	16 472	15 591	14 714	13 854
	VI	**25 425**	5 326	5 326							
80 927,99 Ost	I,IV	**19 114**	5 326	5 326	I	17 353	15 591	13 854	12 189	10 595	9 075
	II	**17 431**	5 326	5 326	II	15 669	13 930	12 261	10 665	9 141	7 690
	III	**12 302**	5 326	5 326	III	10 986	9 708	8 464	7 258	6 088	4 954
	V	**24 906**	5 326	5 326	IV	18 234	17 353	16 472	15 591	14 714	13 854
	VI	**25 425**	5 326	5 326							
80 963,99 West	I,IV	**19 128**	5 326	5 326	I	17 367	15 605	13 868	12 201	10 608	9 087
	II	**17 445**	5 326	5 326	II	15 683	13 943	12 274	10 677	9 153	7 701
	III	**12 312**	5 326	5 326	III	10 996	9 718	8 474	7 268	6 098	4 964
	V	**24 919**	5 326	5 326	IV	18 247	17 367	16 486	15 605	14 728	13 868
	VI	**25 439**	5 326	5 326							
80 963,99 Ost	I,IV	**19 128**	5 326	5 326	I	17 367	15 605	13 868	12 201	10 608	9 087
	II	**17 445**	5 326	5 326	II	15 683	13 943	12 274	10 677	9 153	7 701
	III	**12 312**	5 326	5 326	III	10 996	9 718	8 474	7 268	6 098	4 964
	V	**24 919**	5 326	5 326	IV	18 247	17 367	16 486	15 605	14 728	13 868
	VI	**25 439**	5 326	5 326							
80 999,99 West	I,IV	**19 142**	5 326	5 326	I	17 381	15 619	13 881	12 214	10 620	9 098
	II	**17 459**	5 326	5 326	II	15 697	13 957	12 287	10 689	9 164	7 712
	III	**12 322**	5 326	5 326	III	11 006	9 726	8 484	7 276	6 106	4 972
	V	**24 933**	5 326	5 326	IV	18 261	17 381	16 500	15 619	14 742	13 881
	VI	**25 452**	5 326	5 326							
80 999,99 Ost	I,IV	**19 142**	5 326	5 326	I	17 381	15 619	13 881	12 214	10 620	9 098
	II	**17 459**	5 326	5 326	II	15 697	13 957	12 287	10 689	9 164	7 712
	III	**12 322**	5 326	5 326	III	11 006	9 726	8 484	7 276	6 106	4 972
	V	**24 933**	5 326	5 326	IV	18 261	17 381	16 500	15 619	14 742	13 881
	VI	**25 452**	5 326	5 326							

* Zur LSt-Berechnung für privat versicherte Arbeitnehmer s. Beispiele **Vorbemerkung S. 4 f.**
** Basisvorsorgepauschale KV und PV *** Typisierter Arbeitgeberzuschuss

Jahr gültig ab 1. 1. 2022 (idF des StEntlG 2022) aT2

Lohn/ Gehalt in € bis	Steuerklasse	Lohnsteuer*	BVSP**	TAGZ***	Steuerklasse	Bemessungsgrundlage für Kirchensteuer und Solidaritätszuschlag					
						Freibeträge für ... Kinder					
						0,5	1,0	1,5	2,0	2,5	3,0
81 035,99 West	I,IV	19 156	5 326	5 326	I	17 394	15 633	13 894	12 227	10 632	9 110
	II	17 472	5 326	5 326	II	15 711	13 970	12 299	10 701	9 176	7 723
	III	12 332	5 326	5 326	III	11 016	9 738	8 494	7 286	6 116	4 982
	V	24 947	5 326	5 326	IV	18 275	17 394	16 514	15 633	14 755	13 894
	VI	25 466	5 326	5 326							
81 035,99 Ost	I,IV	19 157	5 326	5 326	I	17 396	15 634	13 896	12 228	10 633	9 111
	II	17 474	5 326	5 326	II	15 712	13 971	12 301	10 703	9 177	7 724
	III	12 334	5 326	5 326	III	11 018	9 738	8 494	7 288	6 116	4 982
	V	24 948	5 326	5 326	IV	18 276	17 396	16 515	15 634	14 756	13 896
	VI	25 468	5 326	5 326							
81 071,99 West	I,IV	19 170	5 326	5 326	I	17 408	15 647	13 908	12 240	10 645	9 122
	II	17 486	5 326	5 326	II	15 725	13 983	12 312	10 714	9 188	7 735
	III	12 344	5 326	5 326	III	11 026	9 746	8 504	7 296	6 124	4 990
	V	24 961	5 326	5 326	IV	18 289	17 408	16 527	15 647	14 769	13 908
	VI	25 480	5 326	5 326							
81 071,99 Ost	I,IV	19 172	5 326	5 326	I	17 411	15 649	13 910	12 242	10 647	9 124
	II	17 489	5 326	5 326	II	15 727	13 986	12 315	10 716	9 190	7 737
	III	12 344	5 326	5 326	III	11 028	9 748	8 504	7 298	6 126	4 992
	V	24 964	5 326	5 326	IV	18 291	17 411	16 530	15 649	14 771	13 910
	VI	25 483	5 326	5 326							
81 107,99 West	I,IV	19 184	5 326	5 326	I	17 423	15 661	13 922	12 253	10 657	9 134
	II	17 501	5 326	5 326	II	15 739	13 997	12 326	10 726	9 200	7 746
	III	12 354	5 326	5 326	III	11 038	9 756	8 512	7 306	6 134	4 998
	V	24 975	5 326	5 326	IV	18 303	17 423	16 542	15 661	14 783	13 922
	VI	25 494	5 326	5 326							
81 107,99 Ost	I,IV	19 187	5 326	5 326	I	17 426	15 664	13 925	12 256	10 660	9 137
	II	17 504	5 326	5 326	II	15 743	14 000	12 339	10 729	9 203	7 749
	III	12 356	5 326	5 326	III	11 040	9 760	8 516	7 308	6 136	5 000
	V	24 979	5 326	5 326	IV	18 307	17 426	16 545	15 664	14 786	13 925
	VI	25 498	5 326	5 326							
81 143,99 West	I,IV	19 198	5 326	5 326	I	17 436	15 675	13 935	12 266	10 669	9 146
	II	17 514	5 326	5 326	II	15 753	14 011	12 338	10 739	9 212	7 757
	III	12 364	5 326	5 326	III	11 048	9 768	8 522	7 314	6 144	5 008
	V	24 989	5 326	5 326	IV	18 317	17 436	16 556	15 675	14 797	13 935
	VI	25 508	5 326	5 326							
81 143,99 Ost	I,IV	19 202	5 326	5 326	I	17 441	15 680	13 939	12 270	10 674	9 149
	II	17 519	5 326	5 326	II	15 758	14 015	12 343	10 743	9 216	7 761
	III	12 368	5 326	5 326	III	11 050	9 770	8 526	7 318	6 146	5 010
	V	24 994	5 326	5 326	IV	18 322	17 441	16 560	15 680	14 801	13 939
	VI	25 513	5 326	5 326							
81 179,99 West	I,IV	19 212	5 326	5 326	I	17 450	15 689	13 948	12 279	10 682	9 157
	II	17 528	5 326	5 326	II	15 767	14 024	12 351	10 751	9 223	7 768
	III	12 374	5 326	5 326	III	11 058	9 776	8 532	7 324	6 152	5 016
	V	25 003	5 326	5 326	IV	18 331	17 450	16 569	15 689	14 810	13 948
	VI	25 522	5 326	5 326							
81 179,99 Ost	I,IV	19 218	5 326	5 326	I	17 456	15 695	13 954	12 284	10 687	9 162
	II	17 534	5 326	5 326	II	15 773	14 030	12 357	10 756	9 228	7 773
	III	12 380	5 326	5 326	III	11 062	9 782	8 536	7 328	6 156	5 020
	V	25 009	5 326	5 326	IV	18 337	17 456	16 575	15 695	14 816	13 954
	VI	25 528	5 326	5 326							
81 215,99 West	I,IV	19 226	5 326	5 326	I	17 464	15 703	13 962	12 292	10 694	9 169
	II	17 542	5 326	5 326	II	15 781	14 038	12 364	10 763	9 235	7 780
	III	12 386	5 326	5 326	III	11 068	9 788	8 542	7 334	6 162	5 026
	V	25 017	5 326	5 326	IV	18 345	17 464	16 583	15 703	14 824	13 962
	VI	25 536	5 326	5 326							
81 215,99 Ost	I,IV	19 233	5 326	5 326	I	17 471	15 710	13 969	12 298	10 700	9 175
	II	17 549	5 326	5 326	II	15 788	14 045	12 371	10 770	9 241	7 785
	III	12 390	5 326	5 326	III	11 074	9 792	8 546	7 338	6 166	5 030
	V	25 024	5 326	5 326	IV	18 352	17 471	16 590	15 710	14 831	13 969
	VI	25 543	5 326	5 326							

* Zur LSt-Berechnung für privat versicherte Arbeitnehmer s. Beispiele **Vorbemerkung S. 4 f.**
** Basisvorsorgepauschale KV und PV   *** Typisierter Arbeitgeberzuschuss

aT2 allgemeine Lohnsteuer

Lohn/Gehalt in € bis	Steuerklasse	Lohn-steuer*	BVSP**	TAGZ***	Steuerklasse	Bemessungsgrundlage für Kirchensteuer und Solidaritätszuschlag Freibeträge für ... Kinder					
						0,5	1,0	1,5	2,0	2,5	3,0
81 251,99 West	I,IV	**19 239**	5 326	5 326	I	17 478	15 716	13 975	12 304	10 706	9 181
	II	**17 556**	5 326	5 326	II	15 795	14 051	12 377	10 776	9 247	7 791
	III	**12 396**	5 326	5 326	III	11 078	9 796	8 552	7 342	6 170	5 034
	V	**25 031**	5 326	5 326	IV	18 359	17 478	16 597	15 716	14 838	13 975
	VI	**25 550**	5 326	5 326							
81 251,99 Ost	I,IV	**19 248**	5 326	5 326	I	17 486	15 725	13 983	12 312	10 714	9 188
	II	**17 564**	5 326	5 326	II	15 803	14 059	12 385	10 783	9 254	7 797
	III	**12 402**	5 326	5 326	III	11 084	9 802	8 558	7 348	6 176	5 040
	V	**25 039**	5 326	5 326	IV	18 367	17 486	16 606	15 725	14 846	13 983
	VI	**25 558**	5 326	5 326							
81 287,99 West	I,IV	**19 253**	5 326	5 326	I	17 492	15 730	13 989	12 317	10 719	9 192
	II	**17 570**	5 326	5 326	II	15 808	14 064	12 390	10 788	9 259	7 802
	III	**12 406**	5 326	5 326	III	11 088	9 806	8 562	7 352	6 180	5 044
	V	**25 045**	5 326	5 326	IV	18 373	17 492	16 611	15 730	14 852	13 989
	VI	**25 564**	5 326	5 326							
81 287,99 Ost	I,IV	**19 263**	5 326	5 326	I	17 501	15 740	13 998	12 326	10 727	9 201
	II	**17 580**	5 326	5 326	II	15 818	14 074	12 399	10 797	9 267	7 810
	III	**12 414**	5 326	5 326	III	11 096	9 814	8 568	7 358	6 186	5 048
	V	**25 054**	5 326	5 326	IV	18 382	17 501	16 621	15 740	14 861	13 998
	VI	**25 573**	5 326	5 326							
81 323,99 West	I,IV	**19 267**	5 326	5 326	I	17 506	15 744	14 002	12 330	10 731	9 204
	II	**17 584**	5 326	5 326	II	15 822	14 078	12 403	10 800	9 270	7 813
	III	**12 416**	5 326	5 326	III	11 098	9 816	8 570	7 362	6 188	5 052
	V	**25 058**	5 326	5 326	IV	18 386	17 506	16 625	15 744	14 865	14 002
	VI	**25 578**	5 326	5 326							
81 323,99 Ost	I,IV	**19 278**	5 326	5 326	I	17 517	15 755	14 013	12 340	10 741	9 213
	II	**17 595**	5 326	5 326	II	15 833	14 089	12 413	10 810	9 280	7 822
	III	**12 426**	5 326	5 326	III	11 106	9 824	8 578	7 368	6 196	5 058
	V	**25 069**	5 326	5 326	IV	18 397	17 517	16 636	15 755	14 876	14 013
	VI	**25 588**	5 326	5 326							
81 359,99 West	I,IV	**19 281**	5 326	5 326	I	17 520	15 758	14 016	12 343	10 743	9 216
	II	**17 598**	5 326	5 326	II	15 836	14 091	12 416	10 813	9 282	7 824
	III	**12 428**	5 326	5 326	III	11 110	9 826	8 580	7 372	6 198	5 060
	V	**25 072**	5 326	5 326	IV	18 400	17 520	16 639	15 758	14 879	14 016
	VI	**25 591**	5 326	5 326							
81 359,99 Ost	I,IV	**19 293**	5 326	5 326	I	17 532	15 770	14 027	12 354	10 754	9 226
	II	**17 610**	5 326	5 326	II	15 848	14 103	12 427	10 823	9 292	7 834
	III	**12 436**	5 326	5 326	III	11 118	9 836	8 590	7 380	6 206	5 068
	V	**25 084**	5 326	5 326	IV	18 412	17 532	16 651	15 770	14 891	14 027
	VI	**25 604**	5 326	5 326							
81 395,99 West	I,IV	**19 295**	5 326	5 326	I	17 533	15 772	14 029	12 356	10 755	9 228
	II	**17 612**	5 326	5 326	II	15 850	14 105	12 429	10 825	9 294	7 835
	III	**12 438**	5 326	5 326	III	11 120	9 836	8 590	7 380	6 206	5 070
	V	**25 086**	5 326	5 326	IV	18 414	17 533	16 653	15 772	14 893	14 029
	VI	**25 605**	5 326	5 326							
81 395,99 Ost	I,IV	**19 308**	5 326	5 326	I	17 547	15 785	14 042	12 368	10 767	9 239
	II	**17 625**	5 326	5 326	II	15 863	14 118	12 441	10 837	9 305	7 846
	III	**12 448**	5 326	5 326	III	11 128	9 846	8 600	7 390	6 216	5 078
	V	**25 100**	5 326	5 326	IV	18 428	17 547	16 666	15 785	14 906	14 042
	VI	**25 619**	5 326	5 326							
81 431,99 West	I,IV	**19 309**	5 326	5 326	I	17 547	15 786	14 042	12 369	10 768	9 239
	II	**17 625**	5 326	5 326	II	15 864	14 118	12 442	10 837	9 306	7 847
	III	**12 448**	5 326	5 326	III	11 130	9 846	8 600	7 390	6 216	5 078
	V	**25 100**	5 326	5 326	IV	18 428	17 547	16 667	15 786	14 907	14 042
	VI	**25 619**	5 326	5 326							
81 431,99 Ost	I,IV	**19 323**	5 326	5 326	I	17 562	15 800	14 057	12 382	10 781	9 252
	II	**17 640**	5 326	5 326	II	15 879	14 133	12 455	10 850	9 318	7 858
	III	**12 460**	5 326	5 326	III	11 140	9 856	8 610	7 400	6 226	5 088
	V	**25 115**	5 326	5 326	IV	18 443	17 562	16 681	15 800	14 921	14 057
	VI	**25 634**	5 326	5 326							

* Zur LSt-Berechnung für privat versicherte Arbeitnehmer s. Beispiele **Vorbemerkung S. 4 f.**
** Basisvorsorgepauschale KV und PV   *** Typisierter Arbeitgeberzuschuss

Jahr gültig ab 1. 1. 2022 (idF des StEntlG 2022) **aT2**

Lohn/Gehalt in € bis	Steuerklasse	Lohnsteuer*	BVSP**	TAGZ***	Steuerklasse	Bemessungsgrundlage für Kirchensteuer und Solidaritätszuschlag					
						Freibeträge für ... Kinder					
						0,5	1,0	1,5	2,0	2,5	3,0
81 467,99 West	I,IV	19 323	5 326	5 326	I	17 561	15 800	14 056	12 382	10 780	9 251
	II	17 639	5 326	5 326	II	15 878	14 132	12 454	10 850	9 317	7 858
	III	12 458	5 326	5 326	III	11 140	9 856	8 610	7 398	6 224	5 086
	V	25 114	5 326	5 326	IV	18 442	17 561	16 680	15 800	14 920	14 056
	VI	25 633	5 326	5 326							
81 467,99 Ost	I,IV	19 339	5 326	5 326	I	17 577	15 816	14 071	12 397	10 794	9 265
	II	17 655	5 326	5 326	II	15 894	14 147	12 469	10 864	9 331	7 871
	III	12 472	5 326	5 326	III	11 152	9 868	8 620	7 410	6 236	5 098
	V	25 130	5 326	5 326	IV	18 458	17 577	16 696	15 816	14 936	14 071
	VI	25 649	5 326	5 326							
81 503,99 West	I,IV	19 336	5 326	5 326	I	17 575	15 813	14 069	12 395	10 792	9 263
	II	17 653	5 326	5 326	II	15 892	14 145	12 467	10 862	9 329	7 869
	III	12 470	5 326	5 326	III	11 150	9 866	8 620	7 408	6 234	5 096
	V	25 128	5 326	5 326	IV	18 456	17 575	16 694	15 813	14 934	14 069
	VI	25 647	5 326	5 326							
81 503,99 Ost	I,IV	19 354	5 326	5 326	I	17 592	15 831	14 086	12 411	10 808	9 277
	II	17 670	5 326	5 326	II	15 909	14 162	12 483	10 877	9 344	7 883
	III	12 482	5 326	5 326	III	11 162	9 878	8 632	7 420	6 246	5 106
	V	25 145	5 326	5 326	IV	18 473	17 592	16 711	15 831	14 951	14 086
	VI	25 664	5 326	5 326							
81 539,99 West	I,IV	19 350	5 326	5 326	I	17 589	15 827	14 083	12 407	10 805	9 275
	II	17 667	5 326	5 326	II	15 905	14 159	12 480	10 874	9 341	7 880
	III	12 480	5 326	5 326	III	11 160	9 876	8 628	7 418	6 242	5 104
	V	25 142	5 326	5 326	IV	18 470	17 589	16 708	15 827	14 948	14 083
	VI	25 661	5 326	5 326							
81 539,99 Ost	I,IV	19 369	5 326	5 326	I	17 607	15 846	14 101	12 425	10 821	9 290
	II	17 685	5 326	5 326	II	15 924	14 177	12 497	10 891	9 357	7 895
	III	12 494	5 326	5 326	III	11 174	9 890	8 642	7 430	6 256	5 116
	V	25 160	5 326	5 326	IV	18 488	17 607	16 727	15 846	14 966	14 101
	VI	25 679	5 326	5 326							
81 575,99 West	I,IV	19 364	5 326	5 326	I	17 603	15 841	14 096	12 420	10 817	9 286
	II	17 681	5 326	5 326	II	15 919	14 172	12 493	10 887	9 353	7 891
	III	12 490	5 326	5 326	III	11 170	9 886	8 638	7 428	6 252	5 114
	V	25 155	5 326	5 326	IV	18 483	17 603	16 722	15 841	14 962	14 096
	VI	25 675	5 326	5 326							
81 575,99 Ost	I,IV	19 384	5 326	5 326	I	17 622	15 861	14 116	12 439	10 835	9 303
	II	17 701	5 326	5 326	II	15 939	14 192	12 512	10 904	9 369	7 907
	III	12 506	5 326	5 326	III	11 184	9 900	8 652	7 440	6 266	5 126
	V	25 175	5 326	5 326	IV	18 503	17 622	16 742	15 861	14 981	14 116
	VI	25 694	5 326	5 326							
81 611,99 West	I,IV	19 378	5 326	5 326	I	17 617	15 855	14 110	12 433	10 829	9 298
	II	17 695	5 326	5 326	II	15 933	14 186	12 506	10 899	9 364	7 903
	III	12 502	5 326	5 326	III	11 180	9 896	8 648	7 436	6 262	5 122
	V	25 169	5 326	5 326	IV	18 497	17 617	16 736	15 855	14 975	14 110
	VI	25 688	5 326	5 326							
81 611,99 Ost	I,IV	19 399	5 326	5 326	I	17 638	15 876	14 130	12 453	10 848	9 316
	II	17 716	5 326	5 326	II	15 954	14 206	12 526	10 918	9 382	7 920
	III	12 518	5 326	5 326	III	11 196	9 912	8 662	7 450	6 274	5 136
	V	25 190	5 326	5 326	IV	18 518	17 638	16 757	15 876	14 996	14 130
	VI	25 709	5 326	5 326							
81 647,99 West	I,IV	19 392	5 326	5 326	I	17 630	15 869	14 123	12 446	10 842	9 310
	II	17 709	5 326	5 326	II	15 947	14 199	12 519	10 911	9 376	7 914
	III	12 512	5 326	5 326	III	11 192	9 906	8 658	7 446	6 270	5 132
	V	25 183	5 326	5 326	IV	18 511	17 630	16 750	15 869	14 989	14 123
	VI	25 702	5 326	5 326							
81 647,99 Ost	I,IV	19 414	5 326	5 326	I	17 653	15 891	14 145	12 467	10 862	9 329
	II	17 731	5 326	5 326	II	15 969	14 221	12 540	10 931	9 395	7 932
	III	12 528	5 326	5 326	III	11 208	9 922	8 674	7 462	6 284	5 146
	V	25 205	5 326	5 326	IV	18 533	17 653	16 772	15 891	15 011	14 145
	VI	25 725	5 326	5 326							

* Zur LSt-Berechnung für privat versicherte Arbeitnehmer s. Beispiele **Vorbemerkung S. 4 f.**
** Basisvorsorgepauschale KV und PV   *** Typisierter Arbeitgeberzuschuss

aT2 — allgemeine Lohnsteuer

Lohn/Gehalt in € bis	Steuerklasse	Lohnsteuer*	BVSP**	TAGZ***	Steuerklasse	Bemessungsgrundlage für Kirchensteuer und Solidaritätszuschlag — Freibeträge für ... Kinder					
						0,5	1,0	1,5	2,0	2,5	3,0
81683,99 West	I,IV	19406	5326	5326	I	17644	15883	14137	12459	10854	9322
	II	17722	5326	5326	II	15961	14213	12532	10924	9388	7925
	III	12522	5326	5326	III	11200	9916	8668	7456	6280	5140
	V	25197	5326	5326	IV	18525	17644	16764	15883	15003	14137
	VI	25716	5326	5326							
81683,99 Ost	I,IV	19429	5326	5326	I	17668	15906	14160	12481	10875	9342
	II	17746	5326	5326	II	15984	14236	12554	10945	9408	7944
	III	12540	5326	5326	III	11218	9934	8684	7472	6294	5154
	V	25221	5326	5326	IV	18549	17668	16787	15906	15026	14160
	VI	25740	5326	5326							
81719,99 West	I,IV	19420	5326	5326	I	17658	15897	14150	12472	10866	9333
	II	17736	5326	5326	II	15975	14226	12545	10936	9400	7936
	III	12534	5326	5326	III	11212	9926	8678	7466	6288	5148
	V	25211	5326	5326	IV	18539	17658	16777	15897	15017	14150
	VI	25730	5326	5326							
81719,99 Ost	I,IV	19444	5326	5326	I	17683	15921	14174	12495	10889	9354
	II	17761	5326	5326	II	16000	14251	12568	10958	9421	7956
	III	12552	5326	5326	III	11230	9944	8694	7482	6304	5164
	V	25236	5326	5326	IV	18564	17683	16802	15921	15041	14174
	VI	25755	5326	5326							
81755,99 West	I,IV	19434	5326	5326	I	17672	15911	14164	12485	10879	9346
	II	17751	5326	5326	II	15989	14240	12558	10949	9412	7948
	III	12544	5326	5326	III	11222	9936	8688	7474	6298	5158
	V	25225	5326	5326	IV	18553	17672	16792	15911	15031	14164
	VI	25744	5326	5326							
81755,99 Ost	I,IV	19460	5326	5326	I	17698	15937	14189	12509	10902	9367
	II	17776	5326	5326	II	16015	14265	12582	10972	9434	7969
	III	12564	5326	5326	III	11240	9954	8706	7492	6314	5174
	V	25251	5326	5326	IV	18579	17698	16817	15937	15056	14189
	VI	25770	5326	5326							
81791,99 West	I,IV	19448	5326	5326	I	17686	15925	14178	12498	10891	9357
	II	17764	5326	5326	II	16003	14254	12571	10961	9424	7959
	III	12554	5326	5326	III	11232	9946	8696	7484	6308	5166
	V	25239	5326	5326	IV	18567	17686	16806	15925	15045	14178
	VI	25758	5326	5326							
81791,99 Ost	I,IV	19475	5326	5326	I	17713	15952	14204	12523	10915	9380
	II	17791	5326	5326	II	16030	14280	12596	10985	9447	7981
	III	12574	5326	5326	III	11252	9966	8716	7502	6324	5184
	V	25266	5326	5326	IV	18594	17713	16832	15952	15071	14204
	VI	25785	5326	5326							
81827,99 West	I,IV	19462	5326	5326	I	17700	15939	14191	12511	10904	9369
	II	17778	5326	5326	II	16017	14267	12584	10974	9436	7970
	III	12564	5326	5326	III	11242	9956	8706	7494	6316	5176
	V	25253	5326	5326	IV	18581	17700	16819	15939	15058	14191
	VI	25772	5326	5326							
81827,99 Ost	I,IV	19490	5326	5326	I	17728	15967	14219	12537	10929	9393
	II	17806	5326	5326	II	16045	14295	12610	10999	9460	7993
	III	12586	5326	5326	III	11264	9976	8726	7512	6334	5194
	V	25281	5326	5326	IV	18609	17728	16848	15967	15086	14219
	VI	25800	5326	5326							
81863,99 West	I,IV	19475	5326	5326	I	17714	15953	14205	12524	10916	9381
	II	17792	5326	5326	II	16031	14281	12597	10986	9447	7982
	III	12576	5326	5326	III	11252	9966	8716	7502	6326	5184
	V	25267	5326	5326	IV	18595	17714	16833	15953	15072	14205
	VI	25786	5326	5326							
81863,99 Ost	I,IV	19505	5326	5326	I	17743	15982	14233	12552	10942	9406
	II	17822	5326	5326	II	16060	14310	12625	11012	9473	8005
	III	12598	5326	5326	III	11274	9988	8736	7522	6344	5202
	V	25296	5326	5326	IV	18624	17743	16863	15982	15101	14233
	VI	25815	5326	5326							

* Zur LSt-Berechnung für privat versicherte Arbeitnehmer s. Beispiele **Vorbemerkung S. 4f.**
** Basisvorsorgepauschale KV und PV *** Typisierter Arbeitgeberzuschuss

Jahr gültig ab 1. 1. 2022 (idF des StEntlG 2022) **aT2**

Lohn/Gehalt in € bis	Steuerklasse	Lohnsteuer*	BVSP**	TAGZ***	Steuerklasse	Bemessungsgrundlage für Kirchensteuer und Solidaritätszuschlag Freibeträge für ... Kinder					
						0,5	1,0	1,5	2,0	2,5	3,0
81 899,99 West	I,IV	19 489	5 326	5 326	I	17 728	15 966	14 218	12 537	10 929	9 393
	II	17 806	5 326	5 326	II	16 044	14 294	12 610	10 998	9 459	7 993
	III	12 586	5 326	5 326	III	11 264	9 976	8 726	7 512	6 334	5 194
	V	25 281	5 326	5 326	IV	18 609	17 728	16 847	15 966	15 086	14 218
	VI	25 800	5 326	5 326							
81 899,99 Ost	I,IV	19 520	5 326	5 326	I	17 759	15 997	14 248	12 566	10 956	9 419
	II	17 837	5 326	5 326	II	16 075	14 324	12 639	11 026	9 485	8 018
	III	12 610	5 326	5 326	III	11 286	9 998	8 748	7 532	6 354	5 212
	V	25 311	5 326	5 326	IV	18 639	17 759	16 878	15 997	15 116	14 248
	VI	25 830	5 326	5 326							
81 935,99 West	I,IV	19 503	5 326	5 326	I	17 742	15 980	14 232	12 550	10 941	9 405
	II	17 820	5 326	5 326	II	16 058	14 308	12 623	11 011	9 471	8 004
	III	12 596	5 326	5 326	III	11 274	9 986	8 736	7 522	6 344	5 202
	V	25 294	5 326	5 326	IV	18 622	17 742	16 861	15 980	15 100	14 232
	VI	25 814	5 326	5 326							
81 935,99 Ost	I,IV	19 535	5 326	5 326	I	17 774	16 012	14 263	12 580	10 969	9 432
	II	17 852	5 326	5 326	II	16 090	14 339	12 653	11 039	9 498	8 030
	III	12 620	5 326	5 326	III	11 296	10 010	8 758	7 544	6 364	5 222
	V	25 326	5 326	5 326	IV	18 654	17 774	16 893	16 012	15 132	14 263
	VI	25 846	5 326	5 326							
81 971,99 West	I,IV	19 517	5 326	5 326	I	17 756	15 994	14 245	12 563	10 953	9 416
	II	17 834	5 326	5 326	II	16 072	14 321	12 636	11 023	9 483	8 015
	III	12 608	5 326	5 326	III	11 284	9 996	8 746	7 532	6 352	5 210
	V	25 308	5 326	5 326	IV	18 636	17 756	16 875	15 994	15 114	14 245
	VI	25 827	5 326	5 326							
81 971,99 Ost	I,IV	19 550	5 326	5 326	I	17 789	16 027	14 278	12 594	10 983	9 445
	II	17 867	5 326	5 326	II	16 105	14 354	12 667	11 053	9 511	8 042
	III	12 632	5 326	5 326	III	11 308	10 020	8 768	7 554	6 374	5 232
	V	25 342	5 326	5 326	IV	18 669	17 789	16 908	16 027	15 147	14 278
	VI	25 861	5 326	5 326							
82 007,99 West	I,IV	19 531	5 326	5 326	I	17 769	16 008	14 259	12 576	10 966	9 428
	II	17 848	5 326	5 326	II	16 086	14 335	12 649	11 036	9 495	8 027
	III	12 618	5 326	5 326	III	11 294	10 006	8 756	7 540	6 362	5 220
	V	25 322	5 326	5 326	IV	18 650	17 769	16 889	16 008	15 127	14 259
	VI	25 841	5 326	5 326							
82 007,99 Ost	I,IV	19 565	5 326	5 326	I	17 804	16 042	14 292	12 608	10 997	9 458
	II	17 882	5 326	5 326	II	16 121	14 369	12 681	11 066	9 524	8 055
	III	12 644	5 326	5 326	III	11 320	10 032	8 780	7 564	6 384	5 242
	V	25 357	5 326	5 326	IV	18 685	17 804	16 923	16 042	15 162	14 292
	VI	25 876	5 326	5 326							
82 043,99 West	I,IV	19 545	5 326	5 326	I	17 783	16 022	14 272	12 589	10 978	9 440
	II	17 861	5 326	5 326	II	16 100	14 349	12 662	11 048	9 507	8 038
	III	12 628	5 326	5 326	III	11 304	10 016	8 766	7 550	6 372	5 228
	V	25 336	5 326	5 326	IV	18 664	17 783	16 903	16 022	15 141	14 272
	VI	25 855	5 326	5 326							
82 043,99 Ost	I,IV	19 580	5 326	5 326	I	17 819	16 058	14 307	12 622	11 010	9 470
	II	17 897	5 326	5 326	II	16 136	14 384	12 695	11 080	9 537	8 067
	III	12 656	5 326	5 326	III	11 330	10 042	8 790	7 574	6 394	5 252
	V	25 372	5 326	5 326	IV	18 700	17 819	16 938	16 058	15 177	14 307
	VI	25 891	5 326	5 326							
82 079,99 West	I,IV	19 559	5 326	5 326	I	17 797	16 036	14 286	12 602	10 990	9 452
	II	17 875	5 326	5 326	II	16 114	14 362	12 675	11 060	9 518	8 049
	III	12 638	5 326	5 326	III	11 314	10 026	8 774	7 560	6 380	5 238
	V	25 350	5 326	5 326	IV	18 678	17 797	16 916	16 036	15 155	14 286
	VI	25 869	5 326	5 326							
82 079,99 Ost	I,IV	19 596	5 326	5 326	I	17 834	16 073	14 322	12 636	11 024	9 483
	II	17 912	5 326	5 326	II	16 151	14 398	12 710	11 094	9 550	8 079
	III	12 666	5 326	5 326	III	11 342	10 052	8 800	7 584	6 404	5 260
	V	25 387	5 326	5 326	IV	18 715	17 834	16 953	16 073	15 192	14 322
	VI	25 906	5 326	5 326							

* Zur LSt-Berechnung für privat versicherte Arbeitnehmer s. Beispiele **Vorbemerkung S. 4 f.**
** Basisvorsorgepauschale KV und PV *** Typisierter Arbeitgeberzuschuss

aT2 allgemeine Lohnsteuer

Lohn/Gehalt in € bis	Steuerklasse	Lohnsteuer*	BVSP**	TAGZ***	Steuerklasse	Bemessungsgrundlage für Kirchensteuer und Solidaritätszuschlag Freibeträge für ... Kinder					
						0,5	1,0	1,5	2,0	2,5	3,0
82 115,99 West	I,IV	**19 572**	5 326	5 326	I	17 811	16 050	14 299	12 615	11 003	9 464
	II	**17 889**	5 326	5 326	II	16 128	14 376	12 688	11 073	9 530	8 060
	III	**12 650**	5 326	5 326	III	11 324	10 036	8 784	7 568	6 390	5 246
	V	**25 364**	5 326	5 326	IV	18 692	17 811	16 930	16 050	15 169	14 299
	VI	**25 883**	5 326	5 326							
82 115,99 Ost	I,IV	**19 611**	5 326	5 326	I	17 849	16 088	14 337	12 651	11 037	9 496
	II	**17 927**	5 326	5 326	II	16 166	14 413	12 724	11 107	9 563	8 092
	III	**12 678**	5 326	5 326	III	11 352	10 064	8 810	7 594	6 414	5 270
	V	**25 402**	5 326	5 326	IV	18 730	17 849	16 968	16 088	15 207	14 337
	VI	**25 921**	5 326	5 326							
82 151,99 West	I,IV	**19 586**	5 326	5 326	I	17 825	16 063	14 313	12 628	11 015	9 475
	II	**17 903**	5 326	5 326	II	16 142	14 389	12 701	11 085	9 542	8 072
	III	**12 660**	5 326	5 326	III	11 334	10 046	8 794	7 578	6 398	5 254
	V	**25 378**	5 326	5 326	IV	18 706	17 825	16 944	16 063	15 183	14 313
	VI	**25 897**	5 326	5 326							
82 151,99 Ost	I,IV	**19 626**	5 326	5 326	I	17 864	16 103	14 351	12 665	11 051	9 509
	II	**17 942**	5 326	5 326	II	16 181	14 428	12 738	11 121	9 576	8 104
	III	**12 690**	5 326	5 326	III	11 364	10 074	8 822	7 604	6 424	5 280
	V	**25 417**	5 326	5 326	IV	18 745	17 864	16 984	16 103	15 222	14 351
	VI	**25 936**	5 326	5 326							
82 187,99 West	I,IV	**19 600**	5 326	5 326	I	17 839	16 077	14 326	12 641	11 028	9 487
	II	**17 917**	5 326	5 326	II	16 155	14 403	12 714	11 098	9 554	8 083
	III	**12 670**	5 326	5 326	III	11 346	10 056	8 804	7 588	6 408	5 264
	V	**25 392**	5 326	5 326	IV	18 719	17 839	16 958	16 077	15 196	14 326
	VI	**25 911**	5 326	5 326							
82 187,99 Ost	I,IV	**19 641**	5 326	5 326	I	17 879	16 118	14 366	12 679	11 064	9 522
	II	**17 958**	5 326	5 326	II	16 196	14 443	12 752	11 134	9 589	8 116
	III	**12 702**	5 326	5 326	III	11 376	10 086	8 832	7 616	6 434	5 290
	V	**25 432**	5 326	5 326	IV	18 760	17 879	16 999	16 118	15 237	14 366
	VI	**25 951**	5 326	5 326							
82 223,99 West	I,IV	**19 614**	5 326	5 326	I	17 853	16 091	14 340	12 654	11 040	9 499
	II	**17 931**	5 326	5 326	II	16 169	14 416	12 727	11 110	9 566	8 094
	III	**12 680**	5 326	5 326	III	11 356	10 066	8 814	7 596	6 416	5 272
	V	**25 405**	5 326	5 326	IV	18 733	17 853	16 972	16 091	15 210	14 340
	VI	**25 924**	5 326	5 326							
82 223,99 Ost	I,IV	**19 656**	5 326	5 326	I	17 895	16 133	14 381	12 693	11 078	9 535
	II	**17 973**	5 326	5 326	II	16 211	14 458	12 766	11 148	9 602	8 129
	III	**12 712**	5 326	5 326	III	11 386	10 096	8 842	7 626	6 444	5 300
	V	**25 447**	5 326	5 326	IV	18 775	17 895	17 014	16 133	15 252	14 381
	VI	**25 966**	5 326	5 326							
82 259,99 West	I,IV	**19 628**	5 326	5 326	I	17 866	16 105	14 354	12 667	11 053	9 511
	II	**17 945**	5 326	5 326	II	16 183	14 430	12 740	11 123	9 578	8 106
	III	**12 692**	5 326	5 326	III	11 366	10 076	8 824	7 606	6 426	5 282
	V	**25 419**	5 326	5 326	IV	18 747	17 866	16 986	16 105	15 224	14 354
	VI	**25 938**	5 326	5 326							
82 259,99 Ost	I,IV	**19 671**	5 326	5 326	I	17 910	16 148	14 396	12 707	11 091	9 548
	II	**17 988**	5 326	5 326	II	16 226	14 472	12 781	11 161	9 615	8 141
	III	**12 724**	5 326	5 326	III	11 398	10 108	8 854	7 636	6 454	5 310
	V	**25 462**	5 326	5 326	IV	18 790	17 910	17 029	16 148	15 267	14 396
	VI	**25 982**	5 326	5 326							
82 295,99 West	I,IV	**19 642**	5 326	5 326	I	17 880	16 119	14 367	12 680	11 065	9 523
	II	**17 958**	5 326	5 326	II	16 197	14 444	12 753	11 135	9 590	8 117
	III	**12 702**	5 326	5 326	III	11 376	10 086	8 832	7 616	6 434	5 290
	V	**25 433**	5 326	5 326	IV	18 761	17 880	17 000	16 119	15 238	14 367
	VI	**25 952**	5 326	5 326							
82 295,99 Ost	I,IV	**19 686**	5 326	5 326	I	17 925	16 163	14 411	12 721	11 105	9 561
	II	**18 003**	5 326	5 326	II	16 241	14 487	12 795	11 175	9 628	8 153
	III	**12 736**	5 326	5 326	III	11 408	10 118	8 864	7 646	6 464	5 318
	V	**25 478**	5 326	5 326	IV	18 806	17 925	17 044	16 163	15 283	14 411
	VI	**25 997**	5 326	5 326							

* Zur LSt-Berechnung für privat versicherte Arbeitnehmer s. Beispiele **Vorbemerkung S. 4f.**
** Basisvorsorgepauschale KV und PV *** Typisierter Arbeitgeberzuschuss

Jahr gültig ab 1. 1. 2022 (idF des StEntlG 2022) aT2

Lohn/Gehalt in € bis	Steuerklasse	Lohnsteuer*	BVSP**	TAGZ***	Steuerklasse	Bemessungsgrundlage für Kirchensteuer und Solidaritätszuschlag Freibeträge für ... Kinder 0,5	1,0	1,5	2,0	2,5	3,0
82 331,99 West	I,IV	19 656	5 326	5 326	I	17 894	16 133	14 381	12 693	11 077	9 535
	II	17 972	5 326	5 326	II	16 211	14 457	12 766	11 147	9 602	8 128
	III	12 712	5 326	5 326	III	11 386	10 096	8 842	7 626	6 444	5 300
	V	25 447	5 326	5 326	IV	18 775	17 894	17 013	16 133	15 252	14 381
	VI	25 966	5 326	5 326							
82 331,99 Ost	I,IV	19 701	5 326	5 326	I	17 940	16 178	14 425	12 736	11 118	9 574
	II	18 018	5 326	5 326	II	16 257	14 502	12 809	11 189	9 641	8 166
	III	12 748	5 326	5 326	III	11 420	10 130	8 874	7 656	6 474	5 328
	V	25 493	5 326	5 326	IV	18 821	17 940	17 059	16 178	15 298	14 425
	VI	26 012	5 326	5 326							
82 367,99 West	I,IV	19 670	5 326	5 326	I	17 908	16 147	14 394	12 706	11 090	9 546
	II	17 986	5 326	5 326	II	16 225	14 471	12 779	11 160	9 613	8 140
	III	12 724	5 326	5 326	III	11 396	10 106	8 852	7 634	6 454	5 308
	V	25 461	5 326	5 326	IV	18 789	17 908	17 027	16 147	15 266	14 394
	VI	25 980	5 326	5 326							
82 367,99 Ost	I,IV	19 717	5 326	5 326	I	17 955	16 194	14 440	12 750	11 132	9 587
	II	18 033	5 326	5 326	II	16 272	14 517	12 823	11 202	9 654	8 178
	III	12 760	5 326	5 326	III	11 432	10 140	8 886	7 666	6 484	5 338
	V	25 508	5 326	5 326	IV	18 836	17 955	17 074	16 194	15 313	14 440
	VI	26 027	5 326	5 326							
82 403,99 West	I,IV	19 683	5 326	5 326	I	17 922	16 160	14 408	12 719	11 102	9 558
	II	18 000	5 326	5 326	II	16 239	14 484	12 792	11 172	9 625	8 151
	III	12 734	5 326	5 326	III	11 408	10 116	8 862	7 644	6 462	5 318
	V	25 475	5 326	5 326	IV	18 803	17 922	17 041	16 160	15 280	14 408
	VI	25 994	5 326	5 326							
82 403,99 Ost	I,IV	19 732	5 326	5 326	I	17 970	16 209	14 455	12 764	11 146	9 600
	II	18 048	5 326	5 326	II	16 287	14 532	12 838	11 216	9 667	8 190
	III	12 770	5 326	5 326	III	11 442	10 152	8 896	7 676	6 494	5 348
	V	25 523	5 326	5 326	IV	18 851	17 970	17 089	16 209	15 328	14 455
	VI	26 042	5 326	5 326							
82 439,99 West	I,IV	19 698	5 326	5 326	I	17 936	16 175	14 422	12 732	11 115	9 571
	II	18 014	5 326	5 326	II	16 253	14 498	12 805	11 185	9 638	8 162
	III	12 744	5 326	5 326	III	11 418	10 126	8 872	7 654	6 472	5 326
	V	25 489	5 326	5 326	IV	18 817	17 936	17 055	16 175	15 294	14 422
	VI	26 008	5 326	5 326							
82 439,99 Ost	I,IV	19 747	5 326	5 326	I	17 985	16 224	14 470	12 778	11 159	9 613
	II	18 063	5 326	5 326	II	16 302	14 547	12 852	11 229	9 680	8 203
	III	12 782	5 326	5 326	III	11 454	10 162	8 906	7 688	6 504	5 358
	V	25 538	5 326	5 326	IV	18 866	17 985	17 105	16 224	15 343	14 470
	VI	26 057	5 326	5 326							
82 475,99 West	I,IV	19 712	5 326	5 326	I	17 950	16 189	14 435	12 745	11 127	9 582
	II	18 028	5 326	5 326	II	16 267	14 512	12 819	11 198	9 649	8 174
	III	12 756	5 326	5 326	III	11 428	10 136	8 882	7 664	6 480	5 334
	V	25 503	5 326	5 326	IV	18 831	17 950	17 069	16 189	15 308	14 435
	VI	26 022	5 326	5 326							
82 475,99 Ost	I,IV	19 762	5 326	5 326	I	18 000	16 239	14 485	12 792	11 173	9 626
	II	18 079	5 326	5 326	II	16 317	14 562	12 866	11 243	9 693	8 215
	III	12 794	5 326	5 326	III	11 466	10 172	8 918	7 698	6 514	5 368
	V	25 553	5 326	5 326	IV	18 881	18 000	17 120	16 239	15 358	14 485
	VI	26 072	5 326	5 326							
82 511,99 West	I,IV	19 725	5 326	5 326	I	17 964	16 202	14 449	12 758	11 140	9 594
	II	18 042	5 326	5 326	II	16 281	14 526	12 832	11 210	9 661	8 185
	III	12 766	5 326	5 326	III	11 438	10 146	8 892	7 672	6 490	5 344
	V	25 517	5 326	5 326	IV	18 845	17 964	17 083	16 202	15 322	14 449
	VI	26 036	5 326	5 326							
82 511,99 Ost	I,IV	19 777	5 326	5 326	I	18 016	16 254	14 500	12 807	11 186	9 639
	II	18 094	5 326	5 326	II	16 332	14 576	12 880	11 257	9 706	8 227
	III	12 806	5 326	5 326	III	11 476	10 184	8 928	7 708	6 524	5 376
	V	25 568	5 326	5 326	IV	18 896	18 016	17 135	16 254	15 373	14 500
	VI	26 087	5 326	5 326							

* Zur LSt-Berechnung für privat versicherte Arbeitnehmer s. Beispiele **Vorbemerkung S. 4f.**
** Basisvorsorgepauschale KV und PV   *** Typisierter Arbeitgeberzuschuss

aT2 — allgemeine Lohnsteuer

Lohn/Gehalt in € bis	Steuerklasse	Lohnsteuer*	BVSP**	TAGZ***	Steuerklasse	Bemessungsgrundlage für Kirchensteuer und Solidaritätszuschlag — Freibeträge für ... Kinder 0,5	1,0	1,5	2,0	2,5	3,0
82547,99 West	I,IV	19739	5326	5326	I	17978	16216	14463	12771	11152	9606
	II	18056	5326	5326	II	16294	14539	12845	11223	9673	8196
	III	12776	5326	5326	III	11448	10156	8902	7682	6500	5352
	V	25531	5326	5326	IV	18858	17978	17097	16216	15336	14463
	VI	26050	5326	5326							
82547,99 Ost	I,IV	19792	5326	5326	I	18031	16269	14514	12821	11200	9652
	II	18109	5326	5326	II	16347	14591	12894	11270	9719	8240
	III	12816	5326	5326	III	11488	10194	8938	7718	6534	5386
	V	25583	5326	5326	IV	18911	18031	17150	16269	15388	14514
	VI	26103	5326	5326							
82583,99 West	I,IV	19753	5326	5326	I	17992	16230	14476	12784	11165	9618
	II	18070	5326	5326	II	16308	14553	12858	11235	9685	8208
	III	12788	5326	5326	III	11458	10166	8912	7692	6508	5362
	V	25544	5326	5326	IV	18872	17992	17111	16230	15349	14476
	VI	26064	5326	5326							
82583,99 Ost	I,IV	19807	5326	5326	I	18046	16284	14529	12835	11214	9665
	II	18124	5326	5326	II	16362	14606	12900	11284	9732	8252
	III	12828	5326	5326	III	11498	10206	8948	7728	6544	5396
	V	25599	5326	5326	IV	18927	18046	17165	16284	15404	14529
	VI	26118	5326	5326							
82619,99 West	I,IV	19767	5326	5326	I	18005	16244	14490	12797	11177	9630
	II	18084	5326	5326	II	16322	14566	12871	11248	9697	8219
	III	12798	5326	5326	III	11468	10176	8920	7700	6518	5370
	V	25558	5326	5326	IV	18886	18005	17125	16244	15363	14490
	VI	26077	5326	5326							
82619,99 Ost	I,IV	19822	5326	5326	I	18061	16299	14544	12849	11227	9678
	II	18139	5326	5326	II	16378	14621	12923	11298	9745	8265
	III	12840	5326	5326	III	11510	10216	8960	7738	6554	5406
	V	25614	5326	5326	IV	18942	18061	17180	16299	15419	14544
	VI	26133	5326	5326							
82655,99 West	I,IV	19781	5326	5326	I	18019	16258	14503	12810	11190	9642
	II	18097	5326	5326	II	16336	14580	12884	11260	9709	8230
	III	12808	5326	5326	III	11480	10186	8930	7710	6528	5380
	V	25572	5326	5326	IV	18900	18019	17139	16258	15377	14503
	VI	26091	5326	5326							
82655,99 Ost	I,IV	19838	5326	5326	I	18076	16315	14559	12864	11241	9691
	II	18154	5326	5326	II	16393	14636	12937	11311	9758	8277
	III	12852	5326	5326	III	11522	10228	8970	7750	6564	5416
	V	25629	5326	5326	IV	18957	18076	17195	16315	15434	14559
	VI	26148	5326	5326							
82691,99 West	I,IV	19795	5326	5326	I	18033	16272	14517	12823	11202	9654
	II	18111	5326	5326	II	16350	14594	12897	11273	9721	8242
	III	12818	5326	5326	III	11490	10196	8940	7720	6536	5388
	V	25586	5326	5326	IV	18914	18033	17152	16272	15391	14517
	VI	26105	5326	5326							
82691,99 Ost	I,IV	19853	5326	5326	I	18091	16330	14574	12878	11254	9704
	II	18169	5326	5326	II	16408	14651	12952	11325	9771	8289
	III	12864	5326	5326	III	11532	10238	8980	7760	6574	5426
	V	25644	5326	5326	IV	18972	18091	17210	16330	15449	14574
	VI	26163	5326	5326							
82727,99 West	I,IV	19809	5326	5326	I	18047	16286	14531	12836	11215	9666
	II	18125	5326	5326	II	16364	14607	12910	11285	9733	8253
	III	12830	5326	5326	III	11500	10208	8950	7730	6546	5398
	V	25600	5326	5326	IV	18928	18047	17166	16286	15405	14531
	VI	26119	5326	5326							
82727,99 Ost	I,IV	19868	5326	5326	I	18106	16345	14589	12892	11268	9717
	II	18184	5326	5326	II	16423	14666	12966	11339	9784	8302
	III	12874	5326	5326	III	11544	10250	8992	7770	6584	5436
	V	25659	5326	5326	IV	18987	18106	17226	16345	15464	14589
	VI	26178	5326	5326							

* Zur LSt-Berechnung für privat versicherte Arbeitnehmer s. Beispiele **Vorbemerkung S. 4 f.**
** Basisvorsorgepauschale KV und PV *** Typisierter Arbeitgeberzuschuss

Jahr gültig ab 1. 1. 2022 (idF des StEntlG 2022)   **aT2**

Lohn/Gehalt in € bis	Steuerklasse	Lohnsteuer*	BVSP**	TAGZ***	Steuerklasse	Bemessungsgrundlage für Kirchensteuer und Solidaritätszuschlag — Freibeträge für ... Kinder					
						0,5	1,0	1,5	2,0	2,5	3,0
82 763,99 West	I,IV	**19 822**	5 326	5 326	I	18 061	16 299	14 544	12 849	11 227	9 678
	II	**18 139**	5 326	5 326	II	16 378	14 621	12 923	11 298	9 745	8 265
	III	**12 840**	5 326	5 326	III	11 510	10 226	8 960	7 738	6 554	5 406
	V	**25 614**	5 326	5 326	IV	18 942	18 061	17 180	16 299	15 419	14 544
	VI	**26 133**	5 326	5 326							
82 763,99 Ost	I,IV	**19 883**	5 326	5 326	I	18 121	16 360	14 604	12 906	11 282	9 730
	II	**18 200**	5 326	5 326	II	16 438	14 681	12 980	11 352	9 797	8 314
	III	**12 886**	5 326	5 326	III	11 556	10 260	9 002	7 780	6 594	5 444
	V	**25 674**	5 326	5 326	IV	19 002	18 121	17 241	16 360	15 479	14 604
	VI	**26 193**	5 326	5 326							
82 799,99 West	I,IV	**19 836**	5 326	5 326	I	18 075	16 313	14 558	12 862	11 240	9 689
	II	**18 153**	5 326	5 326	II	16 391	14 635	12 936	11 310	9 757	8 276
	III	**12 850**	5 326	5 326	III	11 520	10 228	8 970	7 748	6 564	5 416
	V	**25 628**	5 326	5 326	IV	18 956	18 075	17 194	16 313	15 433	14 558
	VI	**26 147**	5 326	5 326							
82 799,99 Ost	I,IV	**19 898**	5 326	5 326	I	18 137	16 375	14 619	12 921	11 295	9 743
	II	**18 215**	5 326	5 326	II	16 453	14 696	12 994	11 366	9 810	8 327
	III	**12 898**	5 326	5 326	III	11 566	10 272	9 012	7 790	6 604	5 454
	V	**25 689**	5 326	5 326	IV	19 017	18 137	17 256	16 375	15 494	14 619
	VI	**26 208**	5 326	5 326							
82 835,99 West	I,IV	**19 850**	5 326	5 326	I	18 089	16 327	14 571	12 875	11 252	9 701
	II	**18 167**	5 326	5 326	II	16 405	14 648	12 949	11 323	9 769	8 287
	III	**12 862**	5 326	5 326	III	11 530	10 236	8 980	7 758	6 572	5 424
	V	**25 641**	5 326	5 326	IV	18 969	18 089	17 208	16 327	15 446	14 571
	VI	**26 161**	5 326	5 326							
82 835,99 Ost	I,IV	**19 913**	5 326	5 326	I	18 152	16 390	14 633	12 935	11 309	9 756
	II	**18 230**	5 326	5 326	II	16 468	14 710	13 009	11 379	9 823	8 339
	III	**12 910**	5 326	5 326	III	11 578	10 282	9 024	7 800	6 614	5 464
	V	**25 704**	5 326	5 326	IV	19 032	18 152	17 271	16 390	15 509	14 633
	VI	**26 224**	5 326	5 326							
82 871,99 West	I,IV	**19 864**	5 326	5 326	I	18 102	16 341	14 585	12 889	11 265	9 713
	II	**18 181**	5 326	5 326	II	16 419	14 662	12 962	11 335	9 781	8 299
	III	**12 872**	5 326	5 326	III	11 542	10 248	8 990	7 768	6 582	5 432
	V	**25 655**	5 326	5 326	IV	18 983	18 102	17 222	16 341	15 460	14 585
	VI	**26 174**	5 326	5 326							
82 871,99 Ost	I,IV	**19 928**	5 326	5 326	I	18 167	16 405	14 648	12 949	11 323	9 769
	II	**18 245**	5 326	5 326	II	16 483	14 725	13 023	11 393	9 836	8 351
	III	**12 922**	5 326	5 326	III	11 590	10 294	9 034	7 812	6 624	5 474
	V	**25 720**	5 326	5 326	IV	19 047	18 167	17 286	16 405	15 525	14 648
	VI	**26 239**	5 326	5 326							
82 907,99 West	I,IV	**19 878**	5 326	5 326	I	18 116	16 355	14 599	12 902	11 277	9 725
	II	**18 194**	5 326	5 326	II	16 433	14 676	12 975	11 348	9 793	8 310
	III	**12 882**	5 326	5 326	III	11 552	10 256	8 998	7 776	6 590	5 442
	V	**25 669**	5 326	5 326	IV	18 997	18 116	17 236	16 355	15 474	14 599
	VI	**26 188**	5 326	5 326							
82 907,99 Ost	I,IV	**19 943**	5 326	5 326	I	18 182	16 420	14 663	12 963	11 336	9 782
	II	**18 260**	5 326	5 326	II	16 499	14 740	13 037	11 407	9 849	8 364
	III	**12 932**	5 326	5 326	III	11 600	10 304	9 044	7 822	6 634	5 484
	V	**25 735**	5 326	5 326	IV	19 063	18 182	17 301	16 420	15 540	14 663
	VI	**26 254**	5 326	5 326							
82 943,99 West	I,IV	**19 892**	5 326	5 326	I	18 130	16 369	14 612	12 915	11 290	9 737
	II	**18 208**	5 326	5 326	II	16 447	14 689	12 988	11 360	9 804	8 321
	III	**12 894**	5 326	5 326	III	11 562	10 268	9 008	7 786	6 600	5 450
	V	**25 683**	5 326	5 326	IV	19 011	18 130	17 249	16 369	15 488	14 612
	VI	**26 202**	5 326	5 326							
82 943,99 Ost	I,IV	**19 958**	5 326	5 326	I	18 197	16 436	14 678	12 978	11 350	9 795
	II	**18 275**	5 326	5 326	II	16 514	14 755	13 052	11 421	9 862	8 376
	III	**12 944**	5 326	5 326	III	11 612	10 316	9 056	7 832	6 644	5 494
	V	**25 750**	5 326	5 326	IV	19 078	18 197	17 316	16 436	15 555	14 678
	VI	**26 269**	5 326	5 326							

*   Zur LSt-Berechnung für privat versicherte Arbeitnehmer s. Beispiele **Vorbemerkung S. 4 f.**
** Basisvorsorgepauschale KV und PV   *** Typisierter Arbeitgeberzuschuss

aT2 allgemeine Lohnsteuer

Lohn/Gehalt in € bis	Steuerklasse	Lohn-steuer*	BVSP**	TAGZ***	Steuerklasse	Bemessungsgrundlage für Kirchensteuer und Solidaritätszuschlag Freibeträge für ... Kinder					
						0,5	1,0	1,5	2,0	2,5	3,0
82 979,99 West	I,IV	**19 906**	5 326	5 326	I	18 144	16 383	14 626	12 928	11 302	9 749
	II	**18 222**	5 326	5 326	II	16 461	14 703	13 002	11 373	9 816	8 333
	III	**12 904**	5 326	5 326	III	11 572	10 278	9 018	7 796	6 610	5 460
	V	**25 697**	5 326	5 326	IV	19 025	18 144	17 263	16 383	15 502	14 626
	VI	**26 216**	5 326	5 326							
82 979,99 Ost	I,IV	**19 974**	5 326	5 326	I	18 212	16 451	14 693	12 992	11 364	9 808
	II	**18 290**	5 326	5 326	II	16 529	14 770	13 066	11 434	9 875	8 389
	III	**12 956**	5 326	5 326	III	11 622	10 326	9 066	7 842	6 654	5 504
	V	**25 765**	5 326	5 326	IV	19 093	18 212	17 331	16 451	15 570	14 693
	VI	**26 284**	5 326	5 326							
83 015,99 West	I,IV	**19 919**	5 326	5 326	I	18 158	16 396	14 640	12 941	11 315	9 761
	II	**18 236**	5 326	5 326	II	16 475	14 717	13 015	11 385	9 828	8 344
	III	**12 914**	5 326	5 326	III	11 582	10 288	9 028	7 806	6 618	5 468
	V	**25 711**	5 326	5 326	IV	19 039	18 158	17 277	16 396	15 516	14 640
	VI	**26 230**	5 326	5 326							
83 015,99 Ost	I,IV	**19 989**	5 326	5 326	I	18 227	16 466	14 708	13 006	11 377	9 821
	II	**18 305**	5 326	5 326	II	16 544	14 785	13 080	11 448	9 888	8 401
	III	**12 968**	5 326	5 326	III	11 634	10 338	9 076	7 852	6 664	5 512
	V	**25 780**	5 326	5 326	IV	19 108	18 227	17 346	16 466	15 585	14 708
	VI	**26 299**	5 326	5 326							
83 051,99 West	I,IV	**19 933**	5 326	5 326	I	18 172	16 410	14 653	12 954	11 327	9 773
	II	**18 250**	5 326	5 326	II	16 488	14 730	13 028	11 398	9 840	8 356
	III	**12 924**	5 326	5 326	III	11 592	10 298	9 038	7 814	6 628	5 478
	V	**25 725**	5 326	5 326	IV	19 053	18 172	17 291	16 410	15 530	14 653
	VI	**26 244**	5 326	5 326							
83 051,99 Ost	I,IV	**20 004**	5 326	5 326	I	18 242	16 481	14 723	13 021	11 391	9 834
	II	**18 320**	5 326	5 326	II	16 559	14 800	13 095	11 462	9 901	8 414
	III	**12 980**	5 326	5 326	III	11 646	10 348	9 088	7 862	6 674	5 522
	V	**25 795**	5 326	5 326	IV	19 123	18 242	17 362	16 481	15 600	14 723
	VI	**26 314**	5 326	5 326							
83 087,99 West	I,IV	**19 948**	5 326	5 326	I	18 186	16 425	14 667	12 967	11 340	9 785
	II	**18 264**	5 326	5 326	II	16 503	14 744	13 041	11 411	9 853	8 367
	III	**12 936**	5 326	5 326	III	11 604	10 308	9 048	7 824	6 638	5 486
	V	**25 739**	5 326	5 326	IV	19 067	18 186	17 305	16 425	15 544	14 667
	VI	**26 258**	5 326	5 326							
83 087,99 Ost	I,IV	**20 019**	5 326	5 326	I	18 257	16 496	14 738	13 035	11 405	9 847
	II	**18 336**	5 326	5 326	II	16 574	14 815	13 109	11 475	9 914	8 426
	III	**12 990**	5 326	5 326	III	11 656	10 360	9 098	7 874	6 684	5 532
	V	**25 810**	5 326	5 326	IV	19 138	18 257	17 377	16 496	15 615	14 738
	VI	**26 329**	5 326	5 326							
83 123,99 West	I,IV	**19 961**	5 326	5 326	I	18 200	16 438	14 681	12 980	11 353	9 797
	II	**18 278**	5 326	5 326	II	16 517	14 758	13 054	11 423	9 865	8 379
	III	**12 946**	5 326	5 326	III	11 614	10 318	9 058	7 834	6 646	5 496
	V	**25 753**	5 326	5 326	IV	19 081	18 200	17 319	16 438	15 558	14 681
	VI	**26 272**	5 326	5 326							
83 123,99 Ost	I,IV	**20 034**	5 326	5 326	I	18 273	16 511	14 753	13 049	11 418	9 860
	II	**18 351**	5 326	5 326	II	16 589	14 830	13 123	11 489	9 928	8 439
	III	**13 002**	5 326	5 326	III	11 668	10 370	9 108	7 884	6 694	5 542
	V	**25 825**	5 326	5 326	IV	19 153	18 273	17 392	16 511	15 630	14 753
	VI	**26 344**	5 326	5 326							
83 159,99 West	I,IV	**19 975**	5 326	5 326	I	18 214	16 452	14 695	12 994	11 365	9 809
	II	**18 292**	5 326	5 326	II	16 530	14 772	13 067	11 436	9 877	8 390
	III	**12 958**	5 326	5 326	III	11 624	10 328	9 068	7 844	6 656	5 504
	V	**25 767**	5 326	5 326	IV	19 095	18 214	17 333	16 452	15 572	14 695
	VI	**26 286**	5 326	5 326							
83 159,99 Ost	I,IV	**20 049**	5 326	5 326	I	18 288	16 526	14 768	13 064	11 432	9 873
	II	**18 366**	5 326	5 326	II	16 604	14 845	13 138	11 503	9 941	8 451
	III	**13 014**	5 326	5 326	III	11 680	10 382	9 120	7 894	6 704	5 552
	V	**25 840**	5 326	5 326	IV	19 168	18 288	17 407	16 526	15 645	14 768
	VI	**26 360**	5 326	5 326							

* Zur LSt-Berechnung für privat versicherte Arbeitnehmer s. Beispiele **Vorbemerkung S. 4f.**
** Basisvorsorgepauschale KV und PV   *** Typisierter Arbeitgeberzuschuss

Jahr gültig ab 1.1.2022 (idF des StEntlG 2022) — **aT2**

Lohn/Gehalt in € bis	Steuerklasse	Lohnsteuer*	BVSP**	TAGZ***	Steuerklasse	Bemessungsgrundlage für Kirchensteuer und Solidaritätszuschlag Freibeträge für ... Kinder					
						0,5	1,0	1,5	2,0	2,5	3,0
83195,99 West	I,IV	19989	5326	5326	I	18228	16466	14708	13007	11378	9821
	II	18306	5326	5326	II	16544	14786	13081	11448	9889	8402
	III	12968	5326	5326	III	11634	10338	9078	7854	6666	5514
	V	25780	5326	5326	IV	19108	18228	17347	16466	15585	14708
	VI	26300	5326	5326							
83195,99 Ost	I,IV	20064	5326	5326	I	18303	16541	14783	13078	11446	9886
	II	18381	5326	5326	II	16619	14860	13152	11516	9954	8464
	III	13026	5326	5326	III	11690	10392	9130	7904	6714	5562
	V	25856	5326	5326	IV	19184	18303	17422	16541	15661	14783
	VI	26375	5326	5326							
83231,99 West	I,IV	20003	5326	5326	I	18242	16480	14722	13020	11390	9833
	II	18320	5326	5326	II	16558	14799	13094	11461	9901	8413
	III	12978	5326	5326	III	11644	10348	9086	7862	6674	5522
	V	25794	5326	5326	IV	19122	18242	17361	16480	15599	14722
	VI	26313	5326	5326							
83231,99 Ost	I,IV	20079	5326	5326	I	18318	16556	14798	13092	11459	9899
	II	18396	5326	5326	II	16635	14875	13166	11530	9967	8476
	III	13038	5326	5326	III	11702	10404	9140	7914	6724	5572
	V	25871	5326	5326	IV	19199	18318	17437	16556	15676	14798
	VI	26390	5326	5326							
83267,99 West	I,IV	20017	5326	5326	I	18255	16494	14736	13033	11403	9845
	II	18333	5326	5326	II	16572	14813	13107	11473	9913	8424
	III	12990	5326	5326	III	11656	10358	9096	7872	6684	5532
	V	25808	5326	5326	IV	19136	18255	17375	16494	15613	14736
	VI	26327	5326	5326							
83267,99 Ost	I,IV	20095	5326	5326	I	18333	16572	14813	13106	11473	9912
	II	18411	5326	5326	II	16650	14890	13181	11544	9980	8489
	III	13048	5326	5326	III	11714	10414	9152	7926	6734	5582
	V	25886	5326	5326	IV	19214	18333	17452	16572	15691	14813
	VI	26405	5326	5326							
83303,99 West	I,IV	20031	5326	5326	I	18269	16508	14749	13046	11415	9857
	II	18347	5326	5326	II	16586	14827	13120	11486	9925	8436
	III	13000	5326	5326	III	11666	10368	9106	7882	6692	5540
	V	25822	5326	5326	IV	19150	18269	17388	16508	15627	14749
	VI	26341	5326	5326							
83303,99 Ost	I,IV	20110	5326	5326	I	18348	16587	14827	13121	11487	9925
	II	18426	5326	5326	II	16665	14905	13195	11558	9993	8501
	III	13060	5326	5326	III	11724	10426	9162	7936	6744	5590
	V	25901	5326	5326	IV	19229	18348	17467	16587	15706	14827
	VI	26420	5326	5326							
83339,99 West	I,IV	20045	5326	5326	I	18283	16522	14763	13059	11428	9869
	II	18361	5326	5326	II	16600	14840	13133	11499	9937	8447
	III	13010	5326	5326	III	11676	10378	9116	7892	6702	5550
	V	25836	5326	5326	IV	19164	18283	17402	16522	15641	14763
	VI	26355	5326	5326							
83339,99 Ost	I,IV	20125	5326	5326	I	18363	16602	14842	13135	11500	9938
	II	18441	5326	5326	II	16680	14920	13209	11571	10006	8513
	III	13072	5326	5326	III	11736	10436	9172	7946	6756	5600
	V	25916	5326	5326	IV	19244	18363	17483	16602	15721	14842
	VI	26435	5326	5326							
83375,99 West	I,IV	20058	5326	5326	I	18297	16535	14777	13072	11440	9881
	II	18375	5326	5326	II	16614	14854	13146	11511	9949	8459
	III	13020	5326	5326	III	11686	10388	9126	7900	6710	5558
	V	25850	5326	5326	IV	19178	18297	17416	16535	15655	14777
	VI	26369	5326	5326							
83375,99 Ost	I,IV	20140	5326	5326	I	18378	16617	14857	13150	11514	9952
	II	18457	5326	5326	II	16695	14935	13224	11585	10019	8526
	III	13084	5326	5326	III	11748	10448	9184	7956	6766	5610
	V	25931	5326	5326	IV	19259	18378	17498	16617	15736	14857
	VI	26450	5326	5326							

* Zur LSt-Berechnung für privat versicherte Arbeitnehmer s. Beispiele **Vorbemerkung S. 4f.**
** Basisvorsorgepauschale KV und PV *** Typisierter Arbeitgeberzuschuss

aT2

allgemeine Lohnsteuer

Lohn/ Gehalt in € bis	Steuerklasse	Lohn- steuer*	BVSP**	TAGZ***	Steuerklasse	Bemessungsgrundlage für Kirchensteuer und Solidaritätszuschlag Freibeträge für ... Kinder 0,5	1,0	1,5	2,0	2,5	3,0
83411,99 West	I,IV	20072	5326	5326	I	18311	16549	14791	13085	11453	9893
	II	18389	5326	5326	II	16627	14868	13159	11524	9961	8470
	III	13032	5326	5326	III	11696	10398	9136	7910	6720	5566
	V	25864	5326	5326	IV	19192	18311	17430	16549	15669	14791
	VI	26383	5326	5326							
83411,99 Ost	I,IV	20155	5326	5326	I	18394	16632	14872	13164	11528	9965
	II	18472	5326	5326	II	16710	14950	13238	11599	10032	8539
	III	13096	5326	5326	III	11758	10458	9194	7966	6776	5620
	V	25946	5326	5326	IV	19274	18394	17513	16632	15751	14872
	VI	26465	5326	5326							
83447,99 West	I,IV	20086	5326	5326	I	18325	16563	14804	13099	11465	9905
	II	18403	5326	5326	II	16641	14882	13173	11536	9973	8482
	III	13042	5326	5326	III	11708	10408	9146	7920	6730	5576
	V	25877	5326	5326	IV	19205	18325	17444	16563	15682	14804
	VI	26397	5326	5326							
83447,99 Ost	I,IV	20170	5326	5326	I	18409	16647	14887	13178	11542	9978
	II	18487	5326	5326	II	16725	14965	13252	11613	10046	8551
	III	13106	5326	5326	III	11770	10470	9204	7976	6786	5630
	V	25961	5326	5326	IV	19289	18409	17528	16647	15766	14887
	VI	26481	5326	5326							
83483,99 West	I,IV	20100	5326	5326	I	18339	16577	14818	13112	11478	9917
	II	18417	5326	5326	II	16655	14895	13186	11549	9985	8493
	III	13054	5326	5326	III	11718	10418	9156	7930	6738	5584
	V	25891	5326	5326	IV	19219	18339	17458	16577	15696	14818
	VI	26410	5326	5326							
83483,99 Ost	I,IV	20185	5326	5326	I	18424	16662	14902	13193	11555	9991
	II	18502	5326	5326	II	16740	14980	13267	11626	10059	8564
	III	13118	5326	5326	III	11782	10480	9216	7988	6796	5640
	V	25977	5326	5326	IV	19305	18424	17543	16662	15782	14902
	VI	26496	5326	5326							
83519,99 West	I,IV	20114	5326	5326	I	18352	16591	14832	13125	11491	9929
	II	18431	5326	5326	II	16669	14909	13199	11562	9997	8504
	III	13064	5326	5326	III	11728	10428	9166	7938	6748	5594
	V	25905	5326	5326	IV	19233	18352	17472	16591	15710	14832
	VI	26424	5326	5326							
83519,99 Ost	I,IV	20200	5326	5326	I	18439	16677	14917	13207	11569	10004
	II	18517	5326	5326	II	16756	14995	13281	11640	10072	8576
	III	13130	5326	5326	III	11792	10492	9226	7998	6806	5650
	V	25992	5326	5326	IV	19320	18439	17558	16677	15797	14917
	VI	26511	5326	5326							
83555,99 West	I,IV	20128	5326	5326	I	18366	16605	14845	13138	11503	9941
	II	18444	5326	5326	II	16683	14923	13212	11574	10009	8516
	III	13074	5326	5326	III	11738	10438	9176	7948	6758	5602
	V	25919	5326	5326	IV	19247	18366	17486	16605	15724	14845
	VI	26438	5326	5326							
83555,99 Ost	I,IV	20216	5326	5326	I	18454	16693	14932	13221	11583	10017
	II	18532	5326	5326	II	16771	15010	13296	11654	10085	8589
	III	13142	5326	5326	III	11804	10502	9238	8008	6816	5660
	V	26007	5326	5326	IV	19335	18454	17573	16693	15812	14932
	VI	26526	5326	5326							
83591,99 West	I,IV	20142	5326	5326	I	18380	16619	14859	13151	11516	9953
	II	18458	5326	5326	II	16697	14937	13225	11587	10021	8527
	III	13084	5326	5326	III	11748	10448	9184	7958	6766	5612
	V	25933	5326	5326	IV	19261	18380	17499	16619	15738	14859
	VI	26452	5326	5326							
83591,99 Ost	I,IV	20231	5326	5326	I	18469	16708	14947	13236	11597	10030
	II	18547	5326	5326	II	16786	15025	13310	11668	10098	8601
	III	13154	5326	5326	III	11816	10514	9248	8018	6826	5668
	V	26022	5326	5326	IV	19350	18469	17588	16708	15827	14947
	VI	26541	5326	5326							

* Zur LSt-Berechnung für privat versicherte Arbeitnehmer s. Beispiele **Vorbemerkung S. 4f.**
** Basisvorsorgepauschale KV und PV   *** Typisierter Arbeitgeberzuschuss

Jahr gültig ab 1. 1. 2022 (idF des StEntlG 2022) — aT2

Lohn/Gehalt in € bis	Steuerklasse	Lohnsteuer*	BVSP**	TAGZ***	Steuerklasse	Bemessungsgrundlage für Kirchensteuer und Solidaritätszuschlag — Freibeträge für ... Kinder					
						0,5	1,0	1,5	2,0	2,5	3,0
83 627,99 West	I,IV	20 155	5 326	5 326	I	18 394	16 632	14 873	13 164	11 528	9 965
	II	18 472	5 326	5 326	II	16 711	14 950	13 238	11 599	10 033	8 539
	III	13 096	5 326	5 326	III	11 760	10 458	9 194	7 968	6 776	5 620
	V	25 947	5 326	5 326	IV	19 275	18 394	17 513	16 632	15 752	14 873
	VI	26 466	5 326	5 326							
83 627,99 Ost	I,IV	20 246	5 326	5 326	I	18 484	16 723	14 962	13 250	11 610	10 043
	II	18 562	5 326	5 326	II	16 801	15 040	13 324	11 682	10 111	8 614
	III	13 164	5 326	5 326	III	11 826	10 524	9 258	8 028	6 836	5 678
	V	26 037	5 326	5 326	IV	19 365	18 484	17 604	16 723	15 842	14 962
	VI	26 556	5 326	5 326							
83 663,99 West	I,IV	20 169	5 326	5 326	I	18 408	16 646	14 887	13 177	11 541	9 977
	II	18 486	5 326	5 326	II	16 724	14 964	13 252	11 612	10 045	8 550
	III	13 106	5 326	5 326	III	11 770	10 468	9 204	7 976	6 784	5 630
	V	25 961	5 326	5 326	IV	19 289	18 408	17 527	16 646	15 766	14 887
	VI	26 480	5 326	5 326							
83 663,99 Ost	I,IV	20 261	5 326	5 326	I	18 499	16 738	14 977	13 264	11 624	10 057
	II	18 578	5 326	5 326	II	16 816	15 055	13 339	11 695	10 124	8 626
	III	13 176	5 326	5 326	III	11 838	10 536	9 270	8 040	6 846	5 688
	V	26 052	5 326	5 326	IV	19 380	18 499	17 619	16 738	15 857	14 977
	VI	26 571	5 326	5 326							
83 699,99 West	I,IV	20 183	5 326	5 326	I	18 422	16 660	14 900	13 191	11 553	9 989
	II	18 500	5 326	5 326	II	16 738	14 978	13 265	11 625	10 057	8 562
	III	13 118	5 326	5 326	III	11 780	10 480	9 214	7 986	6 794	5 638
	V	25 974	5 326	5 326	IV	19 302	18 422	17 541	16 660	15 779	14 900
	VI	26 494	5 326	5 326							
83 699,99 Ost	I,IV	20 276	5 326	5 326	I	18 515	16 753	14 992	13 279	11 638	10 070
	II	18 593	5 326	5 326	II	16 831	15 070	13 353	11 709	10 138	8 639
	III	13 188	5 326	5 326	III	11 850	10 546	9 280	8 050	6 856	5 698
	V	26 067	5 326	5 326	IV	19 395	18 515	17 634	16 753	15 872	14 992
	VI	26 586	5 326	5 326							
83 735,99 West	I,IV	20 197	5 326	5 326	I	18 436	16 674	14 914	13 204	11 566	10 001
	II	18 514	5 326	5 326	II	16 752	14 992	13 278	11 637	10 069	8 573
	III	13 128	5 326	5 326	III	11 790	10 488	9 224	7 996	6 804	5 648
	V	25 988	5 326	5 326	IV	19 316	18 436	17 555	16 674	15 793	14 914
	VI	26 507	5 326	5 326							
83 735,99 Ost	I,IV	20 291	5 326	5 326	I	18 530	16 768	15 007	13 293	11 652	10 083
	II	18 608	5 326	5 326	II	16 846	15 085	13 368	11 723	10 151	8 651
	III	13 200	5 326	5 326	III	11 860	10 558	9 290	8 060	6 866	5 708
	V	26 082	5 326	5 326	IV	19 410	18 530	17 649	16 768	15 887	15 007
	VI	26 602	5 326	5 326							
83 771,99 West	I,IV	20 211	5 326	5 326	I	18 450	16 688	14 928	13 217	11 579	10 013
	II	18 528	5 326	5 326	II	16 766	15 006	13 292	11 650	10 081	8 585
	III	13 138	5 326	5 326	III	11 800	10 500	9 234	8 006	6 812	5 656
	V	26 003	5 326	5 326	IV	19 331	18 450	17 569	16 688	15 808	14 928
	VI	26 522	5 326	5 326							
83 771,99 Ost	I,IV	20 306	5 326	5 326	I	18 545	16 783	15 022	13 308	11 666	10 096
	II	18 623	5 326	5 326	II	16 861	15 100	13 382	11 737	10 164	8 664
	III	13 212	5 326	5 326	III	11 872	10 568	9 302	8 070	6 876	5 718
	V	26 098	5 326	5 326	IV	19 425	18 545	17 664	16 783	15 903	15 022
	VI	26 617	5 326	5 326							
83 807,99 West	I,IV	20 225	5 326	5 326	I	18 464	16 702	14 942	13 231	11 592	10 025
	II	18 542	5 326	5 326	II	16 780	15 020	13 305	11 663	10 093	8 597
	III	13 150	5 326	5 326	III	11 812	10 510	9 244	8 016	6 822	5 666
	V	26 016	5 326	5 326	IV	19 344	18 464	17 583	16 702	15 821	14 942
	VI	26 536	5 326	5 326							
83 807,99 Ost	I,IV	20 321	5 326	5 326	I	18 560	16 798	15 037	13 322	11 679	10 109
	II	18 638	5 326	5 326	II	16 877	15 115	13 397	11 751	10 177	8 676
	III	13 224	5 326	5 326	III	11 884	10 580	9 312	8 080	6 886	5 728
	V	26 113	5 326	5 326	IV	19 441	18 560	17 679	16 798	15 918	15 037
	VI	26 632	5 326	5 326							

* Zur LSt-Berechnung für privat versicherte Arbeitnehmer s. Beispiele **Vorbemerkung S. 4 f.**
** Basisvorsorgepauschale KV und PV *** Typisierter Arbeitgeberzuschuss

aT2 allgemeine Lohnsteuer

Lohn/Gehalt in € bis	Steuerklasse	Lohnsteuer*	BVSP**	TAGZ***	Steuerklasse	Bemessungsgrundlage für Kirchensteuer und Solidaritätszuschlag					
						Freibeträge für ... Kinder					
						0,5	1,0	1,5	2,0	2,5	3,0
83 843,99 West	I,IV	**20 239**	5 326	5 326	I	18 478	16 716	14 956	13 244	11 604	10 038
	II	**18 556**	5 326	5 326	II	16 794	15 033	13 318	11 675	10 105	8 608
	III	**13 160**	5 326	5 326	III	11 822	10 520	9 254	8 024	6 832	5 674
	V	**26 030**	5 326	5 326	IV	19 358	18 478	17 597	16 716	15 835	14 956
	VI	**26 549**	5 326	5 326							
83 843,99 Ost	I,IV	**20 336**	5 326	5 326	I	18 575	16 814	15 053	13 336	11 693	10 122
	II	**18 653**	5 326	5 326	II	16 892	15 130	13 411	11 764	10 190	8 689
	III	**13 234**	5 326	5 326	III	11 894	10 590	9 322	8 092	6 896	5 738
	V	**26 128**	5 326	5 326	IV	19 456	18 575	17 694	16 814	15 933	15 053
	VI	**26 647**	5 326	5 326							
83 879,99 West	I,IV	**20 253**	5 326	5 326	I	18 491	16 730	14 969	13 257	11 617	10 050
	II	**18 570**	5 326	5 326	II	16 808	15 047	13 331	11 688	10 118	8 620
	III	**13 170**	5 326	5 326	III	11 832	10 530	9 264	8 034	6 840	5 684
	V	**26 044**	5 326	5 326	IV	19 372	18 491	17 611	16 730	15 849	14 969
	VI	**26 563**	5 326	5 326							
83 879,99 Ost	I,IV	**20 352**	5 326	5 326	I	18 590	16 829	15 068	13 351	11 707	10 135
	II	**18 668**	5 326	5 326	II	16 907	15 145	13 426	11 778	10 204	8 702
	III	**13 246**	5 326	5 326	III	11 906	10 602	9 334	8 102	6 906	5 748
	V	**26 143**	5 326	5 326	IV	19 471	18 590	17 709	16 829	15 948	15 068
	VI	**26 662**	5 326	5 326							
83 915,99 West	I,IV	**20 267**	5 326	5 326	I	18 505	16 744	14 983	13 270	11 630	10 062
	II	**18 583**	5 326	5 326	II	16 822	15 061	13 345	11 701	10 130	8 631
	III	**13 182**	5 326	5 326	III	11 842	10 540	9 274	8 044	6 850	5 692
	V	**26 058**	5 326	5 326	IV	19 386	18 505	17 625	16 744	15 863	14 983
	VI	**26 577**	5 326	5 326							
83 915,99 Ost	I,IV	**20 367**	5 326	5 326	I	18 605	16 844	15 083	13 365	11 721	10 149
	II	**18 683**	5 326	5 326	II	16 922	15 160	13 440	11 792	10 217	8 714
	III	**13 258**	5 326	5 326	III	11 918	10 612	9 344	8 112	6 916	5 756
	V	**26 158**	5 326	5 326	IV	19 486	18 605	17 724	16 844	15 963	15 083
	VI	**26 677**	5 326	5 326							
83 951,99 West	I,IV	**20 281**	5 326	5 326	I	18 519	16 758	14 997	13 283	11 642	10 074
	II	**18 597**	5 326	5 326	II	16 836	15 075	13 358	11 713	10 142	8 643
	III	**13 192**	5 326	5 326	III	11 852	10 550	9 284	8 054	6 860	5 702
	V	**26 072**	5 326	5 326	IV	19 400	18 519	17 638	16 758	15 877	14 997
	VI	**26 591**	5 326	5 326							
83 951,99 Ost	I,IV	**20 382**	5 326	5 326	I	18 620	16 859	15 098	13 380	11 734	10 162
	II	**18 698**	5 326	5 326	II	16 937	15 176	13 454	11 806	10 230	8 727
	III	**13 270**	5 326	5 326	III	11 928	10 624	9 354	8 122	6 926	5 766
	V	**26 173**	5 326	5 326	IV	19 501	18 620	17 740	16 859	15 978	15 098
	VI	**26 692**	5 326	5 326							
83 987,99 West	I,IV	**20 294**	5 326	5 326	I	18 533	16 772	15 011	13 296	11 655	10 086
	II	**18 611**	5 326	5 326	II	16 850	15 088	13 371	11 726	10 154	8 654
	III	**13 202**	5 326	5 326	III	11 864	10 560	9 292	8 062	6 868	5 710
	V	**26 086**	5 326	5 326	IV	19 414	18 533	17 652	16 772	15 891	15 011
	VI	**26 605**	5 326	5 326							
83 987,99 Ost	I,IV	**20 397**	5 326	5 326	I	18 635	16 874	15 113	13 394	11 748	10 175
	II	**18 714**	5 326	5 326	II	16 952	15 191	13 469	11 820	10 243	8 739
	III	**13 282**	5 326	5 326	III	11 940	10 634	9 366	8 134	6 936	5 776
	V	**26 188**	5 326	5 326	IV	19 516	18 635	17 755	16 874	15 993	15 113
	VI	**26 707**	5 326	5 326							
84 023,99 West	I,IV	**20 308**	5 326	5 326	I	18 547	16 785	15 025	13 310	11 667	10 098
	II	**18 625**	5 326	5 326	II	16 863	15 102	13 384	11 739	10 166	8 666
	III	**13 214**	5 326	5 326	III	11 874	10 570	9 304	8 072	6 878	5 720
	V	**26 100**	5 326	5 326	IV	19 428	18 547	17 666	16 785	15 905	15 025
	VI	**26 619**	5 326	5 326							
84 023,99 Ost	I,IV	**20 412**	5 326	5 326	I	18 651	16 889	15 128	13 409	11 762	10 188
	II	**18 729**	5 326	5 326	II	16 967	15 206	13 483	11 834	10 256	8 752
	III	**13 294**	5 326	5 326	III	11 952	10 646	9 376	8 144	6 946	5 786
	V	**26 203**	5 326	5 326	IV	19 531	18 651	17 770	16 889	16 008	15 128
	VI	**26 722**	5 326	5 326							

* Zur LSt-Berechnung für privat versicherte Arbeitnehmer s. Beispiele **Vorbemerkung S. 4 f.**
** Basisvorsorgepauschale KV und PV *** Typisierter Arbeitgeberzuschuss

Jahr gültig ab 1. 1. 2022 (idF des StEntlG 2022) **aT2**

Lohn/Gehalt in € bis	Steuerklasse	Lohnsteuer*	BVSP**	TAGZ***	Steuerklasse	Bemessungsgrundlage für Kirchensteuer und Solidaritätszuschlag Freibeträge für ... Kinder					
						0,5	1,0	1,5	2,0	2,5	3,0
84 059,99 West	I,IV	**20 322**	5 326	5 326	I	18 561	16 799	15 038	13 323	11 680	10 110
	II	**18 639**	5 326	5 326	II	16 877	15 116	13 397	11 751	10 178	8 677
	III	**13 224**	5 326	5 326	III	11 884	10 580	9 312	8 082	6 886	5 728
	V	**26 113**	5 326	5 326	IV	19 441	18 561	17 680	16 799	15 918	15 038
	VI	**26 633**	5 326	5 326							
84 059,99 Ost	I,IV	**20 427**	5 326	5 326	I	18 666	16 904	15 143	13 423	11 776	10 201
	II	**18 744**	5 326	5 326	II	16 982	15 221	13 498	11 847	10 270	8 765
	III	**13 304**	5 326	5 326	III	11 962	10 656	9 388	8 154	6 956	5 796
	V	**26 218**	5 326	5 326	IV	19 546	18 666	17 785	16 904	16 023	15 143
	VI	**26 738**	5 326	5 326							
84 095,99 West	I,IV	**20 336**	5 326	5 326	I	18 575	16 813	15 052	13 336	11 693	10 122
	II	**18 653**	5 326	5 326	II	16 891	15 130	13 411	11 764	10 190	8 689
	III	**13 234**	5 326	5 326	III	11 894	10 590	9 322	8 092	6 896	5 738
	V	**26 127**	5 326	5 326	IV	19 455	18 575	17 694	16 813	15 932	15 052
	VI	**26 646**	5 326	5 326							
84 095,99 Ost	I,IV	**20 442**	5 326	5 326	I	18 681	16 919	15 158	13 438	11 790	10 215
	II	**18 759**	5 326	5 326	II	16 997	15 236	13 512	11 861	10 283	8 777
	III	**13 316**	5 326	5 326	III	11 974	10 668	9 398	8 164	6 966	5 806
	V	**26 234**	5 326	5 326	IV	19 562	18 681	17 800	16 919	16 039	15 158
	VI	**26 753**	5 326	5 326							
84 131,99 West	I,IV	**20 350**	5 326	5 326	I	18 588	16 827	15 066	13 349	11 705	10 134
	II	**18 667**	5 326	5 326	II	16 905	15 144	13 424	11 777	10 202	8 700
	III	**13 246**	5 326	5 326	III	11 904	10 600	9 332	8 100	6 906	5 746
	V	**26 141**	5 326	5 326	IV	19 469	18 588	17 708	16 827	15 946	15 066
	VI	**26 660**	5 326	5 326							
84 131,99 Ost	I,IV	**20 457**	5 326	5 326	I	18 696	16 934	15 173	13 452	11 804	10 228
	II	**18 774**	5 326	5 326	II	17 013	15 251	13 527	11 875	10 296	8 790
	III	**13 328**	5 326	5 326	III	11 986	10 678	9 408	8 174	6 978	5 816
	V	**26 249**	5 326	5 326	IV	19 577	18 696	17 815	16 934	16 054	15 173
	VI	**26 768**	5 326	5 326							
84 167,99 West	I,IV	**20 364**	5 326	5 326	I	18 602	16 841	15 080	13 363	11 718	10 146
	II	**18 680**	5 326	5 326	II	16 919	15 158	13 437	11 789	10 214	8 712
	III	**13 256**	5 326	5 326	III	11 916	10 610	9 342	8 110	6 914	5 756
	V	**26 155**	5 326	5 326	IV	19 483	18 602	17 722	16 841	15 960	15 080
	VI	**26 674**	5 326	5 326							
84 167,99 Ost	I,IV	**20 473**	5 326	5 326	I	18 711	16 950	15 188	13 466	11 817	10 241
	II	**18 789**	5 326	5 326	II	17 028	15 266	13 541	11 889	10 309	8 802
	III	**13 340**	5 326	5 326	III	11 996	10 690	9 420	8 186	6 988	5 826
	V	**26 264**	5 326	5 326	IV	19 592	18 711	17 830	16 950	16 069	15 188
	VI	**26 783**	5 326	5 326							
84 203,99 West	I,IV	**20 378**	5 326	5 326	I	18 616	16 855	15 093	13 376	11 731	10 158
	II	**18 694**	5 326	5 326	II	16 933	15 171	13 450	11 802	10 226	8 723
	III	**13 266**	5 326	5 326	III	11 926	10 620	9 352	8 120	6 924	5 764
	V	**26 169**	5 326	5 326	IV	19 497	18 616	17 735	16 855	15 974	15 093
	VI	**26 688**	5 326	5 326							
84 203,99 Ost	I,IV	**20 488**	5 326	5 326	I	18 726	16 965	15 203	13 481	11 831	10 254
	II	**18 804**	5 326	5 326	II	17 043	15 281	13 556	11 903	10 323	8 815
	III	**13 352**	5 326	5 326	III	12 008	10 702	9 430	8 196	6 998	5 836
	V	**26 279**	5 326	5 326	IV	19 607	18 726	17 845	16 965	16 084	15 203
	VI	**26 798**	5 326	5 326							
84 239,99 West	I,IV	**20 391**	5 326	5 326	I	18 630	16 869	15 107	13 389	11 743	10 170
	II	**18 708**	5 326	5 326	II	16 947	15 185	13 464	11 815	10 238	8 735
	III	**13 278**	5 326	5 326	III	11 936	10 630	9 362	8 130	6 934	5 774
	V	**26 183**	5 326	5 326	IV	19 511	18 630	17 749	16 869	15 988	15 107
	VI	**26 702**	5 326	5 326							
84 239,99 Ost	I,IV	**20 503**	5 326	5 326	I	18 741	16 980	15 218	13 495	11 845	10 268
	II	**18 819**	5 326	5 326	II	17 058	15 296	13 570	11 917	10 336	8 828
	III	**13 364**	5 326	5 326	III	12 020	10 712	9 440	8 206	7 008	5 846
	V	**26 294**	5 326	5 326	IV	19 622	18 741	17 861	16 980	16 099	15 218
	VI	**26 813**	5 326	5 326							

* Zur LSt-Berechnung für privat versicherte Arbeitnehmer s. Beispiele **Vorbemerkung S. 4f.**
** Basisvorsorgepauschale KV und PV   *** Typisierter Arbeitgeberzuschuss

aT2 allgemeine Lohnsteuer

Lohn/Gehalt in € bis	Steuerklasse	Lohn-steuer*	BVSP**	TAGZ***	Steuerklasse	Bemessungsgrundlage für Kirchensteuer und Solidaritätszuschlag Freibeträge für ... Kinder					
						0,5	1,0	1,5	2,0	2,5	3,0
84 275,99 West	I,IV	20 405	5 326	5 326	I	18 644	16 882	15 121	13 402	11 756	10 182
	II	18 722	5 326	5 326	II	16 961	15 199	13 477	11 827	10 251	8 746
	III	13 288	5 326	5 326	III	11 946	10 640	9 372	8 138	6 942	5 782
	V	26 197	5 326	5 326	IV	19 525	18 644	17 763	16 882	16 002	15 121
	VI	26 716	5 326	5 326							
84 275,99 Ost	I,IV	20 518	5 326	5 326	I	18 756	16 995	15 233	13 510	11 859	10 281
	II	18 835	5 326	5 326	II	17 073	15 312	13 585	11 931	10 349	8 840
	III	13 376	5 326	5 326	III	12 030	10 724	9 452	8 216	7 018	5 856
	V	26 309	5 326	5 326	IV	19 637	18 756	17 876	16 995	16 114	15 233
	VI	26 828	5 326	5 326							
84 311,99 West	I,IV	20 419	5 326	5 326	I	18 658	16 896	15 135	13 415	11 769	10 194
	II	18 736	5 326	5 326	II	16 974	15 213	13 490	11 840	10 263	8 758
	III	13 300	5 326	5 326	III	11 958	10 652	9 382	8 148	6 952	5 792
	V	26 211	5 326	5 326	IV	19 538	18 658	17 777	16 896	16 016	15 135
	VI	26 730	5 326	5 326							
84 311,99 Ost	I,IV	20 533	5 326	5 326	I	18 772	17 010	15 249	13 524	11 873	10 294
	II	18 850	5 326	5 326	II	17 088	15 327	13 599	11 945	10 362	8 853
	III	13 386	5 326	5 326	III	12 042	10 734	9 462	8 226	7 028	5 864
	V	26 324	5 326	5 326	IV	19 652	18 772	17 891	17 010	16 129	15 249
	VI	26 843	5 326	5 326							
84 347,99 West	I,IV	20 433	5 326	5 326	I	18 672	16 910	15 149	13 429	11 781	10 207
	II	18 750	5 326	5 326	II	16 988	15 227	13 503	11 853	10 275	8 769
	III	13 310	5 326	5 326	III	11 968	10 662	9 392	8 158	6 960	5 800
	V	26 224	5 326	5 326	IV	19 552	18 672	17 791	16 910	16 029	15 149
	VI	26 743	5 326	5 326							
84 347,99 Ost	I,IV	20 548	5 326	5 326	I	18 787	17 025	15 264	13 539	11 887	10 307
	II	18 865	5 326	5 326	II	17 103	15 342	13 614	11 958	10 376	8 866
	III	13 398	5 326	5 326	III	12 054	10 746	9 474	8 238	7 038	5 874
	V	26 339	5 326	5 326	IV	19 667	18 787	17 906	17 025	16 144	15 264
	VI	26 859	5 326	5 326							
84 383,99 West	I,IV	20 447	5 326	5 326	I	18 685	16 924	15 163	13 442	11 794	10 219
	II	18 764	5 326	5 326	II	17 002	15 241	13 517	11 866	10 287	8 781
	III	13 320	5 326	5 326	III	11 978	10 672	9 402	8 168	6 970	5 810
	V	26 238	5 326	5 326	IV	19 566	18 685	17 805	16 924	16 043	15 163
	VI	26 757	5 326	5 326							
84 383,99 Ost	I,IV	20 563	5 326	5 326	I	18 802	17 040	15 279	13 553	11 901	10 320
	II	18 880	5 326	5 326	II	17 118	15 357	13 628	11 972	10 389	8 878
	III	13 410	5 326	5 326	III	12 066	10 756	9 484	8 248	7 048	5 884
	V	26 355	5 326	5 326	IV	19 683	18 802	17 921	17 040	16 160	15 279
	VI	26 874	5 326	5 326							
84 419,99 West	I,IV	20 461	5 326	5 326	I	18 699	16 938	15 176	13 455	11 807	10 231
	II	18 777	5 326	5 326	II	17 016	15 254	13 530	11 878	10 299	8 793
	III	13 330	5 326	5 326	III	11 988	10 682	9 412	8 178	6 980	5 818
	V	26 252	5 326	5 326	IV	19 580	18 699	17 819	16 938	16 057	15 176
	VI	26 771	5 326	5 326							
84 419,99 Ost	I,IV	20 578	5 326	5 326	I	18 817	17 055	15 294	13 568	11 914	10 334
	II	18 895	5 326	5 326	II	17 134	15 372	13 643	11 986	10 402	8 891
	III	13 422	5 326	5 326	III	12 076	10 768	9 494	8 258	7 058	5 894
	V	26 370	5 326	5 326	IV	19 698	18 817	17 936	17 055	16 175	15 294
	VI	26 889	5 326	5 326							
84 455,99 West	I,IV	20 475	5 326	5 326	I	18 714	16 952	15 191	13 469	11 820	10 243
	II	18 792	5 326	5 326	II	17 030	15 269	13 544	11 891	10 312	8 805
	III	13 342	5 326	5 326	III	11 998	10 692	9 422	8 186	6 988	5 828
	V	26 266	5 326	5 326	IV	19 594	18 714	17 833	16 952	16 071	15 191
	VI	26 785	5 326	5 326							
84 455,99 Ost	I,IV	20 594	5 326	5 326	I	18 832	17 071	15 309	13 582	11 928	10 347
	II	18 910	5 326	5 326	II	17 149	15 387	13 657	12 000	10 416	8 904
	III	13 434	5 326	5 326	III	12 088	10 778	9 506	8 268	7 068	5 904
	V	26 385	5 326	5 326	IV	19 713	18 832	17 951	17 071	16 190	15 309
	VI	26 904	5 326	5 326							

* Zur LSt-Berechnung für privat versicherte Arbeitnehmer s. Beispiele **Vorbemerkung S. 4f.**
** Basisvorsorgepauschale KV und PV   *** Typisierter Arbeitgeberzuschuss

Jahr gültig ab 1. 1. 2022 (idF des StEntlG 2022) aT2

Lohn/Gehalt in € bis	Steuerklasse	Lohnsteuer*	BVSP**	TAGZ***	Steuerklasse	Bemessungsgrundlage für Kirchensteuer und Solidaritätszuschlag					
						Freibeträge für ... Kinder					
						0,5	1,0	1,5	2,0	2,5	3,0
84491,99 West	I,IV	20489	5326	5326	I	18727	16966	15204	13482	11832	10255
	II	18806	5326	5326	II	17044	15283	13557	11904	10324	8816
	III	13352	5326	5326	III	12010	10702	9432	8196	6998	5836
	V	26280	5326	5326	IV	19608	18727	17847	16966	16085	15204
	VI	26799	5326	5326							
84491,99 Ost	I,IV	20609	5326	5326	I	18847	17086	15324	13597	11942	10360
	II	18925	5326	5326	II	17164	15402	13672	12014	10429	8916
	III	13446	5326	5326	III	12100	10790	9516	8280	7078	5914
	V	26400	5326	5326	IV	19728	18847	17966	17086	16205	15324
	VI	26919	5326	5326							
84527,99 West	I,IV	20503	5326	5326	I	18741	16980	15218	13495	11845	10268
	II	18819	5326	5326	II	17058	15296	13570	11917	10336	8828
	III	13364	5326	5326	III	12020	10712	9440	8206	7008	5846
	V	26294	5326	5326	IV	19622	18741	17861	16980	16099	15218
	VI	26813	5326	5326							
84527,99 Ost	I,IV	20624	5326	5326	I	18862	17101	15339	13611	11956	10374
	II	18940	5326	5326	II	17179	15417	13686	12028	10442	8929
	III	13456	5326	5326	III	12110	10800	9528	8290	7088	5924
	V	26415	5326	5326	IV	19743	18862	17982	17101	16220	15339
	VI	26934	5326	5326							
84563,99 West	I,IV	20517	5326	5326	I	18755	16994	15232	13509	11858	10280
	II	18833	5326	5326	II	17072	15310	13584	11930	10348	8839
	III	13374	5326	5326	III	12030	10722	9452	8216	7018	5854
	V	26308	5326	5326	IV	19636	18755	17874	16994	16113	15232
	VI	26827	5326	5326							
84563,99 Ost	I,IV	20639	5326	5326	I	18877	17116	15354	13626	11970	10387
	II	18956	5326	5326	II	17194	15433	13701	12042	10455	8942
	III	13468	5326	5326	III	12122	10812	9538	8300	7098	5934
	V	26430	5326	5326	IV	19758	18877	17997	17116	16235	15354
	VI	26949	5326	5326							
84599,99 West	I,IV	20531	5326	5326	I	18769	17008	15246	13522	11871	10292
	II	18847	5326	5326	II	17086	15324	13597	11942	10360	8851
	III	13384	5326	5326	III	12040	10732	9460	8226	7026	5864
	V	26322	5326	5326	IV	19650	18769	17888	17008	16127	15246
	VI	26841	5326	5326							
84599,99 Ost	I,IV	20654	5326	5326	I	18893	17131	15370	13640	11984	10400
	II	18971	5326	5326	II	17209	15448	13716	12056	10469	8954
	III	13480	5326	5326	III	12134	10822	9548	8310	7108	5944
	V	26445	5326	5326	IV	19773	18893	18012	17131	16250	15370
	VI	26964	5326	5326							
84635,99 West	I,IV	20546	5326	5326	I	18784	17023	15261	13536	11884	10305
	II	18862	5326	5326	II	17101	15339	13611	11956	10374	8864
	III	13396	5326	5326	III	12052	10744	9472	8236	7036	5874
	V	26337	5326	5326	IV	19665	18784	17903	17023	16142	15261
	VI	26856	5326	5326							
84635,99 Ost	I,IV	20669	5326	5326	I	18908	17146	15385	13655	11998	10413
	II	18986	5326	5326	II	17224	15463	13730	12070	10482	8967
	III	13492	5326	5326	III	12144	10834	9560	8322	7120	5954
	V	26460	5326	5326	IV	19788	18908	18027	17146	16265	15385
	VI	26980	5326	5326							
84671,99 West	I,IV	20561	5326	5326	I	18799	17038	15276	13551	11898	10318
	II	18877	5326	5326	II	17116	15354	13626	11970	10387	8876
	III	13408	5326	5326	III	12064	10754	9482	8246	7046	5882
	V	26352	5326	5326	IV	19680	18799	17919	17038	16157	15276
	VI	26871	5326	5326							
84671,99 Ost	I,IV	20684	5326	5326	I	18923	17161	15400	13670	12012	10427
	II	19001	5326	5326	II	17239	15478	13745	12084	10495	8980
	III	13504	5326	5326	III	12156	10846	9570	8332	7130	5964
	V	26476	5326	5326	IV	19803	18923	18042	17161	16281	15400
	VI	26995	5326	5326							

* Zur LSt-Berechnung für privat versicherte Arbeitnehmer s. Beispiele **Vorbemerkung S. 4f.**
** Basisvorsorgepauschale KV und PV *** Typisierter Arbeitgeberzuschuss

aT2 allgemeine Lohnsteuer

Lohn/Gehalt in € bis	Steuerklasse	Lohnsteuer*	BVSP**	TAGZ***	Steuerklasse	Bemessungsgrundlage für Kirchensteuer und Solidaritätszuschlag Freibeträge für ... Kinder					
						0,5	1,0	1,5	2,0	2,5	3,0
84707,99 West	I,IV	20576	5326	5326	I	18814	17053	15291	13565	11912	10332
	II	18893	5326	5326	II	17131	15370	13640	11984	10400	8889
	III	13420	5326	5326	III	12074	10766	9492	8256	7056	5892
	V	26367	5326	5326	IV	19695	18814	17934	17053	16172	15291
	VI	26886	5326	5326							
84707,99 Ost	I,IV	20699	5326	5326	I	18938	17176	15415	13684	12026	10440
	II	19016	5326	5326	II	17255	15493	13759	12098	10509	8992
	III	13516	5326	5326	III	12168	10856	9580	8342	7140	5974
	V	26491	5326	5326	IV	19819	18938	18057	17176	16296	15415
	VI	27010	5326	5326							
84743,99 West	I,IV	20591	5326	5326	I	18830	17068	15307	13580	11926	10345
	II	18908	5326	5326	II	17146	15385	13665	11998	10413	8901
	III	13432	5326	5326	III	12086	10776	9504	8268	7066	5902
	V	26382	5326	5326	IV	19710	18830	17949	17068	16187	15307
	VI	26901	5326	5326							
84743,99 Ost	I,IV	20714	5326	5326	I	18953	17192	15430	13699	12040	10453
	II	19031	5326	5326	II	17270	15508	13774	12112	10522	9005
	III	13528	5326	5326	III	12180	10868	9592	8352	7150	5984
	V	26506	5326	5326	IV	19834	18953	18072	17192	16311	15430
	VI	27025	5326	5326							
84779,99 West	I,IV	20606	5326	5326	I	18845	17083	15322	13594	11940	10358
	II	18923	5326	5326	II	17161	15400	13670	12012	10427	8914
	III	13444	5326	5326	III	12098	10788	9514	8278	7076	5912
	V	26397	5326	5326	IV	19725	18845	17964	17083	16202	15322
	VI	26917	5326	5326							
84779,99 Ost	I,IV	20730	5326	5326	I	18968	17207	15445	13713	12054	10467
	II	19046	5326	5326	II	17285	15523	13788	12126	10535	9018
	III	13540	5326	5326	III	12190	10878	9602	8364	7160	5992
	V	26521	5326	5326	IV	19849	18968	18087	17207	16326	15445
	VI	27040	5326	5326							
84815,99 West	I,IV	20621	5326	5326	I	18860	17098	15337	13609	11954	10371
	II	18938	5326	5326	II	17176	15415	13684	12026	10440	8927
	III	13456	5326	5326	III	12108	10798	9526	8288	7086	5922
	V	26413	5326	5326	IV	19740	18860	17979	17098	16218	15337
	VI	26932	5326	5326							
84815,99 Ost	I,IV	20745	5326	5326	I	18983	17222	15460	13728	12067	10480
	II	19061	5326	5326	II	17300	15538	13803	12140	10549	9031
	III	13550	5326	5326	III	12202	10890	9614	8374	7170	6002
	V	26536	5326	5326	IV	19864	18983	18102	17222	16341	15460
	VI	27055	5326	5326							
84851,99 West	I,IV	20636	5326	5326	I	18875	17113	15352	13624	11968	10385
	II	18953	5326	5326	II	17192	15430	13699	12040	10453	8940
	III	13466	5326	5326	III	12120	10810	9536	8298	7098	5932
	V	26428	5326	5326	IV	19756	18875	17994	17113	16233	15352
	VI	26947	5326	5326							
84851,99 Ost	I,IV	20760	5326	5326	I	18998	17237	15475	13742	12081	10493
	II	19076	5326	5326	II	17315	15554	13818	12154	10562	9043
	III	13562	5326	5326	III	12214	10900	9624	8384	7180	6012
	V	26551	5326	5326	IV	19879	18998	18118	17237	16356	15475
	VI	27070	5326	5326							
84887,99 West	I,IV	20651	5326	5326	I	18890	17129	15367	13638	11982	10398
	II	18968	5326	5326	II	17207	15445	13713	12054	10467	8952
	III	13478	5326	5326	III	12132	10822	9546	8308	7108	5942
	V	26443	5326	5326	IV	19771	18890	18009	17129	16248	15367
	VI	26962	5326	5326							
84887,99 Ost	I,IV	20775	5326	5326	I	19013	17252	15491	13757	12095	10507
	II	19092	5326	5326	II	17330	15569	13832	12168	10575	9056
	III	13574	5326	5326	III	12224	10912	9634	8394	7190	6022
	V	26566	5326	5326	IV	19894	19013	18133	17252	16371	15491
	VI	27085	5326	5326							

* Zur LSt-Berechnung für privat versicherte Arbeitnehmer s. Beispiele **Vorbemerkung S. 4 f.**
** Basisvorsorgepauschale KV und PV   *** Typisierter Arbeitgeberzuschuss

Jahr gültig ab 1. 1. 2022 (idF des StEntlG 2022)   **aT2**

Lohn/Gehalt in € bis	Steuerklasse	Lohnsteuer*	BVSP**	TAGZ***	Steuerklasse	Bemessungsgrundlage für Kirchensteuer und Solidaritätszuschlag Freibeträge für ... Kinder					
						0,5	1,0	1,5	2,0	2,5	3,0
84 923,99 West	I,IV	**20 667**	5 326	5 326	I	18 905	17 144	15 382	13 653	11 996	10 411
	II	**18 983**	5 326	5 326	II	17 222	15 460	13 728	12 067	10 480	8 965
	III	**13 490**	5 326	5 326	III	12 142	10 832	9 558	8 320	7 118	5 952
	V	**26 458**	5 326	5 326	IV	19 786	18 905	18 024	17 144	16 263	15 382
	VI	**26 977**	5 326	5 326							
84 923,99 Ost	I,IV	**20 790**	5 326	5 326	I	19 029	17 267	15 506	13 771	12 109	10 520
	II	**19 107**	5 326	5 326	II	17 345	15 584	13 847	12 182	10 589	9 069
	III	**13 586**	5 326	5 326	III	12 236	10 922	9 646	8 404	7 200	6 032
	V	**26 581**	5 326	5 326	IV	19 909	19 029	18 148	17 267	16 386	15 506
	VI	**27 100**	5 326	5 326							
84 959,99 West	I,IV	**20 682**	5 326	5 326	I	18 920	17 159	15 397	13 667	12 009	10 424
	II	**18 998**	5 326	5 326	II	17 237	15 475	13 742	12 081	10 493	8 978
	III	**13 502**	5 326	5 326	III	12 154	10 844	9 568	8 330	7 128	5 962
	V	**26 473**	5 326	5 326	IV	19 801	18 920	18 039	17 159	16 278	15 397
	VI	**26 992**	5 326	5 326							
84 959,99 Ost	I,IV	**20 805**	5 326	5 326	I	19 044	17 282	15 521	13 786	12 123	10 533
	II	**19 122**	5 326	5 326	II	17 360	15 599	13 861	12 195	10 602	9 081
	III	**13 598**	5 326	5 326	III	12 248	10 934	9 656	8 416	7 210	6 042
	V	**26 596**	5 326	5 326	IV	19 924	19 044	18 163	17 282	16 401	15 521
	VI	**27 116**	5 326	5 326							
84 995,99 West	I,IV	**20 697**	5 326	5 326	I	18 935	17 174	15 412	13 682	12 023	10 438
	II	**19 013**	5 326	5 326	II	17 252	15 491	13 757	12 095	10 507	8 990
	III	**13 514**	5 326	5 326	III	12 166	10 854	9 580	8 340	7 138	5 972
	V	**26 488**	5 326	5 326	IV	19 816	18 935	18 055	17 174	16 293	15 412
	VI	**27 007**	5 326	5 326							
84 995,99 Ost	I,IV	**20 820**	5 326	5 326	I	19 059	17 297	15 536	13 801	12 137	10 547
	II	**19 137**	5 326	5 326	II	17 375	15 614	13 876	12 209	10 616	9 094
	III	**13 610**	5 326	5 326	III	12 260	10 946	9 668	8 426	7 220	6 052
	V	**26 612**	5 326	5 326	IV	19 940	19 059	18 178	17 297	16 417	15 536
	VI	**27 131**	5 326	5 326							
85 031,99 West	I,IV	**20 712**	5 326	5 326	I	18 950	17 189	15 428	13 696	12 037	10 451
	II	**19 029**	5 326	5 326	II	17 267	15 506	13 771	12 109	10 520	9 003
	III	**13 526**	5 326	5 326	III	12 178	10 866	9 590	8 350	7 148	5 982
	V	**26 503**	5 326	5 326	IV	19 831	18 950	18 070	17 189	16 308	15 428
	VI	**27 022**	5 326	5 326							
85 031,99 Ost	I,IV	**20 835**	5 326	5 326	I	19 074	17 312	15 551	13 815	12 151	10 560
	II	**19 152**	5 326	5 326	II	17 391	15 629	13 891	12 223	10 629	9 107
	III	**13 622**	5 326	5 326	III	12 270	10 956	9 678	8 436	7 232	6 062
	V	**26 627**	5 326	5 326	IV	19 955	19 074	18 193	17 312	16 432	15 551
	VI	**27 146**	5 326	5 326							
85 067,99 West	I,IV	**20 727**	5 326	5 326	I	18 966	17 204	15 443	13 711	12 051	10 464
	II	**19 044**	5 326	5 326	II	17 282	15 521	13 786	12 123	10 533	9 016
	III	**13 538**	5 326	5 326	III	12 188	10 876	9 600	8 362	7 158	5 992
	V	**26 518**	5 326	5 326	IV	19 846	18 966	18 085	17 204	16 323	15 443
	VI	**27 037**	5 326	5 326							
85 067,99 Ost	I,IV	**20 851**	5 326	5 326	I	19 089	17 328	15 566	13 830	12 165	10 573
	II	**19 167**	5 326	5 326	II	17 406	15 644	13 905	12 237	10 642	9 120
	III	**13 632**	5 326	5 326	III	12 282	10 968	9 688	8 446	7 242	6 072
	V	**26 642**	5 326	5 326	IV	19 970	19 089	18 208	17 328	16 447	15 566
	VI	**27 161**	5 326	5 326							
85 103,99 West	I,IV	**20 742**	5 326	5 326	I	18 981	17 219	15 458	13 725	12 065	10 478
	II	**19 059**	5 326	5 326	II	17 297	15 536	13 801	12 137	10 547	9 028
	III	**13 548**	5 326	5 326	III	12 200	10 888	9 612	8 372	7 168	6 002
	V	**26 533**	5 326	5 326	IV	19 861	18 981	18 100	17 219	16 338	15 458
	VI	**27 053**	5 326	5 326							
85 103,99 Ost	I,IV	**20 866**	5 326	5 326	I	19 104	17 343	15 581	13 844	12 179	10 587
	II	**19 182**	5 326	5 326	II	17 421	15 659	13 920	12 251	10 656	9 132
	III	**13 644**	5 326	5 326	III	12 294	10 978	9 700	8 458	7 252	6 082
	V	**26 657**	5 326	5 326	IV	19 985	19 104	18 223	17 343	16 462	15 581
	VI	**27 176**	5 326	5 326							

*   Zur LSt-Berechnung für privat versicherte Arbeitnehmer s. Beispiele **Vorbemerkung S. 4f.**
**   Basisvorsorgepauschale KV und PV   *** Typisierter Arbeitgeberzuschuss

aT2 allgemeine Lohnsteuer

Lohn/Gehalt in € bis	Steuerklasse	Lohn-steuer*	BVSP**	TAGZ***	Steuerklasse	Bemessungsgrundlage für Kirchensteuer und Solidaritätszuschlag Freibeträge für ... Kinder					
						0,5	1,0	1,5	2,0	2,5	3,0
85 139,99 West	I,IV	20 757	5 326	5 326	I	18 996	17 234	15 473	13 740	12 079	10 491
	II	19 074	5 326	5 326	II	17 312	15 551	13 815	12 151	10 560	9 041
	III	13 560	5 326	5 326	III	12 212	10 898	9 622	8 382	7 178	6 010
	V	26 549	5 326	5 326	IV	19 877	18 996	18 115	17 234	16 354	15 473
	VI	27 068	5 326	5 326							
85 139,99 Ost	I,IV	20 881	5 326	5 326	I	19 119	17 358	15 596	13 859	12 193	10 600
	II	19 197	5 326	5 326	II	17 436	15 674	13 935	12 266	10 669	9 145
	III	13 656	5 326	5 326	III	12 304	10 990	9 710	8 468	7 262	6 092
	V	26 672	5 326	5 326	IV	20 000	19 119	18 239	17 358	16 477	15 596
	VI	27 191	5 326	5 326							
85 175,99 West	I,IV	20 772	5 326	5 326	I	19 011	17 249	15 488	13 754	12 093	10 504
	II	19 089	5 326	5 326	II	17 328	15 566	13 830	12 165	10 573	9 054
	III	13 572	5 326	5 326	III	12 222	10 910	9 634	8 392	7 188	6 020
	V	26 564	5 326	5 326	IV	19 892	19 011	18 130	17 249	16 369	15 488
	VI	27 083	5 326	5 326							
85 175,99 Ost	I,IV	20 896	5 326	5 326	I	19 134	17 373	15 611	13 874	12 207	10 613
	II	19 213	5 326	5 326	II	17 451	15 690	13 949	12 280	10 682	9 158
	III	13 668	5 326	5 326	III	12 316	11 000	9 722	8 478	7 272	6 102
	V	26 687	5 326	5 326	IV	20 015	19 134	18 254	17 373	16 492	15 611
	VI	27 206	5 326	5 326							
85 211,99 West	I,IV	20 788	5 326	5 326	I	19 026	17 265	15 503	13 769	12 107	10 518
	II	19 104	5 326	5 326	II	17 343	15 581	13 844	12 179	10 587	9 067
	III	13 584	5 326	5 326	III	12 234	10 920	9 644	8 404	7 198	6 030
	V	26 579	5 326	5 326	IV	19 907	19 026	18 145	17 265	16 384	15 503
	VI	27 098	5 326	5 326							
85 211,99 Ost	I,IV	20 911	5 326	5 326	I	19 150	17 388	15 627	13 888	12 221	10 627
	II	19 228	5 326	5 326	II	17 466	15 705	13 964	12 294	10 696	9 171
	III	13 680	5 326	5 326	III	12 328	11 012	9 732	8 490	7 282	6 112
	V	26 702	5 326	5 326	IV	20 030	19 150	18 269	17 388	16 507	15 627
	VI	27 221	5 326	5 326							
85 247,99 West	I,IV	20 803	5 326	5 326	I	19 041	17 280	15 518	13 784	12 121	10 531
	II	19 119	5 326	5 326	II	17 358	15 596	13 859	12 193	10 600	9 079
	III	13 596	5 326	5 326	III	12 246	10 932	9 654	8 414	7 208	6 040
	V	26 594	5 326	5 326	IV	19 922	19 041	18 160	17 280	16 399	15 518
	VI	27 113	5 326	5 326							
85 247,99 Ost	I,IV	20 926	5 326	5 326	I	19 165	17 403	15 642	13 903	12 235	10 640
	II	19 243	5 326	5 326	II	17 481	15 720	13 979	12 308	10 709	9 184
	III	13 692	5 326	5 326	III	12 340	11 024	9 744	8 500	7 292	6 122
	V	26 717	5 326	5 326	IV	20 045	19 165	18 284	17 403	16 522	15 642
	VI	27 237	5 326	5 326							
85 283,99 West	I,IV	20 818	5 326	5 326	I	19 056	17 295	15 533	13 798	12 135	10 544
	II	19 134	5 326	5 326	II	17 373	15 611	13 874	12 207	10 613	9 092
	III	13 608	5 326	5 326	III	12 258	10 944	9 666	8 424	7 220	6 050
	V	26 609	5 326	5 326	IV	19 937	19 056	18 176	17 295	16 414	15 533
	VI	27 128	5 326	5 326							
85 283,99 Ost	I,IV	20 941	5 326	5 326	I	19 180	17 418	15 657	13 917	12 249	10 653
	II	19 258	5 326	5 326	II	17 496	15 735	13 993	12 322	10 723	9 196
	III	13 704	5 326	5 326	III	12 350	11 034	9 754	8 510	7 302	6 132
	V	26 733	5 326	5 326	IV	20 061	19 180	18 299	17 418	16 538	15 657
	VI	27 252	5 326	5 326							
85 319,99 West	I,IV	20 833	5 326	5 326	I	19 071	17 310	15 548	13 813	12 149	10 558
	II	19 150	5 326	5 326	II	17 388	15 627	13 888	12 221	10 627	9 105
	III	13 620	5 326	5 326	III	12 268	10 954	9 676	8 434	7 230	6 060
	V	26 624	5 326	5 326	IV	19 952	19 071	18 191	17 310	16 429	15 548
	VI	27 143	5 326	5 326							
85 319,99 Ost	I,IV	20 956	5 326	5 326	I	19 195	17 433	15 672	13 932	12 263	10 667
	II	19 273	5 326	5 326	II	17 512	15 750	14 008	12 336	10 736	9 209
	III	13 716	5 326	5 326	III	12 362	11 046	9 764	8 520	7 312	6 142
	V	26 748	5 326	5 326	IV	20 076	19 195	18 314	17 433	16 553	15 672
	VI	27 267	5 326	5 326							

* Zur LSt-Berechnung für privat versicherte Arbeitnehmer s. Beispiele **Vorbemerkung S. 4f.**
** Basisvorsorgepauschale KV und PV *** Typisierter Arbeitgeberzuschuss

Jahr gültig ab 1. 1. 2022 (idF des StEntlG 2022)   **aT2**

Lohn/Gehalt in € bis	Steuerklasse	Lohnsteuer*	BVSP**	TAGZ***	Steuerklasse	Bemessungsgrundlage für Kirchensteuer und Solidaritätszuschlag					
						Freibeträge für ... Kinder					
						0,5	1,0	1,5	2,0	2,5	3,0
85 355,99 West	I,IV	**20 848**	5 326	5 326	I	19 087	17 325	15 564	13 827	12 163	10 571
	II	**19 165**	5 326	5 326	II	17 403	15 642	13 903	12 235	10 640	9 118
	III	**13 630**	5 326	5 326	III	12 280	10 966	9 688	8 446	7 240	6 070
	V	**26 639**	5 326	5 326	IV	19 967	19 087	18 206	17 325	16 444	15 564
	VI	**27 158**	5 326	5 326							
85 355,99 Ost	I,IV	**20 972**	5 326	5 326	I	19 210	17 449	15 687	13 947	12 277	10 680
	II	**19 288**	5 326	5 326	II	17 527	15 765	14 022	12 350	10 750	9 222
	III	**13 728**	5 326	5 326	III	12 374	11 056	9 776	8 532	7 322	6 150
	V	**26 763**	5 326	5 326	IV	20 091	19 210	18 329	17 449	16 568	15 687
	VI	**27 282**	5 326	5 326							
85 391,99 West	I,IV	**20 863**	5 326	5 326	I	19 102	17 340	15 579	13 842	12 177	10 584
	II	**19 180**	5 326	5 326	II	17 418	15 657	13 917	12 249	10 653	9 130
	III	**13 642**	5 326	5 326	III	12 292	10 976	9 698	8 456	7 250	6 080
	V	**26 654**	5 326	5 326	IV	19 982	19 102	18 221	17 340	16 459	15 579
	VI	**27 174**	5 326	5 326							
85 391,99 Ost	I,IV	**20 987**	5 326	5 326	I	19 225	17 464	15 702	13 961	12 291	10 694
	II	**19 303**	5 326	5 326	II	17 542	15 780	14 037	12 364	10 763	9 235
	III	**13 738**	5 326	5 326	III	12 386	11 068	9 786	8 542	7 334	6 160
	V	**26 778**	5 326	5 326	IV	20 106	19 225	18 344	17 464	16 583	15 702
	VI	**27 297**	5 326	5 326							
85 427,99 West	I,IV	**20 878**	5 326	5 326	I	19 117	17 355	15 594	13 857	12 191	10 598
	II	**19 195**	5 326	5 326	II	17 433	15 672	13 932	12 263	10 667	9 143
	III	**13 654**	5 326	5 326	III	12 302	10 988	9 708	8 466	7 260	6 090
	V	**26 670**	5 326	5 326	IV	19 998	19 117	18 236	17 355	16 475	15 594
	VI	**27 189**	5 326	5 326							
85 427,99 Ost	I,IV	**21 002**	5 326	5 326	I	19 240	17 479	15 717	13 976	12 305	10 707
	II	**19 318**	5 326	5 326	II	17 557	15 795	14 052	12 378	10 776	9 248
	III	**13 750**	5 326	5 326	III	12 396	11 078	9 798	8 552	7 344	6 170
	V	**26 793**	5 326	5 326	IV	20 121	19 240	18 360	17 479	16 598	15 717
	VI	**27 312**	5 326	5 326							
85 463,99 West	I,IV	**20 893**	5 326	5 326	I	19 132	17 370	15 609	13 871	12 205	10 611
	II	**19 210**	5 326	5 326	II	17 449	15 687	13 947	12 277	10 680	9 156
	III	**13 666**	5 326	5 326	III	12 314	10 998	9 720	8 476	7 270	6 100
	V	**26 685**	5 326	5 326	IV	20 013	19 132	18 251	17 370	16 490	15 609
	VI	**27 204**	5 326	5 326							
85 463,99 Ost	I,IV	**21 017**	5 326	5 326	I	19 255	17 494	15 732	13 991	12 319	10 720
	II	**19 334**	5 326	5 326	II	17 572	15 811	14 067	12 392	10 790	9 260
	III	**13 762**	5 326	5 326	III	12 408	11 090	9 808	8 562	7 354	6 180
	V	**26 808**	5 326	5 326	IV	20 136	19 255	18 375	17 494	16 613	15 732
	VI	**27 327**	5 326	5 326							
85 499,99 West	I,IV	**20 909**	5 326	5 326	I	19 147	17 386	15 624	13 886	12 219	10 624
	II	**19 225**	5 326	5 326	II	17 464	15 702	13 961	12 291	10 694	9 169
	III	**13 678**	5 326	5 326	III	12 326	11 010	9 730	8 488	7 280	6 110
	V	**26 700**	5 326	5 326	IV	20 028	19 147	18 266	17 386	16 505	15 624
	VI	**27 219**	5 326	5 326							
85 499,99 Ost	I,IV	**21 032**	5 326	5 326	I	19 271	17 509	15 748	14 005	12 333	10 734
	II	**19 349**	5 326	5 326	II	17 587	15 826	14 081	12 406	10 803	9 273
	III	**13 774**	5 326	5 326	III	12 420	11 102	9 818	8 574	7 364	6 190
	V	**26 823**	5 326	5 326	IV	20 151	19 271	18 390	17 509	16 628	15 748
	VI	**27 342**	5 326	5 326							
85 535,99 West	I,IV	**20 924**	5 326	5 326	I	19 162	17 401	15 639	13 900	12 233	10 638
	II	**19 240**	5 326	5 326	II	17 479	15 717	13 976	12 305	10 707	9 181
	III	**13 690**	5 326	5 326	III	12 338	11 022	9 742	8 498	7 290	6 120
	V	**26 715**	5 326	5 326	IV	20 043	19 162	18 281	17 401	16 520	15 639
	VI	**27 234**	5 326	5 326							
85 535,99 Ost	I,IV	**21 047**	5 326	5 326	I	19 286	17 524	15 763	14 020	12 347	10 747
	II	**19 364**	5 326	5 326	II	17 602	15 841	14 096	12 420	10 817	9 286
	III	**13 786**	5 326	5 326	III	12 430	11 112	9 830	8 584	7 374	6 200
	V	**26 838**	5 326	5 326	IV	20 166	19 286	18 405	17 524	16 643	15 763
	VI	**27 358**	5 326	5 326							

*   Zur LSt-Berechnung für privat versicherte Arbeitnehmer s. Beispiele **Vorbemerkung S. 4 f.**
** Basisvorsorgepauschale KV und PV   *** Typisierter Arbeitgeberzuschuss

aT2 allgemeine Lohnsteuer

Lohn/Gehalt in € bis	Steuerklasse	Lohn-steuer*	BVSP**	TAGZ***	Steuerklasse	Bemessungsgrundlage für Kirchensteuer und Solidaritätszuschlag Freibeträge für ... Kinder					
						0,5	1,0	1,5	2,0	2,5	3,0
85 571,99 West	I,IV	**20 939**	5 326	5 326	I	19 177	17 416	15 654	13 915	12 247	10 651
	II	**19 255**	5 326	5 326	II	17 494	15 732	13 991	12 319	10 720	9 194
	III	**13 702**	5 326	5 326	III	12 348	11 032	9 752	8 508	7 300	6 130
	V	**26 730**	5 326	5 326	IV	20 058	19 177	18 297	17 416	16 535	15 654
	VI	**27 249**	5 326	5 326							
85 571,99 Ost	I,IV	**21 062**	5 326	5 326	I	19 301	17 539	15 778	14 035	12 361	10 761
	II	**19 379**	5 326	5 326	II	17 617	15 856	14 111	12 434	10 830	9 299
	III	**13 798**	5 326	5 326	III	12 442	11 124	9 840	8 594	7 384	6 210
	V	**26 854**	5 326	5 326	IV	20 181	19 301	18 420	17 539	16 659	15 778
	VI	**27 373**	5 326	5 326							
85 607,99 West	I,IV	**20 954**	5 326	5 326	I	19 192	17 431	15 669	13 930	12 261	10 665
	II	**19 271**	5 326	5 326	II	17 509	15 748	14 005	12 333	10 734	9 207
	III	**13 714**	5 326	5 326	III	12 360	11 044	9 762	8 518	7 310	6 140
	V	**26 745**	5 326	5 326	IV	20 073	19 192	18 312	17 431	16 550	15 669
	VI	**27 264**	5 326	5 326							
85 607,99 Ost	I,IV	**21 077**	5 326	5 326	I	19 316	17 554	15 793	14 049	12 375	10 774
	II	**19 394**	5 326	5 326	II	17 633	15 871	14 125	12 448	10 844	9 312
	III	**13 810**	5 326	5 326	III	12 454	11 134	9 852	8 604	7 394	6 220
	V	**26 869**	5 326	5 326	IV	20 197	19 316	18 435	17 554	16 674	15 793
	VI	**27 388**	5 326	5 326							
85 643,99 West	I,IV	**20 969**	5 326	5 326	I	19 208	17 446	15 685	13 944	12 275	10 678
	II	**19 286**	5 326	5 326	II	17 524	15 763	14 020	12 347	10 747	9 220
	III	**13 726**	5 326	5 326	III	12 372	11 054	9 774	8 530	7 322	6 150
	V	**26 760**	5 326	5 326	IV	20 088	19 208	18 327	17 446	16 565	15 685
	VI	**27 279**	5 326	5 326							
85 643,99 Ost	I,IV	**21 092**	5 326	5 326	I	19 331	17 570	15 808	14 064	12 390	10 788
	II	**19 409**	5 326	5 326	II	17 648	15 886	14 140	12 462	10 857	9 325
	III	**13 822**	5 326	5 326	III	12 466	11 146	9 862	8 616	7 404	6 230
	V	**26 884**	5 326	5 326	IV	20 212	19 331	18 450	17 570	16 689	15 808
	VI	**27 403**	5 326	5 326							
85 679,99 West	I,IV	**20 984**	5 326	5 326	I	19 223	17 461	15 700	13 959	12 289	10 691
	II	**19 301**	5 326	5 326	II	17 539	15 778	14 035	12 361	10 761	9 233
	III	**13 736**	5 326	5 326	III	12 384	11 066	9 784	8 540	7 332	6 160
	V	**26 775**	5 326	5 326	IV	20 103	19 223	18 342	17 461	16 580	15 700
	VI	**27 295**	5 326	5 326							
85 679,99 Ost	I,IV	**21 108**	5 326	5 326	I	19 346	17 585	15 823	14 079	12 404	10 801
	II	**19 424**	5 326	5 326	II	17 663	15 901	14 155	12 476	10 871	9 337
	III	**13 834**	5 326	5 326	III	12 476	11 156	9 874	8 626	7 414	6 240
	V	**26 899**	5 326	5 326	IV	20 227	19 346	18 465	17 585	16 704	15 823
	VI	**27 418**	5 326	5 326							
85 715,99 West	I,IV	**20 999**	5 326	5 326	I	19 238	17 476	15 715	13 974	12 303	10 705
	II	**19 316**	5 326	5 326	II	17 554	15 793	14 049	12 375	10 774	9 245
	III	**13 748**	5 326	5 326	III	12 394	11 076	9 796	8 550	7 342	6 170
	V	**26 791**	5 326	5 326	IV	20 118	19 238	18 357	17 476	16 596	15 715
	VI	**27 310**	5 326	5 326							
85 715,99 Ost	I,IV	**21 123**	5 326	5 326	I	19 361	17 600	15 838	14 093	12 418	10 814
	II	**19 439**	5 326	5 326	II	17 678	15 916	14 169	12 490	10 884	9 350
	III	**13 844**	5 326	5 326	III	12 488	11 168	9 884	8 636	7 426	6 250
	V	**26 914**	5 326	5 326	IV	20 242	19 361	18 480	17 600	16 719	15 838
	VI	**27 433**	5 326	5 326							
85 751,99 West	I,IV	**21 014**	5 326	5 326	I	19 253	17 491	15 730	13 988	12 317	10 718
	II	**19 331**	5 326	5 326	II	17 570	15 808	14 064	12 390	10 788	9 258
	III	**13 760**	5 326	5 326	III	12 406	11 088	9 806	8 560	7 352	6 180
	V	**26 806**	5 326	5 326	IV	20 134	19 253	18 372	17 491	16 611	15 730
	VI	**27 325**	5 326	5 326							
85 751,99 Ost	I,IV	**21 138**	5 326	5 326	I	19 376	17 615	15 853	14 108	12 432	10 828
	II	**19 454**	5 326	5 326	II	17 693	15 932	14 184	12 505	10 897	9 363
	III	**13 856**	5 326	5 326	III	12 500	11 180	9 894	8 648	7 436	6 260
	V	**26 929**	5 326	5 326	IV	20 257	19 376	18 496	17 615	16 734	15 853
	VI	**27 448**	5 326	5 326							

* Zur LSt-Berechnung für privat versicherte Arbeitnehmer s. Beispiele **Vorbemerkung S. 4f.**
** Basisvorsorgepauschale KV und PV *** Typisierter Arbeitgeberzuschuss

Jahr gültig ab 1. 1. 2022 (idF des StEntlG 2022) — **aT2**

Lohn/ Gehalt in € bis	Steuerklasse	Lohn- steuer*	BVSP**	TAGZ***	Steuerklasse	Bemessungsgrundlage für Kirchensteuer und Solidaritätszuschlag Freibeträge für ... Kinder					
						0,5	1,0	1,5	2,0	2,5	3,0
85 787,99 West	I,IV	21 029	5 326	5 326	I	19 268	17 507	15 745	14 003	12 331	10 732
	II	19 346	5 326	5 326	II	17 585	15 823	14 079	12 404	10 801	9 271
	III	13 772	5 326	5 326	III	12 418	11 100	9 818	8 572	7 362	6 188
	V	26 821	5 326	5 326	IV	20 149	19 268	18 387	17 507	16 626	15 745
	VI	27 340	5 326	5 326							
85 787,99 Ost	I,IV	21 153	5 326	5 326	I	19 391	17 630	15 869	14 123	12 446	10 841
	II	19 470	5 326	5 326	II	17 708	15 947	14 199	12 519	10 911	9 376
	III	13 868	5 326	5 326	III	12 512	11 190	9 906	8 658	7 446	6 270
	V	26 944	5 326	5 326	IV	20 272	19 391	18 511	17 630	16 749	15 869
	VI	27 463	5 326	5 326							
85 823,99 West	I,IV	21 045	5 326	5 326	I	19 283	17 522	15 760	14 018	12 345	10 745
	II	19 361	5 326	5 326	II	17 600	15 838	14 093	12 418	10 814	9 284
	III	13 784	5 326	5 326	III	12 430	11 110	9 828	8 582	7 372	6 198
	V	26 836	5 326	5 326	IV	20 164	19 283	18 402	17 522	16 641	15 760
	VI	27 355	5 326	5 326							
85 823,99 Ost	I,IV	21 168	5 326	5 326	I	19 407	17 645	15 884	14 138	12 460	10 855
	II	19 485	5 326	5 326	II	17 723	15 962	14 214	12 533	10 924	9 389
	III	13 880	5 326	5 326	III	12 522	11 202	9 916	8 668	7 456	6 280
	V	26 959	5 326	5 326	IV	20 287	19 407	18 526	17 645	16 764	15 884
	VI	27 478	5 326	5 326							
85 859,99 West	I,IV	21 060	5 326	5 326	I	19 298	17 537	15 775	14 032	12 359	10 758
	II	19 376	5 326	5 326	II	17 615	15 853	14 108	12 432	10 828	9 297
	III	13 796	5 326	5 326	III	12 440	11 122	9 838	8 592	7 382	6 208
	V	26 851	5 326	5 326	IV	20 179	19 298	18 417	17 537	16 656	15 775
	VI	27 370	5 326	5 326							
85 859,99 Ost	I,IV	21 183	5 326	5 326	I	19 422	17 660	15 899	14 152	12 474	10 868
	II	19 500	5 326	5 326	II	17 738	15 977	14 228	12 547	10 938	9 402
	III	13 892	5 326	5 326	III	12 534	11 212	9 928	8 678	7 466	6 290
	V	26 974	5 326	5 326	IV	20 302	19 422	18 541	17 660	16 779	15 899
	VI	27 494	5 326	5 326							
85 895,99 West	I,IV	21 075	5 326	5 326	I	19 313	17 552	15 790	14 047	12 373	10 772
	II	19 391	5 326	5 326	II	17 630	15 869	14 123	12 446	10 841	9 310
	III	13 808	5 326	5 326	III	12 452	11 132	9 850	8 604	7 392	6 218
	V	26 866	5 326	5 326	IV	20 194	19 313	18 433	17 552	16 671	15 790
	VI	27 385	5 326	5 326							
85 895,99 Ost	I,IV	21 198	5 326	5 326	I	19 437	17 675	15 914	14 167	12 488	10 882
	II	19 515	5 326	5 326	II	17 753	15 992	14 243	12 561	10 951	9 415
	III	13 904	5 326	5 326	III	12 546	11 224	9 938	8 690	7 476	6 300
	V	26 990	5 326	5 326	IV	20 318	19 437	18 556	17 675	16 795	15 914
	VI	27 509	5 326	5 326							
85 931,99 West	I,IV	21 090	5 326	5 326	I	19 328	17 567	15 806	14 062	12 387	10 785
	II	19 407	5 326	5 326	II	17 645	15 884	14 138	12 460	10 855	9 322
	III	13 820	5 326	5 326	III	12 464	11 144	9 860	8 614	7 402	6 228
	V	26 881	5 326	5 326	IV	20 209	19 328	18 448	17 567	16 686	15 806
	VI	27 400	5 326	5 326							
85 931,99 Ost	I,IV	21 213	5 326	5 326	I	19 452	17 690	15 929	14 182	12 502	10 895
	II	19 530	5 326	5 326	II	17 769	16 007	14 258	12 575	10 965	9 427
	III	13 916	5 326	5 326	III	12 558	11 236	9 950	8 700	7 486	6 310
	V	27 005	5 326	5 326	IV	20 333	19 452	18 571	17 690	16 810	15 929
	VI	27 524	5 326	5 326							
85 967,99 West	I,IV	21 105	5 326	5 326	I	19 344	17 582	15 821	14 076	12 401	10 799
	II	19 422	5 326	5 326	II	17 660	15 899	14 152	12 474	10 868	9 335
	III	13 832	5 326	5 326	III	12 474	11 156	9 872	8 624	7 414	6 238
	V	26 896	5 326	5 326	IV	20 224	19 344	18 463	17 582	16 701	15 821
	VI	27 415	5 326	5 326							
85 967,99 Ost	I,IV	21 229	5 326	5 326	I	19 467	17 706	15 944	14 196	12 516	10 909
	II	19 545	5 326	5 326	II	17 784	16 022	14 273	12 589	10 978	9 440
	III	13 928	5 326	5 326	III	12 568	11 246	9 960	8 710	7 496	6 320
	V	27 020	5 326	5 326	IV	20 348	19 467	18 586	17 706	16 825	15 944
	VI	27 539	5 326	5 326							

* Zur LSt-Berechnung für privat versicherte Arbeitnehmer s. Beispiele **Vorbemerkung S. 4 f.**
** Basisvorsorgepauschale KV und PV   *** Typisierter Arbeitgeberzuschuss

aT2 allgemeine Lohnsteuer

Lohn/Gehalt in € bis	Steuerklasse	Lohn-steuer*	BVSP**	TAGZ***	Steuerklasse	Bemessungsgrundlage für Kirchensteuer und Solidaritätszuschlag Freibeträge für ... Kinder					
						0,5	1,0	1,5	2,0	2,5	3,0
86 003,99 West	I,IV	21 120	5 326	5 326	I	19 359	17 597	15 836	14 091	12 415	10 812
	II	19 437	5 326	5 326	II	17 675	15 914	14 167	12 488	10 882	9 348
	III	13 842	5 326	5 326	III	12 486	11 166	9 882	8 634	7 424	6 248
	V	26 911	5 326	5 326	IV	20 239	19 359	18 478	17 597	16 716	15 836
	VI	27 431	5 326	5 326							
86 003,99 Ost	I,IV	21 244	5 326	5 326	I	19 482	17 721	15 959	14 211	12 530	10 922
	II	19 560	5 326	5 326	II	17 799	16 037	14 287	12 603	10 992	9 453
	III	13 940	5 326	5 326	III	12 580	11 258	9 972	8 722	7 508	6 330
	V	27 035	5 326	5 326	IV	20 363	19 482	18 601	17 721	16 840	15 959
	VI	27 554	5 326	5 326							
86 039,99 West	I,IV	21 135	5 326	5 326	I	19 374	17 612	15 851	14 106	12 429	10 826
	II	19 452	5 326	5 326	II	17 690	15 929	14 182	12 502	10 895	9 361
	III	13 854	5 326	5 326	III	12 498	11 178	9 894	8 646	7 434	6 258
	V	26 927	5 326	5 326	IV	20 255	19 374	18 493	17 612	16 732	15 851
	VI	27 446	5 326	5 326							
86 039,99 Ost	I,IV	21 259	5 326	5 326	I	19 497	17 736	15 974	14 226	12 545	10 936
	II	19 575	5 326	5 326	II	17 814	16 052	14 302	12 618	11 006	9 466
	III	13 952	5 326	5 326	III	12 592	11 268	9 982	8 732	7 518	6 340
	V	27 050	5 326	5 326	IV	20 378	19 497	18 617	17 736	16 855	15 974
	VI	27 569	5 326	5 326							
86 075,99 West	I,IV	21 150	5 326	5 326	I	19 389	17 627	15 866	14 120	12 443	10 839
	II	19 467	5 326	5 326	II	17 706	15 944	14 196	12 516	10 909	9 374
	III	13 866	5 326	5 326	III	12 510	11 188	9 904	8 656	7 444	6 268
	V	26 942	5 326	5 326	IV	20 270	19 389	18 508	17 627	16 747	15 866
	VI	27 461	5 326	5 326							
86 075,99 Ost	I,IV	21 274	5 326	5 326	I	19 512	17 751	15 989	14 241	12 559	10 949
	II	19 591	5 326	5 326	II	17 829	16 068	14 317	12 632	11 019	9 479
	III	13 964	5 326	5 326	III	12 604	11 280	9 992	8 742	7 528	6 350
	V	27 065	5 326	5 326	IV	20 393	19 512	18 632	17 751	16 870	15 989
	VI	27 584	5 326	5 326							
86 111,99 West	I,IV	21 166	5 326	5 326	I	19 404	17 643	15 881	14 135	12 458	10 853
	II	19 482	5 326	5 326	II	17 721	15 959	14 211	12 530	10 922	9 387
	III	13 878	5 326	5 326	III	12 520	11 200	9 914	8 666	7 454	6 278
	V	26 957	5 326	5 326	IV	20 285	19 404	18 523	17 643	16 762	15 881
	VI	27 476	5 326	5 326							
86 111,99 Ost	I,IV	21 289	5 326	5 326	I	19 528	17 766	16 005	14 255	12 573	10 963
	II	19 606	5 326	5 326	II	17 844	16 083	14 332	12 646	11 033	9 492
	III	13 974	5 326	5 326	III	12 614	11 292	10 004	8 752	7 538	6 360
	V	27 080	5 326	5 326	IV	20 408	19 528	18 647	17 766	16 885	16 005
	VI	27 599	5 326	5 326							
86 147,99 West	I,IV	21 181	5 326	5 326	I	19 419	17 658	15 896	14 150	12 472	10 866
	II	19 497	5 326	5 326	II	17 736	15 974	14 226	12 545	10 936	9 400
	III	13 890	5 326	5 326	III	12 532	11 210	9 926	8 676	7 464	6 288
	V	26 972	5 326	5 326	IV	20 300	19 419	18 538	17 658	16 777	15 896
	VI	27 491	5 326	5 326							
86 147,99 Ost	I,IV	21 304	5 326	5 326	I	19 543	17 781	16 020	14 270	12 587	10 976
	II	19 621	5 326	5 326	II	17 859	16 098	14 347	12 660	11 046	9 505
	III	13 986	5 326	5 326	III	12 626	11 302	10 014	8 764	7 548	6 370
	V	27 095	5 326	5 326	IV	20 423	19 543	18 662	17 781	16 900	16 020
	VI	27 615	5 326	5 326							
86 183,99 West	I,IV	21 196	5 326	5 326	I	19 434	17 673	15 911	14 165	12 486	10 880
	II	19 512	5 326	5 326	II	17 751	15 989	14 241	12 559	10 949	9 412
	III	13 902	5 326	5 326	III	12 544	11 222	9 936	8 688	7 474	6 298
	V	26 987	5 326	5 326	IV	20 315	19 434	18 554	17 673	16 792	15 911
	VI	27 506	5 326	5 326							
86 183,99 Ost	I,IV	21 319	5 326	5 326	I	19 558	17 796	16 035	14 285	12 601	10 990
	II	19 636	5 326	5 326	II	17 874	16 113	14 361	12 674	11 060	9 518
	III	13 998	5 326	5 326	III	12 638	11 314	10 026	8 774	7 558	6 380
	V	27 111	5 326	5 326	IV	20 439	19 558	18 677	17 796	16 916	16 035
	VI	27 630	5 326	5 326							

* Zur LSt-Berechnung für privat versicherte Arbeitnehmer s. Beispiele **Vorbemerkung S. 4f.**
** Basisvorsorgepauschale KV und PV *** Typisierter Arbeitgeberzuschuss

Jahr gültig ab 1. 1. 2022 (idF des StEntlG 2022) — aT2

Lohn/Gehalt in € bis	Steuerklasse	Lohnsteuer*	BVSP**	TAGZ***	Steuerklasse	Bemessungsgrundlage für Kirchensteuer und Solidaritätszuschlag — Freibeträge für ... Kinder					
						0,5	1,0	1,5	2,0	2,5	3,0
86 219,99 West	I,IV	21 211	5 326	5 326	I	19 449	17 688	15 926	14 179	12 500	10 893
	II	19 528	5 326	5 326	II	17 766	16 005	14 255	12 573	10 963	9 425
	III	13 914	5 326	5 326	III	12 556	11 234	9 948	8 698	7 484	6 308
	V	27 002	5 326	5 326	IV	20 330	19 449	18 569	17 688	16 807	15 926
	VI	27 521	5 326	5 326							
86 219,99 Ost	I,IV	21 334	5 326	5 326	I	19 573	17 811	16 050	14 300	12 615	11 003
	II	19 651	5 326	5 326	II	17 890	16 128	14 376	12 688	11 073	9 531
	III	14 010	5 326	5 326	III	12 650	11 324	10 036	8 784	7 568	6 390
	V	27 126	5 326	5 326	IV	20 454	19 573	18 692	17 811	16 931	16 050
	VI	27 645	5 326	5 326							
86 255,99 West	I,IV	21 226	5 326	5 326	I	19 465	17 703	15 942	14 194	12 514	10 906
	II	19 543	5 326	5 326	II	17 781	16 020	14 270	12 587	10 976	9 438
	III	13 926	5 326	5 326	III	12 566	11 244	9 958	8 708	7 496	6 318
	V	27 017	5 326	5 326	IV	20 345	19 465	18 584	17 703	16 822	15 942
	VI	27 536	5 326	5 326							
86 255,99 Ost	I,IV	21 350	5 326	5 326	I	19 588	17 827	16 065	14 315	12 629	11 017
	II	19 666	5 326	5 326	II	17 905	16 143	14 391	12 703	11 087	9 544
	III	14 022	5 326	5 326	III	12 660	11 336	10 048	8 796	7 580	6 400
	V	27 141	5 326	5 326	IV	20 469	19 588	18 707	17 827	16 946	16 065
	VI	27 660	5 326	5 326							
86 291,99 West	I,IV	21 241	5 326	5 326	I	19 480	17 718	15 957	14 209	12 528	10 920
	II	19 558	5 326	5 326	II	17 796	16 035	14 285	12 601	10 990	9 451
	III	13 938	5 326	5 326	III	12 578	11 256	9 970	8 720	7 506	6 328
	V	27 032	5 326	5 326	IV	20 360	19 480	18 599	17 718	16 837	15 957
	VI	27 552	5 326	5 326							
86 291,99 Ost	I,IV	21 365	5 326	5 326	I	19 603	17 842	16 080	14 329	12 644	11 030
	II	19 681	5 326	5 326	II	17 920	16 158	14 406	12 717	11 100	9 557
	III	14 034	5 326	5 326	III	12 672	11 348	10 058	8 806	7 590	6 410
	V	27 156	5 326	5 326	IV	20 484	19 603	18 722	17 842	16 961	16 080
	VI	27 675	5 326	5 326							
86 327,99 West	I,IV	21 256	5 326	5 326	I	19 495	17 733	15 972	14 223	12 542	10 933
	II	19 573	5 326	5 326	II	17 811	16 050	14 300	12 615	11 003	9 464
	III	13 950	5 326	5 326	III	12 590	11 266	9 980	8 730	7 516	6 338
	V	27 048	5 326	5 326	IV	20 376	19 495	18 614	17 733	16 853	15 972
	VI	27 567	5 326	5 326							
86 327,99 Ost	I,IV	21 380	5 326	5 326	I	19 618	17 857	16 095	14 344	12 658	11 044
	II	19 696	5 326	5 326	II	17 935	16 173	14 421	12 731	11 114	9 569
	III	14 046	5 326	5 326	III	12 684	11 358	10 070	8 816	7 600	6 420
	V	27 171	5 326	5 326	IV	20 499	19 618	18 738	17 857	16 976	16 095
	VI	27 690	5 326	5 326							
86 363,99 West	I,IV	21 271	5 326	5 326	I	19 510	17 748	15 987	14 238	12 556	10 947
	II	19 588	5 326	5 326	II	17 827	16 065	14 315	12 629	11 017	9 477
	III	13 962	5 326	5 326	III	12 602	11 278	9 992	8 740	7 526	6 348
	V	27 063	5 326	5 326	IV	20 391	19 510	18 629	17 748	16 868	15 987
	VI	27 582	5 326	5 326							
86 363,99 Ost	I,IV	21 395	5 326	5 326	I	19 633	17 872	16 110	14 359	12 672	11 057
	II	19 712	5 326	5 326	II	17 950	16 189	14 435	12 745	11 127	9 582
	III	14 058	5 326	5 326	III	12 696	11 370	10 080	8 826	7 610	6 430
	V	27 186	5 326	5 326	IV	20 514	19 633	18 753	17 872	16 991	16 110
	VI	27 705	5 326	5 326							
86 399,99 West	I,IV	21 287	5 326	5 326	I	19 525	17 764	16 002	14 253	12 570	10 960
	II	19 603	5 326	5 326	II	17 842	16 080	14 329	12 644	11 030	9 490
	III	13 972	5 326	5 326	III	12 612	11 290	10 002	8 750	7 536	6 358
	V	27 078	5 326	5 326	IV	20 406	19 525	18 644	17 764	16 883	16 002
	VI	27 597	5 326	5 326							
86 399,99 Ost	I,IV	21 410	5 326	5 326	I	19 649	17 887	16 126	14 374	12 686	11 071
	II	19 727	5 326	5 326	II	17 965	16 204	14 450	12 759	11 141	9 595
	III	14 070	5 326	5 326	III	12 708	11 380	10 090	8 838	7 620	6 440
	V	27 201	5 326	5 326	IV	20 529	19 649	18 768	17 887	17 006	16 126
	VI	27 720	5 326	5 326							

* Zur LSt-Berechnung für privat versicherte Arbeitnehmer s. Beispiele **Vorbemerkung S. 4 f.**
** Basisvorsorgepauschale KV und PV   *** Typisierter Arbeitgeberzuschuss

aT2   allgemeine Lohnsteuer

Lohn/Gehalt in € bis	Steuerklasse	Lohn-steuer*	BVSP**	TAGZ***	Steuerklasse	Bemessungsgrundlage für Kirchensteuer und Solidaritätszuschlag Freibeträge für ... Kinder					
						0,5	1,0	1,5	2,0	2,5	3,0
86435,99 West	I,IV	21302	5326	5326	I	19540	17779	16017	14268	12585	10974
	II	19618	5326	5326	II	17857	16095	14344	12658	11044	9503
	III	13984	5326	5326	III	12624	11300	10012	8762	7546	6368
	V	27093	5326	5326	IV	20421	19540	18659	17779	16898	16017
	VI	27612	5326	5326							
86435,99 Ost	I,IV	21425	5326	5326	I	19664	17902	16141	14388	12700	11085
	II	19742	5326	5326	II	17980	16219	14465	12774	11155	9608
	III	14082	5326	5326	III	12718	11392	10102	8848	7630	6450
	V	27216	5326	5326	IV	20544	19664	18783	17902	17021	16141
	VI	27736	5326	5326							
86471,99 West	I,IV	21317	5326	5326	I	19555	17794	16032	14283	12599	10987
	II	19633	5326	5326	II	17872	16110	14359	12672	11057	9516
	III	13996	5326	5326	III	12636	11312	10024	8772	7556	6378
	V	27108	5326	5326	IV	20436	19555	18675	17794	16913	16032
	VI	27627	5326	5326							
86471,99 Ost	I,IV	21440	5326	5326	I	19679	17917	16156	14403	12714	11098
	II	19757	5326	5326	II	17995	16234	14480	12788	11168	9621
	III	14094	5326	5326	III	12730	11404	10112	8858	7640	6460
	V	27232	5326	5326	IV	20559	19679	18798	17917	17037	16156
	VI	27751	5326	5326							
86507,99 West	I,IV	21332	5326	5326	I	19570	17809	16047	14297	12613	11001
	II	19649	5326	5326	II	17887	16126	14374	12686	11071	9529
	III	14008	5326	5326	III	12648	11322	10034	8782	7568	6388
	V	27123	5326	5326	IV	20451	19570	18690	17809	16928	16047
	VI	27642	5326	5326							
86507,99 Ost	I,IV	21455	5326	5326	I	19694	17932	16171	14418	12729	11112
	II	19772	5326	5326	II	18011	16249	14495	12802	11182	9634
	III	14106	5326	5326	III	12742	11414	10124	8870	7652	6470
	V	27247	5326	5326	IV	20575	19694	18813	17932	17052	16171
	VI	27766	5326	5326							
86543,99 West	I,IV	21347	5326	5326	I	19586	17824	16063	14312	12627	11015
	II	19664	5326	5326	II	17902	16141	14388	12700	11085	9541
	III	14020	5326	5326	III	12660	11334	10046	8794	7578	6398
	V	27138	5326	5326	IV	20466	19586	18705	17824	16943	16063
	VI	27657	5326	5326							
86543,99 Ost	I,IV	21470	5326	5326	I	19709	17948	16186	14433	12743	11125
	II	19787	5326	5326	II	18026	16264	14510	12816	11195	9647
	III	14118	5326	5326	III	12754	11426	10134	8880	7662	6480
	V	27262	5326	5326	IV	20590	19709	18828	17948	17067	16186
	VI	27781	5326	5326							
86579,99 West	I,IV	21362	5326	5326	I	19601	17839	16078	14327	12641	11028
	II	19679	5326	5326	II	17917	16156	14403	12714	11098	9554
	III	14032	5326	5326	III	12670	11346	10056	8804	7588	6408
	V	27153	5326	5326	IV	20481	19601	18720	17839	16958	16078
	VI	27673	5326	5326							
86579,99 Ost	I,IV	21486	5326	5326	I	19724	17963	16201	14448	12757	11139
	II	19802	5326	5326	II	18041	16279	14524	12830	11209	9660
	III	14128	5326	5326	III	12764	11438	10146	8890	7672	6490
	V	27277	5326	5326	IV	20605	19724	18843	17963	17082	16201
	VI	27796	5326	5326							
86615,99 West	I,IV	21377	5326	5326	I	19616	17854	16093	14342	12655	11042
	II	19694	5326	5326	II	17932	16171	14418	12729	11112	9567
	III	14044	5326	5326	III	12682	11356	10068	8814	7598	6418
	V	27169	5326	5326	IV	20496	19616	18735	17854	16974	16093
	VI	27688	5326	5326							
86615,99 Ost	I,IV	21501	5326	5326	I	19739	17978	16216	14463	12771	11152
	II	19817	5326	5326	II	18056	16294	14539	12845	11223	9673
	III	14140	5326	5326	III	12776	11448	10156	8902	7682	6500
	V	27292	5326	5326	IV	20620	19739	18858	17978	17097	16216
	VI	27811	5326	5326							

* Zur LSt-Berechnung für privat versicherte Arbeitnehmer s. Beispiele **Vorbemerkung S. 4f.**
** Basisvorsorgepauschale KV und PV   *** Typisierter Arbeitgeberzuschuss

Jahr gültig ab 1. 1. 2022 (idF des StEntlG 2022) — aT2

Lohn/Gehalt in € bis	Steuerklasse	Lohnsteuer*	BVSP**	TAGZ***	Steuerklasse	Bemessungsgrundlage für Kirchensteuer und Solidaritätszuschlag — Freibeträge für ... Kinder					
						0,5	1,0	1,5	2,0	2,5	3,0
86 651,99 West	I,IV	21 392	5 326	5 326	I	19 631	17 869	16 108	14 356	12 669	11 055
	II	19 709	5 326	5 326	II	17 948	16 186	14 433	12 743	11 125	9 580
	III	14 056	5 326	5 326	III	12 694	11 368	10 078	8 826	7 608	6 428
	V	27 184	5 326	5 326	IV	20 512	19 631	18 750	17 869	16 989	16 108
	VI	27 703	5 326	5 326							
86 651,99 Ost	I,IV	21 516	5 326	5 326	I	19 754	17 993	16 231	14 477	12 785	11 166
	II	19 832	5 326	5 326	II	18 071	16 310	14 554	12 859	11 236	9 686
	III	14 152	5 326	5 326	III	12 788	11 460	10 168	8 912	7 692	6 510
	V	27 307	5 326	5 326	IV	20 635	19 754	18 874	17 993	17 112	16 231
	VI	27 826	5 326	5 326							
86 687,99 West	I,IV	21 407	5 326	5 326	I	19 646	17 885	16 123	14 371	12 684	11 069
	II	19 724	5 326	5 326	II	17 963	16 201	14 448	12 757	11 139	9 593
	III	14 068	5 326	5 326	III	12 706	11 380	10 090	8 836	7 618	6 438
	V	27 199	5 326	5 326	IV	20 527	19 646	18 765	17 885	17 004	16 123
	VI	27 718	5 326	5 326							
86 687,99 Ost	I,IV	21 531	5 326	5 326	I	19 769	18 008	16 247	14 492	12 800	11 180
	II	19 848	5 326	5 326	II	18 086	16 325	14 569	12 873	11 250	9 699
	III	14 164	5 326	5 326	III	12 800	11 470	10 178	8 922	7 702	6 520
	V	27 322	5 326	5 326	IV	20 650	19 769	18 889	18 008	17 127	16 247
	VI	27 841	5 326	5 326							
86 723,99 West	I,IV	21 423	5 326	5 326	I	19 661	17 900	16 138	14 386	12 698	11 082
	II	19 739	5 326	5 326	II	17 978	16 216	14 463	12 771	11 152	9 606
	III	14 080	5 326	5 326	III	12 716	11 390	10 100	8 846	7 628	6 448
	V	27 214	5 326	5 326	IV	20 542	19 661	18 780	17 900	17 019	16 138
	VI	27 733	5 326	5 326							
86 723,99 Ost	I,IV	21 546	5 326	5 326	I	19 785	18 023	16 262	14 507	12 814	11 193
	II	19 863	5 326	5 326	II	18 101	16 340	14 584	12 887	11 263	9 712
	III	14 176	5 326	5 326	III	12 812	11 482	10 190	8 934	7 712	6 530
	V	27 337	5 326	5 326	IV	20 665	19 785	18 904	18 023	17 142	16 262
	VI	27 856	5 326	5 326							
86 759,99 West	I,IV	21 438	5 326	5 326	I	19 676	17 915	16 153	14 401	12 712	11 096
	II	19 754	5 326	5 326	II	17 993	16 231	14 477	12 785	11 166	9 619
	III	14 092	5 326	5 326	III	12 728	11 402	10 112	8 856	7 640	6 458
	V	27 229	5 326	5 326	IV	20 557	19 676	18 795	17 915	17 034	16 153
	VI	27 748	5 326	5 326							
86 759,99 Ost	I,IV	21 561	5 326	5 326	I	19 800	18 038	16 277	14 522	12 828	11 207
	II	19 878	5 326	5 326	II	18 116	16 355	14 599	12 902	11 277	9 725
	III	14 188	5 326	5 326	III	12 822	11 494	10 200	8 944	7 724	6 540
	V	27 352	5 326	5 326	IV	20 680	19 800	18 919	18 038	17 157	16 277
	VI	27 872	5 326	5 326							
86 795,99 West	I,IV	21 453	5 326	5 326	I	19 691	17 930	16 168	14 416	12 726	11 109
	II	19 769	5 326	5 326	II	18 008	16 247	14 492	12 800	11 180	9 632
	III	14 104	5 326	5 326	III	12 740	11 412	10 122	8 868	7 650	6 468
	V	27 244	5 326	5 326	IV	20 572	19 691	18 811	17 930	17 049	16 168
	VI	27 763	5 326	5 326							
86 795,99 Ost	I,IV	21 576	5 326	5 326	I	19 815	18 053	16 292	14 537	12 842	11 220
	II	19 893	5 326	5 326	II	18 131	16 370	14 614	12 916	11 291	9 738
	III	14 200	5 326	5 326	III	12 834	11 504	10 212	8 954	7 734	6 550
	V	27 368	5 326	5 326	IV	20 696	19 815	18 934	18 053	17 173	16 292
	VI	27 887	5 326	5 326							
86 831,99 West	I,IV	21 468	5 326	5 326	I	19 706	17 945	16 184	14 430	12 740	11 123
	II	19 785	5 326	5 326	II	18 023	16 262	14 507	12 814	11 193	9 645
	III	14 116	5 326	5 326	III	12 752	11 424	10 132	8 878	7 660	6 478
	V	27 259	5 326	5 326	IV	20 587	19 706	18 826	17 945	17 064	16 184
	VI	27 778	5 326	5 326							
86 831,99 Ost	I,IV	21 591	5 326	5 326	I	19 830	18 068	16 307	14 552	12 856	11 234
	II	19 908	5 326	5 326	II	18 147	16 385	14 628	12 930	11 304	9 751
	III	14 212	5 326	5 326	III	12 846	11 516	10 222	8 964	7 744	6 560
	V	27 383	5 326	5 326	IV	20 711	19 830	18 949	18 068	17 188	16 307
	VI	27 902	5 326	5 326							

* Zur LSt-Berechnung für privat versicherte Arbeitnehmer s. Beispiele **Vorbemerkung S. 4 f.**
** Basisvorsorgepauschale KV und PV   *** Typisierter Arbeitgeberzuschuss

aT2　　　　　　　　　　　　　　　　　　　　　　　allgemeine Lohnsteuer

Lohn/Gehalt in € bis	Steuerklasse	Lohn-steuer*	BVSP**	TAGZ***	Steuerklasse	Bemessungsgrundlage für Kirchensteuer und Solidaritätszuschlag Freibeträge für ... Kinder					
						0,5	1,0	1,5	2,0	2,5	3,0
86 867,99 West	I,IV	**21 483**	5 326	5 326	I	19 722	17 960	16 199	14 445	12 755	11 137
	II	**19 800**	5 326	5 326	II	18 038	16 277	14 522	12 828	11 207	9 658
	III	**14 126**	5 326	5 326	III	12 762	11 436	10 144	8 888	7 670	6 448
	V	**27 274**	5 326	5 326	IV	20 602	19 722	18 841	17 960	17 079	16 199
	VI	**27 793**	5 326	5 326							
86 867,99 Ost	I,IV	**21 607**	5 326	5 326	I	19 845	18 084	16 322	14 566	12 871	11 248
	II	**19 923**	5 326	5 326	II	18 162	16 400	14 643	12 944	11 318	9 764
	III	**14 224**	5 326	5 326	III	12 858	11 528	10 234	8 976	7 754	6 570
	V	**27 398**	5 326	5 326	IV	20 726	19 845	18 964	18 084	17 203	16 322
	VI	**27 917**	5 326	5 326							
86 903,99 West	I,IV	**21 498**	5 326	5 326	I	19 737	17 975	16 214	14 460	12 769	11 150
	II	**19 815**	5 326	5 326	II	18 053	16 292	14 537	12 842	11 220	9 671
	III	**14 138**	5 326	5 326	III	12 774	11 446	10 154	8 900	7 680	6 498
	V	**27 289**	5 326	5 326	IV	20 617	19 737	18 856	17 975	17 094	16 214
	VI	**27 809**	5 326	5 326							
86 903,99 Ost	I,IV	**21 622**	5 326	5 326	I	19 860	18 099	16 337	14 581	12 885	11 261
	II	**19 938**	5 326	5 326	II	18 177	16 415	14 658	12 959	11 332	9 777
	III	**14 236**	5 326	5 326	III	12 868	11 538	10 244	8 986	7 764	6 580
	V	**27 413**	5 326	5 326	IV	20 741	19 860	18 979	18 099	17 218	16 337
	VI	**27 932**	5 326	5 326							
86 939,99 West	I,IV	**21 513**	5 326	5 326	I	19 752	17 990	16 229	14 475	12 783	11 164
	II	**19 830**	5 326	5 326	II	18 068	16 307	14 552	12 856	11 234	9 684
	III	**14 150**	5 326	5 326	III	12 786	11 458	10 166	8 910	7 690	6 508
	V	**27 305**	5 326	5 326	IV	20 633	19 752	18 871	17 990	17 110	16 229
	VI	**27 824**	5 326	5 326							
86 939,99 Ost	I,IV	**21 637**	5 326	5 326	I	19 875	18 114	16 352	14 596	12 899	11 275
	II	**19 953**	5 326	5 326	II	18 192	16 430	14 673	12 973	11 345	9 790
	III	**14 248**	5 326	5 326	III	12 880	11 550	10 256	8 996	7 774	6 590
	V	**27 428**	5 326	5 326	IV	20 756	19 875	18 995	18 114	17 233	16 352
	VI	**27 947**	5 326	5 326							
86 975,99 West	I,IV	**21 528**	5 326	5 326	I	19 767	18 005	16 244	14 490	12 797	11 177
	II	**19 845**	5 326	5 326	II	18 084	16 322	14 566	12 871	11 248	9 697
	III	**14 162**	5 326	5 326	III	12 798	11 468	10 176	8 920	7 700	6 518
	V	**27 320**	5 326	5 326	IV	20 648	19 767	18 886	18 005	17 125	16 244
	VI	**27 839**	5 326	5 326							
86 975,99 Ost	I,IV	**21 652**	5 326	5 326	I	19 890	18 129	16 367	14 611	12 913	11 288
	II	**19 969**	5 326	5 326	II	18 207	16 446	14 688	12 987	11 359	9 803
	III	**14 260**	5 326	5 326	III	12 892	11 560	10 266	9 008	7 786	6 600
	V	**27 443**	5 326	5 326	IV	20 771	19 890	19 010	18 129	17 248	16 367
	VI	**27 962**	5 326	5 326							
87 011,99 West	I,IV	**21 544**	5 326	5 326	I	19 782	18 021	16 259	14 505	12 811	11 191
	II	**19 860**	5 326	5 326	II	18 099	16 337	14 581	12 885	11 261	9 710
	III	**14 174**	5 326	5 326	III	12 810	11 480	10 188	8 932	7 712	6 528
	V	**27 335**	5 326	5 326	IV	20 663	19 782	18 901	18 021	17 140	16 259
	VI	**27 854**	5 326	5 326							
87 011,99 Ost	I,IV	**21 667**	5 326	5 326	I	19 906	18 144	16 383	14 626	12 928	11 302
	II	**19 984**	5 326	5 326	II	18 222	16 461	14 703	13 002	11 373	9 816
	III	**14 272**	5 326	5 326	III	12 904	11 572	10 278	9 018	7 796	6 610
	V	**27 458**	5 326	5 326	IV	20 786	19 906	19 025	18 144	17 263	16 383
	VI	**27 977**	5 326	5 326							
87 047,99 West	I,IV	**21 559**	5 326	5 326	I	19 797	18 036	16 274	14 519	12 826	11 204
	II	**19 875**	5 326	5 326	II	18 114	16 352	14 596	12 899	11 275	9 723
	III	**14 186**	5 326	5 326	III	12 820	11 492	10 198	8 942	7 722	6 538
	V	**27 350**	5 326	5 326	IV	20 678	19 797	18 916	18 036	17 155	16 274
	VI	**27 869**	5 326	5 326							
87 047,99 Ost	I,IV	**21 682**	5 326	5 326	I	19 921	18 159	16 398	14 641	12 942	11 316
	II	**19 999**	5 326	5 326	II	18 237	16 476	14 718	13 016	11 386	9 829
	III	**14 284**	5 326	5 326	III	12 916	11 584	10 288	9 028	7 806	6 620
	V	**27 473**	5 326	5 326	IV	20 801	19 921	19 040	18 159	17 278	16 398
	VI	**27 993**	5 326	5 326							

*　Zur LSt-Berechnung für privat versicherte Arbeitnehmer s. Beispiele **Vorbemerkung S. 4 f.**
**　Basisvorsorgepauschale KV und PV　*** Typisierter Arbeitgeberzuschuss

Jahr gültig ab 1. 1. 2022 (idF des StEntlG 2022)　　　　　　**aT2**

Lohn/Gehalt in € bis	Steuerklasse	Lohnsteuer*	BVSP**	TAGZ***	Steuerklasse	Bemessungsgrundlage für Kirchensteuer und Solidaritätszuschlag					
						Freibeträge für ... Kinder					
						0,5	1,0	1,5	2,0	2,5	3,0
87 083,99 West	I,IV	**21 574**	5 326	5 326	I	19 812	18 051	16 289	14 534	12 840	11 218
	II	**19 890**	5 326	5 326	II	18 129	16 367	14 611	12 913	11 288	9 736
	III	**14 198**	5 326	5 326	III	12 832	11 502	10 210	8 952	7 732	6 548
	V	**27 365**	5 326	5 326	IV	20 693	19 812	18 932	18 051	17 170	16 289
	VI	**27 884**	5 326	5 326							
87 083,99 Ost	I,IV	**21 697**	5 326	5 326	I	19 936	18 174	16 413	14 656	12 956	11 329
	II	**20 014**	5 326	5 326	II	18 252	16 491	14 733	13 030	11 400	9 843
	III	**14 296**	5 326	5 326	III	12 926	11 594	10 298	9 040	7 816	6 630
	V	**27 489**	5 326	5 326	IV	20 817	19 936	19 055	18 174	17 294	16 413
	VI	**28 008**	5 326	5 326							
87 119,99 West	I,IV	**21 589**	5 326	5 326	I	19 827	18 066	16 304	14 549	12 854	11 232
	II	**19 906**	5 326	5 326	II	18 144	16 383	14 626	12 928	11 302	9 749
	III	**14 210**	5 326	5 326	III	12 844	11 514	10 220	8 964	7 742	6 558
	V	**27 380**	5 326	5 326	IV	20 708	19 827	18 947	18 066	17 185	16 304
	VI	**27 899**	5 326	5 326							
87 119,99 Ost	I,IV	**21 712**	5 326	5 326	I	19 951	18 189	16 428	14 671	12 971	11 343
	II	**20 029**	5 326	5 326	II	18 268	16 506	14 748	13 044	11 414	9 856
	III	**14 308**	5 326	5 326	III	12 938	11 606	10 310	9 050	7 826	6 640
	V	**27 504**	5 326	5 326	IV	20 832	19 951	19 070	18 189	17 309	16 428
	VI	**28 023**	5 326	5 326							
87 155,99 West	I,IV	**21 604**	5 326	5 326	I	19 843	18 081	16 320	14 564	12 868	11 245
	II	**19 921**	5 326	5 326	II	18 159	16 398	14 641	12 942	11 316	9 762
	III	**14 222**	5 326	5 326	III	12 856	11 526	10 232	8 974	7 752	6 568
	V	**27 395**	5 326	5 326	IV	20 723	19 843	18 962	18 081	17 200	16 320
	VI	**27 914**	5 326	5 326							
87 155,99 Ost	I,IV	**21 728**	5 326	5 326	I	19 966	18 205	16 443	14 686	12 985	11 357
	II	**20 044**	5 326	5 326	II	18 283	16 521	14 763	13 059	11 427	9 869
	III	**14 320**	5 326	5 326	III	12 950	11 618	10 320	9 060	7 836	6 650
	V	**27 519**	5 326	5 326	IV	20 847	19 966	19 085	18 205	17 324	16 443
	VI	**28 038**	5 326	5 326							
87 191,99 West	I,IV	**21 619**	5 326	5 326	I	19 858	18 096	16 335	14 579	12 883	11 259
	II	**19 936**	5 326	5 326	II	18 174	16 413	14 656	12 956	11 329	9 775
	III	**14 234**	5 326	5 326	III	12 866	11 536	10 242	8 984	7 762	6 578
	V	**27 410**	5 326	5 326	IV	20 738	19 858	18 977	18 096	17 215	16 335
	VI	**27 930**	5 326	5 326							
87 191,99 Ost	I,IV	**21 743**	5 326	5 326	I	19 981	18 220	16 458	14 701	12 999	11 370
	II	**20 059**	5 326	5 326	II	18 298	16 536	14 778	13 073	11 441	9 882
	III	**14 330**	5 326	5 326	III	12 962	11 628	10 332	9 072	7 848	6 660
	V	**27 534**	5 326	5 326	IV	20 862	19 981	19 100	18 220	17 339	16 458
	VI	**28 053**	5 326	5 326							
87 227,99 West	I,IV	**21 634**	5 326	5 326	I	19 873	18 111	16 350	14 594	12 897	11 273
	II	**19 951**	5 326	5 326	II	18 189	16 428	14 671	12 971	11 343	9 788
	III	**14 246**	5 326	5 326	III	12 878	11 548	10 254	8 996	7 774	6 588
	V	**27 426**	5 326	5 326	IV	20 754	19 873	18 992	18 111	17 231	16 350
	VI	**27 945**	5 326	5 326							
87 227,99 Ost	I,IV	**21 758**	5 326	5 326	I	19 996	18 235	16 473	14 715	13 013	11 384
	II	**20 074**	5 326	5 326	II	18 313	16 551	14 793	13 087	11 455	9 895
	III	**14 342**	5 326	5 326	III	12 974	11 640	10 342	9 082	7 858	6 670
	V	**27 549**	5 326	5 326	IV	20 877	19 996	19 116	18 235	17 354	16 473
	VI	**28 068**	5 326	5 326							
87 263,99 West	I,IV	**21 649**	5 326	5 326	I	19 888	18 126	16 365	14 609	12 911	11 286
	II	**19 966**	5 326	5 326	II	18 205	16 443	14 686	12 985	11 357	9 801
	III	**14 258**	5 326	5 326	III	12 890	11 560	10 264	9 006	7 784	6 598
	V	**27 441**	5 326	5 326	IV	20 769	19 888	19 007	18 126	17 246	16 365
	VI	**27 960**	5 326	5 326							
87 263,99 Ost	I,IV	**21 773**	5 326	5 326	I	20 011	18 250	16 488	14 730	13 028	11 398
	II	**20 090**	5 326	5 326	II	18 328	16 557	14 808	13 102	11 468	9 908
	III	**14 354**	5 326	5 326	III	12 984	11 652	10 354	9 092	7 868	6 680
	V	**27 564**	5 326	5 326	IV	20 892	20 011	19 131	18 250	17 369	16 488
	VI	**28 083**	5 326	5 326							

* Zur LSt-Berechnung für privat versicherte Arbeitnehmer s. Beispiele **Vorbemerkung S. 4 f.**
** Basisvorsorgepauschale KV und PV　*** Typisierter Arbeitgeberzuschuss

aT2 allgemeine Lohnsteuer

Lohn/Gehalt in € bis	Steuerklasse	Lohn-steuer*	BVSP**	TAGZ***	Steuerklasse	0,5	1,0	1,5	2,0	2,5	3,0
						Bemessungsgrundlage für Kirchensteuer und Solidaritätszuschlag — Freibeträge für ... Kinder					
87 299,99 West	I,IV	21 665	5 326	5 326	I	19 903	18 142	16 380	14 624	12 925	11 300
	II	19 981	5 326	5 326	II	18 220	16 458	14 701	12 999	11 370	9 814
	III	14 270	5 326	5 326	III	12 902	11 570	10 276	9 016	7 794	6 608
	V	27 456	5 326	5 326	IV	20 784	19 903	19 022	18 142	17 261	16 380
	VI	27 975	5 326	5 326							
87 299,99 Ost	I,IV	21 788	5 326	5 326	I	20 027	18 265	16 504	14 745	13 042	11 411
	II	20 105	5 326	5 326	II	18 343	16 582	14 823	13 116	11 482	9 921
	III	14 366	5 326	5 326	III	12 996	11 662	10 364	9 104	7 878	6 690
	V	27 579	5 326	5 326	IV	20 907	20 027	19 146	18 265	17 384	16 504
	VI	28 098	5 326	5 326							
87 335,99 West	I,IV	21 680	5 326	5 326	I	19 918	18 157	16 395	14 638	12 940	11 313
	II	19 996	5 326	5 326	II	18 235	16 473	14 715	13 013	11 384	9 827
	III	14 282	5 326	5 326	III	12 914	11 582	10 286	9 028	7 804	6 618
	V	27 471	5 326	5 326	IV	20 799	19 918	19 037	18 157	17 276	16 395
	VI	27 990	5 326	5 326							
87 335,99 Ost	I,IV	21 803	5 326	5 326	I	20 042	18 280	16 519	14 760	13 056	11 425
	II	20 120	5 326	5 326	II	18 358	16 597	14 837	13 130	11 496	9 934
	III	14 378	5 326	5 326	III	13 008	11 674	10 376	9 114	7 888	6 700
	V	27 594	5 326	5 326	IV	20 922	20 042	19 161	18 280	17 399	16 519
	VI	28 114	5 326	5 326							
87 371,99 West	I,IV	21 695	5 326	5 326	I	19 933	18 172	16 410	14 653	12 954	11 327
	II	20 011	5 326	5 326	II	18 250	16 488	14 730	13 028	11 398	9 840
	III	14 294	5 326	5 326	III	12 924	11 592	10 298	9 038	7 814	6 628
	V	27 486	5 326	5 326	IV	20 814	19 933	19 053	18 172	17 291	16 410
	VI	28 005	5 326	5 326							
87 371,99 Ost	I,IV	21 818	5 326	5 326	I	20 057	18 295	16 534	14 775	13 071	11 439
	II	20 135	5 326	5 326	II	18 373	16 612	14 852	13 145	11 510	9 947
	III	14 390	5 326	5 326	III	13 020	11 686	10 386	9 124	7 900	6 710
	V	27 610	5 326	5 326	IV	20 937	20 057	19 176	18 295	17 415	16 534
	VI	28 129	5 326	5 326							
87 407,99 West	I,IV	21 710	5 326	5 326	I	19 948	18 187	16 425	14 668	12 968	11 341
	II	20 027	5 326	5 326	II	18 265	16 504	14 745	13 042	11 411	9 853
	III	14 306	5 326	5 326	III	12 936	11 604	10 308	9 048	7 824	6 638
	V	27 501	5 326	5 326	IV	20 829	19 948	19 068	18 187	17 306	16 425
	VI	28 020	5 326	5 326							
87 407,99 Ost	I,IV	21 833	5 326	5 326	I	20 072	18 310	16 549	14 790	13 085	11 452
	II	20 150	5 326	5 326	II	18 389	16 627	14 867	13 159	11 523	9 960
	III	14 402	5 326	5 326	III	13 032	11 696	10 398	9 136	7 910	6 720
	V	27 625	5 326	5 326	IV	20 953	20 072	19 191	18 310	17 430	16 549
	VI	28 144	5 326	5 326							
87 443,99 West	I,IV	21 725	5 326	5 326	I	19 964	18 202	16 441	14 683	12 982	11 354
	II	20 042	5 326	5 326	II	18 280	16 519	14 760	13 056	11 425	9 866
	III	14 318	5 326	5 326	III	12 948	11 616	10 320	9 058	7 836	6 648
	V	27 516	5 326	5 326	IV	20 844	19 964	19 083	18 202	17 321	16 441
	VI	28 035	5 326	5 326							
87 443,99 Ost	I,IV	21 848	5 326	5 326	I	20 087	18 326	16 564	14 805	13 099	11 466
	II	20 165	5 326	5 326	II	18 404	16 642	14 882	13 173	11 537	9 973
	III	14 414	5 326	5 326	III	13 042	11 708	10 408	9 146	7 920	6 730
	V	27 640	5 326	5 326	IV	20 968	20 087	19 206	18 326	17 445	16 564
	VI	28 159	5 326	5 326							
87 479,99 West	I,IV	21 740	5 326	5 326	I	19 979	18 217	16 456	14 698	12 997	11 368
	II	20 057	5 326	5 326	II	18 295	16 534	14 775	13 071	11 439	9 880
	III	14 328	5 326	5 326	III	12 960	11 626	10 330	9 070	7 846	6 658
	V	27 531	5 326	5 326	IV	20 859	19 979	19 098	18 217	17 336	16 456
	VI	28 051	5 326	5 326							
87 479,99 Ost	I,IV	21 864	5 326	5 326	I	20 102	18 341	16 579	14 820	13 114	11 480
	II	20 180	5 326	5 326	II	18 419	16 657	14 897	13 188	11 551	9 986
	III	14 426	5 326	5 326	III	13 054	11 718	10 420	9 156	7 930	6 740
	V	27 655	5 326	5 326	IV	20 983	20 102	19 221	18 341	17 460	16 579
	VI	28 174	5 326	5 326							

* Zur LSt-Berechnung für privat versicherte Arbeitnehmer s. Beispiele **Vorbemerkung S. 4 f.**
** Basisvorsorgepauschale KV und PV   *** Typisierter Arbeitgeberzuschuss

Jahr gültig ab 1. 1. 2022 (idF des StEntlG 2022) **aT2**

Lohn/Gehalt in € bis	Steuerklasse	Lohnsteuer*	BVSP**	TAGZ***	Steuerklasse	Bemessungsgrundlage für Kirchensteuer und Solidaritätszuschlag Freibeträge für ... Kinder					
						0,5	1,0	1,5	2,0	2,5	3,0
87 515,99 West	I,IV	21 755	5 326	5 326	I	19 994	18 232	16 471	14 713	13 011	11 382
	II	20 072	5 326	5 326	II	18 310	16 549	14 790	13 085	11 452	9 893
	III	14 340	5 326	5 326	III	12 972	11 638	10 340	9 080	7 856	6 668
	V	27 547	5 326	5 326	IV	20 874	19 994	19 113	18 232	17 352	16 471
	VI	28 066	5 326	5 326							
87 515,99 Ost	I,IV	21 879	5 326	5 326	I	20 117	18 356	16 594	14 835	13 128	11 494
	II	20 195	5 326	5 326	II	18 434	16 672	14 912	13 202	11 565	10 000
	III	14 438	5 326	5 326	III	13 066	11 730	10 430	9 168	7 940	6 750
	V	27 670	5 326	5 326	IV	20 998	20 117	19 236	18 356	17 475	16 594
	VI	28 189	5 326	5 326							
87 551,99 West	I,IV	21 770	5 326	5 326	I	20 009	18 247	16 486	14 728	13 025	11 395
	II	20 087	5 326	5 326	II	18 326	16 564	14 805	13 099	11 466	9 906
	III	14 352	5 326	5 326	III	12 982	11 650	10 352	9 090	7 866	6 678
	V	27 562	5 326	5 326	IV	20 890	20 009	19 128	18 247	17 367	16 486
	VI	28 081	5 326	5 326							
87 551,99 Ost	I,IV	21 894	5 326	5 326	I	20 132	18 371	16 609	14 850	13 142	11 507
	II	20 210	5 326	5 326	II	18 449	16 688	14 927	13 217	11 578	10 013
	III	14 450	5 326	5 326	III	13 078	11 742	10 442	9 178	7 950	6 760
	V	27 685	5 326	5 326	IV	21 013	20 132	19 252	18 371	17 490	16 609
	VI	28 204	5 326	5 326							
87 587,99 West	I,IV	21 785	5 326	5 326	I	20 024	18 263	16 501	14 743	13 040	11 409
	II	20 102	5 326	5 326	II	18 341	16 579	14 820	13 114	11 480	9 919
	III	14 364	5 326	5 326	III	12 994	11 660	10 362	9 102	7 876	6 688
	V	27 577	5 326	5 326	IV	20 905	20 024	19 143	18 263	17 382	16 501
	VI	28 096	5 326	5 326							
87 587,99 Ost	I,IV	21 909	5 326	5 326	I	20 147	18 386	16 625	14 865	13 157	11 521
	II	20 226	5 326	5 326	II	18 464	16 703	14 942	13 231	11 592	10 026
	III	14 462	5 326	5 326	III	13 090	11 752	10 452	9 188	7 962	6 770
	V	27 700	5 326	5 326	IV	21 028	20 147	19 267	18 386	17 505	16 625
	VI	28 219	5 326	5 326							
87 623,99 West	I,IV	21 801	5 326	5 326	I	20 039	18 278	16 516	14 758	13 054	11 423
	II	20 117	5 326	5 326	II	18 356	16 594	14 835	13 128	11 494	9 932
	III	14 376	5 326	5 326	III	13 006	11 672	10 374	9 112	7 888	6 698
	V	27 592	5 326	5 326	IV	20 920	20 039	19 158	18 278	17 397	16 516
	VI	28 111	5 326	5 326							
87 623,99 Ost	I,IV	21 924	5 326	5 326	I	20 163	18 401	16 640	14 880	13 171	11 535
	II	20 241	5 326	5 326	II	18 479	16 718	14 957	13 245	11 606	10 039
	III	14 474	5 326	5 326	III	13 100	11 764	10 464	9 200	7 972	6 780
	V	27 715	5 326	5 326	IV	21 043	20 163	19 282	18 401	17 520	16 640
	VI	28 234	5 326	5 326							
87 659,99 West	I,IV	21 816	5 326	5 326	I	20 054	18 293	16 531	14 773	13 068	11 437
	II	20 132	5 326	5 326	II	18 371	16 609	14 850	13 142	11 507	9 945
	III	14 388	5 326	5 326	III	13 018	11 684	10 384	9 124	7 898	6 708
	V	27 607	5 326	5 326	IV	20 935	20 054	19 173	18 293	17 412	16 531
	VI	28 126	5 326	5 326							
87 659,99 Ost	I,IV	21 939	5 326	5 326	I	20 178	18 416	16 655	14 895	13 185	11 549
	II	20 256	5 326	5 326	II	18 494	16 733	14 972	13 260	11 620	10 052
	III	14 486	5 326	5 326	III	13 112	11 776	10 474	9 210	7 982	6 790
	V	27 730	5 326	5 326	IV	21 058	20 178	19 297	18 416	17 535	16 655
	VI	28 250	5 326	5 326							
87 695,99 West	I,IV	21 831	5 326	5 326	I	20 069	18 308	16 546	14 788	13 083	11 450
	II	20 147	5 326	5 326	II	18 386	16 625	14 865	13 157	11 521	9 958
	III	14 400	5 326	5 326	III	13 030	11 694	10 396	9 134	7 908	6 718
	V	27 622	5 326	5 326	IV	20 950	20 069	19 189	18 308	17 427	16 546
	VI	28 141	5 326	5 326							
87 695,99 Ost	I,IV	21 954	5 326	5 326	I	20 193	18 431	16 670	14 910	13 200	11 562
	II	20 271	5 326	5 326	II	18 509	16 748	14 987	13 274	11 633	10 065
	III	14 498	5 326	5 326	III	13 124	11 786	10 498	9 220	7 992	6 800
	V	27 746	5 326	5 326	IV	21 074	20 193	19 312	18 431	17 551	16 670
	VI	28 265	5 326	5 326							

* Zur LSt-Berechnung für privat versicherte Arbeitnehmer s. Beispiele **Vorbemerkung S. 4 f.**
** Basisvorsorgepauschale KV und PV *** Typisierter Arbeitgeberzuschuss

aT2 allgemeine Lohnsteuer

Lohn/Gehalt in € bis	Steuerklasse	Lohn-steuer*	BVSP**	TAGZ***	Steuerklasse	Bemessungsgrundlage für Kirchensteuer und Solidaritätszuschlag					
						Freibeträge für ... Kinder					
						0,5	1,0	1,5	2,0	2,5	3,0
87 731,99 West	I,IV	21 846	5 326	5 326	I	20 084	18 323	16 562	14 803	13 097	11 464
	II	20 163	5 326	5 326	II	18 401	16 640	14 880	13 171	11 535	9 971
	III	14 412	5 326	5 326	III	13 040	11 706	10 406	9 144	7 918	6 728
	V	27 637	5 326	5 326	IV	20 965	20 084	19 204	18 323	17 442	16 562
	VI	28 156	5 326	5 326							
87 731,99 Ost	I,IV	21 969	5 326	5 326	I	20 208	18 446	16 685	14 925	13 214	11 576
	II	20 286	5 326	5 326	II	18 525	16 763	15 002	13 288	11 647	10 078
	III	14 510	5 326	5 326	III	13 136	11 798	10 496	9 232	8 002	6 810
	V	27 761	5 326	5 326	IV	21 089	20 208	19 327	18 446	17 566	16 685
	VI	28 280	5 326	5 326							
87 767,99 West	I,IV	21 861	5 326	5 326	I	20 100	18 338	16 577	14 818	13 111	11 478
	II	20 178	5 326	5 326	II	18 416	16 655	14 895	13 185	11 549	9 984
	III	14 424	5 326	5 326	III	13 052	11 718	10 418	9 156	7 928	6 738
	V	27 652	5 326	5 326	IV	20 980	20 100	19 219	18 338	17 457	16 577
	VI	28 171	5 326	5 326							
87 767,99 Ost	I,IV	21 985	5 326	5 326	I	20 223	18 462	16 700	14 940	13 229	11 590
	II	20 301	5 326	5 326	II	18 540	16 778	15 017	13 303	11 661	10 092
	III	14 522	5 326	5 326	III	13 148	11 810	10 508	9 242	8 014	6 820
	V	27 776	5 326	5 326	IV	21 104	20 223	19 342	18 462	17 581	16 700
	VI	28 295	5 326	5 326							
87 803,99 West	I,IV	21 876	5 326	5 326	I	20 115	18 353	16 592	14 832	13 126	11 491
	II	20 193	5 326	5 326	II	18 431	16 670	14 910	13 200	11 562	9 997
	III	14 436	5 326	5 326	III	13 064	11 728	10 428	9 166	7 938	6 748
	V	27 667	5 326	5 326	IV	20 995	20 115	19 234	18 353	17 472	16 592
	VI	28 187	5 326	5 326							
87 803,99 Ost	I,IV	22 000	5 326	5 326	I	20 238	18 477	16 715	14 955	13 243	11 604
	II	20 316	5 326	5 326	II	18 555	16 793	15 032	13 317	11 675	10 105
	III	14 534	5 326	5 326	III	13 160	11 820	10 518	9 254	8 024	6 830
	V	27 791	5 326	5 326	IV	21 119	20 238	19 357	18 477	17 596	16 715
	VI	28 310	5 326	5 326							
87 839,99 West	I,IV	21 891	5 326	5 326	I	20 130	18 368	16 607	14 847	13 140	11 505
	II	20 208	5 326	5 326	II	18 446	16 685	14 925	13 214	11 576	10 011
	III	14 448	5 326	5 326	III	13 076	11 740	10 440	9 176	7 950	6 758
	V	27 683	5 326	5 326	IV	21 011	20 130	19 249	18 368	17 488	16 607
	VI	28 202	5 326	5 326							
87 839,99 Ost	I,IV	22 015	5 326	5 326	I	20 253	18 492	16 730	14 970	13 257	11 617
	II	20 331	5 326	5 326	II	18 570	16 808	15 048	13 332	11 688	10 118
	III	14 546	5 326	5 326	III	13 170	11 832	10 530	9 264	8 034	6 840
	V	27 806	5 326	5 326	IV	21 134	20 253	19 373	18 492	17 611	16 730
	VI	28 325	5 326	5 326							
87 875,99 West	I,IV	21 906	5 326	5 326	I	20 145	18 383	16 622	14 862	13 154	11 519
	II	20 223	5 326	5 326	II	18 462	16 700	14 940	13 229	11 590	10 024
	III	14 460	5 326	5 326	III	13 088	11 752	10 450	9 188	7 960	6 768
	V	27 698	5 326	5 326	IV	21 026	20 145	19 264	18 383	17 503	16 622
	VI	28 217	5 326	5 326							
87 875,99 Ost	I,IV	22 030	5 326	5 326	I	20 268	18 507	16 745	14 985	13 272	11 631
	II	20 347	5 326	5 326	II	18 585	16 824	15 063	13 346	11 702	10 131
	III	14 558	5 326	5 326	III	13 182	11 844	10 540	9 274	8 044	6 850
	V	27 821	5 326	5 326	IV	21 149	20 268	19 388	18 507	17 626	16 745
	VI	28 340	5 326	5 326							
87 911,99 West	I,IV	21 922	5 326	5 326	I	20 160	18 399	16 637	14 877	13 169	11 533
	II	20 238	5 326	5 326	II	18 477	16 715	14 955	13 243	11 604	10 037
	III	14 472	5 326	5 326	III	13 100	11 762	10 462	9 198	7 970	6 778
	V	27 713	5 326	5 326	IV	21 041	20 160	19 279	18 399	17 518	16 637
	VI	28 232	5 326	5 326							
87 911,99 Ost	I,IV	22 045	5 326	5 326	I	20 284	18 522	16 761	15 000	13 286	11 645
	II	20 362	5 326	5 326	II	18 600	16 839	15 078	13 361	11 716	10 144
	III	14 570	5 326	5 326	III	13 194	11 854	10 552	9 286	8 054	6 860
	V	27 836	5 326	5 326	IV	21 164	20 284	19 403	18 522	17 641	16 761
	VI	28 355	5 326	5 326							

* Zur LSt-Berechnung für privat versicherte Arbeitnehmer s. Beispiele **Vorbemerkung S. 4 f.**
** Basisvorsorgepauschale KV und PV *** Typisierter Arbeitgeberzuschuss

Jahr gültig ab 1. 1. 2022 (idF des StEntlG 2022) — **aT2**

Lohn/Gehalt in € bis	Steuerklasse	Lohnsteuer*	BVSP**	TAGZ***	Steuerklasse	Bemessungsgrundlage für Kirchensteuer und Solidaritätszuschlag — Freibeträge für ... Kinder					
						0,5	1,0	1,5	2,0	2,5	3,0
87 947,99 West	I,IV	**21 937**	5 326	5 326	I	20 175	18 414	16 652	14 892	13 183	11 546
	II	**20 253**	5 326	5 326	II	18 492	16 730	14 970	13 257	11 617	10 050
	III	**14 484**	5 326	5 326	III	13 110	11 774	10 472	9 208	7 980	6 788
	V	**27 728**	5 326	5 326	IV	21 056	20 175	19 294	18 414	17 533	16 652
	VI	**28 247**	5 326	5 326							
87 947,99 Ost	I,IV	**22 060**	5 326	5 326	I	20 299	18 537	16 776	15 015	13 300	11 659
	II	**20 377**	5 326	5 326	II	18 615	16 854	15 093	13 375	11 730	10 157
	III	**14 582**	5 326	5 326	III	13 206	11 866	10 562	9 296	8 066	6 870
	V	**27 851**	5 326	5 326	IV	21 179	20 299	19 418	18 537	17 656	16 776
	VI	**28 371**	5 326	5 326							
87 983,99 West	I,IV	**21 952**	5 326	5 326	I	20 190	18 429	16 667	14 907	13 197	11 560
	II	**20 268**	5 326	5 326	II	18 507	16 745	14 985	13 272	11 631	10 063
	III	**14 496**	5 326	5 326	III	13 122	11 784	10 484	9 220	7 990	6 798
	V	**27 743**	5 326	5 326	IV	21 071	20 190	19 310	18 429	17 548	16 667
	VI	**28 262**	5 326	5 326							
87 983,99 Ost	I,IV	**22 075**	5 326	5 326	I	20 314	18 552	16 791	15 030	13 315	11 672
	II	**20 392**	5 326	5 326	II	18 630	16 869	15 108	13 389	11 744	10 171
	III	**14 594**	5 326	5 326	III	13 218	11 878	10 574	9 306	8 076	6 882
	V	**27 867**	5 326	5 326	IV	21 195	20 314	19 433	18 552	17 672	16 791
	VI	**28 386**	5 326	5 326							
88 019,99 West	I,IV	**21 967**	5 326	5 326	I	20 205	18 444	16 682	14 922	13 212	11 574
	II	**20 284**	5 326	5 326	II	18 522	16 761	15 000	13 286	11 645	10 076
	III	**14 508**	5 326	5 326	III	13 134	11 796	10 494	9 230	8 002	6 808
	V	**27 758**	5 326	5 326	IV	21 086	20 205	19 325	18 444	17 563	16 682
	VI	**28 277**	5 326	5 326							
88 019,99 Ost	I,IV	**22 090**	5 326	5 326	I	20 329	18 567	16 806	15 045	13 329	11 686
	II	**20 407**	5 326	5 326	II	18 646	16 884	15 123	13 404	11 758	10 184
	III	**14 606**	5 326	5 326	III	13 230	11 888	10 584	9 318	8 086	6 892
	V	**27 882**	5 326	5 326	IV	21 210	20 329	19 448	18 567	17 687	16 806
	VI	**28 401**	5 326	5 326							
88 055,99 West	I,IV	**21 982**	5 326	5 326	I	20 221	18 459	16 698	14 937	13 226	11 587
	II	**20 299**	5 326	5 326	II	18 537	16 776	15 015	13 300	11 659	10 089
	III	**14 520**	5 326	5 326	III	13 146	11 808	10 506	9 240	8 012	6 818
	V	**27 773**	5 326	5 326	IV	21 101	20 221	19 340	18 459	17 578	16 698
	VI	**28 292**	5 326	5 326							
88 055,99 Ost	I,IV	**22 106**	5 326	5 326	I	20 344	18 583	16 821	15 060	13 344	11 700
	II	**20 422**	5 326	5 326	II	18 661	16 899	15 138	13 418	11 771	10 197
	III	**14 618**	5 326	5 326	III	13 240	11 900	10 596	9 328	8 096	6 902
	V	**27 897**	5 326	5 326	IV	21 225	20 344	19 463	18 583	17 702	16 821
	VI	**28 416**	5 326	5 326							
88 091,99 West	I,IV	**21 997**	5 326	5 326	I	20 236	18 474	16 713	14 952	13 240	11 601
	II	**20 314**	5 326	5 326	II	18 552	16 791	15 030	13 315	11 672	10 103
	III	**14 532**	5 326	5 326	III	13 158	11 818	10 516	9 252	8 022	6 828
	V	**27 788**	5 326	5 326	IV	21 116	20 236	19 355	18 474	17 593	16 713
	VI	**28 308**	5 326	5 326							
88 091,99 Ost	I,IV	**22 121**	5 326	5 326	I	20 359	18 598	16 836	15 075	13 358	11 714
	II	**20 437**	5 326	5 326	II	18 676	16 914	15 153	13 433	11 785	10 210
	III	**14 630**	5 326	5 326	III	13 252	11 912	10 608	9 338	8 106	6 912
	V	**27 912**	5 326	5 326	IV	21 240	20 359	19 478	18 598	17 717	16 836
	VI	**28 431**	5 326	5 326							
88 127,99 West	I,IV	**22 012**	5 326	5 326	I	20 251	18 489	16 728	14 967	13 255	11 615
	II	**20 329**	5 326	5 326	II	18 567	16 806	15 045	13 329	11 686	10 116
	III	**14 544**	5 326	5 326	III	13 168	11 830	10 528	9 262	8 032	6 838
	V	**27 804**	5 326	5 326	IV	21 132	20 251	19 370	18 489	17 609	16 728
	VI	**28 323**	5 326	5 326							
88 127,99 Ost	I,IV	**22 136**	5 326	5 326	I	20 374	18 613	16 851	15 090	13 373	11 728
	II	**20 452**	5 326	5 326	II	18 691	16 929	15 168	13 447	11 799	10 223
	III	**14 642**	5 326	5 326	III	13 264	11 922	10 618	9 350	8 118	6 922
	V	**27 927**	5 326	5 326	IV	21 255	20 374	19 494	18 613	17 732	16 851
	VI	**28 446**	5 326	5 326							

* Zur LSt-Berechnung für privat versicherte Arbeitnehmer s. Beispiele **Vorbemerkung S. 4 f.**
** Basisvorsorgepauschale KV und PV *** Typisierter Arbeitgeberzuschuss

aT2 allgemeine Lohnsteuer

Lohn/Gehalt in € bis	Steuerklasse	Lohn-steuer*	BVSP**	TAGZ***	Steuerklasse	Bemessungsgrundlage für Kirchensteuer und Solidaritätszuschlag Freibeträge für ... Kinder					
						0,5	1,0	1,5	2,0	2,5	3,0
88163,99 West	I,IV	**22027**	5326	5326	I	20266	18504	16743	14982	13269	11629
	II	**20344**	5326	5326	II	18583	16821	15060	13344	11700	10129
	III	**14556**	5326	5326	III	13180	11842	10540	9272	8042	6850
	V	**27819**	5326	5326	IV	21147	20266	19385	18504	17624	16743
	VI	**28338**	5326	5326							
88163,99 Ost	I,IV	**22151**	5326	5326	I	20389	18628	16866	15105	13387	11741
	II	**20468**	5326	5326	II	18706	16945	15183	13462	11813	10237
	III	**14654**	5326	5326	III	13276	11934	10630	9360	8128	6932
	V	**27942**	5326	5326	IV	21270	20389	19509	18628	17747	16866
	VI	**28461**	5326	5326							
88199,99 West	I,IV	**22043**	5326	5326	I	20281	18520	16758	14997	13284	11643
	II	**20359**	5326	5326	II	18598	16836	15075	13358	11714	10142
	III	**14568**	5326	5326	III	13192	11852	10550	9284	8054	6860
	V	**27834**	5326	5326	IV	21162	20281	19400	18520	17639	16758
	VI	**28353**	5326	5326							
88199,99 Ost	I,IV	**22166**	5326	5326	I	20405	18643	16882	15120	13401	11755
	II	**20483**	5326	5326	II	18721	16960	15198	13476	11827	10250
	III	**14666**	5326	5326	III	13288	11946	10640	9372	8138	6942
	V	**27957**	5326	5326	IV	21285	20405	19524	18643	17762	16882
	VI	**28476**	5326	5326							
88235,99 West	I,IV	**22058**	5326	5326	I	20296	18535	16773	15012	13298	11656
	II	**20374**	5326	5326	II	18613	16851	15090	13373	11728	10155
	III	**14580**	5326	5326	III	13204	11864	10562	9294	8064	6870
	V	**27849**	5326	5326	IV	21177	20296	19415	18535	17654	16773
	VI	**28368**	5326	5326							
88235,99 Ost	I,IV	**22181**	5326	5326	I	20420	18658	16897	15135	13416	11769
	II	**20498**	5326	5326	II	18736	16975	15213	13491	11841	10263
	III	**14678**	5326	5326	III	13300	11958	10652	9382	8148	6952
	V	**27972**	5326	5326	IV	21300	20420	19539	18658	17777	16897
	VI	**28492**	5326	5326							
88271,99 West	I,IV	**22073**	5326	5326	I	20311	18550	16788	15027	13312	11670
	II	**20389**	5326	5326	II	18628	16866	15105	13387	11741	10168
	III	**14592**	5326	5326	III	13216	11876	10572	9304	8074	6880
	V	**27864**	5326	5326	IV	21192	20311	19431	18550	17669	16788
	VI	**28383**	5326	5326							
88271,99 Ost	I,IV	**22196**	5326	5326	I	20435	18673	16912	15150	13430	11783
	II	**20513**	5326	5326	II	18751	16990	15228	13505	11854	10276
	III	**14690**	5326	5326	III	13310	11968	10662	9392	8160	6962
	V	**27988**	5326	5326	IV	21315	20435	19554	18673	17793	16912
	VI	**28507**	5326	5326							
88307,99 West	I,IV	**22088**	5326	5326	I	20326	18565	16803	15042	13327	11684
	II	**20405**	5326	5326	II	18643	16882	15120	13401	11755	10182
	III	**14604**	5326	5326	III	13228	11886	10584	9316	8084	6890
	V	**27879**	5326	5326	IV	21207	20326	19446	18565	17684	16803
	VI	**28398**	5326	5326							
88307,99 Ost	I,IV	**22211**	5326	5326	I	20450	18688	16927	15165	13445	11797
	II	**20528**	5326	5326	II	18767	17005	15243	13520	11868	10290
	III	**14702**	5326	5326	III	13322	11980	10674	9404	8170	6972
	V	**28003**	5326	5326	IV	21331	20450	19569	18688	17808	16927
	VI	**28522**	5326	5326							
88343,99 West	I,IV	**22103**	5326	5326	I	20342	18580	16819	15058	13341	11698
	II	**20420**	5326	5326	II	18658	16897	15135	13416	11769	10195
	III	**14616**	5326	5326	III	13238	11898	10594	9326	8094	6900
	V	**27894**	5326	5326	IV	21222	20342	19461	18580	17699	16819
	VI	**28413**	5326	5326							
88343,99 Ost	I,IV	**22226**	5326	5326	I	20465	18704	16942	15181	13459	11811
	II	**20543**	5326	5326	II	18782	17020	15259	13534	11882	10303
	III	**14714**	5326	5326	III	13334	11992	10684	9414	8180	6982
	V	**28018**	5326	5326	IV	21346	20465	19584	18704	17823	16942
	VI	**28537**	5326	5326							

* Zur LSt-Berechnung für privat versicherte Arbeitnehmer s. Beispiele **Vorbemerkung S. 4f.**
** Basisvorsorgepauschale KV und PV *** Typisierter Arbeitgeberzuschuss

Übergangstabelle Solidaritätszuschlag Monat 2022 — SaT3

Solidaritätszuschlag für Monatslohnsteuerbeträge

Steuerklasse III		Steuerklasse III		Steuerklasse III		Steuerklasse III	
Maßstabslohnsteuer €	Solidaritätszuschlag €	Maßstabslohnsteuer €	Solidaritätszuschlag €	Maßstabslohnsteuer €	Solidaritätszuschlag €	Maßstabslohnsteuer €	Solidaritätszuschlag €
2825,83	0,00	2905,16	9,42	2984,50	18,86	3063,83	28,30
2827,00	0,11	2906,33	9,55	2985,83	19,02	3065,16	28,46
2828,33	0,27	2907,66	9,71	2987,00	19,15	3066,33	28,59
2829,50	0,41	2908,83	9,85	2988,33	19,31	3067,66	28,75
2830,83	0,57	2910,16	10,01	2989,50	19,45	3069,00	28,91
2832,00	0,71	2911,50	10,17	2990,83	19,61	3070,16	29,05
2833,33	0,87	2912,66	10,31	2992,00	19,75	3071,50	29,21
2834,50	1,01	2914,00	10,47	2993,33	19,91	3072,66	29,35
2835,83	1,17	2915,16	10,61	2994,66	20,07	3074,00	29,51
2837,16	1,32	2916,50	10,76	2995,83	20,21	3075,16	29,65
2838,33	1,46	2917,66	10,90	2997,16	20,36	3076,50	29,80
2839,66	1,62	2919,00	11,06	2998,33	20,50	3077,83	29,96
2840,83	1,76	2920,33	11,22	2999,66	20,66	3079,00	30,10
2842,16	1,92	2921,50	11,36	3000,83	20,80	3080,33	30,26
2843,33	2,06	2922,83	11,52	3002,16	20,96	3081,50	30,40
2844,66	2,22	2924,00	11,66	3003,33	21,10	3082,83	30,56
2845,83	2,36	2925,33	11,82	3004,66	21,26	3084,00	30,70
2847,16	2,51	2926,50	11,95	3006,00	21,42	3085,33	30,86
2848,50	2,67	2927,83	12,11	3007,16	21,55	3086,50	30,99
2849,66	2,81	2929,00	12,25	3008,50	21,71	3087,83	31,15
2851,00	2,97	2930,33	12,41	3009,66	21,85	3089,16	31,31
2852,16	3,11	2931,66	12,57	3011,00	22,01	3090,33	31,45
2853,50	3,27	2932,83	12,71	3012,16	22,15	3091,66	31,61
2854,66	3,41	2934,16	12,87	3013,50	22,31	3092,83	31,75
2856,00	3,57	2935,33	13,01	3014,83	22,47	3094,16	31,91
2857,33	3,72	2936,66	13,16	3016,00	22,61	3095,33	32,05
2858,50	3,86	2937,83	13,30	3017,33	22,76	3096,66	32,20
2859,83	4,02	2939,16	13,46	3018,50	22,90	3097,83	32,34
2861,00	4,16	2940,33	13,60	3019,83	23,06	3099,16	32,50
2862,33	4,32	2941,66	13,76	3021,00	23,20	3100,50	32,66
2863,50	4,46	2943,00	13,92	3022,33	23,36	3101,66	32,80
2864,83	4,62	2944,16	14,06	3023,50	23,50	3103,00	32,96
2866,00	4,76	2945,50	14,22	3024,83	23,66	3104,16	33,10
2867,33	4,91	2946,66	14,35	3026,16	23,81	3105,50	33,26
2868,66	5,07	2948,00	14,51	3027,33	23,95	3106,66	33,39
2869,83	5,21	2949,16	14,65	3028,66	24,11	3108,00	33,55
2871,16	5,37	2950,50	14,81	3029,83	24,25	3109,33	33,71
2872,33	5,51	2951,83	14,97	3031,16	24,41	3110,50	33,85
2873,66	5,67	2953,00	15,11	3032,33	24,55	3111,83	34,01
2874,83	5,81	2954,33	15,27	3033,66	24,71	3113,00	34,15
2876,16	5,96	2955,50	15,41	3034,83	24,85	3114,33	34,31
2877,33	6,10	2956,83	15,56	3036,16	25,00	3115,50	34,45
2878,66	6,26	2958,00	15,70	3037,50	25,16	3116,83	34,60
2880,00	6,42	2959,33	15,86	3038,66	25,30	3118,00	34,74
2881,16	6,56	2960,50	16,00	3040,00	25,46	3119,33	34,90
2882,50	6,72	2961,83	16,16	3041,16	25,60	3120,66	35,06
2883,66	6,86	2963,16	16,32	3042,50	25,76	3121,83	35,20
2885,00	7,02	2964,33	16,46	3043,66	25,90	3123,16	35,36
2886,16	7,15	2965,66	16,62	3045,00	26,06	3124,33	35,50
2887,50	7,31	2966,83	16,75	3046,33	26,21	3125,66	35,66
2888,83	7,47	2968,16	16,91	3047,50	26,35	3126,83	35,79
2890,00	7,61	2969,33	17,05	3048,83	26,51	3128,16	35,95
2891,33	7,77	2970,66	17,21	3050,00	26,65	3129,33	36,09
2892,50	7,91	2971,83	17,35	3051,33	26,81	3130,66	36,25
2893,83	8,07	2973,16	17,51	3052,50	26,95	3132,00	36,41
2895,00	8,21	2974,50	17,67	3053,83	27,11	3133,16	36,55
2896,33	8,36	2975,66	17,81	3055,00	27,25	3134,50	36,71
2897,50	8,50	2977,00	17,96	3056,33	27,40	3135,66	36,85
2898,83	8,66	2978,16	18,10	3057,66	27,56	3137,00	37,00
2900,16	8,82	2979,50	18,26	3058,83	27,70	3138,16	37,14
2901,33	8,96	2980,66	18,40	3060,16	27,86	3139,50	37,30
2902,66	9,12	2982,00	18,56	3061,33	28,00	3140,83	37,46
2903,83	9,26	2983,33	18,72	3062,66	28,16	3142,00	37,60

SaT3 — Übergangstabelle Solidaritätszuschlag Monat 2022

Steuerklasse III		Steuerklasse III		Steuerklasse III		Steuerklasse III	
Maßstabslohnsteuer €	Solidaritätszuschlag €	Maßstabslohnsteuer €	Solidaritätszuschlag €	Maßstabslohnsteuer €	Solidaritätszuschlag €	Maßstabslohnsteuer €	Solidaritätszuschlag €
3143,33	37,76	3229,00	47,95	3314,66	58,15	3400,33	68,34
3144,50	37,90	3230,16	48,09	3315,83	58,29	3401,50	68,48
3145,83	38,06	3231,50	48,25	3317,16	58,44	3402,83	68,64
3147,00	38,19	3232,66	48,39	3318,33	58,58	3404,16	68,80
3148,33	38,35	3234,00	48,55	3319,66	58,74	3405,33	68,94
3149,50	38,49	3235,33	48,71	3321,00	58,90	3406,66	69,09
3150,83	38,65	3236,50	48,84	3322,16	59,04	3407,83	69,23
3152,16	38,81	3237,83	49,00	3323,50	59,20	3409,16	69,39
3153,33	38,95	3239,00	49,14	3324,66	59,34	3410,33	69,53
3154,66	39,11	3240,33	49,30	3326,00	59,50	3411,66	69,69
3155,83	39,25	3241,50	49,44	3327,16	59,63	3412,83	69,83
3157,16	39,40	3242,83	49,60	3328,50	59,79	3414,16	69,99
3158,33	39,54	3244,00	49,74	3329,83	59,95	3415,50	70,15
3159,66	39,70	3245,33	49,90	3331,00	60,09	3416,66	70,28
3160,83	39,84	3246,66	50,05	3332,33	60,25	3418,00	70,44
3162,16	40,00	3247,83	50,19	3333,50	60,39	3419,16	70,58
3163,50	40,16	3249,16	50,35	3334,83	60,55	3420,50	70,74
3164,66	40,30	3250,33	50,49	3336,00	60,69	3421,66	70,88
3166,00	40,46	3251,66	50,65	3337,33	60,84	3423,00	71,04
3167,16	40,59	3252,83	50,79	3338,50	60,98	3424,33	71,20
3168,50	40,75	3254,16	50,95	3339,83	61,14	3425,50	71,34
3169,66	40,89	3255,33	51,09	3341,16	61,30	3426,83	71,49
3171,00	41,05	3256,66	51,24	3342,33	61,44	3428,00	71,63
3172,33	41,21	3258,00	51,40	3343,66	61,60	3429,33	71,79
3173,50	41,35	3259,16	51,54	3344,83	61,74	3430,50	71,93
3174,83	41,51	3260,50	51,70	3346,16	61,89	3431,83	72,09
3176,00	41,65	3261,66	51,84	3347,33	62,03	3433,00	72,23
3177,33	41,80	3263,00	52,00	3348,66	62,19	3434,33	72,39
3178,50	41,94	3264,16	52,14	3349,83	62,33	3435,66	72,55
3179,83	42,10	3265,50	52,30	3351,16	62,49	3436,83	72,68
3181,00	42,24	3266,83	52,45	3352,50	62,65	3438,16	72,84
3182,33	42,40	3268,00	52,59	3353,66	62,79	3439,33	72,98
3183,66	42,56	3269,33	52,75	3355,00	62,95	3440,66	73,14
3184,83	42,70	3270,50	52,89	3356,16	63,08	3441,83	73,28
3186,16	42,85	3271,83	53,05	3357,50	63,24	3443,16	73,44
3187,33	42,99	3273,00	53,19	3358,66	63,38	3444,33	73,58
3188,66	43,15	3274,33	53,35	3360,00	63,54	3445,66	73,74
3189,83	43,29	3275,50	53,49	3361,33	63,70	3447,00	73,89
3191,16	43,45	3276,83	53,64	3362,50	63,84	3448,16	74,03
3192,33	43,59	3278,16	53,80	3363,83	64,00	3449,50	74,19
3193,66	43,75	3279,33	53,94	3365,00	64,14	3450,66	74,33
3195,00	43,91	3280,66	54,10	3366,33	64,29	3452,00	74,49
3196,16	44,04	3281,83	54,24	3367,50	64,43	3453,16	74,63
3197,50	44,20	3283,16	54,40	3368,83	64,59	3454,50	74,79
3198,66	44,34	3284,33	54,54	3370,00	64,73	3455,83	74,95
3200,00	44,50	3285,66	54,70	3371,33	64,89	3457,00	75,08
3201,16	44,64	3286,83	54,83	3372,66	65,05	3458,33	75,24
3202,50	44,80	3288,16	54,99	3373,83	65,19	3459,50	75,38
3203,83	44,96	3289,50	55,15	3375,16	65,35	3460,83	75,54
3205,00	45,10	3290,66	55,29	3376,33	65,48	3462,00	75,68
3206,33	45,25	3292,00	55,45	3377,66	65,64	3463,33	75,84
3207,50	45,39	3293,16	55,59	3378,83	65,78	3464,50	75,98
3208,83	45,55	3294,50	55,75	3380,16	65,94	3465,83	76,14
3210,00	45,69	3295,66	55,89	3381,33	66,08	3467,16	76,29
3211,33	45,85	3297,00	56,04	3382,66	66,24	3468,33	76,43
3212,50	45,99	3298,33	56,20	3384,00	66,40	3469,66	76,59
3213,83	46,15	3299,50	56,34	3385,16	66,54	3470,83	76,73
3215,16	46,31	3300,83	56,50	3386,50	66,69	3472,16	76,89
3216,33	46,44	3302,00	56,64	3387,66	66,83	3473,33	77,03
3217,66	46,60	3303,33	56,80	3389,00	66,99	3474,66	77,19
3218,83	46,74	3304,50	56,94	3390,16	67,13	3475,83	77,33
3220,16	46,90	3305,83	57,10	3391,50	67,29	3477,16	77,48
3221,33	47,04	3307,00	57,23	3392,83	67,45	3478,50	77,64
3222,66	47,20	3308,33	57,39	3394,00	67,59	3479,66	77,78
3223,83	47,34	3309,66	57,55	3395,33	67,75	3481,00	77,94
3225,16	47,50	3310,83	57,69	3396,50	67,88	3482,16	78,08
3226,50	47,65	3312,16	57,85	3397,83	68,04	3483,50	78,24
3227,66	47,79	3313,33	57,99	3399,00	68,18	3484,66	78,38

Übergangstabelle Solidaritätszuschlag Monat 2022　　　　SaT3

Steuerklasse III		Steuerklasse III		Steuerklasse III		Steuerklasse III	
Maßstabs-lohnsteuer €	Solidari-tätszu-schlag €	Maßstabs-lohnsteuer €	Solidari-tätszu-schlag €	Maßstabs-lohnsteuer €	Solidari-tätszu-schlag €	Maßstabs-lohnsteuer €	Solidari-tätszu-schlag €
3486,00	78,54	3571,66	88,73	3657,33	98,92	3743,00	109,12
3487,33	78,69	3573,00	88,89	3658,66	99,08	3744,33	109,28
3488,50	78,83	3574,16	89,03	3659,83	99,22	3745,50	109,42
3489,83	78,99	3575,50	89,19	3661,16	99,38	3746,83	109,57
3491,00	79,13	3576,66	89,32	3662,33	99,52	3748,00	109,71
3492,33	79,29	3578,00	89,48	3663,66	99,68	3749,33	109,87
3493,50	79,43	3579,16	89,62	3664,83	99,82	3750,66	110,03
3494,83	79,59	3580,50	89,78	3666,16	99,97	3751,83	110,17
3496,00	79,73	3581,83	89,94	3667,50	100,13	3753,16	110,33
3497,33	79,88	3583,00	90,08	3668,66	100,27	3754,33	110,47
3498,66	80,04	3584,33	90,24	3670,00	100,43	3755,66	110,63
3499,83	80,18	3585,50	90,38	3671,16	100,57	3756,83	110,76
3501,16	80,34	3586,83	90,53	3672,50	100,73	3758,16	110,92
3502,33	80,48	3588,00	90,67	3673,66	100,87	3759,33	111,06
3503,66	80,64	3589,33	90,83	3675,00	101,03	3760,66	111,22
3504,83	80,78	3590,50	90,97	3676,33	101,18	3762,00	111,38
3506,16	80,93	3591,83	91,13	3677,50	101,32	3763,16	111,52
3507,33	81,07	3593,16	91,29	3678,83	101,48	3764,50	111,68
3508,66	81,23	3594,33	91,43	3680,00	101,62	3765,66	111,82
3510,00	81,39	3595,66	91,59	3681,33	101,78	3767,00	111,97
3511,16	81,53	3596,83	91,72	3682,50	101,92	3768,16	112,11
3512,50	81,69	3598,16	91,88	3683,83	102,08	3769,50	112,27
3513,66	81,83	3599,33	92,02	3685,00	102,22	3770,83	112,43
3515,00	81,99	3600,66	92,18	3686,33	102,37	3772,00	112,57
3516,16	82,12	3601,83	92,32	3687,66	102,53	3773,33	112,73
3517,50	82,28	3603,16	92,48	3688,83	102,67	3774,50	112,87
3518,83	82,44	3604,50	92,64	3690,16	102,83	3775,83	113,03
3520,00	82,58	3605,66	92,78	3691,33	102,97	3777,00	113,16
3521,33	82,74	3607,00	92,93	3692,66	103,13	3778,33	113,32
3522,50	82,88	3608,16	93,07	3693,83	103,27	3779,50	113,46
3523,83	83,04	3609,50	93,23	3695,16	103,43	3780,83	113,62
3525,00	83,18	3610,66	93,37	3696,33	103,56	3782,16	113,78
3526,33	83,33	3612,00	93,53	3697,66	103,72	3783,33	113,92
3527,50	83,47	3613,33	93,69	3699,00	103,88	3784,66	114,08
3528,83	83,63	3614,50	93,83	3700,16	104,02	3785,83	114,22
3530,16	83,79	3615,83	93,99	3701,50	104,18	3787,16	114,37
3531,33	83,93	3617,00	94,12	3702,66	104,32	3788,33	114,51
3532,66	84,09	3618,33	94,28	3704,00	104,48	3789,66	114,67
3533,83	84,23	3619,50	94,42	3705,16	104,62	3790,83	114,81
3535,16	84,39	3620,83	94,58	3706,50	104,77	3792,16	114,97
3536,33	84,52	3622,00	94,72	3707,83	104,93	3793,50	115,13
3537,66	84,68	3623,33	94,88	3709,00	105,07	3794,66	115,27
3538,83	84,82	3624,66	95,04	3710,33	105,23	3796,00	115,43
3540,16	84,98	3625,83	95,18	3711,50	105,37	3797,16	115,56
3541,50	85,14	3627,16	95,33	3712,83	105,53	3798,50	115,72
3542,66	85,28	3628,33	95,47	3714,00	105,67	3799,66	115,86
3544,00	85,44	3629,66	95,63	3715,33	105,83	3801,00	116,02
3545,16	85,58	3630,83	95,77	3716,50	105,96	3802,33	116,18
3546,50	85,73	3632,16	95,93	3717,83	106,12	3803,50	116,32
3547,66	85,87	3633,33	96,07	3719,16	106,28	3804,83	116,48
3549,00	86,03	3634,66	96,23	3720,33	106,42	3806,00	116,62
3550,33	86,19	3636,00	96,39	3721,66	106,58	3807,33	116,77
3551,50	86,33	3637,16	96,52	3722,83	106,72	3808,50	116,91
3552,83	86,49	3638,50	96,68	3724,16	106,88	3809,83	117,07
3554,00	86,63	3639,66	96,82	3725,33	107,02	3811,00	117,21
3555,33	86,79	3641,00	96,98	3726,66	107,17	3812,33	117,37
3556,50	86,92	3642,16	97,12	3727,83	107,31	3813,66	117,53
3557,83	87,08	3643,50	97,28	3729,16	107,47	3814,83	117,67
3559,00	87,22	3644,83	97,44	3730,50	107,63	3816,16	117,82
3560,33	87,38	3646,00	97,58	3731,66	107,77	3817,33	117,96
3561,66	87,54	3647,33	97,73	3733,00	107,93	3818,66	118,12
3562,83	87,68	3648,50	97,87	3734,16	108,07	3819,83	118,26
3564,16	87,84	3649,83	98,03	3735,50	108,23	3821,16	118,42
3565,33	87,98	3651,00	98,17	3736,66	108,36	3822,33	118,56
3566,66	88,13	3652,33	98,33	3738,00	108,52	3823,66	118,72
3567,83	88,27	3653,50	98,47	3739,33	108,68	3825,00	118,88
3569,16	88,43	3654,83	98,63	3740,50	108,82	3826,16	119,01
3570,33	88,57	3656,16	98,78	3741,83	108,98	3827,50	119,17

SaT3 — Übergangstabelle Solidaritätszuschlag Monat 2022

Steuerklasse III		Steuerklasse III		Steuerklasse III		Steuerklasse III	
Maßstabslohnsteuer €	Solidaritätszuschlag €	Maßstabslohnsteuer €	Solidaritätszuschlag €	Maßstabslohnsteuer €	Solidaritätszuschlag €	Maßstabslohnsteuer €	Solidaritätszuschlag €
3828,66	119,31	3914,33	129,51	4000,00	139,70	4085,83	149,92
3830,00	119,47	3915,66	129,67	4001,33	139,86	4087,00	150,05
3831,16	119,61	3916,83	129,80	4002,66	140,02	4088,33	150,21
3832,50	119,77	3918,16	129,96	4003,83	140,16	4089,50	150,35
3833,83	119,93	3919,50	130,12	4005,16	140,32	4090,83	150,51
3835,00	120,07	3920,66	130,26	4006,33	140,45	4092,00	150,65
3836,33	120,22	3922,00	130,42	4007,66	140,61	4093,33	150,81
3837,50	120,36	3923,16	130,56	4008,83	140,75	4094,50	150,95
3838,83	120,52	3924,50	130,72	4010,16	140,91	4095,83	151,11
3840,00	120,66	3925,66	130,86	4011,33	141,05	4097,16	151,26
3841,33	120,82	3927,00	131,01	4012,66	141,21	4098,33	151,40
3842,50	120,96	3928,33	131,17	4014,00	141,37	4099,66	151,56
3843,83	121,12	3929,50	131,31	4015,16	141,51	4100,83	151,70
3845,16	121,28	3930,83	131,47	4016,50	141,66	4102,16	151,86
3846,33	121,41	3932,00	131,61	4017,66	141,80	4103,33	152,00
3847,66	121,57	3933,33	131,77	4019,00	141,96	4104,66	152,16
3848,83	121,71	3934,50	131,91	4020,16	142,10	4105,83	152,30
3850,16	121,87	3935,83	132,07	4021,50	142,26	4107,16	152,45
3851,33	122,01	3937,00	132,20	4022,83	142,42	4108,50	152,61
3852,66	122,17	3938,33	132,36	4024,00	142,56	4109,66	152,75
3853,83	122,31	3939,66	132,52	4025,33	142,72	4111,00	152,91
3855,16	122,47	3940,83	132,66	4026,50	142,85	4112,16	153,05
3856,50	122,62	3942,16	132,82	4027,83	143,01	4113,50	153,21
3857,66	122,76	3943,33	132,96	4029,00	143,15	4114,66	153,35
3859,00	122,92	3944,66	133,12	4030,33	143,31	4116,00	153,51
3860,16	123,06	3945,83	133,26	4031,50	143,45	4117,33	153,66
3861,50	123,22	3947,16	133,41	4032,83	143,61	4118,50	153,80
3862,66	123,36	3948,33	133,55	4034,16	143,77	4119,83	153,96
3864,00	123,52	3949,66	133,71	4035,33	143,91	4121,00	154,10
3865,33	123,68	3951,00	133,87	4036,66	144,06	4122,33	154,26
3866,50	123,81	3952,16	134,01	4037,83	144,20	4123,50	154,40
3867,83	123,97	3953,50	134,17	4039,16	144,36	4124,83	154,56
3869,00	124,11	3954,66	134,31	4040,33	144,50	4126,00	154,70
3870,33	124,27	3956,00	134,47	4041,66	144,66	4127,33	154,85
3871,50	124,41	3957,16	134,60	4042,83	144,80	4128,66	155,01
3872,83	124,57	3958,50	134,76	4044,16	144,96	4129,83	155,15
3874,00	124,71	3959,83	134,92	4045,50	145,12	4131,16	155,31
3875,33	124,87	3961,00	135,06	4046,66	145,25	4132,33	155,45
3876,66	125,02	3962,33	135,22	4048,00	145,41	4133,66	155,61
3877,83	125,16	3963,50	135,36	4049,16	145,55	4134,83	155,75
3879,16	125,32	3964,83	135,52	4050,50	145,71	4136,16	155,90
3880,33	125,46	3966,00	135,66	4051,66	145,85	4137,33	156,04
3881,66	125,62	3967,33	135,81	4053,00	146,01	4138,66	156,20
3882,83	125,76	3968,50	135,95	4054,33	146,17	4140,00	156,36
3884,16	125,92	3969,83	136,11	4055,50	146,31	4141,16	156,50
3885,33	126,06	3971,16	136,27	4056,83	146,46	4142,50	156,66
3886,66	126,21	3972,33	136,41	4058,00	146,60	4143,66	156,80
3888,00	126,37	3973,66	136,57	4059,33	146,76	4145,00	156,96
3889,16	126,51	3974,83	136,71	4060,50	146,90	4146,16	157,09
3890,50	126,67	3976,16	136,86	4061,83	147,06	4147,50	157,25
3891,66	126,81	3977,33	137,00	4063,00	147,20	4148,83	157,41
3893,00	126,97	3978,66	137,16	4064,33	147,36	4150,00	157,55
3894,16	127,11	3979,83	137,30	4065,66	147,52	4151,33	157,71
3895,50	127,27	3981,16	137,46	4066,83	147,65	4152,50	157,85
3896,83	127,42	3982,50	137,62	4068,16	147,81	4153,83	158,01
3898,00	127,56	3983,66	137,76	4069,33	147,95	4155,00	158,15
3899,33	127,72	3985,00	137,92	4070,66	148,11	4156,33	158,30
3900,50	127,86	3986,16	138,05	4071,83	148,25	4157,50	158,44
3901,83	128,02	3987,50	138,21	4073,16	148,41	4158,83	158,60
3903,00	128,16	3988,66	138,35	4074,33	148,55	4160,16	158,76
3904,33	128,32	3990,00	138,51	4075,66	148,71	4161,33	158,90
3905,50	128,46	3991,33	138,67	4077,00	148,86	4162,66	159,06
3906,83	128,61	3992,50	138,81	4078,16	149,00	4163,83	159,20
3908,16	128,77	3993,83	138,97	4079,50	149,16	4165,16	159,36
3909,33	128,91	3995,00	139,11	4080,66	149,30	4166,33	159,49
3910,66	129,07	3996,33	139,26	4082,00	149,46	4167,66	159,65
3911,83	129,21	3997,50	139,40	4083,16	149,60	4168,83	159,79
3913,16	129,37	3998,83	139,56	4084,50	149,76	4170,16	159,95

Übergangstabelle Solidaritätszuschlag Monat 2022 — SaT3

Steuerklasse III		Steuerklasse III		Steuerklasse III		Steuerklasse III	
Maßstabslohnsteuer €	Solidaritätszuschlag €	Maßstabslohnsteuer €	Solidaritätszuschlag €	Maßstabslohnsteuer €	Solidaritätszuschlag €	Maßstabslohnsteuer €	Solidaritätszuschlag €
4171,50	160,11	4257,16	170,30	4342,83	180,50	4428,50	190,69
4172,66	160,25	4258,33	170,44	4344,00	180,64	4429,66	190,83
4174,00	160,41	4259,66	170,60	4345,33	180,80	4431,00	190,99
4175,16	160,55	4260,83	170,74	4346,50	180,93	4432,33	191,15
4176,50	160,70	4262,16	170,90	4347,83	181,09	4433,50	191,29
4177,66	160,84	4263,33	171,04	4349,16	181,25	4434,83	191,45
4179,00	161,00	4264,66	171,20	4350,33	181,39	4436,00	191,59
4180,33	161,16	4266,00	171,36	4351,66	181,55	4437,33	191,74
4181,50	161,30	4267,16	171,49	4352,83	181,69	4438,50	191,88
4182,83	161,46	4268,50	171,65	4354,16	181,85	4439,83	192,04
4184,00	161,60	4269,66	171,79	4355,33	181,99	4441,00	192,18
4185,33	161,76	4271,00	171,95	4356,66	182,14	4442,33	192,34
4186,50	161,89	4272,16	172,09	4357,83	182,28	4443,66	192,50
4187,83	162,05	4273,50	172,25	4359,16	182,44	4444,83	192,64
4189,00	162,19	4274,83	172,41	4360,50	182,60	4446,16	192,79
4190,33	162,35	4276,00	172,55	4361,66	182,74	4447,33	192,93
4191,66	162,51	4277,33	172,70	4363,00	182,90	4448,66	193,09
4192,83	162,65	4278,50	172,84	4364,16	183,04	4449,83	193,23
4194,16	162,81	4279,83	173,00	4365,50	183,20	4451,16	193,39
4195,33	162,95	4281,00	173,14	4366,66	183,33	4452,33	193,53
4196,66	163,10	4282,33	173,30	4368,00	183,49	4453,66	193,69
4197,83	163,24	4283,50	173,44	4369,33	183,65	4455,00	193,85
4199,16	163,40	4284,83	173,60	4370,50	183,79	4456,16	193,98
4200,33	163,54	4286,16	173,75	4371,83	183,95	4457,50	194,14
4201,66	163,70	4287,33	173,89	4373,00	184,09	4458,66	194,28
4203,00	163,86	4288,66	174,05	4374,33	184,25	4460,00	194,44
4204,16	164,00	4289,83	174,19	4375,50	184,39	4461,16	194,58
4205,50	164,16	4291,16	174,35	4376,83	184,54	4462,50	194,74
4206,66	164,29	4292,33	174,49	4378,00	184,68	4463,83	194,90
4208,00	164,45	4293,66	174,65	4379,33	184,84	4465,00	195,04
4209,16	164,59	4294,83	174,79	4380,66	185,00	4466,33	195,19
4210,50	164,75	4296,16	174,94	4381,83	185,14	4467,50	195,33
4211,83	164,91	4297,50	175,10	4383,16	185,30	4468,83	195,49
4213,00	165,05	4298,66	175,24	4384,33	185,44	4470,00	195,63
4214,33	165,21	4300,00	175,40	4385,66	185,60	4471,33	195,79
4215,50	165,35	4301,16	175,54	4386,83	185,73	4472,50	195,93
4216,83	165,50	4302,50	175,70	4388,16	185,89	4473,83	196,09
4218,00	165,64	4303,66	175,84	4389,33	186,03	4475,16	196,25
4219,33	165,80	4305,00	176,00	4390,66	186,19	4476,33	196,38
4220,50	165,94	4306,33	176,15	4392,00	186,35	4477,66	196,54
4221,83	166,10	4307,50	176,29	4393,16	186,49	4478,83	196,68
4223,16	166,26	4308,83	176,45	4394,50	186,65	4480,16	196,84
4224,33	166,40	4310,00	176,59	4395,66	186,79	4481,33	196,98
4225,66	166,56	4311,33	176,75	4397,00	186,94	4482,66	197,14
4226,83	166,69	4312,50	176,89	4398,16	187,08	4483,83	197,28
4228,16	166,85	4313,83	177,05	4399,50	187,24	4485,16	197,44
4229,33	166,99	4315,00	177,19	4400,83	187,40	4486,50	197,59
4230,66	167,15	4316,33	177,34	4402,00	187,54	4487,66	197,73
4231,83	167,29	4317,66	177,50	4403,33	187,70	4489,00	197,89
4233,16	167,45	4318,83	177,64	4404,50	187,84	4490,16	198,03
4234,50	167,61	4320,16	177,80	4405,83	188,00	4491,50	198,19
4235,66	167,75	4321,33	177,94	4407,00	188,13	4492,66	198,33
4237,00	167,90	4322,66	178,10	4408,33	188,29	4494,00	198,49
4238,16	168,04	4323,83	178,24	4409,50	188,43	4495,33	198,65
4239,50	168,20	4325,16	178,40	4410,83	188,59	4496,50	198,78
4240,66	168,34	4326,33	178,53	4412,16	188,75	4497,83	198,94
4242,00	168,50	4327,66	178,69	4413,33	188,89	4499,00	199,08
4243,33	168,66	4329,00	178,85	4414,66	189,05	4500,33	199,24
4244,50	168,80	4330,16	178,99	4415,83	189,19	4501,50	199,38
4245,83	168,96	4331,50	179,15	4417,16	189,34	4502,83	199,54
4247,00	169,09	4332,66	179,29	4418,33	189,48	4504,00	199,68
4248,33	169,25	4334,00	179,45	4419,66	189,64	4505,33	199,84
4249,50	169,39	4335,16	179,59	4420,83	189,78	4506,66	199,99
4250,83	169,55	4336,50	179,74	4422,16	189,94	4507,83	200,13
4252,00	169,69	4337,83	179,90	4423,50	190,10	4509,16	200,29
4253,33	169,85	4339,00	180,04	4424,66	190,24	4510,33	200,43
4254,66	170,01	4340,33	180,20	4426,00	190,40	4511,66	200,59
4255,83	170,15	4341,50	180,34	4427,16	190,53	4512,83	200,73

SaT3 — Übergangstabelle Solidaritätszuschlag Monat 2022

Steuerklasse III		Steuerklasse III		Steuerklasse III		Steuerklasse III	
Maßstabs- lohnsteuer €	Solidari- tätszu- schlag €	Maßstabs- lohnsteuer €	Solidari- tätszu- schlag €	Maßstabs- lohnsteuer €	Solidari- tätszu- schlag €	Maßstabs- lohnsteuer €	Solidari- tätszu- schlag €
4514,16	200,89	4599,83	211,08	4685,50	221,28	4771,16	231,47
4515,33	201,03	4601,16	211,24	4686,83	221,43	4772,50	231,63
4516,66	201,18	4602,33	211,38	4688,00	221,57	4773,66	231,77
4518,00	201,34	4603,66	211,54	4689,33	221,73	4775,00	231,93
4519,16	201,48	4604,83	211,68	4690,50	221,87	4776,16	232,06
4520,50	201,64	4606,16	211,83	4691,83	222,03	4777,50	232,22
4521,66	201,78	4607,33	211,97	4693,00	222,17	4778,83	232,38
4523,00	201,94	4608,66	212,13	4694,33	222,33	4780,00	232,52
4524,16	202,08	4609,83	212,27	4695,66	222,49	4781,33	232,68
4525,50	202,24	4611,16	212,43	4696,83	222,62	4782,50	232,82
4526,83	202,39	4612,50	212,59	4698,16	222,78	4783,83	232,98
4528,00	202,53	4613,66	212,73	4699,33	222,92	4785,00	233,12
4529,33	202,69	4615,00	212,89	4700,66	223,08	4786,33	233,27
4530,50	202,83	4616,16	213,02	4701,83	223,22	4787,50	233,41
4531,83	202,99	4617,50	213,18	4703,16	223,38	4788,83	233,57
4533,00	203,13	4618,66	213,32	4704,33	223,52	4790,16	233,73
4534,33	203,29	4620,00	213,48	4705,66	223,68	4791,33	233,87
4535,50	203,43	4621,33	213,64	4707,00	223,83	4792,66	234,03
4536,83	203,58	4622,50	213,78	4708,16	223,97	4793,83	234,17
4538,16	203,74	4623,83	213,94	4709,50	224,13	4795,16	234,33
4539,33	203,88	4625,00	214,08	4710,66	224,27	4796,33	234,46
4540,66	204,04	4626,33	214,23	4712,00	224,43	4797,66	234,62
4541,83	204,18	4627,50	214,37	4713,16	224,57	4798,83	234,76
4543,16	204,34	4628,83	214,53	4714,50	224,73	4800,16	234,92
4544,33	204,48	4630,00	214,67	4715,83	224,89	4801,50	235,08
4545,66	204,64	4631,33	214,83	4717,00	225,02	4802,66	235,22
4546,83	204,77	4632,66	214,99	4718,33	225,18	4804,00	235,38
4548,16	204,93	4633,83	215,13	4719,50	225,32	4805,16	235,52
4549,50	205,09	4635,16	215,29	4720,83	225,48	4806,50	235,67
4550,66	205,23	4636,33	215,42	4722,00	225,62	4807,66	235,81
4552,00	205,39	4637,66	215,58	4723,33	225,78	4809,00	235,97
4553,16	205,53	4638,83	215,72	4724,50	225,92	4810,33	236,13
4554,50	205,69	4640,16	215,88	4725,83	226,08	4811,50	236,27
4555,66	205,83	4641,33	216,02	4727,16	226,23	4812,83	236,43
4557,00	205,98	4642,66	216,18	4728,33	226,37	4814,00	236,57
4558,34	206,14	4644,00	216,34	4729,66	226,53	4815,33	236,73
4559,50	206,28	4645,16	216,48	4730,83	226,67	4816,50	236,86
4560,83	206,44	4646,50	216,63	4732,16	226,83	4817,83	237,02
4562,00	206,58	4647,66	216,77	4733,33	226,97	4819,00	237,16
4563,33	206,74	4649,00	216,93	4734,66	227,13	4820,33	237,32
4564,50	206,88	4650,16	217,07	4735,83	227,27	4821,66	237,48
4565,83	207,04	4651,50	217,23	4737,16	227,42	4822,83	237,62
4567,00	207,17	4652,83	217,39	4738,50	227,58	4824,16	237,78
4568,33	207,33	4654,00	217,53	4739,66	227,72	4825,33	237,92
4569,66	207,49	4655,33	217,69	4741,00	227,88	4826,66	238,07
4570,83	207,63	4656,50	217,82	4742,16	228,02	4827,83	238,21
4572,16	207,79	4657,83	217,98	4743,50	228,18	4829,16	238,37
4573,33	207,93	4659,00	218,12	4744,66	228,32	4830,33	238,51
4574,66	208,09	4660,33	218,28	4746,00	228,48	4831,66	238,67
4575,83	208,23	4661,50	218,42	4747,33	228,63	4833,00	238,83
4577,16	208,38	4662,83	218,58	4748,50	228,77	4834,16	238,97
4578,33	208,52	4664,16	218,74	4749,83	228,93	4835,50	239,13
4579,66	208,68	4665,33	218,88	4751,00	229,07	4836,66	239,26
4581,00	208,84	4666,66	219,03	4752,33	229,23	4838,00	239,42
4582,16	208,98	4667,83	219,17	4753,50	229,37	4839,16	239,56
4583,50	209,14	4669,16	219,33	4754,83	229,53	4840,50	239,72
4584,66	209,28	4670,33	219,47	4756,00	229,67	4841,83	239,88
4586,00	209,44	4671,66	219,63	4757,33	229,82	4843,00	240,02
4587,16	209,57	4672,83	219,77	4758,66	229,98	4844,33	240,18
4588,50	209,73	4674,16	219,93	4759,83	230,12	4845,50	240,32
4589,83	209,89	4675,50	220,09	4761,16	230,28	4846,83	240,47
4591,00	210,03	4676,66	220,22	4762,33	230,42	4848,00	240,61
4592,33	210,19	4678,00	220,38	4763,66	230,58	4849,33	240,77
4593,50	210,33	4679,16	220,52	4764,83	230,72	4850,50	240,91
4594,83	210,49	4680,50	220,68	4766,16	230,87	4851,83	241,07
4596,00	210,63	4681,66	220,82	4767,33	231,01	4853,16	241,23
4597,33	210,78	4683,00	220,98	4768,66	231,17	4854,33	241,37
4598,50	210,92	4684,33	221,14	4770,00	231,33	4855,66	241,53

Übergangstabelle Solidaritätszuschlag Monat 2022 — SaT3

Steuerklasse III		Steuerklasse III		Steuerklasse III		Steuerklasse III	
Maßstabslohnsteuer €	Solidaritätszuschlag €	Maßstabslohnsteuer €	Solidaritätszuschlag €	Maßstabslohnsteuer €	Solidaritätszuschlag €	Maßstabslohnsteuer €	Solidaritätszuschlag €
4856,83	241,66	4942,50	251,86	5028,16	262,05	5113,83	272,25
4858,16	241,82	4943,83	252,02	5029,50	262,21	5115,16	272,41
4859,33	241,96	4945,00	252,16	5030,83	262,37	5116,50	272,56
4860,66	242,12	4946,33	252,31	5032,00	262,51	5117,66	272,70
4861,83	242,26	4947,66	252,47	5033,33	262,67	5119,00	272,86
4863,16	242,42	4948,83	252,61	5034,50	262,81	5120,16	273,00
4864,50	242,58	4950,16	252,77	5035,83	262,97	5121,50	273,16
4865,66	242,72	4951,33	252,91	5037,00	263,10	5122,66	273,30
4867,00	242,87	4952,66	253,07	5038,33	263,26	5124,00	273,46
4868,16	243,01	4953,83	253,21	5039,50	263,40	5125,33	273,62
4869,50	243,17	4955,16	253,37	5040,83	263,56	5126,50	273,75
4870,66	243,31	4956,33	253,50	5042,16	263,72	5127,83	273,91
4872,00	243,47	4957,66	253,66	5043,33	263,86	5129,00	274,05
4873,33	243,63	4959,00	253,82	5044,66	264,02	5130,33	274,21
4874,50	243,77	4960,16	253,96	5045,83	264,16	5131,50	274,35
4875,83	243,93	4961,50	254,12	5047,16	264,31	5132,83	274,51
4877,00	244,06	4962,66	254,26	5048,33	264,45	5134,00	274,65
4878,33	244,22	4964,00	254,42	5049,66	264,61	5135,33	274,81
4879,50	244,36	4965,16	254,56	5050,83	264,75	5136,66	274,96
4880,83	244,52	4966,50	254,71	5052,16	264,91	5137,83	275,10
4882,00	244,66	4967,83	254,87	5053,50	265,07	5139,16	275,26
4883,33	244,82	4969,00	255,01	5054,66	265,21	5140,33	275,40
4884,66	244,98	4970,33	255,17	5056,00	265,37	5141,66	275,56
4885,83	245,12	4971,50	255,31	5057,16	265,50	5142,83	275,70
4887,16	245,27	4972,83	255,47	5058,50	265,66	5144,16	275,86
4888,33	245,41	4974,00	255,61	5059,66	265,80	5145,33	276,00
4889,66	245,57	4975,33	255,77	5061,00	265,96	5146,66	276,15
4890,83	245,71	4976,50	255,90	5062,33	266,12	5148,00	276,31
4892,16	245,87	4977,83	256,06	5063,50	266,26	5149,16	276,45
4893,33	246,01	4979,16	256,22	5064,83	266,42	5150,50	276,61
4894,66	246,17	4980,33	256,36	5066,00	266,56	5151,66	276,75
4896,00	246,33	4981,66	256,52	5067,33	266,71	5153,00	276,91
4897,16	246,46	4982,83	256,66	5068,50	266,85	5154,16	277,05
4898,50	246,62	4984,16	256,82	5069,83	267,01	5155,50	277,21
4899,66	246,76	4985,33	256,96	5071,00	267,15	5156,83	277,36
4901,00	246,92	4986,66	257,11	5072,33	267,31	5158,00	277,50
4902,16	247,06	4987,83	257,25	5073,66	267,47	5159,33	277,66
4903,50	247,22	4989,16	257,41	5074,83	267,61	5160,50	277,80
4904,83	247,38	4990,50	257,57	5076,16	267,76	5161,83	277,96
4906,00	247,52	4991,66	257,71	5077,33	267,90	5163,00	278,10
4907,33	247,67	4993,00	257,87	5078,66	268,06	5164,33	278,26
4908,50	247,81	4994,16	258,01	5079,83	268,20	5165,50	278,40
4909,83	247,97	4995,50	258,17	5081,16	268,36	5166,83	278,55
4911,00	248,11	4996,66	258,30	5082,33	268,50	5168,16	278,71
4912,33	248,27	4998,00	258,46	5083,66	268,66	5169,33	278,85
4913,50	248,41	4999,33	258,62	5085,00	268,82	5170,66	279,01
4914,83	248,57	5000,50	258,76	5086,16	268,95	5171,83	279,15
4916,16	248,72	5001,83	258,92	5087,50	269,11	5173,16	279,31
4917,33	248,86	5003,00	259,06	5088,66	269,25	5174,33	279,45
4918,66	249,02	5004,33	259,22	5090,00	269,41	5175,66	279,61
4919,83	249,16	5005,50	259,36	5091,16	269,55	5176,83	279,74
4921,16	249,32	5006,83	259,51	5092,50	269,71	5178,16	279,90
4922,33	249,46	5008,00	259,65	5093,83	269,87	5179,50	280,06
4923,66	249,62	5009,33	259,81	5095,00	270,01	5180,66	280,20
4924,83	249,76	5010,66	259,97	5096,33	270,16	5182,00	280,36
4926,16	249,91	5011,83	260,11	5097,50	270,30	5183,16	280,50
4927,50	250,07	5013,16	260,27	5098,83	270,46	5184,50	280,66
4928,66	250,21	5014,33	260,41	5100,00	270,60	5185,66	280,80
4930,00	250,37	5015,66	260,57	5101,33	270,76	5187,00	280,95
4931,16	250,51	5016,83	260,70	5102,50	270,90	5188,33	281,11
4932,50	250,67	5018,16	260,86	5103,83	271,06	5189,50	281,25
4933,66	250,81	5019,33	261,00	5105,16	271,22	5190,83	281,41
4935,00	250,97	5020,66	261,16	5106,33	271,35	5192,00	281,55
4936,33	251,12	5022,00	261,32	5107,66	271,51	5193,33	281,71
4937,50	251,26	5023,16	261,46	5108,83	271,65	5194,50	281,85
4938,83	251,42	5024,50	261,62	5110,16	271,81	5195,83	282,01
4940,00	251,56	5025,66	261,76	5111,33	271,95	5197,00	282,14
4941,33	251,72	5027,00	261,91	5112,66	272,11	5198,33	282,30

SaT3 — Übergangstabelle Solidaritätszuschlag Monat 2022

Steuerklasse III		Steuerklasse III		Steuerklasse III		Steuerklasse III	
Maßstabslohnsteuer €	Solidaritätszuschlag €	Maßstabslohnsteuer €	Solidaritätszuschlag €	Maßstabslohnsteuer €	Solidaritätszuschlag €	Maßstabslohnsteuer €	Solidaritätszuschlag €
5199,66	282,46	5214,66	284,25	5229,83	286,05	5245,00	287,86
5200,83	282,60	5216,00	284,41	5231,16	286,21	5246,16	287,99
5202,16	282,76	5217,16	284,54	5232,33	286,35	5247,50	288,15
5203,33	282,90	5218,50	284,70	5233,66	286,51	5248,66	288,29
5204,66	283,06	5219,83	284,86	5234,83	286,65	5250,00	288,45
5205,83	283,20	5221,00	285,00	5236,16	286,80	5251,33	288,61
5207,16	283,35	5222,33	285,16	5237,33	286,94	5252,50	288,75
5208,33	283,49	5223,50	285,30	5238,66	287,10	5253,83	288,91
5209,66	283,65	5224,83	285,46	5239,83	287,24	5255,00	289,02
5211,00	283,81	5226,00	285,60	5241,16	287,40		
5212,16	283,95	5227,33	285,75	5242,50	287,56		
5213,50	284,11	5228,50	285,89	5243,66	287,70		

Steuerklassen I, II, IV, V, VI		Steuerklassen I, II, IV, V, VI		Steuerklassen I, II, IV, V, VI		Steuerklassen I, II, IV, V, VI	
Maßstabslohnsteuer €	Solidaritätszuschlag €	Maßstabslohnsteuer €	Solidaritätszuschlag €	Maßstabslohnsteuer €	Solidaritätszuschlag €	Maßstabslohnsteuer €	Solidaritätszuschlag €
1412,91	0,00	1471,00	6,90	1529,08	13,81	1587,16	20,72
1414,08	0,12	1472,16	7,04	1530,16	13,94	1588,33	20,86
1415,25	0,26	1473,25	7,16	1531,41	14,09	1589,41	20,99
1416,41	0,40	1474,41	7,30	1532,58	14,23	1590,58	21,13
1417,50	0,53	1475,66	7,45	1533,66	14,35	1591,75	21,27
1418,66	0,67	1476,75	7,58	1534,83	14,49	1592,91	21,41
1419,91	0,82	1477,91	7,72	1536,00	14,63	1594,08	21,54
1421,00	0,95	1479,08	7,86	1537,16	14,77	1595,25	21,68
1422,16	1,09	1480,25	8,00	1538,33	14,91	1596,41	21,82
1423,33	1,22	1481,41	8,14	1539,50	15,05	1597,58	21,96
1424,50	1,36	1482,58	8,28	1540,66	15,19	1598,75	22,10
1425,66	1,50	1483,75	8,41	1541,83	15,33	1599,91	22,24
1426,83	1,64	1484,91	8,55	1543,00	15,47	1601,08	22,38
1428,00	1,78	1486,08	8,69	1544,16	15,60	1602,25	22,52
1429,16	1,92	1487,25	8,83	1545,33	15,74	1603,41	22,65
1430,33	2,06	1488,41	8,97	1546,50	15,88	1604,50	22,78
1431,50	2,20	1489,58	9,11	1547,66	16,02	1605,75	22,93
1432,66	2,34	1490,75	9,25	1548,75	16,15	1606,91	23,07
1433,83	2,47	1491,83	9,38	1550,00	16,30	1608,00	23,20
1435,00	2,61	1493,00	9,52	1551,16	16,44	1609,16	23,34
1436,08	2,74	1494,25	9,66	1552,25	16,57	1610,33	23,48
1437,25	2,88	1495,33	9,79	1553,41	16,70	1611,50	23,62
1438,50	3,03	1496,50	9,93	1554,58	16,84	1612,66	23,76
1439,58	3,16	1497,66	10,07	1555,75	16,98	1613,83	23,89
1440,75	3,30	1498,83	10,21	1556,91	17,12	1615,00	24,03
1441,91	3,44	1500,00	10,35	1558,08	17,26	1616,16	24,17
1443,08	3,57	1501,16	10,49	1559,25	17,40	1617,33	24,31
1444,25	3,71	1502,33	10,63	1560,41	17,54	1618,50	24,45
1445,41	3,85	1503,50	10,76	1561,58	17,68	1619,66	24,59
1446,58	3,99	1504,66	10,90	1562,75	17,82	1620,83	24,73
1447,75	4,13	1505,83	11,04	1563,91	17,95	1622,00	24,87
1448,91	4,27	1507,00	11,18	1565,08	18,09	1623,08	24,99
1450,08	4,41	1508,16	11,32	1566,25	18,23	1624,33	25,14
1451,25	4,55	1509,33	11,46	1567,33	18,36	1625,50	25,28
1452,41	4,69	1510,41	11,59	1568,58	18,51	1626,58	25,41
1453,58	4,82	1511,58	11,73	1569,75	18,65	1627,75	25,55
1454,66	4,95	1512,83	11,88	1570,83	18,78	1628,91	25,69
1455,83	5,09	1513,91	12,00	1572,00	18,92	1630,08	25,83
1457,08	5,24	1515,08	12,14	1573,16	19,05	1631,25	25,97
1458,16	5,37	1516,25	12,28	1574,33	19,19	1632,41	26,11
1459,33	5,51	1517,41	12,42	1575,50	19,33	1633,58	26,24
1460,50	5,65	1518,58	12,56	1576,66	19,47	1634,75	26,38
1461,66	5,79	1519,75	12,70	1577,83	19,61	1635,91	26,52
1462,83	5,93	1520,91	12,84	1579,00	19,75	1637,08	26,66
1464,00	6,06	1522,08	12,98	1580,16	19,89	1638,25	26,80
1465,16	6,20	1523,25	13,11	1581,33	20,03	1639,41	26,94
1466,33	6,34	1524,41	13,25	1582,50	20,17	1640,58	27,08
1467,50	6,48	1525,58	13,39	1583,66	20,30	1641,66	27,21
1468,66	6,62	1526,75	13,53	1584,83	20,44	1642,91	27,36
1469,83	6,76	1527,91	13,67	1585,91	20,57	1644,08	27,49

Übergangstabelle Solidaritätszuschlag Monat 2022 — SaT3

Steuerklassen I, II, IV, V, VI		Steuerklassen I, II, IV, V, VI		Steuerklassen I, II, IV, V, VI		Steuerklassen I, II, IV, V, VI	
Maßstabs-lohnsteuer €	Solidaritätszuschlag €	Maßstabs-lohnsteuer €	Solidaritätszuschlag €	Maßstabs-lohnsteuer €	Solidaritätszuschlag €	Maßstabs-lohnsteuer €	Solidaritätszuschlag €
1645,16	27,62	1724,16	37,02	1806,83	46,86	1892,50	57,06
1646,33	27,76	1725,33	37,16	1808,08	47,01	1893,75	57,20
1647,50	27,90	1726,50	37,30	1809,33	47,16	1895,00	57,35
1648,66	28,04	1727,66	37,44	1810,58	47,31	1896,33	57,51
1649,83	28,18	1728,83	37,58	1811,91	47,47	1897,58	57,66
1651,00	28,32	1730,00	37,72	1813,16	47,61	1898,83	57,81
1652,16	28,46	1731,16	37,86	1814,41	47,76	1900,08	57,96
1653,33	28,59	1732,33	38,00	1815,66	47,91	1901,33	58,11
1654,50	28,73	1733,50	38,13	1816,91	48,06	1902,58	58,26
1655,66	28,87	1734,66	38,27	1818,16	48,21	1903,83	58,40
1656,83	29,01	1735,83	38,41	1819,41	48,36	1905,08	58,55
1658,00	29,15	1737,00	38,55	1820,66	48,51	1906,41	58,71
1659,16	29,29	1738,16	38,69	1821,91	48,66	1907,66	58,86
1660,33	29,43	1739,25	38,82	1823,25	48,81	1908,91	59,01
1661,50	29,57	1740,41	38,96	1824,50	48,96	1910,16	59,16
1662,66	29,71	1741,66	39,11	1825,75	49,11	1911,41	59,31
1663,83	29,84	1742,75	39,24	1827,00	49,26	1912,66	59,46
1664,91	29,97	1743,91	39,37	1828,25	49,41	1913,91	59,60
1666,08	30,11	1745,08	39,51	1829,50	49,56	1915,16	59,75
1667,33	30,26	1746,25	39,65	1830,75	49,71	1916,41	59,90
1668,41	30,39	1747,41	39,79	1832,00	49,86	1917,75	60,06
1669,58	30,53	1748,58	39,93	1833,33	50,01	1919,00	60,21
1670,75	30,67	1749,75	40,07	1834,58	50,16	1920,25	60,36
1671,91	30,81	1750,91	40,21	1835,83	50,31	1921,50	60,51
1673,08	30,94	1752,08	40,35	1837,08	50,46	1922,75	60,66
1674,25	31,08	1753,25	40,48	1838,33	50,61	1924,00	60,80
1675,41	31,22	1754,41	40,62	1839,58	50,76	1925,25	60,95
1676,58	31,36	1755,58	40,76	1840,83	50,91	1926,50	61,10
1677,75	31,50	1756,75	40,90	1842,08	51,06	1927,83	61,26
1678,91	31,64	1757,83	41,03	1843,41	51,21	1929,08	61,41
1680,08	31,78	1759,00	41,17	1844,66	51,36	1930,33	61,56
1681,25	31,92	1760,25	41,32	1845,91	51,51	1931,58	61,71
1682,41	32,06	1761,50	41,47	1847,16	51,66	1932,83	61,86
1683,50	32,18	1762,75	41,62	1848,41	51,81	1934,08	62,00
1684,66	32,32	1764,00	41,76	1849,66	51,96	1935,33	62,15
1685,91	32,47	1765,25	41,91	1850,91	52,11	1936,58	62,30
1687,00	32,60	1766,50	42,06	1852,16	52,26	1937,91	62,46
1688,16	32,74	1767,75	42,21	1853,41	52,40	1939,16	62,61
1689,33	32,88	1769,00	42,36	1854,75	52,56	1940,41	62,76
1690,50	33,02	1770,33	42,52	1856,00	52,71	1941,66	62,91
1691,66	33,16	1771,58	42,67	1857,25	52,86	1942,91	63,06
1692,83	33,30	1772,83	42,82	1858,50	53,01	1944,16	63,20
1694,00	33,43	1774,08	42,96	1859,75	53,16	1945,41	63,35
1695,16	33,57	1775,33	43,11	1861,00	53,31	1946,66	63,50
1696,33	33,71	1776,58	43,26	1862,25	53,46	1947,91	63,65
1697,50	33,85	1777,83	43,41	1863,50	53,60	1949,25	63,81
1698,66	33,99	1779,08	43,56	1864,83	53,76	1950,50	63,96
1699,83	34,13	1780,41	43,72	1866,08	53,91	1951,75	64,11
1701,00	34,27	1781,66	43,87	1867,33	54,06	1953,00	64,26
1702,08	34,40	1782,91	44,02	1868,58	54,21	1954,25	64,40
1703,25	34,53	1784,16	44,16	1869,83	54,36	1955,50	64,55
1704,50	34,68	1785,41	44,31	1871,08	54,51	1956,75	64,70
1705,58	34,81	1786,66	44,46	1872,33	54,66	1958,00	64,85
1706,75	34,95	1787,91	44,61	1873,58	54,80	1959,33	65,01
1707,91	35,09	1789,16	44,76	1874,91	54,96	1960,58	65,16
1709,08	35,23	1790,41	44,91	1876,16	55,11	1961,83	65,31
1710,25	35,37	1791,75	45,07	1877,41	55,26	1963,08	65,45
1711,41	35,51	1793,00	45,22	1878,66	55,41	1964,33	65,60
1712,58	35,65	1794,25	45,36	1879,91	55,56	1965,58	65,75
1713,75	35,78	1795,50	45,51	1881,16	55,71	1966,83	65,90
1714,91	35,92	1796,75	45,66	1882,41	55,86	1968,08	66,05
1716,08	36,06	1798,00	45,81	1883,66	56,00	1969,41	66,21
1717,25	36,20	1799,25	45,96	1884,91	56,15	1970,66	66,36
1718,41	36,34	1800,50	46,11	1886,25	56,31	1971,91	66,51
1719,58	36,48	1801,83	46,27	1887,50	56,46	1973,16	66,65
1720,66	36,61	1803,08	46,41	1888,75	56,61	1974,41	66,80
1721,83	36,75	1804,33	46,56	1890,00	56,76	1975,66	66,95
1723,08	36,89	1805,58	46,71	1891,25	56,91	1976,91	67,10

SaT3 — Übergangstabelle Solidaritätszuschlag Monat 2022

Steuerklassen I, II, IV, V, VI		Steuerklassen I, II, IV, V, VI		Steuerklassen I, II, IV, V, VI		Steuerklassen I, II, IV, V, VI	
Maßstabslohnsteuer €	Solidaritätszuschlag €	Maßstabslohnsteuer €	Solidaritätszuschlag €	Maßstabslohnsteuer €	Solidaritätszuschlag €	Maßstabslohnsteuer €	Solidaritätszuschlag €
1978,16	67,25	2063,91	77,45	2149,58	87,65	2235,25	97,84
1979,41	67,40	2065,16	77,60	2150,83	87,80	2236,50	97,99
1980,75	67,56	2066,41	77,75	2152,08	87,95	2237,75	98,14
1982,00	67,71	2067,66	77,90	2153,33	88,09	2239,00	98,29
1983,25	67,85	2068,91	78,05	2154,58	88,24	2240,25	98,44
1984,50	68,00	2070,16	78,20	2155,83	88,39	2241,50	98,59
1985,75	68,15	2071,41	78,35	2157,08	88,54	2242,83	98,75
1987,00	68,30	2072,66	78,50	2158,41	88,70	2244,08	98,89
1988,25	68,45	2073,91	78,64	2159,66	88,85	2245,33	99,04
1989,50	68,60	2075,25	78,80	2160,91	89,00	2246,58	99,19
1990,83	68,76	2076,50	78,95	2162,16	89,15	2247,83	99,34
1992,08	68,91	2077,75	79,10	2163,41	89,29	2249,08	99,49
1993,33	69,05	2079,00	79,25	2164,66	89,44	2250,33	99,64
1994,58	69,20	2080,25	79,40	2165,91	89,59	2251,58	99,79
1995,83	69,35	2081,50	79,55	2167,16	89,74	2252,91	99,95
1997,08	69,50	2082,75	79,70	2168,41	89,89	2254,16	100,09
1998,33	69,65	2084,00	79,84	2169,75	90,05	2255,41	100,24
1999,58	69,80	2085,33	80,00	2171,00	90,20	2256,66	100,39
2000,91	69,96	2086,58	80,15	2172,25	90,35	2257,91	100,54
2002,16	70,11	2087,83	80,30	2173,50	90,49	2259,16	100,69
2003,41	70,25	2089,08	80,45	2174,75	90,64	2260,41	100,84
2004,66	70,40	2090,33	80,60	2176,00	90,79	2261,66	100,99
2005,91	70,55	2091,58	80,75	2177,25	90,94	2262,91	101,14
2007,16	70,70	2092,83	80,90	2178,50	91,09	2264,25	101,29
2008,41	70,85	2094,08	81,04	2179,83	91,25	2265,50	101,44
2009,66	71,00	2095,41	81,20	2181,08	91,40	2266,75	101,59
2010,91	71,15	2096,66	81,35	2182,33	91,55	2268,00	101,74
2012,25	71,31	2097,91	81,50	2183,58	91,69	2269,25	101,89
2013,50	71,45	2099,16	81,65	2184,83	91,84	2270,50	102,04
2014,75	71,60	2100,41	81,80	2186,08	91,99	2271,75	102,19
2016,00	71,75	2101,66	81,95	2187,33	92,14	2273,00	102,34
2017,25	71,90	2102,91	82,10	2188,58	92,29	2274,33	102,49
2018,50	72,05	2104,16	82,24	2189,91	92,45	2275,58	102,64
2019,75	72,20	2105,41	82,39	2191,16	92,60	2276,83	102,79
2021,00	72,35	2106,75	82,55	2192,41	92,75	2278,08	102,94
2022,33	72,51	2108,00	82,70	2193,66	92,89	2279,33	103,09
2023,58	72,65	2109,25	82,85	2194,91	93,04	2280,58	103,24
2024,83	72,80	2110,50	83,00	2196,16	93,19	2281,83	103,39
2026,08	72,95	2111,75	83,15	2197,41	93,34	2283,08	103,53
2027,33	73,10	2113,00	83,30	2198,66	93,49	2284,41	103,69
2028,58	73,25	2114,25	83,44	2199,91	93,64	2285,66	103,84
2029,83	73,40	2115,50	83,59	2201,25	93,80	2286,91	103,99
2031,08	73,55	2116,83	83,75	2202,50	93,95	2288,16	104,14
2032,41	73,71	2118,08	83,90	2203,75	94,09	2289,41	104,29
2033,66	73,85	2119,33	84,05	2205,00	94,24	2290,66	104,44
2034,91	74,00	2120,58	84,20	2206,25	94,39	2291,91	104,59
2036,16	74,15	2121,83	84,35	2207,50	94,54	2293,16	104,73
2037,41	74,30	2123,08	84,49	2208,75	94,69	2294,41	104,88
2038,66	74,45	2124,33	84,64	2210,00	94,84	2295,75	105,04
2039,91	74,60	2125,58	84,79	2211,33	95,00	2297,00	105,19
2041,16	74,75	2126,91	84,95	2212,58	95,15	2298,25	105,34
2042,41	74,90	2128,16	85,10	2213,83	95,29	2299,50	105,49
2043,75	75,05	2129,41	85,25	2215,08	95,44	2300,75	105,64
2045,00	75,20	2130,66	85,40	2216,33	95,59	2302,00	105,79
2046,25	75,35	2131,91	85,55	2217,58	95,74	2303,25	105,93
2047,50	75,50	2133,16	85,69	2218,83	95,89	2304,50	106,08
2048,75	75,65	2134,41	85,84	2220,08	96,04	2305,83	106,24
2050,00	75,80	2135,66	85,99	2221,41	96,20	2307,08	106,39
2051,25	75,95	2136,91	86,14	2222,66	96,35	2308,33	106,54
2052,50	76,10	2138,25	86,30	2223,91	96,49	2309,58	106,69
2053,83	76,25	2139,50	86,45	2225,16	96,64	2310,83	106,84
2055,08	76,40	2140,75	86,60	2226,41	96,79	2312,08	106,99
2056,33	76,55	2142,00	86,75	2227,66	96,94	2313,33	107,13
2057,58	76,70	2143,25	86,89	2228,91	97,09	2314,58	107,28
2058,83	76,85	2144,50	87,04	2230,16	97,24	2315,91	107,44
2060,08	77,00	2145,75	87,19	2231,41	97,39	2317,16	107,59
2061,33	77,15	2147,00	87,34	2232,75	97,55	2318,41	107,74
2062,58	77,30	2148,33	87,50	2234,00	97,69	2319,66	107,89

Übergangstabelle Solidaritätszuschlag Monat 2022 — SaT3

Steuerklassen I, II, IV, V, VI		Steuerklassen I, II, IV, V, VI		Steuerklassen I, II, IV, V, VI		Steuerklassen I, II, IV, V, VI	
Maßstabslohnsteuer €	Solidaritätszuschlag €	Maßstabslohnsteuer €	Solidaritätszuschlag €	Maßstabslohnsteuer €	Solidaritätszuschlag €	Maßstabslohnsteuer €	Solidaritätszuschlag €
2320,91	108,04	2406,58	118,23	2492,25	128,43	2577,91	138,62
2322,16	108,19	2407,83	118,38	2493,50	128,57	2579,25	138,78
2323,41	108,33	2409,08	118,53	2494,83	128,73	2580,50	138,93
2324,66	108,48	2410,41	118,69	2496,08	128,88	2581,75	139,08
2325,91	108,63	2411,66	118,84	2497,33	129,03	2583,00	139,23
2327,25	108,79	2412,91	118,99	2498,58	129,18	2584,25	139,37
2328,50	108,94	2414,16	119,13	2499,83	129,33	2585,50	139,52
2329,75	109,09	2415,41	119,28	2501,08	129,48	2586,75	139,67
2331,00	109,24	2416,66	119,43	2502,33	129,63	2588,00	139,82
2332,25	109,39	2417,91	119,58	2503,58	129,77	2589,33	139,98
2333,50	109,53	2419,16	119,73	2504,91	129,93	2590,58	140,13
2334,75	109,68	2420,41	119,88	2506,16	130,08	2591,83	140,28
2336,00	109,83	2421,75	120,04	2507,41	130,23	2593,08	140,42
2337,33	109,99	2423,00	120,19	2508,66	130,38	2594,33	140,57
2338,58	110,14	2424,25	120,33	2509,91	130,53	2595,58	140,72
2339,83	110,29	2425,50	120,48	2511,16	130,68	2596,83	140,87
2341,08	110,44	2426,75	120,63	2512,41	130,83	2598,08	141,02
2342,33	110,59	2428,00	120,78	2513,66	130,97	2599,41	141,18
2343,58	110,73	2429,25	120,93	2514,91	131,12	2600,66	141,33
2344,83	110,88	2430,50	121,08	2516,25	131,28	2601,91	141,48
2346,08	111,03	2431,83	121,24	2517,50	131,43	2603,16	141,62
2347,41	111,19	2433,08	121,38	2518,75	131,58	2604,41	141,77
2348,66	111,34	2434,33	121,53	2520,00	131,73	2605,66	141,92
2349,91	111,49	2435,58	121,68	2521,25	131,88	2606,91	142,07
2351,16	111,64	2436,83	121,83	2522,50	132,03	2608,16	142,22
2352,41	111,79	2438,08	121,98	2523,75	132,17	2609,41	142,37
2353,66	111,93	2439,33	122,13	2525,00	132,32	2610,75	142,53
2354,91	112,08	2440,58	122,28	2526,33	132,48	2612,00	142,68
2356,16	112,23	2441,91	122,44	2527,58	132,63	2613,25	142,82
2357,41	112,38	2443,16	122,58	2528,83	132,78	2614,50	142,97
2358,75	112,54	2444,41	122,73	2530,08	132,93	2615,75	143,12
2360,00	112,69	2445,66	122,88	2531,33	133,08	2617,00	143,27
2361,25	112,84	2446,91	123,03	2532,58	133,23	2618,25	143,42
2362,50	112,99	2448,16	123,18	2533,83	133,37	2619,50	143,57
2363,75	113,13	2449,41	123,33	2535,08	133,52	2620,83	143,73
2365,00	113,28	2450,66	123,48	2536,41	133,68	2622,08	143,88
2366,25	113,43	2451,91	123,63	2537,66	133,83	2623,33	144,02
2367,50	113,58	2453,25	123,78	2538,91	133,98	2624,58	144,17
2368,83	113,74	2454,50	123,93	2540,16	134,13	2625,83	144,32
2370,08	113,89	2455,75	124,08	2541,41	134,28	2627,08	144,47
2371,33	114,04	2457,00	124,23	2542,66	134,43	2628,33	144,55
2372,58	114,19	2458,25	124,38	2543,91	134,57		
2373,83	114,33	2459,50	124,53	2545,16	134,72		
2375,08	114,48	2460,75	124,68	2546,41	134,87		
2376,33	114,63	2462,00	124,83	2547,75	135,03		
2377,58	114,78	2463,33	124,98	2549,00	135,18		
2378,91	114,94	2464,58	125,13	2550,25	135,33		
2380,16	115,09	2465,83	125,28	2551,50	135,48		
2381,41	115,24	2467,08	125,43	2552,75	135,63		
2382,66	115,39	2468,33	125,58	2554,00	135,77		
2383,91	115,53	2469,58	125,73	2555,25	135,92		
2385,16	115,68	2470,83	125,88	2556,50	136,07		
2386,41	115,83	2472,08	126,03	2557,83	136,23		
2387,66	115,98	2473,41	126,18	2559,08	136,38		
2388,91	116,13	2474,66	126,33	2560,33	136,53		
2390,25	116,29	2475,91	126,48	2561,58	136,68		
2391,50	116,44	2477,16	126,63	2562,83	136,83		
2392,75	116,59	2478,41	126,78	2564,08	136,97		
2394,00	116,73	2479,66	126,93	2565,33	137,12		
2395,25	116,88	2480,91	127,08	2566,58	137,27		
2396,50	117,03	2482,16	127,23	2567,91	137,43		
2397,75	117,18	2483,41	127,37	2569,16	137,58		
2399,00	117,33	2484,75	127,53	2570,41	137,73		
2400,33	117,49	2486,00	127,68	2571,66	137,88		
2401,58	117,64	2487,25	127,83	2572,91	138,03		
2402,83	117,79	2488,50	127,98	2574,16	138,17		
2404,08	117,93	2489,75	128,13	2575,41	138,32		
2405,33	118,08	2491,00	128,28	2576,66	138,47		

SaT3
Übergangstabelle Solidaritätszuschlag Monat 2022

allgemeine Lohnsteuer Monat gültig ab 1. 1. 2022 (idF des StEntlG 2022) aT3

Lohn/Gehalt in € bis	Steuerklasse	Lohn-steuer*	BVSP**	TAGZ***
2,99	I,IV		0,33	0,25
	II		0,33	0,25
	III		0,33	0,25
	V		0,33	0,25
	VI	0,25	0,33	0,25
5,99	I,IV		0,66	0,50
	II		0,66	0,50
	III		0,66	0,50
	V		0,66	0,50
	VI	0,58	0,66	0,50
8,99	I,IV		1,00	0,75
	II		1,00	0,75
	III		1,00	0,75
	V		1,00	0,75
	VI	0,91	1,00	0,75
11,99	I,IV		1,41	1,08
	II		1,41	1,08
	III		1,41	1,08
	V		1,41	1,08
	VI	1,25	1,41	1,08
14,99	I,IV		1,75	1,33
	II		1,75	1,33
	III		1,75	1,33
	V		1,75	1,33
	VI	1,58	1,75	1,33
17,99	I,IV		2,08	1,58
	II		2,08	1,58
	III		2,08	1,58
	V		2,08	1,58
	VI	1,91	2,08	1,58
20,99	I,IV		2,50	1,91
	II		2,50	1,91
	III		2,50	1,91
	V		2,50	1,91
	VI	2,33	2,50	1,91
23,99	I,IV		2,83	2,16
	II		2,83	2,16
	III		2,83	2,16
	V		2,83	2,16
	VI	2,58	2,83	2,16
26,99	I,IV		3,16	2,41
	II		3,16	2,41
	III		3,16	2,41
	V		3,16	2,41
	VI	2,91	3,16	2,41
29,99	I,IV		3,58	2,75
	II		3,58	2,75
	III		3,58	2,75
	V		3,58	2,75
	VI	3,33	3,58	2,75
32,99	I,IV		3,91	3,00
	II		3,91	3,00
	III		3,91	3,00
	V		3,91	3,00
	VI	3,66	3,91	3,00
35,99	I,IV		4,25	3,25
	II		4,25	3,25
	III		4,25	3,25
	V		4,25	3,25
	VI	4,00	4,25	3,25

Lohn/Gehalt in € bis	Steuerklasse	Lohn-steuer*	BVSP**	TAGZ***
38,99	I,IV		4,66	3,50
	II		4,66	3,50
	III		4,66	3,50
	V		4,66	3,50
	VI	4,33	4,66	3,50
41,99	I,IV		5,00	3,83
	II		5,00	3,83
	III		5,00	3,83
	V		5,00	3,83
	VI	4,66	5,00	3,83
44,99	I,IV		5,33	4,08
	II		5,33	4,08
	III		5,33	4,08
	V		5,33	4,08
	VI	5,00	5,33	4,08
47,99	I,IV		5,75	4,33
	II		5,75	4,33
	III		5,75	4,33
	V		5,75	4,33
	VI	5,33	5,75	4,33
50,99	I,IV		6,08	4,66
	II		6,08	4,66
	III		6,08	4,66
	V		6,08	4,66
	VI	5,66	6,08	4,66
53,99	I,IV		6,41	4,91
	II		6,41	4,91
	III		6,41	4,91
	V		6,41	4,91
	VI	6,00	6,41	4,91
56,99	I,IV		6,83	5,16
	II		6,83	5,16
	III		6,83	5,16
	V		6,83	5,16
	VI	6,33	6,83	5,16
59,99	I,IV		7,16	5,50
	II		7,16	5,50
	III		7,16	5,50
	V		7,16	5,50
	VI	6,66	7,16	5,50
62,99	I,IV		7,50	5,75
	II		7,50	5,75
	III		7,50	5,75
	V		7,50	5,75
	VI	7,00	7,50	5,75
65,99	I,IV		7,91	6,00
	II		7,91	6,00
	III		7,91	6,00
	V		7,91	6,00
	VI	7,33	7,91	6,00
68,99	I,IV		8,25	6,25
	II		8,25	6,25
	III		8,25	6,25
	V		8,25	6,25
	VI	7,66	8,25	6,25
71,99	I,IV		8,58	6,58
	II		8,58	6,58
	III		8,58	6,58
	V		8,58	6,58
	VI	8,00	8,58	6,58

* Zur LSt-Berechnung für privat versicherte Arbeitnehmer s. Beispiele **Vorbemerkung S. 4 f.**
** Basisvorsorgepauschale KV und PV *** Typisierter Arbeitgeberzuschuss

aT3　　　　　　　　　　　　　　　　　　　　allgemeine Lohnsteuer

Lohn/Gehalt in € bis	Steuerklasse	Lohn-steuer*	BVSP**	TAGZ***
74,99	I,IV		8,91	6,83
	II		8,91	6,83
	III		8,91	6,83
	V		8,91	6,83
	VI	8,33	8,91	6,83
77,99	I,IV		9,33	7,08
	II		9,33	7,08
	III		9,33	7,08
	V		9,33	7,08
	VI	8,66	9,33	7,08
80,99	I,IV		9,66	7,41
	II		9,66	7,41
	III		9,66	7,41
	V		9,66	7,41
	VI	9,00	9,66	7,41
83,99	I,IV		10,00	7,66
	II		10,00	7,66
	III		10,00	7,66
	V		10,00	7,66
	VI	9,33	10,00	7,66
86,99	I,IV		10,41	7,91
	II		10,41	7,91
	III		10,41	7,91
	V		10,41	7,91
	VI	9,66	10,41	7,91
89,99	I,IV		10,75	8,25
	II		10,75	8,25
	III		10,75	8,25
	V		10,75	8,25
	VI	10,00	10,75	8,25
92,99	I,IV		11,08	8,50
	II		11,08	8,50
	III		11,08	8,50
	V		11,08	8,50
	VI	10,33	11,08	8,50
95,99	I,IV		11,50	8,75
	II		11,50	8,75
	III		11,50	8,75
	V		11,50	8,75
	VI	10,66	11,50	8,75
98,99	I,IV		11,83	9,00
	II		11,83	9,00
	III		11,83	9,00
	V		11,83	9,00
	VI	11,00	11,83	9,00
101,99	I,IV		12,16	9,33
	II		12,16	9,33
	III		12,16	9,33
	V		12,16	9,33
	VI	11,33	12,16	9,33
104,99	I,IV		12,58	9,58
	II		12,58	9,58
	III		12,58	9,58
	V		12,58	9,58
	VI	11,66	12,58	9,58
107,99	I,IV		12,91	9,83
	II		12,91	9,83
	III		12,91	9,83
	V		12,91	9,83
	VI	12,00	12,91	9,83

Lohn/Gehalt in € bis	Steuerklasse	Lohn-steuer*	BVSP**	TAGZ***
110,99	I,IV		13,25	10,16
	II		13,25	10,16
	III		13,25	10,16
	V		13,25	10,16
	VI	12,33	13,25	10,16
113,99	I,IV		13,66	10,41
	II		13,66	10,41
	III		13,66	10,41
	V		13,66	10,41
	VI	12,66	13,66	10,41
116,99	I,IV		14,00	10,66
	II		14,00	10,66
	III		14,00	10,66
	V		14,00	10,66
	VI	13,00	14,00	10,66
119,99	I,IV		14,33	11,00
	II		14,33	11,00
	III		14,33	11,00
	V		14,33	11,00
	VI	13,33	14,33	11,00
122,99	I,IV		14,75	11,25
	II		14,75	11,25
	III		14,75	11,25
	V		14,75	11,25
	VI	13,66	14,75	11,25
125,99	I,IV		15,08	11,50
	II		15,08	11,50
	III		15,08	11,50
	V		15,08	11,50
	VI	14,00	15,08	11,50
128,99	I,IV		15,41	11,83
	II		15,41	11,83
	III		15,41	11,83
	V		15,41	11,83
	VI	14,33	15,41	11,83
131,99	I,IV		15,83	12,08
	II		15,83	12,08
	III		15,83	12,08
	V	0,25	15,83	12,08
	VI	14,66	15,83	12,08
134,99	I,IV		16,16	12,33
	II		16,16	12,33
	III		16,16	12,33
	V	0,58	16,16	12,33
	VI	15,00	16,16	12,33
137,99	I,IV		16,50	12,58
	II		16,50	12,58
	III		16,50	12,58
	V	0,91	16,50	12,58
	VI	15,33	16,50	12,58
140,99	I,IV		16,91	12,91
	II		16,91	12,91
	III		16,91	12,91
	V	1,25	16,91	12,91
	VI	15,66	16,91	12,91
143,99	I,IV		17,25	13,16
	II		17,25	13,16
	III		17,25	13,16
	V	1,58	17,25	13,16
	VI	16,00	17,25	13,16

*　Zur LSt-Berechnung für privat versicherte Arbeitnehmer s. Beispiele **Vorbemerkung S. 4 f.**
** Basisvorsorgepauschale KV und PV　*** Typisierter Arbeitgeberzuschuss

Monat gültig ab 1. 1. 2022 (idF des StEntlG 2022) — aT3

Lohn/Gehalt in € bis	Steuerklasse	Lohn-steuer*	BVSP**	TAGZ***
146,99	I,IV		17,58	13,41
	II		17,58	13,41
	III		17,58	13,41
	V	1,91	17,58	13,41
	VI	16,33	17,58	13,41
149,99	I,IV		17,91	13,75
	II		17,91	13,75
	III		17,91	13,75
	V	2,25	17,91	13,75
	VI	16,66	17,91	13,75
152,99	I,IV		18,33	14,00
	II		18,33	14,00
	III		18,33	14,00
	V	2,58	18,33	14,00
	VI	17,00	18,33	14,00
155,99	I,IV		18,66	14,25
	II		18,66	14,25
	III		18,66	14,25
	V	2,91	18,66	14,25
	VI	17,41	18,66	14,25
158,99	I,IV		19,00	14,58
	II		19,00	14,58
	III		19,00	14,58
	V	3,25	19,00	14,58
	VI	17,66	19,00	14,58
161,99	I,IV		19,41	14,83
	II		19,41	14,83
	III		19,41	14,83
	V	3,58	19,41	14,83
	VI	18,08	19,41	14,83
164,99	I,IV		19,75	15,08
	II		19,75	15,08
	III		19,75	15,08
	V	4,00	19,75	15,08
	VI	18,41	19,75	15,08
167,99	I,IV		20,08	15,33
	II		20,08	15,33
	III		20,08	15,33
	V	4,33	20,08	15,33
	VI	18,75	20,08	15,33
170,99	I,IV		20,50	15,66
	II		20,50	15,66
	III		20,50	15,66
	V	4,66	20,50	15,66
	VI	19,08	20,50	15,66
173,99	I,IV		20,83	15,91
	II		20,83	15,91
	III		20,83	15,91
	V	5,00	20,83	15,91
	VI	19,41	20,83	15,91
176,99	I,IV		21,16	16,16
	II		21,16	16,16
	III		21,16	16,16
	V	5,33	21,16	16,16
	VI	19,75	21,16	16,16
179,99	I,IV		21,58	16,50
	II		21,58	16,50
	III		21,58	16,50
	V	5,66	21,58	16,50
	VI	20,08	21,58	16,50

Lohn/Gehalt in € bis	Steuerklasse	Lohn-steuer*	BVSP**	TAGZ***
182,99	I,IV		21,91	16,75
	II		21,91	16,75
	III		21,91	16,75
	V	6,00	21,91	16,75
	VI	20,41	21,91	16,75
185,99	I,IV		22,25	17,00
	II		22,25	17,00
	III		22,25	17,00
	V	6,33	22,25	17,00
	VI	20,75	22,25	17,00
188,99	I,IV		22,66	17,33
	II		22,66	17,33
	III		22,66	17,33
	V	6,66	22,66	17,33
	VI	21,08	22,66	17,33
191,99	I,IV		23,00	17,58
	II		23,00	17,58
	III		23,00	17,58
	V	7,00	23,00	17,58
	VI	21,41	23,00	17,58
194,99	I,IV		23,33	17,83
	II		23,33	17,83
	III		23,33	17,83
	V	7,33	23,33	17,83
	VI	21,75	23,33	17,83
197,99	I,IV		23,75	18,08
	II		23,75	18,08
	III		23,75	18,08
	V	7,66	23,75	18,08
	VI	22,08	23,75	18,08
200,99	I,IV		24,08	18,41
	II		24,08	18,41
	III		24,08	18,41
	V	8,00	24,08	18,41
	VI	22,41	24,08	18,41
203,99	I,IV		24,41	18,66
	II		24,41	18,66
	III		24,41	18,66
	V	8,33	24,41	18,66
	VI	22,75	24,41	18,66
206,99	I,IV		24,83	18,91
	II		24,83	18,91
	III		24,83	18,91
	V	8,66	24,83	18,91
	VI	23,08	24,83	18,91
209,99	I,IV		25,16	19,25
	II		25,16	19,25
	III		25,16	19,25
	V	9,00	25,16	19,25
	VI	23,41	25,16	19,25
212,99	I,IV		25,50	19,50
	II		25,50	19,50
	III		25,50	19,50
	V	9,33	25,50	19,50
	VI	23,75	25,50	19,50
215,99	I,IV		25,91	19,75
	II		25,91	19,75
	III		25,91	19,75
	V	9,66	25,91	19,75
	VI	24,08	25,91	19,75

* Zur LSt-Berechnung für privat versicherte Arbeitnehmer s. Beispiele **Vorbemerkung S. 4 f.**
** Basisvorsorgepauschale KV und PV *** Typisierter Arbeitgeberzuschuss

aT3 allgemeine Lohnsteuer

Lohn/Gehalt in € bis	Steuerklasse	Lohnsteuer*	BVSP**	TAGZ***
218,99	I,IV		26,25	20,08
	II		26,25	20,08
	III		26,25	20,08
	V	**10,00**	26,25	20,08
	VI	**24,41**	26,25	20,08
221,99	I,IV		26,58	20,33
	II		26,58	20,33
	III		26,58	20,33
	V	**10,33**	26,58	20,33
	VI	**24,75**	26,58	20,33
224,99	I,IV		26,91	20,58
	II		26,91	20,58
	III		26,91	20,58
	V	**10,66**	26,91	20,58
	VI	**25,08**	26,91	20,58
227,99	I,IV		27,33	20,91
	II		27,33	20,91
	III		27,33	20,91
	V	**11,00**	27,33	20,91
	VI	**25,41**	27,33	20,91
230,99	I,IV		27,66	21,16
	II		27,66	21,16
	III		27,66	21,16
	V	**11,33**	27,66	21,16
	VI	**25,75**	27,66	21,16
233,99	I,IV		28,00	21,41
	II		28,00	21,41
	III		28,00	21,41
	V	**11,66**	28,00	21,41
	VI	**26,08**	28,00	21,41
236,99	I,IV		28,41	21,66
	II		28,41	21,66
	III		28,41	21,66
	V	**12,00**	28,41	21,66
	VI	**26,41**	28,41	21,66
239,99	I,IV		28,75	22,00
	II		28,75	22,00
	III		28,75	22,00
	V	**12,33**	28,75	22,00
	VI	**26,75**	28,75	22,00
242,99	I,IV		29,08	22,25
	II		29,08	22,25
	III		29,08	22,25
	V	**12,66**	29,08	22,25
	VI	**27,08**	29,08	22,25
245,99	I,IV		29,50	22,50
	II		29,50	22,50
	III		29,50	22,50
	V	**13,00**	29,50	22,50
	VI	**27,41**	29,50	22,50
248,99	I,IV		29,83	22,83
	II		29,83	22,83
	III		29,83	22,83
	V	**13,33**	29,83	22,83
	VI	**27,75**	29,83	22,83
251,99	I,IV		30,16	23,08
	II		30,16	23,08
	III		30,16	23,08
	V	**13,66**	30,16	23,08
	VI	**28,08**	30,16	23,08
254,99	I,IV		30,58	23,33
	II		30,58	23,33
	III		30,58	23,33
	V	**14,00**	30,58	23,33
	VI	**28,41**	30,58	23,33
257,99	I,IV		30,91	23,66
	II		30,91	23,66
	III		30,91	23,66
	V	**14,33**	30,91	23,66
	VI	**28,75**	30,91	23,66
260,99	I,IV		31,25	23,91
	II		31,25	23,91
	III		31,25	23,91
	V	**14,66**	31,25	23,91
	VI	**29,08**	31,25	23,91
263,99	I,IV		31,66	24,16
	II		31,66	24,16
	III		31,66	24,16
	V	**15,00**	31,66	24,16
	VI	**29,41**	31,66	24,16
266,99	I,IV		32,00	24,41
	II		32,00	24,41
	III		32,00	24,41
	V	**15,33**	32,00	24,41
	VI	**29,75**	32,00	24,41
269,99	I,IV		32,33	24,75
	II		32,33	24,75
	III		32,33	24,75
	V	**15,66**	32,33	24,75
	VI	**30,08**	32,33	24,75
272,99	I,IV		32,75	25,00
	II		32,75	25,00
	III		32,75	25,00
	V	**16,00**	32,75	25,00
	VI	**30,41**	32,75	25,00
275,99	I,IV		33,08	25,25
	II		33,08	25,25
	III		33,08	25,25
	V	**16,33**	33,08	25,25
	VI	**30,75**	33,08	25,25
278,99	I,IV		33,41	25,58
	II		33,41	25,58
	III		33,41	25,58
	V	**16,66**	33,41	25,58
	VI	**31,08**	33,41	25,58
281,99	I,IV		33,83	25,83
	II		33,83	25,83
	III		33,83	25,83
	V	**17,00**	33,83	25,83
	VI	**31,41**	33,83	25,83
284,99	I,IV		34,16	26,08
	II		34,16	26,08
	III		34,16	26,08
	V	**17,33**	34,16	26,08
	VI	**31,75**	34,16	26,08
287,99	I,IV		34,50	26,41
	II		34,50	26,41
	III		34,50	26,41
	V	**17,66**	34,50	26,41
	VI	**32,08**	34,50	26,41

* Zur LSt-Berechnung für privat versicherte Arbeitnehmer s. Beispiele **Vorbemerkung S. 4f.**
** Basisvorsorgepauschale KV und PV   *** Typisierter Arbeitgeberzuschuss

Monat gültig ab 1. 1. 2022 (idF des StEntlG 2022)   **aT3**

Lohn/Gehalt in € bis	Steuerklasse	Lohnsteuer*	BVSP**	TAGZ***
290,99	I,IV		34,91	26,66
	II		34,91	26,66
	III		34,91	26,66
	V	**18,08**	34,91	26,66
	VI	**32,50**	34,91	26,66
293,99	I,IV		35,25	26,91
	II		35,25	26,91
	III		35,25	26,91
	V	**18,33**	35,25	26,91
	VI	**32,75**	35,25	26,91
296,99	I,IV		35,58	27,16
	II		35,58	27,16
	III		35,58	27,16
	V	**18,66**	35,58	27,16
	VI	**33,16**	35,58	27,16
299,99	I,IV		35,91	27,50
	II		35,91	27,50
	III		35,91	27,50
	V	**19,08**	35,91	27,50
	VI	**33,50**	35,91	27,50
302,99	I,IV		36,33	27,75
	II		36,33	27,75
	III		36,33	27,75
	V	**19,41**	36,33	27,75
	VI	**33,83**	36,33	27,75
305,99	I,IV		36,66	28,00
	II		36,66	28,00
	III		36,66	28,00
	V	**19,75**	36,66	28,00
	VI	**34,16**	36,66	28,00
308,99	I,IV		37,00	28,33
	II		37,00	28,33
	III		37,00	28,33
	V	**20,08**	37,00	28,33
	VI	**34,50**	37,00	28,33
311,99	I,IV		37,41	28,58
	II		37,41	28,58
	III		37,41	28,58
	V	**20,41**	37,41	28,58
	VI	**34,83**	37,41	28,58
314,99	I,IV		37,75	28,83
	II		37,75	28,83
	III		37,75	28,83
	V	**20,75**	37,75	28,83
	VI	**35,16**	37,75	28,83
317,99	I,IV		38,08	29,16
	II		38,08	29,16
	III		38,08	29,16
	V	**21,08**	38,08	29,16
	VI	**35,50**	38,08	29,16
320,99	I,IV		38,50	29,41
	II		38,50	29,41
	III		38,50	29,41
	V	**21,41**	38,50	29,41
	VI	**35,83**	38,50	29,41
323,99	I,IV		38,83	29,66
	II		38,83	29,66
	III		38,83	29,66
	V	**21,75**	38,83	29,66
	VI	**36,16**	38,83	29,66

Lohn/Gehalt in € bis	Steuerklasse	Lohnsteuer*	BVSP**	TAGZ***
326,99	I,IV		39,16	30,00
	II		39,16	30,00
	III		39,16	30,00
	V	**22,08**	39,16	30,00
	VI	**36,50**	39,16	30,00
329,99	I,IV		39,58	30,25
	II		39,58	30,25
	III		39,58	30,25
	V	**22,41**	39,58	30,25
	VI	**36,83**	39,58	30,25
332,99	I,IV		39,91	30,50
	II		39,91	30,50
	III		39,91	30,50
	V	**22,75**	39,91	30,50
	VI	**37,16**	39,91	30,50
335,99	I,IV		40,25	30,75
	II		40,25	30,75
	III		40,25	30,75
	V	**23,08**	40,25	30,75
	VI	**37,50**	40,25	30,75
338,99	I,IV		40,66	31,08
	II		40,66	31,08
	III		40,66	31,08
	V	**23,41**	40,66	31,08
	VI	**37,83**	40,66	31,08
341,99	I,IV		41,00	31,33
	II		41,00	31,33
	III		41,00	31,33
	V	**23,75**	41,00	31,33
	VI	**38,16**	41,00	31,33
344,99	I,IV		41,33	31,58
	II		41,33	31,58
	III		41,33	31,58
	V	**24,08**	41,33	31,58
	VI	**38,50**	41,33	31,58
347,99	I,IV		41,75	31,91
	II		41,75	31,91
	III		41,75	31,91
	V	**24,41**	41,75	31,91
	VI	**38,83**	41,75	31,91
350,99	I,IV		42,08	32,16
	II		42,08	32,16
	III		42,08	32,16
	V	**24,75**	42,08	32,16
	VI	**39,16**	42,08	32,16
353,99	I,IV		42,41	32,41
	II		42,41	32,41
	III		42,41	32,41
	V	**25,08**	42,41	32,41
	VI	**39,50**	42,41	32,41
356,99	I,IV		42,83	32,75
	II		42,83	32,75
	III		42,83	32,75
	V	**25,41**	42,83	32,75
	VI	**39,83**	42,83	32,75
359,99	I,IV		43,16	33,00
	II		43,16	33,00
	III		43,16	33,00
	V	**25,75**	43,16	33,00
	VI	**40,16**	43,16	33,00

*   Zur LSt-Berechnung für privat versicherte Arbeitnehmer s. Beispiele **Vorbemerkung S. 4 f.**
** Basisvorsorgepauschale KV und PV   *** Typisierter Arbeitgeberzuschuss

aT3
allgemeine Lohnsteuer

Lohn/ Gehalt in € bis	Steuerklasse	Lohn- steuer*	BVSP**	TAGZ***
362,99	I,IV		43,50	33,25
	II		43,50	33,25
	III		43,50	33,25
	V	**26,08**	43,50	33,25
	VI	**40,50**	43,50	33,25
365,99	I,IV		43,91	33,50
	II		43,91	33,50
	III		43,91	33,50
	V	**26,41**	43,91	33,50
	VI	**40,83**	43,91	33,50
368,99	I,IV		44,25	33,83
	II		44,25	33,83
	III		44,25	33,83
	V	**26,75**	44,25	33,83
	VI	**41,16**	44,25	33,83
371,99	I,IV		44,58	34,08
	II		44,58	34,08
	III		44,58	34,08
	V	**27,08**	44,58	34,08
	VI	**41,50**	44,58	34,08
374,99	I,IV		44,91	34,33
	II		44,91	34,33
	III		44,91	34,33
	V	**27,41**	44,91	34,33
	VI	**41,83**	44,91	34,33
377,99	I,IV		45,33	34,66
	II		45,33	34,66
	III		45,33	34,66
	V	**27,75**	45,33	34,66
	VI	**42,16**	45,33	34,66
380,99	I,IV		45,66	34,91
	II		45,66	34,91
	III		45,66	34,91
	V	**28,08**	45,66	34,91
	VI	**42,50**	45,66	34,91
383,99	I,IV		46,00	35,16
	II		46,00	35,16
	III		46,00	35,16
	V	**28,41**	46,00	35,16
	VI	**42,83**	46,00	35,16
386,99	I,IV		46,41	35,50
	II		46,41	35,50
	III		46,41	35,50
	V	**28,75**	46,41	35,50
	VI	**43,16**	46,41	35,50
389,99	I,IV		46,75	35,75
	II		46,75	35,75
	III		46,75	35,75
	V	**29,08**	46,75	35,75
	VI	**43,50**	46,75	35,75
392,99	I,IV		47,08	36,00
	II		47,08	36,00
	III		47,08	36,00
	V	**29,41**	47,08	36,00
	VI	**43,83**	47,08	36,00
395,99	I,IV		47,50	36,25
	II		47,50	36,25
	III		47,50	36,25
	V	**29,75**	47,50	36,25
	VI	**44,16**	47,50	36,25

Lohn/ Gehalt in € bis	Steuerklasse	Lohn- steuer*	BVSP**	TAGZ***
398,99	I,IV		47,83	36,58
	II		47,83	36,58
	III		47,83	36,58
	V	**30,08**	47,83	36,58
	VI	**44,50**	47,83	36,58
401,99	I,IV		48,16	36,83
	II		48,16	36,83
	III		48,16	36,83
	V	**30,41**	48,16	36,83
	VI	**44,83**	48,16	36,83
404,99	I,IV		48,58	37,08
	II		48,58	37,08
	III		48,58	37,08
	V	**30,75**	48,58	37,08
	VI	**45,16**	48,58	37,08
407,99	I,IV		48,91	37,41
	II		48,91	37,41
	III		48,91	37,41
	V	**31,08**	48,91	37,41
	VI	**45,50**	48,91	37,41
410,99	I,IV		49,25	37,66
	II		49,25	37,66
	III		49,25	37,66
	V	**31,41**	49,25	37,66
	VI	**45,83**	49,25	37,66
413,99	I,IV		49,66	37,91
	II		49,66	37,91
	III		49,66	37,91
	V	**31,75**	49,66	37,91
	VI	**46,16**	49,66	37,91
416,99	I,IV		50,00	38,25
	II		50,00	38,25
	III		50,00	38,25
	V	**32,08**	50,00	38,25
	VI	**46,58**	50,00	38,25
419,99	I,IV		50,33	38,50
	II		50,33	38,50
	III		50,33	38,50
	V	**32,41**	50,33	38,50
	VI	**46,83**	50,33	38,50
422,99	I,IV		50,75	38,75
	II		50,75	38,75
	III		50,75	38,75
	V	**32,75**	50,75	38,75
	VI	**47,25**	50,75	38,75
425,99	I,IV		51,08	39,08
	II		51,08	39,08
	III		51,08	39,08
	V	**33,16**	51,08	39,08
	VI	**47,58**	51,08	39,08
428,99	I,IV		51,41	39,33
	II		51,41	39,33
	III		51,41	39,33
	V	**33,41**	51,41	39,33
	VI	**47,83**	51,41	39,33
431,99	I,IV		51,83	39,58
	II		51,83	39,58
	III		51,83	39,58
	V	**33,83**	51,83	39,58
	VI	**48,25**	51,83	39,58

* Zur LSt-Berechnung für privat versicherte Arbeitnehmer s. Beispiele **Vorbemerkung S. 4 f.**
** Basisvorsorgepauschale KV und PV   *** Typisierter Arbeitgeberzuschuss

Monat gültig ab 1. 1. 2022 (idF des StEntlG 2022)   aT3

Lohn/Gehalt in € bis	Steuerklasse	Lohn-steuer*	BVSP**	TAGZ***
434,99	I,IV		52,16	39,83
	II		52,16	39,83
	III		52,16	39,83
	V	34,16	52,16	39,83
	VI	48,58	52,16	39,83
437,99	I,IV		52,50	40,16
	II		52,50	40,16
	III		52,50	40,16
	V	34,50	52,50	40,16
	VI	48,91	52,50	40,16
440,99	I,IV		52,91	40,41
	II		52,91	40,41
	III		52,91	40,41
	V	34,83	52,91	40,41
	VI	49,25	52,91	40,41
443,99	I,IV		53,25	40,66
	II		53,25	40,66
	III		53,25	40,66
	V	35,16	53,25	40,66
	VI	49,58	53,25	40,66
446,99	I,IV		53,58	41,00
	II		53,58	41,00
	III		53,58	41,00
	V	35,50	53,58	41,00
	VI	49,91	53,58	41,00
449,99	I,IV		53,91	41,25
	II		53,91	41,25
	III		53,91	41,25
	V	35,83	53,91	41,25
	VI	50,25	53,91	41,25
452,99	I,IV		54,33	41,50
	II		54,33	41,50
	III		54,33	41,50
	V	36,16	54,33	41,50
	VI	50,58	54,33	41,50
455,99	I,IV		54,66	41,83
	II		54,66	41,83
	III		54,66	41,83
	V	36,50	54,66	41,83
	VI	50,91	54,66	41,83
458,99	I,IV		55,00	42,08
	II		55,00	42,08
	III		55,00	42,08
	V	36,83	55,00	42,08
	VI	51,25	55,00	42,08
461,99	I,IV		55,41	42,33
	II		55,41	42,33
	III		55,41	42,33
	V	37,16	55,41	42,33
	VI	51,58	55,41	42,33
464,99	I,IV		55,75	42,58
	II		55,75	42,58
	III		55,75	42,58
	V	37,50	55,75	42,58
	VI	51,91	55,75	42,58
467,99	I,IV		56,08	42,91
	II		56,08	42,91
	III		56,08	42,91
	V	37,83	56,08	42,91
	VI	52,25	56,08	42,91
470,99	I,IV		56,50	43,16
	II		56,50	43,16
	III		56,50	43,16
	V	38,16	56,50	43,16
	VI	52,58	56,50	43,16
473,99	I,IV		56,83	43,41
	II		56,83	43,41
	III		56,83	43,41
	V	38,50	56,83	43,41
	VI	52,91	56,83	43,41
476,99	I,IV		57,16	43,75
	II		57,16	43,75
	III		57,16	43,75
	V	38,83	57,16	43,75
	VI	53,25	57,16	43,75
479,99	I,IV		57,58	44,00
	II		57,58	44,00
	III		57,58	44,00
	V	39,16	57,58	44,00
	VI	53,58	57,58	44,00
482,99	I,IV		57,91	44,25
	II		57,91	44,25
	III		57,91	44,25
	V	39,50	57,91	44,25
	VI	53,91	57,91	44,25
485,99	I,IV		58,25	44,58
	II		58,25	44,58
	III		58,25	44,58
	V	39,83	58,25	44,58
	VI	54,25	58,25	44,58
488,99	I,IV		58,66	44,83
	II		58,66	44,83
	III		58,66	44,83
	V	40,16	58,66	44,83
	VI	54,58	58,66	44,83
491,99	I,IV		59,00	45,08
	II		59,00	45,08
	III		59,00	45,08
	V	40,50	59,00	45,08
	VI	54,91	59,00	45,08
494,99	I,IV		59,33	45,33
	II		59,33	45,33
	III		59,33	45,33
	V	40,83	59,33	45,33
	VI	55,25	59,33	45,33
497,99	I,IV		59,75	45,66
	II		59,75	45,66
	III		59,75	45,66
	V	41,16	59,75	45,66
	VI	55,58	59,75	45,66
500,99	I,IV		60,08	45,91
	II		60,08	45,91
	III		60,08	45,91
	V	41,50	60,08	45,91
	VI	55,91	60,08	45,91
503,99	I,IV		60,41	46,16
	II		60,41	46,16
	III		60,41	46,16
	V	41,83	60,41	46,16
	VI	56,25	60,41	46,16

* Zur LSt-Berechnung für privat versicherte Arbeitnehmer s. Beispiele **Vorbemerkung S. 4 f.**
** Basisvorsorgepauschale KV und PV *** Typisierter Arbeitgeberzuschuss

aT3

allgemeine Lohnsteuer

Lohn/Gehalt in € bis	Steuerklasse	Lohnsteuer*	BVSP**	TAGZ***
506,99	I,IV		60,83	46,50
	II		60,83	46,50
	III		60,83	46,50
	V	42,16	60,83	46,50
	VI	56,58	60,83	46,50
509,99	I,IV		61,16	46,75
	II		61,16	46,75
	III		61,16	46,75
	V	42,50	61,16	46,75
	VI	56,91	61,16	46,75
512,99	I,IV		61,50	47,00
	II		61,50	47,00
	III		61,50	47,00
	V	42,83	61,50	47,00
	VI	57,25	61,50	47,00
515,99	I,IV		61,91	47,33
	II		61,91	47,33
	III		61,91	47,33
	V	43,16	61,91	47,33
	VI	57,58	61,91	47,33
518,99	I,IV		62,25	47,58
	II		62,25	47,58
	III		62,25	47,58
	V	43,50	62,25	47,58
	VI	57,91	62,25	47,58
521,99	I,IV		62,58	47,83
	II		62,58	47,83
	III		62,58	47,83
	V	43,83	62,58	47,83
	VI	58,25	62,58	47,83
524,99	I,IV		62,91	48,16
	II		62,91	48,16
	III		62,91	48,16
	V	44,16	62,91	48,16
	VI	58,58	62,91	48,16
527,99	I,IV		63,33	48,41
	II		63,33	48,41
	III		63,33	48,41
	V	44,50	63,33	48,41
	VI	58,91	63,33	48,41
530,99	I,IV		63,66	48,66
	II		63,66	48,66
	III		63,66	48,66
	V	44,83	63,66	48,66
	VI	59,25	63,66	48,66
533,99	I,IV		64,00	48,91
	II		64,00	48,91
	III		64,00	48,91
	V	45,16	64,00	48,91
	VI	59,58	64,00	48,91
536,99	I,IV		64,41	49,25
	II		64,41	49,25
	III		64,41	49,25
	V	45,50	64,41	49,25
	VI	59,91	64,41	49,25
539,99	I,IV		64,75	49,50
	II		64,75	49,50
	III		64,75	49,50
	V	45,83	64,75	49,50
	VI	60,25	64,75	49,50
542,99	I,IV		65,08	49,75
	II		65,08	49,75
	III		65,08	49,75
	V	46,16	65,08	49,75
	VI	60,58	65,08	49,75
545,99	I,IV		65,50	50,08
	II		65,50	50,08
	III		65,50	50,08
	V	46,50	65,50	50,08
	VI	60,91	65,50	50,08
548,99	I,IV		65,83	50,33
	II		65,83	50,33
	III		65,83	50,33
	V	46,83	65,83	50,33
	VI	61,25	65,83	50,33
551,99	I,IV		66,16	50,58
	II		66,16	50,58
	III		66,16	50,58
	V	47,25	66,16	50,58
	VI	61,66	66,16	50,58
554,99	I,IV		66,58	50,91
	II		66,58	50,91
	III		66,58	50,91
	V	47,50	66,58	50,91
	VI	61,91	66,58	50,91
557,99	I,IV		66,91	51,16
	II		66,91	51,16
	III		66,91	51,16
	V	47,83	66,91	51,16
	VI	62,33	66,91	51,16
560,99	I,IV		67,25	51,41
	II		67,25	51,41
	III		67,25	51,41
	V	48,25	67,25	51,41
	VI	62,66	67,25	51,41
563,99	I,IV		67,66	51,66
	II		67,66	51,66
	III		67,66	51,66
	V	48,50	67,66	51,66
	VI	63,00	67,66	51,66
566,99	I,IV		68,00	52,00
	II		68,00	52,00
	III		68,00	52,00
	V	48,91	68,00	52,00
	VI	63,33	68,00	52,00
569,99	I,IV		68,33	52,25
	II		68,33	52,25
	III		68,33	52,25
	V	49,25	68,33	52,25
	VI	63,66	68,33	52,25
572,99	I,IV		68,75	52,50
	II		68,75	52,50
	III		68,75	52,50
	V	49,58	68,75	52,50
	VI	64,00	68,75	52,50
575,99	I,IV		69,08	52,83
	II		69,08	52,83
	III		69,08	52,83
	V	49,91	69,08	52,83
	VI	64,33	69,08	52,83

* Zur LSt-Berechnung für privat versicherte Arbeitnehmer s. Beispiele **Vorbemerkung S. 4 f.**
** Basisvorsorgepauschale KV und PV *** Typisierter Arbeitgeberzuschuss

Monat gültig ab 1. 1. 2022 (idF des StEntlG 2022) aT3

Lohn/Gehalt in € bis	Steuerklasse	Lohn-steuer*	BVSP**	TAGZ***
578,99	I,IV		69,41	53,08
	II		69,41	53,08
	III		69,41	53,08
	V	50,25	69,41	53,08
	VI	64,66	69,41	53,08
581,99	I,IV		69,83	53,33
	II		69,83	53,33
	III		69,83	53,33
	V	50,58	69,83	53,33
	VI	65,00	69,83	53,33
584,99	I,IV		70,16	53,66
	II		70,16	53,66
	III		70,16	53,66
	V	50,91	70,16	53,66
	VI	65,33	70,16	53,66
587,99	I,IV		70,50	53,91
	II		70,50	53,91
	III		70,50	53,91
	V	51,25	70,50	53,91
	VI	65,66	70,50	53,91
590,99	I,IV		70,91	54,16
	II		70,91	54,16
	III		70,91	54,16
	V	51,58	70,91	54,16
	VI	66,00	70,91	54,16
593,99	I,IV		71,25	54,41
	II		71,25	54,41
	III		71,25	54,41
	V	51,91	71,25	54,41
	VI	66,33	71,25	54,41
596,99	I,IV		71,58	54,75
	II		71,58	54,75
	III		71,58	54,75
	V	52,25	71,58	54,75
	VI	66,66	71,58	54,75
599,99	I,IV		71,91	55,00
	II		71,91	55,00
	III		71,91	55,00
	V	52,58	71,91	55,00
	VI	67,00	71,91	55,00
602,99	I,IV		72,33	55,25
	II		72,33	55,25
	III		72,33	55,25
	V	52,91	72,33	55,25
	VI	67,33	72,33	55,25
605,99	I,IV		72,66	55,58
	II		72,66	55,58
	III		72,66	55,58
	V	53,25	72,66	55,58
	VI	67,66	72,66	55,58
608,99	I,IV		73,00	55,83
	II		73,00	55,83
	III		73,00	55,83
	V	53,58	73,00	55,83
	VI	68,00	73,00	55,83
611,99	I,IV		73,41	56,08
	II		73,41	56,08
	III		73,41	56,08
	V	53,91	73,41	56,08
	VI	68,33	73,41	56,08

Lohn/Gehalt in € bis	Steuerklasse	Lohn-steuer*	BVSP**	TAGZ***
614,99	I,IV		73,75	56,41
	II		73,75	56,41
	III		73,75	56,41
	V	54,25	73,75	56,41
	VI	68,66	73,75	56,41
617,99	I,IV		74,08	56,66
	II		74,08	56,66
	III		74,08	56,66
	V	54,58	74,08	56,66
	VI	69,00	74,08	56,66
620,99	I,IV		74,50	56,91
	II		74,50	56,91
	III		74,50	56,91
	V	54,91	74,50	56,91
	VI	69,33	74,50	56,91
623,99	I,IV		74,83	57,25
	II		74,83	57,25
	III		74,83	57,25
	V	55,25	74,83	57,25
	VI	69,66	74,83	57,25
626,99	I,IV		75,16	57,50
	II		75,16	57,50
	III		75,16	57,50
	V	55,58	75,16	57,50
	VI	70,00	75,16	57,50
629,99	I,IV		75,58	57,75
	II		75,58	57,75
	III		75,58	57,75
	V	55,91	75,58	57,75
	VI	70,33	75,58	57,75
632,99	I,IV		75,91	58,00
	II		75,91	58,00
	III		75,91	58,00
	V	56,25	75,91	58,00
	VI	70,66	75,91	58,00
635,99	I,IV		76,25	58,33
	II		76,25	58,33
	III		76,25	58,33
	V	56,58	76,25	58,33
	VI	71,00	76,25	58,33
638,99	I,IV		76,66	58,58
	II		76,66	58,58
	III		76,66	58,58
	V	56,91	76,66	58,58
	VI	71,33	76,66	58,58
641,99	I,IV		77,00	58,83
	II		77,00	58,83
	III		77,00	58,83
	V	57,25	77,00	58,83
	VI	71,66	77,00	58,83
644,99	I,IV		77,33	59,16
	II		77,33	59,16
	III		77,33	59,16
	V	57,58	77,33	59,16
	VI	72,00	77,33	59,16
647,99	I,IV		77,75	59,41
	II		77,75	59,41
	III		77,75	59,41
	V	57,91	77,75	59,41
	VI	72,33	77,75	59,41

* Zur LSt-Berechnung für privat versicherte Arbeitnehmer s. Beispiele **Vorbemerkung S. 4f.**
** Basisvorsorgepauschale KV und PV *** Typisierter Arbeitgeberzuschuss

aT3 allgemeine Lohnsteuer

Lohn/Gehalt in € bis	Steuerklasse	Lohn-steuer*	BVSP**	TAGZ***
650,99	I,IV		78,08	59,66
	II		78,08	59,66
	III		78,08	59,66
	V	**58,25**	78,08	59,66
	VI	**72,66**	78,08	59,66
653,99	I,IV		78,41	60,00
	II		78,41	60,00
	III		78,41	60,00
	V	**58,58**	78,41	60,00
	VI	**73,00**	78,41	60,00
656,99	I,IV		78,83	60,25
	II		78,83	60,25
	III		78,83	60,25
	V	**58,91**	78,83	60,25
	VI	**73,33**	78,83	60,25
659,99	I,IV		79,16	60,50
	II		79,16	60,50
	III		79,16	60,50
	V	**59,25**	79,16	60,50
	VI	**73,66**	79,16	60,50
662,99	I,IV		79,50	60,75
	II		79,50	60,75
	III		79,50	60,75
	V	**59,58**	79,50	60,75
	VI	**74,00**	79,50	60,75
665,99	I,IV		79,91	61,08
	II		79,91	61,08
	III		79,91	61,08
	V	**59,91**	79,91	61,08
	VI	**74,33**	79,91	61,08
668,99	I,IV		80,25	61,33
	II		80,25	61,33
	III		80,25	61,33
	V	**60,25**	80,25	61,33
	VI	**74,66**	80,25	61,33
671,99	I,IV		80,58	61,58
	II		80,58	61,58
	III		80,58	61,58
	V	**60,58**	80,58	61,58
	VI	**75,00**	80,58	61,58
674,99	I,IV		80,91	61,91
	II		80,91	61,91
	III		80,91	61,91
	V	**60,91**	80,91	61,91
	VI	**75,33**	80,91	61,91
677,99	I,IV		81,33	62,16
	II		81,33	62,16
	III		81,33	62,16
	V	**61,25**	81,33	62,16
	VI	**75,66**	81,33	62,16
680,99	I,IV		81,66	62,41
	II		81,66	62,41
	III		81,66	62,41
	V	**61,58**	81,66	62,41
	VI	**76,00**	81,66	62,41
683,99	I,IV		82,00	62,75
	II		82,00	62,75
	III		82,00	62,75
	V	**61,91**	82,00	62,75
	VI	**76,41**	82,00	62,75

Lohn/Gehalt in € bis	Steuerklasse	Lohn-steuer*	BVSP**	TAGZ***
686,99	I,IV		82,41	63,00
	II		82,41	63,00
	III		82,41	63,00
	V	**62,33**	82,41	63,00
	VI	**76,75**	82,41	63,00
689,99	I,IV		82,75	63,25
	II		82,75	63,25
	III		82,75	63,25
	V	**62,58**	82,75	63,25
	VI	**77,00**	82,75	63,25
692,99	I,IV		83,08	63,50
	II		83,08	63,50
	III		83,08	63,50
	V	**63,00**	83,08	63,50
	VI	**77,41**	83,08	63,50
695,99	I,IV		83,50	63,83
	II		83,50	63,83
	III		83,50	63,83
	V	**63,33**	83,50	63,83
	VI	**77,75**	83,50	63,83
698,99	I,IV		83,83	64,08
	II		83,83	64,08
	III		83,83	64,08
	V	**63,58**	83,83	64,08
	VI	**78,08**	83,83	64,08
701,99	I,IV		84,16	64,33
	II		84,16	64,33
	III		84,16	64,33
	V	**64,00**	84,16	64,33
	VI	**78,41**	84,16	64,33
704,99	I,IV		84,58	64,66
	II		84,58	64,66
	III		84,58	64,66
	V	**64,33**	84,58	64,66
	VI	**78,75**	84,58	64,66
707,99	I,IV		84,91	64,91
	II		84,91	64,91
	III		84,91	64,91
	V	**64,66**	84,91	64,91
	VI	**79,08**	84,91	64,91
710,99	I,IV		85,25	65,16
	II		85,25	65,16
	III		85,25	65,16
	V	**65,00**	85,25	65,16
	VI	**79,41**	85,25	65,16
713,99	I,IV		85,66	65,50
	II		85,66	65,50
	III		85,66	65,50
	V	**65,33**	85,66	65,50
	VI	**79,75**	85,66	65,50
716,99	I,IV		86,00	65,75
	II		86,00	65,75
	III		86,00	65,75
	V	**65,66**	86,00	65,75
	VI	**80,08**	86,00	65,75
719,99	I,IV		86,33	66,00
	II		86,33	66,00
	III		86,33	66,00
	V	**66,00**	86,33	66,00
	VI	**80,41**	86,33	66,00

* Zur LSt-Berechnung für privat versicherte Arbeitnehmer s. Beispiele **Vorbemerkung S. 4 f.**
** Basisvorsorgepauschale KV und PV   *** Typisierter Arbeitgeberzuschuss

Monat gültig ab 1. 1. 2022 (idF des StEntlG 2022) **aT3**

Lohn/Gehalt in € bis	Steuerklasse	Lohnsteuer*	BVSP**	TAGZ***
722,99	I,IV		86,75	66,33
	II		86,75	66,33
	III		86,75	66,33
	V	66,33	86,75	66,33
	VI	80,75	86,75	66,33
725,99	I,IV		87,08	66,58
	II		87,08	66,58
	III		87,08	66,58
	V	66,66	87,08	66,58
	VI	81,08	87,08	66,58
728,99	I,IV		87,41	66,83
	II		87,41	66,83
	III		87,41	66,83
	V	67,00	87,41	66,83
	VI	81,41	87,41	66,83
731,99	I,IV		87,83	67,08
	II		87,83	67,08
	III		87,83	67,08
	V	67,33	87,83	67,08
	VI	81,75	87,83	67,08
734,99	I,IV		88,16	67,41
	II		88,16	67,41
	III		88,16	67,41
	V	67,66	88,16	67,41
	VI	82,08	88,16	67,41
737,99	I,IV		88,50	67,66
	II		88,50	67,66
	III		88,50	67,66
	V	68,00	88,50	67,66
	VI	82,41	88,50	67,66
740,99	I,IV		88,91	67,91
	II		88,91	67,91
	III		88,91	67,91
	V	68,33	88,91	67,91
	VI	82,75	88,91	67,91
743,99	I,IV		89,25	68,25
	II		89,25	68,25
	III		89,25	68,25
	V	68,66	89,25	68,25
	VI	83,08	89,25	68,25
746,99	I,IV		89,58	68,50
	II		89,58	68,50
	III		89,58	68,50
	V	69,00	89,58	68,50
	VI	83,41	89,58	68,50
749,99	I,IV		89,91	68,75
	II		89,91	68,75
	III		89,91	68,75
	V	69,33	89,91	68,75
	VI	83,75	89,91	68,75
752,99	I,IV		90,33	69,08
	II		90,33	69,08
	III		90,33	69,08
	V	69,66	90,33	69,08
	VI	84,08	90,33	69,08
755,99	I,IV		90,66	69,33
	II		90,66	69,33
	III		90,66	69,33
	V	70,00	90,66	69,33
	VI	84,41	90,66	69,33
758,99	I,IV		91,00	69,58
	II		91,00	69,58
	III		91,00	69,58
	V	70,33	91,00	69,58
	VI	84,75	91,00	69,58
761,99	I,IV		91,41	69,83
	II		91,41	69,83
	III		91,41	69,83
	V	70,66	91,41	69,83
	VI	85,08	91,41	69,83
764,99	I,IV		91,75	70,16
	II		91,75	70,16
	III		91,75	70,16
	V	71,00	91,75	70,16
	VI	85,41	91,75	70,16
767,99	I,IV		92,08	70,41
	II		92,08	70,41
	III		92,08	70,41
	V	71,33	92,08	70,41
	VI	85,75	92,08	70,41
770,99	I,IV		92,50	70,66
	II		92,50	70,66
	III		92,50	70,66
	V	71,66	92,50	70,66
	VI	86,08	92,50	70,66
773,99	I,IV		92,83	71,00
	II		92,83	71,00
	III		92,83	71,00
	V	72,00	92,83	71,00
	VI	86,41	92,83	71,00
776,99	I,IV		93,16	71,25
	II		93,16	71,25
	III		93,16	71,25
	V	72,33	93,16	71,25
	VI	86,75	93,16	71,25
779,99	I,IV		93,58	71,50
	II		93,58	71,50
	III		93,58	71,50
	V	72,66	93,58	71,50
	VI	87,08	93,58	71,50
782,99	I,IV		93,91	71,83
	II		93,91	71,83
	III		93,91	71,83
	V	73,00	93,91	71,83
	VI	87,41	93,91	71,83
785,99	I,IV		94,25	72,08
	II		94,25	72,08
	III		94,25	72,08
	V	73,33	94,25	72,08
	VI	87,75	94,25	72,08
788,99	I,IV		94,66	72,33
	II		94,66	72,33
	III		94,66	72,33
	V	73,66	94,66	72,33
	VI	88,08	94,66	72,33
791,99	I,IV		95,00	72,58
	II		95,00	72,58
	III		95,00	72,58
	V	74,00	95,00	72,58
	VI	88,41	95,00	72,58

* Zur LSt-Berechnung für privat versicherte Arbeitnehmer s. Beispiele **Vorbemerkung S. 4 f.**
** Basisvorsorgepauschale KV und PV   *** Typisierter Arbeitgeberzuschuss

aT3 allgemeine Lohnsteuer

Lohn/Gehalt in € bis	Steuerklasse	Lohn-steuer*	BVSP**	TAGZ***
794,99	I,IV		95,33	72,91
	II		95,33	72,91
	III		95,33	72,91
	V	**74,33**	95,33	72,91
	VI	**88,75**	95,33	72,91
797,99	I,IV		95,75	73,16
	II		95,75	73,16
	III		95,75	73,16
	V	**74,66**	95,75	73,16
	VI	**89,08**	95,75	73,16
800,99	I,IV		96,08	73,41
	II		96,08	73,41
	III		96,08	73,41
	V	**75,00**	96,08	73,41
	VI	**89,41**	96,08	73,41
803,99	I,IV		96,41	73,75
	II		96,41	73,75
	III		96,41	73,75
	V	**75,33**	96,41	73,75
	VI	**89,75**	96,41	73,75
806,99	I,IV		96,83	74,00
	II		96,83	74,00
	III		96,83	74,00
	V	**75,66**	96,83	74,00
	VI	**90,08**	96,83	74,00
809,99	I,IV		97,16	74,25
	II		97,16	74,25
	III		97,16	74,25
	V	**76,00**	97,16	74,25
	VI	**90,41**	97,16	74,25
812,99	I,IV		97,50	74,58
	II		97,50	74,58
	III		97,50	74,58
	V	**76,33**	97,50	74,58
	VI	**90,75**	97,50	74,58
815,99	I,IV		97,91	74,83
	II		97,91	74,83
	III		97,91	74,83
	V	**76,66**	97,91	74,83
	VI	**91,08**	97,91	74,83
818,99	I,IV		98,25	75,08
	II		98,25	75,08
	III		98,25	75,08
	V	**77,00**	98,25	75,08
	VI	**91,50**	98,25	75,08
821,99	I,IV		98,58	75,41
	II		98,58	75,41
	III		98,58	75,41
	V	**77,41**	98,58	75,41
	VI	**91,83**	98,58	75,41
824,99	I,IV		98,91	75,66
	II		98,91	75,66
	III		98,91	75,66
	V	**77,66**	98,91	75,66
	VI	**92,16**	98,91	75,66
827,99	I,IV		99,33	75,91
	II		99,33	75,91
	III		99,33	75,91
	V	**78,08**	99,33	75,91
	VI	**92,50**	99,33	75,91

Lohn/Gehalt in € bis	Steuerklasse	Lohn-steuer*	BVSP**	TAGZ***
830,99	I,IV		99,66	76,16
	II		99,66	76,16
	III		99,66	76,16
	V	**78,41**	99,66	76,16
	VI	**92,83**	99,66	76,16
833,99	I,IV		100,00	76,50
	II		100,00	76,50
	III		100,00	76,50
	V	**78,75**	100,00	76,50
	VI	**93,16**	100,00	76,50
836,99	I,IV		100,41	76,75
	II		100,41	76,75
	III		100,41	76,75
	V	**79,08**	100,41	76,75
	VI	**93,50**	100,41	76,75
839,99	I,IV		100,75	77,00
	II		100,75	77,00
	III		100,75	77,00
	V	**79,41**	100,75	77,00
	VI	**93,83**	100,75	77,00
842,99	I,IV		101,08	77,33
	II		101,08	77,33
	III		101,08	77,33
	V	**79,75**	101,08	77,33
	VI	**94,16**	101,08	77,33
845,99	I,IV		101,50	77,58
	II		101,50	77,58
	III		101,50	77,58
	V	**80,08**	101,50	77,58
	VI	**94,50**	101,50	77,58
848,99	I,IV		101,83	77,83
	II		101,83	77,83
	III		101,83	77,83
	V	**80,41**	101,83	77,83
	VI	**94,83**	101,83	77,83
851,99	I,IV		102,16	78,16
	II		102,16	78,16
	III		102,16	78,16
	V	**80,75**	102,16	78,16
	VI	**95,16**	102,16	78,16
854,99	I,IV		102,58	78,41
	II		102,58	78,41
	III		102,58	78,41
	V	**81,08**	102,58	78,41
	VI	**95,50**	102,58	78,41
857,99	I,IV		102,91	78,66
	II		102,91	78,66
	III		102,91	78,66
	V	**81,41**	102,91	78,66
	VI	**95,83**	102,91	78,66
860,99	I,IV		103,25	78,91
	II		103,25	78,91
	III		103,25	78,91
	V	**81,75**	103,25	78,91
	VI	**96,16**	103,25	78,91
863,99	I,IV		103,66	79,25
	II		103,66	79,25
	III		103,66	79,25
	V	**82,08**	103,66	79,25
	VI	**96,50**	103,66	79,25

* Zur LSt-Berechnung für privat versicherte Arbeitnehmer s. Beispiele **Vorbemerkung S. 4 f.**
** Basisvorsorgepauschale KV und PV   *** Typisierter Arbeitgeberzuschuss

Monat gültig ab 1. 1. 2022 (idF des StEntlG 2022) — **aT3**

Lohn/Gehalt in € bis	Steuerklasse	Lohn-steuer*	BVSP**	TAGZ***
866,99	I,IV		104,00	79,50
	II		104,00	79,50
	III		104,00	79,50
	V	82,41	104,00	79,50
	VI	96,83	104,00	79,50
869,99	I,IV		104,33	79,75
	II		104,33	79,75
	III		104,33	79,75
	V	82,75	104,33	79,75
	VI	97,16	104,33	79,75
872,99	I,IV		104,75	80,08
	II		104,75	80,08
	III		104,75	80,08
	V	83,08	104,75	80,08
	VI	97,50	104,75	80,08
875,99	I,IV		105,08	80,33
	II		105,08	80,33
	III		105,08	80,33
	V	83,41	105,08	80,33
	VI	97,83	105,08	80,33
878,99	I,IV		105,41	80,58
	II		105,41	80,58
	III		105,41	80,58
	V	83,75	105,41	80,58
	VI	98,16	105,41	80,58
881,99	I,IV		105,83	80,91
	II		105,83	80,91
	III		105,83	80,91
	V	84,08	105,83	80,91
	VI	98,50	105,83	80,91
884,99	I,IV		106,16	81,16
	II		106,16	81,16
	III		106,16	81,16
	V	84,41	106,16	81,16
	VI	98,83	106,16	81,16
887,99	I,IV		106,50	81,41
	II		106,50	81,41
	III		106,50	81,41
	V	84,75	106,50	81,41
	VI	99,16	106,50	81,41
890,99	I,IV		106,91	81,66
	II		106,91	81,66
	III		106,91	81,66
	V	85,08	106,91	81,66
	VI	99,50	106,91	81,66
893,99	I,IV		107,25	82,00
	II		107,25	82,00
	III		107,25	82,00
	V	85,41	107,25	82,00
	VI	99,83	107,25	82,00
896,99	I,IV		107,58	82,25
	II		107,58	82,25
	III		107,58	82,25
	V	85,75	107,58	82,25
	VI	100,16	107,58	82,25
899,99	I,IV		107,91	82,50
	II		107,91	82,50
	III		107,91	82,50
	V	86,08	107,91	82,50
	VI	100,50	107,91	82,50

Lohn/Gehalt in € bis	Steuerklasse	Lohn-steuer*	BVSP**	TAGZ***
902,99	I,IV		108,33	82,83
	II		108,33	82,83
	III		108,33	82,83
	V	86,41	108,33	82,83
	VI	100,83	108,33	82,83
905,99	I,IV		108,66	83,08
	II		108,66	83,08
	III		108,66	83,08
	V	86,75	108,66	83,08
	VI	101,16	108,66	83,08
908,99	I,IV		109,00	83,33
	II		109,00	83,33
	III		109,00	83,33
	V	87,08	109,00	83,33
	VI	101,50	109,00	83,33
911,99	I,IV		109,41	83,66
	II		109,41	83,66
	III		109,41	83,66
	V	87,41	109,41	83,66
	VI	101,83	109,41	83,66
914,99	I,IV		109,75	83,91
	II		109,75	83,91
	III		109,75	83,91
	V	87,75	109,75	83,91
	VI	102,16	109,75	83,91
917,99	I,IV		110,08	84,16
	II		110,08	84,16
	III		110,08	84,16
	V	88,08	110,08	84,16
	VI	102,50	110,08	84,16
920,99	I,IV		110,50	84,50
	II		110,50	84,50
	III		110,50	84,50
	V	88,41	110,50	84,50
	VI	102,83	110,50	84,50
923,99	I,IV		110,83	84,75
	II		110,83	84,75
	III		110,83	84,75
	V	88,75	110,83	84,75
	VI	103,16	110,83	84,75
926,99	I,IV		111,16	85,00
	II		111,16	85,00
	III		111,16	85,00
	V	89,08	111,16	85,00
	VI	103,50	111,16	85,00
929,99	I,IV		111,58	85,25
	II		111,58	85,25
	III		111,58	85,25
	V	89,41	111,58	85,25
	VI	103,83	111,58	85,25
932,99	I,IV		111,91	85,58
	II		111,91	85,58
	III		111,91	85,58
	V	89,75	111,91	85,58
	VI	104,16	111,91	85,58
935,99	I,IV		112,25	85,83
	II		112,25	85,83
	III		112,25	85,83
	V	90,08	112,25	85,83
	VI	104,50	112,25	85,83

* Zur LSt-Berechnung für privat versicherte Arbeitnehmer s. Beispiele **Vorbemerkung S. 4 f.**
** Basisvorsorgepauschale KV und PV *** Typisierter Arbeitgeberzuschuss

aT3 allgemeine Lohnsteuer

Lohn/Gehalt in € bis	Steuerklasse	Lohn-steuer*	BVSP**	TAGZ***
938,99	I,IV		112,66	86,08
	II		112,66	86,08
	III		112,66	86,08
	V	**90,41**	112,66	86,08
	VI	**104,83**	112,66	86,08
941,99	I,IV		113,00	86,41
	II		113,00	86,41
	III		113,00	86,41
	V	**90,75**	113,00	86,41
	VI	**105,16**	113,00	86,41
944,99	I,IV		113,33	86,66
	II		113,33	86,66
	III		113,33	86,66
	V	**91,08**	113,33	86,66
	VI	**105,58**	113,33	86,66
947,99	I,IV		113,75	86,91
	II		113,75	86,91
	III		113,75	86,91
	V	**91,41**	113,75	86,91
	VI	**105,83**	113,75	86,91
950,99	I,IV		114,08	87,25
	II		114,08	87,25
	III		114,08	87,25
	V	**91,75**	114,08	87,25
	VI	**106,16**	114,08	87,25
953,99	I,IV		114,41	87,50
	II		114,41	87,50
	III		114,41	87,50
	V	**92,16**	114,41	87,50
	VI	**106,58**	114,41	87,50
956,99	I,IV		114,83	87,75
	II		114,83	87,75
	III		114,83	87,75
	V	**92,50**	114,83	87,75
	VI	**106,91**	114,83	87,75
959,99	I,IV		115,16	88,00
	II		115,16	88,00
	III		115,16	88,00
	V	**92,75**	115,16	88,00
	VI	**107,25**	115,16	88,00
962,99	I,IV		115,50	88,33
	II		115,50	88,33
	III		115,50	88,33
	V	**93,16**	115,50	88,33
	VI	**107,58**	115,50	88,33
965,99	I,IV		115,91	88,58
	II		115,91	88,58
	III		115,91	88,58
	V	**93,50**	115,91	88,58
	VI	**107,91**	115,91	88,58
968,99	I,IV		116,25	88,83
	II		116,25	88,83
	III		116,25	88,83
	V	**93,83**	116,25	88,83
	VI	**108,25**	116,25	88,83
971,99	I,IV		116,58	89,16
	II		116,58	89,16
	III		116,58	89,16
	V	**94,16**	116,58	89,16
	VI	**108,58**	116,58	89,16

Lohn/Gehalt in € bis	Steuerklasse	Lohn-steuer*	BVSP**	TAGZ***
974,99	I,IV		116,91	89,41
	II		116,91	89,41
	III		116,91	89,41
	V	**94,50**	116,91	89,41
	VI	**108,91**	116,91	89,41
977,99	I,IV		117,33	89,66
	II		117,33	89,66
	III		117,33	89,66
	V	**94,83**	117,33	89,66
	VI	**109,25**	117,33	89,66
980,99	I,IV		117,66	90,00
	II		117,66	90,00
	III		117,66	90,00
	V	**95,16**	117,66	90,00
	VI	**109,58**	117,66	90,00
983,99	I,IV		118,00	90,25
	II		118,00	90,25
	III		118,00	90,25
	V	**95,50**	118,00	90,25
	VI	**109,91**	118,00	90,25
986,99	I,IV		118,41	90,50
	II		118,41	90,50
	III		118,41	90,50
	V	**95,83**	118,41	90,50
	VI	**110,25**	118,41	90,50
989,99	I,IV		118,75	90,75
	II		118,75	90,75
	III		118,75	90,75
	V	**96,16**	118,75	90,75
	VI	**110,58**	118,75	90,75
992,99	I,IV		119,08	91,08
	II		119,08	91,08
	III		119,08	91,08
	V	**96,50**	119,08	91,08
	VI	**110,91**	119,08	91,08
995,99	I,IV		119,50	91,33
	II		119,50	91,33
	III		119,50	91,33
	V	**96,83**	119,50	91,33
	VI	**111,25**	119,50	91,33
998,99	I,IV		119,83	91,58
	II		119,83	91,58
	III		119,83	91,58
	V	**97,16**	119,83	91,58
	VI	**111,58**	119,83	91,58
1 001,99	I,IV		120,16	91,91
	II		120,16	91,91
	III		120,16	91,91
	V	**97,50**	120,16	91,91
	VI	**111,91**	120,16	91,91
1 004,99	I,IV		120,58	92,16
	II		120,58	92,16
	III		120,58	92,16
	V	**97,83**	120,58	92,16
	VI	**112,25**	120,58	92,16
1 007,99	I,IV		120,91	92,41
	II		120,91	92,41
	III		120,91	92,41
	V	**98,16**	120,91	92,41
	VI	**112,58**	120,91	92,41

* Zur LSt-Berechnung für privat versicherte Arbeitnehmer s. Beispiele **Vorbemerkung S. 4 f.**
** Basisvorsorgepauschale KV und PV *** Typisierter Arbeitgeberzuschuss

Monat gültig ab 1. 1. 2022 (idF des StEntlG 2022) aT3

Lohn/Gehalt in € bis	Steuerklasse	Lohn-steuer*	BVSP**	TAGZ***
1 010,99	I,IV		121,25	92,75
	II		121,25	92,75
	III		121,25	92,75
	V	**98,50**	121,25	92,75
	VI	**112,91**	121,25	92,75
1 013,99	I,IV		121,66	93,00
	II		121,66	93,00
	III		121,66	93,00
	V	**98,83**	121,66	93,00
	VI	**113,25**	121,66	93,00
1 016,99	I,IV		122,00	93,25
	II		122,00	93,25
	III		122,00	93,25
	V	**99,16**	122,00	93,25
	VI	**113,58**	122,00	93,25
1 019,99	I,IV		122,33	93,58
	II		122,33	93,58
	III		122,33	93,58
	V	**99,50**	122,33	93,58
	VI	**113,91**	122,33	93,58
1 022,99	I,IV		122,75	93,83
	II		122,75	93,83
	III		122,75	93,83
	V	**99,83**	122,75	93,83
	VI	**114,25**	122,75	93,83
1 025,99	I,IV		123,08	94,08
	II		123,08	94,08
	III		123,08	94,08
	V	**100,16**	123,08	94,08
	VI	**114,58**	123,08	94,08
1 028,99	I,IV		123,41	94,33
	II		123,41	94,33
	III		123,41	94,33
	V	**100,50**	123,41	94,33
	VI	**114,91**	123,41	94,33
1 031,99	I,IV		123,83	94,66
	II		123,83	94,66
	III		123,83	94,66
	V	**100,83**	123,83	94,66
	VI	**115,25**	123,83	94,66
1 034,99	I,IV		124,16	94,91
	II		124,16	94,91
	III		124,16	94,91
	V	**101,16**	124,16	94,91
	VI	**115,58**	124,16	94,91
1 037,99	I,IV		124,50	95,16
	II		124,50	95,16
	III		124,50	95,16
	V	**101,50**	124,50	95,16
	VI	**115,91**	124,50	95,16
1 040,99	I,IV		124,91	95,50
	II		124,91	95,50
	III		124,91	95,50
	V	**101,83**	124,91	95,50
	VI	**116,25**	124,91	95,50
1 043,99	I,IV		125,25	95,75
	II		125,25	95,75
	III		125,25	95,75
	V	**102,16**	125,25	95,75
	VI	**116,58**	125,25	95,75

Lohn/Gehalt in € bis	Steuerklasse	Lohn-steuer*	BVSP**	TAGZ***
1 046,99	I,IV		125,58	96,00
	II		125,58	96,00
	III		125,58	96,00
	V	**102,50**	125,58	96,00
	VI	**116,91**	125,58	96,00
1 049,99	I,IV		125,91	96,33
	II		125,91	96,33
	III		125,91	96,33
	V	**102,83**	125,91	96,33
	VI	**117,25**	125,91	96,33
1 052,99	I,IV		126,33	96,58
	II		126,33	96,58
	III		126,33	96,58
	V	**103,16**	126,33	96,58
	VI	**117,58**	126,33	96,58
1 055,99	I,IV		126,66	96,83
	II		126,66	96,83
	III		126,66	96,83
	V	**103,50**	126,66	96,83
	VI	**117,91**	126,66	96,83
1 058,99	I,IV		127,00	97,08
	II		127,00	97,08
	III		127,00	97,08
	V	**103,83**	127,00	97,08
	VI	**118,25**	127,00	97,08
1 061,99	I,IV		127,41	97,41
	II		127,41	97,41
	III		127,41	97,41
	V	**104,16**	127,41	97,41
	VI	**118,58**	127,41	97,41
1 064,99	I,IV		127,75	97,66
	II		127,75	97,66
	III		127,75	97,66
	V	**104,50**	127,75	97,66
	VI	**118,91**	127,75	97,66
1 067,99	I,IV		128,08	97,91
	II		128,08	97,91
	III		128,08	97,91
	V	**104,83**	128,08	97,91
	VI	**119,25**	128,08	97,91
1 070,99	I,IV		128,50	98,25
	II		128,50	98,25
	III		128,50	98,25
	V	**105,16**	128,50	98,25
	VI	**119,58**	128,50	98,25
1 073,99	I,IV		128,83	98,50
	II		128,83	98,50
	III		128,83	98,50
	V	**105,50**	128,83	98,50
	VI	**119,91**	128,83	98,50
1 076,99	I,IV		129,16	98,75
	II		129,16	98,75
	III		129,16	98,75
	V	**105,83**	129,16	98,75
	VI	**120,25**	129,16	98,75
1 079,99	I,IV		129,58	99,08
	II		129,58	99,08
	III		129,58	99,08
	V	**106,16**	129,58	99,08
	VI	**120,66**	129,58	99,08

* Zur LSt-Berechnung für privat versicherte Arbeitnehmer s. Beispiele **Vorbemerkung S. 4 f.**
** Basisvorsorgepauschale KV und PV *** Typisierter Arbeitgeberzuschuss

aT3

allgemeine Lohnsteuer

Lohn/Gehalt in € bis	Steuerklasse	Lohn-steuer*	BVSP**	TAGZ***
1 082,99	I,IV		129,91	99,33
	II		129,91	99,33
	III		129,91	99,33
	V	**106,50**	129,91	99,33
	VI	**120,91**	129,91	99,33
1 085,99	I,IV		130,25	99,58
	II		130,25	99,58
	III		130,25	99,58
	V	**106,83**	130,25	99,58
	VI	**121,33**	130,25	99,58
1 088,99	I,IV		130,66	99,83
	II		130,66	99,83
	III		130,66	99,83
	V	**107,25**	130,66	99,83
	VI	**121,66**	130,66	99,83
1 091,99	I,IV		131,00	100,16
	II		131,00	100,16
	III		131,00	100,16
	V	**107,58**	131,00	100,16
	VI	**122,00**	131,00	100,16
1 094,99	I,IV		131,33	100,41
	II		131,33	100,41
	III		131,33	100,41
	V	**107,91**	131,33	100,41
	VI	**122,33**	131,33	100,41
1 097,99	I,IV		131,75	100,66
	II		131,75	100,66
	III		131,75	100,66
	V	**108,25**	131,75	100,66
	VI	**122,66**	131,75	100,66
1 100,99	I,IV		132,08	101,00
	II		132,08	101,00
	III		132,08	101,00
	V	**108,58**	132,08	101,00
	VI	**123,00**	132,08	101,00
1 103,99	I,IV		132,41	101,25
	II		132,41	101,25
	III		132,41	101,25
	V	**108,91**	132,41	101,25
	VI	**123,33**	132,41	101,25
1 106,99	I,IV		132,83	101,50
	II		132,83	101,50
	III		132,83	101,50
	V	**109,25**	132,83	101,50
	VI	**123,66**	132,83	101,50
1 109,99	I,IV		133,16	101,83
	II		133,16	101,83
	III		133,16	101,83
	V	**109,58**	133,16	101,83
	VI	**124,00**	133,16	101,83
1 112,99	I,IV		133,50	102,08
	II		133,50	102,08
	III		133,50	102,08
	V	**109,91**	133,50	102,08
	VI	**124,33**	133,50	102,08
1 115,99	I,IV		133,91	102,33
	II		133,91	102,33
	III		133,91	102,33
	V	**110,25**	133,91	102,33
	VI	**124,66**	133,91	102,33
1 118,99	I,IV		134,25	102,66
	II		134,25	102,66
	III		134,25	102,66
	V	**110,58**	134,25	102,66
	VI	**125,00**	134,25	102,66
1 121,99	I,IV		134,58	102,91
	II		134,58	102,91
	III		134,58	102,91
	V	**110,91**	134,58	102,91
	VI	**125,33**	134,58	102,91
1 124,99	I,IV		134,91	103,16
	II		134,91	103,16
	III		134,91	103,16
	V	**111,25**	134,91	103,16
	VI	**125,66**	134,91	103,16
1 127,99	I,IV		135,33	103,41
	II		135,33	103,41
	III		135,33	103,41
	V	**111,58**	135,33	103,41
	VI	**126,00**	135,33	103,41
1 130,99	I,IV		135,66	103,75
	II		135,66	103,75
	III		135,66	103,75
	V	**111,91**	135,66	103,75
	VI	**126,33**	135,66	103,75
1 133,99	I,IV		136,00	104,00
	II		136,00	104,00
	III		136,00	104,00
	V	**112,25**	136,00	104,00
	VI	**126,66**	136,00	104,00
1 136,99	I,IV		136,41	104,25
	II		136,41	104,25
	III		136,41	104,25
	V	**112,58**	136,41	104,25
	VI	**127,00**	136,41	104,25
1 139,99	I,IV		136,75	104,58
	II		136,75	104,58
	III		136,75	104,58
	V	**112,91**	136,75	104,58
	VI	**127,33**	136,75	104,58
1 142,99	I,IV		137,08	104,83
	II		137,08	104,83
	III		137,08	104,83
	V	**113,25**	137,08	104,83
	VI	**127,66**	137,08	104,83
1 145,99	I,IV		137,50	105,08
	II		137,50	105,08
	III		137,50	105,08
	V	**113,58**	137,50	105,08
	VI	**128,00**	137,50	105,08
1 148,99	I,IV		137,83	105,41
	II		137,83	105,41
	III		137,83	105,41
	V	**113,91**	137,83	105,41
	VI	**128,33**	137,83	105,41
1 151,99	I,IV		138,16	105,66
	II		138,16	105,66
	III		138,16	105,66
	V	**114,25**	138,16	105,66
	VI	**128,66**	138,16	105,66

* Zur LSt-Berechnung für privat versicherte Arbeitnehmer s. Beispiele **Vorbemerkung S. 4f.**
** Basisvorsorgepauschale KV und PV *** Typisierter Arbeitgeberzuschuss

Monat gültig ab 1. 1. 2022 (idF des StEntlG 2022) — aT3

Lohn/Gehalt in € bis	Steuerklasse	Lohnsteuer*	BVSP**	TAGZ***
1 154,99	I,IV		138,58	105,91
	II		138,58	105,91
	III		138,58	105,91
	V	114,58	138,58	105,91
	VI	129,00	138,58	105,91
1 157,99	I,IV		138,91	106,16
	II		138,91	106,16
	III		138,91	106,16
	V	114,91	138,91	106,16
	VI	129,33	138,91	106,16
1 160,99	I,IV		139,25	106,50
	II		139,25	106,50
	III		139,25	106,50
	V	115,25	139,25	106,50
	VI	129,66	139,25	106,50
1 163,99	I,IV		139,66	106,75
	II		139,66	106,75
	III		139,66	106,75
	V	115,58	139,66	106,75
	VI	130,00	139,66	106,75
1 166,99	I,IV		140,00	107,00
	II		140,00	107,00
	III		140,00	107,00
	V	115,91	140,00	107,00
	VI	130,33	140,00	107,00
1 169,99	I,IV		140,33	107,33
	II		140,33	107,33
	III		140,33	107,33
	V	116,25	140,33	107,33
	VI	130,66	140,33	107,33
1 172,99	I,IV		140,75	107,58
	II		140,75	107,58
	III		140,75	107,58
	V	116,58	140,75	107,58
	VI	131,00	140,75	107,58
1 175,99	I,IV		141,08	107,83
	II		141,08	107,83
	III		141,08	107,83
	V	116,91	141,08	107,83
	VI	131,33	141,08	107,83
1 178,99	I,IV		141,41	108,16
	II		141,41	108,16
	III		141,41	108,16
	V	117,25	141,41	108,16
	VI	131,66	141,41	108,16
1 181,99	I,IV		141,83	108,41
	II		141,83	108,41
	III		141,83	108,41
	V	117,58	141,83	108,41
	VI	132,00	141,83	108,41
1 184,99	I,IV		142,16	108,66
	II		142,16	108,66
	III		142,16	108,66
	V	117,91	142,16	108,66
	VI	132,33	142,16	108,66
1 187,99	I,IV		142,50	108,91
	II		142,50	108,91
	III		142,50	108,91
	V	118,25	142,50	108,91
	VI	132,66	142,50	108,91

Lohn/Gehalt in € bis	Steuerklasse	Lohnsteuer*	BVSP**	TAGZ***
1 190,99	I,IV		142,91	109,25
	II		142,91	109,25
	III		142,91	109,25
	V	118,58	142,91	109,25
	VI	133,00	142,91	109,25
1 193,99	I,IV		143,25	109,50
	II		143,25	109,50
	III		143,25	109,50
	V	118,91	143,25	109,50
	VI	133,33	143,25	109,50
1 196,99	I,IV		143,58	109,75
	II		143,58	109,75
	III		143,58	109,75
	V	119,25	143,58	109,75
	VI	133,66	143,58	109,75
1 199,99	I,IV		143,91	110,08
	II		143,91	110,08
	III		143,91	110,08
	V	119,58	143,91	110,08
	VI	134,00	143,91	110,08
1 202,99	I,IV		144,33	110,33
	II		144,33	110,33
	III		144,33	110,33
	V	119,91	144,33	110,33
	VI	134,33	144,33	110,33
1 205,99	I,IV		144,66	110,58
	II		144,66	110,58
	III		144,66	110,58
	V	120,25	144,66	110,58
	VI	134,66	144,66	110,58
1 208,99	I,IV		145,00	110,91
	II		145,00	110,91
	III		145,00	110,91
	V	120,58	145,00	110,91
	VI	135,00	145,00	110,91
1 211,99	I,IV	0,25	145,41	111,16
	II		145,41	111,16
	III		145,41	111,16
	V	120,91	145,41	111,16
	VI	135,33	145,41	111,16
1 214,99	I,IV	0,58	145,75	111,41
	II		145,75	111,41
	III		145,75	111,41
	V	121,33	145,75	111,41
	VI	135,75	145,75	111,41
1 217,99	I,IV	0,91	146,08	111,75
	II		146,08	111,75
	III		146,08	111,75
	V	121,58	146,08	111,75
	VI	136,00	146,08	111,75
1 220,99	I,IV	1,25	146,50	112,00
	II		146,50	112,00
	III		146,50	112,00
	V	121,91	146,50	112,00
	VI	136,41	146,50	112,00
1 223,99	I,IV	1,58	146,83	112,25
	II		146,83	112,25
	III		146,83	112,25
	V	122,33	146,83	112,25
	VI	136,75	146,83	112,25

* Zur LSt-Berechnung für privat versicherte Arbeitnehmer s. Beispiele **Vorbemerkung S. 4 f.**
** Basisvorsorgepauschale KV und PV   *** Typisierter Arbeitgeberzuschuss

aT3 allgemeine Lohnsteuer

Lohn/Gehalt in € bis	Steuerklasse	Lohn-steuer*	BVSP**	TAGZ***
1226,99	I,IV	1,91	147,16	112,50
	II		147,16	112,50
	III		147,16	112,50
	V	122,66	147,16	112,50
	VI	137,08	147,16	112,50
1229,99	I,IV	2,25	147,58	112,83
	II		147,58	112,83
	III		147,58	112,83
	V	123,00	147,58	112,83
	VI	137,41	147,58	112,83
1232,99	I,IV	2,66	147,91	113,08
	II		147,91	113,08
	III		147,91	113,08
	V	123,33	147,91	113,08
	VI	138,08	147,91	113,08
1235,99	I,IV	3,00	148,25	113,33
	II		148,25	113,33
	III		148,25	113,33
	V	123,66	148,25	113,33
	VI	139,08	148,25	113,33
1238,99	I,IV	3,33	148,66	113,66
	II		148,66	113,66
	III		148,66	113,66
	V	124,00	148,66	113,66
	VI	140,08	148,66	113,66
1241,99	I,IV	3,66	149,00	113,91
	II		149,00	113,91
	III		149,00	113,91
	V	124,33	149,00	113,91
	VI	141,08	149,00	113,91
1244,99	I,IV	4,00	149,33	114,16
	II		149,33	114,16
	III		149,33	114,16
	V	124,66	149,33	114,16
	VI	142,08	149,33	114,16
1247,99	I,IV	4,41	149,75	114,50
	II		149,75	114,50
	III		149,75	114,50
	V	125,00	149,75	114,50
	VI	143,08	149,75	114,50
1250,99	I,IV	4,75	150,08	114,75
	II		150,08	114,75
	III		150,08	114,75
	V	125,33	150,08	114,75
	VI	144,08	150,08	114,75
1253,99	I,IV	5,08	150,41	115,00
	II		150,41	115,00
	III		150,41	115,00
	V	125,66	150,41	115,00
	VI	145,08	150,41	115,00
1256,99	I,IV	5,41	150,83	115,25
	II		150,83	115,25
	III		150,83	115,25
	V	126,00	150,83	115,25
	VI	146,08	150,83	115,25
1259,99	I,IV	5,83	151,16	115,58
	II		151,16	115,58
	III		151,16	115,58
	V	126,33	151,16	115,58
	VI	147,16	151,16	115,58
1262,99	I,IV	6,16	151,50	115,83
	II		151,50	115,83
	III		151,50	115,83
	V	126,66	151,50	115,83
	VI	148,08	151,50	115,83
1265,99	I,IV	6,50	151,91	116,08
	II		151,91	116,08
	III		151,91	116,08
	V	127,00	151,91	116,08
	VI	149,16	151,91	116,08
1268,99	I,IV	6,91	152,25	116,41
	II		152,25	116,41
	III		152,25	116,41
	V	127,33	152,25	116,41
	VI	150,16	152,25	116,41
1271,99	I,IV	7,25	152,58	116,66
	II		152,58	116,66
	III		152,58	116,66
	V	127,66	152,58	116,66
	VI	151,16	152,58	116,66
1274,99	I,IV	7,66	152,91	116,91
	II		152,91	116,91
	III		152,91	116,91
	V	128,00	152,91	116,91
	VI	152,16	152,91	116,91
1277,99	I,IV	8,00	153,33	117,25
	II		153,33	117,25
	III		153,33	117,25
	V	128,33	153,33	117,25
	VI	153,16	153,33	117,25
1280,99	I,IV	8,41	153,66	117,50
	II		153,66	117,50
	III		153,66	117,50
	V	128,66	153,66	117,50
	VI	154,16	153,66	117,50
1283,99	I,IV	8,75	154,00	117,75
	II		154,00	117,75
	III		154,00	117,75
	V	129,00	154,00	117,75
	VI	155,16	154,00	117,75
1286,99	I,IV	9,08	154,41	118,00
	II		154,41	118,00
	III		154,41	118,00
	V	129,33	154,41	118,00
	VI	156,16	154,41	118,00
1289,99	I,IV	9,50	154,75	118,33
	II		154,75	118,33
	III		154,75	118,33
	V	129,66	154,75	118,33
	VI	157,16	154,75	118,33
1292,99	I,IV	9,83	155,08	118,58
	II		155,08	118,58
	III		155,08	118,58
	V	130,00	155,08	118,58
	VI	158,16	155,08	118,58
1295,99	I,IV	10,25	155,50	118,83
	II		155,50	118,83
	III		155,50	118,83
	V	130,33	155,50	118,83
	VI	159,16	155,50	118,83

* Zur LSt-Berechnung für privat versicherte Arbeitnehmer s. Beispiele **Vorbemerkung S. 4 f.**
** Basisvorsorgepauschale KV und PV *** Typisierter Arbeitgeberzuschuss

Monat gültig ab 1. 1. 2022 (idF des StEntlG 2022) — aT3

| Lohn/Gehalt in € bis | Steuerklasse | Lohn-steuer* | BVSP** | TAGZ*** | Steuerklasse | Bemessungsgrundlage für Kirchensteuer und Solidaritätszuschlag | | | | | |
| | | | | | | Freibeträge für ... Kinder | | | | | |
						0,5	1,0	1,5	2,0	2,5	3,0
1 298,99	I,IV	10,58	155,83	119,16	I						
	II		155,83	119,16	II						
	III		155,83	119,16	III						
	V	130,66	155,83	119,16	IV						
	VI	160,16	155,83	119,16							
1 301,99	I,IV	11,00	156,16	119,41	I						
	II		156,16	119,41	II						
	III		156,16	119,41	III						
	V	131,00	156,16	119,41	IV						
	VI	161,16	156,16	119,41							
1 304,99	I,IV	11,41	156,58	119,66	I						
	II		156,58	119,66	II						
	III		156,58	119,66	III						
	V	131,33	156,58	119,66	IV						
	VI	162,25	156,58	119,66							
1 307,99	I,IV	11,75	156,91	120,00	I						
	II		156,91	120,00	II						
	III		156,91	120,00	III						
	V	131,66	156,91	120,00	IV						
	VI	163,16	156,91	120,00							
1 310,99	I,IV	12,16	157,25	120,25	I						
	II		157,25	120,25	II						
	III		157,25	120,25	III						
	V	132,00	157,25	120,25	IV						
	VI	164,25	157,25	120,25							
1 313,99	I,IV	12,58	157,66	120,50	I						
	II		157,66	120,50	II						
	III		157,66	120,50	III						
	V	132,33	157,66	120,50	IV						
	VI	165,25	157,66	120,50							
1 316,99	I,IV	12,91	158,00	120,83	I						
	II		158,00	120,83	II						
	III		158,00	120,83	III						
	V	132,66	158,00	120,83	IV						
	VI	166,25	158,00	120,83							
1 319,99	I,IV	13,33	158,33	121,08	I						
	II		158,33	121,08	II						
	III		158,33	121,08	III						
	V	133,00	158,33	121,08	IV						
	VI	167,25	158,33	121,08							
1 322,99	I,IV	13,75	158,33	121,33	I						
	II		158,33	121,33	II						
	III		158,75	121,33	III						
	V	133,41	158,33	121,33	IV						
	VI	168,41	158,33	121,33							
1 325,99	I,IV	14,25	158,33	121,58	I						
	II		158,33	121,58	II						
	III		159,08	121,58	III						
	V	133,83	158,33	121,58	IV						
	VI	169,58	158,33	121,58							
1 328,99	I,IV	14,66	158,33	121,91	I						
	II		158,33	121,91	II						
	III		159,41	121,91	III						
	V	134,16	158,33	121,91	IV						
	VI	170,75	158,33	121,91							
1 331,99	I,IV	15,16	158,33	122,16	I						
	II		158,33	122,16	II						
	III		159,83	122,16	III						
	V	134,58	158,33	122,16	IV						
	VI	171,91	158,33	122,16							

* Zur LSt-Berechnung für privat versicherte Arbeitnehmer s. Beispiele **Vorbemerkung S. 4 f.**
** Basisvorsorgepauschale KV und PV   *** Typisierter Arbeitgeberzuschuss

aT3 allgemeine Lohnsteuer

Lohn/Gehalt in € bis	Steuerklasse	Lohn-steuer*	BVSP**	TAGZ***	Steuerklasse	Bemessungsgrundlage für Kirchensteuer und Solidaritätszuschlag					
						Freibeträge für ... Kinder					
						0,5	1,0	1,5	2,0	2,5	3,0
1 334,99	I,IV	15,58	158,33	122,41	I						
	II		158,33	122,41	II						
	III		160,16	122,41	III						
	V	134,91	158,33	122,41	IV						
	VI	173,00	158,33	122,41							
1 337,99	I,IV	16,08	158,33	122,75	I						
	II		158,33	122,75	II						
	III		160,50	122,75	III						
	V	135,33	158,33	122,75	IV						
	VI	174,16	158,33	122,75							
1 340,99	I,IV	16,50	158,33	123,00	I						
	II		158,33	123,00	II						
	III		160,91	123,00	III						
	V	135,75	158,33	123,00	IV						
	VI	175,41	158,33	123,00							
1 343,99	I,IV	17,00	158,33	123,25	I						
	II		158,33	123,25	II						
	III		161,25	123,25	III						
	V	136,08	158,33	123,25	IV						
	VI	176,50	158,33	123,25							
1 346,99	I,IV	17,50	158,33	123,58	I						
	II		158,33	123,58	II						
	III		161,58	123,58	III						
	V	136,50	158,33	123,58	IV						
	VI	177,66	158,33	123,58							
1 349,99	I,IV	17,91	158,33	123,83	I						
	II		158,33	123,83	II						
	III		161,91	123,83	III						
	V	136,91	158,33	123,83	IV						
	VI	178,83	158,33	123,83							
1 352,99	I,IV	18,41	158,33	124,08	I						
	II		158,33	124,08	II						
	III		162,33	124,08	III						
	V	137,25	158,33	124,08	IV						
	VI	180,00	158,33	124,08							
1 355,99	I,IV	18,83	158,33	124,33	I						
	II		158,33	124,33	II						
	III		162,66	124,33	III						
	V	137,91	158,33	124,33	IV						
	VI	181,16	158,33	124,33							
1 358,99	I,IV	19,33	158,33	124,66	I						
	II		158,33	124,66	II						
	III		163,00	124,66	III						
	V	139,08	158,33	124,66	IV						
	VI	182,33	158,33	124,66							
1 361,99	I,IV	19,83	158,33	124,91	I						
	II		158,33	124,91	II						
	III		163,41	124,91	III						
	V	140,16	158,33	124,91	IV						
	VI	183,50	158,33	124,91							
1 364,99	I,IV	20,33	158,33	125,16	I						
	II		158,33	125,16	II						
	III		163,75	125,16	III						
	V	141,33	158,33	125,16	IV						
	VI	184,58	158,33	125,16							
1 367,99	I,IV	20,75	158,33	125,50	I						
	II		158,33	125,50	II						
	III		164,08	125,50	III						
	V	142,50	158,33	125,50	IV						
	VI	185,75	158,33	125,50							

* Zur LSt-Berechnung für privat versicherte Arbeitnehmer s. Beispiele **Vorbemerkung S. 4 f.**
** Basisvorsorgepauschale KV und PV *** Typisierter Arbeitgeberzuschuss

Monat gültig ab 1. 1. 2022 (idF des StEntlG 2022) — aT3

Lohn/Gehalt in € bis	Steuerklasse	Lohn-steuer*	BVSP**	TAGZ***	Steuerklasse	Bemessungsgrundlage für Kirchensteuer und Solidaritätszuschlag — Freibeträge für ... Kinder					
						0,5	1,0	1,5	2,0	2,5	3,0
1 370,99	I,IV	21,25	158,33	125,75	I						
	II		158,33	125,75	II						
	III		164,50	125,75	III						
	V	143,66	158,33	125,75	IV						
	VI	186,91	158,33	125,75							
1 373,99	I,IV	21,75	158,33	126,00	I						
	II		158,33	126,00	II						
	III		164,83	126,00	III						
	V	144,83	158,33	126,00	IV						
	VI	188,08	158,33	126,00							
1 376,99	I,IV	22,25	158,33	126,33	I						
	II		158,33	126,33	II						
	III		165,16	126,33	III						
	V	146,00	158,33	126,33	IV						
	VI	189,25	158,33	126,33							
1 379,99	I,IV	22,75	158,33	126,58	I						
	II		158,33	126,58	II						
	III		165,58	126,58	III						
	V	147,16	158,33	126,58	IV						
	VI	190,41	158,33	126,58							
1 382,99	I,IV	23,16	158,33	126,83	I						
	II		158,33	126,83	II						
	III		165,91	126,83	III						
	V	148,25	158,33	126,83	IV						
	VI	191,58	158,33	126,83							
1 385,99	I,IV	23,66	158,33	127,08	I						
	II		158,33	127,08	II						
	III		166,25	127,08	III						
	V	149,41	158,33	127,08	IV						
	VI	192,66	158,33	127,08							
1 388,99	I,IV	24,16	158,33	127,41	I						
	II		158,33	127,41	II						
	III		166,66	127,41	III						
	V	150,58	158,33	127,41	IV						
	VI	193,83	158,33	127,41							
1 391,99	I,IV	24,66	158,33	127,66	I						
	II		158,33	127,66	II						
	III		167,00	127,66	III						
	V	151,75	158,33	127,66	IV						
	VI	195,00	158,33	127,66							
1 394,99	I,IV	25,16	158,33	127,91	I						
	II		158,33	127,91	II						
	III		167,33	127,91	III						
	V	152,91	158,33	127,91	IV						
	VI	196,16	158,33	127,91							
1 397,99	I,IV	25,66	158,33	128,25	I						
	II		158,33	128,25	II						
	III		167,75	128,25	III						
	V	154,08	158,33	128,25	IV						
	VI	197,33	158,33	128,25							
1 400,99	I,IV	26,16	158,33	128,50	I						
	II		158,33	128,50	II						
	III		168,08	128,50	III						
	V	155,25	158,33	128,50	IV						
	VI	198,50	158,33	128,50							
1 403,99	I,IV	26,66	158,33	128,75	I						
	II		158,33	128,75	II						
	III		168,41	128,75	III						
	V	156,41	158,33	128,75	IV						
	VI	199,66	158,33	128,75							

* Zur LSt-Berechnung für privat versicherte Arbeitnehmer s. Beispiele **Vorbemerkung S. 4 f.**
** Basisvorsorgepauschale KV und PV   *** Typisierter Arbeitgeberzuschuss

aT3

allgemeine Lohnsteuer

Lohn/ Gehalt in € bis	Steuerklasse	Lohn- steuer*	BVSP**	TAGZ***	Steuerklasse	Bemessungsgrundlage für Kirchensteuer und Solidaritätszuschlag					
						Freibeträge für ... Kinder					
						0,5	1,0	1,5	2,0	2,5	3,0
1 406,99	I,IV	**27,16**	158,33	129,08	I						
	II		158,33	129,08	II						
	III		168,83	129,08	III						
	V	**157,58**	158,33	129,08	IV						
	VI	**200,83**	158,33	129,08							
1 409,99	I,IV	**27,66**	158,33	129,33	I						
	II		158,33	129,33	II						
	III		169,16	129,33	III						
	V	**158,75**	158,33	129,33	IV						
	VI	**202,00**	158,33	129,33							
1 412,99	I,IV	**28,25**	158,33	129,58	I						
	II		158,33	129,58	II						
	III		169,50	129,58	III						
	V	**159,83**	158,33	129,58	IV						
	VI	**203,16**	158,33	129,58							
1 415,99	I,IV	**28,75**	158,33	129,91	I						
	II		158,33	129,91	II						
	III		169,91	129,91	III						
	V	**161,00**	158,33	129,91	IV	0,16					
	VI	**204,25**	158,33	129,91							
1 418,99	I,IV	**29,25**	158,33	130,16	I						
	II		158,33	130,16	II						
	III		170,25	130,16	III						
	V	**162,16**	158,33	130,16	IV	0,58					
	VI	**205,41**	158,33	130,16							
1 421,99	I,IV	**29,75**	158,33	130,41	I						
	II		158,33	130,41	II						
	III		170,58	130,41	III						
	V	**163,33**	158,33	130,41	IV	1,00					
	VI	**206,58**	158,33	130,41							
1 424,99	I,IV	**30,25**	158,33	130,66	I						
	II		158,33	130,66	II						
	III		170,91	130,66	III						
	V	**164,50**	158,33	130,66	IV	1,33					
	VI	**207,75**	158,33	130,66							
1 427,99	I,IV	**30,75**	158,33	131,00	I						
	II		158,33	131,00	II						
	III		171,33	131,00	III						
	V	**165,66**	158,33	131,00	IV	1,75					
	VI	**208,91**	158,33	131,00							
1 430,99	I,IV	**31,33**	158,33	131,25	I						
	II		158,33	131,25	II						
	III		171,66	131,25	III						
	V	**166,83**	158,33	131,25	IV	2,16					
	VI	**210,08**	158,33	131,25							
1 433,99	I,IV	**31,83**	158,33	131,50	I						
	II		158,33	131,50	II						
	III		172,00	131,50	III						
	V	**167,91**	158,33	131,50	IV	2,58					
	VI	**211,25**	158,33	131,50							
1 436,99	I,IV	**32,33**	158,33	131,83	I						
	II		158,33	131,83	II						
	III		172,41	131,83	III						
	V	**169,08**	158,33	131,83	IV	2,91					
	VI	**212,33**	158,33	131,83							
1 439,99	I,IV	**32,91**	158,33	132,08	I						
	II		158,33	132,08	II						
	III		172,75	132,08	III						
	V	**170,25**	158,33	132,08	IV	3,33					
	VI	**213,50**	158,33	132,08							

* Zur LSt-Berechnung für privat versicherte Arbeitnehmer s. Beispiele **Vorbemerkung S. 4 f.**
** Basisvorsorgepauschale KV und PV *** Typisierter Arbeitgeberzuschuss

Monat gültig ab 1. 1. 2022 (idF des StEntlG 2022) — aT3

Lohn/Gehalt in € bis	Steuerklasse	Lohnsteuer*	BVSP**	TAGZ***	Steuerklasse	Bemessungsgrundlage für Kirchensteuer und Solidaritätszuschlag — Freibeträge für ... Kinder 0,5	1,0	1,5	2,0	2,5	3,0
1 442,99	I,IV	33,41	158,33	132,33	I						
	II		158,33	132,33	II						
	III		173,08	132,33	III						
	V	171,41	158,33	132,33	IV	3,75					
	VI	214,66	158,33	132,33							
1 445,99	I,IV	33,91	158,33	132,66	I						
	II		158,33	132,66	II						
	III		173,50	132,66	III						
	V	172,58	158,33	132,66	IV	4,16					
	VI	215,83	158,33	132,66							
1 448,99	I,IV	34,50	158,33	132,91	I						
	II		158,33	132,91	II						
	III		173,83	132,91	III						
	V	173,75	158,33	132,91	IV	4,58					
	VI	217,00	158,33	132,91							
1 451,99	I,IV	35,00	158,33	133,16	I						
	II		158,33	133,16	II						
	III		174,16	133,16	III						
	V	174,91	158,33	133,16	IV	5,00					
	VI	218,16	158,33	133,16							
1 454,99	I,IV	35,58	158,33	133,41	I						
	II		158,33	133,41	II						
	III		174,58	133,41	III						
	V	176,08	158,33	133,41	IV	5,41					
	VI	219,33	158,33	133,41							
1 457,99	I,IV	36,08	158,33	133,75	I						
	II		158,33	133,75	II						
	III		174,91	133,75	III						
	V	177,25	158,33	133,75	IV	5,83					
	VI	220,50	158,33	133,75							
1 460,99	I,IV	36,66	158,33	134,00	I						
	II		158,33	134,00	II						
	III		175,25	134,00	III						
	V	178,41	158,33	134,00	IV	6,25					
	VI	221,66	158,33	134,00							
1 463,99	I,IV	37,16	158,33	134,25	I						
	II		158,33	134,25	II						
	III		175,66	134,25	III						
	V	179,58	158,33	134,25	IV	6,66					
	VI	222,83	158,33	134,25							
1 466,99	I,IV	37,75	158,33	134,58	I						
	II		158,33	134,58	II						
	III		176,00	134,58	III						
	V	180,66	158,33	134,58	IV	7,08					
	VI	223,91	158,33	134,58							
1 469,99	I,IV	38,25	158,33	134,83	I						
	II		158,33	134,83	II						
	III		176,33	134,83	III						
	V	181,83	158,33	134,83	IV	7,50					
	VI	225,08	158,33	134,83							
1 472,99	I,IV	38,83	158,33	135,08	I						
	II		158,33	135,08	II						
	III		176,75	135,08	III						
	V	183,00	158,33	135,08	IV	7,91					
	VI	226,25	158,33	135,08							
1 475,99	I,IV	39,33	158,33	135,41	I						
	II		158,33	135,41	II						
	III		177,08	135,41	III						
	V	184,16	158,33	135,41	IV	8,33					
	VI	227,41	158,33	135,41							

* Zur LSt-Berechnung für privat versicherte Arbeitnehmer s. Beispiele **Vorbemerkung S. 4 f.**
** Basisvorsorgepauschale KV und PV   *** Typisierter Arbeitgeberzuschuss

aT3   allgemeine Lohnsteuer

Lohn/Gehalt in € bis	Steuerklasse	Lohn-steuer*	BVSP**	TAGZ***	Steuerklasse	Bemessungsgrundlage für Kirchensteuer und Solidaritätszuschlag Freibeträge für ... Kinder					
						0,5	1,0	1,5	2,0	2,5	3,0
1478,99	I,IV	39,91	158,33	135,66	I						
	II		158,33	135,66	II						
	III		177,41	135,66	III						
	V	185,33	158,33	135,66	IV	8,75					
	VI	228,58	158,33	135,66							
1481,99	I,IV	40,50	158,33	135,91	I						
	II		158,33	135,91	II						
	III		177,83	135,91	III						
	V	186,50	158,33	135,91	IV	9,16					
	VI	229,75	158,33	135,91							
1484,99	I,IV	41,00	158,33	136,16	I						
	II		158,33	136,16	II						
	III		178,16	136,16	III						
	V	187,66	158,33	136,16	IV	9,58					
	VI	230,91	158,33	136,16							
1487,99	I,IV	41,58	158,33	136,50	I						
	II		158,33	136,50	II						
	III		178,50	136,50	III						
	V	188,75	158,33	136,50	IV	10,08					
	VI	232,08	158,33	136,50							
1490,99	I,IV	42,16	158,33	136,75	I						
	II		158,33	136,75	II						
	III		178,91	136,75	III						
	V	189,91	158,33	136,75	IV	10,50					
	VI	233,16	158,33	136,75							
1493,99	I,IV	42,75	158,33	137,00	I						
	II		158,33	137,00	II						
	III		179,25	137,00	III						
	V	191,08	158,33	137,00	IV	10,91					
	VI	234,33	158,33	137,00							
1496,99	I,IV	43,25	158,33	137,33	I						
	II		158,33	137,33	II						
	III		179,58	137,33	III						
	V	192,25	158,33	137,33	IV	11,33					
	VI	235,50	158,33	137,33							
1499,99	I,IV	43,83	158,33	137,58	I						
	II		158,33	137,58	II						
	III		179,91	137,58	III						
	V	193,41	158,33	137,58	IV	11,83					
	VI	236,66	158,33	137,58							
1502,99	I,IV	44,41	158,33	137,83	I						
	II		158,33	137,83	II						
	III		180,33	137,83	III						
	V	194,58	158,33	137,83	IV	12,25					
	VI	237,83	158,33	137,83							
1505,99	I,IV	45,00	158,33	138,16	I						
	II		158,33	138,16	II						
	III		180,66	138,16	III						
	V	195,75	158,33	138,16	IV	12,66					
	VI	239,00	158,33	138,16							
1508,99	I,IV	45,58	158,33	138,41	I						
	II		158,33	138,41	II						
	III		181,00	138,41	III						
	V	196,91	158,33	138,41	IV	13,16					
	VI	240,16	158,33	138,41							
1511,99	I,IV	46,16	158,33	138,66	I						
	II		158,33	138,66	II						
	III		181,41	138,66	III						
	V	198,08	158,33	138,66	IV	13,58					
	VI	241,33	158,33	138,66							

* Zur LSt-Berechnung für privat versicherte Arbeitnehmer s. Beispiele **Vorbemerkung S. 4 f.**
** Basisvorsorgepauschale KV und PV   *** Typisierter Arbeitgeberzuschuss

Monat gültig ab 1. 1. 2022 (idF des StEntlG 2022) — aT3

Lohn/ Gehalt in € bis	Steuerklasse	Lohn- steuer*	BVSP**	TAGZ***	Steuerklasse	Bemessungsgrundlage für Kirchensteuer und Solidaritätszuschlag — Freibeträge für ... Kinder					
						0,5	1,0	1,5	2,0	2,5	3,0
1 514,99	I,IV	46,75	158,33	139,00	I						
	II		158,33	139,00	II						
	III		181,75	139,00	III						
	V	199,25	158,33	139,00	IV	14,00					
	VI	242,50	158,33	139,00							
1 517,99	I,IV	47,33	158,33	139,25	I						
	II		158,33	139,25	II						
	III		182,08	139,25	III						
	V	200,33	158,33	139,25	IV	14,50					
	VI	243,66	158,33	139,25							
1 520,99	I,IV	47,91	158,33	139,50	I						
	II		158,33	139,50	II						
	III		182,50	139,50	III						
	V	201,50	158,33	139,50	IV	14,91					
	VI	244,75	158,33	139,50							
1 523,99	I,IV	48,50	158,33	139,75	I						
	II		158,33	139,75	II						
	III		182,83	139,75	III						
	V	202,66	158,33	139,75	IV	15,41					
	VI	245,91	158,33	139,75							
1 526,99	I,IV	49,08	158,33	140,08	I						
	II		158,33	140,08	II						
	III		183,16	140,08	III						
	V	203,83	158,33	140,08	IV	15,83					
	VI	247,08	158,33	140,08							
1 529,99	I,IV	49,66	158,33	140,33	I						
	II		158,33	140,33	II						
	III		183,58	140,33	III						
	V	205,00	158,33	140,33	IV	16,33					
	VI	248,25	158,33	140,33							
1 532,99	I,IV	50,25	158,33	140,58	I						
	II		158,33	140,58	II						
	III		183,91	140,58	III						
	V	206,16	158,33	140,58	IV	16,75					
	VI	249,41	158,33	140,58							
1 535,99	I,IV	50,83	158,33	140,91	I						
	II		158,33	140,91	II						
	III		184,25	140,91	III						
	V	207,33	158,33	140,91	IV	17,25					
	VI	250,58	158,33	140,91							
1 538,99	I,IV	51,41	158,33	141,16	I						
	II		158,33	141,16	II						
	III		184,66	141,16	III						
	V	208,41	158,33	141,16	IV	17,75					
	VI	251,75	158,33	141,16							
1 541,99	I,IV	52,00	158,33	141,41	I						
	II		158,33	141,41	II						
	III		185,00	141,41	III						
	V	209,58	158,33	141,41	IV	18,16					
	VI	252,83	158,33	141,41							
1 544,99	I,IV	52,58	158,33	141,75	I						
	II		158,33	141,75	II						
	III		185,33	141,75	III						
	V	210,75	158,33	141,75	IV	18,66					
	VI	254,00	158,33	141,75							
1 547,99	I,IV	53,16	158,33	142,00	I						
	II		158,33	142,00	II						
	III		185,75	142,00	III						
	V	211,91	158,33	142,00	IV	19,16					
	VI	255,16	158,33	142,00							

* Zur LSt-Berechnung für privat versicherte Arbeitnehmer s. Beispiele **Vorbemerkung S. 4 f.**
** Basisvorsorgepauschale KV und PV *** Typisierter Arbeitgeberzuschuss

aT3 allgemeine Lohnsteuer

Lohn/ Gehalt in € bis	Steuerklasse	Lohn-steuer*	BVSP**	TAGZ***	Steuerklasse	Bemessungsgrundlage für Kirchensteuer und Solidaritätszuschlag Freibeträge für ... Kinder					
						0,5	1,0	1,5	2,0	2,5	3,0
1 550,99	I,IV	53,75	158,33	142,25	I						
	II		158,33	142,25	II						
	III		186,08	142,25	III						
	V	213,08	158,33	142,25	IV	19,58					
	VI	256,33	158,33	142,25							
1 553,99	I,IV	54,41	158,33	142,50	I						
	II		158,33	142,50	II						
	III		186,41	142,50	III						
	V	214,25	158,33	142,50	IV	20,08					
	VI	257,50	158,33	142,50							
1 556,99	I,IV	55,00	158,33	142,83	I						
	II		158,33	142,83	II						
	III		186,83	142,83	III						
	V	215,41	158,33	142,83	IV	20,58					
	VI	258,66	158,33	142,83							
1 559,99	I,IV	55,58	158,33	143,08	I						
	II		158,33	143,08	II						
	III		187,16	143,08	III						
	V	216,50	158,33	143,08	IV	21,00					
	VI	259,83	158,33	143,08							
1 562,99	I,IV	56,25	158,33	143,33	I						
	II		158,33	143,33	II						
	III		187,50	143,33	III						
	V	217,75	158,33	143,33	IV	21,50					
	VI	261,00	158,33	143,33							
1 565,99	I,IV	56,83	158,33	143,66	I						
	II		158,33	143,66	II						
	III		187,91	143,66	III						
	V	218,91	158,33	143,66	IV	22,00					
	VI	262,16	158,33	143,66							
1 568,99	I,IV	57,41	158,33	143,91	I						
	II		158,33	143,91	II						
	III		188,25	143,91	III						
	V	220,00	158,33	143,91	IV	22,50					
	VI	263,33	158,33	143,91							
1 571,99	I,IV	58,08	158,33	144,16	I						
	II		158,33	144,16	II						
	III		188,58	144,16	III						
	V	221,16	158,33	144,16	IV	23,00					
	VI	264,41	158,33	144,16							
1 574,99	I,IV	58,66	158,33	144,50	I						
	II		158,33	144,50	II						
	III		188,91	144,50	III						
	V	222,33	158,33	144,50	IV	23,50					
	VI	265,58	158,33	144,50							
1 577,99	I,IV	59,33	158,33	144,75	I						
	II		158,33	144,75	II						
	III		189,33	144,75	III						
	V	223,50	158,33	144,75	IV	24,00					
	VI	266,75	158,33	144,75							
1 580,99	I,IV	59,91	158,33	145,00	I						
	II		158,33	145,00	II						
	III		189,66	145,00	III						
	V	224,66	158,33	145,00	IV	24,50					
	VI	267,91	158,33	145,00							
1 583,99	I,IV	60,50	158,33	145,25	I						
	II		158,33	145,25	II						
	III		190,00	145,25	III						
	V	225,83	158,33	145,25	IV	25,00					
	VI	269,08	158,33	145,25							

* Zur LSt-Berechnung für privat versicherte Arbeitnehmer s. Beispiele **Vorbemerkung S. 4 f.**
** Basisvorsorgepauschale KV und PV   *** Typisierter Arbeitgeberzuschuss

Monat gültig ab 1. 1. 2022 (idF des StEntlG 2022) — **aT3**

Lohn/ Gehalt in € bis	Steuerklasse	Lohn- steuer*	BVSP**	TAGZ***	Steuerklasse	Bemessungsgrundlage für Kirchensteuer und Solidaritätszuschlag – Freibeträge für ... Kinder					
						0,5	1,0	1,5	2,0	2,5	3,0
1 586,99	I,IV	61,16	158,33	145,58	I						
	II		158,33	145,58	II						
	III		190,41	145,58	III						
	V	227,00	158,33	145,58	IV	25,50					
	VI	270,25	158,33	145,58							
1 589,99	I,IV	61,75	158,33	145,83	I						
	II	0,25	158,33	145,83	II						
	III		190,75	145,83	III						
	V	228,08	158,33	145,83	IV	26,00					
	VI	271,41	158,33	145,83							
1 592,99	I,IV	62,41	158,33	146,08	I						
	II	0,66	158,33	146,08	II						
	III		191,08	146,08	III						
	V	229,25	158,33	146,08	IV	26,50					
	VI	272,50	158,33	146,08							
1 595,99	I,IV	63,08	158,33	146,41	I						
	II	1,00	158,33	146,41	II						
	III		191,50	146,41	III						
	V	230,41	158,33	146,41	IV	27,00					
	VI	273,66	158,33	146,41							
1 598,99	I,IV	63,66	158,33	146,66	I						
	II	1,41	158,33	146,66	II						
	III		191,83	146,66	III						
	V	231,58	158,33	146,66	IV	27,50					
	VI	274,83	158,33	146,66							
1 601,99	I,IV	64,33	158,33	146,91	I						
	II	1,83	158,33	146,91	II						
	III		192,16	146,91	III						
	V	232,75	158,33	146,91	IV	28,00					
	VI	276,00	158,33	146,91							
1 604,99	I,IV	64,91	158,33	147,25	I						
	II	2,25	158,33	147,25	II						
	III		192,58	147,25	III						
	V	233,91	158,33	147,25	IV	28,50					
	VI	277,16	158,33	147,25							
1 607,99	I,IV	65,58	158,33	147,50	I	0,41					
	II	2,58	158,33	147,50	II						
	III		192,91	147,50	III						
	V	235,08	158,33	147,50	IV	29,00	0,41				
	VI	278,33	158,33	147,50							
1 610,99	I,IV	66,25	158,33	147,75	I	0,75					
	II	3,00	158,33	147,75	II						
	III		193,25	147,75	III						
	V	236,16	158,33	147,75	IV	29,50	0,75				
	VI	279,50	158,33	147,75							
1 613,99	I,IV	66,83	158,33	148,08	I	1,16					
	II	3,41	158,33	148,08	II						
	III		193,66	148,08	III						
	V	237,33	158,33	148,08	IV	30,00	1,16				
	VI	280,58	158,33	148,08							
1 616,99	I,IV	67,50	158,33	148,33	I	1,58					
	II	3,83	158,33	148,33	II						
	III		194,00	148,33	III						
	V	238,50	158,33	148,33	IV	30,58	1,58				
	VI	281,75	158,33	148,33							
1 619,99	I,IV	68,16	158,33	148,58	I	2,00					
	II	4,25	158,33	148,58	II						
	III		194,33	148,58	III						
	V	239,66	158,33	148,58	IV	31,08	2,00				
	VI	283,00	158,33	148,58							

* Zur LSt-Berechnung für privat versicherte Arbeitnehmer s. Beispiele **Vorbemerkung S. 4 f.**
** Basisvorsorgepauschale KV und PV *** Typisierter Arbeitgeberzuschuss

aT3 allgemeine Lohnsteuer

Lohn/ Gehalt in € bis	Steuerklasse	Lohn- steuer*	BVSP**	TAGZ***	Steuerklasse	Bemessungsgrundlage für Kirchensteuer und Solidaritätszuschlag Freibeträge für ... Kinder					
						0,5	1,0	1,5	2,0	2,5	3,0
1 622,99	I,IV	68,83	158,33	148,83	I	2,41					
	II	4,66	158,33	148,83	II						
	III		194,75	148,83	III						
	V	240,83	158,33	148,83	IV	31,58	2,41				
	VI	284,08	158,33	148,83							
1 625,99	I,IV	69,50	158,33	149,16	I	2,75					
	II	5,08	158,33	149,16	II						
	III		195,08	149,16	III						
	V	242,00	158,33	149,16	IV	32,16	2,75				
	VI	285,25	158,33	149,16							
1 628,99	I,IV	70,08	158,33	149,41	I	3,16					
	II	5,50	158,33	149,41	II						
	III		195,41	149,41	III						
	V	243,16	158,33	149,41	IV	32,66	3,16				
	VI	286,41	158,33	149,41							
1 631,99	I,IV	70,75	158,33	149,66	I	3,58					
	II	5,91	158,33	149,66	II						
	III		195,83	149,66	III						
	V	244,33	158,33	149,66	IV	33,16	3,58				
	VI	287,58	158,33	149,66							
1 634,99	I,IV	71,41	158,33	150,00	I	4,00					
	II	6,33	158,33	150,00	II						
	III		196,16	150,00	III						
	V	245,50	158,33	150,00	IV	33,75	4,00				
	VI	288,75	158,33	150,00							
1 637,99	I,IV	72,08	158,33	150,25	I	4,41					
	II	6,75	158,33	150,25	II						
	III		196,50	150,25	III						
	V	246,66	158,33	150,25	IV	34,25	4,41				
	VI	289,91	158,33	150,25							
1 640,99	I,IV	72,75	158,33	150,50	I	4,83					
	II	7,16	158,33	150,50	II						
	III		196,91	150,50	III						
	V	247,83	158,33	150,50	IV	34,75	4,83				
	VI	291,08	158,33	150,50							
1 643,99	I,IV	73,41	158,33	150,83	I	5,16					
	II	7,58	158,33	150,83	II						
	III		197,25	150,83	III						
	V	248,91	158,33	150,83	IV	35,33	5,16				
	VI	292,16	158,33	150,83							
1 646,99	I,IV	74,08	158,33	151,08	I	5,58					
	II	8,00	158,33	151,08	II						
	III		197,58	151,08	III						
	V	250,08	158,33	151,08	IV	35,83	5,58				
	VI	293,33	158,33	151,08							
1 649,99	I,IV	74,75	158,33	151,33	I	6,00					
	II	8,41	158,33	151,33	II						
	III		197,91	151,33	III						
	V	251,25	158,33	151,33	IV	36,41	6,00				
	VI	294,50	158,33	151,33							
1 652,99	I,IV	75,41	158,33	151,58	I	6,41					
	II	8,83	158,33	151,58	II						
	III		198,33	151,58	III						
	V	252,41	158,33	151,58	IV	36,91	6,41				
	VI	295,66	158,33	151,58							
1 655,99	I,IV	76,08	158,33	151,91	I	6,83					
	II	9,25	158,33	151,91	II						
	III		198,66	151,91	III						
	V	253,58	158,33	151,91	IV	37,50	6,83				
	VI	296,83	158,33	151,91							

*   Zur LSt-Berechnung für privat versicherte Arbeitnehmer s. Beispiele **Vorbemerkung S. 4 f.**
** Basisvorsorgepauschale KV und PV   *** Typisierter Arbeitgeberzuschuss

Monat gültig ab 1. 1. 2022 (idF des StEntlG 2022) — aT3

Lohn/Gehalt in € bis	Steuerklasse	Lohn-steuer*	BVSP**	TAGZ***	Steuerklasse	Bemessungsgrundlage für Kirchensteuer und Solidaritätszuschlag Freibeträge für ... Kinder					
						0,5	1,0	1,5	2,0	2,5	3,0
1 658,99	I,IV	76,66	158,33	152,16	I	7,25					
	II	9,66	158,33	152,16	II						
	III		199,00	152,16	III						
	V	254,75	158,33	152,16	IV	38,00	7,25				
	VI	298,00	158,33	152,16							
1 661,99	I,IV	77,33	158,33	152,41	I	7,66					
	II	10,08	158,33	152,41	II						
	III		199,41	152,41	III						
	V	255,91	158,33	152,41	IV	38,58	7,66				
	VI	299,16	158,33	152,41							
1 664,99	I,IV	78,00	158,33	152,75	I	8,16					
	II	10,58	158,33	152,75	II						
	III		199,75	152,75	III						
	V	257,00	158,33	152,75	IV	39,08	8,16				
	VI	300,33	158,33	152,75							
1 667,99	I,IV	78,66	158,33	153,00	I	8,58					
	II	11,00	158,33	153,00	II						
	III		200,08	153,00	III						
	V	258,16	158,33	153,00	IV	39,66	8,58				
	VI	301,41	158,33	153,00							
1 670,99	I,IV	79,33	158,33	153,25	I	9,00					
	II	11,41	158,33	153,25	II						
	III		200,50	153,25	III						
	V	259,33	158,33	153,25	IV	40,25	9,00				
	VI	302,58	158,33	153,25							
1 673,99	I,IV	80,00	158,33	153,58	I	9,41					
	II	11,91	158,33	153,58	II						
	III		200,83	153,58	III						
	V	260,50	158,33	153,58	IV	40,83	9,41				
	VI	303,83	158,33	153,58							
1 676,99	I,IV	80,66	158,33	153,83	I	9,83					
	II	12,33	158,33	153,83	II						
	III		201,16	153,83	III						
	V	261,66	158,33	153,83	IV	41,33	9,83				
	VI	304,91	158,33	153,83							
1 679,99	I,IV	81,33	158,33	154,08	I	10,33					
	II	12,75	158,33	154,08	II						
	III		201,58	154,08	III						
	V	262,83	158,33	154,08	IV	41,91	10,33				
	VI	306,08	158,33	154,08							
1 682,99	I,IV	82,00	158,33	154,33	I	10,75					
	II	13,25	158,33	154,33	II						
	III		201,91	154,33	III						
	V	264,00	158,33	154,33	IV	42,50	10,75				
	VI	307,25	158,33	154,33							
1 685,99	I,IV	82,66	158,33	154,66	I	11,16					
	II	13,66	158,33	154,66	II						
	III		202,25	154,66	III						
	V	265,16	158,33	154,66	IV	43,00	11,16				
	VI	308,41	158,33	154,66							
1 688,99	I,IV	83,33	158,33	154,91	I	11,58					
	II	14,08	158,33	154,91	II						
	III		202,66	154,91	III						
	V	266,33	158,33	154,91	IV	43,58	11,58				
	VI	309,58	158,33	154,91							
1 691,99	I,IV	84,00	158,33	155,16	I	12,08					
	II	14,58	158,33	155,16	II						
	III		203,00	155,16	III						
	V	267,50	158,33	155,16	IV	44,16	12,08				
	VI	310,75	158,33	155,16							

* Zur LSt-Berechnung für privat versicherte Arbeitnehmer s. Beispiele **Vorbemerkung S. 4f.**
** Basisvorsorgepauschale KV und PV   *** Typisierter Arbeitgeberzuschuss

aT3
allgemeine Lohnsteuer

Lohn/Gehalt in € bis	Steuerklasse	Lohn-steuer*	BVSP**	TAGZ***	Steuerklasse	Bemessungsgrundlage für Kirchensteuer und Solidaritätszuschlag					
						Freibeträge für ... Kinder					
						0,5	1,0	1,5	2,0	2,5	3,0
1 694,99	I,IV	84,66	158,33	155,50	I	12,50					
	II	15,00	158,33	155,50	II						
	III		203,33	155,50	III						
	V	268,58	158,33	155,50	IV	44,75	12,50				
	VI	311,91	158,33	155,50							
1 697,99	I,IV	85,33	158,33	155,75	I	12,91					
	II	15,50	158,33	155,75	II						
	III		203,75	155,75	III						
	V	269,75	158,33	155,75	IV	45,33	12,91				
	VI	313,00	158,33	155,75							
1 700,99	I,IV	86,00	158,33	156,00	I	13,41					
	II	15,91	158,33	156,00	II						
	III		204,08	156,00	III						
	V	270,91	158,33	156,00	IV	45,91	13,41				
	VI	314,16	158,33	156,00							
1 703,99	I,IV	86,66	158,33	156,33	I	13,83					
	II	16,41	158,33	156,33	II						
	III		204,41	156,33	III						
	V	272,08	158,33	156,33	IV	46,50	13,83				
	VI	315,33	158,33	156,33							
1 706,99	I,IV	87,33	158,33	156,58	I	14,25					
	II	16,83	158,33	156,58	II						
	III		204,83	156,58	III						
	V	273,25	158,33	156,58	IV	47,00	14,25				
	VI	316,50	158,33	156,58							
1 709,99	I,IV	88,00	158,33	156,83	I	14,75					
	II	17,33	158,33	156,83	II						
	III		205,16	156,83	III						
	V	274,41	158,33	156,83	IV	47,58	14,75				
	VI	317,66	158,33	156,83							
1 712,99	I,IV	88,66	158,33	157,16	I	15,16					
	II	17,83	158,33	157,16	II						
	III		205,50	157,16	III						
	V	275,58	158,33	157,16	IV	48,16	15,16				
	VI	318,83	158,33	157,16							
1 715,99	I,IV	89,33	158,33	157,41	I	15,66					
	II	18,25	158,33	157,41	II						
	III		205,91	157,41	III						
	V	276,66	158,33	157,41	IV	48,75	15,66				
	VI	320,00	158,33	157,41							
1 718,99	I,IV	90,00	158,33	157,66	I	16,08					
	II	18,75	158,33	157,66	II						
	III		206,25	157,66	III						
	V	277,83	158,33	157,66	IV	49,33	16,08				
	VI	321,08	158,33	157,66							
1 721,99	I,IV	90,66	158,33	157,91	I	16,58					
	II	19,25	158,33	157,91	II						
	III		206,58	157,91	III						
	V	279,00	158,33	157,91	IV	49,91	16,58				
	VI	322,25	158,33	157,91							
1 724,99	I,IV	91,33	158,33	158,25	I	17,00					
	II	19,66	158,33	158,25	II						
	III		206,91	158,25	III						
	V	280,16	158,33	158,25	IV	50,50	17,00				
	VI	323,41	158,33	158,25							
1 727,99	I,IV	92,00	158,50	158,50	I	17,50					
	II	20,16	158,50	158,50	II						
	III		207,33	158,50	III						
	V	281,25	158,50	158,50	IV	51,08	17,50				
	VI	324,50	158,50	158,50							

* Zur LSt-Berechnung für privat versicherte Arbeitnehmer s. Beispiele **Vorbemerkung S. 4 f.**
** Basisvorsorgepauschale KV und PV   *** Typisierter Arbeitgeberzuschuss

Monat gültig ab 1. 1. 2022 (idF des StEntlG 2022)   aT3

Lohn/Gehalt in € bis	Steuerklasse	Lohnsteuer*	BVSP**	TAGZ***	Steuerklasse	Bemessungsgrundlage für Kirchensteuer und Solidaritätszuschlag — Freibeträge für ... Kinder					
						0,5	1,0	1,5	2,0	2,5	3,0
1 730,99	I,IV	92,58	158,75	158,75	I	17,91					
	II	20,58	158,75	158,75	II						
	III		207,66	158,75	III						
	V	282,33	158,75	158,75	IV	51,66	17,91				
	VI	325,58	158,75	158,75							
1 733,99	I,IV	93,16	159,08	159,08	I	18,33					
	II	21,00	159,08	159,08	II						
	III		208,00	159,08	III						
	V	283,33	159,08	159,08	IV	52,16	18,33				
	VI	326,58	159,08	159,08							
1 736,99	I,IV	93,83	159,33	159,33	I	18,75					
	II	21,41	159,33	159,33	II						
	III		208,41	159,33	III						
	V	284,33	159,33	159,33	IV	52,66	18,75				
	VI	327,66	159,33	159,33							
1 739,99	I,IV	94,41	159,58	159,58	I	19,16					
	II	21,83	159,58	159,58	II						
	III		208,75	159,58	III						
	V	285,41	159,58	159,58	IV	53,25	19,16				
	VI	328,66	159,58	159,58							
1 742,99	I,IV	95,00	159,91	159,91	I	19,58					
	II	22,33	159,91	159,91	II						
	III		209,08	159,91	III						
	V	286,50	159,91	159,91	IV	53,75	19,58				
	VI	329,75	159,91	159,91							
1 745,99	I,IV	95,58	160,16	160,16	I	20,00					
	II	22,75	160,16	160,16	II						
	III		209,50	160,16	III						
	V	287,50	160,16	160,16	IV	54,33	20,00				
	VI	330,75	160,16	160,16							
1 748,99	I,IV	96,25	160,41	160,41	I	20,41					
	II	23,16	160,41	160,41	II						
	III		209,83	160,41	III						
	V	288,50	160,41	160,41	IV	54,83	20,41				
	VI	331,83	160,41	160,41							
1 751,99	I,IV	96,83	160,66	160,66	I	20,91					
	II	23,66	160,66	160,66	II						
	III		210,16	160,66	III						
	V	289,58	160,66	160,66	IV	55,41	20,91				
	VI	332,83	160,66	160,66							
1 754,99	I,IV	97,41	161,00	161,00	I	21,33					
	II	24,08	161,00	161,00	II						
	III		210,58	161,00	III						
	V	290,66	161,00	161,00	IV	56,00	21,33				
	VI	333,91	161,00	161,00							
1 757,99	I,IV	98,08	161,25	161,25	I	21,75					
	II	24,50	161,25	161,25	II						
	III		210,91	161,25	III						
	V	291,66	161,25	161,25	IV	56,50	21,75				
	VI	334,91	161,25	161,25							
1 760,99	I,IV	98,66	161,50	161,50	I	22,16					
	II	25,00	161,50	161,50	II						
	III		211,25	161,50	III						
	V	292,66	161,50	161,50	IV	57,08	22,16				
	VI	335,91	161,50	161,50							
1 763,99	I,IV	99,25	161,83	161,83	I	22,66					
	II	25,41	161,83	161,83	II						
	III		211,66	161,83	III						
	V	293,75	161,83	161,83	IV	57,58	22,66				
	VI	337,00	161,83	161,83							

* Zur LSt-Berechnung für privat versicherte Arbeitnehmer s. Beispiele **Vorbemerkung S. 4 f.**
** Basisvorsorgepauschale KV und PV   *** Typisierter Arbeitgeberzuschuss

aT3 allgemeine Lohnsteuer

Lohn/Gehalt in € bis	Steuerklasse	Lohn-steuer*	BVSP**	TAGZ***	Steuerklasse	Bemessungsgrundlage für Kirchensteuer und Solidaritätszuschlag					
						Freibeträge für ... Kinder					
						0,5	1,0	1,5	2,0	2,5	3,0
1 766,99	I,IV	99,91	162,08	162,08	I	23,08					
	II	25,83	162,08	162,08	II						
	III		212,00	162,08	III						
	V	294,83	162,08	162,08	IV	58,16	23,08				
	VI	338,08	162,08	162,08							
1 769,99	I,IV	100,50	162,33	162,33	I	23,50					
	II	26,33	162,33	162,33	II						
	III		212,33	162,33	III						
	V	295,83	162,33	162,33	IV	58,75	23,50				
	VI	339,08	162,33	162,33							
1 772,99	I,IV	101,08	162,66	162,66	I	23,91					
	II	26,75	162,66	162,66	II						
	III		212,75	162,66	III						
	V	296,83	162,66	162,66	IV	59,25	23,91				
	VI	340,08	162,66	162,66							
1 775,99	I,IV	101,66	162,91	162,91	I	24,41					
	II	27,25	162,91	162,91	II						
	III		213,08	162,91	III						
	V	297,91	162,91	162,91	IV	59,83	24,41				
	VI	341,16	162,91	162,91							
1 778,99	I,IV	102,33	163,16	163,16	I	24,83					
	II	27,66	163,16	163,16	II						
	III		213,41	163,16	III						
	V	299,00	163,16	163,16	IV	60,41	24,83				
	VI	342,25	163,16	163,16							
1 781,99	I,IV	102,91	163,41	163,41	I	25,33					
	II	28,16	163,41	163,41	II						
	III		213,83	163,41	III						
	V	300,00	163,41	163,41	IV	60,91	25,33				
	VI	343,25	163,41	163,41							
1 784,99	I,IV	103,50	163,75	163,75	I	25,75					
	II	28,58	163,75	163,75	II						
	III		214,16	163,75	III						
	V	301,00	163,75	163,75	IV	61,50	25,75				
	VI	344,25	163,75	163,75							
1 787,99	I,IV	104,16	164,00	164,00	I	26,16					
	II	29,08	164,00	164,00	II						
	III		214,50	164,00	III						
	V	302,08	164,00	164,00	IV	62,08	26,16				
	VI	345,33	164,00	164,00							
1 790,99	I,IV	104,75	164,25	164,25	I	26,66					
	II	29,50	164,25	164,25	II						
	III		214,91	164,25	III						
	V	303,16	164,25	164,25	IV	62,66	26,66				
	VI	346,41	164,25	164,25							
1 793,99	I,IV	105,33	164,58	164,58	I	27,08					
	II	30,00	164,58	164,58	II						
	III		215,25	164,58	III						
	V	304,16	164,58	164,58	IV	63,25	27,08				
	VI	347,41	164,58	164,58							
1 796,99	I,IV	106,00	164,83	164,83	I	27,58					
	II	30,41	164,83	164,83	II						
	III		215,58	164,83	III						
	V	305,16	164,83	164,83	IV	63,75	27,58				
	VI	348,41	164,83	164,83							
1 799,99	I,IV	106,58	165,08	165,08	I	28,00					
	II	30,91	165,08	165,08	II						
	III		215,91	165,08	III						
	V	306,25	165,08	165,08	IV	64,33	28,00				
	VI	349,50	165,08	165,08							

* Zur LSt-Berechnung für privat versicherte Arbeitnehmer s. Beispiele **Vorbemerkung S. 4 f.**
** Basisvorsorgepauschale KV und PV *** Typisierter Arbeitgeberzuschuss

Monat gültig ab 1. 1. 2022 (idF des StEntlG 2022)   **aT3**

Lohn/Gehalt in € bis	Steuerklasse	Lohnsteuer*	BVSP**	TAGZ***	Steuerklasse	Bemessungsgrundlage für Kirchensteuer und Solidaritätszuschlag Freibeträge für ... Kinder 0,5	1,0	1,5	2,0	2,5	3,0
1 802,99	I,IV	107,16	165,41	165,41	I	28,50					
	II	31,41	165,41	165,41	II						
	III		216,33	165,41	III						
	V	307,33	165,41	165,41	IV	64,91	28,50				
	VI	350,58	165,41	165,41							
1 805,99	I,IV	107,83	165,66	165,66	I	28,91					
	II	31,83	165,66	165,66	II						
	III		216,66	165,66	III						
	V	308,33	165,66	165,66	IV	65,50	28,91	0,33			
	VI	351,58	165,66	165,66							
1 808,99	I,IV	108,41	165,91	165,91	I	29,41					
	II	32,33	165,91	165,91	II						
	III		217,00	165,91	III						
	V	309,33	165,91	165,91	IV	66,08	29,41	0,75			
	VI	352,58	165,91	165,91							
1 811,99	I,IV	109,00	166,25	166,25	I	29,91					
	II	32,83	166,25	166,25	II						
	III		217,41	166,25	III						
	V	310,41	166,25	166,25	IV	66,66	29,91	1,08			
	VI	353,66	166,25	166,25							
1 814,99	I,IV	109,66	166,50	166,50	I	30,33					
	II	33,33	166,50	166,50	II						
	III		217,75	166,50	III						
	V	311,41	166,50	166,50	IV	67,25	30,33	1,41			
	VI	354,75	166,50	166,50							
1 817,99	I,IV	110,25	166,75	166,75	I	30,83					
	II	33,75	166,75	166,75	II						
	III		218,08	166,75	III						
	V	312,50	166,75	166,75	IV	67,83	30,83	1,75			
	VI	355,75	166,75	166,75							
1 820,99	I,IV	110,83	167,00	167,00	I	31,25					
	II	34,25	167,00	167,00	II						
	III		218,50	167,00	III						
	V	313,50	167,00	167,00	IV	68,41	31,25	2,08			
	VI	356,75	167,00	167,00							
1 823,99	I,IV	111,50	167,33	167,33	I	31,75					
	II	34,75	167,33	167,33	II						
	III		218,83	167,33	III						
	V	314,58	167,33	167,33	IV	69,00	31,75	2,50			
	VI	357,83	167,33	167,33							
1 826,99	I,IV	112,08	167,58	167,58	I	32,25					
	II	35,25	167,58	167,58	II						
	III		219,16	167,58	III						
	V	315,58	167,58	167,58	IV	69,58	32,25	2,83			
	VI	358,91	167,58	167,58							
1 829,99	I,IV	112,75	167,83	167,83	I	32,66					
	II	35,66	167,83	167,83	II						
	III		219,58	167,83	III						
	V	316,66	167,83	167,83	IV	70,16	32,66	3,16			
	VI	359,91	167,83	167,83							
1 832,99	I,IV	113,33	168,16	168,16	I	33,16					
	II	36,16	168,16	168,16	II						
	III		219,91	168,16	III						
	V	317,66	168,16	168,16	IV	70,75	33,16	3,58			
	VI	360,91	168,16	168,16							
1 835,99	I,IV	113,91	168,41	168,41	I	33,66					
	II	36,66	168,41	168,41	II						
	III		220,25	168,41	III						
	V	318,75	168,41	168,41	IV	71,33	33,66	3,91			
	VI	362,00	168,41	168,41							

*   Zur LSt-Berechnung für privat versicherte Arbeitnehmer s. Beispiele **Vorbemerkung S. 4 f.**
** Basisvorsorgepauschale KV und PV   *** Typisierter Arbeitgeberzuschuss

aT3 allgemeine Lohnsteuer

Lohn/Gehalt in € bis	Steuerklasse	Lohn-steuer*	BVSP**	TAGZ***	Steuerklasse	Bemessungsgrundlage für Kirchensteuer und Solidaritätszuschlag Freibeträge für ... Kinder 0,5	1,0	1,5	2,0	2,5	3,0
1 838,99	I,IV	114,58	168,66	168,66	I	34,16					
	II	37,16	168,66	168,66	II						
	III		220,66	168,66	III						
	V	319,75	168,66	168,66	IV	71,91	34,16	4,33			
	VI	363,08	168,66	168,66							
1 841,99	I,IV	115,16	169,00	169,00	I	34,58					
	II	37,66	169,00	169,00	II						
	III		221,00	169,00	III						
	V	320,83	169,00	169,00	IV	72,50	34,58	4,66			
	VI	364,08	169,00	169,00							
1 844,99	I,IV	115,75	169,25	169,25	I	35,08					
	II	38,16	169,25	169,25	II						
	III		221,33	169,25	III						
	V	321,83	169,25	169,25	IV	73,08	35,08	5,00			
	VI	365,08	169,25	169,25							
1 847,99	I,IV	116,41	169,50	169,50	I	35,58					
	II	38,66	169,50	169,50	II						
	III		221,75	169,50	III						
	V	322,91	169,50	169,50	IV	73,75	35,58	5,41			
	VI	366,16	169,50	169,50							
1 850,99	I,IV	117,00	169,75	169,75	I	36,08					
	II	39,16	169,75	169,75	II						
	III		222,08	169,75	III						
	V	323,91	169,75	169,75	IV	74,33	36,08	5,75			
	VI	367,25	169,75	169,75							
1 853,99	I,IV	117,66	170,08	170,08	I	36,50					
	II	39,58	170,08	170,08	II						
	III		222,41	170,08	III						
	V	325,00	170,08	170,08	IV	74,91	36,50	6,16			
	VI	368,25	170,08	170,08							
1 856,99	I,IV	118,25	170,33	170,33	I	37,00					
	II	40,08	170,33	170,33	II						
	III		222,91	170,33	III						
	V	326,00	170,33	170,33	IV	75,50	37,00	6,50			
	VI	369,25	170,33	170,33							
1 859,99	I,IV	118,91	170,58	170,58	I	37,50					
	II	40,66	170,58	170,58	II						
	III		223,16	170,58	III						
	V	327,08	170,58	170,58	IV	76,08	37,50	6,91			
	VI	370,33	170,58	170,58							
1 862,99	I,IV	119,50	170,91	170,91	I	38,00					
	II	41,16	170,91	170,91	II						
	III		223,50	170,91	III						
	V	328,08	170,91	170,91	IV	76,66	38,00	7,25			
	VI	371,41	170,91	170,91							
1 865,99	I,IV	120,08	171,16	171,16	I	38,50					
	II	41,58	171,16	171,16	II						
	III		223,91	171,16	III						
	V	329,16	171,16	171,16	IV	77,25	38,50	7,66			
	VI	372,41	171,16	171,16							
1 868,99	I,IV	120,75	171,41	171,41	I	39,00					
	II	42,16	171,41	171,41	II						
	III		224,25	171,41	III						
	V	330,16	171,41	171,41	IV	77,91	39,00	8,00			
	VI	373,41	171,41	171,41							
1 871,99	I,IV	121,33	171,75	171,75	I	39,50					
	II	42,66	171,75	171,75	II						
	III		224,58	171,75	III						
	V	331,25	171,75	171,75	IV	78,50	39,50	8,41			
	VI	374,50	171,75	171,75							

* Zur LSt-Berechnung für privat versicherte Arbeitnehmer s. Beispiele **Vorbemerkung S. 4 f.**
** Basisvorsorgepauschale KV und PV *** Typisierter Arbeitgeberzuschuss

Monat gültig ab 1.1.2022 (idF des StEntlG 2022) aT3

Lohn/Gehalt in € bis	Steuerklasse	Lohnsteuer*	BVSP**	TAGZ***	Steuerklasse	Bemessungsgrundlage für Kirchensteuer und Solidaritätszuschlag Freibeträge für ... Kinder					
						0,5	1,0	1,5	2,0	2,5	3,0
1 874,99	I,IV	122,00	172,00	172,00	I	40,00					
	II	43,16	172,00	172,00	II						
	III		224,91	172,00	III						
	V	332,25	172,00	172,00	IV	79,08	40,00	8,83			
	VI	375,58	172,00	172,00							
1 877,99	I,IV	122,58	172,25	172,25	I	40,50					
	II	43,66	172,25	172,25	II						
	III		225,33	172,25	III						
	V	333,33	172,25	172,25	IV	79,66	40,50	9,16			
	VI	376,58	172,25	172,25							
1 880,99	I,IV	123,16	172,50	172,50	I	41,00					
	II	44,16	172,50	172,50	II						
	III		225,66	172,50	III						
	V	334,33	172,50	172,50	IV	80,25	41,00	9,58			
	VI	377,58	172,50	172,50							
1 883,99	I,IV	123,83	172,83	172,83	I	41,50					
	II	44,66	172,83	172,83	II						
	III		226,00	172,83	III						
	V	335,41	172,83	172,83	IV	80,91	41,50	10,00			
	VI	378,66	172,83	172,83							
1 886,99	I,IV	124,41	173,08	173,08	I	42,00					
	II	45,16	173,08	173,08	II						
	III		226,41	173,08	III						
	V	336,41	173,08	173,08	IV	81,50	42,00	10,33			
	VI	379,66	173,08	173,08							
1 889,99	I,IV	125,08	173,33	173,33	I	42,50					
	II	45,75	173,33	173,33	II						
	III		226,75	173,33	III						
	V	337,50	173,33	173,33	IV	82,08	42,50	10,75			
	VI	380,75	173,33	173,33							
1 892,99	I,IV	125,66	173,66	173,66	I	43,00					
	II	46,25	173,66	173,66	II						
	III		227,00	173,66	III						
	V	338,50	173,66	173,66	IV	82,66	43,00	11,16			
	VI	381,75	173,66	173,66							
1 895,99	I,IV	126,33	173,91	173,91	I	43,50					
	II	46,75	173,91	173,91	II						
	III		227,50	173,91	III						
	V	339,58	173,91	173,91	IV	83,25	43,50	11,58			
	VI	382,83	173,91	173,91							
1 898,99	I,IV	126,91	174,16	174,16	I	44,08					
	II	47,25	174,16	174,16	II						
	III		227,83	174,16	III						
	V	340,58	174,16	174,16	IV	83,91	44,08	11,91			
	VI	383,83	174,16	174,16							
1 901,99	I,IV	127,58	174,50	174,50	I	44,58					
	II	47,75	174,50	174,50	II						
	III		228,16	174,50	III						
	V	341,66	174,50	174,50	IV	84,50	44,58	12,33			
	VI	384,91	174,50	174,50							
1 904,99	I,IV	128,16	174,75	174,75	I	45,08					
	II	48,33	174,75	174,75	II						
	III		228,58	174,75	III						
	V	342,66	174,75	174,75	IV	85,08	45,08	12,75			
	VI	385,91	174,75	174,75							
1 907,99	I,IV	128,83	175,00	175,00	I	45,58					
	II	48,83	175,00	175,00	II						
	III		228,91	175,00	III						
	V	343,75	175,00	175,00	IV	85,66	45,58	13,16			
	VI	387,00	175,00	175,00							

* Zur LSt-Berechnung für privat versicherte Arbeitnehmer s. Beispiele **Vorbemerkung S. 4f.**
** Basisvorsorgepauschale KV und PV *** Typisierter Arbeitgeberzuschuss

aT3 allgemeine Lohnsteuer

Lohn/ Gehalt in € bis	Steuerklasse	Lohn- steuer*	BVSP**	TAGZ***	Steuerklasse	Bemessungsgrundlage für Kirchensteuer und Solidaritätszuschlag					
						Freibeträge für ... Kinder					
						0,5	1,0	1,5	2,0	2,5	3,0
1910,99	I,IV	129,41	175,33	175,33	I	46,08					
	II	49,41	175,33	175,33	II						
	III		229,25	175,33	III						
	V	344,75	175,33	175,33	IV	86,25	46,08	13,58			
	VI	388,00	175,33	175,33							
1913,99	I,IV	130,00	175,58	175,58	I	46,58					
	II	49,91	175,58	175,58	II						
	III		229,66	175,58	III						
	V	345,83	175,58	175,58	IV	86,83	46,58	13,91			
	VI	389,08	175,58	175,58							
1916,99	I,IV	130,66	175,83	175,83	I	47,16					
	II	50,41	175,83	175,83	II						
	III		230,00	175,83	III						
	V	346,83	175,83	175,83	IV	87,50	47,16	14,33			
	VI	390,08	175,83	175,83							
1919,99	I,IV	131,33	176,08	176,08	I	47,66					
	II	51,00	176,08	176,08	II						
	III		230,33	176,08	III						
	V	347,91	176,08	176,08	IV	88,08	47,66	14,75			
	VI	391,16	176,08	176,08							
1922,99	I,IV	131,91	176,41	176,41	I	48,16					
	II	51,50	176,41	176,41	II						
	III		230,75	176,41	III						
	V	348,91	176,41	176,41	IV	88,66	48,16	15,16			
	VI	392,16	176,41	176,41							
1925,99	I,IV	132,58	176,66	176,66	I	48,75					
	II	52,08	176,66	176,66	II						
	III		231,08	176,66	III						
	V	350,00	176,66	176,66	IV	89,33	48,75	15,58			
	VI	393,25	176,66	176,66							
1928,99	I,IV	133,16	176,91	176,91	I	49,25					
	II	52,58	176,91	176,91	II						
	III		231,41	176,91	III						
	V	351,00	176,91	176,91	IV	89,91	49,25	16,00			
	VI	394,25	176,91	176,91							
1931,99	I,IV	133,75	177,25	177,25	I	49,75					
	II	53,08	177,25	177,25	II						
	III		231,83	177,25	III						
	V	352,08	177,25	177,25	IV	90,50	49,75	16,41			
	VI	395,33	177,25	177,25							
1934,99	I,IV	134,41	177,50	177,50	I	50,33					
	II	53,66	177,50	177,50	II						
	III		232,16	177,50	III						
	V	353,08	177,50	177,50	IV	91,08	50,33	16,83			
	VI	396,33	177,50	177,50							
1937,99	I,IV	135,08	177,75	177,75	I	50,83					
	II	54,16	177,75	177,75	II						
	III		232,50	177,75	III						
	V	354,16	177,75	177,75	IV	91,75	50,83	17,25			
	VI	397,41	177,75	177,75							
1940,99	I,IV	135,66	178,08	178,08	I	51,33					
	II	54,75	178,08	178,08	II						
	III		232,91	178,08	III						
	V	355,16	178,08	178,08	IV	92,33	51,33	17,66			
	VI	398,41	178,08	178,08							
1943,99	I,IV	136,33	178,33	178,33	I	51,91					
	II	55,25	178,33	178,33	II						
	III		233,25	178,33	III						
	V	356,25	178,33	178,33	IV	92,91	51,91	18,08			
	VI	399,50	178,33	178,33							

* Zur LSt-Berechnung für privat versicherte Arbeitnehmer s. Beispiele **Vorbemerkung S. 4f.**
** Basisvorsorgepauschale KV und PV   *** Typisierter Arbeitgeberzuschuss

Monat gültig ab 1. 1. 2022 (idF des StEntlG 2022) — aT3

Lohn/Gehalt in € bis	Steuerklasse	Lohn-steuer*	BVSP**	TAGZ***	Steuerklasse	Bemessungsgrundlage für Kirchensteuer und Solidaritätszuschlag — Freibeträge für ... Kinder					
						0,5	1,0	1,5	2,0	2,5	3,0
1 946,99	I,IV	136,91	178,58	178,58	I	52,41					
	II	55,83	178,58	178,58	II						
	III		233,58	178,58	III						
	V	357,25	178,58	178,58	IV	93,50	52,41	18,50			
	VI	400,50	178,58	178,58							
1 949,99	I,IV	137,58	178,83	178,83	I	53,00					
	II	56,41	178,83	178,83	II						
	III		233,91	178,83	III						
	V	358,33	178,83	178,83	IV	94,16	53,00	19,00			
	VI	401,58	178,83	178,83							
1 952,99	I,IV	138,16	179,16	179,16	I	53,50					
	II	56,91	179,16	179,16	II						
	III		234,33	179,16	III						
	V	359,33	179,16	179,16	IV	94,75	53,50	19,41			
	VI	402,58	179,16	179,16							
1 955,99	I,IV	138,83	179,41	179,41	I	54,08					
	II	57,50	179,41	179,41	II						
	III		234,66	179,41	III						
	V	360,41	179,41	179,41	IV	95,33	54,08	19,83			
	VI	403,66	179,41	179,41							
1 958,99	I,IV	139,41	179,66	179,66	I	54,58					
	II	58,08	179,66	179,66	II						
	III		235,00	179,66	III						
	V	361,41	179,66	179,66	IV	95,91	54,58	20,25			
	VI	404,66	179,66	179,66							
1 961,99	I,IV	140,08	180,00	180,00	I	55,16					
	II	58,58	180,00	180,00	II						
	III		235,41	180,00	III						
	V	362,50	180,00	180,00	IV	96,58	55,16	20,66			
	VI	405,75	180,00	180,00							
1 964,99	I,IV	140,66	180,25	180,25	I	55,66					
	II	59,16	180,25	180,25	II						
	III		235,75	180,25	III						
	V	363,50	180,25	180,25	IV	97,16	55,66	21,08			
	VI	406,75	180,25	180,25							
1 967,99	I,IV	141,33	180,50	180,50	I	56,25					
	II	59,66	180,50	180,50	II						
	III		236,08	180,50	III						
	V	364,58	180,50	180,50	IV	97,75	56,25	21,58			
	VI	407,83	180,50	180,50							
1 970,99	I,IV	141,91	180,83	180,83	I	56,83					
	II	60,25	180,83	180,83	II						
	III		236,50	180,83	III						
	V	365,58	180,83	180,83	IV	98,33	56,83	22,00			
	VI	408,83	180,83	180,83							
1 973,99	I,IV	142,58	181,08	181,08	I	57,33					
	II	60,83	181,08	181,08	II						
	III		236,83	181,08	III						
	V	366,66	181,08	181,08	IV	99,00	57,33	22,41			
	VI	409,91	181,08	181,08							
1 976,99	I,IV	143,16	181,33	181,33	I	57,91					
	II	61,41	181,33	181,33	II						
	III		237,16	181,33	III						
	V	367,66	181,33	181,33	IV	99,58	57,91	22,83			
	VI	410,91	181,33	181,33							
1 979,99	I,IV	143,83	181,58	181,58	I	58,41					
	II	61,91	181,58	181,58	II						
	III		237,58	181,58	III						
	V	368,75	181,58	181,58	IV	100,16	58,41	23,33			
	VI	412,00	181,58	181,58							

* Zur LSt-Berechnung für privat versicherte Arbeitnehmer s. Beispiele **Vorbemerkung S. 4 f.**
** Basisvorsorgepauschale KV und PV   *** Typisierter Arbeitgeberzuschuss

aT3   allgemeine Lohnsteuer

Lohn/ Gehalt in € bis	Steuerklasse	Lohn- steuer*	BVSP**	TAGZ***	Steuerklasse	Bemessungsgrundlage für Kirchensteuer und Solidaritätszuschlag					
						Freibeträge für ... Kinder					
						0,5	1,0	1,5	2,0	2,5	3,0
1982,99	I,IV	**144,50**	181,91	181,91	I	59,00					
	II	**62,50**	181,91	181,91	II						
	III		237,91	181,91	III						
	V	**369,75**	181,91	181,91	IV	100,83	59,00	23,75			
	VI	**413,00**	181,91	181,91							
1985,99	I,IV	**145,08**	182,16	182,16	I	59,58					
	II	**63,08**	182,16	182,16	II						
	III		238,25	182,16	III						
	V	**370,83**	182,16	182,16	IV	101,41	59,58	24,16			
	VI	**414,08**	182,16	182,16							
1988,99	I,IV	**145,75**	182,41	182,41	I	60,08					
	II	**63,66**	182,41	182,41	II						
	III		238,66	182,41	III						
	V	**371,83**	182,41	182,41	IV	102,00	60,08	24,66			
	VI	**415,08**	182,41	182,41							
1991,99	I,IV	**146,33**	182,75	182,75	I	60,66					
	II	**64,25**	182,75	182,75	II						
	III		239,00	182,75	III						
	V	**372,91**	182,75	182,75	IV	102,66	60,66	25,08			
	VI	**416,16**	182,75	182,75							
1994,99	I,IV	**147,00**	183,00	183,00	I	61,25					
	II	**64,83**	183,00	183,00	II						
	III		239,33	183,00	III						
	V	**373,91**	183,00	183,00	IV	103,25	61,25	25,50			
	VI	**417,16**	183,00	183,00							
1997,99	I,IV	**147,58**	183,25	183,25	I	61,83					
	II	**65,41**	183,25	183,25	II	0,25					
	III		239,75	183,25	III						
	V	**375,00**	183,25	183,25	IV	103,83	61,83	26,00			
	VI	**418,25**	183,25	183,25							
2000,99	I,IV	**148,25**	183,58	183,58	I	62,33					
	II	**65,91**	183,58	183,58	II	0,66					
	III		240,08	183,58	III						
	V	**376,00**	183,58	183,58	IV	104,41	62,33	26,41			
	VI	**419,25**	183,58	183,58							
2003,99	I,IV	**148,91**	183,83	183,83	I	62,91					
	II	**66,50**	183,83	183,83	II	1,00					
	III		240,41	183,83	III						
	V	**377,08**	183,83	183,83	IV	105,08	62,91	26,91			
	VI	**420,33**	183,83	183,83							
2006,99	I,IV	**149,50**	184,08	184,08	I	63,50					
	II	**67,08**	184,08	184,08	II	1,33					
	III		240,83	184,08	III						
	V	**378,08**	184,08	184,08	IV	105,66	63,50	27,33			
	VI	**421,33**	184,08	184,08							
2009,99	I,IV	**150,16**	184,41	184,41	I	64,08					
	II	**67,66**	184,41	184,41	II	1,66					
	III		241,16	184,41	III						
	V	**379,16**	184,41	184,41	IV	106,33	64,08	27,83			
	VI	**422,41**	184,41	184,41							
2012,99	I,IV	**150,75**	184,66	184,66	I	64,66					
	II	**68,25**	184,66	184,66	II	2,00					
	III		241,50	184,66	III						
	V	**380,16**	184,66	184,66	IV	106,91	64,66	28,25			
	VI	**423,41**	184,66	184,66							
2015,99	I,IV	**151,41**	184,91	184,91	I	65,25	0,16				
	II	**68,83**	184,91	184,91	II	2,41					
	III		241,91	184,91	III						
	V	**381,25**	184,91	184,91	IV	107,50	65,25	28,75	0,16		
	VI	**424,50**	184,91	184,91							

* Zur LSt-Berechnung für privat versicherte Arbeitnehmer s. Beispiele **Vorbemerkung S. 4f.**
** Basisvorsorgepauschale KV und PV   *** Typisierter Arbeitgeberzuschuss

Monat gültig ab 1. 1. 2022 (idF des StEntlG 2022) — **aT3**

Lohn/Gehalt in € bis	Steuerklasse	Lohn-steuer*	BVSP**	TAGZ***	Steuerklasse	Bemessungsgrundlage für Kirchensteuer und Solidaritätszuschlag					
						Freibeträge für ... Kinder					
						0,5	1,0	1,5	2,0	2,5	3,0
2018,99	I,IV	152,08	185,16	185,16	I	65,83	0,58				
	II	69,41	185,16	185,16	II	2,75					
	III		242,25	185,16	III						
	V	382,25	185,16	185,16	IV	108,16	65,83	29,16	0,58		
	VI	425,50	185,16	185,16							
2021,99	I,IV	152,66	185,50	185,50	I	66,41	0,91				
	II	70,00	185,50	185,50	II	3,16					
	III		242,58	185,50	III						
	V	383,33	185,50	185,50	IV	108,75	66,41	29,66	0,91		
	VI	426,58	185,50	185,50							
2024,99	I,IV	153,33	185,75	185,75	I	66,91	1,25				
	II	70,58	185,75	185,75	II	3,50					
	III		242,91	185,75	III						
	V	384,33	185,75	185,75	IV	109,33	66,91	30,08	1,25		
	VI	427,58	185,75	185,75							
2027,99	I,IV	153,91	186,00	186,00	I	67,58	1,58				
	II	71,16	186,00	186,00	II	3,83					
	III		243,33	186,00	III						
	V	385,41	186,00	186,00	IV	110,00	67,58	30,58	1,58		
	VI	428,66	186,00	186,00							
2030,99	I,IV	154,58	186,33	186,33	I	68,16	1,91				
	II	71,83	186,33	186,33	II	4,25					
	III		243,66	186,33	III						
	V	386,41	186,33	186,33	IV	110,58	68,16	31,08	1,91		
	VI	429,66	186,33	186,33							
2033,99	I,IV	155,25	186,58	186,58	I	68,75	2,33				
	II	72,41	186,58	186,58	II	4,58					
	III		244,00	186,58	III						
	V	387,50	186,58	186,58	IV	111,16	68,75	31,50	2,33		
	VI	430,75	186,58	186,58							
2036,99	I,IV	155,83	186,83	186,83	I	69,25	2,66				
	II	73,00	186,83	186,83	II	4,91					
	III		244,41	186,83	III						
	V	388,50	186,83	186,83	IV	111,83	69,25	32,00	2,66		
	VI	431,75	186,83	186,83							
2039,99	I,IV	156,50	187,16	187,16	I	69,91	3,00				
	II	73,58	187,16	187,16	II	5,33					
	III		244,75	187,16	III						
	V	389,58	187,16	187,16	IV	112,41	69,91	32,50	3,00		
	VI	432,83	187,16	187,16							
2042,99	I,IV	157,16	187,41	187,41	I	70,50	3,41				
	II	74,16	187,41	187,41	II	5,66					
	III		245,08	187,41	III						
	V	390,58	187,41	187,41	IV	113,00	70,50	32,91	3,41		
	VI	433,83	187,41	187,41							
2045,99	I,IV	157,75	187,66	187,66	I	71,08	3,75				
	II	74,75	187,66	187,66	II	6,08					
	III		245,50	187,66	III						
	V	391,66	187,66	187,66	IV	113,66	71,08	33,41	3,75		
	VI	434,91	187,66	187,66							
2048,99	I,IV	158,41	187,91	187,91	I	71,66	4,08				
	II	75,33	187,91	187,91	II	6,41					
	III		245,83	187,91	III						
	V	392,66	187,91	187,91	IV	114,25	71,66	33,91	4,08		
	VI	435,91	187,91	187,91							
2051,99	I,IV	159,00	188,25	188,25	I	72,25	4,50				
	II	76,00	188,25	188,25	II	6,83					
	III		246,16	188,25	III						
	V	393,66	188,25	188,25	IV	114,91	72,25	34,33	4,50		
	VI	437,00	188,25	188,25							

* Zur LSt-Berechnung für privat versicherte Arbeitnehmer s. Beispiele **Vorbemerkung S. 4 f.**
** Basisvorsorgepauschale KV und PV   *** Typisierter Arbeitgeberzuschuss

aT3

allgemeine Lohnsteuer

Lohn/Gehalt in € bis	Steuerklasse	Lohn-steuer*	BVSP**	TAGZ***	Steuerklasse	Bemessungsgrundlage für Kirchensteuer und Solidaritätszuschlag Freibeträge für ... Kinder					
						0,5	1,0	1,5	2,0	2,5	3,0
2054,99	I,IV	159,66	188,50	188,50	I	72,83	4,83				
	II	76,58	188,50	188,50	II	7,16					
	III		246,58	188,50	III						
	V	394,75	188,50	188,50	IV	115,50	72,83	34,83	4,83		
	VI	438,00	188,50	188,50							
2057,99	I,IV	160,33	188,75	188,75	I	73,41	5,25				
	II	77,16	188,75	188,75	II	7,58					
	III		246,91	188,75	III						
	V	395,83	188,75	188,75	IV	116,08	73,41	35,33	5,25		
	VI	439,08	188,75	188,75							
2060,99	I,IV	160,91	189,08	189,08	I	74,00	5,58				
	II	77,75	189,08	189,08	II	7,91					
	III		247,25	189,08	III						
	V	396,83	189,08	189,08	IV	116,75	74,00	35,83	5,58		
	VI	440,08	189,08	189,08							
2063,99	I,IV	161,58	189,33	189,33	I	74,58	6,00				
	II	78,33	189,33	189,33	II	8,33					
	III		247,66	189,33	III						
	V	397,83	189,33	189,33	IV	117,33	74,58	36,33	6,00		
	VI	441,16	189,33	189,33							
2066,99	I,IV	162,25	189,58	189,58	I	75,25	6,33				
	II	78,91	189,58	189,58	II	8,75					
	III		248,00	189,58	III						
	V	398,91	189,58	189,58	IV	118,00	75,25	36,83	6,33		
	VI	442,16	189,58	189,58							
2069,99	I,IV	162,83	189,91	189,91	I	75,83	6,75				
	II	79,58	189,91	189,91	II	9,08					
	III		248,33	189,91	III						
	V	400,00	189,91	189,91	IV	118,58	75,83	37,33	6,75		
	VI	443,25	189,91	189,91							
2072,99	I,IV	163,50	190,16	190,16	I	76,41	7,08				
	II	80,16	190,16	190,16	II	9,50					
	III		248,75	190,16	III						
	V	401,00	190,16	190,16	IV	119,16	76,41	37,75	7,08		
	VI	444,25	190,16	190,16							
2075,99	I,IV	164,16	190,41	190,41	I	77,00	7,50				
	II	80,75	190,41	190,41	II	9,91					
	III		249,08	190,41	III						
	V	402,00	190,41	190,41	IV	119,83	77,00	38,25	7,50		
	VI	445,33	190,41	190,41							
2078,99	I,IV	164,75	190,66	190,66	I	77,58	7,83				
	II	81,33	190,66	190,66	II	10,25					
	III		249,41	190,66	III						
	V	403,08	190,66	190,66	IV	120,41	77,58	38,75	7,83		
	VI	446,33	190,66	190,66							
2081,99	I,IV	165,41	191,00	191,00	I	78,25	8,25				
	II	81,91	191,00	191,00	II	10,66					
	III		249,83	191,00	III						
	V	404,16	191,00	191,00	IV	121,08	78,25	39,25	8,25		
	VI	447,41	191,00	191,00							
2084,99	I,IV	166,08	191,25	191,25	I	78,75	8,58				
	II	82,50	191,25	191,25	II	11,08					
	III		250,00	191,25	III						
	V	405,16	191,25	191,25	IV	121,66	78,75	39,75	8,58		
	VI	448,41	191,25	191,25							
2087,99	I,IV	166,66	191,50	191,50	I	79,41	9,00				
	II	83,16	191,50	191,50	II	11,50					
	III		250,00	191,50	III						
	V	406,16	191,50	191,50	IV	122,25	79,41	40,25	9,00		
	VI	449,50	191,50	191,50							

* Zur LSt-Berechnung für privat versicherte Arbeitnehmer s. Beispiele **Vorbemerkung S. 4f.**
** Basisvorsorgepauschale KV und PV *** Typisierter Arbeitgeberzuschuss

Monat gültig ab 1. 1. 2022 (idF des StEntlG 2022) — aT3

Lohn/Gehalt in € bis	Steuerklasse	Lohnsteuer*	BVSP**	TAGZ***	Steuerklasse	Bemessungsgrundlage für Kirchensteuer und Solidaritätszuschlag — Freibeträge für ... Kinder 0,5	1,0	1,5	2,0	2,5	3,0
2 090,99	I,IV	167,33	191,83	191,83	I	80,00	9,41				
	II	83,75	191,83	191,83	II	11,83					
	III		250,00	191,83	III						
	V	407,25	191,83	191,83	IV	122,91	80,00	40,75	9,41		
	VI	450,50	191,83	191,83							
2 093,99	I,IV	168,00	192,08	192,08	I	80,58	9,83				
	II	84,33	192,08	192,08	II	12,25					
	III		250,00	192,08	III						
	V	408,33	192,08	192,08	IV	123,50	80,58	41,25	9,83		
	VI	451,58	192,08	192,08							
2 096,99	I,IV	168,58	192,33	192,33	I	81,16	10,16				
	II	84,91	192,33	192,33	II	12,66					
	III		250,00	192,33	III						
	V	409,33	192,33	192,33	IV	124,16	81,16	41,75	10,16		
	VI	452,58	192,33	192,33							
2 099,99	I,IV	169,25	192,66	192,66	I	81,75	10,58				
	II	85,50	192,66	192,66	II	13,08					
	III		250,00	192,66	III						
	V	410,33	192,66	192,66	IV	124,75	81,75	42,25	10,58		
	VI	453,66	192,66	192,66							
2 102,99	I,IV	169,91	192,91	192,91	I	82,41	11,00				
	II	86,16	192,91	192,91	II	13,50					
	III		250,00	192,91	III						
	V	411,41	192,91	192,91	IV	125,41	82,41	42,75	11,00		
	VI	454,66	192,91	192,91							
2 105,99	I,IV	170,58	193,16	193,16	I	83,00	11,33				
	II	86,75	193,16	193,16	II	13,91					
	III		250,00	193,16	III						
	V	412,50	193,16	193,16	IV	126,00	83,00	43,33	11,33		
	VI	455,75	193,16	193,16							
2 108,99	I,IV	171,16	193,50	193,50	I	83,58	11,75				
	II	87,33	193,50	193,50	II	14,25					
	III		250,00	193,50	III						
	V	413,50	193,50	193,50	IV	126,66	83,58	43,83	11,75		
	VI	456,75	193,50	193,50							
2 111,99	I,IV	171,83	193,75	193,75	I	84,16	12,16				
	II	87,91	193,75	193,75	II	14,66					
	III		250,00	193,75	III						
	V	414,50	193,75	193,75	IV	127,25	84,16	44,33	12,16		
	VI	457,83	193,75	193,75							
2 114,99	I,IV	172,50	194,00	194,00	I	84,83	12,58				
	II	88,58	194,00	194,00	II	15,08					
	III		250,00	194,00	III						
	V	415,58	194,00	194,00	IV	127,91	84,83	44,83	12,58		
	VI	458,83	194,00	194,00							
2 117,99	I,IV	173,16	194,25	194,25	I	85,41	13,00				
	II	89,16	194,25	194,25	II	15,50					
	III		250,00	194,25	III						
	V	416,66	194,25	194,25	IV	128,50	85,41	45,33	13,00		
	VI	459,91	194,25	194,25							
2 120,99	I,IV	173,75	194,58	194,58	I	86,00	13,33				
	II	89,75	194,58	194,58	II	15,91					
	III		250,00	194,58	III						
	V	417,66	194,58	194,58	IV	129,08	86,00	45,83	13,33		
	VI	460,91	194,58	194,58							
2 123,99	I,IV	174,41	194,83	194,83	I	86,58	13,75				
	II	90,33	194,83	194,83	II	16,33					
	III		250,00	194,83	III						
	V	418,66	194,83	194,83	IV	129,75	86,58	46,33	13,75		
	VI	461,91	194,83	194,83							

* Zur LSt-Berechnung für privat versicherte Arbeitnehmer s. Beispiele **Vorbemerkung S. 4 f.**
** Basisvorsorgepauschale KV und PV   *** Typisierter Arbeitgeberzuschuss

aT3

allgemeine Lohnsteuer

Lohn/ Gehalt in € bis	Steuerklasse	Lohn- steuer*	BVSP**	TAGZ***	Steuerklasse	Bemessungsgrundlage für Kirchensteuer und Solidaritätszuschlag					
						Freibeträge für ... Kinder					
						0,5	1,0	1,5	2,0	2,5	3,0
2126,99	I,IV	175,08	195,08	195,08	I	87,16	14,16				
	II	91,00	195,08	195,08	II	16,75					
	III		250,00	195,08	III						
	V	419,75	195,08	195,08	IV	130,33	87,16	46,91	14,16		
	VI	463,00	195,08	195,08							
2129,99	I,IV	175,75	195,41	195,41	I	87,83	14,58				
	II	91,58	195,41	195,41	II	17,16					
	III		250,00	195,41	III						
	V	420,83	195,41	195,41	IV	131,00	87,83	47,41	14,58		
	VI	464,08	195,41	195,41							
2132,99	I,IV	176,33	195,66	195,66	I	88,41	15,00				
	II	92,16	195,66	195,66	II	17,58					
	III		250,00	195,66	III						
	V	421,83	195,66	195,66	IV	131,58	88,41	47,91	15,00		
	VI	465,08	195,66	195,66							
2135,99	I,IV	177,00	195,91	195,91	I	89,00	15,41				
	II	92,75	195,91	195,91	II	18,00					
	III		250,00	195,91	III						
	V	422,83	195,91	195,91	IV	132,25	89,00	48,50	15,41		
	VI	466,08	195,91	195,91							
2138,99	I,IV	177,66	196,25	196,25	I	89,58	15,83				
	II	93,41	196,25	196,25	II	18,41					
	III		250,00	196,25	III						
	V	423,91	196,25	196,25	IV	132,83	89,58	49,00	15,83		
	VI	467,16	196,25	196,25							
2141,99	I,IV	178,33	196,50	196,50	I	90,25	16,25				
	II	94,00	196,50	196,50	II	18,83					
	III		250,00	196,50	III						
	V	425,00	196,50	196,50	IV	133,50	90,25	49,50	16,25		
	VI	468,25	196,50	196,50							
2144,99	I,IV	178,91	196,75	196,75	I	90,83	16,66				
	II	94,58	196,75	196,75	II	19,25					
	III		250,00	196,75	III						
	V	426,00	196,75	196,75	IV	134,08	90,83	50,00	16,66		
	VI	469,25	196,75	196,75							
2147,99	I,IV	179,58	197,00	197,00	I	91,41	17,08				
	II	95,16	197,00	197,00	II	19,75					
	III		250,00	197,00	III						
	V	427,00	197,00	197,00	IV	134,75	91,41	50,58	17,08		
	VI	470,25	197,00	197,00							
2150,99	I,IV	180,25	197,33	197,33	I	92,00	17,50				
	II	95,83	197,33	197,33	II	20,16					
	III		250,00	197,33	III						
	V	428,08	197,33	197,33	IV	135,33	92,00	51,08	17,50		
	VI	471,33	197,33	197,33							
2153,99	I,IV	180,91	197,58	197,58	I	92,66	17,91				
	II	96,41	197,58	197,58	II	20,58					
	III		250,00	197,58	III						
	V	429,16	197,58	197,58	IV	136,00	92,66	51,66	17,91		
	VI	472,41	197,58	197,58							
2156,99	I,IV	181,50	197,83	197,83	I	93,25	18,33				
	II	97,00	197,83	197,83	II	21,00					
	III		250,00	197,83	III						
	V	430,16	197,83	197,83	IV	136,58	93,25	52,16	18,33		
	VI	473,41	197,83	197,83							
2159,99	I,IV	182,16	198,16	198,16	I	93,83	18,75				
	II	97,58	198,16	198,16	II	21,41					
	III		250,00	198,16	III						
	V	431,16	198,16	198,16	IV	137,25	93,83	52,75	18,75		
	VI	474,41	198,16	198,16							

* Zur LSt-Berechnung für privat versicherte Arbeitnehmer s. Beispiele **Vorbemerkung S. 4 f.**
** Basisvorsorgepauschale KV und PV *** Typisierter Arbeitgeberzuschuss

Monat gültig ab 1. 1. 2022 (idF des StEntlG 2022) aT3

| Lohn/Gehalt in € bis | Steuerklasse | Lohnsteuer* | BVSP** | TAGZ*** | Steuerklasse | Bemessungsgrundlage für Kirchensteuer und Solidaritätszuschlag | | | | | |
| | | | | | | Freibeträge für ... Kinder | | | | | |
						0,5	1,0	1,5	2,0	2,5	3,0
2162,99	I,IV	182,83	198,41	198,41	I	94,41	19,16				
	II	98,25	198,41	198,41	II	21,91					
	III		250,00	198,41	III						
	V	432,25	198,41	198,41	IV	137,83	94,41	53,25	19,16		
	VI	475,50	198,41	198,41							
2165,99	I,IV	183,50	198,66	198,66	I	95,08	19,58				
	II	98,83	198,66	198,66	II	22,33					
	III		250,00	198,66	III						
	V	433,33	198,66	198,66	IV	138,50	95,08	53,83	19,58		
	VI	476,58	198,66	198,66							
2168,99	I,IV	184,08	199,00	199,00	I	95,66	20,00				
	II	99,41	199,00	199,00	II	22,75					
	III		250,00	199,00	III						
	V	434,33	199,00	199,00	IV	139,08	95,66	54,33	20,00		
	VI	477,58	199,00	199,00							
2171,99	I,IV	184,75	199,25	199,25	I	96,25	20,50				
	II	100,08	199,25	199,25	II	23,16					
	III		250,00	199,25	III						
	V	435,33	199,25	199,25	IV	139,75	96,25	54,91	20,50		
	VI	478,58	199,25	199,25							
2174,99	I,IV	185,41	199,50	199,50	I	96,83	20,91				
	II	100,66	199,50	199,50	II	23,66					
	III		250,00	199,50	III						
	V	436,41	199,50	199,50	IV	140,41	96,83	55,41	20,91		
	VI	479,66	199,50	199,50							
2177,99	I,IV	186,08	199,75	199,75	I	97,50	21,33				
	II	101,25	199,75	199,75	II	24,08					
	III		250,00	199,75	III						
	V	437,41	199,75	199,75	IV	141,00	97,50	56,00	21,33		
	VI	480,75	199,75	199,75							
2180,99	I,IV	186,66	200,08	200,08	I	98,08	21,75				
	II	101,83	200,08	200,08	II	24,50					
	III		250,00	200,08	III						
	V	438,50	200,08	200,08	IV	141,66	98,08	56,50	21,75		
	VI	481,75	200,08	200,08							
2183,99	I,IV	187,33	200,33	200,33	I	98,66	22,16				
	II	102,50	200,33	200,33	II	25,00					
	III		250,00	200,33	III						
	V	439,50	200,33	200,33	IV	142,25	98,66	57,08	22,16		
	VI	482,75	200,33	200,33							
2186,99	I,IV	188,00	200,58	200,58	I	99,33	22,66				
	II	103,08	200,58	200,58	II	25,41					
	III		250,00	200,58	III						
	V	440,58	200,58	200,58	IV	142,91	99,33	57,66	22,66		
	VI	483,50	200,58	200,58							
2189,99	I,IV	188,66	200,91	200,91	I	99,91	23,08				
	II	103,75	200,91	200,91	II	25,91					
	III		250,00	200,91	III						
	V	441,58	200,91	200,91	IV	143,50	99,91	58,16	23,08		
	VI	484,50	200,91	200,91							
2192,99	I,IV	189,33	201,16	201,16	I	100,50	23,50				
	II	104,33	201,16	201,16	II	26,33					
	III		250,00	201,16	III						
	V	442,66	201,16	201,16	IV	144,16	100,50	58,75	23,50		
	VI	485,50	201,16	201,16							
2195,99	I,IV	190,00	201,41	201,41	I	101,08	24,00				
	II	104,91	201,41	201,41	II	26,75					
	III		250,00	201,41	III						
	V	443,66	201,41	201,41	IV	144,75	101,08	59,33	24,00		
	VI	486,33	201,41	201,41							

* Zur LSt-Berechnung für privat versicherte Arbeitnehmer s. Beispiele **Vorbemerkung S. 4 f.**
** Basisvorsorgepauschale KV und PV *** Typisierter Arbeitgeberzuschuss

aT3 allgemeine Lohnsteuer

Lohn/Gehalt in € bis	Steuerklasse	Lohnsteuer*	BVSP**	TAGZ***	Steuerklasse	Bemessungsgrundlage für Kirchensteuer und Solidaritätszuschlag Freibeträge für ... Kinder 0,5	1,0	1,5	2,0	2,5	3,0
2198,99	I,IV	190,58	201,75	201,75	I	101,75	24,41				
	II	105,50	201,75	201,75	II	27,25					
	III		250,00	201,75	III						
	V	444,75	201,75	201,75	IV	145,41	101,75	59,83	24,41		
	VI	487,33	201,75	201,75							
2201,99	I,IV	191,25	202,00	202,00	I	102,33	24,83				
	II	106,16	202,00	202,00	II	27,66					
	III		250,00	202,00	III						
	V	445,75	202,00	202,00	IV	146,08	102,33	60,41	24,83		
	VI	488,00	202,00	202,00							
2204,99	I,IV	191,91	202,25	202,25	I	102,91	25,33				
	II	106,75	202,25	202,25	II	28,16					
	III		250,00	202,25	III						
	V	446,83	202,25	202,25	IV	146,66	102,91	61,00	25,33		
	VI	489,00	202,25	202,25							
2207,99	I,IV	192,58	202,58	202,58	I	103,58	25,75				
	II	107,33	202,58	202,58	II	28,58					
	III		250,00	202,58	III						
	V	447,83	202,58	202,58	IV	147,33	103,58	61,50	25,75		
	VI	489,83	202,58	202,58							
2210,99	I,IV	193,25	202,83	202,83	I	104,16	26,25				
	II	108,00	202,83	202,83	II	29,08					
	III		250,00	202,83	III						
	V	448,91	202,83	202,83	IV	147,91	104,16	62,08	26,25		
	VI	490,83	202,83	202,83							
2213,99	I,IV	193,91	203,08	203,08	I	104,75	26,66				
	II	108,58	203,08	203,08	II	29,58					
	III		250,00	203,08	III						
	V	449,91	203,08	203,08	IV	148,58	104,75	62,66	26,66		
	VI	491,66	203,08	203,08							
2216,99	I,IV	194,50	203,33	203,33	I	105,41	27,08				
	II	109,16	203,33	203,33	II	30,00					
	III		250,00	203,33	III						
	V	451,00	203,33	203,33	IV	149,16	105,41	63,25	27,08		
	VI	492,50	203,33	203,33							
2219,99	I,IV	195,16	203,66	203,66	I	106,00	27,58				
	II	109,83	203,66	203,66	II	30,50					
	III		250,00	203,66	III						
	V	452,00	203,66	203,66	IV	149,83	106,00	63,83	27,58		
	VI	493,33	203,66	203,66							
2222,99	I,IV	195,83	203,91	203,91	I	106,58	28,08				
	II	110,41	203,91	203,91	II	30,91					
	III		250,00	203,91	III						
	V	453,08	203,91	203,91	IV	150,50	106,58	64,41	28,08		
	VI	494,33	203,91	203,91							
2225,99	I,IV	196,50	204,16	204,16	I	107,25	28,50				
	II	111,08	204,16	204,16	II	31,41					
	III		250,00	204,16	III						
	V	454,08	204,16	204,16	IV	151,08	107,25	65,00	28,50		
	VI	495,16	204,16	204,16							
2228,99	I,IV	197,16	204,50	204,50	I	107,83	28,91				
	II	111,66	204,50	204,50	II	31,91					
	III		250,00	204,50	III						
	V	455,16	204,50	204,50	IV	151,75	107,83	65,50	28,91	0,33	
	VI	496,16	204,50	204,50							
2231,99	I,IV	197,83	204,75	204,75	I	108,41	29,41				
	II	112,25	204,75	204,75	II	32,33					
	III		250,00	204,75	III						
	V	456,16	204,75	204,75	IV	152,33	108,41	66,08	29,41	0,75	
	VI	497,00	204,75	204,75							

* Zur LSt-Berechnung für privat versicherte Arbeitnehmer s. Beispiele **Vorbemerkung S. 4 f.**
** Basisvorsorgepauschale KV und PV *** Typisierter Arbeitgeberzuschuss

Monat gültig ab 1. 1. 2022 (idF des StEntlG 2022) — **aT3**

Lohn/Gehalt in € bis	Steuerklasse	Lohnsteuer*	BVSP**	TAGZ***	Steuerklasse	0,5	1,0	1,5	2,0	2,5	3,0
						Bemessungsgrundlage für Kirchensteuer und Solidaritätszuschlag — Freibeträge für ... Kinder					
2234,99	I,IV	198,50	205,00	205,00	I	109,08	29,91				
	II	112,91	205,00	205,00	II	32,83					
	III		250,00	205,00	III						
	V	457,25	205,00	205,00	IV	153,00	109,08	66,66	29,91	1,08	
	VI	498,00	205,00	205,00							
2237,99	I,IV	199,16	205,33	205,33	I	109,66	30,33				
	II	113,50	205,33	205,33	II	33,33					
	III		250,00	205,33	III						
	V	458,25	205,33	205,33	IV	153,66	109,66	67,25	30,33	1,41	
	VI	498,83	205,33	205,33							
2240,99	I,IV	199,75	205,58	205,58	I	110,25	30,83				
	II	114,08	205,58	205,58	II	33,75					
	III		250,00	205,58	III						
	V	459,33	205,58	205,58	IV	154,25	110,25	67,83	30,83	1,75	
	VI	499,66	205,58	205,58							
2243,99	I,IV	200,41	205,83	205,83	I	110,91	31,25				
	II	114,75	205,83	205,83	II	34,25					
	III		250,00	205,83	III						
	V	460,33	205,83	205,83	IV	154,91	110,91	68,41	31,25	2,16	
	VI	500,50	205,83	205,83							
2246,99	I,IV	201,08	206,08	206,08	I	111,50	31,75				
	II	115,33	206,08	206,08	II	34,75					
	III		250,00	206,08	III						
	V	461,41	206,08	206,08	IV	155,58	111,50	69,00	31,75	2,50	
	VI	501,50	206,08	206,08							
2249,99	I,IV	201,75	206,41	206,41	I	112,16	32,25				
	II	116,00	206,41	206,41	II	35,25					
	III		250,00	206,41	III						
	V	462,41	206,41	206,41	IV	156,16	112,16	69,58	32,25	2,83	
	VI	502,33	206,41	206,41							
2252,99	I,IV	202,41	206,66	206,66	I	112,75	32,66				
	II	116,58	206,66	206,66	II	35,66					
	III		250,00	206,66	III						
	V	463,50	206,66	206,66	IV	156,83	112,75	70,16	32,66	3,25	
	VI	503,33	206,66	206,66							
2255,99	I,IV	203,08	206,91	206,91	I	113,33	33,16				
	II	117,16	206,91	206,91	II	36,16					
	III		250,00	206,91	III						
	V	464,50	206,91	206,91	IV	157,41	113,33	70,75	33,16	3,58	
	VI	504,16	206,91	206,91							
2258,99	I,IV	203,75	207,25	207,25	I	114,00	33,66				
	II	117,83	207,25	207,25	II	36,66					
	III		250,00	207,25	III						
	V	465,58	207,25	207,25	IV	158,08	114,00	71,33	33,66	3,91	
	VI	505,16	207,25	207,25							
2261,99	I,IV	204,41	207,50	207,50	I	114,58	34,16				
	II	118,41	207,50	207,50	II	37,16					
	III		250,00	207,50	III						
	V	466,58	207,50	207,50	IV	158,75	114,58	72,00	34,16	4,33	
	VI	506,00	207,50	207,50							
2264,99	I,IV	205,00	207,75	207,75	I	115,16	34,58				
	II	119,08	207,75	207,75	II	37,66					
	III	0,16	250,00	207,75	III						
	V	467,66	207,75	207,75	IV	159,33	115,16	72,50	34,58	4,66	
	VI	507,00	207,75	207,75							
2267,99	I,IV	205,66	208,08	208,08	I	115,83	35,08				
	II	119,66	208,08	208,08	II	38,16					
	III	0,50	250,00	208,08	III						
	V	468,66	208,08	208,08	IV	160,00	115,83	73,16	35,08	5,08	
	VI	507,83	208,08	208,08							

* Zur LSt-Berechnung für privat versicherte Arbeitnehmer s. Beispiele **Vorbemerkung S. 4 f.**
** Basisvorsorgepauschale KV und PV *** Typisierter Arbeitgeberzuschuss

aT3 allgemeine Lohnsteuer

Lohn/Gehalt in € bis	Steuerklasse	Lohn-steuer*	BVSP**	TAGZ***	Steuerklasse	Bemessungsgrundlage für Kirchensteuer und Solidaritätszuschlag Freibeträge für ... Kinder					
						0,5	1,0	1,5	2,0	2,5	3,0
2270,99	I,IV	**206,33**	208,33	208,33	I	116,41	35,58				
	II	**120,33**	208,33	208,33	II	38,66					
	III	**1,00**	250,00	208,33	III						
	V	**469,75**	208,33	208,33	IV	160,66	116,41	73,75	35,58	5,41	
	VI	**508,66**	208,33	208,33							
2273,99	I,IV	**207,00**	208,58	208,58	I	117,08	36,08				
	II	**120,91**	208,58	208,58	II	39,16					
	III	**1,33**	250,00	208,58	III						
	V	**470,75**	208,58	208,58	IV	161,25	117,08	74,33	36,08	5,83	
	VI	**509,66**	208,58	208,58							
2276,99	I,IV	**207,66**	208,83	208,83	I	117,66	36,58				
	II	**121,50**	208,83	208,83	II	39,66					
	III	**1,66**	250,00	208,83	III						
	V	**471,83**	208,83	208,83	IV	161,91	117,66	74,91	36,58	6,16	
	VI	**510,33**	208,83	208,83							
2279,99	I,IV	**208,33**	209,16	209,16	I	118,25	37,08				
	II	**122,16**	209,16	209,16	II	40,16					
	III	**2,16**	250,00	209,16	III						
	V	**472,83**	209,16	209,16	IV	162,58	118,25	75,50	37,08	6,50	
	VI	**511,33**	209,16	209,16							
2282,99	I,IV	**209,00**	209,41	209,41	I	118,91	37,58				
	II	**122,75**	209,41	209,41	II	40,66					
	III	**2,50**	250,00	209,41	III						
	V	**473,91**	209,41	209,41	IV	163,16	118,91	76,08	37,58	6,91	
	VI	**512,16**	209,41	209,41							
2285,99	I,IV	**209,66**	209,66	209,66	I	119,50	38,00				
	II	**123,41**	209,66	209,66	II	41,16					
	III	**2,83**	250,00	209,66	III						
	V	**474,91**	209,66	209,66	IV	163,83	119,50	76,75	38,00	7,33	
	VI	**513,16**	209,66	209,66							
2288,99	I,IV	**210,33**	210,00	210,00	I	120,16	38,50				
	II	**124,00**	210,00	210,00	II	41,66					
	III	**3,33**	250,00	210,00	III						
	V	**475,91**	210,00	210,00	IV	164,50	120,16	77,33	38,50	7,66	
	VI	**514,00**	210,00	210,00							
2291,99	I,IV	**211,00**	210,25	210,25	I	120,75	39,00				
	II	**124,58**	210,25	210,25	II	42,16					
	III	**3,66**	250,00	210,25	III						
	V	**477,00**	210,25	210,25	IV	165,08	120,75	77,91	39,00	8,08	
	VI	**515,00**	210,25	210,25							
2294,99	I,IV	**211,66**	210,50	210,50	I	121,33	39,50				
	II	**125,25**	210,50	210,50	II	42,66					
	III	**4,16**	250,00	210,50	III						
	V	**478,08**	210,50	210,50	IV	165,75	121,33	78,50	39,50	8,41	
	VI	**515,83**	210,50	210,50							
2297,99	I,IV	**212,33**	210,83	210,83	I	122,00	40,00				
	II	**125,91**	210,83	210,83	II	43,16					
	III	**4,50**	250,00	210,83	III						
	V	**479,08**	210,83	210,83	IV	166,41	122,00	79,08	40,00	8,83	
	VI	**516,83**	210,83	210,83							
2300,99	I,IV	**212,91**	211,08	211,08	I	122,58	40,50				
	II	**126,50**	211,08	211,08	II	43,66					
	III	**4,83**	250,00	211,08	III						
	V	**480,08**	211,08	211,08	IV	167,00	122,58	79,66	40,50	9,16	
	VI	**517,66**	211,08	211,08							
2303,99	I,IV	**213,58**	211,33	211,33	I	123,25	41,00				
	II	**127,08**	211,33	211,33	II	44,16					
	III	**5,33**	250,00	211,33	III						
	V	**481,16**	211,33	211,33	IV	167,66	123,25	80,33	41,00	9,58	
	VI	**518,66**	211,33	211,33							

* Zur LSt-Berechnung für privat versicherte Arbeitnehmer s. Beispiele **Vorbemerkung S. 4 f.**
** Basisvorsorgepauschale KV und PV *** Typisierter Arbeitgeberzuschuss

Monat gültig ab 1. 1. 2022 (idF des StEntlG 2022)　　　　**aT3**

Lohn/Gehalt in € bis	Steuerklasse	Lohnsteuer*	BVSP**	TAGZ***	Steuerklasse	Bemessungsgrundlage für Kirchensteuer und Solidaritätszuschlag Freibeträge für ... Kinder					
						0,5	**1,0**	1,5	**2,0**	2,5	**3,0**
2 306,99	I,IV	**214,25**	211,66	211,66	I	123,83	41,50				
	II	**127,75**	211,66	211,66	II	44,66					
	III	**5,66**	250,00	211,66	III						
	V	**482,25**	211,66	211,66	IV	168,33	123,83	80,91	41,50	10,00	
	VI	**519,50**	211,66	211,66							
2 309,99	I,IV	**215,00**	211,91	211,91	I	124,50	42,00				
	II	**128,33**	211,91	211,91	II	45,25					
	III	**6,16**	250,00	211,91	III						
	V	**483,16**	211,91	211,91	IV	169,00	124,50	81,50	42,00	10,41	
	VI	**520,33**	211,91	211,91							
2 312,99	I,IV	**215,58**	212,16	212,16	I	125,08	42,50				
	II	**129,00**	212,16	212,16	II	45,75					
	III	**6,50**	250,00	212,16	III						
	V	**484,00**	212,16	212,16	IV	169,58	125,08	82,08	42,50	10,75	
	VI	**521,33**	212,16	212,16							
2 315,99	I,IV	**216,25**	212,41	212,41	I	125,66	43,00				
	II	**129,58**	212,41	212,41	II	46,25					
	III	**6,83**	250,00	212,41	III						
	V	**485,00**	212,41	212,41	IV	170,25	125,66	82,66	43,00	11,16	
	VI	**522,16**	212,41	212,41							
2 318,99	I,IV	**216,91**	212,75	212,75	I	126,33	43,58				
	II	**130,25**	212,75	212,75	II	46,75					
	III	**7,33**	250,00	212,75	III						
	V	**485,83**	212,75	212,75	IV	170,91	126,33	83,33	43,58	11,58	
	VI	**523,16**	212,75	212,75							
2 321,99	I,IV	**217,58**	213,00	213,00	I	127,00	44,08				
	II	**130,83**	213,00	213,00	II	47,33					
	III	**7,66**	250,00	213,00	III						
	V	**486,83**	213,00	213,00	IV	171,50	127,00	83,91	44,08	12,00	
	VI	**524,16**	213,00	213,00							
2 324,99	I,IV	**218,25**	213,25	213,25	I	127,58	44,58				
	II	**131,50**	213,25	213,25	II	47,83					
	III	**8,16**	250,00	213,25	III						
	V	**487,50**	213,25	213,25	IV	172,16	127,58	84,50	44,58	12,33	
	VI	**525,00**	213,25	213,25							
2 327,99	I,IV	**218,91**	213,58	213,58	I	128,16	45,08				
	II	**132,08**	213,58	213,58	II	48,33					
	III	**8,50**	250,00	213,58	III						
	V	**488,50**	213,58	213,58	IV	172,83	128,16	85,08	45,08	12,75	
	VI	**525,83**	213,58	213,58							
2 330,99	I,IV	**219,58**	213,83	213,83	I	128,83	45,58				
	II	**132,75**	213,83	213,83	II	48,83					
	III	**9,00**	250,00	213,83	III						
	V	**489,33**	213,83	213,83	IV	173,41	128,83	85,66	45,58	13,16	
	VI	**526,83**	213,83	213,83							
2 333,99	I,IV	**220,25**	214,08	214,08	I	129,41	46,16				
	II	**133,33**	214,08	214,08	II	49,41					
	III	**9,33**	250,00	214,08	III						
	V	**490,33**	214,08	214,08	IV	174,08	129,41	86,33	46,16	13,58	
	VI	**527,83**	214,08	214,08							
2 336,99	I,IV	**220,91**	214,41	214,41	I	130,08	46,66				
	II	**134,00**	214,41	214,41	II	49,91					
	III	**9,66**	250,00	214,41	III						
	V	**491,16**	214,41	214,41	IV	174,75	130,08	86,91	46,66	14,00	
	VI	**528,66**	214,41	214,41							
2 339,99	I,IV	**221,58**	214,66	214,66	I	130,66	47,16				
	II	**134,66**	214,66	214,66	II	50,41					
	III	**10,16**	250,00	214,66	III						
	V	**492,16**	214,66	214,66	IV	175,41	130,66	87,50	47,16	14,41	
	VI	**529,66**	214,66	214,66							

* Zur LSt-Berechnung für privat versicherte Arbeitnehmer s. Beispiele **Vorbemerkung S. 4 f.**
** Basisvorsorgepauschale KV und PV　*** Typisierter Arbeitgeberzuschuss

aT3 allgemeine Lohnsteuer

Lohn/Gehalt in € bis	Steuerklasse	Lohn-steuer*	BVSP**	TAGZ***	Steuerklasse	Bemessungsgrundlage für Kirchensteuer und Solidaritätszuschlag Freibeträge für ... Kinder					
						0,5	1,0	1,5	2,0	2,5	3,0
2342,99	I,IV	**222,25**	214,91	214,91	I	131,33	47,66				
	II	**135,25**	214,91	214,91	II	51,00					
	III	**10,50**	250,00	214,91	III						
	V	**492,83**	214,91	214,91	IV	176,00	131,33	88,08	47,66	14,83	
	VI	**530,50**	214,91	214,91							
2345,99	I,IV	**222,91**	215,16	215,16	I	131,91	48,25				
	II	**135,83**	215,16	215,16	II	51,50					
	III	**11,00**	250,00	215,16	III						
	V	**493,83**	215,16	215,16	IV	176,66	131,91	88,75	48,25	15,25	
	VI	**531,50**	215,16	215,16							
2348,99	I,IV	**223,58**	215,50	215,50	I	132,58	48,75				
	II	**136,50**	215,50	215,50	II	52,08					
	III	**11,33**	250,00	215,50	III						
	V	**494,66**	215,50	215,50	IV	177,33	132,58	89,33	48,75	15,58	
	VI	**532,33**	215,50	215,50							
2351,99	I,IV	**224,25**	215,75	215,75	I	133,16	49,25				
	II	**137,08**	215,75	215,75	II	52,58					
	III	**11,83**	250,00	215,75	III						
	V	**495,66**	215,75	215,75	IV	178,00	133,16	89,91	49,25	16,00	
	VI	**533,16**	215,75	215,75							
2354,99	I,IV	**224,91**	216,00	216,00	I	133,83	49,83				
	II	**137,75**	216,00	216,00	II	53,16					
	III	**12,16**	250,00	216,00	III						
	V	**496,50**	216,00	216,00	IV	178,58	133,83	90,50	49,83	16,41	
	VI	**534,16**	216,00	216,00							
2357,99	I,IV	**225,58**	216,33	216,33	I	134,41	50,33				
	II	**138,33**	216,33	216,33	II	53,66					
	III	**12,66**	250,00	216,33	III						
	V	**497,50**	216,33	216,33	IV	179,25	134,41	91,16	50,33	16,83	
	VI	**535,00**	216,33	216,33							
2360,99	I,IV	**226,25**	216,58	216,58	I	135,08	50,83				
	II	**139,00**	216,58	216,58	II	54,16					
	III	**13,00**	250,00	216,58	III						
	V	**498,16**	216,58	216,58	IV	179,91	135,08	91,75	50,83	17,25	
	VI	**536,00**	216,58	216,58							
2363,99	I,IV	**226,91**	216,83	216,83	I	135,66	51,41				
	II	**139,58**	216,83	216,83	II	54,75					
	III	**13,50**	250,00	216,83	III						
	V	**499,16**	216,83	216,83	IV	180,58	135,66	92,33	51,41	17,66	
	VI	**537,00**	216,83	216,83							
2366,99	I,IV	**227,58**	217,16	217,16	I	136,33	51,91				
	II	**140,25**	217,16	217,16	II	55,33					
	III	**13,83**	250,00	217,16	III						
	V	**500,00**	217,16	217,16	IV	181,16	136,33	92,91	51,91	18,16	
	VI	**537,83**	217,16	217,16							
2369,99	I,IV	**228,25**	217,41	217,41	I	136,91	52,50				
	II	**140,83**	217,41	217,41	II	55,83					
	III	**14,33**	250,00	217,41	III						
	V	**501,00**	217,41	217,41	IV	181,83	136,91	93,58	52,50	18,58	
	VI	**538,83**	217,41	217,41							
2372,99	I,IV	**228,91**	217,66	217,66	I	137,58	53,00				
	II	**141,50**	217,66	217,66	II	56,41					
	III	**14,66**	250,00	217,66	III						
	V	**501,83**	217,66	217,66	IV	182,50	137,58	94,16	53,00	19,00	
	VI	**539,66**	217,66	217,66							
2375,99	I,IV	**229,58**	217,91	217,91	I	138,16	53,50				
	II	**142,08**	217,91	217,91	II	56,91					
	III	**15,16**	250,00	217,91	III						
	V	**502,83**	217,91	217,91	IV	183,16	138,16	94,75	53,50	19,41	
	VI	**540,66**	217,91	217,91							

* Zur LSt-Berechnung für privat versicherte Arbeitnehmer s. Beispiele **Vorbemerkung S. 4 f.**
** Basisvorsorgepauschale KV und PV   *** Typisierter Arbeitgeberzuschuss

Monat gültig ab 1. 1. 2022 (idF des StEntlG 2022) — aT3

Lohn/Gehalt in € bis	Steuerklasse	Lohnsteuer*	BVSP**	TAGZ***	Steuerklasse	Bemessungsgrundlage für Kirchensteuer und Solidaritätszuschlag — Freibeträge für ... Kinder					
						0,5	1,0	1,5	2,0	2,5	3,0
2 378,99	I,IV	230,25	218,25	218,25	I	138,83	54,08				
	II	142,75	218,25	218,25	II	57,50					
	III	15,66	250,00	218,25	III						
	V	503,66	218,25	218,25	IV	183,83	138,83	95,33	54,08	19,83	
	VI	541,50	218,25	218,25							
2 381,99	I,IV	231,00	218,50	218,50	I	139,41	54,66				
	II	143,41	218,50	218,50	II	58,08					
	III	16,00	250,00	218,50	III						
	V	504,66	218,50	218,50	IV	184,41	139,41	96,00	54,66	20,25	
	VI	542,50	218,50	218,50							
2 384,99	I,IV	231,58	218,75	218,75	I	140,08	55,16				
	II	144,00	218,75	218,75	II	58,58					
	III	16,50	250,00	218,75	III						
	V	505,50	218,75	218,75	IV	185,08	140,08	96,58	55,16	20,66	
	VI	543,33	218,75	218,75							
2 387,99	I,IV	232,33	219,08	219,08	I	140,66	55,75				
	II	144,66	219,08	219,08	II	59,16					
	III	16,83	250,00	219,08	III						
	V	506,50	219,08	219,08	IV	185,75	140,66	97,16	55,75	21,08	
	VI	544,33	219,08	219,08							
2 390,99	I,IV	233,00	219,33	219,33	I	141,33	56,25				
	II	145,25	219,33	219,33	II	59,75					
	III	17,33	250,00	219,33	III						
	V	507,33	219,33	219,33	IV	186,41	141,33	97,75	56,25	21,58	
	VI	545,33	219,33	219,33							
2 393,99	I,IV	233,66	219,58	219,58	I	142,00	56,83				
	II	145,91	219,58	219,58	II	60,25					
	III	17,66	250,00	219,58	III						
	V	508,16	219,58	219,58	IV	187,08	142,00	98,41	56,83	22,00	
	VI	546,16	219,58	219,58							
2 396,99	I,IV	234,33	219,91	219,91	I	142,58	57,33				
	II	146,50	219,91	219,91	II	60,83					
	III	18,16	250,00	219,91	III						
	V	509,00	219,91	219,91	IV	187,66	142,58	99,00	57,33	22,41	
	VI	547,16	219,91	219,91							
2 399,99	I,IV	235,00	220,16	220,16	I	143,25	57,91				
	II	147,16	220,16	220,16	II	61,41					
	III	18,66	250,00	220,16	III						
	V	509,83	220,16	220,16	IV	188,33	143,25	99,58	57,91	22,83	
	VI	548,00	220,16	220,16							
2 402,99	I,IV	235,66	220,41	220,41	I	143,83	58,50				
	II	147,83	220,41	220,41	II	62,00					
	III	19,00	250,00	220,41	III						
	V	510,83	220,41	220,41	IV	189,00	143,83	100,25	58,50	23,33	
	VI	549,00	220,41	220,41							
2 405,99	I,IV	236,33	220,75	220,75	I	144,50	59,00				
	II	148,41	220,75	220,75	II	62,58					
	III	19,50	250,00	220,75	III						
	V	511,83	220,75	220,75	IV	189,66	144,50	100,83	59,00	23,75	
	VI	550,00	220,75	220,75							
2 408,99	I,IV	237,00	221,00	221,00	I	145,08	59,58				
	II	149,08	221,00	221,00	II	63,08					
	III	19,83	250,00	221,00	III						
	V	512,66	221,00	221,00	IV	190,25	145,08	101,41	59,58	24,16	
	VI	550,83	221,00	221,00							
2 411,99	I,IV	237,66	221,25	221,25	I	145,75	60,16				
	II	149,66	221,25	221,25	II	63,66					
	III	20,33	250,00	221,25	III						
	V	513,50	221,25	221,25	IV	190,91	145,75	102,00	60,16	24,66	
	VI	551,66	221,25	221,25							

* Zur LSt-Berechnung für privat versicherte Arbeitnehmer s. Beispiele **Vorbemerkung S. 4f.**
** Basisvorsorgepauschale KV und PV *** Typisierter Arbeitgeberzuschuss

aT3

allgemeine Lohnsteuer

Lohn/ Gehalt in € bis	Steuerklasse	Lohn- steuer*	BVSP**	TAGZ***	Steuerklasse	Bemessungsgrundlage für Kirchensteuer und Solidaritätszuschlag					
						Freibeträge für … Kinder					
						0,5	1,0	1,5	2,0	2,5	3,0
2414,99	I,IV	**238,33**	221,50	221,50	I	146,33	60,66				
	II	**150,33**	221,50	221,50	II	64,25					
	III	**20,66**	250,00	221,50	III						
	V	**514,50**	221,50	221,50	IV	191,58	146,33	102,66	60,66	25,08	
	VI	**552,83**	221,50	221,50							
2417,99	I,IV	**239,00**	221,83	221,83	I	147,00	61,25				
	II	**151,00**	221,83	221,83	II	64,83					
	III	**21,16**	250,00	221,83	III						
	V	**515,33**	221,83	221,83	IV	192,25	147,00	103,25	61,25	25,58	
	VI	**553,66**	221,83	221,83							
2420,99	I,IV	**239,66**	222,08	222,08	I	147,58	61,83				
	II	**151,58**	222,08	222,08	II	65,41	0,25				
	III	**21,66**	250,00	222,08	III						
	V	**516,33**	222,08	222,08	IV	192,91	147,58	103,83	61,83	26,00	
	VI	**554,66**	222,08	222,08							
2423,99	I,IV	**240,33**	222,33	222,33	I	148,25	62,41				
	II	**152,25**	222,33	222,33	II	66,00	0,66				
	III	**22,00**	250,00	222,33	III						
	V	**517,16**	222,33	222,33	IV	193,58	148,25	104,50	62,41	26,41	
	VI	**555,50**	222,33	222,33							
2426,99	I,IV	**241,08**	222,66	222,66	I	148,91	63,00				
	II	**152,83**	222,66	222,66	II	66,58	1,00				
	III	**22,50**	250,00	222,66	III						
	V	**518,16**	222,66	222,66	IV	194,25	148,91	105,08	63,00	26,91	
	VI	**556,33**	222,66	222,66							
2429,99	I,IV	**241,75**	222,91	222,91	I	149,50	63,50				
	II	**153,50**	222,91	222,91	II	67,16	1,33				
	III	**23,00**	250,00	222,91	III						
	V	**519,00**	222,91	222,91	IV	194,91	149,50	105,66	63,50	27,33	
	VI	**557,33**	222,91	222,91							
2432,99	I,IV	**242,41**	223,16	223,16	I	150,16	64,08				
	II	**154,08**	223,16	223,16	II	67,66	1,66				
	III	**23,33**	250,00	223,16	III						
	V	**520,00**	223,16	223,16	IV	195,50	150,16	106,33	64,08	27,83	
	VI	**558,33**	223,16	223,16							
2435,99	I,IV	**243,08**	223,50	223,50	I	150,75	64,66				
	II	**154,75**	223,50	223,50	II	68,25	2,08				
	III	**23,83**	250,00	223,50	III						
	V	**520,83**	223,50	223,50	IV	196,16	150,75	106,91	64,66	28,25	
	VI	**559,16**	223,50	223,50							
2438,99	I,IV	**243,75**	223,75	223,75	I	151,41	65,25	0,16			
	II	**155,41**	223,75	223,75	II	68,91	2,41				
	III	**24,33**	250,00	223,75	III						
	V	**521,66**	223,75	223,75	IV	196,83	151,41	107,50	65,25	28,75	0,16
	VI	**560,16**	223,75	223,75							
2441,99	I,IV	**244,41**	224,00	224,00	I	152,08	65,83	0,58			
	II	**156,00**	224,00	224,00	II	69,50	2,75				
	III	**24,66**	250,00	224,00	III						
	V	**522,83**	224,00	224,00	IV	197,50	152,08	108,16	65,83	29,16	0,58
	VI	**561,16**	224,00	224,00							
2444,99	I,IV	**245,08**	224,25	224,25	I	152,66	66,41	0,91			
	II	**156,66**	224,25	224,25	II	70,00	3,16				
	III	**25,16**	250,00	224,25	III						
	V	**523,50**	224,25	224,25	IV	198,16	152,66	108,75	66,41	29,66	0,91
	VI	**562,00**	224,25	224,25							
2447,99	I,IV	**245,75**	224,58	224,58	I	153,33	67,00	1,25			
	II	**157,33**	224,58	224,58	II	70,66	3,50				
	III	**25,66**	250,00	224,58	III						
	V	**524,50**	224,58	224,58	IV	198,83	153,33	109,33	67,00	30,16	1,25
	VI	**563,00**	224,58	224,58							

* Zur LSt-Berechnung für privat versicherte Arbeitnehmer s. Beispiele **Vorbemerkung S. 4f.**
** Basisvorsorgepauschale KV und PV   *** Typisierter Arbeitgeberzuschuss

Monat gültig ab 1. 1. 2022 (idF des StEntlG 2022) — **aT3**

Lohn/Gehalt in € bis	Steuerklasse	Lohnsteuer*	BVSP**	TAGZ***	Steuerklasse	Bemessungsgrundlage für Kirchensteuer und Solidaritätszuschlag — Freibeträge für ... Kinder					
						0,5	1,0	1,5	2,0	2,5	3,0
2450,99	I,IV	246,50	224,83	224,83	I	154,00	67,58	1,58			
	II	157,91	224,83	224,83	II	71,25	3,83				
	III	26,00	250,00	224,83	III						
	V	525,50	224,83	224,83	IV	199,50	154,00	110,00	67,58	30,58	1,58
	VI	564,00	224,83	224,83							
2453,99	I,IV	247,16	225,08	225,08	I	154,58	68,16	2,00			
	II	158,58	225,08	225,08	II	71,83	4,25				
	III	26,50	250,00	225,08	III						
	V	526,33	225,08	225,08	IV	200,08	154,58	110,58	68,16	31,08	2,00
	VI	564,83	225,08	225,08							
2456,99	I,IV	247,83	225,41	225,41	I	155,25	68,75	2,33			
	II	159,16	225,41	225,41	II	72,41	4,58				
	III	27,00	250,00	225,41	III						
	V	527,16	225,41	225,41	IV	200,75	155,25	111,16	68,75	31,50	2,33
	VI	565,83	225,41	225,41							
2459,99	I,IV	248,50	225,66	225,66	I	155,83	69,33	2,66			
	II	159,83	225,66	225,66	II	73,00	4,91				
	III	27,33	250,00	225,66	III						
	V	528,16	225,66	225,66	IV	201,41	155,83	111,83	69,33	32,00	2,66
	VI	566,66	225,66	225,66							
2462,99	I,IV	249,16	225,91	225,91	I	156,50	69,91	3,00			
	II	160,50	225,91	225,91	II	73,58	5,33				
	III	27,83	250,00	225,91	III						
	V	529,16	225,91	225,91	IV	202,08	156,50	112,41	69,91	32,50	3,00
	VI	567,66	225,91	225,91							
2465,99	I,IV	249,83	226,25	226,25	I	157,16	70,50	3,41			
	II	161,16	226,25	226,25	II	74,16	5,66				
	III	28,33	250,00	226,25	III						
	V	530,00	226,25	226,25	IV	202,75	157,16	113,08	70,50	33,00	3,41
	VI	568,66	226,25	226,25							
2468,99	I,IV	250,50	226,50	226,50	I	157,75	71,08	3,75			
	II	161,75	226,50	226,50	II	74,75	6,08				
	III	28,83	250,00	226,50	III						
	V	531,00	226,50	226,50	IV	203,41	157,75	113,66	71,08	33,41	3,75
	VI	569,50	226,50	226,50							
2471,99	I,IV	251,25	226,75	226,75	I	158,41	71,66	4,16			
	II	162,41	226,75	226,75	II	75,41	6,41				
	III	29,16	250,00	226,75	III						
	V	531,83	226,75	226,75	IV	204,08	158,41	114,25	71,66	33,91	4,16
	VI	570,50	226,75	226,75							
2474,99	I,IV	251,91	227,00	227,00	I	159,08	72,25	4,50			
	II	163,08	227,00	227,00	II	76,00	6,83				
	III	29,66	250,00	227,00	III						
	V	532,66	227,00	227,00	IV	204,75	159,08	114,91	72,25	34,41	4,50
	VI	571,50	227,00	227,00							
2477,99	I,IV	252,58	227,33	227,33	I	159,66	72,83	4,83			
	II	163,66	227,33	227,33	II	76,58	7,25				
	III	30,16	250,00	227,33	III						
	V	533,66	227,33	227,33	IV	205,41	159,66	115,50	72,83	34,91	4,83
	VI	572,33	227,33	227,33							
2480,99	I,IV	253,25	227,58	227,58	I	160,33	73,41	5,25			
	II	164,33	227,58	227,58	II	77,16	7,58				
	III	30,66	250,00	227,58	III						
	V	534,50	227,58	227,58	IV	206,00	160,33	116,08	73,41	35,33	5,25
	VI	573,16	227,58	227,58							
2483,99	I,IV	253,91	227,83	227,83	I	161,00	74,00	5,58			
	II	164,91	227,83	227,83	II	77,75	8,00				
	III	31,00	250,00	227,83	III						
	V	535,50	227,83	227,83	IV	206,66	161,00	116,75	74,00	35,83	5,58
	VI	574,33	227,83	227,83							

* Zur LSt-Berechnung für privat versicherte Arbeitnehmer s. Beispiele **Vorbemerkung S. 4f.**
** Basisvorsorgepauschale KV und PV   *** Typisierter Arbeitgeberzuschuss

aT3 allgemeine Lohnsteuer

Lohn/ Gehalt in € bis	Steuerklasse	Lohn-steuer*	BVSP**	TAGZ***	Steuerklasse	Bemessungsgrundlage für Kirchensteuer und Solidaritätszuschlag					
						Freibeträge für ... Kinder					
						0,5	1,0	1,5	2,0	2,5	3,0
2486,99	I,IV	**254,58**	228,16	228,16	I	161,58	74,66	6,00			
	II	**165,58**	228,16	228,16	II	78,33	8,33				
	III	**31,50**	250,00	228,16	III						
	V	**536,50**	228,16	228,16	IV	207,33	161,58	117,33	74,66	36,33	6,00
	VI	**575,16**	228,16	228,16							
2489,99	I,IV	**255,33**	228,41	228,41	I	162,25	75,25	6,33			
	II	**166,25**	228,41	228,41	II	79,00	8,75				
	III	**32,00**	250,00	228,41	III						
	V	**537,33**	228,41	228,41	IV	208,00	162,25	118,00	75,25	36,83	6,33
	VI	**576,16**	228,41	228,41							
2492,99	I,IV	**256,00**	228,66	228,66	I	162,83	75,83	6,75			
	II	**166,83**	228,66	228,66	II	79,58	9,08				
	III	**32,50**	250,00	228,66	III						
	V	**538,33**	228,66	228,66	IV	208,66	162,83	118,58	75,83	37,33	6,75
	VI	**577,16**	228,66	228,66							
2495,99	I,IV	**256,66**	229,00	229,00	I	163,50	76,41	7,08			
	II	**167,50**	229,00	229,00	II	80,16	9,50				
	III	**32,83**	250,00	229,00	III						
	V	**539,16**	229,00	229,00	IV	209,33	163,50	119,25	76,41	37,75	7,08
	VI	**578,00**	229,00	229,00							
2498,99	I,IV	**257,33**	229,25	229,25	I	164,16	77,00	7,50			
	II	**168,16**	229,25	229,25	II	80,75	9,91				
	III	**33,33**	250,00	229,25	III						
	V	**540,16**	229,25	229,25	IV	210,00	164,16	119,83	77,00	38,25	7,50
	VI	**579,00**	229,25	229,25							
2501,99	I,IV	**258,00**	229,50	229,50	I	164,83	77,66	7,83			
	II	**168,83**	229,50	229,50	II	81,33	10,33				
	III	**33,83**	250,00	229,50	III						
	V	**541,00**	229,50	229,50	IV	210,66	164,83	120,50	77,66	38,75	7,83
	VI	**580,00**	229,50	229,50							
2504,99	I,IV	**258,66**	229,83	229,83	I	165,41	78,25	8,25			
	II	**169,41**	229,83	229,83	II	81,91	10,66				
	III	**34,33**	250,00	229,83	III						
	V	**542,00**	229,83	229,83	IV	211,33	165,41	121,08	78,25	39,25	8,25
	VI	**580,83**	229,83	229,83							
2507,99	I,IV	**259,41**	230,08	230,08	I	166,08	78,83	8,66			
	II	**170,08**	230,08	230,08	II	82,58	11,08				
	III	**34,66**	250,00	230,08	III						
	V	**542,83**	230,08	230,08	IV	212,00	166,08	121,66	78,83	39,75	8,66
	VI	**581,83**	230,08	230,08							
2510,99	I,IV	**260,08**	230,33	230,33	I	166,75	79,41	9,00			
	II	**170,75**	230,33	230,33	II	83,16	11,50				
	III	**35,16**	250,00	230,33	III						
	V	**543,83**	230,33	230,33	IV	212,66	166,75	122,33	79,41	40,25	9,00
	VI	**582,83**	230,33	230,33							
2513,99	I,IV	**260,75**	230,58	230,58	I	167,33	80,00	9,41			
	II	**171,41**	230,58	230,58	II	83,75	11,83				
	III	**35,66**	250,00	230,58	III						
	V	**544,83**	230,58	230,58	IV	213,33	167,33	122,91	80,00	40,75	9,41
	VI	**583,83**	230,58	230,58							
2516,99	I,IV	**261,41**	230,91	230,91	I	168,00	80,58	9,83			
	II	**172,00**	230,91	230,91	II	84,33	12,25				
	III	**36,16**	250,00	230,91	III						
	V	**545,66**	230,91	230,91	IV	213,91	168,00	123,50	80,58	41,25	9,83
	VI	**584,66**	230,91	230,91							
2519,99	I,IV	**262,08**	231,16	231,16	I	168,66	81,16	10,16			
	II	**172,66**	231,16	231,16	II	84,91	12,66				
	III	**36,66**	250,00	231,16	III						
	V	**546,66**	231,16	231,16	IV	214,58	168,66	124,16	81,16	41,75	10,16
	VI	**585,66**	231,16	231,16							

* Zur LSt-Berechnung für privat versicherte Arbeitnehmer s. Beispiele **Vorbemerkung S. 4 f.**
** Basisvorsorgepauschale KV und PV   *** Typisierter Arbeitgeberzuschuss

Monat gültig ab 1. 1. 2022 (idF des StEntlG 2022)   aT3

Lohn/Gehalt in € bis	Steuerklasse	Lohn-steuer*	BVSP**	TAGZ***	Steuerklasse	Bemessungsgrundlage für Kirchensteuer und Solidaritätszuschlag Freibeträge für ... Kinder					
						0,5	1,0	1,5	2,0	2,5	3,0
2522,99	I,IV	262,83	231,41	231,41	I	169,25	81,83	10,58			
	II	173,33	231,41	231,41	II	85,58	13,08				
	III	37,00	250,00	231,41	III						
	V	547,50	231,41	231,41	IV	215,33	169,25	124,75	81,83	42,25	10,58
	VI	586,66	231,41	231,41							
2525,99	I,IV	263,50	231,75	231,75	I	169,91	82,41	11,00			
	II	173,91	231,75	231,75	II	86,16	13,50				
	III	37,50	250,00	231,75	III						
	V	548,50	231,75	231,75	IV	216,00	169,91	125,41	82,41	42,83	11,00
	VI	587,66	231,75	231,75							
2528,99	I,IV	264,16	232,00	232,00	I	170,58	83,00	11,33			
	II	174,58	232,00	232,00	II	86,75	13,91				
	III	38,00	250,00	232,00	III						
	V	549,50	232,00	232,00	IV	216,58	170,58	126,00	83,00	43,33	11,33
	VI	588,50	232,00	232,00							
2531,99	I,IV	264,83	232,25	232,25	I	171,16	83,58	11,75			
	II	175,25	232,25	232,25	II	87,33	14,25				
	III	38,50	250,00	232,25	III						
	V	550,33	232,25	232,25	IV	217,25	171,16	126,66	83,58	43,83	11,75
	VI	589,50	232,25	232,25							
2534,99	I,IV	265,58	232,58	232,58	I	171,83	84,16	12,16			
	II	175,91	232,58	232,58	II	88,00	14,66				
	III	39,00	250,00	232,58	III						
	V	551,16	232,58	232,58	IV	217,91	171,83	127,25	84,16	44,33	12,16
	VI	590,50	232,58	232,58							
2537,99	I,IV	266,25	232,83	232,83	I	172,50	84,83	12,58			
	II	176,50	232,83	232,83	II	88,58	15,08				
	III	39,50	250,00	232,83	III						
	V	552,16	232,83	232,83	IV	218,58	172,50	127,91	84,83	44,83	12,58
	VI	591,33	232,83	232,83							
2540,99	I,IV	266,91	233,08	233,08	I	173,16	85,41	13,00			
	II	177,16	233,08	233,08	II	89,16	15,50				
	III	40,00	250,00	233,08	III						
	V	553,00	233,08	233,08	IV	219,25	173,16	128,50	85,41	45,33	13,00
	VI	592,50	233,08	233,08							
2543,99	I,IV	267,58	233,33	233,33	I	173,75	86,00	13,33			
	II	177,83	233,33	233,33	II	89,75	15,91				
	III	40,33	250,00	233,33	III						
	V	554,16	233,33	233,33	IV	219,91	173,75	129,16	86,00	45,83	13,33
	VI	593,33	233,33	233,33							
2546,99	I,IV	268,33	233,66	233,66	I	174,41	86,58	13,75			
	II	178,50	233,66	233,66	II	90,41	16,33				
	III	40,83	250,00	233,66	III						
	V	555,00	233,66	233,66	IV	220,58	174,41	129,75	86,58	46,41	13,75
	VI	594,33	233,66	233,66							
2549,99	I,IV	269,00	233,91	233,91	I	175,08	87,25	14,16			
	II	179,08	233,91	233,91	II	91,00	16,75				
	III	41,33	250,00	233,91	III						
	V	555,83	233,91	233,91	IV	221,25	175,08	130,41	87,25	46,91	14,16
	VI	595,16	233,91	233,91							
2552,99	I,IV	269,66	234,16	234,16	I	175,75	87,83	14,58			
	II	179,75	234,16	234,16	II	91,58	17,16				
	III	41,83	250,00	234,16	III						
	V	556,83	234,16	234,16	IV	221,91	175,75	131,00	87,83	47,41	14,58
	VI	596,16	234,16	234,16							
2555,99	I,IV	270,33	234,50	234,50	I	176,33	88,41	15,00			
	II	180,41	234,50	234,50	II	92,16	17,58				
	III	42,33	250,00	234,50	III						
	V	557,83	234,50	234,50	IV	222,58	176,33	131,66	88,41	47,91	15,00
	VI	597,16	234,50	234,50							

*   Zur LSt-Berechnung für privat versicherte Arbeitnehmer s. Beispiele **Vorbemerkung S. 4 f.**
** Basisvorsorgepauschale KV und PV   *** Typisierter Arbeitgeberzuschuss

aT3 allgemeine Lohnsteuer

Lohn/Gehalt in € bis	Steuerklasse	Lohn-steuer*	BVSP**	TAGZ***	Steuerklasse	Bemessungsgrundlage für Kirchensteuer und Solidaritätszuschlag					
						Freibeträge für ... Kinder					
						0,5	1,0	1,5	2,0	2,5	3,0
2558,99	I,IV	**271,08**	234,75	234,75	I	177,00	89,00	15,41			
	II	**181,08**	234,75	234,75	II	92,83	18,00				
	III	**42,83**	250,00	234,75	III						
	V	**558,66**	234,75	234,75	IV	223,25	177,00	132,25	89,00	48,50	15,41
	VI	**598,16**	234,75	234,75							
2561,99	I,IV	**271,75**	235,00	235,00	I	177,66	89,66	15,83			
	II	**181,66**	235,00	235,00	II	93,41	18,41				
	III	**43,33**	250,00	235,00	III						
	V	**559,66**	235,00	235,00	IV	223,91	177,66	132,91	89,66	49,00	15,83
	VI	**599,00**	235,00	235,00							
2564,99	I,IV	**272,41**	235,33	235,33	I	178,33	90,25	16,25			
	II	**182,33**	235,33	235,33	II	94,00	18,83				
	III	**43,83**	250,00	235,33	III						
	V	**560,50**	235,33	235,33	IV	224,58	178,33	133,50	90,25	49,50	16,25
	VI	**600,00**	235,33	235,33							
2567,99	I,IV	**273,08**	235,58	235,58	I	178,91	90,83	16,66			
	II	**183,00**	235,58	235,58	II	94,58	19,33				
	III	**44,33**	250,00	235,58	III						
	V	**561,50**	235,58	235,58	IV	225,25	178,91	134,16	90,83	50,08	16,66
	VI	**601,00**	235,58	235,58							
2570,99	I,IV	**273,83**	235,83	235,83	I	179,58	91,41	17,08			
	II	**183,66**	235,83	235,83	II	95,25	19,75				
	III	**44,83**	250,00	235,83	III						
	V	**562,50**	235,83	235,83	IV	225,91	179,58	134,75	91,41	50,58	17,08
	VI	**602,00**	235,83	235,83							
2573,99	I,IV	**274,50**	236,08	236,08	I	180,25	92,00	17,50			
	II	**184,33**	236,08	236,08	II	95,83	20,16				
	III	**45,16**	250,00	236,08	III						
	V	**563,33**	236,08	236,08	IV	226,58	180,25	135,41	92,00	51,16	17,50
	VI	**602,83**	236,08	236,08							
2576,99	I,IV	**275,16**	236,41	236,41	I	180,91	92,66	17,91			
	II	**184,91**	236,41	236,41	II	96,41	20,58				
	III	**45,66**	250,00	236,41	III						
	V	**564,33**	236,41	236,41	IV	227,25	180,91	136,00	92,66	51,66	17,91
	VI	**603,83**	236,41	236,41							
2579,99	I,IV	**275,91**	236,66	236,66	I	181,50	93,25	18,33			
	II	**185,58**	236,66	236,66	II	97,00	21,00				
	III	**46,16**	250,00	236,66	III						
	V	**565,33**	236,66	236,66	IV	227,91	181,50	136,66	93,25	52,16	18,33
	VI	**604,83**	236,66	236,66							
2582,99	I,IV	**276,58**	236,91	236,91	I	182,16	93,83	18,75			
	II	**186,25**	236,91	236,91	II	97,66	21,50				
	III	**46,66**	250,00	236,91	III						
	V	**566,16**	236,91	236,91	IV	228,58	182,16	137,25	93,83	52,75	18,75
	VI	**605,83**	236,91	236,91							
2585,99	I,IV	**277,25**	237,25	237,25	I	182,83	94,50	19,16			
	II	**186,91**	237,25	237,25	II	98,25	21,91				
	III	**47,16**	250,00	237,25	III						
	V	**567,16**	237,25	237,25	IV	229,33	182,83	137,91	94,50	53,25	19,16
	VI	**606,66**	237,25	237,25							
2588,99	I,IV	**277,91**	237,50	237,50	I	183,50	95,08	19,58			
	II	**187,50**	237,50	237,50	II	98,83	22,33				
	III	**47,66**	250,00	237,50	III						
	V	**568,16**	237,50	237,50	IV	229,91	183,50	138,50	95,08	53,83	19,58
	VI	**607,83**	237,50	237,50							
2591,99	I,IV	**278,66**	237,75	237,75	I	184,16	95,66	20,08			
	II	**188,16**	237,75	237,75	II	99,41	22,75				
	III	**48,16**	250,00	237,75	III						
	V	**569,00**	237,75	237,75	IV	230,66	184,16	139,16	95,66	54,33	20,08
	VI	**608,66**	237,75	237,75							

* Zur LSt-Berechnung für privat versicherte Arbeitnehmer s. Beispiele **Vorbemerkung S. 4 f.**
** Basisvorsorgepauschale KV und PV   *** Typisierter Arbeitgeberzuschuss

Monat gültig ab 1. 1. 2022 (idF des StEntlG 2022) **aT3**

Lohn/Gehalt in € bis	Steuerklasse	Lohnsteuer*	BVSP**	TAGZ***	Steuerklasse	Bemessungsgrundlage für Kirchensteuer und Solidaritätszuschlag					
						Freibeträge für ... Kinder					
						0,5	1,0	1,5	2,0	2,5	3,0
2594,99	I,IV	279,33	238,08	238,08	I	184,75	96,25	20,50			
	II	188,83	238,08	238,08	II	100,08	23,25				
	III	48,66	250,00	238,08	III						
	V	569,83	238,08	238,08	IV	231,33	184,75	139,75	96,25	54,91	20,50
	VI	609,66	238,08	238,08							
2597,99	I,IV	280,00	238,33	238,33	I	185,41	96,91	20,91			
	II	189,50	238,33	238,33	II	100,66	23,66				
	III	49,16	250,00	238,33	III						
	V	571,00	238,33	238,33	IV	232,00	185,41	140,41	96,91	55,41	20,91
	VI	610,83	238,33	238,33							
2600,99	I,IV	280,75	238,58	238,58	I	186,08	97,50	21,33			
	II	190,16	238,58	238,58	II	101,25	24,08				
	III	49,66	250,00	238,58	III						
	V	571,83	238,58	238,58	IV	232,66	186,08	141,00	97,50	56,00	21,33
	VI	611,66	238,58	238,58							
2603,99	I,IV	281,41	238,91	238,91	I	186,75	98,08	21,75			
	II	190,83	238,91	238,91	II	101,91	24,50				
	III	50,16	250,00	238,91	III						
	V	572,83	238,91	238,91	IV	233,33	186,75	141,66	98,08	56,50	21,75
	VI	612,50	238,91	238,91							
2606,99	I,IV	282,08	239,16	239,16	I	187,41	98,66	22,25			
	II	191,41	239,16	239,16	II	102,50	25,00				
	III	50,66	250,00	239,16	III						
	V	573,83	239,16	239,16	IV	234,00	187,41	142,25	98,66	57,08	22,25
	VI	613,50	239,16	239,16							
2609,99	I,IV	282,83	239,41	239,41	I	188,00	99,33	22,66			
	II	192,08	239,41	239,41	II	103,08	25,41				
	III	51,16	250,00	239,41	III						
	V	574,66	239,41	239,41	IV	234,66	188,00	142,91	99,33	57,66	22,66
	VI	614,50	239,41	239,41							
2612,99	I,IV	283,50	239,66	239,66	I	188,66	99,91	23,08			
	II	192,75	239,66	239,66	II	103,75	25,91				
	III	51,66	250,00	239,66	III						
	V	575,66	239,66	239,66	IV	235,33	188,66	143,50	99,91	58,16	23,08
	VI	615,50	239,66	239,66							
2615,99	I,IV	284,16	240,00	240,00	I	189,33	100,50	23,50			
	II	193,41	240,00	240,00	II	104,33	26,33				
	III	52,16	250,00	240,00	III						
	V	576,66	240,00	240,00	IV	236,00	189,33	144,16	100,50	58,75	23,50
	VI	616,50	240,00	240,00							
2618,99	I,IV	284,91	240,25	240,25	I	190,00	101,16	24,00			
	II	194,08	240,25	240,25	II	104,91	26,83				
	III	52,66	250,00	240,25	III						
	V	577,50	240,25	240,25	IV	236,66	190,00	144,83	101,16	59,33	24,00
	VI	617,50	240,25	240,25							
2621,99	I,IV	285,58	240,50	240,50	I	190,66	101,75	24,41			
	II	194,75	240,50	240,50	II	105,58	27,25				
	III	53,16	250,00	240,50	III						
	V	578,50	240,50	240,50	IV	237,33	190,66	145,41	101,75	59,91	24,41
	VI	618,33	240,50	240,50							
2624,99	I,IV	286,25	240,83	240,83	I	191,25	102,33	24,83			
	II	195,33	240,83	240,83	II	106,16	27,66				
	III	53,66	250,00	240,83	III						
	V	579,50	240,83	240,83	IV	238,00	191,25	146,08	102,33	60,41	24,83
	VI	619,50	240,83	240,83							
2627,99	I,IV	287,00	241,08	241,08	I	191,91	102,91	25,33			
	II	196,00	241,08	241,08	II	106,75	28,16				
	III	54,16	250,00	241,08	III						
	V	580,33	241,08	241,08	IV	238,66	191,91	146,66	102,91	61,00	25,33
	VI	620,33	241,08	241,08							

* Zur LSt-Berechnung für privat versicherte Arbeitnehmer s. Beispiele **Vorbemerkung S. 4f.**
** Basisvorsorgepauschale KV und PV *** Typisierter Arbeitgeberzuschuss

aT3 allgemeine Lohnsteuer

Lohn/Gehalt in € bis	Steuerklasse	Lohn-steuer*	BVSP**	TAGZ***	Steuerklasse	Bemessungsgrundlage für Kirchensteuer und Solidaritätszuschlag Freibeträge für ... Kinder					
						0,5	1,0	1,5	2,0	2,5	3,0
2630,99	I,IV	**287,66**	241,33	241,33	I	192,58	103,58	25,75			
	II	**196,66**	241,33	241,33	II	107,41	28,66				
	III	**54,66**	250,00	241,33	III						
	V	**581,33**	241,33	241,33	IV	239,41	192,58	147,33	103,58	61,58	25,75
	VI	**621,33**	241,33	241,33							
2633,99	I,IV	**288,33**	241,66	241,66	I	193,25	104,16	26,25			
	II	**197,33**	241,66	241,66	II	108,00	29,08				
	III	**55,16**	250,00	241,66	III						
	V	**582,33**	241,66	241,66	IV	240,08	193,25	148,00	104,16	62,16	26,25
	VI	**622,33**	241,66	241,66							
2636,99	I,IV	**289,08**	241,91	241,91	I	193,91	104,75	26,66			
	II	**198,00**	241,91	241,91	II	108,58	29,58				
	III	**55,66**	250,00	241,91	III						
	V	**583,16**	241,91	241,91	IV	240,75	193,91	148,58	104,75	62,66	26,66
	VI	**623,33**	241,91	241,91							
2639,99	I,IV	**289,75**	242,16	242,16	I	194,58	105,41	27,16			
	II	**198,66**	242,16	242,16	II	109,25	30,00				
	III	**56,16**	250,00	242,16	III						
	V	**584,16**	242,16	242,16	IV	241,41	194,58	149,25	105,41	63,25	27,16
	VI	**624,33**	242,16	242,16							
2642,99	I,IV	**290,41**	242,41	242,41	I	195,25	106,00	27,58			
	II	**199,33**	242,41	242,41	II	109,83	30,50				
	III	**56,66**	250,00	242,41	III						
	V	**585,16**	242,41	242,41	IV	242,08	195,25	149,83	106,00	63,83	27,58
	VI	**625,33**	242,41	242,41							
2645,99	I,IV	**291,16**	242,75	242,75	I	195,83	106,66	28,08			
	II	**200,00**	242,75	242,75	II	110,50	31,00				
	III	**57,33**	250,00	242,75	III	0,16					
	V	**586,16**	242,75	242,75	IV	242,75	195,83	150,50	106,66	64,41	28,08
	VI	**626,16**	242,75	242,75							
2648,99	I,IV	**291,83**	243,00	243,00	I	196,50	107,25	28,50			
	II	**200,58**	243,00	243,00	II	111,08	31,41				
	III	**57,83**	250,00	243,00	III	0,66					
	V	**587,00**	243,00	243,00	IV	243,41	196,50	151,08	107,25	65,00	28,50
	VI	**627,33**	243,00	243,00							
2651,99	I,IV	**292,58**	243,25	243,25	I	197,16	107,83	29,00			
	II	**201,25**	243,25	243,25	II	111,66	31,91				
	III	**58,33**	250,00	243,25	III	1,00					
	V	**588,00**	243,25	243,25	IV	244,08	197,16	151,75	107,83	65,50	29,00
	VI	**628,16**	243,25	243,25							
2654,99	I,IV	**293,25**	243,58	243,58	I	197,83	108,50	29,41			
	II	**201,91**	243,58	243,58	II	112,33	32,33				
	III	**58,83**	250,00	243,58	III	1,33					
	V	**589,00**	243,58	243,58	IV	244,75	197,83	152,41	108,50	66,08	29,41
	VI	**629,16**	243,58	243,58							
2657,99	I,IV	**293,91**	243,83	243,83	I	198,50	109,08	29,91			
	II	**202,58**	243,83	243,83	II	112,91	32,83				
	III	**59,33**	250,00	243,83	III	1,83					
	V	**590,00**	243,83	243,83	IV	245,50	198,50	153,00	109,08	66,66	29,91
	VI	**630,16**	243,83	243,83							
2660,99	I,IV	**294,66**	244,08	244,08	I	199,16	109,66	30,33			
	II	**203,25**	244,08	244,08	II	113,50	33,33				
	III	**59,83**	250,00	244,08	III	2,16					
	V	**590,83**	244,08	244,08	IV	246,08	199,16	153,66	109,66	67,25	30,33
	VI	**631,00**	244,08	244,08							
2663,99	I,IV	**295,33**	244,41	244,41	I	199,75	110,33	30,83			
	II	**203,91**	244,41	244,41	II	114,16	33,83				
	III	**60,33**	250,00	244,41	III	2,50					
	V	**591,83**	244,41	244,41	IV	246,83	199,75	154,25	110,33	67,83	30,83
	VI	**632,16**	244,41	244,41							

* Zur LSt-Berechnung für privat versicherte Arbeitnehmer s. Beispiele **Vorbemerkung S. 4 f.**
** Basisvorsorgepauschale KV und PV *** Typisierter Arbeitgeberzuschuss

Monat gültig ab 1. 1. 2022 (idF des StEntlG 2022) — aT3

Lohn/Gehalt in € bis	Steuerklasse	Lohnsteuer*	BVSP**	TAGZ***	Steuerklasse	Bemessungsgrundlage für Kirchensteuer und Solidaritätszuschlag Freibeträge für ... Kinder 0,5	1,0	1,5	2,0	2,5	3,0
2 666,99	I,IV	296,00	244,66	244,66	I	200,41	110,91	31,33			
	II	204,58	244,66	244,66	II	114,75	34,25				
	III	60,83	250,00	244,66	III	3,00					
	V	592,83	244,66	244,66	IV	247,50	200,41	154,91	110,91	68,41	31,33
	VI	633,16	244,66	244,66							
2 669,99	I,IV	296,75	244,91	244,91	I	201,08	111,50	31,75			
	II	205,25	244,91	244,91	II	115,41	34,75				
	III	61,33	250,00	244,91	III	3,33					
	V	593,66	244,91	244,91	IV	248,16	201,08	155,58	111,50	69,00	31,75
	VI	634,16	244,91	244,91							
2 672,99	I,IV	297,41	245,16	245,16	I	201,75	112,16	32,25			
	II	205,83	245,16	245,16	II	116,00	35,25				
	III	61,83	250,00	245,16	III	3,66					
	V	594,83	245,16	245,16	IV	248,83	201,75	156,16	112,16	69,58	32,25
	VI	635,00	245,16	245,16							
2 675,99	I,IV	298,16	245,50	245,50	I	202,41	112,75	32,75			
	II	206,50	245,50	245,50	II	116,58	35,75				
	III	62,50	250,00	245,50	III	4,16					
	V	595,66	245,50	245,50	IV	249,50	202,41	156,83	112,75	70,16	32,75
	VI	636,00	245,50	245,50							
2 678,99	I,IV	298,83	245,75	245,75	I	203,08	113,33	33,16			
	II	207,16	245,75	245,75	II	117,25	36,25				
	III	63,00	250,00	245,75	III	4,50					
	V	596,66	245,75	245,75	IV	250,16	203,08	157,50	113,33	70,75	33,16
	VI	637,00	245,75	245,75							
2 681,99	I,IV	299,58	246,00	246,00	I	203,75	114,00	33,66			
	II	207,83	246,00	246,00	II	117,83	36,66				
	III	63,50	250,00	246,00	III	5,00					
	V	597,50	246,00	246,00	IV	250,91	203,75	158,08	114,00	71,41	33,66
	VI	638,16	246,00	246,00							
2 684,99	I,IV	300,25	246,33	246,33	I	204,41	114,58	34,16			
	II	208,50	246,33	246,33	II	118,41	37,16				
	III	64,00	250,00	246,33	III	5,33					
	V	598,66	246,33	246,33	IV	251,58	204,41	158,75	114,58	72,00	34,16
	VI	639,00	246,33	246,33							
2 687,99	I,IV	300,91	246,58	246,58	I	205,08	115,25	34,66			
	II	209,16	246,58	246,58	II	119,08	37,66				
	III	64,50	250,00	246,58	III	5,66					
	V	599,50	246,58	246,58	IV	252,25	205,08	159,33	115,25	72,58	34,66
	VI	640,00	246,58	246,58							
2 690,99	I,IV	301,66	246,83	246,83	I	205,75	115,83	35,08			
	II	209,83	246,83	246,83	II	119,66	38,16				
	III	65,00	250,00	246,83	III	6,16					
	V	600,50	246,83	246,83	IV	252,91	205,75	160,00	115,83	73,16	35,08
	VI	641,00	246,83	246,83							
2 693,99	I,IV	302,33	247,16	247,16	I	206,41	116,41	35,58			
	II	210,50	247,16	247,16	II	120,33	38,66				
	III	65,50	250,00	247,16	III	6,50					
	V	601,33	247,16	247,16	IV	253,58	206,41	160,66	116,41	73,75	35,58
	VI	642,00	247,16	247,16							
2 696,99	I,IV	303,00	247,41	247,41	I	207,00	117,08	36,08			
	II	211,16	247,41	247,41	II	120,91	39,16				
	III	66,16	250,00	247,41	III	7,00					
	V	602,50	247,41	247,41	IV	254,25	207,00	161,25	117,08	74,33	36,08
	VI	643,00	247,41	247,41							
2 699,99	I,IV	303,75	247,66	247,66	I	207,66	117,66	36,58			
	II	211,83	247,66	247,66	II	121,50	39,66				
	III	66,66	250,00	247,66	III	7,33					
	V	603,33	247,66	247,66	IV	255,00	207,66	161,91	117,66	74,91	36,58
	VI	644,00	247,66	247,66							

* Zur LSt-Berechnung für privat versicherte Arbeitnehmer s. Beispiele **Vorbemerkung S. 4f.**
** Basisvorsorgepauschale KV und PV   *** Typisierter Arbeitgeberzuschuss

aT3   allgemeine Lohnsteuer

Lohn/Gehalt in € bis	Steuerklasse	Lohn-steuer*	BVSP**	TAGZ***	Steuerklasse	Bemessungsgrundlage für Kirchensteuer und Solidaritätszuschlag — Freibeträge für ... Kinder					
						0,5	1,0	1,5	2,0	2,5	3,0
2 702,99	I,IV	**304,41**	248,00	248,00	I	208,33	118,33	37,08			
	II	**212,50**	248,00	248,00	II	122,16	40,16				
	III	**67,16**	250,00	248,00	III	7,83					
	V	**604,33**	248,00	248,00	IV	255,66	208,33	162,58	118,33	75,58	37,08
	VI	**645,00**	248,00	248,00							
2 705,99	I,IV	**305,16**	248,25	248,25	I	209,00	118,91	37,58			
	II	**213,16**	248,25	248,25	II	122,75	40,66				
	III	**67,66**	250,00	248,25	III	8,16					
	V	**605,16**	248,25	248,25	IV	256,33	209,00	163,25	118,91	76,16	37,58
	VI	**646,00**	248,25	248,25							
2 708,99	I,IV	**305,83**	248,50	248,50	I	209,66	119,50	38,00			
	II	**213,83**	248,50	248,50	II	123,41	41,16				
	III	**68,16**	250,00	248,50	III	8,50					
	V	**606,33**	248,50	248,50	IV	257,00	209,66	163,83	119,50	76,75	38,00
	VI	**646,83**	248,50	248,50							
2 711,99	I,IV	**306,58**	248,75	248,75	I	210,33	120,16	38,50			
	II	**214,50**	248,75	248,75	II	124,00	41,66				
	III	**68,66**	250,00	248,75	III	9,00					
	V	**607,16**	248,75	248,75	IV	257,66	210,33	164,50	120,16	77,33	38,50
	VI	**647,83**	248,75	248,75							
2 714,99	I,IV	**307,25**	249,08	249,08	I	211,00	120,75	39,00			
	II	**215,16**	249,08	249,08	II	124,66	42,16				
	III	**69,33**	250,00	249,08	III	9,33					
	V	**608,16**	249,08	249,08	IV	258,41	211,00	165,16	120,75	77,91	39,00
	VI	**649,00**	249,08	249,08							
2 717,99	I,IV	**308,00**	249,33	249,33	I	211,66	121,41	39,50			
	II	**215,83**	249,33	249,33	II	125,25	42,66				
	III	**69,83**	250,00	249,33	III	9,83					
	V	**609,16**	249,33	249,33	IV	259,08	211,66	165,75	121,41	78,50	39,50
	VI	**650,00**	249,33	249,33							
2 720,99	I,IV	**308,66**	249,58	249,58	I	212,33	122,00	40,00			
	II	**216,41**	249,58	249,58	II	125,91	43,16				
	III	**70,33**	250,00	249,58	III	10,16					
	V	**610,16**	249,58	249,58	IV	259,75	212,33	166,41	122,00	79,08	40,00
	VI	**650,83**	249,58	249,58							
2 723,99	I,IV	**309,41**	249,91	249,91	I	213,00	122,58	40,50			
	II	**217,08**	249,91	249,91	II	126,50	43,66				
	III	**70,83**	250,00	249,91	III	10,66					
	V	**611,16**	249,91	249,91	IV	260,41	213,00	167,08	122,58	79,75	40,50
	VI	**651,83**	249,91	249,91							
2 726,99	I,IV	**310,08**	250,16	250,16	I	213,66	123,25	41,00			
	II	**217,83**	250,16	250,16	II	127,16	44,16				
	III	**71,33**	250,00	250,16	III	11,00					
	V	**612,00**	250,16	250,16	IV	261,08	213,66	167,66	123,25	80,33	41,00
	VI	**652,83**	250,16	250,16							
2 729,99	I,IV	**310,83**	250,41	250,41	I	214,33	123,83	41,50			
	II	**218,50**	250,41	250,41	II	127,75	44,75				
	III	**71,83**	250,41	250,41	III	11,33					
	V	**613,00**	250,41	250,41	IV	261,83	214,33	168,33	123,83	80,91	41,50
	VI	**653,83**	250,41	250,41							
2 732,99	I,IV	**311,50**	250,75	250,75	I	215,00	124,50	42,00			
	II	**219,08**	250,75	250,75	II	128,33	45,25				
	III	**72,33**	250,75	250,75	III	11,66					
	V	**614,00**	250,75	250,75	IV	262,50	215,00	169,00	124,50	81,50	42,00
	VI	**655,00**	250,75	250,75							
2 735,99	I,IV	**312,16**	251,00	251,00	I	215,66	125,08	42,58			
	II	**219,75**	251,00	251,00	II	129,00	45,75				
	III	**72,83**	251,00	251,00	III	12,16					
	V	**615,00**	251,00	251,00	IV	263,16	215,66	169,58	125,08	82,08	42,58
	VI	**655,83**	251,00	251,00							

* Zur LSt-Berechnung für privat versicherte Arbeitnehmer s. Beispiele **Vorbemerkung S. 4 f.**
** Basisvorsorgepauschale KV und PV   *** Typisierter Arbeitgeberzuschuss

Monat gültig ab 1. 1. 2022 (idF des StEntlG 2022)   **aT3**

Lohn/Gehalt in € bis	Steuerklasse	Lohnsteuer*	BVSP**	TAGZ***	Steuerklasse	Bemessungsgrundlage für Kirchensteuer und Solidaritätszuschlag Freibeträge für ... Kinder					
						0,5	1,0	1,5	2,0	2,5	3,0
2 738,99	I,IV	312,91	251,25	251,25	I	216,33	125,75	43,08			
	II	220,41	251,25	251,25	II	129,58	46,25				
	III	73,33	251,25	251,25	III	12,50					
	V	616,00	251,25	251,25	IV	263,83	216,33	170,25	125,75	82,75	43,08
	VI	656,83	251,25	251,25							
2 741,99	I,IV	313,66	251,50	251,50	I	217,00	126,33	43,58			
	II	221,16	251,50	251,50	II	130,25	46,75				
	III	73,83	251,50	251,50	III	12,83					
	V	616,83	251,50	251,50	IV	264,58	217,00	170,91	126,33	83,33	43,58
	VI	657,83	251,50	251,50							
2 744,99	I,IV	314,33	251,83	251,83	I	217,58	127,00	44,08			
	II	221,75	251,83	251,83	II	130,83	47,33				
	III	74,33	251,83	251,83	III	13,16					
	V	618,00	251,83	251,83	IV	265,25	217,58	171,50	127,00	83,91	44,08
	VI	658,83	251,83	251,83							
2 747,99	I,IV	315,00	252,08	252,08	I	218,25	127,58	44,58			
	II	222,41	252,08	252,08	II	131,50	47,83				
	III	74,83	252,08	252,08	III	13,66					
	V	618,83	252,08	252,08	IV	265,91	218,25	172,16	127,58	84,50	44,58
	VI	659,83	252,08	252,08							
2 750,99	I,IV	315,75	252,33	252,33	I	218,91	128,25	45,08			
	II	223,08	252,33	252,33	II	132,08	48,33				
	III	75,33	252,33	252,33	III	14,00					
	V	619,83	252,33	252,33	IV	266,58	218,91	172,83	128,25	85,08	45,08
	VI	660,83	252,33	252,33							
2 753,99	I,IV	316,50	252,66	252,66	I	219,66	128,83	45,58			
	II	223,33	252,66	252,66	II	132,75	48,91				
	III	75,83	252,66	252,66	III	14,33					
	V	620,83	252,66	252,66	IV	267,25	219,66	173,50	128,83	85,75	45,58
	VI	662,00	252,66	252,66							
2 756,99	I,IV	317,16	252,91	252,91	I	220,25	129,41	46,16			
	II	224,41	252,91	252,91	II	133,33	49,41				
	III	76,33	252,91	252,91	III	14,66					
	V	621,83	252,91	252,91	IV	267,91	220,25	174,08	129,41	86,33	46,16
	VI	662,83	252,91	252,91							
2 759,99	I,IV	317,83	253,16	253,16	I	220,91	130,08	46,66			
	II	225,08	253,16	253,16	II	134,00	49,91				
	III	76,83	253,16	253,16	III	15,16					
	V	622,83	253,16	253,16	IV	268,66	220,91	174,75	130,08	86,91	46,66
	VI	663,83	253,16	253,16							
2 762,99	I,IV	318,58	253,50	253,50	I	221,58	130,66	47,16			
	II	225,75	253,50	253,50	II	134,58	50,50				
	III	77,33	253,50	253,50	III	15,50					
	V	623,83	253,50	253,50	IV	269,33	221,58	175,41	130,66	87,50	47,16
	VI	664,83	253,50	253,50							
2 765,99	I,IV	319,33	253,75	253,75	I	222,25	131,33	47,66			
	II	226,50	253,75	253,75	II	135,25	51,00				
	III	77,83	253,75	253,75	III	15,83					
	V	624,66	253,75	253,75	IV	270,00	222,25	176,08	131,33	88,16	47,66
	VI	665,83	253,75	253,75							
2 768,99	I,IV	320,00	254,00	254,00	I	222,91	131,91	48,25			
	II	227,08	254,00	254,00	II	135,83	51,50				
	III	78,33	254,00	254,00	III	16,33					
	V	625,66	254,00	254,00	IV	270,75	222,91	176,66	131,91	88,75	48,25
	VI	666,83	254,00	254,00							
2 771,99	I,IV	320,66	254,25	254,25	I	223,58	132,58	48,75			
	II	227,75	254,25	254,25	II	136,50	52,08				
	III	78,83	254,25	254,25	III	16,66					
	V	626,66	254,25	254,25	IV	271,41	223,58	177,33	132,58	89,33	48,75
	VI	667,83	254,25	254,25							

*   Zur LSt-Berechnung für privat versicherte Arbeitnehmer s. Beispiele **Vorbemerkung S. 4 f.**
** Basisvorsorgepauschale KV und PV   *** Typisierter Arbeitgeberzuschuss

aT3 allgemeine Lohnsteuer

Lohn/Gehalt in € bis	Steuerklasse	Lohnsteuer*	BVSP**	TAGZ***	Steuerklasse	Bemessungsgrundlage für Kirchensteuer und Solidaritätszuschlag Freibeträge für ... Kinder					
						0,5	1,0	1,5	2,0	2,5	3,0
2774,99	I,IV	**321,41**	254,58	254,58	I	224,25	133,16	49,25			
	II	**228,50**	254,58	254,58	II	137,08	52,58				
	III	**79,33**	254,58	254,58	III	17,00					
	V	**627,66**	254,58	254,58	IV	272,08	224,25	178,00	133,16	89,91	49,25
	VI	**669,00**	254,58	254,58							
2777,99	I,IV	**322,16**	254,83	254,83	I	225,00	133,83	49,83			
	II	**229,16**	254,83	254,83	II	137,08	53,16				
	III	**79,83**	254,83	254,83	III	17,50					
	V	**628,66**	254,83	254,83	IV	272,83	225,00	178,66	133,83	90,50	49,83
	VI	**670,00**	254,83	254,83							
2780,99	I,IV	**322,83**	255,08	255,08	I	225,58	134,41	50,33			
	II	**229,83**	255,08	255,08	II	138,33	53,66				
	III	**80,16**	255,08	255,08	III	17,83					
	V	**629,50**	255,08	255,08	IV	273,50	225,58	179,25	134,41	91,16	50,33
	VI	**670,83**	255,08	255,08							
2783,99	I,IV	**323,58**	255,41	255,41	I	226,25	135,08	50,83			
	II	**230,50**	255,41	255,41	II	139,00	54,25				
	III	**80,83**	255,41	255,41	III	18,16					
	V	**630,50**	255,41	255,41	IV	274,16	226,25	179,91	135,08	91,75	50,83
	VI	**671,83**	255,41	255,41							
2786,99	I,IV	**324,25**	255,66	255,66	I	227,00	135,66	51,41			
	II	**231,16**	255,66	255,66	II	139,58	54,75				
	III	**81,33**	255,66	255,66	III	18,66					
	V	**631,66**	255,66	255,66	IV	274,83	227,00	180,58	135,66	92,33	51,41
	VI	**672,83**	255,66	255,66							
2789,99	I,IV	**325,00**	255,91	255,91	I	227,66	136,33	51,91			
	II	**231,83**	255,91	255,91	II	140,25	55,33				
	III	**81,83**	255,91	255,91	III	19,00					
	V	**632,66**	255,91	255,91	IV	275,58	227,66	181,25	136,33	92,91	51,91
	VI	**673,83**	255,91	255,91							
2792,99	I,IV	**325,66**	256,25	256,25	I	228,25	136,91	52,50			
	II	**232,50**	256,25	256,25	II	140,83	55,83				
	III	**82,33**	256,25	256,25	III	19,33					
	V	**633,50**	256,25	256,25	IV	276,25	228,25	181,83	136,91	93,58	52,50
	VI	**674,83**	256,25	256,25							
2795,99	I,IV	**326,41**	256,50	256,50	I	229,00	137,58	53,00			
	II	**233,16**	256,50	256,50	II	141,50	56,41				
	III	**82,83**	256,50	256,50	III	19,83					
	V	**634,50**	256,50	256,50	IV	276,91	229,00	182,50	137,58	94,16	53,00
	VI	**675,83**	256,50	256,50							
2798,99	I,IV	**327,08**	256,75	256,75	I	229,66	138,25	53,58			
	II	**233,83**	256,75	256,75	II	142,16	57,00				
	III	**83,33**	256,75	256,75	III	20,16					
	V	**635,50**	256,75	256,75	IV	277,58	229,66	183,16	138,25	94,75	53,58
	VI	**676,83**	256,75	256,75							
2801,99	I,IV	**327,83**	257,08	257,08	I	230,33	138,83	54,08			
	II	**234,50**	257,08	257,08	II	142,75	57,50				
	III	**83,83**	257,08	257,08	III	20,50					
	V	**636,66**	257,08	257,08	IV	278,33	230,33	183,83	138,83	95,41	54,08
	VI	**678,00**	257,08	257,08							
2804,99	I,IV	**328,50**	257,33	257,33	I	231,00	139,41	54,66			
	II	**235,16**	257,33	257,33	II	143,41	58,08				
	III	**84,33**	257,33	257,33	III	21,00					
	V	**637,50**	257,33	257,33	IV	279,00	231,00	184,41	139,41	96,00	54,66
	VI	**679,00**	257,33	257,33							
2807,99	I,IV	**329,25**	257,58	257,58	I	231,66	140,08	55,16			
	II	**235,83**	257,58	257,58	II	144,00	58,58				
	III	**84,83**	257,58	257,58	III	21,33					
	V	**638,50**	257,58	257,58	IV	279,66	231,66	185,08	140,08	96,58	55,16
	VI	**680,00**	257,58	257,58							

* Zur LSt-Berechnung für privat versicherte Arbeitnehmer s. Beispiele **Vorbemerkung S. 4f.**
** Basisvorsorgepauschale KV und PV   *** Typisierter Arbeitgeberzuschuss

Monat gültig ab 1. 1. 2022 (idF des StEntlG 2022)   aT3

Lohn/Gehalt in € bis	Steuerklasse	Lohnsteuer*	BVSP**	TAGZ***	Steuerklasse	Bemessungsgrundlage für Kirchensteuer und Solidaritätszuschlag — Freibeträge für ... Kinder					
						0,5	1,0	1,5	2,0	2,5	3,0
2810,99	I,IV	330,00	257,83	257,83	I	232,33	140,75	55,75			
	II	236,50	257,83	257,83	II	144,66	59,16				
	III	85,33	257,83	257,83	III	21,66					
	V	639,50	257,83	257,83	IV	280,41	232,33	185,75	140,75	97,16	55,75
	VI	681,00	257,83	257,83							
2813,99	I,IV	330,66	258,16	258,16	I	233,00	141,33	56,25			
	II	237,16	258,16	258,16	II	145,25	59,75				
	III	85,83	258,16	258,16	III	22,16					
	V	640,33	258,16	258,16	IV	281,08	233,00	186,41	141,33	97,83	56,25
	VI	682,00	258,16	258,16							
2816,99	I,IV	331,41	258,41	258,41	I	233,66	142,00	56,83			
	II	237,83	258,41	258,41	II	145,91	60,25				
	III	86,33	258,41	258,41	III	22,50					
	V	641,50	258,41	258,41	IV	281,75	233,66	187,08	142,00	98,41	56,83
	VI	683,00	258,41	258,41							
2819,99	I,IV	332,08	258,66	258,66	I	234,33	142,58	57,33			
	II	238,50	258,66	258,66	II	146,50	60,83				
	III	86,83	258,66	258,66	III	23,00					
	V	642,50	258,66	258,66	IV	282,50	234,33	187,75	142,58	99,00	57,33
	VI	684,00	258,66	258,66							
2822,99	I,IV	332,83	259,00	259,00	I	235,00	143,25	57,91			
	II	239,25	259,00	259,00	II	147,16	61,41				
	III	87,33	259,00	259,00	III	23,33					
	V	643,50	259,00	259,00	IV	283,16	235,00	188,33	143,25	99,58	57,91
	VI	685,00	259,00	259,00							
2825,99	I,IV	333,58	259,25	259,25	I	235,66	143,83	58,50			
	II	239,91	259,25	259,25	II	147,83	62,00				
	III	87,83	259,25	259,25	III	23,66					
	V	644,33	259,25	259,25	IV	283,83	235,66	189,00	143,83	100,25	58,50
	VI	686,00	259,25	259,25							
2828,99	I,IV	334,25	259,50	259,50	I	236,33	144,50	59,00			
	II	240,58	259,50	259,50	II	148,41	62,58				
	III	88,33	259,50	259,50	III	24,16					
	V	645,33	259,50	259,50	IV	284,50	236,33	189,66	144,50	100,83	59,00
	VI	687,16	259,50	259,50							
2831,99	I,IV	335,00	259,83	259,83	I	237,00	145,08	59,58			
	II	241,25	259,83	259,83	II	149,08	63,08				
	III	88,83	259,83	259,83	III	24,50					
	V	646,50	259,83	259,83	IV	285,25	237,00	190,33	145,08	101,41	59,58
	VI	688,16	259,83	259,83							
2834,99	I,IV	335,66	260,08	260,08	I	237,66	145,75	60,16			
	II	241,91	260,08	260,08	II	149,66	63,66				
	III	89,33	260,08	260,08	III	24,83					
	V	647,50	260,08	260,08	IV	285,91	237,66	191,00	145,75	102,08	60,16
	VI	689,16	260,08	260,08							
2837,99	I,IV	336,41	260,33	260,33	I	238,41	146,41	60,75			
	II	242,58	260,33	260,33	II	150,33	64,25				
	III	89,83	260,33	260,33	III	25,33					
	V	648,50	260,33	260,33	IV	286,66	238,41	191,66	146,41	102,66	60,75
	VI	690,16	260,33	260,33							
2840,99	I,IV	337,08	260,58	260,58	I	239,00	147,00	61,25			
	II	243,25	260,58	260,58	II	151,00	64,83				
	III	90,33	260,58	260,58	III	25,66					
	V	649,33	260,58	260,58	IV	287,33	239,00	192,25	147,00	103,25	61,25
	VI	691,16	260,58	260,58							
2843,99	I,IV	337,83	260,91	260,91	I	239,75	147,66	61,83			
	II	243,91	260,91	260,91	II	151,58	65,41	0,33			
	III	91,00	260,91	260,91	III	26,16					
	V	650,33	260,91	260,91	IV	288,00	239,75	192,91	147,66	103,91	61,83
	VI	692,16	260,91	260,91							

*   Zur LSt-Berechnung für privat versicherte Arbeitnehmer s. Beispiele **Vorbemerkung S. 4 f.**
** Basisvorsorgepauschale KV und PV   *** Typisierter Arbeitgeberzuschuss

aT3   allgemeine Lohnsteuer

Lohn/Gehalt in € bis	Steuerklasse	Lohn-steuer*	BVSP**	TAGZ***	Steuerklasse	Bemessungsgrundlage für Kirchensteuer und Solidaritätszuschlag Freibeträge für ... Kinder					
						0,5	1,0	1,5	2,0	2,5	3,0
2 846,99	I,IV	**338,58**	261,16	261,16	I	240,41	148,25	62,41			
	II	**244,58**	261,16	261,16	II	152,25	66,00	0,66			
	III	**91,50**	261,16	261,16	III	26,50					
	V	**651,33**	261,16	261,16	IV	288,75	240,41	193,58	148,25	104,50	62,41
	VI	**693,16**	261,16	261,16							
2 849,99	I,IV	**339,25**	261,41	261,41	I	241,08	148,91	63,00			
	II	**245,33**	261,41	261,41	II	152,91	66,58	1,00			
	III	**92,00**	261,41	261,41	III	27,00					
	V	**652,33**	261,41	261,41	IV	289,41	241,08	194,25	148,91	105,08	63,00
	VI	**694,16**	261,41	261,41							
2 852,99	I,IV	**340,00**	261,75	261,75	I	241,75	149,50	63,50			
	II	**246,00**	261,75	261,75	II	153,50	67,16	1,33			
	III	**92,50**	261,75	261,75	III	27,33					
	V	**653,33**	261,75	261,75	IV	290,08	241,75	194,91	149,50	105,66	63,50
	VI	**695,16**	261,75	261,75							
2 855,99	I,IV	**340,75**	262,00	262,00	I	242,41	150,16	64,08			
	II	**246,66**	262,00	262,00	II	154,16	67,75	1,66			
	III	**93,00**	262,00	262,00	III	27,66					
	V	**654,33**	262,00	262,00	IV	290,83	242,41	195,50	150,16	106,33	64,08
	VI	**696,16**	262,00	262,00							
2 858,99	I,IV	**341,41**	262,25	262,25	I	243,08	150,83	64,66			
	II	**247,33**	262,25	262,25	II	154,75	68,33	2,08			
	III	**93,50**	262,25	262,25	III	28,16					
	V	**655,33**	262,25	262,25	IV	291,50	243,08	196,16	150,83	106,91	64,66
	VI	**697,16**	262,25	262,25							
2 861,99	I,IV	**342,16**	262,58	262,58	I	243,75	151,41	65,25	0,25		
	II	**248,00**	262,58	262,58	II	155,41	68,91	2,41			
	III	**94,00**	262,58	262,58	III	28,50					
	V	**656,33**	262,58	262,58	IV	292,25	243,75	196,83	151,41	107,58	65,25
	VI	**698,16**	262,58	262,58							
2 864,99	I,IV	**342,83**	262,83	262,83	I	244,41	152,08	65,83	0,58		
	II	**248,66**	262,83	262,83	II	156,00	69,50	2,75			
	III	**94,50**	262,83	262,83	III	29,00					
	V	**657,33**	262,83	262,83	IV	292,91	244,41	197,50	152,08	108,16	65,83
	VI	**699,16**	262,83	262,83							
2 867,99	I,IV	**343,58**	263,08	263,08	I	245,08	152,66	66,41	0,91		
	II	**249,33**	263,08	263,08	II	156,66	70,08	3,16			
	III	**95,16**	263,08	263,08	III	29,33					
	V	**658,16**	263,08	263,08	IV	293,58	245,08	198,16	152,66	108,75	66,41
	VI	**700,16**	263,08	263,08							
2 870,99	I,IV	**344,33**	263,33	263,33	I	245,83	153,33	67,00	1,25		
	II	**250,08**	263,33	263,33	II	157,33	70,66	3,50			
	III	**95,66**	263,33	263,33	III	29,83					
	V	**659,33**	263,33	263,33	IV	294,33	245,83	198,83	153,33	109,41	67,00
	VI	**701,33**	263,33	263,33							
2 873,99	I,IV	**345,00**	263,66	263,66	I	246,50	154,00	67,58	1,58		
	II	**250,75**	263,66	263,66	II	158,00	71,25	3,83			
	III	**96,16**	263,66	263,66	III	30,16					
	V	**660,33**	263,66	263,66	IV	295,00	246,50	199,50	154,00	110,00	67,58
	VI	**702,50**	263,66	263,66							
2 876,99	I,IV	**345,75**	263,91	263,91	I	247,16	154,58	68,16	2,00		
	II	**251,41**	263,91	263,91	II	158,58	71,83	4,25			
	III	**96,66**	263,91	263,91	III	30,66					
	V	**661,33**	263,91	263,91	IV	295,66	247,16	200,08	154,58	110,58	68,16
	VI	**703,50**	263,91	263,91							
2 879,99	I,IV	**346,50**	264,16	264,16	I	247,83	155,25	68,75	2,33		
	II	**252,08**	264,16	264,16	II	159,25	72,41	4,58			
	III	**97,16**	264,16	264,16	III	31,00					
	V	**662,33**	264,16	264,16	IV	296,41	247,83	200,75	155,25	111,25	68,75
	VI	**704,50**	264,16	264,16							

* Zur LSt-Berechnung für privat versicherte Arbeitnehmer s. Beispiele **Vorbemerkung S. 4 f.**
** Basisvorsorgepauschale KV und PV   *** Typisierter Arbeitgeberzuschuss

Monat gültig ab 1. 1. 2022 (idF des StEntlG 2022) **aT3**

Lohn/Gehalt in € bis	Steuerklasse	Lohnsteuer*	BVSP**	TAGZ***	Steuerklasse	Bemessungsgrundlage für Kirchensteuer und Solidaritätszuschlag – Freibeträge für ... Kinder					
						0,5	1,0	1,5	2,0	2,5	3,0
2 882,99	I,IV	347,16	264,50	264,50	I	248,50	155,91	69,33	2,66		
	II	252,75	264,50	264,50	II	159,83	73,00	5,00			
	III	97,66	264,50	264,50	III	31,50					
	V	663,33	264,50	264,50	IV	297,08	248,50	201,41	155,91	111,83	69,33
	VI	705,50	264,50	264,50							
2 885,99	I,IV	347,91	264,75	264,75	I	249,16	156,50	69,91	3,08		
	II	253,41	264,75	264,75	II	160,50	73,58	5,33			
	III	98,16	264,75	264,75	III	31,83					
	V	664,33	264,75	264,75	IV	297,83	249,16	202,08	156,50	112,50	69,91
	VI	706,50	264,75	264,75							
2 888,99	I,IV	348,66	265,00	265,00	I	249,91	157,16	70,50	3,41		
	II	254,16	265,00	265,00	II	161,16	74,25	5,75			
	III	98,83	265,00	265,00	III	32,33					
	V	665,33	265,00	265,00	IV	298,50	249,91	202,75	157,16	113,08	70,50
	VI	707,50	265,00	265,00							
2 891,99	I,IV	349,33	265,33	265,33	I	250,58	157,75	71,08	3,75		
	II	254,83	265,33	265,33	II	161,75	74,83	6,08			
	III	99,33	265,33	265,33	III	32,66					
	V	666,33	265,33	265,33	IV	299,16	250,58	203,41	157,75	113,66	71,08
	VI	708,50	265,33	265,33							
2 894,99	I,IV	350,08	265,58	265,58	I	251,25	158,41	71,66	4,16		
	II	255,50	265,58	265,58	II	162,41	75,41	6,50			
	III	99,83	265,58	265,58	III	33,16					
	V	667,33	265,58	265,58	IV	299,91	251,25	204,08	158,41	114,33	71,66
	VI	709,50	265,58	265,58							
2 897,99	I,IV	350,83	265,83	265,83	I	251,91	159,08	72,25	4,50		
	II	256,16	265,83	265,83	II	163,08	76,00	6,83			
	III	100,33	265,83	265,83	III	33,50					
	V	668,33	265,83	265,83	IV	300,58	251,91	204,75	159,08	114,91	72,25
	VI	710,66	265,83	265,83							
2 900,99	I,IV	351,50	266,16	266,16	I	252,58	159,66	72,83	4,83		
	II	256,83	266,16	266,16	II	163,66	76,58	7,25			
	III	100,83	266,16	266,16	III	33,83					
	V	669,33	266,16	266,16	IV	301,33	252,58	205,41	159,66	115,50	72,83
	VI	711,66	266,16	266,16							
2 903,99	I,IV	352,25	266,41	266,41	I	253,25	160,33	73,50	5,25		
	II	257,50	266,41	266,41	II	164,33	77,16	7,58			
	III	101,33	266,41	266,41	III	34,33					
	V	670,33	266,41	266,41	IV	302,00	253,25	206,08	160,33	116,16	73,50
	VI	712,66	266,41	266,41							
2 906,99	I,IV	353,00	266,66	266,66	I	253,91	161,00	74,08	5,58		
	II	258,25	266,66	266,66	II	165,00	77,75	8,00			
	III	102,00	266,66	266,66	III	34,83					
	V	671,33	266,66	266,66	IV	302,75	253,91	206,75	161,00	116,75	74,08
	VI	713,66	266,66	266,66							
2 909,99	I,IV	353,75	266,91	266,91	I	254,66	161,66	74,66	6,00		
	II	258,91	266,91	266,91	II	165,58	78,41	8,33			
	III	102,50	266,91	266,91	III	35,16					
	V	672,33	266,91	266,91	IV	303,41	254,66	207,41	161,66	117,41	74,66
	VI	714,66	266,91	266,91							
2 912,99	I,IV	354,41	267,25	267,25	I	255,33	162,25	75,25	6,33		
	II	259,58	267,25	267,25	II	166,25	79,00	8,75			
	III	103,00	267,25	267,25	III	35,66					
	V	673,33	267,25	267,25	IV	304,16	255,33	208,08	162,25	118,00	75,25
	VI	715,83	267,25	267,25							
2 915,99	I,IV	355,16	267,50	267,50	I	256,00	162,91	75,83	6,75		
	II	260,25	267,50	267,50	II	166,91	79,58	9,16			
	III	103,50	267,50	267,50	III	36,00					
	V	674,50	267,50	267,50	IV	304,83	256,00	208,66	162,91	118,58	75,83
	VI	716,66	267,50	267,50							

* Zur LSt-Berechnung für privat versicherte Arbeitnehmer s. Beispiele **Vorbemerkung S. 4 f.**
** Basisvorsorgepauschale KV und PV *** Typisierter Arbeitgeberzuschuss

aT3 allgemeine Lohnsteuer

Lohn/Gehalt in € bis	Steuerklasse	Lohn-steuer*	BVSP**	TAGZ***	Steuerklasse	Bemessungsgrundlage für Kirchensteuer und Solidaritätszuschlag Freibeträge für ... Kinder					
						0,5	1,0	1,5	2,0	2,5	3,0
2918,99	I,IV	**355,91**	267,75	267,75	I	256,66	163,50	76,41	7,08		
	II	**260,91**	267,75	267,75	II	167,50	80,16	9,50			
	III	**104,16**	267,75	267,75	III	36,50					
	V	**675,50**	267,75	267,75	IV	305,50	256,66	209,33	163,50	119,25	76,41
	VI	**717,83**	267,75								
2921,99	I,IV	**356,58**	268,08	268,08	I	257,33	164,16	77,08	7,50		
	II	**261,66**	268,08	268,08	II	168,16	80,75	9,91			
	III	**104,66**	268,08	268,08	III	36,83					
	V	**676,50**	268,08	268,08	IV	306,25	257,33	210,00	164,16	119,83	77,08
	VI	**718,83**	268,08								
2924,99	I,IV	**357,33**	268,33	268,33	I	258,08	164,83	77,66	7,91		
	II	**262,33**	268,33	268,33	II	168,83	81,41	10,33			
	III	**105,16**	268,33	268,33	III	37,33					
	V	**677,50**	268,33	268,33	IV	306,91	258,08	210,66	164,83	120,50	77,66
	VI	**719,83**	268,33								
2927,99	I,IV	**358,08**	268,58	268,58	I	258,75	165,41	78,25	8,25		
	II	**263,00**	268,58	268,58	II	169,41	82,00	10,66			
	III	**105,66**	268,58	268,58	III	37,66					
	V	**678,33**	268,58	268,58	IV	307,66	258,75	211,33	165,41	121,08	78,25
	VI	**720,83**	268,58								
2930,99	I,IV	**358,75**	268,91	268,91	I	259,41	166,08	78,83	8,66		
	II	**263,66**	268,91	268,91	II	170,08	82,58	11,08			
	III	**106,16**	268,91	268,91	III	38,16					
	V	**679,50**	268,91	268,91	IV	308,33	259,41	212,00	166,08	121,66	78,83
	VI	**721,83**	268,91								
2933,99	I,IV	**359,50**	269,16	269,16	I	260,08	166,75	79,41	9,00		
	II	**264,41**	269,16	269,16	II	170,75	83,16	11,50			
	III	**106,83**	269,16	269,16	III	38,50					
	V	**680,50**	269,16	269,16	IV	309,08	260,08	212,66	166,75	122,33	79,41
	VI	**723,00**	269,16								
2936,99	I,IV	**360,25**	269,41	269,41	I	260,75	167,41	80,00	9,41		
	II	**265,08**	269,41	269,41	II	171,41	83,75	11,91			
	III	**107,33**	269,41	269,41	III	39,00					
	V	**681,50**	269,41	269,41	IV	309,75	260,75	213,33	167,41	122,91	80,00
	VI	**724,00**	269,41								
2939,99	I,IV	**360,91**	269,66	269,66	I	261,41	168,00	80,58	9,83		
	II	**265,75**	269,66	269,66	II	172,00	84,33	12,25			
	III	**107,83**	269,66	269,66	III	39,50					
	V	**682,33**	269,66	269,66	IV	310,41	261,41	214,00	168,00	123,58	80,58
	VI	**725,00**	269,66								
2942,99	I,IV	**361,66**	270,00	270,00	I	262,16	168,66	81,25	10,16		
	II	**266,41**	270,00	270,00	II	172,66	85,00	12,66			
	III	**108,33**	270,00	270,00	III	39,83					
	V	**683,33**	270,00	270,00	IV	311,16	262,16	214,66	168,66	124,16	81,25
	VI	**726,00**	270,00								
2945,99	I,IV	**362,41**	270,25	270,25	I	262,83	169,33	81,83	10,58		
	II	**267,16**	270,25	270,25	II	173,33	85,58	13,08			
	III	**109,00**	270,25	270,25	III	40,33					
	V	**684,50**	270,25	270,25	IV	311,83	262,83	215,33	169,33	124,83	81,83
	VI	**727,16**	270,25								
2948,99	I,IV	**363,16**	270,50	270,50	I	263,50	169,91	82,41	11,00		
	II	**267,83**	270,50	270,50	II	174,00	86,16	13,50			
	III	**109,50**	270,50	270,50	III	40,66					
	V	**685,50**	270,50	270,50	IV	312,58	263,50	216,00	169,91	125,41	82,41
	VI	**728,16**	270,50								
2951,99	I,IV	**363,83**	270,83	270,83	I	264,16	170,58	83,00	11,41		
	II	**268,50**	270,83	270,83	II	174,58	86,75	13,91			
	III	**110,00**	270,83	270,83	III	41,16					
	V	**686,50**	270,83	270,83	IV	313,25	264,16	216,66	170,58	126,08	83,00
	VI	**729,16**	270,83								

* Zur LSt-Berechnung für privat versicherte Arbeitnehmer s. Beispiele **Vorbemerkung S. 4 f.**
** Basisvorsorgepauschale KV und PV   *** Typisierter Arbeitgeberzuschuss

Monat gültig ab 1. 1. 2022 (idF des StEntlG 2022) — aT3

Lohn/Gehalt in € bis	Steuerklasse	Lohnsteuer*	BVSP**	TAGZ***	Steuerklasse	Bemessungsgrundlage für Kirchensteuer und Solidaritätszuschlag Freibeträge für ... Kinder					
						0,5	1,0	1,5	2,0	2,5	3,0
2 954,99	I,IV	364,58	271,08	271,08	I	264,91	171,25	83,58	11,75		
	II	269,16	271,08	271,08	II	175,25	87,41	14,33			
	III	110,50	271,08	271,08	III	41,50					
	V	687,50	271,08	271,08	IV	314,00	264,91	217,33	171,25	126,66	83,58
	VI	730,16	271,08	271,08							
2 957,99	I,IV	365,33	271,33	271,33	I	265,58	171,91	84,25	12,16		
	II	269,91	271,33	271,33	II	175,91	88,00	14,75			
	III	111,16	271,33	271,33	III	42,00					
	V	688,66	271,33	271,33	IV	314,66	265,58	218,00	171,91	127,33	84,25
	VI	731,16	271,33	271,33							
2 960,99	I,IV	366,08	271,66	271,66	I	266,25	172,50	84,83	12,58		
	II	270,58	271,66	271,66	II	176,58	88,58	15,16			
	III	111,66	271,66	271,66	III	42,50					
	V	689,66	271,66	271,66	IV	315,41	266,25	218,66	172,50	127,91	84,83
	VI	732,25	271,66	271,66							
2 963,99	I,IV	366,75	271,91	271,91	I	266,91	173,16	85,41	13,00		
	II	271,25	271,91	271,91	II	177,16	89,16	15,50			
	III	112,16	271,91	271,91	III	42,83					
	V	690,50	271,91	271,91	IV	316,08	266,91	219,25	173,16	128,50	85,41
	VI	733,25	271,91	271,91							
2 966,99	I,IV	367,50	272,16	272,16	I	267,66	173,83	86,00	13,41		
	II	271,91	272,16	272,16	II	177,83	89,75	15,91			
	III	112,83	272,16	272,16	III	43,33					
	V	691,66	272,16	272,16	IV	316,83	267,66	220,00	173,83	129,16	86,00
	VI	734,33	272,16	272,16							
2 969,99	I,IV	368,25	272,41	272,41	I	268,33	174,41	86,66	13,83		
	II	272,66	272,41	272,41	II	178,50	90,41	16,33			
	III	113,33	272,41	272,41	III	43,83					
	V	692,66	272,41	272,41	IV	317,50	268,33	220,66	174,41	129,75	86,66
	VI	735,33	272,41	272,41							
2 972,99	I,IV	369,00	272,75	272,75	I	269,00	175,08	87,25	14,16		
	II	273,33	272,75	272,75	II	179,16	91,00	16,75			
	III	113,83	272,75	272,75	III	44,16					
	V	693,66	272,75	272,75	IV	318,25	269,00	221,33	175,08	130,41	87,25
	VI	736,41	272,75	272,75							
2 975,99	I,IV	369,66	273,00	273,00	I	269,66	175,75	87,83	14,58		
	II	274,00	273,00	273,00	II	179,75	91,58	17,16			
	III	114,33	273,00	273,00	III	44,66					
	V	694,66	273,00	273,00	IV	318,91	269,66	221,91	175,75	131,00	87,83
	VI	737,41	273,00	273,00							
2 978,99	I,IV	370,41	273,25	273,25	I	270,41	176,41	88,41	15,00		
	II	274,66	273,25	273,25	II	180,41	92,16	17,58			
	III	115,00	273,25	273,25	III	45,00					
	V	695,66	273,25	273,25	IV	319,66	270,41	222,66	176,41	131,66	88,41
	VI	738,50	273,25	273,25							
2 981,99	I,IV	371,16	273,58	273,58	I	271,08	177,00	89,00	15,41		
	II	275,41	273,58	273,58	II	181,08	92,83	18,00			
	III	115,50	273,58	273,58	III	45,50					
	V	696,66	273,58	273,58	IV	320,33	271,08	223,33	177,00	132,25	89,00
	VI	739,50	273,58	273,58							
2 984,99	I,IV	371,91	273,83	273,83	I	271,75	177,66	89,66	15,83		
	II	276,08	273,83	273,83	II	181,75	93,41	18,50			
	III	116,16	273,83	273,83	III	46,00					
	V	697,66	273,83	273,83	IV	321,08	271,75	224,00	177,66	132,91	89,66
	VI	740,58	273,83	273,83							
2 987,99	I,IV	372,66	274,08	274,08	I	272,41	178,33	90,25	16,25		
	II	276,75	274,08	274,08	II	182,33	94,00	18,91			
	III	116,66	274,08	274,08	III	46,33					
	V	698,83	274,08	274,08	IV	321,75	272,41	224,58	178,33	133,50	90,25
	VI	741,58	274,08	274,08							

* Zur LSt-Berechnung für privat versicherte Arbeitnehmer s. Beispiele **Vorbemerkung S. 4 f.**
** Basisvorsorgepauschale KV und PV   *** Typisierter Arbeitgeberzuschuss

aT3 — allgemeine Lohnsteuer

Lohn/Gehalt in € bis	Steuerklasse	Lohn-steuer*	BVSP**	TAGZ***	Steuerklasse	Bemessungsgrundlage für Kirchensteuer und Solidaritätszuschlag — Freibeträge für ... Kinder					
						0,5	1,0	1,5	2,0	2,5	3,0
2990,99	I,IV	**373,33**	274,41	274,41	I	273,16	179,00	90,83	16,66		
	II	**277,41**	274,41	274,41	II	183,00	94,58	19,33			
	III	**117,16**	274,41	274,41	III	46,83					
	V	**699,83**	274,41	274,41	IV	322,50	273,16	225,33	179,00	134,16	90,83
	VI	**742,66**	274,41	274,41							
2993,99	I,IV	**374,08**	274,66	274,66	I	273,83	179,58	91,41	17,08		
	II	**278,16**	274,66	274,66	II	183,66	95,25	19,75			
	III	**117,83**	274,66	274,66	III	47,33					
	V	**700,83**	274,66	274,66	IV	323,25	273,83	226,00	179,58	134,75	91,41
	VI	**743,66**	274,66	274,66							
2996,99	I,IV	**374,83**	274,91	274,91	I	274,50	180,25	92,08	17,50		
	II	**278,83**	274,91	274,91	II	184,33	95,83	20,16			
	III	**118,33**	274,91	274,91	III	47,66					
	V	**701,83**	274,91	274,91	IV	323,91	274,50	226,66	180,25	135,41	92,08
	VI	**744,75**	274,91	274,91							
2999,99	I,IV	**375,58**	275,16	275,16	I	275,16	180,91	92,66	17,91		
	II	**279,50**	275,16	275,16	II	184,91	96,41	20,58			
	III	**118,83**	275,16	275,16	III	48,16					
	V	**702,83**	275,16	275,16	IV	324,66	275,16	227,33	180,91	136,00	92,66
	VI	**745,75**	275,16	275,16							
3002,99	I,IV	**376,33**	275,50	275,50	I	275,91	181,58	93,25	18,33		
	II	**280,25**	275,50	275,50	II	185,58	97,08	21,00			
	III	**119,33**	275,50	275,50	III	48,66					
	V	**703,83**	275,50	275,50	IV	325,33	275,91	228,00	181,58	136,66	93,25
	VI	**746,83**	275,50	275,50							
3005,99	I,IV	**377,00**	275,75	275,75	I	276,58	182,16	93,83	18,75		
	II	**280,91**	275,75	275,75	II	186,25	97,66	21,50			
	III	**120,00**	275,75	275,75	III	49,00					
	V	**705,00**	275,75	275,75	IV	326,08	276,58	228,66	182,16	137,25	93,83
	VI	**747,83**	275,75	275,75							
3008,99	I,IV	**377,75**	276,00	276,00	I	277,33	182,83	94,50	19,25		
	II	**281,58**	276,00	276,00	II	186,91	98,25	21,91			
	III	**120,50**	276,00	276,00	III	49,50					
	V	**706,00**	276,00	276,00	IV	326,75	277,33	229,33	182,83	137,91	94,50
	VI	**748,91**	276,00	276,00							
3011,99	I,IV	**378,50**	276,33	276,33	I	278,00	183,50	95,08	19,66		
	II	**282,33**	276,33	276,33	II	187,58	98,83	22,33			
	III	**121,16**	276,33	276,33	III	50,00					
	V	**707,00**	276,33	276,33	IV	327,50	278,00	230,00	183,50	138,50	95,08
	VI	**749,91**	276,33	276,33							
3014,99	I,IV	**379,25**	276,58	276,58	I	278,66	184,16	95,66	20,08		
	II	**283,00**	276,58	276,58	II	188,25	99,50	22,75			
	III	**121,66**	276,58	276,58	III	50,33					
	V	**708,00**	276,58	276,58	IV	328,16	278,66	230,66	184,16	139,16	95,66
	VI	**751,00**	276,58	276,58							
3017,99	I,IV	**380,00**	276,83	276,83	I	279,33	184,83	96,33	20,50		
	II	**283,66**	276,83	276,83	II	188,83	100,08	23,25			
	III	**122,16**	276,83	276,83	III	50,83					
	V	**709,00**	276,83	276,83	IV	328,91	279,33	231,33	184,83	139,75	96,33
	VI	**752,00**	276,83	276,83							
3020,99	I,IV	**380,75**	277,16	277,16	I	280,08	185,41	96,91	20,91		
	II	**284,41**	277,16	277,16	II	189,50	100,66	23,66			
	III	**122,83**	277,16	277,16	III	51,33					
	V	**710,00**	277,16	277,16	IV	329,66	280,08	232,00	185,41	140,41	96,91
	VI	**753,08**	277,16	277,16							
3023,99	I,IV	**381,41**	277,41	277,41	I	280,75	186,08	97,50	21,33		
	II	**285,08**	277,41	277,41	II	190,16	101,33	24,08			
	III	**123,33**	277,41	277,41	III	51,66					
	V	**711,00**	277,41	277,41	IV	330,33	280,75	232,66	186,08	141,00	97,50
	VI	**754,08**	277,41	277,41							

* Zur LSt-Berechnung für privat versicherte Arbeitnehmer s. Beispiele **Vorbemerkung S. 4 f.**
** Basisvorsorgepauschale KV und PV *** Typisierter Arbeitgeberzuschuss

Monat gültig ab 1. 1. 2022 (idF des StEntlG 2022)   **aT3**

Lohn/Gehalt in € bis	Steuerklasse	Lohnsteuer*	BVSP**	TAGZ***	Steuerklasse	\>Bemessungsgrundlage für Kirchensteuer und Solidaritätszuschlag — Freibeträge für ... Kinder 0,5	1,0	1,5	2,0	2,5	3,0
3026,99	I,IV	382,16	277,66	277,66	I	281,41	186,75	98,08	21,83		
	II	285,75	277,66	277,66	II	190,83	101,91	24,58			
	III	123,83	277,66	277,66	III	52,16					
	V	712,00	277,66	277,66	IV	331,08	281,41	233,33	186,75	141,66	98,08
	VI	755,08	277,66	277,66							
3029,99	I,IV	382,91	278,00	278,00	I	282,16	187,41	98,75	22,25		
	II	286,50	278,00	278,00	II	191,50	102,50	25,00			
	III	124,50	278,00	278,00	III	52,66					
	V	713,16	278,00	278,00	IV	331,75	282,16	234,00	187,41	142,33	98,75
	VI	756,16	278,00	278,00							
3032,99	I,IV	383,66	278,25	278,25	I	282,83	188,08	99,33	22,66		
	II	287,16	278,25	278,25	II	192,16	103,16	25,50			
	III	125,00	278,25	278,25	III	53,16					
	V	714,16	278,25	278,25	IV	332,50	282,83	234,66	188,08	142,91	99,33
	VI	757,25	278,25	278,25							
3035,99	I,IV	384,41	278,50	278,50	I	283,50	188,66	99,91	23,08		
	II	287,83	278,50	278,50	II	192,75	103,75	25,91			
	III	125,66	278,50	278,50	III	53,50					
	V	715,16	278,50	278,50	IV	333,16	283,50	235,33	188,66	143,58	99,91
	VI	758,25	278,50	278,50							
3038,99	I,IV	385,08	278,75	278,75	I	284,25	189,33	100,50	23,58		
	II	288,58	278,75	278,75	II	193,41	104,33	26,33			
	III	126,16	278,75	278,75	III	54,00					
	V	716,16	278,75	278,75	IV	333,91	284,25	236,00	189,33	144,16	100,50
	VI	759,25	278,75	278,75							
3041,99	I,IV	385,83	279,08	279,08	I	284,91	190,00	101,16	24,00		
	II	289,25	279,08	279,08	II	194,08	105,00	26,83			
	III	126,83	279,08	279,08	III	54,50					
	V	717,16	279,08	279,08	IV	334,66	284,91	236,66	190,00	144,83	101,16
	VI	760,33	279,08	279,08							
3044,99	I,IV	386,58	279,33	279,33	I	285,58	190,66	101,75	24,41		
	II	290,00	279,33	279,33	II	194,75	105,58	27,25			
	III	127,33	279,33	279,33	III	55,00					
	V	718,16	279,33	279,33	IV	335,33	285,58	237,41	190,66	145,50	101,75
	VI	761,41	279,33	279,33							
3047,99	I,IV	387,33	279,58	279,58	I	286,25	191,33	102,33	24,91		
	II	290,66	279,58	279,58	II	195,41	106,16	27,75			
	III	127,83	279,58	279,58	III	55,33					
	V	719,33	279,58	279,58	IV	336,08	286,25	238,00	191,33	146,08	102,33
	VI	762,41	279,58	279,58							
3050,99	I,IV	388,08	279,91	279,91	I	287,00	191,91	103,00	25,33		
	II	291,33	279,91	279,91	II	196,08	106,83	28,16			
	III	128,50	279,91	279,91	III	55,83					
	V	720,50	279,91	279,91	IV	336,75	287,00	238,75	191,91	146,75	103,00
	VI	763,41	279,91	279,91							
3053,99	I,IV	388,83	280,16	280,16	I	287,66	192,58	103,58	25,83		
	II	292,08	280,16	280,16	II	196,66	107,41	28,66			
	III	129,00	280,16	280,16	III	56,33					
	V	721,33	280,16	280,16	IV	337,50	287,66	239,41	192,58	147,33	103,58
	VI	764,50	280,16	280,16							
3056,99	I,IV	389,58	280,41	280,41	I	288,41	193,25	104,16	26,25		
	II	292,75	280,41	280,41	II	197,33	108,00	29,08			
	III	129,66	280,41	280,41	III	56,83					
	V	722,33	280,41	280,41	IV	338,25	288,41	240,00	193,25	148,00	104,16
	VI	765,58	280,41	280,41							
3059,99	I,IV	390,25	280,75	280,75	I	289,08	193,91	104,83	26,66		
	II	293,41	280,75	280,75	II	198,00	108,66	29,58			
	III	130,16	280,75	280,75	III	57,16	0,16				
	V	723,50	280,75	280,75	IV	338,91	289,08	240,75	193,91	148,58	104,83
	VI	766,58	280,75	280,75							

* Zur LSt-Berechnung für privat versicherte Arbeitnehmer s. Beispiele **Vorbemerkung S. 4 f.**
** Basisvorsorgepauschale KV und PV   *** Typisierter Arbeitgeberzuschuss

aT3 allgemeine Lohnsteuer

Lohn/Gehalt in € bis	Steuerklasse	Lohnsteuer*	BVSP**	TAGZ***	Steuerklasse	Bemessungsgrundlage für Kirchensteuer und Solidaritätszuschlag Freibeträge für ... Kinder					
						0,5	1,0	1,5	2,0	2,5	3,0
3062,99	I,IV	391,00	281,00	281,00	I	289,75	194,58	105,41	27,16		
	II	294,16	281,00	281,00	II	198,66	109,25	30,00			
	III	130,83	281,00	281,00	III	57,66	0,50				
	V	724,50	281,00	281,00	IV	339,66	289,75	241,41	194,58	149,25	105,41
	VI	767,58	281,00	281,00							
3065,99	I,IV	391,75	281,25	281,25	I	290,50	195,25	106,00	27,58		
	II	294,83	281,25	281,25	II	199,33	109,83	30,50			
	III	131,33	281,25	281,25	III	58,16	1,00				
	V	725,66	281,25	281,25	IV	340,33	290,50	242,08	195,25	149,91	106,00
	VI	768,66	281,25	281,25							
3068,99	I,IV	392,50	281,50	281,50	I	291,16	195,91	106,66	28,08		
	II	295,58	281,50	281,50	II	200,00	110,50	31,00			
	III	132,00	281,50	281,50	III	58,66	1,33				
	V	726,66	281,50	281,50	IV	341,08	291,16	242,75	195,91	150,50	106,66
	VI	769,75	281,50	281,50							
3071,99	I,IV	393,25	281,83	281,83	I	291,83	196,50	107,25	28,50		
	II	296,25	281,83	281,83	II	200,66	111,08	31,41			
	III	132,50	281,83	281,83	III	59,00	1,66				
	V	727,66	281,83	281,83	IV	341,83	291,83	243,41	196,50	151,16	107,25
	VI	770,75	281,83	281,83							
3074,99	I,IV	394,00	282,08	282,08	I	292,58	197,16	107,83	29,00		
	II	296,91	282,08	282,08	II	201,25	111,66	31,91			
	III	133,00	282,08	282,08	III	59,50	2,00				
	V	728,66	282,08	282,08	IV	342,50	292,58	244,08	197,16	151,75	107,83
	VI	771,75	282,08	282,08							
3077,99	I,IV	394,75	282,33	282,33	I	293,25	197,83	108,50	29,41		
	II	297,66	282,33	282,33	II	201,91	112,33	32,41			
	III	133,66	282,33	282,33	III	60,00	2,33				
	V	729,83	282,33	282,33	IV	343,25	293,25	244,83	197,83	152,41	108,50
	VI	772,83	282,33	282,33							
3080,99	I,IV	395,50	282,66	282,66	I	294,00	198,50	109,08	29,91		
	II	298,33	282,66	282,66	II	202,58	112,91	32,83			
	III	134,16	282,66	282,66	III	60,50	2,66				
	V	730,58	282,66	282,66	IV	344,00	294,00	245,50	198,50	153,08	109,08
	VI	773,91	282,66	282,66							
3083,99	I,IV	396,25	282,91	282,91	I	294,66	199,16	109,66	30,41		
	II	299,00	282,91	282,91	II	203,25	113,50	33,33			
	III	134,83	282,91	282,91	III	61,00	3,00				
	V	731,66	282,91	282,91	IV	344,66	294,66	246,16	199,16	153,66	109,66
	VI	774,91	282,91	282,91							
3086,99	I,IV	397,00	283,16	283,16	I	295,33	199,83	110,33	30,83		
	II	299,75	283,16	283,16	II	203,91	114,16	33,83			
	III	135,33	283,16	283,16	III	61,33	3,33				
	V	732,66	283,16	283,16	IV	345,41	295,33	246,83	199,83	154,33	110,33
	VI	775,91	283,16	283,16							
3089,99	I,IV	397,66	283,50	283,50	I	296,08	200,50	110,91	31,33		
	II	300,41	283,50	283,50	II	204,58	114,75	34,33			
	III	136,00	283,50	283,50	III	61,83	3,66				
	V	733,75	283,50	283,50	IV	346,16	296,08	247,50	200,50	154,91	110,91
	VI	777,00	283,50	283,50							
3092,99	I,IV	398,41	283,75	283,75	I	296,75	201,16	111,58	31,83		
	II	301,16	283,75	283,75	II	205,25	115,41	34,75			
	III	136,50	283,75	283,75	III	62,33	4,16				
	V	734,75	283,75	283,75	IV	346,83	296,75	248,16	201,16	155,58	111,58
	VI	778,08	283,75	283,75							
3095,99	I,IV	399,16	284,00	284,00	I	297,41	201,75	112,16	32,25		
	II	301,83	284,00	284,00	II	205,91	116,00	35,25			
	III	137,16	284,00	284,00	III	62,83	4,50				
	V	735,83	284,00	284,00	IV	347,58	297,41	248,83	201,75	156,16	112,16
	VI	779,08	284,00	284,00							

* Zur LSt-Berechnung für privat versicherte Arbeitnehmer s. Beispiele **Vorbemerkung S. 4 f.**
** Basisvorsorgepauschale KV und PV *** Typisierter Arbeitgeberzuschuss

Monat gültig ab 1. 1. 2022 (idF des StEntlG 2022) — aT3

Lohn/Gehalt in € bis	Steuerklasse	Lohnsteuer*	BVSP**	TAGZ***	Steuerklasse	Bemessungsgrundlage für Kirchensteuer und Solidaritätszuschlag Freibeträge für ... Kinder 0,5	1,0	1,5	2,0	2,5	3,0
3098,99	I,IV	399,91	284,25	284,25	I	298,16	202,41	112,75	32,75		
	II	302,58	284,25	284,25	II	206,58	116,58	35,75			
	III	137,66	284,25	284,25	III	63,33	4,83				
	V	736,83	284,25	284,25	IV	348,25	298,16	249,58	202,41	156,83	112,75
	VI	780,08	284,25	284,25							
3101,99	I,IV	400,66	284,58	284,58	I	298,83	203,08	113,41	33,25		
	II	303,25	284,58	284,58	II	207,25	117,25	36,25			
	III	138,33	284,58	284,58	III	63,83	5,16				
	V	737,91	284,58	284,58	IV	349,00	298,83	250,25	203,08	157,50	113,41
	VI	781,16	284,58	284,58							
3104,99	I,IV	401,41	284,83	284,83	I	299,58	203,75	114,00	33,66		
	II	304,00	284,83	284,83	II	207,91	117,83	36,75			
	III	138,83	284,83	284,83	III	64,16	5,50				
	V	738,91	284,83	284,83	IV	349,75	299,58	250,91	203,75	158,16	114,00
	VI	782,25	284,83	284,83							
3107,99	I,IV	402,16	285,08	285,08	I	300,25	204,41	114,58	34,16		
	II	304,66	285,08	285,08	II	208,50	118,50	37,16			
	III	139,50	285,08	285,08	III	64,66	5,83				
	V	740,00	285,08	285,08	IV	350,41	300,25	251,58	204,41	158,75	114,58
	VI	783,25	285,08	285,08							
3110,99	I,IV	402,91	285,41	285,41	I	301,00	205,08	115,25	34,66		
	II	305,33	285,41	285,41	II	209,16	119,08	37,66			
	III	140,00	285,41	285,41	III	65,16	6,33				
	V	741,00	285,41	285,41	IV	351,16	301,00	252,25	205,08	159,41	115,25
	VI	784,25	285,41	285,41							
3113,99	I,IV	403,66	285,66	285,66	I	301,66	205,75	115,83	35,16		
	II	306,08	285,66	285,66	II	209,83	119,75	38,16			
	III	140,66	285,66	285,66	III	65,66	6,66				
	V	742,08	285,66	285,66	IV	351,91	301,66	252,91	205,75	160,00	115,83
	VI	785,33	285,66	285,66							
3116,99	I,IV	404,41	285,91	285,91	I	302,41	206,41	116,50	35,58		
	II	306,75	285,91	285,91	II	210,50	120,33	38,66			
	III	141,33	285,91	285,91	III	66,16	7,00				
	V	743,08	285,91	285,91	IV	352,66	302,41	253,66	206,41	160,66	116,50
	VI	786,41	285,91	285,91							
3119,99	I,IV	405,16	286,25	286,25	I	303,08	207,08	117,08	36,08		
	II	307,50	286,25	286,25	II	211,16	120,91	39,16			
	III	141,83	286,25	286,25	III	66,66	7,33				
	V	744,16	286,25	286,25	IV	353,33	303,08	254,33	207,08	161,33	117,08
	VI	787,41	286,25	286,25							
3122,99	I,IV	405,91	286,50	286,50	I	303,75	207,75	117,66	36,58		
	II	308,16	286,50	286,50	II	211,83	121,58	39,66			
	III	142,33	286,50	286,50	III	67,00	7,66				
	V	745,16	286,50	286,50	IV	354,08	303,75	255,00	207,75	161,91	117,66
	VI	788,41	286,50	286,50							
3125,99	I,IV	406,66	286,75	286,75	I	304,50	208,33	118,33	37,08		
	II	308,91	286,75	286,75	II	212,50	122,16	40,16			
	III	143,00	286,75	286,75	III	67,50	8,00				
	V	746,25	286,75	286,75	IV	354,83	304,50	255,66	208,33	162,58	118,33
	VI	789,50	286,75	286,75							
3128,99	I,IV	407,41	287,08	287,08	I	305,16	209,00	118,91	37,58		
	II	309,58	287,08	287,08	II	213,16	122,83	40,66			
	III	143,66	287,08	287,08	III	68,00	8,50				
	V	747,25	287,08	287,08	IV	355,50	305,16	256,00	209,00	163,25	118,91
	VI	790,58	287,08	287,08							
3131,99	I,IV	408,08	287,33	287,33	I	305,91	209,66	119,58	38,08		
	II	310,25	287,33	287,33	II	213,83	123,41	41,16			
	III	144,16	287,33	287,33	III	68,50	8,83				
	V	748,33	287,33	287,33	IV	356,25	305,91	257,00	209,66	163,83	119,58
	VI	791,58	287,33	287,33							

* Zur LSt-Berechnung für privat versicherte Arbeitnehmer s. Beispiele **Vorbemerkung S. 4f.**
** Basisvorsorgepauschale KV und PV   *** Typisierter Arbeitgeberzuschuss

aT3

allgemeine Lohnsteuer

Lohn/Gehalt in € bis	Steuerklasse	Lohn-steuer*	BVSP**	TAGZ***	Steuerklasse	_	_	Freibeträge für ... Kinder	_	_	_
						0,5	1,0	1,5	2,0	2,5	3,0
3134,99	I,IV	**408,83**	287,58	287,58	I	306,58	210,33	120,16	38,58		
	II	**311,00**	287,58	287,58	II	214,50	124,00	41,66			
	III	**144,83**	287,58	287,58	III	69,00	9,16				
	V	**749,33**	287,58	287,58	IV	357,00	306,58	257,75	210,33	164,50	120,16
	VI	**792,58**	287,58	287,58							
3137,99	I,IV	**409,66**	287,83	287,83	I	307,33	211,00	120,83	39,08		
	II	**311,66**	287,83	287,83	II	215,16	124,66	42,16			
	III	**145,33**	287,83	287,83	III	69,50	9,50				
	V	**750,41**	287,83	287,83	IV	357,66	307,33	258,41	211,00	165,16	120,83
	VI	**793,66**	287,83	287,83							
3140,99	I,IV	**410,41**	288,16	288,16	I	308,00	211,66	121,41	39,58		
	II	**312,41**	288,16	288,16	II	215,83	125,25	42,66			
	III	**146,00**	288,16	288,16	III	70,00	9,83				
	V	**751,41**	288,16	288,16	IV	358,41	308,00	259,08	211,66	165,83	121,41
	VI	**794,75**	288,16	288,16							
3143,99	I,IV	**411,08**	288,41	288,41	I	308,66	212,33	122,00	40,00		
	II	**313,08**	288,41	288,41	II	216,50	125,91	43,16			
	III	**146,50**	288,41	288,41	III	70,50	10,33				
	V	**752,50**	288,41	288,41	IV	359,16	308,66	259,75	212,33	166,41	122,00
	VI	**795,75**	288,41	288,41							
3146,99	I,IV	**411,83**	288,66	288,66	I	309,41	213,00	122,66	40,58		
	II	**313,83**	288,66	288,66	II	217,16	126,50	43,66			
	III	**147,16**	288,66	288,66	III	71,00	10,66				
	V	**753,50**	288,66	288,66	IV	359,91	309,41	260,41	213,00	167,08	122,66
	VI	**796,75**	288,66	288,66							
3149,99	I,IV	**412,58**	289,00	289,00	I	310,08	213,66	123,25	41,08		
	II	**314,50**	289,00	289,00	II	217,83	127,16	44,25			
	III	**147,83**	289,00	289,00	III	71,33	11,00				
	V	**754,58**	289,00	289,00	IV	360,58	310,08	261,16	213,66	167,75	123,25
	VI	**797,83**	289,00	289,00							
3152,99	I,IV	**413,33**	289,25	289,25	I	310,83	214,33	123,91	41,58		
	II	**315,25**	289,25	289,25	II	218,50	127,75	44,75			
	III	**148,33**	289,25	289,25	III	71,83	11,33				
	V	**755,58**	289,25	289,25	IV	361,33	310,83	261,83	214,33	168,33	123,91
	VI	**798,83**	289,25	289,25							
3155,99	I,IV	**414,08**	289,50	289,50	I	311,50	215,00	124,50	42,08		
	II	**315,91**	289,50	289,50	II	219,16	128,41	45,25			
	III	**149,00**	289,50	289,50	III	72,33	11,83				
	V	**756,66**	289,50	289,50	IV	362,08	311,50	262,50	215,00	169,00	124,50
	VI	**799,91**	289,50	289,50							
3158,99	I,IV	**414,83**	289,83	289,83	I	312,25	215,66	125,08	42,58		
	II	**316,66**	289,83	289,83	II	219,83	129,00	45,75			
	III	**149,50**	289,83	289,83	III	72,83	12,16				
	V	**757,66**	289,83	289,83	IV	362,75	312,25	263,16	215,66	169,66	125,08
	VI	**800,91**	289,83	289,83							
3161,99	I,IV	**415,58**	290,08	290,08	I	312,91	216,33	125,75	43,08		
	II	**317,33**	290,08	290,08	II	220,50	129,66	46,25			
	III	**150,16**	290,08	290,08	III	73,33	12,50				
	V	**758,75**	290,08	290,08	IV	363,50	312,91	263,83	216,33	170,25	125,75
	VI	**802,00**	290,08	290,08							
3164,99	I,IV	**416,33**	290,33	290,33	I	313,66	217,00	126,41	43,58		
	II	**318,08**	290,33	290,33	II	221,16	130,25	46,83			
	III	**150,83**	290,33	290,33	III	73,83	12,83				
	V	**759,75**	290,33	290,33	IV	364,25	313,66	264,58	217,00	170,91	126,41
	VI	**803,00**	290,33	290,33							
3167,99	I,IV	**417,08**	290,58	290,58	I	314,33	217,66	127,00	44,08		
	II	**318,75**	290,58	290,58	II	221,83	130,83	47,33			
	III	**151,33**	290,58	290,58	III	74,33	13,16				
	V	**760,83**	290,58	290,58	IV	365,00	314,33	265,25	217,66	171,58	127,00
	VI	**804,08**	290,58	290,58							

* Zur LSt-Berechnung für privat versicherte Arbeitnehmer s. Beispiele **Vorbemerkung S. 4 f.**
** Basisvorsorgepauschale KV und PV *** Typisierter Arbeitgeberzuschuss

Monat gültig ab 1. 1. 2022 (idF des StEntlG 2022) — **aT3**

Lohn/Gehalt in € bis	Steuerklasse	Lohnsteuer*	BVSP**	TAGZ***	Steuerklasse	Bemessungsgrundlage für Kirchensteuer und Solidaritätszuschlag					
						Freibeträge für ... Kinder					
						0,5	1,0	1,5	2,0	2,5	3,0
3170,99	I,IV	417,83	290,91	290,91	I	315,08	218,33	127,58	44,58		
	II	319,50	290,91	290,91	II	222,50	131,50	47,83			
	III	152,00	290,91	290,91	III	74,83	13,66				
	V	761,83	290,91	290,91	IV	365,66	315,08	265,91	218,33	172,16	127,58
	VI	805,08	290,91	290,91							
3173,99	I,IV	418,58	291,16	291,16	I	315,75	219,00	128,25	45,08		
	II	320,16	291,16	291,16	II	223,16	132,16	48,33			
	III	152,50	291,16	291,16	III	75,33	14,00				
	V	762,91	291,16	291,16	IV	366,41	315,75	266,58	219,00	172,83	128,25
	VI	806,16	291,16	291,16							
3176,99	I,IV	419,33	291,41	291,41	I	316,50	219,66	128,83	45,66		
	II	320,91	291,41	291,41	II	223,83	132,75	48,91			
	III	153,16	291,41	291,41	III	75,83	14,33				
	V	763,91	291,41	291,41	IV	367,16	316,50	267,33	219,66	173,50	128,83
	VI	807,16	291,41	291,41							
3179,99	I,IV	420,08	291,75	291,75	I	317,16	220,33	129,50	46,16		
	II	321,58	291,75	291,75	II	224,50	133,33	49,41			
	III	153,66	291,75	291,75	III	76,33	14,83				
	V	765,00	291,75	291,75	IV	367,91	317,16	268,00	220,33	174,16	129,50
	VI	808,25	291,75	291,75							
3182,99	I,IV	420,83	292,00	292,00	I	317,91	221,00	130,08	46,66		
	II	322,33	292,00	292,00	II	225,16	134,00	49,91			
	III	154,33	292,00	292,00	III	76,83	15,16				
	V	766,00	292,00	292,00	IV	368,58	317,91	268,66	221,00	174,75	130,08
	VI	809,25	292,00	292,00							
3185,99	I,IV	421,58	292,25	292,25	I	318,58	221,66	130,75	47,16		
	II	323,08	292,25	292,25	II	225,83	134,66	50,50			
	III	155,00	292,25	292,25	III	77,33	15,50				
	V	767,08	292,25	292,25	IV	369,33	318,58	269,33	221,66	175,41	130,75
	VI	810,33	292,25	292,25							
3188,99	I,IV	422,41	292,58	292,58	I	319,33	222,33	131,33	47,75		
	II	323,75	292,58	292,58	II	226,50	135,25	51,00			
	III	155,50	292,58	292,58	III	77,83	16,00				
	V	768,08	292,58	292,58	IV	370,08	319,33	270,08	222,33	176,08	131,33
	VI	811,33	292,58	292,58							
3191,99	I,IV	423,08	292,83	292,83	I	320,00	223,00	132,00	48,25		
	II	324,41	292,83	292,83	II	227,16	135,83	51,58			
	III	156,16	292,83	292,83	III	78,33	16,33				
	V	769,08	292,83	292,83	IV	370,83	320,00	270,75	223,00	176,66	132,00
	VI	812,41	292,83	292,83							
3194,99	I,IV	423,83	293,08	293,08	I	320,75	223,66	132,58	48,75		
	II	325,16	293,08	293,08	II	227,83	136,50	52,08			
	III	156,66	293,08	293,08	III	78,83	16,66				
	V	770,16	293,08	293,08	IV	371,58	320,75	271,41	223,66	177,33	132,58
	VI	813,41	293,08	293,08							
3197,99	I,IV	424,66	293,33	293,33	I	321,41	224,33	133,25	49,33		
	II	325,91	293,33	293,33	II	228,50	137,16	52,66			
	III	157,33	293,33	293,33	III	79,33	17,00				
	V	771,25	293,33	293,33	IV	372,25	321,41	272,08	224,33	178,00	133,25
	VI	814,50	293,33	293,33							
3200,99	I,IV	425,41	293,66	293,66	I	322,16	225,00	133,83	49,83		
	II	326,58	293,66	293,66	II	229,16	137,75	53,16			
	III	157,83	293,66	293,66	III	79,83	17,50				
	V	772,25	293,66	293,66	IV	373,00	322,16	272,83	225,00	178,66	133,83
	VI	815,50	293,66	293,66							
3203,99	I,IV	426,16	293,91	293,91	I	322,83	225,66	134,50	50,33		
	II	327,33	293,91	293,91	II	229,83	138,41	53,66			
	III	158,50	293,91	293,91	III	80,33	17,83				
	V	773,25	293,91	293,91	IV	373,75	322,83	273,50	225,66	179,33	134,50
	VI	816,58	293,91	293,91							

* Zur LSt-Berechnung für privat versicherte Arbeitnehmer s. Beispiele **Vorbemerkung S. 4f.**
** Basisvorsorgepauschale KV und PV   *** Typisierter Arbeitgeberzuschuss

aT3 — allgemeine Lohnsteuer

Lohn/Gehalt in € bis	Steuerklasse	Lohnsteuer*	BVSP**	TAGZ***	Steuerklasse	\multicolumn{6}{Bemessungsgrundlage für Kirchensteuer und Solidaritätszuschlag — Freibeträge für ... Kinder}					
						0,5	1,0	1,5	2,0	2,5	3,0
3206,99	I,IV	**426,91**	294,16	294,16	I	323,58	226,33	135,08	50,91		
	II	**328,00**	294,16	294,16	II	230,50	139,00	54,25			
	III	**159,16**	294,16	294,16	III	80,83	18,16				
	V	**774,33**	294,16	294,16	IV	374,50	323,58	274,16	226,33	179,91	135,08
	VI	**817,58**	294,16	294,16							
3209,99	I,IV	**427,66**	294,50	294,50	I	324,25	227,00	135,75	51,41		
	II	**328,75**	294,50	294,50	II	231,16	139,66	54,83			
	III	**159,66**	294,50	294,50	III	81,33	18,66				
	V	**775,41**	294,50	294,50	IV	375,25	324,25	274,91	227,00	180,58	135,75
	VI	**818,66**	294,50	294,50							
3212,99	I,IV	**428,41**	294,75	294,75	I	325,00	227,66	136,33	52,00		
	II	**329,50**	294,75	294,75	II	231,83	140,25	55,33			
	III	**160,33**	294,75	294,75	III	81,83	19,00				
	V	**776,41**	294,75	294,75	IV	375,91	325,00	275,58	227,66	181,25	136,33
	VI	**819,66**	294,75	294,75							
3215,99	I,IV	**429,16**	295,00	295,00	I	325,66	228,33	137,00	52,50		
	II	**330,16**	295,00	295,00	II	232,50	140,91	55,91			
	III	**160,83**	295,00	295,00	III	82,33	19,33				
	V	**777,41**	295,00	295,00	IV	376,66	325,66	276,25	228,33	181,91	137,00
	VI	**820,75**	295,00	295,00							
3218,99	I,IV	**429,91**	295,33	295,33	I	326,41	229,00	137,58	53,00		
	II	**330,91**	295,33	295,33	II	233,16	141,50	56,41			
	III	**161,50**	295,33	295,33	III	82,83	19,83				
	V	**778,50**	295,33	295,33	IV	377,41	326,41	276,91	229,00	182,50	137,58
	VI	**821,75**	295,33	295,33							
3221,99	I,IV	**430,66**	295,58	295,58	I	327,16	229,66	138,25	53,58		
	II	**331,58**	295,58	295,58	II	233,83	142,16	57,00			
	III	**162,16**	295,58	295,58	III	83,33	20,16				
	V	**779,58**	295,58	295,58	IV	378,16	327,16	277,66	229,66	183,16	138,25
	VI	**822,83**	295,58	295,58							
3224,99	I,IV	**431,41**	295,83	295,83	I	327,83	230,33	138,83	54,08		
	II	**332,33**	295,83	295,83	II	234,50	142,83	57,50			
	III	**162,66**	295,83	295,83	III	83,83	20,50				
	V	**780,58**	295,83	295,83	IV	378,91	327,83	278,33	230,33	183,83	138,83
	VI	**823,83**	295,83	295,83							
3227,99	I,IV	**432,16**	296,16	296,16	I	328,58	231,00	139,50	54,66		
	II	**333,00**	296,16	296,16	II	235,16	143,41	58,08			
	III	**163,33**	296,16	296,16	III	84,33	21,00				
	V	**781,58**	296,16	296,16	IV	379,58	328,58	279,00	231,00	184,50	139,50
	VI	**824,91**	296,16	296,16							
3230,99	I,IV	**432,91**	296,41	296,41	I	329,25	231,66	140,08	55,16		
	II	**333,75**	296,41	296,41	II	235,83	144,00	58,66			
	III	**163,83**	296,41	296,41	III	84,83	21,33				
	V	**782,66**	296,41	296,41	IV	380,33	329,25	279,75	231,66	185,16	140,08
	VI	**825,91**	296,41	296,41							
3233,99	I,IV	**433,66**	296,66	296,66	I	330,00	232,33	140,75	55,75		
	II	**334,50**	296,66	296,66	II	236,58	144,66	59,16			
	III	**164,50**	296,66	296,66	III	85,33	21,66				
	V	**783,75**	296,66	296,66	IV	381,08	330,00	280,41	232,33	185,75	140,75
	VI	**827,00**	296,66	296,66							
3236,99	I,IV	**434,50**	296,91	296,91	I	330,75	233,00	141,41	56,33		
	II	**335,16**	296,91	296,91	II	237,25	145,33	59,75			
	III	**165,16**	296,91	296,91	III	85,83	22,16				
	V	**784,75**	296,91	296,91	IV	381,83	330,75	281,08	233,00	186,41	141,41
	VI	**828,00**	296,91	296,91							
3239,99	I,IV	**435,16**	297,25	297,25	I	331,41	233,66	142,00	56,83		
	II	**335,91**	297,25	297,25	II	237,91	145,91	60,33			
	III	**165,66**	297,25	297,25	III	86,33	22,50				
	V	**785,75**	297,25	297,25	IV	382,58	331,41	281,75	233,66	187,08	142,00
	VI	**829,08**	297,25	297,25							

* Zur LSt-Berechnung für privat versicherte Arbeitnehmer s. Beispiele **Vorbemerkung S. 4f.**
** Basisvorsorgepauschale KV und PV   *** Typisierter Arbeitgeberzuschuss

Monat gültig ab 1. 1. 2022 (idF des StEntlG 2022)   **aT3**

Lohn/Gehalt in € bis	Steuerklasse	Lohn-steuer*	BVSP**	TAGZ***	Steuerklasse	Bemessungsgrundlage für Kirchensteuer und Solidaritätszuschlag Freibeträge für ... Kinder 0,5	1,0	1,5	2,0	2,5	3,0
3 242,99	I,IV	436,00	297,50	297,50	I	332,16	234,33	142,58	57,41		
	II	336,58	297,50	297,50	II	238,58	146,58	60,91			
	III	166,33	297,50	297,50	III	86,83	23,00				
	V	786,83	297,50	297,50	IV	383,25	332,16	282,50	234,33	187,75	142,58
	VI	830,08	297,50	297,50							
3 245,99	I,IV	436,75	297,75	297,75	I	332,83	235,00	143,25	57,91		
	II	337,33	297,75	297,75	II	239,25	147,16	61,41			
	III	166,83	297,75	297,75	III	87,33	23,33				
	V	787,91	297,75	297,75	IV	384,00	332,83	283,16	235,00	188,41	143,25
	VI	831,16	297,75	297,75							
3 248,99	I,IV	437,50	298,08	298,08	I	333,58	235,66	143,91	58,50		
	II	338,08	298,08	298,08	II	239,91	147,83	62,00			
	III	167,50	298,08	298,08	III	87,83	23,66				
	V	788,91	298,08	298,08	IV	384,75	333,58	283,91	235,66	189,08	143,91
	VI	832,16	298,08	298,08							
3 251,99	I,IV	438,25	298,33	298,33	I	334,25	236,33	144,50	59,08		
	II	338,75	298,33	298,33	II	240,58	148,41	62,58			
	III	168,33	298,33	298,33	III	88,33	24,16				
	V	789,91	298,33	298,33	IV	385,50	334,25	284,58	236,33	189,66	144,50
	VI	833,25	298,33	298,33							
3 254,99	I,IV	439,00	298,58	298,58	I	335,00	237,08	145,16	59,58		
	II	339,50	298,58	298,58	II	241,25	149,08	63,16			
	III	168,66	298,58	298,58	III	88,83	24,50				
	V	791,00	298,58	298,58	IV	386,25	335,00	285,25	237,08	190,33	145,16
	VI	834,58	298,58	298,58							
3 257,99	I,IV	439,75	298,91	298,91	I	335,75	237,75	145,75	60,16		
	II	340,16	298,91	298,91	II	241,91	149,75	63,75			
	III	169,33	298,91	298,91	III	89,33	25,00				
	V	792,08	298,91	298,91	IV	387,00	335,75	286,00	237,75	191,00	145,75
	VI	835,33	298,91	298,91							
3 260,99	I,IV	440,50	299,16	299,16	I	336,41	238,41	146,41	60,75		
	II	340,91	299,16	299,16	II	242,58	150,33	64,25			
	III	169,83	299,16	299,16	III	90,00	25,33				
	V	793,08	299,16	299,16	IV	387,75	336,41	286,66	238,41	191,66	146,41
	VI	836,33	299,16	299,16							
3 263,99	I,IV	441,25	299,41	299,41	I	337,16	239,08	147,00	61,33		
	II	341,66	299,41	299,41	II	243,25	151,00	64,83			
	III	170,50	299,41	299,41	III	90,33	25,66				
	V	794,08	299,41	299,41	IV	388,41	337,16	287,33	239,08	192,25	147,00
	VI	837,33	299,41	299,41							
3 266,99	I,IV	442,00	299,66	299,66	I	337,83	239,75	147,66	61,83		
	II	342,33	299,66	299,66	II	244,00	151,58	65,41	0,33		
	III	171,00	299,66	299,66	III	91,00	26,16				
	V	795,16	299,66	299,66	IV	389,16	337,83	288,08	239,75	192,91	147,66
	VI	838,41	299,66	299,66							
3 269,99	I,IV	442,83	300,00	300,00	I	338,58	240,41	148,33	62,41		
	II	343,08	300,00	300,00	II	244,66	152,25	66,00	0,66		
	III	171,66	300,00	300,00	III	91,50	26,50				
	V	796,25	300,00	300,00	IV	389,91	338,58	288,75	240,41	193,58	148,33
	VI	839,50	300,00	300,00							
3 272,99	I,IV	443,58	300,25	300,25	I	339,33	241,08	148,91	63,00		
	II	343,83	300,25	300,25	II	245,33	152,91	66,58	1,00		
	III	172,33	300,25	300,25	III	92,00	27,00				
	V	797,25	300,25	300,25	IV	390,66	339,33	289,41	241,08	194,25	148,91
	VI	840,50	300,25	300,25							
3 275,99	I,IV	444,33	300,50	300,50	I	340,00	241,75	149,58	63,58		
	II	344,50	300,50	300,50	II	246,00	153,50	67,16	1,33		
	III	172,83	300,50	300,50	III	92,50	27,33				
	V	798,25	300,50	300,50	IV	391,41	340,00	290,16	241,75	194,91	149,58
	VI	841,50	300,50	300,50							

* Zur LSt-Berechnung für privat versicherte Arbeitnehmer s. Beispiele **Vorbemerkung S. 4f.**
** Basisvorsorgepauschale KV und PV   *** Typisierter Arbeitgeberzuschuss

aT3

allgemeine Lohnsteuer

Lohn/ Gehalt in € bis	Steuerklasse	Lohn- steuer*	BVSP**	TAGZ***	Steuerklasse	Bemessungsgrundlage für Kirchensteuer und Solidaritätszuschlag					
						Freibeträge für ... Kinder					
						0,5	1,0	1,5	2,0	2,5	3,0
3278,99	I,IV	**445,08**	300,83	300,83	I	340,75	242,41	150,16	64,16		
	II	**345,25**	300,83	300,83	II	246,66	154,16	67,75	1,75		
	III	**173,50**	300,83	300,83	III	93,00	27,83				
	V	**799,33**	300,83	300,83	IV	392,16	340,75	290,83	242,41	195,58	150,16
	VI	**842,58**	300,83	300,83							
3281,99	I,IV	**445,83**	301,08	301,08	I	341,50	243,08	150,83	64,75		
	II	**346,00**	301,08	301,08	II	247,33	154,83	68,33	2,08		
	III	**174,16**	301,08	301,08	III	93,50	28,16				
	V	**800,41**	301,08	301,08	IV	392,91	341,50	291,50	243,08	196,25	150,83
	VI	**843,66**	301,08	301,08							
3284,99	I,IV	**446,58**	301,33	301,33	I	342,16	243,83	151,50	65,25	0,25	
	II	**346,66**	301,33	301,33	II	248,00	155,41	68,91	2,41		
	III	**174,66**	301,33	301,33	III	94,00	28,50				
	V	**801,41**	301,33	301,33	IV	393,66	342,16	292,25	243,83	196,91	151,50
	VI	**844,66**	301,33	301,33							
3287,99	I,IV	**447,33**	301,66	301,66	I	342,91	244,50	152,08	65,83	0,58	
	II	**347,41**	301,66	301,66	II	248,66	156,08	69,50	2,75		
	III	**175,33**	301,66	301,66	III	94,50	29,00				
	V	**802,41**	301,66	301,66	IV	394,33	342,91	292,91	244,50	197,50	152,08
	VI	**845,66**	301,66	301,66							
3290,99	I,IV	**448,16**	301,91	301,91	I	343,58	245,16	152,75	66,41	0,91	
	II	**348,08**	301,91	301,91	II	249,41	156,66	70,08	3,16		
	III	**175,83**	301,91	301,91	III	95,16	29,33				
	V	**803,50**	301,91	301,91	IV	395,08	343,58	293,58	245,16	198,16	152,75
	VI	**846,75**	301,91	301,91							
3293,99	I,IV	**448,91**	302,16	302,16	I	344,33	245,83	153,33	67,00	1,25	
	II	**348,83**	302,16	302,16	II	250,08	157,33	70,66	3,50		
	III	**176,50**	302,16	302,16	III	95,66	29,83				
	V	**804,58**	302,16	302,16	IV	395,83	344,33	294,33	245,83	198,83	153,33
	VI	**847,83**	302,16	302,16							
3296,99	I,IV	**449,66**	302,41	302,41	I	345,08	246,50	154,00	67,58	1,66	
	II	**349,58**	302,41	302,41	II	250,75	158,00	71,25	3,91		
	III	**177,16**	302,41	302,41	III	96,16	30,16				
	V	**805,58**	302,41	302,41	IV	396,58	345,08	295,00	246,50	199,50	154,00
	VI	**848,83**	302,41	302,41							
3299,99	I,IV	**450,41**	302,75	302,75	I	345,75	247,16	154,66	68,16	2,00	
	II	**350,25**	302,75	302,75	II	251,41	158,58	71,83	4,25		
	III	**177,66**	302,75	302,75	III	96,66	30,66				
	V	**806,58**	302,75	302,75	IV	397,33	345,75	295,75	247,16	200,16	154,66
	VI	**849,83**	302,75	302,75							
3302,99	I,IV	**451,16**	303,00	303,00	I	346,50	247,83	155,25	68,75	2,33	
	II	**351,00**	303,00	303,00	II	252,08	159,25	72,41	4,58		
	III	**178,33**	303,00	303,00	III	97,16	31,00				
	V	**807,66**	303,00	303,00	IV	398,08	346,50	296,41	247,83	200,83	155,25
	VI	**850,91**	303,00	303,00							
3305,99	I,IV	**451,91**	303,25	303,25	I	347,25	248,50	155,91	69,33	2,66	
	II	**351,75**	303,25	303,25	II	252,75	159,91	73,00	5,00		
	III	**179,00**	303,25	303,25	III	97,66	31,50				
	V	**808,75**	303,25	303,25	IV	398,83	347,25	297,08	248,50	201,50	155,91
	VI	**852,00**	303,25	303,25							
3308,99	I,IV	**452,75**	303,58	303,58	I	347,91	249,25	156,58	69,91	3,08	
	II	**352,50**	303,58	303,58	II	253,50	160,50	73,66	5,33		
	III	**179,50**	303,58	303,58	III	98,33	31,83				
	V	**809,75**	303,58	303,58	IV	399,58	347,91	297,83	249,25	202,16	156,58
	VI	**853,00**	303,58	303,58							
3311,99	I,IV	**453,50**	303,83	303,83	I	348,66	249,91	157,16	70,50	3,41	
	II	**353,16**	303,83	303,83	II	254,16	161,16	74,25	5,75		
	III	**180,16**	303,83	303,83	III	98,83	32,33				
	V	**810,75**	303,83	303,83	IV	400,33	348,66	298,50	249,91	202,75	157,16
	VI	**854,00**	303,83	303,83							

* Zur LSt-Berechnung für privat versicherte Arbeitnehmer s. Beispiele **Vorbemerkung S. 4 f.**
** Basisvorsorgepauschale KV und PV   *** Typisierter Arbeitgeberzuschuss

Monat gültig ab 1. 1. 2022 (idF des StEntlG 2022) — aT3

Lohn/Gehalt in € bis	Steuerklasse	Lohnsteuer*	BVSP**	TAGZ***	Steuerklasse	***Bemessungsgrundlage für Kirchensteuer und Solidaritätszuschlag — Freibeträge für ... Kinder 0,5	1,0	1,5	2,0	2,5	3,0
3314,99	I,IV	454,25	304,08	304,08	I	349,41	250,58	157,83	71,08	3,75	
	II	353,91	304,08	304,08	II	254,83	161,83	74,83	6,08		
	III	180,66	304,08	304,08	III	99,33	32,66				
	V	811,83	304,08	304,08	IV	401,08	349,41	299,25	250,58	203,41	157,83
	VI	855,08	304,08	304,08							
3317,99	I,IV	455,00	304,41	304,41	I	350,08	251,25	158,41	71,66	4,16	
	II	354,66	304,41	304,41	II	255,50	162,41	75,41	6,50		
	III	181,33	304,41	304,41	III	99,83	33,16				
	V	812,83	304,41	304,41	IV	401,83	350,08	299,91	251,25	204,08	158,41
	VI	856,16	304,41	304,41							
3320,99	I,IV	455,75	304,66	304,66	I	350,83	251,91	159,08	72,33	4,50	
	II	355,33	304,66	304,66	II	256,16	163,08	76,00	6,83		
	III	182,00	304,66	304,66	III	100,33	33,50				
	V	813,91	304,66	304,66	IV	402,58	350,83	300,66	251,91	204,75	159,08
	VI	857,16	304,66	304,66							
3323,99	I,IV	456,50	304,91	304,91	I	351,58	252,58	159,75	72,91	4,91	
	II	356,08	304,91	304,91	II	256,83	163,66	76,58	7,25		
	III	182,50	304,91	304,91	III	100,83	34,00				
	V	814,91	304,91	304,91	IV	403,25	351,58	301,33	252,58	205,41	159,75
	VI	858,16	304,91	304,91							
3326,99	I,IV	457,33	305,25	305,25	I	352,25	253,25	160,33	73,50	5,25	
	II	356,83	305,25	305,25	II	257,58	164,33	77,16	7,58		
	III	183,16	305,25	305,25	III	101,50	34,33				
	V	816,00	305,25	305,25	IV	404,00	352,25	302,00	253,25	206,08	160,33
	VI	859,25	305,25	305,25							
3329,99	I,IV	458,08	305,50	305,50	I	353,00	254,00	161,00	74,08	5,66	
	II	357,50	305,50	305,50	II	258,25	165,00	77,83	8,00		
	III	183,83	305,50	305,50	III	102,00	34,83				
	V	817,00	305,50	305,50	IV	404,75	353,00	302,75	254,00	206,75	161,00
	VI	860,33	305,50	305,50							
3332,99	I,IV	458,83	305,75	305,75	I	353,75	254,66	161,66	74,66	6,00	
	II	358,25	305,75	305,75	II	258,91	165,66	78,41	8,41		
	III	184,33	305,75	305,75	III	102,50	35,16				
	V	818,08	305,75	305,75	IV	405,50	353,75	303,41	254,66	207,41	161,66
	VI	861,33	305,75	305,75							
3335,99	I,IV	459,58	306,00	306,00	I	354,41	255,33	162,25	75,25	6,33	
	II	359,00	306,00	306,00	II	259,58	166,25	79,00	8,75		
	III	185,00	306,00	306,00	III	103,00	35,66				
	V	819,08	306,00	306,00	IV	406,25	354,41	304,16	255,33	208,08	162,25
	VI	862,33	306,00	306,00							
3338,99	I,IV	460,41	306,33	306,33	I	355,16	256,00	162,91	75,83	6,75	
	II	359,66	306,33	306,33	II	260,25	166,91	79,58	9,16		
	III	185,50	306,33	306,33	III	103,50	36,00				
	V	820,16	306,33	306,33	IV	407,00	355,16	304,83	256,00	208,66	162,91
	VI	863,41	306,33	306,33							
3341,99	I,IV	461,16	306,58	306,58	I	355,91	256,66	163,58	76,50	7,16	
	II	360,41	306,58	306,58	II	261,00	167,58	80,16	9,50		
	III	186,16	306,58	306,58	III	104,16	36,50				
	V	821,16	306,58	306,58	IV	407,75	355,91	305,58	256,66	209,33	163,58
	VI	864,50	306,58	306,58							
3344,99	I,IV	461,91	306,83	306,83	I	356,66	257,41	164,16	77,08	7,50	
	II	361,16	306,83	306,83	II	261,66	168,16	80,83	9,91		
	III	186,83	306,83	306,83	III	104,66	36,83				
	V	822,25	306,83	306,83	IV	408,50	356,66	306,00	257,41	210,00	164,16
	VI	865,50	306,83	306,83							
3347,99	I,IV	462,66	307,16	307,16	I	357,33	258,08	164,83	77,66	7,91	
	II	361,91	307,16	307,16	II	262,33	168,83	81,41	10,33		
	III	187,33	307,16	307,16	III	105,16	37,33				
	V	823,25	307,16	307,16	IV	409,25	357,33	306,91	258,08	210,66	164,83
	VI	866,50	307,16	307,16							

* Zur LSt-Berechnung für privat versicherte Arbeitnehmer s. Beispiele **Vorbemerkung S. 4 f.**
** Basisvorsorgepauschale KV und PV *** Typisierter Arbeitgeberzuschuss

aT3

allgemeine Lohnsteuer

Lohn/ Gehalt in € bis	Steuerklasse	Lohn- steuer*	BVSP**	TAGZ***	Steuerklasse	Bemessungsgrundlage für Kirchensteuer und Solidaritätszuschlag					
						Freibeträge für ... Kinder					
						0,5	1,0	1,5	2,0	2,5	3,0
3350,99	I,IV	**463,41**	307,41	307,41	I	358,08	258,75	165,50	78,25	8,25	
	II	**362,58**	307,41	307,41	II	263,00	169,50	82,00	10,66		
	III	**188,00**	307,41	307,41	III	105,66	37,66				
	V	**824,33**	307,41	307,41	IV	410,00	358,08	307,66	258,75	211,33	165,50
	VI	**867,58**	307,41	307,41							
3353,99	I,IV	**464,25**	307,66	307,66	I	358,83	259,41	166,08	78,83	8,66	
	II	**363,33**	307,66	307,66	II	263,75	170,16	82,58	11,08		
	III	**188,66**	307,66	307,66	III	106,33	38,16				
	V	**825,33**	307,66	307,66	IV	410,75	358,83	308,33	259,41	212,00	166,08
	VI	**868,66**	307,66	307,66							
3356,99	I,IV	**465,00**	308,00	308,00	I	359,50	260,08	166,75	79,41	9,08	
	II	**364,08**	308,00	308,00	II	264,41	170,75	83,16	11,50		
	III	**189,16**	308,00	308,00	III	106,83	38,66				
	V	**826,41**	308,00	308,00	IV	411,50	359,50	309,08	260,08	212,66	166,75
	VI	**869,66**	308,00	308,00							
3359,99	I,IV	**465,75**	308,25	308,25	I	360,25	260,75	167,41	80,00	9,41	
	II	**364,83**	308,25	308,25	II	265,08	171,41	83,75	11,91		
	III	**189,83**	308,25	308,25	III	107,33	39,00				
	V	**827,41**	308,25	308,25	IV	412,25	360,25	309,75	260,75	213,33	167,41
	VI	**870,66**	308,25	308,25							
3362,99	I,IV	**466,50**	308,50	308,50	I	361,00	261,50	168,00	80,66	9,83	
	II	**365,50**	308,50	308,50	II	265,75	172,08	84,41	12,25		
	III	**190,33**	308,50	308,50	III	107,83	39,50				
	V	**828,50**	308,50	308,50	IV	413,00	361,00	310,50	261,50	214,00	168,00
	VI	**871,75**	308,50	308,50							
3365,99	I,IV	**467,33**	308,75	308,75	I	361,75	262,16	168,66	81,25	10,25	
	II	**366,25**	308,75	308,75	II	266,41	172,66	85,00	12,66		
	III	**191,00**	308,75	308,75	III	108,33	39,83				
	V	**829,50**	308,75	308,75	IV	413,75	361,75	311,16	262,16	214,66	168,66
	VI	**872,83**	308,75	308,75							
3368,99	I,IV	**468,08**	309,08	309,08	I	362,41	262,83	169,33	81,83	10,58	
	II	**367,00**	309,08	309,08	II	267,16	173,33	85,58	13,08		
	III	**191,66**	309,08	309,08	III	109,00	40,33				
	V	**830,58**	309,08	309,08	IV	414,50	362,41	311,91	262,83	215,33	169,33
	VI	**873,83**	309,08	309,08							
3371,99	I,IV	**468,83**	309,33	309,33	I	363,16	263,50	169,91	82,41	11,00	
	II	**367,75**	309,33	309,33	II	267,83	174,00	86,16	13,50		
	III	**192,16**	309,33	309,33	III	109,50	40,66				
	V	**831,58**	309,33	309,33	IV	415,25	363,16	312,58	263,50	216,00	169,91
	VI	**874,83**	309,33	309,33							
3374,99	I,IV	**469,58**	309,58	309,58	I	363,91	264,25	170,58	83,00	11,41	
	II	**368,41**	309,58	309,58	II	268,50	174,66	86,83	13,91		
	III	**192,83**	309,58	309,58	III	110,00	41,16				
	V	**832,66**	309,58	309,58	IV	416,00	363,91	313,33	264,25	216,66	170,58
	VI	**875,91**	309,58	309,58							
3377,99	I,IV	**470,41**	309,91	309,91	I	364,58	264,91	171,25	83,66	11,83	
	II	**369,16**	309,91	309,91	II	269,16	175,25	87,41	14,33		
	III	**193,50**	309,91	309,91	III	110,66	41,66				
	V	**833,66**	309,91	309,91	IV	416,75	364,58	314,00	264,91	217,33	171,25
	VI	**877,00**	309,91	309,91							
3380,99	I,IV	**471,16**	310,16	310,16	I	365,33	265,58	171,91	84,25	12,16	
	II	**369,91**	310,16	310,16	II	269,91	175,91	88,00	14,75		
	III	**194,00**	310,16	310,16	III	111,16	42,00				
	V	**834,75**	310,16	310,16	IV	417,50	365,33	314,75	265,58	218,00	171,91
	VI	**878,00**	310,16	310,16							
3383,99	I,IV	**471,91**	310,41	310,41	I	366,08	266,25	172,50	84,83	12,58	
	II	**370,66**	310,41	310,41	II	270,58	176,58	88,58	15,16		
	III	**194,66**	310,41	310,41	III	111,66	42,50				
	V	**835,75**	310,41	310,41	IV	418,25	366,08	315,41	266,25	218,66	172,50
	VI	**879,00**	310,41	310,41							

* Zur LSt-Berechnung für privat versicherte Arbeitnehmer s. Beispiele **Vorbemerkung S. 4f.**
** Basisvorsorgepauschale KV und PV *** Typisierter Arbeitgeberzuschuss

Monat gültig ab 1. 1. 2022 (idF des StEntlG 2022) **aT3**

Lohn/Gehalt in € bis	Steuerklasse	Lohnsteuer*	BVSP**	TAGZ***	Steuerklasse	Bemessungsgrundlage für Kirchensteuer und Solidaritätszuschlag					
						Freibeträge für ... Kinder					
						0,5	1,0	1,5	2,0	2,5	3,0
3386,99	I,IV	**472,66**	310,75	310,75	I	366,83	267,00	173,16	85,41	13,00	
	II	**371,33**	310,75	310,75	II	271,25	177,16	89,16	15,58		
	III	**195,16**	310,75	310,75	III	112,16	42,83				
	V	**836,83**	310,75	310,75	IV	419,00	366,83	316,16	267,00	219,33	173,16
	VI	**880,08**	310,75	310,75							
3389,99	I,IV	**473,50**	311,00	311,00	I	367,50	267,66	173,83	86,08	13,41	
	II	**372,08**	311,00	311,00	II	272,00	177,83	89,83	16,00		
	III	**195,83**	311,00	311,00	III	112,83	43,33				
	V	**837,83**	311,00	311,00	IV	419,75	367,50	316,83	267,66	220,00	173,83
	VI	**881,08**	311,00	311,00							
3392,99	I,IV	**474,25**	311,25	311,25	I	368,25	268,33	174,50	86,66	13,83	
	II	**372,83**	311,25	311,25	II	272,66	178,50	90,41	16,41		
	III	**196,50**	311,25	311,25	III	113,33	43,83				
	V	**838,91**	311,25	311,25	IV	420,50	368,25	317,58	268,33	220,66	174,50
	VI	**882,16**	311,25	311,25							
3395,99	I,IV	**475,00**	311,50	311,50	I	369,00	269,00	175,08	87,25	14,16	
	II	**373,58**	311,50	311,50	II	273,33	179,16	91,00	16,75		
	III	**197,00**	311,50	311,50	III	113,83	44,16				
	V	**839,91**	311,50	311,50	IV	421,25	369,00	318,25	269,00	221,33	175,08
	VI	**883,16**	311,50	311,50							
3398,99	I,IV	**475,75**	311,83	311,83	I	369,75	269,75	175,75	87,83	14,58	
	II	**374,33**	311,83	311,83	II	274,00	179,83	91,58	17,16		
	III	**197,66**	311,83	311,83	III	114,50	44,66				
	V	**841,00**	311,83	311,83	IV	422,00	369,75	319,00	269,75	222,00	175,75
	VI	**884,25**	311,83	311,83							
3401,99	I,IV	**476,58**	312,08	312,08	I	370,50	270,41	176,41	88,41	15,00	
	II	**375,00**	312,08	312,08	II	274,75	180,41	92,25	17,66		
	III	**198,33**	312,08	312,08	III	115,00	45,16				
	V	**842,00**	312,08	312,08	IV	422,75	370,50	319,66	270,41	222,66	176,41
	VI	**885,25**	312,08	312,08							
3404,99	I,IV	**477,33**	312,33	312,33	I	371,16	271,08	177,08	89,08	15,41	
	II	**375,75**	312,33	312,33	II	275,41	181,08	92,83	18,08		
	III	**198,83**	312,33	312,33	III	115,50	45,50				
	V	**843,08**	312,33	312,33	IV	423,50	371,16	320,41	271,08	223,33	177,08
	VI	**886,33**	312,33	312,33							
3407,99	I,IV	**478,08**	312,66	312,66	I	371,91	271,75	177,66	89,66	15,83	
	II	**376,50**	312,66	312,66	II	276,08	181,75	93,41	18,50		
	III	**199,50**	312,66	312,66	III	116,16	46,00				
	V	**844,08**	312,66	312,66	IV	424,25	371,91	321,08	271,75	224,00	177,66
	VI	**887,33**	312,66	312,66							
3410,99	I,IV	**478,91**	312,91	312,91	I	372,66	272,50	178,33	90,25	16,25	
	II	**377,25**	312,91	312,91	II	276,75	182,41	94,00	18,91		
	III	**200,16**	312,91	312,91	III	116,66	46,33				
	V	**845,16**	312,91	312,91	IV	425,00	372,66	321,83	272,50	224,66	178,33
	VI	**888,41**	312,91	312,91							
3413,99	I,IV	**479,66**	313,16	313,16	I	373,41	273,16	179,00	90,83	16,66	
	II	**378,00**	313,16	313,16	II	277,50	183,00	94,66	19,33		
	III	**200,66**	313,16	313,16	III	117,16	46,83				
	V	**846,16**	313,16	313,16	IV	425,75	373,41	322,50	273,16	225,33	179,00
	VI	**889,41**	313,16	313,16							
3416,99	I,IV	**480,41**	313,50	313,50	I	374,16	273,83	179,66	91,50	17,08	
	II	**378,75**	313,50	313,50	II	278,16	183,66	95,25	19,75		
	III	**201,33**	313,50	313,50	III	117,83	47,33				
	V	**847,25**	313,50	313,50	IV	426,50	374,16	323,25	273,83	226,00	179,66
	VI	**890,50**	313,50	313,50							
3419,99	I,IV	**481,25**	313,75	313,75	I	374,83	274,50	180,25	92,08	17,50	
	II	**379,41**	313,75	313,75	II	278,83	184,33	95,83	20,16		
	III	**202,00**	313,75	313,75	III	118,33	47,66				
	V	**848,25**	313,75	313,75	IV	427,25	374,83	323,91	274,50	226,66	180,25
	VI	**891,50**	313,75	313,75							

* Zur LSt-Berechnung für privat versicherte Arbeitnehmer s. Beispiele **Vorbemerkung S. 4 f.**
** Basisvorsorgepauschale KV und PV   *** Typisierter Arbeitgeberzuschuss

aT3 allgemeine Lohnsteuer

Lohn/Gehalt in € bis	Steuerklasse	Lohn-steuer*	BVSP**	TAGZ***	Steuerklasse	Bemessungsgrundlage für Kirchensteuer und Solidaritätszuschlag					
						0,5	1,0	1,5	2,0	2,5	3,0
3422,99	I,IV	**482,00**	314,00	314,00	I	375,58	275,25	180,91	92,66	17,91	
	II	**380,16**	314,00	314,00	II	279,58	185,00	96,41	20,58		
	III	**202,50**	314,00	314,00	III	118,83	48,16				
	V	**849,33**	314,00	314,00	IV	428,00	375,58	324,66	275,25	227,33	180,91
	VI	**892,58**	314,00	314,00							
3425,99	I,IV	**482,75**	314,33	314,33	I	376,33	275,91	181,58	93,25	18,33	
	II	**380,91**	314,33	314,33	II	280,25	185,66	97,08	21,08		
	III	**203,16**	314,33	314,33	III	119,50	48,66				
	V	**850,33**	314,33	314,33	IV	428,83	376,33	325,33	275,91	228,00	181,58
	VI	**893,58**	314,33	314,33							
3428,99	I,IV	**483,58**	314,58	314,58	I	377,08	276,58	182,25	93,91	18,83	
	II	**381,66**	314,58	314,58	II	280,91	186,25	97,66	21,50		
	III	**203,83**	314,58	314,58	III	120,00	49,00				
	V	**851,41**	314,58	314,58	IV	429,58	377,08	326,08	276,58	228,66	182,25
	VI	**894,66**	314,58	314,58							
3431,99	I,IV	**484,33**	314,83	314,83	I	377,75	277,33	182,83	94,50	19,25	
	II	**382,41**	314,83	314,83	II	281,58	186,91	98,25	21,91		
	III	**204,33**	314,83	314,83	III	120,50	49,50				
	V	**852,41**	314,83	314,83	IV	430,25	377,75	326,75	277,33	229,33	182,83
	VI	**895,66**	314,83	314,83							
3434,99	I,IV	**485,08**	315,08	315,08	I	378,50	278,00	183,50	95,08	19,66	
	II	**383,08**	315,08	315,08	II	282,33	187,58	98,91	22,33		
	III	**205,00**	315,08	315,08	III	121,16	50,00				
	V	**853,50**	315,08	315,08	IV	431,08	378,50	327,50	278,00	230,00	183,50
	VI	**896,75**	315,08	315,08							
3437,99	I,IV	**485,91**	315,41	315,41	I	379,25	278,66	184,16	95,66	20,08	
	II	**383,83**	315,41	315,41	II	283,00	188,25	99,50	22,83		
	III	**205,66**	315,41	315,41	III	121,66	50,33				
	V	**854,50**	315,41	315,41	IV	431,83	379,25	328,25	278,66	230,66	184,16
	VI	**897,75**	315,41	315,41							
3440,99	I,IV	**486,66**	315,66	315,66	I	380,00	279,41	184,83	96,33	20,50	
	II	**384,58**	315,66	315,66	II	283,75	188,91	100,08	23,25		
	III	**206,16**	315,66	315,66	III	122,16	50,83				
	V	**855,58**	315,66	315,66	IV	432,58	380,00	328,91	279,41	231,33	184,83
	VI	**898,83**	315,66	315,66							
3443,99	I,IV	**487,41**	315,91	315,91	I	380,75	280,08	185,41	96,91	20,91	
	II	**385,33**	315,91	315,91	II	284,41	189,50	100,66	23,66		
	III	**206,83**	315,91	315,91	III	122,83	51,33				
	V	**856,58**	315,91	315,91	IV	433,33	380,75	329,66	280,08	232,00	185,41
	VI	**899,83**	315,91	315,91							
3446,99	I,IV	**488,25**	316,25	316,25	I	381,50	280,75	186,08	97,50	21,33	
	II	**386,08**	316,25	316,25	II	285,08	190,16	101,33	24,08		
	III	**207,50**	316,25	316,25	III	123,33	51,83				
	V	**857,66**	316,25	316,25	IV	434,08	381,50	330,33	280,75	232,66	186,08
	VI	**900,91**	316,25	316,25							
3449,99	I,IV	**489,00**	316,50	316,50	I	382,16	281,50	186,75	98,16	21,83	
	II	**386,83**	316,50	316,50	II	285,83	190,83	101,91	24,58		
	III	**208,00**	316,50	316,50	III	124,00	52,16				
	V	**858,66**	316,50	316,50	IV	434,83	382,16	331,08	281,50	233,33	186,75
	VI	**901,91**	316,50	316,50							
3452,99	I,IV	**489,75**	316,75	316,75	I	382,91	282,16	187,41	98,75	22,25	
	II	**387,58**	316,75	316,75	II	286,50	191,50	102,58	25,00		
	III	**208,66**	316,75	316,75	III	124,50	52,66				
	V	**859,75**	316,75	316,75	IV	435,58	382,91	331,83	282,16	234,00	187,41
	VI	**903,00**	316,75	316,75							
3455,99	I,IV	**490,58**	317,08	317,08	I	383,66	282,83	188,08	99,33	22,66	
	II	**388,25**	317,08	317,08	II	287,16	192,16	103,16	25,50		
	III	**209,16**	317,08	317,08	III	125,00	53,16				
	V	**860,75**	317,08	317,08	IV	436,33	383,66	332,50	282,83	234,66	188,08
	VI	**904,00**	317,08	317,08							

* Zur LSt-Berechnung für privat versicherte Arbeitnehmer s. Beispiele **Vorbemerkung S. 4f.**
** Basisvorsorgepauschale KV und PV *** Typisierter Arbeitgeberzuschuss

Monat gültig ab 1. 1. 2022 (idF des StEntlG 2022)   **aT3**

Lohn/Gehalt in € bis	Steuerklasse	Lohnsteuer*	BVSP**	TAGZ***	Steuerklasse	Bemessungsgrundlage für Kirchensteuer und Solidaritätszuschlag – Freibeträge für ... Kinder					
						0,5	1,0	1,5	2,0	2,5	3,0
3458,99	I,IV	**491,33**	317,33	317,33	I	384,41	283,50	188,75	99,91	23,08	
	II	**389,00**	317,33	317,33	II	287,91	192,83	103,75	25,91		
	III	**209,83**	317,33	317,33	III	125,66	53,50				
	V	**861,83**	317,33	317,33	IV	437,08	384,41	333,25	283,50	235,33	188,75
	VI	**905,08**	317,33	317,33							
3461,99	I,IV	**492,08**	317,58	317,58	I	385,16	284,25	189,33	100,58	23,58	
	II	**389,75**	317,58	317,58	II	288,58	193,41	104,33	26,33		
	III	**210,50**	317,58	317,58	III	126,16	54,00				
	V	**862,83**	317,58	317,58	IV	437,91	385,16	333,91	284,25	236,08	189,33
	VI	**906,08**	317,58	317,58							
3464,99	I,IV	**492,91**	317,83	317,83	I	385,91	284,91	190,00	101,16	24,00	
	II	**390,50**	317,83	317,83	II	289,25	194,08	105,00	26,83		
	III	**211,00**	317,83	317,83	III	126,83	54,50				
	V	**863,91**	317,83	317,83	IV	438,66	385,91	334,66	284,91	236,75	190,00
	VI	**907,16**	317,83	317,83							
3467,99	I,IV	**493,66**	318,16	318,16	I	386,58	285,58	190,66	101,75	24,41	
	II	**391,25**	318,16	318,16	II	290,00	194,75	105,58	27,25		
	III	**211,66**	318,16	318,16	III	127,33	55,00				
	V	**864,91**	318,16	318,16	IV	439,41	386,58	335,33	285,58	237,41	190,66
	VI	**908,16**	318,16	318,16							
3470,99	I,IV	**494,41**	318,41	318,41	I	387,33	286,33	191,33	102,41	24,91	
	II	**392,00**	318,41	318,41	II	290,66	195,41	106,16	27,75		
	III	**212,33**	318,41	318,41	III	128,00	55,33				
	V	**866,00**	318,41	318,41	IV	440,16	387,33	336,08	286,33	238,08	191,33
	VI	**909,25**	318,41	318,41							
3473,99	I,IV	**495,25**	318,66	318,66	I	388,08	287,00	192,00	103,00	25,33	
	II	**392,75**	318,66	318,66	II	291,33	196,08	106,83	28,16		
	III	**213,00**	318,66	318,66	III	128,50	55,83				
	V	**867,00**	318,66	318,66	IV	440,91	388,08	336,83	287,00	238,75	192,00
	VI	**910,25**	318,66	318,66							
3476,99	I,IV	**496,00**	319,00	319,00	I	388,83	287,75	192,66	103,58	25,83	
	II	**393,50**	319,00	319,00	II	292,08	196,75	107,41	28,66		
	III	**213,50**	319,00	319,00	III	129,00	56,33				
	V	**868,08**	319,00	319,00	IV	441,66	388,83	337,50	287,75	239,41	192,66
	VI	**911,33**	319,00	319,00							
3479,99	I,IV	**496,75**	319,25	319,25	I	389,58	288,41	193,25	104,16	26,25	
	II	**394,16**	319,25	319,25	II	292,75	197,33	108,00	29,08		
	III	**214,16**	319,25	319,25	III	129,66	56,83				
	V	**869,08**	319,25	319,25	IV	442,41	389,58	338,25	288,41	240,08	193,25
	VI	**912,33**	319,25	319,25							
3482,99	I,IV	**497,58**	319,50	319,50	I	390,33	289,08	193,91	104,83	26,66	
	II	**394,91**	319,50	319,50	II	293,41	198,00	108,66	29,58		
	III	**214,66**	319,50	319,50	III	130,16	57,16	0,16			
	V	**870,16**	319,50	319,50	IV	443,16	390,33	338,91	289,08	240,75	193,91
	VI	**913,41**	319,50	319,50							
3485,99	I,IV	**498,33**	319,83	319,83	I	391,08	289,83	194,58	105,41	27,16	
	II	**395,66**	319,83	319,83	II	294,16	198,66	109,25	30,08		
	III	**215,33**	319,83	319,83	III	130,83	57,66	0,50			
	V	**871,16**	319,83	319,83	IV	443,91	391,08	339,66	289,83	241,41	194,58
	VI	**914,41**	319,83	319,83							
3488,99	I,IV	**499,16**	320,08	320,08	I	391,83	290,50	195,25	106,08	27,66	
	II	**396,41**	320,08	320,08	II	294,83	199,33	109,91	30,50		
	III	**216,00**	320,08	320,08	III	131,33	58,16	1,00			
	V	**872,25**	320,08	320,08	IV	444,75	391,83	340,41	290,50	242,08	195,25
	VI	**915,50**	320,08	320,08							
3491,99	I,IV	**499,91**	320,33	320,33	I	392,50	291,16	195,91	106,66	28,08	
	II	**397,16**	320,33	320,33	II	295,58	200,00	110,50	31,00		
	III	**216,66**	320,33	320,33	III	132,00	58,66	1,33			
	V	**873,25**	320,33	320,33	IV	445,50	392,50	341,08	291,16	242,75	195,91
	VI	**916,50**	320,33	320,33							

* Zur LSt-Berechnung für privat versicherte Arbeitnehmer s. Beispiele **Vorbemerkung S. 4f.**
** Basisvorsorgepauschale KV und PV   *** Typisierter Arbeitgeberzuschuss

aT3   allgemeine Lohnsteuer

Lohn/Gehalt in € bis	Steuerklasse	Lohnsteuer*	BVSP**	TAGZ***	Steuerklasse	Bemessungsgrundlage für Kirchensteuer und Solidaritätszuschlag					
						Freibeträge für ... Kinder					
						0,5	1,0	1,5	2,0	2,5	3,0
3494,99	I,IV	**500,75**	320,58	320,58	I	393,25	291,91	196,58	107,25	28,50	
	II	**397,91**	320,58	320,58	II	296,25	200,66	111,08	31,41		
	III	**217,16**	320,58	320,58	III	132,50	59,16	1,66			
	V	**874,33**	320,58	320,58	IV	446,25	393,25	341,83	291,91	243,50	196,58
	VI	**917,58**	320,58	320,58							
3497,99	I,IV	**501,50**	320,91	320,91	I	394,00	292,58	197,25	107,91	29,00	
	II	**398,66**	320,91	320,91	II	297,00	201,33	111,75	31,91		
	III	**217,83**	320,91	320,91	III	133,16	59,50	2,00			
	V	**875,33**	320,91	320,91	IV	447,00	394,00	342,58	292,58	244,16	197,25
	VI	**918,58**	320,91	320,91							
3500,99	I,IV	**502,25**	321,16	321,16	I	394,75	293,33	197,83	108,50	29,50	
	II	**399,41**	321,16	321,16	II	297,66	202,00	112,33	32,41		
	III	**218,50**	321,16	321,16	III	133,66	60,00	2,33			
	V	**876,41**	321,16	321,16	IV	447,75	394,75	343,25	293,33	244,83	197,83
	VI	**919,66**	321,16	321,16							
3503,99	I,IV	**503,08**	321,41	321,41	I	395,50	294,00	198,50	109,08	29,91	
	II	**400,16**	321,41	321,41	II	298,33	202,58	112,91	32,83		
	III	**219,00**	321,41	321,41	III	134,16	60,50	2,66			
	V	**877,41**	321,41	321,41	IV	448,50	395,50	344,00	294,00	245,50	198,50
	VI	**920,66**	321,41	321,41							
3506,99	I,IV	**503,83**	321,75	321,75	I	396,25	294,66	199,16	109,75	30,41	
	II	**400,91**	321,75	321,75	II	299,08	203,25	113,58	33,33		
	III	**219,66**	321,75	321,75	III	134,83	61,00	3,00			
	V	**878,50**	321,75	321,75	IV	449,25	396,25	344,66	294,66	246,16	199,16
	VI	**921,75**	321,75	321,75							
3509,99	I,IV	**504,66**	322,00	322,00	I	397,00	295,41	199,83	110,33	30,83	
	II	**401,66**	322,00	322,00	II	299,75	203,91	114,16	33,83		
	III	**220,33**	322,00	322,00	III	135,33	61,33	3,33			
	V	**879,50**	322,00	322,00	IV	450,08	397,00	345,41	295,41	246,83	199,83
	VI	**922,75**	322,00	322,00							
3512,99	I,IV	**505,41**	322,25	322,25	I	397,75	296,08	200,50	110,91	31,33	
	II	**402,41**	322,25	322,25	II	300,50	204,58	114,83	34,33		
	III	**220,83**	322,25	322,25	III	136,00	61,83	3,66			
	V	**880,58**	322,25	322,25	IV	450,83	397,75	346,16	296,08	247,50	200,50
	VI	**923,83**	322,25	322,25							
3515,99	I,IV	**506,16**	322,58	322,58	I	398,41	296,75	201,16	111,58	31,83	
	II	**403,08**	322,58	322,58	II	301,16	205,25	115,41	34,75		
	III	**221,50**	322,58	322,58	III	136,50	62,33	4,16			
	V	**881,58**	322,58	322,58	IV	451,58	398,41	346,83	296,75	248,16	201,16
	VI	**924,83**	322,58	322,58							
3518,99	I,IV	**507,00**	322,83	322,83	I	399,16	297,50	201,83	112,16	32,25	
	II	**403,83**	322,83	322,83	II	301,83	205,91	116,00	35,25		
	III	**222,16**	322,83	322,83	III	137,16	62,83	4,50			
	V	**882,66**	322,83	322,83	IV	452,33	399,16	347,58	297,50	248,91	201,83
	VI	**925,91**	322,83	322,83							
3521,99	I,IV	**507,75**	323,08	323,08	I	399,91	298,16	202,50	112,83	32,75	
	II	**404,58**	323,08	323,08	II	302,58	206,58	116,66	35,75		
	III	**222,66**	323,08	323,08	III	137,83	63,33	4,83			
	V	**883,66**	323,08	323,08	IV	453,08	399,91	348,33	298,16	249,58	202,50
	VI	**926,91**	323,08	323,08							
3524,99	I,IV	**508,58**	323,41	323,41	I	400,66	298,91	203,08	113,41	33,25	
	II	**405,33**	323,41	323,41	II	303,25	207,25	117,25	36,25		
	III	**223,33**	323,41	323,41	III	138,33	63,83	5,16			
	V	**884,75**	323,41	323,41	IV	453,91	400,66	349,00	298,91	250,25	203,08
	VI	**928,00**	323,41	323,41							
3527,99	I,IV	**509,33**	323,66	323,66	I	401,41	299,58	203,75	114,00	33,66	
	II	**406,08**	323,66	323,66	II	304,00	207,91	117,83	36,75		
	III	**224,00**	323,66	323,66	III	138,83	64,16	5,50			
	V	**885,75**	323,66	323,66	IV	454,66	401,41	349,75	299,58	250,91	203,75
	VI	**929,00**	323,66	323,66							

* Zur LSt-Berechnung für privat versicherte Arbeitnehmer s. Beispiele **Vorbemerkung S. 4 f.**
** Basisvorsorgepauschale KV und PV   *** Typisierter Arbeitgeberzuschuss

Monat gültig ab 1. 1. 2022 (idF des StEntlG 2022) **aT3**

Lohn/Gehalt in € bis	Steuerklasse	Lohnsteuer*	BVSP**	TAGZ***	Steuerklasse	Bemessungsgrundlage für Kirchensteuer und Solidaritätszuschlag					
						Freibeträge für ... Kinder					
						0,5	1,0	1,5	2,0	2,5	3,0
3530,99	I,IV	510,16	323,91	323,91	I	402,16	300,25	204,41	114,66	34,16	
	II	406,83	323,91	323,91	II	304,66	208,58	118,50	37,25		
	III	224,50	323,91	323,91	III	139,50	64,66	5,83			
	V	886,83	323,91	323,91	IV	455,41	402,16	350,50	300,25	251,58	204,41
	VI	930,08	323,91	323,91							
3533,99	I,IV	510,91	324,16	324,16	I	402,91	301,00	205,08	115,25	34,66	
	II	407,58	324,16	324,16	II	305,41	209,25	119,08	37,66		
	III	225,16	324,16	324,16	III	140,00	65,16	6,33			
	V	887,83	324,16	324,16	IV	456,16	402,91	351,16	301,00	252,25	205,08
	VI	931,08	324,16	324,16							
3536,99	I,IV	511,75	324,50	324,50	I	403,66	301,66	205,75	115,83	35,16	
	II	408,33	324,50	324,50	II	306,08	209,91	119,75	38,16		
	III	225,83	324,50	324,50	III	140,66	65,66	6,66			
	V	888,91	324,50	324,50	IV	456,91	403,66	351,91	301,66	253,00	205,75
	VI	932,16	324,50	324,50							
3539,99	I,IV	512,50	324,75	324,75	I	404,41	302,41	206,41	116,50	35,58	
	II	409,08	324,75	324,75	II	306,75	210,50	120,33	38,66		
	III	226,33	324,75	324,75	III	141,33	66,16	7,00			
	V	889,91	324,75	324,75	IV	457,66	404,41	352,66	302,41	253,66	206,41
	VI	933,16	324,75	324,75							
3542,99	I,IV	513,25	325,00	325,00	I	405,16	303,08	207,08	117,08	36,08	
	II	409,83	325,00	325,00	II	307,50	211,16	120,91	39,16		
	III	227,00	325,00	325,00	III	141,83	66,66	7,33			
	V	891,00	325,00	325,00	IV	458,50	405,16	353,33	303,08	254,33	207,08
	VI	934,25	325,00	325,00							
3545,99	I,IV	514,08	325,33	325,33	I	405,91	303,83	207,75	117,75	36,58	
	II	410,58	325,33	325,33	II	308,16	211,83	121,58	39,66		
	III	227,66	325,33	325,33	III	142,50	67,16	7,66			
	V	892,00	325,33	325,33	IV	459,25	405,91	354,08	303,83	255,00	207,75
	VI	935,25	325,33	325,33							
3548,99	I,IV	514,91	325,58	325,58	I	406,66	304,50	208,41	118,33	37,08	
	II	411,33	325,58	325,58	II	308,91	212,50	122,16	40,16		
	III	228,33	325,58	325,58	III	143,00	67,66	8,16			
	V	893,08	325,58	325,58	IV	460,00	406,66	354,83	304,50	255,66	208,41
	VI	936,33	325,58	325,58							
3551,99	I,IV	515,66	325,83	325,83	I	407,41	305,16	209,00	118,91	37,58	
	II	412,08	325,83	325,83	II	309,58	213,16	122,83	40,66		
	III	228,83	325,83	325,83	III	143,66	68,00	8,50			
	V	894,08	325,83	325,83	IV	460,75	407,41	355,50	305,16	256,33	209,00
	VI	937,33	325,83	325,83							
3554,99	I,IV	516,41	326,16	326,16	I	408,16	305,91	209,66	119,58	38,08	
	II	412,83	326,16	326,16	II	310,33	213,83	123,41	41,16		
	III	229,50	326,16	326,16	III	144,16	68,50	8,83			
	V	895,08	326,16	326,16	IV	461,50	408,16	356,25	305,91	257,08	209,66
	VI	938,41	326,16	326,16							
3557,99	I,IV	517,25	326,41	326,41	I	408,91	306,58	210,33	120,16	38,58	
	II	413,58	326,41	326,41	II	311,00	214,50	124,08	41,66		
	III	230,16	326,41	326,41	III	144,83	69,00	9,16			
	V	896,16	326,41	326,41	IV	462,33	408,91	357,00	306,58	257,75	210,33
	VI	939,41	326,41	326,41							
3560,99	I,IV	518,00	326,66	326,66	I	409,66	307,33	211,00	120,83	39,08	
	II	414,33	326,66	326,66	II	311,75	215,16	124,66	42,16		
	III	230,66	326,66	326,66	III	145,33	69,50	9,50			
	V	897,25	326,66	326,66	IV	463,08	409,66	357,75	307,33	258,41	211,00
	VI	940,50	326,66	326,66							
3563,99	I,IV	518,83	326,91	326,91	I	410,41	308,00	211,66	121,41	39,58	
	II	415,08	326,91	326,91	II	312,41	215,83	125,25	42,66		
	III	231,33	326,91	326,91	III	146,00	70,00	9,83			
	V	898,25	326,91	326,91	IV	463,83	410,41	358,41	308,00	259,08	211,66
	VI	941,50	326,91	326,91							

* Zur LSt-Berechnung für privat versicherte Arbeitnehmer s. Beispiele **Vorbemerkung S. 4 f.**
** Basisvorsorgepauschale KV und PV   *** Typisierter Arbeitgeberzuschuss

aT3   allgemeine Lohnsteuer

Lohn/Gehalt in € bis	Steuerklasse	Lohnsteuer*	BVSP**	TAGZ***	Steuerklasse	Bemessungsgrundlage für Kirchensteuer und Solidaritätszuschlag Freibeträge für ... Kinder					
						0,5	1,0	1,5	2,0	2,5	3,0
3566,99	I,IV	519,58	327,25	327,25	I	411,16	308,75	212,33	122,00	40,08	
	II	415,83	327,25	327,25	II	313,16	216,50	125,91	43,25		
	III	232,00	327,25	327,25	III	146,66	70,50	10,33			
	V	899,25	327,25	327,25	IV	464,58	411,16	359,16	308,75	259,75	212,33
	VI	942,58	327,25	327,25							
3569,99	I,IV	520,41	327,50	327,50	I	411,91	309,41	213,00	122,66	40,58	
	II	416,58	327,50	327,50	II	313,83	217,16	126,58	43,75		
	III	232,50	327,50	327,50	III	147,16	71,00	10,66			
	V	900,33	327,50	327,50	IV	465,41	411,91	359,91	309,41	260,50	213,00
	VI	943,58	327,50	327,50							
3572,99	I,IV	521,16	327,75	327,75	I	412,66	310,16	213,66	123,25	41,08	
	II	417,33	327,75	327,75	II	314,58	217,83	127,16	44,25		
	III	233,16	327,75	327,75	III	147,83	71,50	11,00			
	V	901,41	327,75	327,75	IV	466,16	412,66	360,66	310,16	261,16	213,66
	VI	944,66	327,75	327,75							
3575,99	I,IV	522,00	328,08	328,08	I	413,33	310,83	214,33	123,91	41,58	
	II	418,08	328,08	328,08	II	315,25	218,50	127,75	44,75		
	III	233,83	328,08	328,08	III	148,33	71,83	11,33			
	V	902,41	328,08	328,08	IV	466,91	413,33	361,33	310,83	261,83	214,33
	VI	945,66	328,08	328,08							
3578,99	I,IV	522,75	328,33	328,33	I	414,16	311,50	215,00	124,50	42,08	
	II	418,83	328,33	328,33	II	316,00	219,16	128,41	45,25		
	III	234,33	328,33	328,33	III	149,00	72,33	11,83			
	V	903,41	328,33	328,33	IV	467,66	414,16	362,08	311,50	262,50	215,00
	VI	946,75	328,33	328,33							
3581,99	I,IV	523,58	328,58	328,58	I	414,91	312,25	215,66	125,16	42,58	
	II	419,58	328,58	328,58	II	316,66	219,83	129,00	45,75		
	III	235,00	328,58	328,58	III	149,50	72,83	12,16			
	V	904,50	328,58	328,58	IV	468,50	414,91	362,83	312,25	263,16	215,66
	VI	947,75	328,58	328,58							
3584,99	I,IV	524,33	328,91	328,91	I	415,66	313,00	216,33	125,75	43,08	
	II	420,33	328,91	328,91	II	317,41	220,50	129,66	46,33		
	III	235,66	328,91	328,91	III	150,16	73,33	12,50			
	V	905,58	328,91	328,91	IV	469,25	415,66	363,58	313,00	263,91	216,33
	VI	948,83	328,91	328,91							
3587,99	I,IV	525,16	329,16	329,16	I	416,33	313,66	217,00	126,41	43,58	
	II	421,08	329,16	329,16	II	318,08	221,16	130,25	46,83		
	III	236,33	329,16	329,16	III	150,83	73,83	12,83			
	V	906,58	329,16	329,16	IV	470,00	416,33	364,25	313,66	264,58	217,00
	VI	949,83	329,16	329,16							
3590,99	I,IV	525,91	329,41	329,41	I	417,16	314,33	217,66	127,00	44,08	
	II	421,83	329,41	329,41	II	318,83	221,83	130,91	47,33		
	III	236,83	329,41	329,41	III	151,33	74,33	13,33			
	V	907,58	329,41	329,41	IV	470,75	417,16	365,00	314,33	265,25	217,66
	VI	950,91	329,41	329,41							
3593,99	I,IV	526,75	329,66	329,66	I	417,91	315,08	218,33	127,66	44,58	
	II	422,58	329,66	329,66	II	319,50	222,50	131,50	47,83		
	III	237,50	329,66	329,66	III	152,00	74,83	13,66			
	V	908,66	329,66	329,66	IV	471,58	417,91	365,75	315,08	265,91	218,33
	VI	951,91	329,66	329,66							
3596,99	I,IV	527,50	330,00	330,00	I	418,66	315,83	219,00	128,25	45,16	
	II	423,33	330,00	330,00	II	320,25	223,16	132,16	48,41		
	III	238,16	330,00	330,00	III	152,50	75,33	14,00			
	V	909,75	330,00	330,00	IV	472,33	418,66	366,50	315,83	266,66	219,00
	VI	953,00	330,00	330,00							
3599,99	I,IV	528,33	330,25	330,25	I	419,33	316,50	219,66	128,83	45,66	
	II	424,08	330,25	330,25	II	320,91	223,83	132,75	48,91		
	III	238,66	330,25	330,25	III	153,16	75,83	14,33			
	V	910,75	330,25	330,25	IV	473,08	419,33	367,16	316,50	267,33	219,66
	VI	954,00	330,25	330,25							

* Zur LSt-Berechnung für privat versicherte Arbeitnehmer s. Beispiele **Vorbemerkung S. 4f.**
** Basisvorsorgepauschale KV und PV   *** Typisierter Arbeitgeberzuschuss

Monat gültig ab 1. 1. 2022 (idF des StEntlG 2022) **aT3**

Lohn/Gehalt in € bis	Steuerklasse	Lohn-steuer*	BVSP**	TAGZ***	Steuerklasse	Bemessungsgrundlage für Kirchensteuer und Solidaritätszuschlag					
						Freibeträge für ... Kinder					
						0,5	1,0	1,5	2,0	2,5	3,0
3602,99	I,IV	**529,08**	330,50	330,50	I	420,16	317,16	220,33	129,50	46,16	
	II	**424,83**	330,50	330,50	II	321,66	224,50	133,41	49,41		
	III	**239,33**	330,50	330,50	III	153,66	76,33	14,83			
	V	**911,75**	330,50	330,50	IV	473,83	420,16	367,91	317,16	268,00	220,33
	VI	**955,08**	330,50	330,50							
3605,99	I,IV	**529,91**	330,83	330,83	I	420,91	317,91	221,00	130,08	46,66	
	II	**425,58**	330,83	330,83	II	322,33	225,16	134,00	50,00		
	III	**240,00**	330,83	330,83	III	154,33	76,83	15,16			
	V	**912,83**	330,83	330,83	IV	474,66	420,91	368,66	317,91	268,66	221,00
	VI	**956,08**	330,83	330,83							
3608,99	I,IV	**530,75**	331,08	331,08	I	421,66	318,66	221,66	130,75	47,25	
	II	**426,33**	331,08	331,08	II	323,08	225,83	134,66	50,50		
	III	**240,66**	331,08	331,08	III	155,00	77,33	15,50			
	V	**913,91**	331,08	331,08	IV	475,41	421,66	369,41	318,66	269,41	221,66
	VI	**957,16**	331,08	331,08							
3611,99	I,IV	**531,50**	331,33	331,33	I	422,41	319,33	222,33	131,33	47,75	
	II	**427,08**	331,33	331,33	II	323,75	226,50	135,25	51,00		
	III	**241,16**	331,33	331,33	III	155,50	77,83	16,00			
	V	**914,91**	331,33	331,33	IV	476,16	422,41	370,08	319,33	270,08	222,33
	VI	**958,16**	331,33	331,33							
3614,99	I,IV	**532,33**	331,66	331,66	I	423,16	320,00	223,00	132,00	48,25	
	II	**427,83**	331,66	331,66	II	324,50	227,16	135,91	51,58		
	III	**241,83**	331,66	331,66	III	156,16	78,33	16,33			
	V	**915,91**	331,66	331,66	IV	477,00	423,16	370,83	320,00	270,75	223,00
	VI	**959,25**	331,66	331,66							
3617,99	I,IV	**533,08**	331,91	331,91	I	423,91	320,75	223,66	132,58	48,75	
	II	**428,58**	331,91	331,91	II	325,16	227,83	136,50	52,08		
	III	**242,50**	331,91	331,91	III	156,66	78,83	16,66			
	V	**917,00**	331,91	331,91	IV	477,75	423,91	371,58	320,75	271,41	223,66
	VI	**960,25**	331,91	331,91							
3620,99	I,IV	**533,91**	332,16	332,16	I	424,66	321,50	224,33	133,25	49,33	
	II	**429,41**	332,16	332,16	II	325,91	228,50	137,16	52,66		
	III	**243,00**	332,16	332,16	III	157,33	79,33	17,16			
	V	**918,08**	332,16	332,16	IV	478,50	424,66	372,33	321,50	272,16	224,33
	VI	**961,33**	332,16	332,16							
3623,99	I,IV	**534,66**	332,50	332,50	I	425,41	322,16	225,00	133,83	49,83	
	II	**430,08**	332,50	332,50	II	326,58	229,16	137,75	53,16		
	III	**243,66**	332,50	332,50	III	157,83	79,83	17,50			
	V	**919,08**	332,50	332,50	IV	479,25	425,41	373,00	322,16	272,83	225,00
	VI	**962,33**	332,50	332,50							
3626,99	I,IV	**535,50**	332,75	332,75	I	426,16	322,91	225,66	134,50	50,33	
	II	**430,83**	332,75	332,75	II	327,33	229,83	138,41	53,75		
	III	**244,33**	332,75	332,75	III	158,50	80,33	17,83			
	V	**920,08**	332,75	332,75	IV	480,08	426,16	373,75	322,91	273,50	225,66
	VI	**963,33**	332,75	332,75							
3629,99	I,IV	**536,25**	333,00	333,00	I	426,91	323,58	226,33	135,08	50,91	
	II	**431,66**	333,00	333,00	II	328,08	230,50	139,00	54,25		
	III	**244,83**	333,00	333,00	III	159,16	80,83	18,16			
	V	**921,16**	333,00	333,00	IV	480,83	426,91	374,50	323,58	274,16	226,33
	VI	**964,41**	333,00	333,00							
3632,99	I,IV	**537,08**	333,25	333,25	I	427,66	324,33	227,00	135,75	51,41	
	II	**432,41**	333,25	333,25	II	328,75	231,16	139,66	54,83		
	III	**245,50**	333,25	333,25	III	159,66	81,33	18,66			
	V	**922,25**	333,25	333,25	IV	481,66	427,66	375,25	324,33	274,91	227,00
	VI	**965,50**	333,25	333,25							
3635,99	I,IV	**537,83**	333,58	333,58	I	428,41	325,00	227,66	136,33	52,00	
	II	**433,16**	333,58	333,58	II	329,50	231,83	140,25	55,33		
	III	**246,16**	333,58	333,58	III	160,33	81,83	19,00			
	V	**923,25**	333,58	333,58	IV	482,41	428,41	375,91	325,00	275,58	227,66
	VI	**966,50**	333,58	333,58							

* Zur LSt-Berechnung für privat versicherte Arbeitnehmer s. Beispiele **Vorbemerkung S. 4f.**
** Basisvorsorgepauschale KV und PV   *** Typisierter Arbeitgeberzuschuss

aT3 — allgemeine Lohnsteuer

Lohn/Gehalt in € bis	Steuerklasse	Lohn-steuer*	BVSP**	TAGZ***	Steuerklasse	Bemessungsgrundlage für Kirchensteuer und Solidaritätszuschlag Freibeträge für ... Kinder					
						0,5	1,0	1,5	2,0	2,5	3,0
3638,99	I,IV	**538,66**	333,83	333,83	I	429,16	325,75	228,33	137,00	52,50	
	II	**433,91**	333,83	333,83	II	330,16	232,50	140,91	55,91		
	III	**246,83**	333,83	333,83	III	161,00	82,33	19,33			
	V	**924,25**	333,83	333,83	IV	483,16	429,16	376,66	325,75	276,25	228,33
	VI	**967,50**	333,83	333,83							
3641,99	I,IV	**539,50**	334,08	334,08	I	429,91	326,41	229,00	137,58	53,08	
	II	**434,66**	334,08	334,08	II	330,91	233,16	141,58	56,41		
	III	**247,33**	334,08	334,08	III	161,50	82,83	19,83			
	V	**925,33**	334,08	334,08	IV	483,91	429,91	377,41	326,41	277,00	229,00
	VI	**968,58**	334,08	334,08							
3644,99	I,IV	**540,25**	334,41	334,41	I	430,66	327,16	229,66	138,25	53,58	
	II	**435,41**	334,41	334,41	II	331,66	233,91	142,16	57,00		
	III	**248,00**	334,41	334,41	III	162,16	83,33	20,16			
	V	**926,41**	334,41	334,41	IV	484,75	430,66	378,16	327,16	277,66	229,66
	VI	**969,66**	334,41	334,41							
3647,99	I,IV	**541,08**	334,66	334,66	I	431,41	327,83	230,33	138,83	54,08	
	II	**436,16**	334,66	334,66	II	332,33	234,50	142,83	57,50		
	III	**248,66**	334,66	334,66	III	162,66	83,83	20,50			
	V	**927,41**	334,66	334,66	IV	485,50	431,41	378,91	327,83	278,33	230,33
	VI	**970,66**	334,66	334,66							
3650,99	I,IV	**541,83**	334,91	334,91	I	432,16	328,58	231,00	139,50	54,66	
	II	**436,91**	334,91	334,91	II	333,08	235,25	143,41	58,08		
	III	**249,16**	334,91	334,91	III	163,33	84,33	21,00			
	V	**928,41**	334,91	334,91	IV	486,25	432,16	379,66	328,58	279,00	231,00
	VI	**971,66**	334,91	334,91							
3653,99	I,IV	**542,66**	335,25	335,25	I	433,00	329,33	231,66	140,16	55,25	
	II	**437,66**	335,25	335,25	II	333,75	235,91	144,08	58,66		
	III	**249,83**	335,25	335,25	III	163,83	84,83	21,33			
	V	**929,50**	335,25	335,25	IV	487,08	433,00	380,33	329,33	279,75	231,66
	VI	**972,75**	335,25	335,25							
3656,99	I,IV	**543,50**	335,50	335,50	I	433,75	330,00	232,33	140,75	55,75	
	II	**438,50**	335,50	335,50	II	334,50	236,58	144,66	59,25		
	III	**250,50**	335,50	335,50	III	164,50	85,33	21,66			
	V	**930,58**	335,50	335,50	IV	487,83	433,75	381,08	330,00	280,41	232,33
	VI	**973,83**	335,50	335,50							
3659,99	I,IV	**544,25**	335,75	335,75	I	434,50	330,75	233,00	141,41	56,33	
	II	**439,16**	335,75	335,75	II	335,16	237,25	145,33	59,75		
	III	**251,16**	335,75	335,75	III	165,16	85,83	22,16			
	V	**931,58**	335,75	335,75	IV	488,58	434,50	381,83	330,75	281,08	233,00
	VI	**974,83**	335,75	335,75							
3662,99	I,IV	**545,08**	336,00	336,00	I	435,25	331,41	233,66	142,00	56,83	
	II	**440,00**	336,00	336,00	II	335,91	237,91	145,91	60,33		
	III	**251,83**	336,00	336,00	III	165,66	86,33	22,50			
	V	**932,58**	336,00	336,00	IV	489,41	435,25	382,58	331,41	281,83	233,66
	VI	**975,83**	336,00	336,00							
3665,99	I,IV	**545,83**	336,33	336,33	I	436,00	332,16	234,33	142,66	57,41	
	II	**440,75**	336,33	336,33	II	336,66	238,58	146,58	60,91		
	III	**252,33**	336,33	336,33	III	166,33	86,83	23,00			
	V	**933,66**	336,33	336,33	IV	490,16	436,00	383,33	332,16	282,50	234,33
	VI	**976,91**	336,33	336,33							
3668,99	I,IV	**546,66**	336,58	336,58	I	436,75	332,91	235,08	143,25	58,00	
	II	**441,50**	336,58	336,58	II	337,33	239,25	147,25	61,50		
	III	**253,00**	336,58	336,58	III	167,00	87,33	23,33			
	V	**934,75**	336,58	336,58	IV	491,00	436,75	384,08	332,91	283,16	235,08
	VI	**978,00**	336,58	336,58							
3671,99	I,IV	**547,50**	336,83	336,83	I	437,50	333,58	235,66	143,91	58,50	
	II	**442,25**	336,83	336,83	II	338,08	239,91	147,83	62,00		
	III	**253,66**	336,83	336,83	III	167,50	87,83	23,66			
	V	**935,75**	336,83	336,83	IV	491,75	437,50	384,75	333,58	283,91	235,66
	VI	**979,00**	336,83	336,83							

* Zur LSt-Berechnung für privat versicherte Arbeitnehmer s. Beispiele **Vorbemerkung S. 4f.**
** Basisvorsorgepauschale KV und PV *** Typisierter Arbeitgeberzuschuss

Monat gültig ab 1. 1. 2022 (idF des StEntlG 2022) — aT3

Lohn/Gehalt in € bis	Steuerklasse	Lohnsteuer*	BVSP**	TAGZ***	Steuerklasse	0,5	1,0	1,5	2,0	2,5	3,0
3674,99	I,IV	548,25	337,16	337,16	I	438,25	334,33	236,41	144,50	59,08	
	II	443,00	337,16	337,16	II	338,75	240,58	148,50	62,58		
	III	254,16	337,16	337,16	III	168,16	88,33	24,16			
	V	936,75	337,16	337,16	IV	492,50	438,25	385,50	334,33	284,58	236,41
	VI	980,00	337,16	337,16							
3677,99	I,IV	549,08	337,41	337,41	I	439,00	335,00	237,08	145,16	59,66	
	II	443,75	337,41	337,41	II	339,50	241,25	149,08	63,16		
	III	254,83	337,41	337,41	III	168,66	88,83	24,50			
	V	937,83	337,41	337,41	IV	493,33	439,00	386,25	335,00	285,25	237,08
	VI	981,08	337,41	337,41							
3680,99	I,IV	549,91	337,66	337,66	I	439,75	335,75	237,75	145,83	60,16	
	II	444,58	337,66	337,66	II	340,25	242,00	149,75	63,75		
	III	255,50	337,66	337,66	III	169,33	89,33	25,00			
	V	938,83	337,66	337,66	IV	494,08	439,75	387,00	335,75	286,00	237,75
	VI	982,16	337,66	337,66							
3683,99	I,IV	550,66	338,00	338,00	I	440,50	336,41	238,41	146,41	60,75	
	II	445,25	338,00	338,00	II	340,91	242,58	150,33	64,25		
	III	256,16	338,00	338,00	III	169,83	90,00	25,33			
	V	939,91	338,00	338,00	IV	494,83	440,50	387,75	336,41	286,66	238,41
	VI	983,16	338,00	338,00							
3686,99	I,IV	551,50	338,25	338,25	I	441,33	337,16	239,08	147,08	61,33	
	II	446,08	338,25	338,25	II	341,66	243,33	151,00	64,83		
	III	256,66	338,25	338,25	III	170,50	90,50	25,66			
	V	940,91	338,25	338,25	IV	495,66	441,33	388,50	337,16	287,33	239,08
	VI	984,16	338,25	338,25							
3689,99	I,IV	552,25	338,50	338,50	I	442,08	337,91	239,75	147,66	61,91	
	II	446,83	338,50	338,50	II	342,41	244,00	151,66	65,41	0,33	
	III	257,33	338,50	338,50	III	171,16	91,00	26,16			
	V	942,00	338,50	338,50	IV	496,41	442,08	389,25	337,91	288,08	239,75
	VI	985,25	338,50	338,50							
3692,99	I,IV	553,08	338,75	338,75	I	442,83	338,58	240,41	148,33	62,41	
	II	447,58	338,75	338,75	II	343,08	244,66	152,25	66,00	0,66	
	III	258,00	338,75	338,75	III	171,66	91,50	26,50			
	V	943,00	338,75	338,75	IV	497,25	442,83	390,00	338,58	288,75	240,41
	VI	986,33	338,75	338,75							
3695,99	I,IV	553,91	339,08	339,08	I	443,58	339,33	241,08	148,91	63,00	
	II	448,33	339,08	339,08	II	343,83	245,33	152,91	66,58	1,00	
	III	258,50	339,08	339,08	III	172,33	92,00	27,00			
	V	944,08	339,08	339,08	IV	498,00	443,58	390,66	339,33	289,41	241,08
	VI	987,33	339,08	339,08							
3698,99	I,IV	554,66	339,33	339,33	I	444,33	340,00	241,75	149,58	63,58	
	II	449,08	339,33	339,33	II	344,50	246,00	153,50	67,16	1,33	
	III	259,16	339,33	339,33	III	172,83	92,50	27,33			
	V	945,08	339,33	339,33	IV	498,75	444,33	391,41	340,00	290,16	241,75
	VI	988,33	339,33	339,33							
3701,99	I,IV	555,50	339,58	339,58	I	445,08	340,75	242,50	150,25	64,16	
	II	449,83	339,58	339,58	II	345,25	246,66	154,16	67,75	1,75	
	III	259,83	339,58	339,58	III	173,50	93,00	27,83			
	V	946,16	339,58	339,58	IV	499,58	445,08	392,16	340,75	290,83	242,50
	VI	989,41	339,58	339,58							
3704,99	I,IV	556,33	339,91	339,91	I	445,91	341,50	243,16	150,83	64,75	
	II	450,66	339,91	339,91	II	346,00	247,41	154,83	68,33	2,08	
	III	260,50	339,91	339,91	III	174,16	93,50	28,16			
	V	947,16	339,91	339,91	IV	500,33	445,91	392,91	341,50	291,58	243,16
	VI	990,50	339,91	339,91							
3707,99	I,IV	557,08	340,16	340,16	I	446,58	342,16	243,83	151,50	65,25	0,25
	II	451,41	340,16	340,16	II	346,66	248,00	155,41	68,91	2,41	
	III	261,00	340,16	340,16	III	174,66	94,00	28,50			
	V	948,25	340,16	340,16	IV	501,08	446,58	393,66	342,16	292,25	243,83
	VI	991,50	340,16	340,16							

* Zur LSt-Berechnung für privat versicherte Arbeitnehmer s. Beispiele **Vorbemerkung S. 4 f.**
** Basisvorsorgepauschale KV und PV   *** Typisierter Arbeitgeberzuschuss

aT3

allgemeine Lohnsteuer

Lohn/Gehalt in € bis	Steuerklasse	Lohn-steuer*	BVSP**	TAGZ***	Steuerklasse	Bemessungsgrundlage für Kirchensteuer und Solidaritätszuschlag					
						Freibeträge für ... Kinder					
						0,5	1,0	1,5	2,0	2,5	3,0
3710,99	I,IV	**557,91**	340,41	340,41	I	447,41	342,91	244,50	152,08	65,83	0,58
	II	**452,16**	340,41	340,41	II	347,41	248,75	156,08	69,50	2,83	
	III	**261,66**	340,41	340,41	III	175,33	94,66	29,00			
	V	**949,25**	340,41	340,41	IV	501,91	447,41	394,41	342,91	292,91	244,50
	VI	**992,50**	340,41	340,41							
3713,99	I,IV	**558,75**	340,75	340,75	I	448,16	343,66	245,16	152,75	66,41	0,91
	II	**452,91**	340,75	340,75	II	348,16	249,41	156,75	70,08	3,16	
	III	**262,33**	340,75	340,75	III	176,00	95,16	29,33			
	V	**950,33**	340,75	340,75	IV	502,66	448,16	395,16	343,66	293,66	245,16
	VI	**993,58**	340,75	340,75							
3716,99	I,IV	**559,50**	341,00	341,00	I	448,91	344,33	245,83	153,41	67,00	1,25
	II	**453,66**	341,00	341,00	II	348,83	250,08	157,33	70,66	3,50	
	III	**263,00**	341,00	341,00	III	176,50	95,66	29,83			
	V	**951,33**	341,00	341,00	IV	503,50	448,91	395,91	344,33	294,33	245,83
	VI	**994,66**	341,00	341,00							
3719,99	I,IV	**560,33**	341,25	341,25	I	449,66	345,08	246,50	154,00	67,58	1,66
	II	**454,41**	341,25	341,25	II	349,58	250,75	158,00	71,25	3,91	
	III	**263,50**	341,25	341,25	III	177,16	96,16	30,16			
	V	**952,41**	341,25	341,25	IV	504,25	449,66	396,58	345,08	295,00	246,50
	VI	**995,66**	341,25	341,25							
3722,99	I,IV	**561,16**	341,58	341,58	I	450,41	345,75	247,16	154,66	68,16	2,00
	II	**455,25**	341,58	341,58	II	350,33	251,41	158,58	71,83	4,25	
	III	**264,16**	341,58	341,58	III	177,66	96,66	30,66			
	V	**953,41**	341,58	341,58	IV	505,00	450,41	397,33	345,75	295,75	247,16
	VI	**996,66**	341,58	341,58							
3725,99	I,IV	**561,91**	341,83	341,83	I	451,25	346,50	247,91	155,25	68,75	2,33
	II	**456,00**	341,83	341,83	II	351,00	252,08	159,25	72,50	4,58	
	III	**264,83**	341,83	341,83	III	178,33	97,16	31,00			
	V	**954,50**	341,83	341,83	IV	505,83	451,25	398,08	346,50	296,41	247,91
	VI	**997,75**	341,83	341,83							
3728,99	I,IV	**562,75**	342,08	342,08	I	452,00	347,25	248,58	155,91	69,33	2,75
	II	**456,75**	342,08	342,08	II	351,75	252,83	159,91	73,08	5,00	
	III	**265,50**	342,08	342,08	III	179,00	97,66	31,50			
	V	**955,50**	342,08	342,08	IV	506,58	452,00	398,83	347,25	297,16	248,58
	VI	**998,83**	342,08	342,08							
3731,99	I,IV	**563,58**	342,33	342,33	I	452,75	347,91	249,25	156,58	69,91	3,08
	II	**457,50**	342,33	342,33	II	352,50	253,50	160,50	73,66	5,33	
	III	**266,00**	342,33	342,33	III	179,50	98,33	31,83			
	V	**956,58**	342,33	342,33	IV	507,41	452,75	399,58	347,91	297,83	249,25
	VI	**999,83**	342,33	342,33							
3734,99	I,IV	**564,33**	342,66	342,66	I	453,50	348,66	249,91	157,16	70,50	3,41
	II	**458,25**	342,66	342,66	II	353,16	254,16	161,16	74,25	5,75	
	III	**266,66**	342,66	342,66	III	180,16	98,83	32,33			
	V	**957,58**	342,66	342,66	IV	508,16	453,50	400,33	348,66	298,50	249,91
	VI	**1 000,83**	342,66	342,66							
3737,99	I,IV	**565,16**	342,91	342,91	I	454,25	349,41	250,58	157,83	71,16	3,83
	II	**459,08**	342,91	342,91	II	353,91	254,83	161,83	74,83	6,08	
	III	**267,33**	342,91	342,91	III	180,83	99,33	32,66			
	V	**958,66**	342,91	342,91	IV	509,00	454,25	401,08	349,41	299,25	250,58
	VI	**1 001,91**	342,91	342,91							
3740,99	I,IV	**566,00**	343,16	343,16	I	455,00	350,16	251,25	158,50	71,75	4,16
	II	**459,83**	343,16	343,16	II	354,66	255,50	162,50	75,41	6,50	
	III	**268,00**	343,16	343,16	III	181,33	99,83	33,16			
	V	**959,66**	343,16	343,16	IV	509,75	455,00	401,83	350,16	299,91	251,25
	VI	**1 003,00**	343,16	343,16							
3743,99	I,IV	**566,75**	343,50	343,50	I	455,75	350,83	251,91	159,08	72,33	4,50
	II	**460,58**	343,50	343,50	II	355,33	256,16	163,08	76,00	6,83	
	III	**268,50**	343,50	343,50	III	182,00	100,33	33,50			
	V	**960,75**	343,50	343,50	IV	510,50	455,75	402,58	350,83	300,66	251,91
	VI	**1 004,00**	343,50	343,50							

* Zur LSt-Berechnung für privat versicherte Arbeitnehmer s. Beispiele **Vorbemerkung S. 4 f.**
** Basisvorsorgepauschale KV und PV   *** Typisierter Arbeitgeberzuschuss

Monat gültig ab 1. 1. 2022 (idF des StEntlG 2022) — aT3

Lohn/Gehalt in € bis	Steuerklasse	Lohnsteuer*	BVSP**	TAGZ***	Steuerklasse	0,5	1,0	1,5	2,0	2,5	3,0
3746,99	I,IV	**567,58**	343,75	343,75	I	456,58	351,58	252,66	159,75	72,91	4,91
	II	**461,33**	343,75	343,75	II	356,08	256,91	163,75	76,58	7,25	
	III	**269,16**	343,75	343,75	III	182,50	100,83	34,00			
	V	**961,75**	343,75	343,75	IV	511,33	456,58	403,33	351,58	301,33	252,66
	VI	**1 005,00**	343,75	343,75							
3749,99	I,IV	**568,41**	344,00	344,00	I	457,33	352,33	253,33	160,41	73,50	5,25
	II	**462,16**	344,00	344,00	II	356,83	257,58	164,33	77,25	7,58	
	III	**269,83**	344,00	344,00	III	183,16	101,50	34,33			
	V	**962,83**	344,00	344,00	IV	512,08	457,33	404,08	352,33	302,08	253,33
	VI	**1 006,08**	344,00	344,00							
3752,99	I,IV	**569,25**	344,33	344,33	I	458,08	353,00	254,00	161,00	74,08	5,66
	II	**462,91**	344,33	344,33	II	357,58	258,25	165,00	77,83	8,00	
	III	**270,50**	344,33	344,33	III	183,83	102,00	34,83			
	V	**963,83**	344,33	344,33	IV	512,91	458,08	404,83	353,00	302,75	254,00
	VI	**1 007,08**	344,33	344,33							
3755,99	I,IV	**570,00**	344,58	344,58	I	458,83	353,75	254,66	161,66	74,66	6,00
	II	**463,66**	344,58	344,58	II	358,25	258,91	165,66	78,41	8,41	
	III	**271,00**	344,58	344,58	III	184,33	102,50	35,16			
	V	**964,91**	344,58	344,58	IV	513,66	458,83	405,50	353,75	303,41	254,66
	VI	**1 008,16**	344,58	344,58							
3758,99	I,IV	**570,83**	344,83	344,83	I	459,66	354,50	255,33	162,25	75,25	6,41
	II	**464,41**	344,83	344,83	II	359,00	259,58	166,25	79,00	8,75	
	III	**271,66**	344,83	344,83	III	185,00	103,00	35,66			
	V	**965,91**	344,83	344,83	IV	514,50	459,66	406,25	354,50	304,16	255,33
	VI	**1 009,16**	344,83	344,83							
3761,99	I,IV	**571,66**	345,08	345,08	I	460,41	355,16	256,00	162,91	75,91	6,75
	II	**465,16**	345,08	345,08	II	359,75	260,33	166,91	79,58	9,16	
	III	**272,33**	345,08	345,08	III	185,66	103,66	36,00			
	V	**967,00**	345,08	345,08	IV	515,25	460,41	407,00	355,16	304,83	256,00
	VI	**1 010,25**	345,08	345,08							
3764,99	I,IV	**572,50**	345,41	345,41	I	461,16	355,91	256,75	163,58	76,50	7,16
	II	**466,00**	345,41	345,41	II	360,50	261,00	167,58	80,25	9,58	
	III	**273,00**	345,41	345,41	III	186,16	104,16	36,50			
	V	**968,00**	345,41	345,41	IV	516,08	461,16	407,83	355,91	305,58	256,75
	VI	**1 011,25**	345,41	345,41							
3767,99	I,IV	**573,25**	345,66	345,66	I	461,91	356,66	257,41	164,16	77,08	7,50
	II	**466,75**	345,66	345,66	II	361,16	261,66	168,16	80,83	9,91	
	III	**273,50**	345,66	345,66	III	186,83	104,66	36,83			
	V	**969,08**	345,66	345,66	IV	516,83	461,91	408,50	356,66	306,25	257,41
	VI	**1 012,33**	345,66	345,66							
3770,99	I,IV	**574,08**	345,91	345,91	I	462,66	357,33	258,08	164,83	77,66	7,91
	II	**467,50**	345,91	345,91	II	361,91	262,33	168,83	81,41	10,33	
	III	**274,16**	345,91	345,91	III	187,33	105,16	37,33			
	V	**970,08**	345,91	345,91	IV	517,66	462,66	409,25	357,33	307,00	258,08
	VI	**1 013,33**	345,91	345,91							
3773,99	I,IV	**574,91**	346,25	346,25	I	463,50	358,08	258,75	165,50	78,25	8,25
	II	**468,25**	346,25	346,25	II	362,66	263,08	169,50	82,00	10,75	
	III	**274,83**	346,25	346,25	III	188,00	105,66	37,66			
	V	**971,16**	346,25	346,25	IV	518,41	463,50	410,00	358,08	307,66	258,75
	VI	**1 014,41**	346,25	346,25							
3776,99	I,IV	**575,75**	346,50	346,50	I	464,25	358,83	259,41	166,16	78,83	8,66
	II	**469,08**	346,50	346,50	II	363,41	263,75	170,16	82,58	11,08	
	III	**275,50**	346,50	346,50	III	188,66	106,33	38,16			
	V	**972,16**	346,50	346,50	IV	519,25	464,25	410,75	358,83	308,41	259,41
	VI	**1 015,41**	346,50	346,50							
3779,99	I,IV	**576,50**	346,75	346,75	I	465,00	359,50	260,08	166,75	79,41	9,08
	II	**469,83**	346,75	346,75	II	364,08	264,41	170,75	83,16	11,50	
	III	**276,00**	346,75	346,75	III	189,16	106,83	38,66			
	V	**973,25**	346,75	346,75	IV	520,00	465,00	411,50	359,50	309,08	260,08
	VI	**1 016,50**	346,75	346,75							

* Zur LSt-Berechnung für privat versicherte Arbeitnehmer s. Beispiele **Vorbemerkung S. 4f.**
** Basisvorsorgepauschale KV und PV *** Typisierter Arbeitgeberzuschuss

aT3

allgemeine Lohnsteuer

Lohn/Gehalt in € bis	Steuerklasse	Lohnsteuer*	BVSP**	TAGZ***	Steuerklasse	Bemessungsgrundlage für Kirchensteuer und Solidaritätszuschlag Freibeträge für ... Kinder					
						0,5	1,0	1,5	2,0	2,5	3,0
3782,99	I,IV	**577,33**	347,08	347,08	I	465,75	360,25	260,83	167,41	80,08	9,41
	II	**470,58**	347,08	347,08	II	364,83	265,08	171,41	83,83	11,91	
	III	**276,66**	347,08	347,08	III	189,83	107,33	39,00			
	V	**974,25**	347,08	347,08	IV	520,83	465,75	412,25	360,25	309,75	260,83
	VI	**1017,50**	347,08	347,08							
3785,99	I,IV	**578,16**	347,33	347,33	I	466,58	361,00	261,50	168,08	80,66	9,83
	II	**471,33**	347,33	347,33	II	365,58	265,75	172,08	84,41	12,33	
	III	**277,33**	347,33	347,33	III	190,50	107,83	39,50			
	V	**975,33**	347,33	347,33	IV	521,58	466,58	413,00	361,00	310,50	261,50
	VI	**1018,58**	347,33	347,33							
3788,99	I,IV	**579,00**	347,58	347,58	I	467,33	361,75	262,16	168,66	81,25	10,25
	II	**472,16**	347,58	347,58	II	366,25	266,50	172,75	85,00	12,66	
	III	**278,00**	347,58	347,58	III	191,00	108,50	39,83			
	V	**976,33**	347,58	347,58	IV	522,41	467,33	413,75	361,75	311,16	262,16
	VI	**1019,58**	347,58	347,58							
3791,99	I,IV	**579,75**	347,83	347,83	I	468,08	362,41	262,83	169,33	81,83	10,58
	II	**472,91**	347,83	347,83	II	367,00	267,16	173,33	85,58	13,08	
	III	**278,50**	347,83	347,83	III	191,66	109,00	40,33			
	V	**977,33**	347,83	347,83	IV	523,16	468,08	414,50	362,41	311,91	262,83
	VI	**1020,66**	347,83	347,83							
3794,99	I,IV	**580,58**	348,16	348,16	I	468,83	363,16	263,58	170,00	82,41	11,00
	II	**473,66**	348,16	348,16	II	367,75	267,83	174,00	86,16	13,50	
	III	**279,16**	348,16	348,16	III	192,16	109,50	40,66			
	V	**978,41**	348,16	348,16	IV	524,00	468,83	415,25	363,16	312,58	263,58
	VI	**1021,66**	348,16	348,16							
3797,99	I,IV	**581,41**	348,41	348,41	I	469,66	363,91	264,25	170,58	83,08	11,41
	II	**474,50**	348,41	348,41	II	368,50	268,50	174,66	86,83	13,91	
	III	**279,83**	348,41	348,41	III	192,83	110,00	41,16			
	V	**979,50**	348,41	348,41	IV	524,75	469,66	416,00	363,91	313,33	264,25
	VI	**1022,75**	348,41	348,41							
3800,99	I,IV	**582,25**	348,66	348,66	I	470,41	364,66	264,91	171,25	83,66	11,83
	II	**475,25**	348,66	348,66	II	369,25	269,25	175,33	87,41	14,33	
	III	**280,50**	348,66	348,66	III	193,50	110,66	41,66			
	V	**980,50**	348,66	348,66	IV	525,58	470,41	416,75	364,66	314,00	264,91
	VI	**1023,75**	348,66	348,66							
3803,99	I,IV	**583,00**	349,00	349,00	I	471,16	365,33	265,58	171,91	84,25	12,16
	II	**476,00**	349,00	349,00	II	369,91	269,91	175,91	88,00	14,75	
	III	**281,16**	349,00	349,00	III	194,00	111,16	42,00			
	V	**981,50**	349,00	349,00	IV	526,33	471,16	417,50	365,33	314,75	265,58
	VI	**1024,83**	349,00	349,00							
3806,99	I,IV	**583,83**	349,25	349,25	I	471,91	366,08	266,33	172,58	84,83	12,58
	II	**476,75**	349,25	349,25	II	370,66	270,58	176,58	88,58	15,16	
	III	**281,66**	349,25	349,25	III	194,66	111,66	42,50			
	V	**982,58**	349,25	349,25	IV	527,16	471,91	418,25	366,08	315,41	266,33
	VI	**1025,83**	349,25	349,25							
3809,99	I,IV	**584,66**	349,50	349,50	I	472,75	366,83	267,00	173,16	85,41	13,00
	II	**477,58**	349,50	349,50	II	371,41	271,25	177,25	89,25	15,58	
	III	**282,33**	349,50	349,50	III	195,33	112,33	43,00			
	V	**983,66**	349,50	349,50	IV	527,91	472,75	419,00	366,83	316,16	267,00
	VI	**1026,91**	349,50	349,50							
3812,99	I,IV	**585,50**	349,83	349,83	I	473,50	367,58	267,66	173,83	86,08	13,41
	II	**478,33**	349,83	349,83	II	372,16	272,00	177,91	89,83	16,00	
	III	**283,00**	349,83	349,83	III	195,83	112,83	43,33			
	V	**984,66**	349,83	349,83	IV	528,75	473,50	419,75	367,58	316,83	267,66
	VI	**1027,91**	349,83	349,83							
3815,99	I,IV	**586,25**	350,08	350,08	I	474,25	368,25	268,33	174,50	86,66	13,83
	II	**479,08**	350,08	350,08	II	372,83	272,66	178,50	90,41	16,41	
	III	**283,66**	350,08	350,08	III	196,50	113,33	43,83			
	V	**985,66**	350,08	350,08	IV	529,50	474,25	420,50	368,25	317,58	268,33
	VI	**1029,00**	350,08	350,08							

* Zur LSt-Berechnung für privat versicherte Arbeitnehmer s. Beispiele **Vorbemerkung S. 4 f.**
** Basisvorsorgepauschale KV und PV *** Typisierter Arbeitgeberzuschuss

Monat gültig ab 1. 1. 2022 (idF des StEntlG 2022) — aT3

Lohn/Gehalt in € bis	Steuerklasse	Lohnsteuer*	BVSP**	TAGZ***	Steuerklasse	Bemessungsgrundlage für Kirchensteuer und Solidaritätszuschlag — Freibeträge für ... Kinder					
						0,5	1,0	1,5	2,0	2,5	3,0
3 818,99	I,IV	587,08	350,33	350,33	I	475,00	369,00	269,08	175,08	87,25	14,25
	II	479,91	350,33	350,33	II	373,58	273,33	179,16	91,00	16,83	
	III	284,16	350,33	350,33	III	197,00	113,83	44,16			
	V	986,75	350,33	350,33	IV	530,33	475,00	421,25	369,00	318,25	269,08
	VI	1 030,00	350,33	350,33							
3 821,99	I,IV	587,91	350,66	350,66	I	475,83	369,75	269,75	175,75	87,83	14,66
	II	480,66	350,66	350,66	II	374,33	274,08	179,83	91,66	17,25	
	III	284,83	350,66	350,66	III	197,66	114,50	44,66			
	V	987,83	350,66	350,66	IV	531,08	475,83	422,00	369,75	319,00	269,75
	VI	1 031,08	350,66	350,66							
3 824,99	I,IV	588,75	350,91	350,91	I	476,58	370,50	270,41	176,41	88,50	15,08
	II	481,41	350,91	350,91	II	375,08	274,75	180,50	92,25	17,66	
	III	285,50	350,91	350,91	III	198,33	115,00	45,16			
	V	988,83	350,91	350,91	IV	531,91	476,58	422,75	370,50	319,66	270,41
	VI	1 032,08	350,91	350,91							
3 827,99	I,IV	589,58	351,16	351,16	I	477,33	371,16	271,08	177,08	89,08	15,41
	II	482,16	351,16	351,16	II	375,75	275,41	181,08	92,83	18,08	
	III	286,16	351,16	351,16	III	198,83	115,50	45,50			
	V	989,83	351,16	351,16	IV	532,66	477,33	423,50	371,16	320,41	271,08
	VI	1 033,16	351,16	351,16							
3 830,99	I,IV	590,41	351,41	351,41	I	478,16	371,91	271,83	177,66	89,66	15,83
	II	483,00	351,41	351,41	II	376,50	276,08	181,75	93,41	18,50	
	III	286,83	351,41	351,41	III	199,50	116,16	46,00			
	V	990,91	351,41	351,41	IV	533,50	478,16	424,25	371,91	321,08	271,83
	VI	1 034,16	351,41	351,41							
3 833,99	I,IV	591,16	351,75	351,75	I	478,91	372,66	272,50	178,33	90,25	16,25
	II	483,75	351,75	351,75	II	377,25	276,83	182,41	94,08	18,91	
	III	287,33	351,75	351,75	III	200,16	116,66	46,50			
	V	992,00	351,75	351,75	IV	534,33	478,91	425,00	372,66	321,83	272,50
	VI	1 035,25	351,75	351,75							
3 836,99	I,IV	592,00	352,00	352,00	I	479,66	373,41	273,16	179,00	90,91	16,66
	II	484,58	352,00	352,00	II	378,00	277,50	183,08	94,66	19,33	
	III	288,00	352,00	352,00	III	200,83	117,16	46,83			
	V	993,00	352,00	352,00	IV	535,08	479,66	425,83	373,41	322,58	273,16
	VI	1 036,25	352,00	352,00							
3 839,99	I,IV	592,83	352,25	352,25	I	480,41	374,16	273,83	179,66	91,50	17,08
	II	485,33	352,25	352,25	II	378,75	278,16	183,66	95,25	19,75	
	III	288,66	352,25	352,25	III	201,33	117,83	47,33			
	V	994,00	352,25	352,25	IV	535,91	480,41	426,33	374,16	323,25	273,83
	VI	1 037,33	352,25	352,25							
3 842,99	I,IV	593,66	352,58	352,58	I	481,25	374,83	274,58	180,33	92,08	17,50
	II	486,08	352,58	352,58	II	379,41	278,91	184,33	95,83	20,16	
	III	289,33	352,58	352,58	III	202,00	118,33	47,66			
	V	995,08	352,58	352,58	IV	536,66	481,25	427,33	374,83	323,91	274,58
	VI	1 038,33	352,58	352,58							
3 845,99	I,IV	594,50	352,83	352,83	I	482,00	375,58	275,25	180,91	92,66	17,91
	II	486,91	352,83	352,83	II	380,16	279,58	185,00	96,50	20,66	
	III	289,83	352,83	352,83	III	202,50	118,83	48,16			
	V	996,16	352,83	352,83	IV	537,50	482,00	428,08	375,58	324,66	275,25
	VI	1 039,41	352,83	352,83							
3 848,99	I,IV	595,33	353,08	353,08	I	482,83	376,33	275,91	181,58	93,33	18,41
	II	487,66	353,08	353,08	II	380,91	280,25	185,66	97,08	21,08	
	III	290,50	353,08	353,08	III	203,16	119,50	48,66			
	V	997,16	353,08	353,08	IV	538,33	482,83	428,83	376,33	325,41	275,91
	VI	1 040,41	353,08	353,08							
3 851,99	I,IV	596,08	353,41	353,41	I	483,58	377,08	276,58	182,25	93,91	18,83
	II	488,41	353,41	353,41	II	381,66	280,91	186,25	97,66	21,50	
	III	291,16	353,41	353,41	III	203,83	120,00	49,00			
	V	998,16	353,41	353,41	IV	539,08	483,58	429,58	377,08	326,08	276,58
	VI	1 041,50	353,41	353,41							

* Zur LSt-Berechnung für privat versicherte Arbeitnehmer s. Beispiele **Vorbemerkung S. 4f.**
** Basisvorsorgepauschale KV und PV *** Typisierter Arbeitgeberzuschuss

aT3 allgemeine Lohnsteuer

Lohn/ Gehalt in € bis	Steuerklasse	Lohn-steuer*	BVSP**	TAGZ***	Steuerklasse	Bemessungsgrundlage für Kirchensteuer und Solidaritätszuschlag					
						Freibeträge für ... Kinder					
						0,5	1,0	1,5	2,0	2,5	3,0
3854,99	I,IV	**596,91**	353,66	353,66	I	484,33	377,83	277,33	182,91	94,50	19,25
	II	**489,16**	353,66	353,66	II	382,41	281,66	186,91	98,33	21,91	
	III	**291,83**	353,66	353,66	III	204,33	120,50	49,50			
	V	**999,25**	353,66	353,66	IV	539,91	484,33	430,33	377,83	326,83	277,33
	VI	**1042,50**	353,66	353,66							
3857,99	I,IV	**597,75**	353,91	353,91	I	485,08	378,58	278,00	183,50	95,08	19,66
	II	**490,00**	353,91	353,91	II	383,16	282,33	187,58	98,91	22,33	
	III	**292,50**	353,91	353,91	III	205,00	121,16	50,00			
	V	**1000,33**	353,91	353,91	IV	540,66	485,08	431,08	378,58	327,50	278,00
	VI	**1043,58**	353,91	353,91							
3860,99	I,IV	**598,58**	354,16	354,16	I	485,91	379,25	278,75	184,16	95,75	20,08
	II	**490,75**	354,16	354,16	II	383,91	283,08	188,25	99,50	22,83	
	III	**293,00**	354,16	354,16	III	205,66	121,66	50,50			
	V	**1001,33**	354,16	354,16	IV	541,50	485,91	431,83	379,25	328,25	278,75
	VI	**1044,58**	354,16	354,16							
3863,99	I,IV	**599,41**	354,50	354,50	I	486,66	380,00	279,41	184,83	96,33	20,50
	II	**491,50**	354,50	354,50	II	384,58	283,75	188,91	100,08	23,25	
	III	**293,66**	354,50	354,50	III	206,16	122,16	50,83			
	V	**1002,33**	354,50	354,50	IV	542,25	486,66	432,58	380,00	328,91	279,41
	VI	**1045,58**	354,50	354,50							
3866,99	I,IV	**600,25**	354,75	354,75	I	487,41	380,75	280,08	185,50	96,91	20,91
	II	**492,33**	354,75	354,75	II	385,33	284,41	189,58	100,75	23,66	
	III	**294,33**	354,75	354,75	III	206,83	122,83	51,33			
	V	**1003,41**	354,75	354,75	IV	543,08	487,41	433,33	380,75	329,66	280,08
	VI	**1046,66**	354,75	354,75							
3869,99	I,IV	**601,08**	355,00	355,00	I	488,25	381,50	280,75	186,16	97,50	21,41
	II	**493,08**	355,00	355,00	II	386,08	285,08	190,16	101,33	24,16	
	III	**295,00**	355,00	355,00	III	207,50	123,33	51,83			
	V	**1004,50**	355,00	355,00	IV	543,91	488,25	434,08	381,50	330,41	280,75
	VI	**1047,75**	355,00	355,00							
3872,99	I,IV	**601,83**	355,33	355,33	I	489,00	382,25	281,50	186,75	98,16	21,83
	II	**493,91**	355,33	355,33	II	386,83	285,83	190,83	101,91	24,58	
	III	**295,66**	355,33	355,33	III	208,00	124,00	52,16			
	V	**1005,50**	355,33	355,33	IV	544,66	489,00	434,83	382,25	331,08	281,50
	VI	**1048,75**	355,33	355,33							
3875,99	I,IV	**602,66**	355,58	355,58	I	489,75	382,91	282,16	187,41	98,75	22,25
	II	**494,66**	355,58	355,58	II	387,58	286,50	191,50	102,58	25,00	
	III	**296,16**	355,58	355,58	III	208,66	124,50	52,66			
	V	**1006,50**	355,58	355,58	IV	545,50	489,75	435,58	382,91	331,83	282,16
	VI	**1049,75**	355,58	355,58							
3878,99	I,IV	**603,50**	355,83	355,83	I	490,58	383,66	282,83	188,08	99,33	22,66
	II	**495,41**	355,83	355,83	II	388,33	287,16	192,16	103,16	25,50	
	III	**296,83**	355,83	355,83	III	209,33	125,16	53,16			
	V	**1007,58**	355,83	355,83	IV	546,25	490,58	436,33	383,66	332,50	282,83
	VI	**1050,83**	355,83	355,83							
3881,99	I,IV	**604,33**	356,16	356,16	I	491,33	384,41	283,58	188,75	100,00	23,16
	II	**496,25**	356,16	356,16	II	389,08	287,91	192,83	103,75	25,91	
	III	**297,50**	356,16	356,16	III	209,83	125,66	53,66			
	V	**1008,66**	356,16	356,16	IV	547,08	491,33	437,16	384,41	333,25	283,58
	VI	**1051,91**	356,16	356,16							
3884,99	I,IV	**605,16**	356,41	356,41	I	492,16	385,16	284,25	189,41	100,58	23,58
	II	**497,00**	356,41	356,41	II	389,75	288,58	193,50	104,41	26,41	
	III	**298,16**	356,41	356,41	III	210,50	126,16	54,00			
	V	**1009,66**	356,41	356,41	IV	547,91	492,16	437,91	385,16	334,00	284,25
	VI	**1052,91**	356,41	356,41							
3887,99	I,IV	**606,00**	356,66	356,66	I	492,91	385,91	284,91	190,08	101,16	24,00
	II	**497,83**	356,66	356,66	II	390,50	289,33	194,16	105,00	26,83	
	III	**298,83**	356,66	356,66	III	211,16	126,83	54,50			
	V	**1010,75**	356,66	356,66	IV	548,66	492,91	438,66	385,91	334,66	284,91
	VI	**1054,00**	356,66	356,66							

* Zur LSt-Berechnung für privat versicherte Arbeitnehmer s. Beispiele **Vorbemerkung S. 4 f.**
** Basisvorsorgepauschale KV und PV   *** Typisierter Arbeitgeberzuschuss

Monat gültig ab 1. 1. 2022 (idF des StEntlG 2022) — aT3

Lohn/Gehalt in € bis	Steuerklasse	Lohnsteuer*	BVSP**	TAGZ***	Steuerklasse	Bemessungsgrundlage für Kirchensteuer und Solidaritätszuschlag — Freibeträge für ... Kinder					
						0,5	1,0	1,5	2,0	2,5	3,0
3 890,99	I,IV	606,83	356,91	356,91	I	493,66	386,66	285,66	190,66	101,75	24,50
	II	498,58	356,91	356,91	II	391,25	290,00	194,75	105,58	27,25	
	III	299,66	356,91	356,91	III	211,66	127,33	55,00			
	V	1 011,75	356,91	356,91	IV	549,50	493,66	439,41	386,66	335,41	285,66
	VI	1 055,00	356,91	356,91							
3 893,99	I,IV	607,58	357,25	357,25	I	494,50	387,41	286,33	191,33	102,41	24,91
	II	499,33	357,25	357,25	II	392,00	290,66	195,41	106,25	27,75	
	III	300,00	357,25	357,25	III	212,33	128,00	55,33			
	V	1 012,83	357,25	357,25	IV	550,33	494,50	440,16	387,41	336,08	286,33
	VI	1 056,08	357,25	357,25							
3 896,99	I,IV	608,41	357,50	357,50	I	495,25	388,16	287,00	192,00	103,00	25,33
	II	500,16	357,50	357,50	II	392,75	291,41	196,08	106,83	28,25	
	III	300,66	357,50	357,50	III	213,00	128,50	55,83			
	V	1 013,83	357,50	357,50	IV	551,08	495,25	440,91	388,16	336,83	287,00
	VI	1 057,08	357,50	357,50							
3 899,99	I,IV	609,25	357,75	357,75	I	496,08	388,83	287,75	192,66	103,66	25,83
	II	500,91	357,75	357,75	II	393,50	292,08	196,75	107,41	28,66	
	III	301,33	357,75	357,75	III	213,50	129,00	56,33			
	V	1 014,91	357,75	357,75	IV	551,91	496,08	441,66	388,83	337,58	287,75
	VI	1 058,16	357,75	357,75							
3 902,99	I,IV	610,08	358,08	358,08	I	496,83	389,58	288,41	193,33	104,25	26,25
	II	501,75	358,08	358,08	II	394,25	292,75	197,41	108,08	29,16	
	III	302,00	358,08	358,08	III	214,16	129,66	56,83			
	V	1 015,91	358,08	358,08	IV	552,66	496,83	442,41	389,58	338,25	288,41
	VI	1 059,16	358,08	358,08							
3 905,99	I,IV	610,91	358,33	358,33	I	497,58	390,33	289,08	193,91	104,83	26,75
	II	502,50	358,33	358,33	II	395,00	293,50	198,08	108,66	29,58	
	III	302,50	358,33	358,33	III	214,83	130,16	57,33	0,16		
	V	1 017,00	358,33	358,33	IV	553,50	497,58	443,25	390,33	339,00	289,08
	VI	1 060,25	358,33	358,33							
3 908,99	I,IV	611,75	358,58	358,58	I	498,41	391,08	289,83	194,58	105,50	27,16
	II	503,33	358,58	358,58	II	395,75	294,16	198,75	109,25	30,08	
	III	303,16	358,58	358,58	III	215,33	130,83	57,66	0,66		
	V	1 018,00	358,58	358,58	IV	554,33	498,41	444,00	391,08	339,66	289,83
	VI	1 061,25	358,58	358,58							
3 911,99	I,IV	612,58	358,91	358,91	I	499,16	391,83	290,50	195,25	106,08	27,66
	II	504,08	358,91	358,91	II	396,50	294,91	199,33	109,91	30,50	
	III	303,83	358,91	358,91	III	216,00	131,33	58,16	1,00		
	V	1 019,08	358,91	358,91	IV	555,16	499,16	444,75	391,83	340,41	290,50
	VI	1 062,33	358,91	358,91							
3 914,99	I,IV	613,41	359,16	359,16	I	499,91	392,58	291,16	195,91	106,66	28,08
	II	504,83	359,16	359,16	II	397,16	295,58	200,00	110,50	31,00	
	III	304,50	359,16	359,16	III	216,66	132,00	58,66	1,33		
	V	1 020,08	359,16	359,16	IV	555,91	499,91	445,50	392,58	341,08	291,16
	VI	1 063,33	359,16	359,16							
3 917,99	I,IV	614,25	359,41	359,41	I	500,75	393,33	291,91	196,58	107,25	28,58
	II	505,66	359,41	359,41	II	397,91	296,25	200,66	111,08	31,50	
	III	305,00	359,41	359,41	III	217,16	132,50	59,16	1,66		
	V	1 021,08	359,41	359,41	IV	556,75	500,75	446,25	393,33	341,83	291,91
	VI	1 064,41	359,41	359,41							
3 920,99	I,IV	615,08	359,75	359,75	I	501,50	394,08	292,58	197,25	107,91	29,00
	II	506,41	359,75	359,75	II	398,66	297,00	201,33	111,75	31,91	
	III	305,66	359,75	359,75	III	217,83	133,16	59,50	2,00		
	V	1 022,16	359,75	359,75	IV	557,50	501,50	447,00	394,08	342,58	292,58
	VI	1 065,41	359,75	359,75							
3 923,99	I,IV	615,91	360,00	360,00	I	502,33	394,75	293,33	197,91	108,50	29,50
	II	507,41	360,00	360,00	II	399,41	297,66	202,00	112,33	32,41	
	III	306,33	360,00	360,00	III	218,50	133,66	60,00	2,33		
	V	1 023,25	360,00	360,00	IV	558,33	502,33	447,83	394,75	343,33	293,33
	VI	1 066,50	360,00	360,00							

* Zur LSt-Berechnung für privat versicherte Arbeitnehmer s. Beispiele **Vorbemerkung S. 4 f.**
** Basisvorsorgepauschale KV und PV   *** Typisierter Arbeitgeberzuschuss

aT3

allgemeine Lohnsteuer

Lohn/ Gehalt in € bis	Steuerklasse	Lohn- steuer*	BVSP**	TAGZ***	Steuerklasse	Bemessungsgrundlage für Kirchensteuer und Solidaritätszuschlag					
						Freibeträge für ... Kinder					
						0,5	1,0	1,5	2,0	2,5	3,0
3926,99	I,IV	**616,66**	360,25	360,25	I	503,08	395,50	294,00	198,50	109,08	29,91
	II	**508,00**	360,25	360,25	II	400,16	298,33	202,66	112,91	32,91	
	III	**307,00**	360,25	360,25	III	219,00	134,33	60,50	2,66		
	V	**1024,25**	360,25	360,25	IV	559,16	503,08	448,50	395,50	344,00	294,00
	VI	**1067,50**	360,25	360,25							
3929,99	I,IV	**617,50**	360,50	360,50	I	503,83	396,25	294,66	199,16	109,75	30,41
	II	**508,75**	360,50	360,50	II	400,91	299,08	203,33	113,58	33,33	
	III	**307,66**	360,50	360,50	III	219,66	134,83	61,00	3,00		
	V	**1025,25**	360,50	360,50	IV	559,91	503,83	449,33	396,25	344,75	294,66
	VI	**1068,58**	360,50	360,50							
3932,99	I,IV	**618,33**	360,83	360,83	I	504,66	397,00	295,41	199,83	110,33	30,91
	II	**509,58**	360,83	360,83	II	401,66	299,75	204,00	114,16	33,83	
	III	**308,33**	360,83	360,83	III	220,33	135,50	61,50	3,33		
	V	**1026,33**	360,83	360,83	IV	560,75	504,66	450,08	397,00	345,41	295,41
	VI	**1069,58**	360,83	360,83							
3935,99	I,IV	**619,16**	361,08	361,08	I	505,41	397,75	296,08	200,50	111,00	31,33
	II	**510,33**	361,08	361,08	II	402,41	300,50	204,66	114,83	34,33	
	III	**308,83**	361,08	361,08	III	221,00	136,00	62,00	3,83		
	V	**1027,41**	361,08	361,08	IV	561,58	505,41	450,83	397,75	346,16	296,08
	VI	**1070,66**	361,08	361,08							
3938,99	I,IV	**620,00**	361,33	361,33	I	506,25	398,50	296,83	201,16	111,58	31,83
	II	**511,16**	361,33	361,33	II	403,16	301,16	205,25	115,41	34,83	
	III	**309,50**	361,33	361,33	III	221,50	136,50	62,33	4,16		
	V	**1028,41**	361,33	361,33	IV	562,33	506,25	451,58	398,50	346,91	296,83
	VI	**1071,66**	361,33	361,33							
3941,99	I,IV	**620,83**	361,66	361,66	I	507,00	399,25	297,50	201,83	112,16	32,25
	II	**511,91**	361,66	361,66	II	403,91	301,91	205,91	116,00	35,25	
	III	**310,16**	361,66	361,66	III	222,16	137,16	62,83	4,50		
	V	**1029,41**	361,66	361,66	IV	563,16	507,00	452,33	399,25	347,58	297,50
	VI	**1072,75**	361,66	361,66							
3944,99	I,IV	**621,66**	361,91	361,91	I	507,83	400,00	298,16	202,50	112,83	32,75
	II	**512,75**	361,91	361,91	II	404,66	302,58	206,58	116,66	35,75	
	III	**310,83**	361,91	361,91	III	222,66	137,83	63,33	4,83		
	V	**1030,50**	361,91	361,91	IV	564,00	507,83	453,16	400,00	348,33	298,16
	VI	**1073,75**	361,91	361,91							
3947,99	I,IV	**622,50**	362,16	362,16	I	508,58	400,75	298,91	203,16	113,41	33,25
	II	**513,50**	362,16	362,16	II	405,41	303,33	207,25	117,25	36,25	
	III	**311,50**	362,16	362,16	III	223,33	138,33	63,83	5,16		
	V	**1031,58**	362,16	362,16	IV	564,83	508,58	453,91	400,75	349,08	298,91
	VI	**1074,83**	362,16	362,16							
3950,99	I,IV	**623,33**	362,50	362,50	I	509,33	401,41	299,58	203,75	114,00	33,75
	II	**514,33**	362,50	362,50	II	406,08	304,00	207,91	117,91	36,75	
	III	**312,00**	362,50	362,50	III	224,00	139,00	64,33	5,50		
	V	**1032,58**	362,50	362,50	IV	565,58	509,33	454,66	401,41	349,75	299,58
	VI	**1075,83**	362,50	362,50							
3953,99	I,IV	**624,16**	362,75	362,75	I	510,16	402,16	300,33	204,41	114,66	34,16
	II	**515,08**	362,75	362,75	II	406,83	304,66	208,58	118,50	37,25	
	III	**312,66**	362,75	362,75	III	224,66	139,50	64,66	5,83		
	V	**1033,58**	362,75	362,75	IV	566,41	510,16	455,41	402,16	350,50	300,33
	VI	**1076,91**	362,75	362,75							
3956,99	I,IV	**625,00**	363,00	363,00	I	510,91	402,91	301,00	205,08	115,25	34,66
	II	**515,91**	363,00	363,00	II	407,58	305,41	209,25	119,16	37,75	
	III	**313,33**	363,00	363,00	III	225,16	140,16	65,16	6,33		
	V	**1034,66**	363,00	363,00	IV	567,25	510,91	456,16	402,91	351,25	301,00
	VI	**1077,91**	363,00	363,00							
3959,99	I,IV	**625,83**	363,25	363,25	I	511,75	403,66	301,75	205,75	115,91	35,16
	II	**516,66**	363,25	363,25	II	408,33	306,08	209,91	119,75	38,25	
	III	**314,00**	363,25	363,25	III	225,83	140,66	65,66	6,66		
	V	**1035,75**	363,25	363,25	IV	568,00	511,75	457,00	403,66	351,91	301,75
	VI	**1079,00**	363,25	363,25							

* Zur LSt-Berechnung für privat versicherte Arbeitnehmer s. Beispiele **Vorbemerkung S. 4f.**
** Basisvorsorgepauschale KV und PV   *** Typisierter Arbeitgeberzuschuss

Monat gültig ab 1. 1. 2022 (idF des StEntlG 2022)   aT3

Lohn/Gehalt in € bis	Steuerklasse	Lohnsteuer*	BVSP**	TAGZ***	Steuerklasse	Bemessungsgrundlage für Kirchensteuer und Solidaritätszuschlag – Freibeträge für ... Kinder					
						0,5	1,0	1,5	2,0	2,5	3,0
3962,99	I,IV	626,66	363,58	363,58	I	512,50	404,41	302,41	206,41	116,50	35,66
	II	517,41	363,58	363,58	II	409,08	306,83	210,58	120,33	38,66	
	III	314,66	363,58	363,58	III	226,33	141,33	66,16	7,00		
	V	1 036,75	363,58	363,58	IV	568,83	512,50	457,75	404,41	352,66	302,41
	VI	1 080,00	363,58	363,58							
3965,99	I,IV	627,50	363,83	363,83	I	513,33	405,16	303,08	207,08	117,08	36,16
	II	518,25	363,83	363,83	II	409,83	307,50	211,25	121,00	39,16	
	III	315,16	363,83	363,83	III	227,00	141,83	66,66	7,33		
	V	1 037,75	363,83	363,83	IV	569,66	513,33	458,50	405,16	353,41	303,08
	VI	1 081,08	363,83	363,83							
3968,99	I,IV	628,33	364,08	364,08	I	514,08	405,91	303,83	207,75	117,75	36,58
	II	519,08	364,08	364,08	II	410,58	308,25	211,91	121,58	39,66	
	III	315,83	364,08	364,08	III	227,66	142,50	67,16	7,66		
	V	1 038,83	364,08	364,08	IV	570,50	514,08	459,25	405,91	354,08	303,83
	VI	1 082,08	364,08	364,08							
3971,99	I,IV	629,16	364,41	364,41	I	514,91	406,66	304,50	208,41	118,33	37,08
	II	519,83	364,41	364,41	II	411,33	308,91	212,58	122,25	40,16	
	III	316,50	364,41	364,41	III	228,33	143,00	67,66	8,16		
	V	1 039,91	364,41	364,41	IV	571,25	514,91	460,00	406,66	354,83	304,50
	VI	1 083,16	364,41	364,41							
3974,99	I,IV	630,00	364,66	364,66	I	515,66	407,41	305,25	209,00	119,00	37,58
	II	520,58	364,66	364,66	II	412,08	309,58	213,16	122,83	40,66	
	III	317,16	364,66	364,66	III	228,83	143,66	68,00	8,50		
	V	1 040,91	364,66	364,66	IV	572,08	515,66	460,75	407,41	355,58	305,25
	VI	1 084,16	364,66	364,66							
3977,99	I,IV	630,83	364,91	364,91	I	516,50	408,16	305,91	209,75	119,58	38,08
	II	521,41	364,91	364,91	II	412,83	310,33	213,83	123,41	41,16	
	III	317,83	364,91	364,91	III	229,50	144,16	68,50	8,83		
	V	1 041,91	364,91	364,91	IV	572,91	516,50	461,58	408,16	356,25	305,91
	VI	1 085,25	364,91	364,91							
3980,99	I,IV	631,66	365,25	365,25	I	517,25	408,91	306,66	210,41	120,25	38,58
	II	522,25	365,25	365,25	II	413,58	311,08	214,50	124,08	41,75	
	III	318,50	365,25	365,25	III	230,16	144,83	69,00	9,16		
	V	1 043,00	365,25	365,25	IV	573,66	517,25	462,33	408,91	357,00	306,66
	VI	1 086,25	365,25	365,25							
3983,99	I,IV	632,50	365,50	365,50	I	518,00	409,66	307,33	211,08	120,83	39,08
	II	523,00	365,50	365,50	II	414,33	311,75	215,16	124,66	42,25	
	III	319,16	365,50	365,50	III	230,83	145,50	69,50	9,50		
	V	1 044,08	365,50	365,50	IV	574,50	518,08	463,08	409,66	357,75	307,33
	VI	1 087,33	365,50	365,50							
3986,99	I,IV	633,33	365,75	365,75	I	518,83	410,41	308,00	211,66	121,41	39,58
	II	523,75	365,75	365,75	II	415,08	312,41	215,83	125,33	42,75	
	III	319,66	365,75	365,75	III	231,33	146,00	70,00	9,83		
	V	1 045,08	365,75	365,75	IV	575,33	518,83	463,83	410,41	358,50	308,00
	VI	1 088,33	365,75	365,75							
3989,99	I,IV	634,16	366,00	366,00	I	519,66	411,16	308,75	212,41	122,08	40,08
	II	524,58	366,00	366,00	II	415,83	313,16	216,50	125,91	43,25	
	III	320,33	366,00	366,00	III	232,00	146,66	70,50	10,33		
	V	1 046,08	366,00	366,00	IV	576,16	519,66	464,66	411,16	359,16	308,75
	VI	1 089,33	366,00	366,00							
3992,99	I,IV	635,00	366,33	366,33	I	520,41	411,91	309,41	213,08	122,66	40,58
	II	525,41	366,33	366,33	II	416,58	313,83	217,16	126,58	43,75	
	III	321,00	366,33	366,33	III	232,50	147,16	71,00	10,66		
	V	1 047,16	366,33	366,33	IV	576,91	520,41	465,41	411,91	359,91	309,41
	VI	1 090,41	366,33	366,33							
3995,99	I,IV	635,83	366,58	366,58	I	521,25	412,66	310,16	213,75	123,33	41,08
	II	526,16	366,58	366,58	II	417,33	314,58	217,83	127,16	44,25	
	III	321,66	366,58	366,58	III	233,16	147,83	71,50	11,00		
	V	1 048,25	366,58	366,58	IV	577,75	521,25	466,16	412,66	360,66	310,16
	VI	1 091,50	366,58	366,58							

* Zur LSt-Berechnung für privat versicherte Arbeitnehmer s. Beispiele **Vorbemerkung S. 4f.**
** Basisvorsorgepauschale KV und PV   *** Typisierter Arbeitgeberzuschuss

aT3

allgemeine Lohnsteuer

Lohn/ Gehalt in € bis	Steuerklasse	Lohn- steuer*	BVSP**	TAGZ***	Steuerklasse	Bemessungsgrundlage für Kirchensteuer und Solidaritätszuschlag					
						Freibeträge für ... Kinder					
						0,5	1,0	1,5	2,0	2,5	3,0
3998,99	I,IV	636,66	366,83	366,83	I	522,00	413,41	310,83	214,33	123,91	41,58
	II	526,91	366,83	366,83	II	418,08	315,25	218,50	127,83	44,75	
	III	322,33	366,83	366,83	III	233,83	148,33	72,00	11,33		
	V	1 049,25	366,83	366,83	IV	578,58	522,00	466,91	413,41	361,33	310,83
	VI	1 092,50	366,83	366,83							
4001,99	I,IV	637,50	367,16	367,16	I	522,83	414,16	311,58	215,00	124,50	42,08
	II	527,75	367,16	367,16	II	418,83	316,00	219,16	128,41	45,25	
	III	322,83	367,16	367,16	III	234,50	149,00	72,50	11,83		
	V	1 050,25	367,16	367,16	IV	579,41	522,83	467,75	414,16	362,08	311,58
	VI	1 093,50	367,16	367,16							
4004,99	I,IV	638,33	367,41	367,41	I	523,58	414,91	312,25	215,66	125,16	42,58
	II	528,58	367,41	367,41	II	419,58	316,66	219,83	129,08	45,83	
	III	323,50	367,41	367,41	III	235,00	149,66	72,83	12,16		
	V	1 051,33	367,41	367,41	IV	580,16	523,58	468,50	414,91	362,83	312,25
	VI	1 094,58	367,41	367,41							
4007,99	I,IV	639,16	367,66	367,66	I	524,41	415,66	313,00	216,33	125,83	43,08
	II	529,33	367,66	367,66	II	420,33	317,41	220,50	129,66	46,33	
	III	324,16	367,66	367,66	III	235,66	150,16	73,33	12,50		
	V	1 052,41	367,66	367,66	IV	581,00	524,41	469,25	415,66	363,58	313,00
	VI	1 095,66	367,66	367,66							
4010,99	I,IV	640,00	368,00	368,00	I	525,16	416,41	313,66	217,00	126,41	43,58
	II	530,16	368,00	368,00	II	421,08	318,08	221,16	130,25	46,83	
	III	324,83	368,00	368,00	III	236,33	150,83	73,83	12,83		
	V	1 053,41	368,00	368,00	IV	581,83	525,16	470,00	416,41	364,25	313,66
	VI	1 096,66	368,00	368,00							
4013,99	I,IV	640,83	368,25	368,25	I	526,00	417,16	314,41	217,66	127,00	44,08
	II	530,91	368,25	368,25	II	421,83	318,83	221,83	130,91	47,33	
	III	325,50	368,25	368,25	III	236,83	151,33	74,33	13,33		
	V	1 054,41	368,25	368,25	IV	582,66	526,00	470,83	417,16	365,00	314,41
	VI	1 097,66	368,25	368,25							
4016,99	I,IV	641,66	368,50	368,50	I	526,75	417,91	315,08	218,33	127,66	44,66
	II	531,75	368,50	368,50	II	422,58	319,50	222,50	131,58	47,91	
	III	326,16	368,50	368,50	III	237,50	152,00	74,83	13,66		
	V	1 055,50	368,50	368,50	IV	583,50	526,75	471,58	417,91	365,75	315,08
	VI	1 098,75	368,50	368,50							
4019,99	I,IV	642,50	368,83	368,83	I	527,58	418,66	315,83	219,00	128,25	45,16
	II	532,50	368,83	368,83	II	423,33	320,25	223,16	132,16	48,41	
	III	326,66	368,83	368,83	III	238,16	152,50	75,33	14,00		
	V	1 056,58	368,83	368,83	IV	584,25	527,58	472,33	418,66	366,50	315,83
	VI	1 099,83	368,83	368,83							
4022,99	I,IV	643,33	369,08	369,08	I	528,33	419,41	316,50	219,66	128,91	45,66
	II	533,33	369,08	369,08	II	424,08	320,91	223,83	132,75	48,91	
	III	327,33	369,08	369,08	III	238,83	153,16	75,83	14,50		
	V	1 057,58	369,08	369,08	IV	585,08	528,33	473,08	419,41	367,16	316,50
	VI	1 100,83	369,08	369,08							
4025,99	I,IV	644,16	369,33	369,33	I	529,16	420,16	317,25	220,33	129,50	46,16
	II	534,08	369,33	369,33	II	424,83	321,66	224,50	133,41	49,41	
	III	328,00	369,33	369,33	III	239,33	153,83	76,33	14,83		
	V	1 058,58	369,33	369,33	IV	585,91	529,16	473,91	420,16	367,91	317,25
	VI	1 101,83	369,33	369,33							
4028,99	I,IV	645,00	369,58	369,58	I	529,91	420,91	317,91	221,00	130,16	46,66
	II	534,91	369,58	369,58	II	425,58	322,41	225,16	134,08	50,00	
	III	328,66	369,58	369,58	III	240,00	154,33	76,83	15,16		
	V	1 059,66	369,58	369,58	IV	586,75	529,91	474,66	420,91	368,66	317,91
	VI	1 102,91	369,58	369,58							
4031,99	I,IV	645,83	369,91	369,91	I	530,75	421,66	318,66	221,66	130,75	47,25
	II	535,75	369,91	369,91	II	426,41	323,08	225,83	134,66	50,50	
	III	329,33	369,91	369,91	III	240,66	155,00	77,33	15,50		
	V	1 060,75	369,91	369,91	IV	587,58	530,75	475,41	421,66	369,41	318,66
	VI	1 104,00	369,91	369,91							

*   Zur LSt-Berechnung für privat versicherte Arbeitnehmer s. Beispiele **Vorbemerkung S. 4 f.**
** Basisvorsorgepauschale KV und PV   *** Typisierter Arbeitgeberzuschuss

Monat gültig ab 1. 1. 2022 (idF des StEntlG 2022) — aT3

Lohn/Gehalt in € bis	Steuerklasse	Lohnsteuer*	BVSP**	TAGZ***	Steuerklasse	Bemessungsgrundlage für Kirchensteuer und Solidaritätszuschlag					
						Freibeträge für ... Kinder					
						0,5	1,0	1,5	2,0	2,5	3,0
4034,99	I,IV	646,66	370,16	370,16	I	531,50	422,41	319,33	222,33	131,41	47,75
	II	536,50	370,16	370,16	II	427,08	323,75	226,50	135,25	51,08	
	III	329,83	370,16	370,16	III	241,16	155,50	77,83	16,00		
	V	1 061,75	370,16	370,16	IV	588,33	531,50	476,16	422,41	370,08	319,33
	VI	1 105,00	370,16	370,16							
4037,99	I,IV	647,50	370,41	370,41	I	532,33	423,16	320,08	223,00	132,00	48,25
	II	537,33	370,41	370,41	II	427,91	324,50	227,16	135,91	51,58	
	III	330,50	370,41	370,41	III	241,83	156,16	78,33	16,33		
	V	1 062,75	370,41	370,41	IV	589,16	532,33	477,00	423,16	370,83	320,08
	VI	1 106,00	370,41	370,41							
4040,99	I,IV	648,41	370,75	370,75	I	533,16	423,91	320,75	223,66	132,66	48,83
	II	538,08	370,75	370,75	II	428,66	325,25	227,83	136,58	52,08	
	III	331,16	370,75	370,75	III	242,50	156,66	78,83	16,66		
	V	1 063,83	370,75	370,75	IV	590,00	533,16	477,75	423,91	371,58	320,75
	VI	1 107,08	370,75	370,75							
4043,99	I,IV	649,25	371,00	371,00	I	533,91	424,66	321,50	224,33	133,25	49,33
	II	538,91	371,00	371,00	II	429,41	325,91	228,50	137,16	52,66	
	III	331,83	371,00	371,00	III	243,00	157,33	79,33	17,16		
	V	1 064,83	371,00	371,00	IV	590,83	533,91	478,58	424,66	372,33	321,50
	VI	1 108,16	371,00	371,00							
4046,99	I,IV	650,00	371,25	371,25	I	534,66	425,41	322,16	225,00	133,83	49,83
	II	539,66	371,25	371,25	II	430,16	326,66	229,16	137,75	53,16	
	III	332,50	371,25	371,25	III	243,66	158,00	79,83	17,50		
	V	1 065,91	371,25	371,25	IV	591,58	534,66	479,33	425,41	373,08	322,16
	VI	1 109,16	371,25	371,25							
4049,99	I,IV	650,91	371,58	371,58	I	535,50	426,16	322,91	225,66	134,50	50,41
	II	540,50	371,58	371,58	II	430,91	327,33	229,83	138,41	53,75	
	III	333,16	371,58	371,58	III	244,33	158,50	80,33	17,83		
	V	1 066,91	371,58	371,58	IV	592,41	535,50	480,08	426,16	373,75	322,91
	VI	1 110,16	371,58	371,58							
4052,99	I,IV	651,75	371,83	371,83	I	536,33	426,91	323,58	226,33	135,16	50,91
	II	541,33	371,83	371,83	II	431,66	328,08	230,50	139,08	54,25	
	III	333,83	371,83	371,83	III	245,00	159,16	80,83	18,33		
	V	1 068,00	371,83	371,83	IV	593,25	536,33	480,83	426,91	374,50	323,58
	VI	1 111,25	371,83	371,83							
4055,99	I,IV	652,58	372,08	372,08	I	537,08	427,66	324,33	227,00	135,75	51,41
	II	542,08	372,08	372,08	II	432,41	328,83	231,25	139,66	54,83	
	III	334,50	372,08	372,08	III	245,50	159,83	81,33	18,66		
	V	1 069,00	372,08	372,08	IV	594,08	537,08	481,66	427,66	375,25	324,33
	VI	1 112,33	372,08	372,08							
4058,99	I,IV	653,41	372,33	372,33	I	537,91	428,41	325,00	227,66	136,41	52,00
	II	542,91	372,33	372,33	II	433,16	329,50	231,83	140,33	55,33	
	III	335,00	372,33	372,33	III	246,16	160,33	81,83	19,00		
	V	1 070,08	372,33	372,33	IV	594,91	537,91	482,41	428,41	376,00	325,00
	VI	1 113,33	372,33	372,33							
4061,99	I,IV	654,25	372,66	372,66	I	538,66	429,16	325,75	228,33	137,00	52,50
	II	543,66	372,66	372,66	II	433,91	330,25	232,58	140,91	55,91	
	III	335,66	372,66	372,66	III	246,83	161,00	82,33	19,33		
	V	1 071,08	372,66	372,66	IV	595,75	538,66	483,16	429,16	376,75	325,75
	VI	1 114,33	372,66	372,66							
4064,99	I,IV	655,08	372,91	372,91	I	539,50	430,00	326,50	229,00	137,66	53,08
	II	544,50	372,91	372,91	II	434,66	330,91	233,25	141,58	56,50	
	III	336,33	372,91	372,91	III	247,33	161,50	82,83	19,83		
	V	1 072,16	372,91	372,91	IV	596,58	539,50	484,00	430,00	377,41	326,50
	VI	1 115,41	372,91	372,91							
4067,99	I,IV	655,91	373,16	373,16	I	540,33	430,75	327,16	229,66	138,25	53,58
	II	545,33	373,16	373,16	II	435,41	331,66	233,91	142,16	57,00	
	III	337,00	373,16	373,16	III	248,00	162,16	83,33	20,16		
	V	1 073,16	373,16	373,16	IV	597,33	540,33	484,75	430,75	378,16	327,16
	VI	1 116,50	373,16	373,16							

* Zur LSt-Berechnung für privat versicherte Arbeitnehmer s. Beispiele **Vorbemerkung S. 4f.**
** Basisvorsorgepauschale KV und PV *** Typisierter Arbeitgeberzuschuss

aT3 allgemeine Lohnsteuer

Lohn/ Gehalt in € bis	Steuerklasse	Lohn- steuer*	BVSP**	TAGZ***	Steuerklasse	Bemessungsgrundlage für Kirchensteuer und Solidaritätszuschlag					
						Freibeträge für ... Kinder					
						0,5	1,0	1,5	2,0	2,5	3,0
4070,99	I,IV	**656,75**	373,50	373,50	I	541,08	431,50	327,91	230,33	138,91	54,16
	II	**546,08**	373,50	373,50	II	436,16	332,33	234,58	142,83	57,58	
	III	**337,66**	373,50	373,50	III	248,66	162,66	83,83	20,66		
	V	**1074,25**	373,50	373,50	IV	598,16	541,08	485,50	431,50	378,91	327,91
	VI	**1117,50**	373,50	373,50							
4073,99	I,IV	**657,58**	373,75	373,75	I	541,91	432,25	328,58	231,00	139,50	54,66
	II	**546,91**	373,75	373,75	II	436,91	333,08	235,25	143,41	58,08	
	III	**338,33**	373,75	373,75	III	249,33	163,33	84,33	21,00		
	V	**1075,25**	373,75	373,75	IV	599,00	541,91	486,33	432,25	379,66	328,58
	VI	**1118,50**	373,75	373,75							
4076,99	I,IV	**658,50**	374,00	374,00	I	542,66	433,00	329,33	231,75	140,16	55,25
	II	**547,66**	374,00	374,00	II	437,75	333,75	235,91	144,08	58,66	
	III	**338,83**	374,00	374,00	III	249,83	164,00	84,83	21,33		
	V	**1076,33**	374,00	374,00	IV	599,83	542,66	487,08	433,00	380,41	329,33
	VI	**1119,58**	374,00	374,00							
4079,99	I,IV	**659,33**	374,33	374,33	I	543,50	433,75	330,08	232,41	140,75	55,75
	II	**548,50**	374,33	374,33	II	438,50	334,50	236,58	144,75	59,25	
	III	**339,50**	374,33	374,33	III	250,50	164,50	85,33	21,83		
	V	**1077,33**	374,33	374,33	IV	600,66	543,50	487,83	433,75	381,16	330,08
	VI	**1120,66**	374,33	374,33							
4082,99	I,IV	**660,16**	374,58	374,58	I	544,25	434,50	330,75	233,00	141,41	56,33
	II	**549,33**	374,58	374,58	II	439,25	335,25	237,25	145,33	59,75	
	III	**340,16**	374,58	374,58	III	251,16	165,16	85,83	22,16		
	V	**1078,41**	374,58	374,58	IV	601,41	544,25	488,66	434,50	381,83	330,75
	VI	**1121,66**	374,58	374,58							
4085,99	I,IV	**661,00**	374,83	374,83	I	545,08	435,25	331,50	233,75	142,00	56,83
	II	**550,08**	374,83	374,83	II	440,00	335,91	237,91	146,00	60,33	
	III	**340,83**	374,83	374,83	III	251,83	165,66	86,33	22,50		
	V	**1079,41**	374,83	374,83	IV	602,25	545,08	489,41	435,25	382,58	331,50
	VI	**1122,66**	374,83	374,83							
4088,99	I,IV	**661,83**	375,08	375,08	I	545,91	436,00	332,16	234,41	142,66	57,41
	II	**550,91**	375,08	375,08	II	440,75	336,66	238,58	146,58	60,91	
	III	**341,50**	375,08	375,08	III	252,33	166,33	86,83	23,00		
	V	**1080,50**	375,08	375,08	IV	603,08	545,91	490,16	436,00	383,33	332,16
	VI	**1123,75**	375,08	375,08							
4091,99	I,IV	**662,66**	375,41	375,41	I	546,75	436,75	332,91	235,08	143,33	58,00
	II	**551,75**	375,41	375,41	II	441,50	337,41	239,25	147,25	61,50	
	III	**342,16**	375,41	375,41	III	253,00	167,00	87,33	23,33		
	V	**1081,50**	375,41	375,41	IV	603,91	546,75	491,00	436,75	384,08	332,91
	VI	**1124,83**	375,41	375,41							
4094,99	I,IV	**663,50**	375,66	375,66	I	547,50	437,50	333,58	235,75	143,91	58,50
	II	**552,50**	375,66	375,66	II	442,25	338,08	239,91	147,83	62,00	
	III	**342,83**	375,66	375,66	III	253,66	167,50	87,83	23,66		
	V	**1082,58**	375,66	375,66	IV	604,75	547,50	491,75	437,50	384,83	333,58
	VI	**1125,83**	375,66	375,66							
4097,99	I,IV	**664,33**	375,91	375,91	I	548,33	438,25	334,33	236,41	144,58	59,08
	II	**553,33**	375,91	375,91	II	443,00	338,83	240,58	148,50	62,58	
	III	**343,33**	375,91	375,91	III	254,33	168,16	88,33	24,16		
	V	**1083,58**	375,91	375,91	IV	605,58	548,33	492,50	438,25	385,58	334,33
	VI	**1126,83**	375,91	375,91							
4100,99	I,IV	**665,25**	376,25	376,25	I	549,08	439,08	335,08	237,08	145,16	59,66
	II	**554,16**	376,25	376,25	II	443,83	339,50	241,33	149,16	63,16	
	III	**344,00**	376,25	376,25	III	254,83	168,66	89,00	24,50		
	V	**1084,66**	376,25	376,25	IV	606,41	549,08	493,33	439,08	386,25	335,00
	VI	**1127,91**	376,25	376,25							
4103,99	I,IV	**666,08**	376,50	376,50	I	549,91	439,83	335,75	237,75	145,83	60,25
	II	**554,91**	376,50	376,50	II	444,58	340,25	242,00	149,75	63,75	
	III	**344,66**	376,50	376,50	III	255,50	169,33	89,50	25,00		
	V	**1085,66**	376,50	376,50	IV	607,25	549,91	494,08	439,83	387,00	335,75
	VI	**1129,00**	376,50	376,50							

* Zur LSt-Berechnung für privat versicherte Arbeitnehmer s. Beispiele **Vorbemerkung S. 4 f.**
** Basisvorsorgepauschale KV und PV   *** Typisierter Arbeitgeberzuschuss

Monat gültig ab 1. 1. 2022 (idF des StEntlG 2022) aT3

Lohn/Gehalt in € bis	Steuerklasse	Lohnsteuer*	BVSP**	TAGZ***	Steuerklasse	Bemessungsgrundlage für Kirchensteuer und Solidaritätszuschlag Freibeträge für ... Kinder					
						0,5	1,0	1,5	2,0	2,5	3,0
4106,99	I,IV	666,91	376,75	376,75	I	550,66	440,58	336,50	238,41	146,41	60,75
	II	555,75	376,75	376,75	II	445,33	340,91	242,66	150,41	64,33	
	III	345,33	376,75	376,75	III	256,16	169,83	90,00	25,33		
	V	1 086,75	376,75	376,75	IV	608,00	550,66	494,83	440,58	387,75	336,50
	VI	1 130,00	376,75	376,75							
4109,99	I,IV	667,75	377,08	377,08	I	551,50	441,33	337,16	239,08	147,08	61,33
	II	556,50	377,08	377,08	II	446,08	341,66	243,33	151,00	64,91	
	III	346,00	377,08	377,08	III	256,66	170,50	90,50	25,66		
	V	1 087,75	377,08	377,08	IV	608,83	551,50	495,66	441,33	388,50	337,16
	VI	1 131,00	377,08	377,08							
4112,99	I,IV	668,58	377,33	377,33	I	552,33	442,08	337,91	239,75	147,75	61,91
	II	557,33	377,33	377,33	II	446,83	342,41	244,00	151,66	65,50	0,33
	III	346,66	377,33	377,33	III	257,33	171,16	91,00	26,16		
	V	1 088,83	377,33	377,33	IV	609,66	552,33	496,41	442,08	389,25	337,91
	VI	1 132,08	377,33	377,33							
4115,99	I,IV	669,41	377,58	377,58	I	553,16	442,83	338,66	240,50	148,33	62,50
	II	558,16	377,58	377,58	II	447,58	343,16	244,66	152,33	66,08	0,66
	III	347,33	377,58	377,58	III	258,00	171,66	91,50	26,50		
	V	1 089,83	377,58	377,58	IV	610,50	553,16	497,25	442,83	390,00	338,66
	VI	1 133,08	377,58	377,58							
4118,99	I,IV	670,25	377,91	377,91	I	553,91	443,58	339,33	241,08	149,00	63,00
	II	558,91	377,91	377,91	II	448,33	343,83	245,33	152,91	66,58	1,00
	III	347,83	377,91	377,91	III	258,66	172,33	92,00	27,00		
	V	1 090,91	377,91	377,91	IV	611,33	553,91	498,00	443,58	390,75	339,33
	VI	1 134,16	377,91	377,91							
4121,99	I,IV	671,16	378,16	378,16	I	554,75	444,33	340,08	241,83	149,58	63,58
	II	559,75	378,16	378,16	II	449,16	344,58	246,00	153,58	67,16	1,41
	III	348,50	378,16	378,16	III	259,16	173,00	92,50	27,33		
	V	1 091,91	378,16	378,16	IV	612,16	554,75	498,75	444,33	391,41	340,08
	VI	1 135,16	378,16	378,16							
4124,99	I,IV	672,00	378,41	378,41	I	555,50	445,16	340,75	242,50	150,25	64,16
	II	560,58	378,41	378,41	II	449,91	345,25	246,75	154,16	67,75	1,75
	III	349,16	378,41	378,41	III	259,83	173,50	93,00	27,83		
	V	1 093,00	378,41	378,41	IV	613,00	555,50	499,58	445,16	392,16	340,75
	VI	1 136,25	378,41	378,41							
4127,99	I,IV	672,83	378,66	378,66	I	556,33	445,91	341,50	243,16	150,91	64,75
	II	561,41	378,66	378,66	II	450,66	346,00	247,41	154,83	68,33	2,08
	III	349,83	378,66	378,66	III	260,50	174,16	93,50	28,16		
	V	1 094,00	378,66	378,66	IV	613,83	556,33	500,33	445,91	392,91	341,50
	VI	1 137,25	378,66	378,66							
4130,99	I,IV	673,66	379,00	379,00	I	557,16	446,66	342,25	243,83	151,50	65,33
	II	562,16	379,00	379,00	II	451,41	346,75	248,08	155,50	68,91	2,41
	III	350,50	379,00	379,00	III	261,00	174,66	94,00	28,50		
	V	1 095,08	379,00	379,00	IV	614,66	557,16	501,16	446,66	393,66	342,25
	VI	1 138,33	379,00	379,00							
4133,99	I,IV	674,50	379,25	379,25	I	557,91	447,41	342,91	244,50	152,16	65,91
	II	563,00	379,25	379,25	II	452,16	347,41	248,75	156,08	69,50	2,83
	III	351,16	379,25	379,25	III	261,66	175,33	94,66	29,00		
	V	1 096,08	379,25	379,25	IV	615,50	557,91	501,91	447,41	394,41	342,91
	VI	1 139,33	379,25	379,25							
4136,99	I,IV	675,41	379,50	379,50	I	558,75	448,16	343,66	245,16	152,75	66,50
	II	563,83	379,50	379,50	II	452,91	348,16	249,41	156,75	70,08	3,16
	III	351,83	379,50	379,50	III	262,33	176,00	95,16	29,33		
	V	1 097,08	379,50	379,50	IV	616,33	558,75	502,75	448,16	395,16	343,66
	VI	1 140,41	379,50	379,50							
4139,99	I,IV	676,25	379,83	379,83	I	559,58	448,91	344,41	245,83	153,41	67,08
	II	564,58	379,83	379,83	II	453,75	348,91	250,08	157,41	70,75	3,50
	III	352,50	379,83	379,83	III	263,00	176,50	95,66	29,83		
	V	1 098,16	379,83	379,83	IV	617,16	559,58	503,50	448,91	395,91	344,41
	VI	1 141,41	379,83	379,83							

* Zur LSt-Berechnung für privat versicherte Arbeitnehmer s. Beispiele **Vorbemerkung S. 4 f.**
** Basisvorsorgepauschale KV und PV   *** Typisierter Arbeitgeberzuschuss

aT3 allgemeine Lohnsteuer

Lohn/Gehalt in € bis	Steuerklasse	Lohnsteuer*	BVSP**	TAGZ***	Steuerklasse	Bemessungsgrundlage für Kirchensteuer und Solidaritätszuschlag					
						Freibeträge für ... Kinder					
						0,5	1,0	1,5	2,0	2,5	3,0
4142,99	I,IV	**677,08**	380,08	380,08	I	560,33	449,66	345,08	246,50	154,00	67,58
	II	**565,41**	380,08	380,08	II	454,50	349,58	250,75	158,00	71,25	3,91
	III	**353,00**	380,08	380,08	III	263,66	177,16	96,16	30,16		
	V	**1099,25**	380,08	380,08	IV	617,91	560,33	504,25	449,66	396,66	345,08
	VI	**1142,50**	380,08	380,08							
4145,99	I,IV	**677,91**	380,33	380,33	I	561,16	450,50	345,83	247,25	154,66	68,16
	II	**566,25**	380,33	380,33	II	455,25	350,33	251,50	158,66	71,91	4,25
	III	**353,66**	380,33	380,33	III	264,16	177,83	96,66	30,66		
	V	**1100,25**	380,33	380,33	IV	618,75	561,16	505,08	450,50	397,41	345,83
	VI	**1143,50**	380,33	380,33							
4148,99	I,IV	**678,75**	380,66	380,66	I	562,00	451,25	346,58	247,91	155,33	68,83
	II	**567,00**	380,66	380,66	II	456,00	351,08	252,16	159,25	72,50	4,66
	III	**354,33**	380,66	380,66	III	264,83	178,33	97,16	31,00		
	V	**1101,33**	380,66	380,66	IV	619,58	562,00	505,83	451,25	398,16	346,58
	VI	**1144,58**	380,66	380,66							
4151,99	I,IV	**679,66**	380,91	380,91	I	562,83	452,00	347,25	248,58	155,91	69,41
	II	**567,83**	380,91	380,91	II	456,75	351,75	252,83	159,91	73,08	5,00
	III	**355,00**	380,91	380,91	III	265,50	179,00	97,83	31,50		
	V	**1102,33**	380,91	380,91	IV	620,50	562,83	506,66	452,00	398,91	347,25
	VI	**1145,58**	380,91	380,91							
4154,99	I,IV	**680,50**	381,16	381,16	I	563,58	452,75	348,00	249,25	156,58	70,00
	II	**568,66**	381,16	381,16	II	457,50	352,50	253,50	160,58	73,66	5,33
	III	**355,66**	381,16	381,16	III	266,00	179,50	98,33	31,83		
	V	**1103,33**	381,16	381,16	IV	621,25	563,58	507,41	452,75	399,58	348,00
	VI	**1146,66**	381,16	381,16							
4157,99	I,IV	**681,33**	381,41	381,41	I	564,41	453,50	348,66	249,91	157,25	70,58
	II	**569,41**	381,41	381,41	II	458,33	353,25	254,16	161,16	74,25	5,75
	III	**356,33**	381,41	381,41	III	266,66	180,16	98,83	32,33		
	V	**1104,41**	381,41	381,41	IV	622,08	564,41	508,16	453,50	400,33	348,66
	VI	**1147,66**	381,41	381,41							
4160,99	I,IV	**682,16**	381,75	381,75	I	565,25	454,33	349,41	250,58	157,83	71,16
	II	**570,25**	381,75	381,75	II	459,08	353,91	254,83	161,83	74,83	6,08
	III	**357,00**	381,75	381,75	III	267,33	180,83	99,33	32,66		
	V	**1105,50**	381,75	381,75	IV	622,91	565,25	509,00	454,33	401,08	349,41
	VI	**1148,75**	381,75	381,75							
4163,99	I,IV	**683,00**	382,00	382,00	I	566,00	455,00	350,16	251,33	158,50	71,75
	II	**571,08**	382,00	382,00	II	459,83	354,66	255,58	162,50	75,50	6,50
	III	**357,66**	382,00	382,00	III	268,00	181,33	99,83	33,16		
	V	**1106,50**	382,00	382,00	IV	623,75	566,00	509,75	455,08	401,83	350,16
	VI	**1149,75**	382,00	382,00							
4166,99	I,IV	**683,83**	382,25	382,25	I	566,83	455,83	350,83	252,00	159,08	72,33
	II	**571,91**	382,25	382,25	II	460,58	355,41	256,25	163,08	76,08	6,83
	III	**358,16**	382,25	382,25	III	268,66	182,00	100,33	33,50		
	V	**1107,50**	382,25	382,25	IV	624,58	566,83	510,58	455,83	402,58	350,83
	VI	**1150,83**	382,25	382,25							
4169,99	I,IV	**684,75**	382,58	382,58	I	567,66	456,58	351,58	252,66	159,75	72,91
	II	**572,66**	382,58	382,58	II	461,41	356,08	256,91	163,75	76,66	7,25
	III	**358,83**	382,58	382,58	III	269,16	182,50	101,00	34,00		
	V	**1108,58**	382,58	382,58	IV	625,41	567,66	511,33	456,58	403,33	351,58
	VI	**1151,83**	382,58	382,58							
4172,99	I,IV	**685,58**	382,83	382,83	I	568,41	457,33	352,33	253,33	160,41	73,50
	II	**573,50**	382,83	382,83	II	462,16	356,83	257,58	164,41	77,25	7,66
	III	**359,50**	382,83	382,83	III	269,83	183,16	101,50	34,33		
	V	**1109,66**	382,83	382,83	IV	626,25	568,41	512,16	457,33	404,08	352,33
	VI	**1152,91**	382,83	382,83							
4175,99	I,IV	**686,41**	383,08	383,08	I	569,25	458,16	353,08	254,00	161,08	74,08
	II	**574,33**	383,08	383,08	II	462,91	357,58	258,25	165,00	77,83	8,00
	III	**360,16**	383,08	383,08	III	270,50	183,83	102,00	34,83		
	V	**1110,66**	383,08	383,08	IV	627,08	569,25	512,91	458,16	404,83	353,08
	VI	**1153,91**	383,08	383,08							

* Zur LSt-Berechnung für privat versicherte Arbeitnehmer s. Beispiele **Vorbemerkung S. 4 f.**
** Basisvorsorgepauschale KV und PV   *** Typisierter Arbeitgeberzuschuss

Monat gültig ab 1. 1. 2022 (idF des StEntlG 2022) — aT3

Lohn/Gehalt in € bis	Steuerklasse	Lohnsteuer*	BVSP**	TAGZ***	Steuerklasse	Bemessungsgrundlage für Kirchensteuer und Solidaritätszuschlag Freibeträge für ... Kinder					
						0,5	1,0	1,5	2,0	2,5	3,0
4178,99	I,IV	687,25	383,41	383,41	I	570,08	458,91	353,75	254,66	161,66	74,66
	II	575,08	383,41	383,41	II	463,66	358,25	258,91	165,66	78,41	8,41
	III	360,83	383,41	383,41	III	271,00	184,33	102,50	35,16		
	V	1111,66	383,41	383,41	IV	627,91	570,08	513,75	458,91	405,58	353,75
	VI	1155,00	383,41	383,41							
4181,99	I,IV	688,16	383,66	383,66	I	570,83	459,66	354,50	255,33	162,33	75,33
	II	575,91	383,66	383,66	II	464,41	359,00	259,66	166,33	79,00	8,75
	III	361,50	383,66	383,66	III	271,66	185,00	103,00	35,66		
	V	1112,75	383,66	383,66	IV	628,75	570,83	514,50	459,66	406,33	354,50
	VI	1156,00	383,66	383,66							
4184,99	I,IV	689,00	383,91	383,91	I	571,66	460,41	355,25	256,08	162,91	75,91
	II	576,75	383,91	383,91	II	465,25	359,75	260,33	166,91	79,66	9,16
	III	362,16	383,91	383,91	III	272,33	185,66	103,66	36,00		
	V	1113,83	383,91	383,91	IV	629,58	571,66	515,33	460,41	407,08	355,25
	VI	1157,08	383,91	383,91							
4187,99	I,IV	689,83	384,16	384,16	I	572,50	461,16	355,91	256,75	163,58	76,50
	II	577,58	384,16	384,16	II	466,00	360,50	261,00	167,58	80,25	9,58
	III	362,83	384,16	384,16	III	273,00	186,16	104,16	36,50		
	V	1114,83	384,16	384,16	IV	630,41	572,50	516,08	461,16	407,83	355,91
	VI	1158,08	384,16	384,16							
4190,99	I,IV	690,66	384,50	384,50	I	573,33	461,91	356,66	257,41	164,25	77,08
	II	578,33	384,50	384,50	II	466,75	361,16	261,66	168,25	80,83	9,91
	III	363,33	384,50	384,50	III	273,66	186,83	104,66	36,83		
	V	1115,83	384,50	384,50	IV	631,25	573,33	516,83	461,91	408,58	356,66
	VI	1159,16	384,50	384,50							
4193,99	I,IV	691,58	384,75	384,75	I	574,08	462,75	357,41	258,08	164,83	77,66
	II	579,16	384,75	384,75	II	467,50	361,91	262,41	168,91	81,41	10,33
	III	364,00	384,75	384,75	III	274,16	187,33	105,16	37,33		
	V	1116,91	384,75	384,75	IV	632,08	574,08	517,66	462,75	409,33	357,41
	VI	1160,16	384,75	384,75							
4196,99	I,IV	692,41	385,00	385,00	I	574,91	463,50	358,08	258,75	165,50	78,25
	II	580,00	385,00	385,00	II	468,33	362,66	263,08	169,50	82,00	10,75
	III	364,66	385,00	385,00	III	274,83	188,00	105,83	37,83		
	V	1118,00	385,00	385,00	IV	632,91	574,91	518,50	463,50	410,08	358,08
	VI	1161,25	385,00	385,00							
4199,99	I,IV	693,25	385,33	385,33	I	575,75	464,25	358,83	259,50	166,16	78,91
	II	580,83	385,33	385,33	II	469,00	363,41	263,75	170,16	82,66	11,16
	III	365,33	385,33	385,33	III	275,50	188,66	106,33	38,16		
	V	1119,00	385,33	385,33	IV	633,75	575,75	519,25	464,25	410,83	358,83
	VI	1162,25	385,33	385,33							
4202,99	I,IV	694,08	385,58	385,58	I	576,58	465,00	359,58	260,16	166,75	79,50
	II	581,66	385,58	385,58	II	469,83	364,08	264,41	170,83	83,25	11,50
	III	366,00	385,58	385,58	III	276,00	189,16	106,83	38,66		
	V	1120,00	385,58	385,58	IV	634,58	576,58	520,00	465,00	411,50	359,58
	VI	1163,33	385,58	385,58							
4205,99	I,IV	695,00	385,83	385,83	I	577,33	465,83	360,33	260,83	167,41	80,08
	II	582,41	385,83	385,83	II	470,58	364,83	265,08	171,41	83,83	11,91
	III	366,66	385,83	385,83	III	276,66	189,83	107,33	39,00		
	V	1121,08	385,83	385,83	IV	635,41	577,33	520,83	465,83	412,25	360,33
	VI	1164,33	385,83	385,83							
4208,99	I,IV	695,83	386,16	386,16	I	578,16	466,58	361,00	261,50	168,08	80,66
	II	583,25	386,16	386,16	II	471,41	365,58	265,83	172,08	84,41	12,33
	III	367,33	386,16	386,16	III	277,33	190,50	107,83	39,50		
	V	1122,16	386,16	386,16	IV	636,25	578,16	521,58	466,58	413,08	361,00
	VI	1165,41	386,16	386,16							
4211,99	I,IV	696,66	386,41	386,41	I	579,00	467,33	361,75	262,25	168,75	81,25
	II	584,08	386,41	386,41	II	472,16	366,33	266,50	172,75	85,00	12,75
	III	368,00	386,41	386,41	III	278,00	191,00	108,50	39,83		
	V	1123,16	386,41	386,41	IV	637,08	579,00	522,41	467,33	413,83	361,75
	VI	1166,41	386,41	386,41							

* Zur LSt-Berechnung für privat versicherte Arbeitnehmer s. Beispiele **Vorbemerkung S. 4 f.**
** Basisvorsorgepauschale KV und PV *** Typisierter Arbeitgeberzuschuss

aT3 allgemeine Lohnsteuer

Lohn/Gehalt in € bis	Steuerklasse	Lohn-steuer*	BVSP**	TAGZ***	Steuerklasse	Bemessungsgrundlage für Kirchensteuer und Solidaritätszuschlag — Freibeträge für ... Kinder					
						0,5	1,0	1,5	2,0	2,5	3,0
4214,99	I,IV	697,50	386,66	386,66	I	579,83	468,08	362,50	262,91	169,33	81,83
	II	584,91	386,66	386,66	II	472,91	367,00	267,16	173,33	85,58	13,08
	III	368,66	386,66	386,66	III	278,66	191,66	109,00	40,33		
	V	1124,16	386,66	386,66	IV	637,91	579,83	523,16	468,08	414,50	362,50
	VI	1167,50	386,66	386,66							
4217,99	I,IV	698,41	387,00	387,00	I	580,58	468,91	363,16	263,58	170,00	82,50
	II	585,75	387,00	387,00	II	473,75	367,75	267,83	174,00	86,25	13,50
	III	369,33	387,00	387,00	III	279,16	192,33	109,50	40,83		
	V	1125,25	387,00	387,00	IV	638,75	580,58	524,00	468,91	415,25	363,16
	VI	1168,50	387,00	387,00							
4220,99	I,IV	699,25	387,25	387,25	I	581,41	469,66	363,91	264,25	170,66	83,08
	II	586,50	387,25	387,25	II	474,50	368,50	268,58	174,66	86,83	13,91
	III	369,83	387,25	387,25	III	279,83	192,83	110,16	41,16		
	V	1126,33	387,25	387,25	IV	639,58	581,41	524,83	469,66	416,08	363,91
	VI	1169,58	387,25	387,25							
4223,99	I,IV	700,16	387,50	387,50	I	582,25	470,41	364,66	264,91	171,33	83,66
	II	587,33	387,50	387,50	II	475,25	369,25	269,25	175,33	87,41	14,33
	III	370,50	387,50	387,50	III	280,50	193,50	110,66	41,66		
	V	1127,33	387,50	387,50	IV	640,41	582,25	525,58	470,41	416,83	364,66
	VI	1170,58	387,50	387,50							
4226,99	I,IV	701,00	387,75	387,75	I	583,08	471,16	365,41	265,66	171,91	84,25
	II	588,16	387,75	387,75	II	476,00	369,91	269,91	175,91	88,00	14,75
	III	371,16	387,75	387,75	III	281,16	194,00	111,16	42,00		
	V	1128,33	387,75	387,75	IV	641,25	583,08	526,33	471,16	417,50	365,41
	VI	1171,58	387,75	387,75							
4229,99	I,IV	701,83	388,08	388,08	I	583,91	472,00	366,08	266,33	172,58	84,83
	II	589,00	388,08	388,08	II	476,83	370,66	270,58	176,58	88,66	15,16
	III	371,83	388,08	388,08	III	281,66	194,66	111,66	42,50		
	V	1129,41	388,08	388,08	IV	642,08	583,91	527,16	472,00	418,25	366,08
	VI	1172,66	388,08	388,08							
4232,99	I,IV	702,66	388,33	388,33	I	584,66	472,75	366,83	267,00	173,25	85,50
	II	589,83	388,33	388,33	II	477,58	371,41	271,33	177,25	89,25	15,58
	III	372,50	388,33	388,33	III	282,33	195,33	112,33	43,00		
	V	1130,50	388,33	388,33	IV	642,91	584,66	528,00	472,75	419,08	366,83
	VI	1173,75	388,33	388,33							
4235,99	I,IV	703,58	388,58	388,58	I	585,50	473,50	367,58	267,66	173,83	86,08
	II	590,66	388,58	388,58	II	478,33	372,16	272,00	177,91	89,83	16,00
	III	373,16	388,58	388,58	III	283,00	195,83	112,83	43,33		
	V	1131,50	388,58	388,58	IV	643,75	585,50	528,75	473,50	419,83	367,58
	VI	1174,75	388,58	388,58							
4238,99	I,IV	704,41	388,91	388,91	I	586,33	474,25	368,33	268,33	174,50	86,66
	II	591,41	388,91	388,91	II	479,08	372,83	272,66	178,50	90,41	16,41
	III	373,83	388,91	388,91	III	283,66	196,50	113,33	43,83		
	V	1132,50	388,91	388,91	IV	644,58	586,33	529,58	474,25	420,50	368,33
	VI	1175,75	388,91	388,91							
4241,99	I,IV	705,25	389,16	389,16	I	587,16	475,08	369,00	269,08	175,16	87,25
	II	592,25	389,16	389,16	II	479,91	373,58	273,33	179,16	91,08	16,83
	III	374,50	389,16	389,16	III	284,33	197,16	114,00	44,16		
	V	1133,58	389,16	389,16	IV	645,41	587,16	530,33	475,08	421,33	369,00
	VI	1176,83	389,16	389,16							
4244,99	I,IV	706,16	389,41	389,41	I	588,00	475,83	369,75	269,75	175,83	87,91
	II	593,08	389,41	389,41	II	480,66	374,33	274,08	179,83	91,66	17,25
	III	375,16	389,41	389,41	III	284,83	197,66	114,50	44,66		
	V	1134,66	389,41	389,41	IV	646,25	588,00	531,16	475,83	422,08	369,75
	VI	1177,91	389,41	389,41							
4247,99	I,IV	707,00	389,75	389,75	I	588,75	476,58	370,50	270,41	176,41	88,50
	II	593,91	389,75	389,75	II	481,50	375,08	274,75	180,50	92,25	17,66
	III	375,83	389,75	389,75	III	285,50	198,33	115,00	45,16		
	V	1135,66	389,75	389,75	IV	647,16	588,75	531,91	476,58	422,83	370,50
	VI	1178,91	389,75	389,75							

* Zur LSt-Berechnung für privat versicherte Arbeitnehmer s. Beispiele **Vorbemerkung S. 4f.**
** Basisvorsorgepauschale KV und PV *** Typisierter Arbeitgeberzuschuss

Monat gültig ab 1. 1. 2022 (idF des StEntlG 2022) — aT3

Lohn/Gehalt in € bis	Steuerklasse	Lohnsteuer*	BVSP**	TAGZ***	Steuerklasse	0,5	1,0	1,5	2,0	2,5	3,0
						Bemessungsgrundlage für Kirchensteuer und Solidaritätszuschlag — Freibeträge für ... Kinder					
4250,99	I,IV	707,83	390,00	390,00	I	589,58	477,41	371,25	271,16	177,08	89,08
	II	594,66	390,00	390,00	II	482,25	375,83	275,41	181,08	92,83	18,08
	III	376,33	390,00	390,00	III	286,16	198,83	115,50	45,50		
	V	1 136,66	390,00	390,00	IV	647,91	589,58	532,75	477,41	423,58	371,25
	VI	1 179,91	390,00	390,00							
4253,99	I,IV	708,66	390,25	390,25	I	590,41	478,16	372,00	271,83	177,75	89,66
	II	595,50	390,25	390,25	II	483,00	376,58	276,16	181,75	93,50	18,50
	III	377,00	390,25	390,25	III	286,83	199,50	116,16	46,00		
	V	1 137,75	390,25	390,25	IV	648,83	590,41	533,50	478,16	424,33	372,00
	VI	1 181,00	390,25	390,25							
4256,99	I,IV	709,58	390,50	390,50	I	591,25	478,91	372,66	272,50	178,41	90,33
	II	596,33	390,50	390,50	II	483,83	377,25	276,83	182,41	94,08	18,91
	III	377,66	390,50	390,50	III	287,33	200,16	116,66	46,50		
	V	1 138,83	390,50	390,50	IV	649,66	591,25	534,33	478,91	425,08	372,66
	VI	1 182,08	390,50	390,50							
4259,99	I,IV	710,41	390,83	390,83	I	592,08	479,75	373,41	273,25	179,00	90,91
	II	597,16	390,83	390,83	II	484,58	378,00	277,50	183,08	94,66	19,33
	III	378,33	390,83	390,83	III	288,00	200,83	117,16	46,83		
	V	1 139,83	390,83	390,83	IV	650,50	592,08	535,16	479,75	425,83	373,41
	VI	1 183,08	390,83	390,83							
4262,99	I,IV	711,25	391,08	391,08	I	592,83	480,50	374,16	273,91	179,66	91,50
	II	598,00	391,08	391,08	II	485,33	378,75	278,16	183,75	95,25	19,75
	III	379,00	391,08	391,08	III	288,66	201,33	117,83	47,33		
	V	1 140,83	391,08	391,08	IV	651,33	592,83	535,91	480,50	426,58	374,16
	VI	1 184,08	391,08	391,08							
4265,99	I,IV	712,16	391,33	391,33	I	593,66	481,25	374,91	274,58	180,33	92,08
	II	598,83	391,33	391,33	II	486,08	379,50	278,91	184,33	95,91	20,16
	III	379,66	391,33	391,33	III	289,33	202,00	118,33	47,83		
	V	1 141,91	391,33	391,33	IV	652,16	593,66	536,75	481,25	427,33	374,91
	VI	1 185,16	391,33	391,33							
4268,99	I,IV	713,00	391,66	391,66	I	594,50	482,08	375,66	275,25	181,00	92,75
	II	599,66	391,66	391,66	II	486,91	380,25	279,58	185,00	96,50	20,66
	III	380,33	391,66	391,66	III	290,00	202,66	119,00	48,16		
	V	1 143,00	391,66	391,66	IV	653,00	594,50	537,50	482,08	428,08	375,66
	VI	1 186,25	391,66	391,66							
4271,99	I,IV	713,91	391,91	391,91	I	595,33	482,83	376,33	276,00	181,58	93,33
	II	600,50	391,91	391,91	II	487,66	381,00	280,33	185,66	97,08	21,08
	III	381,00	391,91	391,91	III	290,50	203,16	119,50	48,66		
	V	1 144,00	391,91	391,91	IV	653,83	595,33	538,33	482,83	428,83	376,33
	VI	1 187,25	391,91	391,91							
4274,99	I,IV	714,75	392,16	392,16	I	596,16	483,58	377,08	276,66	182,25	93,91
	II	601,25	392,16	392,16	II	488,41	381,66	281,00	186,33	97,66	21,50
	III	381,66	392,16	392,16	III	291,16	203,83	120,00	49,00		
	V	1 145,00	392,16	392,16	IV	654,66	596,16	539,08	483,58	429,58	377,08
	VI	1 188,25	392,16	392,16							
4277,99	I,IV	715,58	392,50	392,50	I	596,91	484,33	377,83	277,33	182,91	94,50
	II	602,08	392,50	392,50	II	489,25	382,41	281,66	187,00	98,33	21,91
	III	382,16	392,50	392,50	III	291,83	204,33	120,50	49,50		
	V	1 146,08	392,50	392,50	IV	655,50	596,91	539,91	484,33	430,33	377,83
	VI	1 189,33	392,50	392,50							
4280,99	I,IV	716,50	392,75	392,75	I	597,75	485,16	378,58	278,00	183,58	95,16
	II	602,91	392,75	392,75	II	490,00	383,16	282,33	187,58	98,91	22,41
	III	382,83	392,75	392,75	III	292,50	205,00	121,16	50,00		
	V	1 147,08	392,75	392,75	IV	656,33	597,75	540,75	485,16	431,08	378,58
	VI	1 190,33	392,75	392,75							
4283,99	I,IV	717,33	393,00	393,00	I	598,58	485,91	379,33	278,75	184,25	95,75
	II	603,75	393,00	393,00	II	490,83	383,91	283,08	188,25	99,50	22,83
	III	383,50	393,00	393,00	III	293,00	205,66	121,66	50,50		
	V	1 148,16	393,00	393,00	IV	657,25	598,58	541,50	485,91	431,83	379,33
	VI	1 191,41	393,00	393,00							

* Zur LSt-Berechnung für privat versicherte Arbeitnehmer s. Beispiele **Vorbemerkung S. 4 f.**
** Basisvorsorgepauschale KV und PV *** Typisierter Arbeitgeberzuschuss

aT3 allgemeine Lohnsteuer

Lohn/Gehalt in € bis	Steuerklasse	Lohn-steuer*	BVSP**	TAGZ***	Steuerklasse	Bemessungsgrundlage für Kirchensteuer und Solidaritätszuschlag — Freibeträge für ... Kinder					
						0,5	1,0	1,5	2,0	2,5	3,0
4286,99	I,IV	**718,16**	393,25	393,25	I	599,41	486,66	380,00	279,41	184,83	96,33
	II	**604,58**	393,25	393,25	II	491,58	384,66	283,75	188,91	100,16	23,25
	III	**384,16**	393,25	393,25	III	293,66	206,16	122,33	50,83		
	V	**1 149,16**	393,25	393,25	IV	658,08	599,41	542,33	486,66	432,58	380,00
	VI	**1 192,41**	393,25	393,25							
4289,99	I,IV	**719,08**	393,58	393,58	I	600,25	487,50	380,75	280,08	185,50	96,91
	II	**605,41**	393,58	393,58	II	492,33	385,33	284,41	189,58	100,75	23,66
	III	**384,83**	393,58	393,58	III	294,33	206,83	122,83	51,33		
	V	**1 150,25**	393,58	393,58	IV	658,91	600,25	543,08	487,50	433,33	380,75
	VI	**1 193,50**	393,58	393,58							
4292,99	I,IV	**719,91**	393,83	393,83	I	601,08	488,25	381,50	280,83	186,16	97,58
	II	**606,25**	393,83	393,83	II	493,16	386,08	285,16	190,25	101,33	24,16
	III	**385,50**	393,83	393,83	III	295,00	207,50	123,50	51,83		
	V	**1 151,25**	393,83	393,83	IV	659,75	601,08	543,91	488,25	434,16	381,50
	VI	**1 194,58**	393,83	393,83							
4295,99	I,IV	**720,83**	394,08	394,08	I	601,91	489,00	382,25	281,50	186,83	98,16
	II	**607,08**	394,08	394,08	II	493,91	386,83	285,83	190,91	102,00	24,58
	III	**386,16**	394,08	394,08	III	295,66	208,16	124,00	52,33		
	V	**1 152,33**	394,08	394,08	IV	660,58	601,91	544,75	489,08	434,91	382,25
	VI	**1 195,58**	394,08	394,08							
4298,99	I,IV	**721,66**	394,41	394,41	I	602,66	489,83	383,00	282,16	187,41	98,75
	II	**607,83**	394,41	394,41	II	494,66	387,58	286,50	191,50	102,58	25,00
	III	**386,83**	394,41	394,41	III	296,16	208,66	124,50	52,66		
	V	**1 153,33**	394,41	394,41	IV	661,41	602,66	545,50	489,83	435,66	383,00
	VI	**1 196,58**	394,41	394,41							
4301,99	I,IV	**722,50**	394,66	394,66	I	603,50	490,58	383,75	282,91	188,08	99,33
	II	**608,66**	394,66	394,66	II	495,50	388,33	287,25	192,16	103,16	25,50
	III	**387,50**	394,66	394,66	III	296,83	209,33	125,16	53,16		
	V	**1 154,41**	394,66	394,66	IV	662,25	603,50	546,33	490,58	436,41	383,75
	VI	**1 197,66**	394,66	394,66							
4304,99	I,IV	**723,41**	394,91	394,91	I	604,33	491,41	384,41	283,58	188,75	100,00
	II	**609,50**	394,91	394,91	II	496,25	389,08	287,91	192,83	103,83	25,91
	III	**388,16**	394,91	394,91	III	297,50	209,83	125,66	53,66		
	V	**1 155,41**	394,91	394,91	IV	663,08	604,33	547,08	491,41	437,16	384,41
	VI	**1 198,75**	394,91	394,91							
4307,99	I,IV	**724,25**	395,25	395,25	I	605,16	492,16	385,16	284,25	189,41	100,58
	II	**610,33**	395,25	395,25	II	497,08	389,83	288,66	193,50	104,41	26,41
	III	**388,83**	395,25	395,25	III	298,16	210,50	126,16	54,00		
	V	**1 156,50**	395,25	395,25	IV	664,00	605,16	547,91	492,16	437,91	385,16
	VI	**1 199,75**	395,25	395,25							
4310,99	I,IV	**725,08**	395,50	395,50	I	606,00	492,91	385,91	284,91	190,08	101,16
	II	**611,16**	395,50	395,50	II	497,83	390,50	289,33	194,16	105,00	26,83
	III	**389,50**	395,50	395,50	III	298,83	211,16	126,83	54,50		
	V	**1 157,50**	395,50	395,50	IV	664,75	606,00	548,66	492,91	438,66	385,91
	VI	**1 200,75**	395,50	395,50							
4313,99	I,IV	**726,00**	395,75	395,75	I	606,83	493,75	386,66	285,66	190,66	101,83
	II	**612,00**	395,75	395,75	II	498,58	391,25	290,00	194,75	105,58	27,33
	III	**390,16**	395,75	395,75	III	299,33	211,66	127,33	55,00		
	V	**1 158,58**	395,75	395,75	IV	665,66	606,83	549,50	493,75	439,41	386,66
	VI	**1 201,83**	395,75	395,75							
4316,99	I,IV	**726,83**	396,08	396,08	I	607,66	494,50	387,41	286,33	191,33	102,41
	II	**612,83**	396,08	396,08	II	499,41	392,00	290,75	195,41	106,25	27,75
	III	**390,83**	396,08	396,08	III	300,00	212,33	128,00	55,50		
	V	**1 159,58**	396,08	396,08	IV	666,50	607,66	550,33	494,50	440,16	387,41
	VI	**1 202,91**	396,08	396,08							
4319,99	I,IV	**727,75**	396,33	396,33	I	608,50	495,25	388,16	287,08	192,00	103,00
	II	**613,66**	396,33	396,33	II	500,16	392,75	291,41	196,08	106,83	28,25
	III	**391,50**	396,33	396,33	III	300,66	213,00	128,50	55,83		
	V	**1 160,66**	396,33	396,33	IV	667,33	608,50	551,16	495,25	441,00	388,16
	VI	**1 203,91**	396,33	396,33							

* Zur LSt-Berechnung für privat versicherte Arbeitnehmer s. Beispiele **Vorbemerkung S. 4 f.**
** Basisvorsorgepauschale KV und PV   *** Typisierter Arbeitgeberzuschuss

Monat gültig ab 1. 1. 2022 (idF des StEntlG 2022) aT3

Lohn/Gehalt in € bis	Steuerklasse	Lohnsteuer*	BVSP**	TAGZ***	Steuerklasse	Bemessungsgrundlage für Kirchensteuer und Solidaritätszuschlag Freibeträge für ... Kinder					
						0,5	1,0	1,5	2,0	2,5	3,0
4 322,99	I,IV	728,58	396,58	396,58	I	609,25	496,08	388,83	287,75	192,66	103,66
	II	614,41	396,58	396,58	II	500,91	393,50	292,08	196,75	107,41	28,66
	III	392,00	396,58	396,58	III	301,33	213,50	129,00	56,33		
	V	1 161,66	396,58	396,58	IV	668,16	609,25	551,91	496,08	441,66	388,83
	VI	1 204,91	396,58	396,58							
4 325,99	I,IV	729,41	396,83	396,83	I	610,08	496,83	389,58	288,41	193,33	104,25
	II	615,25	396,83	396,83	II	501,75	394,25	292,83	197,41	108,08	29,16
	III	392,66	396,83	396,83	III	302,00	214,16	129,66	56,83		
	V	1 162,75	396,83	396,83	IV	669,00	610,08	552,75	496,83	442,50	389,58
	VI	1 206,00	396,83	396,83							
4 328,99	I,IV	730,33	397,16	397,16	I	610,91	497,66	390,33	289,16	194,00	104,83
	II	616,08	397,16	397,16	II	502,50	395,00	293,50	198,08	108,66	29,58
	III	393,33	397,16	397,16	III	302,50	214,83	130,16	57,33	0,16	
	V	1 163,75	397,16	397,16	IV	669,91	610,91	553,50	497,66	443,25	390,33
	VI	1 207,08	397,16	397,16							
4 331,99	I,IV	731,16	397,41	397,41	I	611,75	498,41	391,08	289,83	194,66	105,50
	II	616,91	397,41	397,41	II	503,33	395,75	294,25	198,75	109,33	30,08
	III	394,00	397,41	397,41	III	303,16	215,33	130,83	57,66	0,66	
	V	1 164,83	397,41	397,41	IV	670,75	611,75	554,33	498,41	444,00	391,08
	VI	1 208,08	397,41	397,41							
4 334,99	I,IV	732,08	397,66	397,66	I	612,58	499,16	391,83	290,50	195,25	106,08
	II	617,75	397,66	397,66	II	504,08	396,50	294,91	199,33	109,91	30,50
	III	394,66	397,66	397,66	III	303,83	216,00	131,33	58,16	1,00	
	V	1 165,83	397,66	397,66	IV	671,58	612,58	555,16	499,16	444,75	391,83
	VI	1 209,08	397,66	397,66							
4 337,99	I,IV	732,91	398,00	398,00	I	613,41	500,00	392,58	291,25	195,91	106,66
	II	618,58	398,00	398,00	II	504,91	397,25	295,58	200,00	110,50	31,00
	III	395,33	398,00	398,00	III	304,50	216,66	132,00	58,66	1,33	
	V	1 166,91	398,00	398,00	IV	672,41	613,41	555,91	500,00	445,50	392,58
	VI	1 210,16	398,00	398,00							
4 340,99	I,IV	733,83	398,25	398,25	I	614,25	500,75	393,33	291,91	196,58	107,33
	II	619,41	398,25	398,25	II	505,66	397,91	296,33	200,66	111,16	31,50
	III	396,00	398,25	398,25	III	305,16	217,33	132,50	59,16	1,66	
	V	1 167,91	398,25	398,25	IV	673,25	614,25	556,75	500,75	446,25	393,33
	VI	1 211,25	398,25	398,25							
4 343,99	I,IV	734,66	398,50	398,50	I	615,08	501,58	394,08	292,66	197,25	107,91
	II	620,25	398,50	398,50	II	506,50	398,66	297,00	201,33	111,75	31,91
	III	396,66	398,50	398,50	III	305,83	217,83	133,16	59,66	2,00	
	V	1 169,00	398,50	398,50	IV	674,16	615,08	557,58	501,58	447,08	394,08
	VI	1 212,25	398,50	398,50							
4 346,99	I,IV	735,50	398,83	398,83	I	615,91	502,33	394,75	293,33	197,91	108,50
	II	621,08	398,83	398,83	II	507,25	399,41	297,66	202,00	112,33	32,41
	III	397,33	398,83	398,83	III	306,33	218,50	133,66	60,00	2,33	
	V	1 170,00	398,83	398,83	IV	674,91	615,91	558,33	502,33	447,83	394,75
	VI	1 213,25	398,83	398,83							
4 349,99	I,IV	736,41	399,08	399,08	I	616,75	503,08	395,50	294,00	198,58	109,16
	II	621,91	399,08	399,08	II	508,00	400,16	298,41	202,66	113,00	32,91
	III	398,00	399,08	399,08	III	307,00	219,00	134,33	60,50	2,66	
	V	1 171,08	399,08	399,08	IV	675,83	616,75	559,16	503,08	448,58	395,50
	VI	1 214,33	399,08	399,08							
4 352,99	I,IV	737,25	399,33	399,33	I	617,58	503,91	396,25	294,75	199,25	109,75
	II	622,75	399,33	399,33	II	508,83	400,91	299,08	203,33	113,58	33,41
	III	398,66	399,33	399,33	III	307,66	219,66	134,83	61,00	3,00	
	V	1 172,08	399,33	399,33	IV	676,66	617,58	560,00	503,91	449,33	396,25
	VI	1 215,33	399,33	399,33							
4 355,99	I,IV	738,16	399,58	399,58	I	618,41	504,66	397,00	295,41	199,91	110,41
	II	623,58	399,58	399,58	II	509,58	401,66	299,83	204,00	114,25	33,83
	III	399,33	399,58	399,58	III	308,33	220,33	135,50	61,50	3,33	
	V	1 173,16	399,58	399,58	IV	677,50	618,41	560,75	504,66	450,00	397,00
	VI	1 216,41	399,58	399,58							

* Zur LSt-Berechnung für privat versicherte Arbeitnehmer s. Beispiele **Vorbemerkung S. 4 f.**
** Basisvorsorgepauschale KV und PV *** Typisierter Arbeitgeberzuschuss

aT3 allgemeine Lohnsteuer

Lohn/Gehalt in € bis	Steuerklasse	Lohnsteuer*	BVSP**	TAGZ***	Steuerklasse	Bemessungsgrundlage für Kirchensteuer und Solidaritätszuschlag					
						Freibeträge für ... Kinder					
						0,5	1,0	1,5	2,0	2,5	3,0
4358,99	I,IV	739,00	399,91	399,91	I	619,16	505,41	397,75	296,08	200,50	111,00
	II	624,41	399,91	399,91	II	510,33	402,41	300,50	204,66	114,83	34,33
	III	400,00	399,91	399,91	III	308,83	221,00	136,00	62,00	3,83	
	V	1174,16	399,91	399,91	IV	678,33	619,16	561,58	505,41	450,83	397,75
	VI	1217,41	399,91	399,91							
4361,99	I,IV	739,91	400,16	400,16	I	620,00	506,25	398,50	296,83	201,16	111,58
	II	625,25	400,16	400,16	II	511,16	403,16	301,16	205,33	115,41	34,83
	III	400,66	400,16	400,16	III	309,50	221,50	136,66	62,33	4,16	
	V	1175,25	400,16	400,16	IV	679,16	620,00	562,41	506,25	451,58	398,50
	VI	1218,50	400,16	400,16							
4364,99	I,IV	740,75	400,41	400,41	I	620,91	507,00	399,25	297,50	201,83	112,25
	II	626,08	400,41	400,41	II	512,00	403,91	301,91	205,91	116,08	35,33
	III	401,33	400,41	400,41	III	310,16	222,16	137,16	62,83	4,50	
	V	1176,25	400,41	400,41	IV	680,08	620,91	563,16	507,00	452,41	399,25
	VI	1219,50	400,41	400,41							
4367,99	I,IV	741,66	400,75	400,75	I	621,75	507,83	400,00	298,25	202,50	112,83
	II	626,91	400,75	400,75	II	512,75	404,66	302,58	206,58	116,66	35,75
	III	402,00	400,75	400,75	III	310,83	222,83	137,83	63,33	4,83	
	V	1177,33	400,75	400,75	IV	680,91	621,75	564,00	507,83	453,16	400,00
	VI	1220,58	400,75	400,75							
4370,99	I,IV	742,50	401,00	401,00	I	622,50	508,58	400,75	298,91	203,16	113,41
	II	627,75	401,00	401,00	II	513,50	405,41	303,33	207,25	117,25	36,25
	III	402,50	401,00	401,00	III	311,50	223,33	138,33	63,83	5,16	
	V	1178,33	401,00	401,00	IV	681,75	622,50	564,83	508,58	453,91	400,75
	VI	1221,58	401,00	401,00							
4373,99	I,IV	743,33	401,25	401,25	I	623,33	509,41	401,50	299,58	203,83	114,08
	II	628,58	401,25	401,25	II	514,33	406,16	304,00	207,91	117,91	36,75
	III	403,16	401,25	401,25	III	312,00	224,00	139,00	64,33	5,50	
	V	1179,41	401,25	401,25	IV	682,58	623,33	565,58	509,41	454,66	401,50
	VI	1222,66	401,25	401,25							
4376,99	I,IV	744,25	401,58	401,58	I	624,16	510,16	402,25	300,25	204,50	114,66
	II	629,41	401,58	401,58	II	515,08	406,91	304,75	208,58	118,50	37,25
	III	403,83	401,58	401,58	III	312,66	224,66	139,50	64,66	5,83	
	V	1180,41	401,58	401,58	IV	683,50	624,16	566,41	510,16	455,41	402,25
	VI	1223,66	401,58	401,58							
4379,99	I,IV	745,16	401,83	401,83	I	625,00	511,00	403,00	301,00	205,16	115,33
	II	630,25	401,83	401,83	II	515,91	407,66	305,41	209,25	119,16	37,75
	III	404,50	401,83	401,83	III	313,33	225,16	140,16	65,16	6,33	
	V	1181,50	401,83	401,83	IV	684,33	625,00	567,25	511,00	456,25	403,00
	VI	1224,75	401,83	401,83							
4382,99	I,IV	746,00	402,08	402,08	I	625,83	511,75	403,66	301,75	205,75	115,91
	II	631,08	402,08	402,08	II	516,66	408,33	306,08	209,91	119,75	38,25
	III	405,16	402,08	402,08	III	314,00	225,83	140,66	65,66	6,66	
	V	1182,50	402,08	402,08	IV	685,16	625,83	568,00	511,75	457,00	403,66
	VI	1225,75	402,08	402,08							
4385,99	I,IV	746,83	402,33	402,33	I	626,66	512,58	404,50	302,41	206,41	116,50
	II	631,91	402,33	402,33	II	517,50	409,08	306,83	210,58	120,41	38,75
	III	405,83	402,33	402,33	III	314,66	226,50	141,33	66,16	7,00	
	V	1183,58	402,33	402,33	IV	686,00	626,66	568,83	512,58	457,75	404,50
	VI	1226,83	402,33	402,33							
4388,99	I,IV	747,75	402,66	402,66	I	627,50	513,33	405,25	303,16	207,08	117,16
	II	632,75	402,66	402,66	II	518,25	409,91	307,50	211,25	121,00	39,25
	III	406,50	402,66	402,66	III	315,33	227,00	141,83	66,66	7,33	
	V	1184,58	402,66	402,66	IV	686,91	627,50	569,66	513,33	458,50	405,25
	VI	1227,83	402,66	402,66							
4391,99	I,IV	748,66	402,91	402,91	I	628,33	514,16	406,00	303,83	207,75	117,75
	II	633,58	402,91	402,91	II	519,08	410,66	308,25	211,91	121,58	39,75
	III	407,16	402,91	402,91	III	316,00	227,66	142,50	67,16	7,66	
	V	1185,66	402,91	402,91	IV	687,75	628,33	570,50	514,16	459,33	406,00
	VI	1228,91	402,91	402,91							

* Zur LSt-Berechnung für privat versicherte Arbeitnehmer s. Beispiele **Vorbemerkung S. 4 f.**
** Basisvorsorgepauschale KV und PV *** Typisierter Arbeitgeberzuschuss

Monat gültig ab 1. 1. 2022 (idF des StEntlG 2022) **aT3**

Lohn/Gehalt in € bis	Steuerklasse	Lohnsteuer*	BVSP**	TAGZ***	Steuerklasse	Bemessungsgrundlage für Kirchensteuer und Solidaritätszuschlag Freibeträge für ... Kinder 0,5	1,0	1,5	2,0	2,5	3,0
4394,99	I,IV	749,50	403,16	403,16	I	629,16	514,91	406,66	304,50	208,41	118,33
	II	634,41	403,16	403,16	II	519,83	411,33	308,91	212,58	122,25	40,16
	III	407,83	403,16	403,16	III	316,50	228,33	143,00	67,66	8,16	
	V	1186,66	403,16	403,16	IV	688,58	629,16	571,25	514,91	460,00	406,66
	VI	1229,91	403,16	403,16							
4397,99	I,IV	750,33	403,50	403,50	I	630,00	515,66	407,41	305,25	209,08	119,00
	II	635,25	403,50	403,50	II	520,66	412,08	309,66	213,25	122,83	40,75
	III	408,50	403,50	403,50	III	317,16	228,83	143,66	68,00	8,50	
	V	1187,75	403,50	403,50	IV	689,41	630,00	572,08	515,66	460,83	407,41
	VI	1231,00	403,50	403,50							
4400,99	I,IV	751,25	403,75	403,75	I	630,83	516,50	408,16	305,91	209,75	119,58
	II	636,08	403,75	403,75	II	521,41	412,83	310,33	213,91	123,50	41,25
	III	409,16	403,75	403,75	III	317,83	229,50	144,16	68,50	8,83	
	V	1188,75	403,75	403,75	IV	690,25	630,83	572,91	516,50	461,58	408,16
	VI	1232,00	403,75	403,75							
4403,99	I,IV	752,16	404,00	404,00	I	631,66	517,25	408,91	306,66	210,41	120,25
	II	636,91	404,00	404,00	II	522,25	413,66	311,08	214,58	124,08	41,75
	III	409,83	404,00	404,00	III	318,50	230,16	144,83	69,00	9,16	
	V	1189,83	404,00	404,00	IV	691,16	631,66	573,75	517,25	462,33	408,91
	VI	1233,08	404,00	404,00							
4406,99	I,IV	753,00	404,33	404,33	I	632,50	518,08	409,66	307,33	211,08	120,83
	II	637,75	404,33	404,33	II	523,00	414,33	311,75	215,16	124,66	42,25
	III	410,50	404,33	404,33	III	319,16	230,83	145,50	69,50	9,50	
	V	1190,83	404,33	404,33	IV	692,00	632,50	574,50	518,08	463,08	409,66
	VI	1234,08	404,33	404,33							
4409,99	I,IV	753,83	404,58	404,58	I	633,33	518,83	410,41	308,08	211,75	121,41
	II	638,58	404,58	404,58	II	523,83	415,08	312,50	215,83	125,33	42,75
	III	411,16	404,58	404,58	III	319,66	231,33	146,00	70,00	10,00	
	V	1191,91	404,58	404,58	IV	692,83	633,33	575,33	518,83	463,91	410,41
	VI	1235,16	404,58	404,58							
4412,99	I,IV	754,75	404,83	404,83	I	634,16	519,66	411,16	308,75	212,41	122,08
	II	639,41	404,83	404,83	II	524,58	415,83	313,16	216,58	126,00	43,25
	III	411,83	404,83	404,83	III	320,33	232,00	146,66	70,50	10,33	
	V	1192,91	404,83	404,83	IV	693,75	634,16	576,16	519,66	464,66	411,16
	VI	1236,16	404,83	404,83							
4415,99	I,IV	755,66	405,16	405,16	I	635,00	520,41	411,91	309,50	213,08	122,66
	II	640,25	405,16	405,16	II	525,41	416,58	313,91	217,25	126,58	43,75
	III	412,50	405,16	405,16	III	321,00	232,66	147,16	71,00	10,66	
	V	1194,00	405,16	405,16	IV	694,58	635,00	577,00	520,41	465,41	411,91
	VI	1237,25	405,16	405,16							
4418,99	I,IV	756,50	405,41	405,41	I	635,83	521,25	412,66	310,16	213,75	123,33
	II	641,08	405,41	405,41	II	526,16	417,33	314,58	217,83	127,16	44,25
	III	413,00	405,41	405,41	III	321,66	233,16	147,83	71,50	11,00	
	V	1195,00	405,41	405,41	IV	695,41	635,83	577,75	521,25	466,16	412,66
	VI	1238,25	405,41	405,41							
4421,99	I,IV	757,41	405,66	405,66	I	636,66	522,00	413,41	310,91	214,41	123,91
	II	641,91	405,66	405,66	II	527,00	418,08	315,33	218,50	127,83	44,75
	III	413,66	405,66	405,66	III	322,33	233,83	148,33	72,00	11,33	
	V	1196,08	405,66	405,66	IV	696,25	636,66	578,58	522,00	467,00	413,41
	VI	1239,33	405,66	405,66							
4424,99	I,IV	758,25	405,91	405,91	I	637,50	522,83	414,16	311,58	215,08	124,58
	II	642,75	405,91	405,91	II	527,75	418,83	316,00	219,16	128,41	45,33
	III	414,33	405,91	405,91	III	322,83	234,50	149,00	72,50	11,83	
	V	1197,08	405,91	405,91	IV	697,16	637,50	579,41	522,83	467,75	414,16
	VI	1240,33	405,91	405,91							
4427,99	I,IV	759,16	406,25	406,25	I	638,33	523,58	414,91	312,33	215,75	125,16
	II	643,58	406,25	406,25	II	528,58	419,66	316,75	219,83	129,08	45,83
	III	415,00	406,25	406,25	III	323,50	235,00	149,66	72,83	12,16	
	V	1198,16	406,25	406,25	IV	698,00	638,33	580,25	523,58	468,50	414,91
	VI	1241,41	406,25	406,25							

* Zur LSt-Berechnung für privat versicherte Arbeitnehmer s. Beispiele **Vorbemerkung S. 4f.**
** Basisvorsorgepauschale KV und PV *** Typisierter Arbeitgeberzuschuss

aT3

allgemeine Lohnsteuer

Lohn/ Gehalt in € bis	Steuerklasse	Lohn- steuer*	BVSP**	TAGZ***	Steuerklasse	Bemessungsgrundlage für Kirchensteuer und Solidaritätszuschlag					
						Freibeträge für ... Kinder					
						0,5	1,0	1,5	2,0	2,5	3,0
4430,99	I,IV	**760,00**	406,50	406,50	I	639,16	524,41	415,66	313,00	216,33	125,83
	II	**644,41**	406,50	406,50	II	529,33	420,33	317,41	220,50	129,66	46,33
	III	**415,66**	406,50	406,50	III	324,16	235,66	150,16	73,33	12,50	
	V	**1199,16**	406,50	406,50	IV	698,83	639,16	581,00	524,41	469,25	415,66
	VI	**1242,41**	406,50	406,50							
4433,99	I,IV	**760,91**	406,75	406,75	I	640,00	525,16	416,41	313,66	217,00	126,41
	II	**645,25**	406,75	406,75	II	530,16	421,08	318,16	221,16	130,33	46,83
	III	**416,33**	406,75	406,75	III	324,83	236,33	150,83	73,83	13,00	
	V	**1200,25**	406,75	406,75	IV	699,66	640,00	581,83	525,16	470,08	416,41
	VI	**1243,58**	406,75	406,75							
4436,99	I,IV	**761,75**	407,08	407,08	I	640,83	526,00	417,16	314,41	217,66	127,08
	II	**646,08**	407,08	407,08	II	531,00	421,91	318,83	221,83	130,91	47,33
	III	**417,00**	407,08	407,08	III	325,50	237,00	151,33	74,33	13,33	
	V	**1201,25**	407,08	407,08	IV	700,58	640,83	582,66	526,00	470,83	417,16
	VI	**1244,50**	407,08	407,08							
4439,99	I,IV	**762,66**	407,33	407,33	I	641,66	526,83	417,91	315,16	218,33	127,66
	II	**646,91**	407,33	407,33	II	531,75	422,66	319,58	222,50	131,58	47,91
	III	**417,66**	407,33	407,33	III	326,16	237,50	152,00	74,83	13,66	
	V	**1202,33**	407,33	407,33	IV	701,41	641,66	583,50	526,83	471,58	417,91
	VI	**1245,58**	407,33	407,33							
4442,99	I,IV	**763,50**	407,58	407,58	I	642,50	527,58	418,66	315,83	219,00	128,25
	II	**647,75**	407,58	407,58	II	532,50	423,33	320,25	223,16	132,16	48,41
	III	**418,33**	407,58	407,58	III	326,66	238,16	152,50	75,33	14,00	
	V	**1203,33**	407,58	407,58	IV	702,25	642,50	584,25	527,58	472,33	418,66
	VI	**1246,58**	407,58	407,58							
4445,99	I,IV	**764,41**	407,91	407,91	I	643,33	528,33	419,41	316,50	219,66	128,91
	II	**648,58**	407,91	407,91	II	533,33	424,16	321,00	223,83	132,83	48,91
	III	**419,00**	407,91	407,91	III	327,33	238,83	153,16	75,83	14,50	
	V	**1204,41**	407,91	407,91	IV	703,16	643,33	585,08	528,33	473,16	419,41
	VI	**1247,66**	407,91	407,91							
4448,99	I,IV	**765,33**	408,16	408,16	I	644,16	529,16	420,16	317,25	220,33	129,50
	II	**649,41**	408,16	408,16	II	534,16	424,91	321,66	224,50	133,41	49,50
	III	**419,66**	408,16	408,16	III	328,00	239,33	153,83	76,33	14,83	
	V	**1205,41**	408,16	408,16	IV	704,00	644,16	585,91	529,16	473,91	420,16
	VI	**1248,66**	408,16	408,16							
4451,99	I,IV	**766,16**	408,41	408,41	I	645,08	530,00	420,91	318,00	221,00	130,16
	II	**650,33**	408,41	408,41	II	534,91	425,66	322,41	225,16	134,08	50,00
	III	**420,33**	408,41	408,41	III	328,66	240,00	154,33	76,83	15,16	
	V	**1206,50**	408,41	408,41	IV	704,83	645,08	586,75	530,00	474,66	420,91
	VI	**1249,75**	408,41	408,41							
4454,99	I,IV	**767,08**	408,66	408,66	I	645,83	530,75	421,66	318,66	221,66	130,75
	II	**651,08**	408,66	408,66	II	535,75	426,41	323,08	225,83	134,66	50,50
	III	**421,00**	408,66	408,66	III	329,33	240,66	155,00	77,33	15,50	
	V	**1207,50**	408,66	408,66	IV	705,66	645,83	587,58	530,75	475,41	421,66
	VI	**1250,75**	408,66	408,66							
4457,99	I,IV	**767,91**	409,00	409,00	I	646,75	531,58	422,41	319,33	222,33	131,41
	II	**652,00**	409,00	409,00	II	536,50	427,16	323,83	226,50	135,33	51,08
	III	**421,66**	409,00	409,00	III	330,00	241,33	155,50	77,83	16,00	
	V	**1208,58**	409,00	409,00	IV	706,58	646,75	588,33	531,58	476,25	422,41
	VI	**1251,83**	409,00	409,00							
4460,99	I,IV	**768,83**	409,25	409,25	I	647,58	532,33	423,16	320,08	223,00	132,00
	II	**652,83**	409,25	409,25	II	537,33	427,91	324,50	227,16	135,91	51,58
	III	**422,33**	409,25	409,25	III	330,66	241,83	156,16	78,33	16,33	
	V	**1209,58**	409,25	409,25	IV	707,41	647,58	589,16	532,33	477,00	423,16
	VI	**1252,83**	409,25	409,25							
4463,99	I,IV	**769,75**	409,50	409,50	I	648,41	533,16	423,91	320,83	223,66	132,66
	II	**653,66**	409,50	409,50	II	538,16	428,66	325,25	227,91	136,58	52,16
	III	**423,00**	409,50	409,50	III	331,16	242,50	156,83	78,83	16,66	
	V	**1210,66**	409,50	409,50	IV	708,33	648,41	590,00	533,16	477,83	423,91
	VI	**1253,91**	409,50	409,50							

* Zur LSt-Berechnung für privat versicherte Arbeitnehmer s. Beispiele **Vorbemerkung S. 4 f.**
** Basisvorsorgepauschale KV und PV *** Typisierter Arbeitgeberzuschuss

Monat gültig ab 1. 1. 2022 (idF des StEntlG 2022) **aT3**

Lohn/Gehalt in € bis	Steuerklasse	Lohnsteuer*	BVSP**	TAGZ***	Steuerklasse	Bemessungsgrundlage für Kirchensteuer und Solidaritätszuschlag					
						Freibeträge für ... Kinder					
						0,5	1,0	1,5	2,0	2,5	3,0
4466,99	I,IV	770,58	409,83	409,83	I	649,25	533,91	424,66	321,50	224,33	133,25
	II	654,50	409,83	409,83	II	538,91	429,41	325,91	228,50	137,16	52,66
	III	423,66	409,83	409,83	III	331,83	243,00	157,33	79,33	17,16	
	V	1 211,66	409,83	409,83	IV	709,16	649,25	590,83	533,91	478,58	424,66
	VI	1 254,91	409,83	409,83							
4469,99	I,IV	771,50	410,08	410,08	I	650,08	534,75	425,41	322,25	225,00	133,91
	II	655,33	410,08	410,08	II	539,75	430,16	326,66	229,25	137,83	53,16
	III	424,33	410,08	410,08	III	332,50	243,66	158,00	79,83	17,50	
	V	1 212,75	410,08	410,08	IV	710,00	650,08	591,66	534,75	479,33	425,41
	VI	1 256,00	410,08	410,08							
4472,99	I,IV	772,33	410,33	410,33	I	650,91	535,50	426,16	322,91	225,66	134,50
	II	656,16	410,33	410,33	II	540,50	430,91	327,41	229,91	138,41	53,75
	III	425,00	410,33	410,33	III	333,16	244,33	158,50	80,33	17,83	
	V	1 213,75	410,33	410,33	IV	710,91	650,91	592,50	535,50	480,08	426,16
	VI	1 257,00	410,33	410,33							
4475,99	I,IV	773,25	410,66	410,66	I	651,75	536,33	427,00	323,66	226,33	135,16
	II	657,00	410,66	410,66	II	541,33	431,66	328,08	230,58	139,08	54,33
	III	425,66	410,66	410,66	III	333,83	245,00	159,16	80,83	18,33	
	V	1 214,83	410,66	410,66	IV	711,75	651,75	593,33	536,33	480,91	427,00
	VI	1 258,08	410,66	410,66							
4478,99	I,IV	774,08	410,91	410,91	I	652,58	537,08	427,66	324,33	227,00	135,75
	II	657,83	410,91	410,91	II	542,08	432,41	328,83	231,25	139,66	54,83
	III	426,33	410,91	410,91	III	334,50	245,50	159,83	81,33	18,66	
	V	1 215,83	410,91	410,91	IV	712,58	652,58	594,08	537,08	481,66	427,66
	VI	1 259,08	410,91	410,91							
4481,99	I,IV	775,00	411,16	411,16	I	653,41	537,91	428,50	325,08	227,66	136,41
	II	658,66	411,16	411,16	II	542,91	433,16	329,50	231,91	140,33	55,41
	III	427,00	411,16	411,16	III	335,00	246,16	160,33	81,83	19,00	
	V	1 216,91	411,16	411,16	IV	713,41	653,41	594,91	537,91	482,41	428,50
	VI	1 260,16	411,16	411,16							
4484,99	I,IV	775,91	411,41	411,41	I	654,25	538,75	429,25	325,75	228,41	137,00
	II	659,58	411,41	411,41	II	543,75	433,91	330,25	232,58	140,91	55,91
	III	427,66	411,41	411,41	III	335,66	246,83	161,00	82,33	19,50	
	V	1 217,91	411,41	411,41	IV	714,33	654,25	595,75	538,75	483,25	429,25
	VI	1 261,16	411,41	411,41							
4487,99	I,IV	776,75	411,75	411,75	I	655,16	539,50	430,00	326,50	229,08	137,66
	II	660,41	411,75	411,75	II	544,50	434,75	330,91	233,25	141,58	56,50
	III	428,33	411,75	411,75	III	336,33	247,50	161,50	82,83	19,83	
	V	1 219,00	411,75	411,75	IV	715,16	655,16	596,58	539,50	484,00	430,00
	VI	1 262,25	411,75	411,75							
4490,99	I,IV	777,66	412,00	412,00	I	655,91	540,33	430,75	327,16	229,66	138,25
	II	661,25	412,00	412,00	II	545,33	435,41	331,66	233,91	142,16	57,00
	III	429,00	412,00	412,00	III	337,00	248,00	162,16	83,33	20,16	
	V	1 220,00	412,00	412,00	IV	716,00	655,91	597,33	540,33	484,75	430,75
	VI	1 263,25	412,00	412,00							
4493,99	I,IV	778,50	412,25	412,25	I	656,83	541,08	431,50	327,91	230,41	138,91
	II	662,08	412,25	412,25	II	546,08	436,25	332,33	234,58	142,83	57,58
	III	429,66	412,25	412,25	III	337,66	248,66	162,66	83,83	20,66	
	V	1 221,08	412,25	412,25	IV	716,91	656,83	598,16	541,08	485,58	431,50
	VI	1 264,33	412,25	412,25							
4496,99	I,IV	779,41	412,58	412,58	I	657,66	541,91	432,25	328,66	231,08	139,50
	II	662,91	412,58	412,58	II	546,91	437,00	333,08	235,25	143,50	58,16
	III	430,33	412,58	412,58	III	338,33	249,33	163,33	84,33	21,00	
	V	1 222,08	412,58	412,58	IV	717,75	657,66	599,00	541,91	486,33	432,00
	VI	1 265,33	412,58	412,58							
4499,99	I,IV	780,33	412,83	412,83	I	658,50	542,75	433,00	329,33	231,75	140,16
	II	663,75	412,83	412,83	II	547,75	437,75	333,83	235,91	144,08	58,66
	III	431,00	412,83	412,83	III	338,83	249,83	164,00	84,83	21,33	
	V	1 223,16	412,83	412,83	IV	718,66	658,50	599,83	542,75	487,08	433,00
	VI	1 266,41	412,83	412,83							

* Zur LSt-Berechnung für privat versicherte Arbeitnehmer s. Beispiele **Vorbemerkung S. 4 f.**
** Basisvorsorgepauschale KV und PV   *** Typisierter Arbeitgeberzuschuss

aT3 — allgemeine Lohnsteuer

Lohn/Gehalt in € bis	Steuerklasse	Lohnsteuer*	BVSP**	TAGZ***	Steuerklasse	Bemessungsgrundlage für Kirchensteuer und Solidaritätszuschlag					
						Freibeträge für ... Kinder					
						0,5	1,0	1,5	2,0	2,5	3,0
4502,99	I,IV	**781,16**	413,08	413,08	I	659,33	543,50	433,75	330,08	232,41	140,75
	II	**664,58**	413,08	413,08	II	548,50	438,50	334,50	236,58	144,75	59,25
	III	**431,66**	413,08	413,08	III	339,50	250,50	164,50	85,33	21,83	
	V	**1224,16**	413,08	413,08	IV	719,50	659,33	600,66	543,50	487,83	433,75
	VI	**1267,41**	413,08	413,08							
4505,99	I,IV	**782,08**	413,41	413,41	I	660,16	544,33	434,50	330,75	233,08	141,41
	II	**665,41**	413,41	413,41	II	549,33	439,25	335,25	237,25	145,33	59,83
	III	**432,33**	413,41	413,41	III	340,16	251,16	165,16	85,83	22,16	
	V	**1225,25**	413,41	413,41	IV	720,33	660,16	601,50	544,33	488,66	434,50
	VI	**1268,50**	413,41	413,41							
4508,99	I,IV	**783,00**	413,66	413,66	I	661,00	545,08	435,25	331,50	233,75	142,08
	II	**666,33**	413,66	413,66	II	550,00	440,00	335,91	237,91	146,00	60,33
	III	**433,00**	413,66	413,66	III	340,83	251,83	165,83	86,33	22,50	
	V	**1226,25**	413,66	413,66	IV	721,25	661,00	602,33	545,08	489,41	435,25
	VI	**1269,50**	413,66	413,66							
4511,99	I,IV	**783,83**	413,91	413,91	I	661,83	545,91	436,00	332,16	234,41	142,66
	II	**667,16**	413,91	413,91	II	550,91	440,75	336,66	238,66	146,66	60,91
	III	**433,66**	413,91	413,91	III	341,50	252,50	166,33	86,83	23,00	
	V	**1227,33**	413,91	413,91	IV	722,08	661,83	603,16	545,91	490,25	436,00
	VI	**1270,58**	413,91	413,91							
4514,99	I,IV	**784,75**	414,25	414,25	I	662,66	546,75	436,75	332,91	235,08	143,33
	II	**668,00**	414,25	414,25	II	551,75	441,50	337,41	239,25	147,25	61,50
	III	**434,16**	414,25	414,25	III	342,16	253,00	167,00	87,33	23,33	
	V	**1228,33**	414,25	414,25	IV	722,91	662,66	603,91	546,75	491,00	436,75
	VI	**1271,58**	414,25	414,25							
4517,99	I,IV	**785,58**	414,50	414,50	I	663,58	547,50	437,58	333,58	235,75	143,91
	II	**668,83**	414,50	414,50	II	552,50	442,33	338,08	240,00	147,91	62,08
	III	**435,00**	414,50	414,50	III	342,83	253,66	167,50	87,83	23,66	
	V	**1229,33**	414,50	414,50	IV	723,83	663,58	604,75	547,50	491,75	437,58
	VI	**1272,66**	414,50	414,50							
4520,99	I,IV	**786,50**	414,75	414,75	I	664,41	548,33	438,33	334,33	236,41	144,58
	II	**669,66**	414,75	414,75	II	553,33	443,08	338,83	240,66	148,50	62,58
	III	**435,66**	414,75	414,75	III	343,33	254,33	168,16	88,33	24,16	
	V	**1230,41**	414,75	414,75	IV	724,66	664,41	605,58	548,33	492,58	438,33
	VI	**1273,66**	414,75	414,75							
4523,99	I,IV	**787,41**	415,00	415,00	I	665,25	549,16	439,08	335,08	237,08	145,16
	II	**670,50**	415,00	415,00	II	554,16	443,83	339,58	241,33	149,16	63,16
	III	**436,33**	415,00	415,00	III	344,00	254,83	168,66	89,00	24,50	
	V	**1231,50**	415,00	415,00	IV	725,58	665,25	606,41	549,16	493,33	439,08
	VI	**1274,75**	415,00	415,00							
4526,99	I,IV	**788,25**	415,33	415,33	I	666,08	549,91	439,83	335,75	237,75	145,83
	II	**671,33**	415,33	415,33	II	554,91	444,58	340,25	242,00	149,75	63,75
	III	**437,00**	415,33	415,33	III	344,66	255,50	169,33	89,50	25,00	
	V	**1232,50**	415,33	415,33	IV	726,41	666,08	607,25	549,91	494,08	439,83
	VI	**1275,75**	415,33	415,33							
4529,99	I,IV	**789,16**	415,58	415,58	I	666,91	550,75	440,58	336,50	238,41	146,41
	II	**672,25**	415,58	415,58	II	555,75	445,33	341,00	242,66	150,41	64,33
	III	**437,66**	415,58	415,58	III	345,33	256,16	170,00	90,00	25,33	
	V	**1233,50**	415,58	415,58	IV	727,25	666,91	608,08	550,75	494,91	440,58
	VI	**1276,83**	415,58	415,58							
4532,99	I,IV	**790,08**	415,83	415,83	I	667,75	551,50	441,33	337,25	239,16	147,08
	II	**673,08**	415,83	415,83	II	556,58	446,08	341,66	243,33	151,08	64,91
	III	**438,33**	415,83	415,83	III	346,00	256,83	170,50	90,50	25,83	
	V	**1234,58**	415,83	415,83	IV	728,16	667,75	608,91	551,50	495,66	441,33
	VI	**1277,83**	415,83	415,83							
4535,99	I,IV	**791,00**	416,16	416,16	I	668,66	552,33	442,08	337,91	239,83	147,75
	II	**673,91**	416,16	416,16	II	557,33	446,83	342,41	244,00	151,66	65,50
	III	**439,00**	416,16	416,16	III	346,66	257,33	171,16	91,00	26,16	
	V	**1235,66**	416,16	416,16	IV	729,00	668,66	609,75	552,33	496,50	442,08
	VI	**1278,91**	416,16	416,16							

* Zur LSt-Berechnung für privat versicherte Arbeitnehmer s. Beispiele **Vorbemerkung S. 4 f.**
** Basisvorsorgepauschale KV und PV   *** Typisierter Arbeitgeberzuschuss

Monat gültig ab 1. 1. 2022 (idF des StEntlG 2022)   aT3

Lohn/Gehalt in € bis	Steuerklasse	Lohnsteuer*	BVSP**	TAGZ***	Steuerklasse	Bemessungsgrundlage für Kirchensteuer und Solidaritätszuschlag					
						Freibeträge für ... Kinder					
						0,5	1,0	1,5	2,0	2,5	3,0
4538,99	I,IV	**791,83**	416,41	416,41	I	669,41	553,16	442,83	338,66	240,50	148,33
	II	**674,75**	416,41	416,41	II	558,16	447,58	343,16	244,66	152,33	66,08
	III	**439,50**	416,41	416,41	III	347,33	258,00	171,66	91,50	26,50	
	V	**1 236,66**	416,41	416,41	IV	729,91	669,41	610,50	553,16	497,25	442,83
	VI	**1 279,91**	416,41	416,41							
4541,99	I,IV	**792,75**	416,66	416,66	I	670,33	553,91	443,58	339,33	241,16	149,00
	II	**675,58**	416,66	416,66	II	559,00	448,41	343,83	245,33	152,91	66,66
	III	**440,16**	416,66	416,66	III	347,83	258,66	172,33	92,00	27,00	
	V	**1 237,66**	416,66	416,66	IV	730,75	670,33	611,33	553,91	498,00	443,58
	VI	**1 281,00**	416,66	416,66							
4544,99	I,IV	**793,66**	417,00	417,00	I	671,16	554,75	444,41	340,08	241,83	149,58
	II	**676,50**	417,00	417,00	II	559,75	449,16	344,58	246,08	153,58	67,25
	III	**440,83**	417,00	417,00	III	348,50	259,16	173,00	92,50	27,33	
	V	**1 238,75**	417,00	417,00	IV	731,66	671,16	612,16	554,75	498,83	444,41
	VI	**1 282,00**	417,00	417,00							
4547,99	I,IV	**794,50**	417,25	417,25	I	672,00	555,58	445,16	340,83	242,50	150,25
	II	**677,33**	417,25	417,25	II	560,58	449,91	345,33	246,75	154,25	67,83
	III	**441,50**	417,25	417,25	III	349,16	259,83	173,50	93,00	27,83	
	V	**1 239,83**	417,25	417,25	IV	732,50	672,00	613,00	555,58	499,58	445,16
	VI	**1 283,08**	417,25	417,25							
4550,99	I,IV	**795,41**	417,50	417,50	I	672,83	556,33	445,91	341,50	243,16	150,91
	II	**678,16**	417,50	417,50	II	561,41	450,66	346,00	247,41	154,83	68,33
	III	**442,33**	417,50	417,50	III	349,83	260,50	174,16	93,50	28,16	
	V	**1 240,83**	417,50	417,50	IV	733,33	672,83	613,83	556,33	500,33	445,91
	VI	**1 284,08**	417,50	417,50							
4553,99	I,IV	**796,25**	417,75	417,75	I	673,66	557,16	446,66	342,25	243,83	151,50
	II	**679,00**	417,75	417,75	II	562,16	451,41	346,75	248,08	155,50	68,91
	III	**443,00**	417,75	417,75	III	350,50	261,16	174,83	94,16	28,66	
	V	**1 241,83**	417,75	417,75	IV	734,25	673,66	614,66	557,16	501,16	446,66
	VI	**1 285,16**	417,75	417,75							
4556,99	I,IV	**797,16**	418,08	418,08	I	674,58	558,00	447,41	342,91	244,50	152,16
	II	**679,83**	418,08	418,08	II	563,00	452,25	347,50	248,75	156,08	69,58
	III	**443,66**	418,08	418,08	III	351,16	261,66	175,33	94,66	29,00	
	V	**1 242,91**	418,08	418,08	IV	735,08	674,58	615,50	558,00	501,91	447,41
	VI	**1 286,16**	418,08	418,08							
4559,99	I,IV	**798,08**	418,33	418,33	I	675,41	558,75	448,16	343,66	245,25	152,83
	II	**680,75**	418,33	418,33	II	563,83	453,00	348,16	249,41	156,75	70,16
	III	**444,33**	418,33	418,33	III	351,83	262,33	176,00	95,16	29,50	
	V	**1 244,00**	418,33	418,33	IV	736,00	675,41	616,33	558,75	502,75	448,16
	VI	**1 287,25**	418,33	418,33							
4562,99	I,IV	**798,91**	418,58	418,58	I	676,25	559,58	448,91	344,41	245,83	153,41
	II	**681,58**	418,58	418,58	II	564,58	453,75	348,91	250,08	157,41	70,75
	III	**444,83**	418,58	418,58	III	352,50	263,00	176,50	95,66	29,83	
	V	**1 245,00**	418,58	418,58	IV	736,83	676,25	617,16	559,58	503,50	448,91
	VI	**1 288,25**	418,58	418,58							
4565,99	I,IV	**799,83**	418,91	418,91	I	677,08	560,41	449,75	345,08	246,58	154,08
	II	**682,41**	418,91	418,91	II	565,41	454,50	349,58	250,83	158,00	71,33
	III	**445,50**	418,91	418,91	III	353,00	263,66	177,16	96,16	30,16	
	V	**1 246,00**	418,91	418,91	IV	737,75	677,08	618,00	560,41	504,33	449,75
	VI	**1 289,33**	418,91	418,91							
4568,99	I,IV	**800,75**	419,16	419,16	I	677,91	561,16	450,50	345,83	247,25	154,66
	II	**683,25**	419,16	419,16	II	566,25	455,25	350,33	251,50	158,66	71,91
	III	**446,16**	419,16	419,16	III	353,66	264,16	177,83	96,66	30,66	
	V	**1 247,08**	419,16	419,16	IV	738,58	677,91	618,66	561,16	505,08	450,50
	VI	**1 290,33**	419,16	419,16							
4571,99	I,IV	**801,66**	419,41	419,41	I	678,83	562,00	451,25	346,58	247,91	155,33
	II	**684,16**	419,41	419,41	II	567,08	456,08	351,08	252,16	159,33	72,50
	III	**446,83**	419,41	419,41	III	354,33	264,83	178,33	97,16	31,00	
	V	**1 248,16**	419,41	419,41	IV	739,50	678,83	619,66	562,00	505,91	451,25
	VI	**1 291,41**	419,41	419,41							

*   Zur LSt-Berechnung für privat versicherte Arbeitnehmer s. Beispiele **Vorbemerkung S. 4 f.**
** Basisvorsorgepauschale KV und PV   *** Typisierter Arbeitgeberzuschuss

aT3

allgemeine Lohnsteuer

Lohn/Gehalt in € bis	Steuerklasse	Lohn-steuer*	BVSP**	TAGZ***	Steuerklasse	Bemessungsgrundlage für Kirchensteuer und Solidaritätszuschlag					
						Freibeträge für ... Kinder					
						0,5	1,0	1,5	2,0	2,5	3,0
4574,99	I,IV	802,50	419,75	419,75	I	679,66	562,83	452,00	347,25	248,58	155,91
	II	684,91	419,75	419,75	II	567,83	456,75	351,75	252,83	159,91	73,08
	III	447,66	419,75	419,75	III	355,00	265,50	179,00	97,83	31,50	
	V	1 249,16	419,75	419,75	IV	740,33	679,66	620,50	562,83	506,66	452,00
	VI	1 292,41	419,75	419,75							
4577,99	I,IV	803,41	420,00	420,00	I	680,50	563,58	452,75	348,00	249,25	156,58
	II	685,83	420,00	420,00	II	568,66	457,58	352,50	253,50	160,58	73,66
	III	448,33	420,00	420,00	III	355,66	266,16	179,50	98,33	31,83	
	V	1 250,16	420,00	420,00	IV	741,16	680,50	621,33	563,58	507,41	452,75
	VI	1 293,50	420,00	420,00							
4580,99	I,IV	804,33	420,25	420,25	I	681,33	564,41	453,58	348,75	249,91	157,25
	II	686,66	420,25	420,25	II	569,50	458,33	353,25	254,16	161,25	74,25
	III	449,00	420,25	420,25	III	356,33	266,66	180,16	98,83	32,33	
	V	1 251,25	420,25	420,25	IV	742,08	681,33	622,16	564,41	508,25	453,58
	VI	1 294,50	420,25	420,25							
4583,99	I,IV	805,25	420,50	420,50	I	682,25	565,25	454,33	349,41	250,66	157,91
	II	687,50	420,50	420,50	II	570,33	459,08	354,00	254,91	161,83	74,91
	III	449,66	420,50	420,50	III	357,00	267,33	180,83	99,33	32,66	
	V	1 252,33	420,50	420,50	IV	743,00	682,25	623,00	565,25	509,00	454,33
	VI	1 295,58	420,50	420,50							
4586,99	I,IV	806,08	420,83	420,83	I	683,00	566,00	455,08	350,16	251,33	158,50
	II	688,33	420,83	420,83	II	571,08	459,83	354,66	255,58	162,50	75,50
	III	450,16	420,83	420,83	III	357,66	268,00	181,33	99,83	33,16	
	V	1 253,33	420,83	420,83	IV	743,83	683,00	623,75	566,00	509,75	455,08
	VI	1 296,58	420,83	420,83							
4589,99	I,IV	807,00	421,08	421,08	I	683,91	566,83	455,83	350,91	252,00	159,16
	II	689,25	421,08	421,08	II	571,91	460,66	355,41	256,25	163,16	76,08
	III	450,83	421,08	421,08	III	358,16	268,66	182,00	100,33	33,50	
	V	1 254,33	421,08	421,08	IV	744,66	683,91	624,58	566,83	510,58	455,83
	VI	1 297,58	421,08	421,08							
4592,99	I,IV	807,91	421,33	421,33	I	684,75	567,66	456,58	351,58	252,66	159,75
	II	690,08	421,33	421,33	II	572,75	461,41	356,16	256,91	163,75	76,66
	III	451,50	421,33	421,33	III	358,83	269,16	182,50	101,00	34,00	
	V	1 255,41	421,33	421,33	IV	745,58	684,75	625,41	567,66	511,41	456,58
	VI	1 298,66	421,33	421,33							
4595,99	I,IV	808,83	421,66	421,66	I	685,58	568,50	457,41	352,33	253,33	160,41
	II	690,91	421,66	421,66	II	573,50	462,16	356,91	257,58	164,41	77,25
	III	452,33	421,66	421,66	III	359,50	269,83	183,16	101,50	34,33	
	V	1 256,50	421,66	421,66	IV	746,41	685,58	626,25	568,50	512,16	457,41
	VI	1 299,75	421,66	421,66							
4598,99	I,IV	809,66	421,91	421,91	I	686,41	569,25	458,16	353,08	254,00	161,08
	II	691,75	421,91	421,91	II	574,33	462,91	357,58	258,25	165,00	77,83
	III	453,00	421,91	421,91	III	360,16	270,50	183,83	102,00	34,83	
	V	1 257,50	421,91	421,91	IV	747,33	686,41	627,08	569,25	512,91	458,16
	VI	1 300,75	421,91	421,91							
4601,99	I,IV	810,58	422,16	422,16	I	687,33	570,08	458,91	353,75	254,75	161,66
	II	692,66	422,16	422,16	II	575,16	463,66	358,33	259,00	165,66	78,41
	III	453,66	422,16	422,16	III	360,83	271,16	184,33	102,50	35,16	
	V	1 258,50	422,16	422,16	IV	748,16	687,33	627,91	570,08	513,75	458,91
	VI	1 301,75	422,16	422,16							
4604,99	I,IV	811,50	422,50	422,50	I	688,16	570,91	459,66	354,50	255,41	162,33
	II	693,50	422,50	422,50	II	576,00	464,50	359,08	259,66	166,33	79,08
	III	454,33	422,50	422,50	III	361,50	271,66	185,00	103,16	35,66	
	V	1 259,58	422,50	422,50	IV	749,08	688,16	628,75	570,91	514,50	459,66
	VI	1 302,83	422,50	422,50							
4607,99	I,IV	812,41	422,75	422,75	I	689,00	571,75	460,41	355,25	256,08	163,00
	II	694,33	422,75	422,75	II	576,75	465,25	359,75	260,33	167,00	79,66
	III	455,00	422,75	422,75	III	362,16	272,33	185,66	103,66	36,00	
	V	1 260,66	422,75	422,75	IV	749,91	689,00	629,58	571,75	515,33	460,41
	VI	1 303,91	422,75	422,75							

* Zur LSt-Berechnung für privat versicherte Arbeitnehmer s. Beispiele **Vorbemerkung S. 4f.**
** Basisvorsorgepauschale KV und PV   *** Typisierter Arbeitgeberzuschuss

Monat gültig ab 1. 1. 2022 (idF des StEntlG 2022)　　aT3

Lohn/Gehalt in € bis	Steuerklasse	Lohnsteuer*	BVSP**	TAGZ***	Steuerklasse	Bemessungsgrundlage für Kirchensteuer und Solidaritätszuschlag — Freibeträge für ... Kinder					
						0,5	1,0	1,5	2,0	2,5	3,0
4610,99	I,IV	813,25	423,00	423,00	I	689,83	572,50	461,16	355,91	256,75	163,58
	II	695,16	423,00	423,00	II	577,58	466,00	360,50	261,00	167,58	80,25
	III	455,50	423,00	423,00	III	362,83	273,00	186,16	104,16	36,50	
	V	1 261,66	423,00	423,00	IV	750,83	689,83	630,41	572,50	516,08	461,16
	VI	1 304,91	423,00	423,00							
4613,99	I,IV	814,16	423,33	423,33	I	690,75	573,33	462,00	356,66	257,41	164,25
	II	696,08	423,33	423,33	II	578,41	466,75	361,25	261,75	168,25	80,83
	III	456,33	423,33	423,33	III	363,33	273,66	186,83	104,66	36,83	
	V	1 262,66	423,33	423,33	IV	751,66	690,75	631,25	573,33	516,91	462,00
	VI	1 305,91	423,33	423,33							
4616,99	I,IV	815,08	423,58	423,58	I	691,58	574,16	462,75	357,41	258,16	164,91
	II	696,91	423,58	423,58	II	579,25	467,58	361,91	262,41	168,91	81,41
	III	457,00	423,58	423,58	III	364,00	274,16	187,33	105,16	37,33	
	V	1 263,75	423,58	423,58	IV	752,58	691,58	632,08	574,16	517,66	462,75
	VI	1 307,00	423,58	423,58							
4619,99	I,IV	816,00	423,83	423,83	I	692,41	575,00	463,50	358,16	258,83	165,50
	II	697,83	423,83	423,83	II	580,08	468,33	362,66	263,08	169,58	82,08
	III	457,66	423,83	423,83	III	364,66	274,83	188,00	105,83	37,83	
	V	1 264,83	423,83	423,83	IV	753,41	692,41	632,91	575,00	518,50	463,50
	VI	1 308,08	423,83	423,83							
4622,99	I,IV	816,83	424,08	424,08	I	693,25	575,75	464,25	358,83	259,50	166,16
	II	698,66	424,08	424,08	II	580,83	469,08	363,41	263,75	170,16	82,66
	III	458,33	424,08	424,08	III	365,33	275,50	188,66	106,33	38,16	
	V	1 265,83	424,08	424,08	IV	754,33	693,25	633,75	575,75	519,25	464,25
	VI	1 309,08	424,08	424,08							
4625,99	I,IV	817,75	424,41	424,41	I	694,16	576,58	465,08	359,58	260,16	166,83
	II	699,50	424,41	424,41	II	581,66	469,83	364,16	264,41	170,83	83,25
	III	459,00	424,41	424,41	III	366,00	276,16	189,16	106,83	38,66	
	V	1 266,83	424,41	424,41	IV	755,16	694,16	634,58	576,58	520,08	465,08
	VI	1 310,08	424,41	424,41							
4628,99	I,IV	818,66	424,66	424,66	I	695,00	577,41	465,83	360,33	260,83	167,41
	II	700,33	424,66	424,66	II	582,50	470,66	364,83	265,16	171,50	83,83
	III	459,66	424,66	424,66	III	366,66	276,83	189,83	107,33	39,00	
	V	1 267,91	424,66	424,66	IV	756,08	695,00	635,41	577,41	520,83	465,83
	VI	1 311,16	424,66	424,66							
4631,99	I,IV	819,58	424,91	424,91	I	695,83	578,25	466,58	361,08	261,58	168,08
	II	701,25	424,91	424,91	II	583,33	471,41	365,58	265,83	172,08	84,41
	III	460,33	424,91	424,91	III	367,33	277,33	190,50	108,00	39,50	
	V	1 269,00	424,91	424,91	IV	757,00	695,83	636,25	578,25	521,66	466,58
	VI	1 312,25	424,91	424,91							
4634,99	I,IV	820,41	425,25	425,25	I	696,66	579,00	467,33	361,75	262,25	168,75
	II	702,08	425,25	425,25	II	584,08	472,16	366,33	266,50	172,75	85,00
	III	461,00	425,25	425,25	III	368,00	278,00	191,00	108,50	39,83	
	V	1 270,00	425,25	425,25	IV	757,83	696,66	637,08	579,00	522,41	467,33
	VI	1 313,25	425,25	425,25							
4637,99	I,IV	821,33	425,50	425,50	I	697,58	579,83	468,16	362,50	262,91	169,33
	II	702,91	425,50	425,50	II	584,91	472,91	367,08	267,16	173,41	85,66
	III	461,66	425,50	425,50	III	368,66	278,66	191,66	109,00	40,33	
	V	1 271,00	425,50	425,50	IV	758,66	697,58	637,91	579,83	523,25	468,16
	VI	1 314,25	425,50	425,50							
4640,99	I,IV	822,25	425,75	425,75	I	698,41	580,66	468,91	363,25	263,58	170,00
	II	703,83	425,75	425,75	II	585,75	473,75	367,75	267,91	174,00	86,25
	III	462,33	425,75	425,75	III	369,33	279,16	192,33	109,50	40,83	
	V	1 272,08	425,75	425,75	IV	759,58	698,41	638,75	580,66	524,00	468,91
	VI	1 315,33	425,75	425,75							
4643,99	I,IV	823,16	426,08	426,08	I	699,33	581,50	469,66	364,00	264,25	170,66
	II	704,66	426,08	426,08	II	586,58	474,50	368,50	268,58	174,66	86,83
	III	463,00	426,08	426,08	III	369,83	279,83	192,83	110,16	41,16	
	V	1 273,08	426,08	426,08	IV	760,50	699,33	639,58	581,50	524,83	469,66
	VI	1 316,41	426,08	426,08							

* Zur LSt-Berechnung für privat versicherte Arbeitnehmer s. Beispiele **Vorbemerkung S. 4 f.**
** Basisvorsorgepauschale KV und PV　*** Typisierter Arbeitgeberzuschuss

aT3 allgemeine Lohnsteuer

Lohn/Gehalt in € bis	Steuerklasse	Lohnsteuer*	BVSP**	TAGZ***	Steuerklasse	Bemessungsgrundlage für Kirchensteuer und Solidaritätszuschlag Freibeträge für ... Kinder					
						0,5	1,0	1,5	2,0	2,5	3,0
4646,99	I,IV	824,08	426,33	426,33	I	700,16	582,25	470,41	364,66	264,91	171,33
	II	705,50	426,33	426,33	II	587,33	475,25	369,25	269,25	175,33	87,41
	III	463,66	426,33	426,33	III	370,50	280,50	193,50	110,66	41,66	
	V	1 274,16	426,33	426,33	IV	761,33	700,16	640,41	582,25	525,58	470,41
	VI	1 317,41	426,33	426,33							
4649,99	I,IV	825,00	426,58	426,58	I	701,00	583,08	471,25	365,41	265,66	171,91
	II	706,33	426,58	426,58	II	588,16	476,08	370,00	269,91	176,00	88,08
	III	464,33	426,58	426,58	III	371,16	281,16	194,16	111,16	42,00	
	V	1 275,16	426,58	426,58	IV	762,25	701,00	641,25	583,08	526,41	471,25
	VI	1 318,41	426,58	426,58							
4652,99	I,IV	825,83	426,83	426,83	I	701,83	583,91	472,00	366,16	266,33	172,58
	II	707,25	426,83	426,83	II	589,00	476,83	370,75	270,66	176,58	88,66
	III	465,00	426,83	426,83	III	371,83	281,83	194,66	111,83	42,66	
	V	1 276,25	426,83	426,83	IV	763,08	701,83	642,08	583,91	527,16	472,00
	VI	1 319,50	426,83	426,83							
4655,99	I,IV	826,75	427,16	427,16	I	702,75	584,75	472,75	366,91	267,00	173,25
	II	708,08	427,16	427,16	II	589,83	477,58	371,41	271,33	177,25	89,25
	III	465,66	427,16	427,16	III	372,50	282,33	195,33	112,33	43,00	
	V	1 277,25	427,16	427,16	IV	764,00	702,75	643,00	584,75	528,00	472,75
	VI	1 320,58	427,16	427,16							
4658,99	I,IV	827,66	427,41	427,41	I	703,58	585,50	473,50	367,58	267,66	173,83
	II	708,91	427,41	427,41	II	590,66	478,33	372,16	272,00	177,91	89,83
	III	466,33	427,41	427,41	III	373,16	283,00	195,83	112,83	43,33	
	V	1 278,33	427,41	427,41	IV	764,83	703,58	643,75	585,50	528,75	473,50
	VI	1 321,58	427,41	427,41							
4661,99	I,IV	828,58	427,66	427,66	I	704,41	586,33	474,33	368,33	268,41	174,50
	II	709,83	427,66	427,66	II	591,41	479,16	372,91	272,66	178,58	90,41
	III	467,00	427,66	427,66	III	373,83	283,66	196,50	113,33	43,83	
	V	1 279,33	427,66	427,66	IV	765,75	704,41	644,66	586,33	529,58	474,33
	VI	1 322,58	427,66	427,66							
4664,99	I,IV	829,50	428,00	428,00	I	705,33	587,16	475,08	369,08	269,08	175,16
	II	710,66	428,00	428,00	II	592,25	479,91	373,66	273,41	179,16	91,08
	III	467,66	428,00	428,00	III	374,50	284,33	197,16	114,00	44,16	
	V	1 280,41	428,00	428,00	IV	766,66	705,33	645,50	587,16	530,33	475,08
	VI	1 323,66	428,00	428,00							
4667,99	I,IV	830,41	428,25	428,25	I	706,16	588,00	475,83	369,83	269,75	175,83
	II	711,58	428,25	428,25	II	593,08	480,75	374,41	274,08	179,83	91,66
	III	468,33	428,25	428,25	III	375,16	284,83	197,66	114,50	44,66	
	V	1 281,41	428,25	428,25	IV	767,50	706,16	646,33	588,00	531,16	475,83
	VI	1 324,75	428,25	428,25							
4670,99	I,IV	831,25	428,50	428,50	I	707,00	588,75	476,58	370,50	270,41	176,41
	II	712,41	428,50	428,50	II	593,91	481,50	375,08	274,75	180,50	92,25
	III	469,00	428,50	428,50	III	375,83	285,50	198,33	115,00	45,16	
	V	1 282,50	428,50	428,50	IV	768,41	707,00	647,16	588,75	531,91	476,58
	VI	1 325,75	428,50	428,50							
4673,99	I,IV	832,16	428,83	428,83	I	707,83	589,58	477,41	371,25	271,16	177,08
	II	713,25	428,83	428,83	II	594,75	482,25	375,83	275,50	181,16	92,83
	III	469,66	428,83	428,83	III	376,50	286,16	199,00	115,66	45,50	
	V	1 283,50	428,83	428,83	IV	769,25	707,83	648,00	589,58	532,75	477,41
	VI	1 326,75	428,83	428,83							
4676,99	I,IV	833,08	429,08	429,08	I	708,75	590,41	478,16	372,00	271,83	177,75
	II	714,08	429,08	429,08	II	595,58	483,00	376,58	276,16	181,83	93,50
	III	470,33	429,08	429,08	III	377,00	286,83	199,50	116,16	46,00	
	V	1 284,58	429,08	429,08	IV	770,16	708,75	648,83	590,41	533,58	478,16
	VI	1 327,83	429,08	429,08							
4679,99	I,IV	834,00	429,33	429,33	I	709,58	591,25	479,00	372,75	272,50	178,41
	II	715,00	429,33	429,33	II	596,41	483,83	377,33	276,83	182,41	94,08
	III	471,00	429,33	429,33	III	377,66	287,50	200,16	116,66	46,50	
	V	1 285,58	429,33	429,33	IV	771,08	709,58	649,66	591,25	534,33	479,00
	VI	1 328,91	429,33	429,33							

* Zur LSt-Berechnung für privat versicherte Arbeitnehmer s. Beispiele **Vorbemerkung S. 4 f.**
** Basisvorsorgepauschale KV und PV   *** Typisierter Arbeitgeberzuschuss

Monat gültig ab 1. 1. 2022 (idF des StEntlG 2022)   aT3

Lohn/Gehalt in € bis	Steuerklasse	Lohnsteuer*	BVSP**	TAGZ***	Steuerklasse	Bemessungsgrundlage für Kirchensteuer und Solidaritätszuschlag					
						Freibeträge für ... Kinder					
						0,5	1,0	1,5	2,0	2,5	3,0
4682,99	I,IV	**834,91**	429,58	429,58	I	710,41	592,08	479,75	373,41	273,25	179,00
	II	**715,83**	429,58	429,58	II	597,16	484,58	378,00	277,50	183,08	94,66
	III	**471,66**	429,58	429,58	III	378,33	288,00	200,83	117,16	46,83	
	V	**1286,66**	429,58	429,58	IV	771,91	710,41	650,50	592,08	535,16	479,75
	VI	**1329,91**	429,58	429,58							
4685,99	I,IV	**835,75**	429,91	429,91	I	711,33	592,91	480,50	374,16	273,91	179,66
	II	**716,66**	429,91	429,91	II	598,00	485,33	378,75	278,25	183,75	95,33
	III	**472,33**	429,91	429,91	III	379,00	288,66	201,33	117,83	47,33	
	V	**1287,66**	429,91	429,91	IV	772,83	711,33	651,33	592,91	535,91	480,50
	VI	**1330,91**	429,91	429,91							
4688,99	I,IV	**836,66**	430,16	430,16	I	712,16	593,66	481,25	374,91	274,58	180,33
	II	**717,58**	430,16	430,16	II	598,83	486,16	379,50	278,91	184,41	95,91
	III	**473,00**	430,16	430,16	III	379,66	289,33	202,00	118,33	47,83	
	V	**1288,75**	430,16	430,16	IV	773,66	712,16	652,16	593,66	536,75	481,25
	VI	**1332,00**	430,16	430,16							
4691,99	I,IV	**837,58**	430,41	430,41	I	713,08	594,50	482,08	375,66	275,33	181,00
	II	**718,41**	430,41	430,41	II	599,66	486,91	380,25	279,58	185,08	96,50
	III	**473,66**	430,41	430,41	III	380,33	290,00	202,66	119,00	48,16	
	V	**1289,75**	430,41	430,41	IV	774,58	713,08	653,00	594,50	537,58	482,08
	VI	**1333,08**	430,41	430,41							
4694,99	I,IV	**838,50**	430,75	430,75	I	713,91	595,33	482,83	376,33	276,00	181,58
	II	**719,25**	430,75	430,75	II	600,50	487,66	381,00	280,33	185,66	97,08
	III	**474,33**	430,75	430,75	III	381,00	290,50	203,16	119,50	48,66	
	V	**1290,83**	430,75	430,75	IV	775,41	713,91	653,83	595,33	538,33	482,83
	VI	**1334,08**	430,75	430,75							
4697,99	I,IV	**839,41**	431,00	431,00	I	714,75	596,16	483,58	377,08	276,66	182,25
	II	**720,16**	431,00	431,00	II	601,25	488,50	381,66	281,00	186,33	97,75
	III	**475,00**	431,00	431,00	III	381,66	291,16	203,83	120,00	49,16	
	V	**1291,83**	431,00	431,00	IV	776,33	714,75	654,66	596,16	539,16	483,58
	VI	**1335,00**	431,00	431,00							
4700,99	I,IV	**840,33**	431,25	431,25	I	715,66	597,00	484,41	377,83	277,33	182,91
	II	**721,00**	431,25	431,25	II	602,08	489,25	382,41	281,66	187,00	98,33
	III	**475,83**	431,25	431,25	III	382,33	291,83	204,50	120,66	49,50	
	V	**1292,91**	431,25	431,25	IV	777,25	715,66	655,58	597,00	539,91	484,41
	VI	**1336,16**	431,25	431,25							
4703,99	I,IV	**841,25**	431,58	431,58	I	716,50	597,83	485,16	378,58	278,08	183,58
	II	**721,91**	431,58	431,58	II	602,91	490,08	383,16	282,41	187,66	98,91
	III	**476,50**	431,58	431,58	III	383,00	292,50	205,00	121,16	50,00	
	V	**1293,91**	431,58	431,58	IV	778,08	716,50	656,41	597,83	540,75	485,16
	VI	**1337,25**	431,58	431,58							
4706,99	I,IV	**842,08**	431,83	431,83	I	717,33	598,58	485,91	379,33	278,75	184,25
	II	**722,75**	431,83	431,83	II	603,75	490,83	383,91	283,08	188,25	99,50
	III	**477,00**	431,83	431,83	III	383,50	293,00	205,66	121,66	50,50	
	V	**1295,00**	431,83	431,83	IV	779,00	717,33	657,25	598,58	541,50	485,91
	VI	**1338,25**	431,83	431,83							
4709,99	I,IV	**843,00**	432,08	432,08	I	718,25	599,41	486,75	380,08	279,41	184,83
	II	**723,58**	432,08	432,08	II	604,58	491,58	384,66	283,75	188,91	100,16
	III	**477,83**	432,08	432,08	III	384,16	293,66	206,16	122,33	50,83	
	V	**1296,00**	432,08	432,08	IV	779,83	718,25	658,00	599,41	542,33	486,75
	VI	**1339,25**	432,08	432,08							
4712,99	I,IV	**843,91**	432,41	432,41	I	719,08	600,25	487,50	380,83	280,16	185,50
	II	**724,50**	432,41	432,41	II	605,41	492,41	385,41	284,50	189,58	100,75
	III	**478,50**	432,41	432,41	III	384,83	294,33	206,83	122,83	51,33	
	V	**1297,08**	432,41	432,41	IV	780,75	719,08	658,91	600,25	543,16	487,50
	VI	**1340,33**	432,41	432,41							
4715,99	I,IV	**844,83**	432,66	432,66	I	719,91	601,08	488,25	381,50	280,83	186,16
	II	**725,33**	432,66	432,66	II	606,25	493,16	386,16	285,16	190,25	101,41
	III	**479,16**	432,66	432,66	III	385,50	295,00	207,50	123,50	51,83	
	V	**1298,08**	432,66	432,66	IV	781,66	719,91	659,75	601,08	543,91	488,25
	VI	**1341,33**	432,66	432,66							

* Zur LSt-Berechnung für privat versicherte Arbeitnehmer s. Beispiele **Vorbemerkung S. 4f.**
** Basisvorsorgepauschale KV und PV   *** Typisierter Arbeitgeberzuschuss

aT3 allgemeine Lohnsteuer

Lohn/Gehalt in € bis	Steuerklasse	Lohnsteuer*	BVSP**	TAGZ***	Steuerklasse	Bemessungsgrundlage für Kirchensteuer und Solidaritätszuschlag – Freibeträge für ... Kinder					
						0,5	1,0	1,5	2,0	2,5	3,0
4718,99	I,IV	845,75	432,91	432,91	I	720,83	601,91	489,08	382,25	281,50	186,83
	II	726,25	432,91	432,91	II	607,08	493,91	386,83	285,83	190,91	102,00
	III	479,83	432,91	432,91	III	386,16	295,66	208,16	124,00	52,33	
	V	1299,16	432,91	432,91	IV	782,50	720,83	660,58	601,91	544,75	489,08
	VI	1342,41	432,91	432,91							
4721,99	I,IV	846,66	433,16	433,16	I	721,66	602,75	489,83	383,00	282,16	187,50
	II	727,08	433,16	433,16	II	607,83	494,75	387,58	286,58	191,50	102,58
	III	480,50	433,16	433,16	III	386,83	296,33	208,66	124,50	52,66	
	V	1300,16	433,16	433,16	IV	783,41	721,66	661,41	602,75	545,50	489,83
	VI	1343,41	433,16	433,16							
4724,99	I,IV	847,58	433,50	433,50	I	722,58	603,58	490,58	383,75	282,91	188,08
	II	728,00	433,50	433,50	II	608,66	495,50	388,33	287,25	192,16	103,16
	III	481,16	433,50	433,50	III	387,50	296,83	209,33	125,16	53,16	
	V	1301,25	433,50	433,50	IV	784,33	722,58	662,33	603,58	546,33	490,58
	VI	1344,50	433,50	433,50							
4727,99	I,IV	848,50	433,75	433,75	I	723,41	604,41	491,41	384,50	283,58	188,75
	II	728,83	433,75	433,75	II	609,50	496,25	389,08	287,91	192,83	103,83
	III	481,83	433,75	433,75	III	388,16	297,50	210,00	125,66	53,66	
	V	1302,25	433,75	433,75	IV	785,16	723,41	663,16	604,41	547,16	491,41
	VI	1345,50	433,75	433,75							
4730,99	I,IV	849,41	434,00	434,00	I	724,25	605,16	492,16	385,16	284,25	189,41
	II	729,66	434,00	434,00	II	610,33	497,08	389,83	288,66	193,50	104,41
	III	482,50	434,00	434,00	III	388,83	298,16	210,50	126,16	54,00	
	V	1303,33	434,00	434,00	IV	786,08	724,25	664,00	605,16	547,91	492,16
	VI	1346,58	434,00	434,00							
4733,99	I,IV	850,33	434,33	434,33	I	725,16	606,00	492,91	385,91	285,00	190,08
	II	730,58	434,33	434,33	II	611,16	497,83	390,58	289,33	194,16	105,00
	III	483,16	434,33	434,33	III	389,50	298,83	211,16	126,83	54,50	
	V	1304,33	434,33	434,33	IV	787,00	725,16	664,83	606,00	548,75	492,91
	VI	1347,58	434,33	434,33							
4736,99	I,IV	851,25	434,58	434,58	I	726,00	606,83	493,75	386,66	285,66	190,75
	II	731,41	434,58	434,58	II	612,00	498,66	391,33	290,00	194,83	105,66
	III	483,83	434,58	434,58	III	390,16	299,33	211,66	127,33	55,00	
	V	1305,41	434,58	434,58	IV	787,83	726,00	665,66	606,83	549,50	493,75
	VI	1348,66	434,58	434,58							
4739,99	I,IV	852,16	434,83	434,83	I	726,91	607,66	494,50	387,41	286,41	191,41
	II	732,33	434,83	434,83	II	612,83	499,41	392,08	290,75	195,50	106,25
	III	484,50	434,83	434,83	III	390,83	300,00	212,33	128,00	55,50	
	V	1306,41	434,83	434,83	IV	788,75	726,91	666,50	607,66	550,33	494,50
	VI	1349,66	434,83	434,83							
4742,99	I,IV	853,00	435,16	435,16	I	727,75	608,50	495,25	388,16	287,08	192,00
	II	733,16	435,16	435,16	II	613,66	500,16	392,75	291,41	196,08	106,83
	III	485,16	435,16	435,16	III	391,50	300,66	213,00	128,50	55,83	
	V	1307,50	435,16	435,16	IV	789,58	727,75	667,33	608,50	551,16	495,25
	VI	1350,75	435,16	435,16							
4745,99	I,IV	853,91	435,41	435,41	I	728,58	609,33	496,08	388,91	287,75	192,66
	II	734,00	435,41	435,41	II	614,50	501,00	393,50	292,08	196,75	107,50
	III	485,83	435,41	435,41	III	392,16	301,33	213,66	129,16	56,33	
	V	1308,50	435,41	435,41	IV	790,50	728,58	668,16	609,33	551,91	496,08
	VI	1351,75	435,41	435,41							
4748,99	I,IV	854,83	435,66	435,66	I	729,50	610,16	496,83	389,66	288,50	193,33
	II	734,91	435,66	435,66	II	615,33	501,75	394,25	292,83	197,41	108,08
	III	486,50	435,66	435,66	III	392,66	302,00	214,16	129,66	56,83	
	V	1309,58	435,66	435,66	IV	791,41	729,50	669,08	610,16	552,75	496,83
	VI	1352,83	435,66	435,66							
4751,99	I,IV	855,75	435,91	435,91	I	730,33	611,00	497,66	390,41	289,16	194,00
	II	735,75	435,91	435,91	II	616,16	502,58	395,00	293,50	198,08	108,66
	III	487,16	435,91	435,91	III	393,33	302,66	214,83	130,33	57,33	0,33
	V	1310,58	435,91	435,91	IV	792,33	730,33	669,91	611,00	553,58	497,66
	VI	1353,83	435,91	435,91							

* Zur LSt-Berechnung für privat versicherte Arbeitnehmer s. Beispiele **Vorbemerkung S. 4 f.**
** Basisvorsorgepauschale KV und PV   *** Typisierter Arbeitgeberzuschuss

Monat gültig ab 1. 1. 2022 (idF des StEntlG 2022) — aT3

Lohn/Gehalt in € bis	Steuerklasse	Lohnsteuer*	BVSP**	TAGZ***	Steuerklasse	Bemessungsgrundlage für Kirchensteuer und Solidaritätszuschlag — Freibeträge für ... Kinder					
						0,5	1,0	1,5	2,0	2,5	3,0
4754,99	I,IV	856,66	436,25	436,25	I	731,16	611,75	498,41	391,08	289,83	194,66
	II	736,66	436,25	436,25	II	616,91	503,33	395,75	294,25	198,75	109,33
	III	487,83	436,25	436,25	III	394,00	303,16	215,33	130,83	57,66	0,66
	V	1 311,58	436,25	436,25	IV	793,16	731,16	670,75	611,75	554,33	498,41
	VI	1 354,91	436,25	436,25							
4757,99	I,IV	857,58	436,50	436,50	I	732,08	612,58	499,25	391,83	290,58	195,33
	II	737,50	436,50	436,50	II	617,75	504,08	396,50	294,91	199,41	109,91
	III	488,50	436,50	436,50	III	394,66	303,83	216,00	131,33	58,16	1,00
	V	1 312,66	436,50	436,50	IV	794,08	732,08	671,58	612,58	555,16	499,25
	VI	1 355,91	436,50	436,50							
4760,99	I,IV	858,50	436,75	436,75	I	732,91	613,41	500,00	392,58	291,25	195,91
	II	738,41	436,75	436,75	II	618,58	504,91	397,25	295,58	200,08	110,58
	III	489,16	436,75	436,75	III	395,33	304,50	216,66	132,00	58,66	1,33
	V	1 313,75	436,75	436,75	IV	795,00	732,91	672,41	613,41	556,00	500,00
	VI	1 357,00	436,75	436,75							
4763,99	I,IV	859,41	437,08	437,08	I	733,83	614,25	500,75	393,33	291,91	196,58
	II	739,25	437,08	437,08	II	619,41	505,66	398,00	296,33	200,75	111,16
	III	490,00	437,08	437,08	III	396,00	305,16	217,33	132,50	59,16	1,66
	V	1 314,75	437,08	437,08	IV	795,83	733,83	673,33	614,25	556,75	500,75
	VI	1 358,00	437,08	437,08							
4766,99	I,IV	860,33	437,33	437,33	I	734,66	615,08	501,58	394,08	292,66	197,25
	II	740,08	437,33	437,33	II	620,25	506,50	398,66	297,00	201,33	111,75
	III	490,66	437,33	437,33	III	396,66	305,83	217,83	133,16	59,66	2,00
	V	1 315,75	437,33	437,33	IV	796,75	734,66	674,16	615,08	557,58	501,58
	VI	1 359,08	437,33	437,33							
4769,99	I,IV	861,25	437,58	437,58	I	735,58	615,91	502,33	394,83	293,33	197,91
	II	741,00	437,58	437,58	II	621,08	507,25	399,41	297,75	202,00	112,41
	III	491,33	437,58	437,58	III	397,33	306,33	218,50	133,66	60,00	2,33
	V	1 316,83	437,58	437,58	IV	797,66	735,58	675,00	615,91	558,41	502,33
	VI	1 360,08	437,58	437,58							
4772,99	I,IV	862,16	437,91	437,91	I	736,41	616,75	503,16	395,58	294,08	198,58
	II	741,91	437,91	437,91	II	621,91	508,08	400,16	298,41	202,66	113,00
	III	492,00	437,91	437,91	III	398,00	307,00	219,16	134,33	60,50	2,66
	V	1 317,91	437,91	437,91	IV	798,50	736,41	675,83	616,75	559,16	503,16
	VI	1 361,16	437,91	437,91							
4775,99	I,IV	863,08	438,16	438,16	I	737,33	617,58	503,91	396,33	294,75	199,25
	II	742,75	438,16	438,16	II	622,75	508,83	400,91	299,08	203,33	113,58
	III	492,66	438,16	438,16	III	398,66	307,66	219,66	134,83	61,00	3,00
	V	1 318,91	438,16	438,16	IV	799,41	737,33	676,66	617,58	560,00	503,91
	VI	1 362,08	438,16	438,16							
4778,99	I,IV	864,00	438,41	438,41	I	738,16	618,41	504,66	397,00	295,41	199,91
	II	743,58	438,41	438,41	II	623,58	509,58	401,66	299,83	204,00	114,25
	III	493,33	438,41	438,41	III	399,33	308,33	220,33	135,50	61,50	3,33
	V	1 319,91	438,41	438,41	IV	800,33	738,16	677,50	618,41	560,75	504,66
	VI	1 363,25	438,41	438,41							
4781,99	I,IV	864,91	438,66	438,66	I	739,00	619,25	505,50	397,75	296,16	200,50
	II	744,50	438,66	438,66	II	624,41	510,41	402,41	300,50	204,66	114,83
	III	494,00	438,66	438,66	III	400,00	308,83	221,00	136,00	62,00	3,83
	V	1 321,00	438,66	438,66	IV	801,16	739,00	678,41	619,25	561,58	505,50
	VI	1 364,25	438,66	438,66							
4784,99	I,IV	865,83	439,00	439,00	I	739,91	620,08	506,25	398,50	296,83	201,16
	II	745,33	439,00	439,00	II	625,25	511,16	403,16	301,25	205,33	115,50
	III	494,66	439,00	439,00	III	400,66	309,50	221,50	136,66	62,33	4,16
	V	1 322,08	439,00	439,00	IV	802,08	739,91	679,25	620,08	562,41	506,25
	VI	1 365,33	439,00	439,00							
4787,99	I,IV	866,75	439,25	439,25	I	740,83	620,91	507,08	399,25	297,58	201,83
	II	746,25	439,25	439,25	II	626,08	512,00	403,91	301,91	206,00	116,08
	III	495,33	439,25	439,25	III	401,33	310,16	222,16	137,16	62,83	4,50
	V	1 323,08	439,25	439,25	IV	803,00	740,83	680,08	620,91	563,25	507,08
	VI	1 366,33	439,25	439,25							

* Zur LSt-Berechnung für privat versicherte Arbeitnehmer s. Beispiele **Vorbemerkung S. 4f.**
** Basisvorsorgepauschale KV und PV *** Typisierter Arbeitgeberzuschuss

aT3 allgemeine Lohnsteuer

Lohn/Gehalt in € bis	Steuerklasse	Lohnsteuer*	BVSP**	TAGZ***	Steuerklasse	Bemessungsgrundlage für Kirchensteuer und Solidaritätszuschlag – Freibeträge für ... Kinder					
						0,5	1,0	1,5	2,0	2,5	3,0
4790,99	I,IV	**867,66**	439,50	439,50	I	741,66	621,75	507,83	400,00	298,25	202,50
	II	**747,08**	439,50	439,50	II	626,91	512,75	404,66	302,58	206,58	116,66
	III	**496,00**	439,50	439,50	III	402,00	310,83	222,83	137,83	63,33	4,83
	V	**1 324,08**	439,50	439,50	IV	803,91	741,66	680,91	621,75	564,00	507,83
	VI	**1 367,41**	439,50	439,50							
4793,99	I,IV	**868,58**	439,83	439,83	I	742,50	622,58	508,66	400,75	298,91	203,16
	II	**748,00**	439,83	439,83	II	627,75	513,58	405,41	303,33	207,25	117,33
	III	**496,66**	439,83	439,83	III	402,50	311,50	223,33	138,33	63,83	5,16
	V	**1 325,16**	439,83	439,83	IV	804,75	742,50	681,75	622,58	564,83	508,66
	VI	**1 368,41**	439,83	439,83							
4796,99	I,IV	**869,50**	440,08	440,08	I	743,41	623,41	509,41	401,50	299,66	203,83
	II	**748,83**	440,08	440,08	II	628,58	514,33	406,16	304,00	207,91	117,91
	III	**497,33**	440,08	440,08	III	403,16	312,16	224,00	139,00	64,33	5,50
	V	**1 326,25**	440,08	440,08	IV	805,66	743,41	682,66	623,41	565,66	509,41
	VI	**1 369,50**	440,08	440,08							
4799,99	I,IV	**870,41**	440,33	440,33	I	744,25	624,25	510,25	402,25	300,33	204,50
	II	**749,75**	440,33	440,33	II	629,41	515,16	406,91	304,75	208,58	118,58
	III	**498,00**	440,33	440,33	III	403,83	312,83	224,66	139,50	64,83	6,00
	V	**1 327,25**	440,33	440,33	IV	806,58	744,25	683,50	624,25	566,50	510,25
	VI	**1 370,50**	440,33	440,33							
4802,99	I,IV	**871,25**	440,66	440,66	I	745,16	625,00	511,00	403,00	301,00	205,16
	II	**750,58**	440,66	440,66	II	630,25	515,91	407,66	305,41	209,25	119,16
	III	**498,66**	440,66	440,66	III	404,50	313,33	225,16	140,16	65,16	6,33
	V	**1 328,25**	440,66	440,66	IV	807,41	745,16	684,33	625,00	567,25	511,00
	VI	**1 371,58**	440,66	440,66							
4805,99	I,IV	**872,25**	440,91	440,91	I	746,00	625,83	511,75	403,75	301,75	205,83
	II	**751,50**	440,91	440,91	II	631,08	516,66	408,41	306,16	209,91	119,75
	III	**499,33**	440,91	440,91	III	405,16	314,00	225,83	140,66	65,66	6,66
	V	**1 329,33**	440,91	440,91	IV	808,33	746,00	685,16	625,83	568,08	511,75
	VI	**1 372,58**	440,91	440,91							
4808,99	I,IV	**873,16**	441,16	441,16	I	746,91	626,66	512,58	404,50	302,41	206,50
	II	**752,33**	441,16	441,16	II	631,91	517,50	409,16	306,83	210,58	120,41
	III	**500,16**	441,16	441,16	III	405,83	314,66	226,50	141,33	66,16	7,00
	V	**1 330,41**	441,16	441,16	IV	809,25	746,91	686,08	626,66	568,91	512,58
	VI	**1 373,66**	441,16	441,16							
4811,99	I,IV	**874,08**	441,50	441,50	I	747,75	627,58	513,33	405,25	303,16	207,16
	II	**753,25**	441,50	441,50	II	632,75	518,33	409,91	307,58	211,25	121,00
	III	**500,83**	441,50	441,50	III	406,50	315,33	227,00	141,83	66,66	7,33
	V	**1 331,41**	441,50	441,50	IV	810,16	747,75	686,91	627,58	569,66	513,33
	VI	**1 374,66**	441,50	441,50							
4814,99	I,IV	**874,91**	441,75	441,75	I	748,66	628,33	514,16	406,00	303,83	207,75
	II	**754,08**	441,75	441,75	II	633,58	519,08	410,66	308,25	211,91	121,58
	III	**501,50**	441,75	441,75	III	407,16	316,00	227,66	142,50	67,16	7,66
	V	**1 332,41**	441,75	441,75	IV	811,00	748,66	687,75	628,33	570,50	514,16
	VI	**1 375,75**	441,75	441,75							
4817,99	I,IV	**875,91**	442,00	442,00	I	749,50	629,16	514,91	406,75	304,58	208,41
	II	**755,00**	442,00	442,00	II	634,41	519,83	411,41	308,91	212,58	122,25
	III	**502,16**	442,00	442,00	III	407,83	316,50	228,33	143,16	67,66	8,16
	V	**1 333,50**	442,00	442,00	IV	811,91	749,50	688,58	629,16	571,33	514,91
	VI	**1 376,75**	442,00	442,00							
4820,99	I,IV	**876,83**	442,25	442,25	I	750,41	630,00	515,75	407,50	305,25	209,08
	II	**755,83**	442,25	442,25	II	635,25	520,66	412,16	309,66	213,25	122,83
	III	**502,83**	442,25	442,25	III	408,50	317,16	229,00	143,66	68,16	8,50
	V	**1 334,58**	442,25	442,25	IV	812,83	750,41	689,50	630,00	572,08	515,75
	VI	**1 377,83**	442,25	442,25							
4823,99	I,IV	**877,75**	442,58	442,58	I	751,25	630,83	516,50	408,25	306,00	209,75
	II	**756,75**	442,58	442,58	II	636,08	521,50	412,91	310,41	213,91	123,50
	III	**503,50**	442,58	442,58	III	409,16	317,83	229,50	144,33	68,66	8,83
	V	**1 335,58**	442,58	442,58	IV	813,75	751,25	690,33	630,83	572,91	516,50
	VI	**1 378,83**	442,58	442,58							

* Zur LSt-Berechnung für privat versicherte Arbeitnehmer s. Beispiele **Vorbemerkung S. 4f.**
** Basisvorsorgepauschale KV und PV *** Typisierter Arbeitgeberzuschuss

Monat gültig ab 1. 1. 2022 (idF des StEntlG 2022) — aT3

Lohn/Gehalt in € bis	Steuerklasse	Lohnsteuer*	BVSP**	TAGZ***	Steuerklasse	Bemessungsgrundlage für Kirchensteuer und Solidaritätszuschlag — Freibeträge für ... Kinder					
						0,5	1,0	1,5	2,0	2,5	3,0
4 826,99	I,IV	878,66	442,83	442,83	I	752,16	631,66	517,25	408,91	306,66	210,41
	II	757,58	442,83	442,83	II	636,91	522,25	413,66	311,08	214,58	124,08
	III	504,16	442,83	442,83	III	409,83	318,50	230,16	144,83	69,00	9,16
	V	1 336,58	442,83	442,83	IV	814,58	752,16	691,16	631,66	573,75	517,25
	VI	1 379,83	442,83	442,83							
4 829,99	I,IV	879,58	443,08	443,08	I	753,00	632,50	518,08	409,66	307,33	211,08
	II	758,50	443,08	443,08	II	637,75	523,00	414,41	311,75	215,25	124,75
	III	504,83	443,08	443,08	III	410,50	319,16	230,83	145,50	69,50	9,50
	V	1 337,66	443,08	443,08	IV	815,50	753,00	692,00	632,50	574,58	518,08
	VI	1 380,91	443,08	443,08							
4 832,99	I,IV	880,50	443,41	443,41	I	753,91	633,33	518,91	410,41	308,08	211,75
	II	759,41	443,41	443,41	II	638,58	523,83	415,16	312,50	215,91	125,33
	III	505,50	443,41	443,41	III	411,16	319,66	231,33	146,00	70,00	10,00
	V	1 338,75	443,41	443,41	IV	816,41	753,91	692,91	633,33	575,33	518,91
	VI	1 382,00	443,41	443,41							
4 835,99	I,IV	881,41	443,66	443,66	I	754,75	634,16	519,66	411,25	308,75	212,41
	II	760,25	443,66	443,66	II	639,41	524,66	415,91	313,16	216,58	126,00
	III	506,16	443,66	443,66	III	411,83	320,33	232,00	146,66	70,50	10,33
	V	1 339,75	443,66	443,66	IV	817,33	754,75	693,75	634,16	576,16	519,66
	VI	1 383,00	443,66	443,66							
4 838,99	I,IV	882,33	443,83	443,83	I	755,66	635,08	520,50	412,00	309,50	213,08
	II	761,16	443,83	443,83	II	640,33	525,50	416,66	313,91	217,25	126,66
	III	507,00	443,83	443,83	III	412,50	321,00	232,66	147,33	71,00	10,66
	V	1 340,83	443,83	443,83	IV	818,25	755,66	694,66	635,08	577,00	520,50
	VI	1 384,08	443,83	443,83							
4 841,99	I,IV	883,41	443,83	443,83	I	756,66	636,00	521,41	412,83	310,33	213,83
	II	762,16	443,83	443,83	II	641,25	526,33	417,50	314,75	218,00	127,33
	III	507,66	443,83	443,83	III	413,16	321,66	233,33	148,00	71,50	11,16
	V	1 342,00	443,83	443,83	IV	819,25	756,66	695,58	636,00	577,91	521,41
	VI	1 385,25	443,83	443,83							
4 844,99	I,IV	884,41	443,83	443,83	I	757,66	636,91	522,25	413,66	311,08	214,58
	II	763,16	443,83	443,83	II	642,16	527,25	418,33	315,50	218,75	128,00
	III	508,50	443,83	443,83	III	414,00	322,50	234,00	148,66	72,16	11,50
	V	1 343,16	443,83	443,83	IV	820,25	757,66	696,50	636,91	578,83	522,25
	VI	1 386,41	443,83	443,83							
4 847,99	I,IV	885,41	443,83	443,83	I	758,58	637,83	523,16	414,50	311,83	215,33
	II	764,08	443,83	443,83	II	643,08	528,08	419,16	316,33	219,50	128,66
	III	509,16	443,83	443,83	III	414,66	323,16	234,66	149,16	72,66	12,00
	V	1 344,33	443,83	443,83	IV	821,25	758,58	697,50	637,83	579,75	523,16
	VI	1 387,58	443,83	443,83							
4 850,99	I,IV	886,41	443,83	443,83	I	759,58	638,75	524,00	415,33	312,66	216,08
	II	765,08	443,83	443,83	II	644,00	529,00	420,00	317,08	220,16	129,41
	III	510,00	443,83	443,83	III	415,50	323,83	235,33	150,00	73,16	12,33
	V	1 345,50	443,83	443,83	IV	822,25	759,58	698,41	638,75	580,66	524,00
	VI	1 388,75	443,83	443,83							
4 853,99	I,IV	887,50	443,83	443,83	I	760,58	639,66	524,91	416,16	313,41	216,75
	II	766,08	443,83	443,83	II	644,91	529,83	420,83	317,83	220,91	130,08
	III	510,66	443,83	443,83	III	416,16	324,50	236,00	150,50	73,66	12,83
	V	1 346,58	443,83	443,83	IV	823,25	760,58	699,41	639,66	581,58	524,91
	VI	1 389,91	443,83	443,83							
4 856,99	I,IV	888,50	443,83	443,83	I	761,50	640,66	525,75	417,00	314,25	217,50
	II	767,08	443,83	443,83	II	645,83	530,75	421,66	318,66	221,66	130,75
	III	511,50	443,83	443,83	III	416,83	325,33	236,83	151,16	74,33	13,16
	V	1 347,75	443,83	443,83	IV	824,25	761,50	700,33	640,66	582,41	525,75
	VI	1 391,00	443,83	443,83							
4 859,99	I,IV	889,58	443,83	443,83	I	762,58	641,58	526,66	417,83	315,00	218,25
	II	768,08	443,83	443,83	II	646,83	531,66	422,50	319,50	222,41	131,50
	III	512,33	443,83	443,83	III	417,66	326,00	237,50	152,00	74,83	13,66
	V	1 349,00	443,83	443,83	IV	825,33	762,58	701,33	641,58	583,41	526,66
	VI	1 392,25	443,83	443,83							

* Zur LSt-Berechnung für privat versicherte Arbeitnehmer s. Beispiele **Vorbemerkung S. 4 f.**
** Basisvorsorgepauschale KV und PV *** Typisierter Arbeitgeberzuschuss

aT3 allgemeine Lohnsteuer

Lohn/Gehalt in € bis	Steuerklasse	Lohnsteuer*	BVSP**	TAGZ***	Steuerklasse	Bemessungsgrundlage für Kirchensteuer und Solidaritätszuschlag — Freibeträge für ... Kinder					
						0,5	1,0	1,5	2,0	2,5	3,0
4862,99	I,IV	890,58	443,83	443,83	I	763,50	642,50	527,58	418,66	315,83	219,00
	II	769,00	443,83	443,83	II	647,75	532,50	423,33	320,25	223,16	132,16
	III	513,00	443,83	443,83	III	418,33	326,66	238,16	152,50	75,33	14,00
	V	1350,08	443,83	443,83	IV	826,33	763,50	702,25	642,50	584,25	527,58
	VI	1393,41	443,83	443,83							
4865,99	I,IV	891,58	443,83	443,83	I	764,50	643,41	528,41	419,50	316,58	219,75
	II	770,00	443,83	443,83	II	648,66	533,41	424,16	321,00	223,91	132,83
	III	513,83	443,83	443,83	III	419,16	327,50	238,83	153,16	75,83	14,50
	V	1351,25	443,83	443,83	IV	827,33	764,50	703,25	643,41	585,16	528,41
	VI	1394,50	443,83	443,83							
4868,99	I,IV	892,58	443,83	443,83	I	765,50	644,41	529,33	420,33	317,41	220,50
	II	771,00	443,83	443,83	II	649,58	534,33	425,00	321,83	224,66	133,58
	III	514,50	443,83	443,83	III	419,83	328,16	239,50	153,83	76,50	14,83
	V	1352,41	443,83	443,83	IV	828,33	765,50	704,16	644,41	586,08	529,33
	VI	1395,66	443,83	443,83							
4871,99	I,IV	893,66	443,83	443,83	I	766,41	645,33	530,25	421,16	318,16	221,25
	II	772,00	443,83	443,83	II	650,58	535,16	425,91	322,58	225,41	134,25
	III	515,33	443,83	443,83	III	420,50	328,83	240,16	154,50	77,00	15,33
	V	1353,58	443,83	443,83	IV	829,33	766,41	705,08	645,33	587,00	530,25
	VI	1396,83	443,83	443,83							
4874,99	I,IV	894,66	443,83	443,83	I	767,41	646,25	531,08	422,00	319,00	222,00
	II	772,91	443,83	443,83	II	651,50	536,08	426,75	323,41	226,16	134,91
	III	516,00	443,83	443,83	III	421,33	329,50	240,83	155,16	77,50	15,66
	V	1354,75	443,83	443,83	IV	830,33	767,41	706,08	646,25	587,91	531,08
	VI	1398,00	443,83	443,83							
4877,99	I,IV	895,66	443,83	443,83	I	768,41	647,16	532,00	422,83	319,75	222,75
	II	773,91	443,83	443,83	II	652,41	536,91	427,58	324,16	226,91	135,66
	III	516,83	443,83	443,83	III	422,00	330,33	241,66	155,83	78,16	16,16
	V	1355,91	443,83	443,83	IV	831,33	768,41	707,00	647,16	588,83	532,00
	VI	1399,16	443,83	443,83							
4880,99	I,IV	896,75	443,83	443,83	I	769,41	648,08	532,83	423,66	320,50	223,41
	II	774,91	443,83	443,83	II	653,33	537,83	428,41	325,00	227,66	136,33
	III	517,50	443,83	443,83	III	422,66	331,00	242,16	156,50	78,66	16,50
	V	1357,08	443,83	443,83	IV	832,33	769,41	708,00	648,08	589,75	532,83
	VI	1400,33	443,83	443,83							
4883,99	I,IV	897,75	443,83	443,83	I	770,33	649,00	533,75	424,50	321,33	224,16
	II	775,91	443,83	443,83	II	654,25	538,75	429,25	325,75	228,41	137,00
	III	518,33	443,83	443,83	III	423,50	331,66	243,00	157,16	79,16	17,00
	V	1358,25	443,83	443,83	IV	833,33	770,33	708,91	649,00	590,66	533,75
	VI	1401,50	443,83	443,83							
4886,99	I,IV	898,75	443,83	443,83	I	771,33	649,91	534,58	425,33	322,08	224,91
	II	776,83	443,83	443,83	II	655,25	539,58	430,08	326,58	229,08	137,75
	III	519,00	443,83	443,83	III	424,16	332,33	243,66	157,83	79,66	17,50
	V	1359,33	443,83	443,83	IV	834,33	771,33	709,91	649,91	591,50	534,58
	VI	1402,58	443,83	443,83							
4889,99	I,IV	899,83	443,83	443,83	I	772,33	650,91	535,50	426,16	322,91	225,66
	II	777,83	443,83	443,83	II	656,16	540,50	430,91	327,33	229,83	138,41
	III	519,83	443,83	443,83	III	425,00	333,16	244,33	158,50	80,33	17,83
	V	1360,50	443,83	443,83	IV	835,33	772,33	710,83	650,91	592,41	535,50
	VI	1403,75	443,83	443,83							
4892,99	I,IV	900,83	443,83	443,83	I	773,33	651,83	536,41	427,00	323,66	226,41
	II	778,83	443,83	443,83	II	657,08	541,41	431,75	328,16	230,58	139,08
	III	520,50	443,83	443,83	III	425,66	333,83	245,00	159,16	80,83	18,33
	V	1361,66	443,83	443,83	IV	836,33	773,33	711,83	651,83	593,33	536,41
	VI	1404,91	443,83	443,83							
4895,99	I,IV	901,83	443,83	443,83	I	774,25	652,75	537,25	427,83	324,50	227,16
	II	779,83	443,83	443,83	II	658,00	542,25	432,58	328,91	231,33	139,83
	III	521,33	443,83	443,83	III	426,50	334,50	245,66	159,83	81,50	18,66
	V	1362,83	443,83	443,83	IV	837,33	774,25	712,75	652,75	594,25	537,25
	VI	1406,08	443,83	443,83							

* Zur LSt-Berechnung für privat versicherte Arbeitnehmer s. Beispiele **Vorbemerkung S. 4 f.**
** Basisvorsorgepauschale KV und PV *** Typisierter Arbeitgeberzuschuss

Monat gültig ab 1. 1. 2022 (idF des StEntlG 2022) — aT3

Lohn/Gehalt in € bis	Steuerklasse	Lohnsteuer*	BVSP**	TAGZ***	Steuerklasse	Bemessungsgrundlage für Kirchensteuer und Solidaritätszuschlag — Freibeträge für ... Kinder					
						0,5	1,0	1,5	2,0	2,5	3,0
4 898,99	I,IV	902,91	443,83	443,83	I	775,25	653,66	538,16	428,66	325,25	227,91
	II	780,75	443,83	443,83	II	658,91	543,16	433,41	329,75	232,08	140,50
	III	522,16	443,83	443,83	III	427,16	335,16	246,33	160,50	82,00	19,16
	V	1 364,00	443,83	443,83	IV	838,33	775,25	713,75	653,66	595,16	538,16
	VI	1 407,25	443,83	443,83							
4 901,99	I,IV	903,91	443,83	443,83	I	776,25	654,58	539,08	429,50	326,08	228,66
	II	781,75	443,83	443,83	II	659,91	544,08	434,25	330,50	232,83	141,16
	III	522,83	443,83	443,83	III	427,83	336,00	247,00	161,16	82,50	19,66
	V	1 365,16	443,83	443,83	IV	839,33	776,25	714,66	654,58	596,08	539,08
	VI	1 408,41	443,83	443,83							
4 904,99	I,IV	904,91	443,83	443,83	I	777,25	655,58	539,91	430,33	326,83	229,41
	II	782,75	443,83	443,83	II	660,83	544,91	435,08	331,33	233,58	141,91
	III	523,66	443,83	443,83	III	428,66	336,66	247,66	161,83	83,00	20,00
	V	1 366,33	443,83	443,83	IV	840,33	777,25	715,66	655,58	597,00	539,91
	VI	1 409,58	443,83	443,83							
4 907,99	I,IV	906,00	443,83	443,83	I	778,16	656,50	540,83	431,16	327,66	230,16
	II	783,75	443,83	443,83	II	661,75	545,83	435,91	332,08	234,33	142,58
	III	524,33	443,83	443,83	III	429,33	337,33	248,50	162,50	83,66	20,50
	V	1 367,41	443,83	443,83	IV	841,33	778,16	716,58	656,50	597,91	540,83
	VI	1 410,75	443,83	443,83							
4 910,99	I,IV	907,00	443,83	443,83	I	779,16	657,41	541,66	432,08	328,41	230,91
	II	784,75	443,83	443,83	II	662,66	546,75	436,75	332,91	235,08	143,33
	III	525,16	443,83	443,83	III	430,16	338,16	249,16	163,16	84,16	20,83
	V	1 368,58	443,83	443,83	IV	842,33	779,16	717,58	657,41	598,83	541,66
	VI	1 411,83	443,83	443,83							
4 913,99	I,IV	908,00	443,83	443,83	I	780,16	658,33	542,58	432,91	329,25	231,58
	II	785,75	443,83	443,83	II	663,66	547,58	437,58	333,66	235,83	144,00
	III	525,83	443,83	443,83	III	430,83	338,83	249,83	163,83	84,83	21,33
	V	1 369,75	443,83	443,83	IV	843,33	780,16	718,50	658,33	599,75	542,58
	VI	1 413,00	443,83	443,83							
4 916,99	I,IV	909,08	443,83	443,83	I	781,16	659,33	543,50	433,75	330,08	232,41
	II	786,75	443,83	443,83	II	664,58	548,50	438,50	334,50	236,58	144,75
	III	526,66	443,83	443,83	III	431,66	339,50	250,50	164,50	85,33	21,83
	V	1 370,91	443,83	443,83	IV	844,41	781,16	719,50	659,33	600,66	543,50
	VI	1 414,25	443,83	443,83							
4 919,99	I,IV	910,08	443,83	443,83	I	782,16	660,25	544,41	434,58	330,83	233,16
	II	787,66	443,83	443,83	II	665,50	549,41	439,33	335,33	237,33	145,41
	III	527,50	443,83	443,83	III	432,33	340,33	251,16	165,16	85,83	22,16
	V	1 372,08	443,83	443,83	IV	845,41	782,16	720,41	660,25	601,58	544,41
	VI	1 415,33	443,83	443,83							
4 922,99	I,IV	911,16	443,83	443,83	I	783,16	661,16	545,25	435,41	331,66	233,91
	II	788,66	443,83	443,83	II	666,50	550,33	440,16	336,08	238,08	146,08
	III	528,16	443,83	443,83	III	433,16	341,00	252,00	165,83	86,50	22,66
	V	1 373,25	443,83	443,83	IV	846,41	783,16	721,41	661,16	602,50	545,25
	VI	1 416,50	443,83	443,83							
4 925,99	I,IV	912,16	443,83	443,83	I	784,16	662,08	546,16	436,25	332,41	234,58
	II	789,66	443,83	443,83	II	667,41	551,16	441,00	336,91	238,83	146,83
	III	529,00	443,83	443,83	III	433,83	341,66	252,66	166,50	87,00	23,00
	V	1 374,41	443,83	443,83	IV	847,41	784,16	722,33	662,08	603,41	546,16
	VI	1 417,66	443,83	443,83							
4 928,99	I,IV	913,25	443,83	443,83	I	785,08	663,08	547,08	437,08	333,25	235,33
	II	790,66	443,83	443,83	II	668,33	552,08	441,83	337,66	239,58	147,50
	III	529,66	443,83	443,83	III	434,50	342,33	253,33	167,16	87,66	23,50
	V	1 375,58	443,83	443,83	IV	848,41	785,08	723,33	663,08	604,33	547,08
	VI	1 418,83	443,83	443,83							
4 931,99	I,IV	914,25	443,83	443,83	I	786,08	664,00	547,91	437,91	334,00	236,08
	II	791,66	443,83	443,83	II	669,25	553,00	442,66	338,50	240,33	148,25
	III	530,50	443,83	443,83	III	435,33	343,16	254,00	167,83	88,16	24,00
	V	1 376,75	443,83	443,83	IV	849,41	786,08	724,25	664,00	605,25	547,91
	VI	1 420,00	443,83	443,83							

* Zur LSt-Berechnung für privat versicherte Arbeitnehmer s. Beispiele **Vorbemerkung S. 4 f.**
** Basisvorsorgepauschale KV und PV   *** Typisierter Arbeitgeberzuschuss

aT3 allgemeine Lohnsteuer

Lohn/Gehalt in € bis	Steuerklasse	Lohnsteuer*	BVSP**	TAGZ***	Steuerklasse	Bemessungsgrundlage für Kirchensteuer und Solidaritätszuschlag Freibeträge für ... Kinder					
						0,5	1,0	1,5	2,0	2,5	3,0
4934,99	I,IV	**915,25**	443,83	443,83	I	787,08	664,91	548,83	438,83	334,83	236,83
	II	**792,66**	443,83	443,83	II	670,25	553,83	443,58	339,25	241,08	148,91
	III	**531,33**	443,83	443,83	III	436,00	343,83	254,66	168,50	88,83	24,50
	V	**1377,91**	443,83	443,83	IV	850,41	787,08	725,25	664,91	606,16	548,83
	VI	**1421,16**	443,83	443,83							
4937,99	I,IV	**916,33**	443,83	443,83	I	788,08	665,83	549,75	439,66	335,58	237,58
	II	**793,66**	443,83	443,83	II	671,16	554,75	444,41	340,08	241,83	149,58
	III	**532,00**	443,83	443,83	III	436,66	344,50	255,33	169,16	89,33	24,83
	V	**1379,00**	443,83	443,83	IV	851,41	788,08	726,25	665,83	607,08	549,75
	VI	**1422,33**	443,83	443,83							
4940,99	I,IV	**917,33**	443,83	443,83	I	789,08	666,83	550,58	440,50	336,41	238,33
	II	**794,58**	443,83	443,83	II	672,08	555,66	445,25	340,91	242,58	150,33
	III	**532,83**	443,83	443,83	III	437,50	345,33	256,00	169,83	89,83	25,33
	V	**1380,16**	443,83	443,83	IV	852,41	789,08	727,16	666,83	607,91	550,58
	VI	**1423,41**	443,83	443,83							
4943,99	I,IV	**918,41**	443,83	443,83	I	790,00	667,75	551,50	441,33	337,16	239,08
	II	**795,58**	443,83	443,83	II	673,08	556,50	446,08	341,66	243,33	151,00
	III	**533,50**	443,83	443,83	III	438,16	346,00	256,66	170,50	90,50	25,66
	V	**1381,33**	443,83	443,83	IV	853,41	790,00	728,16	667,75	608,83	551,50
	VI	**1424,58**	443,83	443,83							
4946,99	I,IV	**919,41**	443,83	443,83	I	791,00	668,66	552,41	442,16	338,00	239,83
	II	**796,58**	443,83	443,83	II	674,00	557,41	446,91	342,50	244,08	151,75
	III	**534,33**	443,83	443,83	III	439,00	346,66	257,50	171,16	91,00	26,16
	V	**1382,50**	443,83	443,83	IV	854,50	791,00	729,08	668,66	609,75	552,41
	VI	**1425,75**	443,83	443,83							
4949,99	I,IV	**920,41**	443,83	443,83	I	792,00	669,58	553,25	443,00	338,75	240,58
	II	**797,58**	443,83	443,83	II	674,91	558,33	447,75	343,25	244,83	152,41
	III	**535,00**	443,83	443,83	III	439,66	347,33	258,16	171,83	91,66	26,66
	V	**1383,66**	443,83	443,83	IV	855,50	792,00	730,08	669,58	610,66	553,25
	VI	**1426,91**	443,83	443,83							
4952,99	I,IV	**921,50**	443,83	443,83	I	793,00	670,58	554,16	443,83	339,58	241,33
	II	**798,58**	443,83	443,83	II	675,83	559,25	448,58	344,08	245,58	153,16
	III	**535,83**	443,83	443,83	III	440,50	348,16	258,83	172,50	92,16	27,16
	V	**1384,83**	443,83	443,83	IV	856,50	793,00	731,00	670,58	611,58	554,16
	VI	**1428,08**	443,83	443,83							
4955,99	I,IV	**922,50**	443,83	443,83	I	794,00	671,50	555,08	444,66	340,33	242,08
	II	**799,58**	443,83	443,83	II	676,83	560,08	449,50	344,83	246,33	153,83
	III	**536,50**	443,83	443,83	III	441,16	348,83	259,50	173,16	92,66	27,50
	V	**1386,00**	443,83	443,83	IV	857,50	794,00	732,00	671,50	612,50	555,08
	VI	**1429,25**	443,83	443,83							
4958,99	I,IV	**923,58**	443,83	443,83	I	795,00	672,41	556,00	445,58	341,16	242,83
	II	**800,58**	443,83	443,83	II	677,75	561,00	450,33	345,66	247,08	154,58
	III	**537,33**	443,83	443,83	III	442,00	349,50	260,16	173,83	93,33	28,00
	V	**1387,08**	443,83	443,83	IV	858,50	795,00	732,91	672,41	613,41	556,00
	VI	**1430,41**	443,83	443,83							
4961,99	I,IV	**924,58**	443,83	443,83	I	796,00	673,41	556,83	446,41	342,00	243,58
	II	**801,50**	443,83	443,83	II	678,66	561,91	451,16	346,50	247,83	155,25
	III	**538,16**	443,83	443,83	III	442,66	350,16	260,83	174,50	93,83	28,50
	V	**1388,25**	443,83	443,83	IV	859,50	796,00	733,91	673,41	614,33	556,83
	VI	**1431,50**	443,83	443,83							
4964,99	I,IV	**925,58**	443,83	443,83	I	796,91	674,33	557,75	447,25	342,75	244,33
	II	**802,50**	443,83	443,83	II	679,66	562,83	452,00	347,25	248,58	155,91
	III	**538,83**	443,83	443,83	III	443,33	351,00	261,50	175,16	94,50	28,83
	V	**1389,41**	443,83	443,83	IV	860,50	796,91	734,91	674,33	615,25	557,75
	VI	**1432,66**	443,83	443,83							
4967,99	I,IV	**926,66**	443,83	443,83	I	797,91	675,25	558,66	448,08	343,58	245,08
	II	**803,50**	443,83	443,83	II	680,58	563,66	452,83	348,08	249,33	156,66
	III	**539,66**	443,83	443,83	III	444,16	351,66	262,33	175,83	95,00	29,33
	V	**1390,58**	443,83	443,83	IV	861,58	797,91	735,83	675,25	616,16	558,66
	VI	**1433,83**	443,83	443,83							

* Zur LSt-Berechnung für privat versicherte Arbeitnehmer s. Beispiele **Vorbemerkung S. 4f.**
** Basisvorsorgepauschale KV und PV *** Typisierter Arbeitgeberzuschuss

Monat gültig ab 1. 1. 2022 (idF des StEntlG 2022) aT3

Lohn/Gehalt in € bis	Steuerklasse	Lohnsteuer*	BVSP**	TAGZ***	Steuerklasse	Bemessungsgrundlage für Kirchensteuer und Solidaritätszuschlag					
						Freibeträge für ... Kinder					
						0,5	1,0	1,5	2,0	2,5	3,0
4970,99	I,IV	**927,75**	443,83	443,83	I	798,91	676,25	559,58	448,91	344,41	245,83
	II	**804,50**	443,83	443,83	II	681,58	564,58	453,75	348,91	250,08	157,41
	III	**540,33**	443,83	443,83	III	444,83	352,50	263,00	176,50	95,66	29,83
	V	**1 391,75**	443,83	443,83	IV	862,58	798,91	736,83	676,25	617,16	559,58
	VI	**1 435,00**	443,83	443,83							
4973,99	I,IV	**928,75**	443,83	443,83	I	799,91	677,16	560,50	449,83	345,16	246,58
	II	**805,50**	443,83	443,83	II	682,50	565,50	454,58	349,66	250,83	158,08
	III	**541,16**	443,83	443,83	III	445,66	353,16	263,66	177,16	96,33	30,33
	V	**1 392,91**	443,83	443,83	IV	863,58	799,91	737,83	677,16	618,08	560,50
	VI	**1 436,16**	443,83	443,83							
4976,99	I,IV	**929,83**	443,83	443,83	I	800,91	678,08	561,33	450,66	346,00	247,41
	II	**806,50**	443,83	443,83	II	683,41	566,41	455,41	350,50	251,58	158,83
	III	**542,00**	443,83	443,83	III	446,33	353,83	264,33	177,83	96,83	30,66
	V	**1 394,08**	443,83	443,83	IV	864,58	800,91	738,75	678,08	619,00	561,33
	VI	**1 437,33**	443,83	443,83							
4979,99	I,IV	**930,83**	443,83	443,83	I	801,91	679,08	562,25	451,50	346,75	248,16
	II	**807,50**	443,83	443,83	II	684,41	567,33	456,25	351,33	252,41	159,50
	III	**542,66**	443,83	443,83	III	447,16	354,66	265,00	178,50	97,50	31,16
	V	**1 395,25**	443,83	443,83	IV	865,66	801,91	739,75	679,08	619,91	562,25
	VI	**1 438,50**	443,83	443,83							
4982,99	I,IV	**931,91**	443,83	443,83	I	802,91	680,00	563,16	452,33	347,58	248,91
	II	**808,50**	443,83	443,83	II	685,33	568,16	457,16	352,08	253,16	160,25
	III	**543,50**	443,83	443,83	III	447,83	355,33	265,66	179,16	98,00	31,66
	V	**1 396,41**	443,83	443,83	IV	866,66	802,91	740,66	680,00	620,83	563,16
	VI	**1 439,66**	443,83	443,83							
4985,99	I,IV	**932,91**	443,83	443,83	I	803,91	680,91	564,08	453,16	348,41	249,66
	II	**809,50**	443,83	443,83	II	686,25	569,08	458,00	352,91	253,91	160,91
	III	**544,16**	443,83	443,83	III	448,66	356,00	266,50	179,83	98,66	32,16
	V	**1 397,58**	443,83	443,83	IV	867,66	803,91	741,66	680,91	621,75	564,08
	VI	**1 440,83**	443,83	443,83							
4988,99	I,IV	**933,91**	443,83	443,83	I	804,91	681,91	564,91	454,00	349,16	250,41
	II	**810,50**	443,83	443,83	II	687,25	570,00	458,83	353,75	254,66	161,66
	III	**545,00**	443,83	443,83	III	449,33	356,66	267,16	180,50	99,16	32,50
	V	**1 398,66**	443,83	443,83	IV	868,66	804,91	742,66	681,91	622,66	564,91
	VI	**1 442,00**	443,83	443,83							
4991,99	I,IV	**935,00**	443,83	443,83	I	805,91	682,83	565,83	454,91	350,00	251,16
	II	**811,50**	443,83	443,83	II	688,16	570,91	459,66	354,50	255,41	162,33
	III	**545,83**	443,83	443,83	III	450,16	357,50	267,83	181,16	99,83	33,00
	V	**1 399,83**	443,83	443,83	IV	869,66	805,91	743,58	682,83	623,58	565,83
	VI	**1 443,08**	443,83	443,83							
4994,99	I,IV	**936,00**	443,83	443,83	I	806,91	683,75	566,75	455,75	350,75	251,91
	II	**812,50**	443,83	443,83	II	689,08	571,83	460,50	355,33	256,16	163,08
	III	**546,50**	443,83	443,83	III	450,83	358,16	268,50	181,83	100,33	33,50
	V	**1 401,00**	443,83	443,83	IV	870,66	806,91	744,58	683,75	624,50	566,75
	VI	**1 444,25**	443,83	443,83							
4997,99	I,IV	**937,08**	443,83	443,83	I	807,91	684,75	567,66	456,58	351,58	252,66
	II	**813,50**	443,83	443,83	II	690,08	572,66	461,41	356,08	256,91	163,75
	III	**547,33**	443,83	443,83	III	451,50	358,83	269,16	182,50	101,00	34,00
	V	**1 402,16**	443,83	443,83	IV	871,75	807,91	745,58	684,75	625,41	567,66
	VI	**1 445,41**	443,83	443,83							
5000,99	I,IV	**938,08**	443,83	443,83	I	808,83	685,66	568,50	457,41	352,41	253,41
	II	**814,50**	443,83	443,83	II	691,00	573,58	462,25	356,91	257,66	164,50
	III	**548,00**	443,83	443,83	III	452,33	359,66	269,83	183,16	101,50	34,33
	V	**1 403,33**	443,83	443,83	IV	872,75	808,83	746,50	685,66	626,33	568,50
	VI	**1 446,58**	443,83	443,83							
5003,99	I,IV	**939,16**	443,83	443,83	I	809,83	686,58	569,41	458,25	353,16	254,16
	II	**815,50**	443,83	443,83	II	691,91	574,50	463,08	357,75	258,41	165,16
	III	**548,83**	443,83	443,83	III	453,00	360,33	270,66	184,00	102,16	34,83
	V	**1 404,50**	443,83	443,83	IV	873,75	809,83	747,50	686,58	627,25	569,41
	VI	**1 447,75**	443,83	443,83							

* Zur LSt-Berechnung für privat versicherte Arbeitnehmer s. Beispiele **Vorbemerkung S. 4 f.**
** Basisvorsorgepauschale KV und PV   *** Typisierter Arbeitgeberzuschuss

aT3 allgemeine Lohnsteuer

Lohn/Gehalt in € bis	Steuerklasse	Lohn-steuer*	BVSP**	TAGZ***	Steuerklasse	Bemessungsgrundlage für Kirchensteuer und Solidaritätszuschlag Freibeträge für ... Kinder					
						0,5	1,0	1,5	2,0	2,5	3,0
5 006,99	I,IV	**940,16**	443,83	443,83	I	810,83	687,58	570,33	459,16	354,00	254,91
	II	**816,50**	443,83	443,83	II	692,91	575,41	463,91	358,50	259,16	165,91
	III	**549,50**	443,83	443,83	III	453,83	361,00	271,33	184,50	102,66	35,33
	V	**1 405,66**	443,83	443,83	IV	874,75	810,83	748,41	687,58	628,16	570,33
	VI	**1 448,91**	443,83	443,83							
5 009,99	I,IV	**941,25**	443,83	443,83	I	811,83	688,50	571,25	460,00	354,83	255,66
	II	**817,50**	443,83	443,83	II	693,83	576,33	464,83	359,33	259,91	166,58
	III	**550,33**	443,83	443,83	III	454,50	361,83	272,00	185,33	103,33	35,83
	V	**1 406,75**	443,83	443,83	IV	875,75	811,83	749,41	688,50	629,08	571,25
	VI	**1 450,08**	443,83	443,83							
5 012,99	I,IV	**942,25**	443,83	443,83	I	812,83	689,50	572,08	460,83	355,58	256,41
	II	**818,41**	443,83	443,83	II	694,83	577,16	465,66	360,16	260,66	167,33
	III	**551,16**	443,83	443,83	III	455,33	362,50	272,66	185,83	103,83	36,33
	V	**1 407,91**	443,83	443,83	IV	876,83	812,83	750,41	689,50	630,00	572,08
	VI	**1 451,16**	443,83	443,83							
5 015,99	I,IV	**943,33**	443,83	443,83	I	813,83	690,41	573,00	461,66	356,41	257,16
	II	**819,41**	443,83	443,83	II	695,75	578,08	466,50	360,91	261,41	168,00
	III	**551,83**	443,83	443,83	III	456,00	363,16	273,33	186,66	104,50	36,83
	V	**1 409,08**	443,83	443,83	IV	877,83	813,83	751,33	690,41	630,91	573,00
	VI	**1 452,33**	443,83	443,83							
5 018,99	I,IV	**944,33**	443,83	443,83	I	814,83	691,33	573,91	462,58	357,25	257,91
	II	**820,41**	443,83	443,83	II	696,66	579,00	467,33	361,75	262,25	168,75
	III	**552,66**	443,83	443,83	III	456,83	363,83	274,00	187,33	105,00	37,16
	V	**1 410,25**	443,83	443,83	IV	878,83	814,83	752,33	691,33	631,91	573,91
	VI	**1 453,50**	443,83	443,83							
5 021,99	I,IV	**945,41**	443,83	443,83	I	815,83	692,33	574,83	463,41	358,00	258,66
	II	**821,41**	443,83	443,83	II	697,66	579,91	468,25	362,58	263,00	169,41
	III	**553,50**	443,83	443,83	III	457,50	364,66	274,83	188,00	105,66	37,66
	V	**1 411,41**	443,83	443,83	IV	879,83	815,83	753,33	692,33	632,83	574,83
	VI	**1 454,66**	443,83	443,83							
5 024,99	I,IV	**946,41**	443,83	443,83	I	816,83	693,25	575,75	464,25	358,83	259,41
	II	**822,41**	443,83	443,83	II	698,58	580,83	469,08	363,41	263,75	170,16
	III	**554,16**	443,83	443,83	III	458,16	365,33	275,50	188,66	106,33	38,16
	V	**1 412,58**	443,83	443,83	IV	880,91	816,83	754,25	693,25	633,75	575,75
	VI	**1 455,83**	443,83	443,83							
5 027,99	I,IV	**947,50**	443,83	443,83	I	817,83	694,25	576,66	465,16	359,66	260,25
	II	**823,50**	443,83	443,83	II	699,58	581,75	469,91	364,16	264,50	170,91
	III	**555,00**	443,83	443,83	III	459,00	366,00	276,16	189,33	106,83	38,66
	V	**1 413,75**	443,83	443,83	IV	881,91	817,83	755,25	694,25	634,66	576,66
	VI	**1 457,00**	443,83	443,83							
5 030,99	I,IV	**948,58**	443,83	443,83	I	818,83	695,16	577,58	466,00	360,50	261,00
	II	**824,50**	443,83	443,83	II	700,50	582,66	470,83	365,00	265,25	171,58
	III	**555,83**	443,83	443,83	III	459,83	366,83	276,83	190,00	107,50	39,16
	V	**1 414,91**	443,83	443,83	IV	882,91	818,83	756,25	695,16	635,58	577,58
	VI	**1 458,16**	443,83	443,83							
5 033,99	I,IV	**949,58**	443,83	443,83	I	819,83	696,16	578,41	466,83	361,25	261,75
	II	**825,50**	443,83	443,83	II	701,50	583,58	471,66	365,83	266,00	172,33
	III	**556,50**	443,83	443,83	III	460,50	367,50	277,50	190,66	108,16	39,66
	V	**1 416,08**	443,83	443,83	IV	884,00	819,83	757,25	696,16	636,50	578,41
	VI	**1 459,33**	443,83	443,83							
5 036,99	I,IV	**950,66**	443,83	443,83	I	820,83	697,08	579,33	467,66	362,08	262,50
	II	**826,50**	443,83	443,83	II	702,41	584,41	472,50	366,66	266,83	173,00
	III	**557,33**	443,83	443,83	III	461,33	368,33	278,33	191,33	108,66	40,16
	V	**1 417,25**	443,83	443,83	IV	885,00	820,83	758,16	697,08	637,50	579,33
	VI	**1 460,50**	443,83	443,83							
5 039,99	I,IV	**951,75**	443,83	443,83	I	821,83	698,00	580,25	468,58	362,91	263,25
	II	**827,50**	443,83	443,83	II	703,41	585,33	473,33	367,41	267,58	173,75
	III	**558,00**	443,83	443,83	III	462,00	369,00	279,00	192,00	109,33	40,50
	V	**1 418,33**	443,83	443,83	IV	886,00	821,83	759,16	698,00	638,41	580,25
	VI	**1 461,66**	443,83	443,83							

* Zur LSt-Berechnung für privat versicherte Arbeitnehmer s. Beispiele **Vorbemerkung S. 4 f.**
** Basisvorsorgepauschale KV und PV *** Typisierter Arbeitgeberzuschuss

Monat gültig ab 1. 1. 2022 (idF des StEntlG 2022) aT3

Lohn/Gehalt in € bis	Steuerklasse	Lohnsteuer*	BVSP**	TAGZ***	Steuerklasse	Bemessungsgrundlage für Kirchensteuer und Solidaritätszuschlag Freibeträge für ... Kinder					
						0,5	1,0	1,5	2,0	2,5	3,0
5 042,99	I,IV	**952,75**	443,83	443,83	I	822,83	699,00	581,16	469,41	363,66	264,00
	II	**828,50**	443,83	443,83	II	704,33	586,25	474,25	368,25	268,33	174,41
	III	**558,83**	443,83	443,83	III	462,66	369,66	279,66	192,66	109,83	41,00
	V	**1 419,50**	443,83	443,83	IV	887,08	822,83	760,16	699,00	639,33	581,16
	VI	**1 462,75**	443,83	443,83							
5 045,99	I,IV	**953,83**	443,83	443,83	I	823,83	699,91	582,08	470,25	364,50	264,83
	II	**829,50**	443,83	443,83	II	705,33	587,16	475,08	369,08	269,08	175,16
	III	**559,50**	443,83	443,83	III	463,50	370,33	280,33	193,33	110,50	41,50
	V	**1 420,66**	443,83	443,83	IV	888,08	823,83	761,16	699,91	640,25	582,08
	VI	**1 463,91**	443,83	443,83							
5 048,99	I,IV	**954,83**	443,83	443,83	I	824,83	700,91	583,00	471,08	365,33	265,58
	II	**830,50**	443,83	443,83	II	706,25	588,00	475,91	369,83	269,83	175,91
	III	**560,33**	443,83	443,83	III	464,16	371,16	281,00	194,00	111,16	42,00
	V	**1 421,83**	443,83	443,83	IV	889,08	824,83	762,08	700,91	641,16	583,00
	VI	**1 465,08**	443,83	443,83							
5 051,99	I,IV	**955,91**	443,83	443,83	I	825,83	701,83	583,91	472,00	366,08	266,33
	II	**831,50**	443,83	443,83	II	707,16	589,00	476,83	370,66	270,58	176,58
	III	**561,16**	443,83	443,83	III	465,00	371,83	281,66	194,66	111,66	42,50
	V	**1 423,00**	443,83	443,83	IV	890,08	825,83	763,08	701,83	642,08	583,91
	VI	**1 466,25**	443,83	443,83							
5 054,99	I,IV	**956,91**	443,83	443,83	I	826,83	702,75	584,75	472,83	366,91	267,08
	II	**832,50**	443,83	443,83	II	708,16	589,91	477,66	371,50	271,41	177,33
	III	**561,83**	443,83	443,83	III	465,66	372,50	282,50	195,33	112,33	43,00
	V	**1 424,16**	443,83	443,83	IV	891,16	826,83	764,08	702,75	643,00	584,75
	VI	**1 467,41**	443,83	443,83							
5 057,99	I,IV	**958,00**	443,83	443,83	I	827,83	703,75	585,66	473,66	367,75	267,83
	II	**833,50**	443,83	443,83	II	709,08	590,75	478,50	372,33	272,16	178,00
	III	**562,66**	443,83	443,83	III	466,50	373,33	283,16	196,00	113,00	43,50
	V	**1 425,33**	443,83	443,83	IV	892,16	827,83	765,00	703,75	643,91	585,66
	VI	**1 468,58**	443,83	443,83							
5 060,99	I,IV	**959,00**	443,83	443,83	I	828,83	704,66	586,58	474,58	368,58	268,58
	II	**834,50**	443,83	443,83	II	710,08	591,66	479,41	373,08	272,91	178,75
	III	**563,50**	443,83	443,83	III	467,16	374,00	283,83	196,66	113,50	44,00
	V	**1 426,50**	443,83	443,83	IV	893,16	828,83	766,00	704,66	644,91	586,58
	VI	**1 469,75**	443,83	443,83							
5 063,99	I,IV	**960,08**	443,83	443,83	I	829,83	705,66	587,50	475,41	369,33	269,33
	II	**835,50**	443,83	443,83	II	711,00	592,58	480,25	373,91	273,66	179,50
	III	**564,16**	443,83	443,83	III	468,00	374,66	284,50	197,33	114,16	44,33
	V	**1 427,58**	443,83	443,83	IV	894,16	829,83	767,00	705,66	645,83	587,50
	VI	**1 470,83**	443,83	443,83							
5 066,99	I,IV	**961,16**	443,83	443,83	I	830,83	706,58	588,41	476,25	370,16	270,16
	II	**836,50**	443,83	443,83	II	712,00	593,50	481,08	374,75	274,41	180,16
	III	**565,00**	443,83	443,83	III	468,66	375,50	285,16	198,00	114,83	44,83
	V	**1 428,75**	443,83	443,83	IV	895,25	830,83	768,00	706,58	646,75	588,41
	VI	**1 472,00**	443,83	443,83							
5 069,99	I,IV	**962,16**	443,83	443,83	I	831,83	707,58	589,33	477,08	371,00	270,91
	II	**837,50**	443,83	443,83	II	712,91	594,41	482,00	375,58	275,16	180,91
	III	**565,66**	443,83	443,83	III	469,50	376,16	286,00	198,66	115,33	45,33
	V	**1 429,91**	443,83	443,83	IV	896,25	831,83	768,91	707,58	647,66	589,33
	VI	**1 473,16**	443,83	443,83							
5 072,99	I,IV	**963,25**	443,83	443,83	I	832,83	708,50	590,25	478,00	371,75	271,66
	II	**838,50**	443,83	443,83	II	713,91	595,33	482,83	376,33	276,00	181,58
	III	**566,50**	443,83	443,83	III	470,16	376,83	286,66	199,33	116,00	45,83
	V	**1 431,08**	443,83	443,83	IV	897,25	832,83	769,91	708,50	648,58	590,25
	VI	**1 474,33**	443,83	443,83							
5 075,99	I,IV	**964,25**	443,83	443,83	I	833,83	709,41	591,08	478,83	372,58	272,41
	II	**839,50**	443,83	443,83	II	714,83	596,25	483,66	377,16	276,75	182,33
	III	**567,33**	443,83	443,83	III	471,00	377,66	287,33	200,00	116,66	46,33
	V	**1 432,25**	443,83	443,83	IV	898,33	833,83	770,91	709,41	649,50	591,08
	VI	**1 475,50**	443,83	443,83							

* Zur LSt-Berechnung für privat versicherte Arbeitnehmer s. Beispiele **Vorbemerkung S. 4 f.**
** Basisvorsorgepauschale KV und PV *** Typisierter Arbeitgeberzuschuss

aT3 allgemeine Lohnsteuer

Lohn/ Gehalt in € bis	Steuerklasse	Lohn-steuer*	BVSP**	TAGZ***	Steuerklasse	Bemessungsgrundlage für Kirchensteuer und Solidaritätszuschlag					
						Freibeträge für ... Kinder					
						0,5	1,0	1,5	2,0	2,5	3,0
5078,99	I,IV	**965,33**	443,83	443,83	I	834,83	710,41	592,00	479,66	373,41	273,16
	II	**840,50**	443,83	443,83	II	715,83	597,16	484,58	378,00	277,50	183,08
	III	**568,00**	443,83	443,83	III	471,66	378,33	288,00	200,83	117,16	46,83
	V	**1 433,41**	443,83	443,83	IV	899,33	834,83	771,83	710,41	650,50	592,00
	VI	**1 476,66**	443,83	443,83							
5081,99	I,IV	**966,41**	443,83	443,83	I	835,91	711,41	593,00	480,58	374,25	274,00
	II	**841,75**	443,83	443,83	II	716,75	598,08	485,41	378,83	278,33	183,83
	III	**568,83**	443,83	443,83	III	472,50	379,16	288,83	201,50	117,83	47,33
	V	**1 434,58**	443,83	443,83	IV	900,41	835,91	772,91	711,41	651,41	593,00
	VI	**1 477,83**	443,83	443,83							
5084,99	I,IV	**967,50**	443,83	443,83	I	836,91	712,33	593,83	481,41	375,08	274,75
	II	**842,58**	443,83	443,83	II	717,75	599,00	486,33	379,66	279,08	184,50
	III	**569,66**	443,83	443,83	III	473,16	379,83	289,50	202,16	118,50	47,83
	V	**1 435,75**	443,83	443,83	IV	901,41	836,91	773,83	712,33	652,33	593,83
	VI	**1 479,00**	443,83	443,83							
5087,99	I,IV	**968,50**	443,83	443,83	I	837,91	713,33	594,75	482,33	375,91	275,50
	II	**843,58**	443,83	443,83	II	718,66	599,91	487,16	380,50	279,83	185,25
	III	**570,33**	443,83	443,83	III	474,00	380,50	290,16	202,83	119,16	48,33
	V	**1 436,91**	443,83	443,83	IV	902,41	837,91	774,83	713,33	653,33	594,75
	VI	**1 480,16**	443,83	443,83							
5090,99	I,IV	**969,58**	443,83	443,83	I	838,91	714,25	595,66	483,16	376,66	276,25
	II	**844,58**	443,83	443,83	II	719,66	600,83	488,00	381,25	280,58	186,00
	III	**571,16**	443,83	443,83	III	474,66	381,16	290,83	203,50	119,66	48,83
	V	**1 438,08**	443,83	443,83	IV	903,50	838,91	775,83	714,25	654,25	595,66
	VI	**1 481,33**	443,83	443,83							
5093,99	I,IV	**970,66**	443,83	443,83	I	839,91	715,25	596,58	484,00	377,50	277,00
	II	**845,58**	443,83	443,83	II	720,58	601,75	488,91	382,08	281,33	186,66
	III	**572,00**	443,83	443,83	III	475,50	382,00	291,50	204,16	120,33	49,33
	V	**1 439,16**	443,83	443,83	IV	904,50	839,91	776,83	715,25	655,16	596,58
	VI	**1 482,50**	443,83	443,83							
5096,99	I,IV	**971,66**	443,83	443,83	I	840,91	716,16	597,50	484,91	378,33	277,83
	II	**846,58**	443,83	443,83	II	721,58	602,66	489,75	382,91	282,16	187,41
	III	**572,66**	443,83	443,83	III	476,16	382,66	292,16	204,83	121,00	49,83
	V	**1 440,33**	443,83	443,83	IV	905,50	840,91	777,75	716,16	656,08	597,50
	VI	**1 483,58**	443,83	443,83							
5099,99	I,IV	**972,75**	443,83	443,83	I	841,91	717,16	598,41	485,75	379,16	278,58
	II	**847,58**	443,83	443,83	II	722,58	603,58	490,58	383,75	282,91	188,08
	III	**573,50**	443,83	443,83	III	477,00	383,50	293,00	205,50	121,66	50,33
	V	**1 441,50**	443,83	443,83	IV	906,58	841,91	778,75	717,16	657,00	598,41
	VI	**1 484,75**	443,83	443,83							
5102,99	I,IV	**973,75**	443,83	443,83	I	842,91	718,08	599,33	486,58	379,91	279,33
	II	**848,58**	443,83	443,83	II	723,50	604,50	491,50	384,58	283,66	188,83
	III	**574,16**	443,83	443,83	III	477,66	384,16	293,66	206,16	122,16	50,83
	V	**1 442,66**	443,83	443,83	IV	907,58	842,91	779,75	718,08	657,91	599,33
	VI	**1 485,91**	443,83	443,83							
5105,99	I,IV	**974,83**	443,83	443,83	I	843,91	719,08	600,25	487,50	380,75	280,08
	II	**849,58**	443,83	443,83	II	724,50	605,41	492,33	385,33	284,41	189,58
	III	**575,00**	443,83	443,83	III	478,50	384,83	294,33	206,83	122,83	51,33
	V	**1 443,83**	443,83	443,83	IV	908,58	843,91	780,75	719,08	658,91	600,25
	VI	**1 487,08**	443,83	443,83							
5108,99	I,IV	**975,91**	443,83	443,83	I	844,91	720,00	601,16	488,33	381,58	280,91
	II	**850,58**	443,83	443,83	II	725,41	606,33	493,25	386,16	285,25	190,25
	III	**575,83**	443,83	443,83	III	479,16	385,66	295,00	207,50	123,50	51,83
	V	**1 445,00**	443,83	443,83	IV	909,66	844,91	781,75	720,00	659,83	601,16
	VI	**1 488,25**	443,83	443,83							
5111,99	I,IV	**976,91**	443,83	443,83	I	845,91	721,00	602,08	489,16	382,41	281,66
	II	**851,58**	443,83	443,83	II	726,41	607,25	494,08	387,00	286,00	191,00
	III	**576,50**	443,83	443,83	III	480,00	386,33	295,83	208,16	124,16	52,33
	V	**1 446,16**	443,83	443,83	IV	910,66	845,91	782,66	721,00	660,75	602,08
	VI	**1 489,41**	443,83	443,83							

* Zur LSt-Berechnung für privat versicherte Arbeitnehmer s. Beispiele **Vorbemerkung S. 4f.**
** Basisvorsorgepauschale KV und PV   *** Typisierter Arbeitgeberzuschuss

Monat gültig ab 1. 1. 2022 (idF des StEntlG 2022) **aT3**

Lohn/Gehalt in € bis	Steuerklasse	Lohn-steuer*	BVSP**	TAGZ***	Steuerklasse	Bemessungsgrundlage für Kirchensteuer und Solidaritätszuschlag Freibeträge für ... Kinder					
						0,5	1,0	1,5	2,0	2,5	3,0
5114,99	I,IV	978,00	443,83	443,83	I	846,91	721,91	603,00	490,08	383,25	282,41
	II	852,66	443,83	443,83	II	727,33	608,08	494,91	387,83	286,75	191,75
	III	577,33	443,83	443,83	III	480,66	387,00	296,50	208,83	124,66	52,83
	V	1447,25	443,83	443,83	IV	911,75	846,91	783,66	721,91	661,66	603,00
	VI	1490,58	443,83	443,83							
5117,99	I,IV	979,08	443,83	443,83	I	847,91	722,91	603,91	490,91	384,00	283,16
	II	853,66	443,83	443,83	II	728,33	609,00	495,83	388,66	287,50	192,50
	III	578,16	443,83	443,83	III	481,50	387,83	297,16	209,50	125,33	53,33
	V	1448,41	443,83	443,83	IV	912,75	847,91	784,66	722,91	662,66	603,91
	VI	1491,66	443,83	443,83							
5120,99	I,IV	980,08	443,83	443,83	I	848,91	723,83	604,83	491,83	384,83	283,91
	II	854,66	443,83	443,83	II	729,25	609,91	496,66	389,50	288,33	193,16
	III	578,83	443,83	443,83	III	482,16	388,50	297,83	210,16	126,00	53,83
	V	1449,58	443,83	443,83	IV	913,75	848,91	785,66	723,83	663,58	604,83
	VI	1492,83	443,83	443,83							
5123,99	I,IV	981,16	443,83	443,83	I	850,00	724,83	605,75	492,66	385,66	284,75
	II	855,66	443,83	443,83	II	730,25	610,83	497,58	390,25	289,08	193,91
	III	579,66	443,83	443,83	III	483,00	389,16	298,50	211,00	126,66	54,33
	V	1450,75	443,83	443,83	IV	914,83	850,00	786,66	724,83	664,50	605,75
	VI	1494,00	443,83	443,83							
5126,99	I,IV	982,25	443,83	443,83	I	851,00	725,75	606,66	493,50	386,50	285,50
	II	856,66	443,83	443,83	II	731,16	611,75	498,41	391,08	289,83	194,66
	III	580,33	443,83	443,83	III	483,66	390,00	299,16	211,50	127,16	54,83
	V	1451,91	443,83	443,83	IV	915,83	851,00	787,58	725,75	665,41	606,66
	VI	1495,16	443,83	443,83							
5129,99	I,IV	983,25	443,83	443,83	I	852,00	726,75	607,50	494,41	387,33	286,25
	II	857,66	443,83	443,83	II	732,16	612,66	499,25	391,91	290,58	195,33
	III	581,16	443,83	443,83	III	484,50	390,66	300,00	212,33	127,83	55,33
	V	1453,08	443,83	443,83	IV	916,91	852,00	788,58	726,75	666,41	607,50
	VI	1496,33	443,83	443,83							
5132,99	I,IV	984,33	443,83	443,83	I	853,00	727,66	608,41	495,25	388,16	287,00
	II	858,66	443,83	443,83	II	733,16	613,58	500,16	392,75	291,41	196,08
	III	582,00	443,83	443,83	III	485,16	391,33	300,66	213,00	128,50	55,83
	V	1454,25	443,83	443,83	IV	917,91	853,00	789,58	727,66	667,33	608,41
	VI	1497,50	443,83	443,83							
5135,99	I,IV	985,41	443,83	443,83	I	854,00	728,66	609,33	496,16	388,91	287,83
	II	859,66	443,83	443,83	II	734,08	614,50	501,00	393,58	292,16	196,83
	III	582,66	443,83	443,83	III	486,00	392,16	301,33	213,66	129,16	56,33
	V	1455,33	443,83	443,83	IV	918,91	854,00	790,58	728,66	668,25	609,33
	VI	1498,66	443,83	443,83							
5138,99	I,IV	986,50	443,83	443,83	I	855,08	729,66	610,33	497,00	389,75	288,58
	II	860,75	443,83	443,83	II	735,08	615,50	501,91	394,41	293,00	197,58
	III	583,50	443,83	443,83	III	486,66	392,83	302,16	214,33	129,83	57,00
	V	1456,58	443,83	443,83	IV	920,00	855,08	791,58	729,66	669,25	610,33
	VI	1499,83	443,83	443,83							
5141,99	I,IV	987,58	443,83	443,83	I	856,08	730,58	611,25	497,91	390,58	289,41
	II	861,75	443,83	443,83	II	736,08	616,41	502,75	395,25	293,75	198,25
	III	584,33	443,83	443,83	III	487,50	393,66	302,83	215,00	130,50	57,33
	V	1457,75	443,83	443,83	IV	921,08	856,08	792,58	730,58	670,16	611,25
	VI	1501,00	443,83	443,83							
5144,99	I,IV	988,58	443,83	443,83	I	857,08	731,58	612,16	498,75	391,41	290,16
	II	862,75	443,83	443,83	II	737,00	617,33	503,66	396,08	294,50	199,00
	III	585,16	443,83	443,83	III	488,16	394,33	303,50	215,66	131,00	58,00
	V	1458,83	443,83	443,83	IV	922,08	857,08	793,58	731,58	671,08	612,16
	VI	1502,16	443,83	443,83							
5147,99	I,IV	989,66	443,83	443,83	I	858,08	732,58	613,08	499,66	392,25	290,91
	II	863,75	443,83	443,83	II	738,00	618,25	504,50	396,91	295,25	199,75
	III	585,83	443,83	443,83	III	489,00	395,00	304,16	216,33	131,66	58,50
	V	1460,00	443,83	443,83	IV	923,08	858,08	794,58	732,58	672,08	613,08
	VI	1503,25	443,83	443,83							

* Zur LSt-Berechnung für privat versicherte Arbeitnehmer s. Beispiele **Vorbemerkung S. 4 f.**
** Basisvorsorgepauschale KV und PV   *** Typisierter Arbeitgeberzuschuss

aT3

allgemeine Lohnsteuer

Lohn/ Gehalt in € bis	Steuerklasse	Lohn-steuer*	BVSP**	TAGZ***	Steuerklasse	Bemessungsgrundlage für Kirchensteuer und Solidaritätszuschlag Freibeträge für ... Kinder					
						0,5	1,0	1,5	2,0	2,5	3,0
5150,99	I,IV	990,75	443,83	443,83	I	859,08	733,50	614,00	500,50	393,08	291,66
	II	864,83	443,83	443,83	II	738,91	619,16	505,41	397,66	296,08	200,50
	III	586,66	443,83	443,83	III	489,66	395,83	304,83	217,00	132,33	59,00
	V	1461,16	443,83	443,83	IV	924,16	859,08	795,50	733,50	673,00	614,00
	VI	1504,41	443,83	443,83							
5153,99	I,IV	991,75	443,83	443,83	I	860,08	734,50	614,91	501,33	393,91	292,50
	II	865,83	443,83	443,83	II	739,91	620,08	506,25	398,50	296,83	201,16
	III	587,33	443,83	443,83	III	490,50	396,50	305,66	217,66	133,00	59,50
	V	1462,33	443,83	443,83	IV	925,16	860,08	796,50	734,50	673,91	614,91
	VI	1505,58	443,83	443,83							
5156,99	I,IV	992,83	443,83	443,83	I	861,08	735,41	615,83	502,25	394,75	293,25
	II	866,83	443,83	443,83	II	740,91	621,00	507,16	399,33	297,58	201,91
	III	588,16	443,83	443,83	III	491,16	397,16	306,33	218,33	133,66	60,00
	V	1463,50	443,83	443,83	IV	926,25	861,08	797,50	735,41	674,83	615,83
	VI	1506,75	443,83	443,83							
5159,99	I,IV	993,91	443,83	443,83	I	862,16	736,41	616,75	503,08	395,50	294,00
	II	867,83	443,83	443,83	II	741,83	621,91	508,00	400,16	298,41	202,66
	III	589,00	443,83	443,83	III	492,00	398,00	307,00	219,00	134,33	60,50
	V	1464,66	443,83	443,83	IV	927,25	862,16	798,50	736,41	675,83	616,75
	VI	1507,91	443,83	443,83							
5162,99	I,IV	995,00	443,83	443,83	I	863,16	737,33	617,66	504,00	396,33	294,83
	II	868,83	443,83	443,83	II	742,83	622,83	508,91	401,00	299,16	203,41
	III	589,66	443,83	443,83	III	492,66	398,66	307,66	219,83	135,00	61,00
	V	1465,83	443,83	443,83	IV	928,33	863,16	799,50	737,33	676,75	617,66
	VI	1509,08	443,83	443,83							
5165,99	I,IV	996,00	443,83	443,83	I	864,16	738,33	618,58	504,83	397,16	295,58
	II	869,83	443,83	443,83	II	743,75	623,75	509,75	401,83	299,91	204,08
	III	590,50	443,83	443,83	III	493,50	399,33	308,33	220,50	135,50	61,50
	V	1466,91	443,83	443,83	IV	929,33	864,16	800,50	738,33	677,66	618,58
	VI	1510,25	443,83	443,83							
5168,99	I,IV	997,08	443,83	443,83	I	865,16	739,33	619,50	505,75	398,00	296,33
	II	870,91	443,83	443,83	II	744,75	624,66	510,66	402,66	300,75	204,83
	III	591,33	443,83	443,83	III	494,16	400,16	309,16	221,16	136,16	62,00
	V	1468,08	443,83	443,83	IV	930,33	865,16	801,50	739,33	678,66	619,50
	VI	1511,33	443,83	443,83							
5171,99	I,IV	998,16	443,83	443,83	I	866,16	740,25	620,41	506,58	398,83	297,08
	II	871,91	443,83	443,83	II	745,75	625,58	511,50	403,50	301,50	205,58
	III	592,00	443,83	443,83	III	495,00	400,83	309,83	221,83	136,83	62,50
	V	1469,25	443,83	443,83	IV	931,41	866,16	802,50	740,25	679,58	620,41
	VI	1512,50	443,83	443,83							
5174,99	I,IV	999,25	443,83	443,83	I	867,16	741,25	621,33	507,50	399,66	297,91
	II	872,91	443,83	443,83	II	746,66	626,50	512,41	404,33	302,25	206,33
	III	592,83	443,83	443,83	III	495,66	401,66	310,50	222,50	137,50	63,16
	V	1470,41	443,83	443,83	IV	932,41	867,16	803,41	741,25	680,50	621,33
	VI	1513,66	443,83	443,83							
5177,99	I,IV	1000,25	443,83	443,83	I	868,25	742,16	622,25	508,33	400,50	298,66
	II	873,91	443,83	443,83	II	747,66	627,41	513,25	405,16	303,08	207,08
	III	593,66	443,83	443,83	III	496,50	402,33	311,16	223,16	138,16	63,66
	V	1471,58	443,83	443,83	IV	933,50	868,25	804,41	742,16	681,50	622,25
	VI	1514,83	443,83	443,83							
5180,99	I,IV	1001,33	443,83	443,83	I	869,25	743,16	623,16	509,16	401,33	299,41
	II	874,91	443,83	443,83	II	748,66	628,33	514,16	406,00	303,83	207,75
	III	594,33	443,83	443,83	III	497,16	403,00	312,00	223,83	138,83	64,16
	V	1472,75	443,83	443,83	IV	934,50	869,25	805,41	743,16	682,41	623,16
	VI	1516,00	443,83	443,83							
5183,99	I,IV	1002,41	443,83	443,83	I	870,25	744,16	624,08	510,08	402,16	300,25
	II	876,00	443,83	443,83	II	749,58	629,25	515,00	406,75	304,58	208,50
	III	595,16	443,83	443,83	III	498,00	403,83	312,66	224,50	139,50	64,66
	V	1473,91	443,83	443,83	IV	935,58	870,25	806,41	744,16	683,33	624,08
	VI	1517,16	443,83	443,83							

* Zur LSt-Berechnung für privat versicherte Arbeitnehmer s. Beispiele **Vorbemerkung S. 4 f.**
** Basisvorsorgepauschale KV und PV *** Typisierter Arbeitgeberzuschuss

Monat gültig ab 1. 1. 2022 (idF des StEntlG 2022) aT3

Lohn/Gehalt in € bis	Steuerklasse	Lohn-steuer*	BVSP**	TAGZ***	Steuerklasse	Bemessungsgrundlage für Kirchensteuer und Solidaritätszuschlag Freibeträge für ... Kinder 0,5	1,0	1,5	2,0	2,5	3,0
5186,99	I,IV	1003,50	443,83	443,83	I	871,25	745,08	625,00	510,91	402,91	301,00
	II	877,00	443,83	443,83	II	750,58	630,16	515,91	407,58	305,41	209,25
	III	596,00	443,83	443,83	III	498,66	404,50	313,33	225,16	140,16	65,16
	V	1475,00	443,83	443,83	IV	936,58	871,25	807,41	745,08	684,33	625,00
	VI	1518,33	443,83	443,83							
5189,99	I,IV	1004,50	443,83	443,83	I	872,25	746,08	625,91	511,83	403,75	301,75
	II	878,00	443,83	443,83	II	751,58	631,16	516,75	408,41	306,16	210,00
	III	596,66	443,83	443,83	III	499,50	405,16	314,00	225,83	140,66	65,66
	V	1476,16	443,83	443,83	IV	937,66	872,25	808,41	746,08	685,25	625,91
	VI	1519,41	443,83	443,83							
5192,99	I,IV	1005,58	443,83	443,83	I	873,33	747,08	626,83	512,66	404,58	302,58
	II	879,00	443,83	443,83	II	752,50	632,08	517,66	409,25	307,00	210,66
	III	597,50	443,83	443,83	III	500,16	406,00	314,83	226,50	141,50	66,33
	V	1477,33	443,83	443,83	IV	938,66	873,33	809,41	747,08	686,16	626,83
	VI	1520,58	443,83	443,83							
5195,99	I,IV	1006,66	443,83	443,83	I	874,33	748,08	627,83	513,58	405,50	303,33
	II	880,08	443,83	443,83	II	753,50	633,00	518,50	410,16	307,75	211,50
	III	598,33	443,83	443,83	III	501,00	406,66	315,50	227,33	142,16	66,83
	V	1478,50	443,83	443,83	IV	939,75	874,33	810,41	748,08	687,16	627,83
	VI	1521,83	443,83	443,83							
5198,99	I,IV	1007,75	443,83	443,83	I	875,33	749,00	628,75	514,50	406,25	304,16
	II	881,00	443,83	443,83	II	754,50	633,91	519,41	411,00	308,58	212,16
	III	599,00	443,83	443,83	III	501,66	407,50	316,16	228,00	142,66	67,33
	V	1479,66	443,83	443,83	IV	940,83	875,33	811,41	749,00	688,08	628,75
	VI	1522,91	443,83	443,83							
5201,99	I,IV	1008,83	443,83	443,83	I	876,41	750,00	629,66	515,33	407,08	304,91
	II	882,08	443,83	443,83	II	755,50	634,83	520,33	411,75	309,33	212,91
	III	599,83	443,83	443,83	III	502,50	408,16	316,83	228,66	143,33	67,83
	V	1480,83	443,83	443,83	IV	941,83	876,41	812,41	750,00	689,08	629,66
	VI	1524,08	443,83	443,83							
5204,99	I,IV	1009,91	443,83	443,83	I	877,41	750,91	630,58	516,25	407,91	305,75
	II	883,16	443,83	443,83	II	756,41	635,75	521,16	412,58	310,08	213,66
	III	600,66	443,83	443,83	III	503,16	408,83	317,66	229,33	144,00	68,33
	V	1482,00	443,83	443,83	IV	942,91	877,41	813,41	750,91	690,00	630,58
	VI	1525,25	443,83	443,83							
5207,99	I,IV	1010,91	443,83	443,83	I	878,41	751,91	631,50	517,08	408,75	306,50
	II	884,16	443,83	443,83	II	757,41	636,66	522,08	413,41	310,91	214,41
	III	601,33	443,83	443,83	III	504,00	409,66	318,33	230,00	144,66	69,00
	V	1483,16	443,83	443,83	IV	943,91	878,41	814,41	751,91	690,91	631,50
	VI	1526,41	443,83	443,83							
5210,99	I,IV	1012,00	443,83	443,83	I	879,41	752,91	632,41	518,00	409,58	307,25
	II	885,16	443,83	443,83	II	758,41	637,66	522,91	414,25	311,66	215,16
	III	602,16	443,83	443,83	III	504,83	410,33	319,00	230,66	145,33	69,50
	V	1484,33	443,83	443,83	IV	945,00	879,41	815,41	752,91	691,91	632,41
	VI	1527,58	443,83	443,83							
5213,99	I,IV	1013,08	443,83	443,83	I	880,41	753,83	633,33	518,83	410,41	308,08
	II	886,16	443,83	443,83	II	759,33	638,58	523,83	415,08	312,50	215,83
	III	603,00	443,83	443,83	III	505,50	411,16	319,66	231,33	146,00	70,00
	V	1485,50	443,83	443,83	IV	946,00	880,41	816,41	753,83	692,83	633,33
	VI	1528,75	443,83	443,83							
5216,99	I,IV	1014,16	443,83	443,83	I	881,50	754,83	634,25	519,75	411,25	308,83
	II	887,25	443,83	443,83	II	760,33	639,50	524,66	415,91	313,25	216,58
	III	603,66	443,83	443,83	III	506,33	411,83	320,50	232,00	146,66	70,50
	V	1486,66	443,83	443,83	IV	947,08	881,50	817,41	754,83	693,83	634,25
	VI	1529,91	443,83	443,83							
5219,99	I,IV	1015,25	443,83	443,83	I	882,50	755,83	635,16	520,58	412,08	309,58
	II	888,25	443,83	443,83	II	761,33	640,41	525,58	416,75	314,00	217,33
	III	604,50	443,83	443,83	III	507,00	412,50	321,16	232,66	147,33	71,16
	V	1487,75	443,83	443,83	IV	948,08	882,50	818,41	755,83	694,75	635,16
	VI	1531,00	443,83	443,83							

* Zur LSt-Berechnung für privat versicherte Arbeitnehmer s. Beispiele **Vorbemerkung S. 4 f.**
** Basisvorsorgepauschale KV und PV   *** Typisierter Arbeitgeberzuschuss

aT3 allgemeine Lohnsteuer

Lohn/Gehalt in € bis	Steuerklasse	Lohn-steuer*	BVSP**	TAGZ***	Steuerklasse	\nBemessungsgrundlage für Kirchensteuer und Solidaritätszuschlag\nFreibeträge für ... Kinder 0,5	1,0	1,5	2,0	2,5	3,0
5 222,99	I,IV	1 016,25	443,83	443,83	I	883,50	756,75	636,08	521,50	412,91	310,41
	II	889,25	443,83	443,83	II	762,25	641,33	526,41	417,58	314,83	218,08
	III	605,33	443,83	443,83	III	507,83	413,33	321,83	233,33	148,00	71,66
	V	1 488,91	443,83	443,83	IV	949,16	883,50	819,41	756,75	695,66	636,08
	VI	1 532,16	443,83	443,83							
5 225,99	I,IV	1 017,33	443,83	443,83	I	884,50	757,75	637,00	522,33	413,75	311,16
	II	890,33	443,83	443,83	II	763,25	642,25	527,33	418,41	315,58	218,83
	III	606,00	443,83	443,83	III	508,50	414,00	322,50	234,16	148,66	72,16
	V	1 490,08	443,83	443,83	IV	950,16	884,50	820,41	757,75	696,66	637,00
	VI	1 533,33	443,83	443,83							
5 228,99	I,IV	1 018,41	443,83	443,83	I	885,58	758,75	638,00	523,25	414,58	312,00
	II	891,33	443,83	443,83	II	764,25	643,16	528,16	419,25	316,41	219,58
	III	606,83	443,83	443,83	III	509,33	414,83	323,33	234,83	149,33	72,66
	V	1 491,25	443,83	443,83	IV	951,25	885,58	821,41	758,75	697,58	638,00
	VI	1 534,50	443,83	443,83							
5 231,99	I,IV	1 019,50	443,83	443,83	I	886,58	759,75	638,91	524,16	415,41	312,75
	II	892,33	443,83	443,83	II	765,16	644,08	529,08	420,08	317,16	220,33
	III	607,66	443,83	443,83	III	510,00	415,50	324,00	235,50	150,00	73,16
	V	1 492,41	443,83	443,83	IV	952,25	886,58	822,41	759,75	698,58	638,91
	VI	1 535,66	443,83	443,83							
5 234,99	I,IV	1 020,58	443,83	443,83	I	887,58	760,66	639,83	525,00	416,25	313,50
	II	893,33	443,83	443,83	II	766,16	645,08	530,00	420,91	318,00	221,00
	III	608,33	443,83	443,83	III	510,83	416,16	324,66	236,16	150,66	73,83
	V	1 493,58	443,83	443,83	IV	953,33	887,58	823,41	760,66	699,50	639,83
	VI	1 536,83	443,83	443,83							
5 237,99	I,IV	1 021,66	443,83	443,83	I	888,58	761,66	640,75	525,91	417,08	314,33
	II	894,41	443,83	443,83	II	767,16	646,00	530,83	421,75	318,75	221,75
	III	609,16	443,83	443,83	III	511,50	417,00	325,33	236,83	151,33	74,33
	V	1 494,75	443,83	443,83	IV	954,33	888,58	824,41	761,66	700,41	640,75
	VI	1 538,00	443,83	443,83							
5 240,99	I,IV	1 022,75	443,83	443,83	I	889,66	762,66	641,66	526,75	417,91	315,08
	II	895,41	443,83	443,83	II	768,16	646,91	531,75	422,58	319,50	222,50
	III	610,00	443,83	443,83	III	512,33	417,66	326,16	237,50	152,00	74,83
	V	1 495,83	443,83	443,83	IV	955,41	889,66	825,41	762,66	701,41	641,66
	VI	1 539,08	443,83	443,83							
5 243,99	I,IV	1 023,75	443,83	443,83	I	890,66	763,58	642,58	527,66	418,75	315,91
	II	896,41	443,83	443,83	II	769,08	647,83	532,58	423,41	320,33	223,25
	III	610,83	443,83	443,83	III	513,16	418,50	326,83	238,16	152,66	75,33
	V	1 497,00	443,83	443,83	IV	956,50	890,66	826,41	763,58	702,33	642,58
	VI	1 540,25	443,83	443,83							
5 246,99	I,IV	1 024,83	443,83	443,83	I	891,66	764,58	643,50	528,50	419,58	316,66
	II	897,50	443,83	443,83	II	770,08	648,75	533,50	424,25	321,08	224,00
	III	611,50	443,83	443,83	III	513,83	419,16	327,50	238,83	153,33	76,00
	V	1 498,16	443,83	443,83	IV	957,50	891,66	827,41	764,58	703,33	643,50
	VI	1 541,41	443,83	443,83							
5 249,99	I,IV	1 025,91	443,83	443,83	I	892,75	765,58	644,50	529,41	420,41	317,50
	II	898,50	443,83	443,83	II	771,08	649,75	534,41	425,16	321,91	224,75
	III	612,33	443,83	443,83	III	514,66	419,83	328,16	239,66	154,00	76,50
	V	1 499,33	443,83	443,83	IV	958,58	892,75	828,41	765,58	704,25	644,50
	VI	1 542,58	443,83	443,83							
5 252,99	I,IV	1 027,00	443,83	443,83	I	893,75	766,58	645,41	530,33	421,25	318,25
	II	899,58	443,83	443,83	II	772,08	650,66	535,33	426,00	322,75	225,50
	III	613,16	443,83	443,83	III	515,33	420,66	329,00	240,33	154,66	77,00
	V	1 500,50	443,83	443,83	IV	959,66	893,75	829,41	766,58	705,25	645,41
	VI	1 543,75	443,83	443,83							
5 255,99	I,IV	1 028,08	443,83	443,83	I	894,83	767,58	646,33	531,16	422,08	319,08
	II	900,58	443,83	443,83	II	773,08	651,58	536,16	426,83	323,58	226,25
	III	613,83	443,83	443,83	III	516,16	421,33	329,66	241,00	155,33	77,66
	V	1 501,66	443,83	443,83	IV	960,66	894,83	830,41	767,58	706,16	646,33
	VI	1 544,91	443,83	443,83							

* Zur LSt-Berechnung für privat versicherte Arbeitnehmer s. Beispiele **Vorbemerkung S. 4 f.**
** Basisvorsorgepauschale KV und PV *** Typisierter Arbeitgeberzuschuss

Monat gültig ab 1. 1. 2022 (idF des StEntlG 2022) **aT3**

Lohn/Gehalt in € bis	Steuerklasse	Lohnsteuer*	BVSP**	TAGZ***	Steuerklasse	0,5	1,0	1,5	2,0	2,5	3,0
						Bemessungsgrundlage für Kirchensteuer und Solidaritätszuschlag — Freibeträge für ... Kinder					
5 258,99	I,IV	1 029,16	443,83	443,83	I	895,83	768,50	647,25	532,08	422,91	319,83
	II	901,58	443,83	443,83	II	774,00	652,50	537,08	427,66	324,25	227,00
	III	614,66	443,83	443,83	III	516,83	422,16	330,33	241,66	156,00	78,16
	V	1 502,83	443,83	443,83	IV	961,75	895,83	831,41	768,50	707,16	647,25
	VI	1 546,08	443,83	443,83							
5 261,99	I,IV	1 030,25	443,83	443,83	I	896,83	769,50	648,16	533,00	423,75	320,66
	II	902,66	443,83	443,83	II	775,00	653,50	537,91	428,50	325,08	227,75
	III	615,50	443,83	443,83	III	517,66	422,83	331,00	242,33	156,66	78,66
	V	1 504,00	443,83	443,83	IV	962,75	896,83	832,41	769,50	708,08	648,16
	VI	1 547,25	443,83	443,83							
5 264,99	I,IV	1 031,33	443,83	443,83	I	897,83	770,50	649,16	533,83	424,58	321,41
	II	903,66	443,83	443,83	II	776,00	654,41	538,83	429,33	325,83	228,50
	III	616,33	443,83	443,83	III	518,33	423,66	331,83	243,00	157,33	79,33
	V	1 505,16	443,83	443,83	IV	963,83	897,83	833,41	770,50	709,08	649,16
	VI	1 548,41	443,83	443,83							
5 267,99	I,IV	1 032,41	443,83	443,83	I	898,91	771,50	650,08	534,75	425,41	322,25
	II	904,66	443,83	443,83	II	777,00	655,33	539,75	430,16	326,66	229,25
	III	617,00	443,83	443,83	III	519,16	424,33	332,50	243,66	158,00	79,83
	V	1 506,33	443,83	443,83	IV	964,91	898,91	834,41	771,50	710,00	650,08
	VI	1 549,58	443,83	443,83							
5 270,99	I,IV	1 033,50	443,83	443,83	I	899,91	772,41	651,00	535,58	426,25	323,00
	II	905,75	443,83	443,83	II	778,00	656,25	540,58	431,00	327,41	229,91
	III	617,83	443,83	443,83	III	520,00	425,00	333,16	244,33	158,66	80,33
	V	1 507,41	443,83	443,83	IV	965,91	899,91	835,41	772,41	711,00	651,00
	VI	1 550,75	443,83	443,83							
5 273,99	I,IV	1 034,58	443,83	443,83	I	900,91	773,41	651,91	536,50	427,08	323,75
	II	906,75	443,83	443,83	II	778,91	657,16	541,50	431,83	328,25	230,66
	III	618,50	443,83	443,83	III	520,66	425,83	333,83	245,00	159,33	81,00
	V	1 508,58	443,83	443,83	IV	967,00	900,91	836,41	773,41	711,91	651,91
	VI	1 551,83	443,83	443,83							
5 276,99	I,IV	1 035,58	443,83	443,83	I	902,00	774,41	652,83	537,41	427,91	324,58
	II	907,75	443,83	443,83	II	779,91	658,16	542,41	432,66	329,00	231,41
	III	619,33	443,83	443,83	III	521,50	426,50	334,66	245,83	160,00	81,50
	V	1 509,75	443,83	443,83	IV	968,08	902,00	837,41	774,41	712,91	652,83
	VI	1 553,00	443,83	443,83							
5 279,99	I,IV	1 036,66	443,83	443,83	I	903,00	775,41	653,83	538,25	428,83	325,33
	II	908,83	443,83	443,83	II	780,91	659,08	543,25	433,50	329,83	232,16
	III	620,16	443,83	443,83	III	522,16	427,16	335,33	246,50	160,66	82,00
	V	1 510,91	443,83	443,83	IV	969,08	903,00	838,41	775,41	713,83	653,83
	VI	1 554,16	443,83	443,83							
5 282,99	I,IV	1 037,75	443,83	443,83	I	904,00	776,33	654,75	539,16	429,66	326,16
	II	909,83	443,83	443,83	II	781,91	660,00	544,16	434,33	330,58	232,91
	III	621,00	443,83	443,83	III	523,00	428,00	336,00	247,16	161,33	82,66
	V	1 512,08	443,83	443,83	IV	970,16	904,00	839,41	776,33	714,75	654,75
	VI	1 555,33	443,83	443,83							
5 285,99	I,IV	1 038,83	443,83	443,83	I	905,08	777,33	655,66	540,00	430,50	326,91
	II	910,83	443,83	443,83	II	782,91	660,91	545,00	435,16	331,41	233,66
	III	621,66	443,83	443,83	III	523,66	428,66	336,83	247,83	162,00	83,16
	V	1 513,25	443,83	443,83	IV	971,16	905,08	840,41	777,33	715,75	655,66
	VI	1 556,50	443,83	443,83							
5 288,99	I,IV	1 039,91	443,83	443,83	I	906,08	778,33	656,58	540,91	431,33	327,75
	II	911,91	443,83	443,83	II	783,83	661,83	545,91	436,00	332,16	234,41
	III	622,50	443,83	443,83	III	524,50	429,50	337,50	248,50	162,66	83,66
	V	1 514,41	443,83	443,83	IV	972,25	906,08	841,41	778,33	716,66	656,58
	VI	1 557,66	443,83	443,83							
5 291,99	I,IV	1 041,00	443,83	443,83	I	907,16	779,33	657,50	541,83	432,16	328,50
	II	912,91	443,83	443,83	II	784,83	662,83	546,83	436,91	333,00	235,16
	III	623,33	443,83	443,83	III	525,16	430,16	338,16	249,16	163,33	84,33
	V	1 515,50	443,83	443,83	IV	973,33	907,16	842,41	779,33	717,66	657,50
	VI	1 558,83	443,83	443,83							

* Zur LSt-Berechnung für privat versicherte Arbeitnehmer s. Beispiele **Vorbemerkung S. 4 f.**
** Basisvorsorgepauschale KV und PV   *** Typisierter Arbeitgeberzuschuss

aT3 allgemeine Lohnsteuer

Lohn/Gehalt in € bis	Steuerklasse	Lohnsteuer*	BVSP**	TAGZ***	Steuerklasse	Bemessungsgrundlage für Kirchensteuer und Solidaritätszuschlag Freibeträge für ... Kinder					
						0,5	1,0	1,5	2,0	2,5	3,0
5 294,99	I,IV	1 042,08	443,83	443,83	I	908,16	780,25	658,50	542,66	433,00	329,33
	II	914,00	443,83	443,83	II	785,83	663,75	547,66	437,75	333,75	235,91
	III	624,00	443,83	443,83	III	526,00	431,00	338,83	249,83	164,00	84,83
	V	1 516,66	443,83	443,83	IV	974,33	908,16	843,50	780,25	718,58	658,50
	VI	1 559,91	443,83	443,83							
5 297,99	I,IV	1 043,16	443,83	443,83	I	909,16	781,25	659,41	543,58	433,83	330,08
	II	915,00	443,83	443,83	II	786,83	664,66	548,58	438,58	334,58	236,66
	III	624,83	443,83	443,83	III	526,66	431,66	339,66	250,50	164,50	85,33
	V	1 517,83	443,83	443,83	IV	975,41	909,16	844,50	781,25	719,58	659,41
	VI	1 561,08	443,83	443,83							
5 300,99	I,IV	1 044,25	443,83	443,83	I	910,25	782,25	660,33	544,50	434,66	330,91
	II	916,00	443,83	443,83	II	787,83	665,58	549,50	439,41	335,41	237,41
	III	625,66	443,83	443,83	III	527,50	432,50	340,33	251,33	165,33	86,00
	V	1 519,00	443,83	443,83	IV	976,50	910,25	845,50	782,25	720,50	660,33
	VI	1 562,25	443,83	443,83							
5 303,99	I,IV	1 045,33	443,83	443,83	I	911,25	783,25	661,25	545,33	435,50	331,66
	II	917,08	443,83	443,83	II	788,75	666,58	550,41	440,25	336,16	238,16
	III	626,33	443,83	443,83	III	528,33	433,16	341,00	252,00	165,83	86,50
	V	1 520,16	443,83	443,83	IV	977,50	911,25	846,50	783,25	721,50	661,25
	VI	1 563,41	443,83	443,83							
5 306,99	I,IV	1 046,41	443,83	443,83	I	912,33	784,25	662,25	546,25	436,33	332,50
	II	918,16	443,83	443,83	II	789,83	667,50	551,33	441,08	337,00	238,91
	III	627,16	443,83	443,83	III	529,00	433,83	341,83	252,66	166,66	87,16
	V	1 521,33	443,83	443,83	IV	978,58	912,33	847,50	784,25	722,50	662,25
	VI	1 564,58	443,83	443,83							
5 309,99	I,IV	1 047,50	443,83	443,83	I	913,33	785,25	663,16	547,16	437,25	333,33
	II	919,16	443,83	443,83	II	790,75	668,41	552,16	442,00	337,75	239,66
	III	628,00	443,83	443,83	III	529,83	434,66	342,50	253,33	167,33	87,66
	V	1 522,50	443,83	443,83	IV	979,66	913,33	848,50	785,25	723,41	663,16
	VI	1 565,75	443,83	443,83							
5 312,99	I,IV	1 048,58	443,83	443,83	I	914,33	786,25	664,08	548,08	438,00	334,08
	II	920,16	443,83	443,83	II	791,75	669,41	553,08	442,83	338,58	240,41
	III	628,83	443,83	443,83	III	530,50	435,33	343,16	254,00	168,00	88,16
	V	1 523,66	443,83	443,83	IV	980,75	914,33	849,50	786,25	724,41	664,08
	VI	1 566,91	443,83	443,83							
5 315,99	I,IV	1 049,66	443,83	443,83	I	915,41	787,16	665,08	548,91	438,91	334,91
	II	921,25	443,83	443,83	II	792,75	670,33	554,00	443,66	339,41	241,16
	III	629,66	443,83	443,83	III	531,33	436,16	344,00	254,83	168,66	88,83
	V	1 524,83	443,83	443,83	IV	981,75	915,41	850,58	787,16	725,33	665,08
	VI	1 568,08	443,83	443,83							
5 318,99	I,IV	1 050,75	443,83	443,83	I	916,41	788,16	666,00	549,83	439,75	335,66
	II	922,25	443,83	443,83	II	793,75	671,25	554,83	444,50	340,16	241,91
	III	630,33	443,83	443,83	III	532,00	436,83	344,66	255,50	169,33	89,33
	V	1 526,00	443,83	443,83	IV	982,83	916,41	851,58	788,16	726,33	666,00
	VI	1 569,25	443,83	443,83							
5 321,99	I,IV	1 051,83	443,83	443,83	I	917,50	789,16	666,91	550,75	440,58	336,50
	II	923,33	443,83	443,83	II	794,75	672,25	555,75	445,33	341,00	242,66
	III	631,16	443,83	443,83	III	532,83	437,66	345,33	256,16	170,00	90,00
	V	1 527,08	443,83	443,83	IV	983,91	917,50	852,58	789,16	727,25	666,91
	VI	1 570,41	443,83	443,83							
5 324,99	I,IV	1 052,91	443,83	443,83	I	918,50	790,16	667,83	551,58	441,41	337,25
	II	924,33	443,83	443,83	II	795,75	673,16	556,66	446,16	341,75	243,41
	III	632,00	443,83	443,83	III	533,66	438,33	346,00	256,83	170,66	90,50
	V	1 528,25	443,83	443,83	IV	984,91	918,50	853,58	790,16	728,25	667,83
	VI	1 571,50	443,83	443,83							
5 327,99	I,IV	1 054,00	443,83	443,83	I	919,50	791,16	668,83	552,50	442,25	338,08
	II	925,33	443,83	443,83	II	796,75	674,08	557,50	447,00	342,58	244,16
	III	632,66	443,83	443,83	III	534,33	439,00	346,83	257,50	171,33	91,16
	V	1 529,41	443,83	443,83	IV	986,00	919,50	854,58	791,16	729,25	668,83
	VI	1 572,66	443,83	443,83							

* Zur LSt-Berechnung für privat versicherte Arbeitnehmer s. Beispiele **Vorbemerkung S. 4f.**
** Basisvorsorgepauschale KV und PV *** Typisierter Arbeitgeberzuschuss

Monat gültig ab 1. 1. 2022 (idF des StEntlG 2022)   aT3

Lohn/Gehalt in € bis	Steuerklasse	Lohnsteuer*	BVSP**	TAGZ***	Steuerklasse	Bemessungsgrundlage für Kirchensteuer und Solidaritätszuschlag					
						Freibeträge für ... Kinder					
						0,5	1,0	1,5	2,0	2,5	3,0
5 330,99	I,IV	1 055,08	443,83	443,83	I	920,58	792,16	669,75	553,41	443,08	338,91
	II	926,41	443,83	443,83	II	797,66	675,00	558,41	447,83	343,33	244,91
	III	633,50	443,83	443,83	III	535,16	439,83	347,50	258,16	172,00	91,66
	V	1 530,58	443,83	443,83	IV	987,08	920,58	855,58	792,16	730,16	669,75
	VI	1 573,83	443,83	443,83							
5 333,99	I,IV	1 056,16	443,83	443,83	I	921,58	793,08	670,66	554,25	443,91	339,66
	II	927,41	443,83	443,83	II	798,66	676,00	559,33	448,75	344,16	245,66
	III	634,33	443,83	443,83	III	535,83	440,50	348,16	258,83	172,66	92,33
	V	1 531,75	443,83	443,83	IV	988,08	921,58	856,58	793,08	731,16	670,66
	VI	1 575,00	443,83	443,83							
5 336,99	I,IV	1 057,25	443,83	443,83	I	922,66	794,08	671,58	555,16	444,83	340,50
	II	928,50	443,83	443,83	II	799,66	676,91	560,25	449,58	345,00	246,41
	III	635,00	443,83	443,83	III	536,66	441,33	348,83	259,50	173,33	92,83
	V	1 532,91	443,83	443,83	IV	989,16	922,66	857,58	794,08	732,08	671,58
	VI	1 576,16	443,83	443,83							
5 339,99	I,IV	1 058,33	443,83	443,83	I	923,66	795,08	672,58	556,08	445,66	341,25
	II	929,50	443,83	443,83	II	800,66	677,83	561,08	450,41	345,75	247,16
	III	635,83	443,83	443,83	III	537,50	442,00	349,66	260,33	174,00	93,33
	V	1 534,08	443,83	443,83	IV	990,25	923,66	858,66	795,08	733,08	672,58
	VI	1 577,33	443,83	443,83							
5 342,99	I,IV	1 059,41	443,83	443,83	I	924,75	796,08	673,50	557,00	446,50	342,08
	II	930,58	443,83	443,83	II	801,66	678,83	562,00	451,25	346,58	247,91
	III	636,66	443,83	443,83	III	538,16	442,66	350,33	261,00	174,66	94,00
	V	1 535,16	443,83	443,83	IV	991,33	924,75	859,66	796,08	734,00	673,50
	VI	1 578,50	443,83	443,83							
5 345,99	I,IV	1 060,50	443,83	443,83	I	925,75	797,08	674,41	557,83	447,33	342,83
	II	931,58	443,83	443,83	II	802,66	679,75	562,91	452,08	347,33	248,66
	III	637,50	443,83	443,83	III	539,00	443,50	351,00	261,66	175,33	94,50
	V	1 536,33	443,83	443,83	IV	992,33	925,75	860,66	797,08	735,00	674,41
	VI	1 579,58	443,83	443,83							
5 348,99	I,IV	1 061,58	443,83	443,83	I	926,75	798,08	675,41	558,75	448,16	343,66
	II	932,66	443,83	443,83	II	803,66	680,66	563,83	452,91	348,16	249,41
	III	638,16	443,83	443,83	III	539,66	444,16	351,83	262,33	176,00	95,16
	V	1 537,50	443,83	443,83	IV	993,41	926,75	861,66	798,08	736,00	675,41
	VI	1 580,75	443,83	443,83							
5 351,99	I,IV	1 062,66	443,83	443,83	I	927,83	799,08	676,33	559,66	449,00	344,50
	II	933,66	443,83	443,83	II	804,66	681,66	564,66	453,83	349,00	250,16
	III	639,00	443,83	443,83	III	540,50	445,00	352,50	263,00	176,66	95,66
	V	1 538,66	443,83	443,83	IV	994,50	927,83	862,66	799,08	736,91	676,33
	VI	1 581,91	443,83	443,83							
5 354,99	I,IV	1 063,75	443,83	443,83	I	928,83	800,00	677,25	560,58	449,83	345,25
	II	934,75	443,83	443,83	II	805,58	682,58	565,58	454,66	349,75	250,91
	III	639,83	443,83	443,83	III	541,16	445,66	353,16	263,66	177,33	96,33
	V	1 539,83	443,83	443,83	IV	995,58	928,83	863,66	800,00	737,91	677,25
	VI	1 583,08	443,83	443,83							
5 357,99	I,IV	1 064,83	443,83	443,83	I	929,91	801,00	678,16	561,41	450,75	346,08
	II	935,75	443,83	443,83	II	806,58	683,50	566,50	455,50	350,58	251,66
	III	640,66	443,83	443,83	III	542,00	446,50	354,00	264,50	178,00	96,83
	V	1 541,00	443,83	443,83	IV	996,58	929,91	864,66	801,00	738,83	678,16
	VI	1 584,25	443,83	443,83							
5 360,99	I,IV	1 065,91	443,83	443,83	I	931,00	802,08	679,16	562,33	451,58	346,91
	II	936,83	443,83	443,83	II	807,66	684,50	567,41	456,41	351,41	252,50
	III	641,33	443,83	443,83	III	542,83	447,16	354,66	265,16	178,66	97,50
	V	1 542,16	443,83	443,83	IV	997,66	931,00	865,75	802,08	739,83	679,16
	VI	1 585,41	443,83	443,83							
5 363,99	I,IV	1 067,00	443,83	443,83	I	932,00	803,00	680,08	563,25	452,41	347,66
	II	937,83	443,83	443,83	II	808,66	685,41	568,33	457,25	352,16	253,25
	III	642,16	443,83	443,83	III	543,50	448,00	355,33	265,83	179,33	98,00
	V	1 543,33	443,83	443,83	IV	998,75	932,00	866,75	803,00	740,83	680,08
	VI	1 586,58	443,83	443,83							

* Zur LSt-Berechnung für privat versicherte Arbeitnehmer s. Beispiele **Vorbemerkung S. 4 f.**
** Basisvorsorgepauschale KV und PV   *** Typisierter Arbeitgeberzuschuss

aT3
allgemeine Lohnsteuer

Lohn/Gehalt in € bis	Steuerklasse	Lohnsteuer*	BVSP**	TAGZ***	Steuerklasse	Bemessungsgrundlage für Kirchensteuer und Solidaritätszuschlag					
						Freibeträge für ... Kinder					
						0,5	1,0	1,5	2,0	2,5	3,0
5 366,99	I,IV	1 068,08	443,83	443,83	I	933,08	804,00	681,08	564,16	453,25	348,50
	II	938,91	443,83	443,83	II	809,58	686,41	569,25	458,08	353,00	254,00
	III	643,00	443,83	443,83	III	544,33	448,66	356,16	266,50	180,00	98,66
	V	1 544,50	443,83	443,83	IV	999,83	933,08	867,75	804,00	741,75	681,08
	VI	1 587,75	443,83	443,83							
5 369,99	I,IV	1 069,16	443,83	443,83	I	934,08	805,00	682,00	565,08	454,16	349,25
	II	939,91	443,83	443,83	II	810,58	687,33	570,08	458,91	353,83	254,75
	III	643,83	443,83	443,83	III	545,00	449,50	356,83	267,16	180,66	99,16
	V	1 545,66	443,83	443,83	IV	1 000,91	934,08	868,83	805,00	742,75	682,00
	VI	1 588,91	443,83	443,83							
5 372,99	I,IV	1 070,25	443,83	443,83	I	935,08	806,00	682,91	565,91	455,00	350,08
	II	941,00	443,83	443,83	II	811,58	688,25	571,00	459,75	354,58	255,50
	III	644,50	443,83	443,83	III	545,83	450,16	357,50	268,00	181,33	99,83
	V	1 546,75	443,83	443,83	IV	1 001,91	935,08	869,83	806,00	743,75	682,91
	VI	1 590,08	443,83	443,83							
5 375,99	I,IV	1 071,33	443,83	443,83	I	936,16	807,00	683,91	566,83	455,83	350,91
	II	942,00	443,83	443,83	II	812,58	689,25	571,91	460,66	355,41	256,25
	III	645,33	443,83	443,83	III	546,66	450,83	358,16	268,66	182,00	100,33
	V	1 547,91	443,83	443,83	IV	1 003,00	936,16	870,83	807,00	744,66	683,91
	VI	1 591,16	443,83	443,83							
5 378,99	I,IV	1 072,50	443,83	443,83	I	937,16	808,00	684,83	567,75	456,66	351,66
	II	943,08	443,83	443,83	II	813,58	690,16	572,83	461,50	356,25	257,00
	III	646,16	443,83	443,83	III	547,33	451,66	359,00	269,33	182,66	101,00
	V	1 549,08	443,83	443,83	IV	1 004,08	937,16	871,83	808,00	745,66	684,83
	VI	1 592,33	443,83	443,83							
5 381,99	I,IV	1 073,58	443,83	443,83	I	938,25	809,00	685,75	568,66	457,50	352,50
	II	944,08	443,83	443,83	II	814,58	691,08	573,66	462,33	357,00	257,75
	III	646,83	443,83	443,83	III	548,16	452,33	359,66	270,00	183,33	101,50
	V	1 550,25	443,83	443,83	IV	1 005,16	938,25	872,83	809,00	746,66	685,75
	VI	1 593,50	443,83	443,83							
5 384,99	I,IV	1 074,66	443,83	443,83	I	939,25	810,00	686,75	569,50	458,41	353,33
	II	945,16	443,83	443,83	II	815,58	692,08	574,58	463,16	357,83	258,50
	III	647,66	443,83	443,83	III	549,00	453,16	360,33	270,66	184,00	102,16
	V	1 551,41	443,83	443,83	IV	1 006,16	939,25	873,91	810,00	747,58	686,75
	VI	1 594,66	443,83	443,83							
5 387,99	I,IV	1 075,75	443,83	443,83	I	940,33	811,00	687,66	570,41	459,25	354,08
	II	946,16	443,83	443,83	II	816,58	693,00	575,50	464,08	358,66	259,25
	III	648,50	443,83	443,83	III	549,66	453,83	361,16	271,33	184,66	102,83
	V	1 552,58	443,83	443,83	IV	1 007,25	940,33	874,91	811,00	748,58	687,66
	VI	1 595,83	443,83	443,83							
5 390,99	I,IV	1 076,83	443,83	443,83	I	941,33	812,00	688,66	571,33	460,08	354,91
	II	947,25	443,83	443,83	II	817,58	694,00	576,41	464,91	359,41	260,00
	III	649,33	443,83	443,83	III	550,50	454,66	361,83	272,00	185,33	103,33
	V	1 553,75	443,83	443,83	IV	1 008,33	941,33	875,91	812,00	749,58	688,66
	VI	1 597,00	443,83	443,83							
5 393,99	I,IV	1 077,91	443,83	443,83	I	942,41	813,00	689,58	572,25	460,91	355,66
	II	948,25	443,83	443,83	II	818,58	694,91	577,33	465,75	360,25	260,75
	III	650,00	443,83	443,83	III	551,16	455,33	362,50	272,83	186,00	104,00
	V	1 554,83	443,83	443,83	IV	1 009,41	942,41	876,91	813,00	750,50	689,58
	VI	1 598,16	443,83	443,83							
5 396,99	I,IV	1 079,00	443,83	443,83	I	943,41	814,00	690,50	573,16	461,83	356,50
	II	949,33	443,83	443,83	II	819,58	695,83	578,25	466,58	361,08	261,58
	III	650,83	443,83	443,83	III	552,00	456,16	363,33	273,50	186,66	104,50
	V	1 556,00	443,83	443,83	IV	1 010,50	943,41	877,91	814,00	751,50	690,50
	VI	1 599,25	443,83	443,83							
5 399,99	I,IV	1 080,08	443,83	443,83	I	944,50	814,91	691,50	574,00	462,66	357,33
	II	950,41	443,83	443,83	II	820,58	696,83	579,08	467,50	361,83	262,33
	III	651,66	443,83	443,83	III	552,66	456,83	364,00	274,16	187,33	105,16
	V	1 557,16	443,83	443,83	IV	1 011,50	944,50	879,00	814,91	752,41	691,50
	VI	1 600,41	443,83	443,83							

* Zur LSt-Berechnung für privat versicherte Arbeitnehmer s. Beispiele **Vorbemerkung S. 4 f.**
** Basisvorsorgepauschale KV und PV *** Typisierter Arbeitgeberzuschuss

Monat gültig ab 1. 1. 2022 (idF des StEntlG 2022)   **aT3**

Lohn/Gehalt in € bis	Steuerklasse	Lohn-steuer*	BVSP**	TAGZ***	Steuerklasse	Bemessungsgrundlage für Kirchensteuer und Solidaritätszuschlag Freibeträge für ... Kinder					
						0,5	1,0	1,5	2,0	2,5	3,0
5402,99	I,IV	**1081,16**	443,83	443,83	I	945,50	815,91	692,41	574,91	463,50	358,08
	II	**951,41**	443,83	443,83	II	821,58	697,75	580,00	468,33	362,66	263,08
	III	**652,50**	443,83	443,83	III	553,50	457,66	364,66	274,83	188,00	105,83
	V	**1558,33**	443,83	443,83	IV	1012,58	945,50	880,00	815,91	753,41	692,41
	VI	**1601,58**	443,83	443,83							
5405,99	I,IV	**1082,25**	443,83	443,83	I	946,58	816,91	693,33	575,83	464,33	358,91
	II	**952,50**	443,83	443,83	II	822,58	698,75	580,91	469,16	363,50	263,83
	III	**653,16**	443,83	443,83	III	554,33	458,33	365,50	275,50	188,66	106,33
	V	**1559,50**	443,83	443,83	IV	1013,66	946,58	881,00	816,91	754,41	693,33
	VI	**1602,75**	443,83	443,83							
5408,99	I,IV	**1083,33**	443,83	443,83	I	947,66	817,91	694,33	576,75	465,16	359,75
	II	**953,50**	443,83	443,83	II	823,58	699,66	581,83	470,00	364,25	264,58
	III	**654,00**	443,83	443,83	III	555,00	459,16	366,16	276,33	189,33	107,00
	V	**1560,66**	443,83	443,83	IV	1014,75	947,66	882,00	817,91	755,33	694,33
	VI	**1603,91**	443,83	443,83							
5411,99	I,IV	**1084,41**	443,83	443,83	I	948,66	818,91	695,25	577,66	466,08	360,50
	II	**954,58**	443,83	443,83	II	824,58	700,58	582,75	470,91	365,08	265,33
	III	**654,83**	443,83	443,83	III	555,83	459,83	366,83	277,00	190,00	107,50
	V	**1561,83**	443,83	443,83	IV	1015,83	948,66	883,00	818,91	756,33	695,25
	VI	**1605,08**	443,83	443,83							
5414,99	I,IV	**1085,58**	443,83	443,83	I	949,75	819,91	696,25	578,50	466,91	361,33
	II	**955,58**	443,83	443,83	II	825,58	701,58	583,66	471,75	365,91	266,08
	III	**655,66**	443,83	443,83	III	556,66	460,50	367,66	277,66	190,66	108,16
	V	**1563,00**	443,83	443,83	IV	1016,83	949,75	884,08	819,91	757,33	696,25
	VI	**1606,25**	443,83	443,83							
5417,99	I,IV	**1086,66**	443,83	443,83	I	950,83	821,00	697,16	579,50	467,83	362,16
	II	**956,66**	443,83	443,83	II	826,58	702,58	584,58	472,58	366,75	266,91
	III	**656,50**	443,83	443,83	III	557,33	461,33	368,33	278,33	191,33	108,83
	V	**1564,16**	443,83	443,83	IV	1018,00	950,83	885,08	821,00	758,33	697,16
	VI	**1607,41**	443,83	443,83							
5420,99	I,IV	**1087,75**	443,83	443,83	I	951,83	822,00	698,16	580,33	468,66	363,00
	II	**957,75**	443,83	443,83	II	827,58	703,50	585,50	473,50	367,50	267,66
	III	**657,16**	443,83	443,83	III	558,16	462,00	369,00	279,00	192,00	109,33
	V	**1565,33**	443,83	443,83	IV	1019,08	951,83	886,16	822,00	759,33	698,16
	VI	**1608,58**	443,83	443,83							
5423,99	I,IV	**1088,83**	443,83	443,83	I	952,91	823,00	699,08	581,25	469,50	363,75
	II	**958,75**	443,83	443,83	II	828,58	704,41	586,33	474,33	368,33	268,41
	III	**658,00**	443,83	443,83	III	558,83	462,83	369,83	279,83	192,66	110,00
	V	**1566,50**	443,83	443,83	IV	1020,08	952,91	887,16	823,00	760,25	699,08
	VI	**1609,75**	443,83	443,83							
5426,99	I,IV	**1089,91**	443,83	443,83	I	953,91	824,00	700,08	582,16	470,33	364,58
	II	**959,83**	443,83	443,83	II	829,58	705,41	587,25	475,16	369,16	269,16
	III	**658,83**	443,83	443,83	III	559,66	463,50	370,50	280,50	193,33	110,50
	V	**1567,58**	443,83	443,83	IV	1021,16	953,91	888,16	824,00	761,25	700,08
	VI	**1610,83**	443,83	443,83							
5429,99	I,IV	**1091,08**	443,83	443,83	I	955,00	825,00	701,00	583,08	471,25	365,41
	II	**960,91**	443,83	443,83	II	830,58	706,33	588,16	476,08	370,00	269,91
	III	**659,66**	443,83	443,83	III	560,50	464,33	371,16	281,16	194,16	111,16
	V	**1568,75**	443,83	443,83	IV	1022,25	955,00	889,25	825,00	762,25	701,00
	VI	**1612,00**	443,83	443,83							
5432,99	I,IV	**1092,16**	443,83	443,83	I	956,00	826,00	701,91	584,00	472,08	366,25
	II	**961,91**	443,83	443,83	II	831,58	707,33	589,08	476,91	370,75	270,75
	III	**660,33**	443,83	443,83	III	561,16	465,00	372,00	281,83	194,66	111,83
	V	**1569,91**	443,83	443,83	IV	1023,33	956,00	890,25	826,00	763,16	701,91
	VI	**1613,16**	443,83	443,83							
5435,99	I,IV	**1093,25**	443,83	443,83	I	957,08	827,00	702,91	584,91	472,91	367,00
	II	**963,00**	443,83	443,83	II	832,58	708,25	590,00	477,75	371,58	271,50
	III	**661,16**	443,83	443,83	III	562,00	465,83	372,66	282,50	195,50	112,33
	V	**1571,08**	443,83	443,83	IV	1024,41	957,08	891,25	827,00	764,16	702,91
	VI	**1614,33**	443,83	443,83							

* Zur LSt-Berechnung für privat versicherte Arbeitnehmer s. Beispiele **Vorbemerkung S. 4 f.**
** Basisvorsorgepauschale KV und PV   *** Typisierter Arbeitgeberzuschuss

aT3   allgemeine Lohnsteuer

Lohn/Gehalt in € bis	Steuerklasse	Lohn-steuer*	BVSP**	TAGZ***	Steuerklasse	Bemessungsgrundlage für Kirchensteuer und Solidaritätszuschlag					
						Freibeträge für ... Kinder					
						0,5	1,0	1,5	2,0	2,5	3,0
5438,99	I,IV	**1094,33**	443,83	443,83	I	958,08	828,00	703,83	585,83	473,75	367,83
	II	**964,00**	443,83	443,83	II	833,58	709,25	590,91	478,66	372,41	272,25
	III	**662,00**	443,83	443,83	III	562,66	466,50	373,33	283,16	196,16	113,00
	V	**1572,25**	443,83	443,83	IV	1025,50	958,08	892,25	828,00	765,16	703,83
	VI	**1615,50**	443,83	443,83							
5441,99	I,IV	**1095,41**	443,83	443,83	I	959,16	829,00	704,83	586,66	474,66	368,66
	II	**965,08**	443,83	443,83	II	834,58	710,16	591,83	479,50	373,25	273,00
	III	**662,83**	443,83	443,83	III	563,50	467,33	374,16	284,00	196,83	113,66
	V	**1573,41**	443,83	443,83	IV	1026,50	959,16	893,33	829,00	766,16	704,83
	VI	**1616,66**	443,83	443,83							
5444,99	I,IV	**1096,50**	443,83	443,83	I	960,25	830,00	705,75	587,58	475,50	369,41
	II	**966,16**	443,83	443,83	II	835,58	711,16	592,75	480,33	374,00	273,75
	III	**663,50**	443,83	443,83	III	564,33	468,00	374,83	284,66	197,50	114,16
	V	**1574,58**	443,83	443,83	IV	1027,58	960,25	894,33	830,00	767,08	705,75
	VI	**1617,83**	443,83	443,83							
5447,99	I,IV	**1097,58**	443,83	443,83	I	961,25	831,00	706,75	588,50	476,33	370,25
	II	**967,16**	443,83	443,83	II	836,58	712,08	593,58	481,25	374,83	274,50
	III	**664,33**	443,83	443,83	III	565,00	468,83	375,50	285,33	198,16	114,83
	V	**1575,66**	443,83	443,83	IV	1028,66	961,25	895,33	831,00	768,08	706,75
	VI	**1619,00**	443,83	443,83							
5450,99	I,IV	**1098,75**	443,83	443,83	I	962,33	832,00	707,66	589,41	477,25	371,08
	II	**968,25**	443,83	443,83	II	837,58	713,08	594,50	482,08	375,66	275,33
	III	**665,16**	443,83	443,83	III	565,83	469,50	376,16	286,00	198,83	115,50
	V	**1576,83**	443,83	443,83	IV	1029,75	962,33	896,41	832,00	769,08	707,66
	VI	**1620,08**	443,83	443,83							
5453,99	I,IV	**1099,83**	443,83	443,83	I	963,33	833,00	708,58	590,33	478,08	371,91
	II	**969,25**	443,83	443,83	II	838,58	714,00	595,41	482,91	376,50	276,08
	III	**666,00**	443,83	443,83	III	566,66	470,33	377,00	286,66	199,50	116,16
	V	**1578,00**	443,83	443,83	IV	1030,83	963,33	897,41	833,00	770,00	708,58
	VI	**1621,25**	443,83	443,83							
5456,99	I,IV	**1100,91**	443,83	443,83	I	964,41	834,00	709,58	591,25	478,91	372,66
	II	**970,33**	443,83	443,83	II	839,58	715,00	596,33	483,83	377,25	276,83
	III	**666,66**	443,83	443,83	III	567,58	471,00	377,66	287,33	200,16	116,66
	V	**1579,16**	443,83	443,83	IV	1031,91	964,41	898,41	834,00	771,00	709,58
	VI	**1622,41**	443,83	443,83							
5459,99	I,IV	**1102,00**	443,83	443,83	I	965,50	835,00	710,50	592,16	479,83	373,50
	II	**971,41**	443,83	443,83	II	840,66	715,91	597,25	484,66	378,08	277,58
	III	**667,50**	443,83	443,83	III	568,16	471,83	378,50	288,16	200,83	117,33
	V	**1580,33**	443,83	443,83	IV	1033,00	965,50	899,50	835,00	772,00	710,50
	VI	**1623,58**	443,83	443,83							
5462,99	I,IV	**1103,08**	443,83	443,83	I	966,50	836,00	711,50	593,08	480,66	374,33
	II	**972,41**	443,83	443,83	II	841,66	716,91	598,16	485,50	378,91	278,33
	III	**668,33**	443,83	443,83	III	568,83	472,50	379,16	288,83	201,50	117,83
	V	**1581,50**	443,83	443,83	IV	1034,08	966,50	900,50	836,00	773,00	711,50
	VI	**1624,75**	443,83	443,83							
5465,99	I,IV	**1104,16**	443,83	443,83	I	967,58	837,00	712,41	593,91	481,50	375,16
	II	**973,50**	443,83	443,83	II	842,66	717,83	599,08	486,41	379,75	279,16
	III	**669,16**	443,83	443,83	III	569,66	473,33	379,83	289,50	202,16	118,50
	V	**1582,66**	443,83	443,83	IV	1035,16	967,58	901,50	837,00	773,91	712,41
	VI	**1625,91**	443,83	443,83							
5468,99	I,IV	**1105,33**	443,83	443,83	I	968,58	838,00	713,41	594,83	482,41	375,91
	II	**974,58**	443,83	443,83	II	843,66	718,83	600,00	487,25	380,58	279,91
	III	**669,83**	443,83	443,83	III	570,50	474,00	380,50	290,16	202,83	119,16
	V	**1583,75**	443,83	443,83	IV	1036,16	968,58	902,58	838,00	774,91	713,41
	VI	**1627,08**	443,83	443,83							
5471,99	I,IV	**1106,41**	443,83	443,83	I	969,66	839,00	714,33	595,75	483,25	376,75
	II	**975,58**	443,83	443,83	II	844,66	719,75	600,91	488,08	381,33	280,66
	III	**670,66**	443,83	443,83	III	571,16	474,83	381,33	291,00	203,50	119,83
	V	**1584,91**	443,83	443,83	IV	1037,25	969,66	903,58	839,00	775,91	714,33
	VI	**1628,16**	443,83	443,83							

*   Zur LSt-Berechnung für privat versicherte Arbeitnehmer s. Beispiele **Vorbemerkung S. 4 f.**
** Basisvorsorgepauschale KV und PV   *** Typisierter Arbeitgeberzuschuss

Monat gültig ab 1. 1. 2022 (idF des StEntlG 2022)   aT3

Lohn/ Gehalt in € bis	Steuerklasse	Lohnsteuer*	BVSP**	TAGZ***	Steuerklasse	Bemessungsgrundlage für Kirchensteuer und Solidaritätszuschlag Freibeträge für ... Kinder					
						0,5	1,0	1,5	2,0	2,5	3,0
5474,99	I,IV	**1107,50**	443,83	443,83	I	970,75	840,00	715,33	596,75	484,16	377,58
	II	**976,66**	443,83	443,83	II	845,66	720,75	601,83	489,00	382,16	281,50
	III	**671,50**	443,83	443,83	III	572,00	475,50	382,00	291,66	204,16	120,50
	V	**1586,16**	443,83	443,83	IV	1038,41	970,75	904,66	840,00	776,91	715,33
	VI	**1629,41**	443,83	443,83							
5477,99	I,IV	**1108,66**	443,83	443,83	I	971,83	841,00	716,33	597,58	485,00	378,41
	II	**977,75**	443,83	443,83	II	846,66	721,66	602,75	489,83	383,00	282,25
	III	**672,33**	443,83	443,83	III	572,83	476,33	382,83	292,33	204,83	121,00
	V	**1587,25**	443,83	443,83	IV	1039,50	971,83	905,66	841,00	777,91	716,33
	VI	**1630,58**	443,83	443,83							
5480,99	I,IV	**1109,75**	443,83	443,83	I	972,83	842,00	717,25	598,50	485,83	379,25
	II	**978,83**	443,83	443,83	II	847,66	722,66	603,66	490,75	383,83	283,00
	III	**673,16**	443,83	443,83	III	573,50	477,00	383,50	293,00	205,66	121,66
	V	**1588,41**	443,83	443,83	IV	1040,58	972,83	906,66	842,00	778,91	717,25
	VI	**1631,66**	443,83	443,83							
5483,99	I,IV	**1110,83**	443,83	443,83	I	973,91	843,00	718,25	599,41	486,75	380,08
	II	**979,83**	443,83	443,83	II	848,75	723,58	604,58	491,58	384,66	283,75
	III	**673,83**	443,83	443,83	III	574,33	477,83	384,16	293,66	206,16	122,33
	V	**1589,58**	443,83	443,83	IV	1041,58	973,91	907,75	843,00	779,83	718,25
	VI	**1632,83**	443,83	443,83							
5486,99	I,IV	**1111,91**	443,83	443,83	I	975,00	844,08	719,16	600,33	487,58	380,83
	II	**980,91**	443,83	443,83	II	849,75	724,58	605,50	492,41	385,50	284,50
	III	**674,66**	443,83	443,83	III	575,16	478,50	385,00	294,50	207,00	123,00
	V	**1590,75**	443,83	443,83	IV	1042,66	975,00	908,75	844,08	780,83	719,16
	VI	**1634,00**	443,83	443,83							
5489,99	I,IV	**1113,08**	443,83	443,83	I	976,00	845,08	720,16	601,25	488,41	381,66
	II	**982,00**	443,83	443,83	II	850,75	725,58	606,41	493,33	386,25	285,33
	III	**675,50**	443,83	443,83	III	575,83	479,16	385,66	295,16	207,66	123,50
	V	**1591,91**	443,83	443,83	IV	1043,75	976,00	909,75	845,08	781,83	720,16
	VI	**1635,16**	443,83	443,83							
5492,99	I,IV	**1114,16**	443,83	443,83	I	977,08	846,08	721,08	602,16	489,33	382,50
	II	**983,00**	443,83	443,83	II	851,75	726,50	607,33	494,16	387,08	286,08
	III	**676,33**	443,83	443,83	III	576,66	480,00	386,50	295,83	208,33	124,16
	V	**1593,08**	443,83	443,83	IV	1044,83	977,08	910,83	846,08	782,83	721,08
	VI	**1636,33**	443,83	443,83							
5495,99	I,IV	**1115,25**	443,83	443,83	I	978,16	847,08	722,08	603,08	490,16	383,33
	II	**984,08**	443,83	443,83	II	852,75	727,50	608,25	495,08	387,91	286,83
	III	**677,00**	443,83	443,83	III	577,33	480,66	387,16	296,50	209,00	124,83
	V	**1594,25**	443,83	443,83	IV	1045,91	978,16	911,83	847,08	783,83	722,08
	VI	**1637,50**	443,83	443,83							
5498,99	I,IV	**1116,33**	443,83	443,83	I	979,16	848,08	723,00	604,00	491,00	384,16
	II	**985,16**	443,83	443,83	II	853,75	728,41	609,16	495,91	388,75	287,58
	III	**677,83**	443,83	443,83	III	578,16	481,50	387,83	297,16	209,66	125,50
	V	**1595,33**	443,83	443,83	IV	1047,00	979,16	912,83	848,08	784,75	723,00
	VI	**1638,66**	443,83	443,83							
5501,99	I,IV	**1117,41**	443,83	443,83	I	980,25	849,08	724,00	604,91	491,91	384,91
	II	**986,16**	443,83	443,83	II	854,75	729,41	610,08	496,75	389,58	288,41
	III	**678,66**	443,83	443,83	III	579,00	482,16	388,50	298,00	210,33	126,00
	V	**1596,50**	443,83	443,83	IV	1048,08	980,25	913,91	849,08	785,75	724,00
	VI	**1639,75**	443,83	443,83							
5504,99	I,IV	**1118,58**	443,83	443,83	I	981,33	850,08	724,91	605,83	492,75	385,75
	II	**987,25**	443,83	443,83	II	855,75	730,33	611,00	497,66	390,41	289,16
	III	**679,50**	443,83	443,83	III	579,66	483,00	389,33	298,66	211,00	126,66
	V	**1597,66**	443,83	443,83	IV	1049,16	981,33	914,91	850,08	786,75	724,91
	VI	**1640,91**	443,83	443,83							
5507,99	I,IV	**1119,66**	443,83	443,83	I	982,33	851,08	725,91	606,75	493,66	386,58
	II	**988,33**	443,83	443,83	II	856,75	731,33	611,91	498,50	391,16	289,91
	III	**680,33**	443,83	443,83	III	580,50	483,66	390,00	299,33	211,66	127,33
	V	**1598,83**	443,83	443,83	IV	1050,25	982,33	916,00	851,08	787,75	725,91
	VI	**1642,08**	443,83	443,83							

* Zur LSt-Berechnung für privat versicherte Arbeitnehmer s. Beispiele **Vorbemerkung S. 4 f.**
** Basisvorsorgepauschale KV und PV   *** Typisierter Arbeitgeberzuschuss

aT3

allgemeine Lohnsteuer

Lohn/Gehalt in € bis	Steuerklasse	Lohnsteuer*	BVSP**	TAGZ***	Steuerklasse	Bemessungsgrundlage für Kirchensteuer und Solidaritätszuschlag					
						Freibeträge für ... Kinder					
						0,5	1,0	1,5	2,0	2,5	3,0
5510,99	I,IV	**1 120,75**	443,83	443,83	I	983,41	852,08	726,83	607,66	494,50	387,41
	II	**989,33**	443,83	443,83	II	857,83	732,25	612,83	499,41	392,00	290,75
	III	**681,00**	443,83	443,83	III	581,33	484,50	390,83	300,00	212,33	128,00
	V	**1 600,00**	443,83	443,83	IV	1 051,33	983,41	917,00	852,08	788,75	726,83
	VI	**1 643,25**	443,83	443,83							
5513,99	I,IV	**1 121,83**	443,83	443,83	I	984,50	853,08	727,83	608,58	495,33	388,25
	II	**990,41**	443,83	443,83	II	858,83	733,25	613,75	500,25	392,83	291,50
	III	**681,83**	443,83	443,83	III	582,00	485,16	391,50	300,66	213,00	128,50
	V	**1 601,16**	443,83	443,83	IV	1 052,41	984,50	918,00	853,08	789,75	727,83
	VI	**1 644,41**	443,83	443,83							
5516,99	I,IV	**1 123,00**	443,83	443,83	I	985,50	854,16	728,75	609,50	496,25	389,08
	II	**991,50**	443,83	443,83	II	859,83	734,16	614,66	501,16	393,66	292,25
	III	**682,66**	443,83	443,83	III	582,83	486,00	392,16	301,50	213,66	129,16
	V	**1 602,33**	443,83	443,83	IV	1 053,50	985,50	919,08	854,16	790,66	728,75
	VI	**1 645,58**	443,83	443,83							
5519,99	I,IV	**1 124,08**	443,83	443,83	I	986,58	855,16	729,75	610,41	497,08	389,83
	II	**992,58**	443,83	443,83	II	860,83	735,16	615,58	502,00	394,50	293,00
	III	**683,50**	443,83	443,83	III	583,50	486,66	393,00	302,16	214,33	129,83
	V	**1 603,41**	443,83	443,83	IV	1 054,58	986,58	920,08	855,16	791,66	729,75
	VI	**1 646,75**	443,83	443,83							
5522,99	I,IV	**1 125,16**	443,83	443,83	I	987,66	856,16	730,66	611,33	498,00	390,66
	II	**993,58**	443,83	443,83	II	861,83	736,16	616,50	502,83	395,33	293,83
	III	**684,33**	443,83	443,83	III	584,33	487,50	393,66	302,83	215,00	130,50
	V	**1 604,58**	443,83	443,83	IV	1 055,66	987,66	921,16	856,16	792,66	730,66
	VI	**1 647,83**	443,83	443,83							
5525,99	I,IV	**1 126,33**	443,83	443,83	I	988,66	857,16	731,66	612,25	498,83	391,50
	II	**994,66**	443,83	443,83	II	862,83	737,08	617,41	503,75	396,16	294,58
	III	**685,00**	443,83	443,83	III	585,16	488,16	394,33	303,50	215,66	131,16
	V	**1 605,75**	443,83	443,83	IV	1 056,75	988,66	922,16	857,16	793,66	731,66
	VI	**1 649,00**	443,83	443,83							
5528,99	I,IV	**1 127,41**	443,83	443,83	I	989,75	858,16	732,66	613,16	499,75	392,33
	II	**995,75**	443,83	443,83	II	863,91	738,08	618,33	504,66	397,00	295,41
	III	**685,83**	443,83	443,83	III	586,00	489,00	395,16	304,33	216,50	131,83
	V	**1 606,91**	443,83	443,83	IV	1 057,83	989,75	923,25	858,16	794,66	732,66
	VI	**1 650,25**	443,83	443,83							
5531,99	I,IV	**1 128,50**	443,83	443,83	I	990,83	859,25	733,58	614,08	500,58	393,16
	II	**996,83**	443,83	443,83	II	864,91	739,08	619,25	505,50	397,83	296,16
	III	**686,66**	443,83	443,83	III	586,66	489,83	395,83	305,00	217,16	132,50
	V	**1 608,08**	443,83	443,83	IV	1 058,91	990,83	924,25	859,25	795,66	733,58
	VI	**1 651,33**	443,83	443,83							
5534,99	I,IV	**1 129,66**	443,83	443,83	I	991,91	860,25	734,58	615,00	501,50	394,00
	II	**997,91**	443,83	443,83	II	865,91	740,00	620,16	506,41	398,66	296,91
	III	**687,50**	443,83	443,83	III	587,50	490,50	396,50	305,66	217,83	133,00
	V	**1 609,25**	443,83	443,83	IV	1 060,00	991,91	925,33	860,25	796,66	734,58
	VI	**1 652,50**	443,83	443,83							
5537,99	I,IV	**1 130,75**	443,83	443,83	I	993,00	861,25	735,58	615,91	502,33	394,83
	II	**998,91**	443,83	443,83	II	866,91	741,00	621,08	507,25	399,41	297,75
	III	**688,33**	443,83	443,83	III	588,33	491,33	397,33	306,33	218,50	133,66
	V	**1 610,41**	443,83	443,83	IV	1 061,08	993,00	926,33	861,25	797,66	735,58
	VI	**1 653,66**	443,83	443,83							
5540,99	I,IV	**1 131,83**	443,83	443,83	I	994,00	862,25	736,50	616,83	503,25	395,66
	II	**1 000,00**	443,83	443,83	II	868,00	742,00	622,00	508,08	400,25	298,50
	III	**689,00**	443,83	443,83	III	589,00	492,00	398,00	307,00	219,16	134,33
	V	**1 611,58**	443,83	443,83	IV	1 062,16	994,00	927,41	862,25	798,66	736,50
	VI	**1 654,83**	443,83	443,83							
5543,99	I,IV	**1 133,00**	443,83	443,83	I	995,08	863,25	737,50	617,75	504,08	396,50
	II	**1 001,08**	443,83	443,83	II	869,00	742,91	622,91	509,00	401,08	299,25
	III	**689,83**	443,83	443,83	III	589,83	492,83	398,83	307,83	219,83	135,00
	V	**1 612,75**	443,83	443,83	IV	1 063,25	995,08	928,41	863,25	799,58	737,50
	VI	**1 656,00**	443,83	443,83							

* Zur LSt-Berechnung für privat versicherte Arbeitnehmer s. Beispiele **Vorbemerkung S. 4f.**
** Basisvorsorgepauschale KV und PV *** Typisierter Arbeitgeberzuschuss

Monat gültig ab 1. 1. 2022 (idF des StEntlG 2022) — aT3

Lohn/Gehalt in € bis	Steuerklasse	Lohnsteuer*	BVSP**	TAGZ***	Steuerklasse	Bemessungsgrundlage für Kirchensteuer und Solidaritätszuschlag					
						Freibeträge für ... Kinder					
						0,5	1,0	1,5	2,0	2,5	3,0
5546,99	I,IV	1134,08	443,83	443,83	I	996,16	864,25	738,41	618,66	504,91	397,25
	II	1002,16	443,83	443,83	II	870,00	743,91	623,83	509,83	401,91	300,08
	III	690,66	443,83	443,83	III	590,50	493,50	399,50	308,50	220,50	135,66
	V	1613,91	443,83	443,83	IV	1064,33	996,16	929,41	864,25	800,58	738,41
	VI	1657,16	443,83	443,83							
5549,99	I,IV	1135,16	443,83	443,83	I	997,25	865,25	739,41	619,58	505,83	398,08
	II	1003,16	443,83	443,83	II	871,00	744,83	624,75	510,75	402,75	300,83
	III	691,50	443,83	443,83	III	591,33	494,33	400,16	309,16	221,16	136,33
	V	1615,00	443,83	443,83	IV	1065,41	997,25	930,50	865,25	801,58	739,41
	VI	1658,33	443,83	443,83							
5552,99	I,IV	1136,33	443,83	443,83	I	998,25	866,33	740,41	620,50	506,66	398,91
	II	1004,25	443,83	443,83	II	872,00	745,83	625,66	511,58	403,58	301,58
	III	692,33	443,83	443,83	III	592,16	495,00	401,00	309,83	221,83	137,00
	V	1616,16	443,83	443,83	IV	1066,50	998,25	931,50	866,33	802,58	740,41
	VI	1659,41	443,83	443,83							
5555,99	I,IV	1137,41	443,83	443,83	I	999,33	867,33	741,33	621,41	507,58	399,75
	II	1005,33	443,83	443,83	II	873,08	746,83	626,58	512,50	404,41	302,41
	III	693,16	443,83	443,83	III	593,00	495,83	401,66	310,66	222,50	137,66
	V	1617,33	443,83	443,83	IV	1067,58	999,33	932,58	867,33	803,58	741,33
	VI	1660,58	443,83	443,83							
5558,99	I,IV	1138,50	443,83	443,83	I	1000,41	868,33	742,33	622,33	508,41	400,58
	II	1006,41	443,83	443,83	II	874,08	747,75	627,58	513,33	405,25	303,16
	III	693,83	443,83	443,83	III	593,66	496,50	402,33	311,33	223,16	138,16
	V	1618,50	443,83	443,83	IV	1068,66	1000,41	933,58	868,33	804,58	742,33
	VI	1661,75	443,83	443,83							
5561,99	I,IV	1139,66	443,83	443,83	I	1001,50	869,33	743,25	623,25	509,33	401,41
	II	1007,50	443,83	443,83	II	875,08	748,75	628,50	514,25	406,08	303,91
	III	694,66	443,83	443,83	III	594,50	497,33	403,16	312,00	224,00	138,83
	V	1619,66	443,83	443,83	IV	1069,83	1001,50	934,66	869,33	805,58	743,25
	VI	1662,91	443,83	443,83							
5564,99	I,IV	1140,75	443,83	443,83	I	1002,50	870,33	744,25	624,16	510,16	402,25
	II	1008,50	443,83	443,83	II	876,08	749,75	629,41	515,08	406,91	304,75
	III	695,50	443,83	443,83	III	595,16	498,00	403,83	312,66	224,66	139,50
	V	1620,83	443,83	443,83	IV	1070,91	1002,50	935,66	870,33	806,58	744,25
	VI	1664,08	443,83	443,83							
5567,99	I,IV	1141,83	443,83	443,83	I	1003,58	871,41	745,25	625,08	511,08	403,08
	II	1009,58	443,83	443,83	II	877,08	750,66	630,33	516,00	407,75	305,50
	III	696,33	443,83	443,83	III	596,00	498,83	404,66	313,50	225,33	140,16
	V	1622,00	443,83	443,83	IV	1072,00	1003,58	936,75	871,41	807,58	745,25
	VI	1665,25	443,83	443,83							
5570,99	I,IV	1143,00	443,83	443,83	I	1004,66	872,41	746,16	626,00	511,91	403,91
	II	1010,66	443,83	443,83	II	878,16	751,66	631,25	516,83	408,58	306,25
	III	697,00	443,83	443,83	III	596,83	499,50	405,33	314,16	226,00	140,83
	V	1623,08	443,83	443,83	IV	1073,08	1004,66	937,75	872,41	808,50	746,16
	VI	1666,41	443,83	443,83							
5573,99	I,IV	1144,08	443,83	443,83	I	1005,75	873,41	747,16	627,00	512,83	404,75
	II	1011,75	443,83	443,83	II	879,16	752,66	632,16	517,75	409,41	307,08
	III	697,83	443,83	443,83	III	597,66	500,33	406,00	314,83	226,66	141,50
	V	1624,25	443,83	443,83	IV	1074,16	1005,75	938,83	873,41	809,50	747,16
	VI	1667,50	443,83	443,83							
5576,99	I,IV	1145,16	443,83	443,83	I	1006,75	874,41	748,16	627,91	513,66	405,50
	II	1012,83	443,83	443,83	II	880,16	753,58	633,08	518,58	410,16	307,83
	III	698,66	443,83	443,83	III	598,33	501,00	406,83	315,50	227,33	142,16
	V	1625,41	443,83	443,83	IV	1075,25	1006,75	939,83	874,41	810,50	748,16
	VI	1668,66	443,83	443,83							
5579,99	I,IV	1146,33	443,83	443,83	I	1007,83	875,41	749,08	628,83	514,58	406,33
	II	1013,83	443,83	443,83	II	881,16	754,58	634,00	519,50	411,00	308,58
	III	699,50	443,83	443,83	III	599,16	501,83	407,50	316,33	228,00	142,83
	V	1626,58	443,83	443,83	IV	1076,33	1007,83	940,91	875,41	811,50	749,08
	VI	1669,83	443,83	443,83							

* Zur LSt-Berechnung für privat versicherte Arbeitnehmer s. Beispiele **Vorbemerkung S. 4 f.**
** Basisvorsorgepauschale KV und PV *** Typisierter Arbeitgeberzuschuss

aT3 allgemeine Lohnsteuer

Lohn/Gehalt in € bis	Steuerklasse	Lohnsteuer*	BVSP**	TAGZ***	Steuerklasse	Bemessungsgrundlage für Kirchensteuer und Solidaritätszuschlag Freibeträge für ... Kinder					
						0,5	1,0	1,5	2,0	2,5	3,0
5582,99	I,IV	1147,41	443,83	443,83	I	1008,91	876,50	750,08	629,75	515,41	407,16
	II	1014,91	443,83	443,83	II	882,25	755,58	634,91	520,33	411,83	309,41
	III	700,33	443,83	443,83	III	599,83	502,50	408,16	317,00	228,66	143,50
	V	1627,75	443,83	443,83	IV	1077,41	1008,91	941,91	876,50	812,50	750,08
	VI	1671,00	443,83	443,83							
5585,99	I,IV	1148,58	443,83	443,83	I	1010,00	877,50	751,08	630,66	516,33	408,08
	II	1016,00	443,83	443,83	II	883,25	756,58	635,91	521,25	412,75	310,25
	III	701,16	443,83	443,83	III	600,66	503,33	409,00	317,66	229,33	144,16
	V	1628,91	443,83	443,83	IV	1078,50	1010,00	943,00	877,50	813,50	751,08
	VI	1672,16	443,83	443,83							
5588,99	I,IV	1149,66	443,83	443,83	I	1011,08	878,50	752,08	631,58	517,25	408,83
	II	1017,08	443,83	443,83	II	884,25	757,50	636,83	522,16	413,58	311,00
	III	702,00	443,83	443,83	III	601,50	504,16	409,66	318,33	230,16	144,83
	V	1630,08	443,83	443,83	IV	1079,58	1011,08	944,08	878,50	814,50	752,08
	VI	1673,33	443,83	443,83							
5591,99	I,IV	1150,83	443,83	443,83	I	1012,16	879,58	753,00	632,50	518,08	409,66
	II	1018,16	443,83	443,83	II	885,33	758,50	637,75	523,00	414,41	311,75
	III	702,66	443,83	443,83	III	602,33	504,83	410,50	319,16	230,83	145,50
	V	1631,25	443,83	443,83	IV	1080,75	1012,16	945,08	879,58	815,50	753,00
	VI	1674,50	443,83	443,83							
5594,99	I,IV	1151,91	443,83	443,83	I	1013,25	880,58	754,00	633,41	519,00	410,50
	II	1019,25	443,83	443,83	II	886,33	759,50	638,66	523,91	415,25	312,58
	III	703,50	443,83	443,83	III	603,00	505,66	411,16	319,83	231,50	146,16
	V	1632,41	443,83	443,83	IV	1081,83	1013,25	946,16	880,58	816,50	754,00
	VI	1675,66	443,83	443,83							
5597,99	I,IV	1153,00	443,83	443,83	I	1014,25	881,58	755,00	634,41	519,83	411,33
	II	1020,33	443,83	443,83	II	887,33	760,41	639,58	524,83	416,08	313,33
	III	704,33	443,83	443,83	III	603,83	506,33	411,83	320,50	232,16	146,83
	V	1633,58	443,83	443,83	IV	1082,91	1014,25	947,16	881,58	817,50	755,00
	VI	1676,83	443,83	443,83							
5600,99	I,IV	1154,16	443,83	443,83	I	1015,33	882,58	755,91	635,33	520,75	412,16
	II	1021,41	443,83	443,83	II	888,41	761,41	640,50	525,66	416,91	314,16
	III	705,16	443,83	443,83	III	604,66	507,16	412,66	321,16	232,83	147,50
	V	1634,75	443,83	443,83	IV	1084,00	1015,33	948,25	882,58	818,50	755,91
	VI	1678,00	443,83	443,83							
5603,99	I,IV	1155,33	443,83	443,83	I	1016,41	883,66	756,91	636,25	521,58	413,00
	II	1022,41	443,83	443,83	II	889,41	762,41	641,41	526,58	417,66	314,91
	III	705,83	443,83	443,83	III	605,33	507,83	413,33	322,00	233,50	148,00
	V	1635,83	443,83	443,83	IV	1085,08	1016,41	949,25	883,66	819,50	756,91
	VI	1679,08	443,83	443,83							
5606,99	I,IV	1156,33	443,83	443,83	I	1017,50	884,66	757,91	637,16	522,50	413,83
	II	1023,50	443,83	443,83	II	890,41	763,33	642,41	527,41	418,50	315,66
	III	706,66	443,83	443,83	III	606,16	508,66	414,16	322,66	234,16	148,83
	V	1637,00	443,83	443,83	IV	1086,16	1017,50	950,33	884,66	820,50	757,91
	VI	1680,25	443,83	443,83							
5609,99	I,IV	1157,50	443,83	443,83	I	1018,58	885,66	758,83	638,08	523,33	414,66
	II	1024,58	443,83	443,83	II	891,41	764,33	643,33	528,33	419,33	316,50
	III	707,50	443,83	443,83	III	607,00	509,33	414,83	323,33	234,83	149,33
	V	1638,16	443,83	443,83	IV	1087,25	1018,58	951,33	885,66	821,50	758,83
	VI	1681,41	443,83	443,83							
5612,99	I,IV	1158,58	443,83	443,83	I	1019,66	886,66	759,83	639,00	524,25	415,50
	II	1025,66	443,83	443,83	II	892,50	765,33	644,25	529,16	420,16	317,25
	III	708,33	443,83	443,83	III	607,66	510,16	415,66	324,00	235,50	150,00
	V	1639,33	443,83	443,83	IV	1088,33	1019,66	952,41	886,66	822,50	759,83
	VI	1682,58	443,83	443,83							
5615,99	I,IV	1159,75	443,83	443,83	I	1020,66	887,75	760,83	639,91	525,08	416,33
	II	1026,75	443,83	443,83	II	893,50	766,33	645,16	530,08	421,00	318,08
	III	709,16	443,83	443,83	III	608,50	510,83	416,33	324,83	236,16	150,66
	V	1640,50	443,83	443,83	IV	1089,41	1020,66	953,41	887,75	823,50	760,83
	VI	1683,75	443,83	443,83							

* Zur LSt-Berechnung für privat versicherte Arbeitnehmer s. Beispiele **Vorbemerkung S. 4f.**
** Basisvorsorgepauschale KV und PV   *** Typisierter Arbeitgeberzuschuss

Monat gültig ab 1. 1. 2022 (idF des StEntlG 2022)   **aT3**

Lohn/Gehalt in € bis	Steuerklasse	Lohnsteuer*	BVSP**	TAGZ***	Steuerklasse	Bemessungsgrundlage für Kirchensteuer und Solidaritätszuschlag Freibeträge für ... Kinder					
						0,5	1,0	1,5	2,0	2,5	3,0
5 618,99	I,IV	1 160,83	443,83	443,83	I	1 021,75	888,75	761,75	640,83	526,00	417,16
	II	1 027,83	443,83	443,83	II	894,50	767,25	646,08	531,00	421,91	318,83
	III	710,00	443,83	443,83	III	609,33	511,66	417,00	325,50	237,00	151,33
	V	1 641,66	443,83	443,83	IV	1 090,58	1 021,75	954,50	888,75	824,50	761,75
	VI	1 684,91	443,83	443,83							
5 621,99	I,IV	1 162,00	443,83	443,83	I	1 022,83	889,75	762,75	641,75	526,83	418,00
	II	1 028,91	443,83	443,83	II	895,58	768,25	647,00	531,83	422,75	319,66
	III	710,66	443,83	443,83	III	610,00	512,33	417,83	326,16	237,66	152,00
	V	1 642,83	443,83	443,83	IV	1 091,66	1 022,83	955,58	889,75	825,50	762,75
	VI	1 686,08	443,83	443,83							
5 624,99	I,IV	1 163,08	443,83	443,83	I	1 023,91	890,83	763,75	642,75	527,75	418,83
	II	1 029,91	443,83	443,83	II	896,58	769,25	647,91	532,75	423,58	320,41
	III	711,50	443,83	443,83	III	610,83	513,16	418,50	326,83	238,33	152,66
	V	1 643,91	443,83	443,83	IV	1 092,75	1 023,91	956,58	890,83	826,50	763,75
	VI	1 687,25	443,83	443,83							
5 627,99	I,IV	1 164,16	443,83	443,83	I	1 025,00	891,83	764,66	643,66	528,66	419,66
	II	1 031,00	443,83	443,83	II	897,58	770,25	648,91	533,58	424,41	321,16
	III	712,33	443,83	443,83	III	611,66	513,83	419,16	327,66	239,00	153,33
	V	1 645,08	443,83	443,83	IV	1 093,83	1 025,00	957,66	891,83	827,50	764,66
	VI	1 688,33	443,83	443,83							
5 630,99	I,IV	1 165,33	443,83	443,83	I	1 026,08	892,83	765,66	644,58	529,25	420,50
	II	1 032,08	443,83	443,83	II	898,58	771,16	649,83	534,50	425,25	322,00
	III	713,16	443,83	443,83	III	612,33	514,66	420,00	328,33	239,66	154,00
	V	1 646,25	443,83	443,83	IV	1 094,91	1 026,08	958,66	892,83	828,50	765,66
	VI	1 689,50	443,83	443,83							
5 633,99	I,IV	1 166,41	443,83	443,83	I	1 027,16	893,83	766,66	645,50	530,41	421,33
	II	1 033,16	443,83	443,83	II	899,66	772,16	650,75	535,33	426,08	322,75
	III	714,00	443,83	443,83	III	613,16	515,50	420,66	329,00	240,33	154,66
	V	1 647,41	443,83	443,83	IV	1 096,00	1 027,16	959,75	893,83	829,50	766,66
	VI	1 690,66	443,83	443,83							
5 636,99	I,IV	1 167,58	443,83	443,83	I	1 028,16	894,91	767,66	646,41	531,25	422,16
	II	1 034,25	443,83	443,83	II	900,66	773,16	651,66	536,25	426,91	323,58
	III	714,83	443,83	443,83	III	614,00	516,16	421,50	329,66	241,00	155,33
	V	1 648,58	443,83	443,83	IV	1 097,08	1 028,16	960,75	894,91	830,50	767,66
	VI	1 691,83	443,83	443,83							
5 639,99	I,IV	1 168,66	443,83	443,83	I	1 029,25	895,91	768,58	647,33	532,16	423,00
	II	1 035,33	443,83	443,83	II	901,66	774,16	652,58	537,16	427,75	324,33
	III	715,50	443,83	443,83	III	614,66	517,00	422,16	330,50	241,66	156,00
	V	1 649,75	443,83	443,83	IV	1 098,25	1 029,25	961,83	895,91	831,50	768,58
	VI	1 693,00	443,83	443,83							
5 642,99	I,IV	1 169,83	443,83	443,83	I	1 030,41	897,00	769,58	648,33	533,08	423,83
	II	1 036,41	443,83	443,83	II	902,75	775,16	653,58	538,00	428,58	325,16
	III	716,33	443,83	443,83	III	615,50	517,66	423,00	331,16	242,33	156,66
	V	1 650,91	443,83	443,83	IV	1 099,33	1 030,41	962,91	897,00	832,50	769,58
	VI	1 694,16	443,83	443,83							
5 645,99	I,IV	1 170,91	443,83	443,83	I	1 031,41	898,00	770,58	649,25	533,91	424,75
	II	1 037,50	443,83	443,83	II	903,75	776,08	654,50	538,91	429,41	326,00
	III	717,16	443,83	443,83	III	616,33	518,50	423,66	331,83	243,16	157,33
	V	1 652,08	443,83	443,83	IV	1 100,41	1 031,41	964,00	898,00	833,58	770,58
	VI	1 695,33	443,83	443,83							
5 648,99	I,IV	1 172,08	443,83	443,83	I	1 032,50	899,00	771,58	650,16	534,83	425,58
	II	1 038,58	443,83	443,83	II	904,83	777,08	655,41	539,83	430,25	326,75
	III	718,00	443,83	443,83	III	617,16	519,16	424,33	332,50	243,83	158,00
	V	1 653,25	443,83	443,83	IV	1 101,58	1 032,50	965,00	899,00	834,58	771,58
	VI	1 696,50	443,83	443,83							
5 651,99	I,IV	1 173,16	443,83	443,83	I	1 033,58	900,08	772,58	651,08	535,75	426,41
	II	1 039,66	443,83	443,83	II	905,83	778,08	656,33	540,75	431,08	327,58
	III	718,83	443,83	443,83	III	617,83	520,00	425,16	333,33	244,50	158,66
	V	1 654,41	443,83	443,83	IV	1 102,66	1 033,58	966,08	900,08	835,58	772,58
	VI	1 697,66	443,83	443,83							

*   Zur LSt-Berechnung für privat versicherte Arbeitnehmer s. Beispiele **Vorbemerkung S. 4f.**
** Basisvorsorgepauschale KV und PV   *** Typisierter Arbeitgeberzuschuss

aT3 allgemeine Lohnsteuer

Lohn/ Gehalt in € bis	Steuerklasse	Lohn-steuer*	BVSP**	TAGZ***	Steuerklasse	Bemessungsgrundlage für Kirchensteuer und Solidaritätszuschlag					
						Freibeträge für ... Kinder					
						0,5	1,0	1,5	2,0	2,5	3,0
5 654,99	I,IV	**1 174,33**	443,83	443,83	I	1 034,66	901,08	773,50	652,08	536,58	427,25
	II	**1 040,75**	443,83	443,83	II	906,91	779,08	657,33	541,58	431,91	328,33
	III	**719,66**	443,83	443,83	III	618,66	520,83	425,83	334,00	245,16	159,33
	V	**1 655,50**	443,83	443,83	IV	1 103,75	1 034,66	967,08	901,08	836,58	773,50
	VI	**1 698,83**	443,83	443,83							
5 657,99	I,IV	**1 175,41**	443,83	443,83	I	1 035,75	902,08	774,50	653,00	537,50	428,08
	II	**1 041,83**	443,83	443,83	II	907,91	780,08	658,25	542,50	432,75	329,16
	III	**720,50**	443,83	443,83	III	619,50	521,50	426,66	334,66	245,83	160,00
	V	**1 656,66**	443,83	443,83	IV	1 104,83	1 035,75	968,16	902,08	837,58	774,50
	VI	**1 699,91**	443,83	443,83							
5 660,99	I,IV	**1 176,58**	443,83	443,83	I	1 036,83	903,16	775,50	653,91	538,41	428,91
	II	**1 042,91**	443,83	443,83	II	908,91	781,00	659,16	543,33	433,58	329,91
	III	**721,16**	443,83	443,83	III	620,16	522,33	427,33	335,50	246,50	160,66
	V	**1 657,83**	443,83	443,83	IV	1 105,91	1 036,83	969,25	903,16	838,58	775,50
	VI	**1 701,08**	443,83	443,83							
5 663,99	I,IV	**1 177,66**	443,83	443,83	I	1 037,91	904,16	776,50	654,83	539,25	429,75
	II	**1 044,00**	443,83	443,83	II	910,00	782,00	660,08	544,25	434,50	330,75
	III	**722,00**	443,83	443,83	III	621,00	523,00	428,16	336,16	247,16	161,33
	V	**1 659,00**	443,83	443,83	IV	1 107,00	1 037,91	970,25	904,16	839,58	776,50
	VI	**1 702,25**	443,83	443,83							
5 666,99	I,IV	**1 178,83**	443,83	443,83	I	1 039,00	905,16	777,50	655,75	540,16	430,58
	II	**1 045,08**	443,83	443,83	II	911,00	783,00	661,08	545,16	435,33	331,50
	III	**722,83**	443,83	443,83	III	621,83	523,83	428,83	336,83	247,83	162,00
	V	**1 660,16**	443,83	443,83	IV	1 108,16	1 039,00	971,33	905,16	840,58	777,50
	VI	**1 703,41**	443,83	443,83							
5 669,99	I,IV	**1 179,91**	443,83	443,83	I	1 040,08	906,25	778,41	656,75	541,00	431,41
	II	**1 046,16**	443,83	443,83	II	912,00	784,00	662,00	546,00	436,16	332,33
	III	**723,66**	443,83	443,83	III	622,66	524,50	429,50	337,50	248,66	162,66
	V	**1 661,33**	443,83	443,83	IV	1 109,25	1 040,08	972,41	906,25	841,58	778,41
	VI	**1 704,58**	443,83	443,83							
5 672,99	I,IV	**1 181,08**	443,83	443,83	I	1 041,16	907,25	779,41	657,66	541,91	432,25
	II	**1 047,16**	443,83	443,83	II	913,08	785,00	662,91	546,91	437,00	333,08
	III	**724,50**	443,83	443,83	III	623,33	525,33	430,33	338,33	249,33	163,33
	V	**1 662,50**	443,83	443,83	IV	1 110,33	1 041,16	973,41	907,25	842,58	779,41
	VI	**1 705,75**	443,83	443,83							
5 675,99	I,IV	**1 182,16**	443,83	443,83	I	1 042,16	908,25	780,41	658,58	542,83	433,08
	II	**1 048,25**	443,83	443,83	II	914,08	785,91	663,83	547,83	437,83	333,91
	III	**725,33**	443,83	443,83	III	624,16	526,16	431,00	339,00	250,00	164,00
	V	**1 663,58**	443,83	443,83	IV	1 111,41	1 042,16	974,50	908,25	843,58	780,41
	VI	**1 706,91**	443,83	443,83							
5 678,99	I,IV	**1 183,33**	443,83	443,83	I	1 043,25	909,33	781,41	659,50	543,66	433,91
	II	**1 049,33**	443,83	443,83	II	915,08	786,91	664,75	548,66	438,66	334,66
	III	**726,00**	443,83	443,83	III	625,00	526,83	431,66	339,66	250,66	164,66
	V	**1 664,75**	443,83	443,83	IV	1 112,58	1 043,25	975,50	909,33	844,58	781,41
	VI	**1 708,00**	443,83	443,83							
5 681,99	I,IV	**1 184,41**	443,83	443,83	I	1 044,33	910,33	782,33	660,41	544,58	434,75
	II	**1 050,41**	443,83	443,83	II	916,16	787,91	665,75	549,58	439,50	335,50
	III	**726,83**	443,83	443,83	III	625,66	527,66	432,50	340,50	251,33	165,33
	V	**1 665,91**	443,83	443,83	IV	1 113,66	1 044,33	976,58	910,33	845,58	782,33
	VI	**1 709,16**	443,83	443,83							
5 684,99	I,IV	**1 185,58**	443,83	443,83	I	1 045,41	911,33	783,33	661,41	545,50	435,58
	II	**1 051,50**	443,83	443,83	II	917,16	788,91	666,66	550,50	440,33	336,25
	III	**727,66**	443,83	443,83	III	626,50	528,33	433,16	341,16	252,00	166,00
	V	**1 667,08**	443,83	443,83	IV	1 114,75	1 045,41	977,66	911,33	846,58	783,33
	VI	**1 710,33**	443,83	443,83							
5 687,99	I,IV	**1 186,66**	443,83	443,83	I	1 046,50	912,41	784,33	662,33	546,33	436,41
	II	**1 052,58**	443,83	443,83	II	918,25	789,91	667,58	551,33	441,16	337,08
	III	**728,50**	443,83	443,83	III	627,33	529,16	434,00	341,83	252,83	166,66
	V	**1 668,25**	443,83	443,83	IV	1 115,83	1 046,50	978,66	912,41	847,58	784,33
	VI	**1 711,50**	443,83	443,83							

* Zur LSt-Berechnung für privat versicherte Arbeitnehmer s. Beispiele **Vorbemerkung S. 4 f.**
** Basisvorsorgepauschale KV und PV   *** Typisierter Arbeitgeberzuschuss

Monat gültig ab 1. 1. 2022 (idF des StEntlG 2022)   aT3

Lohn/Gehalt in € bis	Steuerklasse	Lohnsteuer*	BVSP**	TAGZ***	Steuerklasse	Bemessungsgrundlage für Kirchensteuer und Solidaritätszuschlag					
						Freibeträge für ... Kinder					
						0,5	1,0	1,5	2,0	2,5	3,0
5 690,99	I,IV	**1 187,83**	443,83	443,83	I	1 047,58	913,41	785,33	663,25	547,25	437,25
	II	**1 053,66**	443,83	443,83	II	919,25	790,83	668,58	552,25	442,00	337,83
	III	**729,33**	443,83	443,83	III	628,00	529,83	434,66	342,50	253,50	167,33
	V	**1 669,41**	443,83	443,83	IV	1 116,91	1 047,58	979,75	913,41	848,58	785,33
	VI	**1 712,66**	443,83	443,83							
5 693,99	I,IV	**1 188,91**	443,83	443,83	I	1 048,66	914,50	786,33	664,16	548,16	438,16
	II	**1 054,75**	443,83	443,83	II	920,25	791,83	669,50	553,16	442,91	338,66
	III	**730,16**	443,83	443,83	III	628,83	530,66	435,50	343,33	254,16	168,00
	V	**1 670,58**	443,83	443,83	IV	1 118,08	1 048,66	980,83	914,50	849,66	786,33
	VI	**1 713,83**	443,83	443,83							
5 696,99	I,IV	**1 190,08**	443,83	443,83	I	1 049,83	915,50	787,33	665,16	549,08	439,00
	II	**1 055,91**	443,83	443,83	II	921,33	792,91	670,41	554,08	443,75	339,50
	III	**731,00**	443,83	443,83	III	629,66	531,50	436,16	344,00	254,83	168,66
	V	**1 671,75**	443,83	443,83	IV	1 119,16	1 049,83	981,91	915,50	850,66	787,33
	VI	**1 715,00**	443,83	443,83							
5 699,99	I,IV	**1 191,25**	443,83	443,83	I	1 050,83	916,58	788,33	666,08	549,91	439,83
	II	**1 057,00**	443,83	443,83	II	922,41	793,83	671,41	555,00	444,58	340,25
	III	**731,66**	443,83	443,83	III	630,50	532,16	437,00	344,66	255,50	169,33
	V	**1 672,91**	443,83	443,83	IV	1 120,33	1 050,83	983,00	916,58	851,66	788,33
	VI	**1 716,16**	443,83	443,83							
5 702,99	I,IV	**1 192,33**	443,83	443,83	I	1 051,91	917,58	789,25	667,00	550,83	440,66
	II	**1 058,08**	443,83	443,83	II	923,41	794,83	672,33	555,83	445,41	341,08
	III	**732,50**	443,83	443,83	III	631,33	533,00	437,66	345,50	256,16	170,00
	V	**1 674,08**	443,83	443,83	IV	1 121,41	1 051,91	984,00	917,58	852,66	789,25
	VI	**1 717,33**	443,83	443,83							
5 705,99	I,IV	**1 193,50**	443,83	443,83	I	1 053,00	918,66	790,25	668,00	551,75	441,50
	II	**1 059,16**	443,83	443,83	II	924,50	795,83	673,25	556,75	446,25	341,83
	III	**733,33**	443,83	443,83	III	632,00	533,66	438,33	346,16	256,83	170,66
	V	**1 675,16**	443,83	443,83	IV	1 122,50	1 053,00	985,08	918,66	853,66	790,25
	VI	**1 718,50**	443,83	443,83							
5 708,99	I,IV	**1 194,58**	443,83	443,83	I	1 054,08	919,66	791,25	668,91	552,58	442,33
	II	**1 060,25**	443,83	443,83	II	925,50	796,83	674,25	557,66	447,16	342,66
	III	**734,16**	443,83	443,83	III	632,83	534,50	439,16	346,83	257,66	171,33
	V	**1 676,33**	443,83	443,83	IV	1 123,58	1 054,08	986,16	919,66	854,66	791,25
	VI	**1 719,58**	443,83	443,83							
5 711,99	I,IV	**1 195,75**	443,83	443,83	I	1 055,16	920,66	792,25	669,83	553,50	443,25
	II	**1 061,33**	443,83	443,83	II	926,50	797,83	675,16	558,50	448,00	343,50
	III	**735,00**	443,83	443,83	III	633,66	535,16	439,83	347,50	258,33	172,00
	V	**1 677,50**	443,83	443,83	IV	1 124,75	1 055,16	987,16	920,66	855,75	792,25
	VI	**1 720,75**	443,83	443,83							
5 714,99	I,IV	**1 196,91**	443,83	443,83	I	1 056,25	921,75	793,25	670,83	554,41	444,08
	II	**1 062,41**	443,83	443,83	II	927,58	798,83	676,08	559,41	448,83	344,25
	III	**735,83**	443,83	443,83	III	634,33	536,00	440,66	348,33	259,00	172,66
	V	**1 678,66**	443,83	443,83	IV	1 125,83	1 056,25	988,25	921,75	856,75	793,25
	VI	**1 721,91**	443,83	443,83							
5 717,99	I,IV	**1 198,00**	443,83	443,83	I	1 057,33	922,75	794,25	671,75	555,25	444,91
	II	**1 063,50**	443,83	443,83	II	928,58	799,83	677,00	560,33	449,66	345,08
	III	**736,66**	443,83	443,83	III	635,16	536,66	441,33	349,00	259,66	173,33
	V	**1 679,83**	443,83	443,83	IV	1 126,91	1 057,33	989,33	922,75	857,75	794,25
	VI	**1 723,08**	443,83	443,83							
5 720,99	I,IV	**1 199,16**	443,83	443,83	I	1 058,41	923,83	795,25	672,66	556,16	445,75
	II	**1 064,58**	443,83	443,83	II	929,66	800,75	678,00	561,25	450,50	345,83
	III	**737,50**	443,83	443,83	III	636,00	537,50	442,16	349,66	260,33	174,00
	V	**1 681,00**	443,83	443,83	IV	1 128,00	1 058,41	990,33	923,83	858,75	795,25
	VI	**1 724,25**	443,83	443,83							
5 723,99	I,IV	**1 200,25**	443,83	443,83	I	1 059,50	924,83	796,16	673,58	557,08	446,58
	II	**1 065,66**	443,83	443,83	II	930,66	801,75	678,91	562,08	451,33	346,66
	III	**738,16**	443,83	443,83	III	636,66	538,33	442,83	350,50	261,00	174,66
	V	**1 682,16**	443,83	443,83	IV	1 129,16	1 059,50	991,41	924,83	859,75	796,16
	VI	**1 725,41**	443,83	443,83							

*   Zur LSt-Berechnung für privat versicherte Arbeitnehmer s. Beispiele **Vorbemerkung S. 4 f.**
** Basisvorsorgepauschale KV und PV   *** Typisierter Arbeitgeberzuschuss

aT3

allgemeine Lohnsteuer

Lohn/Gehalt in € bis	Steuerklasse	Lohn-steuer*	BVSP**	TAGZ***	Steuerklasse	Bemessungsgrundlage für Kirchensteuer und Solidaritätszuschlag					
						Freibeträge für ... Kinder					
						0,5	1,0	1,5	2,0	2,5	3,0
5 726,99	I,IV	**1 201,41**	443,83	443,83	I	1 060,58	925,91	797,16	674,58	558,00	447,41
	II	**1 066,75**	443,83	443,83	II	931,75	802,75	679,83	563,00	452,25	347,50
	III	**739,00**	443,83	443,83	III	637,50	539,00	443,66	351,16	261,66	175,33
	V	**1 683,25**	443,83	443,83	IV	1 130,25	1 060,58	992,50	925,91	860,75	797,16
	VI	**1 726,58**	443,83	443,83							
5 729,99	I,IV	**1 202,50**	443,83	443,83	I	1 061,66	926,91	798,16	675,50	558,83	448,25
	II	**1 067,83**	443,83	443,83	II	932,75	803,75	680,83	563,91	453,08	348,25
	III	**739,83**	443,83	443,83	III	638,33	539,83	444,33	351,83	262,50	176,00
	V	**1 684,41**	443,83	443,83	IV	1 131,33	1 061,66	993,58	926,91	861,75	798,16
	VI	**1 727,66**	443,83	443,83							
5 732,99	I,IV	**1 203,66**	443,83	443,83	I	1 062,75	927,91	799,16	676,41	559,75	449,16
	II	**1 068,91**	443,83	443,83	II	933,83	804,75	681,75	564,83	453,91	349,08
	III	**740,66**	443,83	443,83	III	639,16	540,66	445,00	352,66	263,16	176,66
	V	**1 685,58**	443,83	443,83	IV	1 132,50	1 062,75	994,58	927,91	862,83	799,16
	VI	**1 728,83**	443,83	443,83							
5 735,99	I,IV	**1 204,83**	443,83	443,83	I	1 063,83	929,00	800,16	677,41	560,66	450,00
	II	**1 070,00**	443,83	443,83	II	934,83	805,75	682,66	565,66	454,75	349,83
	III	**741,50**	443,83	443,83	III	639,83	541,33	445,83	353,33	263,83	177,33
	V	**1 686,75**	443,83	443,83	IV	1 133,58	1 063,83	995,66	929,00	863,83	800,16
	VI	**1 730,00**	443,83	443,83							
5 738,99	I,IV	**1 205,91**	443,83	443,83	I	1 064,91	930,00	801,16	678,33	561,58	450,83
	II	**1 071,08**	443,83	443,83	II	935,91	806,75	683,66	566,58	455,58	350,66
	III	**742,33**	443,83	443,83	III	640,66	542,16	446,50	354,00	264,50	178,00
	V	**1 687,91**	443,83	443,83	IV	1 134,66	1 064,91	996,75	930,00	864,83	801,16
	VI	**1 731,16**	443,83	443,83							
5 741,99	I,IV	**1 207,08**	443,83	443,83	I	1 066,00	931,08	802,16	679,25	562,41	451,66
	II	**1 072,16**	443,83	443,83	II	936,91	807,75	684,58	567,50	456,41	351,50
	III	**743,16**	443,83	443,83	III	641,50	542,83	447,33	354,66	265,16	178,66
	V	**1 689,08**	443,83	443,83	IV	1 135,83	1 066,00	997,83	931,08	865,83	802,16
	VI	**1 732,33**	443,83	443,83							
5 744,99	I,IV	**1 208,16**	443,83	443,83	I	1 067,08	932,08	803,16	680,16	563,33	452,50
	II	**1 073,25**	443,83	443,83	II	938,00	808,75	685,50	568,41	457,33	352,25
	III	**744,00**	443,83	443,83	III	642,33	543,66	448,00	355,50	265,83	179,33
	V	**1 690,25**	443,83	443,83	IV	1 136,91	1 067,08	998,83	932,08	866,83	803,16
	VI	**1 733,50**	443,83	443,83							
5 747,99	I,IV	**1 209,33**	443,83	443,83	I	1 068,25	933,16	804,08	681,16	564,25	453,33
	II	**1 074,33**	443,83	443,83	II	939,00	809,75	686,50	569,25	458,16	353,08
	III	**744,66**	443,83	443,83	III	643,00	544,33	448,83	356,16	266,50	180,00
	V	**1 691,33**	443,83	443,83	IV	1 138,00	1 068,25	999,91	933,16	867,83	804,08
	VI	**1 734,66**	443,83	443,83							
5 750,99	I,IV	**1 210,50**	443,83	443,83	I	1 069,33	934,16	805,08	682,08	565,16	454,25
	II	**1 075,41**	443,83	443,83	II	940,08	810,66	687,41	570,16	459,00	353,91
	III	**745,50**	443,83	443,83	III	643,83	545,16	449,50	356,83	267,33	180,66
	V	**1 692,50**	443,83	443,83	IV	1 139,16	1 069,33	1 001,00	934,16	868,91	805,08
	VI	**1 735,75**	443,83	443,83							
5 753,99	I,IV	**1 211,66**	443,83	443,83	I	1 070,41	935,25	806,16	683,08	566,08	455,08
	II	**1 076,58**	443,83	443,83	II	941,08	811,75	688,41	571,08	459,91	354,66
	III	**746,33**	443,83	443,83	III	644,66	546,00	450,33	357,66	268,00	181,33
	V	**1 693,75**	443,83	443,83	IV	1 140,25	1 070,41	1 002,08	935,25	869,91	806,16
	VI	**1 737,00**	443,83	443,83							
5 756,99	I,IV	**1 212,75**	443,83	443,83	I	1 071,50	936,25	807,08	684,00	566,91	455,91
	II	**1 077,66**	443,83	443,83	II	942,16	812,75	689,33	572,00	460,75	355,50
	III	**747,16**	443,83	443,83	III	645,50	546,66	451,00	358,33	268,66	182,00
	V	**1 694,83**	443,83	443,83	IV	1 141,41	1 071,50	1 003,16	936,25	870,91	807,08
	VI	**1 738,16**	443,83	443,83							
5 759,99	I,IV	**1 213,91**	443,83	443,83	I	1 072,58	937,33	808,08	684,91	567,83	456,75
	II	**1 078,75**	443,83	443,83	II	943,16	813,75	690,25	572,91	461,58	356,33
	III	**748,00**	443,83	443,83	III	646,16	547,50	451,83	359,00	269,33	182,66
	V	**1 696,00**	443,83	443,83	IV	1 142,50	1 072,58	1 004,16	937,33	872,00	808,08
	VI	**1 739,25**	443,83	443,83							

* Zur LSt-Berechnung für privat versicherte Arbeitnehmer s. Beispiele **Vorbemerkung S. 4 f.**
** Basisvorsorgepauschale KV und PV *** Typisierter Arbeitgeberzuschuss

Monat gültig ab 1. 1. 2022 (idF des StEntlG 2022) **aT3**

Lohn/Gehalt in € bis	Steuerklasse	Lohnsteuer*	BVSP**	TAGZ***	Steuerklasse	Bemessungsgrundlage für Kirchensteuer und Solidaritätszuschlag Freibeträge für ... Kinder					
						0,5	1,0	1,5	2,0	2,5	3,0
5 762,99	I,IV	1 215,08	443,83	443,83	I	1 073,66	938,33	809,08	685,91	568,75	457,66
	II	1 079,83	443,83	443,83	II	944,25	814,75	691,25	573,83	462,41	357,08
	III	748,83	443,83	443,83	III	647,00	548,16	452,50	359,83	270,00	183,33
	V	1 697,16	443,83	443,83	IV	1 143,58	1 073,66	1 005,25	938,33	873,00	809,08
	VI	1 740,41	443,83	443,83							
5 765,99	I,IV	1 216,16	443,83	443,83	I	1 074,75	939,41	810,08	686,83	569,66	458,50
	II	1 080,91	443,83	443,83	II	945,25	815,75	692,16	574,75	463,33	357,91
	III	749,66	443,83	443,83	III	647,83	549,00	453,16	360,50	270,83	184,00
	V	1 698,33	443,83	443,83	IV	1 144,75	1 074,75	1 006,33	939,41	874,00	810,08
	VI	1 741,58	443,83	443,83							
5 768,99	I,IV	1 217,33	443,83	443,83	I	1 075,83	940,41	811,08	687,83	570,58	459,33
	II	1 082,00	443,83	443,83	II	946,33	816,66	693,16	575,58	464,16	358,75
	III	750,50	443,83	443,83	III	648,50	549,83	454,00	361,16	271,50	184,66
	V	1 699,50	443,83	443,83	IV	1 145,83	1 075,83	1 007,41	940,41	875,00	811,08
	VI	1 742,75	443,83	443,83							
5 771,99	I,IV	1 218,41	443,83	443,83	I	1 076,91	941,50	812,08	688,75	571,41	460,16
	II	1 083,08	443,83	443,83	II	947,33	817,66	694,08	576,50	465,00	359,50
	III	751,33	443,83	443,83	III	649,33	550,50	454,66	362,00	272,16	185,50
	V	1 700,66	443,83	443,83	IV	1 146,91	1 076,91	1 008,50	941,50	876,00	812,08
	VI	1 743,91	443,83	443,83							
5 774,99	I,IV	1 219,58	443,83	443,83	I	1 078,00	942,50	813,08	689,66	572,33	461,08
	II	1 084,16	443,83	443,83	II	948,41	818,66	695,00	577,41	465,83	360,33
	III	752,00	443,83	443,83	III	650,16	551,33	455,50	362,66	272,83	186,00
	V	1 701,83	443,83	443,83	IV	1 148,08	1 078,00	1 009,50	942,50	877,08	813,08
	VI	1 745,08	443,83	443,83							
5 777,99	I,IV	1 220,75	443,83	443,83	I	1 079,16	943,58	814,08	690,66	573,25	461,91
	II	1 085,25	443,83	443,83	II	949,50	819,66	696,00	578,33	466,66	361,16
	III	752,83	443,83	443,83	III	651,00	552,00	456,16	363,33	273,50	186,83
	V	1 703,00	443,83	443,83	IV	1 149,16	1 079,16	1 010,58	943,58	878,08	814,08
	VI	1 746,25	443,83	443,83							
5 780,99	I,IV	1 221,83	443,83	443,83	I	1 080,25	944,58	815,08	691,58	574,16	462,75
	II	1 086,33	443,83	443,83	II	950,50	820,66	696,91	579,25	467,58	361,91
	III	753,66	443,83	443,83	III	651,66	552,83	457,00	364,00	274,16	187,33
	V	1 704,08	443,83	443,83	IV	1 150,25	1 080,25	1 011,66	944,58	879,08	815,08
	VI	1 747,33	443,83	443,83							
5 783,99	I,IV	1 223,00	443,83	443,83	I	1 081,33	945,66	816,08	692,50	575,00	463,58
	II	1 087,50	443,83	443,83	II	951,58	821,66	697,91	580,08	468,41	362,75
	III	754,50	443,83	443,83	III	652,50	553,66	457,66	364,83	275,00	188,16
	V	1 705,25	443,83	443,83	IV	1 151,41	1 081,33	1 012,75	945,66	880,08	816,08
	VI	1 748,50	443,83	443,83							
5 786,99	I,IV	1 224,16	443,83	443,83	I	1 082,41	946,75	817,08	693,50	575,91	464,41
	II	1 088,58	443,83	443,83	II	952,58	822,66	698,83	581,00	469,25	363,58
	III	755,33	443,83	443,83	III	653,33	554,33	458,50	365,50	275,66	188,83
	V	1 706,41	443,83	443,83	IV	1 152,50	1 082,41	1 013,83	946,75	881,16	817,08
	VI	1 749,66	443,83	443,83							
5 789,99	I,IV	1 225,25	443,83	443,83	I	1 083,50	947,75	818,08	694,41	576,83	465,33
	II	1 089,66	443,83	443,83	II	953,66	823,66	699,75	581,91	470,16	364,41
	III	756,16	443,83	443,83	III	654,16	555,16	459,16	366,16	276,33	189,50
	V	1 707,58	443,83	443,83	IV	1 153,66	1 083,50	1 014,83	947,75	882,16	818,08
	VI	1 750,83	443,83	443,83							
5 792,99	I,IV	1 226,41	443,83	443,83	I	1 084,58	948,83	819,08	695,41	577,75	466,16
	II	1 090,75	443,83	443,83	II	954,66	824,66	700,75	582,83	471,00	365,16
	III	757,00	443,83	443,83	III	654,83	555,83	459,83	367,00	277,00	190,16
	V	1 708,75	443,83	443,83	IV	1 154,75	1 084,58	1 015,91	948,83	883,16	819,08
	VI	1 752,00	443,83	443,83							
5 795,99	I,IV	1 227,58	443,83	443,83	I	1 085,66	949,83	820,08	696,33	578,66	467,00
	II	1 091,83	443,83	443,83	II	955,75	825,66	701,66	583,75	471,83	366,00
	III	757,83	443,83	443,83	III	655,66	556,66	460,66	367,66	277,66	190,83
	V	1 709,91	443,83	443,83	IV	1 155,83	1 085,66	1 017,00	949,83	884,16	820,08
	VI	1 753,16	443,83	443,83							

* Zur LSt-Berechnung für privat versicherte Arbeitnehmer s. Beispiele **Vorbemerkung S. 4 f.**
** Basisvorsorgepauschale KV und PV   *** Typisierter Arbeitgeberzuschuss

aT3 allgemeine Lohnsteuer

Lohn/Gehalt in € bis	Steuerklasse	Lohn-steuer*	BVSP**	TAGZ***	Steuerklasse	Bemessungsgrundlage für Kirchensteuer und Solidaritätszuschlag Freibeträge für ... Kinder					
						0,5	1,0	1,5	2,0	2,5	3,0
5 798,99	I,IV	1 228,66	443,83	443,83	I	1 086,75	950,91	821,08	697,25	579,58	467,83
	II	1 092,91	443,83	443,83	II	956,75	826,66	702,66	584,66	472,66	366,83
	III	758,50	443,83	443,83	III	656,50	557,50	461,33	368,33	278,33	191,50
	V	1 711,08	443,83	443,83	IV	1 157,00	1 086,75	1 018,08	950,91	885,25	821,08
	VI	1 754,33	443,83	443,83							
5 801,99	I,IV	1 229,83	443,83	443,83	I	1 087,83	951,91	822,08	698,25	580,41	468,75
	II	1 094,00	443,83	443,83	II	957,83	827,66	703,58	585,58	473,58	367,58
	III	759,33	443,83	443,83	III	657,33	558,16	462,16	369,16	279,16	192,16
	V	1 712,16	443,83	443,83	IV	1 158,08	1 087,83	1 019,16	951,91	886,25	822,08
	VI	1 755,50	443,83	443,83							
5 804,99	I,IV	1 231,00	443,83	443,83	I	1 088,91	953,00	823,08	699,16	581,33	469,58
	II	1 095,16	443,83	443,83	II	958,91	828,66	704,58	586,41	474,41	368,41
	III	760,16	443,83	443,83	III	658,00	559,00	462,83	369,83	279,83	192,83
	V	1 713,33	443,83	443,83	IV	1 159,25	1 088,91	1 020,25	953,00	887,25	823,08
	VI	1 756,58	443,83	443,83							
5 807,99	I,IV	1 232,16	443,83	443,83	I	1 090,08	954,08	824,08	700,16	582,25	470,50
	II	1 096,25	443,83	443,83	II	960,00	829,75	705,50	587,41	475,33	369,25
	III	761,00	443,83	443,83	III	658,83	559,83	463,66	370,50	280,50	193,50
	V	1 714,58	443,83	443,83	IV	1 160,33	1 090,08	1 021,33	954,08	888,33	824,08
	VI	1 757,83	443,83	443,83							
5 810,99	I,IV	1 233,33	443,83	443,83	I	1 091,16	955,08	825,08	701,08	583,16	471,33
	II	1 097,33	443,83	443,83	II	961,00	830,75	706,50	588,25	476,16	370,08
	III	761,83	443,83	443,83	III	659,66	560,50	464,33	371,33	281,16	194,16
	V	1 715,66	443,83	443,83	IV	1 161,50	1 091,16	1 022,41	955,08	889,33	825,08
	VI	1 759,00	443,83	443,83							
5 813,99	I,IV	1 234,41	443,83	443,83	I	1 092,25	956,16	826,08	702,08	584,08	472,16
	II	1 098,41	443,83	443,83	II	962,08	831,75	707,41	589,16	477,00	370,91
	III	762,66	443,83	443,83	III	660,50	561,33	465,16	372,00	281,83	194,83
	V	1 716,83	443,83	443,83	IV	1 162,58	1 092,25	1 023,41	956,16	890,33	826,08
	VI	1 760,08	443,83	443,83							
5 816,99	I,IV	1 235,58	443,83	443,83	I	1 093,33	957,16	827,08	703,00	585,00	473,00
	II	1 099,58	443,83	443,83	II	963,08	832,75	708,41	590,08	477,83	371,66
	III	763,50	443,83	443,83	III	661,33	562,00	465,83	372,66	282,66	195,50
	V	1 718,00	443,83	443,83	IV	1 163,75	1 093,33	1 024,50	957,16	891,41	827,08
	VI	1 761,25	443,83	443,83							
5 819,99	I,IV	1 236,75	443,83	443,83	I	1 094,50	958,25	828,08	704,00	585,91	473,91
	II	1 100,66	443,83	443,83	II	964,16	833,75	709,33	591,00	478,75	372,50
	III	764,33	443,83	443,83	III	662,00	562,83	466,66	373,50	283,33	196,16
	V	1 719,16	443,83	443,83	IV	1 164,83	1 094,50	1 025,58	958,25	892,41	828,08
	VI	1 762,41	443,83	443,83							
5 822,99	I,IV	1 237,91	443,83	443,83	I	1 095,58	959,33	829,08	704,91	586,83	474,75
	II	1 101,75	443,83	443,83	II	965,25	834,75	710,33	591,91	479,58	373,33
	III	765,16	443,83	443,83	III	662,83	563,66	467,33	374,16	284,00	196,83
	V	1 720,33	443,83	443,83	IV	1 166,00	1 095,58	1 026,66	959,33	893,41	829,08
	VI	1 763,58	443,83	443,83							
5 825,99	I,IV	1 239,00	443,83	443,83	I	1 096,66	960,33	830,08	705,83	587,75	475,58
	II	1 102,83	443,83	443,83	II	966,25	835,75	711,25	592,83	480,41	374,16
	III	766,00	443,83	443,83	III	663,66	564,33	468,16	374,83	284,66	197,50
	V	1 721,50	443,83	443,83	IV	1 167,08	1 096,66	1 027,75	960,33	894,41	830,08
	VI	1 764,75	443,83	443,83							
5 828,99	I,IV	1 240,16	443,83	443,83	I	1 097,75	961,41	831,08	706,83	588,58	476,50
	II	1 103,91	443,83	443,83	II	967,33	836,75	712,25	593,75	481,33	374,91
	III	766,83	443,83	443,83	III	664,50	565,16	468,83	375,66	285,33	198,16
	V	1 722,66	443,83	443,83	IV	1 168,16	1 097,75	1 028,83	961,41	895,50	831,08
	VI	1 765,91	443,83	443,83							
5 831,99	I,IV	1 241,33	443,83	443,83	I	1 098,83	962,41	832,08	707,75	589,50	477,33
	II	1 105,00	443,83	443,83	II	968,33	837,75	713,16	594,66	482,16	375,75
	III	767,50	443,83	443,83	III	665,16	565,83	469,66	376,33	286,16	198,83
	V	1 723,75	443,83	443,83	IV	1 169,33	1 098,83	1 029,91	962,41	896,50	832,08
	VI	1 767,08	443,83	443,83							

* Zur LSt-Berechnung für privat versicherte Arbeitnehmer s. Beispiele **Vorbemerkung S. 4 f.**
** Basisvorsorgepauschale KV und PV *** Typisierter Arbeitgeberzuschuss

Monat gültig ab 1. 1. 2022 (idF des StEntlG 2022) **aT3**

Lohn/Gehalt in € bis	Steuerklasse	Lohnsteuer*	BVSP**	TAGZ***	Steuerklasse	Bemessungsgrundlage für Kirchensteuer und Solidaritätszuschlag					
						Freibeträge für ... Kinder					
						0,5	1,0	1,5	2,0	2,5	3,0
5 834,99	I,IV	**1 242,41**	443,83	443,83	I	1 099,91	963,50	833,08	708,75	590,41	478,16
	II	**1 106,16**	443,83	443,83	II	969,41	838,75	714,08	595,58	483,00	376,58
	III	**768,33**	443,83	443,83	III	666,00	566,66	470,33	377,00	286,83	199,50
	V	**1 724,91**	443,83	443,83	IV	1 170,41	1 099,91	1 031,00	963,50	897,50	833,08
	VI	**1 768,16**	443,83	443,83							
5 837,99	I,IV	**1 243,58**	443,83	443,83	I	1 101,08	964,50	834,08	709,66	591,33	479,08
	II	**1 107,25**	443,83	443,83	II	970,50	839,75	715,08	596,50	483,91	377,41
	III	**769,16**	443,83	443,83	III	666,83	567,50	471,16	377,83	287,50	200,16
	V	**1 726,08**	443,83	443,83	IV	1 171,58	1 101,08	1 032,00	964,50	898,58	834,08
	VI	**1 769,33**	443,83	443,83							
5 840,99	I,IV	**1 244,75**	443,83	443,83	I	1 102,16	965,58	835,08	710,66	592,25	479,91
	II	**1 108,33**	443,83	443,83	II	971,50	840,75	716,00	597,33	484,75	378,16
	III	**770,00**	443,83	443,83	III	667,66	568,16	471,83	378,50	288,16	201,00
	V	**1 727,25**	443,83	443,83	IV	1 172,66	1 102,16	1 033,00	965,58	899,58	835,08
	VI	**1 770,50**	443,83	443,83							
5 843,99	I,IV	**1 245,91**	443,83	443,83	I	1 103,25	966,66	836,08	711,58	593,16	480,75
	II	**1 109,41**	443,83	443,83	II	972,58	841,75	717,00	598,25	485,58	379,00
	III	**770,83**	443,83	443,83	III	668,33	569,00	472,66	379,16	288,83	201,50
	V	**1 728,41**	443,83	443,83	IV	1 173,83	1 103,25	1 034,00	966,66	900,58	836,08
	VI	**1 771,66**	443,83	443,83							
5 846,99	I,IV	**1 247,00**	443,83	443,83	I	1 104,33	967,66	837,08	712,58	594,08	481,66
	II	**1 110,50**	443,83	443,83	II	973,66	842,75	717,91	599,16	486,50	379,83
	III	**771,66**	443,83	443,83	III	669,16	569,83	473,33	380,00	289,66	202,33
	V	**1 729,58**	443,83	443,83	IV	1 174,91	1 104,33	1 035,25	967,66	901,66	837,08
	VI	**1 772,83**	443,83	443,83							
5 849,99	I,IV	**1 248,16**	443,83	443,83	I	1 105,41	968,75	838,08	713,50	595,00	482,50
	II	**1 111,66**	443,83	443,83	II	974,66	843,75	718,91	600,08	487,33	380,66
	III	**772,50**	443,83	443,83	III	670,00	570,50	474,16	380,66	290,33	203,00
	V	**1 730,75**	443,83	443,83	IV	1 176,08	1 105,41	1 036,33	968,75	902,66	838,08
	VI	**1 774,00**	443,83	443,83							
5 852,99	I,IV	**1 249,33**	443,83	443,83	I	1 106,50	969,83	839,08	714,50	595,91	483,33
	II	**1 112,75**	443,83	443,83	II	975,75	844,75	719,83	601,00	488,25	381,50
	III	**773,33**	443,83	443,83	III	670,83	571,33	474,83	381,33	291,00	203,66
	V	**1 731,83**	443,83	443,83	IV	1 177,16	1 106,50	1 037,41	969,83	903,66	839,08
	VI	**1 775,16**	443,83	443,83							
5 855,99	I,IV	**1 250,50**	443,83	443,83	I	1 107,66	970,83	840,08	715,41	596,83	484,25
	II	**1 113,83**	443,83	443,83	II	976,75	845,75	720,83	601,91	489,08	382,25
	III	**774,16**	443,83	443,83	III	671,50	572,00	475,50	382,16	291,66	204,33
	V	**1 733,00**	443,83	443,83	IV	1 178,33	1 107,66	1 038,50	970,83	904,75	840,08
	VI	**1 776,25**	443,83	443,83							
5 858,99	I,IV	**1 251,66**	443,83	443,83	I	1 108,75	971,91	841,08	716,41	597,66	485,08
	II	**1 114,91**	443,83	443,83	II	977,83	846,75	721,75	602,83	489,91	383,08
	III	**775,00**	443,83	443,83	III	672,33	572,83	476,33	382,83	292,33	205,00
	V	**1 734,16**	443,83	443,83	IV	1 179,41	1 108,75	1 039,58	971,91	905,75	841,08
	VI	**1 777,41**	443,83	443,83							
5 861,99	I,IV	**1 252,75**	443,83	443,83	I	1 109,83	972,91	842,08	717,33	598,58	485,91
	II	**1 116,08**	443,83	443,83	II	978,91	847,83	722,75	603,75	490,83	383,91
	III	**775,83**	443,83	443,83	III	673,16	573,66	477,00	383,50	293,00	205,66
	V	**1 735,33**	443,83	443,83	IV	1 180,58	1 109,83	1 040,66	972,91	906,75	842,08
	VI	**1 778,58**	443,83	443,83							
5 864,99	I,IV	**1 254,00**	443,83	443,83	I	1 111,00	974,00	843,16	718,33	599,58	486,83
	II	**1 117,16**	443,83	443,83	II	980,00	848,83	723,75	604,66	491,66	384,75
	III	**776,66**	443,83	443,83	III	674,00	574,33	477,83	384,33	293,83	206,33
	V	**1 736,33**	443,83	443,83	IV	1 181,75	1 111,00	1 041,75	974,00	907,83	843,16
	VI	**1 779,75**	443,83	443,83							
5 867,99	I,IV	**1 255,08**	443,83	443,83	I	1 112,08	975,08	844,16	719,25	600,50	487,66
	II	**1 118,25**	443,83	443,83	II	981,00	849,83	724,66	605,58	492,58	385,58
	III	**777,50**	443,83	443,83	III	674,66	575,16	478,66	385,00	294,50	207,00
	V	**1 737,66**	443,83	443,83	IV	1 182,83	1 112,08	1 042,83	975,08	908,83	844,16
	VI	**1 780,91**	443,83	443,83							

* Zur LSt-Berechnung für privat versicherte Arbeitnehmer s. Beispiele **Vorbemerkung S. 4f.**
** Basisvorsorgepauschale KV und PV *** Typisierter Arbeitgeberzuschuss

aT3 allgemeine Lohnsteuer

Lohn/Gehalt in € bis	Steuerklasse	Lohn-steuer*	BVSP**	TAGZ***	Steuerklasse	Bemessungsgrundlage für Kirchensteuer und Solidaritätszuschlag Freibeträge für ... Kinder					
						0,5	1,0	1,5	2,0	2,5	3,0
5 870,99	I,IV	1 256,25	443,83	443,83	I	1 113,16	976,16	845,16	720,25	601,33	488,58
	II	1 119,41	443,83	443,83	II	982,08	850,83	725,66	606,50	493,41	386,41
	III	778,16	443,83	443,83	III	675,50	576,00	479,33	385,83	295,16	207,66
	V	1 738,83	443,83	443,83	IV	1 184,00	1 113,16	1 043,91	976,16	909,91	845,16
	VI	1 782,08	443,83	443,83							
5 873,99	I,IV	1 257,41	443,83	443,83	I	1 114,25	977,16	846,16	721,16	602,25	489,41
	II	1 120,50	443,83	443,83	II	983,16	851,83	726,58	607,41	494,33	387,16
	III	779,00	443,83	443,83	III	676,33	576,66	480,16	386,50	296,00	208,33
	V	1 740,00	443,83	443,83	IV	1 185,08	1 114,25	1 045,00	977,16	910,91	846,16
	VI	1 783,25	443,83	443,83							
5 876,99	I,IV	1 258,58	443,83	443,83	I	1 115,41	978,25	847,16	722,16	603,16	490,25
	II	1 121,58	443,83	443,83	II	984,25	852,83	727,58	608,33	495,16	388,00
	III	779,83	443,83	443,83	III	677,16	577,50	480,83	387,16	296,66	209,00
	V	1 741,16	443,83	443,83	IV	1 186,25	1 115,41	1 046,08	978,25	912,00	847,16
	VI	1 784,41	443,83	443,83							
5 879,99	I,IV	1 259,66	443,83	443,83	I	1 116,50	979,33	848,16	723,16	604,08	491,16
	II	1 122,66	443,83	443,83	II	985,25	853,91	728,58	609,25	496,00	388,83
	III	780,66	443,83	443,83	III	678,00	578,33	481,66	388,00	297,33	209,66
	V	1 742,33	443,83	443,83	IV	1 187,33	1 116,50	1 047,16	979,33	913,00	848,16
	VI	1 785,58	443,83	443,83							
5 882,99	I,IV	1 260,83	443,83	443,83	I	1 117,58	980,33	849,16	724,08	605,00	492,00
	II	1 123,83	443,83	443,83	II	986,33	854,91	729,50	610,16	496,91	389,66
	III	781,50	443,83	443,83	III	678,83	579,00	482,33	388,66	298,00	210,33
	V	1 743,41	443,83	443,83	IV	1 188,50	1 117,58	1 048,25	980,33	914,00	849,16
	VI	1 786,75	443,83	443,83							
5 885,99	I,IV	1 262,00	443,83	443,83	I	1 118,66	981,41	850,25	725,08	605,91	492,91
	II	1 124,91	443,83	443,83	II	987,41	855,91	730,50	611,08	497,75	390,50
	III	782,33	443,83	443,83	III	679,66	579,83	483,16	389,33	298,66	211,00
	V	1 744,58	443,83	443,83	IV	1 189,58	1 118,66	1 049,33	981,41	915,08	850,25
	VI	1 787,83	443,83	443,83							
5 888,99	I,IV	1 263,16	443,83	443,83	I	1 119,83	982,50	851,25	726,00	606,83	493,75
	II	1 126,00	443,83	443,83	II	988,41	856,91	731,41	612,00	498,66	391,33
	III	783,16	443,83	443,83	III	680,33	580,50	483,83	390,16	299,33	211,66
	V	1 745,75	443,83	443,83	IV	1 190,75	1 119,83	1 050,41	982,50	916,08	851,25
	VI	1 789,00	443,83	443,83							
5 891,99	I,IV	1 264,33	443,83	443,83	I	1 120,91	983,50	852,25	727,00	607,75	494,58
	II	1 127,16	443,83	443,83	II	989,50	857,91	732,41	612,91	499,50	392,16
	III	784,00	443,83	443,83	III	681,16	581,33	484,66	390,83	300,16	212,50
	V	1 746,91	443,83	443,83	IV	1 191,83	1 120,91	1 051,50	983,50	917,16	852,25
	VI	1 790,16	443,83	443,83							
5 894,99	I,IV	1 265,50	443,83	443,83	I	1 122,00	984,58	853,25	727,91	608,66	495,50
	II	1 128,25	443,83	443,83	II	990,58	858,91	733,33	613,83	500,33	392,91
	III	784,83	443,83	443,83	III	682,00	582,16	485,33	391,50	300,83	213,16
	V	1 748,08	443,83	443,83	IV	1 193,00	1 122,00	1 052,58	984,58	918,16	853,25
	VI	1 791,33	443,83	443,83							
5 897,99	I,IV	1 266,58	443,83	443,83	I	1 123,08	985,66	854,25	728,91	609,58	496,33
	II	1 129,33	443,83	443,83	II	991,58	859,91	734,33	614,75	501,25	393,75
	III	785,66	443,83	443,83	III	682,83	583,00	486,16	392,33	301,50	213,83
	V	1 749,25	443,83	443,83	IV	1 194,08	1 123,08	1 053,66	985,66	919,16	854,25
	VI	1 792,50	443,83	443,83							
5 900,99	I,IV	1 267,75	443,83	443,83	I	1 124,25	986,75	855,25	729,83	610,50	497,25
	II	1 130,41	443,83	443,83	II	992,66	861,00	735,25	615,66	502,08	394,58
	III	786,50	443,83	443,83	III	683,50	583,66	486,83	393,00	302,16	214,50
	V	1 750,41	443,83	443,83	IV	1 195,25	1 124,25	1 054,66	986,75	920,25	855,25
	VI	1 793,66	443,83	443,83							
5 903,99	I,IV	1 268,91	443,83	443,83	I	1 125,33	987,75	856,25	730,83	611,41	498,08
	II	1 131,58	443,83	443,83	II	993,75	862,00	736,25	616,58	503,00	395,41
	III	787,33	443,83	443,83	III	684,33	584,66	487,66	393,83	303,00	215,16
	V	1 751,50	443,83	443,83	IV	1 196,33	1 125,33	1 055,75	987,75	921,25	856,25
	VI	1 794,83	443,83	443,83							

*   Zur LSt-Berechnung für privat versicherte Arbeitnehmer s. Beispiele **Vorbemerkung S. 4 f.**
** Basisvorsorgepauschale KV und PV   *** Typisierter Arbeitgeberzuschuss

Monat gültig ab 1. 1. 2022 (idF des StEntlG 2022)   aT3

Lohn/Gehalt in € bis	Steuerklasse	Lohnsteuer*	BVSP**	TAGZ***	Steuerklasse	Bemessungsgrundlage für Kirchensteuer und Solidaritätszuschlag Freibeträge für ... Kinder					
						0,5	1,0	1,5	2,0	2,5	3,0
5 906,99	I,IV	**1 270,08**	443,83	443,83	I	1 126,41	988,83	857,25	731,75	612,33	498,91
	II	**1 132,66**	443,83	443,83	II	994,83	863,00	737,25	617,50	503,83	396,25
	III	**788,16**	443,83	443,83	III	685,16	585,16	488,33	394,50	303,66	215,83
	V	**1 752,66**	443,83	443,83	IV	1 197,50	1 126,41	1 056,83	988,83	922,33	857,25
	VI	**1 795,91**	443,83	443,83							
5 909,99	I,IV	**1 271,25**	443,83	443,83	I	1 127,50	989,91	858,25	732,75	613,25	499,83
	II	**1 133,75**	443,83	443,83	II	995,83	864,00	738,16	618,41	504,75	397,08
	III	**789,00**	443,83	443,83	III	686,00	586,00	489,16	395,16	304,33	216,50
	V	**1 753,83**	443,83	443,83	IV	1 198,66	1 127,50	1 057,91	989,91	923,33	858,25
	VI	**1 797,08**	443,83	443,83							
5 912,99	I,IV	**1 272,41**	443,83	443,83	I	1 128,66	990,91	859,33	733,75	614,16	500,66
	II	**1 134,91**	443,83	443,83	II	996,91	865,00	739,16	619,33	505,58	397,91
	III	**789,66**	443,83	443,83	III	686,83	586,83	489,83	396,00	305,00	217,16
	V	**1 755,00**	443,83	443,83	IV	1 199,75	1 128,66	1 059,00	990,91	924,33	859,33
	VI	**1 798,25**	443,83	443,83							
5 915,99	I,IV	**1 273,58**	443,83	443,83	I	1 129,75	992,00	860,33	734,66	615,08	501,58
	II	**1 136,00**	443,83	443,83	II	998,00	866,00	740,08	620,25	506,50	398,66
	III	**790,50**	443,83	443,83	III	687,50	587,50	490,66	396,66	305,83	217,83
	V	**1 756,16**	443,83	443,83	IV	1 200,91	1 129,75	1 060,00	992,00	925,41	860,33
	VI	**1 799,41**	443,83	443,83							
5 918,99	I,IV	**1 274,66**	443,83	443,83	I	1 130,83	993,08	861,33	735,66	616,00	502,41
	II	**1 137,08**	443,83	443,83	II	999,08	867,08	741,08	621,16	507,33	399,50
	III	**791,33**	443,83	443,83	III	688,33	588,33	491,33	397,33	306,50	218,50
	V	**1 757,33**	443,83	443,83	IV	1 202,00	1 130,83	1 061,16	993,08	926,41	861,33
	VI	**1 800,58**	443,83	443,83							
5 921,99	I,IV	**1 275,91**	443,83	443,83	I	1 132,00	994,16	862,33	736,66	616,91	503,33
	II	**1 138,25**	443,83	443,83	II	1 000,16	868,08	742,08	622,16	508,25	400,41
	III	**792,16**	443,83	443,83	III	689,16	589,16	492,16	398,16	307,16	219,16
	V	**1 758,50**	443,83	443,83	IV	1 203,16	1 132,00	1 062,33	994,16	927,50	862,33
	VI	**1 801,75**	443,83	443,83							
5 924,99	I,IV	**1 277,08**	443,83	443,83	I	1 133,08	995,25	863,41	737,58	617,83	504,16
	II	**1 139,33**	443,83	443,83	II	1 001,16	869,08	743,08	623,08	509,08	401,16
	III	**793,00**	443,83	443,83	III	690,00	590,00	492,83	398,83	307,83	220,00
	V	**1 759,66**	443,83	443,83	IV	1 204,33	1 133,08	1 063,41	995,25	928,58	863,41
	VI	**1 802,91**	443,83	443,83							
5 927,99	I,IV	**1 278,16**	443,83	443,83	I	1 134,25	996,25	864,41	738,58	618,75	505,08
	II	**1 140,50**	443,83	443,83	II	1 002,25	870,08	744,00	624,00	510,00	402,00
	III	**793,83**	443,83	443,83	III	690,83	590,66	493,66	399,50	308,50	220,66
	V	**1 760,83**	443,83	443,83	IV	1 205,41	1 134,25	1 064,50	996,25	929,58	864,41
	VI	**1 804,08**	443,83	443,83							
5 930,99	I,IV	**1 279,33**	443,83	443,83	I	1 135,33	997,33	865,41	739,50	619,66	505,91
	II	**1 141,58**	443,83	443,83	II	1 003,33	871,16	745,00	624,91	510,83	402,83
	III	**794,66**	443,83	443,83	III	691,50	591,50	494,33	400,33	309,33	221,33
	V	**1 762,00**	443,83	443,83	IV	1 206,58	1 135,33	1 065,58	997,33	930,58	865,41
	VI	**1 805,25**	443,83	443,83							
5 933,99	I,IV	**1 280,50**	443,83	443,83	I	1 136,41	998,41	866,41	740,50	620,66	506,83
	II	**1 142,66**	443,83	443,83	II	1 004,41	872,16	745,91	625,83	511,75	403,66
	III	**795,50**	443,83	443,83	III	692,33	592,16	495,16	401,00	310,00	222,00
	V	**1 763,00**	443,83	443,83	IV	1 207,75	1 136,41	1 066,66	998,41	931,66	866,41
	VI	**1 806,41**	443,83	443,83							
5 936,99	I,IV	**1 281,66**	443,83	443,83	I	1 137,58	999,50	867,41	741,50	621,58	507,66
	II	**1 143,83**	443,83	443,83	II	1 005,50	873,16	746,91	626,75	512,58	404,50
	III	**796,33**	443,83	443,83	III	693,16	593,00	495,83	401,83	310,66	222,66
	V	**1 764,25**	443,83	443,83	IV	1 208,83	1 137,58	1 067,75	999,50	932,66	867,41
	VI	**1 807,50**	443,83	443,83							
5 939,99	I,IV	**1 282,83**	443,83	443,83	I	1 138,66	1 000,50	868,41	742,41	622,50	508,58
	II	**1 144,91**	443,83	443,83	II	1 006,50	874,16	747,91	627,66	513,50	405,33
	III	**797,16**	443,83	443,83	III	694,00	593,83	496,66	402,50	311,33	223,33
	V	**1 765,41**	443,83	443,83	IV	1 210,00	1 138,66	1 068,83	1 000,00	933,75	868,41
	VI	**1 808,66**	443,83	443,83							

* Zur LSt-Berechnung für privat versicherte Arbeitnehmer s. Beispiele **Vorbemerkung S. 4f.**
** Basisvorsorgepauschale KV und PV   *** Typisierter Arbeitgeberzuschuss

aT3

allgemeine Lohnsteuer

Lohn/ Gehalt in € bis	Steuerklasse	Lohn-steuer*	BVSP**	TAGZ***	Steuerklasse	Bemessungsgrundlage für Kirchensteuer und Solidaritätszuschlag					
						Freibeträge für ... Kinder					
						0,5	1,0	1,5	2,0	2,5	3,0
5942,99	I,IV	1284,00	443,83	443,83	I	1139,75	1001,58	869,50	743,41	623,41	509,41
	II	1146,00	443,83	443,83	II	1007,58	875,16	748,83	628,58	514,33	406,16
	III	798,00	443,83	443,83	III	694,83	594,50	497,33	403,16	312,16	224,00
	V	1766,58	443,83	443,83	IV	1211,08	1139,75	1069,91	1001,58	934,75	869,50
	VI	1809,83	443,83	443,83							
5945,99	I,IV	1285,16	443,83	443,83	I	1140,91	1002,66	870,50	744,33	624,33	510,33
	II	1147,16	443,83	443,83	II	1008,66	876,25	749,83	629,50	515,25	407,00
	III	798,83	443,83	443,83	III	695,50	595,33	498,16	404,00	312,83	224,66
	V	1767,75	443,83	443,83	IV	1212,25	1140,91	1071,00	1002,66	935,83	870,50
	VI	1811,00	443,83	443,83							
5948,99	I,IV	1286,25	443,83	443,83	I	1142,00	1003,75	871,50	745,33	625,25	511,16
	II	1148,25	443,83	443,83	II	1009,75	877,25	750,83	630,41	516,08	407,83
	III	799,66	443,83	443,83	III	696,33	596,16	498,83	404,66	313,50	225,33
	V	1768,91	443,83	443,83	IV	1213,41	1142,00	1072,08	1003,75	936,83	871,50
	VI	1812,16	443,83	443,83							
5951,99	I,IV	1287,41	443,83	443,83	I	1143,08	1004,75	872,50	746,33	626,16	512,00
	II	1149,41	443,83	443,83	II	1010,75	878,25	751,75	631,33	517,00	408,66
	III	800,50	443,83	443,83	III	697,16	596,83	499,66	405,33	314,16	226,00
	V	1770,08	443,83	443,83	IV	1214,50	1143,08	1073,16	1004,75	937,91	872,50
	VI	1813,33	443,83	443,83							
5954,99	I,IV	1288,58	443,83	443,83	I	1144,25	1005,83	873,50	747,25	627,08	512,91
	II	1150,50	443,83	443,83	II	1011,83	879,25	752,75	632,25	517,83	409,50
	III	801,33	443,83	443,83	III	698,00	597,66	500,33	406,16	315,00	226,66
	V	1771,25	443,83	443,83	IV	1215,66	1144,25	1074,25	1005,83	938,91	873,50
	VI	1814,50	443,83	443,83							
5957,99	I,IV	1289,75	443,83	443,83	I	1145,33	1006,91	874,58	748,25	628,00	513,75
	II	1151,58	443,83	443,83	II	1012,91	880,33	753,75	633,16	518,75	410,33
	III	802,16	443,83	443,83	III	698,83	598,50	501,16	406,83	315,66	227,33
	V	1772,33	443,83	443,83	IV	1216,83	1145,33	1075,33	1006,91	940,00	874,58
	VI	1815,58	443,83	443,83							
5960,99	I,IV	1290,91	443,83	443,83	I	1146,41	1008,00	875,58	749,25	628,91	514,66
	II	1152,75	443,83	443,83	II	1014,00	881,33	754,66	634,08	519,58	411,16
	III	803,00	443,83	443,83	III	699,66	599,16	502,00	407,66	316,33	228,16
	V	1773,50	443,83	443,83	IV	1217,91	1146,41	1076,41	1008,00	941,00	875,58
	VI	1816,75	443,83	443,83							
5963,99	I,IV	1292,08	443,83	443,83	I	1147,58	1009,08	876,58	750,16	629,83	515,50
	II	1153,83	443,83	443,83	II	1015,08	882,33	755,66	635,08	520,50	412,00
	III	803,83	443,83	443,83	III	700,33	600,00	502,66	408,33	317,00	228,83
	V	1774,66	443,83	443,83	IV	1219,08	1147,58	1077,58	1009,08	942,08	876,58
	VI	1817,91	443,83	443,83							
5966,99	I,IV	1293,25	443,83	443,83	I	1148,66	1010,08	877,58	751,16	630,75	516,41
	II	1154,91	443,83	443,83	II	1016,16	883,33	756,66	636,00	521,33	412,83
	III	804,66	443,83	443,83	III	701,16	600,83	503,50	409,00	317,83	229,50
	V	1775,83	443,83	443,83	IV	1220,25	1148,66	1078,66	1010,08	943,08	877,58
	VI	1819,08	443,83	443,83							
5969,99	I,IV	1294,41	443,83	443,83	I	1149,75	1011,16	878,66	752,16	631,66	517,25
	II	1156,08	443,83	443,83	II	1017,16	884,41	757,58	636,91	522,25	413,66
	III	805,33	443,83	443,83	III	702,00	601,50	504,16	409,83	318,50	230,16
	V	1777,00	443,83	443,83	IV	1221,33	1149,75	1079,75	1011,16	944,16	878,66
	VI	1820,25	443,83	443,83							
5972,99	I,IV	1295,50	443,83	443,83	I	1150,91	1012,25	879,66	753,08	632,58	518,16
	II	1157,16	443,83	443,83	II	1018,25	885,41	758,58	637,83	523,08	414,41
	III	806,33	443,83	443,83	III	702,83	602,33	505,00	410,50	319,16	230,83
	V	1778,16	443,83	443,83	IV	1222,50	1150,91	1080,83	1012,25	945,16	879,66
	VI	1821,41	443,83	443,83							
5975,99	I,IV	1296,75	443,83	443,83	I	1152,08	1013,33	880,66	754,08	633,58	519,08
	II	1158,33	443,83	443,83	II	1019,33	886,41	759,58	638,75	524,00	415,33
	III	807,16	443,83	443,83	III	703,66	603,16	505,66	411,33	319,83	231,50
	V	1779,33	443,83	443,83	IV	1223,66	1152,08	1081,91	1013,33	946,25	880,66
	VI	1822,58	443,83	443,83							

* Zur LSt-Berechnung für privat versicherte Arbeitnehmer s. Beispiele **Vorbemerkung S. 4f.**
** Basisvorsorgepauschale KV und PV *** Typisierter Arbeitgeberzuschuss

Monat gültig ab 1. 1. 2022 (idF des StEntlG 2022)   aT3

Lohn/Gehalt in € bis	Steuerklasse	Lohnsteuer*	BVSP**	TAGZ***	Steuerklasse	Bemessungsgrundlage für Kirchensteuer und Solidaritätszuschlag — Freibeträge für ... Kinder 0,5	1,0	1,5	2,0	2,5	3,0
5978,99	I,IV	1297,91	443,83	443,83	I	1153,16	1014,41	881,75	755,08	634,50	519,91
	II	1159,41	443,83	443,83	II	1020,41	887,50	760,58	639,66	524,91	416,16
	III	807,83	443,83	443,83	III	704,33	603,83	506,50	412,00	320,66	232,16
	V	1780,50	443,83	443,83	IV	1224,83	1153,16	1083,00	1014,41	947,33	881,75
	VI	1823,75	443,83	443,83							
5981,99	I,IV	1299,00	443,83	443,83	I	1154,25	1015,50	882,75	756,08	635,41	520,83
	II	1160,58	443,83	443,83	II	1021,50	888,50	761,50	640,66	525,75	417,00
	III	808,83	443,83	443,83	III	705,16	604,66	507,16	412,83	321,33	232,83
	V	1781,66	443,83	443,83	IV	1225,91	1154,25	1084,08	1015,50	948,33	882,75
	VI	1824,91	443,83	443,83							
5984,99	I,IV	1300,16	443,83	443,83	I	1155,41	1016,58	883,75	757,00	636,33	521,66
	II	1161,66	443,83	443,83	II	1022,58	889,50	762,50	641,58	526,66	417,83
	III	809,50	443,83	443,83	III	706,00	605,50	508,00	413,50	322,00	233,50
	V	1782,83	443,83	443,83	IV	1227,08	1155,41	1085,25	1016,58	949,41	883,75
	VI	1826,08	443,83	443,83							
5987,99	I,IV	1301,33	443,83	443,83	I	1156,50	1017,58	884,75	758,00	637,25	522,58
	II	1162,83	443,83	443,83	II	1023,66	890,58	763,50	642,50	527,50	418,66
	III	810,50	443,83	443,83	III	706,83	606,33	508,66	414,16	322,66	234,33
	V	1783,91	443,83	443,83	IV	1228,25	1156,50	1086,33	1017,58	950,41	884,75
	VI	1827,25	443,83	443,83							
5990,99	I,IV	1302,50	443,83	443,83	I	1157,58	1018,66	885,83	759,00	638,16	523,50
	II	1163,91	443,83	443,83	II	1024,75	891,58	764,50	643,41	528,41	419,50
	III	811,16	443,83	443,83	III	707,66	607,00	509,50	415,00	323,50	235,00
	V	1785,08	443,83	443,83	IV	1229,33	1157,58	1087,41	1018,66	951,50	885,83
	VI	1828,33	443,83	443,83							
5993,99	I,IV	1303,66	443,83	443,83	I	1158,75	1019,75	886,83	759,91	639,08	524,33
	II	1165,08	443,83	443,83	II	1025,83	892,58	765,41	644,33	529,33	420,33
	III	812,00	443,83	443,83	III	708,50	607,83	510,16	415,66	324,16	235,66
	V	1786,25	443,83	443,83	IV	1230,50	1158,75	1088,50	1019,75	952,50	886,83
	VI	1829,50	443,83	443,83							
5996,99	I,IV	1304,83	443,83	443,83	I	1159,83	1020,83	887,83	760,91	640,08	525,25
	II	1166,16	443,83	443,83	II	1026,83	893,58	766,41	645,25	530,16	421,16
	III	812,83	443,83	443,83	III	709,16	608,66	511,00	416,33	324,83	236,33
	V	1787,41	443,83	443,83	IV	1231,66	1159,83	1089,58	1020,83	953,58	887,83
	VI	1830,66	443,83	443,83							
5999,99	I,IV	1306,00	443,83	443,83	I	1161,00	1021,91	888,83	761,91	641,00	526,08
	II	1167,25	443,83	443,83	II	1027,91	894,66	767,41	646,16	531,08	422,00
	III	813,66	443,83	443,83	III	710,00	609,33	511,83	417,16	325,50	237,00
	V	1788,58	443,83	443,83	IV	1232,75	1161,00	1090,66	1021,91	954,66	888,83
	VI	1831,83	443,83	443,83							
6002,99	I,IV	1307,08	443,83	443,83	I	1162,08	1023,00	889,91	762,83	641,91	527,00
	II	1168,41	443,83	443,83	II	1029,00	895,66	768,41	647,16	531,91	422,83
	III	814,50	443,83	443,83	III	710,83	610,16	512,50	417,83	326,33	237,66
	V	1789,75	443,83	443,83	IV	1233,91	1162,08	1091,75	1023,00	955,66	889,91
	VI	1833,00	443,83	443,83							
6005,99	I,IV	1308,25	443,83	443,83	I	1163,25	1024,00	890,91	763,83	642,83	527,83
	II	1169,50	443,83	443,83	II	1030,08	896,66	769,33	648,08	532,83	423,66
	III	815,33	443,83	443,83	III	711,66	611,00	513,33	418,66	327,00	238,33
	V	1790,91	443,83	443,83	IV	1235,08	1163,25	1092,83	1024,00	956,75	890,91
	VI	1834,16	443,83	443,83							
6008,99	I,IV	1309,41	443,83	443,83	I	1164,33	1025,08	891,91	764,83	643,75	528,75
	II	1170,66	443,83	443,83	II	1031,16	897,75	770,33	649,00	533,75	424,50
	III	816,16	443,83	443,83	III	712,50	611,66	514,00	419,33	327,66	239,00
	V	1792,00	443,83	443,83	IV	1236,25	1164,33	1094,00	1025,08	957,75	891,91
	VI	1835,33	443,83	443,83							
6011,99	I,IV	1310,58	443,83	443,83	I	1165,41	1026,16	893,00	765,83	644,66	529,58
	II	1171,75	443,83	443,83	II	1032,25	898,75	771,33	649,91	534,58	425,33
	III	817,00	443,83	443,83	III	713,33	612,50	514,83	420,00	328,33	239,83
	V	1793,16	443,83	443,83	IV	1237,33	1165,41	1095,08	1026,16	958,83	893,00
	VI	1836,41	443,83	443,83							

*   Zur LSt-Berechnung für privat versicherte Arbeitnehmer s. Beispiele **Vorbemerkung S. 4 f.**
**   Basisvorsorgepauschale KV und PV   *** Typisierter Arbeitgeberzuschuss

aT3
allgemeine Lohnsteuer

Lohn/ Gehalt in € bis	Steuerklasse	Lohn-steuer*	BVSP**	TAGZ***	Steuerklasse	Bemessungsgrundlage für Kirchensteuer und Solidaritätszuschlag					
						Freibeträge für ... Kinder					
						0,5	1,0	1,5	2,0	2,5	3,0
6014,99	I,IV	**1311,75**	443,83	443,83	I	1166,58	1027,25	894,00	766,75	645,58	530,50
	II	**1172,91**	443,83	443,83	II	1033,33	899,75	772,25	650,83	535,50	426,16
	III	**817,83**	443,83	443,83	III	714,00	613,33	515,50	420,83	329,16	240,50
	V	**1794,33**	443,83	443,83	IV	1238,50	1166,58	1096,16	1027,25	959,83	894,00
	VI	**1837,58**	443,83	443,83							
6017,99	I,IV	**1312,91**	443,83	443,83	I	1167,66	1028,33	895,00	767,75	646,58	531,41
	II	**1174,00**	443,83	443,83	II	1034,41	900,83	773,25	651,83	536,33	427,00
	III	**818,66**	443,83	443,83	III	714,83	614,00	516,33	421,50	329,83	241,16
	V	**1795,50**	443,83	443,83	IV	1239,66	1167,66	1097,25	1028,33	960,91	895,00
	VI	**1838,75**	443,83	443,83							
6020,99	I,IV	**1314,08**	443,83	443,83	I	1168,83	1029,41	896,00	768,75	647,50	532,25
	II	**1175,16**	443,83	443,83	II	1035,41	901,83	774,25	652,75	537,25	427,83
	III	**819,50**	443,83	443,83	III	715,66	614,83	517,00	422,33	330,50	241,83
	V	**1796,66**	443,83	443,83	IV	1240,75	1168,83	1098,33	1029,41	962,00	896,00
	VI	**1839,91**	443,83	443,83							
6023,99	I,IV	**1315,16**	443,83	443,83	I	1169,91	1030,50	897,08	769,75	648,41	533,16
	II	**1176,25**	443,83	443,83	II	1036,50	902,83	775,25	653,66	538,16	428,66
	III	**820,33**	443,83	443,83	III	716,50	615,66	517,83	423,00	331,16	242,50
	V	**1797,83**	443,83	443,83	IV	1241,91	1169,91	1099,41	1030,50	963,00	897,08
	VI	**1841,08**	443,83	443,83							
6026,99	I,IV	**1316,33**	443,83	443,83	I	1171,08	1031,58	898,08	770,66	649,33	534,00
	II	**1177,41**	443,83	443,83	II	1037,58	903,91	776,25	654,58	539,00	429,50
	III	**821,16**	443,83	443,83	III	717,33	616,33	518,50	423,66	332,00	243,16
	V	**1799,00**	443,83	443,83	IV	1243,08	1171,08	1100,58	1031,58	964,08	898,08
	VI	**1842,25**	443,83	443,83							
6029,99	I,IV	**1317,50**	443,83	443,83	I	1172,16	1032,58	899,08	771,66	650,25	534,91
	II	**1178,50**	443,83	443,83	II	1038,66	904,91	777,16	655,50	539,91	430,33
	III	**822,00**	443,83	443,83	III	718,16	617,16	519,33	424,50	332,66	243,83
	V	**1800,08**	443,83	443,83	IV	1244,25	1172,16	1101,66	1032,58	965,08	899,08
	VI	**1843,41**	443,83	443,83							
6032,99	I,IV	**1318,66**	443,83	443,83	I	1173,33	1033,75	900,16	772,66	651,25	535,83
	II	**1179,66**	443,83	443,83	II	1039,83	906,00	778,16	656,50	540,83	431,16
	III	**822,83**	443,83	443,83	III	719,00	618,00	520,16	425,16	333,33	244,50
	V	**1801,33**	443,83	443,83	IV	1245,41	1173,33	1102,75	1033,75	966,16	900,16
	VI	**1844,58**	443,83	443,83							
6035,99	I,IV	**1319,83**	443,83	443,83	I	1174,41	1034,83	901,16	773,66	652,16	536,75
	II	**1180,75**	443,83	443,83	II	1040,83	907,00	779,16	657,41	541,66	432,08
	III	**823,66**	443,83	443,83	III	719,66	618,83	520,83	426,00	334,16	245,16
	V	**1802,50**	443,83	443,83	IV	1246,58	1174,41	1103,83	1034,83	967,25	901,16
	VI	**1845,75**	443,83	443,83							
6038,99	I,IV	**1321,00**	443,83	443,83	I	1175,58	1035,91	902,25	774,66	653,08	537,58
	II	**1181,91**	443,83	443,83	II	1041,91	908,00	780,16	658,33	542,58	432,91
	III	**824,50**	443,83	443,83	III	720,50	619,50	521,66	426,66	334,83	246,00
	V	**1803,58**	443,83	443,83	IV	1247,66	1175,58	1105,00	1035,91	968,33	902,25
	VI	**1846,91**	443,83	443,83							
6041,99	I,IV	**1322,16**	443,83	443,83	I	1176,66	1036,91	903,25	775,58	654,00	538,50
	II	**1183,00**	443,83	443,83	II	1043,00	909,08	781,16	659,25	543,50	433,75
	III	**825,33**	443,83	443,83	III	721,33	620,33	522,33	427,50	335,50	246,66
	V	**1804,75**	443,83	443,83	IV	1248,83	1176,66	1106,08	1036,91	969,33	903,25
	VI	**1848,00**	443,83	443,83							
6044,99	I,IV	**1323,33**	443,83	443,83	I	1177,83	1038,00	904,25	776,58	654,91	539,33
	II	**1184,16**	443,83	443,83	II	1044,08	910,08	782,16	660,25	544,33	434,58
	III	**826,16**	443,83	443,83	III	722,16	621,16	523,16	428,16	336,16	247,33
	V	**1805,91**	443,83	443,83	IV	1250,00	1177,83	1107,16	1038,00	970,41	904,25
	VI	**1849,16**	443,83	443,83							
6047,99	I,IV	**1324,50**	443,83	443,83	I	1178,91	1039,08	905,33	777,58	655,91	540,25
	II	**1185,25**	443,83	443,83	II	1045,16	911,08	783,08	661,16	545,25	435,41
	III	**827,00**	443,83	443,83	III	723,00	621,83	523,83	428,83	337,00	248,00
	V	**1807,08**	443,83	443,83	IV	1251,16	1178,91	1108,25	1039,08	971,41	905,33
	VI	**1850,33**	443,83	443,83							

* Zur LSt-Berechnung für privat versicherte Arbeitnehmer s. Beispiele **Vorbemerkung S. 4 f.**
** Basisvorsorgepauschale KV und PV *** Typisierter Arbeitgeberzuschuss

Monat gültig ab 1. 1. 2022 (idF des StEntlG 2022) aT3

Lohn/ Gehalt in € bis	Steuerklasse	Lohn-steuer*	BVSP**	TAGZ***	Steuerklasse	Bemessungsgrundlage für Kirchensteuer und Solidaritätszuschlag Freibeträge für ... Kinder 0,5	1,0	1,5	2,0	2,5	3,0
6050,99	I,IV	**1 325,66**	443,83	443,83	I	1 180,08	1 040,16	906,33	778,58	656,83	541,16
	II	**1 186,41**	443,83	443,83	II	1 046,25	912,16	784,08	662,08	546,16	436,25
	III	**827,83**	443,83	443,83	III	723,83	622,66	524,66	429,66	337,66	248,66
	V	**1 808,25**	443,83	443,83	IV	1 252,25	1 180,08	1 109,33	1 040,16	972,50	906,33
	VI	**1 851,50**	443,83	443,83							
6053,99	I,IV	**1 326,75**	443,83	443,83	I	1 181,16	1 041,25	907,41	779,50	657,75	542,00
	II	**1 187,58**	443,83	443,83	II	1 047,33	913,16	785,08	663,00	547,00	437,08
	III	**828,66**	443,83	443,83	III	724,50	623,50	525,33	430,33	338,33	249,33
	V	**1 809,41**	443,83	443,83	IV	1 253,41	1 181,16	1 110,50	1 041,25	973,58	907,41
	VI	**1 852,66**	443,83	443,83							
6056,99	I,IV	**1 327,91**	443,83	443,83	I	1 182,33	1 042,33	908,41	780,50	658,66	542,91
	II	**1 188,66**	443,83	443,83	II	1 048,41	914,25	786,08	664,00	547,91	437,91
	III	**829,50**	443,83	443,83	III	725,33	624,33	526,16	431,16	339,16	250,00
	V	**1 810,58**	443,83	443,83	IV	1 254,58	1 182,33	1 111,58	1 042,33	974,58	908,41
	VI	**1 853,83**	443,83	443,83							
6059,99	I,IV	**1 329,08**	443,83	443,83	I	1 183,41	1 043,41	909,41	781,50	659,66	543,83
	II	**1 189,83**	443,83	443,83	II	1 049,50	915,25	787,08	664,91	548,83	438,75
	III	**830,33**	443,83	443,83	III	726,16	625,00	527,00	431,83	339,83	250,66
	V	**1 811,66**	443,83	443,83	IV	1 255,75	1 183,41	1 112,66	1 043,41	975,66	909,41
	VI	**1 855,00**	443,83	443,83							
6062,99	I,IV	**1 330,25**	443,83	443,83	I	1 184,58	1 044,50	910,50	782,50	660,58	544,66
	II	**1 190,91**	443,83	443,83	II	1 050,58	916,25	788,00	665,83	549,66	439,58
	III	**831,16**	443,83	443,83	III	727,00	625,83	527,66	432,66	340,50	251,50
	V	**1 812,83**	443,83	443,83	IV	1 256,91	1 184,58	1 113,75	1 044,50	976,75	910,50
	VI	**1 856,08**	443,83	443,83							
6065,99	I,IV	**1 331,41**	443,83	443,83	I	1 185,66	1 045,58	911,50	783,50	661,50	545,58
	II	**1 192,08**	443,83	443,83	II	1 051,66	917,33	789,00	666,75	550,58	440,41
	III	**832,00**	443,83	443,83	III	727,83	626,66	528,50	433,33	341,16	252,16
	V	**1 814,00**	443,83	443,83	IV	1 258,00	1 185,66	1 114,91	1 045,58	977,75	911,50
	VI	**1 857,25**	443,83	443,83							
6068,99	I,IV	**1 332,58**	443,83	443,83	I	1 186,83	1 046,66	912,50	784,41	662,41	546,50
	II	**1 193,16**	443,83	443,83	II	1 052,75	918,33	790,00	667,75	551,50	441,33
	III	**832,83**	443,83	443,83	III	728,66	627,33	529,16	434,00	342,00	252,83
	V	**1 815,16**	443,83	443,83	IV	1 259,16	1 186,83	1 116,00	1 046,66	978,83	912,50
	VI	**1 858,41**	443,83	443,83							
6071,99	I,IV	**1 333,75**	443,83	443,83	I	1 187,91	1 047,75	913,58	785,41	663,33	547,33
	II	**1 194,33**	443,83	443,83	II	1 053,83	919,41	791,00	668,66	552,33	442,16
	III	**833,66**	443,83	443,83	III	729,33	628,16	530,00	434,83	342,66	253,50
	V	**1 816,33**	443,83	443,83	IV	1 260,33	1 187,91	1 117,08	1 047,75	979,91	913,58
	VI	**1 859,58**	443,83	443,83							
6074,99	I,IV	**1 334,83**	443,83	443,83	I	1 189,08	1 048,83	914,58	786,41	664,33	548,25
	II	**1 195,41**	443,83	443,83	II	1 054,91	920,41	792,00	669,58	553,25	443,00
	III	**834,50**	443,83	443,83	III	730,16	629,00	530,66	435,50	343,33	254,16
	V	**1 817,50**	443,83	443,83	IV	1 261,50	1 189,08	1 118,16	1 048,83	980,91	914,58
	VI	**1 860,75**	443,83	443,83							
6077,99	I,IV	**1 336,00**	443,83	443,83	I	1 190,25	1 049,91	915,58	787,41	665,25	549,16
	II	**1 196,58**	443,83	443,83	II	1 056,00	921,41	793,00	670,50	554,16	443,83
	III	**835,33**	443,83	443,83	III	731,00	629,66	531,50	436,33	344,00	254,83
	V	**1 818,66**	443,83	443,83	IV	1 262,66	1 190,25	1 119,33	1 049,91	982,00	915,58
	VI	**1 861,91**	443,83	443,83							
6080,99	I,IV	**1 337,16**	443,83	443,83	I	1 191,33	1 051,00	916,66	788,41	666,16	550,00
	II	**1 197,66**	443,83	443,83	II	1 057,08	922,50	793,91	671,50	555,08	444,66
	III	**836,16**	443,83	443,83	III	731,83	630,50	532,33	437,00	344,83	255,66
	V	**1 819,66**	443,83	443,83	IV	1 263,75	1 191,33	1 120,41	1 051,00	983,08	916,66
	VI	**1 863,08**	443,83	443,83							
6083,99	I,IV	**1 338,33**	443,83	443,83	I	1 192,50	1 052,08	917,66	789,41	667,08	550,91
	II	**1 198,83**	443,83	443,83	II	1 058,16	923,50	794,91	672,41	555,91	445,50
	III	**837,00**	443,83	443,83	III	732,66	631,33	533,00	437,66	345,50	256,33
	V	**1 820,91**	443,83	443,83	IV	1 264,91	1 192,50	1 121,50	1 052,08	984,08	917,66
	VI	**1 864,16**	443,83	443,83							

* Zur LSt-Berechnung für privat versicherte Arbeitnehmer s. Beispiele **Vorbemerkung S. 4f.**
** Basisvorsorgepauschale KV und PV   *** Typisierter Arbeitgeberzuschuss

aT3 allgemeine Lohnsteuer

Lohn/ Gehalt in € bis	Steuerklasse	Lohn- steuer*	BVSP**	TAGZ***	Steuerklasse	Bemessungsgrundlage für Kirchensteuer und Solidaritätszuschlag Freibeträge für ... Kinder					
						0,5	1,0	1,5	2,0	2,5	3,0
6086,99	I,IV	1 339,50	443,83	443,83	I	1 193,66	1 053,16	918,75	790,41	668,08	551,83
	II	1 200,00	443,83	443,83	II	1 059,25	924,58	796,00	673,41	556,83	446,41
	III	837,83	443,83	443,83	III	733,50	632,16	533,83	438,50	346,16	257,00
	V	1 822,16	443,83	443,83	IV	1 266,16	1 193,66	1 122,66	1 053,16	985,16	918,75
	VI	1 865,41	443,83	443,83							
6089,99	I,IV	1 340,66	443,83	443,83	I	1 194,75	1 054,25	919,75	791,41	669,00	552,75
	II	1 201,16	443,83	443,83	II	1 060,33	925,58	796,91	674,33	557,75	447,25
	III	838,66	443,83	443,83	III	734,33	633,00	534,50	439,33	347,00	257,66
	V	1 823,25	443,83	443,83	IV	1 267,25	1 194,75	1 123,75	1 054,25	986,25	919,75
	VI	1 866,58	443,83	443,83							
6092,99	I,IV	1 341,83	443,83	443,83	I	1 195,91	1 055,33	920,83	792,33	670,00	553,58
	II	1 202,25	443,83	443,83	II	1 061,41	926,66	797,91	675,25	558,66	448,08
	III	839,50	443,83	443,83	III	735,00	633,66	535,33	440,00	347,66	258,33
	V	1 824,41	443,83	443,83	IV	1 268,41	1 195,91	1 124,83	1 055,33	987,33	920,83
	VI	1 867,66	443,83	443,83							
6095,99	I,IV	1 343,00	443,83	443,83	I	1 197,00	1 056,41	921,83	793,33	670,91	554,50
	II	1 203,41	443,83	443,83	II	1 062,50	927,66	798,91	676,16	559,50	448,91
	III	840,33	443,83	443,83	III	736,00	634,50	536,16	440,66	348,33	259,00
	V	1 825,58	443,83	443,83	IV	1 269,58	1 197,00	1 126,00	1 056,41	988,41	921,83
	VI	1 868,83	443,83	443,83							
6098,99	I,IV	1 344,16	443,83	443,83	I	1 198,16	1 057,50	922,91	794,33	671,83	555,41
	II	1 204,50	443,83	443,83	II	1 063,58	928,75	799,91	677,16	560,41	449,75
	III	841,16	443,83	443,83	III	736,66	635,33	536,83	441,50	349,00	259,66
	V	1 826,75	443,83	443,83	IV	1 270,75	1 198,16	1 127,08	1 057,50	989,41	922,91
	VI	1 870,00	443,83	443,83							
6101,99	I,IV	1 345,33	443,83	443,83	I	1 199,25	1 058,58	923,91	795,33	672,75	556,33
	II	1 205,66	443,83	443,83	II	1 064,66	929,75	800,91	678,08	561,33	450,58
	III	842,00	443,83	443,83	III	737,50	636,00	537,66	442,16	349,83	260,50
	V	1 827,91	443,83	443,83	IV	1 271,91	1 199,25	1 128,16	1 058,58	990,50	923,91
	VI	1 871,16	443,83	443,83							
6104,99	I,IV	1 346,41	443,83	443,83	I	1 200,41	1 059,66	925,00	796,33	673,75	557,16
	II	1 206,83	443,83	443,83	II	1 065,75	930,83	801,91	679,00	562,25	451,50
	III	842,83	443,83	443,83	III	738,33	636,83	538,33	443,00	350,50	261,16
	V	1 829,08	443,83	443,83	IV	1 273,08	1 200,41	1 129,25	1 059,66	991,58	925,00
	VI	1 872,33	443,83	443,83							
6107,99	I,IV	1 347,58	443,83	443,83	I	1 201,50	1 060,75	926,00	797,33	674,66	558,08
	II	1 207,91	443,83	443,83	II	1 066,83	931,83	802,91	680,00	563,08	452,33
	III	843,66	443,83	443,83	III	739,16	637,66	539,16	443,66	351,16	261,83
	V	1 830,25	443,83	443,83	IV	1 274,25	1 201,50	1 130,41	1 060,75	992,58	926,00
	VI	1 873,50	443,83	443,83							
6110,99	I,IV	1 348,75	443,83	443,83	I	1 202,66	1 061,83	927,00	798,33	675,58	559,00
	II	1 209,08	443,83	443,83	II	1 067,91	932,91	803,91	680,91	564,00	453,16
	III	844,50	443,83	443,83	III	740,00	638,33	539,83	444,33	352,00	262,50
	V	1 831,33	443,83	443,83	IV	1 275,33	1 202,66	1 131,50	1 061,83	993,66	927,00
	VI	1 874,66	443,83	443,83							
6113,99	I,IV	1 349,91	443,83	443,83	I	1 203,83	1 062,91	928,08	799,25	676,58	559,83
	II	1 210,16	443,83	443,83	II	1 069,00	933,91	804,83	681,83	564,91	454,00
	III	845,33	443,83	443,83	III	740,83	639,16	540,66	445,16	352,66	263,16
	V	1 832,50	443,83	443,83	IV	1 276,50	1 203,83	1 132,58	1 062,91	994,75	928,08
	VI	1 875,75	443,83	443,83							
6116,99	I,IV	1 351,08	443,83	443,83	I	1 204,91	1 064,00	929,08	800,25	677,50	560,75
	II	1 211,33	443,83	443,83	II	1 070,08	935,00	805,83	682,83	565,83	454,83
	III	846,16	443,83	443,83	III	741,50	640,00	541,50	445,83	353,33	263,83
	V	1 833,66	443,83	443,83	IV	1 277,66	1 204,91	1 133,75	1 064,00	995,83	929,08
	VI	1 876,91	443,83	443,83							
6119,99	I,IV	1 352,25	443,83	443,83	I	1 206,08	1 065,08	930,16	801,25	678,41	561,66
	II	1 212,50	443,83	443,83	II	1 071,25	936,00	806,83	683,75	566,66	455,75
	III	847,00	443,83	443,83	III	742,33	640,83	542,16	446,66	354,16	264,66
	V	1 834,83	443,83	443,83	IV	1 278,83	1 206,08	1 134,83	1 065,08	996,83	930,16
	VI	1 878,08	443,83	443,83							

* Zur LSt-Berechnung für privat versicherte Arbeitnehmer s. Beispiele **Vorbemerkung S. 4 f.**
** Basisvorsorgepauschale KV und PV   *** Typisierter Arbeitgeberzuschuss

Monat gültig ab 1. 1. 2022 (idF des StEntlG 2022) **aT3**

Lohn/Gehalt in € bis	Steuerklasse	Lohnsteuer*	BVSP**	TAGZ***	Steuerklasse	Bemessungsgrundlage für Kirchensteuer und Solidaritätszuschlag Freibeträge für ... Kinder					
						0,5	1,0	1,5	2,0	2,5	3,0
6122,99	I,IV	1 353,41	443,83	443,83	I	1 207,16	1 066,16	931,16	802,25	679,41	562,58
	II	1 213,58	443,83	443,83	II	1 072,33	937,08	807,83	684,66	567,58	456,58
	III	847,83	443,83	443,83	III	743,16	641,50	543,00	447,33	354,83	265,33
	V	1 836,00	443,83	443,83	IV	1 280,00	1 207,16	1 135,91	1 066,16	997,91	931,16
	VI	1 879,25	443,83	443,83							
6125,99	I,IV	1 354,50	443,83	443,83	I	1 208,33	1 067,25	932,25	803,25	680,33	563,41
	II	1 214,75	443,83	443,83	II	1 073,41	938,08	808,83	685,66	568,50	457,41
	III	848,66	443,83	443,83	III	744,00	642,33	543,66	448,16	355,50	266,00
	V	1 837,16	443,83	443,83	IV	1 281,16	1 208,33	1 137,00	1 067,25	999,00	932,25
	VI	1 880,41	443,83	443,83							
6128,99	I,IV	1 355,66	443,83	443,83	I	1 209,50	1 068,33	933,25	804,25	681,25	564,33
	II	1 215,83	443,83	443,83	II	1 074,50	939,16	809,83	686,58	569,41	458,25
	III	849,50	443,83	443,83	III	744,83	643,16	544,50	448,83	356,16	266,66
	V	1 838,33	443,83	443,83	IV	1 282,33	1 209,50	1 138,16	1 068,33	1 000,08	933,25
	VI	1 881,58	443,83	443,83							
6131,99	I,IV	1 356,83	443,83	443,83	I	1 210,58	1 069,41	934,33	805,25	682,25	565,25
	II	1 217,00	443,83	443,83	II	1 075,58	940,16	810,83	687,50	570,33	459,08
	III	850,33	443,83	443,83	III	745,66	644,00	545,33	449,66	357,00	267,33
	V	1 839,50	443,83	443,83	IV	1 283,41	1 210,58	1 139,25	1 069,41	1 001,08	934,33
	VI	1 882,75	443,83	443,83							
6134,99	I,IV	1 358,00	443,83	443,83	I	1 211,75	1 070,50	935,33	806,25	683,16	566,16
	II	1 218,16	443,83	443,83	II	1 076,66	941,25	811,83	688,50	571,16	460,00
	III	851,16	443,83	443,83	III	746,50	644,66	546,00	450,33	357,66	268,00
	V	1 840,58	443,83	443,83	IV	1 284,58	1 211,75	1 140,33	1 070,50	1 002,16	935,33
	VI	1 883,83	443,83	443,83							
6137,99	I,IV	1 359,16	443,83	443,83	I	1 212,91	1 071,58	936,41	807,25	684,08	567,00
	II	1 219,25	443,83	443,83	II	1 077,75	942,25	812,83	689,41	572,08	460,83
	III	852,00	443,83	443,83	III	747,33	645,50	546,83	451,16	358,33	268,83
	V	1 841,75	443,83	443,83	IV	1 285,75	1 212,91	1 141,50	1 071,58	1 003,25	936,41
	VI	1 885,00	443,83	443,83							
6140,99	I,IV	1 360,33	443,83	443,83	I	1 214,00	1 072,66	937,41	808,16	685,08	567,91
	II	1 220,41	443,83	443,83	II	1 078,83	943,33	813,83	690,41	573,00	461,66
	III	852,83	443,83	443,83	III	748,00	646,33	547,50	451,83	359,16	269,50
	V	1 842,91	443,83	443,83	IV	1 286,91	1 214,00	1 142,58	1 072,66	1 004,33	937,41
	VI	1 886,16	443,83	443,83							
6143,99	I,IV	1 361,50	443,83	443,83	I	1 215,16	1 073,83	938,50	809,25	686,00	568,83
	II	1 221,58	443,83	443,83	II	1 079,91	944,33	814,83	691,33	573,91	462,58
	III	853,66	443,83	443,83	III	748,83	647,16	548,33	452,50	359,83	270,16
	V	1 844,08	443,83	443,83	IV	1 288,08	1 215,16	1 143,75	1 073,83	1 005,41	938,50
	VI	1 887,33	443,83	443,83							
6146,99	I,IV	1 362,66	443,83	443,83	I	1 216,33	1 074,91	939,50	810,25	687,00	569,75
	II	1 222,75	443,83	443,83	II	1 081,08	945,41	815,83	692,33	574,83	463,41
	III	854,66	443,83	443,83	III	749,66	647,83	549,16	453,33	360,66	270,83
	V	1 845,25	443,83	443,83	IV	1 289,25	1 216,33	1 144,83	1 074,91	1 006,50	939,50
	VI	1 888,50	443,83	443,83							
6149,99	I,IV	1 363,83	443,83	443,83	I	1 217,41	1 076,00	940,58	811,25	687,91	570,66
	II	1 223,83	443,83	443,83	II	1 082,16	946,41	816,83	693,25	575,75	464,25
	III	855,33	443,83	443,83	III	750,50	648,66	549,83	454,00	361,33	271,50
	V	1 846,41	443,83	443,83	IV	1 290,41	1 217,41	1 146,00	1 076,00	1 007,50	940,58
	VI	1 889,66	443,83	443,83							
6152,99	I,IV	1 365,00	443,83	443,83	I	1 218,58	1 077,08	941,58	812,25	688,83	571,58
	II	1 225,00	443,83	443,83	II	1 083,25	947,50	817,83	694,16	576,66	465,08
	III	856,33	443,83	443,83	III	751,33	649,50	550,66	454,83	362,00	272,16
	V	1 847,58	443,83	443,83	IV	1 291,58	1 218,58	1 147,08	1 077,08	1 008,58	941,58
	VI	1 890,83	443,83	443,83							
6155,99	I,IV	1 366,16	443,83	443,83	I	1 219,75	1 078,16	942,66	813,16	689,83	572,41
	II	1 226,16	443,83	443,83	II	1 084,33	948,58	818,83	695,16	577,50	465,91
	III	857,00	443,83	443,83	III	752,16	650,33	551,33	455,50	362,66	273,00
	V	1 848,75	443,83	443,83	IV	1 292,75	1 219,75	1 148,16	1 078,16	1 009,66	942,58
	VI	1 892,00	443,83	443,83							

* Zur LSt-Berechnung für privat versicherte Arbeitnehmer s. Beispiele **Vorbemerkung S. 4 f.**
** Basisvorsorgepauschale KV und PV *** Typisierter Arbeitgeberzuschuss

aT3　　　　　　　　　　　　　　　　　　　　　allgemeine Lohnsteuer

Lohn/ Gehalt in € bis	Steuerklasse	Lohn- steuer*	BVSP**	TAGZ***	Steuerklasse	Bemessungsgrundlage für Kirchensteuer und Solidaritätszuschlag Freibeträge für ... Kinder					
						0,5	1,0	1,5	2,0	2,5	3,0
6158,99	I,IV	1 367,25	443,83	443,83	I	1 220,83	1 079,25	943,66	814,16	690,75	573,33
	II	1 227,25	443,83	443,83	II	1 085,41	949,58	819,83	696,08	578,41	466,83
	III	858,00	443,83	443,83	III	753,00	651,00	552,16	456,33	363,50	273,66
	V	1 849,91	443,83	443,83	IV	1 293,91	1 220,83	1 149,33	1 079,25	1 010,75	943,66
	VI	1 893,16	443,83	443,83							
6161,99	I,IV	1 368,41	443,83	443,83	I	1 222,00	1 080,33	944,75	815,16	691,66	574,25
	II	1 228,41	443,83	443,83	II	1 086,50	950,66	820,83	697,08	579,33	467,66
	III	858,83	443,83	443,83	III	753,83	651,83	552,83	457,00	364,16	274,33
	V	1 851,08	443,83	443,83	IV	1 295,00	1 222,00	1 150,41	1 080,33	1 011,83	944,75
	VI	1 894,33	443,83	443,83							
6164,99	I,IV	1 369,58	443,83	443,83	I	1 223,16	1 081,41	945,83	816,16	692,66	575,16
	II	1 229,58	443,83	443,83	II	1 087,58	951,66	821,83	698,00	580,25	468,50
	III	859,66	443,83	443,83	III	754,66	652,66	553,66	457,83	364,83	275,00
	V	1 852,16	443,83	443,83	IV	1 296,16	1 223,16	1 151,50	1 081,41	1 012,83	945,83
	VI	1 895,50	443,83	443,83							
6167,99	I,IV	1 370,75	443,83	443,83	I	1 224,25	1 082,50	946,83	817,16	693,58	576,08
	II	1 230,75	443,83	443,83	II	1 088,66	952,75	822,83	698,91	581,16	469,41
	III	860,50	443,83	443,83	III	755,33	653,33	554,50	458,50	365,66	275,66
	V	1 853,33	443,83	443,83	IV	1 297,33	1 224,25	1 152,66	1 082,50	1 013,91	946,83
	VI	1 896,58	443,83	443,83							
6170,99	I,IV	1 371,91	443,83	443,83	I	1 225,41	1 083,66	947,91	818,16	694,58	576,91
	II	1 231,83	443,83	443,83	II	1 089,75	953,75	823,83	699,91	582,00	470,25
	III	861,33	443,83	443,83	III	756,16	654,16	555,16	459,33	366,33	276,50
	V	1 854,50	443,83	443,83	IV	1 298,50	1 225,41	1 153,75	1 083,66	1 015,00	947,91
	VI	1 897,75	443,83	443,83							
6173,99	I,IV	1 373,08	443,83	443,83	I	1 226,58	1 084,75	948,91	819,16	695,50	577,83
	II	1 233,00	443,83	443,83	II	1 090,91	954,83	824,83	700,83	582,91	471,08
	III	862,16	443,83	443,83	III	757,00	655,00	556,00	460,00	367,00	277,16
	V	1 855,66	443,83	443,83	IV	1 299,66	1 226,58	1 154,91	1 084,75	1 016,08	948,91
	VI	1 898,91	443,83	443,83							
6176,99	I,IV	1 374,25	443,83	443,83	I	1 227,66	1 085,83	950,00	820,16	696,41	578,75
	II	1 234,16	443,83	443,83	II	1 092,00	955,83	825,83	701,83	583,83	471,91
	III	863,00	443,83	443,83	III	757,83	655,83	556,83	460,83	367,83	277,83
	V	1 856,83	443,83	443,83	IV	1 300,83	1 227,66	1 156,00	1 085,83	1 017,16	950,00
	VI	1 900,08	443,83	443,83							
6179,99	I,IV	1 375,33	443,83	443,83	I	1 228,83	1 086,91	951,00	821,16	697,41	579,66
	II	1 235,25	443,83	443,83	II	1 093,08	956,91	826,83	702,75	584,75	472,83
	III	863,83	443,83	443,83	III	758,66	656,50	557,50	461,50	368,50	278,50
	V	1 858,00	443,83	443,83	IV	1 302,00	1 228,83	1 157,08	1 086,91	1 018,16	951,00
	VI	1 901,25	443,83	443,83							
6182,99	I,IV	1 376,50	443,83	443,83	I	1 230,00	1 088,00	952,08	822,16	698,33	580,58
	II	1 236,41	443,83	443,83	II	1 094,16	958,00	827,83	703,66	585,66	473,66
	III	864,66	443,83	443,83	III	759,50	657,33	558,33	462,16	369,16	279,16
	V	1 859,16	443,83	443,83	IV	1 303,16	1 230,00	1 158,25	1 088,00	1 019,16	952,08
	VI	1 902,41	443,83	443,83							
6185,99	I,IV	1 377,66	443,83	443,83	I	1 231,16	1 089,08	953,08	823,16	699,33	581,50
	II	1 237,58	443,83	443,83	II	1 095,25	959,00	828,83	704,66	586,58	474,50
	III	865,50	443,83	443,83	III	760,33	658,16	559,00	463,00	369,83	279,83
	V	1 860,25	443,83	443,83	IV	1 304,25	1 231,16	1 159,33	1 089,08	1 020,33	953,08
	VI	1 903,58	443,83	443,83							
6188,99	I,IV	1 378,83	443,83	443,83	I	1 232,25	1 090,16	954,16	824,16	700,25	582,33
	II	1 238,66	443,83	443,83	II	1 096,33	960,08	829,83	705,58	587,50	475,33
	III	866,33	443,83	443,83	III	761,16	659,00	559,83	463,66	370,66	280,66
	V	1 861,41	443,83	443,83	IV	1 305,41	1 232,25	1 160,50	1 090,16	1 021,41	954,16
	VI	1 904,66	443,83	443,83							
6191,99	I,IV	1 380,00	443,83	443,83	I	1 233,41	1 091,25	955,16	825,16	701,16	583,25
	II	1 239,83	443,83	443,83	II	1 097,41	961,08	830,83	706,58	588,33	476,25
	III	867,16	443,83	443,83	III	762,00	659,66	560,66	464,50	371,33	281,33
	V	1 862,58	443,83	443,83	IV	1 306,58	1 233,41	1 161,58	1 091,25	1 022,50	955,16
	VI	1 905,83	443,83	443,83							

* Zur LSt-Berechnung für privat versicherte Arbeitnehmer s. Beispiele **Vorbemerkung S. 4 f.**
** Basisvorsorgepauschale KV und PV　*** Typisierter Arbeitgeberzuschuss

Monat gültig ab 1. 1. 2022 (idF des StEntlG 2022) aT3

Lohn/Gehalt in € bis	Steuerklasse	Lohnsteuer*	BVSP**	TAGZ***	Steuerklasse	Bemessungsgrundlage für Kirchensteuer und Solidaritätszuschlag — Freibeträge für ... Kinder					
						0,5	1,0	1,5	2,0	2,5	3,0
6194,99	I,IV	1381,16	443,83	443,83	I	1234,58	1092,33	956,25	826,16	702,16	584,16
	II	1241,00	443,83	443,83	II	1098,58	962,16	831,83	707,50	589,25	477,08
	III	868,00	443,83	443,83	III	762,83	660,50	561,33	465,16	372,16	282,00
	V	1863,75	443,83	443,83	IV	1307,75	1234,58	1162,66	1092,33	1023,58	956,25
	VI	1907,00	443,83	443,83							
6197,99	I,IV	1382,33	443,83	443,83	I	1235,66	1093,50	957,33	827,16	703,08	585,08
	II	1242,16	443,83	443,83	II	1099,66	963,16	832,83	708,50	590,16	477,91
	III	868,83	443,83	443,83	III	763,50	661,33	562,16	466,00	372,83	282,66
	V	1864,91	443,83	443,83	IV	1308,91	1235,66	1163,83	1093,50	1024,58	957,33
	VI	1908,16	443,83	443,83							
6200,99	I,IV	1383,50	443,83	443,83	I	1236,83	1094,58	958,33	828,16	704,08	586,00
	II	1243,33	443,83	443,83	II	1100,75	964,25	833,83	709,41	591,08	478,83
	III	869,66	443,83	443,83	III	764,33	662,16	563,00	466,66	373,50	283,33
	V	1866,08	443,83	443,83	IV	1310,08	1236,83	1165,00	1094,58	1025,75	958,33
	VI	1909,33	443,83	443,83							
6203,99	I,IV	1384,66	443,83	443,83	I	1238,00	1095,66	959,41	829,16	705,00	586,91
	II	1244,50	443,83	443,83	II	1101,91	965,33	834,83	710,41	592,00	479,66
	III	870,50	443,83	443,83	III	765,16	663,00	563,66	467,50	374,33	284,16
	V	1867,25	443,83	443,83	IV	1311,25	1238,00	1166,08	1095,66	1026,83	959,41
	VI	1910,50	443,83	443,83							
6206,99	I,IV	1385,83	443,83	443,83	I	1239,16	1096,75	960,50	830,16	706,00	587,83
	II	1245,58	443,83	443,83	II	1103,00	966,41	835,83	711,33	592,91	480,58
	III	871,33	443,83	443,83	III	766,00	663,66	564,50	468,16	375,00	284,83
	V	1868,41	443,83	443,83	IV	1312,41	1239,16	1167,25	1096,75	1027,83	960,50
	VI	1911,66	443,83	443,83							
6209,99	I,IV	1386,91	443,83	443,83	I	1240,33	1097,91	961,50	831,16	706,91	588,75
	II	1246,75	443,83	443,83	II	1104,00	967,41	836,83	712,33	593,83	481,41
	III	872,16	443,83	443,83	III	766,83	664,50	565,16	469,00	375,66	285,50
	V	1869,58	443,83	443,83	IV	1313,58	1240,33	1168,33	1097,91	1028,91	961,50
	VI	1912,83	443,83	443,83							
6212,99	I,IV	1388,08	443,83	443,83	I	1241,41	1099,00	962,58	832,16	707,91	589,66
	II	1247,91	443,83	443,83	II	1105,16	968,50	837,83	713,25	594,75	482,25
	III	873,00	443,83	443,83	III	767,66	665,33	566,00	469,66	376,50	286,16
	V	1870,75	443,83	443,83	IV	1314,75	1241,41	1169,50	1099,00	1030,00	962,58
	VI	1914,00	443,83	443,83							
6215,99	I,IV	1389,25	443,83	443,83	I	1242,58	1100,08	963,58	833,25	708,83	590,58
	II	1249,08	443,83	443,83	II	1106,25	969,58	838,83	714,25	595,66	483,16
	III	873,83	443,83	443,83	III	768,50	666,16	566,83	470,50	377,16	286,83
	V	1871,83	443,83	443,83	IV	1315,83	1242,58	1170,58	1100,08	1031,08	963,58
	VI	1915,16	443,83	443,83							
6218,99	I,IV	1390,41	443,83	443,83	I	1243,75	1101,16	964,66	834,25	709,83	591,41
	II	1250,16	443,83	443,83	II	1107,33	970,58	839,83	715,16	596,58	484,00
	III	874,66	443,83	443,83	III	769,33	666,83	567,50	471,16	377,83	287,50
	V	1873,00	443,83	443,83	IV	1317,00	1243,75	1171,66	1101,16	1032,16	964,66
	VI	1916,25	443,83	443,83							
6221,99	I,IV	1391,58	443,83	443,83	I	1244,91	1102,25	965,75	835,25	710,75	592,33
	II	1251,33	443,83	443,83	II	1108,50	971,66	840,83	716,16	597,50	484,83
	III	875,66	443,83	443,83	III	770,16	667,66	568,33	472,00	378,66	288,33
	V	1874,16	443,83	443,83	IV	1318,16	1244,91	1172,83	1102,25	1033,25	965,75
	VI	1917,41	443,83	443,83							
6224,99	I,IV	1392,75	443,83	443,83	I	1246,00	1103,33	966,75	836,25	711,75	593,25
	II	1252,50	443,83	443,83	II	1109,58	972,66	841,91	717,08	598,41	485,75
	III	876,33	443,83	443,83	III	771,00	668,50	569,00	472,66	379,33	289,00
	V	1875,33	443,83	443,83	IV	1319,33	1246,00	1173,91	1103,33	1034,33	966,75
	VI	1918,58	443,83	443,83							
6227,99	I,IV	1393,91	443,83	443,83	I	1247,16	1104,50	967,83	837,25	712,66	594,16
	II	1253,66	443,83	443,83	II	1110,66	973,75	842,91	718,08	599,33	486,58
	III	877,33	443,83	443,83	III	771,83	669,33	569,83	473,50	380,00	289,66
	V	1876,50	443,83	443,83	IV	1320,50	1247,16	1175,08	1104,50	1035,41	967,83
	VI	1919,75	443,83	443,83							

* Zur LSt-Berechnung für privat versicherte Arbeitnehmer s. Beispiele **Vorbemerkung S. 4 f.**
** Basisvorsorgepauschale KV und PV   *** Typisierter Arbeitgeberzuschuss

aT3 allgemeine Lohnsteuer

Lohn/ Gehalt in € bis	Steuerklasse	Lohn- steuer*	BVSP**	TAGZ***	Steuerklasse	Bemessungsgrundlage für Kirchensteuer und Solidaritätszuschlag Freibeträge für ... Kinder					
						0,5	1,0	1,5	2,0	2,5	3,0
6230,99	I,IV	1395,00	443,83	443,83	I	1248,33	1105,58	968,83	838,25	713,66	595,08
	II	1254,83	443,83	443,83	II	1111,75	974,83	843,91	719,00	600,25	487,41
	III	878,16	443,83	443,83	III	772,50	670,16	570,66	474,16	380,83	290,33
	V	1877,66	443,83	443,83	IV	1321,66	1248,33	1176,16	1105,58	1036,50	968,83
	VI	1920,91	443,83	443,83							
6233,99	I,IV	1396,16	443,83	443,83	I	1249,50	1106,66	969,91	839,25	714,58	596,00
	II	1255,91	443,83	443,83	II	1112,91	975,83	844,91	720,00	601,08	488,33
	III	879,00	443,83	443,83	III	773,50	670,83	571,33	475,00	381,50	291,16
	V	1878,83	443,83	443,83	IV	1322,83	1249,50	1177,33	1106,66	1037,50	969,91
	VI	1922,08	443,83	443,83							
6236,99	I,IV	1397,33	443,83	443,83	I	1250,58	1107,75	971,00	840,25	715,58	596,91
	II	1257,08	443,83	443,83	II	1114,00	976,91	845,91	720,91	602,00	489,16
	III	879,83	443,83	443,83	III	774,16	671,66	572,16	475,66	382,16	291,83
	V	1879,91	443,83	443,83	IV	1323,91	1250,58	1178,41	1107,75	1038,58	971,00
	VI	1923,25	443,83	443,83							
6239,99	I,IV	1398,50	443,83	443,83	I	1251,75	1108,83	972,00	841,25	716,50	597,83
	II	1258,25	443,83	443,83	II	1115,08	978,00	846,91	721,91	602,91	490,08
	III	880,66	443,83	443,83	III	775,00	672,50	573,00	476,50	383,00	292,50
	V	1881,08	443,83	443,83	IV	1325,00	1251,75	1179,58	1108,83	1039,66	972,00
	VI	1924,33	443,83	443,83							
6242,99	I,IV	1399,66	443,83	443,83	I	1252,91	1110,00	973,08	842,25	717,41	598,75
	II	1259,41	443,83	443,83	II	1116,16	979,00	847,91	722,83	603,83	490,91
	III	881,50	443,83	443,83	III	775,83	673,33	573,66	477,16	383,66	293,16
	V	1882,25	443,83	443,83	IV	1326,25	1252,91	1180,66	1110,00	1040,75	973,08
	VI	1925,50	443,83	443,83							
6245,99	I,IV	1400,83	443,83	443,83	I	1254,08	1111,08	974,16	843,25	718,41	599,66
	II	1260,58	443,83	443,83	II	1117,25	980,08	848,91	723,83	604,75	491,75
	III	882,33	443,83	443,83	III	776,66	674,16	574,50	478,00	384,33	293,83
	V	1883,41	443,83	443,83	IV	1327,41	1254,08	1181,83	1111,08	1041,83	974,16
	VI	1926,66	443,83	443,83							
6248,99	I,IV	1402,00	443,83	443,83	I	1255,25	1112,16	975,16	844,25	719,33	600,58
	II	1261,66	443,83	443,83	II	1118,41	981,16	849,91	724,75	605,66	492,66
	III	883,16	443,83	443,83	III	777,50	674,83	575,16	478,66	385,16	294,50
	V	1884,58	443,83	443,83	IV	1328,58	1255,25	1182,91	1112,16	1042,91	975,16
	VI	1927,83	443,83	443,83							
6251,99	I,IV	1403,08	443,83	443,83	I	1256,33	1113,25	976,25	845,25	720,33	601,41
	II	1262,83	443,83	443,83	II	1119,50	982,16	850,91	725,75	606,58	493,50
	III	884,00	443,83	443,83	III	778,33	675,66	576,00	479,50	385,83	295,33
	V	1885,75	443,83	443,83	IV	1329,75	1256,33	1184,08	1113,25	1044,00	976,25
	VI	1929,00	443,83	443,83							
6254,99	I,IV	1404,33	443,83	443,83	I	1257,58	1114,41	977,33	846,33	721,33	602,41
	II	1264,00	443,83	443,83	II	1120,66	983,25	852,00	726,75	607,50	494,41
	III	884,83	443,83	443,83	III	779,16	676,50	576,83	480,16	386,66	296,00
	V	1886,91	443,83	443,83	IV	1330,91	1257,58	1185,25	1114,41	1045,08	977,33
	VI	1930,16	443,83	443,83							
6257,99	I,IV	1405,50	443,83	443,83	I	1258,66	1115,50	978,41	847,33	722,25	603,33
	II	1265,16	443,83	443,83	II	1121,75	984,33	853,00	727,66	608,41	495,25
	III	885,66	443,83	443,83	III	780,00	677,33	577,66	481,00	387,33	296,66
	V	1888,08	443,83	443,83	IV	1332,08	1258,66	1186,33	1115,50	1046,16	978,41
	VI	1931,33	443,83	443,83							
6260,99	I,IV	1406,58	443,83	443,83	I	1259,83	1116,58	979,41	848,33	723,25	604,25
	II	1266,33	443,83	443,83	II	1122,83	985,41	854,00	728,66	609,33	496,16
	III	886,50	443,83	443,83	III	780,83	678,16	578,33	481,66	388,00	297,33
	V	1889,25	443,83	443,83	IV	1333,25	1259,83	1187,50	1116,58	1047,25	979,41
	VI	1932,50	443,83	443,83							
6263,99	I,IV	1407,75	443,83	443,83	I	1261,00	1117,75	980,50	849,33	724,16	605,16
	II	1267,50	443,83	443,83	II	1123,91	986,41	855,00	729,58	610,25	497,00
	III	887,33	443,83	443,83	III	781,66	678,83	579,16	482,50	388,66	298,16
	V	1890,41	443,83	443,83	IV	1334,41	1261,00	1188,58	1117,75	1048,33	980,50
	VI	1933,66	443,83	443,83							

* Zur LSt-Berechnung für privat versicherte Arbeitnehmer s. Beispiele **Vorbemerkung S. 4f.**
** Basisvorsorgepauschale KV und PV *** Typisierter Arbeitgeberzuschuss

Monat gültig ab 1. 1. 2022 (idF des StEntlG 2022) **aT3**

Lohn/Gehalt in € bis	Steuerklasse	Lohn-steuer*	BVSP**	TAGZ***	Steuerklasse	| Bemessungsgrundlage für Kirchensteuer und Solidaritätszuschlag Freibeträge für ... Kinder 0,5	1,0	1,5	2,0	2,5	3,0
6266,99	I,IV	1408,91	443,83	443,83	I	1262,16	1118,83	981,58	850,33	725,16	606,08
	II	1268,66	443,83	443,83	II	1125,08	987,50	856,00	730,58	611,16	497,83
	III	888,33	443,83	443,83	III	782,50	679,66	580,00	483,16	389,50	298,83
	V	1891,50	443,83	443,83	IV	1335,50	1262,16	1189,75	1118,83	1049,41	981,58
	VI	1934,83	443,83	443,83							
6269,99	I,IV	1410,08	443,83	443,83	I	1263,33	1119,91	982,58	851,33	726,08	607,00
	II	1269,83	443,83	443,83	II	1126,16	988,58	857,00	731,58	612,08	498,75
	III	889,16	443,83	443,83	III	783,33	680,50	580,66	484,00	390,16	299,50
	V	1892,66	443,83	443,83	IV	1336,66	1263,33	1190,83	1119,91	1050,50	982,58
	VI	1935,91	443,83	443,83							
6272,99	I,IV	1411,25	443,83	443,83	I	1264,41	1121,00	983,66	852,33	727,08	607,83
	II	1270,91	443,83	443,83	II	1127,25	989,66	858,08	732,50	613,00	499,58
	III	890,00	443,83	443,83	III	784,16	681,33	581,50	484,66	391,00	300,16
	V	1893,83	443,83	443,83	IV	1337,83	1264,41	1192,00	1121,00	1051,58	983,66
	VI	1937,08	443,83	443,83							
6275,99	I,IV	1412,41	443,83	443,83	I	1265,58	1122,16	984,75	853,33	728,08	608,75
	II	1272,08	443,83	443,83	II	1128,33	990,66	859,08	733,50	613,91	500,50
	III	890,83	443,83	443,83	III	784,83	682,00	582,16	485,50	391,66	300,83
	V	1895,00	443,83	443,83	IV	1339,00	1265,58	1193,08	1122,16	1052,66	984,75
	VI	1938,25	443,83	443,83							
6278,99	I,IV	1413,58	443,83	443,83	I	1266,75	1123,25	985,75	854,33	729,00	609,66
	II	1273,25	443,83	443,83	II	1129,50	991,75	860,08	734,41	614,83	501,33
	III	891,66	443,83	443,83	III	785,66	682,83	583,00	486,16	392,33	301,66
	V	1896,16	443,83	443,83	IV	1340,16	1266,75	1194,25	1123,25	1053,75	985,75
	VI	1939,41	443,83	443,83							
6281,99	I,IV	1414,66	443,83	443,83	I	1267,91	1124,33	986,83	855,41	730,00	610,58
	II	1274,41	443,83	443,83	II	1130,58	992,83	861,08	735,41	615,75	502,25
	III	892,50	443,83	443,83	III	786,50	683,66	583,83	487,00	393,16	302,33
	V	1897,33	443,83	443,83	IV	1341,33	1267,91	1195,33	1124,33	1054,83	986,83
	VI	1940,58	443,83	443,83							
6284,99	I,IV	1415,83	443,83	443,83	I	1269,08	1125,41	987,91	856,41	730,91	611,50
	II	1275,58	443,83	443,83	II	1131,66	993,83	862,08	736,33	616,66	503,08
	III	893,33	443,83	443,83	III	787,33	684,50	584,50	487,66	393,83	303,00
	V	1898,50	443,83	443,83	IV	1342,50	1269,08	1196,50	1125,41	1055,91	987,91
	VI	1941,75	443,83	443,83							
6287,99	I,IV	1417,00	443,83	443,83	I	1270,25	1126,58	988,91	857,41	731,91	612,41
	II	1276,75	443,83	443,83	II	1132,83	994,91	863,08	737,33	617,58	503,91
	III	894,16	443,83	443,83	III	788,16	685,16	585,33	488,50	394,50	303,66
	V	1899,58	443,83	443,83	IV	1343,58	1270,25	1197,66	1126,58	1057,00	988,91
	VI	1942,91	443,83	443,83							
6290,99	I,IV	1418,16	443,83	443,83	I	1271,33	1127,66	990,00	858,41	732,83	613,33
	II	1277,91	443,83	443,83	II	1133,91	996,00	864,08	738,33	618,50	504,83
	III	895,00	443,83	443,83	III	789,00	686,00	586,16	489,16	395,33	304,50
	V	1900,75	443,83	443,83	IV	1344,75	1271,33	1198,75	1127,66	1058,08	990,00
	VI	1944,00	443,83	443,83							
6293,99	I,IV	1419,33	443,83	443,83	I	1272,50	1128,75	991,08	859,41	733,83	614,25
	II	1279,08	443,83	443,83	II	1135,00	997,08	865,16	739,25	619,41	505,66
	III	895,83	443,83	443,83	III	789,83	686,83	586,83	490,00	396,00	305,16
	V	1901,91	443,83	443,83	IV	1345,91	1272,50	1199,91	1128,75	1059,16	991,08
	VI	1945,16	443,83	443,83							
6296,99	I,IV	1420,50	443,83	443,83	I	1273,66	1129,91	992,16	860,41	734,83	615,16
	II	1280,16	443,83	443,83	II	1136,16	998,08	866,16	740,25	620,41	506,58
	III	896,66	443,83	443,83	III	790,66	687,66	587,66	490,66	396,83	305,83
	V	1903,08	443,83	443,83	IV	1347,08	1273,66	1201,00	1129,91	1060,25	992,16
	VI	1946,16	443,83	443,83							
6299,99	I,IV	1421,66	443,83	443,83	I	1274,83	1131,00	993,16	861,41	735,75	616,08
	II	1281,33	443,83	443,83	II	1137,25	999,16	867,16	741,16	621,33	507,41
	III	897,50	443,83	443,83	III	791,50	688,50	588,50	491,50	397,50	306,50
	V	1904,25	443,83	443,83	IV	1348,25	1274,83	1202,16	1131,00	1061,33	993,16
	VI	1947,50	443,83	443,83							

* Zur LSt-Berechnung für privat versicherte Arbeitnehmer s. Beispiele **Vorbemerkung S. 4 f.**
** Basisvorsorgepauschale KV und PV   *** Typisierter Arbeitgeberzuschuss

aT3   allgemeine Lohnsteuer

Lohn/ Gehalt in € bis	Steuerklasse	Lohn-steuer*	BVSP**	TAGZ***	Steuerklasse	Bemessungsgrundlage für Kirchensteuer und Solidaritätszuschlag					
						Freibeträge für ... Kinder					
						0,5	1,0	1,5	2,0	2,5	3,0
6 302,99	I,IV	**1 422,75**	443,83	443,83	I	1 276,00	1 132,08	994,25	862,50	736,75	617,00
	II	**1 282,50**	443,83	443,83	II	1 138,33	1 000,25	868,16	742,16	622,25	508,33
	III	**898,33**	443,83	443,83	III	792,33	689,33	589,16	492,16	398,16	307,16
	V	**1 905,41**	443,83	443,83	IV	1 349,41	1 276,00	1 203,25	1 132,08	1 062,41	994,25
	VI	**1 948,66**	443,83	443,83							
6 305,99	I,IV	**1 423,91**	443,83	443,83	I	1 277,16	1 133,16	995,33	863,50	737,66	617,91
	II	**1 283,66**	443,83	443,83	II	1 139,50	1 001,33	869,16	743,16	623,16	509,16
	III	**899,16**	443,83	443,83	III	793,16	690,00	590,00	493,00	399,00	308,00
	V	**1 906,58**	443,83	443,83	IV	1 350,58	1 277,16	1 204,41	1 133,16	1 063,50	995,33
	VI	**1 949,83**	443,83	443,83							
6 308,99	I,IV	**1 425,08**	443,83	443,83	I	1 278,33	1 134,33	996,41	864,50	738,66	618,83
	II	**1 284,83**	443,83	443,83	II	1 140,58	1 002,33	870,25	744,08	624,08	510,08
	III	**900,16**	443,83	443,83	III	794,00	690,83	590,83	493,66	399,66	308,66
	V	**1 907,75**	443,83	443,83	IV	1 351,66	1 278,33	1 205,58	1 134,33	1 064,58	996,41
	VI	**1 951,00**	443,83	443,83							
6 311,99	I,IV	**1 426,25**	443,83	443,83	I	1 279,50	1 135,50	997,50	865,50	739,66	619,83
	II	**1 286,00**	443,83	443,83	II	1 141,75	1 003,50	871,25	745,08	625,00	510,91
	III	**901,00**	443,83	443,83	III	794,83	691,66	591,50	494,50	400,50	309,33
	V	**1 908,91**	443,83	443,83	IV	1 352,91	1 279,50	1 206,75	1 135,50	1 065,75	997,50
	VI	**1 952,16**	443,83	443,83							
6 314,99	I,IV	**1 427,41**	443,83	443,83	I	1 280,66	1 136,58	998,50	866,58	740,58	620,75
	II	**1 287,16**	443,83	443,83	II	1 142,83	1 004,50	872,25	746,08	625,91	511,83
	III	**901,83**	443,83	443,83	III	795,66	692,50	592,33	495,16	401,16	310,00
	V	**1 910,08**	443,83	443,83	IV	1 354,08	1 280,66	1 207,83	1 136,58	1 066,83	998,50
	VI	**1 953,33**	443,83	443,83							
6 317,99	I,IV	**1 428,58**	443,83	443,83	I	1 281,83	1 137,66	999,58	867,58	741,58	621,66
	II	**1 288,33**	443,83	443,83	II	1 143,91	1 005,58	873,33	747,08	626,83	512,66
	III	**902,66**	443,83	443,83	III	796,50	693,33	593,16	496,00	401,83	310,83
	V	**1 911,25**	443,83	443,83	IV	1 355,16	1 281,83	1 209,00	1 137,66	1 067,91	999,58
	VI	**1 954,50**	443,83	443,83							
6 320,99	I,IV	**1 429,75**	443,83	443,83	I	1 283,00	1 138,75	1 000,66	868,58	742,58	622,58
	II	**1 289,50**	443,83	443,83	II	1 145,08	1 006,66	874,33	748,00	627,75	513,58
	III	**903,50**	443,83	443,83	III	797,33	694,00	593,83	496,66	402,50	311,50
	V	**1 912,33**	443,83	443,83	IV	1 356,33	1 283,00	1 210,16	1 138,75	1 069,00	1 000,66
	VI	**1 955,58**	443,83	443,83							
6 323,99	I,IV	**1 430,91**	443,83	443,83	I	1 284,08	1 139,91	1 001,75	869,58	743,50	623,50
	II	**1 290,66**	443,83	443,83	II	1 146,16	1 007,75	875,33	749,00	628,66	514,41
	III	**904,33**	443,83	443,83	III	798,16	694,83	594,66	497,50	403,33	312,16
	V	**1 913,50**	443,83	443,83	IV	1 357,50	1 284,08	1 211,25	1 139,91	1 070,08	1 001,75
	VI	**1 956,75**	443,83	443,83							
6 326,99	I,IV	**1 432,08**	443,83	443,83	I	1 285,25	1 141,00	1 002,75	870,58	744,50	624,41
	II	**1 291,75**	443,83	443,83	II	1 147,25	1 008,75	876,33	749,91	629,58	515,33
	III	**905,16**	443,83	443,83	III	798,83	695,66	595,50	498,16	404,00	312,83
	V	**1 914,66**	443,83	443,83	IV	1 358,66	1 285,25	1 212,41	1 141,00	1 071,16	1 002,75
	VI	**1 957,91**	443,83	443,83							
6 329,99	I,IV	**1 433,25**	443,83	443,83	I	1 286,41	1 142,08	1 003,83	871,66	745,41	625,33
	II	**1 292,91**	443,83	443,83	II	1 148,41	1 009,83	877,33	750,91	630,50	516,16
	III	**906,00**	443,83	443,83	III	799,83	696,50	596,16	499,00	404,83	313,66
	V	**1 915,83**	443,83	443,83	IV	1 359,83	1 286,41	1 213,50	1 142,08	1 072,25	1 003,83
	VI	**1 959,08**	443,83	443,83							
6 332,99	I,IV	**1 434,41**	443,83	443,83	I	1 287,58	1 143,25	1 004,91	872,66	746,41	626,25
	II	**1 294,08**	443,83	443,83	II	1 149,50	1 010,91	878,41	751,91	631,50	517,08
	III	**906,83**	443,83	443,83	III	800,50	697,33	597,00	499,66	405,50	314,33
	V	**1 917,00**	443,83	443,83	IV	1 361,00	1 287,58	1 214,66	1 143,25	1 073,33	1 004,91
	VI	**1 960,25**	443,83	443,83							
6 335,99	I,IV	**1 435,50**	443,83	443,83	I	1 288,75	1 144,33	1 006,00	873,66	747,41	627,16
	II	**1 295,25**	443,83	443,83	II	1 150,66	1 012,00	879,41	752,83	632,41	517,91
	III	**907,83**	443,83	443,83	III	801,33	698,00	597,83	500,50	406,16	315,00
	V	**1 918,16**	443,83	443,83	IV	1 362,16	1 288,75	1 215,83	1 144,33	1 074,41	1 006,00
	VI	**1 961,41**	443,83	443,83							

* Zur LSt-Berechnung für privat versicherte Arbeitnehmer s. Beispiele **Vorbemerkung S. 4 f.**
** Basisvorsorgepauschale KV und PV   *** Typisierter Arbeitgeberzuschuss

Monat gültig ab 1. 1. 2022 (idF des StEntlG 2022) aT3

Lohn/Gehalt in € bis	Steuerklasse	Lohnsteuer*	BVSP**	TAGZ***	Steuerklasse	Bemessungsgrundlage für Kirchensteuer und Solidaritätszuschlag					
						Freibeträge für ... Kinder					
						0,5	1,0	1,5	2,0	2,5	3,0
6 338,99	I,IV	1 436,66	443,83	443,83	I	1 289,91	1 145,50	1 007,08	874,66	748,33	628,08
	II	1 296,41	443,83	443,83	II	1 151,75	1 013,08	880,41	753,83	633,33	518,83
	III	908,66	443,83	443,83	III	802,16	698,83	598,50	501,16	407,00	315,66
	V	1 919,33	443,83	443,83	IV	1 363,25	1 289,91	1 216,91	1 145,50	1 075,50	1 007,08
	VI	1 962,58	443,83	443,83							
6 341,99	I,IV	1 437,83	443,83	443,83	I	1 291,08	1 146,58	1 008,08	875,66	749,33	629,00
	II	1 297,58	443,83	443,83	II	1 152,83	1 014,08	881,41	754,83	634,25	519,75
	III	909,50	443,83	443,83	III	803,00	699,66	599,33	502,00	407,66	316,50
	V	1 920,41	443,83	443,83	IV	1 364,41	1 291,08	1 218,08	1 146,58	1 076,58	1 008,08
	VI	1 963,75	443,83	443,83							
6 344,99	I,IV	1 439,00	443,83	443,83	I	1 292,16	1 147,66	1 009,16	876,75	750,33	629,91
	II	1 298,75	443,83	443,83	II	1 154,00	1 015,16	882,50	755,75	635,16	520,58
	III	910,33	443,83	443,83	III	803,83	700,50	600,16	502,66	408,50	317,16
	V	1 921,58	443,83	443,83	IV	1 365,58	1 292,16	1 219,25	1 147,66	1 077,66	1 009,16
	VI	1 964,83	443,83	443,83							
6 347,99	I,IV	1 440,16	443,83	443,83	I	1 293,33	1 148,83	1 010,25	877,75	751,25	630,83
	II	1 299,83	443,83	443,83	II	1 155,08	1 016,25	883,50	756,75	636,08	521,50
	III	911,16	443,83	443,83	III	804,66	701,33	600,83	503,50	409,16	317,83
	V	1 922,75	443,83	443,83	IV	1 366,75	1 293,33	1 220,33	1 148,83	1 078,75	1 010,25
	VI	1 966,00	443,83	443,83							
6 350,99	I,IV	1 441,33	443,83	443,83	I	1 294,50	1 149,91	1 011,33	878,75	752,25	631,83
	II	1 301,00	443,83	443,83	II	1 156,16	1 017,33	884,50	757,75	637,00	522,33
	III	912,00	443,83	443,83	III	805,50	702,00	601,66	504,16	409,83	318,50
	V	1 923,91	443,83	443,83	IV	1 367,91	1 294,50	1 221,50	1 149,91	1 079,83	1 011,33
	VI	1 967,16	443,83	443,83							
6 353,99	I,IV	1 442,50	443,83	443,83	I	1 295,66	1 151,00	1 012,41	879,75	753,25	632,75
	II	1 302,16	443,83	443,83	II	1 157,33	1 018,41	885,50	758,66	637,91	523,25
	III	912,83	443,83	443,83	III	806,33	702,83	602,50	505,00	410,66	319,33
	V	1 925,08	443,83	443,83	IV	1 369,08	1 295,66	1 222,66	1 151,00	1 080,91	1 012,41
	VI	1 968,33	443,83	443,83							
6 356,99	I,IV	1 443,58	443,83	443,83	I	1 296,83	1 152,16	1 013,41	880,83	754,16	633,66
	II	1 303,33	443,83	443,83	II	1 158,41	1 019,50	886,58	759,66	638,83	524,08
	III	913,66	443,83	443,83	III	807,16	703,66	603,16	505,83	411,33	320,00
	V	1 926,25	443,83	443,83	IV	1 370,25	1 296,83	1 223,66	1 152,16	1 082,00	1 013,41
	VI	1 969,50	443,83	443,83							
6 359,99	I,IV	1 444,75	443,83	443,83	I	1 298,00	1 153,25	1 014,50	881,83	755,16	634,58
	II	1 304,50	443,83	443,83	II	1 159,58	1 020,50	887,58	760,66	639,75	525,00
	III	914,50	443,83	443,83	III	808,00	704,50	604,00	506,50	412,16	320,66
	V	1 927,41	443,83	443,83	IV	1 371,41	1 298,00	1 224,91	1 153,25	1 083,16	1 014,50
	VI	1 970,66	443,83	443,83							
6 362,99	I,IV	1 445,91	443,83	443,83	I	1 299,16	1 154,41	1 015,58	882,83	756,16	635,50
	II	1 305,66	443,83	443,83	II	1 160,66	1 021,58	888,58	761,66	640,75	525,83
	III	915,33	443,83	443,83	III	808,83	705,33	604,83	507,33	412,83	321,33
	V	1 928,50	443,83	443,83	IV	1 372,50	1 299,16	1 226,08	1 154,41	1 084,25	1 015,58
	VI	1 971,83	443,83	443,83							
6 365,99	I,IV	1 447,08	443,83	443,83	I	1 300,33	1 155,50	1 016,66	883,91	757,16	636,41
	II	1 306,83	443,83	443,83	II	1 161,83	1 022,75	889,66	762,66	641,66	526,75
	III	916,33	443,83	443,83	III	809,66	706,16	605,50	508,00	413,50	322,16
	V	1 929,75	443,83	443,83	IV	1 373,75	1 300,33	1 227,25	1 155,50	1 085,33	1 016,66
	VI	1 973,00	443,83	443,83							
6 368,99	I,IV	1 448,25	443,83	443,83	I	1 301,50	1 156,66	1 017,75	884,91	758,08	637,41
	II	1 308,00	443,83	443,83	II	1 162,91	1 023,75	890,66	763,58	642,58	527,66
	III	917,16	443,83	443,83	III	810,50	707,00	606,33	508,83	414,33	322,83
	V	1 930,91	443,83	443,83	IV	1 374,91	1 301,50	1 228,33	1 156,66	1 086,41	1 017,75
	VI	1 974,16	443,83	443,83							
6 371,99	I,IV	1 449,41	443,83	443,83	I	1 302,66	1 157,75	1 018,83	885,91	759,08	638,33
	II	1 309,16	443,83	443,83	II	1 164,08	1 024,83	891,66	764,58	643,50	528,50
	III	918,00	443,83	443,83	III	811,33	707,66	607,16	509,50	415,00	323,50
	V	1 932,00	443,83	443,83	IV	1 376,00	1 302,66	1 229,50	1 157,75	1 087,50	1 018,83
	VI	1 975,33	443,83	443,83							

* Zur LSt-Berechnung für privat versicherte Arbeitnehmer s. Beispiele **Vorbemerkung S. 4 f.**
** Basisvorsorgepauschale KV und PV   *** Typisierter Arbeitgeberzuschuss

aT3

allgemeine Lohnsteuer

Lohn/Gehalt in € bis	Steuerklasse	Lohn-steuer*	BVSP**	TAGZ***	Steuerklasse	Bemessungsgrundlage für Kirchensteuer und Solidaritätszuschlag					
						Freibeträge für ... Kinder					
						0,5	1,0	1,5	2,0	2,5	3,0
6 374,99	I,IV	1 450,58	443,83	443,83	I	1 303,75	1 158,91	1 019,91	886,91	760,08	639,25
	II	1 310,33	443,83	443,83	II	1 165,16	1 025,91	892,75	765,58	644,50	529,41
	III	918,83	443,83	443,83	III	812,16	708,50	608,00	510,33	415,83	324,16
	V	1 933,16	443,83	443,83	IV	1 377,16	1 303,75	1 230,66	1 158,91	1 088,66	1 019,91
	VI	1 976,41	443,83	443,83							
6 377,99	I,IV	1 451,75	443,83	443,83	I	1 304,91	1 160,00	1 020,91	888,00	761,00	640,16
	II	1 311,41	443,83	443,83	II	1 166,33	1 027,00	893,75	766,50	645,41	530,25
	III	919,66	443,83	443,83	III	813,00	709,33	608,66	511,00	416,50	325,00
	V	1 934,33	443,83	443,83	IV	1 378,33	1 304,91	1 231,75	1 160,00	1 089,75	1 020,91
	VI	1 977,58	443,83	443,83							
6 380,99	I,IV	1 452,91	443,83	443,83	I	1 306,08	1 161,08	1 022,00	889,00	762,00	641,08
	II	1 312,58	443,83	443,83	II	1 167,41	1 028,08	894,75	767,50	646,33	531,16
	III	920,50	443,83	443,83	III	813,83	710,16	609,50	511,83	417,16	325,66
	V	1 935,50	443,83	443,83	IV	1 379,50	1 306,08	1 232,91	1 161,08	1 090,83	1 022,00
	VI	1 978,75	443,83	443,83							
6 383,99	I,IV	1 454,08	443,83	443,83	I	1 307,25	1 162,25	1 023,08	890,00	763,00	642,00
	II	1 313,75	443,83	443,83	II	1 168,50	1 029,16	895,83	768,50	647,25	532,08
	III	921,33	443,83	443,83	III	814,66	711,00	610,16	512,50	418,00	326,33
	V	1 936,66	443,83	443,83	IV	1 380,66	1 307,25	1 234,08	1 162,25	1 091,91	1 023,08
	VI	1 979,91	443,83	443,83							
6 386,99	I,IV	1 455,16	443,83	443,83	I	1 308,41	1 163,33	1 024,16	891,00	764,00	642,91
	II	1 314,91	443,83	443,83	II	1 169,66	1 030,25	896,83	769,50	648,16	532,91
	III	922,16	443,83	443,83	III	815,50	711,83	611,00	513,33	418,66	327,00
	V	1 937,83	443,83	443,83	IV	1 381,83	1 308,41	1 235,25	1 163,33	1 093,00	1 024,16
	VI	1 981,08	443,83	443,83							
6 389,99	I,IV	1 456,33	443,83	443,83	I	1 309,58	1 164,50	1 025,25	892,08	764,91	643,83
	II	1 316,08	443,83	443,83	II	1 170,75	1 031,25	897,83	770,41	649,08	533,83
	III	923,00	443,83	443,83	III	816,33	712,50	611,83	514,16	419,33	327,83
	V	1 939,00	443,83	443,83	IV	1 383,00	1 309,58	1 236,33	1 164,50	1 094,08	1 025,25
	VI	1 982,25	443,83	443,83							
6 392,99	I,IV	1 457,50	443,83	443,83	I	1 310,75	1 165,58	1 026,33	893,00	765,91	644,83
	II	1 317,25	443,83	443,83	II	1 171,91	1 032,33	898,83	771,41	650,00	534,66
	III	924,00	443,83	443,83	III	817,16	713,33	612,66	514,83	420,16	328,50
	V	1 940,08	443,83	443,83	IV	1 384,08	1 310,75	1 237,50	1 165,58	1 095,16	1 026,33
	VI	1 983,41	443,83	443,83							
6 395,99	I,IV	1 458,66	443,83	443,83	I	1 311,91	1 166,66	1 027,41	894,08	766,91	645,75
	II	1 318,41	443,83	443,83	II	1 173,00	1 033,41	899,91	772,41	651,00	535,58
	III	924,83	443,83	443,83	III	818,00	714,16	613,33	515,66	420,83	329,16
	V	1 941,25	443,83	443,83	IV	1 385,25	1 311,91	1 238,66	1 166,66	1 096,25	1 027,41
	VI	1 984,50	443,83	443,83							
6 398,99	I,IV	1 459,83	443,83	443,83	I	1 313,00	1 167,83	1 028,41	895,16	767,83	646,66
	II	1 319,50	443,83	443,83	II	1 174,16	1 034,50	900,91	773,41	651,91	536,50
	III	925,66	443,83	443,83	III	818,83	715,00	614,16	516,33	421,66	329,83
	V	1 942,41	443,83	443,83	IV	1 386,41	1 313,00	1 239,75	1 167,83	1 097,41	1 028,41
	VI	1 985,66	443,83	443,83							
6 401,99	I,IV	1 461,00	443,83	443,83	I	1 314,16	1 168,91	1 029,50	896,16	768,83	647,58
	II	1 320,66	443,83	443,83	II	1 175,25	1 035,58	901,91	774,33	652,83	537,33
	III	926,50	443,83	443,83	III	819,66	715,83	615,00	517,16	422,33	330,66
	V	1 943,58	443,83	443,83	IV	1 387,58	1 314,16	1 240,91	1 168,91	1 098,50	1 029,50
	VI	1 986,83	443,83	443,83							
6 404,99	I,IV	1 462,16	443,83	443,83	I	1 315,33	1 170,08	1 030,58	897,16	769,83	648,50
	II	1 321,83	443,83	443,83	II	1 176,41	1 036,66	903,00	775,33	653,75	538,25
	III	927,33	443,83	443,83	III	820,50	716,50	615,66	517,83	423,16	331,33
	V	1 944,75	443,83	443,83	IV	1 388,75	1 315,33	1 242,08	1 170,08	1 099,58	1 030,58
	VI	1 988,00	443,83	443,83							
6 407,99	I,IV	1 463,25	443,83	443,83	I	1 316,50	1 171,16	1 031,66	898,25	770,83	649,41
	II	1 323,00	443,83	443,83	II	1 177,50	1 037,75	904,00	776,33	654,66	539,16
	III	928,16	443,83	443,83	III	821,33	717,33	616,50	518,66	423,83	332,00
	V	1 945,91	443,83	443,83	IV	1 389,91	1 316,50	1 243,25	1 171,16	1 100,66	1 031,66
	VI	1 989,16	443,83	443,83							

* Zur LSt-Berechnung für privat versicherte Arbeitnehmer s. Beispiele **Vorbemerkung S. 4 f.**
** Basisvorsorgepauschale KV und PV *** Typisierter Arbeitgeberzuschuss

Monat gültig ab 1. 1. 2022 (idF des StEntlG 2022)   **aT3**

Lohn/Gehalt in € bis	Steuerklasse	Lohnsteuer*	BVSP**	TAGZ***	Steuerklasse	Bemessungsgrundlage für Kirchensteuer und Solidaritätszuschlag					
						Freibeträge für ... Kinder					
						0,5	1,0	1,5	2,0	2,5	3,0
6410,99	I,IV	**1464,41**	443,83	443,83	I	1317,66	1172,33	1032,75	899,25	771,75	650,41
	II	**1324,16**	443,83	443,83	II	1178,66	1038,83	905,00	777,33	655,66	540,00
	III	**929,00**	443,83	443,83	III	822,16	718,16	617,33	519,50	424,50	332,83
	V	**1947,08**	443,83	443,83	IV	1391,08	1317,66	1244,33	1172,33	1101,75	1032,75
	VI	**1990,33**	443,83	443,83							
6413,99	I,IV	**1465,58**	443,83	443,83	I	1318,83	1173,41	1033,83	900,25	772,75	651,33
	II	**1325,33**	443,83	443,83	II	1179,75	1039,91	906,08	778,25	656,58	540,91
	III	**929,83**	443,83	443,83	III	823,00	719,00	618,00	520,16	425,33	333,50
	V	**1948,16**	443,83	443,83	IV	1392,16	1318,83	1245,50	1173,41	1102,83	1033,83
	VI	**1991,50**	443,83	443,83							
6416,99	I,IV	**1466,75**	443,83	443,83	I	1320,00	1174,58	1034,91	901,33	773,75	652,25
	II	**1326,50**	443,83	443,83	II	1180,91	1041,00	907,08	779,25	657,50	541,75
	III	**930,83**	443,83	443,83	III	823,83	719,83	618,83	521,00	426,00	334,16
	V	**1949,33**	443,83	443,83	IV	1393,33	1320,00	1246,66	1174,58	1104,00	1034,91
	VI	**1992,58**	443,83	443,83							
6419,99	I,IV	**1467,91**	443,83	443,83	I	1321,08	1175,66	1036,00	902,33	774,75	653,16
	II	**1327,66**	443,83	443,83	II	1182,00	1042,08	908,08	780,25	658,41	542,66
	III	**931,66**	443,83	443,83	III	824,50	720,66	619,66	521,66	426,83	334,83
	V	**1950,50**	443,83	443,83	IV	1394,50	1321,08	1247,83	1175,66	1105,08	1036,00
	VI	**1993,75**	443,83	443,83							
6422,99	I,IV	**1469,08**	443,83	443,83	I	1322,33	1176,83	1037,08	903,41	775,75	654,16
	II	**1328,33**	443,83	443,83	II	1183,16	1043,16	909,16	781,25	659,41	543,58
	III	**932,50**	443,83	443,83	III	825,50	721,50	620,50	522,50	427,50	335,66
	V	**1951,66**	443,83	443,83	IV	1395,66	1322,33	1249,00	1176,83	1106,16	1037,08
	VI	**1995,00**	443,83	443,83							
6425,99	I,IV	**1470,25**	443,83	443,83	I	1323,50	1178,00	1038,16	904,41	776,75	655,08
	II	**1330,00**	443,83	443,83	II	1184,33	1044,25	910,25	782,25	660,33	544,50
	III	**933,33**	443,83	443,83	III	826,33	722,16	621,16	523,16	428,33	336,33
	V	**1952,83**	443,83	443,83	IV	1396,83	1323,50	1250,16	1178,00	1107,33	1038,16
	VI	**1996,08**	443,83	443,83							
6428,99	I,IV	**1471,41**	443,83	443,83	I	1324,58	1179,08	1039,25	905,41	777,66	656,00
	II	**1331,16**	443,83	443,83	II	1185,41	1045,33	911,25	783,25	661,25	545,33
	III	**934,16**	443,83	443,83	III	827,16	723,00	622,00	524,00	429,00	337,00
	V	**1954,00**	443,83	443,83	IV	1398,00	1324,58	1251,25	1179,08	1108,41	1039,25
	VI	**1997,25**	443,83	443,83							
6431,99	I,IV	**1472,58**	443,83	443,83	I	1325,75	1180,25	1040,33	906,50	778,66	656,91
	II	**1332,25**	443,83	443,83	II	1186,58	1046,41	912,25	784,25	662,25	546,25
	III	**935,00**	443,83	443,83	III	828,00	723,83	622,83	524,83	429,66	337,83
	V	**1955,16**	443,83	443,83	IV	1399,16	1325,75	1252,41	1180,25	1109,50	1040,33
	VI	**1998,41**	443,83	443,83							
6434,99	I,IV	**1473,75**	443,83	443,83	I	1326,91	1181,33	1041,41	907,50	779,66	657,83
	II	**1333,41**	443,83	443,83	II	1187,66	1047,50	913,33	785,16	663,16	547,16
	III	**935,83**	443,83	443,83	III	828,83	724,66	623,50	525,50	430,50	338,50
	V	**1956,33**	443,83	443,83	IV	1400,33	1326,91	1253,58	1181,33	1110,58	1041,41
	VI	**1999,58**	443,83	443,83							
6437,99	I,IV	**1474,83**	443,83	443,83	I	1328,08	1182,50	1042,50	908,50	780,66	658,83
	II	**1334,58**	443,83	443,83	II	1188,83	1048,58	914,33	786,16	664,08	548,00
	III	**936,83**	443,83	443,83	III	829,66	725,50	624,33	526,33	431,16	339,16
	V	**1957,50**	443,83	443,83	IV	1401,50	1328,08	1254,75	1182,50	1111,66	1042,50
	VI	**2000,75**	443,83	443,83							
6440,99	I,IV	**1476,00**	443,83	443,83	I	1329,25	1183,58	1043,58	909,58	781,58	659,75
	II	**1335,75**	443,83	443,83	II	1189,91	1049,66	915,33	787,16	665,00	548,91
	III	**937,66**	443,83	443,83	III	830,50	726,33	625,16	527,00	432,00	339,83
	V	**1958,66**	443,83	443,83	IV	1402,66	1329,25	1255,83	1183,58	1112,83	1043,58
	VI	**2001,91**	443,83	443,83							
6443,99	I,IV	**1477,16**	443,83	443,83	I	1330,41	1184,75	1044,66	910,58	782,58	660,66
	II	**1336,91**	443,83	443,83	II	1191,08	1050,75	916,41	788,16	665,91	549,83
	III	**938,50**	443,83	443,83	III	831,33	727,16	626,00	527,83	432,66	340,66
	V	**1959,75**	443,83	443,83	IV	1403,75	1330,41	1257,00	1184,75	1113,91	1044,66
	VI	**2003,08**	443,83	443,83							

*   Zur LSt-Berechnung für privat versicherte Arbeitnehmer s. Beispiele **Vorbemerkung S. 4 f.**
** Basisvorsorgepauschale KV und PV   *** Typisierter Arbeitgeberzuschuss

aT3 allgemeine Lohnsteuer

Lohn/Gehalt in € bis	Steuerklasse	Lohnsteuer*	BVSP**	TAGZ***	Steuerklasse	Bemessungsgrundlage für Kirchensteuer und Solidaritätszuschlag Freibeträge für ... Kinder 0,5	1,0	1,5	2,0	2,5	3,0
6446,99	I,IV	1478,33	443,83	443,83	I	1331,58	1185,83	1045,66	911,58	783,58	661,58
	II	1338,08	443,83	443,83	II	1192,16	1051,75	917,41	789,16	666,91	550,66
	III	939,33	443,83	443,83	III	832,16	727,83	626,66	528,50	433,33	341,33
	V	1960,91	443,83	443,83	IV	1404,91	1331,58	1258,16	1185,83	1115,00	1045,66
	VI	2004,16	443,83	443,83							
6449,99	I,IV	1479,50	443,83	443,83	I	1332,66	1187,00	1046,75	912,66	784,58	662,58
	II	1339,25	443,83	443,83	II	1193,33	1052,83	918,50	790,16	667,83	551,58
	III	940,16	443,83	443,83	III	833,00	728,66	627,50	529,33	434,16	342,00
	V	1962,08	443,83	443,83	IV	1406,08	1332,66	1259,33	1187,00	1116,08	1046,75
	VI	2005,33	443,83	443,83							
6452,99	I,IV	1480,66	443,83	443,83	I	1333,83	1188,08	1047,83	913,66	785,58	663,50
	II	1340,33	443,83	443,83	II	1194,41	1053,91	919,50	791,08	668,75	552,50
	III	941,00	443,83	443,83	III	833,83	729,50	628,33	530,00	434,83	342,66
	V	1963,25	443,83	443,83	IV	1407,25	1333,83	1260,50	1188,08	1117,25	1047,83
	VI	2006,50	443,83	443,83							
6455,99	I,IV	1481,83	443,83	443,83	I	1335,00	1189,25	1048,91	914,75	786,58	664,41
	II	1341,50	443,83	443,83	II	1195,58	1055,00	920,50	792,08	669,75	553,33
	III	942,00	443,83	443,83	III	834,66	730,33	629,00	530,83	435,66	343,50
	V	1964,41	443,83	443,83	IV	1408,41	1335,00	1261,66	1189,25	1118,33	1048,91
	VI	2007,66	443,83	443,83							
6458,99	I,IV	1482,91	443,83	443,83	I	1336,16	1190,33	1050,00	915,75	787,50	665,33
	II	1342,66	443,83	443,83	II	1196,75	1056,08	921,58	793,08	670,66	554,25
	III	942,66	443,83	443,83	III	835,33	731,16	629,83	531,50	436,33	344,16
	V	1965,58	443,83	443,83	IV	1409,58	1336,16	1262,75	1190,33	1119,41	1050,00
	VI	2008,83	443,83	443,83							
6461,99	I,IV	1484,08	443,83	443,83	I	1337,33	1191,50	1051,08	916,75	788,50	666,33
	II	1343,83	443,83	443,83	II	1197,83	1057,16	922,58	794,08	671,58	555,16
	III	943,66	443,83	443,83	III	836,33	732,00	630,66	532,33	437,16	344,83
	V	1966,75	443,83	443,83	IV	1410,75	1337,33	1263,91	1191,50	1120,50	1051,08
	VI	2010,00	443,83	443,83							
6464,99	I,IV	1485,25	443,83	443,83	I	1338,50	1192,58	1052,16	917,83	789,50	667,25
	II	1345,00	443,83	443,83	II	1199,00	1058,25	923,66	795,08	672,50	556,08
	III	944,50	443,83	443,83	III	837,00	732,66	631,33	533,16	437,83	345,50
	V	1967,83	443,83	443,83	IV	1411,83	1338,50	1265,08	1192,58	1121,66	1052,16
	VI	2011,16	443,83	443,83							
6467,99	I,IV	1486,41	443,83	443,83	I	1339,66	1193,75	1053,25	918,83	790,50	668,16
	II	1346,16	443,83	443,83	II	1200,00	1059,33	924,66	796,08	673,50	556,91
	III	945,33	443,83	443,83	III	838,00	733,50	632,16	533,83	438,50	346,33
	V	1969,00	443,83	443,83	IV	1413,00	1339,66	1266,25	1193,75	1122,75	1053,25
	VI	2012,25	443,83	443,83							
6470,99	I,IV	1487,58	443,83	443,83	I	1340,75	1194,83	1054,33	919,91	791,50	669,08
	II	1347,33	443,83	443,83	II	1201,25	1060,41	925,75	797,00	674,41	557,83
	III	946,16	443,83	443,83	III	838,66	734,33	633,00	534,66	439,33	347,00
	V	1970,16	443,83	443,83	IV	1414,16	1340,75	1267,41	1194,83	1123,83	1054,33
	VI	2013,41	443,83	443,83							
6473,99	I,IV	1488,75	443,83	443,83	I	1341,91	1196,00	1055,41	920,91	792,50	670,08
	II	1348,41	443,83	443,83	II	1202,33	1061,50	926,75	798,00	675,33	558,75
	III	947,00	443,83	443,83	III	839,66	735,16	633,83	535,33	440,00	347,66
	V	1971,33	443,83	443,83	IV	1415,33	1341,91	1268,50	1196,00	1124,91	1055,41
	VI	2014,58	443,83	443,83							
6476,99	I,IV	1489,91	443,83	443,83	I	1343,08	1197,08	1056,50	921,91	793,41	671,00
	II	1349,58	443,83	443,83	II	1203,50	1062,58	927,83	799,00	676,33	559,58
	III	947,83	443,83	443,83	III	840,33	736,00	634,50	536,16	440,83	348,50
	V	1972,50	443,83	443,83	IV	1416,50	1343,08	1269,66	1197,08	1126,08	1056,50
	VI	2015,75	443,83	443,83							
6479,99	I,IV	1491,08	443,83	443,83	I	1344,25	1198,25	1057,66	923,00	794,50	672,00
	II	1350,83	443,83	443,83	II	1204,66	1063,75	928,83	800,00	677,25	560,58
	III	948,83	443,83	443,83	III	841,33	736,83	635,33	537,00	441,50	349,16
	V	1973,66	443,83	443,83	IV	1417,66	1344,25	1270,91	1198,25	1127,16	1057,66
	VI	2016,91	443,83	443,83							

* Zur LSt-Berechnung für privat versicherte Arbeitnehmer s. Beispiele **Vorbemerkung S. 4f.**
** Basisvorsorgepauschale KV und PV *** Typisierter Arbeitgeberzuschuss

Monat gültig ab 1. 1. 2022 (idF des StEntlG 2022) aT3

Lohn/Gehalt in € bis	Steuerklasse	Lohnsteuer*	BVSP**	TAGZ***	Steuerklasse	0,5	1,0	1,5	2,0	2,5	3,0
						Bemessungsgrundlage für Kirchensteuer und Solidaritätszuschlag Freibeträge für ... Kinder					
6482,99	I,IV	1492,25	443,83	443,83	I	1345,41	1199,41	1058,75	924,08	795,41	672,91
	II	1351,91	443,83	443,83	II	1205,83	1064,83	929,91	801,00	678,16	561,41
	III	949,66	443,83	443,83	III	842,16	737,66	636,16	537,66	442,33	349,83
	V	1974,83	443,83	443,83	IV	1418,83	1345,41	1272,00	1199,41	1128,33	1058,75
	VI	2018,08	443,83	443,83							
6485,99	I,IV	1493,41	443,83	443,83	I	1346,58	1200,58	1059,83	925,08	796,41	673,83
	II	1353,08	443,83	443,83	II	1206,91	1065,91	930,91	802,00	679,16	562,33
	III	950,50	443,83	443,83	III	843,00	738,50	637,00	538,50	443,00	350,66
	V	1976,00	443,83	443,83	IV	1420,00	1346,58	1273,16	1200,58	1129,41	1059,83
	VI	2019,25	443,83	443,83							
6488,99	I,IV	1494,50	443,83	443,83	I	1347,75	1201,66	1060,91	926,16	797,41	674,75
	II	1354,25	443,83	443,83	II	1208,08	1067,00	932,00	803,00	680,08	563,25
	III	951,33	443,83	443,83	III	843,83	739,33	637,66	539,16	443,83	351,33
	V	1977,16	443,83	443,83	IV	1421,16	1347,75	1274,33	1201,66	1130,50	1060,91
	VI	2020,41	443,83	443,83							
6491,99	I,IV	1495,66	443,83	443,83	I	1348,91	1202,83	1062,00	927,16	798,41	675,75
	II	1355,41	443,83	443,83	II	1209,16	1068,08	933,00	804,00	681,00	564,16
	III	952,16	443,83	443,83	III	844,66	740,00	638,50	540,00	444,50	352,00
	V	1978,33	443,83	443,83	IV	1422,33	1348,91	1275,50	1202,83	1131,66	1062,00
	VI	2021,58	443,83	443,83							
6494,99	I,IV	1496,83	443,83	443,83	I	1350,08	1203,91	1063,08	928,16	799,41	676,66
	II	1356,58	443,83	443,83	II	1210,33	1069,16	934,08	805,00	682,00	565,00
	III	953,16	443,83	443,83	III	845,50	740,83	639,33	540,83	445,33	352,83
	V	1979,50	443,83	443,83	IV	1423,41	1350,08	1276,66	1203,91	1132,75	1063,08
	VI	2022,75	443,83	443,83							
6497,99	I,IV	1498,00	443,83	443,83	I	1351,25	1205,08	1064,16	929,25	800,41	677,58
	II	1357,75	443,83	443,83	II	1211,50	1070,25	935,08	806,00	682,91	565,91
	III	954,00	443,83	443,83	III	846,33	741,66	640,00	541,50	446,00	353,50
	V	1980,58	443,83	443,83	IV	1424,58	1351,25	1277,83	1205,08	1133,83	1064,16
	VI	2023,83	443,83	443,83							
6500,99	I,IV	1499,16	443,83	443,83	I	1352,33	1206,16	1065,25	930,25	801,41	678,58
	II	1358,91	443,83	443,83	II	1212,58	1071,33	936,16	807,00	683,83	566,83
	III	954,83	443,83	443,83	III	847,16	742,50	640,83	542,33	446,66	354,16
	V	1981,75	443,83	443,83	IV	1425,75	1352,33	1279,00	1206,16	1134,91	1065,25
	VI	2025,00	443,83	443,83							
6503,99	I,IV	1500,33	443,83	443,83	I	1353,50	1207,33	1066,33	931,33	802,41	679,50
	II	1360,00	443,83	443,83	II	1213,75	1072,41	937,16	808,00	684,83	567,75
	III	955,66	443,83	443,83	III	848,00	743,33	641,66	543,00	447,50	354,83
	V	1982,91	443,83	443,83	IV	1426,91	1353,50	1280,16	1207,33	1136,08	1066,33
	VI	2026,16	443,83	443,83							
6506,99	I,IV	1501,50	443,83	443,83	I	1354,66	1208,50	1067,41	932,33	803,33	680,41
	II	1361,16	443,83	443,83	II	1214,83	1073,50	938,25	809,00	685,75	568,58
	III	956,50	443,83	443,83	III	848,83	744,16	642,50	543,83	448,16	355,66
	V	1984,08	443,83	443,83	IV	1428,08	1354,66	1281,25	1208,50	1137,16	1067,41
	VI	2027,33	443,83	443,83							
6509,99	I,IV	1502,66	443,83	443,83	I	1355,83	1209,58	1068,50	933,41	804,33	681,41
	II	1362,33	443,83	443,83	II	1216,00	1074,58	939,25	809,91	686,66	569,50
	III	957,33	443,83	443,83	III	849,66	744,83	643,16	544,50	449,00	356,33
	V	1985,25	443,83	443,83	IV	1429,25	1355,83	1282,41	1209,58	1138,25	1068,50
	VI	2028,50	443,83	443,83							
6512,99	I,IV	1503,75	443,83	443,83	I	1357,00	1210,75	1069,58	934,41	805,33	682,33
	II	1363,50	443,83	443,83	II	1217,16	1075,66	940,33	810,91	687,66	570,41
	III	958,16	443,83	443,83	III	850,50	745,66	644,00	545,33	449,66	357,00
	V	1986,41	443,83	443,83	IV	1430,41	1357,00	1283,58	1210,75	1139,41	1069,58
	VI	2029,66	443,83	443,83							
6515,99	I,IV	1504,91	443,83	443,83	I	1358,16	1211,91	1070,66	935,50	806,33	683,25
	II	1364,66	443,83	443,83	II	1218,25	1076,75	941,33	811,91	688,58	571,33
	III	959,00	443,83	443,83	III	851,33	746,50	644,83	546,16	450,33	357,83
	V	1987,58	443,83	443,83	IV	1431,50	1358,16	1284,75	1211,91	1140,50	1070,66
	VI	2030,83	443,83	443,83							

* Zur LSt-Berechnung für privat versicherte Arbeitnehmer s. Beispiele **Vorbemerkung S. 4f.**
** Basisvorsorgepauschale KV und PV   *** Typisierter Arbeitgeberzuschuss

aT3 allgemeine Lohnsteuer

Lohn/Gehalt in € bis	Steuerklasse	Lohnsteuer*	BVSP**	TAGZ***	Steuerklasse	Bemessungsgrundlage für Kirchensteuer und Solidaritätszuschlag Freibeträge für ... Kinder					
						0,5	1,0	1,5	2,0	2,5	3,0
6518,99	I,IV	1506,08	443,83	443,83	I	1359,33	1213,00	1071,75	936,50	807,33	684,25
	II	1365,83	443,83	443,83	II	1219,41	1077,83	942,41	812,91	689,58	572,16
	III	960,00	443,83	443,83	III	852,16	747,33	645,66	546,83	451,16	358,50
	V	1988,66	443,83	443,83	IV	1432,66	1359,33	1285,91	1213,00	1141,58	1071,75
	VI	2032,00	443,83	443,83							
6521,99	I,IV	1507,25	443,83	443,83	I	1360,41	1214,16	1072,83	937,58	808,33	685,16
	II	1367,00	443,83	443,83	II	1220,58	1079,00	943,41	813,91	690,50	573,08
	III	960,83	443,83	443,83	III	853,00	748,16	646,33	547,66	451,83	359,16
	V	1989,83	443,83	443,83	IV	1433,83	1360,41	1287,08	1214,16	1142,75	1072,83
	VI	2033,08	443,83	443,83							
6524,99	I,IV	1508,41	443,83	443,83	I	1361,58	1215,25	1073,91	938,58	809,33	686,08
	II	1368,08	443,83	443,83	II	1221,66	1080,08	944,50	814,91	691,41	574,00
	III	961,66	443,83	443,83	III	853,83	749,00	647,16	548,33	452,66	360,00
	V	1991,00	443,83	443,83	IV	1435,00	1361,58	1288,25	1215,25	1143,83	1073,91
	VI	2034,25	443,83	443,83							
6527,99	I,IV	1509,58	443,83	443,83	I	1362,75	1216,41	1075,00	939,66	810,33	687,08
	II	1369,25	443,83	443,83	II	1222,83	1081,16	945,50	815,91	692,41	574,91
	III	962,50	443,83	443,83	III	854,66	749,83	648,00	549,16	453,33	360,66
	V	1992,16	443,83	443,83	IV	1436,16	1362,75	1289,33	1216,41	1144,91	1075,00
	VI	2035,41	443,83	443,83							
6530,99	I,IV	1510,75	443,83	443,83	I	1363,91	1217,58	1076,08	940,66	811,33	688,00
	II	1370,41	443,83	443,83	II	1224,00	1082,25	946,58	816,91	693,33	575,83
	III	963,33	443,83	443,83	III	855,50	750,66	648,83	550,00	454,16	361,33
	V	1993,33	443,83	443,83	IV	1437,33	1363,91	1290,50	1217,58	1146,08	1076,08
	VI	2036,58	443,83	443,83							
6533,99	I,IV	1511,91	443,83	443,83	I	1365,08	1218,75	1077,25	941,75	812,33	689,00
	II	1371,58	443,83	443,83	II	1225,16	1083,33	947,66	817,91	694,33	576,75
	III	964,33	443,83	443,83	III	856,33	751,50	649,66	550,66	454,83	362,16
	V	1994,50	443,83	443,83	IV	1438,50	1365,08	1291,75	1218,75	1147,25	1077,25
	VI	2037,75	443,83	443,83							
6536,99	I,IV	1513,08	443,83	443,83	I	1366,25	1219,83	1078,33	942,75	813,33	689,91
	II	1372,75	443,83	443,83	II	1226,25	1084,41	948,66	818,91	695,25	577,66
	III	965,16	443,83	443,83	III	857,16	752,33	650,33	551,50	455,66	362,83
	V	1995,66	443,83	443,83	IV	1439,66	1366,25	1292,83	1219,83	1148,33	1078,33
	VI	2038,91	443,83	443,83							
6539,99	I,IV	1514,25	443,83	443,83	I	1367,41	1221,00	1079,41	943,83	814,33	690,83
	II	1373,91	443,83	443,83	II	1227,41	1085,58	949,75	819,91	696,25	578,50
	III	966,00	443,83	443,83	III	858,00	753,16	651,16	552,33	456,33	363,50
	V	1996,83	443,83	443,83	IV	1440,83	1367,41	1294,00	1221,00	1149,41	1079,41
	VI	2040,08	443,83	443,83							
6542,99	I,IV	1515,33	443,83	443,83	I	1368,58	1222,16	1080,50	944,91	815,33	691,83
	II	1375,08	443,83	443,83	II	1228,58	1086,66	950,75	820,91	697,16	579,41
	III	966,83	443,83	443,83	III	858,83	753,83	652,00	553,00	457,16	364,16
	V	1998,00	443,83	443,83	IV	1442,00	1368,58	1295,16	1222,16	1150,58	1080,50
	VI	2041,25	443,83	443,83							
6545,99	I,IV	1516,50	443,83	443,83	I	1369,75	1223,25	1081,58	945,91	816,33	692,75
	II	1376,25	443,83	443,83	II	1229,66	1087,75	951,83	821,91	698,08	580,33
	III	967,66	443,83	443,83	III	859,66	754,66	652,66	553,83	457,83	365,00
	V	1999,16	443,83	443,83	IV	1443,16	1369,75	1296,33	1223,25	1151,66	1081,58
	VI	2042,41	443,83	443,83							
6548,99	I,IV	1517,66	443,83	443,83	I	1370,91	1224,41	1082,66	947,00	817,33	693,75
	II	1377,41	443,83	443,83	II	1230,83	1088,83	952,83	822,91	699,08	581,25
	III	968,50	443,83	443,83	III	860,50	755,50	653,50	554,50	458,66	365,66
	V	2000,25	443,83	443,83	IV	1444,25	1370,91	1297,50	1224,41	1152,75	1082,66
	VI	2043,58	443,83	443,83							
6551,99	I,IV	1518,83	443,83	443,83	I	1372,00	1225,58	1083,75	948,00	818,33	694,66
	II	1378,58	443,83	443,83	II	1232,00	1089,91	953,91	823,91	700,00	582,16
	III	969,50	443,83	443,83	III	861,33	756,33	654,33	555,33	459,33	366,50
	V	2001,41	443,83	443,83	IV	1445,41	1372,00	1298,66	1225,58	1153,91	1083,75
	VI	2044,66	443,83	443,83							

* Zur LSt-Berechnung für privat versicherte Arbeitnehmer s. Beispiele **Vorbemerkung S. 4f.**
** Basisvorsorgepauschale KV und PV *** Typisierter Arbeitgeberzuschuss

Monat gültig ab 1. 1. 2022 (idF des StEntlG 2022) — **aT3**

Lohn/Gehalt in € bis	Steuerklasse	Lohnsteuer*	BVSP**	TAGZ***	Steuerklasse	Bemessungsgrundlage für Kirchensteuer und Solidaritätszuschlag — Freibeträge für ... Kinder 0,5	1,0	1,5	2,0	2,5	3,0
6554,99	I,IV	1 520,00	443,83	443,83	I	1 373,16	1 226,66	1 084,83	949,08	819,33	695,58
	II	1 379,66	443,83	443,83	II	1 233,16	1 091,00	954,91	824,91	701,00	583,08
	III	970,33	443,83	443,83	III	862,16	757,16	655,16	556,00	460,16	367,16
	V	2 002,58	443,83	443,83	IV	1 446,58	1 373,16	1 299,83	1 226,66	1 155,00	1 084,83
	VI	2 045,83	443,83	443,83							
6557,99	I,IV	1 521,16	443,83	443,83	I	1 374,33	1 227,83	1 085,91	950,08	820,33	696,58
	II	1 380,83	443,83	443,83	II	1 234,25	1 092,08	956,00	825,91	701,91	583,91
	III	971,16	443,83	443,83	III	863,00	758,00	655,83	556,83	460,83	367,83
	V	2 003,75	443,83	443,83	IV	1 447,75	1 374,33	1 300,91	1 227,83	1 156,16	1 085,91
	VI	2 047,00	443,83	443,83							
6560,99	I,IV	1 522,33	443,83	443,83	I	1 375,50	1 229,00	1 087,00	951,16	821,33	697,50
	II	1 382,00	443,83	443,83	II	1 235,41	1 093,16	957,00	826,91	702,83	584,83
	III	972,00	443,83	443,83	III	863,83	758,83	656,66	557,66	461,50	368,50
	V	2 004,91	443,83	443,83	IV	1 448,91	1 375,50	1 302,08	1 229,00	1 157,25	1 087,00
	VI	2 048,16	443,83	443,83							
6563,99	I,IV	1 523,41	443,83	443,83	I	1 376,66	1 230,08	1 088,16	952,16	822,33	698,41
	II	1 383,16	443,83	443,83	II	1 236,58	1 094,33	958,08	827,91	703,83	585,75
	III	972,83	443,83	443,83	III	864,66	759,66	657,50	558,33	462,33	369,33
	V	2 006,08	443,83	443,83	IV	1 450,08	1 376,66	1 303,25	1 230,08	1 158,33	1 088,16
	VI	2 049,33	443,83	443,83							
6566,99	I,IV	1 524,58	443,83	443,83	I	1 377,83	1 231,25	1 089,25	953,25	823,33	699,41
	II	1 384,33	443,83	443,83	II	1 237,66	1 095,41	959,16	828,91	704,75	586,66
	III	973,83	443,83	443,83	III	865,50	760,33	658,33	559,16	463,00	370,00
	V	2 007,25	443,83	443,83	IV	1 451,25	1 377,83	1 304,41	1 231,25	1 159,50	1 089,25
	VI	2 050,50	443,83	443,83							
6569,99	I,IV	1 525,75	443,83	443,83	I	1 379,00	1 232,41	1 090,33	954,25	824,33	700,33
	II	1 385,50	443,83	443,83	II	1 238,83	1 096,50	960,16	829,91	705,75	587,58
	III	974,66	443,83	443,83	III	866,50	761,16	659,00	560,00	463,83	370,66
	V	2 008,33	443,83	443,83	IV	1 452,33	1 379,00	1 305,58	1 232,41	1 160,58	1 090,33
	VI	2 051,66	443,83	443,83							
6572,99	I,IV	1 526,91	443,83	443,83	I	1 380,16	1 233,58	1 091,41	955,33	825,33	701,33
	II	1 386,66	443,83	443,83	II	1 240,00	1 097,58	961,25	830,91	706,66	588,50
	III	975,50	443,83	443,83	III	867,16	762,00	659,83	560,66	464,50	371,50
	V	2 009,50	443,83	443,83	IV	1 453,50	1 380,16	1 306,75	1 233,58	1 161,75	1 091,41
	VI	2 052,75	443,83	443,83							
6575,99	I,IV	1 528,08	443,83	443,83	I	1 381,25	1 234,66	1 092,50	956,33	826,33	702,25
	II	1 387,75	443,83	443,83	II	1 241,16	1 098,66	962,25	831,91	707,66	589,41
	III	976,33	443,83	443,83	III	868,16	762,83	660,66	561,50	465,33	372,16
	V	2 010,66	443,83	443,83	IV	1 454,66	1 381,25	1 307,91	1 234,66	1 162,83	1 092,50
	VI	2 053,91	443,83	443,83							
6578,99	I,IV	1 529,25	443,83	443,83	I	1 382,41	1 235,83	1 093,58	957,41	827,33	703,25
	II	1 388,91	443,83	443,83	II	1 242,25	1 099,75	963,33	832,91	708,58	590,33
	III	977,16	443,83	443,83	III	869,00	763,66	661,50	562,16	466,00	372,83
	V	2 011,83	443,83	443,83	IV	1 455,83	1 382,41	1 309,00	1 235,83	1 164,00	1 093,58
	VI	2 055,08	443,83	443,83							
6581,99	I,IV	1 530,41	443,83	443,83	I	1 383,58	1 237,00	1 094,66	958,50	828,33	704,16
	II	1 390,08	443,83	443,83	II	1 243,41	1 100,91	964,41	833,91	709,58	591,16
	III	978,16	443,83	443,83	III	869,83	764,50	662,16	563,00	466,83	373,66
	V	2 013,00	443,83	443,83	IV	1 457,00	1 383,58	1 310,16	1 237,00	1 165,08	1 094,66
	VI	2 056,25	443,83	443,83							
6584,99	I,IV	1 531,50	443,83	443,83	I	1 384,75	1 238,08	1 095,83	959,50	829,33	705,08
	II	1 391,25	443,83	443,83	II	1 244,58	1 102,00	965,41	834,91	710,50	592,08
	III	979,00	443,83	443,83	III	870,66	765,33	663,00	563,83	467,50	374,33
	V	2 014,16	443,83	443,83	IV	1 458,16	1 384,75	1 311,33	1 238,08	1 166,16	1 095,83
	VI	2 057,41	443,83	443,83							
6587,99	I,IV	1 532,66	443,83	443,83	I	1 385,91	1 239,25	1 096,91	960,58	830,33	706,08
	II	1 392,41	443,83	443,83	II	1 245,75	1 103,08	966,50	835,91	711,41	593,00
	III	979,83	443,83	443,83	III	871,50	766,16	663,83	564,50	468,33	375,00
	V	2 015,33	443,83	443,83	IV	1 459,33	1 385,91	1 312,50	1 239,25	1 167,33	1 096,91
	VI	2 058,58	443,83	443,83							

* Zur LSt-Berechnung für privat versicherte Arbeitnehmer s. Beispiele **Vorbemerkung S. 4f.**
** Basisvorsorgepauschale KV und PV *** Typisierter Arbeitgeberzuschuss

aT3

allgemeine Lohnsteuer

Lohn/ Gehalt in € bis	Steuerklasse	Lohn- steuer*	BVSP**	TAGZ***	Steuerklasse	Bemessungsgrundlage für Kirchensteuer und Solidaritätszuschlag					
						Freibeträge für ... Kinder					
						0,5	1,0	1,5	2,0	2,5	3,0
6590,99	I,IV	**1533,91**	443,83	443,83	I	1387,08	1240,41	1098,00	961,66	831,33	707,08
	II	**1393,58**	443,83	443,83	II	1246,91	1104,16	967,58	837,00	712,41	593,91
	III	**980,66**	443,83	443,83	III	872,33	767,00	664,66	565,33	469,00	375,83
	V	**2016,50**	443,83	443,83	IV	1460,50	1387,08	1313,66	1240,41	1168,50	1098,00
	VI	**2059,75**	443,83	443,83							
6593,99	I,IV	**1535,00**	443,83	443,83	I	1388,25	1241,58	1099,08	962,66	832,33	708,00
	II	**1394,75**	443,83	443,83	II	1248,08	1105,33	968,58	838,00	713,41	594,83
	III	**981,50**	443,83	443,83	III	873,16	767,83	665,50	566,16	469,83	376,50
	V	**2017,66**	443,83	443,83	IV	1461,66	1388,25	1314,83	1241,58	1169,58	1099,08
	VI	**2060,91**	443,83	443,83							
6596,99	I,IV	**1536,16**	443,83	443,83	I	1389,41	1242,75	1100,25	963,75	833,33	709,00
	II	**1395,91**	443,83	443,83	II	1249,16	1106,41	969,66	839,00	714,33	595,75
	III	**982,50**	443,83	443,83	III	874,00	768,66	666,16	566,83	470,50	377,33
	V	**2018,83**	443,83	443,83	IV	1462,83	1389,41	1316,00	1242,75	1170,75	1100,25
	VI	**2062,08**	443,83	443,83							
6599,99	I,IV	**1537,33**	443,83	443,83	I	1390,58	1243,91	1101,33	964,83	834,33	709,91
	II	**1397,08**	443,83	443,83	II	1250,33	1107,50	970,75	840,00	715,33	596,66
	III	**983,33**	443,83	443,83	III	874,83	769,33	667,00	567,66	471,33	378,00
	V	**2019,91**	443,83	443,83	IV	1463,91	1390,58	1317,16	1243,91	1171,83	1101,33
	VI	**2063,25**	443,83	443,83							
6602,99	I,IV	**1538,50**	443,83	443,83	I	1391,75	1245,00	1102,41	965,83	835,33	710,91
	II	**1398,25**	443,83	443,83	II	1251,50	1108,58	971,75	841,00	716,25	597,58
	III	**984,16**	443,83	443,83	III	875,66	770,16	667,83	568,50	472,00	378,66
	V	**2021,08**	443,83	443,83	IV	1465,08	1391,75	1318,33	1245,00	1173,00	1102,41
	VI	**2064,33**	443,83	443,83							
6605,99	I,IV	**1539,66**	443,83	443,83	I	1392,83	1246,16	1103,50	966,91	836,33	711,83
	II	**1399,41**	443,83	443,83	II	1252,66	1109,66	972,83	842,00	717,25	598,50
	III	**985,00**	443,83	443,83	III	876,50	771,00	668,66	569,16	472,83	379,33
	V	**2022,25**	443,83	443,83	IV	1466,25	1392,83	1319,50	1246,16	1174,08	1103,50
	VI	**2065,50**	443,83	443,83							
6608,99	I,IV	**1540,83**	443,83	443,83	I	1394,00	1247,33	1104,58	967,91	837,33	712,75
	II	**1400,50**	443,83	443,83	II	1253,75	1110,83	973,91	843,00	718,16	599,41
	III	**985,83**	443,83	443,83	III	877,33	771,83	669,33	570,00	473,50	380,16
	V	**2023,41**	443,83	443,83	IV	1467,41	1394,00	1320,66	1247,33	1175,16	1104,58
	VI	**2066,66**	443,83	443,83							
6611,99	I,IV	**1542,00**	443,83	443,83	I	1395,16	1248,50	1105,66	969,00	838,33	713,75
	II	**1401,66**	443,83	443,83	II	1254,91	1111,91	974,91	844,00	719,16	600,33
	III	**986,66**	443,83	443,83	III	878,16	772,66	670,16	570,66	474,33	380,83
	V	**2024,58**	443,83	443,83	IV	1468,58	1395,16	1321,75	1248,50	1176,33	1105,66
	VI	**2067,83**	443,83	443,83							
6614,99	I,IV	**1543,08**	443,83	443,83	I	1396,33	1249,58	1106,83	970,08	839,33	714,66
	II	**1402,83**	443,83	443,83	II	1256,08	1113,00	976,00	845,00	720,08	601,25
	III	**987,66**	443,83	443,83	III	879,00	773,50	671,00	571,50	475,00	381,66
	V	**2025,75**	443,83	443,83	IV	1469,75	1396,33	1322,91	1249,58	1177,41	1106,83
	VI	**2069,00**	443,83	443,83							
6617,99	I,IV	**1544,25**	443,83	443,83	I	1397,50	1250,75	1107,91	971,08	840,33	715,66
	II	**1404,00**	443,83	443,83	II	1257,25	1114,08	977,08	846,00	721,08	602,16
	III	**988,50**	443,83	443,83	III	879,83	774,33	671,83	572,33	475,83	382,33
	V	**2026,91**	443,83	443,83	IV	1470,91	1397,50	1324,08	1250,75	1178,58	1107,91
	VI	**2070,16**	443,83	443,83							
6620,99	I,IV	**1545,41**	443,83	443,83	I	1398,66	1251,91	1109,00	972,16	841,33	716,58
	II	**1405,16**	443,83	443,83	II	1258,41	1115,25	978,08	847,00	722,00	603,08
	III	**989,33**	443,83	443,83	III	880,83	775,16	672,66	573,00	476,50	383,00
	V	**2028,00**	443,83	443,83	IV	1472,00	1398,66	1325,25	1251,91	1179,66	1109,00
	VI	**2071,33**	443,83	443,83							
6623,99	I,IV	**1546,58**	443,83	443,83	I	1399,83	1253,08	1110,08	973,25	842,33	717,58
	II	**1406,33**	443,83	443,83	II	1259,50	1116,33	979,16	848,00	723,00	604,00
	III	**990,16**	443,83	443,83	III	881,50	776,00	673,33	573,83	477,33	383,66
	V	**2029,16**	443,83	443,83	IV	1473,16	1399,83	1326,41	1253,08	1180,83	1110,08
	VI	**2072,41**	443,83	443,83							

* Zur LSt-Berechnung für privat versicherte Arbeitnehmer s. Beispiele **Vorbemerkung S. 4f.**
** Basisvorsorgepauschale KV und PV   *** Typisierter Arbeitgeberzuschuss

Monat gültig ab 1. 1. 2022 (idF des StEntlG 2022) — aT3

Lohn/Gehalt in € bis	Steuerklasse	Lohnsteuer*	BVSP**	TAGZ***	Steuerklasse	Bemessungsgrundlage für Kirchensteuer und Solidaritätszuschlag — Freibeträge für ... Kinder					
						0,5	1,0	1,5	2,0	2,5	3,0
6626,99	I,IV	1547,75	443,83	443,83	I	1400,91	1254,16	1111,16	974,25	843,33	718,50
	II	1407,50	443,83	443,83	II	1260,66	1117,41	980,25	849,08	723,91	604,91
	III	991,16	443,83	443,83	III	882,50	776,83	674,16	574,66	478,00	384,50
	V	2030,33	443,83	443,83	IV	1474,33	1400,91	1327,58	1254,16	1181,91	1111,16
	VI	2073,58	443,83	443,83							
6629,99	I,IV	1548,91	443,83	443,83	I	1402,08	1255,33	1112,33	975,33	844,41	719,50
	II	1408,58	443,83	443,83	II	1261,83	1118,50	981,25	850,08	724,91	605,83
	III	992,00	443,83	443,83	III	883,33	777,66	675,00	575,33	478,83	385,16
	V	2031,50	443,83	443,83	IV	1475,50	1402,08	1328,75	1255,33	1183,08	1112,33
	VI	2074,75	443,83	443,83							
6632,99	I,IV	1550,08	443,83	443,83	I	1403,25	1256,50	1113,41	976,33	845,41	720,41
	II	1409,75	443,83	443,83	II	1263,00	1119,66	982,33	851,08	725,83	606,75
	III	992,83	443,83	443,83	III	884,16	778,50	675,83	576,16	479,50	386,00
	V	2032,66	443,83	443,83	IV	1476,66	1403,25	1329,83	1256,50	1184,16	1113,41
	VI	2075,91	443,83	443,83							
6635,99	I,IV	1551,16	443,83	443,83	I	1404,41	1257,66	1114,50	977,41	846,41	721,41
	II	1410,91	443,83	443,83	II	1264,16	1120,75	983,41	852,08	726,83	607,58
	III	993,66	443,83	443,83	III	885,00	779,16	676,50	576,83	480,16	386,66
	V	2033,83	443,83	443,83	IV	1477,83	1404,41	1331,00	1257,66	1185,33	1114,50
	VI	2077,08	443,83	443,83							
6638,99	I,IV	1552,33	443,83	443,83	I	1405,58	1258,83	1115,58	978,50	847,41	722,33
	II	1412,08	443,83	443,83	II	1265,25	1121,83	984,41	853,08	727,75	608,50
	III	994,50	443,83	443,83	III	885,83	780,00	677,33	577,66	481,00	387,33
	V	2035,00	443,83	443,83	IV	1479,00	1405,58	1332,16	1258,83	1186,41	1115,58
	VI	2078,25	443,83	443,83							
6641,99	I,IV	1553,50	443,83	443,83	I	1406,75	1259,91	1116,75	979,50	848,41	723,33
	II	1413,25	443,83	443,83	II	1266,41	1122,91	985,50	854,08	728,75	609,41
	III	995,50	443,83	443,83	III	886,66	780,83	678,16	578,50	481,66	388,16
	V	2036,08	443,83	443,83	IV	1480,08	1406,75	1333,33	1259,91	1187,58	1116,75
	VI	2079,41	443,83	443,83							
6644,99	I,IV	1554,66	443,83	443,83	I	1407,91	1261,16	1117,83	980,58	849,41	724,33
	II	1414,41	443,83	443,83	II	1267,66	1124,08	986,58	855,16	729,75	610,41
	III	996,33	443,83	443,83	III	887,50	781,66	679,00	579,16	482,50	388,83
	V	2037,33	443,83	443,83	IV	1481,33	1407,91	1334,50	1261,16	1188,75	1117,83
	VI	2080,58	443,83	443,83							
6647,99	I,IV	1555,83	443,83	443,83	I	1409,08	1262,25	1119,00	981,66	850,41	725,25
	II	1415,58	443,83	443,83	II	1268,75	1125,16	987,66	856,16	730,66	611,33
	III	997,16	443,83	443,83	III	888,33	782,50	679,83	580,00	483,33	389,50
	V	2038,50	443,83	443,83	IV	1482,50	1409,08	1335,66	1262,25	1189,83	1119,00
	VI	2081,75	443,83	443,83							
6650,99	I,IV	1557,00	443,83	443,83	I	1410,25	1263,41	1120,08	982,75	851,50	726,25
	II	1416,75	443,83	443,83	II	1269,91	1126,33	988,66	857,16	731,66	612,25
	III	998,00	443,83	443,83	III	889,16	783,33	680,50	580,83	484,00	390,33
	V	2039,58	443,83	443,83	IV	1483,58	1410,25	1336,83	1263,41	1191,00	1120,08
	VI	2082,91	443,83	443,83							
6653,99	I,IV	1558,16	443,83	443,83	I	1411,41	1264,58	1121,16	983,83	852,50	727,16
	II	1417,91	443,83	443,83	II	1271,08	1127,41	989,75	858,16	732,66	613,16
	III	999,00	443,83	443,83	III	890,00	784,16	681,33	581,50	484,83	391,00
	V	2040,75	443,83	443,83	IV	1484,75	1411,41	1338,00	1264,58	1192,08	1121,16
	VI	2084,00	443,83	443,83							
6656,99	I,IV	1559,33	443,83	443,83	I	1412,50	1265,75	1122,25	984,83	853,50	728,16
	II	1419,08	443,83	443,83	II	1272,25	1128,50	990,83	859,16	733,58	614,08
	III	999,83	443,83	443,83	III	890,83	785,00	682,16	582,33	485,50	391,66
	V	2041,91	443,83	443,83	IV	1485,91	1412,50	1339,16	1265,75	1193,25	1122,25
	VI	2085,16	443,83	443,83							
6659,99	I,IV	1560,50	443,83	443,83	I	1413,66	1266,91	1123,41	985,91	854,50	729,16
	II	1420,16	443,83	443,83	II	1273,41	1129,58	991,91	860,16	734,58	615,00
	III	1000,66	443,83	443,83	III	891,83	785,83	683,00	583,16	486,33	392,50
	V	2043,08	443,83	443,83	IV	1487,08	1413,66	1340,33	1266,91	1194,41	1123,41
	VI	2086,33	443,83	443,83							

* Zur LSt-Berechnung für privat versicherte Arbeitnehmer s. Beispiele **Vorbemerkung S. 4f.**
** Basisvorsorgepauschale KV und PV   *** Typisierter Arbeitgeberzuschuss

aT3 allgemeine Lohnsteuer

Lohn/Gehalt in € bis	Steuerklasse	Lohn-steuer*	BVSP**	TAGZ***	Steuerklasse	Bemessungsgrundlage für Kirchensteuer und Solidaritätszuschlag Freibeträge für ... Kinder					
						0,5	1,0	1,5	2,0	2,5	3,0
6662,99	I,IV	**1 561,66**	443,83	443,83	I	1 414,83	1 268,08	1 124,50	987,00	855,50	730,08
	II	**1 421,33**	443,83	443,83	II	1 274,58	1 130,75	992,91	861,16	735,50	615,91
	III	**1 001,50**	443,83	443,83	III	892,50	786,66	683,66	583,83	487,00	393,16
	V	**2 044,25**	443,83	443,83	IV	1 488,25	1 414,83	1 341,41	1 268,08	1 195,50	1 124,50
	VI	**2 087,50**	443,83	443,83							
6665,99	I,IV	**1 562,75**	443,83	443,83	I	1 416,00	1 269,16	1 125,58	988,00	856,50	731,08
	II	**1 422,50**	443,83	443,83	II	1 275,75	1 131,83	994,00	862,25	736,50	616,83
	III	**1 002,50**	443,83	443,83	III	893,50	787,50	684,50	584,66	487,83	394,00
	V	**2 045,41**	443,83	443,83	IV	1 489,41	1 416,00	1 342,58	1 269,16	1 196,66	1 125,58
	VI	**2 088,66**	443,83	443,83							
6668,99	I,IV	**1 563,91**	443,83	443,83	I	1 417,16	1 270,33	1 126,66	989,08	857,50	732,00
	II	**1 423,66**	443,83	443,83	II	1 276,91	1 132,91	995,08	863,25	737,41	617,75
	III	**1 003,33**	443,83	443,83	III	894,33	788,33	685,33	585,33	488,50	394,66
	V	**2 046,58**	443,83	443,83	IV	1 490,58	1 417,16	1 343,75	1 270,33	1 197,75	1 126,66
	VI	**2 089,83**	443,83	443,83							
6671,99	I,IV	**1 565,08**	443,83	443,83	I	1 418,33	1 271,50	1 127,83	990,16	858,50	733,00
	II	**1 424,83**	443,83	443,83	II	1 278,00	1 134,08	996,08	864,25	738,41	618,66
	III	**1 004,16**	443,83	443,83	III	895,16	789,16	686,16	586,16	489,33	395,33
	V	**2 047,75**	443,83	443,83	IV	1 491,66	1 418,33	1 344,91	1 271,50	1 198,91	1 127,83
	VI	**2 091,00**	443,83	443,83							
6674,99	I,IV	**1 566,25**	443,83	443,83	I	1 419,50	1 272,66	1 128,91	991,16	859,58	733,91
	II	**1 426,00**	443,83	443,83	II	1 279,16	1 135,16	997,16	865,25	739,41	619,58
	III	**1 005,00**	443,83	443,83	III	896,00	790,00	687,00	587,00	490,00	396,16
	V	**2 048,83**	443,83	443,83	IV	1 492,83	1 419,50	1 346,08	1 272,66	1 200,00	1 128,91
	VI	**2 092,08**	443,83	443,83							
6677,99	I,IV	**1 567,41**	443,83	443,83	I	1 420,58	1 273,83	1 130,00	992,25	860,58	734,91
	II	**1 427,16**	443,83	443,83	II	1 280,33	1 136,25	998,25	866,25	740,33	620,50
	III	**1 005,83**	443,83	443,83	III	896,83	790,83	687,83	587,83	490,83	396,83
	V	**2 050,00**	443,83	443,83	IV	1 494,00	1 420,58	1 347,25	1 273,83	1 201,16	1 130,00
	VI	**2 093,25**	443,83	443,83							
6680,99	I,IV	**1 568,58**	443,83	443,83	I	1 421,75	1 275,00	1 131,16	993,33	861,58	735,83
	II	**1 428,25**	443,83	443,83	II	1 281,50	1 137,41	999,33	867,25	741,33	621,41
	III	**1 006,66**	443,83	443,83	III	897,66	791,50	688,50	588,50	491,50	397,50
	V	**2 051,16**	443,83	443,83	IV	1 495,16	1 421,75	1 348,41	1 275,00	1 202,33	1 131,16
	VI	**2 094,41**	443,83	443,83							
6683,99	I,IV	**1 569,75**	443,83	443,83	I	1 422,91	1 276,16	1 132,25	994,41	862,58	736,83
	II	**1 429,41**	443,83	443,83	II	1 282,66	1 138,50	1 000,33	868,33	742,25	622,33
	III	**1 007,66**	443,83	443,83	III	898,50	792,50	689,33	589,33	492,33	398,33
	V	**2 052,33**	443,83	443,83	IV	1 496,33	1 422,91	1 349,50	1 276,16	1 203,41	1 132,25
	VI	**2 095,58**	443,83	443,83							
6686,99	I,IV	**1 570,91**	443,83	443,83	I	1 424,08	1 277,33	1 133,33	995,41	863,58	737,83
	II	**1 430,58**	443,83	443,83	II	1 283,83	1 139,58	1 001,41	869,33	743,25	623,25
	III	**1 008,50**	443,83	443,83	III	899,33	793,16	690,16	590,00	493,00	399,00
	V	**2 053,50**	443,83	443,83	IV	1 497,50	1 424,08	1 350,66	1 277,33	1 204,58	1 133,33
	VI	**2 096,75**	443,83	443,83							
6689,99	I,IV	**1 572,00**	443,83	443,83	I	1 425,25	1 278,41	1 134,41	996,50	864,58	738,75
	II	**1 431,75**	443,83	443,83	II	1 285,00	1 140,75	1 002,50	870,33	744,25	624,16
	III	**1 009,33**	443,83	443,83	III	900,16	794,00	691,00	590,83	493,83	399,83
	V	**2 054,66**	443,83	443,83	IV	1 498,66	1 425,25	1 351,83	1 278,41	1 205,66	1 134,41
	VI	**2 097,91**	443,83	443,83							
6692,99	I,IV	**1 573,16**	443,83	443,83	I	1 426,41	1 279,58	1 135,58	997,58	865,66	739,75
	II	**1 432,91**	443,83	443,83	II	1 286,08	1 141,83	1 003,58	871,33	745,16	625,08
	III	**1 010,16**	443,83	443,83	III	901,00	794,83	691,66	591,66	494,50	400,50
	V	**2 055,83**	443,83	443,83	IV	1 499,75	1 426,41	1 353,00	1 279,58	1 206,83	1 135,58
	VI	**2 099,08**	443,83	443,83							
6695,99	I,IV	**1 574,33**	443,83	443,83	I	1 427,58	1 280,75	1 136,66	998,66	866,66	740,66
	II	**1 434,08**	443,83	443,83	II	1 287,25	1 142,91	1 004,58	872,33	746,16	626,00
	III	**1 011,16**	443,83	443,83	III	901,83	795,66	692,50	592,33	495,33	401,16
	V	**2 056,91**	443,83	443,83	IV	1 500,91	1 427,58	1 354,16	1 280,75	1 208,00	1 136,66
	VI	**2 100,25**	443,83	443,83							

* Zur LSt-Berechnung für privat versicherte Arbeitnehmer s. Beispiele **Vorbemerkung S. 4 f.**
** Basisvorsorgepauschale KV und PV   *** Typisierter Arbeitgeberzuschuss

Monat gültig ab 1. 1. 2022 (idF des StEntlG 2022) **aT3**

Lohn/Gehalt in € bis	Steuerklasse	Lohnsteuer*	BVSP**	TAGZ***	Steuerklasse	Bemessungsgrundlage für Kirchensteuer und Solidaritätszuschlag Freibeträge für ... Kinder 0,5	1,0	1,5	2,0	2,5	3,0
6698,99	I,IV	1575,50	443,83	443,83	I	1428,66	1281,91	1137,75	999,66	867,66	741,66
	II	1435,25	443,83	443,83	II	1288,41	1144,08	1005,66	873,41	747,16	626,91
	III	1012,00	443,83	443,83	III	902,66	796,50	693,33	593,16	496,00	402,00
	V	2058,08	443,83	443,83	IV	1502,08	1428,66	1355,33	1281,91	1209,08	1137,75
	VI	2101,33	443,83	443,83							
6701,99	I,IV	1576,66	443,83	443,83	I	1429,91	1283,08	1138,91	1000,75	868,66	742,66
	II	1436,41	443,83	443,83	II	1289,58	1145,16	1006,75	874,41	748,16	627,91
	III	1012,83	443,83	443,83	III	903,66	797,33	694,16	594,00	496,83	402,66
	V	2059,33	443,83	443,83	IV	1503,25	1429,91	1356,50	1283,08	1210,25	1138,91
	VI	2102,58	443,83	443,83							
6704,99	I,IV	1577,83	443,83	443,83	I	1431,08	1284,25	1140,00	1001,83	869,75	743,66
	II	1437,58	443,83	443,83	II	1290,75	1146,33	1007,83	875,41	749,08	628,83
	III	1013,83	443,83	443,83	III	904,50	798,16	695,00	594,83	497,50	403,50
	V	2060,41	443,83	443,83	IV	1504,41	1431,08	1357,66	1284,25	1211,41	1140,00
	VI	2103,75	443,83	443,83							
6707,99	I,IV	1579,00	443,83	443,83	I	1432,16	1285,41	1141,16	1002,91	870,75	744,58
	II	1438,75	443,83	443,83	II	1291,91	1147,41	1008,91	876,50	750,08	629,75
	III	1014,66	443,83	443,83	III	905,33	799,00	695,83	595,50	498,33	404,16
	V	2061,58	443,83	443,83	IV	1505,58	1432,16	1358,83	1285,41	1212,50	1141,16
	VI	2104,83	443,83	443,83							
6710,99	I,IV	1580,16	443,83	443,83	I	1433,33	1286,58	1142,25	1004,00	871,75	745,58
	II	1439,83	443,83	443,83	II	1293,08	1148,50	1010,00	877,50	751,08	630,66
	III	1015,50	443,83	443,83	III	906,16	799,83	696,50	596,33	499,16	404,83
	V	2062,75	443,83	443,83	IV	1506,75	1433,33	1360,00	1286,58	1213,66	1142,25
	VI	2106,00	443,83	443,83							
6713,99	I,IV	1581,33	443,83	443,83	I	1434,50	1287,75	1143,33	1005,08	872,75	746,58
	II	1441,00	443,83	443,83	II	1294,25	1149,66	1011,08	878,50	752,00	631,58
	III	1016,33	443,83	443,83	III	907,00	800,66	697,33	597,00	499,83	405,66
	V	2063,91	443,83	443,83	IV	1507,91	1434,50	1361,08	1287,75	1214,83	1143,33
	VI	2107,16	443,83	443,83							
6716,99	I,IV	1582,50	443,83	443,83	I	1435,66	1288,91	1144,50	1006,08	873,75	747,50
	II	1442,16	443,83	443,83	II	1295,41	1150,75	1012,08	879,50	753,00	632,50
	III	1017,33	443,83	443,83	III	907,83	801,50	698,16	597,83	500,66	406,33
	V	2065,08	443,83	443,83	IV	1509,08	1435,66	1362,25	1288,91	1215,91	1144,50
	VI	2108,33	443,83	443,83							
6719,99	I,IV	1583,58	443,83	443,83	I	1436,83	1290,00	1145,58	1007,16	874,83	748,50
	II	1443,33	443,83	443,83	II	1296,58	1151,91	1013,16	880,58	753,91	633,41
	III	1018,16	443,83	443,83	III	908,66	802,33	699,00	598,66	501,33	407,00
	V	2066,25	443,83	443,83	IV	1510,25	1436,83	1363,41	1290,00	1217,08	1145,58
	VI	2109,50	443,83	443,83							
6722,99	I,IV	1584,75	443,83	443,83	I	1438,00	1291,16	1146,75	1008,25	875,83	749,41
	II	1444,50	443,83	443,83	II	1297,66	1153,00	1014,25	881,58	754,91	634,33
	III	1019,00	443,83	443,83	III	909,50	803,16	699,83	599,50	502,16	407,83
	V	2067,41	443,83	443,83	IV	1511,41	1438,00	1364,58	1291,16	1218,25	1146,75
	VI	2110,66	443,83	443,83							
6725,99	I,IV	1585,91	443,83	443,83	I	1439,16	1292,33	1147,83	1009,33	876,83	750,41
	II	1445,66	443,83	443,83	II	1298,83	1154,08	1015,33	882,58	755,91	635,25
	III	1019,83	443,83	443,83	III	910,33	804,00	700,50	600,16	502,83	408,50
	V	2068,50	443,83	443,83	IV	1512,50	1439,16	1365,75	1292,33	1219,33	1147,83
	VI	2111,83	443,83	443,83							
6728,99	I,IV	1587,08	443,83	443,83	I	1440,25	1293,50	1148,91	1010,33	877,83	751,41
	II	1446,83	443,83	443,83	II	1300,00	1155,25	1016,41	883,58	756,91	636,16
	III	1020,66	443,83	443,83	III	911,33	804,83	701,33	601,00	503,66	409,33
	V	2069,66	443,83	443,83	IV	1513,66	1440,25	1366,91	1293,50	1220,50	1148,91
	VI	2112,91	443,83	443,83							
6731,99	I,IV	1588,25	443,83	443,83	I	1441,41	1294,66	1150,08	1011,41	878,91	752,33
	II	1447,91	443,83	443,83	II	1301,16	1156,33	1017,41	884,66	757,83	637,08
	III	1021,66	443,83	443,83	III	912,16	805,66	702,16	601,66	504,33	410,00
	V	2070,83	443,83	443,83	IV	1514,83	1441,41	1368,08	1294,66	1221,66	1150,08
	VI	2114,08	443,83	443,83							

* Zur LSt-Berechnung für privat versicherte Arbeitnehmer s. Beispiele **Vorbemerkung S. 4 f.**
** Basisvorsorgepauschale KV und PV   *** Typisierter Arbeitgeberzuschuss

aT3   allgemeine Lohnsteuer

Lohn/Gehalt in € bis	Steuerklasse	Lohnsteuer*	BVSP**	TAGZ***	Steuerklasse	Bemessungsgrundlage für Kirchensteuer und Solidaritätszuschlag — Freibeträge für ... Kinder					
						0,5	1,0	1,5	2,0	2,5	3,0
6734,99 West	I,IV	1589,41	443,83	443,83	I	1442,58	1295,83	1151,16	1012,50	879,91	753,33
	II	1449,08	443,83	443,83	II	1302,33	1157,41	1018,50	885,66	758,83	638,08
	III	1022,50	443,83	443,83	III	913,00	806,50	703,00	602,50	505,16	410,66
	V	2072,00	443,83	443,83	IV	1516,00	1442,58	1369,16	1295,83	1222,75	1151,16
	VI	2115,25	443,83	443,83							
6734,99 Ost	I,IV	1589,41	443,83	443,83	I	1442,58	1295,83	1151,16	1012,50	879,91	753,33
	II	1449,08	443,83	443,83	II	1302,33	1157,41	1018,50	885,66	758,83	638,08
	III	1022,50	443,83	443,83	III	913,00	806,50	703,00	602,50	505,16	410,66
	V	2072,00	443,83	443,83	IV	1516,00	1442,58	1369,16	1295,83	1222,75	1151,16
	VI	2115,25	443,83	443,83							
6737,99 West	I,IV	1590,58	443,83	443,83	I	1443,75	1297,00	1152,25	1013,58	880,91	754,33
	II	1450,25	443,83	443,83	II	1303,50	1158,58	1019,58	886,66	759,83	639,00
	III	1023,33	443,83	443,83	III	913,83	807,33	703,83	603,33	505,83	411,50
	V	2073,16	443,83	443,83	IV	1517,16	1443,75	1370,33	1297,00	1223,91	1152,25
	VI	2116,41	443,83	443,83							
6737,99 Ost	I,IV	1590,58	443,83	443,83	I	1443,75	1297,00	1152,25	1013,58	880,91	754,33
	II	1450,25	443,83	443,83	II	1303,50	1158,58	1019,58	886,66	759,83	639,00
	III	1023,33	443,83	443,83	III	913,83	807,33	703,83	603,33	505,83	411,50
	V	2073,16	443,83	443,83	IV	1517,16	1443,75	1370,33	1297,00	1223,91	1152,25
	VI	2116,41	443,83	443,83							
6740,99 West	I,IV	1591,66	443,83	443,83	I	1444,91	1298,08	1153,41	1014,66	881,91	755,25
	II	1451,41	443,83	443,83	II	1304,66	1159,66	1020,66	887,66	760,75	639,91
	III	1024,16	443,83	443,83	III	914,66	808,16	704,66	604,16	506,66	412,16
	V	2074,33	443,83	443,83	IV	1518,33	1444,91	1371,50	1298,08	1225,08	1153,41
	VI	2117,58	443,83	443,83							
6740,99 Ost	I,IV	1591,66	443,83	443,83	I	1444,91	1298,08	1153,41	1014,66	881,91	755,25
	II	1451,41	443,83	443,83	II	1304,66	1159,66	1020,66	887,66	760,75	639,91
	III	1024,16	443,83	443,83	III	914,66	808,16	704,66	604,16	506,66	412,16
	V	2074,33	443,83	443,83	IV	1518,33	1444,91	1371,50	1298,08	1225,08	1153,41
	VI	2117,58	443,83	443,83							
6743,99 West	I,IV	1592,83	443,83	443,83	I	1446,08	1299,25	1154,50	1015,75	882,91	756,25
	II	1452,58	443,83	443,83	II	1305,75	1160,83	1021,75	888,75	761,75	640,83
	III	1025,16	443,83	443,83	III	915,50	809,00	705,33	604,83	507,33	412,83
	V	2075,50	443,83	443,83	IV	1519,50	1446,08	1372,66	1299,25	1226,16	1154,50
	VI	2118,75	443,83	443,83							
6743,99 Ost	I,IV	1592,83	443,83	443,83	I	1446,08	1299,25	1154,50	1015,75	882,91	756,25
	II	1452,58	443,83	443,83	II	1305,75	1160,83	1021,75	888,75	761,75	640,83
	III	1025,16	443,83	443,83	III	915,50	809,00	705,33	604,83	507,33	412,83
	V	2075,50	443,83	443,83	IV	1519,50	1446,08	1372,66	1299,25	1226,16	1154,50
	VI	2118,75	443,83	443,83							
6746,99 West	I,IV	1594,00	443,83	443,83	I	1447,25	1300,41	1155,66	1016,75	884,00	757,25
	II	1453,75	443,83	443,83	II	1306,91	1161,91	1022,83	889,75	762,75	641,75
	III	1026,00	443,83	443,83	III	916,33	809,83	706,16	605,66	508,16	413,66
	V	2076,58	443,83	443,83	IV	1520,58	1447,25	1373,83	1300,41	1227,33	1155,66
	VI	2119,91	443,83	443,83							
6746,99 Ost	I,IV	1594,00	443,83	443,83	I	1447,25	1300,41	1155,66	1016,75	884,00	757,25
	II	1453,75	443,83	443,83	II	1306,91	1161,91	1022,83	889,75	762,75	641,75
	III	1026,00	443,83	443,83	III	916,33	809,83	706,16	605,66	508,16	413,66
	V	2076,58	443,83	443,83	IV	1520,58	1447,25	1373,83	1300,41	1227,33	1155,66
	VI	2119,91	443,83	443,83							
6749,99 West	I,IV	1595,16	443,83	443,83	I	1448,41	1301,58	1156,75	1017,83	885,00	758,16
	II	1454,91	443,83	443,83	II	1308,08	1163,08	1023,91	890,75	763,66	642,66
	III	1026,83	443,83	443,83	III	917,16	810,50	707,00	606,33	508,83	414,33
	V	2077,75	443,83	443,83	IV	1521,75	1448,41	1375,00	1301,58	1228,50	1156,75
	VI	2121,00	443,83	443,83							
6749,99 Ost	I,IV	1595,16	443,83	443,83	I	1448,41	1301,58	1156,75	1017,83	885,00	758,16
	II	1454,91	443,83	443,83	II	1308,08	1163,08	1023,91	890,75	763,66	642,66
	III	1026,83	443,83	443,83	III	917,16	810,50	707,00	606,33	508,83	414,33
	V	2077,75	443,83	443,83	IV	1521,75	1448,41	1375,00	1301,58	1228,50	1156,75
	VI	2121,00	443,83	443,83							

* Zur LSt-Berechnung für privat versicherte Arbeitnehmer s. Beispiele **Vorbemerkung S. 4 f.**
** Basisvorsorgepauschale KV und PV   *** Typisierter Arbeitgeberzuschuss

Monat gültig ab 1. 1. 2022 (idF des StEntlG 2022)   **aT3**

Lohn/ Gehalt in € bis	Steuerklasse	Lohn- steuer*	BVSP**	TAGZ***	Steuerklasse	Bemessungsgrundlage für Kirchensteuer und Solidaritätszuschlag					
						Freibeträge für ... Kinder					
						0,5	1,0	1,5	2,0	2,5	3,0
6 752,99 West	I,IV	**1 596,33**	443,83	443,83	I	1 449,50	1 302,75	1 157,83	1 018,91	886,00	759,16
	II	**1 456,00**	443,83	443,83	II	1 309,25	1 164,16	1 024,91	891,75	764,66	643,58
	III	**1 027,66**	443,83	443,83	III	918,00	811,50	707,83	607,16	509,66	415,16
	V	**2 078,91**	443,83	443,83	IV	1 522,91	1 449,50	1 376,16	1 302,75	1 229,58	1 157,83
	VI	**2 122,16**	443,83	443,83							
6 752,99 Ost	I,IV	**1 596,41**	443,83	443,83	I	1 449,66	1 302,83	1 158,00	1 019,00	886,08	759,25
	II	**1 456,16**	443,83	443,83	II	1 309,33	1 164,25	1 025,08	891,91	764,75	643,66
	III	**1 027,83**	443,83	443,83	III	918,16	811,50	707,83	607,33	509,66	415,16
	V	**2 079,00**	443,83	443,83	IV	1 523,00	1 449,66	1 376,25	1 302,83	1 229,66	1 158,00
	VI	**2 122,33**	443,83	443,83							
6 755,99 West	I,IV	**1 597,50**	443,83	443,83	I	1 450,66	1 303,91	1 159,00	1 020,00	887,08	760,16
	II	**1 457,16**	443,83	443,83	II	1 310,41	1 165,25	1 026,00	892,83	765,66	644,58
	III	**1 028,08**	443,83	443,83	III	918,83	812,16	708,66	608,00	510,33	415,83
	V	**2 080,08**	443,83	443,83	IV	1 524,08	1 450,66	1 377,25	1 303,91	1 230,75	1 159,00
	VI	**2 123,33**	443,83	443,83							
6 755,99 Ost	I,IV	**1 597,66**	443,83	443,83	I	1 450,91	1 304,08	1 159,16	1 020,16	887,25	760,33
	II	**1 457,41**	443,83	443,83	II	1 310,58	1 165,50	1 026,25	893,00	765,83	644,75
	III	**1 028,66**	443,83	443,83	III	919,00	812,33	708,66	608,16	510,50	416,00
	V	**2 080,33**	443,83	443,83	IV	1 524,25	1 450,91	1 377,50	1 304,08	1 230,91	1 159,16
	VI	**2 123,58**	443,83	443,83							
6 758,99 West	I,IV	**1 598,66**	443,83	443,83	I	1 451,91	1 305,08	1 160,16	1 021,00	888,08	761,16
	II	**1 458,41**	443,83	443,83	II	1 311,58	1 166,41	1 027,16	893,83	766,66	645,50
	III	**1 029,00**	443,83	443,83	III	919,83	813,00	709,33	608,83	511,16	416,50
	V	**2 081,25**	443,83	443,83	IV	1 525,25	1 451,91	1 378,50	1 305,08	1 231,91	1 160,16
	VI	**2 124,50**	443,83	443,83							
6 758,99 Ost	I,IV	**1 598,91**	443,83	443,83	I	1 452,16	1 305,33	1 160,41	1 021,33	888,33	761,41
	II	**1 458,66**	443,83	443,83	II	1 311,91	1 166,66	1 027,41	894,08	766,91	645,75
	III	**1 029,66**	443,83	443,83	III	920,00	813,33	709,66	609,00	511,33	416,66
	V	**2 081,58**	443,83	443,83	IV	1 525,58	1 452,16	1 378,75	1 305,33	1 232,16	1 160,41
	VI	**2 124,83**	443,83	443,83							
6 761,99 West	I,IV	**1 599,83**	443,83	443,83	I	1 453,00	1 306,25	1 161,25	1 022,16	889,08	762,16
	II	**1 459,50**	443,83	443,83	II	1 312,75	1 167,58	1 028,16	894,91	767,66	646,41
	III	**1 030,33**	443,83	443,83	III	920,66	814,00	710,16	609,50	512,00	417,33
	V	**2 082,41**	443,83	443,83	IV	1 526,41	1 453,00	1 379,66	1 306,25	1 233,08	1 161,25
	VI	**2 125,66**	443,83	443,83							
6 761,99 Ost	I,IV	**1 600,16**	443,83	443,83	I	1 453,41	1 306,66	1 161,58	1 022,50	889,50	762,41
	II	**1 459,91**	443,83	443,83	II	1 313,16	1 167,91	1 028,58	895,25	768,00	646,75
	III	**1 030,66**	443,83	443,83	III	920,83	814,16	710,50	609,83	512,16	417,50
	V	**2 082,83**	443,83	443,83	IV	1 526,83	1 453,41	1 380,00	1 306,66	1 233,41	1 161,58
	VI	**2 126,08**	443,83	443,83							
6 764,99 West	I,IV	**1 601,00**	443,83	443,83	I	1 454,16	1 307,41	1 162,33	1 023,25	890,16	763,08
	II	**1 460,66**	443,83	443,83	II	1 313,91	1 168,66	1 029,25	895,91	768,58	647,33
	III	**1 031,16**	443,83	443,83	III	921,50	814,66	711,00	610,33	512,66	418,00
	V	**2 083,58**	443,83	443,83	IV	1 527,58	1 454,16	1 380,75	1 307,41	1 234,16	1 162,33
	VI	**2 126,83**	443,83	443,83							
6 764,99 Ost	I,IV	**1 601,50**	443,83	443,83	I	1 454,66	1 307,91	1 162,83	1 023,66	890,58	763,50
	II	**1 461,16**	443,83	443,83	II	1 314,41	1 169,16	1 029,75	896,33	769,00	647,75
	III	**1 031,66**	443,83	443,83	III	921,83	815,16	711,33	610,66	513,00	418,33
	V	**2 084,08**	443,83	443,83	IV	1 528,08	1 454,66	1 381,25	1 307,91	1 234,66	1 162,83
	VI	**2 127,33**	443,83	443,83							
6 767,99 West	I,IV	**1 602,16**	443,83	443,83	I	1 455,33	1 308,58	1 163,50	1 024,33	891,16	764,08
	II	**1 461,83**	443,83	443,83	II	1 315,08	1 169,83	1 030,33	896,91	769,58	648,33
	III	**1 032,16**	443,83	443,83	III	922,33	815,66	711,83	611,16	513,50	418,83
	V	**2 084,75**	443,83	443,83	IV	1 528,75	1 455,33	1 381,91	1 308,58	1 235,33	1 163,50
	VI	**2 128,00**	443,83	443,83							
6 767,99 Ost	I,IV	**1 602,75**	443,83	443,83	I	1 455,91	1 309,16	1 164,08	1 024,83	891,66	764,58
	II	**1 462,41**	443,83	443,83	II	1 315,66	1 170,41	1 030,91	897,50	770,08	648,75
	III	**1 032,50**	443,83	443,83	III	922,83	816,00	712,16	611,50	513,83	419,16
	V	**2 085,33**	443,83	443,83	IV	1 529,33	1 455,91	1 382,50	1 309,16	1 235,91	1 164,08
	VI	**2 128,58**	443,83	443,83							

*   Zur LSt-Berechnung für privat versicherte Arbeitnehmer s. Beispiele **Vorbemerkung S. 4 f.**
** Basisvorsorgepauschale KV und PV   *** Typisierter Arbeitgeberzuschuss

aT3 allgemeine Lohnsteuer

Lohn/ Gehalt in € bis	Steuerklasse	Lohnsteuer*	BVSP**	TAGZ***	Steuerklasse	Bemessungsgrundlage für Kirchensteuer und Solidaritätszuschlag Freibeträge für ... Kinder					
						0,5	1,0	1,5	2,0	2,5	3,0
6770,99 West	I,IV	1603,25	443,83	443,83	I	1456,50	1309,66	1164,58	1025,33	892,16	765,08
	II	1463,00	443,83	443,83	II	1316,25	1170,91	1031,41	898,00	770,58	649,25
	III	1033,00	443,83	443,83	III	923,16	816,33	712,66	611,83	514,16	419,50
	V	2085,91	443,83	443,83	IV	1529,91	1456,50	1383,08	1309,66	1236,50	1164,58
	VI	2129,16	443,83	443,83							
6770,99 Ost	I,IV	1604,00	443,83	443,83	I	1457,16	1310,41	1165,25	1026,00	892,83	765,66
	II	1463,66	443,83	443,83	II	1316,91	1171,58	1032,08	898,58	771,16	649,75
	III	1033,50	443,83	443,83	III	923,66	816,83	713,16	612,33	514,66	420,00
	V	2086,58	443,83	443,83	IV	1530,58	1457,16	1383,83	1310,41	1237,16	1165,25
	VI	2129,83	443,83	443,83							
6773,99 West	I,IV	1604,41	443,83	443,83	I	1457,66	1310,83	1165,75	1026,41	893,25	766,00
	II	1464,16	443,83	443,83	II	1317,33	1172,00	1032,50	899,00	771,58	650,16
	III	1033,83	443,83	443,83	III	924,00	817,16	713,50	612,66	515,00	420,33
	V	2087,08	443,83	443,83	IV	1531,08	1457,66	1384,25	1310,83	1237,66	1165,75
	VI	2130,33	443,83	443,83							
6773,99 Ost	I,IV	1605,25	443,83	443,83	I	1458,41	1311,66	1166,50	1027,16	893,91	766,75
	II	1465,00	443,83	443,83	II	1318,16	1172,83	1033,25	899,75	772,33	650,83
	III	1034,50	443,83	443,83	III	924,66	817,83	714,00	613,16	515,50	420,66
	V	2087,83	443,83	443,83	IV	1531,83	1458,41	1385,08	1311,66	1238,41	1166,50
	VI	2131,08	443,83	443,83							
6776,99 West	I,IV	1605,58	443,83	443,83	I	1458,83	1312,00	1166,83	1027,50	894,25	767,00
	II	1465,33	443,83	443,83	II	1318,50	1173,16	1033,58	900,00	772,50	651,08
	III	1034,66	443,83	443,83	III	924,83	818,00	714,16	613,50	515,66	421,00
	V	2088,16	443,83	443,83	IV	1532,16	1458,83	1385,41	1312,00	1238,75	1166,83
	VI	2131,50	443,83	443,83							
6776,99 Ost	I,IV	1606,50	443,83	443,83	I	1459,75	1312,91	1167,75	1028,33	895,08	767,75
	II	1466,25	443,83	443,83	II	1319,41	1174,08	1034,41	900,83	773,33	651,83
	III	1035,00	443,83	443,83	III	925,50	818,66	714,83	614,00	516,33	421,50
	V	2089,08	443,83	443,83	IV	1533,08	1459,75	1386,33	1312,91	1239,66	1167,75
	VI	2132,33	443,83	443,83							
6779,99 West	I,IV	1606,75	443,83	443,83	I	1460,00	1313,16	1168,00	1028,58	895,25	768,00
	II	1466,50	443,83	443,83	II	1319,66	1174,25	1034,66	901,08	773,50	652,00
	III	1035,66	443,83	443,83	III	925,83	818,83	715,00	614,33	516,50	421,66
	V	2089,33	443,83	443,83	IV	1533,33	1460,00	1386,58	1313,16	1239,91	1168,00
	VI	2132,58	443,83	443,83							
6779,99 Ost	I,IV	1607,75	443,83	443,83	I	1461,00	1314,16	1168,91	1029,50	896,16	768,83
	II	1467,50	443,83	443,83	II	1320,66	1175,25	1035,58	901,91	774,33	652,83
	III	1036,33	443,83	443,83	III	926,50	819,66	715,83	615,00	517,16	422,33
	V	2090,33	443,83	443,83	IV	1534,33	1461,00	1387,58	1314,16	1240,91	1168,91
	VI	2133,66	443,83	443,83							
6782,99 West	I,IV	1607,91	443,83	443,83	I	1461,08	1314,33	1169,08	1029,66	896,25	769,00
	II	1467,66	443,83	443,83	II	1320,83	1175,41	1035,75	902,08	774,50	652,91
	III	1036,50	443,83	443,83	III	926,66	819,66	715,83	615,00	517,16	422,50
	V	2090,50	443,83	443,83	IV	1534,50	1461,08	1387,75	1314,33	1241,08	1169,08
	VI	2133,75	443,83	443,83							
6782,99 Ost	I,IV	1609,00	443,83	443,83	I	1462,25	1315,41	1170,16	1030,66	897,25	769,91
	II	1468,75	443,83	443,83	II	1321,91	1176,50	1036,75	903,08	775,41	653,83
	III	1037,33	443,83	443,83	III	927,33	820,50	716,66	615,83	518,00	423,16
	V	2091,66	443,83	443,83	IV	1535,66	1462,25	1388,83	1315,41	1242,16	1170,16
	VI	2134,91	443,83	443,83							
6785,99 West	I,IV	1609,08	443,83	443,83	I	1462,25	1315,50	1170,16	1030,75	897,33	769,91
	II	1468,75	443,83	443,83	II	1322,00	1176,50	1036,83	903,08	775,50	653,91
	III	1037,33	443,83	443,83	III	927,50	820,50	716,66	615,83	518,00	423,16
	V	2091,66	443,83	443,83	IV	1535,66	1462,25	1388,91	1315,50	1242,25	1170,16
	VI	2134,91	443,83	443,83							
6785,99 Ost	I,IV	1610,25	443,83	443,83	I	1463,50	1316,66	1171,41	1031,83	898,41	771,00
	II	1470,00	443,83	443,83	II	1323,25	1177,75	1037,91	904,16	776,50	654,83
	III	1038,33	443,83	443,83	III	928,33	821,33	717,50	616,66	518,83	424,00
	V	2092,91	443,83	443,83	IV	1536,91	1463,50	1390,08	1316,66	1243,41	1171,41
	VI	2136,16	443,83	443,83							

* Zur LSt-Berechnung für privat versicherte Arbeitnehmer s. Beispiele **Vorbemerkung S. 4 f.**
** Basisvorsorgepauschale KV und PV *** Typisierter Arbeitgeberzuschuss

Monat gültig ab 1. 1. 2022 (idF des StEntlG 2022) — aT3

Lohn/Gehalt in € bis	Steuerklasse	Lohnsteuer*	BVSP**	TAGZ***	Steuerklasse	0,5	1,0	1,5	2,0	2,5	3,0
							Bemessungsgrundlage für Kirchensteuer und Solidaritätszuschlag — Freibeträge für ... Kinder					
6788,99 West	I,IV	1 610,25	443,83	443,83	I	1 463,41	1 316,66	1 171,33	1 031,83	898,33	770,91
	II	1 469,91	443,83	443,83	II	1 323,16	1 177,66	1 037,83	904,16	776,41	654,83
	III	1 038,16	443,83	443,83	III	928,33	821,33	717,50	616,50	518,66	423,83
	V	2 092,83	443,83	443,83	IV	1 536,83	1 463,41	1 390,00	1 316,66	1 243,33	1 171,33
	VI	2 136,08	443,83	443,83							
6788,99 Ost	I,IV	1 611,58	443,83	443,83	I	1 464,75	1 318,00	1 172,58	1 033,08	899,50	772,08
	II	1 471,25	443,83	443,83	II	1 324,50	1 178,91	1 039,08	905,33	777,58	655,91
	III	1 039,33	443,83	443,83	III	929,33	822,33	718,33	617,50	519,66	424,83
	V	2 094,16	443,83	443,83	IV	1 538,16	1 464,75	1 391,33	1 318,00	1 244,66	1 172,58
	VI	2 137,41	443,83	443,83							
6791,99 West	I,IV	1 611,33	443,83	443,83	I	1 464,58	1 317,75	1 172,41	1 032,91	899,33	771,91
	II	1 471,08	443,83	443,83	II	1 324,33	1 178,75	1 038,91	905,16	777,41	655,75
	III	1 039,16	443,83	443,83	III	929,16	822,16	718,33	617,33	519,50	424,66
	V	2 094,00	443,83	443,83	IV	1 538,00	1 464,58	1 391,16	1 317,75	1 244,50	1 172,41
	VI	2 137,25	443,83	443,83							
6791,99 Ost	I,IV	1 612,83	443,83	443,83	I	1 466,00	1 319,25	1 173,83	1 034,25	900,66	773,08
	II	1 472,50	443,83	443,83	II	1 325,75	1 180,16	1 040,25	906,41	778,66	656,91
	III	1 040,16	443,83	443,83	III	930,16	823,16	719,33	618,33	520,50	425,50
	V	2 095,41	443,83	443,83	IV	1 539,41	1 466,00	1 392,58	1 319,25	1 245,91	1 173,83
	VI	2 138,66	443,83	443,83							
6794,99 West	I,IV	1 612,50	443,83	443,83	I	1 465,75	1 318,91	1 173,58	1 033,91	900,41	772,91
	II	1 472,25	443,83	443,83	II	1 325,41	1 179,91	1 040,00	906,16	778,41	656,66
	III	1 040,00	443,83	443,83	III	930,00	823,00	719,00	618,16	520,16	425,33
	V	2 095,16	443,83	443,83	IV	1 539,16	1 465,75	1 392,33	1 318,91	1 245,66	1 173,58
	VI	2 138,41	443,83	443,83							
6794,99 Ost	I,IV	1 614,08	443,83	443,83	I	1 467,25	1 320,50	1 175,08	1 035,41	901,75	774,16
	II	1 473,75	443,83	443,83	II	1 327,00	1 181,41	1 041,41	907,58	779,75	657,91
	III	1 041,16	443,83	443,83	III	931,16	824,16	720,16	619,16	521,33	426,33
	V	2 096,66	443,83	443,83	IV	1 540,66	1 467,25	1 393,91	1 320,50	1 247,16	1 175,08
	VI	2 139,91	443,83	443,83							
6797,99 West	I,IV	1 613,66	443,83	443,83	I	1 466,91	1 320,08	1 174,66	1 035,00	901,41	773,83
	II	1 473,41	443,83	443,83	II	1 326,58	1 181,00	1 041,08	907,25	779,41	657,58
	III	1 040,83	443,83	443,83	III	930,83	823,83	719,83	619,00	521,00	426,16
	V	2 096,25	443,83	443,83	IV	1 540,25	1 466,91	1 393,50	1 320,08	1 246,83	1 174,66
	VI	2 139,58	443,83	443,83							
6797,99 Ost	I,IV	1 615,33	443,83	443,83	I	1 468,50	1 321,75	1 176,33	1 036,58	902,91	775,25
	II	1 475,08	443,83	443,83	II	1 328,25	1 182,66	1 042,66	908,66	780,75	658,91
	III	1 042,16	443,83	443,83	III	932,00	825,00	721,00	620,00	522,16	427,16
	V	2 097,91	443,83	443,83	IV	1 541,91	1 468,50	1 395,16	1 321,75	1 248,41	1 176,33
	VI	2 141,16	443,83	443,83							
6800,99 West	I,IV	1 614,83	443,83	443,83	I	1 468,08	1 321,25	1 175,83	1 036,08	902,41	774,83
	II	1 474,58	443,83	443,83	II	1 327,75	1 182,16	1 042,16	908,25	780,33	658,58
	III	1 041,83	443,83	443,83	III	931,66	824,66	720,66	619,66	521,83	426,83
	V	2 097,41	443,83	443,83	IV	1 541,41	1 468,08	1 394,66	1 321,25	1 247,91	1 175,83
	VI	2 140,66	443,83	443,83							
6800,99 Ost	I,IV	1 616,58	443,83	443,83	I	1 469,83	1 323,00	1 177,50	1 037,75	904,00	776,33
	II	1 476,33	443,83	443,83	II	1 329,50	1 183,83	1 043,83	909,83	781,83	660,00
	III	1 043,16	443,83	443,83	III	933,00	826,00	721,83	620,83	522,83	428,00
	V	2 099,16	443,83	443,83	IV	1 543,16	1 469,83	1 396,41	1 323,00	1 249,66	1 177,50
	VI	2 142,41	443,83	443,83							
6803,99 West	I,IV	1 616,00	443,83	443,83	I	1 469,16	1 322,41	1 176,91	1 037,16	903,50	775,83
	II	1 475,75	443,83	443,83	II	1 328,91	1 183,25	1 043,25	909,25	781,33	659,50
	III	1 042,66	443,83	443,83	III	932,66	825,50	721,50	620,50	522,50	427,66
	V	2 098,58	443,83	443,83	IV	1 542,58	1 469,16	1 395,83	1 322,41	1 249,08	1 176,91
	VI	2 141,83	443,83	443,83							
6803,99 Ost	I,IV	1 617,83	443,83	443,83	I	1 471,08	1 324,25	1 178,75	1 038,91	905,16	777,41
	II	1 477,58	443,83	443,83	II	1 330,75	1 185,08	1 045,00	910,91	782,91	661,00
	III	1 044,00	443,83	443,83	III	934,00	826,83	722,83	621,83	523,66	428,83
	V	2 100,41	443,83	443,83	IV	1 544,41	1 471,08	1 397,66	1 324,25	1 250,91	1 178,75
	VI	2 143,75	443,83	443,83							

* Zur LSt-Berechnung für privat versicherte Arbeitnehmer s. Beispiele **Vorbemerkung S. 4 f.**
** Basisvorsorgepauschale KV und PV   *** Typisierter Arbeitgeberzuschuss

aT3

allgemeine Lohnsteuer

Lohn/Gehalt in € bis	Steuerklasse	Lohn-steuer*	BVSP**	TAGZ***	Steuerklasse	Bemessungsgrundlage für Kirchensteuer und Solidaritätszuschlag Freibeträge für ... Kinder					
						0,5	1,0	1,5	2,0	2,5	3,0
6806,99 West	I,IV	**1617,16**	443,83	443,83	I	1470,33	1323,58	1178,08	1038,25	904,50	776,83
	II	**1476,83**	443,83	443,83	II	1330,08	1184,41	1044,33	910,33	782,33	660,41
	III	**1043,50**	443,83	443,83	III	933,33	826,33	722,33	621,33	523,33	428,33
	V	**2099,75**	443,83	443,83	IV	1543,75	1470,33	1397,00	1323,58	1250,25	1178,00
	VI	**2143,00**	443,83	443,83							
6806,99 Ost	I,IV	**1619,08**	443,83	443,83	I	1472,33	1325,50	1180,00	1040,08	906,25	778,50
	II	**1478,83**	443,83	443,83	II	1332,00	1186,33	1046,16	912,08	784,00	662,00
	III	**1045,00**	443,83	443,83	III	934,83	827,83	723,66	622,66	524,50	429,50
	V	**2101,75**	443,83	443,83	IV	1545,75	1472,33	1398,91	1325,50	1252,16	1180,00
	VI	**2145,00**	443,83	443,83							
6809,99 West	I,IV	**1618,33**	443,83	443,83	I	1471,50	1324,75	1179,16	1039,33	905,50	777,75
	II	**1478,00**	443,83	443,83	II	1331,25	1185,50	1045,41	911,33	783,33	661,33
	III	**1044,50**	443,83	443,83	III	934,33	827,16	723,16	622,16	524,00	429,00
	V	**2100,91**	443,83	443,83	IV	1544,91	1471,50	1398,08	1324,75	1251,41	1179,16
	VI	**2144,16**	443,83	443,83							
6809,99 Ost	I,IV	**1620,33**	443,83	443,83	I	1473,58	1326,75	1181,16	1041,25	907,41	779,50
	II	**1480,08**	443,83	443,83	II	1333,33	1187,58	1047,33	913,16	785,08	663,00
	III	**1046,00**	443,83	443,83	III	935,83	828,66	724,50	623,50	525,33	430,33
	V	**2103,00**	443,83	443,83	IV	1547,00	1473,58	1400,16	1326,75	1253,41	1181,16
	VI	**2146,25**	443,83	443,83							
6812,99 West	I,IV	**1619,50**	443,83	443,83	I	1472,66	1325,91	1180,33	1040,41	906,58	778,83
	II	**1479,25**	443,83	443,83	II	1332,41	1186,66	1046,50	912,41	784,33	662,33
	III	**1045,33**	443,83	443,83	III	935,16	828,00	724,00	622,83	524,83	429,83
	V	**2102,08**	443,83	443,83	IV	1546,08	1472,66	1399,33	1325,91	1252,58	1180,33
	VI	**2145,33**	443,83	443,83							
6812,99 Ost	I,IV	**1621,66**	443,83	443,83	I	1474,83	1328,08	1182,41	1042,41	908,50	780,58
	II	**1481,33**	443,83	443,83	II	1334,58	1188,75	1048,50	914,33	786,16	664,08
	III	**1047,00**	443,83	443,83	III	936,66	829,50	725,50	624,33	526,16	431,16
	V	**2104,25**	443,83	443,83	IV	1548,25	1474,83	1401,41	1328,08	1254,66	1182,41
	VI	**2147,50**	443,83	443,83							
6815,99 West	I,IV	**1620,66**	443,83	443,83	I	1473,83	1327,08	1181,50	1041,50	907,58	779,75
	II	**1480,33**	443,83	443,83	II	1333,58	1187,83	1047,58	913,41	785,33	663,25
	III	**1046,16**	443,83	443,83	III	936,00	828,83	724,66	623,66	525,66	430,50
	V	**2103,25**	443,83	443,83	IV	1547,25	1473,83	1400,50	1327,08	1253,75	1181,50
	VI	**2146,50**	443,83	443,83							
6815,99 Ost	I,IV	**1622,91**	443,83	443,83	I	1476,08	1329,33	1183,66	1043,58	909,58	781,66
	II	**1482,58**	443,83	443,83	II	1335,83	1190,00	1049,66	915,41	787,25	665,08
	III	**1047,83**	443,83	443,83	III	937,66	830,50	726,33	625,16	527,00	432,00
	V	**2105,50**	443,83	443,83	IV	1549,50	1476,08	1402,66	1329,33	1255,91	1183,66
	VI	**2148,75**	443,83	443,83							
6818,99 West	I,IV	**1621,83**	443,83	443,83	I	1475,00	1328,25	1182,58	1042,58	908,66	780,75
	II	**1481,50**	443,83	443,83	II	1334,75	1188,91	1048,66	914,50	786,33	664,16
	III	**1047,00**	443,83	443,83	III	936,83	829,66	725,50	624,50	526,33	431,33
	V	**2104,41**	443,83	443,83	IV	1548,41	1475,00	1401,58	1328,25	1254,83	1182,58
	VI	**2147,66**	443,83	443,83							
6818,99 Ost	I,IV	**1624,16**	443,83	443,83	I	1477,33	1330,58	1184,91	1044,75	910,75	782,75
	II	**1483,83**	443,83	443,83	II	1337,08	1191,25	1050,83	916,58	788,33	666,08
	III	**1048,83**	443,83	443,83	III	938,66	831,33	727,16	626,00	527,83	432,83
	V	**2106,75**	443,83	443,83	IV	1550,75	1477,33	1404,00	1330,58	1257,16	1184,91
	VI	**2150,00**	443,83	443,83							
6821,99 West	I,IV	**1622,91**	443,83	443,83	I	1476,16	1329,41	1183,75	1043,66	909,66	781,75
	II	**1482,66**	443,83	443,83	II	1335,91	1190,08	1049,75	915,50	787,25	665,16
	III	**1048,00**	443,83	443,83	III	937,66	830,50	726,33	625,16	527,16	432,00
	V	**2105,58**	443,83	443,83	IV	1549,58	1476,16	1402,75	1329,41	1256,00	1183,75
	VI	**2148,83**	443,83	443,83							
6821,99 Ost	I,IV	**1625,41**	443,83	443,83	I	1478,58	1331,83	1186,08	1046,00	911,83	783,83
	II	**1485,16**	443,83	443,83	II	1338,33	1192,50	1052,08	917,66	789,41	667,08
	III	**1049,83**	443,83	443,83	III	939,50	832,33	728,00	626,83	528,66	433,50
	V	**2108,00**	443,83	443,83	IV	1552,00	1478,58	1405,25	1331,83	1258,41	1186,08
	VI	**2151,25**	443,83	443,83							

* Zur LSt-Berechnung für privat versicherte Arbeitnehmer s. Beispiele **Vorbemerkung S. 4 f.**
** Basisvorsorgepauschale KV und PV *** Typisierter Arbeitgeberzuschuss

Monat gültig ab 1. 1. 2022 (idF des StEntlG 2022) — **aT3**

Lohn/Gehalt in € bis	Steuerklasse	Lohnsteuer*	BVSP**	TAGZ***	Steuerklasse	Bemessungsgrundlage für Kirchensteuer und Solidaritätszuschlag — Freibeträge für ... Kinder 0,5	1,0	1,5	2,0	2,5	3,0
6824,99 West	I,IV	1624,08	443,83	443,83	I	1477,33	1330,50	1184,83	1044,75	910,75	782,75
	II	1483,83	443,83	443,83	II	1337,00	1191,16	1050,83	916,50	788,25	666,08
	III	1048,83	443,83	443,83	III	938,66	831,33	727,16	626,00	527,83	432,83
	V	2106,75	443,83	443,83	IV	1550,75	1477,33	1403,91	1330,50	1257,16	1184,83
	VI	2150,00	443,83	443,83							
6824,99 Ost	I,IV	1626,66	443,83	443,83	I	1479,91	1333,08	1187,33	1047,16	913,00	784,91
	II	1486,41	443,83	443,83	II	1339,58	1193,66	1053,25	918,83	790,41	668,16
	III	1050,83	443,83	443,83	III	940,50	833,16	729,00	627,66	529,50	434,33
	V	2109,25	443,83	443,83	IV	1553,25	1479,91	1406,50	1333,08	1259,66	1187,33
	VI	2152,50	443,83	443,83							
6827,99 West	I,IV	1625,25	443,83	443,83	I	1478,50	1331,66	1186,00	1045,83	911,75	783,75
	II	1485,00	443,83	443,83	II	1338,16	1192,33	1051,91	917,58	789,25	667,00
	III	1049,66	443,83	443,83	III	939,50	832,16	728,00	626,83	528,66	433,50
	V	2107,83	443,83	443,83	IV	1551,83	1478,50	1405,08	1331,66	1258,33	1186,00
	VI	2151,16	443,83	443,83							
6827,99 Ost	I,IV	1627,91	443,83	443,83	I	1481,16	1334,33	1188,58	1048,33	914,08	786,00
	II	1487,66	443,83	443,83	II	1340,83	1194,91	1054,41	919,91	791,50	669,16
	III	1051,66	443,83	443,83	III	941,33	834,16	729,83	628,66	530,33	435,16
	V	2110,50	443,83	443,83	IV	1554,50	1481,16	1407,75	1334,33	1261,00	1188,58
	VI	2153,83	443,83	443,83							
6830,99 West	I,IV	1626,41	443,83	443,83	I	1479,66	1332,83	1187,08	1046,91	912,75	784,66
	II	1486,16	443,83	443,83	II	1339,33	1193,41	1053,00	918,58	790,25	667,91
	III	1050,66	443,83	443,83	III	940,33	833,00	728,83	627,66	529,33	434,16
	V	2109,00	443,83	443,83	IV	1553,00	1479,66	1406,25	1332,83	1259,50	1187,08
	VI	2152,25	443,83	443,83							
6830,99 Ost	I,IV	1629,16	443,83	443,83	I	1482,41	1335,58	1189,83	1049,50	915,25	787,08
	II	1488,91	443,83	443,83	II	1342,08	1196,16	1055,58	921,08	792,58	670,16
	III	1052,66	443,83	443,83	III	942,33	835,00	730,66	629,50	531,16	436,00
	V	2111,83	443,83	443,83	IV	1555,75	1482,41	1409,00	1335,58	1262,25	1189,83
	VI	2155,08	443,83	443,83							
6833,99 West	I,IV	1627,58	443,83	443,83	I	1480,75	1334,00	1188,25	1048,00	913,83	785,66
	II	1487,33	443,83	443,83	II	1340,50	1194,58	1054,08	919,66	791,25	668,91
	III	1051,50	443,83	443,83	III	941,16	833,83	729,66	628,33	530,16	435,00
	V	2110,16	443,83	443,83	IV	1554,16	1480,75	1407,41	1334,00	1260,58	1188,25
	VI	2153,41	443,83	443,83							
6833,99 Ost	I,IV	1630,41	443,83	443,83	I	1483,66	1336,83	1191,00	1050,66	916,41	788,16
	II	1490,16	443,83	443,83	II	1343,41	1197,41	1056,75	922,16	793,66	671,25
	III	1053,66	443,83	443,83	III	943,33	836,00	731,66	630,33	532,00	436,83
	V	2113,08	443,83	443,83	IV	1557,08	1483,66	1410,25	1336,83	1263,50	1191,00
	VI	2156,33	443,83	443,83							
6836,99 West	I,IV	1628,75	443,83	443,83	I	1481,91	1335,16	1189,33	1049,08	914,83	786,66
	II	1488,41	443,83	443,83	II	1341,66	1195,75	1055,16	920,66	792,25	669,83
	III	1052,33	443,83	443,83	III	942,00	834,66	730,50	629,16	531,00	435,66
	V	2111,33	443,83	443,83	IV	1555,33	1481,91	1408,58	1335,16	1261,75	1189,33
	VI	2154,58	443,83	443,83							
6836,99 Ost	I,IV	1631,66	443,83	443,83	I	1484,91	1338,16	1192,25	1051,83	917,50	789,16
	II	1491,41	443,83	443,83	II	1344,66	1198,66	1057,91	923,33	794,75	672,25
	III	1054,66	443,83	443,83	III	944,16	836,83	732,50	631,16	532,83	437,66
	V	2114,33	443,83	443,83	IV	1558,33	1484,91	1411,50	1338,16	1264,75	1192,25
	VI	2157,58	443,83	443,83							
6839,99 West	I,IV	1629,91	443,83	443,83	I	1483,08	1336,33	1190,50	1050,16	915,83	787,66
	II	1489,58	443,83	443,83	II	1342,83	1196,83	1056,25	921,66	793,16	670,75
	III	1053,16	443,83	443,83	III	942,83	835,50	731,16	630,00	531,66	436,50
	V	2112,50	443,83	443,83	IV	1556,50	1483,08	1409,66	1336,33	1262,91	1190,50
	VI	2155,75	443,83	443,83							
6839,99 Ost	I,IV	1633,00	443,83	443,83	I	1486,16	1339,41	1193,50	1053,00	918,66	790,25
	II	1492,66	443,83	443,83	II	1345,91	1199,83	1059,16	924,50	795,83	673,25
	III	1055,50	443,83	443,83	III	945,16	837,66	733,33	632,00	533,66	438,33
	V	2115,58	443,83	443,83	IV	1559,58	1486,16	1412,75	1339,41	1266,00	1193,50
	VI	2158,83	443,83	443,83							

* Zur LSt-Berechnung für privat versicherte Arbeitnehmer s. Beispiele **Vorbemerkung S. 4f.**
** Basisvorsorgepauschale KV und PV   *** Typisierter Arbeitgeberzuschuss

aT3 allgemeine Lohnsteuer

Lohn/Gehalt in € bis	Steuerklasse	Lohn-steuer*	BVSP**	TAGZ***	Steuerklasse	Bemessungsgrundlage für Kirchensteuer und Solidaritätszuschlag Freibeträge für ... Kinder					
						0,5	1,0	1,5	2,0	2,5	3,0
6842,99 West	I,IV	**1631,00**	443,83	443,83	I	1484,25	1337,50	1191,58	1051,25	916,91	788,66
	II	**1490,75**	443,83	443,83	II	1344,00	1198,00	1057,33	922,75	794,16	671,66
	III	**1054,16**	443,83	443,83	III	943,66	836,33	732,00	630,66	532,50	437,16
	V	**2113,66**	443,83	443,83	IV	1557,66	1484,25	1410,83	1337,50	1264,08	1191,58
	VI	**2156,91**	443,83	443,83							
6842,99 Ost	I,IV	**1634,25**	443,83	443,83	I	1487,41	1340,66	1194,75	1054,25	919,75	791,33
	II	**1493,91**	443,83	443,83	II	1347,16	1201,08	1060,33	925,58	796,91	674,33
	III	**1056,50**	443,83	443,83	III	946,00	838,66	734,16	632,83	534,50	439,16
	V	**2116,83**	443,83	443,83	IV	1560,83	1487,41	1414,00	1340,66	1267,25	1194,75
	VI	**2160,08**	443,83	443,83							
6845,99 West	I,IV	**1632,16**	443,83	443,83	I	1485,41	1338,58	1192,75	1052,33	917,91	789,58
	II	**1491,91**	443,83	443,83	II	1345,16	1199,08	1058,41	923,75	795,16	672,66
	III	**1055,00**	443,83	443,83	III	944,50	837,16	732,83	631,50	533,16	437,83
	V	**2114,83**	443,83	443,83	IV	1558,83	1485,41	1412,00	1338,58	1265,25	1192,75
	VI	**2158,08**	443,83	443,83							
6845,99 Ost	I,IV	**1635,50**	443,83	443,83	I	1488,66	1341,91	1195,91	1055,41	920,91	792,41
	II	**1495,00**	443,83	443,83	II	1348,41	1202,33	1061,50	926,75	798,00	675,33
	III	**1057,50**	443,83	443,83	III	947,00	839,50	735,16	633,66	535,33	440,00
	V	**2118,08**	443,83	443,83	IV	1562,08	1488,66	1415,33	1341,91	1268,50	1195,91
	VI	**2161,33**	443,83	443,83							
6848,99 West	I,IV	**1633,33**	443,83	443,83	I	1486,58	1339,75	1193,83	1053,41	919,00	790,58
	II	**1493,08**	443,83	443,83	II	1346,25	1200,25	1059,50	924,83	796,16	673,58
	III	**1055,83**	443,83	443,83	III	945,50	838,00	733,66	632,33	534,00	438,66
	V	**2116,00**	443,83	443,83	IV	1559,91	1486,58	1413,16	1339,75	1266,33	1193,83
	VI	**2159,25**	443,83	443,83							
6848,99 Ost	I,IV	**1636,75**	443,83	443,83	I	1489,91	1343,16	1197,16	1056,58	922,00	793,50
	II	**1496,50**	443,83	443,83	II	1349,16	1203,58	1062,66	927,83	799,08	676,33
	III	**1058,50**	443,83	443,83	III	948,00	840,50	736,00	634,66	536,16	440,83
	V	**2119,33**	443,83	443,83	IV	1563,33	1489,91	1416,58	1343,16	1269,75	1197,16
	VI	**2162,58**	443,83	443,83							
6851,99 West	I,IV	**1634,50**	443,83	443,83	I	1487,75	1340,91	1195,00	1054,50	920,00	791,58
	II	**1494,25**	443,83	443,83	II	1347,41	1201,33	1060,58	925,83	797,16	674,50
	III	**1056,66**	443,83	443,83	III	946,33	838,83	734,50	633,00	534,66	439,33
	V	**2117,08**	443,83	443,83	IV	1561,00	1487,75	1414,33	1340,91	1267,50	1195,00
	VI	**2160,33**	443,83	443,83							
6851,99 Ost	I,IV	**1638,00**	443,83	443,83	I	1491,25	1344,41	1198,41	1057,75	923,16	794,58
	II	**1497,75**	443,83	443,83	II	1350,91	1204,83	1063,83	929,00	800,16	677,41
	III	**1059,33**	443,83	443,83	III	948,83	841,33	736,83	635,50	537,00	441,66
	V	**2120,58**	443,83	443,83	IV	1564,58	1491,25	1417,83	1344,41	1271,00	1198,41
	VI	**2163,83**	443,83	443,83							
6854,99 West	I,IV	**1635,66**	443,83	443,83	I	1488,83	1342,08	1196,16	1055,58	921,08	792,58
	II	**1495,41**	443,83	443,83	II	1348,58	1202,50	1061,66	926,91	798,16	675,50
	III	**1057,66**	443,83	443,83	III	947,16	839,66	735,33	633,83	535,50	440,16
	V	**2118,25**	443,83	443,83	IV	1562,25	1488,83	1415,50	1342,08	1268,66	1196,16
	VI	**2161,50**	443,83	443,83							
6854,99 Ost	I,IV	**1639,25**	443,83	443,83	I	1492,50	1345,66	1199,66	1058,91	924,25	795,66
	II	**1499,00**	443,83	443,83	II	1352,16	1206,00	1065,08	930,08	801,25	678,41
	III	**1060,33**	443,83	443,83	III	949,83	842,33	737,83	636,33	537,83	442,50
	V	**2121,83**	443,83	443,83	IV	1565,83	1492,50	1419,08	1345,66	1272,25	1199,66
	VI	**2165,16**	443,83	443,83							
6857,99 West	I,IV	**1636,83**	443,83	443,83	I	1490,00	1343,25	1197,25	1056,66	922,08	793,58
	II	**1496,50**	443,83	443,83	II	1349,75	1203,66	1062,75	927,91	799,16	676,41
	III	**1058,50**	443,83	443,83	III	948,00	840,50	736,00	634,66	536,16	440,83
	V	**2119,41**	443,83	443,83	IV	1563,41	1490,00	1416,66	1343,25	1269,83	1197,25
	VI	**2162,66**	443,83	443,83							
6857,99 Ost	I,IV	**1640,50**	443,83	443,83	I	1493,75	1346,91	1200,91	1060,08	925,41	796,75
	II	**1500,25**	443,83	443,83	II	1353,41	1207,25	1066,25	931,25	802,33	679,41
	III	**1061,33**	443,83	443,83	III	950,66	843,16	738,66	637,16	538,66	443,16
	V	**2123,16**	443,83	443,83	IV	1567,16	1493,75	1420,33	1346,91	1273,58	1200,91
	VI	**2166,41**	443,83	443,83							

* Zur LSt-Berechnung für privat versicherte Arbeitnehmer s. Beispiele **Vorbemerkung S. 4 f.**
** Basisvorsorgepauschale KV und PV *** Typisierter Arbeitgeberzuschuss

Monat gültig ab 1. 1. 2022 (idF des StEntlG 2022) aT3

Lohn/Gehalt in € bis	Steuerklasse	Lohnsteuer*	BVSP**	TAGZ***	Steuerklasse	Bemessungsgrundlage für Kirchensteuer und Solidaritätszuschlag – Freibeträge für ... Kinder					
						0,5	1,0	1,5	2,0	2,5	3,0
6 860,99 West	I,IV	**1 638,00**	443,83	443,83	I	1 491,16	1 344,41	1 198,41	1 057,75	923,08	794,58
	II	**1 497,66**	443,83	443,83	II	1 350,91	1 204,75	1 063,83	928,91	800,16	677,33
	III	**1 059,33**	443,83	443,83	III	948,83	841,33	736,83	635,50	537,00	441,66
	V	**2 120,58**	443,83	443,83	IV	1 564,58	1 491,16	1 417,75	1 344,41	1 271,00	1 198,41
	VI	**2 163,83**	443,83	443,83							
6 860,99 Ost	I,IV	**1 641,75**	443,83	443,83	I	1 495,00	1 348,16	1 202,08	1 061,33	926,50	797,83
	II	**1 501,50**	443,83	443,83	II	1 354,75	1 208,50	1 067,41	932,41	803,41	680,50
	III	**1 062,33**	443,83	443,83	III	951,66	844,16	739,50	638,00	539,50	444,00
	V	**2 124,41**	443,83	443,83	IV	1 568,41	1 495,00	1 421,58	1 348,16	1 274,83	1 202,08
	VI	**2 167,66**	443,83	443,83							
6 863,99 West	I,IV	**1 639,16**	443,83	443,83	I	1 492,33	1 345,58	1 199,50	1 058,83	924,16	795,50
	II	**1 498,83**	443,83	443,83	II	1 352,08	1 205,91	1 064,91	930,00	801,08	678,33
	III	**1 060,33**	443,83	443,83	III	949,66	842,16	737,66	636,16	537,83	442,33
	V	**2 121,75**	443,83	443,83	IV	1 565,75	1 492,33	1 418,91	1 345,58	1 272,16	1 199,50
	VI	**2 165,00**	443,83	443,83							
6 863,99 Ost	I,IV	**1 643,08**	443,83	443,83	I	1 496,25	1 349,50	1 203,33	1 062,50	927,66	798,91
	II	**1 502,75**	443,83	443,83	II	1 356,00	1 209,75	1 068,58	933,50	804,50	681,50
	III	**1 063,33**	443,83	443,83	III	952,66	845,00	740,50	638,83	540,33	444,83
	V	**2 125,66**	443,83	443,83	IV	1 569,66	1 496,25	1 422,83	1 349,50	1 276,08	1 203,33
	VI	**2 168,91**	443,83	443,83							
6 866,99 West	I,IV	**1 640,25**	443,83	443,83	I	1 493,50	1 346,66	1 200,66	1 059,91	925,16	796,50
	II	**1 500,00**	443,83	443,83	II	1 353,25	1 207,00	1 066,00	931,00	802,08	679,25
	III	**1 061,16**	443,83	443,83	III	950,66	843,00	738,50	637,00	538,50	443,16
	V	**2 122,91**	443,83	443,83	IV	1 566,91	1 493,50	1 420,08	1 346,66	1 273,33	1 200,66
	VI	**2 166,16**	443,83	443,83							
6 866,99 Ost	I,IV	**1 644,33**	443,83	443,83	I	1 497,50	1 350,75	1 204,58	1 063,66	928,83	800,00
	II	**1 504,00**	443,83	443,83	II	1 357,25	1 211,00	1 069,83	934,66	805,58	682,50
	III	**1 064,16**	443,83	443,83	III	953,50	846,00	741,33	639,66	541,16	445,66
	V	**2 126,91**	443,83	443,83	IV	1 570,91	1 497,50	1 424,08	1 350,75	1 277,33	1 204,58
	VI	**2 170,16**	443,83	443,83							
6 869,99 West	I,IV	**1 641,50**	443,83	443,83	I	1 494,66	1 347,91	1 201,83	1 061,00	926,25	797,58
	II	**1 501,16**	443,83	443,83	II	1 354,41	1 208,16	1 067,08	932,08	803,16	680,16
	III	**1 062,00**	443,83	443,83	III	951,50	843,83	739,33	637,83	539,33	443,83
	V	**2 124,08**	443,83	443,83	IV	1 568,08	1 494,66	1 421,25	1 347,91	1 274,50	1 201,83
	VI	**2 167,33**	443,83	443,83							
6 869,99 Ost	I,IV	**1 645,58**	443,83	443,83	I	1 498,75	1 352,00	1 205,83	1 064,83	929,91	801,08
	II	**1 505,25**	443,83	443,83	II	1 358,50	1 212,25	1 071,00	935,75	806,66	683,58
	III	**1 065,16**	443,83	443,83	III	954,50	846,83	742,16	640,66	542,00	446,50
	V	**2 128,16**	443,83	443,83	IV	1 572,16	1 498,75	1 425,41	1 352,00	1 278,58	1 205,83
	VI	**2 171,41**	443,83	443,83							
6 872,99 West	I,IV	**1 642,66**	443,83	443,83	I	1 495,83	1 349,08	1 202,91	1 062,08	927,25	798,50
	II	**1 502,33**	443,83	443,83	II	1 355,58	1 209,33	1 068,25	933,16	804,08	681,16
	III	**1 063,00**	443,83	443,83	III	952,33	844,66	740,16	638,66	540,00	444,50
	V	**2 125,25**	443,83	443,83	IV	1 569,25	1 495,83	1 422,41	1 349,08	1 275,66	1 202,91
	VI	**2 168,50**	443,83	443,83							
6 872,99 Ost	I,IV	**1 646,83**	443,83	443,83	I	1 500,00	1 353,25	1 207,08	1 066,00	931,08	802,16
	II	**1 506,58**	443,83	443,83	II	1 359,75	1 213,50	1 072,16	936,91	807,75	684,58
	III	**1 066,16**	443,83	443,83	III	955,50	847,66	743,16	641,50	542,83	447,33
	V	**2 129,41**	443,83	443,83	IV	1 573,41	1 500,00	1 426,66	1 353,25	1 279,83	1 207,08
	VI	**2 172,66**	443,83	443,83							
6 875,99 West	I,IV	**1 643,75**	443,83	443,83	I	1 497,00	1 350,16	1 204,08	1 063,16	928,33	799,50
	II	**1 503,50**	443,83	443,83	II	1 356,75	1 210,50	1 069,33	934,16	805,08	682,08
	III	**1 063,83**	443,83	443,83	III	953,16	845,50	741,00	639,33	540,83	445,33
	V	**2 126,41**	443,83	443,83	IV	1 570,41	1 497,00	1 423,58	1 350,16	1 276,83	1 204,08
	VI	**2 169,66**	443,83	443,83							
6 875,99 Ost	I,IV	**1 648,08**	443,83	443,83	I	1 501,33	1 354,50	1 208,33	1 067,25	932,16	803,25
	II	**1 507,83**	443,83	443,83	II	1 361,00	1 214,66	1 073,33	938,08	808,83	685,58
	III	**1 067,16**	443,83	443,83	III	956,33	848,66	744,00	642,33	543,66	448,00
	V	**2 130,66**	443,83	443,83	IV	1 574,66	1 501,33	1 427,91	1 354,50	1 281,08	1 208,33
	VI	**2 173,91**	443,83	443,83							

* Zur LSt-Berechnung für privat versicherte Arbeitnehmer s. Beispiele **Vorbemerkung S. 4 f.**
** Basisvorsorgepauschale KV und PV   *** Typisierter Arbeitgeberzuschuss

aT3

allgemeine Lohnsteuer

Lohn/Gehalt in € bis	Steuerklasse	Lohnsteuer*	BVSP**	TAGZ***	Steuerklasse	Bemessungsgrundlage für Kirchensteuer und Solidaritätszuschlag — Freibeträge für ... Kinder					
						0,5	1,0	1,5	2,0	2,5	3,0
6878,99 West	I,IV	1644,91	443,83	443,83	I	1498,16	1351,33	1205,25	1064,25	929,33	800,50
	II	1504,66	443,83	443,83	II	1357,83	1211,58	1070,41	935,25	806,08	683,00
	III	1064,66	443,83	443,83	III	954,00	846,33	741,83	640,16	541,66	446,00
	V	2127,58	443,83	443,83	IV	1571,50	1498,16	1424,75	1351,33	1278,00	1205,25
	VI	2170,83	443,83	443,83							
6878,99 Ost	I,IV	1649,33	443,83	443,83	I	1502,58	1355,75	1209,50	1068,41	933,33	804,33
	II	1509,08	443,83	443,83	II	1362,25	1215,91	1074,50	939,16	809,91	686,66
	III	1068,00	443,83	443,83	III	957,33	849,50	744,83	643,16	544,50	448,83
	V	2131,91	443,83	443,83	IV	1575,91	1502,58	1429,16	1355,75	1282,33	1209,50
	VI	2175,25	443,83	443,83							
6881,99 West	I,IV	1646,08	443,83	443,83	I	1499,33	1352,50	1206,33	1065,33	930,41	801,50
	II	1505,83	443,83	443,83	II	1359,00	1212,75	1071,50	936,00	807,08	684,00
	III	1065,66	443,83	443,83	III	954,83	847,16	742,66	641,00	542,33	446,83
	V	2128,66	443,83	443,83	IV	1572,66	1499,33	1425,91	1352,50	1279,08	1206,33
	VI	2172,00	443,83	443,83							
6881,99 Ost	I,IV	1650,58	443,83	443,83	I	1503,83	1357,00	1210,75	1069,58	934,50	805,41
	II	1510,33	443,83	443,83	II	1363,50	1217,16	1075,75	940,33	811,00	687,66
	III	1069,00	443,83	443,83	III	958,16	850,50	745,66	644,00	545,33	449,66
	V	2133,25	443,83	443,83	IV	1577,25	1503,83	1430,41	1357,00	1283,66	1210,75
	VI	2176,50	443,83	443,83							
6884,99 West	I,IV	1647,25	443,83	443,83	I	1500,41	1353,66	1207,50	1066,41	931,41	802,50
	II	1507,00	443,83	443,83	II	1360,16	1213,83	1072,58	937,33	808,08	684,91
	III	1066,50	443,83	443,83	III	955,66	848,00	743,33	641,66	543,16	447,50
	V	2129,83	443,83	443,83	IV	1573,83	1500,41	1427,08	1353,66	1280,25	1207,50
	VI	2173,08	443,83	443,83							
6884,99 Ost	I,IV	1651,83	443,83	443,83	I	1505,08	1358,25	1212,00	1070,75	935,58	806,50
	II	1511,58	443,83	443,83	II	1364,83	1218,41	1076,91	941,50	812,08	688,75
	III	1070,00	443,83	443,83	III	959,16	851,33	746,66	644,66	546,16	450,50
	V	2134,50	443,83	443,83	IV	1578,50	1505,08	1431,66	1358,25	1284,91	1212,00
	VI	2177,75	443,83	443,83							
6887,99 West	I,IV	1648,41	443,83	443,83	I	1501,58	1354,83	1208,58	1067,50	932,50	803,50
	II	1508,08	443,83	443,83	II	1361,33	1215,00	1073,66	938,33	809,08	685,83
	III	1067,33	443,83	443,83	III	956,66	848,83	744,16	642,50	544,00	448,33
	V	2131,00	443,83	443,83	IV	1575,00	1501,58	1428,25	1354,83	1281,41	1208,58
	VI	2174,25	443,83	443,83							
6887,99 Ost	I,IV	1653,16	443,83	443,83	I	1506,33	1359,58	1213,25	1072,00	936,75	807,58
	II	1512,83	443,83	443,83	II	1366,08	1219,66	1078,08	942,58	813,16	689,75
	III	1071,00	443,83	443,83	III	960,16	852,33	747,50	645,83	547,00	451,33
	V	2135,75	443,83	443,83	IV	1579,75	1506,33	1432,91	1359,58	1286,16	1213,25
	VI	2179,00	443,83	443,83							
6890,99 West	I,IV	1649,58	443,83	443,83	I	1502,75	1356,00	1209,75	1068,58	933,50	804,50
	II	1509,25	443,83	443,83	II	1362,50	1216,16	1074,75	939,41	810,08	686,83
	III	1068,16	443,83	443,83	III	957,50	849,66	745,00	643,33	544,66	449,00
	V	2132,16	443,83	443,83	IV	1576,16	1502,75	1429,33	1356,00	1282,58	1209,75
	VI	2175,41	443,83	443,83							
6890,99 Ost	I,IV	1654,41	443,83	443,83	I	1507,58	1360,83	1214,50	1073,16	937,83	808,66
	II	1514,08	443,83	443,83	II	1367,33	1220,91	1079,33	943,75	814,25	690,75
	III	1072,00	443,83	443,83	III	961,00	853,16	748,33	646,66	547,83	452,16
	V	2137,00	443,83	443,83	IV	1581,00	1507,58	1434,16	1360,83	1287,41	1214,50
	VI	2180,25	443,83	443,83							
6893,99 West	I,IV	1650,75	443,83	443,83	I	1503,91	1357,16	1210,91	1069,66	934,58	805,50
	II	1510,41	443,83	443,83	II	1363,66	1217,25	1075,83	940,41	811,08	687,75
	III	1069,16	443,83	443,83	III	958,33	850,66	745,83	644,16	545,50	449,83
	V	2133,33	443,83	443,83	IV	1577,33	1503,91	1430,50	1357,16	1283,75	1210,91
	VI	2176,58	443,83	443,83							
6893,99 Ost	I,IV	1655,66	443,83	443,83	I	1508,83	1362,08	1215,75	1074,33	939,00	809,75
	II	1515,33	443,83	443,83	II	1368,58	1222,16	1080,50	944,91	815,33	691,83
	III	1072,83	443,83	443,83	III	962,00	854,16	749,33	647,50	548,66	453,00
	V	2138,25	443,83	443,83	IV	1582,25	1508,83	1435,50	1362,08	1288,66	1215,75
	VI	2181,50	443,83	443,83							

* Zur LSt-Berechnung für privat versicherte Arbeitnehmer s. Beispiele **Vorbemerkung S. 4f.**
** Basisvorsorgepauschale KV und PV *** Typisierter Arbeitgeberzuschuss

Monat gültig ab 1. 1. 2022 (idF des StEntlG 2022) — aT3

Lohn/Gehalt in € bis	Steuerklasse	Lohnsteuer*	BVSP**	TAGZ***	Steuerklasse	Bemessungsgrundlage für Kirchensteuer und Solidaritätszuschlag					
						0,5	1,0	1,5	2,0	2,5	3,0
6 896,99 West	I,IV	**1 651,83**	443,83	443,83	I	1 505,08	1 358,25	1 212,00	1 070,75	935,58	806,50
	II	**1 511,58**	443,83	443,83	II	1 364,83	1 218,41	1 076,91	941,50	812,08	688,75
	III	**1 070,00**	443,83	443,83	III	959,16	851,33	746,66	644,83	546,16	450,50
	V	**2 134,50**	443,83	443,83	IV	1 578,50	1 505,08	1 431,66	1 358,25	1 284,91	1 212,00
	VI	**2 177,75**	443,83	443,83							
6 896,99 Ost	I,IV	**1 656,91**	443,83	443,83	I	1 510,08	1 363,33	1 217,00	1 075,50	940,16	810,83
	II	**1 516,66**	443,83	443,83	II	1 369,83	1 223,41	1 081,66	946,00	816,41	692,83
	III	**1 073,83**	443,83	443,83	III	963,00	855,00	750,16	648,33	549,50	453,66
	V	**2 139,50**	443,83	443,83	IV	1 583,50	1 510,08	1 436,75	1 363,33	1 289,91	1 217,00
	VI	**2 182,75**	443,83	443,83							
6 899,99 West	I,IV	**1 653,00**	443,83	443,83	I	1 506,25	1 359,41	1 213,16	1 071,83	936,66	807,41
	II	**1 512,75**	443,83	443,83	II	1 365,91	1 219,58	1 078,00	942,50	813,08	689,66
	III	**1 070,83**	443,83	443,83	III	960,00	852,33	747,50	645,66	547,00	451,33
	V	**2 135,66**	443,83	443,83	IV	1 579,66	1 506,25	1 432,83	1 359,41	1 286,08	1 213,16
	VI	**2 178,91**	443,83	443,83							
6 899,99 Ost	I,IV	**1 658,16**	443,83	443,83	I	1 511,41	1 364,58	1 218,25	1 076,75	941,25	811,91
	II	**1 517,91**	443,83	443,83	II	1 371,00	1 224,66	1 082,83	947,16	817,50	693,91
	III	**1 074,83**	443,83	443,83	III	963,83	856,00	751,00	649,16	550,33	454,50
	V	**2 140,75**	443,83	443,83	IV	1 584,75	1 511,41	1 438,00	1 364,58	1 291,16	1 218,25
	VI	**2 184,00**	443,83	443,83							
6 902,99 West	I,IV	**1 654,16**	443,83	443,83	I	1 507,41	1 360,58	1 214,25	1 072,91	937,66	808,41
	II	**1 513,91**	443,83	443,83	II	1 367,08	1 220,66	1 079,08	943,58	814,08	690,58
	III	**1 071,83**	443,83	443,83	III	960,83	853,00	748,33	646,50	547,66	452,00
	V	**2 136,75**	443,83	443,83	IV	1 580,75	1 507,41	1 434,00	1 360,58	1 287,16	1 214,25
	VI	**2 180,08**	443,83	443,83							
6 902,99 Ost	I,IV	**1 659,41**	443,83	443,83	I	1 512,66	1 365,83	1 219,41	1 077,91	942,41	813,00
	II	**1 519,16**	443,83	443,83	II	1 372,33	1 225,83	1 084,08	948,25	818,58	694,91
	III	**1 075,83**	443,83	443,83	III	964,83	856,83	752,00	650,00	551,16	455,33
	V	**2 142,00**	443,83	443,83	IV	1 586,00	1 512,66	1 439,25	1 365,83	1 292,41	1 219,41
	VI	**2 185,33**	443,83	443,83							
6 905,99 West	I,IV	**1 655,33**	443,83	443,83	I	1 508,50	1 361,75	1 215,41	1 074,08	938,75	809,41
	II	**1 515,08**	443,83	443,83	II	1 368,25	1 221,83	1 080,16	944,58	815,08	691,58
	III	**1 072,66**	443,83	443,83	III	961,83	854,00	749,16	647,33	548,50	452,66
	V	**2 137,91**	443,83	443,83	IV	1 581,91	1 508,50	1 435,16	1 361,75	1 288,33	1 215,41
	VI	**2 181,16**	443,83	443,83							
6 905,99 Ost	I,IV	**1 660,66**	443,83	443,83	I	1 513,91	1 367,08	1 220,66	1 079,08	943,58	814,08
	II	**1 520,41**	443,83	443,83	II	1 373,58	1 227,08	1 085,25	949,41	819,66	695,91
	III	**1 076,83**	443,83	443,83	III	965,83	857,83	752,83	651,00	552,00	456,16
	V	**2 143,33**	443,83	443,83	IV	1 587,25	1 513,91	1 440,50	1 367,08	1 293,75	1 220,66
	VI	**2 186,58**	443,83	443,83							
6 908,99 West	I,IV	**1 656,50**	443,83	443,83	I	1 509,66	1 362,91	1 216,58	1 075,16	939,75	810,41
	II	**1 516,16**	443,83	443,83	II	1 369,41	1 223,00	1 081,25	945,66	816,08	692,50
	III	**1 073,50**	443,83	443,83	III	962,66	854,66	749,83	648,00	549,16	453,50
	V	**2 139,08**	443,83	443,83	IV	1 583,08	1 509,66	1 436,33	1 362,91	1 289,50	1 216,58
	VI	**2 182,33**	443,83	443,83							
6 908,99 Ost	I,IV	**1 661,91**	443,83	443,83	I	1 515,16	1 368,33	1 221,91	1 080,25	944,66	815,16
	II	**1 521,66**	443,83	443,83	II	1 374,91	1 228,33	1 086,41	950,58	820,75	697,00
	III	**1 077,66**	443,83	443,83	III	966,66	858,66	753,66	651,83	552,83	457,00
	V	**2 144,58**	443,83	443,83	IV	1 588,58	1 515,16	1 441,75	1 368,33	1 295,00	1 221,91
	VI	**2 187,83**	443,83	443,83							
6 911,99 West	I,IV	**1 657,66**	443,83	443,83	I	1 510,83	1 364,08	1 217,66	1 076,25	940,83	811,41
	II	**1 517,33**	443,83	443,83	II	1 370,58	1 224,08	1 082,33	946,66	817,00	693,41
	III	**1 074,50**	443,83	443,83	III	963,50	855,66	750,66	648,83	550,00	454,16
	V	**2 140,25**	443,83	443,83	IV	1 584,25	1 510,83	1 437,41	1 364,08	1 290,66	1 217,66
	VI	**2 183,50**	443,83	443,83							
6 911,99 Ost	I,IV	**1 663,16**	443,83	443,83	I	1 516,41	1 369,66	1 223,16	1 081,50	945,83	816,25
	II	**1 522,91**	443,83	443,83	II	1 376,16	1 229,58	1 087,66	951,75	821,83	698,00
	III	**1 078,66**	443,83	443,83	III	967,66	859,66	754,66	652,66	553,66	457,83
	V	**2 145,83**	443,83	443,83	IV	1 589,83	1 516,41	1 443,00	1 369,66	1 296,25	1 223,16
	VI	**2 189,08**	443,83	443,83							

* Zur LSt-Berechnung für privat versicherte Arbeitnehmer s. Beispiele **Vorbemerkung S. 4 f.**
** Basisvorsorgepauschale KV und PV *** Typisierter Arbeitgeberzuschuss

aT3 — allgemeine Lohnsteuer

Lohn/Gehalt in € bis	Steuerklasse	Lohn-steuer*	BVSP**	TAGZ***	Steuerklasse	\multicolumn{6}{Bemessungsgrundlage für Kirchensteuer und Solidaritätszuschlag — Freibeträge für ... Kinder}
						0,5	1,0	1,5	2,0	2,5	3,0

Lohn/Gehalt in € bis	StKl	Lohn-steuer*	BVSP**	TAGZ***	StKl	0,5	1,0	1,5	2,0	2,5	3,0
6914,99 West	I,IV	**1658,83**	443,83	443,83	I	1512,00	1365,25	1218,83	1077,33	941,83	812,41
	II	**1518,50**	443,83	443,83	II	1371,75	1225,25	1083,50	947,75	818,00	694,41
	III	**1075,33**	443,83	443,83	III	964,33	856,50	751,50	649,66	550,83	455,00
	V	**2141,41**	443,83	443,83	IV	1585,41	1512,00	1438,58	1365,25	1291,83	1218,83
	VI	**2184,66**	443,83	443,83							
6914,99 Ost	I,IV	**1664,50**	443,83	443,83	I	1517,66	1370,91	1224,41	1082,66	947,00	817,33
	II	**1524,16**	443,83	443,83	II	1377,41	1230,83	1088,83	952,83	822,91	699,08
	III	**1079,66**	443,83	443,83	III	968,50	860,50	755,50	653,50	554,50	458,66
	V	**2147,08**	443,83	443,83	IV	1591,08	1517,66	1444,25	1370,91	1297,50	1224,41
	VI	**2190,33**	443,83	443,83							
6917,99 West	I,IV	**1659,91**	443,83	443,83	I	1513,16	1366,33	1220,00	1078,41	942,91	813,41
	II	**1519,66**	443,83	443,83	II	1372,91	1226,41	1084,58	948,75	819,00	695,33
	III	**1076,16**	443,83	443,83	III	965,16	857,33	752,33	650,50	551,50	455,66
	V	**2142,58**	443,83	443,83	IV	1586,58	1513,16	1439,75	1366,33	1293,00	1220,00
	VI	**2185,83**	443,83	443,83							
6917,99 Ost	I,IV	**1665,75**	443,83	443,83	I	1518,91	1372,16	1225,66	1083,83	948,08	818,41
	II	**1525,41**	443,83	443,83	II	1378,66	1232,08	1090,00	954,00	824,00	700,08
	III	**1080,66**	443,83	443,83	III	969,50	861,50	756,33	654,33	555,33	459,33
	V	**2148,33**	443,83	443,83	IV	1592,33	1518,91	1445,50	1372,16	1298,75	1225,66
	VI	**2191,58**	443,83	443,83							
6920,99 West	I,IV	**1661,08**	443,83	443,83	I	1514,33	1367,50	1221,08	1079,41	943,91	814,41
	II	**1520,83**	443,83	443,83	II	1374,00	1227,50	1085,66	949,83	820,00	696,33
	III	**1077,00**	443,83	443,83	III	966,00	858,16	753,16	651,16	552,33	456,50
	V	**2143,75**	443,83	443,83	IV	1587,75	1514,33	1440,91	1367,50	1294,16	1221,08
	VI	**2187,00**	443,83	443,83							
6920,99 Ost	I,IV	**1667,00**	443,83	443,83	I	1520,16	1373,41	1226,91	1085,08	949,25	819,50
	II	**1526,66**	443,83	443,83	II	1379,91	1233,33	1091,25	955,16	825,08	701,16
	III	**1081,66**	443,83	443,83	III	970,50	862,33	757,33	655,16	556,16	460,16
	V	**2149,58**	443,83	443,83	IV	1593,58	1520,16	1446,83	1373,41	1300,00	1226,91
	VI	**2192,83**	443,83	443,83							
6923,99 West	I,IV	**1662,33**	443,83	443,83	I	1515,50	1368,75	1222,25	1080,58	945,00	815,41
	II	**1522,00**	443,83	443,83	II	1375,25	1228,66	1086,75	950,91	821,08	697,25
	III	**1078,00**	443,83	443,83	III	967,00	859,00	754,00	652,00	553,16	457,16
	V	**2144,91**	443,83	443,83	IV	1588,91	1515,50	1442,08	1368,75	1295,33	1222,25
	VI	**2188,16**	443,83	443,83							
6923,99 Ost	I,IV	**1668,25**	443,83	443,83	I	1521,41	1374,66	1228,08	1086,25	950,41	820,58
	II	**1528,00**	443,83	443,83	II	1381,16	1234,58	1092,41	956,25	826,16	702,16
	III	**1082,50**	443,83	443,83	III	971,33	863,33	758,16	656,16	557,00	461,00
	V	**2150,83**	443,83	443,83	IV	1594,83	1521,41	1448,08	1374,66	1301,25	1228,16
	VI	**2194,08**	443,83	443,83							
6926,99 West	I,IV	**1663,41**	443,83	443,83	I	1516,66	1369,83	1223,41	1081,66	946,08	816,41
	II	**1523,16**	443,83	443,83	II	1376,41	1229,83	1087,83	951,91	822,08	698,25
	III	**1078,83**	443,83	443,83	III	967,83	859,83	754,83	652,83	553,83	458,00
	V	**2146,08**	443,83	443,83	IV	1590,08	1516,66	1443,25	1369,83	1296,50	1223,41
	VI	**2189,33**	443,83	443,83							
6926,99 Ost	I,IV	**1669,50**	443,83	443,83	I	1522,75	1375,91	1229,41	1087,41	951,50	821,66
	II	**1529,25**	443,83	443,83	II	1382,41	1235,83	1093,58	957,41	827,33	703,25
	III	**1083,50**	443,83	443,83	III	972,33	864,16	759,00	657,00	557,83	461,83
	V	**2152,08**	443,83	443,83	IV	1596,08	1522,75	1449,33	1375,91	1302,50	1229,41
	VI	**2195,33**	443,83	443,83							
6929,99 West	I,IV	**1664,58**	443,83	443,83	I	1517,83	1371,00	1224,58	1082,83	947,08	817,41
	II	**1524,33**	443,83	443,83	II	1377,50	1231,00	1088,91	953,00	823,08	699,16
	III	**1079,83**	443,83	443,83	III	968,66	860,66	755,66	653,66	554,66	458,66
	V	**2147,25**	443,83	443,83	IV	1591,25	1517,83	1444,41	1371,00	1297,66	1224,58
	VI	**2190,50**	443,83	443,83							
6929,99 Ost	I,IV	**1670,75**	443,83	443,83	I	1524,00	1377,16	1230,66	1088,66	952,66	822,75
	II	**1530,50**	443,83	443,83	II	1383,66	1237,08	1094,83	958,58	828,41	704,25
	III	**1084,50**	443,83	443,83	III	973,33	865,16	760,00	657,83	558,66	462,66
	V	**2153,33**	443,83	443,83	IV	1597,33	1524,00	1450,58	1377,16	1303,75	1230,66
	VI	**2196,66**	443,83	443,83							

* Zur LSt-Berechnung für privat versicherte Arbeitnehmer s. Beispiele **Vorbemerkung S. 4f.**
** Basisvorsorgepauschale KV und PV   *** Typisierter Arbeitgeberzuschuss

Monat gültig ab 1. 1. 2022 (idF des StEntlG 2022) aT3

Lohn/Gehalt in € bis	Steuerklasse	Lohnsteuer*	BVSP**	TAGZ***	Steuerklasse	0,5	1,0	1,5	2,0	2,5	3,0
6932,99 West	I,IV	1665,75	443,83	443,83	I	1519,00	1372,16	1225,66	1083,91	948,16	818,41
	II	1525,50	443,83	443,83	II	1378,66	1232,16	1090,08	954,00	824,08	700,16
	III	1080,66	443,83	443,83	III	969,50	861,50	756,50	654,50	555,50	459,50
	V	2148,33	443,83	443,83	IV	1592,33	1519,00	1445,58	1372,16	1298,75	1225,66
	VI	2191,66	443,83	443,83							
6932,99 Ost	I,IV	1672,00	443,83	443,83	I	1525,25	1378,41	1231,91	1089,83	953,83	823,83
	II	1531,75	443,83	443,83	II	1384,91	1238,33	1096,00	959,66	829,50	705,33
	III	1085,50	443,83	443,83	III	974,16	866,00	760,83	658,66	559,50	463,50
	V	2154,66	443,83	443,83	IV	1598,66	1525,25	1451,83	1378,41	1305,08	1231,91
	VI	2197,91	443,83	443,83							
6935,99 West	I,IV	1666,91	443,83	443,83	I	1520,16	1373,33	1226,83	1085,00	949,16	819,41
	II	1526,66	443,83	443,83	II	1379,83	1233,25	1091,16	955,08	825,08	701,08
	III	1081,50	443,83	443,83	III	970,33	862,33	757,16	655,16	556,16	460,16
	V	2149,50	443,83	443,83	IV	1593,50	1520,16	1446,75	1373,33	1299,91	1226,83
	VI	2192,75	443,83	443,83							
6935,99 Ost	I,IV	1673,25	443,83	443,83	I	1526,50	1379,66	1233,16	1091,00	954,91	824,91
	II	1533,00	443,83	443,83	II	1386,25	1239,58	1097,16	960,83	830,58	706,33
	III	1086,50	443,83	443,83	III	975,16	867,00	761,66	659,50	560,33	464,33
	V	2155,91	443,83	443,83	IV	1599,91	1526,50	1453,08	1379,66	1306,33	1233,16
	VI	2199,16	443,83	443,83							
6938,99 West	I,IV	1668,08	443,83	443,83	I	1521,25	1374,50	1228,00	1086,08	950,25	820,41
	II	1527,75	443,83	443,83	II	1381,00	1234,41	1092,25	956,08	826,08	702,00
	III	1082,50	443,83	443,83	III	971,33	863,16	758,00	656,00	557,00	461,00
	V	2150,66	443,83	443,83	IV	1594,66	1521,25	1447,91	1374,50	1301,08	1228,00
	VI	2193,91	443,83	443,83							
6938,99 Ost	I,IV	1674,58	443,83	443,83	I	1527,75	1381,00	1234,41	1092,16	956,08	826,00
	II	1534,25	443,83	443,83	II	1387,50	1240,83	1098,41	962,00	831,66	707,41
	III	1087,33	443,83	443,83	III	976,16	867,83	762,66	660,50	561,16	465,16
	V	2157,16	443,83	443,83	IV	1601,16	1527,75	1454,33	1381,00	1307,58	1234,41
	VI	2200,41	443,83	443,83							
6941,99 West	I,IV	1669,25	443,83	443,83	I	1522,41	1375,66	1229,08	1087,16	951,25	821,41
	II	1528,91	443,83	443,83	II	1382,16	1235,58	1093,33	957,16	827,08	703,00
	III	1083,33	443,83	443,83	III	972,16	864,00	758,83	656,83	557,66	461,66
	V	2151,83	443,83	443,83	IV	1595,83	1522,41	1449,00	1375,66	1302,25	1229,08
	VI	2195,08	443,83	443,83							
6941,99 Ost	I,IV	1675,83	443,83	443,83	I	1529,00	1382,25	1235,58	1093,41	957,25	827,08
	II	1535,50	443,83	443,83	II	1388,75	1242,08	1099,58	963,16	832,75	708,41
	III	1088,33	443,83	443,83	III	977,00	868,83	763,50	661,33	562,00	465,83
	V	2158,41	443,83	443,83	IV	1602,41	1529,00	1455,58	1382,25	1308,83	1235,58
	VI	2201,66	443,83	443,83							
6944,99 West	I,IV	1670,41	443,83	443,83	I	1523,58	1376,83	1230,25	1088,25	952,33	822,41
	II	1530,08	443,83	443,83	II	1383,33	1236,66	1094,41	958,25	828,08	703,91
	III	1084,16	443,83	443,83	III	973,00	864,83	759,66	657,66	558,50	462,50
	V	2153,00	443,83	443,83	IV	1597,00	1523,58	1450,16	1376,83	1303,41	1230,25
	VI	2196,25	443,83	443,83							
6944,99 Ost	I,IV	1677,08	443,83	443,83	I	1530,25	1383,50	1236,83	1094,58	958,33	828,16
	II	1536,75	443,83	443,83	II	1390,00	1243,33	1100,75	964,25	833,83	709,41
	III	1089,33	443,83	443,83	III	978,00	869,66	764,33	662,16	563,00	466,66
	V	2159,66	443,83	443,83	IV	1603,66	1530,25	1456,91	1383,50	1310,08	1236,83
	VI	2202,91	443,83	443,83							
6947,99 West	I,IV	1671,50	443,83	443,83	I	1524,75	1377,91	1231,41	1089,33	953,33	823,83
	II	1531,25	443,83	443,83	II	1384,50	1237,83	1095,50	959,25	829,08	704,91
	III	1085,00	443,83	443,83	III	973,83	865,66	760,50	658,33	559,16	463,16
	V	2154,16	443,83	443,83	IV	1598,16	1524,75	1451,33	1377,91	1304,58	1231,41
	VI	2197,41	443,83	443,83							
6947,99 Ost	I,IV	1678,33	443,83	443,83	I	1531,50	1384,75	1238,08	1095,83	959,50	829,33
	II	1538,08	443,83	443,83	II	1391,25	1244,58	1102,00	965,41	834,91	710,50
	III	1090,33	443,83	443,83	III	979,00	870,66	765,33	663,00	563,83	467,50
	V	2160,91	443,83	443,83	IV	1604,91	1531,50	1458,16	1384,75	1311,33	1238,08
	VI	2204,16	443,83	443,83							

* Zur LSt-Berechnung für privat versicherte Arbeitnehmer s. Beispiele **Vorbemerkung S. 4 f.**
** Basisvorsorgepauschale KV und PV *** Typisierter Arbeitgeberzuschuss

aT3   allgemeine Lohnsteuer

Lohn/Gehalt in € bis	Steuerklasse	Lohnsteuer*	BVSP**	TAGZ***	Steuerklasse	Bemessungsgrundlage für Kirchensteuer und Solidaritätszuschlag — Freibeträge für ... Kinder 0,5	1,0	1,5	2,0	2,5	3,0
6950,99 West	I,IV	**1672,66**	443,83	443,83	I	1525,91	1379,08	1232,58	1090,41	954,41	824,41
	II	**1532,41**	443,83	443,83	II	1385,58	1239,00	1096,58	960,33	830,08	705,83
	III	**1086,00**	443,83	443,83	III	974,66	866,50	761,33	659,16	560,00	463,83
	V	**2155,33**	443,83	443,83	IV	1599,33	1525,91	1452,50	1379,08	1305,75	1232,58
	VI	**2198,58**	443,83	443,83							
6950,99 Ost	I,IV	**1679,58**	443,83	443,83	I	1532,83	1386,00	1239,33	1097,00	960,66	830,41
	II	**1539,33**	443,83	443,83	II	1392,50	1245,83	1103,16	966,58	836,00	711,58
	III	**1091,33**	443,83	443,83	III	979,83	871,50	766,16	663,83	564,66	468,33
	V	**2162,16**	443,83	443,83	IV	1606,16	1532,83	1459,41	1386,00	1312,58	1239,33
	VI	**2205,41**	443,83	443,83							
6953,99 West	I,IV	**1673,83**	443,83	443,83	I	1527,08	1380,25	1233,66	1091,58	955,41	825,41
	II	**1533,58**	443,83	443,83	II	1386,75	1240,16	1097,75	961,33	831,08	706,83
	III	**1086,83**	443,83	443,83	III	975,66	867,33	762,16	660,00	560,83	464,66
	V	**2156,41**	443,83	443,83	IV	1600,41	1527,08	1453,66	1380,25	1306,83	1233,66
	VI	**2199,75**	443,83	443,83							
6953,99 Ost	I,IV	**1680,83**	443,83	443,83	I	1534,08	1387,25	1240,58	1098,16	961,83	831,50
	II	**1540,58**	443,83	443,83	II	1393,75	1247,08	1104,33	967,75	837,16	712,58
	III	**1092,16**	443,83	443,83	III	980,83	872,50	767,00	664,66	565,50	469,16
	V	**2163,41**	443,83	443,83	IV	1607,41	1534,08	1460,66	1387,25	1313,83	1240,58
	VI	**2206,75**	443,83	443,83							
6956,99 West	I,IV	**1675,00**	443,83	443,83	I	1528,25	1381,41	1234,66	1092,66	956,50	826,41
	II	**1534,75**	443,83	443,83	II	1387,91	1241,25	1098,83	962,41	832,08	707,75
	III	**1087,83**	443,83	443,83	III	976,66	868,16	763,00	660,83	561,50	465,33
	V	**2157,58**	443,83	443,83	IV	1601,58	1528,25	1454,83	1381,41	1308,00	1234,83
	VI	**2200,83**	443,83	443,83							
6956,99 Ost	I,IV	**1682,08**	443,83	443,83	I	1535,33	1388,50	1241,83	1099,41	962,91	832,58
	II	**1541,83**	443,83	443,83	II	1395,00	1248,33	1105,58	968,83	838,25	713,66
	III	**1093,16**	443,83	443,83	III	981,83	873,33	768,00	665,66	566,33	470,00
	V	**2164,75**	443,83	443,83	IV	1608,75	1535,33	1461,91	1388,50	1315,16	1241,83
	VI	**2208,00**	443,83	443,83							
6959,99 West	I,IV	**1676,16**	443,83	443,83	I	1529,33	1382,58	1236,00	1093,75	957,58	827,41
	II	**1535,91**	443,83	443,83	II	1389,08	1242,41	1099,91	963,50	833,08	708,66
	III	**1088,66**	443,83	443,83	III	977,33	869,00	763,83	661,50	562,33	466,16
	V	**2158,75**	443,83	443,83	IV	1602,75	1529,33	1456,00	1382,58	1309,16	1236,00
	VI	**2202,00**	443,83	443,83							
6959,99 Ost	I,IV	**1683,33**	443,83	443,83	I	1536,58	1389,75	1243,08	1100,58	964,08	833,66
	II	**1543,08**	443,83	443,83	II	1396,33	1249,58	1106,75	970,00	839,33	714,66
	III	**1094,16**	443,83	443,83	III	982,66	874,33	768,83	666,50	567,16	470,83
	V	**2166,00**	443,83	443,83	IV	1610,00	1536,58	1463,16	1389,75	1316,41	1243,08
	VI	**2209,25**	443,83	443,83							
6962,99 West	I,IV	**1677,33**	443,83	443,83	I	1530,50	1383,75	1237,08	1094,83	958,58	828,41
	II	**1537,00**	443,83	443,83	II	1390,25	1243,58	1101,00	964,50	834,08	709,66
	III	**1089,50**	443,83	443,83	III	978,16	869,83	764,66	662,50	563,16	466,83
	V	**2159,91**	443,83	443,83	IV	1603,91	1530,50	1457,16	1383,75	1310,33	1237,08
	VI	**2203,16**	443,83	443,83							
6962,99 Ost	I,IV	**1684,66**	443,83	443,83	I	1537,83	1391,08	1244,33	1101,75	965,25	834,75
	II	**1544,33**	443,83	443,83	II	1397,58	1250,83	1108,00	971,16	840,41	715,75
	III	**1095,16**	443,83	443,83	III	983,66	875,16	769,83	667,33	568,00	471,66
	V	**2167,25**	443,83	443,83	IV	1611,25	1537,83	1464,41	1391,08	1317,66	1244,33
	VI	**2210,50**	443,83	443,83							
6965,99 West	I,IV	**1678,50**	443,83	443,83	I	1531,66	1384,91	1238,25	1095,91	959,66	829,41
	II	**1538,16**	443,83	443,83	II	1391,41	1244,75	1102,08	965,58	835,08	710,58
	III	**1090,33**	443,83	443,83	III	979,00	870,66	765,33	663,16	563,83	467,66
	V	**2161,08**	443,83	443,83	IV	1605,08	1531,66	1458,25	1384,91	1311,50	1238,25
	VI	**2204,33**	443,83	443,83							
6965,99 Ost	I,IV	**1685,91**	443,83	443,83	I	1539,08	1392,33	1245,58	1103,00	966,41	835,83
	II	**1545,58**	443,83	443,83	II	1398,83	1252,08	1109,16	972,33	841,50	716,75
	III	**1096,16**	443,83	443,83	III	984,66	876,16	770,66	668,16	568,83	472,33
	V	**2168,50**	443,83	443,83	IV	1612,50	1539,08	1465,66	1392,33	1318,91	1245,58
	VI	**2211,75**	443,83	443,83							

* Zur LSt-Berechnung für privat versicherte Arbeitnehmer s. Beispiele **Vorbemerkung S. 4f.**
** Basisvorsorgepauschale KV und PV   *** Typisierter Arbeitgeberzuschuss

Monat gültig ab 1. 1. 2022 (idF des StEntlG 2022) — aT3

Lohn/Gehalt in € bis	Steuerklasse	Lohnsteuer*	BVSP**	TAGZ***	Steuerklasse	Bemessungsgrundlage für Kirchensteuer und Solidaritätszuschlag — Freibeträge für ... Kinder					
						0,5	1,0	1,5	2,0	2,5	3,0
6968,99 West	I,IV	1679,58	443,83	443,83	I	1532,83	1386,00	1239,41	1097,00	960,66	830,41
	II	1539,33	443,83	443,83	II	1392,58	1245,83	1103,16	966,58	836,08	711,58
	III	1091,33	443,83	443,83	III	980,00	871,50	766,16	664,00	564,66	468,33
	V	2162,25	443,83	443,83	IV	1606,25	1532,83	1459,41	1386,00	1312,66	1239,41
	VI	2205,50	443,83	443,83							
6968,99 Ost	I,IV	1687,16	443,83	443,83	I	1540,33	1393,58	1246,83	1104,16	967,50	836,91
	II	1546,83	443,83	443,83	II	1400,08	1253,33	1110,33	973,50	842,58	717,83
	III	1097,00	443,83	443,83	III	985,50	877,00	771,50	669,00	569,66	473,16
	V	2169,75	443,83	443,83	IV	1613,75	1540,33	1467,00	1393,58	1320,16	1246,83
	VI	2213,00	443,83	443,83							
6971,99 West	I,IV	1680,75	443,83	443,83	I	1534,00	1387,16	1240,58	1098,08	961,75	831,41
	II	1540,50	443,83	443,83	II	1393,66	1247,00	1104,33	967,66	837,08	712,50
	III	1092,16	443,83	443,83	III	980,83	872,33	767,00	664,66	565,33	469,16
	V	2163,41	443,83	443,83	IV	1607,41	1534,00	1460,58	1387,16	1313,83	1240,58
	VI	2206,66	443,83	443,83							
6971,99 Ost	I,IV	1688,41	443,83	443,83	I	1541,58	1394,83	1248,08	1105,33	968,66	838,08
	II	1548,16	443,83	443,83	II	1401,33	1254,58	1111,58	974,58	843,66	718,83
	III	1098,00	443,83	443,83	III	986,50	878,00	772,50	670,00	570,50	474,00
	V	2171,00	443,83	443,83	IV	1615,00	1541,58	1468,25	1394,83	1321,41	1248,08
	VI	2214,25	443,83	443,83							
6974,99 West	I,IV	1681,91	443,83	443,83	I	1535,16	1388,33	1241,66	1099,25	962,75	832,41
	II	1541,66	443,83	443,83	II	1394,83	1248,16	1105,41	968,75	838,08	713,50
	III	1093,16	443,83	443,83	III	981,66	873,33	767,83	665,50	566,16	469,83
	V	2164,50	443,83	443,83	IV	1608,50	1535,16	1461,75	1388,33	1314,91	1241,66
	VI	2207,83	443,83	443,83							
6974,99 Ost	I,IV	1689,66	443,83	443,83	I	1542,91	1396,08	1249,33	1106,58	969,83	839,16
	II	1549,41	443,83	443,83	II	1402,58	1255,83	1112,75	975,75	844,83	719,91
	III	1099,00	443,83	443,83	III	987,50	878,83	773,33	670,83	571,33	474,83
	V	2172,25	443,83	443,83	IV	1616,25	1542,91	1469,50	1396,08	1322,66	1249,33
	VI	2215,50	443,83	443,83							
6977,99 West	I,IV	1683,08	443,83	443,83	I	1536,33	1389,50	1242,83	1100,33	963,83	833,41
	II	1542,83	443,83	443,83	II	1396,00	1249,33	1106,50	969,75	839,08	714,41
	III	1094,00	443,83	443,83	III	982,50	874,00	768,66	666,33	567,00	470,66
	V	2165,66	443,83	443,83	IV	1609,66	1536,33	1462,91	1389,50	1316,08	1242,83
	VI	2208,91	443,83	443,83							
6977,99 Ost	I,IV	1690,91	443,83	443,83	I	1544,16	1397,33	1250,58	1107,75	971,00	840,25
	II	1550,66	443,83	443,83	II	1403,83	1257,08	1114,00	976,91	845,91	720,91
	III	1100,00	443,83	443,83	III	988,33	879,83	774,16	671,66	572,16	475,66
	V	2173,50	443,83	443,83	IV	1617,50	1544,16	1470,75	1397,33	1323,91	1250,58
	VI	2216,83	443,83	443,83							
6980,99 West	I,IV	1684,25	443,83	443,83	I	1537,50	1390,66	1244,00	1101,41	964,91	834,41
	II	1544,00	443,83	443,83	II	1397,16	1250,50	1107,66	970,83	840,08	715,41
	III	1094,83	443,83	443,83	III	983,33	875,00	769,50	667,16	567,66	471,33
	V	2166,91	443,83	443,83	IV	1610,91	1537,50	1464,08	1390,66	1317,33	1244,00
	VI	2210,16	443,83	443,83							
6980,99 Ost	I,IV	1692,16	443,83	443,83	I	1545,41	1398,58	1251,83	1109,00	972,16	841,33
	II	1551,91	443,83	443,83	II	1405,08	1258,33	1115,16	978,08	847,00	722,00
	III	1101,00	443,83	443,83	III	989,33	880,66	775,16	672,50	573,00	476,50
	V	2174,83	443,83	443,83	IV	1618,75	1545,41	1472,00	1398,58	1325,25	1251,83
	VI	2218,08	443,83	443,83							
6983,99 West	I,IV	1685,41	443,83	443,83	I	1538,66	1391,83	1245,16	1102,58	966,00	835,41
	II	1545,16	443,83	443,83	II	1398,33	1251,66	1108,75	971,91	841,08	716,41
	III	1095,83	443,83	443,83	III	984,33	875,83	770,33	668,00	568,50	472,16
	V	2168,00	443,83	443,83	IV	1612,00	1538,66	1465,25	1391,83	1318,41	1245,16
	VI	2211,33	443,83	443,83							
6983,99 Ost	I,IV	1693,41	443,83	443,83	I	1546,66	1399,83	1253,08	1110,16	973,25	842,41
	II	1553,16	443,83	443,83	II	1406,41	1259,58	1116,41	979,25	848,08	723,00
	III	1102,00	443,83	443,83	III	990,33	881,66	776,00	673,33	573,83	477,33
	V	2176,08	443,83	443,83	IV	1620,08	1546,66	1473,25	1399,83	1326,50	1253,08
	VI	2219,33	443,83	443,83							

* Zur LSt-Berechnung für privat versicherte Arbeitnehmer s. Beispiele **Vorbemerkung S. 4 f.**
** Basisvorsorgepauschale KV und PV   *** Typisierter Arbeitgeberzuschuss

aT3

allgemeine Lohnsteuer

Lohn/Gehalt in € bis	Steuerklasse	Lohn-steuer*	BVSP**	TAGZ***	Steuerklasse	Bemessungsgrundlage für Kirchensteuer und Solidaritätszuschlag					
						Freibeträge für ... Kinder					
						0,5	1,0	1,5	2,0	2,5	3,0
6986,99 West	I,IV	1686,58	443,83	443,83	I	1539,83	1393,00	1246,33	1103,66	967,00	836,50
	II	1546,33	443,83	443,83	II	1399,50	1252,75	1109,83	972,91	842,08	717,33
	III	1096,66	443,83	443,83	III	985,16	876,66	771,16	668,66	569,33	472,83
	V	2169,16	443,83	443,83	IV	1613,16	1539,83	1466,41	1393,00	1319,58	1246,33
	VI	2212,41	443,83	443,83							
6986,99 Ost	I,IV	1694,66	443,83	443,83	I	1547,91	1401,16	1254,41	1111,33	974,41	843,50
	II	1554,41	443,83	443,83	II	1407,66	1260,83	1117,58	980,33	849,16	724,08
	III	1102,83	443,83	443,83	III	991,16	882,50	776,83	674,33	574,66	478,16
	V	2177,33	443,83	443,83	IV	1621,33	1547,91	1474,50	1401,16	1327,75	1254,41
	VI	2220,58	443,83	443,83							
6989,99 West	I,IV	1687,75	443,83	443,83	I	1540,91	1394,16	1247,41	1104,75	968,08	837,50
	II	1547,50	443,83	443,83	II	1400,66	1253,91	1110,91	974,00	843,16	718,33
	III	1097,50	443,83	443,83	III	986,00	877,50	772,00	669,50	570,00	473,66
	V	2170,33	443,83	443,83	IV	1614,33	1540,91	1467,58	1394,16	1320,75	1247,41
	VI	2213,58	443,83	443,83							
6989,99 Ost	I,IV	1696,00	443,83	443,83	I	1549,16	1402,41	1255,66	1112,58	975,58	844,58
	II	1555,66	443,83	443,83	II	1408,91	1262,08	1118,83	981,50	850,33	725,16
	III	1103,83	443,83	443,83	III	992,16	883,50	777,83	675,16	575,50	479,00
	V	2178,58	443,83	443,83	IV	1622,58	1549,16	1475,75	1402,41	1329,00	1255,66
	VI	2221,83	443,83	443,83							
6992,99 West	I,IV	1688,91	443,83	443,83	I	1542,08	1395,33	1248,58	1105,83	969,08	838,50
	II	1548,58	443,83	443,83	II	1401,83	1255,08	1112,08	975,08	844,16	719,25
	III	1098,50	443,83	443,83	III	986,83	878,33	772,83	670,33	570,83	474,33
	V	2171,50	443,83	443,83	IV	1615,50	1542,08	1468,75	1395,33	1321,91	1248,58
	VI	2214,75	443,83	443,83							
6992,99 Ost	I,IV	1697,25	443,83	443,83	I	1550,41	1403,66	1256,91	1113,75	976,75	845,75
	II	1556,91	443,83	443,83	II	1410,16	1263,33	1120,00	982,66	851,41	726,16
	III	1104,83	443,83	443,83	III	993,16	884,33	778,66	676,00	576,33	479,66
	V	2179,83	443,83	443,83	IV	1623,83	1550,41	1477,00	1403,66	1330,25	1256,91
	VI	2223,08	443,83	443,83							
6995,99 West	I,IV	1690,08	443,83	443,83	I	1543,25	1396,50	1249,75	1106,91	970,16	839,50
	II	1549,75	443,83	443,83	II	1403,00	1256,25	1113,16	976,08	845,16	720,25
	III	1099,33	443,83	443,83	III	987,66	879,16	773,66	671,16	571,66	475,16
	V	2172,66	443,83	443,83	IV	1616,66	1543,25	1469,83	1396,50	1323,08	1249,75
	VI	2215,91	443,83	443,83							
6995,99 Ost	I,IV	1698,50	443,83	443,83	I	1551,66	1404,91	1258,16	1115,00	977,83	846,83
	II	1558,16	443,83	443,83	II	1411,41	1264,66	1121,16	983,83	852,50	727,25
	III	1105,83	443,83	443,83	III	994,00	885,33	779,50	676,83	577,16	480,50
	V	2181,08	443,83	443,83	IV	1625,08	1551,66	1478,33	1404,91	1331,50	1258,16
	VI	2224,33	443,83	443,83							
6998,99 West	I,IV	1691,16	443,83	443,83	I	1544,41	1397,66	1250,91	1108,00	971,25	840,50
	II	1550,91	443,83	443,83	II	1404,16	1257,33	1114,25	977,16	846,16	721,16
	III	1100,16	443,83	443,83	III	988,66	880,00	774,33	671,83	572,33	475,83
	V	2173,83	443,83	443,83	IV	1617,83	1544,41	1471,00	1397,66	1324,25	1250,91
	VI	2217,08	443,83	443,83							
6998,99 Ost	I,IV	1699,75	443,83	443,83	I	1552,91	1406,16	1259,41	1116,16	979,00	847,91
	II	1559,50	443,83	443,83	II	1412,66	1265,91	1122,41	985,00	853,58	728,25
	III	1106,83	443,83	443,83	III	995,00	886,16	780,50	677,83	578,00	481,33
	V	2182,33	443,83	443,83	IV	1626,33	1552,91	1479,58	1406,16	1332,75	1259,41
	VI	2225,58	443,83	443,83							
7001,99 West	I,IV	1692,33	443,83	443,83	I	1545,58	1398,75	1252,08	1109,16	972,25	841,50
	II	1552,08	443,83	443,83	II	1405,25	1258,50	1115,33	978,25	847,16	722,16
	III	1101,16	443,83	443,83	III	989,50	880,83	775,33	672,66	573,16	476,66
	V	2175,00	443,83	443,83	IV	1619,00	1545,58	1472,16	1398,75	1325,41	1252,08
	VI	2218,25	443,83	443,83							
7001,99 Ost	I,IV	1701,00	443,83	443,83	I	1554,25	1407,41	1260,66	1117,41	980,16	849,00
	II	1560,75	443,83	443,83	II	1413,91	1267,16	1123,58	986,16	854,66	729,33
	III	1107,83	443,83	443,83	III	996,00	887,16	781,33	678,66	578,83	482,16
	V	2183,58	443,83	443,83	IV	1627,58	1554,25	1480,83	1407,41	1334,00	1260,66
	VI	2226,83	443,83	443,83							

* Zur LSt-Berechnung für privat versicherte Arbeitnehmer s. Beispiele **Vorbemerkung S. 4f.**
** Basisvorsorgepauschale KV und PV *** Typisierter Arbeitgeberzuschuss

Monat gültig ab 1. 1. 2022 (idF des StEntlG 2022)   **aT3**

Lohn/Gehalt in € bis	Steuerklasse	Lohnsteuer*	BVSP**	TAGZ***	Steuerklasse	\[Bemessungsgrundlage für Kirchensteuer und Solidaritätszuschlag – Freibeträge für ... Kinder\] 0,5	1,0	1,5	2,0	2,5	3,0
7004,99 West	I,IV	**1 693,50**	443,83	443,83	I	1 546,75	1 399,91	1 253,16	1 110,25	973,33	842,50
	II	**1 553,25**	443,83	443,83	II	1 406,41	1 259,66	1 116,41	979,25	848,16	723,08
	III	**1 102,00**	443,83	443,83	III	990,33	881,66	776,00	673,50	573,83	477,33
	V	**2 176,08**	443,83	443,83	IV	1 620,08	1 546,75	1 473,33	1 399,91	1 326,50	1 253,16
	VI	**2 219,41**	443,83	443,83							
7004,99 Ost	I,IV	**1 702,25**	443,83	443,83	I	1 555,50	1 408,66	1 261,91	1 118,58	981,33	850,08
	II	**1 562,00**	443,83	443,83	II	1 415,16	1 268,41	1 124,83	987,25	855,83	730,41
	III	**1 108,66**	443,83	443,83	III	996,83	888,00	782,33	679,50	579,66	483,00
	V	**2 184,83**	443,83	443,83	IV	1 628,83	1 555,50	1 482,08	1 408,66	1 335,25	1 261,91
	VI	**2 228,16**	443,83	443,83							
7007,99 West	I,IV	**1 694,66**	443,83	443,83	I	1 547,91	1 401,08	1 254,33	1 111,33	974,41	843,50
	II	**1 554,41**	443,83	443,83	II	1 407,58	1 260,83	1 117,58	980,33	849,16	724,08
	III	**1 102,83**	443,83	443,83	III	991,16	882,50	776,83	674,33	574,66	478,16
	V	**2 177,25**	443,83	443,83	IV	1 621,25	1 547,91	1 474,50	1 401,08	1 327,66	1 254,33
	VI	**2 220,50**	443,83	443,83							
7007,99 Ost	I,IV	**1 703,50**	443,83	443,83	I	1 556,75	1 409,91	1 263,16	1 119,83	982,50	851,25
	II	**1 563,25**	443,83	443,83	II	1 416,41	1 269,66	1 126,00	988,41	856,91	731,41
	III	**1 109,66**	443,83	443,83	III	997,83	889,00	783,16	680,33	580,50	483,83
	V	**2 186,16**	443,83	443,83	IV	1 630,16	1 556,75	1 483,33	1 409,91	1 336,58	1 263,16
	VI	**2 229,41**	443,83	443,83							
7010,99 West	I,IV	**1 695,83**	443,83	443,83	I	1 549,00	1 402,25	1 255,50	1 112,41	975,41	844,50
	II	**1 555,58**	443,83	443,83	II	1 408,75	1 262,00	1 118,66	981,41	850,16	725,00
	III	**1 103,83**	443,83	443,83	III	992,00	883,33	777,66	675,00	575,50	478,83
	V	**2 178,41**	443,83	443,83	IV	1 622,41	1 549,00	1 475,66	1 402,25	1 328,83	1 255,50
	VI	**2 221,66**	443,83	443,83							
7010,99 Ost	I,IV	**1 704,75**	443,83	443,83	I	1 558,00	1 411,16	1 264,41	1 121,00	983,66	852,33
	II	**1 564,50**	443,83	443,83	II	1 417,91	1 270,91	1 127,25	989,58	858,00	732,50
	III	**1 110,66**	443,83	443,83	III	998,83	889,83	784,00	681,16	581,50	484,66
	V	**2 187,41**	443,83	443,83	IV	1 631,41	1 558,00	1 484,58	1 411,16	1 337,83	1 264,41
	VI	**2 230,66**	443,83	443,83							
7013,99 West	I,IV	**1 697,00**	443,83	443,83	I	1 550,16	1 403,41	1 256,66	1 113,58	976,50	845,50
	II	**1 556,66**	443,83	443,83	II	1 409,91	1 263,16	1 119,75	982,41	851,16	726,00
	III	**1 104,66**	443,83	443,83	III	993,00	884,16	778,50	675,83	576,16	479,66
	V	**2 179,58**	443,83	443,83	IV	1 623,58	1 550,16	1 476,83	1 403,41	1 330,00	1 256,66
	VI	**2 222,83**	443,83	443,83							
7013,99 Ost	I,IV	**1 706,08**	443,83	443,83	I	1 559,25	1 412,50	1 265,66	1 122,16	984,75	853,41
	II	**1 565,75**	443,83	443,83	II	1 419,00	1 272,16	1 128,41	990,75	859,08	733,50
	III	**1 111,66**	443,83	443,83	III	999,66	890,83	785,00	682,16	582,33	485,50
	V	**2 188,66**	443,83	443,83	IV	1 632,66	1 559,25	1 485,83	1 412,50	1 339,08	1 265,66
	VI	**2 231,91**	443,83	443,83							
7016,99 West	I,IV	**1 698,16**	443,83	443,83	I	1 551,33	1 404,58	1 257,75	1 114,66	977,58	846,50
	II	**1 557,83**	443,83	443,83	II	1 411,08	1 264,25	1 120,83	983,50	852,16	726,91
	III	**1 105,50**	443,83	443,83	III	993,83	885,00	779,33	676,66	577,00	480,33
	V	**2 180,75**	443,83	443,83	IV	1 624,75	1 551,33	1 477,91	1 404,58	1 331,16	1 257,75
	VI	**2 224,00**	443,83	443,83							
7016,99 Ost	I,IV	**1 707,33**	443,83	443,83	I	1 560,50	1 413,75	1 266,91	1 123,41	985,91	854,50
	II	**1 567,00**	443,83	443,83	II	1 420,25	1 273,41	1 129,66	991,91	860,25	734,58
	III	**1 112,66**	443,83	443,83	III	1 000,66	891,83	785,83	683,00	583,16	486,33
	V	**2 189,91**	443,83	443,83	IV	1 633,91	1 560,50	1 487,08	1 413,75	1 340,33	1 266,91
	VI	**2 233,16**	443,83	443,83							
7019,99 West	I,IV	**1 699,25**	443,83	443,83	I	1 552,50	1 405,75	1 258,91	1 115,75	978,58	847,50
	II	**1 559,00**	443,83	443,83	II	1 412,25	1 265,41	1 122,00	984,58	853,16	727,91
	III	**1 106,50**	443,83	443,83	III	994,66	885,83	780,16	677,50	577,83	481,16
	V	**2 181,91**	443,83	443,83	IV	1 625,91	1 552,50	1 479,08	1 405,75	1 332,33	1 258,91
	VI	**2 225,16**	443,83	443,83							
7019,99 Ost	I,IV	**1 708,58**	443,83	443,83	I	1 561,75	1 415,00	1 268,16	1 124,58	987,08	855,66
	II	**1 568,25**	443,83	443,83	II	1 421,50	1 274,66	1 130,83	993,08	861,33	735,66
	III	**1 113,66**	443,83	443,83	III	1 001,66	892,66	786,66	683,83	584,00	487,16
	V	**2 191,16**	443,83	443,83	IV	1 635,16	1 561,75	1 488,41	1 415,00	1 341,58	1 268,16
	VI	**2 234,41**	443,83	443,83							

* Zur LSt-Berechnung für privat versicherte Arbeitnehmer s. Beispiele **Vorbemerkung S. 4f.**
** Basisvorsorgepauschale KV und PV   *** Typisierter Arbeitgeberzuschuss

aT3 allgemeine Lohnsteuer

Lohn/Gehalt in € bis	Steuerklasse	Lohnsteuer*	BVSP**	TAGZ***	Steuerklasse	Bemessungsgrundlage für Kirchensteuer und Solidaritätszuschlag					
						Freibeträge für ... Kinder					
						0,5	1,0	1,5	2,0	2,5	3,0
7022,99 West	I,IV	**1700,41**	443,83	443,83	I	1553,66	1406,83	1260,08	1116,83	979,66	848,50
	II	**1560,16**	443,83	443,83	II	1413,41	1266,58	1123,08	985,58	854,25	728,83
	III	**1107,33**	443,83	443,83	III	995,50	886,66	781,00	678,16	578,50	481,83
	V	**2183,08**	443,83	443,83	IV	1627,08	1553,66	1480,25	1406,83	1333,50	1260,08
	VI	**2226,33**	443,83	443,83							
7022,99 Ost	I,IV	**1709,83**	443,83	443,83	I	1563,00	1416,25	1269,41	1125,83	988,25	856,75
	II	**1569,58**	443,83	443,83	II	1422,75	1276,00	1132,08	994,25	862,41	736,66
	III	**1114,66**	443,83	443,83	III	1002,50	893,66	787,66	684,66	584,83	488,00
	V	**2192,41**	443,83	443,83	IV	1636,41	1563,00	1489,66	1416,25	1342,83	1269,41
	VI	**2235,66**	443,83	443,83							
7025,99 West	I,IV	**1701,58**	443,83	443,83	I	1554,83	1408,00	1261,25	1117,91	980,75	849,50
	II	**1561,33**	443,83	443,83	II	1414,50	1267,75	1124,16	986,66	855,25	729,83
	III	**1108,33**	443,83	443,83	III	996,50	887,66	781,83	679,00	579,33	482,66
	V	**2184,25**	443,83	443,83	IV	1628,16	1554,83	1481,41	1408,00	1334,66	1261,25
	VI	**2227,50**	443,83	443,83							
7025,99 Ost	I,IV	**1711,08**	443,83	443,83	I	1564,33	1417,50	1270,75	1127,00	989,41	857,83
	II	**1570,83**	443,83	443,83	II	1424,00	1277,25	1133,25	995,41	863,50	737,75
	III	**1115,50**	443,83	443,83	III	1003,50	894,50	788,50	685,50	585,66	488,66
	V	**2193,66**	443,83	443,83	IV	1637,66	1564,33	1490,91	1417,50	1344,08	1270,75
	VI	**2236,91**	443,83	443,83							
7028,99 West	I,IV	**1702,75**	443,83	443,83	I	1556,00	1409,16	1262,41	1119,08	981,75	850,58
	II	**1562,50**	443,83	443,83	II	1415,66	1268,91	1125,25	987,75	856,25	730,75
	III	**1109,16**	443,83	443,83	III	997,33	888,50	782,66	679,83	580,00	483,33
	V	**2185,33**	443,83	443,83	IV	1629,33	1556,00	1482,58	1409,16	1335,75	1262,41
	VI	**2228,58**	443,83	443,83							
7028,99 Ost	I,IV	**1712,33**	443,83	443,83	I	1565,58	1418,75	1272,00	1128,25	990,58	858,91
	II	**1572,08**	443,83	443,83	II	1425,25	1278,50	1134,50	996,50	864,66	738,83
	III	**1116,50**	443,83	443,83	III	1004,50	895,50	789,50	686,50	586,50	489,50
	V	**2194,91**	443,83	443,83	IV	1638,91	1565,58	1492,16	1418,75	1345,33	1272,00
	VI	**2238,25**	443,83	443,83							
7031,99 West	I,IV	**1703,91**	443,83	443,83	I	1557,08	1410,33	1263,58	1120,16	982,83	851,58
	II	**1563,66**	443,83	443,83	II	1416,83	1270,08	1126,41	988,83	857,25	731,75
	III	**1110,00**	443,83	443,83	III	998,16	889,33	783,50	680,66	580,83	484,16
	V	**2186,50**	443,83	443,83	IV	1630,50	1557,08	1483,75	1410,33	1336,91	1263,58
	VI	**2229,75**	443,83	443,83							
7031,99 Ost	I,IV	**1713,58**	443,83	443,83	I	1566,83	1420,00	1273,25	1129,41	991,75	860,00
	II	**1573,33**	443,83	443,83	II	1426,50	1279,75	1135,66	997,66	865,75	739,83
	III	**1117,50**	443,83	443,83	III	1005,50	896,33	790,33	687,33	587,33	490,33
	V	**2196,25**	443,83	443,83	IV	1640,25	1566,83	1493,41	1420,00	1346,66	1273,25
	VI	**2239,50**	443,83	443,83							
7034,99 West	I,IV	**1705,08**	443,83	443,83	I	1558,25	1411,50	1264,66	1121,25	983,91	852,58
	II	**1564,75**	443,83	443,83	II	1418,00	1271,16	1127,50	989,83	858,25	732,75
	III	**1110,83**	443,83	443,83	III	999,00	890,16	784,33	681,50	581,66	484,83
	V	**2187,66**	443,83	443,83	IV	1631,66	1558,25	1484,91	1411,50	1338,08	1264,66
	VI	**2230,91**	443,83	443,83							
7034,99 Ost	I,IV	**1714,83**	443,83	443,83	I	1568,08	1421,25	1274,50	1130,66	992,83	861,16
	II	**1574,58**	443,83	443,83	II	1427,83	1281,00	1136,91	998,83	866,83	740,91
	III	**1118,50**	443,83	443,83	III	1006,33	897,33	791,16	688,16	588,16	491,16
	V	**2197,50**	443,83	443,83	IV	1641,50	1568,08	1494,66	1421,25	1347,91	1274,50
	VI	**2240,75**	443,83	443,83							
7037,99 West	I,IV	**1706,25**	443,83	443,83	I	1559,50	1412,66	1265,91	1122,41	985,00	853,58
	II	**1566,00**	443,83	443,83	II	1419,16	1272,41	1128,66	990,91	859,33	733,75
	III	**1111,83**	443,83	443,83	III	999,83	891,00	785,16	682,16	582,33	485,66
	V	**2188,83**	443,83	443,83	IV	1632,83	1559,50	1486,08	1412,66	1339,25	1265,91
	VI	**2232,08**	443,83	443,83							
7037,99 Ost	I,IV	**1716,16**	443,83	443,83	I	1569,33	1422,58	1275,75	1131,83	994,00	862,25
	II	**1575,83**	443,83	443,83	II	1429,08	1282,25	1138,08	1000,00	868,00	742,00
	III	**1119,50**	443,83	443,83	III	1007,33	898,16	792,16	689,00	589,00	492,00
	V	**2198,75**	443,83	443,83	IV	1642,75	1569,33	1495,91	1422,58	1349,16	1275,75
	VI	**2242,00**	443,83	443,83							

* Zur LSt-Berechnung für privat versicherte Arbeitnehmer s. Beispiele **Vorbemerkung S. 4f.**
** Basisvorsorgepauschale KV und PV *** Typisierter Arbeitgeberzuschuss

Monat gültig ab 1. 1. 2022 (idF des StEntlG 2022) — aT3

Lohn/Gehalt in € bis	Steuerklasse	Lohnsteuer*	BVSP**	TAGZ***	Steuerklasse	\	Bemessungsgrundlage für Kirchensteuer und Solidaritätszuschlag — Freibeträge für ... Kinder				
						0,5	1,0	1,5	2,0	2,5	3,0
7040,99 West	I,IV	**1707,41**	443,83	443,83	I	1560,58	1413,83	1267,00	1123,50	986,00	854,58
	II	**1567,16**	443,83	443,83	II	1420,33	1273,58	1129,75	992,00	860,33	734,66
	III	**1112,66**	443,83	443,83	III	1000,83	891,83	786,00	683,00	583,16	486,33
	V	**2190,00**	443,83	443,83	IV	1634,00	1560,58	1487,25	1413,83	1340,41	1267,00
	VI	**2233,25**	443,83	443,83							
7040,99 Ost	I,IV	**1717,41**	443,83	443,83	I	1570,58	1423,83	1277,00	1133,08	995,16	863,33
	II	**1577,08**	443,83	443,83	II	1430,33	1283,50	1139,33	1001,16	869,08	743,00
	III	**1120,50**	443,83	443,83	III	1008,33	899,16	793,00	690,00	589,83	492,83
	V	**2200,00**	443,83	443,83	IV	1644,00	1570,58	1497,16	1423,83	1350,41	1277,00
	VI	**2243,25**	443,83	443,83							
7043,99 West	I,IV	**1708,58**	443,83	443,83	I	1561,75	1415,00	1268,16	1124,58	987,08	855,66
	II	**1568,25**	443,83	443,83	II	1421,50	1274,66	1130,83	993,08	861,33	735,66
	III	**1113,66**	443,83	443,83	III	1001,66	892,66	786,66	683,83	584,00	487,16
	V	**2191,16**	443,83	443,83	IV	1635,16	1561,75	1488,41	1415,00	1341,58	1268,16
	VI	**2234,41**	443,83	443,83							
7043,99 Ost	I,IV	**1718,66**	443,83	443,83	I	1571,83	1425,08	1278,25	1134,25	996,33	864,50
	II	**1578,33**	443,83	443,83	II	1431,58	1284,75	1140,50	1002,33	870,16	744,08
	III	**1121,33**	443,83	443,83	III	1009,16	900,00	794,00	690,83	590,66	493,66
	V	**2201,25**	443,83	443,83	IV	1645,25	1571,83	1498,50	1425,08	1351,66	1278,25
	VI	**2244,50**	443,83	443,83							
7046,99 West	I,IV	**1709,75**	443,83	443,83	I	1562,91	1416,16	1269,33	1125,75	988,16	856,66
	II	**1569,41**	443,83	443,83	II	1422,66	1275,83	1132,00	994,16	862,33	736,58
	III	**1114,50**	443,83	443,83	III	1002,50	893,50	787,66	684,66	584,83	487,83
	V	**2192,33**	443,83	443,83	IV	1636,33	1562,91	1489,50	1416,16	1342,75	1269,33
	VI	**2235,58**	443,83	443,83							
7046,99 Ost	I,IV	**1719,91**	443,83	443,83	I	1573,08	1426,33	1279,50	1135,50	997,50	865,58
	II	**1579,66**	443,83	443,83	II	1432,83	1286,00	1141,75	1003,50	871,25	745,16
	III	**1122,33**	443,83	443,83	III	1010,16	901,00	794,83	691,66	591,50	494,50
	V	**2202,50**	443,83	443,83	IV	1646,50	1573,08	1499,75	1426,33	1352,91	1279,50
	VI	**2245,58**	443,83	443,83							
7049,99 West	I,IV	**1710,91**	443,83	443,83	I	1564,08	1417,33	1270,50	1126,83	989,25	857,66
	II	**1570,58**	443,83	443,83	II	1423,83	1277,00	1133,08	995,16	863,33	737,58
	III	**1115,33**	443,83	443,83	III	1003,33	894,33	788,33	685,50	585,50	488,66
	V	**2193,50**	443,83	443,83	IV	1637,50	1564,08	1490,66	1417,33	1343,91	1270,50
	VI	**2236,75**	443,83	443,83							
7049,99 Ost	I,IV	**1721,16**	443,83	443,83	I	1574,41	1427,58	1280,83	1136,66	998,66	866,66
	II	**1580,91**	443,83	443,83	II	1434,08	1287,33	1143,00	1004,66	872,41	746,16
	III	**1123,33**	443,83	443,83	III	1011,16	901,83	795,66	692,50	592,33	495,33
	V	**2203,75**	443,83	443,83	IV	1647,75	1574,41	1501,00	1427,58	1354,16	1280,83
	VI	**2247,00**	443,83	443,83							
7052,99 West	I,IV	**1712,16**	443,83	443,83	I	1565,33	1418,58	1271,75	1128,00	990,33	858,75
	II	**1571,83**	443,83	443,83	II	1425,08	1278,25	1134,25	996,33	864,50	738,66
	III	**1116,33**	443,83	443,83	III	1004,33	895,33	789,33	686,33	586,33	489,50
	V	**2194,75**	443,83	443,83	IV	1638,75	1565,33	1491,91	1418,58	1345,16	1271,75
	VI	**2238,00**	443,83	443,83							
7052,99 Ost	I,IV	**1722,41**	443,83	443,83	I	1575,66	1428,83	1282,08	1137,91	999,83	867,75
	II	**1582,16**	443,83	443,83	II	1435,33	1288,58	1144,16	1005,83	873,50	747,25
	III	**1124,33**	443,83	443,83	III	1012,00	902,83	796,66	693,50	593,33	496,16
	V	**2205,00**	443,83	443,83	IV	1649,00	1575,66	1502,25	1428,83	1355,41	1282,08
	VI	**2248,33**	443,83	443,83							
7055,99 West	I,IV	**1713,41**	443,83	443,83	I	1566,58	1419,83	1273,00	1129,25	991,50	859,83
	II	**1573,08**	443,83	443,83	II	1426,33	1279,50	1135,50	997,50	865,58	739,66
	III	**1117,33**	443,83	443,83	III	1005,33	896,16	790,16	687,16	587,16	490,16
	V	**2196,00**	443,83	443,83	IV	1640,00	1566,58	1493,25	1419,83	1346,41	1273,00
	VI	**2239,25**	443,83	443,83							
7055,99 Ost	I,IV	**1723,66**	443,83	443,83	I	1576,91	1430,08	1283,25	1139,16	1001,00	868,91
	II	**1583,41**	443,83	443,83	II	1436,58	1289,83	1145,41	1007,00	874,58	748,33
	III	**1125,33**	443,83	443,83	III	1013,00	903,83	797,50	694,33	594,16	497,00
	V	**2206,33**	443,83	443,83	IV	1650,25	1576,91	1503,50	1430,33	1356,75	1283,33
	VI	**2249,58**	443,83	443,83							

* Zur LSt-Berechnung für privat versicherte Arbeitnehmer s. Beispiele **Vorbemerkung S. 4f.**
** Basisvorsorgepauschale KV und PV   *** Typisierter Arbeitgeberzuschuss

aT3 allgemeine Lohnsteuer

Lohn/ Gehalt in € bis	Steuerklasse	Lohn-steuer*	BVSP**	TAGZ***	Steuerklasse	Bemessungsgrundlage für Kirchensteuer und Solidaritätszuschlag Freibeträge für ... Kinder					
						0,5	1,0	1,5	2,0	2,5	3,0
7058,99 West	I,IV	**1714,66**	443,83	443,83	I	1567,83	1421,08	1274,25	1130,41	992,66	861,00
	II	**1574,41**	443,83	443,83	II	1427,58	1280,83	1136,66	998,66	866,66	740,75
	III	**1118,33**	443,83	443,83	III	1006,16	897,16	791,00	688,00	588,00	491,00
	V	**2197,25**	443,83	443,83	IV	1641,25	1567,83	1494,50	1421,08	1347,66	1274,25
	VI	**2240,50**	443,83	443,83							
7058,99 Ost	I,IV	**1724,91**	443,83	443,83	I	1578,16	1431,33	1284,58	1140,33	1002,16	870,00
	II	**1584,66**	443,83	443,83	II	1437,91	1291,08	1146,58	1008,16	875,75	749,33
	III	**1126,33**	443,83	443,83	III	1014,00	904,66	798,33	695,16	595,00	497,83
	V	**2207,58**	443,83	443,83	IV	1651,58	1578,16	1504,75	1431,33	1358,00	1284,58
	VI	**2250,83**	443,83	443,83							
7061,99 West	I,IV	**1715,91**	443,83	443,83	I	1569,16	1422,33	1275,58	1131,66	993,83	862,08
	II	**1575,66**	443,83	443,83	II	1428,83	1282,08	1137,91	999,83	867,75	741,75
	III	**1119,33**	443,83	443,83	III	1007,16	898,00	792,00	689,00	588,83	491,83
	V	**2198,50**	443,83	443,83	IV	1642,50	1569,16	1495,75	1422,33	1348,91	1275,58
	VI	**2241,75**	443,83	443,83							
7061,99 Ost	I,IV	**1726,16**	443,83	443,83	I	1579,41	1432,66	1285,83	1141,58	1003,33	871,08
	II	**1585,91**	443,83	443,83	II	1439,16	1292,33	1147,83	1009,33	876,83	750,41
	III	**1127,33**	443,83	443,83	III	1015,00	905,66	799,33	696,00	595,83	498,66
	V	**2208,83**	443,83	443,83	IV	1652,83	1579,41	1506,00	1432,66	1359,25	1285,83
	VI	**2252,08**	443,83	443,83							
7064,99 West	I,IV	**1717,16**	443,83	443,83	I	1570,41	1423,58	1276,83	1132,83	995,00	863,16
	II	**1576,91**	443,83	443,83	II	1430,08	1283,33	1139,16	1001,00	868,91	742,83
	III	**1120,33**	443,83	443,83	III	1008,16	899,00	792,83	689,83	589,66	492,66
	V	**2199,75**	443,83	443,83	IV	1643,75	1570,41	1497,00	1423,58	1350,16	1276,83
	VI	**2243,08**	443,83	443,83							
7064,99 Ost	I,IV	**1727,50**	443,83	443,83	I	1580,66	1433,91	1287,08	1142,75	1004,50	872,25
	II	**1587,16**	443,83	443,83	II	1440,41	1293,58	1149,00	1010,50	877,91	751,50
	III	**1128,33**	443,83	443,83	III	1015,83	906,50	800,16	697,00	596,66	499,33
	V	**2210,08**	443,83	443,83	IV	1654,08	1580,66	1507,25	1433,91	1360,50	1287,08
	VI	**2253,33**	443,83	443,83							
7067,99 West	I,IV	**1718,41**	443,83	443,83	I	1571,66	1424,83	1278,08	1134,08	996,16	864,25
	II	**1578,16**	443,83	443,83	II	1431,33	1284,58	1140,33	1002,16	870,00	743,91
	III	**1121,33**	443,83	443,83	III	1009,00	899,83	793,83	690,66	590,50	493,50
	V	**2201,08**	443,83	443,83	IV	1645,00	1571,66	1498,25	1424,83	1351,50	1278,08
	VI	**2244,33**	443,83	443,83							
7067,99 Ost	I,IV	**1728,75**	443,83	443,83	I	1581,91	1435,16	1288,33	1144,00	1005,58	873,33
	II	**1588,41**	443,83	443,83	II	1441,66	1294,83	1150,25	1011,66	879,08	752,58
	III	**1129,16**	443,83	443,83	III	1016,83	907,50	801,16	697,83	597,50	500,16
	V	**2211,33**	443,83	443,83	IV	1655,58	1581,91	1508,50	1435,16	1361,75	1288,33
	VI	**2254,58**	443,83	443,83							
7070,99 West	I,IV	**1719,66**	443,83	443,83	I	1572,91	1426,08	1279,33	1135,33	997,33	865,41
	II	**1579,41**	443,83	443,83	II	1432,66	1285,83	1141,58	1003,33	871,08	745,00
	III	**1122,16**	443,83	443,83	III	1010,00	900,83	794,66	691,50	591,50	494,33
	V	**2202,33**	443,83	443,83	IV	1646,33	1572,91	1499,50	1426,08	1352,75	1279,33
	VI	**2245,58**	443,83	443,83							
7070,99 Ost	I,IV	**1730,00**	443,83	443,83	I	1583,16	1436,41	1289,58	1145,16	1006,75	874,41
	II	**1589,66**	443,83	443,83	II	1442,91	1296,16	1151,50	1012,83	880,16	753,58
	III	**1130,16**	443,83	443,83	III	1017,83	908,33	802,00	698,66	598,33	501,00
	V	**2212,58**	443,83	443,83	IV	1656,58	1583,16	1509,83	1436,41	1363,00	1289,58
	VI	**2255,83**	443,83	443,83							
7073,99 West	I,IV	**1720,91**	443,83	443,83	I	1574,16	1427,41	1280,58	1136,50	998,50	866,50
	II	**1580,66**	443,83	443,83	II	1433,91	1287,08	1142,75	1004,50	872,25	746,00
	III	**1123,16**	443,83	443,83	III	1011,00	901,83	795,50	692,33	592,33	495,16
	V	**2203,58**	443,83	443,83	IV	1647,58	1574,16	1500,75	1427,41	1354,00	1280,58
	VI	**2246,83**	443,83	443,83							
7073,99 Ost	I,IV	**1731,25**	443,83	443,83	I	1584,41	1437,66	1290,91	1146,41	1007,91	875,58
	II	**1591,00**	443,83	443,83	II	1444,16	1297,41	1152,66	1014,00	881,25	754,66
	III	**1131,16**	443,83	443,83	III	1018,66	909,33	802,83	699,50	599,16	501,83
	V	**2213,83**	443,83	443,83	IV	1657,83	1584,41	1511,08	1437,66	1364,25	1290,91
	VI	**2257,08**	443,83	443,83							

* Zur LSt-Berechnung für privat versicherte Arbeitnehmer s. Beispiele **Vorbemerkung S. 4 f.**
** Basisvorsorgepauschale KV und PV *** Typisierter Arbeitgeberzuschuss

Monat gültig ab 1. 1. 2022 (idF des StEntlG 2022)   **aT3**

Lohn/Gehalt in € bis	Steuerklasse	Lohnsteuer*	BVSP**	TAGZ***	Steuerklasse	Bemessungsgrundlage für Kirchensteuer und Solidaritätszuschlag Freibeträge für ... Kinder					
						0,5	1,0	1,5	2,0	2,5	3,0
7076,99 West	I,IV	**1 722,25**	443,83	443,83	I	1 575,41	1 428,66	1 281,83	1 137,75	999,66	867,58
	II	**1 581,91**	443,83	443,83	II	1 435,16	1 288,33	1 144,00	1 005,58	873,33	747,08
	III	**1 124,16**	443,83	443,83	III	1 011,66	902,66	796,50	693,33	593,16	496,00
	V	**2 204,83**	443,83	443,83	IV	1 648,83	1 575,41	1 502,00	1 428,66	1 355,25	1 281,83
	VI	**2 248,08**	443,83	443,83							
7076,99 Ost	I,IV	**1 732,50**	443,83	443,83	I	1 585,75	1 438,91	1 292,16	1 147,58	1 009,08	876,66
	II	**1 592,25**	443,83	443,83	II	1 445,41	1 298,66	1 153,91	1 015,16	882,41	755,75
	III	**1 132,16**	443,83	443,83	III	1 019,66	910,16	803,83	700,33	600,00	502,66
	V	**2 215,08**	443,83	443,83	IV	1 659,08	1 585,75	1 512,33	1 438,91	1 365,50	1 292,16
	VI	**2 258,33**	443,83	443,83							
7079,99 West	I,IV	**1 723,50**	443,83	443,83	I	1 576,66	1 429,91	1 283,08	1 138,91	1 000,75	868,66
	II	**1 583,16**	443,83	443,83	II	1 436,41	1 289,58	1 145,16	1 006,75	874,41	748,16
	III	**1 125,16**	443,83	443,83	III	1 012,83	903,66	797,33	694,16	594,00	496,83
	V	**2 206,08**	443,83	443,83	IV	1 650,08	1 576,66	1 503,25	1 429,91	1 356,50	1 283,08
	VI	**2 249,33**	443,83	443,83							
7079,99 Ost	I,IV	**1 733,75**	443,83	443,83	I	1 587,00	1 440,16	1 293,41	1 148,83	1 010,25	877,75
	II	**1 593,50**	443,83	443,83	II	1 446,66	1 299,91	1 155,08	1 016,25	883,50	756,75
	III	**1 133,16**	443,83	443,83	III	1 020,66	911,16	804,66	701,33	600,83	503,50
	V	**2 216,33**	443,83	443,83	IV	1 660,33	1 587,00	1 513,58	1 440,16	1 366,75	1 293,41
	VI	**2 259,66**	443,83	443,83							
7082,99 West	I,IV	**1 724,75**	443,83	443,83	I	1 577,91	1 431,16	1 284,33	1 140,16	1 001,91	869,83
	II	**1 584,41**	443,83	443,83	II	1 437,66	1 290,91	1 146,41	1 007,91	875,58	749,16
	III	**1 126,16**	443,83	443,83	III	1 013,83	904,50	798,33	695,00	594,83	497,66
	V	**2 207,33**	443,83	443,83	IV	1 651,33	1 577,91	1 504,58	1 431,16	1 357,75	1 284,33
	VI	**2 250,58**	443,83	443,83							
7082,99 Ost	I,IV	**1 735,00**	443,83	443,83	I	1 588,25	1 441,41	1 294,66	1 150,08	1 011,41	878,91
	II	**1 594,75**	443,83	443,83	II	1 447,91	1 301,16	1 156,33	1 017,41	884,66	757,83
	III	**1 134,16**	443,83	443,83	III	1 021,66	912,16	805,66	702,16	601,66	504,33
	V	**2 217,66**	443,83	443,83	IV	1 661,66	1 588,25	1 514,83	1 441,41	1 368,08	1 294,66
	VI	**2 260,91**	443,83	443,83							
7085,99 West	I,IV	**1 726,00**	443,83	443,83	I	1 579,16	1 432,41	1 285,66	1 141,33	1 003,08	870,91
	II	**1 585,75**	443,83	443,83	II	1 438,91	1 292,16	1 147,58	1 009,08	876,66	750,25
	III	**1 127,16**	443,83	443,83	III	1 014,83	905,50	799,16	695,83	595,66	498,50
	V	**2 208,58**	443,83	443,83	IV	1 652,58	1 579,16	1 505,83	1 432,41	1 359,00	1 285,66
	VI	**2 251,83**	443,83	443,83							
7085,99 Ost	I,IV	**1 736,25**	443,83	443,83	I	1 589,50	1 442,66	1 295,91	1 151,25	1 012,58	880,00
	II	**1 596,00**	443,83	443,83	II	1 449,25	1 302,41	1 157,58	1 018,58	885,75	758,91
	III	**1 135,16**	443,83	443,83	III	1 022,50	913,00	806,50	703,00	602,66	505,16
	V	**2 218,91**	443,83	443,83	IV	1 662,91	1 589,50	1 516,08	1 442,66	1 369,33	1 295,91
	VI	**2 262,16**	443,83	443,83							
7088,99 West	I,IV	**1 727,25**	443,83	443,83	I	1 580,50	1 433,66	1 286,91	1 142,58	1 004,25	872,00
	II	**1 587,00**	443,83	443,83	II	1 440,16	1 293,41	1 148,83	1 010,25	877,75	751,33
	III	**1 128,16**	443,83	443,83	III	1 015,66	906,33	800,00	696,83	596,50	499,33
	V	**2 209,83**	443,83	443,83	IV	1 653,83	1 580,50	1 507,08	1 433,66	1 360,25	1 286,91
	VI	**2 253,08**	443,83	443,83							
7088,99 Ost	I,IV	**1 737,58**	443,83	443,83	I	1 590,75	1 444,00	1 297,16	1 152,50	1 013,75	881,08
	II	**1 597,25**	443,83	443,83	II	1 450,50	1 303,66	1 158,75	1 019,75	886,83	760,00
	III	**1 136,00**	443,83	443,83	III	1 023,50	914,00	807,33	703,83	603,50	506,00
	V	**2 220,16**	443,83	443,83	IV	1 664,16	1 590,75	1 517,33	1 444,00	1 370,58	1 297,16
	VI	**2 263,41**	443,83	443,83							
7091,99 West	I,IV	**1 728,50**	443,83	443,83	I	1 581,75	1 434,91	1 288,16	1 143,75	1 005,41	873,16
	II	**1 588,25**	443,83	443,83	II	1 441,41	1 294,66	1 150,08	1 011,41	878,91	752,33
	III	**1 129,00**	443,83	443,83	III	1 016,66	907,33	801,00	697,66	597,33	500,16
	V	**2 211,08**	443,83	443,83	IV	1 655,08	1 581,75	1 508,33	1 434,91	1 361,50	1 288,16
	VI	**2 254,41**	443,83	443,83							
7091,99 Ost	I,IV	**1 738,83**	443,83	443,83	I	1 592,00	1 445,25	1 298,41	1 153,66	1 014,91	882,25
	II	**1 598,50**	443,83	443,83	II	1 451,75	1 304,91	1 160,00	1 020,91	888,00	761,00
	III	**1 137,00**	443,83	443,83	III	1 024,50	914,83	808,33	704,83	604,33	506,83
	V	**2 221,41**	443,83	443,83	IV	1 665,41	1 592,00	1 518,58	1 445,25	1 371,83	1 298,41
	VI	**2 264,66**	443,83	443,83							

*   Zur LSt-Berechnung für privat versicherte Arbeitnehmer s. Beispiele **Vorbemerkung S. 4 f.**
** Basisvorsorgepauschale KV und PV   *** Typisierter Arbeitgeberzuschuss

aT3 allgemeine Lohnsteuer

Lohn/ Gehalt in € bis	Steuerklasse	Lohn- steuer*	BVSP**	TAGZ***	Steuerklasse	Bemessungsgrundlage für Kirchensteuer und Solidaritätszuschlag Freibeträge für ... Kinder					
						0,5	1,0	1,5	2,0	2,5	3,0
7094,99 West	I,IV	1729,75	443,83	443,83	I	1583,00	1436,16	1289,41	1145,00	1006,58	874,25
	II	1589,50	443,83	443,83	II	1442,66	1295,91	1151,25	1012,58	880,00	753,41
	III	1130,00	443,83	443,83	III	1017,66	908,16	801,83	698,50	598,16	500,83
	V	2212,41	443,83	443,83	IV	1656,41	1583,00	1509,58	1436,16	1362,83	1289,41
	VI	2255,66	443,83	443,83							
7094,99 Ost	I,IV	1740,08	443,83	443,83	I	1593,25	1446,50	1299,66	1154,91	1016,08	883,33
	II	1599,75	443,83	443,83	II	1453,00	1306,16	1161,25	1022,16	889,08	762,08
	III	1138,00	443,83	443,83	III	1025,33	915,83	809,16	705,66	605,16	507,66
	V	2222,66	443,83	443,83	IV	1666,66	1593,25	1519,91	1446,50	1373,08	1299,66
	VI	2265,91	443,83	443,83							
7097,99 West	I,IV	1731,00	443,83	443,83	I	1584,25	1437,41	1290,66	1146,16	1007,75	875,33
	II	1590,75	443,83	443,83	II	1444,00	1297,16	1152,50	1013,75	881,08	754,50
	III	1131,00	443,83	443,83	III	1018,50	909,16	802,83	699,33	599,00	501,66
	V	2213,66	443,83	443,83	IV	1657,66	1584,25	1510,83	1437,41	1364,08	1290,66
	VI	2256,91	443,83	443,83							
7097,99 Ost	I,IV	1741,33	443,83	443,83	I	1594,50	1447,75	1300,91	1156,16	1017,25	884,41
	II	1601,08	443,83	443,83	II	1454,25	1307,50	1162,41	1023,33	890,16	763,16
	III	1139,00	443,83	443,83	III	1026,33	916,66	810,16	706,50	606,00	508,50
	V	2223,91	443,83	443,83	IV	1667,91	1594,50	1521,16	1447,75	1374,33	1300,91
	VI	2267,16	443,83	443,83							
7100,99 West	I,IV	1732,33	443,83	443,83	I	1585,50	1438,75	1291,91	1147,41	1008,91	876,50
	II	1592,00	443,83	443,83	II	1445,25	1298,41	1153,66	1014,91	882,25	755,58
	III	1132,00	443,83	443,83	III	1019,50	910,00	803,66	700,33	599,83	502,50
	V	2214,91	443,83	443,83	IV	1658,91	1585,50	1512,08	1438,75	1365,33	1291,91
	VI	2258,16	443,83	443,83							
7100,99 Ost	I,IV	1742,58	443,83	443,83	I	1595,83	1449,00	1302,25	1157,33	1018,41	885,58
	II	1602,33	443,83	443,83	II	1455,50	1308,75	1163,66	1024,50	891,33	764,25
	III	1140,00	443,83	443,83	III	1027,33	917,66	811,00	707,50	606,83	509,33
	V	2225,16	443,83	443,83	IV	1669,16	1595,83	1522,41	1449,00	1375,58	1302,25
	VI	2268,41	443,83	443,83							
7103,99 West	I,IV	1733,58	443,83	443,83	I	1586,75	1440,00	1293,16	1148,66	1010,08	877,58
	II	1593,25	443,83	443,83	II	1446,50	1299,66	1154,91	1016,08	883,33	756,58
	III	1133,00	443,83	443,83	III	1020,50	911,00	804,50	701,16	600,66	503,33
	V	2216,16	443,83	443,83	IV	1660,16	1586,75	1513,33	1440,00	1366,58	1293,16
	VI	2259,41	443,83	443,83							
7103,99 Ost	I,IV	1743,83	443,83	443,83	I	1597,08	1450,25	1303,50	1158,58	1019,58	886,66
	II	1603,58	443,83	443,83	II	1456,75	1310,00	1164,91	1025,66	892,41	765,33
	III	1141,00	443,83	443,83	III	1028,33	918,66	812,00	708,33	607,66	510,16
	V	2226,41	443,83	443,83	IV	1670,41	1597,08	1523,66	1450,25	1376,83	1303,50
	VI	2269,75	443,83	443,83							
7106,99 West	I,IV	1734,83	443,83	443,83	I	1588,00	1441,25	1294,41	1149,83	1011,25	878,66
	II	1594,50	443,83	443,83	II	1447,75	1300,91	1156,16	1017,25	884,41	757,66
	III	1134,00	443,83	443,83	III	1021,50	912,00	805,50	702,00	601,66	504,16
	V	2217,41	443,83	443,83	IV	1661,41	1588,00	1514,66	1441,25	1367,83	1294,41
	VI	2260,66	443,83	443,83							
7106,99 Ost	I,IV	1745,08	443,83	443,83	I	1598,33	1451,50	1304,75	1159,75	1020,75	887,75
	II	1604,83	443,83	443,83	II	1458,00	1311,25	1166,08	1026,83	893,58	766,33
	III	1142,00	443,83	443,83	III	1029,16	919,50	812,83	709,16	608,50	511,00
	V	2227,75	443,83	443,83	IV	1671,75	1598,33	1524,91	1451,50	1378,16	1304,75
	VI	2271,00	443,83	443,83							
7109,99 West	I,IV	1736,08	443,83	443,83	I	1589,25	1442,50	1295,66	1151,08	1012,41	879,83
	II	1595,83	443,83	443,83	II	1449,00	1302,25	1157,33	1018,41	885,58	758,75
	III	1135,00	443,83	443,83	III	1022,33	912,83	806,33	702,83	602,50	505,00
	V	2218,66	443,83	443,83	IV	1662,66	1589,25	1515,91	1442,50	1369,08	1295,66
	VI	2261,91	443,83	443,83							
7109,99 Ost	I,IV	1746,33	443,83	443,83	I	1599,58	1452,75	1306,00	1161,00	1021,91	888,91
	II	1606,08	443,83	443,83	II	1459,33	1312,50	1167,33	1028,00	894,66	767,41
	III	1143,00	443,83	443,83	III	1030,16	920,50	813,66	710,00	609,33	511,83
	V	2229,00	443,83	443,83	IV	1673,00	1599,58	1526,16	1452,75	1379,41	1306,00
	VI	2272,25	443,83	443,83							

* Zur LSt-Berechnung für privat versicherte Arbeitnehmer s. Beispiele **Vorbemerkung S. 4f.**
** Basisvorsorgepauschale KV und PV   *** Typisierter Arbeitgeberzuschuss

Monat gültig ab 1. 1. 2022 (idF des StEntlG 2022) — aT3

Lohn/Gehalt in € bis	Steuerklasse	Lohnsteuer*	BVSP**	TAGZ***	Steuerklasse	Bemessungsgrundlage für Kirchensteuer und Solidaritätszuschlag					
						Freibeträge für ... Kinder					
						0,5	1,0	1,5	2,0	2,5	3,0
7112,99 West	I,IV	1737,33	443,83	443,83	I	1590,58	1443,75	1297,00	1152,25	1013,58	880,91
	II	1597,08	443,83	443,83	II	1450,25	1303,50	1158,58	1019,58	886,66	759,83
	III	1135,83	443,83	443,83	III	1023,33	913,83	807,33	703,83	603,33	505,83
	V	2219,91	443,83	443,83	IV	1663,91	1590,58	1517,16	1443,75	1370,33	1297,00
	VI	2263,16	443,83	443,83							
7112,99 Ost	I,IV	1747,66	443,83	443,83	I	1600,83	1454,08	1307,25	1162,25	1023,08	890,00
	II	1607,33	443,83	443,83	II	1460,58	1313,75	1168,50	1029,16	895,83	768,50
	III	1144,00	443,83	443,83	III	1031,16	921,33	814,66	711,00	610,16	512,50
	V	2230,25	443,83	443,83	IV	1674,25	1600,83	1527,41	1454,08	1380,66	1307,25
	VI	2273,50	443,83	443,83							
7115,99 West	I,IV	1738,58	443,83	443,83	I	1591,83	1445,00	1298,25	1153,50	1014,75	882,00
	II	1598,33	443,83	443,83	II	1451,50	1304,75	1159,75	1020,75	887,75	760,83
	III	1136,83	443,83	443,83	III	1024,33	914,66	808,16	704,66	604,16	506,66
	V	2221,16	443,83	443,83	IV	1665,16	1591,83	1518,41	1445,00	1371,58	1298,25
	VI	2264,50	443,83	443,83							
7115,99 Ost	I,IV	1748,91	443,83	443,83	I	1602,08	1455,33	1308,50	1163,41	1024,25	891,16
	II	1608,58	443,83	443,83	II	1461,83	1315,00	1169,75	1030,33	896,91	769,58
	III	1144,83	443,83	443,83	III	1032,16	922,33	815,50	711,83	611,16	513,33
	V	2231,50	443,83	443,83	IV	1675,50	1602,08	1528,66	1455,33	1381,91	1308,50
	VI	2274,75	443,83	443,83							
7118,99 West	I,IV	1739,83	443,83	443,83	I	1593,08	1446,25	1299,50	1154,75	1015,91	883,16
	II	1599,58	443,83	443,83	II	1452,75	1306,00	1161,00	1021,91	888,91	761,91
	III	1137,83	443,83	443,83	III	1025,16	915,66	809,00	705,50	605,00	507,50
	V	2222,50	443,83	443,83	IV	1666,50	1593,08	1519,66	1446,25	1372,91	1299,50
	VI	2265,75	443,83	443,83							
7118,99 Ost	I,IV	1750,16	443,83	443,83	I	1603,33	1456,58	1309,75	1164,66	1025,41	892,25
	II	1609,83	443,83	443,83	II	1463,08	1316,25	1171,00	1031,50	898,00	770,66
	III	1145,83	443,83	443,83	III	1033,00	923,16	816,50	712,66	612,00	514,16
	V	2232,75	443,83	443,83	IV	1676,75	1603,33	1530,00	1456,58	1383,16	1309,75
	VI	2276,00	443,83	443,83							
7121,99 West	I,IV	1741,08	443,83	443,83	I	1594,33	1447,50	1300,75	1155,91	1017,08	884,25
	II	1600,83	443,83	443,83	II	1454,08	1307,25	1162,25	1023,08	890,00	763,00
	III	1138,83	443,83	443,83	III	1026,16	916,50	810,00	706,33	605,83	508,33
	V	2223,75	443,83	443,83	IV	1667,75	1594,33	1520,91	1447,50	1374,16	1300,75
	VI	2267,00	443,83	443,83							
7121,99 Ost	I,IV	1751,41	443,83	443,83	I	1604,58	1457,83	1311,00	1165,91	1026,58	893,33
	II	1611,16	443,83	443,83	II	1464,33	1317,58	1172,25	1032,66	899,16	771,66
	III	1146,83	443,83	443,83	III	1034,00	924,16	817,33	713,50	612,83	515,00
	V	2234,00	443,83	443,83	IV	1678,00	1604,58	1531,25	1457,83	1384,41	1311,00
	VI	2277,25	443,83	443,83							
7124,99 West	I,IV	1742,41	443,83	443,83	I	1595,58	1448,83	1302,00	1157,16	1018,25	885,33
	II	1602,08	443,83	443,83	II	1455,33	1308,50	1163,41	1024,25	891,16	764,08
	III	1139,83	443,83	443,83	III	1027,16	917,50	810,83	707,33	606,66	509,16
	V	2225,00	443,83	443,83	IV	1669,00	1595,58	1522,16	1448,83	1375,41	1302,00
	VI	2268,25	443,83	443,83							
7124,99 Ost	I,IV	1752,66	443,83	443,83	I	1605,91	1459,08	1312,33	1167,08	1027,75	894,50
	II	1612,41	443,83	443,83	II	1465,58	1318,83	1173,41	1033,83	900,25	772,75
	III	1147,83	443,83	443,83	III	1035,00	925,16	818,16	714,50	613,66	515,83
	V	2235,25	443,83	443,83	IV	1679,25	1605,91	1532,50	1459,08	1385,66	1312,33
	VI	2278,50	443,83	443,83							
7127,99 West	I,IV	1743,66	443,83	443,83	I	1596,83	1450,08	1303,25	1158,33	1019,41	886,50
	II	1603,33	443,83	443,83	II	1456,58	1309,75	1164,66	1025,41	892,25	765,08
	III	1140,83	443,83	443,83	III	1028,16	918,50	811,83	708,16	607,50	510,00
	V	2226,25	443,83	443,83	IV	1670,25	1596,83	1523,41	1450,08	1376,66	1303,25
	VI	2269,50	443,83	443,83							
7127,99 Ost	I,IV	1753,91	443,83	443,83	I	1607,16	1460,33	1313,58	1168,33	1028,91	895,58
	II	1613,66	443,83	443,83	II	1466,83	1320,00	1174,66	1035,00	901,41	773,83
	III	1148,83	443,83	443,83	III	1035,83	926,00	819,16	715,33	614,50	516,66
	V	2236,50	443,83	443,83	IV	1680,50	1607,16	1533,75	1460,33	1386,91	1313,58
	VI	2279,83	443,83	443,83							

* Zur LSt-Berechnung für privat versicherte Arbeitnehmer s. Beispiele **Vorbemerkung S. 4 f.**
** Basisvorsorgepauschale KV und PV *** Typisierter Arbeitgeberzuschuss

aT3 allgemeine Lohnsteuer

Lohn/ Gehalt in € bis	Steuerklasse	Lohn- steuer*	BVSP**	TAGZ***	Steuerklasse	Bemessungsgrundlage für Kirchensteuer und Solidaritätszuschlag Freibeträge für ... Kinder					
						0,5	1,0	1,5	2,0	2,5	3,0
7130,99 West	I,IV	**1744,91**	443,83	443,83	I	1598,08	1451,33	1304,50	1159,58	1020,58	887,58
	II	**1604,58**	443,83	443,83	II	1457,83	1311,00	1165,91	1026,58	893,33	766,16
	III	**1141,83**	443,83	443,83	III	1029,00	919,33	812,66	709,00	608,33	510,83
	V	**2227,50**	443,83	443,83	IV	1671,50	1598,08	1524,75	1451,33	1377,91	1304,50
	VI	**2270,75**	443,83	443,83							
7130,99 Ost	I,IV	**1755,16**	443,83	443,83	I	1608,41	1461,58	1314,83	1169,58	1030,08	896,75
	II	**1614,91**	443,83	443,83	II	1468,08	1321,33	1175,91	1036,16	902,50	774,91
	III	**1149,83**	443,83	443,83	III	1036,83	927,00	820,00	716,16	615,33	517,50
	V	**2237,83**	443,83	443,83	IV	1681,58	1608,41	1535,00	1461,58	1388,25	1314,83
	VI	**2281,08**	443,83	443,83							
7133,99 West	I,IV	**1746,16**	443,83	443,83	I	1599,33	1452,58	1305,75	1160,83	1021,75	888,75
	II	**1605,91**	443,83	443,83	II	1459,08	1312,33	1167,08	1027,75	894,50	767,25
	III	**1142,83**	443,83	443,83	III	1030,00	920,33	813,50	709,83	609,16	511,66
	V	**2228,75**	443,83	443,83	IV	1672,75	1599,33	1526,00	1452,58	1379,16	1305,75
	VI	**2272,00**	443,83	443,83							
7133,99 Ost	I,IV	**1756,41**	443,83	443,83	I	1609,66	1462,83	1316,08	1170,75	1031,25	897,83
	II	**1616,16**	443,83	443,83	II	1469,41	1322,58	1177,08	1037,33	903,66	776,00
	III	**1150,83**	443,83	443,83	III	1037,83	927,83	821,00	717,00	616,16	518,33
	V	**2239,08**	443,83	443,83	IV	1683,08	1609,66	1536,25	1462,83	1389,50	1316,08
	VI	**2282,33**	443,83	443,83							
7136,99 West	I,IV	**1747,41**	443,83	443,83	I	1600,66	1453,83	1307,00	1162,00	1022,91	889,83
	II	**1607,16**	443,83	443,83	II	1460,33	1313,58	1168,33	1028,91	895,58	768,33
	III	**1143,83**	443,83	443,83	III	1031,00	921,16	814,50	710,83	610,16	512,50
	V	**2230,00**	443,83	443,83	IV	1674,00	1600,66	1527,25	1453,83	1380,41	1307,08
	VI	**2273,25**	443,83	443,83							
7136,99 Ost	I,IV	**1757,66**	443,83	443,83	I	1610,91	1464,16	1317,33	1172,00	1032,50	899,00
	II	**1617,41**	443,83	443,83	II	1470,66	1323,83	1178,33	1038,50	904,75	777,08
	III	**1151,83**	443,83	443,83	III	1038,83	928,83	821,83	718,00	617,00	519,16
	V	**2240,33**	443,83	443,83	IV	1684,33	1610,91	1537,50	1464,16	1390,75	1317,33
	VI	**2283,58**	443,83	443,83							
7139,99 West	I,IV	**1748,66**	443,83	443,83	I	1601,91	1455,08	1308,33	1163,25	1024,08	890,91
	II	**1608,41**	443,83	443,83	II	1461,58	1314,83	1169,58	1030,08	896,75	769,41
	III	**1144,66**	443,83	443,83	III	1032,00	922,16	815,33	711,66	611,00	513,33
	V	**2231,25**	443,83	443,83	IV	1675,25	1601,91	1528,50	1455,08	1381,66	1308,33
	VI	**2274,58**	443,83	443,83							
7139,99 Ost	I,IV	**1759,00**	443,83	443,83	I	1612,16	1465,41	1318,58	1173,25	1033,66	900,08
	II	**1618,66**	443,83	443,83	II	1471,91	1325,08	1179,58	1039,66	905,91	778,08
	III	**1152,83**	443,83	443,83	III	1039,66	929,66	822,83	718,83	617,83	520,00
	V	**2241,58**	443,83	443,83	IV	1685,58	1612,16	1538,75	1465,41	1392,00	1318,58
	VI	**2284,83**	443,83	443,83							
7142,99 West	I,IV	**1749,91**	443,83	443,83	I	1603,16	1456,33	1309,58	1164,50	1025,25	892,08
	II	**1609,66**	443,83	443,83	II	1462,83	1316,08	1170,75	1031,25	897,83	770,41
	III	**1145,66**	443,83	443,83	III	1032,83	923,00	816,33	712,50	611,83	514,16
	V	**2232,58**	443,83	443,83	IV	1676,50	1603,16	1529,75	1456,33	1383,00	1309,58
	VI	**2275,83**	443,83	443,83							
7142,99 Ost	I,IV	**1760,25**	443,83	443,83	I	1613,41	1466,66	1319,83	1174,41	1034,83	901,16
	II	**1619,91**	443,83	443,83	II	1473,16	1326,33	1180,75	1040,83	907,00	779,16
	III	**1153,66**	443,83	443,83	III	1040,66	930,66	823,66	719,66	618,83	520,83
	V	**2242,83**	443,83	443,83	IV	1686,83	1613,41	1540,00	1466,66	1393,25	1319,83
	VI	**2286,08**	443,83	443,83							
7145,99 West	I,IV	**1751,16**	443,83	443,83	I	1604,41	1457,58	1310,83	1165,66	1026,41	893,16
	II	**1610,91**	443,83	443,83	II	1464,16	1317,33	1172,00	1032,50	899,00	771,50
	III	**1146,66**	443,83	443,83	III	1033,83	924,00	817,16	713,33	612,66	515,00
	V	**2233,83**	443,83	443,83	IV	1677,83	1604,41	1531,00	1457,58	1384,25	1310,83
	VI	**2277,08**	443,83	443,83							
7145,99 Ost	I,IV	**1761,50**	443,83	443,83	I	1614,66	1467,91	1321,08	1175,66	1036,00	902,33
	II	**1621,16**	443,83	443,83	II	1474,41	1327,66	1182,00	1042,08	908,08	780,25
	III	**1154,66**	443,83	443,83	III	1041,66	931,66	824,50	720,66	619,66	521,66
	V	**2244,08**	443,83	443,83	IV	1688,08	1614,66	1541,33	1467,91	1394,50	1321,08
	VI	**2287,33**	443,83	443,83							

* Zur LSt-Berechnung für privat versicherte Arbeitnehmer s. Beispiele **Vorbemerkung S. 4f.**
** Basisvorsorgepauschale KV und PV *** Typisierter Arbeitgeberzuschuss

Monat gültig ab 1. 1. 2022 (idF des StEntlG 2022)   **aT3**

Lohn/Gehalt in € bis	Steuerklasse	Lohn-steuer*	BVSP**	TAGZ***	Steuerklasse	Bemessungsgrundlage für Kirchensteuer und Solidaritätszuschlag Freibeträge für ... Kinder					
						0,5	1,0	1,5	2,0	2,5	3,0
7148,99 West	I,IV	**1752,41**	443,83	443,83	I	1605,66	1458,91	1312,08	1166,91	1027,58	894,33
	II	**1612,16**	443,83	443,83	II	1465,41	1318,58	1173,25	1033,66	900,08	772,58
	III	**1147,66**	443,83	443,83	III	1034,83	925,00	818,16	714,33	613,50	515,66
	V	**2235,08**	443,83	443,83	IV	1679,08	1605,66	1532,25	1458,91	1385,50	1312,08
	VI	**2278,33**	443,83	443,83							
7148,99 Ost	I,IV	**1762,75**	443,83	443,83	I	1615,91	1469,16	1322,41	1176,91	1037,16	903,41
	II	**1622,50**	443,83	443,83	II	1475,66	1328,91	1183,25	1043,25	909,25	781,33
	III	**1155,66**	443,83	443,83	III	1042,66	932,50	825,50	721,50	620,50	522,50
	V	**2245,33**	443,83	443,83	IV	1689,33	1615,91	1542,58	1469,16	1395,75	1322,41
	VI	**2288,58**	443,83	443,83							
7151,99 West	I,IV	**1753,75**	443,83	443,83	I	1606,91	1460,16	1313,33	1168,16	1028,75	895,41
	II	**1613,41**	443,83	443,83	II	1466,66	1319,83	1174,41	1034,83	901,16	773,66
	III	**1148,66**	443,83	443,83	III	1035,83	925,83	819,00	715,16	614,33	516,50
	V	**2236,33**	443,83	443,83	IV	1680,33	1606,91	1533,50	1460,16	1386,75	1313,33
	VI	**2279,58**	443,83	443,83							
7151,99 Ost	I,IV	**1764,00**	443,83	443,83	I	1617,25	1470,41	1323,66	1178,16	1038,33	904,58
	II	**1623,75**	443,83	443,83	II	1476,91	1330,16	1184,50	1044,41	910,33	782,41
	III	**1156,66**	443,83	443,83	III	1043,50	933,50	826,33	722,33	621,33	523,33
	V	**2246,58**	443,83	443,83	IV	1690,58	1617,25	1543,83	1470,41	1397,00	1323,66
	VI	**2289,83**	443,83	443,83							
7154,99 West	I,IV	**1755,00**	443,83	443,83	I	1608,16	1461,41	1314,58	1169,33	1029,91	896,50
	II	**1614,66**	443,83	443,83	II	1467,91	1321,08	1175,66	1036,00	902,33	774,75
	III	**1149,66**	443,83	443,83	III	1036,66	926,83	819,83	716,00	615,16	517,33
	V	**2237,58**	443,83	443,83	IV	1681,58	1608,16	1534,75	1461,41	1388,00	1314,58
	VI	**2280,83**	443,83	443,83							
7154,99 Ost	I,IV	**1765,25**	443,83	443,83	I	1618,50	1471,66	1324,91	1179,33	1039,50	905,66
	II	**1625,00**	443,83	443,83	II	1478,16	1331,41	1185,66	1045,58	911,50	783,50
	III	**1157,66**	443,83	443,83	III	1044,50	934,33	827,33	723,16	622,16	524,16
	V	**2247,83**	443,83	443,83	IV	1691,83	1618,50	1545,08	1471,66	1398,25	1324,91
	VI	**2291,16**	443,83	443,83							
7157,99 West	I,IV	**1756,25**	443,83	443,83	I	1609,41	1462,66	1315,83	1170,58	1031,08	897,66
	II	**1615,91**	443,83	443,83	II	1469,16	1322,41	1176,91	1037,16	903,41	775,83
	III	**1150,66**	443,83	443,83	III	1037,66	927,66	820,83	717,00	616,00	518,16
	V	**2238,83**	443,83	443,83	IV	1682,83	1609,41	1536,00	1462,66	1389,25	1315,83
	VI	**2282,08**	443,83	443,83							
7157,99 Ost	I,IV	**1766,50**	443,83	443,83	I	1619,75	1472,91	1326,16	1180,58	1040,66	906,83
	II	**1626,25**	443,83	443,83	II	1479,41	1332,66	1186,91	1046,75	912,58	784,58
	III	**1158,66**	443,83	443,83	III	1045,50	935,33	828,16	724,16	623,00	525,00
	V	**2249,16**	443,83	443,83	IV	1693,16	1619,75	1546,33	1472,91	1399,58	1326,16
	VI	**2292,41**	443,83	443,83							
7160,99 West	I,IV	**1757,50**	443,83	443,83	I	1610,66	1463,91	1317,16	1171,83	1032,25	898,75
	II	**1617,25**	443,83	443,83	II	1470,41	1323,66	1178,16	1038,33	904,58	776,83
	III	**1151,66**	443,83	443,83	III	1038,66	928,66	821,66	717,83	616,83	519,00
	V	**2240,08**	443,83	443,83	IV	1684,08	1610,66	1537,33	1463,91	1390,50	1317,16
	VI	**2283,33**	443,83	443,83							
7160,99 Ost	I,IV	**1767,75**	443,83	443,83	I	1621,00	1474,16	1327,41	1181,83	1041,83	907,91
	II	**1627,50**	443,83	443,83	II	1480,75	1333,91	1188,16	1047,91	913,75	785,58
	III	**1159,66**	443,83	443,83	III	1046,50	936,33	829,16	725,00	623,83	525,83
	V	**2250,41**	443,83	443,83	IV	1694,41	1621,00	1547,58	1474,16	1400,83	1327,41
	VI	**2293,66**	443,83	443,83							
7163,99 West	I,IV	**1758,75**	443,83	443,83	I	1612,00	1465,16	1318,41	1173,00	1033,41	899,91
	II	**1618,50**	443,83	443,83	II	1471,66	1324,91	1179,33	1039,50	905,66	777,91
	III	**1152,66**	443,83	443,83	III	1039,50	929,66	822,66	718,66	617,83	519,83
	V	**2241,33**	443,83	443,83	IV	1685,33	1612,00	1538,58	1465,16	1391,75	1318,41
	VI	**2284,58**	443,83	443,83							
7163,99 Ost	I,IV	**1769,08**	443,83	443,83	I	1622,25	1475,50	1328,66	1183,00	1043,00	909,08
	II	**1628,75**	443,83	443,83	II	1482,00	1335,16	1189,41	1049,08	914,83	786,66
	III	**1160,66**	443,83	443,83	III	1047,33	937,16	830,00	725,83	624,66	526,66
	V	**2251,66**	443,83	443,83	IV	1695,66	1622,25	1548,83	1475,50	1402,08	1328,66
	VI	**2294,91**	443,83	443,83							

*   Zur LSt-Berechnung für privat versicherte Arbeitnehmer s. Beispiele **Vorbemerkung S. 4f.**
** Basisvorsorgepauschale KV und PV   *** Typisierter Arbeitgeberzuschuss

aT3 allgemeine Lohnsteuer

Lohn/Gehalt in € bis	Steuerklasse	Lohn-steuer*	BVSP**	TAGZ***	Steuerklasse	Bemessungsgrundlage für Kirchensteuer und Solidaritätszuschlag Freibeträge für ... Kinder					
						0,5	1,0	1,5	2,0	2,5	3,0
7166,99 West	I,IV	**1760,00**	443,83	443,83	I	1613,25	1466,41	1319,66	1174,25	1034,58	901,00
	II	**1619,75**	443,83	443,83	II	1472,91	1326,16	1180,58	1040,66	906,83	779,00
	III	**1153,50**	443,83	443,83	III	1040,50	930,50	823,50	719,50	618,66	520,66
	V	**2242,58**	443,83	443,83	IV	1686,58	1613,25	1539,83	1466,41	1393,00	1319,66
	VI	**2285,91**	443,83	443,83							
7166,99 Ost	I,IV	**1770,33**	443,83	443,83	I	1623,50	1476,75	1329,91	1184,25	1044,16	910,16
	II	**1630,00**	443,83	443,83	II	1483,25	1336,41	1190,58	1050,25	916,00	787,75
	III	**1161,66**	443,83	443,83	III	1048,33	938,16	831,00	726,83	625,66	527,50
	V	**2252,91**	443,83	443,83	IV	1696,91	1623,50	1550,08	1476,75	1403,33	1329,91
	VI	**2296,16**	443,83	443,83							
7169,99 West	I,IV	**1761,25**	443,83	443,83	I	1614,50	1467,66	1320,91	1175,50	1035,75	902,16
	II	**1621,00**	443,83	443,83	II	1474,16	1327,41	1181,83	1041,83	907,91	780,08
	III	**1154,50**	443,83	443,83	III	1041,50	931,50	824,50	720,50	619,50	521,50
	V	**2243,91**	443,83	443,83	IV	1687,91	1614,50	1541,08	1467,66	1394,33	1320,91
	VI	**2287,16**	443,83	443,83							
7169,99 Ost	I,IV	**1771,58**	443,83	443,83	I	1624,75	1478,00	1331,16	1185,50	1045,41	911,33
	II	**1631,25**	443,83	443,83	II	1484,50	1337,66	1191,83	1051,50	917,16	788,83
	III	**1162,66**	443,83	443,83	III	1049,33	939,00	831,83	727,66	626,50	528,33
	V	**2254,16**	443,83	443,83	IV	1698,16	1624,75	1551,41	1478,00	1404,58	1331,16
	VI	**2297,41**	443,83	443,83							
7172,99 West	I,IV	**1762,50**	443,83	443,83	I	1615,75	1468,91	1322,16	1176,66	1036,91	903,25
	II	**1622,25**	443,83	443,83	II	1475,50	1328,66	1183,00	1043,00	909,08	781,16
	III	**1155,50**	443,83	443,83	III	1042,50	932,33	825,33	721,33	620,33	522,33
	V	**2245,16**	443,83	443,83	IV	1689,16	1615,75	1542,33	1468,91	1395,58	1322,16
	VI	**2288,41**	443,83	443,83							
7172,99 Ost	I,IV	**1772,83**	443,83	443,83	I	1626,00	1479,25	1332,41	1186,75	1046,58	912,41
	II	**1632,58**	443,83	443,83	II	1485,75	1339,00	1193,08	1052,66	918,25	789,91
	III	**1163,66**	443,83	443,83	III	1050,33	940,00	832,66	728,50	627,33	529,16
	V	**2255,41**	443,83	443,83	IV	1699,41	1626,00	1552,66	1479,25	1405,83	1332,41
	VI	**2298,66**	443,83	443,83							
7175,99 West	I,IV	**1763,83**	443,83	443,83	I	1617,00	1470,25	1323,41	1177,91	1038,16	904,41
	II	**1623,50**	443,83	443,83	II	1476,75	1329,91	1184,25	1044,16	910,16	782,25
	III	**1156,50**	443,83	443,83	III	1043,33	933,33	826,16	722,16	621,16	523,16
	V	**2246,41**	443,83	443,83	IV	1690,41	1617,00	1543,58	1470,25	1396,83	1323,41
	VI	**2289,66**	443,83	443,83							
7175,99 Ost	I,IV	**1774,08**	443,83	443,83	I	1627,33	1480,50	1333,75	1187,91	1047,75	913,58
	II	**1633,83**	443,83	443,83	II	1487,00	1340,25	1194,33	1053,83	919,41	791,00
	III	**1164,50**	443,83	443,83	III	1051,16	941,00	833,66	729,33	628,16	530,00
	V	**2256,66**	443,83	443,83	IV	1700,66	1627,33	1553,91	1480,50	1407,08	1333,75
	VI	**2299,91**	443,83	443,83							
7178,99 West	I,IV	**1765,08**	443,83	443,83	I	1618,25	1471,50	1324,66	1179,16	1039,33	905,50
	II	**1624,75**	443,83	443,83	II	1478,00	1331,16	1185,25	1045,41	911,33	783,33
	III	**1157,50**	443,83	443,83	III	1044,33	934,16	827,16	723,00	622,00	524,00
	V	**2247,66**	443,83	443,83	IV	1691,66	1618,25	1544,83	1471,50	1398,08	1324,66
	VI	**2290,91**	443,83	443,83							
7178,99 Ost	I,IV	**1775,33**	443,83	443,83	I	1628,58	1481,75	1335,00	1189,16	1048,91	914,66
	II	**1635,08**	443,83	443,83	II	1488,25	1341,50	1195,58	1055,00	920,50	792,08
	III	**1165,50**	443,83	443,83	III	1052,16	941,83	834,50	730,33	629,00	530,83
	V	**2257,91**	443,83	443,83	IV	1701,91	1628,58	1555,16	1481,75	1408,33	1335,00
	VI	**2301,25**	443,83	443,83							
7181,99 West	I,IV	**1766,33**	443,83	443,83	I	1619,50	1472,75	1325,91	1180,41	1040,50	906,66
	II	**1626,00**	443,83	443,83	II	1479,25	1332,41	1186,75	1046,58	912,41	784,33
	III	**1158,50**	443,83	443,83	III	1045,33	935,16	828,00	724,00	622,83	524,83
	V	**2248,91**	443,83	443,83	IV	1692,91	1619,50	1546,16	1472,75	1399,33	1325,91
	VI	**2292,16**	443,83	443,83							
7181,99 Ost	I,IV	**1776,58**	443,83	443,83	I	1629,83	1483,00	1336,25	1190,41	1050,08	915,83
	II	**1636,33**	443,83	443,83	II	1489,50	1342,75	1196,75	1056,16	921,66	793,16
	III	**1166,50**	443,83	443,83	III	1053,16	942,83	835,50	731,16	629,83	531,66
	V	**2259,25**	443,83	443,83	IV	1703,25	1629,83	1556,41	1483,00	1409,66	1336,25
	VI	**2302,50**	443,83	443,83							

* Zur LSt-Berechnung für privat versicherte Arbeitnehmer s. Beispiele **Vorbemerkung S. 4f.**
** Basisvorsorgepauschale KV und PV *** Typisierter Arbeitgeberzuschuss

Monat gültig ab 1. 1. 2022 (idF des StEntlG 2022) **aT3**

Lohn/Gehalt in € bis	Steuerklasse	Lohnsteuer*	BVSP**	TAGZ***	Steuerklasse	Bemessungsgrundlage für Kirchensteuer und Solidaritätszuschlag – Freibeträge für ... Kinder					
						0,5	1,0	1,5	2,0	2,5	3,0
7184,99 West	I,IV	**1767,58**	443,83	443,83	I	1620,75	1474,00	1327,16	1181,58	1041,66	907,75
	II	**1627,33**	443,83	443,83	II	1480,50	1333,75	1187,91	1047,75	913,58	785,41
	III	**1159,50**	443,83	443,83	III	1046,16	936,16	829,00	724,83	623,66	525,66
	V	**2250,16**	443,83	443,83	IV	1694,16	1620,75	1547,41	1474,00	1400,58	1327,16
	VI	**2293,41**	443,83	443,83							
7184,99 Ost	I,IV	**1777,83**	443,83	443,83	I	1631,08	1484,25	1337,50	1191,66	1051,25	916,91
	II	**1637,58**	443,83	443,83	II	1490,83	1344,00	1198,00	1057,33	922,75	794,25
	III	**1167,50**	443,83	443,83	III	1054,16	943,66	836,33	732,00	630,66	532,50
	V	**2260,50**	443,83	443,83	IV	1704,50	1631,08	1557,66	1484,25	1410,91	1337,50
	VI	**2303,75**	443,83	443,83							
7187,99 West	I,IV	**1768,83**	443,83	443,83	I	1622,08	1475,25	1328,50	1182,83	1042,83	908,83
	II	**1628,58**	443,83	443,83	II	1481,75	1335,00	1189,16	1048,91	914,66	786,50
	III	**1160,50**	443,83	443,83	III	1047,16	937,00	829,83	725,66	624,66	526,50
	V	**2251,41**	443,83	443,83	IV	1695,41	1622,08	1548,66	1475,25	1401,83	1328,50
	VI	**2294,66**	443,83	443,83							
7187,99 Ost	I,IV	**1779,16**	443,83	443,83	I	1632,33	1485,58	1338,75	1192,91	1052,41	918,08
	II	**1638,83**	443,83	443,83	II	1492,08	1345,25	1199,25	1058,58	923,91	795,33
	III	**1168,50**	443,83	443,83	III	1055,00	944,66	837,33	733,00	631,66	533,33
	V	**2261,75**	443,83	443,83	IV	1705,75	1632,33	1558,91	1485,58	1412,16	1338,75
	VI	**2305,00**	443,83	443,83							
7190,99 West	I,IV	**1770,08**	443,83	443,83	I	1623,33	1476,50	1329,75	1184,08	1044,00	910,00
	II	**1629,83**	443,83	443,83	II	1483,00	1336,25	1190,41	1050,08	915,83	787,58
	III	**1161,50**	443,83	443,83	III	1048,16	938,00	830,83	726,66	625,50	527,33
	V	**2252,66**	443,83	443,83	IV	1696,66	1623,33	1549,91	1476,50	1403,08	1329,75
	VI	**2296,00**	443,83	443,83							
7190,99 Ost	I,IV	**1780,41**	443,83	443,83	I	1633,58	1486,83	1340,00	1194,08	1053,66	919,16
	II	**1640,08**	443,83	443,83	II	1493,33	1346,50	1200,50	1059,75	925,00	796,41
	III	**1169,50**	443,83	443,83	III	1056,00	945,66	838,16	733,83	632,50	534,16
	V	**2263,00**	443,83	443,83	IV	1707,00	1633,58	1560,16	1486,83	1413,41	1340,00
	VI	**2306,25**	443,83	443,83							
7193,99 West	I,IV	**1771,33**	443,83	443,83	I	1624,58	1477,75	1331,00	1185,25	1045,16	911,08
	II	**1631,08**	443,83	443,83	II	1484,25	1337,50	1191,66	1051,25	916,91	788,66
	III	**1162,50**	443,83	443,83	III	1049,16	938,83	831,66	727,50	626,33	528,16
	V	**2254,00**	443,83	443,83	IV	1698,00	1624,58	1551,16	1477,75	1404,41	1331,00
	VI	**2297,25**	443,83	443,83							
7193,99 Ost	I,IV	**1781,66**	443,83	443,83	I	1634,83	1488,08	1341,25	1195,33	1054,83	920,33
	II	**1641,33**	443,83	443,83	II	1494,58	1347,75	1201,75	1060,91	926,16	797,41
	III	**1170,50**	443,83	443,83	III	1057,00	946,50	839,16	734,66	633,33	535,00
	V	**2264,25**	443,83	443,83	IV	1708,25	1634,83	1561,50	1488,08	1414,66	1341,25
	VI	**2307,50**	443,83	443,83							
7196,99 West	I,IV	**1772,58**	443,83	443,83	I	1625,83	1479,00	1332,25	1186,50	1046,33	912,25
	II	**1632,33**	443,83	443,83	II	1485,58	1338,75	1192,91	1052,41	918,08	789,75
	III	**1163,50**	443,83	443,83	III	1050,16	939,83	832,66	728,33	627,16	529,00
	V	**2255,25**	443,83	443,83	IV	1699,25	1625,83	1552,41	1479,00	1405,66	1332,25
	VI	**2298,50**	443,83	443,83							
7196,99 Ost	I,IV	**1782,91**	443,83	443,83	I	1636,08	1489,33	1342,50	1196,58	1056,00	921,41
	II	**1642,66**	443,83	443,83	II	1495,83	1349,08	1202,91	1062,08	927,25	798,50
	III	**1171,50**	443,83	443,83	III	1058,00	947,50	840,00	735,50	634,16	535,83
	V	**2265,50**	443,83	443,83	IV	1709,50	1636,08	1562,75	1489,33	1415,91	1342,50
	VI	**2308,75**	443,83	443,83							
7199,99 West	I,IV	**1773,91**	443,83	443,83	I	1627,08	1480,33	1333,50	1187,75	1047,50	913,33
	II	**1633,58**	443,83	443,83	II	1486,83	1340,00	1194,08	1053,66	919,16	790,83
	III	**1164,33**	443,83	443,83	III	1051,00	940,83	833,50	729,16	628,00	529,83
	V	**2256,50**	443,83	443,83	IV	1700,50	1627,08	1553,66	1480,33	1406,91	1333,50
	VI	**2299,75**	443,83	443,83							
7199,99 Ost	I,IV	**1784,16**	443,83	443,83	I	1637,41	1490,58	1343,83	1197,83	1057,16	922,58
	II	**1643,91**	443,83	443,83	II	1497,08	1350,33	1204,16	1063,25	928,41	799,58
	III	**1172,50**	443,83	443,83	III	1059,00	948,33	841,00	736,50	635,00	536,66
	V	**2266,75**	443,83	443,83	IV	1710,75	1637,41	1564,00	1490,58	1417,16	1343,83
	VI	**2310,00**	443,83	443,83							

* Zur LSt-Berechnung für privat versicherte Arbeitnehmer s. Beispiele **Vorbemerkung S. 4 f.**
** Basisvorsorgepauschale KV und PV *** Typisierter Arbeitgeberzuschuss

aT3   allgemeine Lohnsteuer

Lohn/Gehalt in € bis	Steuerklasse	Lohnsteuer*	BVSP**	TAGZ***	Steuerklasse	\[0,5\]	\[1,0\]	\[1,5\]	\[2,0\]	\[2,5\]	\[3,0\]
						Bemessungsgrundlage für Kirchensteuer und Solidaritätszuschlag — Freibeträge für ... Kinder					
7202,99 West	I,IV	1775,16	443,83	443,83	I	1628,33	1481,58	1334,75	1189,00	1048,75	914,50
	II	1634,83	443,83	443,83	II	1488,08	1341,25	1195,33	1054,83	920,33	791,91
	III	1165,33	443,83	443,83	III	1052,00	941,66	834,33	730,16	628,83	530,66
	V	2257,75	443,83	443,83	IV	1701,75	1628,33	1554,91	1481,58	1408,16	1334,75
	VI	2301,00	443,83	443,83							
7202,99 Ost	I,IV	1785,41	443,83	443,83	I	1638,66	1491,83	1345,08	1199,00	1058,33	923,75
	II	1645,16	443,83	443,83	II	1498,33	1351,58	1205,41	1064,50	929,58	800,66
	III	1173,50	443,83	443,83	III	1059,83	949,33	841,83	737,33	635,83	537,50
	V	2268,00	443,83	443,83	IV	1712,00	1638,66	1565,25	1491,83	1418,41	1345,08
	VI	2311,33	443,83	443,83							
7205,99 West	I,IV	1776,41	443,83	443,83	I	1629,58	1482,83	1336,00	1190,25	1049,91	915,58
	II	1636,08	443,83	443,83	II	1489,33	1342,50	1196,58	1056,00	921,41	793,00
	III	1166,33	443,83	443,83	III	1053,00	942,66	835,33	731,00	629,66	531,50
	V	2259,00	443,83	443,83	IV	1703,00	1629,58	1556,25	1482,83	1409,41	1336,00
	VI	2302,25	443,83	443,83							
7205,99 Ost	I,IV	1786,66	443,83	443,83	I	1639,91	1493,08	1346,33	1200,25	1059,50	924,83
	II	1646,41	443,83	443,83	II	1499,58	1352,83	1206,66	1065,66	930,66	801,75
	III	1174,50	443,83	443,83	III	1060,83	950,33	842,66	738,16	636,66	538,33
	V	2269,33	443,83	443,83	IV	1713,25	1639,91	1566,50	1493,08	1419,75	1346,33
	VI	2312,58	443,83	443,83							
7208,99 West	I,IV	1777,66	443,83	443,83	I	1630,83	1484,08	1337,25	1191,41	1051,08	916,75
	II	1637,41	443,83	443,83	II	1490,58	1343,83	1197,83	1057,16	922,58	794,08
	III	1167,33	443,83	443,83	III	1054,00	943,50	836,16	731,83	630,66	532,33
	V	2260,25	443,83	443,83	IV	1704,25	1630,83	1557,50	1484,08	1410,66	1337,25
	VI	2303,50	443,83	443,83							
7208,99 Ost	I,IV	1787,91	443,83	443,83	I	1641,16	1494,33	1347,58	1201,50	1060,75	926,00
	II	1647,66	443,83	443,83	II	1500,91	1354,08	1207,91	1066,83	931,83	802,83
	III	1175,50	443,83	443,83	III	1061,83	951,16	843,66	739,16	637,66	539,16
	V	2270,58	443,83	443,83	IV	1714,58	1641,16	1567,75	1494,33	1421,00	1347,58
	VI	2313,83	443,83	443,83							
7211,99 West	I,IV	1778,91	443,83	443,83	I	1632,16	1485,33	1338,58	1192,66	1052,25	917,91
	II	1638,66	443,83	443,83	II	1491,83	1345,08	1199,00	1058,33	923,75	795,08
	III	1168,33	443,83	443,83	III	1055,00	944,50	837,16	732,83	631,50	533,16
	V	2261,50	443,83	443,83	IV	1705,50	1632,16	1558,75	1485,33	1411,91	1338,58
	VI	2304,75	443,83	443,83							
7211,99 Ost	I,IV	1789,16	443,83	443,83	I	1642,41	1495,66	1348,83	1202,75	1061,91	927,00
	II	1648,91	443,83	443,83	II	1502,16	1355,33	1209,16	1068,00	932,91	803,91
	III	1176,50	443,83	443,83	III	1062,83	952,16	844,50	740,00	638,50	540,00
	V	2271,83	443,83	443,83	IV	1715,83	1642,41	1569,00	1495,66	1422,25	1348,83
	VI	2315,08	443,83	443,83							
7214,99 West	I,IV	1780,16	443,83	443,83	I	1633,41	1486,58	1339,83	1193,91	1053,41	919,00
	II	1639,91	443,83	443,83	II	1493,08	1346,33	1200,25	1059,50	924,83	796,16
	III	1169,33	443,83	443,83	III	1055,83	945,50	838,00	733,66	632,33	534,00
	V	2262,75	443,83	443,83	IV	1706,75	1633,41	1560,00	1486,58	1413,16	1339,83
	VI	2306,08	443,83	443,83							
7214,99 Ost	I,IV	1790,50	443,83	443,83	I	1643,66	1496,91	1350,08	1204,00	1063,08	928,25
	II	1650,16	443,83	443,83	II	1503,41	1356,58	1210,33	1069,16	934,08	805,00
	III	1177,33	443,83	443,83	III	1063,66	953,16	845,50	740,83	639,33	540,83
	V	2273,08	443,83	443,83	IV	1717,08	1643,66	1570,25	1496,91	1423,50	1350,08
	VI	2316,33	443,83	443,83							
7217,99 West	I,IV	1781,41	443,83	443,83	I	1634,66	1487,83	1341,08	1195,16	1054,58	920,16
	II	1641,16	443,83	443,83	II	1494,33	1347,58	1201,50	1060,75	926,00	797,25
	III	1170,33	443,83	443,83	III	1056,83	946,33	839,00	734,50	633,16	534,83
	V	2264,08	443,83	443,83	IV	1708,00	1634,66	1561,25	1487,83	1414,50	1341,08
	VI	2307,33	443,83	443,83							
7217,99 Ost	I,IV	1791,75	443,83	443,83	I	1644,91	1498,16	1351,33	1205,25	1064,25	929,33
	II	1651,41	443,83	443,83	II	1504,66	1357,83	1211,58	1070,41	935,25	806,08
	III	1178,33	443,83	443,83	III	1064,66	954,00	846,33	741,83	640,16	541,66
	V	2274,33	443,83	443,83	IV	1718,33	1644,91	1571,50	1498,16	1424,25	1351,33
	VI	2317,58	443,83	443,83							

* Zur LSt-Berechnung für privat versicherte Arbeitnehmer s. Beispiele **Vorbemerkung S. 4 f.**
** Basisvorsorgepauschale KV und PV   *** Typisierter Arbeitgeberzuschuss

Monat gültig ab 1. 1. 2022 (idF des StEntlG 2022)   **aT3**

Lohn/ Gehalt in € bis	Steuerklasse	Lohn- steuer*	BVSP**	TAGZ***	Steuerklasse	Bemessungsgrundlage für Kirchensteuer und Solidaritätszuschlag					
						Freibeträge für ... Kinder					
						0,5	1,0	1,5	2,0	2,5	3,0
7 220,99 West	I,IV II III V VI	**1 782,66** **1 642,41** **1 171,33** **2 265,33** **2 308,58**	443,83 443,83 443,83 443,83 443,83	443,83 443,83 443,83 443,83 443,83	I II III IV	1 635,91 1 495,66 1 057,83 1 709,33	1 489,08 1 348,83 947,33 1 635,91	1 342,33 1 202,75 839,83 1 562,50	1 196,33 1 061,91 735,50 1 489,08	1 055,75 927,08 634,00 1 415,75	921,25 798,33 535,66 1 342,33
7 220,99 Ost	I,IV II III V VI	**1 793,00** **1 652,66** **1 179,33** **2 275,58** **2 318,83**	443,83 443,83 443,83 443,83 443,83	443,83 443,83 443,83 443,83 443,83	I II III IV	1 646,16 1 505,91 1 065,66 1 719,58	1 499,41 1 359,16 955,00 1 646,16	1 352,58 1 212,83 847,33 1 572,83	1 206,41 1 071,58 742,66 1 499,41	1 065,41 936,33 641,00 1 426,00	930,50 807,16 542,50 1 352,58
7 223,99 West	I,IV II III V VI	**1 783,91** **1 643,66** **1 172,33** **2 266,58** **2 309,83**	443,83 443,83 443,83 443,83 443,83	443,83 443,83 443,83 443,83 443,83	I II III IV	1 637,16 1 496,91 1 058,83 1 710,58	1 490,41 1 350,08 948,33 1 637,16	1 343,58 1 204,00 840,83 1 563,75	1 197,58 1 063,08 736,33 1 490,41	1 057,00 928,25 634,83 1 417,00	922,41 799,41 536,50 1 343,58
7 223,99 Ost	I,IV II III V VI	**1 794,25** **1 654,00** **1 180,33** **2 276,83** **2 320,08**	443,83 443,83 443,83 443,83 443,83	443,83 443,83 443,83 443,83 443,83	I II III IV	1 647,41 1 507,16 1 066,66 1 720,83	1 500,66 1 360,41 955,83 1 647,41	1 353,91 1 214,08 848,16 1 574,08	1 207,66 1 072,75 743,50 1 500,66	1 066,66 937,50 641,83 1 427,25	931,66 808,25 543,33 1 353,91
7 226,99 West	I,IV II III V VI	**1 785,08** **1 644,91** **1 173,33** **2 267,83** **2 311,08**	443,83 443,83 443,83 443,83 443,83	443,83 443,83 443,83 443,83 443,83	I II III IV	1 638,41 1 498,16 1 059,66 1 711,83	1 491,66 1 351,33 949,16 1 638,41	1 344,83 1 205,25 841,66 1 565,00	1 198,83 1 064,25 737,16 1 491,66	1 058,16 929,33 635,66 1 418,25	923,50 800,50 537,33 1 344,83
7 226,99 Ost	I,IV II III V VI	**1 795,50** **1 655,25** **1 181,33** **2 278,08** **2 321,33**	443,83 443,83 443,83 443,83 443,83	443,83 443,83 443,83 443,83 443,83	I II III IV	1 648,75 1 508,41 1 067,66 1 722,08	1 501,91 1 361,66 956,83 1 648,75	1 355,16 1 215,33 849,16 1 575,33	1 208,91 1 073,91 744,50 1 501,91	1 067,83 938,58 642,66 1 428,50	932,75 809,33 544,16 1 355,16
7 229,99 West	I,IV II III V VI	**1 786,50** **1 646,16** **1 174,33** **2 269,08** **2 312,33**	443,83 443,83 443,83 443,83 443,83	443,83 443,83 443,83 443,83 443,83	I II III IV	1 639,66 1 499,41 1 060,66 1 713,08	1 492,91 1 352,58 950,16 1 639,66	1 346,08 1 206,41 842,66 1 566,25	1 200,08 1 065,41 738,00 1 492,91	1 059,33 930,50 636,66 1 419,50	924,66 801,58 538,16 1 346,08
7 229,99 Ost	I,IV II III V VI	**1 796,75** **1 656,50** **1 182,33** **2 279,33** **2 322,66**	443,83 443,83 443,83 443,83 443,83	443,83 443,83 443,83 443,83 443,83	I II III IV	1 650,00 1 509,66 1 068,50 1 723,33	1 503,16 1 362,91 957,83 1 650,00	1 356,41 1 216,58 850,00 1 576,58	1 210,16 1 075,16 745,33 1 503,16	1 069,00 939,75 643,66 1 429,75	933,91 810,41 545,00 1 356,41
7 232,99 West	I,IV II III V VI	**1 787,75** **1 647,41** **1 175,33** **2 270,33** **2 313,58**	443,83 443,83 443,83 443,83 443,83	443,83 443,83 443,83 443,83 443,83	I II III IV	1 640,91 1 500,66 1 061,66 1 714,33	1 494,16 1 353,91 951,00 1 640,91	1 347,33 1 207,66 843,50 1 567,58	1 201,33 1 066,66 739,00 1 494,16	1 060,50 931,66 637,50 1 420,75	925,75 802,66 539,00 1 347,33
7 232,99 Ost	I,IV II III V VI	**1 798,00** **1 657,75** **1 183,33** **2 280,66** **2 323,91**	443,83 443,83 443,83 443,83 443,83	443,83 443,83 443,83 443,83 443,83	I II III IV	1 651,25 1 510,91 1 069,50 1 724,66	1 504,41 1 364,16 958,66 1 651,25	1 357,66 1 217,83 851,00 1 577,83	1 211,41 1 076,33 746,16 1 504,41	1 070,16 940,91 644,50 1 431,08	935,00 811,50 545,83 1 357,66
7 235,99 West	I,IV II III V VI	**1 789,00** **1 648,75** **1 176,33** **2 271,58** **2 314,83**	443,83 443,83 443,83 443,83 443,83	443,83 443,83 443,83 443,83 443,83	I II III IV	1 642,16 1 501,91 1 062,66 1 715,58	1 495,41 1 355,16 952,00 1 642,16	1 348,66 1 208,91 844,33 1 568,83	1 202,50 1 067,83 739,83 1 495,41	1 061,66 932,75 638,33 1 422,00	926,91 803,75 539,83 1 348,66
7 235,99 Ost	I,IV II III V VI	**1 799,25** **1 659,00** **1 184,33** **2 281,91** **2 325,16**	443,83 443,83 443,83 443,83 443,83	443,83 443,83 443,83 443,83 443,83	I II III IV	1 652,50 1 512,25 1 070,50 1 725,91	1 505,66 1 365,41 959,66 1 652,50	1 358,91 1 219,00 851,83 1 579,08	1 212,66 1 077,50 747,00 1 505,66	1 071,33 942,00 645,33 1 432,33	936,16 812,58 546,66 1 358,91

*   Zur LSt-Berechnung für privat versicherte Arbeitnehmer s. Beispiele **Vorbemerkung S. 4 f.**
** Basisvorsorgepauschale KV und PV   *** Typisierter Arbeitgeberzuschuss

aT3 allgemeine Lohnsteuer

Lohn/ Gehalt in € bis	Steuerklasse	Lohn-steuer*	BVSP**	TAGZ***	Steuerklasse	Bemessungsgrundlage für Kirchensteuer und Solidaritätszuschlag Freibeträge für ... Kinder					
						0,5	1,0	1,5	2,0	2,5	3,0
7238,99 West	I,IV	1790,25	443,83	443,83	I	1643,50	1496,66	1349,91	1203,75	1062,91	928,08
	II	1650,00	443,83	443,83	II	1503,16	1356,41	1210,16	1069,00	933,91	804,83
	III	1177,16	443,83	443,83	III	1063,50	953,00	845,33	740,66	639,16	540,66
	V	2272,83	443,83	443,83	IV	1716,83	1643,50	1570,08	1496,66	1423,25	1349,91
	VI	2316,08	443,83	443,83							
7238,99 Ost	I,IV	1800,58	443,83	443,83	I	1653,75	1507,00	1360,16	1213,83	1072,58	937,33
	II	1660,25	443,83	443,83	II	1513,50	1366,66	1220,25	1078,66	943,16	813,66
	III	1185,33	443,83	443,83	III	1071,50	960,66	852,83	748,00	646,16	547,50
	V	2283,16	443,83	443,83	IV	1727,16	1653,75	1580,33	1507,00	1433,58	1360,16
	VI	2326,41	443,83	443,83							
7241,99 West	I,IV	1791,50	443,83	443,83	I	1644,75	1497,91	1351,16	1205,00	1064,08	929,16
	II	1651,25	443,83	443,83	II	1504,41	1357,66	1211,41	1070,16	935,00	805,91
	III	1178,16	443,83	443,83	III	1064,50	953,83	846,16	741,66	640,00	541,50
	V	2274,08	443,83	443,83	IV	1718,08	1644,75	1571,33	1497,91	1424,50	1351,16
	VI	2317,41	443,83	443,83							
7241,99 Ost	I,IV	1801,83	443,83	443,83	I	1655,00	1508,25	1361,41	1215,08	1073,75	938,41
	II	1661,50	443,83	443,83	II	1514,75	1367,91	1221,50	1079,91	944,33	814,75
	III	1186,33	443,83	443,83	III	1072,33	961,50	853,66	748,83	647,00	548,33
	V	2284,41	443,83	443,83	IV	1728,41	1655,00	1581,58	1508,25	1434,83	1361,41
	VI	2327,66	443,83	443,83							
7244,99 West	I,IV	1792,75	443,83	443,83	I	1646,00	1499,16	1352,41	1206,25	1065,25	930,33
	II	1652,50	443,83	443,83	II	1505,66	1358,91	1212,66	1071,33	936,16	807,00
	III	1179,16	443,83	443,83	III	1065,50	954,83	847,16	742,50	640,83	542,33
	V	2275,41	443,83	443,83	IV	1719,41	1646,00	1572,58	1499,16	1425,83	1352,41
	VI	2318,66	443,83	443,83							
7244,99 Ost	I,IV	1803,08	443,83	443,83	I	1656,25	1509,50	1362,66	1216,33	1074,91	939,58
	II	1662,75	443,83	443,83	II	1516,00	1369,16	1222,75	1081,08	945,41	815,83
	III	1187,33	443,83	443,83	III	1073,33	962,50	854,66	749,66	647,83	549,16
	V	2285,66	443,83	443,83	IV	1729,66	1656,25	1582,91	1509,50	1436,08	1362,66
	VI	2328,91	443,83	443,83							
7247,99 West	I,IV	1794,00	443,83	443,83	I	1647,25	1500,41	1353,66	1207,50	1066,41	931,41
	II	1653,75	443,83	443,83	II	1507,00	1360,16	1213,83	1072,58	937,33	808,08
	III	1180,16	443,83	443,83	III	1066,50	955,66	848,00	743,33	641,66	543,16
	V	2276,66	443,83	443,83	IV	1720,66	1647,25	1573,83	1500,41	1427,08	1353,66
	VI	2319,91	443,83	443,83							
7247,99 Ost	I,IV	1804,33	443,83	443,83	I	1657,50	1510,75	1363,91	1217,58	1076,08	940,66
	II	1664,08	443,83	443,83	II	1517,25	1370,50	1224,00	1082,25	946,58	816,91
	III	1188,33	443,83	443,83	III	1074,33	963,33	855,50	750,66	648,83	550,00
	V	2286,91	443,83	443,83	IV	1730,91	1657,50	1584,16	1510,75	1437,33	1363,91
	VI	2330,16	443,83	443,83							
7250,99 West	I,IV	1795,33	443,83	443,83	I	1648,50	1501,75	1354,91	1208,75	1067,58	932,58
	II	1655,00	443,83	443,83	II	1508,25	1361,41	1215,08	1073,75	938,41	809,16
	III	1181,16	443,83	443,83	III	1067,50	956,66	849,00	744,33	642,66	544,00
	V	2277,91	443,83	443,83	IV	1721,91	1648,50	1575,08	1501,75	1428,33	1354,91
	VI	2321,16	443,83	443,83							
7250,99 Ost	I,IV	1805,58	443,83	443,83	I	1658,83	1512,00	1365,25	1218,83	1077,33	941,83
	II	1665,33	443,83	443,83	II	1518,50	1371,75	1225,00	1083,50	947,75	818,00
	III	1189,33	443,83	443,83	III	1075,33	964,33	856,50	751,50	649,66	550,83
	V	2288,16	443,83	443,83	IV	1732,16	1658,83	1585,41	1512,00	1438,58	1365,25
	VI	2331,41	443,83	443,83							
7253,99 West	I,IV	1796,58	443,83	443,83	I	1649,75	1503,00	1356,16	1209,91	1068,83	933,66
	II	1656,25	443,83	443,83	II	1509,50	1362,66	1216,33	1074,91	939,58	810,25
	III	1182,16	443,83	443,83	III	1068,33	957,66	849,83	745,16	643,50	544,83
	V	2279,16	443,83	443,83	IV	1723,16	1649,75	1576,33	1503,00	1429,58	1356,16
	VI	2322,41	443,83	443,83							
7253,99 Ost	I,IV	1806,83	443,83	443,83	I	1660,08	1513,25	1366,50	1220,08	1078,50	943,00
	II	1666,58	443,83	443,83	II	1519,75	1373,00	1226,50	1084,66	948,83	819,08
	III	1190,33	443,83	443,83	III	1076,33	965,33	857,33	752,33	650,50	551,83
	V	2289,41	443,83	443,83	IV	1733,41	1660,08	1586,66	1513,25	1439,83	1366,50
	VI	2332,75	443,83	443,83							

* Zur LSt-Berechnung für privat versicherte Arbeitnehmer s. Beispiele **Vorbemerkung S. 4 f.**
** Basisvorsorgepauschale KV und PV *** Typisierter Arbeitgeberzuschuss

Monat gültig ab 1. 1. 2022 (idF des StEntlG 2022) **aT3**

Lohn/Gehalt in € bis	Steuerklasse	Lohnsteuer*	BVSP**	TAGZ***	Steuerklasse	Bemessungsgrundlage für Kirchensteuer und Solidaritätszuschlag					
						Freibeträge für ... Kinder					
						0,5	1,0	1,5	2,0	2,5	3,0
7256,99 West	I,IV	**1797,83**	443,83	443,83	I	1651,00	1504,25	1357,41	1211,16	1070,00	934,83
	II	**1657,50**	443,83	443,83	II	1510,75	1363,91	1217,58	1076,08	940,66	811,33
	III	**1183,16**	443,83	443,83	III	1069,25	958,50	850,83	746,00	644,33	545,66
	V	**2280,41**	443,83	443,83	IV	1724,41	1651,00	1577,66	1504,25	1430,83	1357,41
	VI	**2323,66**	443,83	443,83							
7256,99 Ost	I,IV	**1808,08**	443,83	443,83	I	1661,33	1514,50	1367,75	1221,33	1079,66	944,08
	II	**1667,83**	443,83	443,83	II	1521,00	1374,25	1227,75	1085,83	950,00	820,25
	III	**1191,33**	443,83	443,83	III	1077,16	966,16	858,16	753,33	651,33	552,50
	V	**2290,75**	443,83	443,83	IV	1734,75	1661,33	1587,91	1514,50	1441,16	1367,75
	VI	**2334,00**	443,83	443,83							
7259,99 West	I,IV	**1799,08**	443,83	443,83	I	1652,25	1505,50	1358,66	1212,41	1071,16	936,00
	II	**1658,83**	443,83	443,83	II	1512,00	1365,25	1218,83	1077,33	941,83	812,41
	III	**1184,16**	443,83	443,83	III	1070,33	959,50	851,66	747,00	645,16	546,50
	V	**2281,66**	443,83	443,83	IV	1725,66	1652,25	1578,91	1505,50	1432,08	1358,66
	VI	**2324,91**	443,83	443,83							
7259,99 Ost	I,IV	**1809,33**	443,83	443,83	I	1662,58	1515,75	1369,00	1222,58	1080,91	945,25
	II	**1669,08**	443,83	443,83	II	1522,33	1375,50	1229,00	1087,00	951,16	821,33
	III	**1192,33**	443,83	443,83	III	1078,16	967,16	859,16	754,16	652,16	553,33
	V	**2292,00**	443,83	443,83	IV	1736,00	1662,58	1589,16	1515,75	1442,41	1369,00
	VI	**2335,25**	443,83	443,83							
7262,99 West	I,IV	**1800,33**	443,83	443,83	I	1653,58	1506,75	1360,00	1213,66	1072,33	937,08
	II	**1660,08**	443,83	443,83	II	1513,25	1366,50	1220,08	1078,50	943,00	813,50
	III	**1185,16**	443,83	443,83	III	1071,33	960,50	852,66	747,83	646,00	547,33
	V	**2282,91**	443,83	443,83	IV	1726,91	1653,58	1580,16	1506,75	1433,33	1360,00
	VI	**2326,16**	443,83	443,83							
7262,99 Ost	I,IV	**1810,66**	443,83	443,83	I	1663,83	1517,08	1370,25	1223,83	1082,08	946,41
	II	**1670,33**	443,83	443,83	II	1523,58	1376,75	1230,25	1088,25	952,25	822,41
	III	**1193,33**	443,83	443,83	III	1079,16	968,16	860,00	755,00	653,00	554,16
	V	**2293,25**	443,83	443,83	IV	1737,25	1663,83	1590,41	1517,08	1443,66	1370,25
	VI	**2336,50**	443,83	443,83							
7265,99 West	I,IV	**1801,58**	443,83	443,83	I	1654,83	1508,00	1361,25	1214,91	1073,58	938,25
	II	**1661,33**	443,83	443,83	II	1514,50	1367,75	1221,33	1079,66	944,08	814,58
	III	**1186,16**	443,83	443,83	III	1072,16	961,33	853,50	748,66	646,83	548,16
	V	**2284,16**	443,83	443,83	IV	1728,16	1654,83	1581,41	1508,00	1434,58	1361,25
	VI	**2327,50**	443,83	443,83							
7265,99 Ost	I,IV	**1811,91**	443,83	443,83	I	1665,08	1518,33	1371,50	1225,08	1083,25	947,50
	II	**1671,58**	443,83	443,83	II	1524,83	1378,00	1231,50	1089,41	953,41	823,50
	III	**1194,16**	443,83	443,83	III	1080,16	969,00	861,00	756,00	654,00	555,00
	V	**2294,50**	443,83	443,83	IV	1738,50	1665,08	1591,66	1518,33	1444,91	1371,50
	VI	**2337,75**	443,83	443,83							
7268,99 West	I,IV	**1802,83**	443,83	443,83	I	1656,08	1509,25	1362,50	1216,16	1074,75	939,41
	II	**1662,58**	443,83	443,83	II	1515,75	1369,00	1222,58	1080,91	945,25	815,66
	III	**1187,16**	443,83	443,83	III	1073,16	962,33	854,50	749,66	647,83	549,00
	V	**2285,50**	443,83	443,83	IV	1729,50	1656,08	1582,66	1509,25	1435,91	1362,50
	VI	**2328,75**	443,83	443,83							
7268,99 Ost	I,IV	**1813,16**	443,83	443,83	I	1666,33	1519,58	1372,75	1226,25	1084,41	948,66
	II	**1672,83**	443,83	443,83	II	1526,08	1379,25	1232,75	1090,58	954,58	824,58
	III	**1195,16**	443,83	443,83	III	1081,16	970,00	861,83	756,83	654,83	555,83
	V	**2295,75**	443,83	443,83	IV	1739,75	1666,33	1593,00	1519,58	1446,16	1372,75
	VI	**2339,00**	443,83	443,83							
7271,99 West	I,IV	**1804,08**	443,83	443,83	I	1657,33	1510,50	1363,75	1217,41	1075,91	940,50
	II	**1663,83**	443,83	443,83	II	1517,08	1370,25	1223,83	1082,08	946,41	816,75
	III	**1188,16**	443,83	443,83	III	1074,16	963,33	855,33	750,50	648,66	549,83
	V	**2286,75**	443,83	443,83	IV	1730,75	1657,33	1583,91	1510,50	1437,16	1363,75
	VI	**2330,00**	443,83	443,83							
7271,99 Ost	I,IV	**1814,41**	443,83	443,83	I	1667,58	1520,83	1374,00	1227,50	1085,66	949,83
	II	**1674,16**	443,83	443,83	II	1527,33	1380,58	1234,00	1091,83	955,66	825,66
	III	**1196,16**	443,83	443,83	III	1082,00	971,00	862,83	757,66	655,66	556,66
	V	**2297,00**	443,83	443,83	IV	1741,00	1667,58	1594,25	1520,83	1447,41	1374,00
	VI	**2340,25**	443,83	443,83							

* Zur LSt-Berechnung für privat versicherte Arbeitnehmer s. Beispiele **Vorbemerkung S. 4 f.**
** Basisvorsorgepauschale KV und PV   *** Typisierter Arbeitgeberzuschuss

aT3 — allgemeine Lohnsteuer

Lohn/Gehalt in € bis	Steuerklasse	Lohnsteuer*	BVSP**	TAGZ***	Steuerklasse	Bemessungsgrundlage für Kirchensteuer und Solidaritätszuschlag — Freibeträge für ... Kinder					
						0,5	1,0	1,5	2,0	2,5	3,0
7274,99 West	I,IV	**1805,41**	443,83	443,83	I	1658,58	1511,83	1365,00	1218,66	1077,08	941,66
	II	**1665,08**	443,83	443,83	II	1518,33	1371,50	1225,08	1083,25	947,50	817,83
	III	**1189,16**	443,83	443,83	III	1075,16	964,16	856,33	751,33	649,50	550,66
	V	**2288,00**	443,83	443,83	IV	1732,00	1658,58	1585,16	1511,83	1438,41	1365,00
	VI	**2331,25**	443,83	443,83							
7274,99 Ost	I,IV	**1815,66**	443,83	443,83	I	1668,91	1522,08	1375,33	1228,75	1086,83	950,91
	II	**1675,41**	443,83	443,83	II	1528,58	1381,83	1235,25	1093,00	956,83	826,75
	III	**1197,16**	443,83	443,83	III	1083,00	971,83	863,66	758,66	656,50	557,50
	V	**2298,25**	443,83	443,83	IV	1742,25	1668,91	1595,50	1522,08	1448,66	1375,33
	VI	**2341,50**	443,83	443,83							
7277,99 West	I,IV	**1806,66**	443,83	443,83	I	1659,83	1513,08	1366,25	1219,83	1078,33	942,75
	II	**1666,33**	443,83	443,83	II	1519,58	1372,75	1226,25	1084,41	948,66	818,91
	III	**1190,33**	443,83	443,83	III	1076,16	965,16	857,16	752,33	650,33	551,50
	V	**2289,25**	443,83	443,83	IV	1733,25	1659,83	1586,41	1513,08	1439,66	1366,25
	VI	**2332,50**	443,83	443,83							
7277,99 Ost	I,IV	**1816,91**	443,83	443,83	I	1670,16	1523,33	1376,58	1230,00	1088,00	952,08
	II	**1676,66**	443,83	443,83	II	1529,83	1383,08	1236,41	1094,16	958,00	827,83
	III	**1198,16**	443,83	443,83	III	1084,00	972,83	864,66	759,50	657,33	558,33
	V	**2299,50**	443,83	443,83	IV	1743,50	1670,16	1596,75	1523,33	1449,91	1376,58
	VI	**2342,83**	443,83	443,83							
7280,99 West	I,IV	**1807,91**	443,83	443,83	I	1661,08	1514,33	1367,50	1221,08	1079,50	943,91
	II	**1667,58**	443,83	443,83	II	1520,83	1374,00	1227,50	1085,66	949,83	820,00
	III	**1191,16**	443,83	443,83	III	1077,00	966,00	858,16	753,16	651,16	552,33
	V	**2290,50**	443,83	443,83	IV	1734,50	1661,08	1587,75	1514,33	1440,91	1367,50
	VI	**2333,75**	443,83	443,83							
7280,99 Ost	I,IV	**1818,16**	443,83	443,83	I	1671,41	1524,58	1377,83	1231,25	1089,25	953,25
	II	**1677,91**	443,83	443,83	II	1531,08	1384,33	1237,66	1095,41	959,16	828,91
	III	**1199,16**	443,83	443,83	III	1085,00	973,83	865,50	760,33	658,33	559,16
	V	**2300,83**	443,83	443,83	IV	1744,75	1671,41	1598,00	1524,58	1451,25	1377,83
	VI	**2344,08**	443,83	443,83							
7283,99 West	I,IV	**1809,16**	443,83	443,83	I	1662,33	1515,58	1368,75	1222,33	1080,66	945,08
	II	**1668,91**	443,83	443,83	II	1522,08	1375,33	1228,75	1086,83	950,91	821,08
	III	**1192,16**	443,83	443,83	III	1078,00	967,00	859,00	754,00	652,00	553,16
	V	**2291,75**	443,83	443,83	IV	1735,75	1662,33	1589,00	1515,58	1442,16	1368,75
	VI	**2335,00**	443,83	443,83							
7283,99 Ost	I,IV	**1819,41**	443,83	443,83	I	1672,66	1525,83	1379,08	1232,50	1090,41	954,33
	II	**1679,16**	443,83	443,83	II	1532,41	1385,58	1238,91	1096,58	960,25	830,00
	III	**1200,16**	443,83	443,83	III	1086,00	974,66	866,50	761,33	659,16	560,00
	V	**2302,08**	443,83	443,83	IV	1746,08	1672,66	1599,25	1525,83	1452,50	1379,08
	VI	**2345,33**	443,83	443,83							
7286,99 West	I,IV	**1810,41**	443,83	443,83	I	1663,66	1516,83	1370,08	1223,58	1081,83	946,16
	II	**1670,16**	443,83	443,83	II	1523,33	1376,58	1230,00	1088,00	952,08	822,16
	III	**1193,16**	443,83	443,83	III	1079,00	968,00	860,00	754,83	653,00	554,00
	V	**2293,00**	443,83	443,83	IV	1737,00	1663,66	1590,25	1516,83	1443,41	1370,08
	VI	**2336,25**	443,83	443,83							
7286,99 Ost	I,IV	**1820,66**	443,83	443,83	I	1673,91	1527,16	1380,33	1233,75	1091,58	955,50
	II	**1680,41**	443,83	443,83	II	1533,66	1386,83	1240,16	1097,75	961,41	831,08
	III	**1201,16**	443,83	443,83	III	1086,83	975,66	867,33	762,16	660,00	560,83
	V	**2303,33**	443,83	443,83	IV	1747,33	1673,91	1600,50	1527,16	1453,75	1380,33
	VI	**2346,58**	443,83	443,83							
7289,99 West	I,IV	**1811,66**	443,83	443,83	I	1664,91	1518,08	1371,33	1224,83	1083,08	947,33
	II	**1671,41**	443,83	443,83	II	1524,58	1377,83	1231,25	1089,25	953,25	823,33
	III	**1194,00**	443,83	443,83	III	1080,00	968,83	860,83	755,83	653,83	554,83
	V	**2294,25**	443,83	443,83	IV	1738,25	1664,91	1591,50	1518,08	1444,66	1371,33
	VI	**2337,58**	443,83	443,83							
7289,99 Ost	I,IV	**1822,00**	443,83	443,83	I	1675,16	1528,41	1381,58	1235,00	1092,83	956,66
	II	**1681,66**	443,83	443,83	II	1534,91	1388,08	1241,41	1099,00	962,58	832,16
	III	**1202,16**	443,83	443,83	III	1087,83	976,50	868,33	763,00	660,83	561,66
	V	**2304,58**	443,83	443,83	IV	1748,58	1675,16	1601,75	1528,41	1455,00	1381,58
	VI	**2347,83**	443,83	443,83							

* Zur LSt-Berechnung für privat versicherte Arbeitnehmer s. Beispiele **Vorbemerkung S. 4f.**
** Basisvorsorgepauschale KV und PV   *** Typisierter Arbeitgeberzuschuss

Monat gültig ab 1. 1. 2022 (idF des StEntlG 2022) — aT3

Lohn/Gehalt in € bis	Steuerklasse	Lohnsteuer*	BVSP**	TAGZ***	Steuerklasse	Bemessungsgrundlage für Kirchensteuer und Solidaritätszuschlag — Freibeträge für ... Kinder					
						0,5	1,0	1,5	2,0	2,5	3,0
7 292,99 West	I,IV	1 812,91	443,83	443,83	I	1 666,16	1 519,33	1 372,58	1 226,08	1 084,25	948,50
	II	1 672,66	443,83	443,83	II	1 525,83	1 379,08	1 232,50	1 090,41	954,33	824,41
	III	1 195,00	443,83	443,83	III	1 081,00	969,83	861,66	756,66	654,66	555,66
	V	2 295,58	443,83	443,83	IV	1 739,50	1 666,16	1 592,75	1 519,33	1 446,00	1 372,58
	VI	2 338,83	443,83	443,83							
7 292,99 Ost	I,IV	1 823,25	443,83	443,83	I	1 676,41	1 529,66	1 382,83	1 236,25	1 094,00	957,83
	II	1 682,91	443,83	443,83	II	1 536,16	1 389,33	1 242,66	1 100,16	963,75	833,33
	III	1 203,16	443,83	443,83	III	1 088,83	977,50	869,16	764,00	661,66	562,50
	V	2 305,83	443,83	443,83	IV	1 749,83	1 676,41	1 603,00	1 529,66	1 456,25	1 382,83
	VI	2 349,08	443,83	443,83							
7 295,99 West	I,IV	1 814,16	443,83	443,83	I	1 667,41	1 520,58	1 373,83	1 227,33	1 085,41	949,58
	II	1 673,91	443,83	443,83	II	1 527,16	1 380,33	1 233,75	1 091,58	955,50	825,50
	III	1 196,00	443,83	443,83	III	1 081,83	970,83	862,66	757,50	655,50	556,50
	V	2 296,83	443,83	443,83	IV	1 740,83	1 667,41	1 594,00	1 520,58	1 447,25	1 373,83
	VI	2 340,08	443,83	443,83							
7 295,99 Ost	I,IV	1 824,50	443,83	443,83	I	1 677,66	1 530,91	1 384,08	1 237,50	1 095,16	958,91
	II	1 684,16	443,83	443,83	II	1 537,41	1 390,66	1 243,91	1 101,41	964,83	834,41
	III	1 204,16	443,83	443,83	III	1 089,83	978,50	870,16	764,83	662,50	563,33
	V	2 307,08	443,83	443,83	IV	1 751,08	1 677,66	1 604,33	1 530,91	1 457,50	1 384,08
	VI	2 350,33	443,83	443,83							
7 298,99 West	I,IV	1 815,41	443,83	443,83	I	1 668,66	1 521,91	1 375,08	1 228,58	1 086,66	950,75
	II	1 675,16	443,83	443,83	II	1 528,41	1 381,58	1 235,00	1 092,83	956,66	826,58
	III	1 197,00	443,83	443,83	III	1 082,83	971,66	863,50	758,50	656,33	557,33
	V	2 298,08	443,83	443,83	IV	1 742,08	1 668,66	1 595,25	1 521,91	1 448,50	1 375,08
	VI	2 341,33	443,83	443,83							
7 298,99 Ost	I,IV	1 825,75	443,83	443,83	I	1 678,91	1 532,16	1 385,41	1 238,75	1 096,41	960,08
	II	1 685,50	443,83	443,83	II	1 538,66	1 391,91	1 245,16	1 102,58	966,00	835,50
	III	1 205,16	443,83	443,83	III	1 090,83	979,33	871,00	765,66	663,50	564,16
	V	2 308,33	443,83	443,83	IV	1 752,33	1 678,91	1 605,58	1 532,16	1 458,75	1 385,41
	VI	2 351,58	443,83	443,83							
7 301,99 West	I,IV	1 816,75	443,83	443,83	I	1 669,91	1 523,16	1 376,33	1 229,83	1 087,83	951,91
	II	1 676,41	443,83	443,83	II	1 529,66	1 382,83	1 236,25	1 094,00	957,83	827,66
	III	1 198,00	443,83	443,83	III	1 083,83	972,66	864,50	759,33	657,33	558,16
	V	2 299,33	443,83	443,83	IV	1 743,33	1 669,91	1 596,50	1 523,16	1 449,75	1 376,33
	VI	2 342,58	443,83	443,83							
7 301,99 Ost	I,IV	1 827,00	443,83	443,83	I	1 680,25	1 533,41	1 386,66	1 240,00	1 097,58	961,25
	II	1 686,75	443,83	443,83	II	1 539,91	1 393,16	1 246,41	1 103,75	967,16	836,58
	III	1 206,16	443,83	443,83	III	1 091,66	980,33	872,00	766,66	664,33	565,00
	V	2 309,58	443,83	443,83	IV	1 753,58	1 680,25	1 606,83	1 533,41	1 460,00	1 386,66
	VI	2 352,83	443,83	443,83							
7 304,99 West	I,IV	1 818,00	443,83	443,83	I	1 671,16	1 524,41	1 377,58	1 231,08	1 089,00	953,08
	II	1 677,66	443,83	443,83	II	1 530,91	1 384,08	1 237,50	1 095,16	958,91	828,75
	III	1 199,00	443,83	443,83	III	1 084,83	973,66	865,33	760,33	658,16	559,00
	V	2 300,58	443,83	443,83	IV	1 744,58	1 671,16	1 597,75	1 524,41	1 451,00	1 377,58
	VI	2 343,83	443,83	443,83							
7 304,99 Ost	I,IV	1 828,25	443,83	443,83	I	1 681,50	1 534,66	1 387,91	1 241,25	1 098,75	962,41
	II	1 688,00	443,83	443,83	II	1 541,16	1 394,41	1 247,66	1 105,00	968,33	837,66
	III	1 207,16	443,83	443,83	III	1 092,66	981,33	872,83	767,50	665,16	565,83
	V	2 310,83	443,83	443,83	IV	1 754,58	1 681,50	1 608,08	1 534,66	1 461,25	1 387,91
	VI	2 354,16	443,83	443,83							
7 307,99 West	I,IV	1 819,25	443,83	443,83	I	1 672,41	1 525,66	1 378,83	1 232,33	1 090,25	954,16
	II	1 678,91	443,83	443,83	II	1 532,16	1 385,41	1 238,75	1 096,41	960,08	829,83
	III	1 200,00	443,83	443,83	III	1 085,83	974,50	866,33	761,16	659,00	559,83
	V	2 301,33	443,83	443,83	IV	1 745,83	1 672,41	1 599,08	1 525,66	1 452,25	1 378,83
	VI	2 345,08	443,83	443,83							
7 307,99 Ost	I,IV	1 829,50	443,83	443,83	I	1 682,75	1 535,91	1 389,16	1 242,50	1 100,00	963,50
	II	1 689,25	443,83	443,83	II	1 542,41	1 395,66	1 248,91	1 106,16	969,41	838,75
	III	1 208,16	443,83	443,83	III	1 093,66	982,16	873,83	768,33	666,00	566,66
	V	2 312,16	443,83	443,83	IV	1 756,16	1 682,75	1 609,33	1 535,91	1 462,58	1 389,16
	VI	2 355,41	443,83	443,83							

* Zur LSt-Berechnung für privat versicherte Arbeitnehmer s. Beispiele **Vorbemerkung S. 4 f.**
** Basisvorsorgepauschale KV und PV   *** Typisierter Arbeitgeberzuschuss

aT3

allgemeine Lohnsteuer

Lohn/ Gehalt in € bis	Steuerklasse	Lohn-steuer*	BVSP**	TAGZ***	Steuerklasse	Bemessungsgrundlage für Kirchensteuer und Solidaritätszuschlag Freibeträge für ... Kinder					
						0,5	1,0	1,5	2,0	2,5	3,0
7310,99 West	I,IV	1 820,50	443,83	443,83	I	1 673,66	1 526,91	1 380,16	1 233,58	1 091,41	955,33
	II	1 680,25	443,83	443,83	II	1 533,41	1 386,66	1 240,00	1 097,58	961,25	830,91
	III	1 201,00	443,83	443,83	III	1 086,66	975,50	867,16	762,00	659,83	560,66
	V	2 303,08	443,83	443,83	IV	1 747,08	1 673,66	1 600,33	1 526,91	1 453,50	1 380,16
	VI	2 346,33	443,83	443,83							
7310,99 Ost	I,IV	1 830,75	443,83	443,83	I	1 684,00	1 537,16	1 390,41	1 243,75	1 101,16	964,66
	II	1 690,50	443,83	443,83	II	1 543,75	1 396,91	1 250,16	1 107,33	970,58	839,83
	III	1 209,16	443,83	443,83	III	1 094,66	983,16	874,66	769,33	666,83	567,50
	V	2 313,41	443,83	443,83	IV	1 757,41	1 684,00	1 610,16	1 537,16	1 463,83	1 390,41
	VI	2 356,66	443,83	443,83							
7313,99 West	I,IV	1 821,75	443,83	443,83	I	1 675,00	1 528,16	1 381,41	1 234,83	1 092,58	956,50
	II	1 681,50	443,83	443,83	II	1 534,66	1 387,91	1 241,25	1 098,75	962,41	832,00
	III	1 202,00	443,83	443,83	III	1 087,66	976,50	868,16	763,00	660,66	561,50
	V	2 304,33	443,83	443,83	IV	1 748,33	1 675,00	1 601,58	1 528,16	1 454,75	1 381,41
	VI	2 347,58	443,83	443,83							
7313,99 Ost	I,IV	1 832,08	443,83	443,83	I	1 685,25	1 538,50	1 391,66	1 245,00	1 102,41	965,83
	II	1 691,75	443,83	443,83	II	1 545,00	1 398,16	1 251,41	1 108,58	971,75	841,00
	III	1 210,16	443,83	443,83	III	1 095,66	984,16	875,66	770,16	667,83	568,33
	V	2 314,66	443,83	443,83	IV	1 758,66	1 685,25	1 611,83	1 538,50	1 465,08	1 391,66
	VI	2 357,91	443,83	443,83							
7316,99 West	I,IV	1 823,00	443,83	443,83	I	1 676,25	1 529,41	1 382,66	1 236,00	1 093,83	957,58
	II	1 682,75	443,83	443,83	II	1 535,91	1 389,16	1 242,50	1 100,00	963,50	833,08
	III	1 203,00	443,83	443,83	III	1 088,66	977,33	869,00	763,83	661,50	562,33
	V	2 305,58	443,83	443,83	IV	1 749,58	1 676,25	1 602,83	1 529,41	1 456,00	1 382,66
	VI	2 348,91	443,83	443,83							
7316,99 Ost	I,IV	1 833,33	443,83	443,83	I	1 686,50	1 539,75	1 392,91	1 246,25	1 103,58	967,00
	II	1 693,00	443,83	443,83	II	1 546,25	1 399,41	1 252,66	1 109,75	972,91	842,08
	III	1 211,16	443,83	443,83	III	1 096,66	985,00	876,50	771,16	668,66	569,16
	V	2 315,91	443,83	443,83	IV	1 759,91	1 686,50	1 613,08	1 539,75	1 466,33	1 392,91
	VI	2 359,16	443,83	443,83							
7319,99 West	I,IV	1 824,25	443,83	443,83	I	1 677,50	1 530,66	1 383,91	1 237,25	1 095,00	958,75
	II	1 684,00	443,83	443,83	II	1 537,16	1 390,41	1 243,75	1 101,16	964,66	834,25
	III	1 204,00	443,83	443,83	III	1 089,66	978,33	870,00	764,66	662,50	563,16
	V	2 306,91	443,83	443,83	IV	1 750,91	1 677,50	1 604,08	1 530,66	1 457,33	1 383,91
	VI	2 350,16	443,83	443,83							
7319,99 Ost	I,IV	1 834,58	443,83	443,83	I	1 687,75	1 541,00	1 394,16	1 247,50	1 104,75	968,08
	II	1 694,25	443,83	443,83	II	1 547,50	1 400,66	1 254,00	1 111,00	974,00	843,16
	III	1 212,16	443,83	443,83	III	1 097,50	986,00	877,50	772,00	669,50	570,00
	V	2 317,16	443,83	443,83	IV	1 761,16	1 687,75	1 614,41	1 541,00	1 467,58	1 394,16
	VI	2 360,41	443,83	443,83							
7322,99 West	I,IV	1 825,50	443,83	443,83	I	1 678,75	1 531,91	1 385,16	1 238,50	1 096,16	959,91
	II	1 685,25	443,83	443,83	II	1 538,50	1 391,66	1 245,00	1 102,41	965,83	835,33
	III	1 205,00	443,83	443,83	III	1 090,66	979,33	870,83	765,50	663,33	564,00
	V	2 308,16	443,83	443,83	IV	1 752,16	1 678,75	1 605,33	1 531,91	1 458,58	1 385,16
	VI	2 351,41	443,83	443,83							
7322,99 Ost	I,IV	1 835,83	443,83	443,83	I	1 689,00	1 542,25	1 395,41	1 248,75	1 106,00	969,25
	II	1 695,58	443,83	443,83	II	1 548,75	1 402,00	1 255,25	1 112,16	975,16	844,25
	III	1 213,16	443,83	443,83	III	1 098,50	987,00	878,33	772,83	670,33	570,83
	V	2 318,41	443,83	443,83	IV	1 762,41	1 689,00	1 615,66	1 542,25	1 468,83	1 395,41
	VI	2 361,66	443,83	443,83							
7325,99 West	I,IV	1 826,83	443,83	443,83	I	1 680,00	1 533,25	1 386,41	1 239,75	1 097,41	961,08
	II	1 686,50	443,83	443,83	II	1 539,75	1 392,91	1 246,25	1 103,58	967,00	836,41
	III	1 206,00	443,83	443,83	III	1 091,66	980,16	871,83	766,50	664,16	564,83
	V	2 309,41	443,83	443,83	IV	1 753,41	1 680,00	1 606,58	1 533,25	1 459,83	1 386,41
	VI	2 352,66	443,83	443,83							
7325,99 Ost	I,IV	1 837,08	443,83	443,83	I	1 690,33	1 543,50	1 396,75	1 250,00	1 107,16	970,41
	II	1 696,83	443,83	443,83	II	1 550,00	1 403,25	1 256,50	1 113,41	976,33	845,33
	III	1 214,16	443,83	443,83	III	1 099,50	987,83	879,33	773,83	671,16	571,66
	V	2 319,66	443,83	443,83	IV	1 763,66	1 690,33	1 616,91	1 543,50	1 470,08	1 396,75
	VI	2 362,91	443,83	443,83							

* Zur LSt-Berechnung für privat versicherte Arbeitnehmer s. Beispiele **Vorbemerkung S. 4f.**
** Basisvorsorgepauschale KV und PV   *** Typisierter Arbeitgeberzuschuss

Monat gültig ab 1. 1. 2022 (idF des StEntlG 2022) aT3

Lohn/Gehalt in € bis	Steuerklasse	Lohnsteuer*	BVSP**	TAGZ***	Steuerklasse	Bemessungsgrundlage für Kirchensteuer und Solidaritätszuschlag — Freibeträge für ... Kinder 0,5	1,0	1,5	2,0	2,5	3,0

Lohn/Gehalt in € bis	Steuerkl.	Lohnsteuer*	BVSP**	TAGZ***	Steuerkl.	0,5	1,0	1,5	2,0	2,5	3,0
7 328,99 West	I,IV	**1 828,08**	443,83	443,83	I	1 681,25	1 534,50	1 387,66	1 241,00	1 098,58	962,16
	II	**1 687,75**	443,83	443,83	II	1 541,00	1 394,16	1 247,50	1 104,75	968,08	837,50
	III	**1 207,00**	443,83	443,83	III	1 092,50	981,16	872,66	767,33	665,00	565,66
	V	**2 310,66**	443,83	443,83	IV	1 754,66	1 681,25	1 607,83	1 534,50	1 461,08	1 387,66
	VI	**2 353,91**	443,83	443,83							
7 328,99 Ost	I,IV	**1 838,33**	443,83	443,83	I	1 691,58	1 544,75	1 398,00	1 251,25	1 108,33	971,58
	II	**1 698,08**	443,83	443,83	II	1 551,25	1 404,50	1 257,75	1 114,58	977,50	846,41
	III	**1 215,16**	443,83	443,83	III	1 100,50	988,83	880,16	774,66	672,16	572,50
	V	**2 320,91**	443,83	443,83	IV	1 764,91	1 691,58	1 618,16	1 544,75	1 471,33	1 398,00
	VI	**2 364,25**	443,83	443,83							
7 331,99 West	I,IV	**1 829,33**	443,83	443,83	I	1 682,50	1 535,75	1 388,91	1 242,25	1 099,75	963,33
	II	**1 689,00**	443,83	443,83	II	1 542,25	1 395,41	1 248,75	1 106,00	969,25	838,58
	III	**1 208,00**	443,83	443,83	III	1 093,50	982,00	873,66	768,33	665,83	566,50
	V	**2 311,91**	443,83	443,83	IV	1 755,91	1 682,50	1 609,16	1 535,75	1 462,33	1 388,91
	VI	**2 355,16**	443,83	443,83							
7 331,99 Ost	I,IV	**1 839,58**	443,83	443,83	I	1 692,83	1 546,00	1 399,25	1 252,50	1 109,58	972,66
	II	**1 699,33**	443,83	443,83	II	1 552,50	1 405,75	1 259,00	1 115,75	978,66	847,58
	III	**1 216,16**	443,83	443,83	III	1 101,50	989,83	881,16	775,50	673,00	573,50
	V	**2 322,25**	443,83	443,83	IV	1 766,25	1 692,83	1 619,41	1 546,00	1 472,66	1 399,25
	VI	**2 365,50**	443,83	443,83							
7 334,99 West	I,IV	**1 830,58**	443,83	443,83	I	1 683,75	1 537,00	1 390,16	1 243,50	1 101,00	964,50
	II	**1 690,33**	443,83	443,83	II	1 543,50	1 396,75	1 250,00	1 107,16	970,41	839,66
	III	**1 209,00**	443,83	443,83	III	1 094,50	983,00	874,50	769,16	666,83	567,33
	V	**2 313,16**	443,83	443,83	IV	1 757,16	1 683,75	1 610,41	1 537,00	1 463,58	1 390,16
	VI	**2 356,41**	443,83	443,83							
7 334,99 Ost	I,IV	**1 840,83**	443,83	443,83	I	1 694,08	1 547,25	1 400,50	1 253,75	1 110,75	973,83
	II	**1 700,58**	443,83	443,83	II	1 553,83	1 407,00	1 260,25	1 117,00	979,83	848,66
	III	**1 217,16**	443,83	443,83	III	1 102,50	990,66	882,00	776,50	673,83	574,33
	V	**2 323,50**	443,83	443,83	IV	1 767,50	1 694,08	1 620,66	1 547,25	1 473,91	1 400,50
	VI	**2 366,75**	443,83	443,83							
7 337,99 West	I,IV	**1 831,83**	443,83	443,83	I	1 685,08	1 538,25	1 391,50	1 244,75	1 102,16	965,58
	II	**1 691,58**	443,83	443,83	II	1 544,75	1 398,00	1 251,25	1 108,33	971,58	840,75
	III	**1 210,00**	443,83	443,83	III	1 095,50	984,00	875,50	770,00	667,66	568,16
	V	**2 314,41**	443,83	443,83	IV	1 758,41	1 685,08	1 611,66	1 538,25	1 464,83	1 391,50
	VI	**2 357,66**	443,83	443,83							
7 337,99 Ost	I,IV	**1 842,16**	443,83	443,83	I	1 695,33	1 548,58	1 401,75	1 255,00	1 112,00	975,00
	II	**1 701,83**	443,83	443,83	II	1 555,08	1 408,25	1 261,50	1 118,16	980,91	849,75
	III	**1 218,16**	443,83	443,83	III	1 103,33	991,66	883,00	777,33	674,66	575,16
	V	**2 324,75**	443,83	443,83	IV	1 768,75	1 695,33	1 621,91	1 548,58	1 475,16	1 401,75
	VI	**2 368,00**	443,83	443,83							
7 340,99 West	I,IV	**1 833,08**	443,83	443,83	I	1 686,33	1 539,50	1 392,75	1 246,00	1 103,33	966,75
	II	**1 692,83**	443,83	443,83	II	1 546,00	1 399,25	1 252,50	1 109,58	972,66	841,91
	III	**1 211,00**	443,83	443,83	III	1 096,50	984,83	876,33	771,00	668,50	569,00
	V	**2 315,66**	443,83	443,83	IV	1 759,66	1 686,33	1 612,91	1 539,50	1 466,08	1 392,75
	VI	**2 359,00**	443,83	443,83							
7 340,99 Ost	I,IV	**1 843,41**	443,83	443,83	I	1 696,58	1 549,83	1 403,00	1 256,25	1 113,16	976,16
	II	**1 703,08**	443,83	443,83	II	1 556,33	1 409,50	1 262,75	1 119,41	982,08	850,83
	III	**1 219,16**	443,83	443,83	III	1 104,33	992,66	884,00	778,16	675,50	576,00
	V	**2 326,00**	443,83	443,83	IV	1 770,00	1 696,58	1 623,16	1 549,83	1 476,41	1 403,00
	VI	**2 369,25**	443,83	443,83							
7 343,99 West	I,IV	**1 834,33**	443,83	443,83	I	1 687,58	1 540,75	1 394,00	1 247,25	1 104,58	967,91
	II	**1 694,08**	443,83	443,83	II	1 547,25	1 400,50	1 253,75	1 110,75	973,83	843,00
	III	**1 212,00**	443,83	443,83	III	1 097,33	985,83	877,33	771,83	669,33	569,83
	V	**2 317,00**	443,83	443,83	IV	1 761,00	1 687,58	1 614,16	1 540,75	1 467,41	1 394,00
	VI	**2 360,25**	443,83	443,83							
7 343,99 Ost	I,IV	**1 844,66**	443,83	443,83	I	1 697,83	1 551,08	1 404,25	1 257,50	1 114,41	977,33
	II	**1 704,33**	443,83	443,83	II	1 557,58	1 410,75	1 264,00	1 120,58	983,25	851,91
	III	**1 220,16**	443,83	443,83	III	1 105,33	993,50	884,83	779,16	676,50	576,83
	V	**2 327,25**	443,83	443,83	IV	1 771,25	1 697,83	1 624,50	1 551,08	1 477,66	1 404,00
	VI	**2 370,50**	443,83	443,83							

* Zur LSt-Berechnung für privat versicherte Arbeitnehmer s. Beispiele **Vorbemerkung S. 4 f.**
** Basisvorsorgepauschale KV und PV   *** Typisierter Arbeitgeberzuschuss

aT3 allgemeine Lohnsteuer

Lohn/ Gehalt in € bis	Steuerklasse	Lohn-steuer*	BVSP**	TAGZ***	Steuerklasse	Bemessungsgrundlage für Kirchensteuer und Solidaritätszuschlag					
						Freibeträge für ... Kinder					
						0,5	1,0	1,5	2,0	2,5	3,0
7 346,99 West	I,IV	**1 835,58**	443,83	443,83	I	1 688,83	1 542,00	1 395,25	1 248,50	1 105,75	969,08
	II	**1 695,33**	443,83	443,83	II	1 548,58	1 401,75	1 255,00	1 112,00	975,00	844,08
	III	**1 213,00**	443,83	443,83	III	1 098,33	986,83	878,33	772,66	670,16	570,83
	V	**2 318,25**	443,83	443,83	IV	1 762,25	1 688,83	1 615,41	1 542,00	1 468,66	1 395,25
	VI	**2 361,50**	443,83	443,83							
7 346,99 Ost	I,IV	**1 845,91**	443,83	443,83	I	1 699,08	1 552,33	1 405,50	1 258,75	1 115,58	978,41
	II	**1 705,66**	443,83	443,83	II	1 558,83	1 412,08	1 265,25	1 121,83	984,41	853,08
	III	**1 221,16**	443,83	443,83	III	1 106,33	994,50	885,83	780,00	677,33	577,66
	V	**2 328,50**	443,83	443,83	IV	1 772,50	1 699,08	1 625,75	1 552,33	1 478,91	1 405,50
	VI	**2 371,75**	443,83	443,83							
7 349,99 West	I,IV	**1 836,91**	443,83	443,83	I	1 690,08	1 543,33	1 396,50	1 249,75	1 107,00	970,25
	II	**1 696,58**	443,83	443,83	II	1 549,83	1 403,00	1 256,25	1 113,16	976,16	845,16
	III	**1 214,00**	443,83	443,83	III	1 099,33	987,66	879,16	773,66	671,16	571,66
	V	**2 319,50**	443,83	443,83	IV	1 763,50	1 690,08	1 616,66	1 543,33	1 469,91	1 396,50
	VI	**2 362,75**	443,83	443,83							
7 349,99 Ost	I,IV	**1 847,16**	443,83	443,83	I	1 700,41	1 553,58	1 406,83	1 260,00	1 116,75	979,58
	II	**1 706,91**	443,83	443,83	II	1 560,08	1 413,33	1 266,50	1 123,00	985,58	854,16
	III	**1 222,16**	443,83	443,83	III	1 107,33	995,50	886,66	781,00	678,16	578,50
	V	**2 329,75**	443,83	443,83	IV	1 773,75	1 700,41	1 627,00	1 553,58	1 480,16	1 406,83
	VI	**2 373,00**	443,83	443,83							
7 352,99 West	I,IV	**1 838,16**	443,83	443,83	I	1 691,33	1 544,58	1 397,75	1 251,00	1 108,16	971,33
	II	**1 697,83**	443,83	443,83	II	1 551,08	1 404,25	1 257,50	1 114,41	977,33	846,25
	III	**1 215,00**	443,83	443,83	III	1 100,33	988,66	880,16	774,50	672,00	572,50
	V	**2 320,75**	443,83	443,83	IV	1 764,75	1 691,33	1 617,91	1 544,58	1 471,16	1 397,75
	VI	**2 364,00**	443,83	443,83							
7 352,99 Ost	I,IV	**1 848,41**	443,83	443,83	I	1 701,66	1 554,83	1 408,08	1 261,25	1 118,00	980,75
	II	**1 708,16**	443,83	443,83	II	1 561,33	1 414,58	1 267,75	1 124,25	986,75	855,25
	III	**1 223,16**	443,83	443,83	III	1 108,33	996,50	887,66	781,83	679,00	579,33
	V	**2 331,00**	443,83	443,83	IV	1 775,00	1 701,66	1 628,25	1 554,83	1 481,41	1 408,08
	VI	**2 374,33**	443,83	443,83							
7 355,99 West	I,IV	**1 839,41**	443,83	443,83	I	1 692,58	1 545,83	1 399,00	1 252,25	1 109,33	972,50
	II	**1 699,08**	443,83	443,83	II	1 552,33	1 405,50	1 258,75	1 115,58	978,41	847,33
	III	**1 216,00**	443,83	443,83	III	1 101,33	989,66	881,00	775,33	672,83	573,33
	V	**2 322,00**	443,83	443,83	IV	1 766,00	1 692,58	1 619,25	1 545,83	1 472,41	1 399,00
	VI	**2 365,25**	443,83	443,83							
7 355,99 Ost	I,IV	**1 849,66**	443,83	443,83	I	1 702,91	1 556,08	1 409,33	1 262,50	1 119,16	981,91
	II	**1 709,41**	443,83	443,83	II	1 562,58	1 415,83	1 269,00	1 125,41	987,83	856,33
	III	**1 224,16**	443,83	443,83	III	1 109,16	997,33	888,50	782,66	680,00	580,16
	V	**2 332,33**	443,83	443,83	IV	1 776,25	1 702,91	1 629,58	1 556,08	1 482,75	1 409,33
	VI	**2 375,58**	443,83	443,83							
7 358,99 West	I,IV	**1 840,66**	443,83	443,83	I	1 693,83	1 547,08	1 400,25	1 253,50	1 110,58	973,66
	II	**1 700,41**	443,83	443,83	II	1 553,58	1 406,83	1 260,00	1 116,75	979,58	848,50
	III	**1 217,00**	443,83	443,83	III	1 102,33	990,50	882,00	776,33	673,66	574,16
	V	**2 323,25**	443,83	443,83	IV	1 767,25	1 693,83	1 620,50	1 547,08	1 473,66	1 400,25
	VI	**2 366,50**	443,83	443,83							
7 358,99 Ost	I,IV	**1 850,91**	443,83	443,83	I	1 704,16	1 557,33	1 410,58	1 263,75	1 120,41	983,08
	II	**1 710,66**	443,83	443,83	II	1 563,91	1 417,08	1 270,25	1 126,66	989,00	857,50
	III	**1 225,16**	443,83	443,83	III	1 110,16	998,33	889,50	783,66	680,83	581,00
	V	**2 333,58**	443,83	443,83	IV	1 777,58	1 704,16	1 630,75	1 557,33	1 484,00	1 410,58
	VI	**2 376,83**	443,83	443,83							
7 361,99 West	I,IV	**1 841,91**	443,83	443,83	I	1 695,16	1 548,33	1 401,58	1 254,83	1 111,75	974,83
	II	**1 701,66**	443,83	443,83	II	1 554,83	1 408,08	1 261,25	1 118,00	980,75	849,58
	III	**1 218,00**	443,83	443,83	III	1 103,16	991,50	882,83	777,16	674,50	575,00
	V	**2 324,50**	443,83	443,83	IV	1 768,50	1 695,16	1 621,75	1 548,33	1 474,91	1 401,58
	VI	**2 367,75**	443,83	443,83							
7 361,99 Ost	I,IV	**1 852,16**	443,83	443,83	I	1 705,41	1 558,66	1 411,83	1 265,08	1 121,58	984,25
	II	**1 711,91**	443,83	443,83	II	1 565,16	1 418,33	1 271,58	1 127,83	990,16	858,58
	III	**1 226,16**	443,83	443,83	III	1 111,16	999,33	890,33	784,50	681,66	581,83
	V	**2 334,83**	443,83	443,83	IV	1 778,83	1 705,41	1 632,00	1 558,66	1 485,25	1 411,83
	VI	**2 378,08**	443,83	443,83							

* Zur LSt-Berechnung für privat versicherte Arbeitnehmer s. Beispiele **Vorbemerkung S. 4 f.**
** Basisvorsorgepauschale KV und PV *** Typisierter Arbeitgeberzuschuss

Monat gültig ab 1. 1. 2022 (idF des StEntlG 2022) — aT3

Lohn/Gehalt in € bis	Steuerklasse	Lohnsteuer*	BVSP**	TAGZ***	Steuerklasse	\ Bemessungsgrundlage für Kirchensteuer und Solidaritätszuschlag — Freibeträge für ... Kinder 0,5	1,0	1,5	2,0	2,5	3,0
7364,99 West	I,IV	1843,16	443,83	443,83	I	1696,41	1549,58	1402,83	1256,08	1113,00	975,91
	II	1702,91	443,83	443,83	II	1556,08	1409,33	1262,50	1119,16	981,91	850,66
	III	1219,00	443,83	443,83	III	1104,16	992,50	883,83	778,16	675,50	575,83
	V	2325,75	443,83	443,83	IV	1769,75	1696,41	1623,00	1549,58	1476,16	1402,83
	VI	2369,08	443,83	443,83							
7364,99 Ost	I,IV	1853,50	443,83	443,83	I	1706,66	1559,91	1413,08	1266,33	1122,83	985,33
	II	1713,16	443,83	443,83	II	1566,41	1419,58	1272,83	1129,08	991,33	859,66
	III	1227,16	443,83	443,83	III	1112,16	1000,16	891,33	785,33	682,50	582,66
	V	2336,08	443,83	443,83	IV	1780,08	1706,66	1633,25	1559,91	1486,50	1413,08
	VI	2379,33	443,83	443,83							
7367,99 West	I,IV	1844,41	443,83	443,83	I	1697,66	1550,83	1404,08	1257,33	1114,16	977,08
	II	1704,16	443,83	443,83	II	1557,33	1410,58	1263,75	1120,41	983,08	851,75
	III	1220,00	443,83	443,83	III	1105,16	993,50	884,66	779,00	676,33	576,66
	V	2327,08	443,83	443,83	IV	1771,00	1697,66	1624,25	1550,83	1477,50	1404,08
	VI	2370,33	443,83	443,83							
7367,99 Ost	I,IV	1854,75	443,83	443,83	I	1707,91	1561,16	1414,33	1267,58	1124,00	986,50
	II	1714,41	443,83	443,83	II	1567,66	1420,83	1274,08	1130,25	992,50	860,75
	III	1228,16	443,83	443,83	III	1113,16	1001,16	892,16	786,33	683,33	583,50
	V	2337,33	443,83	443,83	IV	1781,33	1707,91	1634,50	1561,16	1487,75	1414,33
	VI	2380,58	443,83	443,83							
7370,99 West	I,IV	1845,66	443,83	443,83	I	1698,91	1552,08	1405,33	1258,58	1115,41	978,25
	II	1705,41	443,83	443,83	II	1558,66	1411,83	1265,08	1121,58	984,25	852,83
	III	1221,00	443,83	443,83	III	1106,16	994,33	885,66	779,83	677,16	577,50
	V	2328,33	443,83	443,83	IV	1772,33	1698,91	1625,50	1552,08	1478,75	1405,33
	VI	2371,58	443,83	443,83							
7370,99 Ost	I,IV	1856,00	443,83	443,83	I	1709,16	1562,41	1415,58	1268,83	1125,25	987,66
	II	1715,66	443,83	443,83	II	1568,91	1422,16	1275,33	1131,50	993,66	861,91
	III	1229,16	443,83	443,83	III	1114,16	1002,16	893,16	787,16	684,33	584,33
	V	2338,58	443,83	443,83	IV	1782,58	1709,16	1635,83	1562,41	1489,00	1415,58
	VI	2381,83	443,83	443,83							
7373,99 West	I,IV	1846,91	443,83	443,83	I	1700,16	1553,41	1406,58	1259,83	1116,58	979,41
	II	1706,66	443,83	443,83	II	1559,91	1413,08	1266,33	1122,83	985,33	854,00
	III	1222,00	443,83	443,83	III	1107,16	995,33	886,50	780,83	678,00	578,33
	V	2329,58	443,83	443,83	IV	1773,58	1700,16	1626,75	1553,41	1480,00	1406,58
	VI	2372,83	443,83	443,83							
7373,99 Ost	I,IV	1857,25	443,83	443,83	I	1710,41	1563,66	1416,91	1270,08	1126,41	988,83
	II	1717,00	443,83	443,83	II	1570,16	1423,41	1276,58	1132,66	994,83	863,00
	III	1230,16	443,83	443,83	III	1115,00	1003,00	894,00	788,16	685,16	585,16
	V	2339,83	443,83	443,83	IV	1783,83	1710,41	1637,08	1563,66	1490,25	1416,91
	VI	2383,08	443,83	443,83							
7376,99 West	I,IV	1848,25	443,83	443,83	I	1701,41	1554,66	1407,83	1261,08	1117,75	980,58
	II	1707,91	443,83	443,83	II	1561,16	1414,33	1267,58	1124,00	986,50	855,08
	III	1223,00	443,83	443,83	III	1108,16	996,33	887,50	781,66	678,83	579,16
	V	2330,83	443,83	443,83	IV	1774,83	1701,41	1628,00	1554,66	1481,25	1407,83
	VI	2374,08	443,83	443,83							
7376,99 Ost	I,IV	1858,50	443,83	443,83	I	1711,75	1564,91	1418,16	1271,33	1127,66	990,00
	II	1718,25	443,83	443,83	II	1571,41	1424,66	1277,83	1133,91	996,00	864,08
	III	1231,16	443,83	443,83	III	1116,00	1004,00	895,00	789,00	686,00	586,00
	V	2341,08	443,83	443,83	IV	1785,08	1711,75	1638,33	1564,91	1491,50	1418,16
	VI	2384,33	443,83	443,83							
7379,99 West	I,IV	1849,50	443,83	443,83	I	1702,66	1555,91	1409,08	1262,33	1119,00	981,75
	II	1709,16	443,83	443,83	II	1562,41	1415,58	1268,83	1125,25	987,66	856,16
	III	1224,00	443,83	443,83	III	1109,00	997,16	888,33	782,50	679,83	580,00
	V	2332,08	443,83	443,83	IV	1776,08	1702,66	1629,33	1555,91	1482,50	1409,08
	VI	2375,33	443,83	443,83							
7379,99 Ost	I,IV	1859,75	443,83	443,83	I	1713,00	1566,16	1419,41	1272,58	1128,83	991,16
	II	1719,50	443,83	443,83	II	1572,66	1425,91	1279,08	1135,08	997,08	865,16
	III	1232,16	443,83	443,83	III	1117,00	1005,00	895,83	789,83	686,83	586,83
	V	2342,33	443,83	443,83	IV	1786,33	1713,00	1639,58	1566,16	1492,75	1419,41
	VI	2385,66	443,83	443,83							

* Zur LSt-Berechnung für privat versicherte Arbeitnehmer s. Beispiele **Vorbemerkung S. 4 f.**
** Basisvorsorgepauschale KV und PV   *** Typisierter Arbeitgeberzuschuss

aT3 · allgemeine Lohnsteuer

Lohn/Gehalt in € bis	Steuerklasse	Lohnsteuer*	BVSP**	TAGZ***	Steuerklasse	Bemessungsgrundlage für Kirchensteuer und Solidaritätszuschlag — Freibeträge für ... Kinder					
						0,5	1,0	1,5	2,0	2,5	3,0
7382,99 West	I,IV	1850,75	443,83	443,83	I	1703,91	1557,16	1410,33	1263,58	1120,16	982,83
	II	1710,41	443,83	443,83	II	1563,66	1416,91	1270,08	1126,41	988,83	857,25
	III	1225,00	443,83	443,83	III	1110,00	998,16	889,33	783,50	680,66	580,83
	V	2333,33	443,83	443,83	IV	1777,33	1703,91	1630,58	1557,16	1483,75	1410,33
	VI	2376,58	443,83	443,83							
7382,99 Ost	I,IV	1861,00	443,83	443,83	I	1714,25	1567,41	1420,66	1273,83	1130,08	992,33
	II	1720,75	443,83	443,83	II	1573,91	1427,16	1280,41	1136,33	998,25	866,33
	III	1233,16	443,83	443,83	III	1118,00	1005,83	896,83	790,83	687,83	587,83
	V	2343,66	443,83	443,83	IV	1787,66	1714,25	1640,83	1567,41	1494,08	1420,66
	VI	2386,91	443,83	443,83							
7385,99 West	I,IV	1852,00	443,83	443,83	I	1705,16	1558,41	1411,66	1264,83	1121,41	984,00
	II	1711,75	443,83	443,83	II	1564,91	1418,16	1271,33	1127,66	990,00	858,41
	III	1226,00	443,83	443,83	III	1111,00	999,16	890,16	784,33	681,50	581,66
	V	2334,58	443,83	443,83	IV	1778,58	1705,16	1631,83	1558,41	1485,00	1411,66
	VI	2377,83	443,83	443,83							
7385,99 Ost	I,IV	1862,25	443,83	443,83	I	1715,50	1568,66	1421,91	1275,16	1131,25	993,41
	II	1722,00	443,83	443,83	II	1575,25	1428,41	1281,66	1137,50	999,41	867,41
	III	1234,16	443,83	443,83	III	1119,00	1006,83	897,66	791,66	688,66	588,66
	V	2344,91	443,83	443,83	IV	1788,91	1715,50	1642,08	1568,66	1495,33	1421,91
	VI	2388,16	443,83	443,83							
7388,99 West	I,IV	1853,25	443,83	443,83	I	1706,50	1559,66	1412,91	1266,08	1122,58	985,16
	II	1713,00	443,83	443,83	II	1566,16	1419,41	1272,58	1128,83	991,16	859,50
	III	1227,00	443,83	443,83	III	1112,00	1000,00	891,16	785,16	682,33	582,50
	V	2335,83	443,83	443,83	IV	1779,83	1706,50	1633,08	1559,66	1486,25	1412,91
	VI	2379,08	443,83	443,83							
7388,99 Ost	I,IV	1863,58	443,83	443,83	I	1716,75	1570,00	1423,16	1276,41	1132,50	994,58
	II	1723,25	443,83	443,83	II	1576,50	1429,66	1282,91	1138,75	1000,58	868,50
	III	1235,16	443,83	443,83	III	1120,00	1007,83	898,66	792,50	689,50	589,50
	V	2346,16	443,83	443,83	IV	1790,16	1716,75	1643,33	1570,00	1496,58	1423,16
	VI	2389,41	443,83	443,83							
7391,99 West	I,IV	1854,50	443,83	443,83	I	1707,75	1560,91	1414,16	1267,33	1123,83	986,33
	II	1714,25	443,83	443,83	II	1567,41	1420,66	1273,83	1130,08	992,33	860,58
	III	1228,00	443,83	443,83	III	1113,00	1001,00	892,00	786,16	683,33	583,33
	V	2337,08	443,83	443,83	IV	1781,08	1707,75	1634,33	1560,91	1487,50	1414,16
	VI	2380,41	443,83	443,83							
7391,99 Ost	I,IV	1864,83	443,83	443,83	I	1718,00	1571,25	1424,41	1277,66	1133,66	995,75
	II	1724,50	443,83	443,83	II	1577,75	1430,91	1284,16	1139,91	1001,75	869,66
	III	1236,16	443,83	443,83	III	1121,00	1008,66	899,66	793,50	690,33	590,33
	V	2347,41	443,83	443,83	IV	1791,41	1718,00	1644,58	1571,25	1497,83	1424,41
	VI	2390,66	443,83	443,83							
7394,99 West	I,IV	1855,75	443,83	443,83	I	1709,00	1562,16	1415,41	1268,58	1125,00	987,50
	II	1715,50	443,83	443,83	II	1568,66	1421,91	1275,16	1131,25	993,41	861,66
	III	1229,00	443,83	443,83	III	1114,00	1002,00	893,00	787,00	684,16	584,16
	V	2338,41	443,83	443,83	IV	1782,41	1709,00	1635,58	1562,16	1488,83	1415,41
	VI	2381,66	443,83	443,83							
7394,99 Ost	I,IV	1866,08	443,83	443,83	I	1719,25	1572,50	1425,66	1278,91	1134,91	996,91
	II	1725,75	443,83	443,83	II	1579,00	1432,16	1285,41	1141,16	1002,91	870,75
	III	1237,16	443,83	443,83	III	1121,83	1009,66	900,50	794,33	691,16	591,16
	V	2348,66	443,83	443,83	IV	1792,66	1719,25	1645,91	1572,50	1499,08	1425,66
	VI	2391,91	443,83	443,83							
7397,99 West	I,IV	1857,00	443,83	443,83	I	1710,25	1563,41	1416,66	1269,83	1126,25	988,66
	II	1716,75	443,83	443,83	II	1570,00	1423,16	1276,41	1132,50	994,58	862,83
	III	1230,00	443,83	443,83	III	1114,83	1002,83	893,83	788,00	685,00	585,16
	V	2339,66	443,83	443,83	IV	1783,66	1710,25	1636,83	1563,41	1490,08	1416,66
	VI	2382,91	443,83	443,83							
7397,99 Ost	I,IV	1867,33	443,83	443,83	I	1720,50	1573,75	1426,91	1280,16	1136,08	998,08
	II	1727,08	443,83	443,83	II	1580,25	1433,41	1286,66	1142,33	1004,08	871,83
	III	1238,16	443,83	443,83	III	1122,83	1010,66	901,50	795,33	692,16	592,00
	V	2349,91	443,83	443,83	IV	1793,91	1720,50	1647,16	1573,75	1500,33	1426,91
	VI	2393,16	443,83	443,83							

* Zur LSt-Berechnung für privat versicherte Arbeitnehmer s. Beispiele **Vorbemerkung S. 4f.**
** Basisvorsorgepauschale KV und PV   *** Typisierter Arbeitgeberzuschuss

Monat gültig ab 1. 1. 2022 (idF des StEntlG 2022) aT3

Lohn/ Gehalt in € bis	Steuerklasse	Lohn- steuer*	BVSP**	TAGZ***	Steuerklasse	Bemessungsgrundlage für Kirchensteuer und Solidaritätszuschlag Freibeträge für ... Kinder					
						0,5	1,0	1,5	2,0	2,5	3,0
7400,99 West	I,IV	**1858,33**	443,83	443,83	I	1711,50	1564,75	1417,91	1271,16	1127,41	989,75
	II	**1718,00**	443,83	443,83	II	1571,25	1424,41	1277,66	1133,66	995,75	863,91
	III	**1231,00**	443,83	443,83	III	1115,83	1003,83	894,83	788,83	685,83	586,00
	V	**2340,91**	443,83	443,83	IV	1784,91	1711,50	1638,08	1564,75	1491,33	1417,91
	VI	**2384,16**	443,83	443,83							
7400,99 Ost	I,IV	**1868,58**	443,83	443,83	I	1721,83	1575,00	1428,25	1281,41	1137,33	999,25
	II	**1728,33**	443,83	443,83	II	1581,50	1434,75	1287,91	1143,58	1005,25	872,91
	III	**1239,16**	443,83	443,83	III	1123,83	1011,66	902,33	796,16	693,00	592,83
	V	**2351,16**	443,83	443,83	IV	1795,16	1721,83	1648,41	1575,00	1501,58	1428,25
	VI	**2394,41**	443,83	443,83							
7403,99 West	I,IV	**1859,58**	443,83	443,83	I	1712,75	1566,00	1419,16	1272,41	1128,66	990,91
	II	**1719,25**	443,83	443,83	II	1572,50	1425,66	1278,91	1134,91	996,91	865,00
	III	**1232,00**	443,83	443,83	III	1116,83	1004,83	895,66	789,66	686,66	586,83
	V	**2342,16**	443,83	443,83	IV	1786,16	1712,75	1639,33	1566,00	1492,58	1419,16
	VI	**2385,41**	443,83	443,83							
7403,99 Ost	I,IV	**1869,83**	443,83	443,83	I	1723,08	1576,25	1429,50	1282,66	1138,50	1000,41
	II	**1729,58**	443,83	443,83	II	1582,75	1436,00	1289,16	1144,75	1006,41	874,08
	III	**1240,16**	443,83	443,83	III	1124,83	1012,50	903,33	797,00	693,83	593,66
	V	**2352,41**	443,83	443,83	IV	1796,41	1723,08	1649,66	1576,25	1502,83	1429,50
	VI	**2395,75**	443,83	443,83							
7406,99 West	I,IV	**1860,83**	443,83	443,83	I	1714,00	1567,25	1420,41	1273,66	1129,83	992,08
	II	**1720,50**	443,83	443,83	II	1573,75	1426,91	1280,16	1136,08	998,08	866,08
	III	**1233,00**	443,83	443,83	III	1117,83	1005,66	896,66	790,66	687,66	587,66
	V	**2343,41**	443,83	443,83	IV	1787,41	1714,00	1640,66	1567,25	1493,83	1420,41
	VI	**2386,66**	443,83	443,83							
7406,99 Ost	I,IV	**1871,08**	443,83	443,83	I	1724,33	1577,50	1430,75	1283,91	1139,75	1001,58
	II	**1730,83**	443,83	443,83	II	1584,00	1437,25	1290,41	1146,00	1007,58	875,16
	III	**1241,16**	443,83	443,83	III	1125,83	1013,50	904,16	798,00	694,66	594,50
	V	**2353,75**	443,83	443,83	IV	1797,75	1724,33	1650,91	1577,50	1504,16	1430,75
	VI	**2397,00**	443,83	443,83							
7409,99 West	I,IV	**1862,08**	443,83	443,83	I	1715,25	1568,50	1421,66	1274,91	1131,08	993,25
	II	**1721,83**	443,83	443,83	II	1575,00	1428,25	1281,41	1137,33	999,25	867,25
	III	**1234,00**	443,83	443,83	III	1118,83	1006,66	897,66	791,50	688,50	588,50
	V	**2344,66**	443,83	443,83	IV	1788,66	1715,25	1641,91	1568,50	1495,08	1421,66
	VI	**2387,91**	443,83	443,83							
7409,99 Ost	I,IV	**1872,33**	443,83	443,83	I	1725,58	1578,75	1432,00	1285,16	1140,91	1002,75
	II	**1732,08**	443,83	443,83	II	1585,33	1438,50	1291,75	1147,25	1008,75	876,25
	III	**1242,16**	443,83	443,83	III	1126,83	1014,50	905,16	798,83	695,66	595,33
	V	**2355,00**	443,83	443,83	IV	1799,00	1725,58	1652,16	1578,75	1505,41	1432,00
	VI	**2398,25**	443,83	443,83							
7412,99 West	I,IV	**1863,33**	443,83	443,83	I	1716,58	1569,75	1423,00	1276,16	1132,25	994,41
	II	**1723,08**	443,83	443,83	II	1576,25	1429,50	1282,66	1138,50	1000,41	868,33
	III	**1235,00**	443,83	443,83	III	1119,83	1007,66	898,50	792,50	689,33	589,33
	V	**2345,91**	443,83	443,83	IV	1789,91	1716,58	1643,16	1569,75	1496,33	1423,00
	VI	**2389,16**	443,83	443,83							
7412,99 Ost	I,IV	**1873,66**	443,83	443,83	I	1726,83	1580,08	1433,25	1286,50	1142,16	1003,91
	II	**1733,33**	443,83	443,83	II	1586,58	1439,75	1293,00	1148,41	1009,91	877,41
	III	**1243,16**	443,83	443,83	III	1127,83	1015,33	906,00	799,83	696,50	596,16
	V	**2356,25**	443,83	443,83	IV	1800,25	1726,83	1653,41	1580,00	1506,66	1433,25
	VI	**2399,50**	443,83	443,83							
7415,99 West	I,IV	**1864,58**	443,83	443,83	I	1717,83	1571,00	1424,25	1277,41	1133,50	995,58
	II	**1724,33**	443,83	443,83	II	1577,50	1430,75	1283,91	1139,75	1001,58	869,41
	III	**1236,00**	443,83	443,83	III	1120,83	1008,66	899,50	793,33	690,16	590,16
	V	**2347,16**	443,83	443,83	IV	1791,16	1717,83	1644,41	1571,00	1497,58	1424,25
	VI	**2390,50**	443,83	443,83							
7415,99 Ost	I,IV	**1874,91**	443,83	443,83	I	1728,08	1581,33	1434,50	1287,75	1143,33	1005,08
	II	**1734,58**	443,83	443,83	II	1587,83	1441,00	1294,25	1149,66	1011,08	878,50
	III	**1244,16**	443,83	443,83	III	1128,66	1016,33	907,00	800,66	697,33	597,00
	V	**2357,50**	443,83	443,83	IV	1801,50	1728,08	1654,66	1581,33	1507,91	1434,50
	VI	**2400,75**	443,83	443,83							

* Zur LSt-Berechnung für privat versicherte Arbeitnehmer s. Beispiele **Vorbemerkung S. 4f.**
** Basisvorsorgepauschale KV und PV *** Typisierter Arbeitgeberzuschuss

aT3   allgemeine Lohnsteuer

Lohn/Gehalt in € bis	Steuerklasse	Lohnsteuer*	BVSP**	TAGZ***	Steuerklasse	Bemessungsgrundlage für Kirchensteuer und Solidaritätszuschlag — Freibeträge für ... Kinder 0,5	1,0	1,5	2,0	2,5	3,0
7418,99 West	I,IV	1865,83	443,83	443,83	I	1719,08	1572,25	1425,50	1278,66	1134,66	996,75
	II	1725,58	443,83	443,83	II	1578,75	1432,00	1285,16	1140,91	1002,75	870,58
	III	1237,00	443,83	443,83	III	1121,66	1009,50	900,33	794,16	691,16	591,00
	V	2348,50	443,83	443,83	IV	1792,50	1719,08	1645,66	1572,25	1498,91	1425,50
	VI	2391,75	443,83	443,83							
7418,99 Ost	I,IV	1876,16	443,83	443,83	I	1729,33	1582,58	1435,75	1289,00	1144,58	1006,16
	II	1735,83	443,83	443,83	II	1589,00	1442,25	1295,50	1150,83	1012,25	879,58
	III	1245,16	443,83	443,83	III	1129,66	1017,33	908,00	801,50	698,16	598,00
	V	2358,75	443,83	443,83	IV	1802,75	1729,33	1656,00	1582,58	1509,16	1435,75
	VI	2402,00	443,83	443,83							
7421,99 West	I,IV	1867,08	443,83	443,83	I	1720,33	1573,50	1426,75	1279,91	1135,91	997,91
	II	1726,83	443,83	443,83	II	1580,00	1433,25	1286,50	1142,16	1003,91	871,66
	III	1238,00	443,83	443,83	III	1122,66	1010,50	901,33	795,16	692,00	591,83
	V	2349,75	443,83	443,83	IV	1793,75	1720,33	1646,91	1573,50	1500,16	1426,75
	VI	2393,00	443,83	443,83							
7421,99 Ost	I,IV	1877,41	443,83	443,83	I	1730,58	1583,83	1437,00	1290,25	1145,83	1007,33
	II	1737,16	443,83	443,83	II	1590,33	1443,58	1296,75	1152,08	1013,41	880,75
	III	1246,16	443,83	443,83	III	1130,66	1018,33	908,83	802,50	699,16	598,83
	V	2360,00	443,83	443,83	IV	1804,00	1730,58	1657,25	1583,83	1510,41	1437,00
	VI	2403,25	443,83	443,83							
7424,99 West	I,IV	1868,41	443,83	443,83	I	1721,58	1574,83	1428,00	1281,25	1137,08	999,08
	II	1728,08	443,83	443,83	II	1581,33	1434,50	1287,75	1143,33	1005,08	872,75
	III	1239,00	443,83	443,83	III	1123,66	1011,50	902,16	796,00	692,83	592,66
	V	2351,00	443,83	443,83	IV	1795,00	1721,58	1648,16	1574,83	1501,41	1428,00
	VI	2394,25	443,83	443,83							
7424,99 Ost	I,IV	1878,66	443,83	443,83	I	1731,91	1585,08	1438,33	1291,50	1147,00	1008,50
	II	1738,41	443,83	443,83	II	1591,58	1444,83	1298,00	1153,33	1014,58	881,83
	III	1247,16	443,83	443,83	III	1131,66	1019,16	909,83	803,33	700,00	599,66
	V	2361,25	443,83	443,83	IV	1805,25	1731,91	1658,50	1585,08	1511,66	1438,33
	VI	2404,50	443,83	443,83							
7427,99 West	I,IV	1869,66	443,83	443,83	I	1722,83	1576,08	1429,25	1282,50	1138,33	1000,25
	II	1729,33	443,83	443,83	II	1582,58	1435,75	1289,00	1144,58	1006,16	873,91
	III	1240,00	443,83	443,83	III	1124,66	1012,33	903,16	796,83	693,66	593,50
	V	2352,25	443,83	443,83	IV	1796,25	1722,83	1649,41	1576,08	1502,66	1429,25
	VI	2395,50	443,83	443,83							
7427,99 Ost	I,IV	1879,91	443,83	443,83	I	1733,16	1586,33	1439,58	1292,75	1148,25	1009,66
	II	1739,66	443,83	443,83	II	1592,83	1446,08	1299,25	1154,50	1015,75	882,91
	III	1248,16	443,83	443,83	III	1132,66	1020,16	910,66	804,33	700,83	600,50
	V	2362,50	443,83	443,83	IV	1806,50	1733,16	1659,75	1586,33	1512,91	1439,58
	VI	2405,83	443,83	443,83							
7430,99 West	I,IV	1870,91	443,83	443,83	I	1724,08	1577,33	1430,50	1283,75	1139,50	1001,33
	II	1730,58	443,83	443,83	II	1583,83	1437,00	1290,25	1145,83	1007,33	875,00
	III	1241,00	443,83	443,83	III	1125,66	1013,33	904,00	797,83	694,66	594,33
	V	2353,50	443,83	443,83	IV	1797,50	1724,08	1650,75	1577,33	1503,91	1430,50
	VI	2396,75	443,83	443,83							
7430,99 Ost	I,IV	1881,16	443,83	443,83	I	1734,41	1587,58	1440,83	1294,00	1149,41	1010,83
	II	1740,91	443,83	443,83	II	1594,08	1447,33	1300,50	1155,75	1016,83	884,08
	III	1249,16	443,83	443,83	III	1133,66	1021,16	911,66	805,16	701,66	601,33
	V	2363,83	443,83	443,83	IV	1807,75	1734,41	1661,00	1587,58	1514,25	1440,83
	VI	2407,08	443,83	443,83							
7433,99 West	I,IV	1872,16	443,83	443,83	I	1725,33	1578,58	1431,75	1285,00	1140,75	1002,50
	II	1731,91	443,83	443,83	II	1585,08	1438,33	1291,50	1147,00	1008,50	876,08
	III	1242,00	443,83	443,83	III	1126,66	1014,33	905,00	798,66	695,50	595,16
	V	2354,75	443,83	443,83	IV	1798,75	1725,33	1652,00	1578,58	1505,16	1431,75
	VI	2398,00	443,83	443,83							
7433,99 Ost	I,IV	1882,41	443,83	443,83	I	1735,66	1588,83	1442,08	1295,25	1150,66	1012,00
	II	1742,16	443,83	443,83	II	1595,41	1448,58	1301,83	1156,91	1018,00	885,16
	III	1250,16	443,83	443,83	III	1134,66	1022,00	912,50	806,00	702,66	602,16
	V	2365,08	443,83	443,83	IV	1809,08	1735,66	1662,25	1588,83	1515,50	1442,08
	VI	2408,33	443,83	443,83							

* Zur LSt-Berechnung für privat versicherte Arbeitnehmer s. Beispiele **Vorbemerkung S. 4 f.**
** Basisvorsorgepauschale KV und PV   *** Typisierter Arbeitgeberzuschuss

Monat gültig ab 1. 1. 2022 (idF des StEntlG 2022) — aT3

Lohn/Gehalt in € bis	Steuerklasse	Lohnsteuer*	BVSP**	TAGZ***	Steuerklasse	\multicolumn{6}{c}{Bemessungsgrundlage für Kirchensteuer und Solidaritätszuschlag — Freibeträge für ... Kinder}					
						0,5	1,0	1,5	2,0	2,5	3,0
7436,99 West	I,IV	1873,41	443,83	443,83	I	1726,66	1579,83	1433,08	1286,25	1141,91	1003,66
	II	1733,16	443,83	443,83	II	1586,33	1439,58	1292,75	1148,25	1009,66	877,25
	III	1243,00	443,83	443,83	III	1127,66	1015,16	905,83	799,66	696,33	596,00
	V	2356,00	443,83	443,83	IV	1800,00	1726,66	1653,25	1579,83	1506,41	1433,08
	VI	2399,25	443,83	443,83							
7436,99 Ost	I,IV	1883,66	443,83	443,83	I	1736,91	1590,16	1443,33	1296,58	1151,91	1013,16
	II	1743,41	443,83	443,83	II	1596,66	1449,83	1303,08	1158,16	1019,16	886,33
	III	1251,16	443,83	443,83	III	1135,66	1023,00	913,50	807,00	703,50	603,00
	V	2366,33	443,83	443,83	IV	1810,33	1736,91	1663,50	1590,16	1516,75	1443,33
	VI	2409,58	443,83	443,83							
7439,99 West	I,IV	1874,66	443,83	443,83	I	1727,91	1581,08	1434,33	1287,50	1143,16	1004,83
	II	1734,41	443,83	443,83	II	1587,58	1440,83	1294,00	1149,41	1010,83	878,33
	III	1244,00	443,83	443,83	III	1128,50	1016,16	906,83	800,50	697,16	597,00
	V	2357,25	443,83	443,83	IV	1801,25	1727,91	1654,50	1581,08	1507,66	1434,33
	VI	2400,58	443,83	443,83							
7439,99 Ost	I,IV	1885,00	443,83	443,83	I	1738,16	1591,41	1444,58	1297,83	1153,08	1014,33
	II	1744,66	443,83	443,83	II	1597,91	1451,08	1304,33	1159,41	1020,33	887,41
	III	1252,16	443,83	443,83	III	1136,50	1024,00	914,33	807,83	704,33	603,83
	V	2367,58	443,83	443,83	IV	1811,58	1738,16	1664,75	1591,41	1518,00	1444,58
	VI	2410,83	443,83	443,83							
7442,99 West	I,IV	1875,91	443,83	443,83	I	1729,16	1582,33	1435,58	1288,75	1144,41	1006,00
	II	1735,66	443,83	443,83	II	1588,83	1442,08	1295,25	1150,66	1012,00	879,41
	III	1245,00	443,83	443,83	III	1129,50	1017,16	907,83	801,33	698,00	597,83
	V	2358,58	443,83	443,83	IV	1802,50	1729,16	1655,75	1582,33	1509,00	1435,58
	VI	2401,83	443,83	443,83							
7442,99 Ost	I,IV	1886,25	443,83	443,83	I	1739,41	1592,66	1445,83	1299,08	1154,33	1015,50
	II	1745,91	443,83	443,83	II	1599,16	1452,33	1305,58	1160,58	1021,50	888,50
	III	1253,16	443,83	443,83	III	1137,50	1025,00	915,33	808,83	705,16	604,66
	V	2368,83	443,83	443,83	IV	1812,83	1739,41	1666,00	1592,66	1519,25	1445,83
	VI	2412,08	443,83	443,83							
7445,99 West	I,IV	1877,16	443,83	443,83	I	1730,41	1583,58	1436,83	1290,00	1145,58	1007,16
	II	1736,91	443,83	443,83	II	1590,16	1443,33	1296,58	1151,91	1013,16	880,58
	III	1246,00	443,83	443,83	III	1130,50	1018,16	908,66	802,33	699,00	598,66
	V	2359,83	443,83	443,83	IV	1803,83	1730,41	1657,00	1583,58	1510,25	1436,83
	VI	2403,08	443,83	443,83							
7445,99 Ost	I,IV	1887,50	443,83	443,83	I	1740,66	1593,91	1447,08	1300,33	1155,50	1016,66
	II	1747,16	443,83	443,83	II	1600,41	1453,66	1306,83	1161,83	1022,75	889,66
	III	1254,16	443,83	443,83	III	1138,50	1025,83	916,33	809,66	706,16	605,50
	V	2370,08	443,83	443,83	IV	1814,08	1740,66	1667,33	1593,91	1520,50	1447,08
	VI	2413,33	443,83	443,83							
7448,99 West	I,IV	1878,41	443,83	443,83	I	1731,66	1584,91	1438,08	1291,33	1146,83	1008,33
	II	1738,16	443,83	443,83	II	1591,41	1444,58	1297,83	1153,08	1014,33	881,66
	III	1247,00	443,83	443,83	III	1131,50	1019,00	909,66	803,16	699,83	599,50
	V	2361,08	443,83	443,83	IV	1805,08	1731,66	1658,25	1584,91	1511,50	1438,08
	VI	2404,33	443,83	443,83							
7448,99 Ost	I,IV	1888,75	443,83	443,83	I	1741,91	1595,16	1448,41	1301,58	1156,75	1017,83
	II	1748,50	443,83	443,83	II	1601,66	1454,91	1308,08	1163,08	1023,91	890,75
	III	1255,16	443,83	443,83	III	1139,50	1026,83	917,16	810,50	707,00	606,33
	V	2371,33	443,83	443,83	IV	1815,33	1741,91	1668,58	1595,16	1521,75	1448,41
	VI	2414,58	443,83	443,83							
7451,99 West	I,IV	1879,75	443,83	443,83	I	1732,91	1586,16	1439,33	1292,58	1148,00	1009,50
	II	1739,41	443,83	443,83	II	1592,66	1445,83	1299,08	1154,33	1015,50	882,75
	III	1248,00	443,83	443,83	III	1132,50	1020,00	910,50	804,16	700,66	600,33
	V	2362,33	443,83	443,83	IV	1806,33	1732,91	1659,50	1586,16	1512,75	1439,33
	VI	2405,58	443,83	443,83							
7451,99 Ost	I,IV	1890,00	443,83	443,83	I	1743,25	1596,41	1449,66	1302,83	1158,00	1019,00
	II	1749,75	443,83	443,83	II	1602,91	1456,16	1309,33	1164,25	1025,08	891,91
	III	1256,16	443,83	443,83	III	1140,50	1027,83	918,16	811,50	707,83	607,33
	V	2372,58	443,83	443,83	IV	1816,33	1743,25	1669,83	1596,41	1523,00	1449,66
	VI	2415,83	443,83	443,83							

* Zur LSt-Berechnung für privat versicherte Arbeitnehmer s. Beispiele **Vorbemerkung S. 4f.**
** Basisvorsorgepauschale KV und PV   *** Typisierter Arbeitgeberzuschuss

aT3 allgemeine Lohnsteuer

Lohn/Gehalt in € bis	Steuerklasse	Lohn-steuer*	BVSP**	TAGZ***	Steuerklasse	Bemessungsgrundlage für Kirchensteuer und Solidaritätszuschlag					
						Freibeträge für ... Kinder					
						0,5	1,0	1,5	2,0	2,5	3,0
7454,99 West	I,IV	1 881,00	443,83	443,83	I	1 734,16	1 587,41	1 440,58	1 293,83	1 149,25	1 010,66
	II	1 740,66	443,83	443,83	II	1 593,91	1 447,08	1 300,33	1 155,50	1 016,66	883,91
	III	1 249,00	443,83	443,83	III	1 133,50	1 021,00	911,50	805,00	701,50	601,16
	V	2 363,58	443,83	443,83	IV	1 807,58	1 734,16	1 660,75	1 587,41	1 514,00	1 440,58
	VI	2 406,83	443,83	443,83							
7454,99 Ost	I,IV	1 891,25	443,83	443,83	I	1 744,50	1 597,66	1 450,91	1 304,08	1 159,16	1 020,16
	II	1 751,00	443,83	443,83	II	1 604,16	1 457,41	1 310,58	1 165,50	1 026,25	893,00
	III	1 257,16	443,83	443,83	III	1 141,50	1 028,66	919,00	812,33	708,66	608,16
	V	2 373,83	443,83	443,83	IV	1 817,83	1 744,50	1 671,08	1 597,66	1 524,25	1 450,91
	VI	2 417,16	443,83	443,83							
7457,99 West	I,IV	1 882,25	443,83	443,83	I	1 735,41	1 588,66	1 441,83	1 295,08	1 150,41	1 011,83
	II	1 741,91	443,83	443,83	II	1 595,16	1 448,41	1 301,58	1 156,75	1 017,83	885,00
	III	1 250,00	443,83	443,83	III	1 134,50	1 021,83	912,33	805,83	702,50	602,00
	V	2 364,83	443,83	443,83	IV	1 808,83	1 735,41	1 662,08	1 588,66	1 515,25	1 441,83
	VI	2 408,08	443,83	443,83							
7457,99 Ost	I,IV	1 892,50	443,83	443,83	I	1 745,75	1 598,91	1 452,16	1 305,33	1 160,41	1 021,33
	II	1 752,25	443,83	443,83	II	1 605,41	1 458,66	1 311,91	1 166,66	1 027,41	894,08
	III	1 258,16	443,83	443,83	III	1 142,50	1 029,66	920,00	813,33	709,66	609,00
	V	2 375,16	443,83	443,83	IV	1 819,16	1 745,75	1 672,33	1 598,91	1 525,58	1 452,16
	VI	2 418,41	443,83	443,83							
7460,99 West	I,IV	1 883,50	443,83	443,83	I	1 736,66	1 589,91	1 443,16	1 296,33	1 151,66	1 013,00
	II	1 743,25	443,83	443,83	II	1 596,41	1 449,66	1 302,83	1 158,00	1 019,00	886,08
	III	1 251,00	443,83	443,83	III	1 135,50	1 022,83	913,33	806,83	703,33	602,83
	V	2 366,08	443,83	443,83	IV	1 810,08	1 736,66	1 663,33	1 589,91	1 516,50	1 443,16
	VI	2 409,33	443,83	443,83							
7460,99 Ost	I,IV	1 893,75	443,83	443,83	I	1 747,00	1 600,16	1 453,41	1 306,66	1 161,58	1 022,50
	II	1 753,50	443,83	443,83	II	1 606,75	1 459,91	1 313,16	1 167,91	1 028,58	895,25
	III	1 259,16	443,83	443,83	III	1 143,50	1 030,66	920,83	814,16	710,50	609,83
	V	2 376,41	443,83	443,83	IV	1 820,41	1 747,00	1 673,58	1 600,16	1 526,83	1 453,41
	VI	2 419,66	443,83	443,83							
7463,99 West	I,IV	1 884,75	443,83	443,83	I	1 738,00	1 591,16	1 444,41	1 297,58	1 152,91	1 014,16
	II	1 744,50	443,83	443,83	II	1 597,66	1 450,91	1 304,08	1 159,16	1 020,16	887,25
	III	1 252,00	443,83	443,83	III	1 136,33	1 023,83	914,33	807,66	704,16	603,66
	V	2 367,33	443,83	443,83	IV	1 811,33	1 738,00	1 664,58	1 591,16	1 517,75	1 444,41
	VI	2 410,58	443,83	443,83							
7463,99 Ost	I,IV	1 895,08	443,83	443,83	I	1 748,25	1 601,50	1 454,66	1 307,91	1 162,83	1 023,66
	II	1 754,75	443,83	443,83	II	1 608,00	1 461,16	1 314,41	1 169,16	1 029,75	896,33
	III	1 260,16	443,83	443,83	III	1 144,33	1 031,66	921,83	815,16	711,33	610,66
	V	2 377,66	443,83	443,83	IV	1 821,66	1 748,25	1 674,83	1 601,50	1 528,08	1 454,66
	VI	2 420,91	443,83	443,83							
7466,99 West	I,IV	1 886,00	443,83	443,83	I	1 739,25	1 592,41	1 445,66	1 298,83	1 154,08	1 015,33
	II	1 745,75	443,83	443,83	II	1 598,91	1 452,16	1 305,33	1 160,41	1 021,33	888,33
	III	1 253,00	443,83	443,83	III	1 137,33	1 024,83	915,16	808,66	705,00	604,50
	V	2 368,58	443,83	443,83	IV	1 812,58	1 739,25	1 665,83	1 592,41	1 519,00	1 445,66
	VI	2 411,91	443,83	443,83							
7466,99 Ost	I,IV	1 896,33	443,83	443,83	I	1 749,50	1 602,75	1 455,91	1 309,16	1 164,08	1 024,83
	II	1 756,00	443,83	443,83	II	1 609,25	1 462,41	1 315,66	1 170,41	1 030,91	897,50
	III	1 261,16	443,83	443,83	III	1 145,33	1 032,50	922,83	816,00	712,16	611,50
	V	2 378,91	443,83	443,83	IV	1 822,91	1 749,50	1 676,08	1 602,75	1 529,33	1 455,91
	VI	2 422,16	443,83	443,83							
7469,99 West	I,IV	1 887,25	443,83	443,83	I	1 740,50	1 593,66	1 446,91	1 300,08	1 155,33	1 016,50
	II	1 747,00	443,83	443,83	II	1 600,16	1 453,41	1 306,66	1 161,58	1 022,50	889,50
	III	1 254,00	443,83	443,83	III	1 138,33	1 025,66	916,16	809,50	706,00	605,50
	V	2 369,91	443,83	443,83	IV	1 813,91	1 740,50	1 667,08	1 593,66	1 520,33	1 446,91
	VI	2 413,16	443,83	443,83							
7469,99 Ost	I,IV	1 897,58	443,83	443,83	I	1 750,75	1 604,00	1 457,16	1 310,41	1 165,25	1 026,00
	II	1 757,25	443,83	443,83	II	1 610,50	1 463,66	1 316,91	1 171,58	1 032,08	898,58
	III	1 262,33	443,83	443,83	III	1 146,33	1 033,50	923,66	816,83	713,16	612,33
	V	2 380,16	443,83	443,83	IV	1 824,16	1 750,75	1 677,41	1 604,00	1 530,58	1 457,16
	VI	2 423,41	443,83	443,83							

* Zur LSt-Berechnung für privat versicherte Arbeitnehmer s. Beispiele **Vorbemerkung S. 4 f.**
** Basisvorsorgepauschale KV und PV *** Typisierter Arbeitgeberzuschuss

Monat gültig ab 1. 1. 2022 (idF des StEntlG 2022) **aT3**

Lohn/Gehalt in € bis	Steuerklasse	Lohn-steuer*	BVSP**	TAGZ***	Steuerklasse	Bemessungsgrundlage für Kirchensteuer und Solidaritätszuschlag					
						Freibeträge für ... Kinder					
						0,5	1,0	1,5	2,0	2,5	3,0
7472,99 West	I,IV	**1 888,50**	443,83	443,83	I	1 741,75	1 594,91	1 448,16	1 301,41	1 156,50	1 017,66
	II	**1 748,25**	443,83	443,83	II	1 601,50	1 454,66	1 307,91	1 162,83	1 023,66	890,58
	III	**1 255,00**	443,83	443,83	III	1 139,33	1 026,66	917,00	810,50	706,83	606,33
	V	**2 371,16**	443,83	443,83	IV	1 815,16	1 741,75	1 668,33	1 594,91	1 521,58	1 448,16
	VI	**2 414,41**	443,83	443,83							
7472,99 Ost	I,IV	**1 898,83**	443,83	443,83	I	1 752,00	1 605,25	1 458,41	1 311,66	1 166,50	1 027,16
	II	**1 758,58**	443,83	443,83	II	1 611,75	1 465,00	1 318,16	1 172,83	1 033,25	899,75
	III	**1 263,33**	443,83	443,83	III	1 147,33	1 034,50	924,66	817,83	714,00	613,16
	V	**2 381,41**	443,83	443,83	IV	1 825,41	1 752,00	1 678,66	1 605,25	1 531,83	1 458,41
	VI	**2 424,66**	443,83	443,83							
7475,99 West	I,IV	**1 889,83**	443,83	443,83	I	1 743,00	1 596,25	1 449,41	1 302,66	1 157,75	1 018,83
	II	**1 749,50**	443,83	443,83	II	1 602,75	1 455,91	1 309,16	1 164,08	1 024,83	891,66
	III	**1 256,00**	443,83	443,83	III	1 140,33	1 027,66	918,00	811,33	707,66	607,16
	V	**2 372,41**	443,83	443,83	IV	1 816,41	1 743,00	1 669,58	1 596,25	1 522,83	1 449,41
	VI	**2 415,66**	443,83	443,83							
7475,99 Ost	I,IV	**1 900,08**	443,83	443,83	I	1 753,33	1 606,50	1 459,75	1 312,91	1 167,75	1 028,33
	II	**1 759,83**	443,83	443,83	II	1 613,00	1 466,25	1 319,41	1 174,08	1 034,41	900,83
	III	**1 264,33**	443,83	443,83	III	1 148,33	1 035,50	925,50	818,66	714,83	614,00
	V	**2 382,66**	443,83	443,83	IV	1 826,66	1 753,33	1 679,91	1 606,50	1 533,08	1 459,75
	VI	**2 425,91**	443,83	443,83							
7478,99 West	I,IV	**1 891,08**	443,83	443,83	I	1 744,25	1 597,50	1 450,66	1 303,91	1 159,00	1 020,00
	II	**1 750,75**	443,83	443,83	II	1 604,00	1 457,16	1 310,41	1 165,25	1 026,00	892,83
	III	**1 257,00**	443,83	443,83	III	1 141,33	1 028,66	918,83	812,16	708,66	608,00
	V	**2 373,66**	443,83	443,83	IV	1 817,66	1 744,25	1 670,83	1 597,50	1 524,08	1 450,66
	VI	**2 416,91**	443,83	443,83							
7478,99 Ost	I,IV	**1 901,33**	443,83	443,83	I	1 754,58	1 607,75	1 461,00	1 314,16	1 168,91	1 029,50
	II	**1 761,08**	443,83	443,83	II	1 614,25	1 467,50	1 320,66	1 175,25	1 035,58	901,91
	III	**1 265,33**	443,83	443,83	III	1 149,33	1 036,33	926,50	819,66	715,83	615,00
	V	**2 383,91**	443,83	443,83	IV	1 827,91	1 754,58	1 681,16	1 607,75	1 534,33	1 461,00
	VI	**2 427,25**	443,83	443,83							
7481,99 West	I,IV	**1 892,33**	443,83	443,83	I	1 745,50	1 598,75	1 451,91	1 305,16	1 160,16	1 021,16
	II	**1 752,00**	443,83	443,83	II	1 605,25	1 458,41	1 311,66	1 166,50	1 027,16	893,91
	III	**1 258,00**	443,83	443,83	III	1 142,33	1 029,50	919,83	813,16	709,50	608,83
	V	**2 374,91**	443,83	443,83	IV	1 818,91	1 745,50	1 672,16	1 598,75	1 525,33	1 451,91
	VI	**2 418,16**	443,83	443,83							
7481,99 Ost	I,IV	**1 902,58**	443,83	443,83	I	1 755,83	1 609,00	1 462,25	1 315,41	1 170,16	1 030,66
	II	**1 762,33**	443,83	443,83	II	1 615,50	1 468,75	1 321,91	1 176,50	1 036,75	903,08
	III	**1 266,33**	443,83	443,83	III	1 150,33	1 037,33	927,33	820,50	716,66	615,83
	V	**2 385,16**	443,83	443,83	IV	1 829,25	1 755,83	1 682,41	1 609,00	1 535,66	1 462,25
	VI	**2 428,50**	443,83	443,83							
7484,99 West	I,IV	**1 893,58**	443,83	443,83	I	1 746,75	1 600,00	1 453,16	1 306,41	1 161,41	1 022,33
	II	**1 753,33**	443,83	443,83	II	1 606,50	1 459,75	1 312,91	1 167,75	1 028,33	895,08
	III	**1 259,00**	443,83	443,83	III	1 143,33	1 030,50	920,83	814,00	710,33	609,66
	V	**2 376,16**	443,83	443,83	IV	1 820,16	1 746,75	1 673,41	1 600,00	1 526,58	1 453,16
	VI	**2 419,41**	443,83	443,83							
7484,99 Ost	I,IV	**1 903,83**	443,83	443,83	I	1 757,08	1 610,25	1 463,50	1 316,66	1 171,41	1 031,83
	II	**1 763,58**	443,83	443,83	II	1 616,83	1 470,00	1 323,25	1 177,75	1 037,91	904,16
	III	**1 267,33**	443,83	443,83	III	1 151,33	1 038,33	928,33	821,33	717,50	616,66
	V	**2 386,50**	443,83	443,83	IV	1 830,50	1 757,08	1 683,66	1 610,25	1 536,91	1 463,50
	VI	**2 429,75**	443,83	443,83							
7487,99 West	I,IV	**1 894,83**	443,83	443,83	I	1 748,08	1 601,25	1 454,50	1 307,66	1 162,66	1 023,50
	II	**1 754,58**	443,83	443,83	II	1 607,75	1 461,00	1 314,16	1 168,91	1 029,50	896,16
	III	**1 260,00**	443,83	443,83	III	1 144,16	1 031,50	921,66	815,00	711,16	610,50
	V	**2 377,41**	443,83	443,83	IV	1 821,41	1 748,08	1 674,66	1 601,25	1 527,83	1 454,50
	VI	**2 420,66**	443,83	443,83							
7487,99 Ost	I,IV	**1 905,16**	443,83	443,83	I	1 758,33	1 611,58	1 464,75	1 318,00	1 172,58	1 033,08
	II	**1 764,83**	443,83	443,83	II	1 618,08	1 471,25	1 324,50	1 178,91	1 039,08	905,33
	III	**1 268,33**	443,83	443,83	III	1 152,33	1 039,33	929,33	822,33	718,33	617,50
	V	**2 387,75**	443,83	443,83	IV	1 831,75	1 758,33	1 684,91	1 611,58	1 538,16	1 464,75
	VI	**2 431,00**	443,83	443,83							

* Zur LSt-Berechnung für privat versicherte Arbeitnehmer s. Beispiele **Vorbemerkung S. 4 f.**
** Basisvorsorgepauschale KV und PV *** Typisierter Arbeitgeberzuschuss

aT3 allgemeine Lohnsteuer

Lohn/ Gehalt in € bis	Steuerklasse	Lohn-steuer*	BVSP**	TAGZ***	Steuerklasse	\multicolumn{6}{c}{Bemessungsgrundlage für Kirchensteuer und Solidaritätszuschlag Freibeträge für ... Kinder}					
						0,5	1,0	1,5	2,0	2,5	3,0
7490,99 West	I,IV	**1 896,08**	443,83	443,83	I	1 749,33	1 602,50	1 455,75	1 308,91	1 163,83	1 024,66
	II	**1 755,83**	443,83	443,83	II	1 609,00	1 462,25	1 315,41	1 170,16	1 030,66	897,25
	III	**1 261,00**	443,83	443,83	III	1 145,16	1 032,33	922,66	815,83	712,16	611,33
	V	**2 378,66**	443,83	443,83	IV	1 822,66	1 749,33	1 675,91	1 602,50	1 529,08	1 455,75
	VI	**2 422,00**	443,83	443,83							
7490,99 Ost	I,IV	**1 906,41**	443,83	443,83	I	1 759,58	1 612,83	1 466,00	1 319,25	1 173,83	1 034,25
	II	**1 766,08**	443,83	443,83	II	1 619,33	1 472,50	1 325,75	1 180,16	1 040,25	906,41
	III	**1 269,33**	443,83	443,83	III	1 153,33	1 040,16	930,16	823,16	719,33	618,33
	V	**2 389,00**	443,83	443,83	IV	1 833,00	1 759,58	1 686,16	1 612,83	1 539,41	1 466,00
	VI	**2 432,25**	443,83	443,83							
7493,99 West	I,IV	**1 897,33**	443,83	443,83	I	1 750,58	1 603,75	1 457,00	1 310,16	1 165,08	1 025,83
	II	**1 757,08**	443,83	443,83	II	1 610,25	1 463,50	1 316,66	1 171,41	1 031,83	898,41
	III	**1 262,16**	443,83	443,83	III	1 146,16	1 033,33	923,50	816,66	713,00	612,16
	V	**2 380,00**	443,83	443,83	IV	1 824,00	1 750,58	1 677,16	1 603,75	1 530,41	1 457,00
	VI	**2 423,25**	443,83	443,83							
7493,99 Ost	I,IV	**1 907,66**	443,83	443,83	I	1 760,83	1 614,08	1 467,25	1 320,50	1 175,08	1 035,41
	II	**1 767,33**	443,83	443,83	II	1 620,58	1 473,75	1 327,00	1 181,41	1 041,41	907,58
	III	**1 270,33**	443,83	443,83	III	1 154,16	1 041,16	931,16	824,16	720,16	619,16
	V	**2 390,25**	443,83	443,83	IV	1 834,25	1 760,83	1 687,50	1 614,08	1 540,66	1 467,25
	VI	**2 433,50**	443,83	443,83							
7496,99 West	I,IV	**1 898,58**	443,83	443,83	I	1 751,83	1 605,00	1 458,25	1 311,41	1 166,33	1 027,00
	II	**1 758,33**	443,83	443,83	II	1 611,58	1 464,75	1 318,00	1 172,58	1 033,08	899,50
	III	**1 263,16**	443,83	443,83	III	1 147,16	1 034,33	924,50	817,66	713,83	613,00
	V	**2 381,25**	443,83	443,83	IV	1 825,25	1 751,83	1 678,41	1 605,00	1 531,66	1 458,25
	VI	**2 424,50**	443,83	443,83							
7496,99 Ost	I,IV	**1 908,91**	443,83	443,83	I	1 762,08	1 615,33	1 468,50	1 321,75	1 176,33	1 036,58
	II	**1 768,66**	443,83	443,83	II	1 621,83	1 475,00	1 328,25	1 182,66	1 042,66	908,66
	III	**1 271,33**	443,83	443,83	III	1 155,16	1 042,16	932,00	825,00	721,00	620,00
	V	**2 391,50**	443,83	443,83	IV	1 835,50	1 762,08	1 688,75	1 615,33	1 541,91	1 468,50
	VI	**2 434,75**	443,83	443,83							
7499,99 West	I,IV	**1 899,91**	443,83	443,83	I	1 753,08	1 606,33	1 459,50	1 312,75	1 167,50	1 028,16
	II	**1 759,58**	443,83	443,83	II	1 612,83	1 466,00	1 319,25	1 173,83	1 034,25	900,66
	III	**1 264,16**	443,83	443,83	III	1 148,16	1 035,33	925,33	818,50	714,66	614,00
	V	**2 382,50**	443,83	443,83	IV	1 826,50	1 753,08	1 679,66	1 606,33	1 532,91	1 459,50
	VI	**2 425,75**	443,83	443,83							
7499,99 Ost	I,IV	**1 910,16**	443,83	443,83	I	1 763,41	1 616,58	1 469,83	1 323,00	1 177,50	1 037,75
	II	**1 769,91**	443,83	443,83	II	1 623,00	1 476,33	1 329,50	1 183,83	1 043,83	909,83
	III	**1 272,33**	443,83	443,83	III	1 156,16	1 043,16	933,00	826,00	721,83	620,83
	V	**2 392,75**	443,83	443,83	IV	1 836,75	1 763,41	1 690,00	1 616,58	1 543,16	1 469,83
	VI	**2 436,00**	443,83	443,83							
7502,99 West	I,IV	**1 901,16**	443,83	443,83	I	1 754,33	1 607,58	1 460,75	1 314,00	1 168,75	1 029,33
	II	**1 760,83**	443,83	443,83	II	1 614,08	1 467,25	1 320,50	1 175,08	1 035,41	901,75
	III	**1 265,16**	443,83	443,83	III	1 149,16	1 036,16	926,33	819,50	715,66	614,83
	V	**2 383,75**	443,83	443,83	IV	1 827,75	1 754,33	1 680,91	1 607,58	1 534,16	1 460,75
	VI	**2 427,00**	443,83	443,83							
7502,99 Ost	I,IV	**1 911,41**	443,83	443,83	I	1 764,66	1 617,83	1 471,08	1 324,25	1 178,75	1 038,91
	II	**1 771,16**	443,83	443,83	II	1 624,33	1 477,58	1 330,75	1 185,08	1 045,00	910,91
	III	**1 273,33**	443,83	443,83	III	1 157,16	1 044,00	934,00	826,83	722,83	621,83
	V	**2 394,00**	443,83	443,83	IV	1 838,00	1 764,66	1 691,25	1 617,83	1 544,41	1 471,08
	VI	**2 437,33**	443,83	443,83							
7505,99 West	I,IV	**1 902,41**	443,83	443,83	I	1 755,58	1 608,83	1 462,00	1 315,25	1 170,00	1 030,50
	II	**1 762,08**	443,83	443,83	II	1 615,33	1 468,50	1 321,75	1 176,33	1 036,58	902,91
	III	**1 266,16**	443,83	443,83	III	1 150,16	1 037,16	927,33	820,33	716,50	615,66
	V	**2 385,00**	443,83	443,83	IV	1 829,00	1 755,58	1 682,25	1 608,83	1 535,41	1 462,00
	VI	**2 428,25**	443,83	443,83							
7505,99 Ost	I,IV	**1 912,66**	443,83	443,83	I	1 765,91	1 619,08	1 472,33	1 325,50	1 180,00	1 040,08
	II	**1 772,41**	443,83	443,83	II	1 625,58	1 478,83	1 332,00	1 186,33	1 046,16	912,08
	III	**1 274,33**	443,83	443,83	III	1 158,16	1 045,00	934,83	827,83	723,66	622,66
	V	**2 395,33**	443,83	443,83	IV	1 839,25	1 765,91	1 692,50	1 619,08	1 545,75	1 472,33
	VI	**2 438,58**	443,83	443,83							

* Zur LSt-Berechnung für privat versicherte Arbeitnehmer s. Beispiele **Vorbemerkung S. 4 f.**
** Basisvorsorgepauschale KV und PV *** Typisierter Arbeitgeberzuschuss

Monat gültig ab 1. 1. 2022 (idF des StEntlG 2022)   **aT3**

Lohn/Gehalt in € bis	Steuerklasse	Lohnsteuer*	BVSP**	TAGZ***	Steuerklasse	Bemessungsgrundlage für Kirchensteuer und Solidaritätszuschlag Freibeträge für ... Kinder 0,5	1,0	1,5	2,0	2,5	3,0
7 508,99 West	I,IV	**1 903,66**	443,83	443,83	I	1 756,83	1 610,08	1 463,25	1 316,50	1 171,16	1 031,66
	II	**1 763,41**	443,83	443,83	II	1 616,58	1 469,83	1 323,00	1 177,50	1 037,75	904,00
	III	**1 267,16**	443,83	443,83	III	1 151,16	1 038,16	928,16	821,33	717,33	616,50
	V	**2 386,25**	443,83	443,83	IV	1 830,25	1 756,83	1 683,50	1 610,08	1 536,66	1 463,25
	VI	**2 429,50**	443,83	443,83							
7 508,99 Ost	I,IV	**1 913,91**	443,83	443,83	I	1 767,16	1 620,33	1 473,58	1 326,75	1 181,16	1 041,25
	II	**1 773,66**	443,83	443,83	II	1 626,91	1 480,08	1 333,33	1 187,58	1 047,33	913,16
	III	**1 275,33**	443,83	443,83	III	1 159,16	1 046,00	935,83	828,66	724,50	623,50
	V	**2 396,58**	443,83	443,83	IV	1 840,58	1 767,16	1 693,75	1 620,33	1 547,00	1 473,58
	VI	**2 439,83**	443,83	443,83							
7 511,99 West	I,IV	**1 904,91**	443,83	443,83	I	1 758,16	1 611,33	1 464,58	1 317,75	1 172,41	1 032,83
	II	**1 764,66**	443,83	443,83	II	1 617,83	1 471,08	1 324,25	1 178,75	1 038,91	905,16
	III	**1 268,16**	443,83	443,83	III	1 152,16	1 039,16	929,16	822,16	718,16	617,33
	V	**2 387,50**	443,83	443,83	IV	1 831,50	1 758,16	1 684,75	1 611,33	1 537,91	1 464,58
	VI	**2 430,75**	443,83	443,83							
7 511,99 Ost	I,IV	**1 915,16**	443,83	443,83	I	1 768,41	1 621,66	1 474,83	1 328,08	1 182,41	1 042,41
	II	**1 774,91**	443,83	443,83	II	1 628,16	1 481,33	1 334,58	1 188,75	1 048,50	914,33
	III	**1 276,33**	443,83	443,83	III	1 160,16	1 047,00	936,66	829,50	725,50	624,33
	V	**2 397,83**	443,83	443,83	IV	1 841,83	1 768,41	1 695,00	1 621,66	1 548,25	1 474,83
	VI	**2 441,08**	443,83	443,83							
7 514,99 West	I,IV	**1 906,16**	443,83	443,83	I	1 759,41	1 612,58	1 465,83	1 319,00	1 173,66	1 034,00
	II	**1 765,91**	443,83	443,83	II	1 619,08	1 472,33	1 325,50	1 180,00	1 040,08	906,25
	III	**1 269,16**	443,83	443,83	III	1 153,16	1 040,00	930,00	823,00	719,16	618,16
	V	**2 388,75**	443,83	443,83	IV	1 832,75	1 759,41	1 686,00	1 612,58	1 539,16	1 465,83
	VI	**2 432,08**	443,83	443,83							
7 514,99 Ost	I,IV	**1 916,50**	443,83	443,83	I	1 769,66	1 622,91	1 476,08	1 329,33	1 183,66	1 043,58
	II	**1 776,41**	443,83	443,83	II	1 629,41	1 482,58	1 335,83	1 190,00	1 049,66	915,41
	III	**1 277,33**	443,83	443,83	III	1 161,16	1 047,83	937,66	830,50	726,33	625,16
	V	**2 399,08**	443,83	443,83	IV	1 843,08	1 769,66	1 696,25	1 622,91	1 549,50	1 476,08
	VI	**2 442,33**	443,83	443,83							
7 517,99 West	I,IV	**1 907,41**	443,83	443,83	I	1 760,66	1 613,83	1 467,08	1 320,25	1 174,83	1 035,16
	II	**1 767,16**	443,83	443,83	II	1 620,33	1 473,58	1 326,75	1 181,16	1 041,25	907,41
	III	**1 270,16**	443,83	443,83	III	1 154,00	1 041,00	931,00	824,00	720,00	619,00
	V	**2 390,08**	443,83	443,83	IV	1 834,00	1 760,66	1 687,25	1 613,83	1 540,50	1 467,00
	VI	**2 433,33**	443,83	443,83							
7 517,99 Ost	I,IV	**1 917,75**	443,83	443,83	I	1 770,91	1 624,16	1 477,33	1 330,58	1 184,91	1 044,75
	II	**1 777,41**	443,83	443,83	II	1 630,66	1 483,83	1 337,00	1 191,25	1 050,83	916,58
	III	**1 278,33**	443,83	443,83	III	1 162,16	1 048,83	938,66	831,33	727,16	626,00
	V	**2 400,08**	443,83	443,83	IV	1 844,33	1 770,91	1 697,50	1 624,16	1 550,75	1 477,33
	VI	**2 443,58**	443,83	443,83							
7 520,99 West	I,IV	**1 908,66**	443,83	443,83	I	1 761,91	1 615,08	1 468,33	1 321,50	1 176,08	1 036,33
	II	**1 768,41**	443,83	443,83	II	1 621,66	1 474,83	1 328,08	1 182,41	1 042,41	908,50
	III	**1 271,16**	443,83	443,83	III	1 155,00	1 042,00	931,83	824,83	720,83	619,83
	V	**2 391,33**	443,83	443,83	IV	1 835,33	1 761,91	1 688,50	1 615,08	1 541,75	1 468,33
	VI	**2 434,58**	443,83	443,83							
7 520,99 Ost	I,IV	**1 919,00**	443,83	443,83	I	1 772,16	1 625,41	1 478,58	1 331,83	1 186,08	1 046,00
	II	**1 778,66**	443,83	443,83	II	1 631,91	1 485,16	1 338,33	1 192,50	1 052,08	917,66
	III	**1 279,33**	443,83	443,83	III	1 163,16	1 049,83	939,50	832,33	728,00	626,83
	V	**2 401,58**	443,83	443,83	IV	1 845,58	1 772,16	1 698,83	1 625,41	1 552,00	1 478,58
	VI	**2 444,83**	443,83	443,83							
7 523,99 West	I,IV	**1 909,91**	443,83	443,83	I	1 763,16	1 616,41	1 469,58	1 322,83	1 177,33	1 037,50
	II	**1 769,66**	443,83	443,83	II	1 622,91	1 476,08	1 329,33	1 183,66	1 043,58	909,58
	III	**1 272,16**	443,83	443,83	III	1 156,00	1 043,00	932,83	825,83	721,83	620,83
	V	**2 392,58**	443,83	443,83	IV	1 836,58	1 763,16	1 689,75	1 616,41	1 543,00	1 469,58
	VI	**2 435,83**	443,83	443,83							
7 523,99 Ost	I,IV	**1 920,25**	443,83	443,83	I	1 773,41	1 626,66	1 479,91	1 333,08	1 187,33	1 047,16
	II	**1 780,00**	443,83	443,83	II	1 633,16	1 486,41	1 339,58	1 193,66	1 053,25	918,83
	III	**1 280,50**	443,83	443,83	III	1 164,00	1 050,83	940,50	833,16	729,00	627,66
	V	**2 402,83**	443,83	443,83	IV	1 846,83	1 773,41	1 700,08	1 626,66	1 553,25	1 479,91
	VI	**2 446,08**	443,83	443,83							

* Zur LSt-Berechnung für privat versicherte Arbeitnehmer s. Beispiele **Vorbemerkung S. 4 f.**
** Basisvorsorgepauschale KV und PV   *** Typisierter Arbeitgeberzuschuss

aT3 allgemeine Lohnsteuer

Lohn/Gehalt in € bis	Steuerklasse	Lohn-steuer*	BVSP**	TAGZ***	Steuerklasse	Bemessungsgrundlage für Kirchensteuer und Solidaritätszuschlag Freibeträge für ... Kinder					
						0,5	1,0	1,5	2,0	2,5	3,0
7526,99 West	I,IV	**1911,25**	443,83	443,83	I	1764,41	1617,66	1470,83	1324,08	1178,50	1038,75
	II	**1770,91**	443,83	443,83	II	1624,16	1477,33	1330,58	1184,91	1044,75	910,75
	III	**1273,16**	443,83	443,83	III	1157,00	1043,83	933,83	826,66	722,66	621,66
	V	**2393,83**	443,83	443,83	IV	1837,83	1764,41	1691,00	1617,66	1544,25	1470,83
	VI	**2437,08**	443,83	443,83							
7526,99 Ost	I,IV	**1921,50**	443,83	443,83	I	1774,75	1627,91	1481,16	1334,33	1188,58	1048,33
	II	**1781,25**	443,83	443,83	II	1634,41	1487,66	1340,58	1194,91	1054,41	919,91
	III	**1281,50**	443,83	443,83	III	1165,00	1051,66	941,33	834,16	729,83	628,66
	V	**2404,08**	443,83	443,83	IV	1848,08	1774,75	1701,33	1627,91	1554,50	1481,16
	VI	**2447,33**	443,83	443,83							
7529,99 West	I,IV	**1912,50**	443,83	443,83	I	1765,66	1618,91	1472,08	1325,33	1179,75	1039,91
	II	**1772,16**	443,83	443,83	II	1625,41	1478,58	1331,83	1186,08	1046,00	911,83
	III	**1274,16**	443,83	443,83	III	1158,00	1044,83	934,66	827,66	723,50	622,50
	V	**2395,08**	443,83	443,83	IV	1839,08	1765,66	1692,25	1618,91	1545,50	1472,08
	VI	**2438,33**	443,83	443,83							
7529,99 Ost	I,IV	**1922,75**	443,83	443,83	I	1776,00	1629,16	1482,41	1335,58	1189,83	1049,50
	II	**1782,50**	443,83	443,83	II	1635,66	1488,91	1342,08	1196,16	1055,58	921,08
	III	**1282,50**	443,83	443,83	III	1166,00	1052,66	942,33	835,00	730,66	629,50
	V	**2405,33**	443,83	443,83	IV	1849,33	1776,00	1702,58	1629,16	1555,75	1482,41
	VI	**2448,66**	443,83	443,83							
7532,99 West	I,IV	**1913,75**	443,83	443,83	I	1766,91	1620,16	1473,33	1326,58	1181,00	1041,08
	II	**1773,41**	443,83	443,83	II	1626,66	1479,91	1333,08	1187,33	1047,16	913,00
	III	**1275,16**	443,83	443,83	III	1159,00	1045,83	935,66	828,50	724,33	623,33
	V	**2396,33**	443,83	443,83	IV	1840,33	1766,91	1693,58	1620,16	1546,75	1473,33
	VI	**2439,58**	443,83	443,83							
7532,99 Ost	I,IV	**1924,00**	443,83	443,83	I	1777,25	1630,41	1483,66	1336,83	1191,00	1050,66
	II	**1783,75**	443,83	443,83	II	1636,91	1490,16	1343,41	1197,41	1056,75	922,16
	III	**1283,50**	443,83	443,83	III	1167,00	1053,66	943,33	836,00	731,66	630,33
	V	**2406,66**	443,83	443,83	IV	1850,66	1777,25	1703,83	1630,41	1557,08	1483,66
	VI	**2449,91**	443,83	443,83							
7535,99 West	I,IV	**1915,00**	443,83	443,83	I	1768,16	1621,41	1474,66	1327,83	1182,25	1042,25
	II	**1774,75**	443,83	443,83	II	1627,91	1481,16	1334,33	1188,58	1048,33	914,08
	III	**1276,16**	443,83	443,83	III	1160,00	1046,83	936,50	829,33	725,33	624,16
	V	**2397,58**	443,83	443,83	IV	1841,58	1768,16	1694,83	1621,41	1548,00	1474,66
	VI	**2440,83**	443,83	443,83							
7535,99 Ost	I,IV	**1925,25**	443,83	443,83	I	1778,50	1631,66	1484,91	1338,16	1192,25	1051,83
	II	**1785,00**	443,83	443,83	II	1638,25	1491,41	1344,66	1198,66	1057,91	923,33
	III	**1284,50**	443,83	443,83	III	1168,00	1054,66	944,16	836,83	732,50	631,16
	V	**2407,91**	443,83	443,83	IV	1851,91	1778,50	1705,08	1631,66	1558,33	1484,91
	VI	**2451,16**	443,83	443,83							
7538,99 West	I,IV	**1916,25**	443,83	443,83	I	1769,50	1622,66	1475,91	1329,08	1183,41	1043,41
	II	**1776,00**	443,83	443,83	II	1629,16	1482,41	1335,58	1189,83	1049,50	915,25
	III	**1277,16**	443,83	443,83	III	1161,00	1047,66	937,50	830,33	726,16	625,00
	V	**2398,83**	443,83	443,83	IV	1842,83	1769,50	1696,08	1622,66	1549,25	1475,91
	VI	**2442,08**	443,83	443,83							
7538,99 Ost	I,IV	**1926,58**	443,83	443,83	I	1779,75	1633,00	1486,16	1339,41	1193,50	1053,00
	II	**1786,25**	443,83	443,83	II	1639,50	1492,66	1345,91	1199,83	1059,16	924,50
	III	**1285,50**	443,83	443,83	III	1169,00	1055,50	945,16	837,66	733,33	632,00
	V	**2409,16**	443,83	443,83	IV	1853,16	1779,75	1706,33	1633,00	1559,58	1486,16
	VI	**2452,41**	443,83	443,83							
7541,99 West	I,IV	**1917,50**	443,83	443,83	I	1770,75	1623,91	1477,16	1330,33	1184,66	1044,58
	II	**1777,25**	443,83	443,83	II	1630,41	1483,66	1336,83	1191,00	1050,66	916,41
	III	**1278,16**	443,83	443,83	III	1162,00	1048,66	938,50	831,16	727,00	625,83
	V	**2400,08**	443,83	443,83	IV	1844,08	1770,75	1697,33	1623,91	1550,50	1477,16
	VI	**2443,41**	443,83	443,83							
7541,99 Ost	I,IV	**1927,83**	443,83	443,83	I	1781,00	1634,25	1487,41	1340,66	1194,75	1054,25
	II	**1787,50**	443,83	443,83	II	1640,75	1493,91	1347,16	1201,08	1060,33	925,58
	III	**1286,50**	443,83	443,83	III	1170,00	1056,50	946,00	838,66	734,16	632,83
	V	**2410,41**	443,83	443,83	IV	1854,41	1781,00	1707,58	1634,25	1560,83	1487,41
	VI	**2453,66**	443,83	443,83							

* Zur LSt-Berechnung für privat versicherte Arbeitnehmer s. Beispiele **Vorbemerkung S. 4 f.**
** Basisvorsorgepauschale KV und PV *** Typisierter Arbeitgeberzuschuss

Monat gültig ab 1. 1. 2022 (idF des StEntlG 2022) aT3

Lohn/Gehalt in € bis	Steuerklasse	Lohnsteuer*	BVSP**	TAGZ***	Steuerklasse	Bemessungsgrundlage für Kirchensteuer und Solidaritätszuschlag Freibeträge für ... Kinder					
						0,5	1,0	1,5	2,0	2,5	3,0
7544,99 West	I,IV	1918,75	443,83	443,83	I	1772,00	1625,16	1478,41	1331,58	1185,91	1045,75
	II	1778,50	443,83	443,83	II	1631,66	1484,91	1338,16	1192,25	1051,83	917,50
	III	1279,16	443,83	443,83	III	1163,00	1049,66	939,33	832,16	728,00	626,66
	V	2401,41	443,83	443,83	IV	1845,41	1772,00	1698,58	1625,16	1551,83	1478,41
	VI	2444,66	443,83	443,83							
7544,99 Ost	I,IV	1929,08	443,83	443,83	I	1782,25	1635,50	1488,66	1341,91	1195,91	1055,41
	II	1788,75	443,83	443,83	II	1642,00	1495,16	1348,41	1202,33	1061,50	926,75
	III	1287,50	443,83	443,83	III	1171,00	1057,50	947,00	839,50	735,16	633,66
	V	2411,66	443,83	443,83	IV	1855,66	1782,25	1708,91	1635,50	1562,08	1488,66
	VI	2454,91	443,83	443,83							
7547,99 West	I,IV	1920,00	443,83	443,83	I	1773,25	1626,41	1479,66	1332,91	1187,16	1046,91
	II	1779,75	443,83	443,83	II	1633,00	1486,16	1339,41	1193,50	1053,00	918,66
	III	1280,33	443,83	443,83	III	1163,83	1050,66	940,33	833,00	728,83	627,66
	V	2402,66	443,83	443,83	IV	1846,66	1773,25	1699,83	1626,41	1553,08	1479,66
	VI	2445,91	443,83	443,83							
7547,99 Ost	I,IV	1930,33	443,83	443,83	I	1783,50	1636,75	1489,91	1343,16	1197,16	1056,58
	II	1790,08	443,83	443,83	II	1643,25	1496,50	1349,66	1203,58	1062,66	927,83
	III	1288,50	443,83	443,83	III	1172,00	1058,50	948,00	840,50	736,00	634,66
	V	2412,91	443,83	443,83	IV	1856,91	1783,50	1710,16	1636,75	1563,33	1489,91
	VI	2456,16	443,83	443,83							
7550,99 West	I,IV	1921,33	443,83	443,83	I	1774,50	1627,75	1480,91	1334,16	1188,33	1048,08
	II	1781,00	443,83	443,83	II	1634,25	1487,41	1340,66	1194,75	1054,25	919,75
	III	1281,33	443,83	443,83	III	1164,83	1051,50	941,16	834,00	729,66	628,50
	V	2403,91	443,83	443,83	IV	1847,91	1774,50	1701,08	1627,75	1554,33	1480,91
	VI	2447,16	443,83	443,83							
7550,99 Ost	I,IV	1931,58	443,83	443,83	I	1784,83	1638,00	1491,25	1344,41	1198,41	1057,75
	II	1791,33	443,83	443,83	II	1644,50	1497,75	1350,91	1204,83	1063,83	929,00
	III	1289,50	443,83	443,83	III	1173,00	1059,33	948,83	841,33	736,83	635,50
	V	2414,16	443,83	443,83	IV	1858,16	1784,83	1711,41	1638,00	1564,58	1491,25
	VI	2457,41	443,83	443,83							
7553,99 West	I,IV	1922,58	443,83	443,83	I	1775,75	1629,00	1482,16	1335,41	1189,58	1049,33
	II	1782,25	443,83	443,83	II	1635,50	1488,66	1341,91	1195,91	1055,41	920,91
	III	1282,33	443,83	443,83	III	1165,83	1052,50	942,16	834,83	730,50	629,33
	V	2405,16	443,83	443,83	IV	1849,16	1775,75	1702,33	1629,00	1555,58	1482,16
	VI	2448,41	443,83	443,83							
7553,99 Ost	I,IV	1932,83	443,83	443,83	I	1786,08	1639,25	1492,50	1345,66	1199,66	1058,91
	II	1792,58	443,83	443,83	II	1645,75	1499,00	1352,16	1206,00	1065,08	930,08
	III	1290,50	443,83	443,83	III	1174,00	1060,33	949,83	842,33	737,83	636,33
	V	2415,41	443,83	443,83	IV	1859,41	1786,08	1712,66	1639,25	1565,83	1492,50
	VI	2458,75	443,83	443,83							
7556,99 West	I,IV	1923,83	443,83	443,83	I	1777,00	1630,25	1483,41	1336,66	1190,83	1050,50
	II	1783,50	443,83	443,83	II	1636,75	1489,91	1343,16	1197,16	1056,58	922,00
	III	1283,33	443,83	443,83	III	1166,83	1053,50	943,16	835,83	731,50	630,16
	V	2406,41	443,83	443,83	IV	1850,41	1777,00	1703,66	1630,25	1556,83	1483,41
	VI	2449,66	443,83	443,83							
7556,99 Ost	I,IV	1934,08	443,83	443,83	I	1787,33	1640,50	1493,75	1346,91	1200,91	1060,08
	II	1793,83	443,83	443,83	II	1647,00	1500,25	1353,41	1207,25	1066,25	931,25
	III	1291,50	443,83	443,83	III	1175,00	1061,33	950,66	843,16	738,66	637,16
	V	2416,75	443,83	443,83	IV	1860,75	1787,33	1713,91	1640,50	1567,16	1493,75
	VI	2460,00	443,83	443,83							
7559,99 West	I,IV	1925,08	443,83	443,83	I	1778,25	1631,50	1484,66	1337,91	1192,08	1051,66
	II	1784,83	443,83	443,83	II	1638,00	1491,25	1344,41	1198,41	1057,75	923,16
	III	1284,33	443,83	443,83	III	1167,83	1054,50	944,00	836,66	732,33	631,00
	V	2407,66	443,83	443,83	IV	1851,66	1778,25	1704,91	1631,50	1558,08	1484,66
	VI	2450,91	443,83	443,83							
7559,99 Ost	I,IV	1935,33	443,83	443,83	I	1788,58	1641,75	1495,00	1348,16	1202,08	1061,33
	II	1795,08	443,83	443,83	II	1648,33	1501,50	1354,75	1208,50	1067,41	932,41
	III	1292,50	443,83	443,83	III	1176,00	1062,33	951,66	844,16	739,50	638,00
	V	2418,00	443,83	443,83	IV	1862,00	1788,58	1715,16	1641,75	1568,41	1495,00
	VI	2461,25	443,83	443,83							

* Zur LSt-Berechnung für privat versicherte Arbeitnehmer s. Beispiele **Vorbemerkung S. 4f.**
** Basisvorsorgepauschale KV und PV   *** Typisierter Arbeitgeberzuschuss

aT3 allgemeine Lohnsteuer

Lohn/ Gehalt in € bis	Steuerklasse	Lohn-steuer*	BVSP**	TAGZ***	Steuerklasse	Bemessungsgrundlage für Kirchensteuer und Solidaritätszuschlag Freibeträge für ... Kinder					
						0,5	1,0	1,5	2,0	2,5	3,0
7562,99 West	I,IV	**1 926,33**	443,83	443,83	I	1 779,58	1 632,75	1 486,00	1 339,16	1 193,25	1 052,83
	II	**1 786,08**	443,83	443,83	II	1 639,25	1 492,50	1 345,66	1 199,66	1 058,91	924,25
	III	**1 285,33**	443,83	443,83	III	1 168,83	1 055,33	945,00	837,66	733,16	631,83
	V	**2 408,91**	443,83	443,83	IV	1 852,91	1 779,58	1 706,16	1 632,75	1 559,33	1 486,00
	VI	**2 452,16**	443,83	443,83							
7562,99 Ost	I,IV	**1 936,66**	443,83	443,83	I	1 789,83	1 643,08	1 496,25	1 349,50	1 203,33	1 062,50
	II	**1 796,33**	443,83	443,83	II	1 649,58	1 502,75	1 356,00	1 209,75	1 068,58	933,50
	III	**1 293,66**	443,83	443,83	III	1 176,83	1 063,33	952,66	845,00	740,50	638,83
	V	**2 419,25**	443,83	443,83	IV	1 863,25	1 789,83	1 716,41	1 643,08	1 569,66	1 496,25
	VI	**2 462,50**	443,83	443,83							
7565,99 West	I,IV	**1 927,58**	443,83	443,83	I	1 780,83	1 634,00	1 487,25	1 340,41	1 194,50	1 054,00
	II	**1 787,33**	443,83	443,83	II	1 640,50	1 493,75	1 346,91	1 200,91	1 060,08	925,41
	III	**1 286,33**	443,83	443,83	III	1 169,83	1 056,33	945,83	838,50	734,16	632,66
	V	**2 410,16**	443,83	443,83	IV	1 854,16	1 780,83	1 707,41	1 634,00	1 560,58	1 487,25
	VI	**2 453,50**	443,83	443,83							
7565,99 Ost	I,IV	**1 937,91**	443,83	443,83	I	1 791,08	1 644,33	1 497,50	1 350,75	1 204,50	1 063,66
	II	**1 797,58**	443,83	443,83	II	1 650,83	1 504,00	1 357,25	1 211,00	1 069,83	934,66
	III	**1 294,66**	443,83	443,83	III	1 177,83	1 064,16	953,50	846,00	741,33	639,66
	V	**2 420,50**	443,83	443,83	IV	1 864,50	1 791,08	1 717,66	1 644,33	1 570,91	1 497,50
	VI	**2 463,75**	443,83	443,83							
7568,99 West	I,IV	**1 928,83**	443,83	443,83	I	1 782,08	1 635,25	1 488,50	1 341,66	1 195,75	1 055,16
	II	**1 788,58**	443,83	443,83	II	1 641,75	1 495,00	1 348,16	1 202,08	1 061,33	926,50
	III	**1 287,33**	443,83	443,83	III	1 170,83	1 057,33	946,83	839,33	735,00	633,66
	V	**2 411,50**	443,83	443,83	IV	1 855,50	1 782,08	1 708,66	1 635,25	1 561,91	1 488,50
	VI	**2 454,75**	443,83	443,83							
7568,99 Ost	I,IV	**1 939,16**	443,83	443,83	I	1 792,33	1 645,58	1 498,75	1 352,00	1 205,83	1 064,83
	II	**1 798,83**	443,83	443,83	II	1 652,08	1 505,25	1 358,50	1 212,25	1 071,00	935,75
	III	**1 295,66**	443,83	443,83	III	1 178,83	1 065,16	954,50	846,83	742,16	640,66
	V	**2 421,75**	443,83	443,83	IV	1 865,75	1 792,33	1 719,00	1 645,58	1 572,16	1 498,75
	VI	**2 465,00**	443,83	443,83							
7571,99 West	I,IV	**1 930,08**	443,83	443,83	I	1 783,33	1 636,50	1 489,75	1 342,91	1 197,00	1 056,41
	II	**1 789,83**	443,83	443,83	II	1 643,08	1 496,25	1 349,50	1 203,33	1 062,50	927,66
	III	**1 288,33**	443,83	443,83	III	1 171,83	1 058,33	947,83	840,33	735,83	634,50
	V	**2 412,75**	443,83	443,83	IV	1 856,75	1 783,33	1 709,91	1 636,50	1 563,16	1 489,75
	VI	**2 456,00**	443,83	443,83							
7571,99 Ost	I,IV	**1 940,41**	443,83	443,83	I	1 793,58	1 646,83	1 500,00	1 353,25	1 207,08	1 066,00
	II	**1 800,16**	443,83	443,83	II	1 653,33	1 506,58	1 359,75	1 213,50	1 072,25	936,91
	III	**1 296,66**	443,83	443,83	III	1 179,83	1 066,16	955,50	847,66	743,16	641,50
	V	**2 423,00**	443,83	443,83	IV	1 867,00	1 793,58	1 720,25	1 646,83	1 573,41	1 500,00
	VI	**2 466,25**	443,83	443,83							
7574,99 West	I,IV	**1 931,41**	443,83	443,83	I	1 784,58	1 637,83	1 491,00	1 344,25	1 198,25	1 057,58
	II	**1 791,08**	443,83	443,83	II	1 644,33	1 497,50	1 350,75	1 204,58	1 063,66	928,83
	III	**1 289,33**	443,83	443,83	III	1 172,83	1 059,16	948,83	841,16	736,83	635,33
	V	**2 414,00**	443,83	443,83	IV	1 858,00	1 784,58	1 711,16	1 637,83	1 564,41	1 491,00
	VI	**2 457,25**	443,83	443,83							
7574,99 Ost	I,IV	**1 941,66**	443,83	443,83	I	1 794,91	1 648,08	1 501,33	1 354,50	1 208,33	1 067,25
	II	**1 801,41**	443,83	443,83	II	1 654,58	1 507,83	1 361,00	1 214,66	1 073,33	938,08
	III	**1 297,66**	443,83	443,83	III	1 180,83	1 067,16	956,33	848,66	744,00	642,33
	V	**2 424,25**	443,83	443,83	IV	1 868,25	1 794,91	1 721,50	1 648,08	1 574,66	1 501,33
	VI	**2 467,50**	443,83	443,83							
7577,99 West	I,IV	**1 932,66**	443,83	443,83	I	1 785,83	1 639,08	1 492,25	1 345,50	1 199,41	1 058,75
	II	**1 792,33**	443,83	443,83	II	1 645,58	1 498,75	1 352,00	1 205,83	1 064,83	929,91
	III	**1 290,33**	443,83	443,83	III	1 173,83	1 060,16	949,66	842,16	737,66	636,16
	V	**2 415,25**	443,83	443,83	IV	1 859,25	1 785,83	1 712,41	1 639,08	1 565,66	1 492,25
	VI	**2 458,50**	443,83	443,83							
7577,99 Ost	I,IV	**1 942,91**	443,83	443,83	I	1 796,16	1 649,33	1 502,58	1 355,75	1 209,50	1 068,41
	II	**1 802,66**	443,83	443,83	II	1 655,83	1 509,08	1 362,25	1 215,91	1 074,50	939,16
	III	**1 298,66**	443,83	443,83	III	1 181,83	1 068,00	957,33	849,50	744,83	643,16
	V	**2 425,50**	443,83	443,83	IV	1 869,50	1 796,16	1 722,75	1 649,33	1 575,91	1 502,58
	VI	**2 468,83**	443,83	443,83							

* Zur LSt-Berechnung für privat versicherte Arbeitnehmer s. Beispiele **Vorbemerkung S. 4f.**
** Basisvorsorgepauschale KV und PV *** Typisierter Arbeitgeberzuschuss

Monat gültig ab 1. 1. 2022 (idF des StEntlG 2022) **aT3**

Lohn/Gehalt in € bis	Steuerklasse	Lohnsteuer*	BVSP**	TAGZ***	Steuerklasse	Bemessungsgrundlage für Kirchensteuer und Solidaritätszuschlag Freibeträge für ... Kinder					
						0,5	1,0	1,5	2,0	2,5	3,0
7580,99 West	I,IV	1933,91	443,83	443,83	I	1787,08	1640,33	1493,50	1346,75	1200,66	1059,91
	II	1793,58	443,83	443,83	II	1646,83	1500,00	1353,25	1207,08	1066,00	931,08
	III	1291,33	443,83	443,83	III	1174,83	1061,16	950,66	843,00	738,50	637,00
	V	2416,50	443,83	443,83	IV	1860,00	1787,08	1713,75	1640,33	1566,91	1493,50
	VI	2459,75	443,83	443,83							
7580,99 Ost	I,IV	1944,16	443,83	443,83	I	1797,41	1650,58	1503,83	1357,00	1210,75	1069,58
	II	1803,91	443,83	443,83	II	1657,08	1510,33	1363,50	1217,16	1075,75	940,33
	III	1299,66	443,83	443,83	III	1182,83	1069,00	958,16	850,50	745,66	644,00
	V	2426,83	443,83	443,83	IV	1870,75	1797,41	1724,00	1650,58	1577,25	1503,83
	VI	2470,08	443,83	443,83							
7583,99 West	I,IV	1935,16	443,83	443,83	I	1788,33	1641,58	1494,75	1348,00	1201,91	1061,08
	II	1794,91	443,83	443,83	II	1648,08	1501,33	1354,50	1208,33	1067,25	932,16
	III	1292,33	443,83	443,83	III	1175,83	1062,16	951,50	844,00	739,33	637,83
	V	2417,75	443,83	443,83	IV	1861,75	1788,33	1715,00	1641,58	1568,16	1494,75
	VI	2461,00	443,83	443,83							
7583,99 Ost	I,IV	1945,41	443,83	443,83	I	1798,66	1651,83	1505,08	1358,25	1212,00	1070,75
	II	1805,16	443,83	443,83	II	1658,41	1511,58	1364,83	1218,41	1076,91	941,50
	III	1300,66	443,83	443,83	III	1183,83	1070,00	959,16	851,33	746,66	644,83
	V	2428,08	443,83	443,83	IV	1872,08	1798,66	1725,25	1651,83	1578,50	1505,08
	VI	2471,33	443,83	443,83							
7586,99 West	I,IV	1936,41	443,83	443,83	I	1789,66	1642,83	1496,08	1349,25	1203,16	1062,25
	II	1796,16	443,83	443,83	II	1649,33	1502,58	1355,75	1209,50	1068,41	933,33
	III	1293,50	443,83	443,83	III	1176,66	1063,16	952,50	844,83	740,33	638,66
	V	2419,00	443,83	443,83	IV	1863,00	1789,66	1716,25	1642,83	1569,41	1496,08
	VI	2462,25	443,83	443,83							
7586,99 Ost	I,IV	1946,66	443,83	443,83	I	1799,91	1653,16	1506,33	1359,58	1213,25	1072,00
	II	1806,41	443,83	443,83	II	1659,66	1512,83	1366,08	1219,66	1078,08	942,58
	III	1301,66	443,83	443,83	III	1184,83	1071,00	960,16	852,33	747,50	645,83
	V	2429,33	443,83	443,83	IV	1873,33	1799,91	1726,50	1653,16	1579,75	1506,33
	VI	2472,58	443,83	443,83							
7589,99 West	I,IV	1937,66	443,83	443,83	I	1790,91	1644,08	1497,33	1350,50	1204,41	1063,50
	II	1797,41	443,83	443,83	II	1650,58	1503,83	1357,00	1210,75	1069,58	934,50
	III	1294,50	443,83	443,83	III	1177,66	1064,00	953,33	845,83	741,16	639,66
	V	2420,25	443,83	443,83	IV	1864,25	1790,91	1717,50	1644,08	1570,66	1497,33
	VI	2463,58	443,83	443,83							
7589,99 Ost	I,IV	1948,00	443,83	443,83	I	1801,16	1654,41	1507,58	1360,83	1214,50	1073,16
	II	1807,66	443,83	443,83	II	1660,91	1514,08	1367,33	1220,91	1079,33	943,75
	III	1302,66	443,83	443,83	III	1185,83	1072,00	961,00	853,16	748,33	646,66
	V	2430,58	443,83	443,83	IV	1874,58	1801,16	1727,75	1654,41	1581,00	1507,58
	VI	2473,83	443,83	443,83							
7592,99 West	I,IV	1938,91	443,83	443,83	I	1792,16	1645,33	1498,58	1351,75	1205,58	1064,66
	II	1798,66	443,83	443,83	II	1651,83	1505,08	1358,25	1212,00	1070,75	935,58
	III	1295,50	443,83	443,83	III	1178,66	1065,00	954,33	846,66	742,00	640,50
	V	2421,58	443,83	443,83	IV	1865,50	1792,16	1718,75	1645,33	1572,00	1498,58
	VI	2464,83	443,83	443,83							
7592,99 Ost	I,IV	1949,25	443,83	443,83	I	1802,41	1655,66	1508,83	1362,08	1215,75	1074,33
	II	1808,91	443,83	443,83	II	1662,16	1515,33	1368,58	1222,16	1080,50	944,91
	III	1303,83	443,83	443,83	III	1186,83	1072,83	962,00	854,16	749,33	647,50
	V	2431,83	443,83	443,83	IV	1875,83	1802,41	1729,00	1655,66	1582,25	1508,83
	VI	2475,08	443,83	443,83							
7595,99 West	I,IV	1940,16	443,83	443,83	I	1793,41	1646,58	1499,83	1353,00	1206,83	1065,83
	II	1799,91	443,83	443,83	II	1653,16	1506,33	1359,58	1213,25	1072,00	936,75
	III	1296,50	443,83	443,83	III	1179,66	1066,00	955,33	847,66	743,00	641,33
	V	2422,83	443,83	443,83	IV	1866,83	1793,41	1720,00	1646,58	1573,25	1499,83
	VI	2466,08	443,83	443,83							
7595,99 Ost	I,IV	1950,50	443,83	443,83	I	1803,66	1656,91	1510,08	1363,33	1217,00	1075,50
	II	1810,16	443,83	443,83	II	1663,41	1516,66	1369,83	1223,41	1081,66	946,00
	III	1304,83	443,83	443,83	III	1187,83	1073,83	963,00	855,00	750,16	648,33
	V	2433,08	443,83	443,83	IV	1877,08	1803,66	1730,33	1656,91	1583,50	1510,08
	VI	2476,33	443,83	443,83							

* Zur LSt-Berechnung für privat versicherte Arbeitnehmer s. Beispiele **Vorbemerkung S. 4f.**
** Basisvorsorgepauschale KV und PV   *** Typisierter Arbeitgeberzuschuss

aT3 allgemeine Lohnsteuer

Lohn/Gehalt in € bis	Steuerklasse	Lohn-steuer*	BVSP**	TAGZ***	Steuerklasse	Bemessungsgrundlage für Kirchensteuer und Solidaritätszuschlag Freibeträge für ... Kinder 0,5	1,0	1,5	2,0	2,5	3,0
7598,99 West	I,IV	1941,41	443,83	443,83	I	1794,66	1647,91	1501,08	1354,33	1208,08	1067,00
	II	1801,16	443,83	443,83	II	1654,41	1507,58	1360,83	1214,50	1073,16	937,83
	III	1297,50	443,83	443,83	III	1180,66	1067,00	956,16	848,50	743,83	642,16
	V	2424,08	443,83	443,83	IV	1868,08	1794,66	1721,25	1647,91	1574,50	1501,08
	VI	2467,33	443,83	443,83							
7598,99 Ost	I,IV	1951,75	443,83	443,83	I	1804,91	1658,16	1511,41	1364,58	1218,25	1076,75
	II	1811,50	443,83	443,83	II	1664,66	1517,91	1371,08	1224,66	1082,83	947,16
	III	1305,83	443,83	443,83	III	1188,83	1074,83	963,83	856,00	751,00	649,16
	V	2434,33	443,83	443,83	IV	1878,33	1804,91	1731,58	1658,16	1584,75	1511,41
	VI	2477,58	443,83	443,83							
7601,99 West	I,IV	1942,75	443,83	443,83	I	1795,91	1649,16	1502,33	1355,58	1209,33	1068,25
	II	1802,41	443,83	443,83	II	1655,66	1508,83	1362,08	1215,75	1074,33	939,00
	III	1298,50	443,83	443,83	III	1181,66	1067,83	957,16	849,50	744,66	643,00
	V	2425,33	443,83	443,83	IV	1869,33	1795,91	1722,50	1649,16	1575,75	1502,33
	VI	2468,58	443,83	443,83							
7601,99 Ost	I,IV	1953,00	443,83	443,83	I	1806,25	1659,41	1512,66	1365,83	1219,41	1077,91
	II	1812,75	443,83	443,83	II	1665,91	1519,16	1372,33	1225,83	1084,08	948,25
	III	1306,83	443,83	443,83	III	1189,83	1075,83	964,83	856,83	752,00	650,00
	V	2435,58	443,83	443,83	IV	1879,58	1806,25	1732,83	1659,41	1586,00	1512,66
	VI	2478,83	443,83	443,83							
7604,99 West	I,IV	1944,00	443,83	443,83	I	1797,16	1650,41	1503,58	1356,83	1210,58	1069,41
	II	1803,66	443,83	443,83	II	1656,91	1510,08	1363,33	1217,00	1075,50	940,16
	III	1299,50	443,83	443,83	III	1182,66	1068,83	958,16	850,33	745,66	643,83
	V	2426,58	443,83	443,83	IV	1870,58	1797,16	1723,75	1650,41	1577,00	1503,58
	VI	2469,83	443,83	443,83							
7604,99 Ost	I,IV	1954,25	443,83	443,83	I	1807,50	1660,66	1513,91	1367,08	1220,66	1079,08
	II	1814,00	443,83	443,83	II	1667,16	1520,41	1373,58	1227,08	1085,25	949,41
	III	1307,83	443,83	443,83	III	1190,83	1076,83	965,83	857,83	752,83	651,00
	V	2436,83	443,83	443,83	IV	1880,83	1807,50	1734,08	1660,66	1587,25	1513,91
	VI	2480,16	443,83	443,83							
7607,99 West	I,IV	1945,25	443,83	443,83	I	1798,41	1651,66	1504,83	1358,08	1211,83	1070,58
	II	1804,91	443,83	443,83	II	1658,16	1511,41	1364,58	1218,25	1076,75	941,25
	III	1300,50	443,83	443,83	III	1183,66	1069,83	959,00	851,16	746,50	644,83
	V	2427,83	443,83	443,83	IV	1871,83	1798,41	1725,08	1651,66	1578,25	1504,83
	VI	2471,08	443,83	443,83							
7607,99 Ost	I,IV	1955,50	443,83	443,83	I	1808,75	1661,91	1515,16	1368,33	1221,91	1080,25
	II	1815,25	443,83	443,83	II	1668,41	1521,66	1374,91	1228,33	1086,41	950,58
	III	1308,83	443,83	443,83	III	1191,83	1077,66	966,66	858,66	753,66	651,83
	V	2438,16	443,83	443,83	IV	1882,16	1808,75	1735,33	1661,91	1588,58	1515,16
	VI	2481,41	443,83	443,83							
7610,99 West	I,IV	1946,50	443,83	443,83	I	1799,66	1652,91	1506,16	1359,33	1213,08	1071,75
	II	1806,25	443,83	443,83	II	1659,41	1512,66	1365,83	1219,41	1077,91	942,41
	III	1301,50	443,83	443,83	III	1184,66	1070,83	960,00	852,16	747,33	645,66
	V	2429,08	443,83	443,83	IV	1873,08	1799,66	1726,33	1652,91	1579,50	1506,16
	VI	2472,33	443,83	443,83							
7610,99 Ost	I,IV	1956,75	443,83	443,83	I	1810,00	1663,16	1516,41	1369,66	1223,16	1081,50
	II	1816,50	443,83	443,83	II	1669,75	1522,91	1376,16	1229,58	1087,66	951,75
	III	1309,83	443,83	443,83	III	1192,83	1078,66	967,66	859,66	754,66	652,66
	V	2439,41	443,83	443,83	IV	1883,41	1810,00	1736,58	1663,16	1589,83	1516,41
	VI	2482,66	443,83	443,83							
7613,99 West	I,IV	1947,75	443,83	443,83	I	1801,00	1654,16	1507,41	1360,58	1214,25	1072,91
	II	1807,50	443,83	443,83	II	1660,66	1513,91	1367,08	1220,66	1079,08	943,58
	III	1302,50	443,83	443,83	III	1185,66	1071,83	960,83	853,00	748,33	646,50
	V	2430,33	443,83	443,83	IV	1874,33	1801,00	1727,58	1654,16	1580,75	1507,41
	VI	2473,58	443,83	443,83							
7613,99 Ost	I,IV	1958,08	443,83	443,83	I	1811,25	1664,50	1517,66	1370,91	1224,41	1082,66
	II	1817,75	443,83	443,83	II	1671,00	1524,16	1377,41	1230,83	1088,83	952,83
	III	1310,83	443,83	443,83	III	1193,83	1079,66	968,50	860,50	755,50	653,50
	V	2440,66	443,83	443,83	IV	1884,66	1811,25	1737,83	1664,50	1591,08	1517,66
	VI	2483,91	443,83	443,83							

* Zur LSt-Berechnung für privat versicherte Arbeitnehmer s. Beispiele **Vorbemerkung S. 4f.**
** Basisvorsorgepauschale KV und PV *** Typisierter Arbeitgeberzuschuss

Monat gültig ab 1. 1. 2022 (idF des StEntlG 2022) aT3

Lohn/Gehalt in € bis	Steuerklasse	Lohnsteuer*	BVSP**	TAGZ***	Steuerklasse	Bemessungsgrundlage für Kirchensteuer und Solidaritätszuschlag — Freibeträge für ... Kinder					
						0,5	1,0	1,5	2,0	2,5	3,0
7616,99 West	I,IV	1 949,00	443,83	443,83	I	1 802,25	1 655,41	1 508,66	1 361,83	1 215,50	1 074,16
	II	1 808,75	443,83	443,83	II	1 661,91	1 515,16	1 368,33	1 221,91	1 080,25	944,66
	III	1 303,66	443,83	443,83	III	1 186,66	1 072,66	961,83	854,00	749,16	647,33
	V	2 431,58	443,83	443,83	IV	1 875,91	1 802,25	1 728,83	1 655,41	1 582,00	1 508,66
	VI	2 474,91	443,83	443,83							
7616,99 Ost	I,IV	1 959,33	443,83	443,83	I	1 812,50	1 665,66	1 518,91	1 372,16	1 225,66	1 083,83
	II	1 819,00	443,83	443,83	II	1 672,25	1 525,41	1 378,66	1 232,08	1 090,00	954,00
	III	1 311,83	443,83	443,83	III	1 194,66	1 080,66	969,50	861,50	756,33	654,33
	V	2 441,91	443,83	443,83	IV	1 885,91	1 812,50	1 739,08	1 665,75	1 592,33	1 518,91
	VI	2 485,16	443,83	443,83							
7619,99 West	I,IV	1 950,25	443,83	443,83	I	1 803,50	1 656,66	1 509,91	1 363,08	1 216,75	1 075,33
	II	1 810,00	443,83	443,83	II	1 663,16	1 516,41	1 369,66	1 223,16	1 081,50	945,83
	III	1 304,66	443,83	443,83	III	1 187,66	1 073,66	962,83	854,83	750,00	648,16
	V	2 432,91	443,83	443,83	IV	1 876,91	1 803,50	1 730,08	1 656,66	1 583,33	1 509,91
	VI	2 476,16	443,83	443,83							
7619,99 Ost	I,IV	1 960,58	443,83	443,83	I	1 813,75	1 667,00	1 520,16	1 373,41	1 226,91	1 085,08
	II	1 820,25	443,83	443,83	II	1 673,50	1 526,66	1 379,91	1 233,33	1 091,25	955,16
	III	1 312,83	443,83	443,83	III	1 195,66	1 081,66	970,50	862,33	757,33	655,16
	V	2 443,16	443,83	443,83	IV	1 887,16	1 813,75	1 740,41	1 667,00	1 593,58	1 520,16
	VI	2 486,41	443,83	443,83							
7622,99 West	I,IV	1 951,50	443,83	443,83	I	1 804,75	1 657,91	1 511,16	1 364,41	1 218,00	1 076,50
	II	1 811,25	443,83	443,83	II	1 664,50	1 517,66	1 370,91	1 224,41	1 082,66	947,00
	III	1 305,66	443,83	443,83	III	1 188,66	1 074,66	963,66	855,83	751,00	649,00
	V	2 434,16	443,83	443,83	IV	1 878,16	1 804,75	1 731,33	1 657,91	1 584,58	1 511,16
	VI	2 477,41	443,83	443,83							
7622,99 Ost	I,IV	1 961,83	443,83	443,83	I	1 815,00	1 668,25	1 521,41	1 374,66	1 228,16	1 086,25
	II	1 821,58	443,83	443,83	II	1 674,75	1 528,00	1 381,16	1 234,58	1 092,41	956,25
	III	1 314,00	443,83	443,83	III	1 196,66	1 082,50	971,33	863,33	758,16	656,16
	V	2 444,41	443,83	443,83	IV	1 888,41	1 815,00	1 741,66	1 668,25	1 594,83	1 521,41
	VI	2 487,66	443,83	443,83							
7625,99 West	I,IV	1 952,83	443,83	443,83	I	1 806,00	1 659,25	1 512,41	1 365,66	1 219,25	1 077,66
	II	1 812,50	443,83	443,83	II	1 665,75	1 518,91	1 372,16	1 225,66	1 083,83	948,08
	III	1 306,66	443,83	443,83	III	1 189,66	1 075,66	964,66	856,66	751,66	650,00
	V	2 435,41	443,83	443,83	IV	1 879,41	1 806,00	1 732,58	1 659,25	1 585,83	1 512,41
	VI	2 478,66	443,83	443,83							
7625,99 Ost	I,IV	1 963,08	443,83	443,83	I	1 816,33	1 669,50	1 522,75	1 375,91	1 229,41	1 087,41
	II	1 822,83	443,83	443,83	II	1 676,00	1 529,25	1 382,41	1 235,83	1 093,58	957,41
	III	1 315,00	443,83	443,83	III	1 197,66	1 083,50	972,33	864,16	759,00	657,00
	V	2 445,66	443,83	443,83	IV	1 889,66	1 816,33	1 742,91	1 669,50	1 596,08	1 522,75
	VI	2 488,91	443,83	443,83							
7628,99 West	I,IV	1 954,08	443,83	443,83	I	1 807,25	1 660,50	1 513,66	1 366,91	1 220,50	1 078,91
	II	1 813,75	443,83	443,83	II	1 667,00	1 520,16	1 373,41	1 226,91	1 085,08	949,25
	III	1 307,66	443,83	443,83	III	1 190,66	1 076,66	965,66	857,66	752,66	650,83
	V	2 436,66	443,83	443,83	IV	1 880,66	1 807,25	1 733,83	1 660,50	1 587,00	1 513,66
	VI	2 479,91	443,83	443,83							
7628,99 Ost	I,IV	1 964,33	443,83	443,83	I	1 817,58	1 670,75	1 524,00	1 377,16	1 230,66	1 088,66
	II	1 824,08	443,83	443,83	II	1 677,25	1 530,50	1 383,66	1 237,08	1 094,83	958,58
	III	1 316,00	443,83	443,83	III	1 198,66	1 084,50	973,33	865,16	760,00	657,83
	V	2 446,91	443,83	443,83	IV	1 890,91	1 817,58	1 744,16	1 670,75	1 597,33	1 524,00
	VI	2 490,25	443,83	443,83							
7631,99 West	I,IV	1 955,33	443,83	443,83	I	1 808,50	1 661,75	1 514,91	1 368,16	1 221,75	1 080,08
	II	1 815,00	443,83	443,83	II	1 668,25	1 521,41	1 374,66	1 228,16	1 086,25	950,41
	III	1 308,66	443,83	443,83	III	1 191,66	1 077,50	966,50	858,50	753,66	651,66
	V	2 437,91	443,83	443,83	IV	1 881,91	1 808,50	1 735,16	1 661,75	1 588,33	1 514,91
	VI	2 481,16	443,83	443,83							
7631,99 Ost	I,IV	1 965,58	443,83	443,83	I	1 818,83	1 672,00	1 525,25	1 378,41	1 231,91	1 089,83
	II	1 825,33	443,83	443,83	II	1 678,50	1 531,75	1 384,91	1 238,33	1 096,00	959,66
	III	1 317,00	443,83	443,83	III	1 199,66	1 085,50	974,16	866,00	760,83	658,66
	V	2 448,25	443,83	443,83	IV	1 892,25	1 818,83	1 745,41	1 672,00	1 598,66	1 525,25
	VI	2 491,50	443,83	443,83							

* Zur LSt-Berechnung für privat versicherte Arbeitnehmer s. Beispiele **Vorbemerkung S. 4f.**
** Basisvorsorgepauschale KV und PV *** Typisierter Arbeitgeberzuschuss

aT3 allgemeine Lohnsteuer

Lohn/Gehalt in € bis	Steuerklasse	Lohnsteuer*	BVSP**	TAGZ***	Steuerklasse	Bemessungsgrundlage für Kirchensteuer und Solidaritätszuschlag — Freibeträge für ... Kinder					
						0,5	1,0	1,5	2,0	2,5	3,0
7634,99 West	I,IV	1956,58	443,83	443,83	I	1809,75	1663,00	1516,16	1369,41	1223,00	1081,25
	II	1816,33	443,83	443,83	II	1669,50	1522,75	1375,91	1229,41	1087,41	951,50
	III	1309,66	443,83	443,83	III	1192,66	1078,50	967,50	859,50	754,50	652,50
	V	2439,16	443,83	443,83	IV	1883,16	1809,58	1736,41	1663,00	1589,58	1516,16
	VI	2482,41	443,83	443,83							
7634,99 Ost	I,IV	1966,83	443,83	443,83	I	1820,08	1673,25	1526,50	1379,66	1233,16	1091,00
	II	1826,58	443,83	443,83	II	1679,83	1533,00	1386,25	1239,58	1097,16	960,83
	III	1318,00	443,83	443,83	III	1200,66	1086,50	975,16	867,00	761,66	659,50
	V	2449,50	443,83	443,83	IV	1893,50	1820,08	1746,66	1673,25	1599,91	1526,50
	VI	2492,75	443,83	443,83							
7637,99 West	I,IV	1957,83	443,83	443,83	I	1811,08	1664,25	1517,50	1370,66	1224,25	1082,50
	II	1817,58	443,83	443,83	II	1670,75	1524,00	1377,16	1230,66	1088,66	952,66
	III	1310,66	443,83	443,83	III	1193,66	1079,50	968,50	860,33	755,33	653,33
	V	2440,41	443,83	443,83	IV	1884,41	1811,08	1737,66	1664,25	1590,83	1517,50
	VI	2483,66	443,83	443,83							
7637,99 Ost	I,IV	1968,16	443,83	443,83	I	1821,33	1674,58	1527,75	1381,00	1234,41	1092,16
	II	1827,83	443,83	443,83	II	1681,08	1534,25	1387,50	1240,83	1098,41	962,00
	III	1319,00	443,83	443,83	III	1201,66	1087,33	976,16	867,83	762,66	660,50
	V	2450,75	443,83	443,83	IV	1894,75	1821,33	1747,91	1674,58	1601,16	1527,75
	VI	2494,00	443,83	443,83							
7640,99 West	I,IV	1959,08	443,83	443,83	I	1812,33	1665,50	1518,75	1371,91	1225,41	1083,66
	II	1818,83	443,83	443,83	II	1672,00	1525,25	1378,41	1231,91	1089,83	953,83
	III	1311,66	443,83	443,83	III	1194,50	1080,50	969,33	861,33	756,16	654,16
	V	2441,66	443,83	443,83	IV	1885,66	1812,33	1738,91	1665,50	1592,08	1518,75
	VI	2485,00	443,83	443,83							
7640,99 Ost	I,IV	1969,41	443,83	443,83	I	1822,58	1675,83	1529,00	1382,25	1235,58	1093,41
	II	1829,08	443,83	443,83	II	1682,33	1535,50	1388,75	1242,08	1099,58	963,16
	III	1320,00	443,83	443,83	III	1202,66	1088,33	977,00	868,83	763,50	661,33
	V	2452,00	443,83	443,83	IV	1896,00	1822,58	1749,16	1675,83	1602,41	1529,00
	VI	2495,25	443,83	443,83							
7643,99 West	I,IV	1960,33	443,83	443,83	I	1813,58	1666,75	1520,00	1373,16	1226,66	1084,83
	II	1820,08	443,83	443,83	II	1673,25	1526,50	1379,66	1233,16	1091,00	954,91
	III	1312,66	443,83	443,83	III	1195,50	1081,50	970,33	862,16	757,16	655,16
	V	2443,00	443,83	443,83	IV	1887,00	1813,58	1740,16	1666,75	1593,41	1520,00
	VI	2486,25	443,83	443,83							
7643,99 Ost	I,IV	1970,66	443,83	443,83	I	1823,83	1677,08	1530,25	1383,50	1236,83	1094,58
	II	1830,33	443,83	443,83	II	1683,58	1536,75	1390,00	1243,33	1100,75	964,25
	III	1321,00	443,83	443,83	III	1203,66	1089,33	978,00	869,66	764,33	662,16
	V	2453,25	443,83	443,83	IV	1897,33	1823,83	1750,50	1677,08	1603,66	1530,25
	VI	2496,50	443,83	443,83							
7646,99 West	I,IV	1961,58	443,83	443,83	I	1814,83	1668,00	1521,25	1374,41	1227,91	1086,08
	II	1821,33	443,83	443,83	II	1674,58	1527,75	1381,00	1234,41	1092,16	956,08
	III	1313,83	443,83	443,83	III	1196,50	1082,33	971,16	863,16	758,00	656,00
	V	2444,25	443,83	443,83	IV	1888,25	1814,83	1741,41	1668,00	1594,66	1521,25
	VI	2487,50	443,83	443,83							
7646,99 Ost	I,IV	1971,91	443,83	443,83	I	1825,08	1678,33	1531,50	1384,75	1238,08	1095,83
	II	1831,66	443,83	443,83	II	1684,83	1538,08	1391,25	1244,58	1102,00	965,41
	III	1322,16	443,83	443,83	III	1204,66	1090,33	979,00	870,66	765,33	663,00
	V	2454,50	443,83	443,83	IV	1898,25	1825,08	1751,75	1678,33	1604,91	1531,50
	VI	2497,75	443,83	443,83							
7649,99 West	I,IV	1962,91	443,83	443,83	I	1816,08	1669,33	1522,50	1375,75	1229,16	1087,25
	II	1822,58	443,83	443,83	II	1675,83	1529,00	1382,25	1235,58	1093,41	957,25
	III	1314,83	443,83	443,83	III	1197,50	1083,33	972,16	864,00	758,50	656,83
	V	2445,50	443,83	443,83	IV	1889,50	1816,08	1742,66	1669,33	1595,91	1522,50
	VI	2488,75	443,83	443,83							
7649,99 Ost	I,IV	1973,16	443,83	443,83	I	1826,41	1679,58	1532,83	1386,00	1239,33	1097,00
	II	1832,91	443,83	443,83	II	1686,08	1539,33	1392,50	1245,83	1103,16	966,58
	III	1323,16	443,83	443,83	III	1205,66	1091,33	979,83	871,50	766,16	663,83
	V	2455,75	443,83	443,83	IV	1899,75	1826,41	1753,00	1679,58	1606,16	1532,83
	VI	2499,00	443,83	443,83							

* Zur LSt-Berechnung für privat versicherte Arbeitnehmer s. Beispiele **Vorbemerkung S. 4 f.**
** Basisvorsorgepauschale KV und PV *** Typisierter Arbeitgeberzuschuss

Monat gültig ab 1. 1. 2022 (idF des StEntlG 2022) — aT3

Lohn/Gehalt in € bis	Steuerklasse	Lohnsteuer*	BVSP**	TAGZ***	Steuerklasse	Bemessungsgrundlage für Kirchensteuer und Solidaritätszuschlag — Freibeträge für ... Kinder					
						0,5	1,0	1,5	2,0	2,5	3,0
7 652,99 West	I,IV	1 964,16	443,83	443,83	I	1 817,33	1 670,58	1 523,75	1 377,00	1 230,41	1 088,41
	II	1 823,83	443,83	443,83	II	1 677,08	1 530,25	1 383,50	1 236,83	1 094,58	958,33
	III	1 315,83	443,83	443,83	III	1 198,50	1 084,33	973,16	865,00	759,83	657,66
	V	2 446,75	443,83	443,83	IV	1 890,75	1 817,33	1 743,91	1 670,58	1 597,16	1 523,75
	VI	2 490,00	443,83	443,83							
7 652,99 Ost	I,IV	1 974,41	443,83	443,83	I	1 827,66	1 680,83	1 534,08	1 387,25	1 240,58	1 098,16
	II	1 834,16	443,83	443,83	II	1 687,33	1 540,58	1 393,75	1 247,08	1 104,33	967,75
	III	1 324,16	443,83	443,83	III	1 206,66	1 092,16	980,83	872,50	767,00	664,66
	V	2 457,00	443,83	443,83	IV	1 901,00	1 827,66	1 754,25	1 680,83	1 607,41	1 534,08
	VI	2 500,33	443,83	443,83							
7 655,99 West	I,IV	1 965,41	443,83	443,83	I	1 818,58	1 671,83	1 525,00	1 378,25	1 231,66	1 089,58
	II	1 825,08	443,83	443,83	II	1 678,33	1 531,50	1 384,75	1 238,08	1 095,83	959,50
	III	1 316,83	443,83	443,83	III	1 199,50	1 085,33	974,00	865,83	760,66	658,50
	V	2 448,00	443,83	443,83	IV	1 892,00	1 818,58	1 745,25	1 671,83	1 598,41	1 525,00
	VI	2 491,25	443,83	443,83							
7 655,99 Ost	I,IV	1 975,66	443,83	443,83	I	1 828,91	1 682,08	1 535,33	1 388,50	1 241,83	1 099,41
	II	1 835,41	443,83	443,83	II	1 688,58	1 541,83	1 395,00	1 248,33	1 105,58	968,83
	III	1 325,16	443,83	443,83	III	1 207,66	1 093,16	981,83	873,33	768,00	665,66
	V	2 458,33	443,83	443,83	IV	1 902,25	1 828,91	1 755,50	1 682,08	1 608,75	1 535,33
	VI	2 501,58	443,83	443,83							
7 658,99 West	I,IV	1 966,66	443,83	443,83	I	1 819,83	1 673,08	1 526,25	1 379,50	1 232,91	1 090,83
	II	1 826,41	443,83	443,83	II	1 679,58	1 532,83	1 386,00	1 239,33	1 097,00	960,66
	III	1 317,83	443,83	443,83	III	1 200,50	1 086,33	975,00	866,83	761,66	659,33
	V	2 449,25	443,83	443,83	IV	1 893,25	1 819,83	1 746,50	1 673,08	1 599,66	1 526,25
	VI	2 492,50	443,83	443,83							
7 658,99 Ost	I,IV	1 976,91	443,83	443,83	I	1 830,16	1 683,33	1 536,58	1 389,75	1 243,08	1 100,58
	II	1 836,66	443,83	443,83	II	1 689,91	1 543,08	1 396,33	1 249,58	1 106,75	970,00
	III	1 326,16	443,83	443,83	III	1 208,66	1 094,16	982,66	874,33	768,83	666,50
	V	2 459,58	443,83	443,83	IV	1 903,58	1 830,16	1 756,75	1 683,33	1 610,00	1 536,58
	VI	2 502,83	443,83	443,83							
7 661,99 West	I,IV	1 967,91	443,83	443,83	I	1 821,16	1 674,33	1 527,58	1 380,75	1 234,16	1 092,00
	II	1 827,66	443,83	443,83	II	1 680,83	1 534,08	1 387,25	1 240,58	1 098,16	961,83
	III	1 318,83	443,83	443,83	III	1 201,50	1 087,16	976,00	867,66	762,50	660,33
	V	2 450,50	443,83	443,83	IV	1 894,50	1 821,16	1 747,75	1 674,33	1 600,91	1 527,58
	VI	2 493,75	443,83	443,83							
7 661,99 Ost	I,IV	1 978,16	443,83	443,83	I	1 831,41	1 684,66	1 537,83	1 391,08	1 244,33	1 101,75
	II	1 837,91	443,83	443,83	II	1 691,16	1 544,33	1 397,58	1 250,83	1 108,00	971,16
	III	1 327,16	443,83	443,83	III	1 209,66	1 095,16	983,66	875,16	769,83	667,33
	V	2 460,83	443,83	443,83	IV	1 904,83	1 831,41	1 758,00	1 684,66	1 611,25	1 537,83
	VI	2 504,08	443,83	443,83							
7 664,99 West	I,IV	1 969,16	443,83	443,83	I	1 822,41	1 675,58	1 528,83	1 382,00	1 235,41	1 093,16
	II	1 828,91	443,83	443,83	II	1 682,08	1 535,33	1 388,50	1 241,83	1 099,41	962,91
	III	1 319,83	443,83	443,83	III	1 202,50	1 088,16	976,83	868,66	763,33	661,16
	V	2 451,75	443,83	443,83	IV	1 895,75	1 822,41	1 749,00	1 675,58	1 602,16	1 528,83
	VI	2 495,08	443,83	443,83							
7 664,99 Ost	I,IV	1 979,50	443,83	443,83	I	1 832,66	1 685,91	1 539,08	1 392,33	1 245,58	1 103,00
	II	1 839,16	443,83	443,83	II	1 692,41	1 545,58	1 398,83	1 252,08	1 109,16	972,33
	III	1 328,16	443,83	443,83	III	1 210,66	1 096,16	984,66	876,16	770,66	668,16
	V	2 462,08	443,83	443,83	IV	1 906,08	1 832,66	1 759,25	1 685,91	1 612,50	1 539,08
	VI	2 505,33	443,83	443,83							
7 667,99 West	I,IV	1 970,41	443,83	443,83	I	1 823,66	1 676,83	1 530,08	1 383,25	1 236,66	1 094,41
	II	1 830,16	443,83	443,83	II	1 683,33	1 536,58	1 389,75	1 243,08	1 100,58	964,08
	III	1 320,83	443,83	443,83	III	1 203,50	1 089,16	977,83	869,50	764,33	662,00
	V	2 453,00	443,83	443,83	IV	1 897,00	1 823,66	1 750,25	1 676,83	1 603,50	1 530,08
	VI	2 496,33	443,83	443,83							
7 667,99 Ost	I,IV	1 980,75	443,83	443,83	I	1 833,91	1 687,16	1 540,33	1 393,58	1 246,83	1 104,16
	II	1 840,41	443,83	443,83	II	1 693,66	1 546,83	1 400,08	1 253,33	1 110,33	973,50
	III	1 329,16	443,83	443,83	III	1 211,66	1 097,00	985,50	877,00	771,50	669,00
	V	2 463,33	443,83	443,83	IV	1 907,33	1 833,91	1 760,50	1 687,16	1 613,75	1 540,33
	VI	2 506,58	443,83	443,83							

* Zur LSt-Berechnung für privat versicherte Arbeitnehmer s. Beispiele **Vorbemerkung S. 4 f.**
** Basisvorsorgepauschale KV und PV *** Typisierter Arbeitgeberzuschuss

aT3 allgemeine Lohnsteuer

Lohn/Gehalt in € bis	Steuerklasse	Lohnsteuer*	BVSP**	TAGZ***	Steuerklasse	Bemessungsgrundlage für Kirchensteuer und Solidaritätszuschlag Freibeträge für ... Kinder					
						0,5	1,0	1,5	2,0	2,5	3,0
7670,99 West	I,IV	**1971,66**	443,83	443,83	I	1824,91	1678,08	1531,33	1384,50	1237,91	1095,58
	II	**1831,41**	443,83	443,83	II	1684,66	1537,83	1391,08	1244,33	1101,75	965,25
	III	**1322,00**	443,83	443,83	III	1204,50	1090,16	978,83	870,50	765,16	662,83
	V	**2454,33**	443,83	443,83	IV	1898,33	1824,91	1751,50	1678,08	1604,75	1531,33
	VI	**2497,58**	443,83	443,83							
7670,99 Ost	I,IV	**1982,00**	443,83	443,83	I	1835,16	1688,41	1541,58	1394,83	1248,08	1105,33
	II	**1841,66**	443,83	443,83	II	1694,91	1548,16	1401,33	1254,58	1111,58	974,58
	III	**1330,33**	443,83	443,83	III	1212,66	1098,00	986,50	878,00	772,50	670,00
	V	**2464,58**	443,83	443,83	IV	1908,58	1835,16	1761,83	1688,41	1615,00	1541,58
	VI	**2507,83**	443,83	443,83							
7673,99 West	I,IV	**1972,91**	443,83	443,83	I	1826,16	1679,41	1532,58	1385,83	1239,16	1096,75
	II	**1832,66**	443,83	443,83	II	1685,91	1539,08	1392,33	1245,58	1103,00	966,41
	III	**1323,00**	443,83	443,83	III	1205,50	1091,16	979,66	871,33	766,00	663,66
	V	**2455,58**	443,83	443,83	IV	1899,58	1826,16	1752,75	1679,41	1606,00	1532,58
	VI	**2498,83**	443,83	443,83							
7673,99 Ost	I,IV	**1983,25**	443,83	443,83	I	1836,41	1689,66	1542,91	1396,08	1249,33	1106,58
	II	**1843,00**	443,83	443,83	II	1696,16	1549,41	1402,58	1255,83	1112,75	975,75
	III	**1331,33**	443,83	443,83	III	1213,66	1099,00	987,50	878,83	773,33	670,83
	V	**2465,83**	443,83	443,83	IV	1909,83	1836,41	1763,08	1689,66	1616,25	1542,91
	VI	**2509,08**	443,83	443,83							
7676,99 West	I,IV	**1974,25**	443,83	443,83	I	1827,41	1680,66	1533,83	1387,08	1240,41	1098,00
	II	**1833,91**	443,83	443,83	II	1687,16	1540,66	1393,58	1246,83	1104,16	967,50
	III	**1324,00**	443,83	443,83	III	1206,50	1092,00	980,66	872,33	767,00	664,66
	V	**2456,83**	443,83	443,83	IV	1900,83	1827,41	1754,00	1680,66	1607,25	1533,83
	VI	**2500,08**	443,83	443,83							
7676,99 Ost	I,IV	**1984,50**	443,83	443,83	I	1837,75	1690,91	1544,16	1397,33	1250,58	1107,75
	II	**1844,25**	443,83	443,83	II	1697,41	1550,66	1403,83	1257,08	1114,00	976,91
	III	**1332,33**	443,83	443,83	III	1214,66	1100,00	988,33	879,83	774,16	671,66
	V	**2467,08**	443,83	443,83	IV	1911,08	1837,75	1764,33	1690,91	1617,50	1544,16
	VI	**2510,33**	443,83	443,83							
7679,99 West	I,IV	**1975,50**	443,83	443,83	I	1828,66	1681,91	1535,08	1388,33	1241,66	1099,16
	II	**1835,16**	443,83	443,83	II	1688,41	1541,58	1394,83	1248,08	1105,33	968,66
	III	**1325,00**	443,83	443,83	III	1207,50	1093,00	981,66	873,16	767,83	665,50
	V	**2458,08**	443,83	443,83	IV	1902,00	1828,66	1755,25	1681,91	1608,50	1535,08
	VI	**2501,33**	443,83	443,83							
7679,99 Ost	I,IV	**1985,75**	443,83	443,83	I	1839,00	1692,16	1545,41	1398,58	1251,83	1109,00
	II	**1845,50**	443,83	443,83	II	1698,66	1551,91	1405,08	1258,33	1115,16	978,08
	III	**1333,33**	443,83	443,83	III	1215,66	1101,00	989,33	880,66	775,16	672,50
	V	**2468,33**	443,83	443,83	IV	1912,33	1839,00	1765,58	1692,16	1618,75	1545,41
	VI	**2511,66**	443,83	443,83							
7682,99 West	I,IV	**1976,75**	443,83	443,83	I	1829,91	1683,16	1536,33	1389,58	1242,91	1100,41
	II	**1836,41**	443,83	443,83	II	1689,66	1542,91	1396,08	1249,33	1106,58	969,83
	III	**1326,00**	443,83	443,83	III	1208,50	1094,00	982,50	874,16	768,66	666,33
	V	**2459,33**	443,83	443,83	IV	1903,33	1829,91	1756,58	1683,16	1609,75	1536,33
	VI	**2502,58**	443,83	443,83							
7682,99 Ost	I,IV	**1987,00**	443,83	443,83	I	1840,25	1693,41	1546,66	1399,83	1253,08	1110,16
	II	**1846,75**	443,83	443,83	II	1699,91	1553,16	1406,41	1259,58	1116,41	979,25
	III	**1334,33**	443,83	443,83	III	1216,66	1102,00	990,33	881,66	776,00	673,33
	V	**2469,66**	443,83	443,83	IV	1913,66	1840,25	1766,83	1693,41	1620,08	1546,66
	VI	**2512,91**	443,83	443,83							
7685,99 West	I,IV	**1978,00**	443,83	443,83	I	1831,16	1684,41	1537,66	1390,83	1244,16	1101,58
	II	**1837,75**	443,83	443,83	II	1690,91	1544,16	1397,33	1250,58	1107,75	971,00
	III	**1327,00**	443,83	443,83	III	1209,50	1095,00	983,50	875,00	769,66	667,16
	V	**2460,58**	443,83	443,83	IV	1904,58	1831,16	1757,83	1684,41	1611,00	1537,66
	VI	**2503,83**	443,83	443,83							
7685,99 Ost	I,IV	**1988,25**	443,83	443,83	I	1841,50	1694,66	1547,91	1401,16	1254,41	1111,33
	II	**1848,00**	443,83	443,83	II	1701,25	1554,41	1407,66	1260,83	1117,58	980,33
	III	**1335,33**	443,83	443,83	III	1217,66	1102,83	991,16	882,50	776,83	674,33
	V	**2470,91**	443,83	443,83	IV	1914,91	1841,50	1768,08	1694,66	1621,33	1547,91
	VI	**2514,16**	443,83	443,83							

* Zur LSt-Berechnung für privat versicherte Arbeitnehmer s. Beispiele **Vorbemerkung S. 4f.**
** Basisvorsorgepauschale KV und PV *** Typisierter Arbeitgeberzuschuss

Monat gültig ab 1. 1. 2022 (idF des StEntlG 2022) — **aT3**

Lohn/Gehalt in € bis	Steuerklasse	Lohnsteuer*	BVSP**	TAGZ***	Steuerklasse	0,5	1,0	1,5	2,0	2,5	3,0
						Bemessungsgrundlage für Kirchensteuer und Solidaritätszuschlag — Freibeträge für ... Kinder					
7 688,99 West	I,IV	1 979,25	443,83	443,83	I	1 832,50	1 685,66	1 538,91	1 392,08	1 245,41	1 102,75
	II	1 839,00	443,83	443,83	II	1 692,16	1 545,41	1 398,58	1 251,83	1 109,00	972,16
	III	1 328,00	443,83	443,83	III	1 210,50	1 096,00	984,50	876,00	770,50	668,00
	V	2 461,83	443,83	443,83	IV	1 905,83	1 832,50	1 759,08	1 685,66	1 612,25	1 538,91
	VI	2 505,08	443,83	443,83							
7 688,99 Ost	I,IV	1 989,58	443,83	443,83	I	1 842,75	1 696,00	1 549,16	1 402,41	1 255,66	1 112,58
	II	1 849,25	443,83	443,83	II	1 702,50	1 555,66	1 408,91	1 262,08	1 118,83	981,50
	III	1 336,33	443,83	443,83	III	1 218,66	1 103,83	992,16	883,50	777,83	675,16
	V	2 472,16	443,83	443,83	IV	1 916,16	1 842,75	1 769,33	1 696,00	1 622,58	1 549,16
	VI	2 515,41	443,83	443,83							
7 691,99 West	I,IV	1 980,50	443,83	443,83	I	1 833,75	1 686,91	1 540,16	1 393,33	1 246,66	1 104,00
	II	1 840,25	443,83	443,83	II	1 693,41	1 546,66	1 399,83	1 253,08	1 110,16	973,25
	III	1 329,00	443,83	443,83	III	1 211,50	1 097,00	985,33	876,83	771,33	669,00
	V	2 463,08	443,83	443,83	IV	1 907,08	1 833,75	1 760,33	1 686,91	1 613,50	1 540,16
	VI	2 506,41	443,83	443,83							
7 691,99 Ost	I,IV	1 990,83	443,83	443,83	I	1 844,00	1 697,25	1 550,41	1 403,66	1 256,91	1 113,75
	II	1 850,50	443,83	443,83	II	1 703,75	1 556,91	1 410,16	1 263,33	1 120,00	982,66
	III	1 337,50	443,83	443,83	III	1 219,66	1 104,83	993,16	884,33	778,66	676,00
	V	2 473,41	443,83	443,83	IV	1 917,41	1 844,00	1 770,58	1 697,25	1 623,83	1 550,41
	VI	2 516,66	443,83	443,83							
7 694,99 West	I,IV	1 981,75	443,83	443,83	I	1 835,00	1 688,16	1 541,41	1 394,58	1 247,91	1 105,16
	II	1 841,50	443,83	443,83	II	1 694,66	1 547,91	1 401,16	1 254,41	1 111,33	974,41
	III	1 330,16	443,83	443,83	III	1 212,50	1 097,83	986,33	877,83	772,33	669,83
	V	2 464,41	443,83	443,83	IV	1 908,41	1 835,00	1 761,58	1 688,16	1 614,83	1 541,41
	VI	2 507,66	443,83	443,83							
7 694,99 Ost	I,IV	1 992,08	443,83	443,83	I	1 845,25	1 698,50	1 551,66	1 404,91	1 258,16	1 115,00
	II	1 851,75	443,83	443,83	II	1 705,00	1 558,16	1 411,41	1 264,66	1 121,16	983,83
	III	1 338,50	443,83	443,83	III	1 220,66	1 105,83	994,00	885,33	779,50	676,83
	V	2 474,66	443,83	443,83	IV	1 918,66	1 845,25	1 771,91	1 698,50	1 625,08	1 551,66
	VI	2 517,91	443,83	443,83							
7 697,99 West	I,IV	1 983,00	443,83	443,83	I	1 836,25	1 689,41	1 542,66	1 395,91	1 249,16	1 106,33
	II	1 842,75	443,83	443,83	II	1 696,00	1 549,16	1 402,41	1 255,66	1 112,58	975,58
	III	1 331,16	443,83	443,83	III	1 213,50	1 098,83	987,33	878,66	773,16	670,66
	V	2 465,66	443,83	443,83	IV	1 909,66	1 836,25	1 762,83	1 689,41	1 616,08	1 542,66
	VI	2 508,91	443,83	443,83							
7 697,99 Ost	I,IV	1 993,33	443,83	443,83	I	1 846,50	1 699,75	1 552,91	1 406,16	1 259,41	1 116,16
	II	1 853,08	443,83	443,83	II	1 706,25	1 559,50	1 412,66	1 265,91	1 122,41	985,00
	III	1 339,50	443,83	443,83	III	1 221,66	1 106,83	995,00	886,16	780,50	677,83
	V	2 475,91	443,83	443,83	IV	1 919,91	1 846,50	1 773,16	1 699,75	1 626,33	1 552,91
	VI	2 519,16	443,83	443,83							
7 700,99 West	I,IV	1 984,33	443,83	443,83	I	1 837,50	1 690,75	1 543,91	1 397,16	1 250,41	1 107,58
	II	1 844,00	443,83	443,83	II	1 697,25	1 550,41	1 403,66	1 256,91	1 113,75	976,75
	III	1 332,16	443,83	443,83	III	1 214,50	1 099,83	988,16	879,66	774,00	671,50
	V	2 466,91	443,83	443,83	IV	1 910,91	1 837,50	1 764,08	1 690,75	1 617,33	1 543,91
	VI	2 510,16	443,83	443,83							
7 700,99 Ost	I,IV	1 994,58	443,83	443,83	I	1 847,83	1 701,00	1 554,25	1 407,41	1 260,66	1 117,41
	II	1 854,33	443,83	443,83	II	1 707,50	1 560,75	1 413,91	1 267,16	1 123,58	986,16
	III	1 340,50	443,83	443,83	III	1 222,66	1 107,83	996,00	887,16	781,33	678,66
	V	2 477,16	443,83	443,83	IV	1 921,16	1 847,83	1 774,41	1 701,00	1 627,58	1 554,25
	VI	2 520,41	443,83	443,83							
7 703,99 West	I,IV	1 985,58	443,83	443,83	I	1 838,75	1 692,00	1 545,16	1 398,41	1 251,66	1 108,75
	II	1 845,25	443,83	443,83	II	1 698,50	1 551,66	1 404,91	1 258,08	1 115,00	977,83
	III	1 333,16	443,83	443,83	III	1 215,50	1 100,83	989,16	880,50	775,00	672,33
	V	2 468,16	443,83	443,83	IV	1 912,16	1 838,75	1 765,33	1 692,00	1 618,58	1 545,16
	VI	2 511,41	443,83	443,83							
7 703,99 Ost	I,IV	1 995,83	443,83	443,83	I	1 849,08	1 702,25	1 555,50	1 408,66	1 261,91	1 118,58
	II	1 855,58	443,83	443,83	II	1 708,75	1 562,00	1 415,16	1 268,41	1 124,83	987,25
	III	1 341,50	443,83	443,83	III	1 223,66	1 108,66	996,83	888,00	782,33	679,50
	V	2 478,41	443,83	443,83	IV	1 922,41	1 849,08	1 775,66	1 702,25	1 628,83	1 555,50
	VI	2 521,75	443,83	443,83							

* Zur LSt-Berechnung für privat versicherte Arbeitnehmer s. Beispiele **Vorbemerkung S. 4f.**
** Basisvorsorgepauschale KV und PV   *** Typisierter Arbeitgeberzuschuss

aT3 allgemeine Lohnsteuer

Lohn/Gehalt in € bis	Steuerklasse	Lohnsteuer*	BVSP**	TAGZ***	Steuerklasse	Bemessungsgrundlage für Kirchensteuer und Solidaritätszuschlag					
						Freibeträge für ... Kinder					
						0,5	1,0	1,5	2,0	2,5	3,0
7706,99 West	I,IV	1986,83	443,83	443,83	I	1840,00	1693,25	1546,41	1399,66	1252,91	1110,00
	II	1846,50	443,83	443,83	II	1699,75	1552,91	1406,16	1259,41	1116,16	979,00
	III	1334,16	443,83	443,83	III	1216,50	1101,83	990,16	881,50	775,83	673,33
	V	2469,41	443,83	443,83	IV	1913,41	1840,00	1766,66	1693,25	1619,83	1546,41
	VI	2512,66	443,83	443,83							
7706,99 Ost	I,IV	1997,08	443,83	443,83	I	1850,33	1703,50	1556,75	1409,91	1263,16	1119,83
	II	1856,83	443,83	443,83	II	1710,00	1563,25	1416,41	1269,66	1126,00	988,41
	III	1342,50	443,83	443,83	III	1224,66	1109,66	997,83	889,00	783,16	680,33
	V	2479,75	443,83	443,83	IV	1923,91	1850,33	1776,91	1703,50	1630,16	1556,75
	VI	2523,00	443,83	443,83							
7709,99 West	I,IV	1988,08	443,83	443,83	I	1841,25	1694,50	1547,66	1400,91	1254,16	1111,16
	II	1847,83	443,83	443,83	II	1701,00	1554,25	1407,41	1260,66	1117,41	980,16
	III	1335,16	443,83	443,83	III	1217,50	1102,66	991,00	882,33	776,66	674,16
	V	2470,66	443,83	443,83	IV	1914,66	1841,25	1767,91	1694,50	1621,08	1547,66
	VI	2513,91	443,83	443,83							
7709,99 Ost	I,IV	1998,33	443,83	443,83	I	1851,58	1704,75	1558,00	1411,16	1264,41	1121,00
	II	1858,08	443,83	443,83	II	1711,33	1564,50	1417,75	1270,91	1127,25	989,58
	III	1343,50	443,83	443,83	III	1225,66	1110,66	998,83	889,83	784,00	681,16
	V	2481,00	443,83	443,83	IV	1925,00	1851,58	1778,16	1704,75	1631,41	1558,00
	VI	2524,25	443,83	443,83							
7712,99 West	I,IV	1989,33	443,83	443,83	I	1842,58	1695,75	1549,00	1402,16	1255,41	1112,41
	II	1849,08	443,83	443,83	II	1702,25	1555,50	1408,66	1261,91	1118,58	981,33
	III	1336,16	443,83	443,83	III	1218,50	1103,66	992,00	883,33	777,66	675,00
	V	2471,91	443,83	443,83	IV	1915,91	1842,58	1769,16	1695,75	1622,33	1549,00
	VI	2515,16	443,83	443,83							
7712,99 Ost	I,IV	1999,66	443,83	443,83	I	1852,83	1706,08	1559,25	1412,50	1265,66	1122,16
	II	1859,33	443,83	443,83	II	1712,58	1565,75	1419,00	1272,16	1128,41	990,75
	III	1344,66	443,83	443,83	III	1226,66	1111,66	999,66	890,83	785,00	682,16
	V	2482,25	443,83	443,83	IV	1926,25	1852,83	1779,41	1706,08	1632,66	1559,25
	VI	2525,50	443,83	443,83							
7715,99 West	I,IV	1990,58	443,83	443,83	I	1843,83	1697,00	1550,25	1403,41	1256,66	1113,58
	II	1850,33	443,83	443,83	II	1703,50	1556,75	1409,91	1263,16	1119,83	982,50
	III	1337,33	443,83	443,83	III	1219,50	1104,66	993,00	884,16	778,50	675,83
	V	2473,16	443,83	443,83	IV	1917,16	1843,83	1770,41	1697,00	1623,58	1550,25
	VI	2516,50	443,83	443,83							
7715,99 Ost	I,IV	2000,91	443,83	443,83	I	1854,08	1707,33	1560,50	1413,75	1266,91	1123,41
	II	1860,58	443,83	443,83	II	1713,83	1567,00	1420,25	1273,41	1129,66	991,91
	III	1345,66	443,83	443,83	III	1227,66	1112,66	1000,66	891,83	785,83	683,00
	V	2483,50	443,83	443,83	IV	1927,50	1854,08	1780,66	1707,33	1633,91	1560,50
	VI	2526,75	443,83	443,83							
7718,99 West	I,IV	1991,83	443,83	443,83	I	1845,08	1698,25	1551,50	1404,66	1257,91	1114,75
	II	1851,58	443,83	443,83	II	1704,75	1558,00	1411,16	1264,41	1121,00	983,66
	III	1338,33	443,83	443,83	III	1220,50	1105,66	993,83	885,16	779,50	676,66
	V	2474,50	443,83	443,83	IV	1918,50	1845,08	1771,66	1698,25	1624,91	1551,50
	VI	2517,75	443,83	443,83							
7718,99 Ost	I,IV	2002,16	443,83	443,83	I	1855,33	1708,58	1561,75	1415,00	1268,16	1124,58
	II	1861,83	443,83	443,83	II	1715,08	1568,25	1421,50	1274,66	1130,83	993,08
	III	1346,66	443,83	443,83	III	1228,66	1113,66	1001,66	892,66	786,66	683,83
	V	2484,75	443,83	443,83	IV	1928,75	1855,33	1782,00	1708,58	1635,16	1561,75
	VI	2528,00	443,83	443,83							
7721,99 West	I,IV	1993,08	443,83	443,83	I	1846,33	1699,50	1552,75	1405,91	1259,16	1116,00
	II	1852,83	443,83	443,83	II	1706,08	1559,25	1412,50	1265,66	1122,16	984,75
	III	1339,33	443,83	443,83	III	1221,50	1106,66	994,83	886,00	780,33	677,66
	V	2475,75	443,83	443,83	IV	1919,75	1846,33	1772,91	1699,50	1626,16	1552,75
	VI	2519,00	443,83	443,83							
7721,99 Ost	I,IV	2003,41	443,83	443,83	I	1856,58	1709,83	1563,00	1416,25	1269,41	1125,83
	II	1863,16	443,83	443,83	II	1716,33	1569,58	1422,75	1276,00	1132,08	994,25
	III	1347,66	443,83	443,83	III	1229,66	1114,66	1002,50	893,66	787,66	684,66
	V	2486,00	443,83	443,83	IV	1930,00	1856,58	1783,25	1709,83	1636,41	1563,00
	VI	2529,25	443,83	443,83							

* Zur LSt-Berechnung für privat versicherte Arbeitnehmer s. Beispiele **Vorbemerkung S. 4f.**
** Basisvorsorgepauschale KV und PV *** Typisierter Arbeitgeberzuschuss

Monat gültig ab 1. 1. 2022 (idF des StEntlG 2022) — aT3

Lohn/Gehalt in € bis	Steuerklasse	Lohnsteuer*	BVSP**	TAGZ***	Steuerklasse	Bemessungsgrundlage für Kirchensteuer und Solidaritätszuschlag Freibeträge für ... Kinder					
						0,5	1,0	1,5	2,0	2,5	3,0
7 724,99 West	I,IV	1 994,41	443,83	443,83	I	1 847,58	1 700,83	1 554,00	1 407,25	1 260,41	1 117,16
	II	1 854,08	443,83	443,83	II	1 707,33	1 560,50	1 413,75	1 266,91	1 123,41	985,91
	III	1 340,33	443,83	443,83	III	1 222,50	1 107,66	995,83	887,00	781,16	678,50
	V	2 477,00	443,83	443,83	IV	1 921,00	1 847,58	1 774,16	1 700,83	1 627,41	1 554,00
	VI	2 520,25	443,83	443,83							
7 724,99 Ost	I,IV	2 004,66	443,83	443,83	I	1 857,91	1 711,08	1 564,33	1 417,50	1 270,75	1 127,00
	II	1 864,41	443,83	443,83	II	1 717,58	1 570,83	1 424,00	1 277,25	1 133,25	995,41
	III	1 348,66	443,83	443,83	III	1 230,66	1 115,50	1 003,50	894,50	788,50	685,50
	V	2 487,25	443,83	443,83	IV	1 931,25	1 857,91	1 784,50	1 711,08	1 637,66	1 564,33
	VI	2 530,50	443,83	443,83							
7 727,99 West	I,IV	1 995,66	443,83	443,83	I	1 848,83	1 702,08	1 555,25	1 408,50	1 261,66	1 118,41
	II	1 855,33	443,83	443,83	II	1 708,58	1 561,75	1 415,00	1 268,16	1 124,58	987,08
	III	1 341,33	443,83	443,83	III	1 223,50	1 108,50	996,66	887,83	782,16	679,33
	V	2 478,25	443,83	443,83	IV	1 922,25	1 848,83	1 775,41	1 702,08	1 628,66	1 555,25
	VI	2 521,50	443,83	443,83							
7 727,99 Ost	I,IV	2 005,91	443,83	443,83	I	1 859,16	1 712,33	1 565,58	1 418,75	1 272,00	1 128,25
	II	1 865,66	443,83	443,83	II	1 718,83	1 572,08	1 425,25	1 278,50	1 134,50	996,50
	III	1 349,66	443,83	443,83	III	1 231,66	1 116,50	1 004,50	895,50	789,50	686,50
	V	2 488,50	443,83	443,83	IV	1 932,50	1 859,16	1 785,75	1 712,33	1 638,91	1 565,58
	VI	2 531,83	443,83	443,83							
7 730,99 West	I,IV	1 996,91	443,83	443,83	I	1 850,08	1 703,33	1 556,50	1 409,75	1 262,91	1 119,58
	II	1 856,58	443,83	443,83	II	1 709,83	1 563,00	1 416,25	1 269,41	1 125,83	988,25
	III	1 342,33	443,83	443,83	III	1 224,50	1 109,50	997,66	888,83	783,00	680,16
	V	2 479,50	443,83	443,83	IV	1 923,50	1 850,08	1 776,75	1 703,33	1 629,91	1 556,50
	VI	2 522,75	443,83	443,83							
7 730,99 Ost	I,IV	2 007,16	443,83	443,83	I	1 860,41	1 713,58	1 566,83	1 420,00	1 273,25	1 129,41
	II	1 866,91	443,83	443,83	II	1 720,00	1 573,33	1 426,50	1 279,75	1 135,66	997,66
	III	1 350,83	443,83	443,83	III	1 232,66	1 117,50	1 005,50	896,33	790,33	687,33
	V	2 489,83	443,83	443,83	IV	1 933,75	1 860,41	1 787,00	1 713,58	1 640,25	1 566,83
	VI	2 533,08	443,83	443,83							
7 733,99 West	I,IV	1 998,16	443,83	443,83	I	1 851,33	1 704,58	1 557,75	1 411,00	1 264,25	1 120,83
	II	1 857,91	443,83	443,83	II	1 711,08	1 564,33	1 417,50	1 270,75	1 127,00	989,41
	III	1 343,33	443,83	443,83	III	1 225,50	1 110,50	998,66	889,83	783,83	681,00
	V	2 480,75	443,83	443,83	IV	1 924,75	1 851,33	1 778,00	1 704,58	1 631,16	1 557,75
	VI	2 524,00	443,83	443,83							
7 733,99 Ost	I,IV	2 008,41	443,83	443,83	I	1 861,66	1 714,83	1 568,00	1 421,25	1 274,50	1 130,66
	II	1 868,16	443,83	443,83	II	1 721,41	1 574,58	1 427,83	1 281,00	1 136,91	998,83
	III	1 351,83	443,83	443,83	III	1 233,66	1 118,50	1 006,33	897,33	791,16	688,16
	V	2 491,08	443,83	443,83	IV	1 935,08	1 861,66	1 788,25	1 714,83	1 641,50	1 568,08
	VI	2 534,33	443,83	443,83							
7 736,99 West	I,IV	1 999,41	443,83	443,83	I	1 852,66	1 705,83	1 559,08	1 412,25	1 265,50	1 122,00
	II	1 859,16	443,83	443,83	II	1 712,33	1 565,58	1 418,75	1 272,00	1 128,25	990,58
	III	1 344,50	443,83	443,83	III	1 226,50	1 111,50	999,50	890,66	784,83	682,00
	V	2 482,00	443,83	443,83	IV	1 926,00	1 852,66	1 779,25	1 705,83	1 632,41	1 559,08
	VI	2 525,25	443,83	443,83							
7 736,99 Ost	I,IV	2 009,66	443,83	443,83	I	1 862,91	1 716,16	1 569,33	1 422,58	1 275,75	1 131,83
	II	1 869,41	443,83	443,83	II	1 722,66	1 575,83	1 429,08	1 282,25	1 138,08	1 000,00
	III	1 352,83	443,83	443,83	III	1 234,66	1 119,50	1 007,33	898,16	792,16	689,00
	V	2 492,33	443,83	443,83	IV	1 936,33	1 862,91	1 789,50	1 716,16	1 642,75	1 569,33
	VI	2 535,58	443,83	443,83							
7 739,99 West	I,IV	2 000,66	443,83	443,83	I	1 853,91	1 707,08	1 560,33	1 413,50	1 266,75	1 123,25
	II	1 860,41	443,83	443,83	II	1 713,58	1 566,83	1 420,00	1 273,25	1 129,41	991,75
	III	1 345,50	443,83	443,83	III	1 227,50	1 112,50	1 000,50	891,66	785,66	682,83
	V	2 483,25	443,83	443,83	IV	1 927,25	1 853,91	1 780,50	1 707,08	1 633,66	1 560,33
	VI	2 526,58	443,83	443,83							
7 739,99 Ost	I,IV	2 011,00	443,83	443,83	I	1 864,16	1 717,41	1 570,58	1 423,83	1 277,00	1 133,08
	II	1 870,66	443,83	443,83	II	1 723,91	1 577,08	1 430,33	1 283,50	1 139,33	1 001,16
	III	1 353,83	443,83	443,83	III	1 235,66	1 120,50	1 008,33	899,16	793,00	690,00
	V	2 493,58	443,83	443,83	IV	1 937,58	1 864,16	1 790,75	1 717,41	1 644,00	1 570,58
	VI	2 536,83	443,83	443,83							

* Zur LSt-Berechnung für privat versicherte Arbeitnehmer s. Beispiele **Vorbemerkung S. 4 f.**
** Basisvorsorgepauschale KV und PV   *** Typisierter Arbeitgeberzuschuss

aT3 allgemeine Lohnsteuer

Lohn/Gehalt in € bis	Steuerklasse	Lohn-steuer*	BVSP**	TAGZ***	Steuerklasse	Bemessungsgrundlage für Kirchensteuer und Solidaritätszuschlag					
						Freibeträge für ... Kinder					
						0,5	1,0	1,5	2,0	2,5	3,0
7742,99 West	I,IV	2001,91	443,83	443,83	I	1855,16	1708,33	1561,58	1414,75	1268,00	1124,41
	II	1861,66	443,83	443,83	II	1714,83	1568,08	1421,25	1274,50	1130,66	992,83
	III	1346,50	443,83	443,83	III	1228,50	1113,50	1001,50	892,50	786,66	683,66
	V	2484,58	443,83	443,83	IV	1928,50	1855,16	1781,75	1708,33	1635,00	1561,58
	VI	2527,83	443,83	443,83							
7742,99 Ost	I,IV	2012,25	443,83	443,83	I	1865,41	1718,66	1571,83	1425,08	1278,25	1134,25
	II	1871,91	443,83	443,83	II	1725,16	1578,33	1431,58	1284,75	1140,50	1002,33
	III	1354,83	443,83	443,83	III	1236,66	1121,33	1009,16	900,00	794,00	690,83
	V	2494,83	443,83	443,83	IV	1938,83	1865,41	1792,00	1718,66	1645,25	1571,83
	VI	2538,08	443,83	443,83							
7745,99 West	I,IV	2003,16	443,83	443,83	I	1856,41	1709,58	1562,83	1416,00	1269,25	1125,58
	II	1862,91	443,83	443,83	II	1716,16	1569,33	1422,58	1275,75	1131,83	994,00
	III	1347,50	443,83	443,83	III	1229,50	1114,50	1002,50	893,50	787,50	684,50
	V	2485,83	443,83	443,83	IV	1929,83	1856,41	1783,00	1709,58	1636,25	1562,83
	VI	2529,08	443,83	443,83							
7745,99 Ost	I,IV	2013,50	443,83	443,83	I	1866,66	1719,91	1573,08	1426,33	1279,50	1135,50
	II	1873,16	443,83	443,83	II	1726,41	1579,66	1432,83	1286,08	1141,75	1003,50
	III	1355,83	443,83	443,83	III	1237,66	1122,33	1010,16	901,00	794,83	691,66
	V	2496,08	443,83	443,83	IV	1940,08	1866,66	1793,33	1719,91	1646,50	1573,08
	VI	2539,33	443,83	443,83							
7748,99 West	I,IV	2004,41	443,83	443,83	I	1857,66	1710,91	1564,08	1417,33	1270,50	1126,83
	II	1864,16	443,83	443,83	II	1717,41	1570,58	1423,83	1277,00	1133,08	995,16
	III	1348,50	443,83	443,83	III	1230,50	1115,33	1003,33	894,33	788,33	685,50
	V	2487,08	443,83	443,83	IV	1931,08	1857,66	1784,25	1710,91	1637,50	1564,08
	VI	2530,33	443,83	443,83							
7748,99 Ost	I,IV	2014,75	443,83	443,83	I	1867,91	1721,16	1574,41	1427,58	1280,83	1136,66
	II	1874,50	443,83	443,83	II	1727,66	1580,91	1434,08	1287,33	1143,00	1004,66
	III	1357,00	443,83	443,83	III	1238,66	1123,33	1011,16	901,83	795,66	692,50
	V	2497,33	443,83	443,83	IV	1941,33	1867,91	1794,58	1721,16	1647,75	1574,41
	VI	2540,83	443,83	443,83							
7751,99 West	I,IV	2005,75	443,83	443,83	I	1858,91	1712,16	1565,33	1418,58	1271,75	1128,00
	II	1865,41	443,83	443,83	II	1718,66	1571,83	1425,08	1278,25	1134,25	996,33
	III	1349,50	443,83	443,83	III	1231,50	1116,33	1004,33	895,33	789,33	686,33
	V	2488,33	443,83	443,83	IV	1932,33	1858,91	1785,50	1712,16	1638,75	1565,33
	VI	2531,58	443,83	443,83							
7751,99 Ost	I,IV	2016,00	443,83	443,83	I	1869,25	1722,41	1575,66	1428,83	1282,08	1137,91
	II	1875,75	443,83	443,83	II	1728,91	1582,16	1435,33	1288,58	1144,16	1005,83
	III	1358,00	443,83	443,83	III	1239,66	1124,33	1012,00	902,83	796,66	693,50
	V	2498,58	443,83	443,83	IV	1942,58	1869,25	1795,83	1722,41	1649,00	1575,66
	VI	2541,83	443,83	443,83							
7754,99 West	I,IV	2007,00	443,83	443,83	I	1860,16	1713,41	1566,58	1419,83	1273,00	1129,25
	II	1866,66	443,83	443,83	II	1719,91	1573,08	1426,33	1279,50	1135,50	997,50
	III	1350,66	443,83	443,83	III	1232,50	1117,33	1005,33	896,16	790,16	687,16
	V	2489,58	443,83	443,83	IV	1933,58	1860,16	1786,75	1713,41	1640,00	1566,58
	VI	2532,83	443,83	443,83							
7754,99 Ost	I,IV	2017,25	443,83	443,83	I	1870,50	1723,66	1576,91	1430,08	1283,33	1139,16
	II	1877,00	443,83	443,83	II	1730,16	1583,41	1436,58	1289,83	1145,41	1007,00
	III	1359,00	443,83	443,83	III	1240,66	1125,33	1013,00	903,83	797,50	694,33
	V	2499,83	443,83	443,83	IV	1943,83	1870,50	1797,08	1723,66	1650,25	1576,91
	VI	2543,16	443,83	443,83							
7757,99 West	I,IV	2008,25	443,83	443,83	I	1861,41	1714,66	1567,83	1421,08	1274,25	1130,41
	II	1867,91	443,83	443,83	II	1721,16	1574,41	1427,58	1280,83	1136,66	998,66
	III	1351,66	443,83	443,83	III	1233,50	1118,33	1006,16	897,16	791,00	688,00
	V	2490,83	443,83	443,83	IV	1934,83	1861,41	1788,08	1714,66	1641,25	1567,83
	VI	2534,08	443,83	443,83							
7757,99 Ost	I,IV	2018,50	443,83	443,83	I	1871,75	1724,91	1578,16	1431,33	1284,58	1140,33
	II	1878,25	443,83	443,83	II	1731,41	1584,66	1437,91	1291,08	1146,58	1008,16
	III	1360,00	443,83	443,83	III	1241,66	1126,33	1014,00	904,66	798,33	695,16
	V	2501,16	443,83	443,83	IV	1945,16	1871,75	1798,33	1724,91	1651,58	1578,16
	VI	2544,41	443,83	443,83							

* Zur LSt-Berechnung für privat versicherte Arbeitnehmer s. Beispiele **Vorbemerkung S. 4 f.**
** Basisvorsorgepauschale KV und PV *** Typisierter Arbeitgeberzuschuss

Monat gültig ab 1. 1. 2022 (idF des StEntlG 2022) — aT3

Lohn/Gehalt in € bis	Steuerklasse	Lohnsteuer*	BVSP**	TAGZ***	Steuerklasse	Bemessungsgrundlage für Kirchensteuer und Solidaritätszuschlag — Freibeträge für ... Kinder					
						0,5	1,0	1,5	2,0	2,5	3,0
7 760,99 West	I,IV	2 009,50	443,83	443,83	I	1 862,66	1 715,91	1 569,16	1 422,33	1 275,58	1 131,66
	II	1 869,25	443,83	443,83	II	1 722,41	1 575,66	1 428,83	1 282,08	1 137,91	999,83
	III	1 352,66	443,83	443,83	III	1 234,50	1 119,33	1 007,16	898,00	792,00	689,00
	V	2 492,08	443,83	443,83	IV	1 936,08	1 862,66	1 789,33	1 715,91	1 642,50	1 569,16
	VI	2 535,33	443,83	443,83							
7 760,99 Ost	I,IV	2 019,75	443,83	443,83	I	1 873,00	1 726,16	1 579,41	1 432,66	1 285,83	1 141,58
	II	1 879,50	443,83	443,83	II	1 732,75	1 585,91	1 439,16	1 292,33	1 147,83	1 009,33
	III	1 361,00	443,83	443,83	III	1 242,66	1 127,33	1 015,00	905,66	799,33	696,00
	V	2 502,41	443,83	443,83	IV	1 946,41	1 873,00	1 799,58	1 726,16	1 652,83	1 579,41
	VI	2 545,66	443,83	443,83							
7 763,99 West	I,IV	2 010,75	443,83	443,83	I	1 864,00	1 717,16	1 570,41	1 423,58	1 276,83	1 132,83
	II	1 870,50	443,83	443,83	II	1 723,66	1 576,91	1 430,08	1 283,33	1 139,16	1 001,00
	III	1 353,66	443,83	443,83	III	1 235,50	1 120,33	1 008,16	899,00	792,83	689,83
	V	2 493,33	443,83	443,83	IV	1 937,33	1 864,00	1 790,58	1 717,16	1 643,75	1 570,41
	VI	2 536,58	443,83	443,83							
7 763,99 Ost	I,IV	2 021,08	443,83	443,83	I	1 874,25	1 727,50	1 580,66	1 433,91	1 287,08	1 142,75
	II	1 880,75	443,83	443,83	II	1 734,00	1 587,16	1 440,41	1 293,58	1 149,00	1 010,50
	III	1 362,00	443,83	443,83	III	1 243,66	1 128,33	1 015,83	906,50	800,16	697,00
	V	2 503,66	443,83	443,83	IV	1 947,66	1 874,25	1 800,83	1 727,50	1 654,08	1 580,66
	VI	2 546,91	443,83	443,83							
7 766,99 West	I,IV	2 012,00	443,83	443,83	I	1 865,25	1 718,41	1 571,66	1 424,83	1 278,08	1 134,08
	II	1 871,75	443,83	443,83	II	1 724,91	1 578,16	1 431,33	1 284,58	1 140,33	1 002,16
	III	1 354,66	443,83	443,83	III	1 236,50	1 121,33	1 009,00	899,83	793,83	690,66
	V	2 494,58	443,83	443,83	IV	1 938,58	1 865,25	1 791,83	1 718,41	1 645,00	1 571,66
	VI	2 537,91	443,83	443,83							
7 766,99 Ost	I,IV	2 022,33	443,83	443,83	I	1 875,50	1 728,75	1 581,91	1 435,16	1 288,33	1 144,00
	II	1 882,00	443,83	443,83	II	1 735,25	1 588,41	1 441,66	1 294,83	1 150,25	1 011,66
	III	1 363,16	443,83	443,83	III	1 244,66	1 129,16	1 016,83	907,50	801,16	697,83
	V	2 504,91	443,83	443,83	IV	1 948,91	1 875,50	1 802,08	1 728,75	1 655,33	1 581,91
	VI	2 548,16	443,83	443,83							
7 769,99 West	I,IV	2 013,25	443,83	443,83	I	1 866,50	1 719,66	1 572,91	1 426,08	1 279,33	1 135,33
	II	1 873,00	443,83	443,83	II	1 726,16	1 579,41	1 432,66	1 285,83	1 141,58	1 003,33
	III	1 355,66	443,83	443,83	III	1 237,50	1 122,16	1 010,00	900,83	794,66	691,50
	V	2 495,91	443,83	443,83	IV	1 939,91	1 866,50	1 793,08	1 719,66	1 646,33	1 572,91
	VI	2 539,16	443,83	443,83							
7 769,99 Ost	I,IV	2 023,58	443,83	443,83	I	1 876,75	1 730,00	1 583,16	1 436,41	1 289,58	1 145,16
	II	1 883,25	443,83	443,83	II	1 736,50	1 589,66	1 442,91	1 296,16	1 151,50	1 012,83
	III	1 364,16	443,83	443,83	III	1 245,66	1 130,16	1 017,83	908,33	802,00	698,66
	V	2 506,16	443,83	443,83	IV	1 950,16	1 876,75	1 803,41	1 730,00	1 656,58	1 583,16
	VI	2 549,41	443,83	443,83							
7 772,99 West	I,IV	2 014,50	443,83	443,83	I	1 867,75	1 720,91	1 574,16	1 427,41	1 280,58	1 136,50
	II	1 874,25	443,83	443,83	II	1 727,50	1 580,66	1 433,91	1 287,08	1 142,75	1 004,50
	III	1 356,83	443,83	443,83	III	1 238,50	1 123,16	1 011,00	901,83	795,50	692,33
	V	2 497,16	443,83	443,83	IV	1 941,16	1 867,75	1 794,33	1 720,91	1 647,58	1 574,16
	VI	2 540,41	443,83	443,83							
7 772,99 Ost	I,IV	2 024,83	443,83	443,83	I	1 878,00	1 731,25	1 584,41	1 437,66	1 290,91	1 146,41
	II	1 884,58	443,83	443,83	II	1 737,75	1 591,00	1 444,16	1 297,41	1 152,66	1 014,00
	III	1 365,16	443,83	443,83	III	1 246,66	1 131,16	1 018,66	909,33	802,83	699,50
	V	2 507,41	443,83	443,83	IV	1 951,41	1 878,00	1 804,66	1 731,25	1 657,83	1 584,41
	VI	2 550,66	443,83	443,83							
7 775,99 West	I,IV	2 015,83	443,83	443,83	I	1 869,00	1 722,25	1 575,41	1 428,66	1 281,83	1 137,75
	II	1 875,50	443,83	443,83	II	1 728,75	1 581,91	1 435,16	1 288,33	1 144,00	1 005,58
	III	1 357,83	443,83	443,83	III	1 239,50	1 124,16	1 011,83	902,66	796,50	693,33
	V	2 498,41	443,83	443,83	IV	1 942,41	1 869,00	1 795,58	1 722,25	1 648,83	1 575,41
	VI	2 541,66	443,83	443,83							
7 775,99 Ost	I,IV	2 026,08	443,83	443,83	I	1 879,33	1 732,50	1 585,75	1 438,91	1 292,16	1 147,58
	II	1 885,83	443,83	443,83	II	1 739,00	1 592,25	1 445,41	1 298,66	1 153,91	1 015,16
	III	1 366,16	443,83	443,83	III	1 247,66	1 132,16	1 019,66	910,16	803,83	700,33
	V	2 508,66	443,83	443,83	IV	1 952,66	1 879,33	1 805,91	1 732,50	1 659,08	1 585,75
	VI	2 551,91	443,83	443,83							

* Zur LSt-Berechnung für privat versicherte Arbeitnehmer s. Beispiele **Vorbemerkung S. 4 f.**
** Basisvorsorgepauschale KV und PV   *** Typisierter Arbeitgeberzuschuss

aT3 — allgemeine Lohnsteuer

Lohn/Gehalt in € bis	Steuerklasse	Lohnsteuer*	BVSP**	TAGZ***	Steuerklasse	Bemessungsgrundlage für Kirchensteuer und Solidaritätszuschlag — Freibeträge für ... Kinder					
						0,5	1,0	1,5	2,0	2,5	3,0
7778,99 West	I,IV	**2017,08**	443,83	443,83	I	1870,25	1723,50	1576,66	1429,91	1283,08	1138,91
	II	**1876,75**	443,83	443,83	II	1730,00	1583,16	1436,41	1289,58	1145,16	1006,75
	III	**1358,83**	443,83	443,83	III	1240,50	1125,16	1012,83	903,66	797,33	694,16
	V	**2499,66**	443,83	443,83	IV	1943,66	1870,25	1796,83	1723,50	1650,08	1576,66
	VI	**2542,91**	443,83	443,83							
7778,99 Ost	I,IV	**2027,33**	443,83	443,83	I	1880,58	1733,75	1587,00	1440,16	1293,41	1148,83
	II	**1887,08**	443,83	443,83	II	1740,25	1593,50	1446,66	1299,91	1155,08	1016,25
	III	**1367,16**	443,83	443,83	III	1248,66	1133,16	1020,66	911,16	804,66	701,33
	V	**2509,91**	443,83	443,83	IV	1953,91	1880,58	1807,16	1733,75	1660,33	1587,00
	VI	**2553,25**	443,83	443,83							
7781,99 West	I,IV	**2018,33**	443,83	443,83	I	1871,50	1724,75	1577,91	1431,16	1284,33	1140,16
	II	**1878,00**	443,83	443,83	II	1731,25	1584,41	1437,66	1290,91	1146,41	1007,91
	III	**1359,83**	443,83	443,83	III	1241,50	1126,16	1013,83	904,50	798,33	695,00
	V	**2500,91**	443,83	443,83	IV	1944,91	1871,50	1798,16	1724,75	1651,33	1577,91
	VI	**2544,16**	443,83	443,83							
7781,99 Ost	I,IV	**2028,58**	443,83	443,83	I	1881,83	1735,00	1588,25	1441,41	1294,66	1150,08
	II	**1888,33**	443,83	443,83	II	1741,50	1594,75	1447,91	1301,16	1156,33	1017,41
	III	**1368,33**	443,83	443,83	III	1249,66	1134,16	1021,66	912,16	805,66	702,16
	V	**2511,25**	443,83	443,83	IV	1955,25	1881,83	1808,41	1735,00	1661,66	1588,25
	VI	**2554,50**	443,83	443,83							
7784,99 West	I,IV	**2019,58**	443,83	443,83	I	1872,75	1726,00	1579,16	1432,41	1285,66	1141,33
	II	**1879,33**	443,83	443,83	II	1732,50	1585,75	1438,91	1292,16	1147,58	1009,08
	III	**1360,83**	443,83	443,83	III	1242,50	1127,16	1014,83	905,50	799,16	695,83
	V	**2502,16**	443,83	443,83	IV	1946,16	1872,75	1799,41	1726,00	1652,58	1579,16
	VI	**2545,41**	443,83	443,83							
7784,99 Ost	I,IV	**2029,83**	443,83	443,83	I	1883,08	1736,25	1589,50	1442,66	1295,91	1151,25
	II	**1889,58**	443,83	443,83	II	1742,83	1596,00	1449,25	1302,41	1157,58	1018,58
	III	**1369,33**	443,83	443,83	III	1250,66	1135,16	1022,50	913,00	806,50	703,00
	V	**2512,50**	443,83	443,83	IV	1956,50	1883,08	1809,66	1736,25	1662,91	1589,50
	VI	**2555,75**	443,83	443,83							
7787,99 West	I,IV	**2020,83**	443,83	443,83	I	1874,08	1727,25	1580,50	1433,66	1286,91	1142,58
	II	**1880,58**	443,83	443,83	II	1733,75	1587,00	1440,16	1293,41	1148,83	1010,25
	III	**1361,83**	443,83	443,83	III	1243,50	1128,16	1015,66	906,33	800,00	696,83
	V	**2503,41**	443,83	443,83	IV	1947,41	1874,08	1800,66	1727,25	1653,83	1580,50
	VI	**2546,66**	443,83	443,83							
7787,99 Ost	I,IV	**2031,16**	443,83	443,83	I	1884,33	1737,58	1590,75	1444,00	1297,16	1152,50
	II	**1890,83**	443,83	443,83	II	1744,08	1597,25	1450,50	1303,66	1158,75	1019,75
	III	**1370,33**	443,83	443,83	III	1251,66	1136,00	1023,50	914,00	807,33	703,83
	V	**2513,75**	443,83	443,83	IV	1957,75	1884,33	1810,91	1737,58	1664,16	1590,75
	VI	**2557,00**	443,83	443,83							
7790,99 West	I,IV	**2022,08**	443,83	443,83	I	1875,33	1728,50	1581,75	1434,91	1288,16	1143,75
	II	**1881,83**	443,83	443,83	II	1735,00	1588,25	1441,41	1294,66	1150,08	1011,41
	III	**1363,00**	443,83	443,83	III	1244,50	1129,00	1016,66	907,33	801,00	697,66
	V	**2504,66**	443,83	443,83	IV	1948,66	1875,33	1801,91	1728,50	1655,08	1581,75
	VI	**2548,00**	443,83	443,83							
7790,99 Ost	I,IV	**2032,41**	443,83	443,83	I	1885,58	1738,83	1592,00	1445,25	1298,41	1153,66
	II	**1892,08**	443,83	443,83	II	1745,33	1598,50	1451,75	1304,91	1160,00	1020,91
	III	**1371,33**	443,83	443,83	III	1252,66	1137,00	1024,50	914,83	808,33	704,83
	V	**2515,00**	443,83	443,83	IV	1959,00	1885,58	1812,16	1738,83	1665,41	1592,00
	VI	**2558,25**	443,83	443,83							
7793,99 West	I,IV	**2023,33**	443,83	443,83	I	1876,58	1729,75	1583,00	1436,16	1289,41	1145,00
	II	**1883,08**	443,83	443,83	II	1736,25	1589,50	1442,66	1295,91	1151,25	1012,58
	III	**1364,00**	443,83	443,83	III	1245,50	1130,00	1017,66	908,16	801,83	698,50
	V	**2506,00**	443,83	443,83	IV	1950,00	1876,58	1803,16	1729,75	1656,41	1583,00
	VI	**2549,25**	443,83	443,83							
7793,99 Ost	I,IV	**2033,66**	443,83	443,83	I	1886,83	1740,08	1593,25	1446,50	1299,66	1154,91
	II	**1893,33**	443,83	443,83	II	1746,58	1599,75	1453,00	1306,16	1161,25	1022,16
	III	**1372,33**	443,83	443,83	III	1253,66	1138,00	1025,33	915,83	809,16	705,66
	V	**2516,25**	443,83	443,83	IV	1960,25	1886,83	1813,50	1740,08	1666,66	1593,25
	VI	**2559,50**	443,83	443,83							

* Zur LSt-Berechnung für privat versicherte Arbeitnehmer s. Beispiele **Vorbemerkung S. 4f.**
** Basisvorsorgepauschale KV und PV *** Typisierter Arbeitgeberzuschuss

Monat gültig ab 1. 1. 2022 (idF des StEntlG 2022)   **aT3**

Lohn/Gehalt in € bis	Steuerklasse	Lohnsteuer*	BVSP**	TAGZ***	Steuerklasse	Bemessungsgrundlage für Kirchensteuer und Solidaritätszuschlag — Freibeträge für ... Kinder					
						0,5	1,0	1,5	2,0	2,5	3,0
7796,99 West	I,IV	**2024,58**	443,83	443,83	I	1877,83	1731,00	1584,25	1437,41	1290,66	1146,16
	II	**1884,33**	443,83	443,83	II	1737,58	1590,75	1444,00	1297,16	1152,50	1013,75
	III	**1365,00**	443,83	443,83	III	1246,50	1131,00	1018,50	909,16	802,83	699,33
	V	**2507,25**	443,83	443,83	IV	1951,25	1877,83	1804,41	1731,00	1657,66	1584,25
	VI	**2550,50**	443,83	443,83							
7796,99 Ost	I,IV	**2034,91**	443,83	443,83	I	1888,08	1741,33	1594,50	1447,75	1300,91	1156,16
	II	**1894,66**	443,83	443,83	II	1747,83	1601,08	1454,25	1307,50	1162,41	1023,33
	III	**1373,33**	443,83	443,83	III	1254,66	1139,00	1026,33	916,66	810,16	706,50
	V	**2517,50**	443,83	443,83	IV	1961,50	1888,08	1814,75	1741,33	1667,91	1594,50
	VI	**2560,75**	443,83	443,83							
7799,99 West	I,IV	**2025,91**	443,83	443,83	I	1879,08	1732,33	1585,50	1438,75	1291,91	1147,41
	II	**1885,58**	443,83	443,83	II	1738,83	1592,00	1445,25	1298,41	1153,66	1014,91
	III	**1366,00**	443,83	443,83	III	1247,50	1132,00	1019,50	910,00	803,66	700,33
	V	**2508,50**	443,83	443,83	IV	1952,50	1879,08	1805,66	1732,33	1658,91	1585,50
	VI	**2551,75**	443,83	443,83							
7799,99 Ost	I,IV	**2036,16**	443,83	443,83	I	1889,41	1742,58	1595,83	1449,00	1302,25	1157,33
	II	**1895,91**	443,83	443,83	II	1749,08	1602,33	1455,50	1308,75	1163,66	1024,50
	III	**1374,50**	443,83	443,83	III	1255,66	1140,00	1027,33	917,66	811,00	707,50
	V	**2518,75**	443,83	443,83	IV	1962,75	1889,41	1816,00	1742,58	1669,16	1595,83
	VI	**2562,00**	443,83	443,83							
7802,99 West	I,IV	**2027,16**	443,83	443,83	I	1880,33	1733,58	1586,75	1440,00	1293,16	1148,66
	II	**1886,83**	443,83	443,83	II	1740,08	1593,25	1446,50	1299,66	1154,91	1016,08
	III	**1367,00**	443,83	443,83	III	1248,50	1133,00	1020,50	911,00	804,50	701,16
	V	**2509,75**	443,83	443,83	IV	1953,75	1880,33	1806,91	1733,58	1660,16	1586,75
	VI	**2553,00**	443,83	443,83							
7802,99 Ost	I,IV	**2037,41**	443,83	443,83	I	1890,66	1743,83	1597,08	1450,25	1303,50	1158,58
	II	**1897,16**	443,83	443,83	II	1750,33	1603,58	1456,75	1310,00	1164,91	1025,66
	III	**1375,50**	443,83	443,83	III	1256,66	1141,00	1028,33	918,66	812,00	708,33
	V	**2520,00**	443,83	443,83	IV	1964,00	1890,66	1817,25	1743,83	1670,41	1597,08
	VI	**2563,33**	443,83	443,83							
7805,99 West	I,IV	**2028,41**	443,83	443,83	I	1881,58	1734,83	1588,00	1441,25	1294,41	1149,91
	II	**1888,08**	443,83	443,83	II	1741,33	1594,50	1447,75	1300,91	1156,16	1017,25
	III	**1368,00**	443,83	443,83	III	1249,50	1134,00	1021,50	912,00	805,50	702,00
	V	**2511,00**	443,83	443,83	IV	1955,00	1881,58	1808,25	1734,83	1661,41	1588,00
	VI	**2554,25**	443,83	443,83							
7805,99 Ost	I,IV	**2038,66**	443,83	443,83	I	1891,91	1745,08	1598,33	1451,50	1304,75	1159,75
	II	**1898,41**	443,83	443,83	II	1751,58	1604,83	1458,00	1311,25	1166,08	1026,83
	III	**1376,50**	443,83	443,83	III	1257,66	1142,00	1029,16	919,50	812,83	709,16
	V	**2521,33**	443,83	443,83	IV	1965,25	1891,91	1818,50	1745,08	1671,75	1598,33
	VI	**2564,58**	443,83	443,83							
7808,99 West	I,IV	**2029,66**	443,83	443,83	I	1882,83	1736,08	1589,25	1442,50	1295,66	1151,08
	II	**1889,41**	443,83	443,83	II	1742,58	1595,83	1449,00	1302,25	1157,33	1018,41
	III	**1369,16**	443,83	443,83	III	1250,50	1135,00	1022,33	912,83	806,33	702,83
	V	**2512,25**	443,83	443,83	IV	1956,25	1882,83	1809,50	1736,08	1662,66	1589,25
	VI	**2555,50**	443,83	443,83							
7808,99 Ost	I,IV	**2039,91**	443,83	443,83	I	1893,16	1746,33	1599,58	1452,75	1306,00	1161,00
	II	**1899,66**	443,83	443,83	II	1752,91	1606,08	1459,33	1312,50	1167,33	1028,00
	III	**1377,50**	443,83	443,83	III	1258,66	1143,00	1030,16	920,50	813,66	710,00
	V	**2522,58**	443,83	443,83	IV	1966,58	1893,16	1819,75	1746,33	1673,00	1599,58
	VI	**2565,83**	443,83	443,83							
7811,99 West	I,IV	**2030,91**	443,83	443,83	I	1884,16	1737,33	1590,58	1443,75	1297,00	1152,25
	II	**1890,66**	443,83	443,83	II	1743,83	1597,08	1450,25	1303,50	1158,58	1019,58
	III	**1370,16**	443,83	443,83	III	1251,50	1135,83	1023,33	913,83	807,33	703,83
	V	**2513,50**	443,83	443,83	IV	1957,50	1884,16	1810,75	1737,33	1663,91	1590,58
	VI	**2556,75**	443,83	443,83							
7811,99 Ost	I,IV	**2041,16**	443,83	443,83	I	1894,41	1747,66	1600,83	1454,08	1307,25	1162,25
	II	**1900,91**	443,83	443,83	II	1754,16	1607,33	1460,58	1313,75	1168,50	1029,16
	III	**1378,50**	443,83	443,83	III	1259,66	1144,00	1031,16	921,33	814,66	711,00
	V	**2523,83**	443,83	443,83	IV	1967,83	1894,41	1821,00	1747,66	1674,25	1600,58
	VI	**2567,08**	443,83	443,83							

* Zur LSt-Berechnung für privat versicherte Arbeitnehmer s. Beispiele **Vorbemerkung S. 4 f.**
** Basisvorsorgepauschale KV und PV   *** Typisierter Arbeitgeberzuschuss

aT3   allgemeine Lohnsteuer

| Lohn/ Gehalt in € bis | Steuerklasse | Lohn-steuer* | BVSP** | TAGZ*** | Steuerklasse | Bemessungsgrundlage für Kirchensteuer und Solidaritätszuschlag | | | | | |
| | | | | | | Freibeträge für ... Kinder | | | | | |
						0,5	1,0	1,5	2,0	2,5	3,0
7 814,99 West	I,IV	**2 032,16**	443,83	443,83	I	1 885,41	1 738,58	1 591,83	1 445,00	1 298,25	1 153,50
	II	**1 891,91**	443,83	443,83	II	1 745,08	1 598,33	1 451,50	1 304,75	1 159,75	1 020,75
	III	**1 371,16**	443,83	443,83	III	1 252,50	1 136,83	1 024,33	914,66	808,16	704,66
	V	**2 514,75**	443,83	443,83	IV	1 958,75	1 885,41	1 812,00	1 738,58	1 665,16	1 591,83
	VI	**2 558,08**	443,83	443,83							
7 814,99 Ost	I,IV	**2 042,50**	443,83	443,83	I	1 895,66	1 748,91	1 602,08	1 455,33	1 308,50	1 163,41
	II	**1 902,16**	443,83	443,83	II	1 755,41	1 608,58	1 461,83	1 315,00	1 169,75	1 030,33
	III	**1 379,66**	443,83	443,83	III	1 260,66	1 144,83	1 032,16	922,33	815,50	711,83
	V	**2 525,08**	443,83	443,83	IV	1 969,08	1 895,66	1 822,25	1 748,91	1 675,50	1 602,08
	VI	**2 568,33**	443,83	443,83							
7 817,99 West	I,IV	**2 033,41**	443,83	443,83	I	1 886,66	1 739,83	1 593,08	1 446,25	1 299,50	1 154,75
	II	**1 893,16**	443,83	443,83	II	1 746,33	1 599,58	1 452,75	1 306,00	1 161,00	1 021,91
	III	**1 372,16**	443,83	443,83	III	1 253,50	1 137,83	1 025,16	915,66	809,00	705,50
	V	**2 516,08**	443,83	443,83	IV	1 960,00	1 886,66	1 813,25	1 739,83	1 666,50	1 593,08
	VI	**2 559,33**	443,83	443,83							
7 817,99 Ost	I,IV	**2 043,75**	443,83	443,83	I	1 896,91	1 750,16	1 603,33	1 456,58	1 309,75	1 164,66
	II	**1 903,41**	443,83	443,83	II	1 756,66	1 609,83	1 463,08	1 316,25	1 171,00	1 031,50
	III	**1 380,66**	443,83	443,83	III	1 261,66	1 145,83	1 033,00	923,16	816,50	712,66
	V	**2 526,33**	443,83	443,83	IV	1 970,33	1 896,91	1 823,50	1 750,16	1 676,75	1 603,33
	VI	**2 569,58**	443,83	443,83							
7 820,99 West	I,IV	**2 034,66**	443,83	443,83	I	1 887,91	1 741,08	1 594,33	1 447,50	1 300,75	1 155,91
	II	**1 894,41**	443,83	443,83	II	1 747,66	1 600,83	1 454,08	1 307,25	1 162,25	1 023,08
	III	**1 373,16**	443,83	443,83	III	1 254,50	1 138,83	1 026,16	916,50	810,00	706,33
	V	**2 517,33**	443,83	443,83	IV	1 961,33	1 887,91	1 814,50	1 741,08	1 667,75	1 594,33
	VI	**2 560,58**	443,83	443,83							
7 820,99 Ost	I,IV	**2 045,00**	443,83	443,83	I	1 898,16	1 751,41	1 604,58	1 457,83	1 311,00	1 165,91
	II	**1 904,66**	443,83	443,83	II	1 757,91	1 611,16	1 464,33	1 317,58	1 172,25	1 032,66
	III	**1 381,66**	443,83	443,83	III	1 262,83	1 146,83	1 034,00	924,16	817,33	713,50
	V	**2 527,58**	443,83	443,83	IV	1 971,58	1 898,16	1 824,83	1 751,41	1 678,00	1 604,58
	VI	**2 570,83**	443,83	443,83							
7 823,99 West	I,IV	**2 035,91**	443,83	443,83	I	1 889,16	1 742,41	1 595,58	1 448,83	1 302,00	1 157,16
	II	**1 895,66**	443,83	443,83	II	1 748,91	1 602,08	1 455,33	1 308,50	1 163,41	1 024,25
	III	**1 374,33**	443,83	443,83	III	1 255,50	1 139,83	1 027,16	917,50	810,83	707,33
	V	**2 518,58**	443,83	443,83	IV	1 962,58	1 889,16	1 815,75	1 742,41	1 669,00	1 595,58
	VI	**2 561,83**	443,83	443,83							
7 823,99 Ost	I,IV	**2 046,25**	443,83	443,83	I	1 899,41	1 752,66	1 605,91	1 459,08	1 312,33	1 167,08
	II	**1 906,00**	443,83	443,83	II	1 759,16	1 612,41	1 465,58	1 318,83	1 173,41	1 033,83
	III	**1 382,66**	443,83	443,83	III	1 263,83	1 147,83	1 035,00	925,16	818,16	714,50
	V	**2 528,83**	443,83	443,83	IV	1 972,83	1 899,41	1 826,08	1 752,66	1 679,25	1 605,91
	VI	**2 572,08**	443,83	443,83							
7 826,99 West	I,IV	**2 037,25**	443,83	443,83	I	1 890,41	1 743,66	1 596,83	1 450,08	1 303,25	1 158,33
	II	**1 896,91**	443,83	443,83	II	1 750,16	1 603,33	1 456,58	1 309,75	1 164,66	1 025,41
	III	**1 375,33**	443,83	443,83	III	1 256,50	1 140,83	1 028,16	918,50	811,83	708,16
	V	**2 519,83**	443,83	443,83	IV	1 963,83	1 890,41	1 817,00	1 743,66	1 670,25	1 596,83
	VI	**2 563,08**	443,83	443,83							
7 826,99 Ost	I,IV	**2 047,50**	443,83	443,83	I	1 900,75	1 753,91	1 607,16	1 460,33	1 313,58	1 168,33
	II	**1 907,25**	443,83	443,83	II	1 760,41	1 613,66	1 466,83	1 320,08	1 174,66	1 035,00
	III	**1 383,66**	443,83	443,83	III	1 264,83	1 148,83	1 035,83	926,00	819,16	715,33
	V	**2 530,08**	443,83	443,83	IV	1 974,08	1 900,75	1 827,33	1 753,91	1 680,50	1 607,16
	VI	**2 573,33**	443,83	443,83							
7 829,99 West	I,IV	**2 038,50**	443,83	443,83	I	1 891,66	1 744,91	1 598,08	1 451,33	1 304,50	1 159,58
	II	**1 898,16**	443,83	443,83	II	1 751,41	1 604,58	1 457,83	1 311,00	1 165,91	1 026,58
	III	**1 376,33**	443,83	443,83	III	1 257,50	1 141,83	1 029,00	919,33	812,66	709,00
	V	**2 521,08**	443,83	443,83	IV	1 965,08	1 891,66	1 818,25	1 744,91	1 671,50	1 598,08
	VI	**2 564,33**	443,83	443,83							
7 829,99 Ost	I,IV	**2 048,75**	443,83	443,83	I	1 902,00	1 755,16	1 608,41	1 461,58	1 314,83	1 169,58
	II	**1 908,50**	443,83	443,83	II	1 761,66	1 614,91	1 468,08	1 321,33	1 175,91	1 036,16
	III	**1 384,83**	443,83	443,83	III	1 265,83	1 149,83	1 036,83	927,00	820,00	716,16
	V	**2 531,33**	443,83	443,83	IV	1 975,33	1 902,00	1 828,58	1 755,16	1 681,75	1 608,41
	VI	**2 574,66**	443,83	443,83							

*   Zur LSt-Berechnung für privat versicherte Arbeitnehmer s. Beispiele **Vorbemerkung S. 4 f.**
** Basisvorsorgepauschale KV und PV   *** Typisierter Arbeitgeberzuschuss

Monat gültig ab 1. 1. 2022 (idF des StEntlG 2022) — aT3

Lohn/Gehalt in € bis	Steuerklasse	Lohnsteuer*	BVSP**	TAGZ***	Steuerklasse	Bemessungsgrundlage für Kirchensteuer und Solidaritätszuschlag — Freibeträge für ... Kinder					
						0,5	1,0	1,5	2,0	2,5	3,0
7832,99 West	I,IV	2039,75	443,83	443,83	I	1892,91	1746,16	1599,33	1452,58	1305,75	1160,83
	II	1899,41	443,83	443,83	II	1752,66	1605,91	1459,08	1312,33	1167,08	1027,75
	III	1377,33	443,83	443,83	III	1258,50	1142,83	1030,00	920,33	813,50	709,83
	V	2522,33	443,83	443,83	IV	1966,33	1892,91	1819,58	1746,16	1672,75	1599,33
	VI	2565,58	443,83	443,83							
7832,99 Ost	I,IV	2050,00	443,83	443,83	I	1903,25	1756,41	1609,66	1462,83	1316,08	1170,75
	II	1909,75	443,83	443,83	II	1762,91	1616,16	1469,41	1322,58	1177,00	1037,33
	III	1385,83	443,83	443,83	III	1266,83	1150,83	1037,83	927,83	821,00	717,00
	V	2532,66	443,83	443,83	IV	1976,66	1903,25	1829,83	1756,41	1683,08	1609,66
	VI	2575,91	443,83	443,83							
7835,99 West	I,IV	2041,00	443,83	443,83	I	1894,16	1747,41	1600,66	1453,83	1307,08	1162,00
	II	1900,75	443,83	443,83	II	1753,91	1607,16	1460,33	1313,58	1168,33	1028,91
	III	1378,33	443,83	443,83	III	1259,50	1143,83	1031,00	921,16	814,50	710,83
	V	2523,58	443,83	443,83	IV	1967,58	1894,16	1820,83	1747,41	1674,00	1600,66
	VI	2566,83	443,83	443,83							
7835,99 Ost	I,IV	2051,25	443,83	443,83	I	1904,50	1757,66	1610,91	1464,16	1317,33	1172,00
	II	1911,00	443,83	443,83	II	1764,25	1617,41	1470,66	1323,83	1178,33	1038,50
	III	1386,83	443,83	443,83	III	1267,83	1151,83	1038,83	928,83	821,83	718,00
	V	2533,91	443,83	443,83	IV	1977,91	1904,50	1831,08	1757,66	1684,33	1610,91
	VI	2577,16	443,83	443,83							
7838,99 West	I,IV	2042,25	443,83	443,83	I	1895,50	1748,66	1601,91	1455,08	1308,33	1163,25
	II	1902,00	443,83	443,83	II	1755,16	1608,41	1461,58	1314,83	1169,58	1030,08
	III	1379,50	443,83	443,83	III	1260,50	1144,66	1032,00	922,16	815,33	711,66
	V	2524,83	443,83	443,83	IV	1968,83	1895,50	1822,08	1748,66	1675,25	1601,91
	VI	2568,08	443,83	443,83							
7838,99 Ost	I,IV	2052,58	443,83	443,83	I	1905,75	1759,00	1612,16	1465,41	1318,58	1173,25
	II	1912,25	443,83	443,83	II	1765,50	1618,66	1471,91	1325,08	1179,58	1039,66
	III	1387,83	443,83	443,83	III	1268,83	1152,83	1039,66	929,66	822,83	718,83
	V	2535,16	443,83	443,83	IV	1979,16	1905,75	1832,33	1759,00	1685,58	1612,16
	VI	2578,41	443,83	443,83							
7841,99 West	I,IV	2043,50	443,83	443,83	I	1896,75	1749,91	1603,16	1456,33	1309,58	1164,50
	II	1903,25	443,83	443,83	II	1756,41	1609,66	1462,83	1316,08	1170,75	1031,25
	III	1380,50	443,83	443,83	III	1261,50	1145,66	1032,83	923,00	816,33	712,50
	V	2526,08	443,83	443,83	IV	1970,08	1896,75	1823,33	1749,91	1676,50	1603,16
	VI	2569,41	443,83	443,83							
7841,99 Ost	I,IV	2053,83	443,83	443,83	I	1907,00	1760,25	1613,41	1466,66	1319,83	1174,41
	II	1913,50	443,83	443,83	II	1766,75	1619,91	1473,16	1326,33	1180,75	1040,83
	III	1388,83	443,83	443,83	III	1269,83	1153,66	1040,66	930,66	823,66	719,66
	V	2536,41	443,83	443,83	IV	1980,41	1907,00	1833,58	1760,25	1686,83	1613,41
	VI	2579,66	443,83	443,83							
7844,99 West	I,IV	2044,75	443,83	443,83	I	1898,00	1751,16	1604,41	1457,58	1310,83	1165,66
	II	1904,50	443,83	443,83	II	1757,66	1610,91	1464,16	1317,33	1172,00	1032,50
	III	1381,50	443,83	443,83	III	1262,66	1146,66	1033,83	924,00	817,16	713,33
	V	2527,41	443,83	443,83	IV	1971,41	1898,00	1824,58	1751,16	1677,83	1604,41
	VI	2570,66	443,83	443,83							
7844,99 Ost	I,IV	2055,08	443,83	443,83	I	1908,25	1761,50	1614,66	1467,91	1321,08	1175,66
	II	1914,75	443,83	443,83	II	1768,00	1621,16	1474,41	1327,66	1182,00	1042,08
	III	1390,00	443,83	443,83	III	1270,83	1154,66	1041,66	931,66	824,50	720,66
	V	2537,66	443,83	443,83	IV	1981,66	1908,25	1834,91	1761,50	1688,08	1614,66
	VI	2580,91	443,83	443,83							
7847,99 West	I,IV	2046,00	443,83	443,83	I	1899,25	1752,41	1605,66	1458,91	1312,08	1166,91
	II	1905,75	443,83	443,83	II	1759,00	1612,16	1465,41	1318,58	1173,25	1033,66
	III	1382,50	443,83	443,83	III	1263,66	1147,66	1034,83	925,00	818,16	714,33
	V	2528,66	443,83	443,83	IV	1972,66	1899,25	1825,83	1752,41	1679,08	1605,66
	VI	2571,91	443,83	443,83							
7847,99 Ost	I,IV	2056,33	443,83	443,83	I	1909,50	1762,75	1615,91	1469,16	1322,41	1176,91
	II	1916,08	443,83	443,83	II	1769,25	1622,50	1475,66	1328,91	1183,25	1043,25
	III	1391,00	443,83	443,83	III	1271,83	1155,66	1042,66	932,50	825,50	721,50
	V	2538,91	443,83	443,83	IV	1982,91	1909,50	1836,16	1762,75	1689,33	1615,91
	VI	2582,16	443,83	443,83							

* Zur LSt-Berechnung für privat versicherte Arbeitnehmer s. Beispiele **Vorbemerkung S. 4 f.**
** Basisvorsorgepauschale KV und PV   *** Typisierter Arbeitgeberzuschuss

aT3 allgemeine Lohnsteuer

Lohn/Gehalt in € bis	Steuerklasse	Lohn-steuer*	BVSP**	TAGZ***	Steuerklasse	Bemessungsgrundlage für Kirchensteuer und Solidaritätszuschlag Freibeträge für ... Kinder					
						0,5	1,0	1,5	2,0	2,5	3,0
7850,99 West	I,IV	**2047,33**	443,83	443,83	I	1900,50	1753,75	1606,91	1460,16	1313,33	1168,16
	II	**1907,00**	443,83	443,83	II	1760,25	1613,41	1466,66	1319,83	1174,41	1034,83
	III	**1383,50**	443,83	443,83	III	1264,58	1148,66	1035,83	925,83	819,00	715,16
	V	**2529,91**	443,83	443,83	IV	1973,91	1900,50	1827,08	1753,75	1680,33	1606,91
	VI	**2573,16**	443,83	443,83							
7850,99 Ost	I,IV	**2057,58**	443,83	443,83	I	1910,83	1764,00	1617,25	1470,41	1323,66	1178,16
	II	**1917,33**	443,83	443,83	II	1770,50	1623,75	1476,91	1330,16	1184,50	1044,41
	III	**1392,00**	443,83	443,83	III	1272,83	1156,66	1043,50	933,50	826,33	722,33
	V	**2540,16**	443,83	443,83	IV	1984,16	1910,83	1837,41	1764,00	1690,58	1617,25
	VI	**2583,41**	443,83	443,83							
7853,99 West	I,IV	**2048,58**	443,83	443,83	I	1901,75	1755,00	1608,16	1461,41	1314,58	1169,33
	II	**1908,25**	443,83	443,83	II	1761,50	1614,66	1467,91	1321,08	1175,66	1036,00
	III	**1384,66**	443,83	443,83	III	1265,66	1149,66	1036,66	926,83	819,83	716,00
	V	**2531,16**	443,83	443,83	IV	1975,16	1901,75	1828,33	1755,00	1681,58	1608,16
	VI	**2574,41**	443,83	443,83							
7853,99 Ost	I,IV	**2058,83**	443,83	443,83	I	1912,08	1765,25	1618,50	1471,66	1324,91	1179,33
	II	**1918,58**	443,83	443,83	II	1771,75	1625,00	1478,16	1331,41	1185,66	1045,58
	III	**1393,00**	443,83	443,83	III	1273,83	1157,66	1044,50	934,33	827,33	723,16
	V	**2541,41**	443,83	443,83	IV	1985,41	1912,08	1838,66	1765,25	1691,83	1618,50
	VI	**2584,75**	443,83	443,83							
7856,99 West	I,IV	**2049,83**	443,83	443,83	I	1903,00	1756,25	1609,41	1462,66	1315,83	1170,58
	II	**1909,50**	443,83	443,83	II	1762,75	1615,91	1469,16	1322,41	1176,91	1037,16
	III	**1385,66**	443,83	443,83	III	1266,66	1150,66	1037,66	927,66	820,83	717,00
	V	**2532,41**	443,83	443,83	IV	1976,41	1903,00	1829,66	1756,25	1682,83	1609,41
	VI	**2575,66**	443,83	443,83							
7856,99 Ost	I,IV	**2060,08**	443,83	443,83	I	1913,33	1766,50	1619,75	1472,91	1326,16	1180,58
	II	**1919,83**	443,83	443,83	II	1773,00	1626,25	1479,41	1332,66	1186,91	1046,75
	III	**1394,16**	443,83	443,83	III	1274,83	1158,66	1045,50	935,33	828,16	724,16
	V	**2542,75**	443,83	443,83	IV	1986,75	1913,33	1839,91	1766,50	1693,16	1619,75
	VI	**2586,00**	443,83	443,83							
7859,99 West	I,IV	**2051,08**	443,83	443,83	I	1904,25	1757,50	1610,66	1463,91	1317,16	1171,83
	II	**1910,83**	443,83	443,83	II	1764,00	1617,25	1470,41	1323,66	1178,16	1038,33
	III	**1386,66**	443,83	443,83	III	1267,66	1151,66	1038,66	928,66	821,66	717,83
	V	**2533,66**	443,83	443,83	IV	1977,66	1904,25	1830,91	1757,50	1684,08	1610,66
	VI	**2576,91**	443,83	443,83							
7859,99 Ost	I,IV	**2061,33**	443,83	443,83	I	1914,58	1767,75	1621,00	1474,16	1327,41	1181,83
	II	**1921,08**	443,83	443,83	II	1774,33	1627,50	1480,75	1333,91	1188,16	1047,91
	III	**1395,16**	443,83	443,83	III	1275,83	1159,66	1046,50	936,33	829,16	725,00
	V	**2544,00**	443,83	443,83	IV	1988,00	1914,58	1841,16	1767,75	1694,41	1621,00
	VI	**2587,25**	443,83	443,83							
7862,99 West	I,IV	**2052,33**	443,83	443,83	I	1905,58	1758,75	1612,00	1465,16	1318,41	1173,00
	II	**1912,08**	443,83	443,83	II	1765,25	1618,50	1471,66	1324,91	1179,33	1039,50
	III	**1387,66**	443,83	443,83	III	1268,66	1152,66	1039,50	929,66	822,66	718,66
	V	**2534,91**	443,83	443,83	IV	1978,91	1905,58	1832,16	1758,75	1685,33	1612,00
	VI	**2578,16**	443,83	443,83							
7862,99 Ost	I,IV	**2062,66**	443,83	443,83	I	1915,83	1769,08	1622,25	1475,50	1328,66	1183,00
	II	**1922,33**	443,83	443,83	II	1775,58	1628,75	1482,00	1335,16	1189,41	1049,08
	III	**1396,16**	443,83	443,83	III	1276,83	1160,66	1047,33	937,16	830,00	725,83
	V	**2545,25**	443,83	443,83	IV	1989,25	1915,83	1842,41	1769,08	1695,66	1622,25
	VI	**2588,50**	443,83	443,83							
7865,99 West	I,IV	**2053,58**	443,83	443,83	I	1906,83	1760,00	1613,25	1466,41	1319,66	1174,25
	II	**1913,33**	443,83	443,83	II	1766,50	1619,75	1472,91	1326,16	1180,58	1040,66
	III	**1388,66**	443,83	443,83	III	1269,66	1153,50	1040,50	930,50	823,50	719,50
	V	**2536,16**	443,83	443,83	IV	1980,16	1906,83	1833,41	1760,00	1686,58	1613,25
	VI	**2579,50**	443,83	443,83							
7865,99 Ost	I,IV	**2063,91**	443,83	443,83	I	1917,08	1770,33	1623,50	1476,75	1329,91	1184,25
	II	**1923,58**	443,83	443,83	II	1776,83	1630,00	1483,25	1336,41	1190,58	1050,25
	III	**1397,16**	443,83	443,83	III	1277,83	1161,66	1048,33	938,16	831,00	726,83
	V	**2546,50**	443,83	443,83	IV	1990,50	1917,08	1843,66	1770,33	1696,91	1623,25
	VI	**2589,75**	443,83	443,83							

* Zur LSt-Berechnung für privat versicherte Arbeitnehmer s. Beispiele **Vorbemerkung S. 4 f.**
** Basisvorsorgepauschale KV und PV *** Typisierter Arbeitgeberzuschuss

Monat gültig ab 1. 1. 2022 (idF des StEntlG 2022) — aT3

Lohn/Gehalt in € bis	Steuerklasse	Lohnsteuer*	BVSP**	TAGZ***	Steuerklasse	Bemessungsgrundlage für Kirchensteuer und Solidaritätszuschlag — Freibeträge für ... Kinder					
						0,5	1,0	1,5	2,0	2,5	3,0
7 868,99 West	I,IV	2 054,83	443,83	443,83	I	1 908,08	1 761,25	1 614,50	1 467,66	1 320,91	1 175,50
	II	1 914,58	443,83	443,83	II	1 767,75	1 621,00	1 474,16	1 327,41	1 181,83	1 041,83
	III	1 389,83	443,83	443,83	III	1 270,66	1 154,50	1 041,66	931,50	824,50	720,50
	V	2 537,50	443,83	443,83	IV	1 981,08	1 908,08	1 834,66	1 761,25	1 687,91	1 614,50
	VI	2 580,75	443,83	443,83							
7 868,99 Ost	I,IV	2 065,16	443,83	443,83	I	1 918,33	1 771,58	1 624,75	1 478,00	1 331,16	1 185,50
	II	1 924,83	443,83	443,83	II	1 778,08	1 631,25	1 484,50	1 337,66	1 191,83	1 051,50
	III	1 398,16	443,83	443,83	III	1 278,83	1 162,66	1 049,33	939,00	831,83	727,66
	V	2 547,75	443,83	443,83	IV	1 991,75	1 918,33	1 845,00	1 771,58	1 698,16	1 624,75
	VI	2 591,00	443,83	443,83							
7 871,99 West	I,IV	2 056,08	443,83	443,83	I	1 909,33	1 762,50	1 615,75	1 468,91	1 322,16	1 176,66
	II	1 915,83	443,83	443,83	II	1 769,00	1 622,25	1 475,50	1 328,66	1 183,00	1 043,00
	III	1 390,83	443,83	443,83	III	1 271,66	1 155,50	1 042,50	932,33	825,33	721,33
	V	2 538,75	443,83	443,83	IV	1 982,75	1 909,33	1 835,91	1 762,50	1 689,16	1 615,75
	VI	2 582,00	443,83	443,83							
7 871,99 Ost	I,IV	2 066,41	443,83	443,83	I	1 919,58	1 772,83	1 626,00	1 479,25	1 332,41	1 186,75
	II	1 926,16	443,83	443,83	II	1 779,33	1 632,58	1 485,75	1 339,00	1 193,08	1 052,66
	III	1 399,33	443,83	443,83	III	1 280,00	1 163,66	1 050,33	940,00	832,66	728,50
	V	2 549,00	443,83	443,83	IV	1 993,00	1 919,58	1 846,25	1 772,83	1 699,41	1 626,00
	VI	2 592,25	443,83	443,83							
7 874,99 West	I,IV	2 057,41	443,83	443,83	I	1 910,58	1 763,83	1 617,00	1 470,25	1 323,41	1 177,91
	II	1 917,08	443,83	443,83	II	1 770,33	1 623,50	1 476,75	1 329,91	1 184,25	1 044,16
	III	1 391,83	443,83	443,83	III	1 272,66	1 156,50	1 043,33	933,33	826,16	722,16
	V	2 540,00	443,83	443,83	IV	1 984,00	1 910,58	1 837,16	1 763,83	1 690,41	1 617,00
	VI	2 583,25	443,83	443,83							
7 874,99 Ost	I,IV	2 067,66	443,83	443,83	I	1 920,91	1 774,08	1 627,33	1 480,50	1 333,75	1 187,91
	II	1 927,41	443,83	443,83	II	1 780,58	1 633,83	1 487,00	1 340,25	1 194,33	1 053,83
	III	1 400,33	443,83	443,83	III	1 281,00	1 164,50	1 051,16	941,00	833,66	729,33
	V	2 550,25	443,83	443,83	IV	1 994,25	1 920,91	1 847,50	1 774,08	1 700,66	1 627,33
	VI	2 593,50	443,83	443,83							
7 877,99 West	I,IV	2 058,66	443,83	443,83	I	1 911,83	1 765,08	1 618,25	1 471,50	1 324,66	1 179,16
	II	1 918,33	443,83	443,83	II	1 771,58	1 624,75	1 478,00	1 331,16	1 185,50	1 045,41
	III	1 392,83	443,83	443,83	III	1 273,66	1 157,50	1 044,33	934,16	827,16	723,00
	V	2 541,25	443,83	443,83	IV	1 985,25	1 911,83	1 838,41	1 765,08	1 691,66	1 618,25
	VI	2 584,50	443,83	443,83							
7 877,99 Ost	I,IV	2 068,91	443,83	443,83	I	1 922,16	1 775,33	1 628,58	1 481,75	1 335,00	1 189,16
	II	1 928,66	443,83	443,83	II	1 781,83	1 635,08	1 488,25	1 341,50	1 195,58	1 055,00
	III	1 401,33	443,83	443,83	III	1 282,00	1 165,50	1 052,16	941,83	834,50	730,33
	V	2 551,50	443,83	443,83	IV	1 995,50	1 922,16	1 848,75	1 775,33	1 701,91	1 628,58
	VI	2 594,83	443,83	443,83							
7 880,99 West	I,IV	2 059,91	443,83	443,83	I	1 913,08	1 766,33	1 619,50	1 472,75	1 325,91	1 180,41
	II	1 919,58	443,83	443,83	II	1 772,83	1 626,00	1 479,25	1 332,41	1 186,75	1 046,58
	III	1 394,00	443,83	443,83	III	1 274,66	1 158,50	1 045,33	935,16	828,00	724,00
	V	2 542,50	443,83	443,83	IV	1 986,50	1 913,08	1 839,75	1 766,33	1 692,91	1 619,50
	VI	2 585,75	443,83	443,83							
7 880,99 Ost	I,IV	2 070,16	443,83	443,83	I	1 923,41	1 776,58	1 629,83	1 483,00	1 336,25	1 190,41
	II	1 929,91	443,83	443,83	II	1 783,08	1 636,33	1 489,50	1 342,75	1 196,75	1 056,16
	III	1 402,33	443,83	443,83	III	1 283,00	1 166,50	1 053,16	942,83	835,50	731,16
	V	2 552,83	443,83	443,83	IV	1 996,75	1 923,41	1 850,00	1 776,58	1 703,25	1 629,83
	VI	2 596,08	443,83	443,83							
7 883,99 West	I,IV	2 061,16	443,83	443,83	I	1 914,33	1 767,58	1 620,75	1 474,00	1 327,16	1 181,58
	II	1 920,91	443,83	443,83	II	1 774,08	1 627,33	1 480,50	1 333,75	1 187,91	1 047,75
	III	1 395,00	443,83	443,83	III	1 275,66	1 159,50	1 046,33	936,16	829,00	724,83
	V	2 543,75	443,83	443,83	IV	1 987,75	1 914,33	1 841,00	1 767,58	1 694,16	1 620,75
	VI	2 587,00	443,83	443,83							
7 883,99 Ost	I,IV	2 071,41	443,83	443,83	I	1 924,66	1 777,83	1 631,08	1 484,25	1 337,50	1 191,66
	II	1 931,16	443,83	443,83	II	1 784,41	1 637,58	1 490,83	1 344,00	1 198,00	1 057,33
	III	1 403,50	443,83	443,83	III	1 284,00	1 167,50	1 054,16	943,66	836,33	732,00
	V	2 554,08	443,83	443,83	IV	1 998,08	1 924,66	1 851,25	1 777,83	1 704,50	1 631,08
	VI	2 597,33	443,83	443,83							

* Zur LSt-Berechnung für privat versicherte Arbeitnehmer s. Beispiele **Vorbemerkung S. 4 f.**
** Basisvorsorgepauschale KV und PV   *** Typisierter Arbeitgeberzuschuss

aT3   allgemeine Lohnsteuer

Lohn/Gehalt in € bis	Steuerklasse	Lohn-steuer*	BVSP**	TAGZ***	Steuerklasse	Bemessungsgrundlage für Kirchensteuer und Solidaritätszuschlag Freibeträge für ... Kinder					
						0,5	1,0	1,5	2,0	2,5	3,0
7886,99 West	I,IV	2062,41	443,83	443,83	I	1915,66	1768,83	1622,08	1475,25	1328,50	1182,83
	II	1922,16	443,83	443,83	II	1775,33	1628,58	1481,75	1335,00	1189,16	1048,91
	III	1396,00	443,83	443,83	III	1276,66	1160,50	1047,16	937,00	829,83	725,66
	V	2545,00	443,83	443,83	IV	1989,00	1915,66	1842,25	1768,83	1695,41	1622,08
	VI	2588,25	443,83	443,83							
7886,99 Ost	I,IV	2072,66	443,83	443,83	I	1925,91	1779,16	1632,33	1485,58	1338,75	1192,91
	II	1932,41	443,83	443,83	II	1785,66	1638,83	1492,08	1345,25	1199,25	1058,58
	III	1404,50	443,83	443,83	III	1285,00	1168,50	1055,00	944,66	837,33	733,00
	V	2555,33	443,83	443,83	IV	1999,33	1925,91	1852,50	1779,16	1705,75	1632,33
	VI	2598,58	443,83	443,83							
7889,99 West	I,IV	2063,66	443,83	443,83	I	1916,91	1770,08	1623,33	1476,50	1329,75	1184,08
	II	1923,41	443,83	443,83	II	1776,58	1629,83	1483,00	1336,25	1190,41	1050,08
	III	1397,00	443,83	443,83	III	1277,66	1161,50	1048,16	938,00	830,83	726,66
	V	2546,25	443,83	443,83	IV	1990,25	1916,91	1843,50	1770,08	1696,66	1623,33
	VI	2589,58	443,83	443,83							
7889,99 Ost	I,IV	2074,00	443,83	443,83	I	1927,16	1780,41	1633,58	1486,83	1340,00	1194,08
	II	1933,66	443,83	443,83	II	1786,91	1640,08	1493,33	1346,50	1200,50	1059,75
	III	1405,50	443,83	443,83	III	1286,00	1169,50	1056,00	945,66	838,16	733,83
	V	2556,58	443,83	443,83	IV	2000,58	1927,16	1853,75	1780,41	1707,00	1633,58
	VI	2599,83	443,83	443,83							
7892,99 West	I,IV	2064,91	443,83	443,83	I	1918,16	1771,33	1624,58	1477,75	1331,00	1185,25
	II	1924,66	443,83	443,83	II	1777,83	1631,08	1484,25	1337,50	1191,66	1051,25
	III	1398,00	443,83	443,83	III	1278,66	1162,50	1049,16	938,83	831,66	727,50
	V	2547,58	443,83	443,83	IV	1991,50	1918,16	1844,75	1771,33	1698,00	1624,58
	VI	2590,83	443,83	443,83							
7892,99 Ost	I,IV	2075,25	443,83	443,83	I	1928,41	1781,66	1634,83	1488,08	1341,25	1195,33
	II	1934,91	443,83	443,83	II	1788,16	1641,33	1494,58	1347,75	1201,75	1060,91
	III	1406,50	443,83	443,83	III	1287,00	1170,50	1057,00	946,50	839,16	734,66
	V	2557,83	443,83	443,83	IV	2001,83	1928,41	1855,00	1781,66	1708,25	1634,83
	VI	2601,08	443,83	443,83							
7895,99 West	I,IV	2066,16	443,83	443,83	I	1919,41	1772,58	1625,83	1479,00	1332,25	1186,50
	II	1925,91	443,83	443,83	II	1779,16	1632,33	1485,58	1338,75	1192,91	1052,41
	III	1399,16	443,83	443,83	III	1279,83	1163,50	1050,16	939,83	832,66	728,33
	V	2548,83	443,83	443,83	IV	1992,83	1919,41	1846,00	1772,58	1699,25	1625,83
	VI	2592,08	443,83	443,83							
7895,99 Ost	I,IV	2076,50	443,83	443,83	I	1929,66	1782,91	1636,08	1489,33	1342,50	1196,58
	II	1936,16	443,83	443,83	II	1789,41	1642,66	1495,83	1349,08	1202,91	1062,08
	III	1407,66	443,83	443,83	III	1288,00	1171,50	1058,00	947,50	840,00	735,50
	V	2559,66	443,83	443,83	IV	2003,08	1929,66	1856,33	1782,91	1709,50	1636,08
	VI	2602,33	443,83	443,83							
7898,99 West	I,IV	2067,41	443,83	443,83	I	1920,66	1773,91	1627,08	1480,33	1333,50	1187,75
	II	1927,16	443,83	443,83	II	1780,41	1633,58	1486,83	1340,00	1194,08	1053,66
	III	1400,16	443,83	443,83	III	1280,83	1164,33	1051,00	940,83	833,50	729,16
	V	2550,08	443,83	443,83	IV	1994,08	1920,66	1847,25	1773,91	1700,50	1627,08
	VI	2593,33	443,83	443,83							
7898,99 Ost	I,IV	2077,75	443,83	443,83	I	1930,91	1784,16	1637,41	1490,58	1343,83	1197,83
	II	1937,50	443,83	443,83	II	1790,66	1643,91	1497,08	1350,33	1204,16	1063,25
	III	1408,66	443,83	443,83	III	1289,00	1172,50	1059,00	948,33	841,00	736,50
	V	2560,33	443,83	443,83	IV	2004,33	1930,91	1857,75	1784,16	1710,75	1637,41
	VI	2603,58	443,83	443,83							
7901,99 West	I,IV	2068,75	443,83	443,83	I	1921,91	1775,16	1628,33	1481,58	1334,75	1189,00
	II	1928,41	443,83	443,83	II	1781,66	1634,83	1488,08	1341,25	1195,33	1054,83
	III	1401,16	443,83	443,83	III	1281,83	1165,33	1052,00	941,66	834,33	730,16
	V	2551,33	443,83	443,83	IV	1995,33	1921,91	1848,50	1775,16	1701,75	1628,33
	VI	2594,58	443,83	443,83							
7901,99 Ost	I,IV	2079,00	443,83	443,83	I	1932,25	1785,41	1638,66	1491,83	1345,08	1199,00
	II	1938,75	443,83	443,83	II	1791,91	1645,16	1498,33	1351,58	1205,41	1064,50
	III	1409,66	443,83	443,83	III	1290,00	1173,50	1059,83	949,33	841,83	737,33
	V	2561,58	443,83	443,83	IV	2005,58	1932,25	1858,83	1785,41	1712,00	1638,66
	VI	2604,83	443,83	443,83							

* Zur LSt-Berechnung für privat versicherte Arbeitnehmer s. Beispiele **Vorbemerkung S. 4 f.**
** Basisvorsorgepauschale KV und PV   *** Typisierter Arbeitgeberzuschuss

Monat gültig ab 1. 1. 2022 (idF des StEntlG 2022) — aT3

Lohn/Gehalt in € bis	Steuerklasse	Lohnsteuer*	BVSP**	TAGZ***	Steuerklasse	Bemessungsgrundlage für Kirchensteuer und Solidaritätszuschlag — Freibeträge für ... Kinder					
						0,5	1,0	1,5	2,0	2,5	3,0
7904,99 West	I,IV	2070,00	443,83	443,83	I	1923,16	1776,41	1629,58	1482,83	1336,00	1190,25
	II	1929,66	443,83	443,83	II	1782,91	1636,08	1489,33	1342,50	1196,58	1056,00
	III	1402,16	443,83	443,83	III	1282,83	1166,33	1053,00	942,66	835,33	731,00
	V	2552,58	443,83	443,83	IV	1996,58	1923,16	1849,75	1776,41	1703,00	1629,58
	VI	2595,83	443,83	443,83							
7904,99 Ost	I,IV	2080,25	443,83	443,83	I	1933,50	1786,66	1639,91	1493,08	1346,33	1200,25
	II	1940,00	443,83	443,83	II	1793,16	1646,41	1499,58	1352,83	1206,66	1065,66
	III	1410,66	443,83	443,83	III	1291,00	1174,50	1060,83	950,33	842,66	738,16
	V	2562,83	443,83	443,83	IV	2006,83	1933,50	1860,08	1786,66	1713,25	1639,91
	VI	2606,16	443,83	443,83							
7907,99 West	I,IV	2071,25	443,83	443,83	I	1924,41	1777,66	1630,83	1484,08	1337,25	1191,41
	II	1930,91	443,83	443,83	II	1784,16	1637,41	1490,58	1343,83	1197,83	1057,16
	III	1403,33	443,83	443,83	III	1283,83	1167,33	1054,00	943,50	836,16	731,83
	V	2553,83	443,83	443,83	IV	1997,83	1924,41	1851,08	1777,66	1704,25	1630,83
	VI	2597,08	443,83	443,83							
7907,99 Ost	I,IV	2081,50	443,83	443,83	I	1934,75	1787,91	1641,16	1494,33	1347,58	1201,50
	II	1941,25	443,83	443,83	II	1794,41	1647,66	1500,91	1354,08	1207,91	1066,83
	III	1411,66	443,83	443,83	III	1292,00	1175,50	1061,83	951,16	843,66	739,16
	V	2564,16	443,83	443,83	IV	2008,16	1934,75	1861,33	1787,91	1714,58	1641,16
	VI	2607,41	443,83	443,83							
7910,99 West	I,IV	2072,50	443,83	443,83	I	1925,66	1778,91	1632,16	1485,33	1338,58	1192,66
	II	1932,25	443,83	443,83	II	1785,41	1638,66	1491,83	1345,08	1199,00	1058,33
	III	1404,33	443,83	443,83	III	1284,83	1168,33	1055,00	944,50	837,16	732,83
	V	2555,08	443,83	443,83	IV	1999,08	1925,66	1852,33	1778,91	1705,50	1632,16
	VI	2598,33	443,83	443,83							
7910,99 Ost	I,IV	2082,75	443,83	443,83	I	1936,00	1789,16	1642,41	1495,66	1348,83	1202,75
	II	1942,50	443,83	443,83	II	1795,75	1648,91	1502,16	1355,33	1209,16	1068,00
	III	1412,83	443,83	443,83	III	1293,16	1176,50	1062,83	952,16	844,50	740,00
	V	2565,41	443,83	443,83	IV	2009,41	1936,00	1862,58	1789,16	1715,83	1642,41
	VI	2608,66	443,83	443,83							
7913,99 West	I,IV	2073,75	443,83	443,83	I	1927,00	1780,16	1633,41	1486,58	1339,83	1193,91
	II	1933,50	443,83	443,83	II	1786,66	1639,91	1493,08	1346,33	1200,25	1059,50
	III	1405,33	443,83	443,83	III	1285,83	1169,33	1055,83	945,50	838,00	733,66
	V	2556,33	443,83	443,83	IV	2000,33	1927,00	1853,58	1780,16	1706,75	1633,41
	VI	2599,58	443,83	443,83							
7913,99 Ost	I,IV	2084,08	443,83	443,83	I	1937,25	1790,50	1643,66	1496,91	1350,08	1204,00
	II	1943,75	443,83	443,83	II	1797,00	1650,16	1503,41	1356,58	1210,33	1069,16
	III	1413,83	443,83	443,83	III	1294,16	1177,33	1063,66	953,16	845,50	740,83
	V	2566,66	443,83	443,83	IV	2010,66	1937,25	1863,83	1790,50	1717,08	1643,66
	VI	2609,91	443,83	443,83							
7916,99 West	I,IV	2075,00	443,83	443,83	I	1928,25	1781,41	1634,66	1487,83	1341,08	1195,16
	II	1934,75	443,83	443,83	II	1787,91	1641,16	1494,33	1347,58	1201,50	1060,75
	III	1406,33	443,83	443,83	III	1286,83	1170,33	1056,83	946,33	839,00	734,50
	V	2557,58	443,83	443,83	IV	2001,58	1928,25	1854,83	1781,41	1708,00	1634,66
	VI	2600,91	443,83	443,83							
7916,99 Ost	I,IV	2085,33	443,83	443,83	I	1938,50	1791,75	1644,91	1498,16	1351,33	1205,25
	II	1945,00	443,83	443,83	II	1798,25	1651,41	1504,66	1357,83	1211,58	1070,41
	III	1414,83	443,83	443,83	III	1295,16	1178,33	1064,66	954,00	846,33	741,83
	V	2567,91	443,83	443,83	IV	2011,91	1938,50	1865,08	1791,75	1718,33	1644,91
	VI	2611,16	443,83	443,83							
7919,99 West	I,IV	2076,25	443,83	443,83	I	1929,50	1782,66	1635,91	1489,08	1342,33	1196,33
	II	1936,00	443,83	443,83	II	1789,16	1642,41	1495,66	1348,83	1202,75	1061,91
	III	1407,33	443,83	443,83	III	1287,83	1171,33	1057,83	947,33	839,83	735,50
	V	2558,91	443,83	443,83	IV	2002,91	1929,50	1856,08	1782,66	1709,33	1635,91
	VI	2602,16	443,83	443,83							
7919,99 Ost	I,IV	2086,58	443,83	443,83	I	1939,75	1793,00	1646,16	1499,41	1352,58	1206,41
	II	1946,25	443,83	443,83	II	1799,50	1652,66	1505,91	1359,16	1212,83	1071,58
	III	1415,83	443,83	443,83	III	1296,16	1179,33	1065,66	955,00	847,33	742,66
	V	2569,16	443,83	443,83	IV	2013,16	1939,75	1866,41	1793,00	1719,58	1646,16
	VI	2612,41	443,83	443,83							

* Zur LSt-Berechnung für privat versicherte Arbeitnehmer s. Beispiele **Vorbemerkung S. 4f.**
** Basisvorsorgepauschale KV und PV   *** Typisierter Arbeitgeberzuschuss

aT3 allgemeine Lohnsteuer

Lohn/Gehalt in € bis	Steuerklasse	Lohn-steuer*	BVSP**	TAGZ***	Steuerklasse	Bemessungsgrundlage für Kirchensteuer und Solidaritätszuschlag					
						Freibeträge für ... Kinder					
						0,5	1,0	1,5	2,0	2,5	3,0
7922,99 West	I,IV	**2077,50**	443,83	443,83	I	1930,75	1783,91	1637,16	1490,41	1343,58	1197,58
	II	**1937,25**	443,83	443,83	II	1790,50	1643,66	1496,91	1350,08	1204,00	1063,08
	III	**1408,50**	443,83	443,83	III	1288,83	1172,33	1058,83	948,33	840,83	736,33
	V	**2560,16**	443,83	443,83	IV	2004,16	1930,75	1857,33	1783,91	1710,58	1637,16
	VI	**2603,41**	443,83	443,83							
7922,99 Ost	I,IV	**2087,83**	443,83	443,83	I	1941,00	1794,25	1647,41	1500,66	1353,91	1207,66
	II	**1947,58**	443,83	443,83	II	1800,75	1654,00	1507,16	1360,41	1214,08	1072,75
	III	**1417,00**	443,83	443,83	III	1297,16	1180,33	1066,66	955,83	848,16	743,50
	V	**2570,41**	443,83	443,83	IV	2014,41	1941,00	1867,66	1794,25	1720,83	1647,41
	VI	**2613,66**	443,83	443,83							
7925,99 West	I,IV	**2078,83**	443,83	443,83	I	1932,00	1785,25	1638,41	1491,66	1344,83	1198,83
	II	**1938,50**	443,83	443,83	II	1791,75	1644,91	1498,16	1351,33	1205,25	1064,25
	III	**1409,50**	443,83	443,83	III	1289,83	1173,33	1059,66	949,16	841,66	737,16
	V	**2561,41**	443,83	443,83	IV	2005,41	1932,00	1858,58	1785,25	1711,83	1638,41
	VI	**2604,66**	443,83	443,83							
7925,99 Ost	I,IV	**2089,08**	443,83	443,83	I	1942,33	1795,50	1648,75	1501,91	1355,16	1208,91
	II	**1948,83**	443,83	443,83	II	1802,00	1655,25	1508,41	1361,66	1215,33	1073,91
	III	**1418,00**	443,83	443,83	III	1298,16	1181,33	1067,66	956,83	849,16	744,50
	V	**2571,66**	443,83	443,83	IV	2015,66	1942,33	1868,91	1795,50	1722,08	1648,75
	VI	**2614,91**	443,83	443,83							
7928,99 West	I,IV	**2080,08**	443,83	443,83	I	1933,25	1786,50	1639,66	1492,91	1346,08	1200,08
	II	**1939,75**	443,83	443,83	II	1793,00	1646,16	1499,41	1352,58	1206,41	1065,41
	III	**1410,50**	443,83	443,83	III	1290,83	1174,33	1060,66	950,16	842,66	738,00
	V	**2562,66**	443,83	443,83	IV	2006,66	1933,00	1859,83	1786,50	1713,08	1639,66
	VI	**2605,91**	443,83	443,83							
7928,99 Ost	I,IV	**2090,33**	443,83	443,83	I	1943,58	1796,75	1650,00	1503,16	1356,41	1210,16
	II	**1950,08**	443,83	443,83	II	1803,25	1656,50	1509,66	1362,91	1216,58	1075,16
	III	**1419,00**	443,83	443,83	III	1299,16	1182,33	1068,50	957,83	850,00	745,33
	V	**2572,91**	443,83	443,83	IV	2016,91	1943,58	1870,16	1796,75	1723,33	1650,00
	VI	**2616,25**	443,83	443,83							
7931,99 West	I,IV	**2081,33**	443,83	443,83	I	1934,50	1787,75	1640,91	1494,16	1347,33	1201,33
	II	**1941,00**	443,83	443,83	II	1794,25	1647,41	1500,66	1353,91	1207,66	1066,66
	III	**1411,50**	443,83	443,83	III	1291,83	1175,33	1061,66	951,00	843,50	739,00
	V	**2563,91**	443,83	443,83	IV	2007,91	1934,50	1861,16	1787,75	1714,33	1640,91
	VI	**2607,16**	443,83	443,83							
7931,99 Ost	I,IV	**2091,58**	443,83	443,83	I	1944,83	1798,00	1651,25	1504,41	1357,66	1211,41
	II	**1951,33**	443,83	443,83	II	1804,50	1657,75	1510,91	1364,16	1217,83	1076,33
	III	**1420,00**	443,83	443,83	III	1300,16	1183,33	1069,50	958,66	851,00	746,16
	V	**2574,25**	443,83	443,83	IV	2018,25	1944,83	1871,41	1798,00	1724,66	1651,25
	VI	**2617,50**	443,83	443,83							
7934,99 West	I,IV	**2082,58**	443,83	443,83	I	1935,75	1789,00	1642,16	1495,41	1348,66	1202,50
	II	**1942,33**	443,83	443,83	II	1795,50	1648,75	1501,91	1355,16	1208,91	1067,83
	III	**1412,66**	443,83	443,83	III	1293,00	1176,33	1062,66	952,00	844,33	739,83
	V	**2565,16**	443,83	443,83	IV	2009,16	1935,75	1862,41	1789,00	1715,58	1642,16
	VI	**2608,41**	443,83	443,83							
7934,99 Ost	I,IV	**2092,83**	443,83	443,83	I	1946,08	1799,25	1652,50	1505,66	1358,91	1212,66
	II	**1952,58**	443,83	443,83	II	1805,83	1659,00	1512,25	1365,41	1219,00	1077,50
	III	**1421,16**	443,83	443,83	III	1301,16	1184,33	1070,50	959,66	851,83	747,00
	V	**2575,50**	443,83	443,83	IV	2019,50	1946,08	1872,66	1799,25	1725,91	1652,50
	VI	**2618,75**	443,83	443,83							
7937,99 West	I,IV	**2083,83**	443,83	443,83	I	1937,08	1790,25	1643,50	1496,66	1349,91	1203,75
	II	**1943,58**	443,83	443,83	II	1796,75	1650,00	1503,16	1356,41	1210,16	1069,00
	III	**1413,66**	443,83	443,83	III	1294,00	1177,16	1063,50	953,00	845,33	740,66
	V	**2566,41**	443,83	443,83	IV	2010,41	1937,08	1863,66	1790,25	1716,83	1643,50
	VI	**2609,66**	443,83	443,83							
7937,99 Ost	I,IV	**2094,16**	443,83	443,83	I	1947,33	1800,58	1653,75	1507,00	1360,16	1213,83
	II	**1953,83**	443,83	443,83	II	1807,08	1660,25	1513,50	1366,66	1220,25	1078,66
	III	**1422,16**	443,83	443,83	III	1302,16	1185,33	1071,50	960,66	852,83	748,00
	V	**2576,75**	443,83	443,83	IV	2020,75	1947,33	1873,91	1800,58	1727,16	1653,75
	VI	**2620,00**	443,83	443,83							

* Zur LSt-Berechnung für privat versicherte Arbeitnehmer s. Beispiele **Vorbemerkung S. 4f.**
** Basisvorsorgepauschale KV und PV *** Typisierter Arbeitgeberzuschuss

Monat gültig ab 1. 1. 2022 (idF des StEntlG 2022) — **aT3**

Lohn/Gehalt in € bis	Steuerklasse	Lohnsteuer*	BVSP**	TAGZ***	Steuerklasse	Bemessungsgrundlage für Kirchensteuer und Solidaritätszuschlag — Freibeträge für ... Kinder 0,5	1,0	1,5	2,0	2,5	3,0
7 940,99 West	I,IV	2085,08	443,83	443,83	I	1938,33	1791,50	1644,75	1497,91	1351,16	1205,00
	II	1944,83	443,83	443,83	II	1798,00	1651,25	1504,41	1357,66	1211,41	1070,16
	III	1414,66	443,83	443,83	III	1295,00	1178,16	1064,50	953,83	846,16	741,66
	V	2567,66	443,83	443,83	IV	2011,66	1938,33	1864,91	1791,50	1718,08	1644,75
	VI	2611,00	443,83	443,83							
7 940,99 Ost	I,IV	2095,41	443,83	443,83	I	1948,58	1801,83	1655,00	1508,25	1361,41	1215,08
	II	1955,08	443,83	443,83	II	1808,33	1661,50	1514,75	1367,91	1221,50	1079,91
	III	1423,16	443,83	443,83	III	1303,16	1186,33	1072,33	961,50	853,66	748,83
	V	2578,00	443,83	443,83	IV	2022,00	1948,58	1875,16	1801,83	1728,41	1655,00
	VI	2621,25	443,83	443,83							
7 943,99 West	I,IV	2086,33	443,83	443,83	I	1939,58	1792,75	1646,00	1499,16	1352,41	1206,25
	II	1946,08	443,83	443,83	II	1799,25	1652,50	1505,66	1358,91	1212,66	1071,33
	III	1415,66	443,83	443,83	III	1296,00	1179,16	1065,50	954,83	847,16	742,50
	V	2569,00	443,83	443,83	IV	2013,00	1939,58	1866,16	1792,75	1719,41	1646,00
	VI	2612,25	443,83	443,83							
7 943,99 Ost	I,IV	2096,66	443,83	443,83	I	1949,83	1803,08	1656,25	1509,50	1362,66	1216,33
	II	1956,33	443,83	443,83	II	1809,58	1662,75	1516,00	1369,16	1222,75	1081,08
	III	1424,16	443,83	443,83	III	1304,33	1187,33	1073,33	962,50	854,66	749,66
	V	2579,25	443,83	443,83	IV	2023,25	1949,83	1876,50	1803,08	1729,66	1656,25
	VI	2622,50	443,83	443,83							
7 946,99 West	I,IV	2087,58	443,83	443,83	I	1940,83	1794,00	1647,25	1500,41	1353,66	1207,50
	II	1947,33	443,83	443,83	II	1800,58	1653,75	1507,00	1360,16	1213,83	1072,58
	III	1416,83	443,83	443,83	III	1297,00	1180,16	1066,50	955,66	848,00	743,33
	V	2570,50	443,83	443,83	IV	2014,25	1940,83	1867,41	1794,00	1720,66	1647,25
	VI	2613,50	443,83	443,83							
7 946,99 Ost	I,IV	2097,91	443,83	443,83	I	1951,08	1804,33	1657,50	1510,75	1363,91	1217,58
	II	1957,66	443,83	443,83	II	1810,83	1664,08	1517,25	1370,50	1224,00	1082,25
	III	1425,33	443,83	443,83	III	1305,33	1188,33	1074,33	963,33	855,50	750,66
	V	2580,50	443,83	443,83	IV	2024,50	1951,08	1877,75	1804,33	1730,91	1657,50
	VI	2623,75	443,83	443,83							
7 949,99 West	I,IV	2088,91	443,83	443,83	I	1942,08	1795,33	1648,50	1501,75	1354,91	1208,75
	II	1948,58	443,83	443,83	II	1801,83	1655,00	1508,25	1361,41	1215,08	1073,75
	III	1417,83	443,83	443,83	III	1298,00	1181,16	1067,50	956,66	849,00	744,33
	V	2571,50	443,83	443,83	IV	2015,50	1942,08	1868,66	1795,33	1721,91	1648,50
	VI	2614,75	443,83	443,83							
7 949,99 Ost	I,IV	2099,16	443,83	443,83	I	1952,41	1805,58	1658,83	1512,00	1365,25	1218,83
	II	1958,91	443,83	443,83	II	1812,08	1665,33	1518,50	1371,75	1225,25	1083,50
	III	1426,33	443,83	443,83	III	1306,33	1189,33	1075,33	964,33	856,50	751,50
	V	2581,75	443,83	443,83	IV	2025,75	1952,41	1879,00	1805,58	1732,16	1658,83
	VI	2625,00	443,83	443,83							
7 952,99 West	I,IV	2090,16	443,83	443,83	I	1943,33	1796,58	1649,75	1503,00	1356,16	1209,91
	II	1949,83	443,83	443,83	II	1803,08	1656,25	1509,50	1362,66	1216,33	1074,91
	III	1418,83	443,83	443,83	III	1299,00	1182,16	1068,33	957,66	849,83	745,16
	V	2572,75	443,83	443,83	IV	2016,75	1943,33	1869,91	1796,58	1723,16	1649,75
	VI	2616,00	443,83	443,83							
7 952,99 Ost	I,IV	2100,41	443,83	443,83	I	1953,66	1806,83	1660,08	1513,25	1366,50	1220,08
	II	1960,16	443,83	443,83	II	1813,33	1666,58	1519,75	1373,00	1226,50	1084,66
	III	1427,33	443,83	443,83	III	1307,33	1190,33	1076,33	965,33	857,33	752,33
	V	2583,00	443,83	443,83	IV	2027,00	1953,66	1880,25	1806,83	1733,41	1660,08
	VI	2626,33	443,83	443,83							
7 955,99 West	I,IV	2091,41	443,83	443,83	I	1944,58	1797,83	1651,00	1504,25	1357,41	1211,16
	II	1951,08	443,83	443,83	II	1804,33	1657,50	1510,75	1363,91	1217,58	1076,08
	III	1419,83	443,83	443,83	III	1300,00	1183,16	1069,33	958,50	850,83	746,00
	V	2574,00	443,83	443,83	IV	2018,00	1944,58	1871,25	1797,83	1724,41	1651,00
	VI	2617,25	443,83	443,83							
7 955,99 Ost	I,IV	2101,66	443,83	443,83	I	1954,91	1808,08	1661,33	1514,50	1367,75	1221,33
	II	1961,41	443,83	443,83	II	1814,58	1667,83	1521,00	1374,25	1227,75	1085,83
	III	1428,50	443,83	443,83	III	1308,33	1191,33	1077,16	966,16	858,16	753,33
	V	2584,33	443,83	443,83	IV	2028,25	1954,91	1881,50	1808,08	1734,75	1661,33
	VI	2627,58	443,83	443,83							

* Zur LSt-Berechnung für privat versicherte Arbeitnehmer s. Beispiele **Vorbemerkung S. 4f.**
** Basisvorsorgepauschale KV und PV   *** Typisierter Arbeitgeberzuschuss

aT3 allgemeine Lohnsteuer

Lohn/Gehalt in € bis	Steuerklasse	Lohnsteuer*	BVSP**	TAGZ***	Steuerklasse	Bemessungsgrundlage für Kirchensteuer und Solidaritätszuschlag Freibeträge für ... Kinder					
						0,5	1,0	1,5	2,0	2,5	3,0
7958,99 West	I,IV	**2092,66**	443,83	443,83	I	1945,83	1799,08	1652,25	1505,50	1358,66	1212,41
	II	**1952,41**	443,83	443,83	II	1805,58	1658,83	1512,00	1365,25	1218,83	1077,33
	III	**1301,00**	443,83	443,83	III	1301,00	1184,16	1070,33	959,50	851,66	747,00
	V	**2575,25**	443,83	443,83	IV	2019,00	1945,83	1872,50	1799,08	1725,66	1652,16
	VI	**2618,50**	443,83	443,83							
7958,99 Ost	I,IV	**2102,91**	443,83	443,83	I	1956,16	1809,33	1662,58	1515,75	1369,00	1222,58
	II	**1962,66**	443,83	443,83	II	1815,91	1669,08	1522,33	1375,50	1229,00	1087,00
	III	**1429,50**	443,83	443,83	III	1309,33	1192,33	1078,16	967,16	859,16	754,16
	V	**2585,58**	443,83	443,83	IV	2029,58	1956,16	1882,75	1809,33	1736,00	1662,58
	VI	**2628,83**	443,83	443,83							
7961,99 West	I,IV	**2093,91**	443,83	443,83	I	1947,16	1800,33	1653,58	1506,75	1360,00	1213,66
	II	**1953,66**	443,83	443,83	II	1806,83	1660,08	1513,25	1366,50	1220,00	1078,50
	III	**1422,00**	443,83	443,83	III	1302,00	1185,16	1071,33	960,50	852,66	747,83
	V	**2576,50**	443,83	443,83	IV	2020,50	1947,16	1873,75	1800,33	1726,91	1653,58
	VI	**2619,75**	443,83	443,83							
7961,99 Ost	I,IV	**2104,16**	443,83	443,83	I	1957,41	1810,66	1663,83	1517,08	1370,25	1223,83
	II	**1963,91**	443,83	443,83	II	1817,16	1670,33	1523,58	1376,75	1230,25	1088,25
	III	**1430,50**	443,83	443,83	III	1310,33	1193,33	1079,16	968,16	860,00	755,00
	V	**2586,83**	443,83	443,83	IV	2030,83	1957,41	1884,00	1810,66	1737,25	1663,83
	VI	**2630,08**	443,83	443,83							
7964,99 West	I,IV	**2095,16**	443,83	443,83	I	1948,41	1801,58	1654,83	1508,00	1361,25	1214,91
	II	**1954,91**	443,83	443,83	II	1808,08	1661,33	1514,50	1367,75	1221,33	1079,66
	III	**1423,00**	443,83	443,83	III	1303,00	1186,16	1072,16	961,33	853,50	748,66
	V	**2577,75**	443,83	443,83	IV	2021,75	1948,41	1875,00	1801,58	1728,16	1654,83
	VI	**2621,08**	443,83	443,83							
7964,99 Ost	I,IV	**2105,50**	443,83	443,83	I	1958,66	1811,91	1666,08	1518,33	1371,50	1225,08
	II	**1965,16**	443,83	443,83	II	1818,41	1671,58	1524,83	1378,00	1231,50	1089,41
	III	**1431,50**	443,83	443,83	III	1311,33	1194,16	1080,16	969,00	861,00	756,00
	V	**2588,08**	443,83	443,83	IV	2032,08	1958,66	1885,25	1811,91	1738,50	1665,08
	VI	**2631,33**	443,83	443,83							
7967,99 West	I,IV	**2096,41**	443,83	443,83	I	1949,66	1802,83	1656,08	1509,25	1362,50	1216,16
	II	**1956,16**	443,83	443,83	II	1809,33	1662,58	1515,75	1369,00	1222,58	1080,91
	III	**1424,00**	443,83	443,83	III	1304,16	1187,16	1073,16	962,33	854,50	749,66
	V	**2579,08**	443,83	443,83	IV	2023,00	1949,66	1876,25	1802,83	1729,50	1656,08
	VI	**2622,33**	443,83	443,83							
7967,99 Ost	I,IV	**2106,75**	443,83	443,83	I	1959,91	1813,16	1666,83	1519,58	1372,75	1226,25
	II	**1966,41**	443,83	443,83	II	1819,66	1672,83	1526,08	1379,25	1232,75	1090,58
	III	**1432,66**	443,83	443,83	III	1312,33	1195,16	1081,16	970,00	861,83	756,83
	V	**2589,33**	443,83	443,83	IV	2033,33	1959,91	1886,50	1813,16	1739,75	1666,33
	VI	**2632,58**	443,83	443,83							
7970,99 West	I,IV	**2097,66**	443,83	443,83	I	1950,91	1804,08	1657,33	1510,50	1363,75	1217,41
	II	**1957,41**	443,83	443,83	II	1810,66	1663,83	1517,08	1370,25	1223,83	1082,08
	III	**1425,16**	443,83	443,83	III	1305,16	1188,16	1074,16	963,33	855,33	750,50
	V	**2580,33**	443,83	443,83	IV	2024,33	1950,91	1877,50	1804,08	1730,75	1657,33
	VI	**2623,58**	443,83	443,83							
7970,99 Ost	I,IV	**2108,00**	443,83	443,83	I	1961,16	1814,41	1667,58	1520,83	1374,00	1227,50
	II	**1967,66**	443,83	443,83	II	1820,91	1674,16	1527,33	1380,58	1234,00	1091,83
	III	**1433,66**	443,83	443,83	III	1313,50	1196,16	1082,00	971,00	862,83	757,66
	V	**2590,58**	443,83	443,83	IV	2034,58	1961,16	1887,83	1814,41	1741,00	1667,58
	VI	**2633,83**	443,83	443,83							
7973,99 West	I,IV	**2098,91**	443,83	443,83	I	1952,16	1805,41	1658,58	1511,83	1365,00	1218,66
	II	**1958,66**	443,83	443,83	II	1811,91	1665,08	1518,33	1371,50	1225,08	1083,25
	III	**1426,16**	443,83	443,83	III	1306,16	1189,16	1075,16	964,16	856,33	751,33
	V	**2581,58**	443,83	443,83	IV	2025,58	1952,16	1878,75	1805,41	1732,00	1658,58
	VI	**2624,83**	443,83	443,83							
7973,99 Ost	I,IV	**2109,25**	443,83	443,83	I	1962,41	1815,66	1668,91	1522,08	1375,33	1228,75
	II	**1969,00**	443,83	443,83	II	1822,16	1675,41	1528,58	1381,83	1235,25	1093,00
	III	**1434,66**	443,83	443,83	III	1314,50	1197,16	1083,00	971,83	863,66	758,66
	V	**2591,83**	443,83	443,83	IV	2035,83	1962,41	1889,08	1815,66	1742,25	1668,91
	VI	**2635,08**	443,83	443,83							

* Zur LSt-Berechnung für privat versicherte Arbeitnehmer s. Beispiele **Vorbemerkung S. 4f.**
** Basisvorsorgepauschale KV und PV *** Typisierter Arbeitgeberzuschuss

Monat gültig ab 1. 1. 2022 (idF des StEntlG 2022) **aT3**

Lohn/ Gehalt in € bis	Steuerklasse	Lohn- steuer*	BVSP**	TAGZ***	Steuerklasse	Bemessungsgrundlage für Kirchensteuer und Solidaritätszuschlag Freibeträge für ... Kinder					
						0,5	1,0	1,5	2,0	2,5	3,0
7 976,99 West	I,IV	**2 100,25**	443,83	443,83	I	1 953,41	1 806,66	1 659,83	1 513,08	1 366,25	1 219,83
	II	**1 959,91**	443,83	443,83	II	1 813,16	1 666,33	1 519,58	1 372,75	1 226,25	1 084,41
	III	**1 427,16**	443,83	443,83	III	1 307,16	1 190,16	1 076,16	965,16	857,16	752,33
	V	**2 582,83**	443,83	443,83	IV	2 026,83	1 953,41	1 880,00	1 806,66	1 733,25	1 659,83
	VI	**2 626,08**	443,83	443,83							
7 976,99 Ost	I,IV	**2 110,50**	443,83	443,83	I	1 963,75	1 816,91	1 670,16	1 523,33	1 376,58	1 230,00
	II	**1 970,25**	443,83	443,83	II	1 823,41	1 676,66	1 529,83	1 383,08	1 236,41	1 094,16
	III	**1 435,66**	443,83	443,83	III	1 315,50	1 198,16	1 084,00	972,83	864,66	759,50
	V	**2 593,08**	443,83	443,83	IV	2 037,08	1 963,75	1 890,33	1 816,91	1 743,50	1 670,16
	VI	**2 636,33**	443,83	443,83							
7 979,99 West	I,IV	**2 101,50**	443,83	443,83	I	1 954,66	1 807,91	1 661,08	1 514,33	1 367,50	1 221,08
	II	**1 961,00**	443,83	443,83	II	1 814,41	1 667,58	1 520,83	1 374,00	1 227,50	1 085,66
	III	**1 428,16**	443,83	443,83	III	1 308,16	1 191,16	1 077,00	966,00	858,16	753,16
	V	**2 584,08**	443,83	443,83	IV	2 028,08	1 954,66	1 881,25	1 807,91	1 734,50	1 661,08
	VI	**2 627,33**	443,83	443,83							
7 979,99 Ost	I,IV	**2 111,75**	443,83	443,83	I	1 965,00	1 818,16	1 671,41	1 524,58	1 377,83	1 231,25
	II	**1 971,50**	443,83	443,83	II	1 824,66	1 677,91	1 531,08	1 384,33	1 237,66	1 095,41
	III	**1 436,83**	443,83	443,83	III	1 316,50	1 199,16	1 085,00	973,83	865,50	760,33
	V	**2 594,33**	443,83	443,83	IV	2 038,33	1 965,00	1 891,58	1 818,16	1 744,75	1 671,41
	VI	**2 637,66**	443,83	443,83							
7 982,99 West	I,IV	**2 102,75**	443,83	443,83	I	1 955,91	1 809,16	1 662,33	1 515,58	1 368,75	1 222,33
	II	**1 962,41**	443,83	443,83	II	1 815,66	1 668,91	1 522,08	1 375,33	1 228,75	1 086,83
	III	**1 429,33**	443,83	443,83	III	1 309,16	1 192,16	1 078,00	967,00	859,00	754,00
	V	**2 585,33**	443,83	443,83	IV	2 029,33	1 955,91	1 882,58	1 809,16	1 735,75	1 662,33
	VI	**2 628,58**	443,83	443,83							
7 982,99 Ost	I,IV	**2 113,00**	443,83	443,83	I	1 966,25	1 819,41	1 672,66	1 525,83	1 379,08	1 232,50
	II	**1 972,75**	443,83	443,83	II	1 825,91	1 679,16	1 532,41	1 385,58	1 238,91	1 096,58
	III	**1 437,83**	443,83	443,83	III	1 317,50	1 200,16	1 086,00	974,66	866,50	761,33
	V	**2 595,66**	443,83	443,83	IV	2 039,66	1 966,25	1 892,83	1 819,41	1 746,08	1 672,66
	VI	**2 638,91**	443,83	443,83							
7 985,99 West	I,IV	**2 104,00**	443,83	443,83	I	1 957,16	1 810,41	1 663,66	1 516,83	1 370,08	1 223,58
	II	**1 963,75**	443,83	443,83	II	1 816,91	1 670,16	1 523,33	1 376,58	1 230,00	1 088,00
	III	**1 430,33**	443,83	443,83	III	1 310,16	1 193,16	1 079,00	968,00	860,00	754,83
	V	**2 586,58**	443,83	443,83	IV	2 030,58	1 957,16	1 883,83	1 810,41	1 737,00	1 663,66
	VI	**2 629,83**	443,83	443,83							
7 985,99 Ost	I,IV	**2 114,25**	443,83	443,83	I	1 967,50	1 820,66	1 673,91	1 527,16	1 380,33	1 233,75
	II	**1 974,00**	443,83	443,83	II	1 827,25	1 680,41	1 533,66	1 386,83	1 240,16	1 097,75
	III	**1 438,83**	443,83	443,83	III	1 318,50	1 201,16	1 086,83	975,66	867,33	762,16
	V	**2 596,91**	443,83	443,83	IV	2 040,91	1 967,50	1 894,08	1 820,66	1 747,33	1 673,91
	VI	**2 640,16**	443,83	443,83							
7 988,99 West	I,IV	**2 105,25**	443,83	443,83	I	1 958,50	1 811,66	1 664,91	1 518,08	1 371,33	1 224,83
	II	**1 965,00**	443,83	443,83	II	1 818,16	1 671,41	1 524,58	1 377,83	1 231,25	1 089,25
	III	**1 431,33**	443,83	443,83	III	1 311,16	1 194,00	1 080,00	968,83	860,83	755,83
	V	**2 587,83**	443,83	443,83	IV	2 031,83	1 958,50	1 885,08	1 811,66	1 738,25	1 664,91
	VI	**2 631,08**	443,83	443,83							
7 988,99 Ost	I,IV	**2 115,58**	443,83	443,83	I	1 968,75	1 822,00	1 675,16	1 528,41	1 381,58	1 235,00
	II	**1 975,25**	443,83	443,83	II	1 828,50	1 681,66	1 534,91	1 388,08	1 241,41	1 099,00
	III	**1 439,83**	443,83	443,83	III	1 319,50	1 202,16	1 087,83	976,50	868,33	763,00
	V	**2 598,16**	443,83	443,83	IV	2 042,16	1 968,75	1 895,33	1 822,00	1 748,58	1 675,16
	VI	**2 641,41**	443,83	443,83							
7 991,99 West	I,IV	**2 106,50**	443,83	443,83	I	1 959,75	1 812,91	1 666,16	1 519,33	1 372,58	1 226,08
	II	**1 966,25**	443,83	443,83	II	1 819,41	1 672,66	1 525,83	1 379,08	1 232,50	1 090,41
	III	**1 432,50**	443,83	443,83	III	1 312,16	1 195,00	1 081,00	969,83	861,66	756,66
	V	**2 589,08**	443,83	443,83	IV	2 033,08	1 959,75	1 886,33	1 812,91	1 739,50	1 666,16
	VI	**2 632,41**	443,83	443,83							
7 991,99 Ost	I,IV	**2 116,83**	443,83	443,83	I	1 970,00	1 823,25	1 676,41	1 529,66	1 382,83	1 236,25
	II	**1 976,50**	443,83	443,83	II	1 829,75	1 682,91	1 536,16	1 389,33	1 242,66	1 100,16
	III	**1 441,00**	443,83	443,83	III	1 320,50	1 203,16	1 088,83	977,50	869,16	764,00
	V	**2 599,41**	443,83	443,83	IV	2 043,41	1 970,00	1 896,58	1 823,25	1 749,83	1 676,41
	VI	**2 642,66**	443,83	443,83							

* Zur LSt-Berechnung für privat versicherte Arbeitnehmer s. Beispiele **Vorbemerkung S. 4 f.**
** Basisvorsorgepauschale KV und PV   *** Typisierter Arbeitgeberzuschuss

aT3 allgemeine Lohnsteuer

Lohn/Gehalt in € bis	Steuerklasse	Lohnsteuer*	BVSP**	TAGZ***	Steuerklasse	Bemessungsgrundlage für Kirchensteuer und Solidaritätszuschlag Freibeträge für ... Kinder					
						0,5	1,0	1,5	2,0	2,5	3,0
7994,99 West	I,IV	2107,75	443,83	443,83	I	1961,00	1814,16	1667,41	1520,58	1373,83	1227,33
	II	1967,50	443,83	443,83	II	1820,66	1673,91	1527,16	1380,33	1233,75	1091,58
	III	1433,50	443,83	443,83	III	1313,50	1196,00	1081,83	970,83	862,66	757,50
	V	2590,41	443,83	443,83	IV	2034,41	1961,00	1887,58	1814,16	1740,83	1667,41
	VI	2633,66	443,83	443,83							
7994,99 Ost	I,IV	2118,08	443,83	443,83	I	1971,25	1824,50	1677,66	1530,91	1384,08	1237,50
	II	1977,75	443,83	443,83	II	1831,00	1684,16	1537,41	1390,66	1243,91	1101,41
	III	1442,00	443,83	443,83	III	1321,50	1204,16	1089,83	978,50	870,16	764,83
	V	2600,66	443,83	443,83	IV	2044,66	1971,25	1897,91	1824,50	1751,08	1677,66
	VI	2643,91	443,83	443,83							
7997,99 West	I,IV	2109,00	443,83	443,83	I	1962,25	1815,41	1668,66	1521,91	1375,08	1228,58
	II	1968,75	443,83	443,83	II	1822,00	1675,16	1528,41	1381,58	1235,00	1092,83
	III	1434,50	443,83	443,83	III	1314,33	1197,00	1082,83	971,66	863,50	758,50
	V	2591,66	443,83	443,83	IV	2035,66	1962,25	1888,83	1815,41	1742,08	1668,66
	VI	2634,91	443,83	443,83							
7997,99 Ost	I,IV	2119,33	443,83	443,83	I	1972,50	1825,75	1678,91	1532,16	1385,41	1238,75
	II	1979,08	443,83	443,83	II	1832,25	1685,50	1538,66	1391,91	1245,16	1102,58
	III	1443,00	443,83	443,83	III	1322,66	1205,16	1090,83	979,33	871,00	765,66
	V	2601,91	443,83	443,83	IV	2045,91	1972,50	1899,16	1825,75	1752,33	1678,91
	VI	2645,16	443,83	443,83							
8000,99 West	I,IV	2110,33	443,83	443,83	I	1963,50	1816,75	1669,91	1523,16	1376,33	1229,83
	II	1970,00	443,83	443,83	II	1823,25	1676,41	1529,66	1382,83	1236,25	1094,00
	III	1435,50	443,83	443,83	III	1315,33	1198,00	1083,83	972,66	864,50	759,33
	V	2592,91	443,83	443,83	IV	2036,91	1963,50	1890,08	1816,75	1743,33	1669,91
	VI	2636,16	443,83	443,83							
8000,99 Ost	I,IV	2120,58	443,83	443,83	I	1973,83	1827,00	1680,25	1533,41	1386,66	1240,00
	II	1980,33	443,83	443,83	II	1833,50	1686,75	1539,91	1393,16	1246,41	1103,75
	III	1444,16	443,83	443,83	III	1323,66	1206,16	1091,66	980,33	872,00	766,66
	V	2603,16	443,83	443,83	IV	2047,16	1973,83	1900,41	1827,00	1753,58	1680,25
	VI	2646,41	443,83	443,83							
8003,99 West	I,IV	2111,58	443,83	443,83	I	1964,75	1818,00	1671,16	1524,41	1377,58	1231,08
	II	1971,25	443,83	443,83	II	1824,50	1677,66	1530,91	1384,08	1237,50	1095,16
	III	1436,66	443,83	443,83	III	1316,33	1199,00	1084,83	973,66	865,33	760,33
	V	2594,16	443,83	443,83	IV	2038,16	1964,75	1891,33	1818,00	1744,58	1671,16
	VI	2637,41	443,83	443,83							
8003,99 Ost	I,IV	2121,83	443,83	443,83	I	1975,08	1828,25	1681,50	1534,66	1387,91	1241,25
	II	1981,58	443,83	443,83	II	1834,75	1688,00	1541,16	1394,41	1247,66	1105,00
	III	1445,16	443,83	443,83	III	1324,66	1207,16	1092,66	981,33	872,83	767,50
	V	2604,41	443,83	443,83	IV	2048,41	1975,08	1901,66	1828,25	1754,83	1681,50
	VI	2647,75	443,83	443,83							
8006,99 West	I,IV	2112,83	443,83	443,83	I	1966,00	1819,25	1672,41	1525,66	1378,83	1232,33
	II	1972,50	443,83	443,83	II	1825,75	1678,91	1532,16	1385,41	1238,75	1096,41
	III	1437,66	443,83	443,83	III	1317,33	1200,00	1085,83	974,50	866,33	761,16
	V	2595,41	443,83	443,83	IV	2039,41	1966,00	1892,66	1819,25	1745,83	1672,41
	VI	2638,66	443,83	443,83							
8006,99 Ost	I,IV	2123,08	443,83	443,83	I	1976,33	1829,50	1682,75	1535,91	1389,16	1242,50
	II	1982,83	443,83	443,83	II	1836,00	1689,25	1542,41	1395,66	1248,91	1106,16
	III	1446,16	443,83	443,83	III	1325,66	1208,16	1093,66	982,16	873,83	768,33
	V	2605,75	443,83	443,83	IV	2049,75	1976,33	1902,91	1829,50	1756,16	1682,75
	VI	2649,00	443,83	443,83							
8009,99 West	I,IV	2114,08	443,83	443,83	I	1967,25	1820,50	1673,66	1526,91	1380,16	1233,58
	II	1973,83	443,83	443,83	II	1827,00	1680,25	1533,41	1386,66	1240,00	1097,58
	III	1438,66	443,83	443,83	III	1318,33	1201,00	1086,66	975,50	867,16	762,00
	V	2596,66	443,83	443,83	IV	2040,66	1967,25	1893,91	1820,50	1747,08	1673,66
	VI	2639,91	443,83	443,83							
8009,99 Ost	I,IV	2124,33	443,83	443,83	I	1977,58	1830,75	1684,00	1537,16	1390,41	1243,75
	II	1984,08	443,83	443,83	II	1837,33	1690,50	1543,75	1396,91	1250,16	1107,33
	III	1447,16	443,83	443,83	III	1326,66	1209,16	1094,66	983,16	874,66	769,33
	V	2607,00	443,83	443,83	IV	2051,00	1977,58	1904,16	1830,75	1757,41	1684,00
	VI	2650,25	443,83	443,83							

* Zur LSt-Berechnung für privat versicherte Arbeitnehmer s. Beispiele **Vorbemerkung S. 4f.**
** Basisvorsorgepauschale KV und PV *** Typisierter Arbeitgeberzuschuss

Monat gültig ab 1.·1. 2022 (idF des StEntlG 2022) — aT3

Lohn/Gehalt in € bis	Steuerklasse	Lohnsteuer*	BVSP**	TAGZ***	Steuerklasse	Bemessungsgrundlage für Kirchensteuer und Solidaritätszuschlag — Freibeträge für ... Kinder					
						0,5	1,0	1,5	2,0	2,5	3,0
8012,99 West	I,IV	2115,33	443,83	443,83	I	1968,58	1821,75	1675,00	1528,16	1381,41	1234,83
	II	1975,08	443,83	443,83	II	1828,25	1681,50	1534,66	1387,91	1241,25	1098,75
	III	1439,66	443,83	443,83	III	1319,33	1202,00	1087,66	976,50	868,16	763,00
	V	2597,91	443,83	443,83	IV	2041,91	1968,58	1895,16	1821,75	1748,33	1675,00
	VI	2641,16	443,83	443,83							
8012,99 Ost	I,IV	2125,66	443,83	443,83	I	1978,83	1832,08	1685,25	1538,50	1391,66	1245,00
	II	1985,33	443,83	443,83	II	1838,58	1691,75	1545,00	1398,16	1251,41	1108,58
	III	1448,33	443,83	443,83	III	1327,66	1210,16	1095,66	984,16	875,66	770,16
	V	2608,25	443,83	443,83	IV	2052,25	1978,83	1905,41	1832,08	1758,66	1685,25
	VI	2651,50	443,83	443,83							
8015,99 West	I,IV	2116,58	443,83	443,83	I	1969,83	1823,00	1676,25	1529,41	1382,66	1236,00
	II	1976,33	443,83	443,83	II	1829,50	1682,75	1535,91	1389,16	1242,50	1100,00
	III	1440,83	443,83	443,83	III	1320,33	1203,00	1088,66	977,33	869,00	763,83
	V	2599,16	443,83	443,83	IV	2043,16	1969,83	1896,41	1823,00	1749,58	1676,25
	VI	2642,50	443,83	443,83							
8015,99 Ost	I,IV	2126,91	443,83	443,83	I	1980,08	1833,33	1686,50	1539,75	1392,91	1246,25
	II	1986,58	443,83	443,83	II	1839,83	1693,00	1546,25	1399,41	1252,66	1109,75
	III	1449,33	443,83	443,83	III	1328,66	1211,16	1096,66	985,00	876,50	771,16
	V	2609,50	443,83	443,83	IV	2053,50	1980,08	1906,66	1833,33	1759,91	1686,50
	VI	2652,75	443,83	443,83							
8018,99 West	I,IV	2117,83	443,83	443,83	I	1971,08	1824,25	1677,50	1530,66	1383,91	1237,25
	II	1977,58	443,83	443,83	II	1830,75	1684,00	1537,16	1390,41	1243,75	1101,16
	III	1441,83	443,83	443,83	III	1321,33	1204,00	1089,66	978,33	870,00	764,66
	V	2600,50	443,83	443,83	IV	2044,50	1971,08	1897,66	1824,25	1750,91	1677,50
	VI	2643,75	443,83	443,83							
8018,99 Ost	I,IV	2128,16	443,83	443,83	I	1981,33	1834,58	1687,75	1541,00	1394,16	1247,50
	II	1987,83	443,83	443,83	II	1841,08	1694,25	1547,50	1400,66	1254,00	1111,00
	III	1450,33	443,83	443,83	III	1329,83	1212,16	1097,50	986,00	877,50	772,00
	V	2610,75	443,83	443,83	IV	2054,75	1981,33	1908,00	1834,58	1761,16	1687,75
	VI	2654,00	443,83	443,83							
8021,99 West	I,IV	2119,08	443,83	443,83	I	1972,33	1825,50	1678,75	1531,91	1385,16	1238,50
	II	1978,83	443,83	443,83	II	1832,08	1685,25	1538,50	1391,66	1245,00	1102,41
	III	1442,83	443,83	443,83	III	1322,50	1205,00	1090,66	979,33	870,83	765,66
	V	2601,75	443,83	443,83	IV	2045,75	1972,33	1898,91	1825,50	1752,16	1678,75
	VI	2645,00	443,83	443,83							
8021,99 Ost	I,IV	2129,41	443,83	443,83	I	1982,58	1835,83	1689,00	1542,25	1395,41	1248,75
	II	1989,16	443,83	443,83	II	1842,33	1695,58	1548,75	1402,00	1255,25	1112,16
	III	1451,50	443,83	443,83	III	1330,83	1213,16	1098,50	987,00	878,33	772,83
	V	2612,00	443,83	443,83	IV	2056,00	1982,58	1909,25	1835,83	1762,41	1689,00
	VI	2655,25	443,83	443,83							
8024,99 West	I,IV	2120,41	443,83	443,83	I	1973,58	1826,83	1680,00	1533,25	1386,41	1239,75
	II	1980,08	443,83	443,83	II	1833,33	1686,50	1539,75	1392,91	1246,25	1103,58
	III	1444,00	443,83	443,83	III	1323,50	1206,00	1091,66	980,16	871,83	766,50
	V	2603,00	443,83	443,83	IV	2047,00	1973,58	1900,16	1826,83	1753,41	1680,00
	VI	2646,25	443,83	443,83							
8024,99 Ost	I,IV	2130,66	443,83	443,83	I	1983,91	1837,08	1690,33	1543,50	1396,75	1250,00
	II	1990,41	443,83	443,83	II	1843,58	1696,83	1550,00	1403,25	1256,50	1113,41
	III	1452,50	443,83	443,83	III	1331,83	1214,16	1099,50	987,83	879,33	773,83
	V	2613,00	443,83	443,83	IV	2057,25	1983,91	1910,50	1837,08	1763,66	1690,33
	VI	2656,50	443,83	443,83							
8027,99 West	I,IV	2121,66	443,83	443,83	I	1974,83	1828,08	1681,25	1534,50	1387,66	1241,00
	II	1981,33	443,83	443,83	II	1834,58	1687,75	1541,00	1394,16	1247,50	1104,75
	III	1445,00	443,83	443,83	III	1324,50	1207,00	1092,50	981,16	872,66	767,33
	V	2604,25	443,83	443,83	IV	2048,25	1974,83	1901,41	1828,08	1754,66	1681,25
	VI	2647,50	443,83	443,83							
8027,99 Ost	I,IV	2131,91	443,83	443,83	I	1985,16	1838,33	1691,58	1544,75	1398,00	1251,25
	II	1991,66	443,83	443,83	II	1844,83	1698,08	1551,25	1404,50	1257,75	1114,58
	III	1453,50	443,83	443,83	III	1332,83	1215,16	1100,50	988,83	880,16	774,66
	V	2614,50	443,83	443,83	IV	2058,50	1985,16	1911,75	1838,33	1764,91	1691,58
	VI	2657,83	443,83	443,83							

* Zur LSt-Berechnung für privat versicherte Arbeitnehmer s. Beispiele **Vorbemerkung S. 4 f.**
** Basisvorsorgepauschale KV und PV   *** Typisierter Arbeitgeberzuschuss

aT3 allgemeine Lohnsteuer

Lohn/Gehalt in € bis	Steuerklasse	Lohnsteuer*	BVSP**	TAGZ***	Steuerklasse	Bemessungsgrundlage für Kirchensteuer und Solidaritätszuschlag Freibeträge für ... Kinder 0,5	1,0	1,5	2,0	2,5	3,0
8030,99 West	I,IV	2122,91	443,83	443,83	I	1976,08	1829,33	1682,50	1535,75	1388,91	1242,25
	II	1982,58	443,83	443,83	II	1835,83	1689,00	1542,25	1395,41	1248,75	1106,00
	III	1446,00	443,83	443,83	III	1325,50	1208,00	1093,50	982,00	873,66	768,33
	V	2605,50	443,83	443,83	IV	2049,50	1976,08	1902,75	1829,33	1755,91	1682,50
	VI	2648,75	443,83	443,83							
8030,99 Ost	I,IV	2133,16	443,83	443,83	I	1986,41	1839,58	1692,83	1546,00	1399,25	1252,50
	II	1992,91	443,83	443,83	II	1846,08	1699,33	1552,50	1405,75	1259,00	1115,75
	III	1454,50	443,83	443,83	III	1333,83	1216,16	1101,50	989,83	881,16	775,50
	V	2615,83	443,83	443,83	IV	2059,75	1986,41	1913,00	1839,58	1766,25	1692,83
	VI	2659,08	443,83	443,83							
8033,99 West	I,IV	2124,16	443,83	443,83	I	1977,33	1830,58	1683,75	1537,00	1390,16	1243,50
	II	1983,91	443,83	443,83	II	1837,08	1690,33	1543,50	1396,75	1250,00	1107,16
	III	1447,00	443,83	443,83	III	1326,50	1209,00	1094,50	983,00	874,50	769,16
	V	2606,75	443,83	443,83	IV	2050,75	1977,33	1904,00	1830,58	1757,16	1683,75
	VI	2650,00	443,83	443,83							
8033,99 Ost	I,IV	2134,41	443,83	443,83	I	1987,66	1840,83	1694,08	1547,25	1400,50	1253,75
	II	1994,16	443,83	443,83	II	1847,41	1700,58	1553,83	1407,00	1260,25	1117,00
	III	1455,66	443,83	443,83	III	1334,83	1217,16	1102,50	990,66	882,00	776,50
	V	2617,08	443,83	443,83	IV	2061,08	1987,66	1914,25	1840,83	1767,50	1694,08
	VI	2660,33	443,83	443,83							
8036,99 West	I,IV	2125,41	443,83	443,83	I	1978,66	1831,83	1685,08	1538,25	1391,50	1244,75
	II	1985,16	443,83	443,83	II	1838,33	1691,58	1544,75	1398,00	1251,25	1108,33
	III	1448,16	443,83	443,83	III	1327,50	1210,00	1095,50	984,00	875,50	770,00
	V	2608,00	443,83	443,83	IV	2052,00	1978,66	1905,25	1831,83	1758,41	1685,08
	VI	2651,25	443,83	443,83							
8036,99 Ost	I,IV	2135,66	443,83	443,83	I	1988,91	1842,16	1695,33	1548,58	1401,75	1255,00
	II	1995,41	443,83	443,83	II	1848,66	1701,83	1555,08	1408,25	1261,50	1118,16
	III	1456,66	443,83	443,83	III	1335,83	1218,16	1103,33	991,66	883,00	777,33
	V	2618,33	443,83	443,83	IV	2062,33	1988,91	1915,50	1842,16	1768,75	1695,33
	VI	2661,58	443,83	443,83							
8039,99 West	I,IV	2126,66	443,83	443,83	I	1979,91	1833,08	1686,33	1539,50	1392,75	1246,00
	II	1986,41	443,83	443,83	II	1839,58	1692,83	1546,00	1399,25	1252,50	1109,58
	III	1449,16	443,83	443,83	III	1328,50	1211,00	1096,50	984,83	876,33	771,00
	V	2609,25	443,83	443,83	IV	2053,25	1979,91	1906,50	1833,08	1759,66	1686,33
	VI	2652,58	443,83	443,83							
8039,99 Ost	I,IV	2137,00	443,83	443,83	I	1990,16	1843,41	1696,58	1549,83	1403,00	1256,25
	II	1996,66	443,83	443,83	II	1849,91	1703,08	1556,33	1409,50	1262,75	1119,41
	III	1457,66	443,83	443,83	III	1336,83	1219,16	1104,33	992,66	884,00	778,16
	V	2619,58	443,83	443,83	IV	2063,58	1990,16	1916,75	1843,41	1770,00	1696,58
	VI	2662,83	443,83	443,83							
8042,99 West	I,IV	2127,91	443,83	443,83	I	1981,16	1834,33	1687,58	1540,75	1394,00	1247,25
	II	1987,66	443,83	443,83	II	1840,83	1694,08	1547,25	1400,50	1253,75	1110,75
	III	1450,16	443,83	443,83	III	1329,50	1212,00	1097,33	985,83	877,33	771,83
	V	2610,58	443,83	443,83	IV	2054,50	1981,16	1907,75	1834,33	1761,00	1687,58
	VI	2653,83	443,83	443,83							
8042,99 Ost	I,IV	2138,25	443,83	443,83	I	1991,41	1844,66	1697,83	1551,08	1404,25	1257,50
	II	1997,91	443,83	443,83	II	1851,16	1704,33	1557,58	1410,75	1264,00	1120,58
	III	1458,83	443,83	443,83	III	1338,00	1220,16	1105,33	993,50	884,83	779,16
	V	2620,83	443,83	443,83	IV	2064,83	1991,41	1918,00	1844,66	1771,25	1697,83
	VI	2664,08	443,83	443,83							
8045,99 West	I,IV	2129,16	443,83	443,83	I	1982,41	1835,58	1688,83	1542,00	1395,25	1248,50
	II	1988,91	443,83	443,83	II	1842,16	1695,33	1548,58	1401,75	1255,00	1112,00
	III	1451,33	443,83	443,83	III	1330,66	1213,00	1098,33	986,83	878,33	772,66
	V	2611,83	443,83	443,83	IV	2055,83	1982,41	1909,00	1835,58	1762,25	1688,83
	VI	2655,08	443,83	443,83							
8045,99 Ost	I,IV	2139,50	443,83	443,83	I	1992,66	1845,91	1699,08	1552,33	1405,50	1258,75
	II	1999,16	443,83	443,83	II	1852,41	1705,66	1558,83	1412,08	1265,25	1121,83
	III	1459,83	443,83	443,83	III	1339,00	1221,16	1106,33	994,50	885,83	780,00
	V	2622,08	443,83	443,83	IV	2066,08	1992,66	1919,33	1845,91	1772,50	1699,00
	VI	2665,33	443,83	443,83							

* Zur LSt-Berechnung für privat versicherte Arbeitnehmer s. Beispiele **Vorbemerkung S. 4f.**
** Basisvorsorgepauschale KV und PV *** Typisierter Arbeitgeberzuschuss

Monat gültig ab 1. 1. 2022 (idF des StEntlG 2022)   **aT3**

Lohn/Gehalt in € bis	Steuerklasse	Lohnsteuer*	BVSP**	TAGZ***	Steuerklasse	Bemessungsgrundlage für Kirchensteuer und Solidaritätszuschlag					
						Freibeträge für ... Kinder					
						0,5	1,0	1,5	2,0	2,5	3,0
8048,99 West	I,IV	**2130,41**	443,83	443,83	I	1983,66	1836,91	1690,08	1543,33	1396,50	1249,75
	II	**1990,16**	443,83	443,83	II	1843,41	1696,58	1549,83	1403,00	1256,25	1113,16
	III	**1452,33**	443,83	443,83	III	1331,66	1214,00	1099,33	987,66	879,16	773,66
	V	**2613,08**	443,83	443,83	IV	2057,08	1983,66	1910,25	1836,91	1763,50	1690,08
	VI	**2656,33**	443,83	443,83							
8048,99 Ost	I,IV	**2140,75**	443,83	443,83	I	1993,91	1847,16	1700,41	1553,58	1406,83	1260,00
	II	**2000,50**	443,83	443,83	II	1853,66	1706,91	1560,08	1413,33	1266,50	1123,00
	III	**1460,83**	443,83	443,83	III	1340,00	1222,16	1107,33	995,50	886,66	781,00
	V	**2623,33**	443,83	443,83	IV	2067,33	1993,91	1920,58	1847,16	1773,75	1700,41
	VI	**2666,58**	443,83	443,83							
8051,99 West	I,IV	**2131,75**	443,83	443,83	I	1984,91	1838,16	1691,33	1544,58	1397,75	1251,00
	II	**1991,41**	443,83	443,83	II	1844,66	1697,83	1551,08	1404,25	1257,50	1114,41
	III	**1453,33**	443,83	443,83	III	1332,66	1215,00	1100,33	988,66	880,16	774,50
	V	**2614,33**	443,83	443,83	IV	2058,33	1984,91	1911,50	1838,16	1764,75	1691,33
	VI	**2657,58**	443,83	443,83							
8051,99 Ost	I,IV	**2142,00**	443,83	443,83	I	1995,25	1848,41	1701,66	1554,83	1408,08	1261,25
	II	**2001,75**	443,83	443,83	II	1854,91	1708,16	1561,33	1414,58	1267,75	1124,25
	III	**1462,00**	443,83	443,83	III	1341,00	1223,16	1108,33	996,50	887,66	781,83
	V	**2624,58**	443,83	443,83	IV	2068,58	1995,25	1921,83	1848,41	1775,00	1701,66
	VI	**2667,83**	443,83	443,83							
8054,99 West	I,IV	**2133,00**	443,83	443,83	I	1986,16	1839,41	1692,58	1545,83	1399,00	1252,25
	II	**1992,66**	443,83	443,83	II	1845,91	1699,08	1552,33	1405,50	1258,75	1115,58
	III	**1454,33**	443,83	443,83	III	1333,66	1216,00	1101,33	989,66	881,00	775,33
	V	**2615,58**	443,83	443,83	IV	2059,58	1986,16	1912,75	1839,41	1766,00	1692,58
	VI	**2658,83**	443,83	443,83							
8054,99 Ost	I,IV	**2143,25**	443,83	443,83	I	1996,50	1849,66	1702,91	1556,08	1409,33	1262,50
	II	**2003,00**	443,83	443,83	II	1856,16	1709,41	1562,58	1415,83	1269,00	1125,41
	III	**1463,00**	443,83	443,83	III	1342,00	1224,16	1109,16	997,33	888,50	782,66
	V	**2625,83**	443,83	443,83	IV	2069,83	1996,50	1923,08	1849,66	1776,25	1702,91
	VI	**2669,16**	443,83	443,83							
8057,99 West	I,IV	**2134,25**	443,83	443,83	I	1987,41	1840,66	1693,83	1547,08	1400,25	1253,50
	II	**1993,91**	443,83	443,83	II	1847,16	1700,41	1553,58	1406,83	1260,00	1116,75
	III	**1455,50**	443,83	443,83	III	1334,66	1217,00	1102,33	990,50	882,00	776,33
	V	**2616,83**	443,83	443,83	IV	2060,83	1987,41	1914,08	1840,66	1767,25	1693,83
	VI	**2660,08**	443,83	443,83							
8057,99 Ost	I,IV	**2144,50**	443,83	443,83	I	1997,75	1850,91	1704,16	1557,33	1410,58	1263,75
	II	**2004,25**	443,83	443,83	II	1857,41	1710,66	1563,91	1417,08	1270,25	1126,66
	III	**1464,00**	443,83	443,83	III	1343,00	1225,16	1110,16	998,33	889,50	783,66
	V	**2627,16**	443,83	443,83	IV	2071,16	1997,75	1924,33	1850,91	1777,58	1704,16
	VI	**2670,41**	443,83	443,83							
8060,99 West	I,IV	**2135,50**	443,83	443,83	I	1988,66	1841,91	1695,16	1548,33	1401,58	1254,83
	II	**1995,25**	443,83	443,83	II	1848,41	1701,66	1554,83	1408,08	1261,25	1118,00
	III	**1456,50**	443,83	443,83	III	1335,66	1218,00	1103,16	991,50	882,83	777,16
	V	**2618,08**	443,83	443,83	IV	2062,08	1988,66	1915,33	1841,91	1768,50	1695,16
	VI	**2661,33**	443,83	443,83							
8060,99 Ost	I,IV	**2145,75**	443,83	443,83	I	1999,00	1852,16	1705,41	1558,66	1411,83	1265,08
	II	**2005,50**	443,83	443,83	II	1858,75	1711,91	1565,16	1418,33	1271,58	1127,83
	III	**1465,16**	443,83	443,83	III	1344,16	1226,16	1111,16	999,33	890,33	784,50
	V	**2628,41**	443,83	443,83	IV	2072,41	1999,00	1925,58	1852,16	1778,83	1705,41
	VI	**2671,66**	443,83	443,83							
8063,99 West	I,IV	**2136,75**	443,83	443,83	I	1990,00	1843,16	1696,41	1549,58	1402,83	1256,08
	II	**1996,50**	443,83	443,83	II	1849,66	1702,91	1556,08	1409,33	1262,50	1119,16
	III	**1457,50**	443,83	443,83	III	1336,66	1219,00	1104,16	992,50	883,83	778,16
	V	**2619,33**	443,83	443,83	IV	2063,33	1990,00	1916,58	1843,16	1769,75	1696,41
	VI	**2662,58**	443,83	443,83							
8063,99 Ost	I,IV	**2147,08**	443,83	443,83	I	2000,25	1853,50	1706,66	1559,91	1413,08	1266,33
	II	**2006,75**	443,83	443,83	II	1860,00	1713,16	1566,41	1419,58	1272,83	1129,08
	III	**1466,16**	443,83	443,83	III	1345,16	1227,16	1112,16	1000,16	891,33	785,33
	V	**2629,66**	443,83	443,83	IV	2073,66	2000,25	1926,83	1853,50	1780,08	1706,41
	VI	**2672,91**	443,83	443,83							

* Zur LSt-Berechnung für privat versicherte Arbeitnehmer s. Beispiele **Vorbemerkung S. 4f.**
** Basisvorsorgepauschale KV und PV *** Typisierter Arbeitgeberzuschuss

aT3 allgemeine Lohnsteuer

Lohn/ Gehalt in € bis	Steuerklasse	Lohn- steuer*	BVSP**	TAGZ***	Steuerklasse	Bemessungsgrundlage für Kirchensteuer und Solidaritätszuschlag Freibeträge für ... Kinder					
						0,5	1,0	1,5	2,0	2,5	3,0
8066,99 West	I,IV	**2138,00**	443,83	443,83	I	1991,25	1844,41	1697,66	1550,83	1404,08	1257,33
	II	**1997,75**	443,83	443,83	II	1850,91	1704,16	1557,33	1410,58	1263,75	1120,41
	III	**1458,66**	443,83	443,83	III	1337,83	1220,00	1105,16	993,50	884,66	779,00
	V	**2620,58**	443,83	443,83	IV	2064,58	1991,25	1917,83	1844,41	1771,00	1697,66
	VI	**2663,91**	443,83	443,83							
8066,99 Ost	I,IV	**2148,33**	443,83	443,83	I	2001,50	1854,75	1707,91	1561,16	1414,33	1267,58
	II	**2008,00**	443,83	443,83	II	1861,25	1714,41	1567,66	1420,83	1274,08	1130,25
	III	**1467,16**	443,83	443,83	III	1346,16	1228,16	1113,16	1001,16	892,16	786,33
	V	**2630,91**	443,83	443,83	IV	2074,91	2001,50	1928,08	1854,75	1781,33	1707,91
	VI	**2674,16**	443,83	443,83							
8069,99 West	I,IV	**2139,25**	443,83	443,83	I	1992,50	1845,66	1698,91	1552,08	1405,33	1258,58
	II	**1999,00**	443,83	443,83	II	1852,16	1705,41	1558,66	1411,83	1265,08	1121,58
	III	**1459,66**	443,83	443,83	III	1338,83	1221,00	1106,16	994,33	885,66	779,83
	V	**2621,91**	443,83	443,83	IV	2065,91	1992,50	1919,08	1845,66	1772,33	1698,91
	VI	**2665,16**	443,83	443,83							
8069,99 Ost	I,IV	**2149,58**	443,83	443,83	I	2002,75	1856,00	1709,16	1562,41	1415,58	1268,83
	II	**2009,25**	443,83	443,83	II	1862,50	1715,66	1568,91	1422,16	1275,33	1131,50
	III	**1468,16**	443,83	443,83	III	1347,16	1229,16	1114,16	1002,16	893,16	787,16
	V	**2632,16**	443,83	443,83	IV	2076,16	2002,75	1929,41	1856,00	1782,58	1709,16
	VI	**2675,41**	443,83	443,83							
8072,99 West	I,IV	**2140,50**	443,83	443,83	I	1993,75	1846,91	1700,16	1553,41	1406,58	1259,83
	II	**2000,25**	443,83	443,83	II	1853,50	1706,66	1559,91	1413,08	1266,33	1122,83
	III	**1460,66**	443,83	443,83	III	1339,83	1222,00	1107,16	995,33	886,50	780,83
	V	**2623,16**	443,83	443,83	IV	2067,16	1993,75	1920,33	1846,91	1773,58	1700,16
	VI	**2666,41**	443,83	443,83							
8072,99 Ost	I,IV	**2150,83**	443,83	443,83	I	2004,00	1857,25	1710,41	1563,66	1416,91	1270,08
	II	**2010,58**	443,83	443,83	II	1863,75	1717,00	1570,16	1423,41	1276,58	1132,66
	III	**1469,33**	443,83	443,83	III	1348,16	1230,16	1115,00	1003,00	894,00	788,16
	V	**2633,41**	443,83	443,83	IV	2077,41	2004,00	1930,66	1857,25	1783,83	1710,41
	VI	**2676,66**	443,83	443,83							
8075,99 West	I,IV	**2141,83**	443,83	443,83	I	1995,00	1848,25	1701,41	1554,66	1407,83	1261,08
	II	**2001,50**	443,83	443,83	II	1854,75	1707,91	1561,16	1414,33	1267,58	1124,00
	III	**1461,83**	443,83	443,83	III	1340,83	1223,00	1108,16	996,33	887,50	781,66
	V	**2624,41**	443,83	443,83	IV	2068,41	1995,00	1921,58	1848,25	1774,83	1701,41
	VI	**2667,66**	443,83	443,83							
8075,99 Ost	I,IV	**2152,08**	443,83	443,83	I	2005,33	1858,50	1711,75	1564,91	1418,16	1271,33
	II	**2011,83**	443,83	443,83	II	1865,00	1718,25	1571,41	1424,66	1277,83	1133,91
	III	**1470,33**	443,83	443,83	III	1349,16	1231,16	1116,00	1004,00	895,00	789,00
	V	**2634,66**	443,83	443,83	IV	2078,66	2005,33	1931,91	1858,50	1785,08	1711,75
	VI	**2677,91**	443,83	443,83							
8078,99 West	I,IV	**2143,08**	443,83	443,83	I	1996,25	1849,50	1702,66	1555,91	1409,08	1262,33
	II	**2002,75**	443,83	443,83	II	1856,00	1709,16	1562,41	1415,58	1268,83	1125,25
	III	**1462,83**	443,83	443,83	III	1341,83	1224,00	1109,00	997,16	888,33	782,50
	V	**2625,66**	443,83	443,83	IV	2069,66	1996,25	1922,83	1849,50	1776,08	1702,66
	VI	**2668,91**	443,83	443,83							
8078,99 Ost	I,IV	**2153,33**	443,83	443,83	I	2006,58	1859,75	1713,00	1566,16	1419,41	1272,58
	II	**2013,08**	443,83	443,83	II	1866,25	1719,50	1572,66	1425,91	1279,08	1135,08
	III	**1471,33**	443,83	443,83	III	1350,16	1232,16	1117,00	1005,00	895,83	789,83
	V	**2635,91**	443,83	443,83	IV	2079,91	2006,58	1933,16	1859,75	1786,33	1713,00
	VI	**2679,25**	443,83	443,83							
8081,99 West	I,IV	**2144,33**	443,83	443,83	I	1997,50	1850,75	1703,91	1557,16	1410,33	1263,58
	II	**2004,00**	443,83	443,83	II	1857,25	1710,41	1563,66	1416,91	1270,08	1126,41
	III	**1463,83**	443,83	443,83	III	1342,83	1225,00	1110,00	998,16	889,33	783,50
	V	**2626,91**	443,83	443,83	IV	2070,91	1997,50	1924,16	1850,75	1777,33	1703,91
	VI	**2670,16**	443,83	443,83							
8081,99 Ost	I,IV	**2154,58**	443,83	443,83	I	2007,83	1861,00	1714,25	1567,41	1420,66	1273,83
	II	**2014,33**	443,83	443,83	II	1867,50	1720,75	1573,91	1427,16	1280,41	1136,33
	III	**1472,50**	443,83	443,83	III	1351,33	1233,16	1118,00	1005,83	896,83	790,83
	V	**2637,25**	443,83	443,83	IV	2081,25	2007,83	1934,41	1861,00	1787,66	1714,25
	VI	**2680,50**	443,83	443,83							

* Zur LSt-Berechnung für privat versicherte Arbeitnehmer s. Beispiele **Vorbemerkung S. 4 f.**
** Basisvorsorgepauschale KV und PV   *** Typisierter Arbeitgeberzuschuss

Monat gültig ab 1. 1. 2022 (idF des StEntlG 2022) — aT3

Lohn/Gehalt in € bis	Steuerklasse	Lohnsteuer*	BVSP**	TAGZ***	Steuerklasse	Bemessungsgrundlage für Kirchensteuer und Solidaritätszuschlag — Freibeträge für ... Kinder					
						0,5	1,0	1,5	2,0	2,5	3,0
8084,99 West	I,IV	2145,58	443,83	443,83	I	1998,75	1852,00	1705,16	1558,41	1411,66	1264,83
	II	2005,33	443,83	443,83	II	1858,50	1711,75	1564,91	1418,16	1271,33	1127,66
	III	1464,83	443,83	443,83	III	1344,00	1226,00	1111,00	999,16	890,16	784,33
	V	2628,16	443,83	443,83	IV	2072,16	1998,75	1925,41	1852,00	1778,58	1705,16
	VI	2671,41	443,83	443,83							
8084,99 Ost	I,IV	2155,83	443,83	443,83	I	2009,08	1862,25	1715,50	1568,66	1421,91	1275,16
	II	2015,58	443,83	443,83	II	1868,83	1722,00	1575,25	1428,41	1281,66	1137,50
	III	1473,50	443,83	443,83	III	1352,33	1234,16	1119,00	1006,83	897,66	791,66
	V	2638,50	443,83	443,83	IV	2082,50	2009,08	1935,66	1862,25	1788,91	1715,50
	VI	2681,75	443,83	443,83							
8087,99 West	I,IV	2146,83	443,83	443,83	I	2000,08	1853,25	1706,50	1559,66	1412,91	1266,08
	II	2006,58	443,83	443,83	II	1859,75	1713,00	1566,16	1419,41	1272,58	1128,83
	III	1466,00	443,83	443,83	III	1345,00	1227,00	1112,00	1000,00	891,16	785,16
	V	2629,41	443,83	443,83	IV	2073,41	2000,08	1926,66	1853,25	1779,83	1706,50
	VI	2672,66	443,83	443,83							
8087,99 Ost	I,IV	2157,16	443,83	443,83	I	2010,33	1863,58	1716,75	1570,00	1423,16	1276,41
	II	2016,83	443,83	443,83	II	1870,00	1723,25	1576,50	1429,66	1282,91	1138,75
	III	1474,50	443,83	443,83	III	1353,33	1235,16	1120,00	1007,83	898,66	792,50
	V	2639,75	443,83	443,83	IV	2083,75	2010,33	1936,91	1863,58	1790,16	1716,75
	VI	2683,00	443,83	443,83							
8090,99 West	I,IV	2148,08	443,83	443,83	I	2001,33	1854,50	1707,75	1560,91	1414,16	1267,33
	II	2007,83	443,83	443,83	II	1861,00	1714,25	1567,41	1420,66	1273,83	1130,08
	III	1467,00	443,83	443,83	III	1346,00	1228,00	1113,00	1001,00	892,00	786,16
	V	2630,66	443,83	443,83	IV	2074,66	2001,33	1927,91	1854,50	1781,08	1707,75
	VI	2674,00	443,83	443,83							
8090,99 Ost	I,IV	2158,41	443,83	443,83	I	2011,58	1864,83	1718,00	1571,25	1424,41	1277,66
	II	2018,08	443,83	443,83	II	1871,33	1724,50	1577,75	1430,91	1284,16	1139,91
	III	1475,66	443,83	443,83	III	1354,33	1236,16	1121,00	1008,66	899,66	793,50
	V	2641,00	443,83	443,83	IV	2085,00	2011,58	1938,16	1864,83	1791,41	1718,00
	VI	2684,25	443,83	443,83							
8093,99 West	I,IV	2149,33	443,83	443,83	I	2002,58	1855,75	1709,00	1562,16	1415,41	1268,58
	II	2009,08	443,83	443,83	II	1862,25	1715,50	1568,66	1421,91	1275,16	1131,25
	III	1468,00	443,83	443,83	III	1347,00	1229,00	1114,00	1002,00	893,00	787,00
	V	2632,00	443,83	443,83	IV	2076,00	2002,58	1929,16	1855,75	1782,41	1709,00
	VI	2675,25	443,83	443,83							
8093,99 Ost	I,IV	2159,66	443,83	443,83	I	2012,83	1866,08	1719,25	1572,50	1425,66	1278,91
	II	2019,33	443,83	443,83	II	1872,58	1725,75	1579,00	1432,16	1285,41	1141,16
	III	1476,66	443,83	443,83	III	1355,33	1237,16	1121,83	1009,66	900,50	794,33
	V	2642,25	443,83	443,83	IV	2086,25	2012,83	1939,50	1866,08	1792,66	1719,25
	VI	2685,50	443,83	443,83							
8096,99 West	I,IV	2150,58	443,83	443,83	I	2003,83	1857,00	1710,25	1563,41	1416,66	1269,83
	II	2010,33	443,83	443,83	II	1863,58	1716,75	1570,00	1423,16	1276,41	1132,50
	III	1469,16	443,83	443,83	III	1348,00	1230,00	1114,83	1002,83	893,83	788,00
	V	2633,25	443,83	443,83	IV	2077,25	2003,83	1930,41	1857,00	1783,66	1710,25
	VI	2676,50	443,83	443,83							
8096,99 Ost	I,IV	2160,91	443,83	443,83	I	2014,08	1867,33	1720,50	1573,75	1426,91	1280,16
	II	2020,66	443,83	443,83	II	1873,83	1727,08	1580,25	1433,50	1286,66	1142,33
	III	1477,66	443,83	443,83	III	1356,33	1238,16	1122,83	1010,66	901,50	795,33
	V	2643,50	443,83	443,83	IV	2087,50	2014,08	1940,66	1867,33	1793,91	1720,50
	VI	2686,75	443,83	443,83							
8099,99 West	I,IV	2151,91	443,83	443,83	I	2005,08	1858,33	1711,50	1564,75	1417,91	1271,16
	II	2011,58	443,83	443,83	II	1864,83	1718,00	1571,25	1424,41	1277,66	1133,66
	III	1470,16	443,83	443,83	III	1349,00	1231,00	1115,83	1003,83	894,83	788,83
	V	2634,50	443,83	443,83	IV	2078,50	2005,08	1931,66	1858,33	1784,91	1711,50
	VI	2677,75	443,83	443,83							
8099,99 Ost	I,IV	2162,16	443,83	443,83	I	2015,41	1868,58	1721,83	1575,00	1428,25	1281,41
	II	2021,91	443,83	443,83	II	1875,08	1728,33	1581,50	1434,75	1287,91	1143,58
	III	1478,83	443,83	443,83	III	1357,50	1239,16	1123,83	1011,66	902,33	796,16
	V	2644,75	443,83	443,83	IV	2088,75	2015,41	1942,00	1868,58	1795,16	1721,83
	VI	2688,00	443,83	443,83							

* Zur LSt-Berechnung für privat versicherte Arbeitnehmer s. Beispiele **Vorbemerkung S. 4f.**
** Basisvorsorgepauschale KV und PV   *** Typisierter Arbeitgeberzuschuss

aT3 allgemeine Lohnsteuer

Lohn/Gehalt in € bis	Steuerklasse	Lohnsteuer*	BVSP**	TAGZ***	Steuerklasse	Bemessungsgrundlage für Kirchensteuer und Solidaritätszuschlag — Freibeträge für ... Kinder					
						0,5	1,0	1,5	2,0	2,5	3,0
8 102,99 West	I,IV	2 153,16	443,83	443,83	I	2 006,33	1 859,58	1 712,75	1 566,00	1 419,16	1 272,41
	II	2 012,83	443,83	443,83	II	1 866,08	1 719,25	1 572,50	1 425,66	1 278,91	1 134,91
	III	1 471,16	443,83	443,83	III	1 350,00	1 232,00	1 116,83	1 004,83	895,66	789,66
	V	2 635,75	443,83	443,83	IV	2 079,75	2 006,33	1 932,91	1 859,58	1 786,16	1 712,75
	VI	2 679,00	443,83	443,83							
8 102,99 Ost	I,IV	2 163,41	443,83	443,83	I	2 016,66	1 869,83	1 723,08	1 576,25	1 429,50	1 282,66
	II	2 023,16	443,83	443,83	II	1 876,33	1 729,58	1 582,75	1 436,00	1 289,16	1 144,75
	III	1 479,83	443,83	443,83	III	1 358,50	1 240,16	1 124,83	1 012,50	903,33	797,00
	V	2 646,00	443,83	443,83	IV	2 090,00	2 016,66	1 943,25	1 869,83	1 796,41	1 723,08
	VI	2 689,33	443,83	443,83							
8 105,99 West	I,IV	2 154,41	443,83	443,83	I	2 007,58	1 860,83	1 714,00	1 567,25	1 420,41	1 273,66
	II	2 014,08	443,83	443,83	II	1 867,33	1 720,50	1 573,75	1 426,91	1 280,16	1 136,08
	III	1 472,33	443,83	443,83	III	1 351,16	1 233,00	1 117,83	1 005,66	896,66	790,66
	V	2 637,00	443,83	443,83	IV	2 081,00	2 007,58	1 934,25	1 860,83	1 787,41	1 714,00
	VI	2 680,25	443,83	443,83							
8 105,99 Ost	I,IV	2 164,66	443,83	443,83	I	2 017,91	1 871,08	1 724,33	1 577,50	1 430,75	1 283,91
	II	2 024,41	443,83	443,83	II	1 877,58	1 730,83	1 584,00	1 437,25	1 290,41	1 146,00
	III	1 480,83	443,83	443,83	III	1 359,50	1 241,16	1 125,83	1 013,50	904,16	798,00
	V	2 647,33	443,83	443,83	IV	2 091,25	2 017,91	1 944,50	1 871,08	1 797,75	1 724,33
	VI	2 690,58	443,83	443,83							
8 108,99 West	I,IV	2 155,66	443,83	443,83	I	2 008,83	1 862,08	1 715,25	1 568,50	1 421,66	1 274,91
	II	2 015,41	443,83	443,83	II	1 868,58	1 721,83	1 575,00	1 428,25	1 281,41	1 137,33
	III	1 473,33	443,83	443,83	III	1 352,16	1 234,00	1 118,83	1 006,66	897,66	791,50
	V	2 638,25	443,83	443,83	IV	2 082,25	2 008,83	1 935,50	1 862,08	1 788,66	1 715,25
	VI	2 681,50	443,83	443,83							
8 108,99 Ost	I,IV	2 165,91	443,83	443,83	I	2 019,16	1 872,33	1 725,58	1 578,75	1 432,00	1 285,16
	II	2 025,66	443,83	443,83	II	1 878,91	1 732,08	1 585,33	1 438,50	1 291,75	1 147,25
	III	1 482,00	443,83	443,83	III	1 360,50	1 242,16	1 126,83	1 014,50	905,16	798,83
	V	2 648,58	443,83	443,83	IV	2 092,58	2 019,16	1 945,75	1 872,33	1 799,00	1 725,58
	VI	2 691,83	443,83	443,83							
8 111,99 West	I,IV	2 156,91	443,83	443,83	I	2 010,16	1 863,33	1 716,58	1 569,75	1 423,00	1 276,16
	II	2 016,66	443,83	443,83	II	1 869,83	1 723,08	1 576,25	1 429,50	1 282,66	1 138,50
	III	1 474,33	443,83	443,83	III	1 353,16	1 235,00	1 119,83	1 007,66	898,50	792,50
	V	2 639,50	443,83	443,83	IV	2 083,50	2 010,16	1 936,75	1 863,33	1 789,91	1 716,58
	VI	2 682,75	443,83	443,83							
8 111,99 Ost	I,IV	2 167,16	443,83	443,83	I	2 020,41	1 873,66	1 726,83	1 580,08	1 433,25	1 286,50
	II	2 026,91	443,83	443,83	II	1 880,16	1 733,33	1 586,58	1 439,75	1 293,00	1 148,41
	III	1 483,00	443,83	443,83	III	1 361,50	1 243,16	1 127,83	1 015,33	906,00	799,83
	V	2 649,83	443,83	443,83	IV	2 093,83	2 020,41	1 947,00	1 873,66	1 800,25	1 726,83
	VI	2 693,08	443,83	443,83							
8 114,99 West	I,IV	2 158,16	443,83	443,83	I	2 011,41	1 864,58	1 717,83	1 571,00	1 424,25	1 277,41
	II	2 017,91	443,83	443,83	II	1 871,08	1 724,33	1 577,50	1 430,75	1 283,91	1 139,75
	III	1 475,50	443,83	443,83	III	1 354,16	1 236,00	1 120,83	1 008,66	899,50	793,33
	V	2 640,75	443,83	443,83	IV	2 084,75	2 011,41	1 938,00	1 864,58	1 791,16	1 717,83
	VI	2 684,08	443,83	443,83							
8 114,99 Ost	I,IV	2 168,50	443,83	443,83	I	2 021,66	1 874,91	1 728,08	1 581,33	1 434,50	1 287,75
	II	2 028,16	443,83	443,83	II	1 881,41	1 734,58	1 587,83	1 441,00	1 294,25	1 149,66
	III	1 484,00	443,83	443,83	III	1 362,66	1 244,16	1 128,66	1 016,33	907,00	800,66
	V	2 651,08	443,83	443,83	IV	2 095,08	2 021,66	1 948,25	1 874,91	1 801,50	1 728,08
	VI	2 694,33	443,83	443,83							
8 117,99 West	I,IV	2 159,41	443,83	443,83	I	2 012,66	1 865,83	1 719,08	1 572,25	1 425,50	1 278,66
	II	2 019,16	443,83	443,83	II	1 872,33	1 725,58	1 578,75	1 432,00	1 285,16	1 140,91
	III	1 476,50	443,83	443,83	III	1 355,16	1 237,00	1 121,66	1 009,50	900,33	794,16
	V	2 642,08	443,83	443,83	IV	2 086,00	2 012,66	1 939,25	1 865,83	1 792,50	1 719,08
	VI	2 685,33	443,83	443,83							
8 117,99 Ost	I,IV	2 169,75	443,83	443,83	I	2 022,91	1 876,16	1 729,33	1 582,58	1 435,75	1 289,00
	II	2 029,41	443,83	443,83	II	1 882,66	1 735,83	1 589,08	1 442,25	1 295,50	1 150,83
	III	1 485,16	443,83	443,83	III	1 363,66	1 245,16	1 129,66	1 017,33	908,00	801,50
	V	2 652,33	443,83	443,83	IV	2 096,33	2 022,91	1 949,50	1 876,16	1 802,75	1 729,33
	VI	2 695,58	443,83	443,83							

* Zur LSt-Berechnung für privat versicherte Arbeitnehmer s. Beispiele **Vorbemerkung S. 4 f.**
** Basisvorsorgepauschale KV und PV *** Typisierter Arbeitgeberzuschuss

Monat gültig ab 1. 1. 2022 (idF des StEntlG 2022)   **aT3**

Lohn/ Gehalt in € bis	Steuerklasse	Lohn- steuer*	BVSP**	TAGZ***	Steuerklasse	Bemessungsgrundlage für Kirchensteuer und Solidaritätszuschlag Freibeträge für ... Kinder					
						0,5	1,0	1,5	2,0	2,5	3,0
8120,99 West	I,IV	**2160,66**	443,83	443,83	I	2013,91	1867,08	1720,33	1573,50	1426,75	1279,91
	II	**2020,41**	443,83	443,83	II	1873,66	1726,83	1580,08	1433,25	1286,50	1142,16
	III	**1477,50**	443,83	443,83	III	1356,16	1238,00	1122,66	1010,50	901,33	795,16
	V	**2643,33**	443,83	443,83	IV	2087,33	2013,91	1940,50	1867,08	1793,75	1720,33
	VI	**2686,58**	443,83	443,83							
8120,99 Ost	I,IV	**2171,00**	443,83	443,83	I	2024,16	1877,41	1730,58	1583,83	1437,00	1290,25
	II	**2030,66**	443,83	443,83	II	1883,91	1737,16	1590,33	1443,58	1296,75	1152,08
	III	**1486,16**	443,83	443,83	III	1364,66	1246,16	1130,66	1018,33	908,83	802,50
	V	**2653,58**	443,83	443,83	IV	2097,58	2024,16	1950,83	1877,41	1804,00	1730,58
	VI	**2696,83**	443,83	443,83							
8123,99 West	I,IV	**2161,91**	443,83	443,83	I	2015,16	1868,41	1721,58	1574,83	1428,00	1281,25
	II	**2021,66**	443,83	443,83	II	1874,91	1728,08	1581,33	1434,50	1287,75	1143,33
	III	**1478,66**	443,83	443,83	III	1357,33	1239,00	1123,66	1011,50	902,16	796,00
	V	**2644,58**	443,83	443,83	IV	2088,58	2015,16	1941,75	1868,41	1795,00	1721,58
	VI	**2687,83**	443,83	443,83							
8123,99 Ost	I,IV	**2172,25**	443,83	443,83	I	2025,41	1878,66	1731,91	1585,08	1438,33	1291,50
	II	**2032,00**	443,83	443,83	II	1885,16	1738,41	1591,58	1444,83	1298,00	1153,33
	III	**1487,16**	443,83	443,83	III	1365,66	1247,16	1131,66	1019,16	909,83	803,33
	V	**2654,83**	443,83	443,83	IV	2098,83	2025,41	1952,08	1878,66	1805,25	1731,91
	VI	**2698,08**	443,83	443,83							
8126,99 West	I,IV	**2163,25**	443,83	443,83	I	2016,41	1869,66	1722,83	1576,08	1429,25	1282,50
	II	**2022,91**	443,83	443,83	II	1876,16	1729,33	1582,58	1435,75	1289,00	1144,58
	III	**1479,66**	443,83	443,83	III	1358,33	1240,00	1124,66	1012,33	903,16	796,83
	V	**2645,83**	443,83	443,83	IV	2089,83	2016,41	1943,00	1869,66	1796,25	1722,83
	VI	**2689,08**	443,83	443,83							
8126,99 Ost	I,IV	**2173,50**	443,83	443,83	I	2026,75	1879,91	1733,16	1586,33	1439,58	1292,75
	II	**2033,25**	443,83	443,83	II	1886,41	1739,66	1592,83	1446,08	1299,25	1154,50
	III	**1488,33**	443,83	443,83	III	1366,66	1248,16	1132,66	1020,16	910,66	804,33
	V	**2656,08**	443,83	443,83	IV	2100,08	2026,75	1953,33	1879,91	1806,50	1733,16
	VI	**2699,33**	443,83	443,83							
8129,99 West	I,IV	**2164,50**	443,83	443,83	I	2017,66	1870,91	1724,08	1577,33	1430,50	1283,75
	II	**2024,16**	443,83	443,83	II	1877,41	1730,58	1583,83	1437,00	1290,25	1145,83
	III	**1480,66**	443,83	443,83	III	1359,33	1241,00	1125,66	1013,33	904,00	797,83
	V	**2647,08**	443,83	443,83	IV	2091,08	2017,66	1944,25	1870,91	1797,50	1724,08
	VI	**2690,33**	443,83	443,83							
8129,99 Ost	I,IV	**2174,75**	443,83	443,83	I	2028,00	1881,16	1734,41	1587,58	1440,83	1294,00
	II	**2034,50**	443,83	443,83	II	1887,66	1740,91	1594,08	1447,33	1300,50	1155,75
	III	**1489,33**	443,83	443,83	III	1367,66	1249,16	1133,66	1021,16	911,66	805,16
	V	**2657,33**	443,83	443,83	IV	2101,33	2028,00	1954,58	1881,16	1807,75	1734,41
	VI	**2700,66**	443,83	443,83							
8132,99 West	I,IV	**2165,75**	443,83	443,83	I	2018,91	1872,16	1725,33	1578,58	1431,75	1285,00
	II	**2025,41**	443,83	443,83	II	1878,66	1731,91	1585,08	1438,33	1291,50	1147,00
	III	**1481,83**	443,83	443,83	III	1360,33	1242,00	1126,66	1014,33	905,00	798,66
	V	**2648,33**	443,83	443,83	IV	2092,33	2018,91	1945,58	1872,16	1798,75	1725,33
	VI	**2691,58**	443,83	443,83							
8132,99 Ost	I,IV	**2176,00**	443,83	443,83	I	2029,25	1882,41	1735,66	1588,83	1442,08	1295,25
	II	**2035,75**	443,83	443,83	II	1888,91	1742,16	1595,41	1448,58	1301,83	1156,91
	III	**1490,33**	443,83	443,83	III	1368,83	1250,16	1134,66	1022,00	912,50	806,00
	V	**2658,66**	443,83	443,83	IV	2102,66	2029,25	1955,83	1882,41	1809,08	1735,66
	VI	**2701,91**	443,83	443,83							
8135,99 West	I,IV	**2167,00**	443,83	443,83	I	2020,16	1873,41	1726,66	1579,83	1433,08	1286,25
	II	**2026,75**	443,83	443,83	II	1879,91	1733,16	1586,33	1439,58	1292,75	1148,25
	III	**1482,83**	443,83	443,83	III	1361,33	1243,00	1127,66	1015,16	905,83	799,66
	V	**2649,58**	443,83	443,83	IV	2093,58	2020,16	1946,83	1873,41	1800,00	1726,66
	VI	**2692,83**	443,83	443,83							
8135,99 Ost	I,IV	**2177,25**	443,83	443,83	I	2030,50	1883,66	1736,91	1590,16	1443,33	1296,58
	II	**2037,00**	443,83	443,83	II	1890,25	1743,41	1596,66	1449,83	1303,08	1158,16
	III	**1491,50**	443,83	443,83	III	1369,83	1251,16	1135,66	1023,00	913,50	807,00
	V	**2659,91**	443,83	443,83	IV	2103,91	2030,50	1957,08	1883,66	1810,33	1736,91
	VI	**2703,16**	443,83	443,83							

*   Zur LSt-Berechnung für privat versicherte Arbeitnehmer s. Beispiele **Vorbemerkung S. 4 f.**
** Basisvorsorgepauschale KV und PV   *** Typisierter Arbeitgeberzuschuss

aT3 allgemeine Lohnsteuer

Lohn/ Gehalt in € bis	Steuerklasse	Lohn-steuer*	BVSP**	TAGZ***	Steuerklasse	Bemessungsgrundlage für Kirchensteuer und Solidaritätszuschlag Freibeträge für ... Kinder					
						0,5	1,0	1,5	2,0	2,5	3,0
8138,99 West	I,IV	2168,25	443,83	443,83	I	2021,50	1874,66	1727,91	1581,08	1434,33	1287,50
	II	2028,00	443,83	443,83	II	1881,16	1734,41	1587,58	1440,83	1294,00	1149,41
	III	1483,83	443,83	443,83	III	1362,33	1244,00	1128,50	1016,16	906,83	800,50
	V	2650,83	443,83	443,83	IV	2094,08	2021,50	1948,08	1874,66	1801,25	1727,91
	VI	2694,08	443,83	443,83							
8138,99 Ost	I,IV	2178,58	443,83	443,83	I	2031,75	1885,00	1738,16	1591,41	1444,58	1297,83
	II	2038,25	443,83	443,83	II	1891,50	1744,66	1597,91	1451,08	1304,33	1159,41
	III	1492,50	443,83	443,83	III	1370,83	1252,16	1136,50	1024,00	914,33	807,83
	V	2661,16	443,83	443,83	IV	2105,16	2031,75	1958,33	1885,00	1811,58	1738,16
	VI	2704,41	443,83	443,83							
8141,99 West	I,IV	2169,50	443,83	443,83	I	2022,75	1875,91	1729,16	1582,33	1435,58	1288,75
	II	2029,25	443,83	443,83	II	1882,41	1735,66	1588,83	1442,08	1295,25	1150,66
	III	1485,00	443,83	443,83	III	1363,50	1245,00	1129,50	1017,16	907,83	801,33
	V	2652,08	443,83	443,83	IV	2096,08	2022,75	1949,33	1875,91	1802,50	1729,16
	VI	2695,41	443,83	443,83							
8141,99 Ost	I,IV	2179,83	443,83	443,83	I	2033,00	1886,25	1739,41	1592,66	1445,83	1299,08
	II	2039,50	443,83	443,83	II	1892,75	1745,91	1599,16	1452,33	1305,58	1160,58
	III	1493,50	443,83	443,83	III	1371,83	1253,16	1137,50	1025,00	915,33	808,83
	V	2662,41	443,83	443,83	IV	2106,41	2033,00	1959,58	1886,25	1812,83	1739,41
	VI	2705,66	443,83	443,83							
8144,99 West	I,IV	2170,75	443,83	443,83	I	2024,00	1877,16	1730,41	1583,58	1436,83	1290,00
	II	2030,50	443,83	443,83	II	1883,66	1736,91	1590,16	1443,33	1296,58	1151,91
	III	1486,00	443,83	443,83	III	1364,50	1246,00	1130,50	1018,16	908,66	802,33
	V	2653,41	443,83	443,83	IV	2097,41	2024,00	1950,58	1877,16	1803,83	1730,41
	VI	2696,66	443,83	443,83							
8144,99 Ost	I,IV	2181,08	443,83	443,83	I	2034,25	1887,50	1740,66	1593,91	1447,08	1300,33
	II	2040,75	443,83	443,83	II	1894,00	1747,16	1600,41	1453,66	1306,83	1161,83
	III	1494,66	443,83	443,83	III	1372,83	1254,16	1138,50	1025,83	916,33	809,66
	V	2663,66	443,83	443,83	IV	2107,66	2034,25	1960,91	1887,50	1814,08	1740,66
	VI	2706,91	443,83	443,83							
8147,99 West	I,IV	2172,00	443,83	443,83	I	2025,25	1878,41	1731,66	1584,91	1438,00	1291,33
	II	2031,75	443,83	443,83	II	1885,00	1738,16	1591,41	1444,58	1297,83	1153,08
	III	1487,00	443,83	443,83	III	1365,50	1247,00	1131,50	1019,00	909,66	803,16
	V	2654,66	443,83	443,83	IV	2098,66	2025,25	1951,83	1878,41	1805,00	1731,66
	VI	2697,91	443,83	443,83							
8147,99 Ost	I,IV	2182,33	443,83	443,83	I	2035,50	1888,75	1741,91	1595,16	1448,41	1301,58
	II	2042,08	443,83	443,83	II	1895,25	1748,50	1601,66	1454,91	1308,00	1163,00
	III	1495,66	443,83	443,83	III	1374,00	1255,16	1139,50	1026,83	917,16	810,50
	V	2664,91	443,83	443,83	IV	2108,91	2035,50	1962,16	1888,75	1815,33	1741,91
	VI	2708,16	443,83	443,83							
8150,99 West	I,IV	2173,33	443,83	443,83	I	2026,50	1879,75	1732,91	1586,16	1439,33	1292,58
	II	2033,00	443,83	443,83	II	1886,25	1739,41	1592,66	1445,83	1299,08	1154,33
	III	1488,16	443,83	443,83	III	1366,50	1248,00	1132,50	1020,00	910,50	804,16
	V	2655,91	443,83	443,83	IV	2099,91	2026,50	1953,08	1879,75	1806,33	1732,91
	VI	2699,16	443,83	443,83							
8150,99 Ost	I,IV	2183,58	443,83	443,83	I	2036,83	1890,00	1743,25	1596,41	1449,66	1302,83
	II	2043,33	443,83	443,83	II	1896,50	1749,75	1602,91	1456,16	1309,33	1164,25
	III	1496,66	443,83	443,83	III	1375,00	1256,16	1140,50	1027,83	918,16	811,50
	V	2666,16	443,83	443,83	IV	2110,16	2036,83	1963,41	1890,00	1816,58	1743,25
	VI	2709,41	443,83	443,83							
8153,99 West	I,IV	2174,58	443,83	443,83	I	2027,75	1881,00	1734,16	1587,41	1440,58	1293,83
	II	2034,25	443,83	443,83	II	1887,50	1740,66	1593,91	1447,08	1300,33	1155,50
	III	1489,16	443,83	443,83	III	1367,50	1249,00	1133,50	1021,00	911,50	805,00
	V	2657,16	443,83	443,83	IV	2101,16	2027,75	1954,33	1881,00	1807,58	1734,16
	VI	2700,41	443,83	443,83							
8153,99 Ost	I,IV	2184,83	443,83	443,83	I	2038,08	1891,25	1744,50	1597,66	1450,91	1304,08
	II	2044,58	443,83	443,83	II	1897,75	1751,00	1604,16	1457,41	1310,58	1165,50
	III	1497,83	443,83	443,83	III	1376,00	1257,16	1141,50	1028,66	919,00	812,33
	V	2667,41	443,83	443,83	IV	2111,41	2038,08	1964,66	1891,25	1817,83	1744,50
	VI	2710,75	443,83	443,83							

* Zur LSt-Berechnung für privat versicherte Arbeitnehmer s. Beispiele **Vorbemerkung S. 4f.**
** Basisvorsorgepauschale KV und PV *** Typisierter Arbeitgeberzuschuss

Monat gültig ab 1. 1. 2022 (idF des StEntlG 2022) — aT3

Lohn/Gehalt in € bis	Steuerklasse	Lohnsteuer*	BVSP**	TAGZ***	Steuerklasse	Bemessungsgrundlage für Kirchensteuer und Solidaritätszuschlag — Freibeträge für ... Kinder					
						0,5	1,0	1,5	2,0	2,5	3,0
8156,99 West	I,IV	2175,83	443,83	443,83	I	2029,00	1882,25	1735,41	1588,66	1441,83	1295,08
	II	2035,50	443,83	443,83	II	1888,75	1741,91	1595,16	1448,41	1301,58	1156,75
	III	1490,16	443,83	443,83	III	1368,66	1250,00	1134,50	1021,83	912,33	805,83
	V	2658,41	443,83	443,83	IV	2102,41	2029,00	1955,66	1882,25	1808,83	1735,41
	VI	2701,66	443,83	443,83							
8156,99 Ost	I,IV	2186,08	443,83	443,83	I	2039,33	1892,50	1745,75	1598,91	1452,16	1305,33
	II	2045,83	443,83	443,83	II	1899,00	1752,25	1605,41	1458,66	1311,91	1166,66
	III	1498,83	443,83	443,83	III	1377,00	1258,16	1142,50	1029,66	920,00	813,33
	V	2668,75	443,83	443,83	IV	2112,75	2039,33	1965,91	1892,50	1819,16	1745,75
	VI	2712,00	443,83	443,83							
8159,99 West	I,IV	2177,08	443,83	443,83	I	2030,25	1883,50	1736,66	1589,91	1443,16	1296,33
	II	2036,83	443,83	443,83	II	1890,00	1743,25	1596,41	1449,66	1302,83	1158,00
	III	1491,33	443,83	443,83	III	1369,66	1251,00	1135,50	1022,83	913,33	806,83
	V	2659,66	443,83	443,83	IV	2103,66	2030,25	1956,91	1883,50	1810,08	1736,66
	VI	2702,91	443,83	443,83							
8159,99 Ost	I,IV	2187,33	443,83	443,83	I	2040,58	1893,75	1747,00	1600,16	1453,41	1306,66
	II	2047,08	443,83	443,83	II	1900,33	1753,50	1606,75	1459,91	1313,16	1167,91
	III	1499,83	443,83	443,83	III	1378,00	1259,16	1143,50	1030,66	920,83	814,16
	V	2670,00	443,83	443,83	IV	2114,00	2040,58	1967,16	1893,75	1820,41	1747,00
	VI	2713,25	443,83	443,83							
8162,99 West	I,IV	2178,33	443,83	443,83	I	2031,58	1884,75	1738,00	1591,16	1444,41	1297,58
	II	2038,08	443,83	443,83	II	1891,25	1744,50	1597,66	1450,91	1304,08	1159,16
	III	1492,33	443,83	443,83	III	1370,66	1252,00	1136,33	1023,83	914,33	807,66
	V	2660,91	443,83	443,83	IV	2104,91	2031,58	1958,16	1884,75	1811,33	1738,00
	VI	2704,16	443,83	443,83							
8162,99 Ost	I,IV	2188,66	443,83	443,83	I	2041,83	1895,08	1748,25	1601,50	1454,66	1307,91
	II	2048,33	443,83	443,83	II	1901,58	1754,75	1608,00	1461,16	1314,41	1169,16
	III	1501,00	443,83	443,83	III	1379,16	1260,16	1144,33	1031,66	921,83	815,16
	V	2671,25	443,83	443,83	IV	2115,25	2041,83	1968,41	1895,08	1821,66	1748,25
	VI	2714,50	443,83	443,83							
8165,99 West	I,IV	2179,58	443,83	443,83	I	2032,83	1886,00	1739,25	1592,41	1445,66	1298,83
	II	2039,33	443,83	443,83	II	1892,50	1745,75	1598,91	1452,16	1305,33	1160,41
	III	1493,33	443,83	443,83	III	1371,66	1253,00	1137,33	1024,83	915,16	808,66
	V	2662,16	443,83	443,83	IV	2106,16	2032,83	1959,41	1886,00	1812,58	1739,25
	VI	2705,50	443,83	443,83							
8165,99 Ost	I,IV	2189,91	443,83	443,83	I	2043,08	1896,33	1749,50	1602,75	1455,91	1309,16
	II	2049,58	443,83	443,83	II	1902,83	1756,00	1609,25	1462,41	1315,66	1170,41
	III	1502,00	443,83	443,83	III	1380,16	1261,16	1145,33	1032,50	922,83	816,00
	V	2672,50	443,83	443,83	IV	2116,50	2043,08	1969,66	1896,33	1822,91	1749,50
	VI	2715,75	443,83	443,83							
8168,99 West	I,IV	2180,83	443,83	443,83	I	2034,08	1887,25	1740,50	1593,66	1446,91	1300,08
	II	2040,58	443,83	443,83	II	1893,75	1747,00	1600,16	1453,41	1306,66	1161,58
	III	1494,50	443,83	443,83	III	1372,66	1254,00	1138,33	1025,66	916,16	809,50
	V	2663,50	443,83	443,83	IV	2107,50	2034,08	1960,66	1887,25	1813,91	1740,50
	VI	2706,75	443,83	443,83							
8168,99 Ost	I,IV	2191,16	443,83	443,83	I	2044,33	1897,58	1750,75	1604,00	1457,16	1310,41
	II	2050,83	443,83	443,83	II	1904,08	1757,25	1610,50	1463,66	1316,91	1171,58
	III	1503,16	443,83	443,83	III	1381,16	1262,33	1146,33	1033,50	923,66	816,83
	V	2673,75	443,83	443,83	IV	2117,75	2044,33	1971,00	1897,58	1824,16	1750,75
	VI	2717,00	443,83	443,83							
8171,99 West	I,IV	2182,08	443,83	443,83	I	2035,33	1888,50	1741,75	1594,91	1448,16	1301,41
	II	2041,83	443,83	443,83	II	1895,08	1748,25	1601,50	1454,66	1307,91	1162,83
	III	1495,50	443,83	443,83	III	1373,58	1255,00	1139,33	1026,66	917,00	810,50
	V	2664,75	443,83	443,83	IV	2108,75	2035,33	1961,91	1888,50	1815,16	1741,75
	VI	2708,00	443,83	443,83							
8171,99 Ost	I,IV	2192,41	443,83	443,83	I	2045,58	1898,83	1752,00	1605,25	1458,41	1311,66
	II	2052,16	443,83	443,83	II	1905,33	1758,50	1611,75	1465,00	1318,16	1172,83
	III	1504,16	443,83	443,83	III	1382,16	1263,33	1147,33	1034,50	924,66	817,83
	V	2675,00	443,83	443,83	IV	2119,00	2045,58	1972,25	1898,83	1825,41	1752,00
	VI	2718,25	443,83	443,83							

* Zur LSt-Berechnung für privat versicherte Arbeitnehmer s. Beispiele **Vorbemerkung S. 4f.**
** Basisvorsorgepauschale KV und PV *** Typisierter Arbeitgeberzuschuss

aT3 allgemeine Lohnsteuer

Lohn/Gehalt in € bis	Steuerklasse	Lohnsteuer*	BVSP**	TAGZ***	Steuerklasse	Bemessungsgrundlage für Kirchensteuer und Solidaritätszuschlag — Freibeträge für ... Kinder					
						0,5	1,0	1,5	2,0	2,5	3,0
8174,99 West	I,IV	**2183,41**	443,83	443,83	I	2036,58	1889,83	1743,00	1596,25	1449,41	1302,66
	II	**2043,08**	443,83	443,83	II	1896,33	1749,50	1602,75	1455,91	1309,16	1164,08
	III	**1496,50**	443,83	443,83	III	1374,83	1256,00	1140,33	1027,66	918,00	811,33
	V	**2666,00**	443,83	443,83	IV	2110,00	2036,58	1963,16	1889,83	1816,41	1743,00
	VI	**2709,25**	443,83	443,83							
8174,99 Ost	I,IV	**2193,66**	443,83	443,83	I	2046,91	1900,08	1753,33	1606,50	1459,75	1312,91
	II	**2053,41**	443,83	443,83	II	1906,58	1759,83	1613,00	1466,25	1319,41	1174,08
	III	**1505,16**	443,83	443,83	III	1383,16	1264,33	1148,33	1035,50	925,50	818,66
	V	**2676,25**	443,83	443,83	IV	2120,25	2046,91	1973,50	1900,08	1826,66	1753,33
	VI	**2719,50**	443,83	443,83							
8177,99 West	I,IV	**2184,66**	443,83	443,83	I	2037,83	1891,08	1744,25	1597,50	1450,66	1303,91
	II	**2044,33**	443,83	443,83	II	1897,58	1750,75	1604,00	1457,16	1310,41	1165,25
	III	**1497,66**	443,83	443,83	III	1375,83	1257,00	1141,33	1028,66	918,83	812,16
	V	**2667,25**	443,83	443,83	IV	2111,25	2037,83	1964,41	1891,08	1817,66	1744,25
	VI	**2710,50**	443,83	443,83							
8177,99 Ost	I,IV	**2194,91**	443,83	443,83	I	2048,16	1901,33	1754,58	1607,75	1461,00	1314,16
	II	**2054,66**	443,83	443,83	II	1907,83	1761,08	1614,25	1467,50	1320,66	1175,25
	III	**1506,33**	443,83	443,83	III	1384,33	1265,33	1149,33	1036,33	926,50	819,66
	V	**2677,50**	443,83	443,83	IV	2121,50	2048,16	1974,75	1901,33	1827,91	1754,58
	VI	**2720,83**	443,83	443,83							
8180,99 West	I,IV	**2185,91**	443,83	443,83	I	2039,08	1892,33	1745,50	1598,75	1451,91	1305,16
	II	**2045,58**	443,83	443,83	II	1898,83	1752,00	1605,25	1458,41	1311,66	1166,50
	III	**1498,66**	443,83	443,83	III	1376,83	1258,00	1142,33	1029,50	919,83	813,16
	V	**2668,50**	443,83	443,83	IV	2112,50	2039,08	1965,75	1892,33	1818,91	1745,50
	VI	**2711,75**	443,83	443,83							
8180,99 Ost	I,IV	**2196,16**	443,83	443,83	I	2049,41	1902,58	1755,83	1609,00	1462,25	1315,41
	II	**2055,91**	443,83	443,83	II	1909,08	1762,33	1615,50	1468,75	1321,91	1176,50
	III	**1507,33**	443,83	443,83	III	1385,33	1266,33	1150,33	1037,33	927,33	820,50
	V	**2678,83**	443,83	443,83	IV	2122,75	2049,41	1976,00	1902,58	1829,25	1755,83
	VI	**2722,08**	443,83	443,83							
8183,99 West	I,IV	**2187,16**	443,83	443,83	I	2040,33	1893,58	1746,75	1600,00	1453,16	1306,41
	II	**2046,91**	443,83	443,83	II	1900,08	1753,33	1606,50	1459,75	1312,91	1167,75
	III	**1499,66**	443,83	443,83	III	1377,83	1259,00	1143,33	1030,50	920,83	814,00
	V	**2669,75**	443,83	443,83	IV	2113,75	2040,33	1967,00	1893,58	1820,16	1746,75
	VI	**2713,00**	443,83	443,83							
8183,99 Ost	I,IV	**2197,41**	443,83	443,83	I	2050,66	1903,83	1757,08	1610,25	1463,50	1316,66
	II	**2057,16**	443,83	443,83	II	1910,41	1763,58	1616,83	1470,00	1323,25	1177,75
	III	**1508,33**	443,83	443,83	III	1386,33	1267,33	1151,33	1038,33	928,33	821,33
	V	**2680,08**	443,83	443,83	IV	2124,08	2050,66	1977,25	1903,83	1830,50	1757,08
	VI	**2723,33**	443,83	443,83							
8186,99 West	I,IV	**2188,41**	443,83	443,83	I	2041,66	1894,83	1748,08	1601,25	1454,50	1307,66
	II	**2048,16**	443,83	443,83	II	1901,33	1754,58	1607,75	1461,00	1314,16	1168,91
	III	**1500,83**	443,83	443,83	III	1379,00	1260,00	1144,33	1031,50	921,66	815,00
	V	**2671,00**	443,83	443,83	IV	2115,00	2041,66	1968,25	1894,83	1821,41	1748,00
	VI	**2714,25**	443,83	443,83							
8186,99 Ost	I,IV	**2198,66**	443,83	443,83	I	2051,91	1905,16	1758,33	1611,58	1464,75	1318,00
	II	**2058,41**	443,83	443,83	II	1911,66	1764,83	1618,08	1471,25	1324,50	1178,91
	III	**1509,50**	443,83	443,83	III	1387,33	1268,33	1152,33	1039,33	929,33	822,33
	V	**2681,33**	443,83	443,83	IV	2125,33	2051,91	1978,50	1905,16	1831,75	1758,33
	VI	**2724,58**	443,83	443,83							
8189,99 West	I,IV	**2189,66**	443,83	443,83	I	2042,91	1896,08	1749,33	1602,50	1455,75	1308,91
	II	**2049,41**	443,83	443,83	II	1902,58	1755,83	1609,00	1462,25	1315,41	1170,16
	III	**1501,83**	443,83	443,83	III	1380,00	1261,00	1145,16	1032,33	922,66	815,83
	V	**2672,25**	443,83	443,83	IV	2116,25	2042,91	1969,50	1896,08	1822,66	1749,33
	VI	**2715,58**	443,83	443,83							
8189,99 Ost	I,IV	**2200,00**	443,83	443,83	I	2053,16	1906,41	1759,58	1612,83	1466,00	1319,25
	II	**2059,66**	443,83	443,83	II	1912,91	1766,08	1619,33	1472,50	1325,75	1180,16
	III	**1510,50**	443,83	443,83	III	1388,33	1269,33	1153,33	1040,16	930,16	823,16
	V	**2682,58**	443,83	443,83	IV	2126,58	2053,16	1979,33	1906,41	1833,00	1759,58
	VI	**2725,83**	443,83	443,83							

* Zur LSt-Berechnung für privat versicherte Arbeitnehmer s. Beispiele **Vorbemerkung S. 4 f.**
** Basisvorsorgepauschale KV und PV *** Typisierter Arbeitgeberzuschuss

Monat gültig ab 1. 1. 2022 (idF des StEntlG 2022) aT3

Lohn/Gehalt in € bis	Steuerklasse	Lohnsteuer*	BVSP**	TAGZ***	Steuerklasse	Bemessungsgrundlage für Kirchensteuer und Solidaritätszuschlag — Freibeträge für ... Kinder					
						0,5	1,0	1,5	2,0	2,5	3,0
8192,99 West	I,IV	**2190,91**	443,83	443,83	I	2044,16	1897,33	1750,58	1603,75	1457,00	1310,16
	II	**2050,66**	443,83	443,83	II	1903,83	1757,08	1610,25	1463,50	1316,66	1171,41
	III	**1502,83**	443,83	443,83	III	1381,00	1262,16	1146,16	1033,33	923,50	816,66
	V	**2673,58**	443,83	443,83	IV	2117,50	2044,16	1970,75	1897,33	1824,00	1750,58
	VI	**2716,83**	443,83	443,83							
8192,99 Ost	I,IV	**2201,25**	443,83	443,83	I	2054,41	1907,66	1760,83	1614,08	1467,25	1320,50
	II	**2060,91**	443,83	443,83	II	1914,16	1767,33	1620,58	1473,75	1327,00	1181,41
	III	**1511,50**	443,83	443,83	III	1389,50	1270,33	1154,16	1041,16	931,16	824,16
	V	**2683,83**	443,83	443,83	IV	2127,83	2054,41	1981,00	1907,66	1834,25	1760,83
	VI	**2727,08**	443,83	443,83							
8195,99 West	I,IV	**2192,16**	443,83	443,83	I	2045,41	1898,58	1751,83	1605,00	1458,25	1311,41
	II	**2051,91**	443,83	443,83	II	1905,16	1758,33	1611,58	1464,75	1318,00	1172,58
	III	**1504,00**	443,83	443,83	III	1382,00	1263,16	1147,16	1034,33	924,50	817,66
	V	**2674,83**	443,83	443,83	IV	2118,83	2045,41	1972,00	1898,58	1825,25	1751,83
	VI	**2718,08**	443,83	443,83							
8195,99 Ost	I,IV	**2202,50**	443,83	443,83	I	2055,66	1908,91	1762,08	1615,33	1468,50	1321,75
	II	**2062,16**	443,83	443,83	II	1915,41	1768,66	1621,83	1475,08	1328,25	1182,66
	III	**1512,66**	443,83	443,83	III	1390,50	1271,33	1155,16	1042,16	932,00	825,00
	V	**2685,08**	443,83	443,83	IV	2129,08	2055,66	1982,33	1908,91	1835,50	1762,08
	VI	**2728,33**	443,83	443,83							
8198,99 West	I,IV	**2193,41**	443,83	443,83	I	2046,66	1899,91	1753,08	1606,33	1459,50	1312,75
	II	**2053,16**	443,83	443,83	II	1906,41	1759,58	1612,83	1466,00	1319,25	1173,83
	III	**1505,00**	443,83	443,83	III	1383,00	1264,16	1148,16	1035,33	925,33	818,50
	V	**2676,08**	443,83	443,83	IV	2120,08	2046,66	1973,25	1899,91	1826,50	1753,08
	VI	**2719,33**	443,83	443,83							
8198,99 Ost	I,IV	**2203,75**	443,83	443,83	I	2056,91	1910,16	1763,41	1616,58	1469,83	1323,00
	II	**2063,50**	443,83	443,83	II	1916,66	1769,91	1623,08	1476,33	1329,50	1183,83
	III	**1513,66**	443,83	443,83	III	1391,50	1272,33	1156,16	1043,16	933,00	826,00
	V	**2686,33**	443,83	443,83	IV	2130,33	2056,91	1983,58	1910,16	1836,75	1763,41
	VI	**2729,58**	443,83	443,83							
8201,99 West	I,IV	**2194,75**	443,83	443,83	I	2047,91	1901,16	1754,33	1607,58	1460,75	1314,00
	II	**2054,41**	443,83	443,83	II	1907,66	1760,83	1614,08	1467,25	1320,50	1175,08
	III	**1506,16**	443,83	443,83	III	1384,16	1265,16	1149,16	1036,16	926,33	819,50
	V	**2677,33**	443,83	443,83	IV	2121,33	2047,91	1974,50	1901,16	1827,75	1754,33
	VI	**2720,58**	443,83	443,83							
8201,99 Ost	I,IV	**2205,00**	443,83	443,83	I	2058,25	1911,41	1764,66	1617,83	1471,08	1324,25
	II	**2064,75**	443,83	443,83	II	1917,91	1771,16	1624,33	1477,58	1330,75	1185,08
	III	**1514,83**	443,83	443,83	III	1392,50	1273,33	1157,16	1044,00	934,00	826,83
	V	**2687,58**	443,83	443,83	IV	2131,58	2058,25	1984,83	1911,41	1838,00	1764,66
	VI	**2730,83**	443,83	443,83							
8204,99 West	I,IV	**2196,00**	443,83	443,83	I	2049,16	1902,41	1755,58	1608,83	1462,00	1315,25
	II	**2055,66**	443,83	443,83	II	1908,91	1762,08	1615,33	1468,50	1321,75	1176,33
	III	**1507,16**	443,83	443,83	III	1385,16	1266,16	1150,16	1037,16	927,33	820,33
	V	**2678,58**	443,83	443,83	IV	2122,58	2049,16	1975,75	1902,41	1829,00	1755,58
	VI	**2721,83**	443,83	443,83							
8204,99 Ost	I,IV	**2206,25**	443,83	443,83	I	2059,50	1912,66	1765,91	1619,08	1472,33	1325,50
	II	**2066,00**	443,83	443,83	II	1919,16	1772,41	1625,58	1478,83	1332,00	1186,33
	III	**1515,83**	443,83	443,83	III	1393,50	1274,33	1158,16	1045,00	934,83	827,83
	V	**2688,83**	443,83	443,83	IV	2132,83	2059,50	1986,08	1912,66	1839,25	1765,91
	VI	**2732,16**	443,83	443,83							
8207,99 West	I,IV	**2197,25**	443,83	443,83	I	2050,41	1903,66	1756,83	1610,08	1463,25	1316,50
	II	**2056,91**	443,83	443,83	II	1910,16	1763,41	1616,58	1469,83	1323,00	1177,50
	III	**1508,16**	443,83	443,83	III	1386,16	1267,16	1151,16	1038,16	928,16	821,33
	V	**2679,83**	443,83	443,83	IV	2123,83	2050,41	1977,08	1903,66	1830,25	1756,83
	VI	**2723,08**	443,83	443,83							
8207,99 Ost	I,IV	**2207,50**	443,83	443,83	I	2060,75	1913,91	1767,16	1620,33	1473,58	1326,75
	II	**2067,25**	443,83	443,83	II	1920,41	1773,66	1626,91	1480,08	1333,33	1187,58
	III	**1516,83**	443,83	443,83	III	1394,66	1275,33	1159,16	1046,00	935,83	828,66
	V	**2690,16**	443,83	443,83	IV	2134,16	2060,75	1987,33	1913,91	1840,58	1767,16
	VI	**2733,41**	443,83	443,83							

* Zur LSt-Berechnung für privat versicherte Arbeitnehmer s. Beispiele **Vorbemerkung S. 4f.**
** Basisvorsorgepauschale KV und PV   *** Typisierter Arbeitgeberzuschuss

aT3 allgemeine Lohnsteuer

Lohn/Gehalt in € bis	Steuerklasse	Lohn-steuer*	BVSP**	TAGZ***	Steuerklasse	Bemessungsgrundlage für Kirchensteuer und Solidaritätszuschlag Freibeträge für ... Kinder					
						0,5	1,0	1,5	2,0	2,5	3,0
8210,99 West	I,IV	2198,50	443,83	443,83	I	2051,66	1904,91	1758,16	1611,33	1464,58	1317,75
	II	2058,25	443,83	443,83	II	1911,41	1764,66	1617,83	1471,08	1324,25	1178,75
	III	1509,33	443,83	443,83	III	1387,16	1268,16	1152,16	1039,16	929,16	822,16
	V	2681,08	443,83	443,83	IV	2125,08	2051,66	1978,33	1904,91	1831,50	1758,16
	VI	2724,33	443,83	443,83							
8210,99 Ost	I,IV	2208,75	443,83	443,83	I	2062,00	1915,16	1768,41	1621,66	1474,83	1328,08
	II	2068,50	443,83	443,83	II	1921,75	1774,91	1628,16	1481,33	1334,58	1188,75
	III	1518,00	443,83	443,83	III	1395,66	1276,33	1160,16	1047,00	936,66	829,50
	V	2691,41	443,83	443,83	IV	2135,41	2062,00	1988,58	1915,16	1841,83	1768,41
	VI	2734,66	443,83	443,83							
8213,99 West	I,IV	2199,75	443,83	443,83	I	2053,00	1906,16	1759,41	1612,58	1465,83	1319,00
	II	2059,50	443,83	443,83	II	1912,66	1765,91	1619,08	1472,33	1325,50	1180,00
	III	1510,33	443,83	443,83	III	1388,16	1269,16	1153,16	1040,00	930,00	823,00
	V	2682,33	443,83	443,83	IV	2126,33	2053,00	1979,58	1906,16	1832,75	1759,41
	VI	2725,58	443,83	443,83							
8213,99 Ost	I,IV	2210,08	443,83	443,83	I	2063,25	1916,50	1769,66	1622,91	1476,08	1329,33
	II	2069,75	443,83	443,83	II	1923,00	1776,16	1629,41	1482,58	1335,83	1190,00
	III	1519,00	443,83	443,83	III	1396,66	1277,33	1161,16	1047,83	937,66	830,50
	V	2692,66	443,83	443,83	IV	2136,66	2063,25	1989,83	1916,50	1843,08	1769,66
	VI	2735,91	443,83	443,83							
8216,99 West	I,IV	2201,00	443,83	443,83	I	2054,25	1907,41	1760,66	1613,83	1467,08	1320,25
	II	2060,75	443,83	443,83	II	1913,91	1767,16	1620,33	1473,58	1326,75	1181,16
	III	1511,33	443,83	443,83	III	1389,33	1270,16	1154,00	1041,00	931,00	824,00
	V	2683,58	443,83	443,83	IV	2127,58	2054,25	1980,83	1907,41	1834,00	1760,66
	VI	2726,91	443,83	443,83							
8216,99 Ost	I,IV	2211,33	443,83	443,83	I	2064,50	1917,75	1770,91	1624,16	1477,33	1330,58
	II	2071,00	443,83	443,83	II	1924,25	1777,41	1630,66	1483,83	1337,08	1191,25
	III	1520,00	443,83	443,83	III	1397,66	1278,33	1162,16	1048,83	938,66	831,33
	V	2693,91	443,83	443,83	IV	2137,91	2064,50	1991,08	1917,75	1844,33	1770,91
	VI	2737,16	443,83	443,83							
8219,99 West	I,IV	2202,25	443,83	443,83	I	2055,50	1908,66	1761,91	1615,08	1468,33	1321,50
	II	2062,00	443,83	443,83	II	1915,16	1768,41	1621,66	1474,83	1328,08	1182,41
	III	1512,50	443,83	443,83	III	1390,33	1271,16	1155,00	1042,00	931,83	824,83
	V	2684,91	443,83	443,83	IV	2128,91	2055,50	1982,08	1908,66	1835,33	1761,91
	VI	2728,16	443,83	443,83							
8219,99 Ost	I,IV	2212,58	443,83	443,83	I	2065,75	1919,00	1772,16	1625,41	1478,58	1331,83
	II	2072,25	443,83	443,83	II	1925,50	1778,66	1631,91	1485,16	1338,33	1192,50
	III	1521,16	443,83	443,83	III	1398,83	1279,33	1163,16	1049,83	939,50	832,33
	V	2695,16	443,83	443,83	IV	2139,16	2065,75	1992,41	1919,00	1845,66	1772,16
	VI	2738,41	443,83	443,83							
8222,99 West	I,IV	2203,50	443,83	443,83	I	2056,75	1909,91	1763,16	1616,41	1469,58	1322,83
	II	2063,25	443,83	443,83	II	1916,50	1769,66	1622,91	1476,08	1329,33	1183,66
	III	1513,50	443,83	443,83	III	1391,33	1272,16	1156,00	1043,00	932,83	825,83
	V	2686,16	443,83	443,83	IV	2130,16	2056,75	1983,33	1909,91	1836,58	1763,16
	VI	2729,41	443,83	443,83							
8222,99 Ost	I,IV	2213,83	443,83	443,83	I	2067,00	1920,25	1773,41	1626,66	1479,91	1333,08
	II	2073,58	443,83	443,83	II	1926,75	1780,00	1633,16	1486,41	1339,58	1193,66
	III	1522,16	443,83	443,83	III	1399,83	1280,50	1164,00	1050,83	940,50	833,16
	V	2696,41	443,83	443,83	IV	2140,41	2067,00	1993,66	1920,25	1846,83	1773,41
	VI	2739,66	443,83	443,83							
8225,99 West	I,IV	2204,83	443,83	443,83	I	2058,00	1911,25	1764,41	1617,66	1470,83	1324,08
	II	2064,50	443,83	443,83	II	1917,75	1770,91	1624,16	1477,33	1330,58	1184,91
	III	1514,50	443,83	443,83	III	1392,33	1273,16	1157,00	1043,83	933,83	826,66
	V	2687,41	443,83	443,83	IV	2131,41	2058,00	1984,58	1911,25	1837,83	1764,41
	VI	2730,66	443,83	443,83							
8225,99 Ost	I,IV	2215,08	443,83	443,83	I	2068,33	1921,50	1774,75	1627,91	1481,16	1334,33
	II	2074,83	443,83	443,83	II	1928,00	1781,25	1634,41	1487,66	1340,83	1194,91
	III	1523,33	443,83	443,83	III	1400,83	1281,50	1165,00	1051,66	941,33	834,16
	V	2697,66	443,83	443,83	IV	2141,66	2068,33	1994,91	1921,50	1848,08	1774,75
	VI	2740,91	443,83	443,83							

* Zur LSt-Berechnung für privat versicherte Arbeitnehmer s. Beispiele **Vorbemerkung S. 4 f.**
** Basisvorsorgepauschale KV und PV   *** Typisierter Arbeitgeberzuschuss

Monat gültig ab 1. 1. 2022 (idF des StEntlG 2022) **aT3**

Lohn/Gehalt in € bis	Steuerklasse	Lohnsteuer*	BVSP**	TAGZ***	Steuerklasse	Bemessungsgrundlage für Kirchensteuer und Solidaritätszuschlag Freibeträge für ... Kinder					
						0,5	1,0	1,5	2,0	2,5	3,0
8 228,99 West	I,IV	**2 206,08**	443,83	443,83	I	2 059,25	1 912,50	1 765,66	1 618,91	1 472,08	1 325,33
	II	**2 065,75**	443,83	443,83	II	1 919,00	1 772,16	1 625,41	1 478,58	1 331,83	1 186,08
	III	**1 515,66**	443,83	443,83	III	1 393,33	1 274,16	1 158,00	1 044,83	934,66	827,66
	V	**2 688,66**	443,83	443,83	IV	2 132,66	2 059,25	1 985,83	1 912,50	1 839,08	1 765,66
	VI	**2 731,91**	443,83	443,83							
8 228,99 Ost	I,IV	**2 216,33**	443,83	443,83	I	2 069,58	1 922,75	1 776,00	1 629,16	1 482,41	1 335,58
	II	**2 076,08**	443,83	443,83	II	1 929,25	1 782,50	1 635,66	1 488,91	1 342,08	1 196,16
	III	**1 524,33**	443,83	443,83	III	1 401,83	1 282,50	1 166,00	1 052,66	942,33	835,00
	V	**2 698,91**	443,83	443,83	IV	2 142,91	2 069,58	1 996,16	1 922,75	1 849,33	1 776,00
	VI	**2 742,25**	443,83	443,83							
8 231,99 West	I,IV	**2 207,33**	443,83	443,83	I	2 060,50	1 913,75	1 766,91	1 620,16	1 473,33	1 326,58
	II	**2 067,00**	443,83	443,83	II	1 920,25	1 773,41	1 626,66	1 479,91	1 333,08	1 187,33
	III	**1 516,66**	443,83	443,83	III	1 394,50	1 275,16	1 159,00	1 045,83	935,66	828,50
	V	**2 689,91**	443,83	443,83	IV	2 133,91	2 060,50	1 987,16	1 913,75	1 840,33	1 766,91
	VI	**2 733,16**	443,83	443,83							
8 231,99 Ost	I,IV	**2 217,58**	443,83	443,83	I	2 070,83	1 924,00	1 777,25	1 630,41	1 483,66	1 336,83
	II	**2 077,33**	443,83	443,83	II	1 930,50	1 783,75	1 636,91	1 490,16	1 343,41	1 197,41
	III	**1 525,33**	443,83	443,83	III	1 402,83	1 283,50	1 167,00	1 053,66	943,33	836,00
	V	**2 700,25**	443,83	443,83	IV	2 144,25	2 070,83	1 997,41	1 924,00	1 850,66	1 777,25
	VI	**2 743,50**	443,83	443,83							
8 234,99 West	I,IV	**2 208,58**	443,83	443,83	I	2 061,75	1 915,00	1 768,16	1 621,41	1 474,66	1 327,83
	II	**2 068,33**	443,83	443,83	II	1 921,50	1 774,75	1 627,91	1 481,16	1 334,33	1 188,58
	III	**1 517,83**	443,83	443,83	III	1 395,50	1 276,16	1 160,00	1 046,83	936,50	829,33
	V	**2 691,16**	443,83	443,83	IV	2 135,16	2 061,75	1 988,41	1 915,00	1 841,58	1 768,16
	VI	**2 734,41**	443,83	443,83							
8 234,99 Ost	I,IV	**2 218,83**	443,83	443,83	I	2 072,08	1 925,25	1 778,50	1 631,66	1 484,91	1 338,16
	II	**2 078,58**	443,83	443,83	II	1 931,83	1 785,00	1 638,25	1 491,41	1 344,66	1 198,66
	III	**1 526,50**	443,83	443,83	III	1 404,00	1 284,50	1 168,00	1 054,66	944,16	836,83
	V	**2 701,50**	443,83	443,83	IV	2 145,50	2 072,08	1 998,66	1 925,25	1 851,91	1 778,50
	VI	**2 744,75**	443,83	443,83							
8 237,99 West	I,IV	**2 209,83**	443,83	443,83	I	2 063,08	1 916,25	1 769,50	1 622,66	1 475,91	1 329,08
	II	**2 069,58**	443,83	443,83	II	1 922,75	1 776,00	1 629,16	1 482,41	1 335,58	1 189,83
	III	**1 518,83**	443,83	443,83	III	1 396,50	1 277,16	1 161,00	1 047,66	937,50	830,33
	V	**2 692,41**	443,83	443,83	IV	2 136,41	2 063,08	1 989,66	1 916,25	1 842,83	1 769,50
	VI	**2 735,66**	443,83	443,83							
8 237,99 Ost	I,IV	**2 220,16**	443,83	443,83	I	2 073,33	1 926,58	1 779,75	1 633,00	1 486,16	1 339,41
	II	**2 079,83**	443,83	443,83	II	1 933,08	1 786,25	1 639,50	1 492,66	1 345,91	1 199,83
	III	**1 527,50**	443,83	443,83	III	1 405,00	1 285,50	1 169,00	1 055,50	945,16	837,66
	V	**2 702,75**	443,83	443,83	IV	2 146,75	2 073,33	1 999,91	1 926,58	1 853,16	1 779,75
	VI	**2 746,00**	443,83	443,83							
8 240,99 West	I,IV	**2 211,08**	443,83	443,83	I	2 064,33	1 917,50	1 770,75	1 623,91	1 477,16	1 330,33
	II	**2 070,83**	443,83	443,83	II	1 924,00	1 777,25	1 630,41	1 483,66	1 336,83	1 191,00
	III	**1 519,83**	443,83	443,83	III	1 397,50	1 278,16	1 162,00	1 048,66	938,50	831,16
	V	**2 693,66**	443,83	443,83	IV	2 137,66	2 064,33	1 990,91	1 917,50	1 844,08	1 770,75
	VI	**2 737,00**	443,83	443,83							
8 240,99 Ost	I,IV	**2 221,41**	443,83	443,83	I	2 074,58	1 927,83	1 781,00	1 634,25	1 487,41	1 340,66
	II	**2 081,08**	443,83	443,83	II	1 934,33	1 787,50	1 640,75	1 493,91	1 347,16	1 201,08
	III	**1 528,50**	443,83	443,83	III	1 406,00	1 286,50	1 170,00	1 056,50	946,00	838,66
	V	**2 704,00**	443,83	443,83	IV	2 148,00	2 074,58	2 001,16	1 927,83	1 854,41	1 781,00
	VI	**2 747,25**	443,83	443,83							
8 243,99 West	I,IV	**2 212,33**	443,83	443,83	I	2 065,58	1 918,75	1 772,00	1 625,16	1 478,41	1 331,58
	II	**2 072,08**	443,83	443,83	II	1 925,25	1 778,50	1 631,66	1 484,91	1 338,16	1 192,25
	III	**1 521,00**	443,83	443,83	III	1 398,66	1 279,16	1 163,00	1 049,66	939,33	832,16
	V	**2 695,00**	443,83	443,83	IV	2 139,00	2 065,58	1 992,16	1 918,75	1 845,41	1 772,00
	VI	**2 738,25**	443,83	443,83							
8 243,99 Ost	I,IV	**2 222,66**	443,83	443,83	I	2 075,83	1 929,08	1 782,25	1 635,50	1 488,66	1 341,91
	II	**2 082,33**	443,83	443,83	II	1 935,58	1 788,75	1 642,00	1 495,16	1 348,41	1 202,33
	III	**1 529,66**	443,83	443,83	III	1 407,00	1 287,50	1 171,00	1 057,50	947,00	839,50
	V	**2 705,25**	443,83	443,83	IV	2 149,25	2 075,83	2 002,50	1 929,08	1 855,66	1 782,25
	VI	**2 748,50**	443,83	443,83							

* Zur LSt-Berechnung für privat versicherte Arbeitnehmer s. Beispiele **Vorbemerkung S. 4 f.**
** Basisvorsorgepauschale KV und PV   *** Typisierter Arbeitgeberzuschuss

aT3 allgemeine Lohnsteuer

Lohn/ Gehalt in € bis	Steuerklasse	Lohnsteuer*	BVSP**	TAGZ***	Steuerklasse	Bemessungsgrundlage für Kirchensteuer und Solidaritätszuschlag — Freibeträge für ... Kinder					
						0,5	1,0	1,5	2,0	2,5	3,0
8246,99 West	I,IV	**2213,58**	443,83	443,83	I	2066,83	1920,00	1773,25	1626,41	1479,66	1332,91
	II	**2073,33**	443,83	443,83	II	1926,58	1779,75	1633,00	1486,16	1339,41	1193,50
	III	**1522,00**	443,83	443,83	III	1399,66	1280,33	1163,83	1050,66	940,33	833,00
	V	**2696,25**	443,83	443,83	IV	2140,25	2066,83	1993,41	1920,00	1846,66	1773,25
	VI	**2739,50**	443,83	443,83							
8246,99 Ost	I,IV	**2223,91**	443,83	443,83	I	2077,08	1930,33	1783,50	1636,75	1489,91	1343,16
	II	**2083,66**	443,83	443,83	II	1936,83	1790,00	1643,25	1496,50	1349,66	1203,58
	III	**1530,66**	443,83	443,83	III	1408,16	1288,50	1172,00	1058,50	948,00	840,50
	V	**2706,50**	443,83	443,83	IV	2150,50	2077,08	2003,75	1930,33	1856,91	1783,50
	VI	**2749,75**	443,83	443,83							
8249,99 West	I,IV	**2214,91**	443,83	443,83	I	2068,08	1921,33	1774,50	1627,75	1480,91	1334,16
	II	**2074,58**	443,83	443,83	II	1927,83	1781,00	1634,25	1487,41	1340,66	1194,75
	III	**1523,00**	443,83	443,83	III	1400,66	1281,33	1164,83	1051,50	941,16	834,00
	V	**2697,50**	443,83	443,83	IV	2141,50	2068,08	1994,66	1921,33	1847,91	1774,50
	VI	**2740,75**	443,83	443,83							
8249,99 Ost	I,IV	**2225,16**	443,83	443,83	I	2078,41	1931,58	1784,83	1638,00	1491,25	1344,41
	II	**2084,91**	443,83	443,83	II	1938,08	1791,33	1644,50	1497,75	1350,91	1204,83
	III	**1531,83**	443,83	443,83	III	1409,16	1289,50	1173,00	1059,33	948,83	841,33
	V	**2707,75**	443,83	443,83	IV	2151,75	2078,41	2005,00	1931,58	1858,16	1784,83
	VI	**2751,00**	443,83	443,83							
8252,99 West	I,IV	**2216,16**	443,83	443,83	I	2069,33	1922,58	1775,75	1629,00	1482,16	1335,41
	II	**2075,83**	443,83	443,83	II	1929,08	1782,25	1635,50	1488,66	1341,91	1195,91
	III	**1524,16**	443,83	443,83	III	1401,66	1282,33	1165,83	1052,50	942,16	834,83
	V	**2698,75**	443,83	443,83	IV	2142,75	2069,33	1995,91	1922,58	1849,16	1775,75
	VI	**2742,00**	443,83	443,83							
8252,99 Ost	I,IV	**2226,41**	443,83	443,83	I	2079,66	1932,83	1786,08	1639,25	1492,50	1345,66
	II	**2086,16**	443,83	443,83	II	1939,33	1792,58	1645,75	1499,00	1352,16	1206,00
	III	**1532,83**	443,83	443,83	III	1410,16	1290,50	1174,00	1060,33	949,83	842,33
	V	**2709,00**	443,83	443,83	IV	2153,00	2079,66	2006,25	1932,83	1859,41	1786,08
	VI	**2752,33**	443,83	443,83							
8255,99 West	I,IV	**2217,41**	443,83	443,83	I	2070,58	1923,83	1777,00	1630,25	1483,41	1336,66
	II	**2077,08**	443,83	443,83	II	1930,33	1783,50	1636,75	1489,91	1343,16	1197,16
	III	**1525,16**	443,83	443,83	III	1402,66	1283,33	1166,83	1053,50	943,16	835,83
	V	**2700,00**	443,83	443,83	IV	2144,00	2070,58	1997,25	1923,83	1850,41	1777,00
	VI	**2743,25**	443,83	443,83							
8255,99 Ost	I,IV	**2227,66**	443,83	443,83	I	2080,91	1934,08	1787,33	1640,50	1493,75	1346,91
	II	**2087,41**	443,83	443,83	II	1940,58	1793,83	1647,00	1500,25	1353,41	1207,25
	III	**1533,83**	443,83	443,83	III	1411,16	1291,50	1175,00	1061,33	950,66	843,16
	V	**2710,33**	443,83	443,83	IV	2154,25	2080,91	2007,50	1934,08	1860,75	1787,33
	VI	**2753,58**	443,83	443,83							
8258,99 West	I,IV	**2218,66**	443,83	443,83	I	2071,83	1925,08	1778,25	1631,50	1484,66	1337,91
	II	**2078,41**	443,83	443,83	II	1931,58	1784,83	1638,00	1491,25	1344,41	1198,41
	III	**1526,33**	443,83	443,83	III	1403,83	1284,33	1167,83	1054,50	944,00	836,66
	V	**2701,25**	443,83	443,83	IV	2145,25	2071,83	1998,50	1925,08	1851,66	1778,25
	VI	**2744,50**	443,83	443,83							
8258,99 Ost	I,IV	**2228,91**	443,83	443,83	I	2082,16	1935,33	1788,58	1641,75	1495,00	1348,16
	II	**2088,66**	443,83	443,83	II	1941,91	1795,08	1648,33	1501,50	1354,75	1208,50
	III	**1535,00**	443,83	443,83	III	1412,33	1292,50	1176,00	1062,33	951,66	844,16
	V	**2711,58**	443,83	443,83	IV	2155,58	2082,16	2008,75	1935,33	1862,00	1788,58
	VI	**2754,83**	443,83	443,83							
8261,99 West	I,IV	**2219,91**	443,83	443,83	I	2073,16	1926,33	1779,58	1632,75	1486,00	1339,16
	II	**2079,66**	443,83	443,83	II	1932,83	1786,08	1639,25	1492,50	1345,66	1199,66
	III	**1527,33**	443,83	443,83	III	1404,83	1285,33	1168,83	1055,33	945,00	837,66
	V	**2702,50**	443,83	443,83	IV	2146,50	2073,16	1999,75	1926,33	1852,91	1779,58
	VI	**2745,75**	443,83	443,83							
8261,99 Ost	I,IV	**2230,16**	443,83	443,83	I	2083,41	1936,66	1789,83	1643,08	1496,25	1349,50
	II	**2089,91**	443,83	443,83	II	1943,16	1796,33	1649,58	1502,75	1356,00	1209,75
	III	**1536,00**	443,83	443,83	III	1413,33	1293,66	1176,83	1063,33	952,66	845,00
	V	**2712,83**	443,83	443,83	IV	2156,33	2083,41	2010,00	1936,66	1863,25	1789,83
	VI	**2756,08**	443,83	443,83							

* Zur LSt-Berechnung für privat versicherte Arbeitnehmer s. Beispiele **Vorbemerkung S. 4 f.**
** Basisvorsorgepauschale KV und PV   *** Typisierter Arbeitgeberzuschuss

Monat gültig ab 1. 1. 2022 (idF des StEntlG 2022) — aT3

Lohn/Gehalt in € bis	Steuerklasse	Lohnsteuer*	BVSP**	TAGZ***	Steuerklasse	Bemessungsgrundlage für Kirchensteuer und Solidaritätszuschlag — Freibeträge für ... Kinder					
						0,5	1,0	1,5	2,0	2,5	3,0
8264,99 West	I,IV	2221,16	443,83	443,83	I	2074,41	1927,58	1780,83	1634,00	1487,25	1340,41
	II	2080,91	443,83	443,83	II	1934,08	1787,33	1640,50	1493,75	1346,91	1200,91
	III	1528,33	443,83	443,83	III	1405,83	1286,33	1169,83	1056,33	945,83	838,50
	V	2703,75	443,83	443,83	IV	2147,75	2074,41	2001,00	1927,58	1854,16	1780,83
	VI	2747,08	443,83	443,83							
8264,99 Ost	I,IV	2231,50	443,83	443,83	I	2084,66	1937,91	1791,08	1644,33	1497,50	1350,75
	II	2091,16	443,83	443,83	II	1944,41	1797,58	1650,83	1504,00	1357,25	1211,00
	III	1537,16	443,83	443,83	III	1414,33	1294,66	1177,83	1064,16	953,50	846,00
	V	2714,08	443,83	443,83	IV	2158,08	2084,66	2011,25	1937,91	1864,50	1791,08
	VI	2757,33	443,83	443,83							
8267,99 West	I,IV	2222,41	443,83	443,83	I	2075,66	1928,83	1782,08	1635,25	1488,50	1341,66
	II	2082,16	443,83	443,83	II	1935,33	1788,58	1641,75	1495,00	1348,16	1202,08
	III	1529,50	443,83	443,83	III	1406,83	1287,33	1170,83	1057,33	946,83	839,33
	V	2705,08	443,83	443,83	IV	2149,00	2075,66	2002,25	1928,83	1855,50	1782,08
	VI	2748,33	443,83	443,83							
8267,99 Ost	I,IV	2232,75	443,83	443,83	I	2085,91	1939,16	1792,33	1645,58	1498,75	1352,00
	II	2092,41	443,83	443,83	II	1945,66	1798,83	1652,08	1505,25	1358,50	1212,25
	III	1538,16	443,83	443,83	III	1415,33	1295,66	1178,83	1065,16	954,50	846,83
	V	2715,33	443,83	443,83	IV	2159,33	2085,91	2012,50	1939,16	1865,75	1792,33
	VI	2758,58	443,83	443,83							
8270,99 West	I,IV	2223,66	443,83	443,83	I	2076,91	1930,08	1783,33	1636,50	1489,75	1342,91
	II	2083,41	443,83	443,83	II	1936,66	1789,83	1643,08	1496,25	1349,50	1203,33
	III	1530,50	443,83	443,83	III	1408,00	1288,33	1171,83	1058,33	947,83	840,33
	V	2706,33	443,83	443,83	IV	2150,33	2076,91	2003,50	1930,08	1856,75	1783,33
	VI	2749,58	443,83	443,83							
8270,99 Ost	I,IV	2234,00	443,83	443,83	I	2087,16	1940,41	1793,58	1646,83	1500,00	1353,25
	II	2093,66	443,83	443,83	II	1946,91	1800,16	1653,33	1506,58	1359,75	1213,50
	III	1539,16	443,83	443,83	III	1416,50	1296,66	1179,83	1066,16	955,50	847,66
	V	2716,58	443,83	443,83	IV	2160,58	2087,16	2013,83	1940,41	1867,00	1793,33
	VI	2759,83	443,83	443,83							
8273,99 West	I,IV	2224,91	443,83	443,83	I	2078,16	1931,41	1784,58	1637,83	1491,00	1344,25
	II	2084,66	443,83	443,83	II	1937,91	1791,08	1644,33	1497,50	1350,75	1204,58
	III	1531,66	443,83	443,83	III	1409,00	1289,33	1172,83	1059,16	948,66	841,16
	V	2707,58	443,83	443,83	IV	2151,58	2078,16	2004,75	1931,41	1858,00	1784,58
	VI	2750,83	443,83	443,83							
8273,99 Ost	I,IV	2235,25	443,83	443,83	I	2088,41	1941,66	1794,91	1648,08	1501,33	1354,50
	II	2095,00	443,83	443,83	II	1948,16	1801,41	1654,58	1507,83	1361,00	1214,66
	III	1540,33	443,83	443,83	III	1417,50	1297,66	1180,83	1067,16	956,33	848,66
	V	2717,83	443,83	443,83	IV	2161,83	2088,41	2015,08	1941,66	1868,25	1794,91
	VI	2761,08	443,83	443,83							
8276,99 West	I,IV	2226,25	443,83	443,83	I	2079,41	1932,66	1785,83	1639,08	1492,25	1345,50
	II	2085,91	443,83	443,83	II	1939,16	1792,33	1645,58	1498,75	1352,00	1205,83
	III	1532,66	443,83	443,83	III	1410,00	1290,33	1173,83	1060,16	949,66	842,16
	V	2708,83	443,83	443,83	IV	2152,83	2079,41	2006,00	1932,66	1859,25	1785,83
	VI	2752,08	443,83	443,83							
8276,99 Ost	I,IV	2236,50	443,83	443,83	I	2089,75	1942,91	1796,16	1649,33	1502,58	1355,75
	II	2096,25	443,83	443,83	II	1949,41	1802,66	1655,83	1509,00	1362,25	1215,91
	III	1541,33	443,83	443,83	III	1418,50	1298,66	1181,83	1068,00	957,33	849,50
	V	2719,08	443,83	443,83	IV	2163,08	2089,75	2016,33	1942,91	1869,50	1796,16
	VI	2762,33	443,83	443,83							
8279,99 West	I,IV	2227,50	443,83	443,83	I	2080,66	1933,91	1787,08	1640,33	1493,50	1346,75
	II	2087,16	443,83	443,83	II	1940,41	1793,58	1646,83	1500,00	1353,25	1207,08
	III	1533,66	443,83	443,83	III	1411,00	1291,33	1174,83	1061,16	950,66	843,00
	V	2710,08	443,83	443,83	IV	2154,08	2080,66	2007,25	1933,91	1860,50	1787,08
	VI	2753,33	443,83	443,83							
8279,99 Ost	I,IV	2237,75	443,83	443,83	I	2091,00	1944,16	1797,41	1650,58	1503,83	1357,00
	II	2097,50	443,83	443,83	II	1950,66	1803,91	1657,08	1510,33	1363,50	1217,16
	III	1542,50	443,83	443,83	III	1419,50	1299,66	1182,83	1069,00	958,16	850,50
	V	2720,33	443,83	443,83	IV	2164,33	2091,00	2017,58	1944,16	1870,75	1797,41
	VI	2763,66	443,83	443,83							

* Zur LSt-Berechnung für privat versicherte Arbeitnehmer s. Beispiele **Vorbemerkung S. 4 f.**
** Basisvorsorgepauschale KV und PV *** Typisierter Arbeitgeberzuschuss

aT3 allgemeine Lohnsteuer

Lohn/ Gehalt in € bis	Steuerklasse	Lohn- steuer*	BVSP**	TAGZ***	Steuerklasse	Bemessungsgrundlage für Kirchensteuer und Solidaritätszuschlag Freibeträge für ... Kinder					
						0,5	1,0	1,5	2,0	2,5	3,0
8282,99 West	I,IV	2228,75	443,83	443,83	I	2081,91	1935,16	1788,33	1641,58	1494,75	1348,00
	II	2088,41	443,83	443,83	II	1941,66	1794,91	1648,08	1501,33	1354,50	1208,33
	III	1534,83	443,83	443,83	III	1412,16	1292,33	1175,83	1062,16	951,50	844,00
	V	2711,33	443,83	443,83	IV	2155,33	2081,91	2008,58	1935,16	1861,75	1788,33
	VI	2754,58	443,83	443,83							
8282,99 Ost	I,IV	2239,00	443,83	443,83	I	2092,25	1945,41	1798,66	1651,83	1505,08	1358,25
	II	2098,75	443,83	443,83	II	1951,91	1805,16	1658,41	1511,58	1364,83	1218,41
	III	1543,50	443,83	443,83	III	1420,66	1300,66	1183,83	1070,00	959,16	851,33
	V	2721,66	443,83	443,83	IV	2165,66	2092,25	2018,91	1945,41	1872,08	1798,66
	VI	2764,91	443,83	443,83							
8285,99 West	I,IV	2230,00	443,83	443,83	I	2083,16	1936,41	1789,66	1642,83	1496,08	1349,25
	II	2089,75	443,83	443,83	II	1942,91	1796,16	1649,33	1502,58	1355,75	1209,50
	III	1535,83	443,83	443,83	III	1413,16	1293,50	1176,66	1063,16	952,50	844,83
	V	2712,58	443,83	443,83	IV	2156,58	2083,16	2009,83	1936,41	1863,00	1789,66
	VI	2755,83	443,83	443,83							
8285,99 Ost	I,IV	2240,25	443,83	443,83	I	2093,50	1946,66	1799,91	1653,16	1506,33	1359,58
	II	2100,00	443,83	443,83	II	1953,25	1806,41	1659,66	1512,83	1366,08	1219,66
	III	1544,50	443,83	443,83	III	1421,66	1301,66	1184,83	1071,00	960,16	852,33
	V	2722,91	443,83	443,83	IV	2166,91	2093,50	2020,08	1946,66	1873,33	1799,91
	VI	2766,16	443,83	443,83							
8288,99 West	I,IV	2231,25	443,83	443,83	I	2084,50	1937,66	1790,91	1644,08	1497,33	1350,50
	II	2091,00	443,83	443,83	II	1944,16	1797,41	1650,58	1503,83	1357,00	1210,75
	III	1537,00	443,83	443,83	III	1414,16	1294,50	1177,66	1064,00	953,33	845,83
	V	2713,83	443,83	443,83	IV	2157,83	2084,50	2011,08	1937,66	1864,25	1790,91
	VI	2757,08	443,83	443,83							
8288,99 Ost	I,IV	2241,58	443,83	443,83	I	2094,75	1948,00	1801,16	1654,41	1507,58	1360,83
	II	2101,25	443,83	443,83	II	1954,50	1807,66	1660,91	1514,08	1367,33	1220,91
	III	1545,66	443,83	443,83	III	1422,66	1302,66	1185,83	1072,00	961,00	853,16
	V	2724,16	443,83	443,83	IV	2168,16	2094,75	2021,33	1948,00	1874,58	1801,16
	VI	2767,41	443,83	443,83							
8291,99 West	I,IV	2232,50	443,83	443,83	I	2085,75	1938,91	1792,16	1645,33	1498,58	1351,75
	II	2092,25	443,83	443,83	II	1945,41	1798,66	1651,83	1505,08	1358,25	1212,00
	III	1538,00	443,83	443,83	III	1415,16	1295,50	1178,66	1065,00	954,33	846,66
	V	2715,08	443,83	443,83	IV	2159,08	2085,75	2012,33	1938,91	1865,50	1792,16
	VI	2758,41	443,83	443,83							
8291,99 Ost	I,IV	2242,83	443,83	443,83	I	2096,00	1949,25	1802,41	1655,66	1508,83	1362,08
	II	2102,50	443,83	443,83	II	1955,75	1808,91	1662,16	1515,33	1368,58	1222,16
	III	1546,66	443,83	443,83	III	1423,66	1303,83	1186,83	1072,83	962,00	854,16
	V	2725,41	443,83	443,83	IV	2169,41	2096,00	2022,66	1949,25	1875,83	1802,41
	VI	2768,66	443,83	443,83							
8294,99 West	I,IV	2233,75	443,83	443,83	I	2087,00	1940,16	1793,41	1646,58	1499,83	1353,00
	II	2093,50	443,83	443,83	II	1946,66	1799,91	1653,16	1506,33	1359,58	1213,25
	III	1539,00	443,83	443,83	III	1416,33	1296,50	1179,66	1066,00	955,33	847,66
	V	2716,41	443,83	443,83	IV	2160,41	2087,00	2013,58	1940,16	1866,83	1793,41
	VI	2759,66	443,83	443,83							
8294,99 Ost	I,IV	2244,08	443,83	443,83	I	2097,25	1950,50	1803,66	1656,91	1510,08	1363,33
	II	2103,75	443,83	443,83	II	1957,00	1810,16	1663,41	1516,66	1369,83	1223,41
	III	1547,83	443,83	443,83	III	1424,83	1304,83	1187,83	1073,83	963,00	855,00
	V	2726,66	443,83	443,83	IV	2170,66	2097,25	2023,91	1950,50	1877,08	1803,66
	VI	2769,91	443,83	443,83							
8297,99 West	I,IV	2235,00	443,83	443,83	I	2088,25	1941,41	1794,66	1647,91	1501,08	1354,33
	II	2094,75	443,83	443,83	II	1948,00	1801,16	1654,41	1507,58	1360,83	1214,50
	III	1540,16	443,83	443,83	III	1417,33	1297,50	1180,66	1067,00	956,16	848,50
	V	2717,66	443,83	443,83	IV	2161,66	2088,25	2014,83	1941,41	1868,08	1794,66
	VI	2760,91	443,83	443,83							
8297,99 Ost	I,IV	2245,33	443,83	443,83	I	2098,50	1951,75	1804,91	1658,16	1511,41	1364,58
	II	2105,08	443,83	443,83	II	1958,25	1811,50	1664,66	1517,91	1371,08	1224,66
	III	1548,83	443,83	443,83	III	1425,83	1305,83	1188,83	1074,83	963,83	856,00
	V	2727,91	443,83	443,83	IV	2171,91	2098,50	2025,16	1951,75	1878,33	1804,91
	VI	2771,16	443,83	443,83							

* Zur LSt-Berechnung für privat versicherte Arbeitnehmer s. Beispiele **Vorbemerkung S. 4 f.**
** Basisvorsorgepauschale KV und PV *** Typisierter Arbeitgeberzuschuss

Monat gültig ab 1. 1. 2022 (idF des StEntlG 2022) **aT3**

Lohn/Gehalt in € bis	Steuerklasse	Lohnsteuer*	BVSP**	TAGZ***	Steuerklasse	Bemessungsgrundlage für Kirchensteuer und Solidaritätszuschlag – Freibeträge für ... Kinder 0,5	1,0	1,5	2,0	2,5	3,0
8300,99 West	I,IV	2236,33	443,83	443,83	I	2089,50	1942,75	1795,91	1649,16	1502,33	1355,58
	II	2096,00	443,83	443,83	II	1949,25	1802,41	1655,66	1508,83	1362,08	1215,75
	III	1541,16	443,83	443,83	III	1418,33	1298,50	1181,66	1067,83	957,16	849,50
	V	2718,91	443,83	443,83	IV	2162,91	2089,50	2016,08	1942,75	1869,33	1795,91
	VI	2762,16	443,83	443,83							
8300,99 Ost	I,IV	2246,58	443,83	443,83	I	2099,83	1953,00	1806,25	1659,41	1512,66	1365,83
	II	2106,33	443,83	443,83	II	1959,50	1812,75	1665,91	1519,16	1372,33	1225,83
	III	1550,00	443,83	443,83	III	1426,83	1306,83	1189,83	1075,83	964,83	856,83
	V	2729,16	443,83	443,83	IV	2173,16	2099,83	2026,41	1953,00	1879,58	1806,25
	VI	2772,41	443,83	443,83							
8303,99 West	I,IV	2237,58	443,83	443,83	I	2090,75	1944,00	1797,16	1650,41	1503,58	1356,83
	II	2097,25	443,83	443,83	II	1950,50	1803,66	1656,91	1510,08	1363,33	1217,00
	III	1542,33	443,83	443,83	III	1419,33	1299,50	1182,66	1068,83	958,16	850,33
	V	2720,16	443,83	443,83	IV	2164,16	2090,75	2017,33	1944,00	1870,58	1797,16
	VI	2763,41	443,83	443,83							
8303,99 Ost	I,IV	2247,83	443,83	443,83	I	2101,08	1954,25	1807,50	1660,66	1513,91	1367,08
	II	2107,58	443,83	443,83	II	1960,75	1814,00	1667,16	1520,41	1373,58	1227,08
	III	1551,00	443,83	443,83	III	1427,83	1307,83	1190,83	1076,83	965,83	857,83
	V	2730,41	443,83	443,83	IV	2174,41	2101,08	2027,66	1954,25	1880,83	1807,50
	VI	2773,75	443,83	443,83							
8306,99 West	I,IV	2238,83	443,83	443,83	I	2092,00	1945,25	1798,41	1651,66	1504,83	1358,08
	II	2098,50	443,83	443,83	II	1951,75	1804,91	1658,16	1511,41	1364,58	1218,25
	III	1543,33	443,83	443,83	III	1420,50	1300,50	1183,66	1069,83	959,00	851,16
	V	2721,41	443,83	443,83	IV	2165,41	2092,00	2018,66	1945,25	1871,83	1798,41
	VI	2764,66	443,83	443,83							
8306,99 Ost	I,IV	2249,08	443,83	443,83	I	2102,33	1955,50	1808,75	1661,91	1515,16	1368,33
	II	2108,83	443,83	443,83	II	1962,00	1815,25	1668,41	1521,66	1374,91	1228,33
	III	1552,00	443,83	443,83	III	1429,00	1308,83	1191,83	1077,66	966,66	858,66
	V	2731,75	443,83	443,83	IV	2175,75	2102,33	2028,91	1955,50	1882,16	1808,75
	VI	2775,00	443,83	443,83							
8309,99 West	I,IV	2240,08	443,83	443,83	I	2093,25	1946,50	1799,66	1652,91	1506,16	1359,33
	II	2099,83	443,83	443,83	II	1953,00	1806,25	1659,41	1512,66	1365,83	1219,41
	III	1544,33	443,83	443,83	III	1421,50	1301,50	1184,66	1070,83	960,00	852,16
	V	2722,66	443,83	443,83	IV	2166,66	2093,25	2019,91	1946,50	1873,08	1799,66
	VI	2765,91	443,83	443,83							
8309,99 Ost	I,IV	2250,33	443,83	443,83	I	2103,58	1956,75	1810,00	1663,16	1516,41	1369,66
	II	2110,08	443,83	443,83	II	1963,33	1816,50	1669,75	1522,91	1376,16	1229,58
	III	1553,16	443,83	443,83	III	1430,00	1309,83	1192,83	1078,66	967,66	859,66
	V	2733,00	443,83	443,83	IV	2177,00	2103,58	2030,16	1956,75	1883,41	1810,00
	VI	2776,25	443,83	443,83							
8312,99 West	I,IV	2241,33	443,83	443,83	I	2094,58	1947,75	1801,00	1654,16	1507,41	1360,58
	II	2101,08	443,83	443,83	II	1954,25	1807,50	1660,66	1513,91	1367,08	1220,66
	III	1545,50	443,83	443,83	III	1422,50	1302,50	1185,66	1071,83	960,83	853,00
	V	2723,91	443,83	443,83	IV	2167,91	2094,58	2021,16	1947,75	1874,33	1801,00
	VI	2767,16	443,83	443,83							
8312,99 Ost	I,IV	2251,66	443,83	443,83	I	2104,83	1958,08	1811,25	1664,50	1517,66	1370,91
	II	2111,33	443,83	443,83	II	1964,58	1817,75	1671,00	1524,16	1377,41	1230,83
	III	1554,16	443,83	443,83	III	1431,00	1310,83	1193,83	1079,66	968,50	860,50
	V	2734,25	443,83	443,83	IV	2178,25	2104,83	2031,41	1958,08	1884,66	1811,25
	VI	2777,50	443,83	443,83							
8315,99 West	I,IV	2242,58	443,83	443,83	I	2095,83	1949,00	1802,25	1655,41	1508,66	1361,83
	II	2102,33	443,83	443,83	II	1955,50	1808,75	1661,91	1515,16	1368,33	1221,91
	III	1546,50	443,83	443,83	III	1423,50	1303,66	1186,66	1072,66	961,83	854,00
	V	2725,16	443,83	443,83	IV	2169,16	2095,83	2022,41	1949,00	1875,58	1802,25
	VI	2768,50	443,83	443,83							
8315,99 Ost	I,IV	2252,91	443,83	443,83	I	2106,08	1959,33	1812,50	1665,75	1518,91	1372,16
	II	2112,58	443,83	443,83	II	1965,83	1819,00	1672,25	1525,41	1378,66	1232,08
	III	1555,33	443,83	443,83	III	1432,00	1311,83	1194,66	1080,66	969,50	861,50
	V	2735,50	443,83	443,83	IV	2179,50	2106,08	2032,66	1959,33	1885,91	1812,50
	VI	2778,75	443,83	443,83							

* Zur LSt-Berechnung für privat versicherte Arbeitnehmer s. Beispiele **Vorbemerkung S. 4f.**
** Basisvorsorgepauschale KV und PV *** Typisierter Arbeitgeberzuschuss

aT3 allgemeine Lohnsteuer

Lohn/Gehalt in € bis	Steuerklasse	Lohn-steuer*	BVSP**	TAGZ***	Steuerklasse	Bemessungsgrundlage für Kirchensteuer und Solidaritätszuschlag Freibeträge für ... Kinder					
						0,5	1,0	1,5	2,0	2,5	3,0
8318,99 West	I,IV	**2243,83**	443,83	443,83	I	2097,08	1950,25	1803,50	1656,66	1509,91	1363,08
	II	**2103,58**	443,83	443,83	II	1956,75	1810,00	1663,16	1516,41	1369,66	1223,16
	III	**1547,66**	443,83	443,83	III	1424,66	1304,66	1187,66	1073,66	962,83	854,83
	V	**2726,50**	443,83	443,83	IV	2170,50	2097,08	2023,66	1950,25	1876,91	1803,50
	VI	**2769,75**	443,83	443,83							
8318,99 Ost	I,IV	**2254,16**	443,83	443,83	I	2107,33	1960,58	1813,75	1667,00	1520,16	1373,41
	II	**2113,83**	443,83	443,83	II	1967,08	1820,25	1673,50	1526,66	1379,91	1233,33
	III	**1556,33**	443,83	443,83	III	1433,16	1312,83	1195,66	1081,66	970,50	862,33
	V	**2736,75**	443,83	443,83	IV	2180,75	2107,33	2034,00	1960,58	1887,16	1813,75
	VI	**2780,00**	443,83	443,83							
8321,99 West	I,IV	**2245,08**	443,83	443,83	I	2098,33	1951,50	1804,75	1657,91	1511,16	1364,41
	II	**2104,83**	443,83	443,83	II	1958,08	1811,25	1664,50	1517,66	1370,91	1224,41
	III	**1548,66**	443,83	443,83	III	1425,66	1305,66	1188,66	1074,66	963,66	855,83
	V	**2727,75**	443,83	443,83	IV	2171,75	2098,33	2024,91	1951,50	1878,16	1804,75
	VI	**2771,00**	443,83	443,83							
8321,99 Ost	I,IV	**2255,41**	443,83	443,83	I	2108,58	1961,83	1815,00	1668,25	1521,41	1374,66
	II	**2115,16**	443,83	443,83	II	1968,33	1821,58	1674,75	1528,00	1381,16	1234,58
	III	**1557,33**	443,83	443,83	III	1434,16	1314,00	1196,66	1082,50	971,33	863,33
	V	**2738,00**	443,83	443,83	IV	2182,00	2108,58	2035,25	1961,83	1888,41	1815,00
	VI	**2781,25**	443,83	443,83							
8324,99 West	I,IV	**2246,41**	443,83	443,83	I	2099,58	1952,83	1806,00	1659,25	1512,41	1365,66
	II	**2106,08**	443,83	443,83	II	1959,33	1812,50	1665,75	1518,91	1372,16	1225,66
	III	**1549,66**	443,83	443,83	III	1426,66	1306,66	1189,66	1075,66	964,66	856,66
	V	**2729,00**	443,83	443,83	IV	2173,00	2099,58	2026,16	1952,83	1879,41	1806,00
	VI	**2772,25**	443,83	443,83							
8324,99 Ost	I,IV	**2256,66**	443,83	443,83	I	2109,91	1963,08	1816,33	1669,50	1522,75	1375,91
	II	**2116,41**	443,83	443,83	II	1969,58	1822,83	1676,00	1529,25	1382,41	1235,83
	III	**1558,50**	443,83	443,83	III	1435,16	1315,00	1197,66	1083,50	972,33	864,16
	V	**2739,25**	443,83	443,83	IV	2183,25	2109,91	2036,50	1963,08	1889,66	1816,33
	VI	**2782,50**	443,83	443,83							
8327,99 West	I,IV	**2247,66**	443,83	443,83	I	2100,83	1954,08	1807,33	1660,50	1513,66	1366,91
	II	**2107,33**	443,83	443,83	II	1960,58	1813,75	1667,00	1520,16	1373,41	1226,91
	III	**1550,83**	443,83	443,83	III	1427,66	1307,66	1190,66	1076,66	965,66	857,66
	V	**2730,25**	443,83	443,83	IV	2174,25	2100,83	2027,41	1954,08	1880,66	1807,25
	VI	**2773,50**	443,83	443,83							
8327,99 Ost	I,IV	**2257,91**	443,83	443,83	I	2111,16	1964,33	1817,58	1670,75	1524,00	1377,16
	II	**2117,66**	443,83	443,83	II	1970,83	1824,08	1677,25	1530,50	1383,66	1237,08
	III	**1559,50**	443,83	443,83	III	1436,33	1316,00	1198,66	1084,50	973,33	865,16
	V	**2740,50**	443,83	443,83	IV	2184,50	2111,16	2037,75	1964,33	1890,91	1817,58
	VI	**2783,83**	443,83	443,83							
8330,99 West	I,IV	**2248,91**	443,83	443,83	I	2102,08	1955,33	1808,50	1661,75	1514,91	1368,16
	II	**2108,58**	443,83	443,83	II	1961,83	1815,00	1668,25	1521,41	1374,66	1228,16
	III	**1551,83**	443,83	443,83	III	1428,83	1308,66	1191,66	1077,50	966,50	858,50
	V	**2731,50**	443,83	443,83	IV	2175,50	2102,08	2028,75	1955,33	1881,91	1808,50
	VI	**2774,75**	443,83	443,83							
8330,99 Ost	I,IV	**2259,16**	443,83	443,83	I	2112,41	1965,58	1818,83	1672,00	1525,25	1378,41
	II	**2118,91**	443,83	443,83	II	1972,08	1825,33	1678,50	1531,75	1384,91	1238,33
	III	**1560,66**	443,83	443,83	III	1437,33	1317,00	1199,66	1085,50	974,16	866,00
	V	**2741,83**	443,83	443,83	IV	2185,75	2112,41	2039,00	1965,58	1892,25	1818,83
	VI	**2785,08**	443,83	443,83							
8333,99 West	I,IV	**2250,16**	443,83	443,83	I	2103,33	1956,58	1809,75	1663,00	1516,16	1369,41
	II	**2109,91**	443,83	443,83	II	1963,08	1816,33	1669,50	1522,75	1375,91	1229,41
	III	**1553,00**	443,83	443,83	III	1429,83	1309,66	1192,66	1078,50	967,50	859,50
	V	**2732,75**	443,83	443,83	IV	2176,75	2103,33	2030,00	1956,58	1883,16	1809,75
	VI	**2776,00**	443,83	443,83							
8333,99 Ost	I,IV	**2260,41**	443,83	443,83	I	2113,66	1966,83	1820,08	1673,25	1526,50	1379,66
	II	**2120,16**	443,83	443,83	II	1973,41	1826,58	1679,83	1533,00	1386,25	1239,58
	III	**1561,66**	443,83	443,83	III	1438,33	1318,00	1200,66	1086,50	975,16	867,00
	V	**2743,08**	443,83	443,83	IV	2187,08	2113,66	2040,25	1966,83	1893,50	1820,08
	VI	**2786,33**	443,83	443,83							

* Zur LSt-Berechnung für privat versicherte Arbeitnehmer s. Beispiele **Vorbemerkung S. 4 f.**
** Basisvorsorgepauschale KV und PV *** Typisierter Arbeitgeberzuschuss

Für handschriftliche Notizen

Für handschriftliche Notizen

Für handschriftliche Notizen

Für handschriftliche Notizen